# LE DROIT DES PERSONNES PHYSIQUES

4<sup>e</sup> édition

Édith Deleury • Dominique Goubau

# LE DROIT DES PERSONNES PHYSIQUES

4ᵉ édition

## Dominique Goubau

Professeur à la Faculté de droit
de l'Université Laval

ÉDITIONS YVON BLAIS
UNE SOCIÉTÉ THOMSON

Catalogage avant publication de Bibliothèque et Archives nationales du Québec et Bibliothèque et Archives Canada

Deleury, Edith, 1944-

Le droit des personnes physiques

4ᵉ éd. par Dominique Goubau.

Comprend des réf. bibliogr. et un index.

ISBN 978-2-89635-130-5

1. Personnes (Droit) – Québec (Province). 2. Personnes morales – Québec (Province). 3. Incapacité (Droit) – Québec (Province). 4. Incapables (Droit) – Québec (Province). I. Goubau, Dominique, 1955- . II. Titre.

KEQ228.D44 2008          346.71401'2          C2008-941251-6

Nous reconnaissons l'aide financière du gouvernement du Canada accordée par l'entremise du Programme d'aide au développement de l'industrie de l'édition (PADIÉ) pour nos activités d'édition.

Dépôt légal : 3ᵉ trimestre 2008
Bibliothèque et Archives nationales du Québec
Bibliothèque et Archives Canada

ISBN : 978-2-89635-130-5

# LISTE DES PRINCIPALES ABRÉVIATIONS

| | |
|---|---|
| B.R. | Recueils de jurisprudence de la Cour du Banc de la Reine (ou Banc du Roi) |
| C.A. | Recueils de jurisprudence de la Cour d'appel |
| (C.A.) | Décision rendue par la Cour d'appel |
| C.A.S. | Commission des affaires sociales |
| Cass. Civ. | Cour de cassation, chambre civile |
| C.c.Q. | Code civil du Québec |
| C.c.B.-C. | Code civil du Bas-Canada |
| C. de D. | Cahiers de droit |
| C.P. | Recueils de jurisprudence de la Cour provinciale |
| C.p.c. | Code de procédure civile |
| C.P. du N. | Cours de perfectionnement du notariat |
| (C.Q.) | Décision rendue par la Cour du Québec |
| C.S. | Recueils de jurisprudence de la Cour supérieure |
| (C.S.) | Décision rendue par la Cour supérieure |
| D. | Recueil Dalloz |
| Dr. pros. | Droit prospectif, revue de la recherche juridique (Aix-en-Provence) |
| G.O.Q. | Gazette officielle du Québec |
| J.C.P. | Jurisclasseur périodique |
| J.E. | Jurisprudence Express |
| L.Q. | Lois du Québec |
| L.R.C. | Lois révisées du Canada |
| L.R.Q. | Lois refondues du Québec |

| | |
|---|---|
| McGill L.J. | McGill Law Journal |
| O.R.C.C. | Office de révision du Code civil |
| R.C.S. | Recueils des arrêts de la Cour suprême du Canada |
| R. du B. | Revue du Barreau |
| R. du B. can. | Revue du Barreau canadien |
| R. de D. | Revue de droit |
| R.D.F. | Recueil de droit de la famille |
| R.D.J. | Revue de droit judiciaire |
| Rev. can. dr. fam. | Revue canadienne de droit familial |
| R. de D. McGill | Revue de droit de McGill |
| Rev. trim. dr. civ. | Revue trimestrielle de droit civil |
| R. du N. | Revue du notariat |
| R.D.U.S. | Revue de droit de l'Université de Sherbrooke |
| REJB | Répertoire électronique de jurisprudence du Barreau |
| R.G.D. | Revue générale de droit |
| R.I.D.C. | Revue internationale de droit comparé |
| R.J. | Revue de jurisprudence |
| R.J.Q. | Recueils de jurisprudence du Québec |
| R.J.T. | Revue juridique Thémis |
| R.L. | Revue légale |
| R.P. | Rapports de pratique |
| R.R.A. | Recueil en responsabilité et assurance |
| R.R.Q. | Règlements refondus du Québec |
| S. | Sirey |
| S.C. | Statuts du Canada |
| S.Q. | Statuts du Québec |
| S.R.C. | Statuts révisés du Canada |
| S.R.Q. | Statuts refondus du Québec |
| Sem. Jur. | Semaine juridique |
| T.A.Q. | Tribunal administratif du Québec |
| T.J. | Tribunal de la jeunesse |

# AVANT-PROPOS

*Le droit des personnes physiques* dont la première édition coïncidait avec l'entrée en vigueur du *Code civil du Québec*, en 1994, en est maintenant à sa quatrième édition. La structure générale du livre demeure inchangée et reflète le souci de présenter un exposé systématique du droit des personnes dont le noyau se trouve dans le Code civil mais qui a des ramifications dans de nombreuses lois connexes dans les domaines de la santé, de la protection des renseignements personnels ou de la curatelle publique, pour n'en citer que quelques-uns.

Cet ouvrage se limite au droit des personnes physiques, par opposition au droit des personnes morales dont les particularités et la complexité dépassent largement le cadre des quelques articles que le Code civil lui consacre.

Fidèle à la méthode des trois éditions précédentes, la nouvelle édition présente le texte principal en caractères ordinaires alors que les interprétations plus pointues, les questions de procédure, certains questionnements ainsi que l'exposé de quelques aspects de l'ancien droit régi par le *Code civil du Bas-Canada*, se retrouvent dans des paragraphes en plus petits caractères, destinés au lecteur qui désire en savoir plus. La continuité de nombreux mécanismes et institutions juridiques, voire l'identité parfaite de plusieurs dispositions du *Code civil du Québec* avec celles du *Code civil du Bas-Canada*, expliquent la présence d'abondantes références au droit antérieur. De même, la parenté évidente entre certains articles du *Code civil du Québec* et des dispositions en droit civil français ou en droit des autres provinces canadiennes, explique les nombreux renvois aux écrits doctrinaux provenant de ces juridictions. Le lecteur trouvera à la fin des chapitres une section « Pour aller plus loin » dont le but est de l'aiguillonner vers les périphéries du sujet (histoire, sociologie, politique législative, théorie juridique, droit comparé, informations techniques ou statistiques).

Je tiens à remercier, Édith Larochelle, Sonia Morales, Marie-Pier Nadeau, Anne-Marie Savard et Karine Vézina, pour leur travail comme auxiliaires de recherche. Ma gratitude va également aux Éditions Yvon Blais ainsi qu'à la Faculté de droit de l'Université Laval dont le fidèle soutien m'a été fort précieux dans la préparation de cette nouvelle édition.

Dominique Goubau

**La recherche est à jour au 20 juin 2008**

# TABLE DES MATIÈRES

## PARTIE I
## LA PERSONNALITÉ JURIDIQUE DES ÊTRES HUMAINS

# PARTIE II

# LES INCAPACITÉS ET LA PROTECTION DES INAPTES

# INTRODUCTION

Le droit des personnes physiques a connu un développement considérable dans les 40 dernières années. Le *Code civil du Québec* reflète cette évolution et présente, dans un ensemble de règles gouvernant le droit des personnes, une vision globale et moderne du statut civil de l'individu. La personne transcende aujourd'hui tout ce secteur du droit. En ce sens, c'est bien la transformation de la conception du rôle du droit qu'il convient de souligner. Si cette « irruption de la personne dans le droit »[1] n'est pas étrangère au développement des sciences et des techniques et aux formes nouvelles d'invasion de la personne qu'elles génèrent, elle est aussi le reflet d'une idéologie nouvelle, celle des droits de la personne et de la montée des revendications individuelles d'autonomie mais aussi de protection lorsque celle-ci s'impose. Le droit des personnes moderne entend réaliser le difficile équilibre entre ces deux notions fondamentales, autonomie et protection. De plus, la tendance est aujourd'hui à la juridicisation des rapports sociaux et, dans le cas précis du droit des personnes, à la judiciarisation aussi. Tels sont les éléments qui caractérisent désormais cette branche du droit civil.

## I - LES PERSONNES SUJETS DE DROITS

Tous les individus, hommes, femmes, sont des personnes aux yeux du droit. Ils ont, pour cette raison, la *personnalité juridique*, c'est-à-dire l'*aptitude à devenir sujets de droits et d'obligations*. C'est pourquoi on dit qu'au plan du droit, sujet de droits, personne, être humain, c'est un tout[2].

---

1. C. Atias, *Les personnes, Les incapacités*, Paris, P.U.F., 1985 (« Collection de droit fondamental »), n° 33, p. 61.
2. R. Martin, « Personne et sujet de droit », (1981) 1 *Rev. trim. dr. civ.* 785. Cet auteur ne voit cependant dans le sujet qu'une unité conceptuelle de fonction. La personne physique, l'individu, ne serait pas le lieu exact du sujet. Il n'y aurait donc pas coïncidence, tout au plus par approximation. Pour lui, « La personne préexiste au rapport social dans lequel elle entre ; elle est d'abord, puis entre en rapport avec une autre personne. Le sujet de droit naît du rapport, il n'a pas d'existence en dehors du rapport, car il est une fonction de ce rapport » (n° 6, p. 789). La personne jouerait ainsi épisodiquement le rôle de sujet, ce qui nous renvoie à son sens

Il existe cependant une deuxième catégorie de personnes juridiques. En effet, à côté des êtres humains, la loi reconnaît également la qualité de personne juridique à des groupements d'individus (compagnies, coopératives, syndicats, sociétés d'État, municipalités), sujets collectifs, constituant des entités distinctes des individus qui les composent. Ces êtres fictifs, que l'on désigne sous le nom de *personnes morales* (art. 1, 298 et 301 C.c.Q.), n'ont cependant pas tous une égale consistance en tant qu'êtres juridiques. La notion de personne morale recouvre en effet une multitude de catégories de sujets obéissant chacun à des règles spécifiques, alors que la notion de personne physique présente une certaine unité lorsqu'il s'agit de son régime juridique. Les notions de personne morale et de personne physique ont des attributs en commun en tant que sujets de droits : nom (art. 50 et 305 C.c.Q.), domicile (art. 75 et 307 C.c.Q.), patrimoine (art. 2 et 302 C.c.Q.), droits extrapatrimoniaux (art. 3 et 302 C.c.Q.). Mais par-delà cette identité, la notion de personne morale débouche en réalité sur un univers fort éloigné de celui de la personne physique. Les personnes morales sont une construction purement juridique et elles obéissent à des règles propres, que ce soit du point de vue de leur constitution, de leur fonctionnement ou de leur dissolution. Par ailleurs, leur diversité oblige à les étudier de façon morcelée, à l'intérieur de chacune des différentes branches du droit (droit des sociétés, droit administratif, droit commercial, droit du travail, droit municipal, droit scolaire, etc.). Dans le cadre de cet ouvrage, nous nous limiterons à l'étude de la personne humaine, envisagée comme sujet de droits.

## II - UNE VISION RENOUVELÉE DE LA PERSONNE HUMAINE, ENVISAGÉE COMME SUJET DE DROITS

Alors que dans le *Code civil du Bas-Canada*, fidèle sur ce point à son modèle, le Code Napoléon, la personne humaine était envisagée comme une entité abstraite, désincarnée, la personne, telle qu'elle apparaît dans le *Code civil du Québec*, se présente à la fois comme un concept opératoire et une valeur fondamentale du droit civil[3]. L'être humain dans toute sa plénitude est aujourd'hui au cœur des préoccupations du droit civil[4]. Le respect de la personne, telle est en effet

---

étymologique, *persona* qui est celui du rôle joué par chacun dans la société et, au-delà, plus concrètement, celui du masque que porte l'acteur qui le joue.

3. C. Atias, *op. cit.*, note 1, n⁰ 4, p. 14.

4. *Commentaires du ministre de la Justice, Le Code civil du Québec, un mouvement de société*, Québec, Les Publications du Québec, 1993 (ci-après désigné tout au long de l'ouvrage *Comm.*), t. I, p. 3.

l'assise sur laquelle repose le *Code civil du Québec*[5] ainsi que les lois qui le complètent.

La matière qui, dans le Code civil de 1866, se présentait sous la forme de quelques institutions (actes de l'état civil, domicile, absence) et de règles gouvernant la capacité à exercer ses droits (tutelles et curatelles)[6], s'est enrichie de dispositions nouvelles, le plus souvent en marge du Code, d'où la difficulté, avant la réforme de 1991, d'en présenter une image cohérente et ce, d'autant plus que ces greffons participaient d'un esprit et d'une vision totalement différentes. Alors que le *Code civil du Bas-Canada* mettait d'avantage l'accent sur les actes juridiques de la personne et sur la dimension patrimoniale des individus, c'est la personne, dans sa dimension concrète, tant du point de vue physique, psychologique que social, qui a retenu l'attention du législateur moderne[7]. Il fallait harmoniser les dispositions anciennes, à caractère plus fonctionnel, avec ces valeurs nouvelles. Bon nombre d'institutions qu'on trouvait dans l'ancien Code se présentent donc maintenant sous un jour nouveau.

## III - PRÉSENTATION DE L'ÉTUDE

La primauté accordée à la personne et le glissement qu'elle infère « de l'étude du sujet de droits vers une approche juridique de la

---

5. J. Pineau, « La philosophie générale du nouveau *Code civil du Québec* », (1992) 71 *R. du B. can.* 423, 434.
6. Abstraction faite de ces dispositions, ce sont les liens tissés par le mariage et la parenté qui constituaient le cœur des dispositions du Livre I du Code consacré aux personnes. Pour le reste, à l'exception des dispositions concernant la privation des droits et la distinction entre sujet britannique et étranger (art. 19 à 39 C.c.B.-C.), la personne humaine, telle qu'on l'entend aujourd'hui, était absente du Code. La consultation des grands traités de droit civil qui ont été publiés à la fin du XIX<sup>e</sup> siècle et au début du siècle, suffit d'ailleurs à s'en convaincre : voir P.-B. Mignault, *Le droit civil canadien*, t. I, Montréal, Théoret, 1895 ; T.-J.-J. Loranger, *Le droit civil du Bas-Canada suivant l'ordre du Code*, t. I, Montréal, M. Mathieu, 1871 ; *Commentaire sur le Code civil du Bas-Canada*, t. I, Montréal, E. Sénécal Imprimeur-éditeur, 1879 ; F. Langelier, *Cours de droit civil de la Province de Québec*, t. I, Montréal, Wilson & Lafleur Ltée, 1906 et *Traité de droit civil du Québec*, t. I, par G. Trudel, Montréal, Wilson & Lafleur, 1942.
7. Voir en ce sens l'introduction du *Rapport sur les droits civils* publié en 1968 par l'Office de révision du Code civil (O.R.C.C., *Rapport sur les droits civils*, Québec, Éditeur officiel du Québec, 1968, p. 4-8). À titre d'exemple, on peut mentionner des législations comme la *Charte des droits et libertés de la personne*, L.R.Q., c. C-12, la *Loi sur la protection du malade mental*, L.R.Q., c. P-41, la *Loi sur la protection de la jeunesse*, L.R.Q., c. P-34.1, la *Loi sur la curatelle publique*, L.R.Q., c. C-80, abrogée et remplacée par la *Loi sur le curateur public et modifiant le Code civil et d'autres dispositions législatives*, L.Q. 1989, c. 54, la *Loi modifiant le nouveau le Code civil et modifiant la Loi abolissant la mort civile*, L.Q. 1974, c. 84 (art. 18 à 23 C.c.B.-C.) et la *Loi sur le changement de nom et d'autres qualités de l'état civil*, L.R.Q., c. C-10, abrogée par L.Q. 1992, c. 57, art. 463.

personne humaine, être vivant »[8], support de la personnalité, oblige, en regard des questions qui seront abordées dans le cadre de cet ouvrage, à une certaine modestie. Prétendre « dresser une synthèse de toutes les solutions qui sont influencées par un facteur d'ordre personnel » serait en effet ambitieux, « car c'est tout le droit civil au moins qui serait à passer en revue »[9]. Elle obligerait par le fait même à faire appel à de nombreuses règles qui nous éloigneraient trop de l'étude du droit des personnes physiques au sens strict. Aussi nous en tiendrons-nous essentiellement aux dispositions du Livre I du Code civil, sans aborder non plus les règles relatives aux personnes morales qui se trouvent également dans le Livre I du Code civil. Cette étude ne peut cependant faire l'économie de l'analyse de certaines législations connexes qui sont en lien direct avec cette partie du Code civil et auxquelles celui-ci réfère d'ailleurs parfois expressément. On peut citer, par exemple, la protection des personnes souffrant d'une maladie mentale, l'organisation de la curatelle publique ou, encore, la protection des renseignements personnels dans certains secteurs de l'activité sociale.

On ajoutera enfin qu'une approche globale de la personne humaine relève aussi de la philosophie ou d'une métaphysique et pas seulement du droit positif. C'est « une notion méta-juridique », en ce sens qu'elle est le fondement essentiel de multiples règles de droit et « si le droit ne peut la méconnaître sans se perdre [...], il ne peut ni ne doit prétendre la définir »[10].

## IV - PLAN DE L'OUVRAGE

Le principe, en droit civil, est que tous les individus sont égaux. Cette égalité de principe, qui repose sur la reconnaissance de la personnalité juridique à tous les êtres humains, se traduit par l'affirmation d'un certain nombre de droits posés comme inhérents à la nature humaine. Elle explique également que tous les individus soient identifiés à partir des mêmes signes dans la vie juridique.

Le principe de l'égalité civile souffre cependant un certain nombre d'exceptions. Il existe en effet des inégalités juridiques qui

---

8. G. Goubeaux, *Traité de droit civil*, sous la direction de Jacques Guestin, *Les personnes*, Paris, LG.D.J., 1989, nos 32 et 33, p. 41-42.
9. C. Atias, *op. cit.*, note 1, no 5, p. 15. Voir pourtant la synthèse remarquable présentée par J. Pineau, *loc. cit.*, note 5.
10. *Ibid.* J. Pineau, à propos de la philosophie générale du *Code civil du Québec*, *loc. cit.*, note 5, p. 425.

font que, dans certains cas, des individus se verront privés de l'aptitude à acquérir un droit ou ne pourront agir par eux-mêmes, sur la scène juridique. Ce sont en fait des inégalités protectrices, qui se traduisent par les incapacités dont le droit entoure les personnes particulièrement vulnérables, soit en raison de leur inexpérience, soit du fait de l'altération de leurs facultés physiques ou mentales. De là la division adoptée pour la présentation de cet ouvrage, dont la première partie est consacrée à l'étude de la personnalité juridique et la seconde à celle des incapacités

# PARTIE I

# LA PERSONNALITÉ JURIDIQUE DES ÊTRES HUMAINS

# TITRE I
# PERSONNALITÉ JURIDIQUE
# ET VIE HUMAINE

Toute personne, du seul fait de son existence, a la personnalité juridique : elle a « la pleine jouissance des droits civils ». Le principe, qui trouve son expression à la fois dans l'article 1 de la *Charte des droits et libertés de la personne*[1] et dans l'article 1 du *Code civil du Québec*, ne souffre aujourd'hui aucune exception. Le droit n'admet en effet aucune discrimination et ce principe de non-discrimination est consacré comme droit fondamental dans les chartes[2]. Mais si la personnalité juridique est inhérente à l'être humain, la « jouissance » des droits est en réalité l'aptitude à devenir titulaire d'un droit (propriétaire, créancier) plutôt que l'acquisition effective de ce droit (toutes les personnes ne sont pas, par exemple, propriétaires mais elles ont, en droit, une égale vocation à le devenir). En ce sens, le principe juridique et la réalité sociologique ne se rejoignent que très partiellement. La personnalité juridique, qui est une construction du droit, n'en demeure pas moins un attribut fondamental de l'être humain. Elle est une condition de l'autonomie et de l'égalité formelle des individus dans notre société.

Personnalité juridique et jouissance des droits étant liées à l'existence même de la personne, nous nous interrogerons sur les critères qui permettent d'en déterminer le début et la fin (Chapitre I). Il arrive cependant que l'existence de la personne devienne incertaine (éloignement, absence, disparition). Nous aborderons chacun de ces scénarios pour constater comment ces situations sont gérées par le droit (Chapitre II).

---

1. *Charte des droits et libertés de la personne*, L.R.Q., c. C-12.
2. *Charte canadienne des droits et libertés*, Partie 1 de la *Loi constitutionnelle de 1982*, Annexe B de la *Loi de 1982 sur le Canada* (R.-U.), 1982, c. 11, art. 15 et *Charte des droits et libertés de la personne*, art. 10.

# CHAPITRE I

# DE L'EXISTENCE DE LA PERSONNE PHYSIQUE

**1.–** *Tout être humain vivant possède la personnalité juridique.* Même si l'article premier du Code civil et de la Charte québécoise se contentent de dire que *l'être humain* possède la personnalité juridique, il est clair que cette personnalité commence et disparaît avec la vie. Le droit ne définit pas le concept de vie. Il se contente plutôt d'en saisir les deux extrêmes : la naissance et la mort de la personne. Ces deux « moments » appellent des nuances et ne sont pas sans soulever de difficultés devant les avancées de la médecine et de la biologie pour qui l'un et l'autre de ces événements s'analysent comme un processus, un continuum, bien plus qu'un « instant ». Par exemple, les progrès en matière de réanimation peuvent conduire à une mort par étapes puisqu'il est même devenu possible de maintenir en état de fonctionnement biologique des êtres humains dont le cerveau est pourtant irrémédiablement détruit. On crée ainsi des étapes où les limites entre vie et mort semblent mouvantes. Entre le temps juridique qui est institué et le temps historique et vital[1] s'introduit un décalage qui oblige à interroger les rapports entre l'être humain et le sujet de droit. La notion de personne, qui est centrale en droit, pose donc des problèmes d'arrimage avec celle que propose la science, mais aussi avec celle qui relève des croyances et des convictions.

De fait, on ne trouve pas dans le *Code civil du Québec* une définition du mot « personne » ou d'« être humain ». C'est donc à partir de l'économie générale de ses dispositions que la solution s'infère. Il en va différemment en droit criminel. En effet, en vertu de l'article 223(1) du *Code criminel*, « un enfant devient un être humain au sens de la présente loi lorsqu'il est complètement sorti, vivant, du sein de sa mère : *a)* qu'il ait respiré ou non ; *b)* qu'il ait ou non une circulation indépendante ; *c)* que le cordon ombilical soit coupé ou non ». Ainsi, le fait de tuer un enfant dans le sein de sa mère ne constitue pas un

---

1. Y. Thomas, « L'être concret et la personne », dans O. Cayla et Y. Thomas, *Du droit de ne pas naître*, Paris, Gallimard, Collection Le Débat, 2002, p. 135, 140.

11

homicide puisque ce n'est pas tuer un « être humain »[2]. Par contre, la question s'est posée de savoir s'il est possible de conclure, dans un tel cas, à une négligence criminelle, au sens de l'article 220 C.cr. puisque cette disposition emploie les mots causer la mort « d'une autre personne » plutôt que « d'un autre être humain ». Dans l'affaire *R. c. Sullivan*[3], la Cour suprême a tranché cette question en décidant de façon unanime qu'il n'y avait pas à distinguer entre les deux termes, le mot « personne » étant synonyme de l'expression « être humain ». Il est donc aujourd'hui permis d'affirmer que « personne » et « être humain » sont, en droit canadien, des mots interchangeables. Deux ans plus tôt, la Cour suprême du Canada avait adopté la même position en regard du droit civil québécois dans l'affaire *Tremblay c. Daigle*[4], refusant de voir dans l'expression « être humain » (par opposition à « personne ») un argument en faveur de la reconnaissance de la personnalité juridique de l'enfant conçu mais pas encore né.

Il convient donc de s'arrêter sur les paramètres qui déterminent l'existence juridique de la personne humaine.

## Section I

### L'apparition de la personnalité humaine

**2.–** En droit privé comme en droit public, la naissance est le moment qui marque le début de l'existence humaine et donc de la personnalité juridique. Cet événement doit donc être constaté, déclaré et acté dans les registres de l'état civil (art. 111 à 117 C.c.Q.). L'embryon et le fœtus ne sont pas des personnes au sens juridique du terme. Ils ne jouissent donc pas, en l'absence de titre, des droits garantis par la *Charte canadienne des droits et libertés*[5] et par la *Charte des droits et libertés de la personne*[6].

---

2. Notons cependant qu'au moment d'écrire ces lignes (avril 2008), la Chambre des communes était saisie du controversé projet de loi C-484 – *Loi modifiant le Code criminel (blesser ou causer la mort d'un enfant non encore né au cours de la perpétration d'une infraction)*.

3. [1991] 1 R.C.S. 489, EYB 1991-67046. Voir également *R. c. Drummond*, (1997) 112 C.C.C. (3d) 481 (Ont. Prov. Div.). Sur la protection du fœtus *de lege data* et de *lege ferenda* en droit criminel, voir les articles 223(2) et 238(1) C.cr. ; Commission de réforme du droit du Canada, *Les crimes contre le fœtus*, document de travail n° 58, Ottawa, 1989.

4. *Tremblay c. Daigle*, [1989] 2 R.C.S. 530, EYB 1989-67833.

5. Partie I de la *Loi constitutionnelle de 1982*, Annexe B de la *Loi de 1982 sur le Canada* (R.-U.), 1982, c. 11 (ci-après citée *Charte canadienne*).

6. L.R.Q., c. C-12 (ci-après citée *Charte des droits et libertés*).

## §1 - L'enfant conçu et les chartes

**3.–** On ne trouve ni dans la *Charte canadienne*, ni dans la *Charte des droits et libertés*, de référence spécifique sur l'enfant à naître. La question s'est pourtant posée de savoir si certaines de leurs dispositions, de portée générale, pouvaient être interprétées comme incluant l'embryon et le fœtus[7].

**4.–** *La Charte canadienne et l'enfant à naître : une question presque réglée.* La question a été posée, notamment, au regard de l'article 7 de la *Charte canadienne* qui garantit à chacun « le droit à la vie, à la liberté et à la sécurité de sa personne », un droit qui ne peut être limité qu'en conformité avec « les principes de justice fondamentale » et qui ne peut être restreint que par « une règle de droit, dans des limites qui soient raisonnables et dont la justification puisse se démontrer dans le cadre d'une société libre et démocratique » (art. 1). Les tribunaux y ont répondu jusqu'à maintenant par la négative, sans que jamais la Cour suprême se soit prononcée sur la question.

**5.–** L'arrêt clé, en la matière, est l'affaire *Borowski* c. *Procureur général du Canada*[8]. Dans cette affaire, l'appelant demandait que soient invalidées les dispositions de l'article 251 du *Code criminel* (aujourd'hui, art. 287 C.cr.) et plus particulièrement la défense d'immunité contenue dans cette même disposition « légalisant » l'avortement thérapeutique, comme constituant une violation des droits à la vie, à la liberté et à la sécurité du fœtus garantis tant par l'article 1a) de la *Déclaration canadienne des droits*[9], que par l'article 7 de la *Charte canadienne*. L'appelant s'appuyait sur des arguments d'ordre linguistique, notamment sur l'emploi par le législateur des mots « individu », dans la *Déclaration canadienne des droits* et, « chacun » dans la *Charte canadienne*, par opposition à « toute personne ». Invoquant l'absence de tout fondement qui puisse juridiquement autoriser la conclusion que le fœtus est une personne, le fait qu'aucun des deux textes ne permet de dégager une intention claire de la part du législateur comme du constituant, ainsi que la nature des autres droits garantis par l'un et l'autre de ces instruments, où l'on réfère aux mots « individu « et « chacun », la Cour d'appel de la Saskatchewan a rejeté la demande.

---

7. Nous reprenons ici la distinction que fait la *Loi sur la procréation assistée*, L.C. 2004, c. 2 qui utilise le mot embryon pour désigner l'enfant à naître jusqu'au cinquante-sixième jour de développement suivant la fécondation alors que le mot fœtus est réservé à la période depuis le cinquante-septième jour de la fécondation jusqu'à la naissance. C'est un découpage du temps de gestation que l'on retrouve dans de nombreux textes législatifs et administratifs un peu partout dans le monde.
8. [1987] 4 W.W.R. 385, 33 C.C.C. (3d) 402 (Sask. C.A.).
9. L.R.C. (1985), App. III, loi ayant valeur quasi constitutionnelle.

Saisie de l'affaire, la Cour suprême du Canada a confirmé la décision, mais pour d'autres motifs[10]. La Cour ne s'est pas prononcée sur le fond, pour les raisons suivantes : l'appel est théorique, car il ne résout pas un litige ; l'appelant n'a pas la qualité pour agir puisqu'il n'invoque pas une violation de ses droits, mais de ceux du fœtus ; le contexte législatif de la demande a disparu, l'article 251 du *Code criminel* ayant été invalidé, entre-temps, par la Cour suprême[11]. Un peu plus tard, la Cour suprême refusa encore une fois d'intervenir alors que dans une affaire où une personne avait été accusée d'enfreindre la législation provinciale sur l'accès aux services d'avortement, en raison du fait qu'elle avait manifesté devant une clinique d'avortement, la Cour d'appel de la Colombie-Britannique avait rappelé que le fœtus, n'étant pas une personne, ne bénéficie pas du droit à la vie qui est protégé par l'article 7 de la *Charte canadienne* : *R. c. Demers*[12] . Il est intéressant de noter que dans cet arrêt, les juges de la Cour d'appel de la Colombie-Britannique sont d'avis que lorsque la Cour suprême avait décidé, dans *Office des services à l'enfant et à la famille de Winnipeg (région du Nord-Ouest) c. G. (D.F.)*, [1997] 3 R.C.S. 925, que l'absence de personnalité juridique de l'enfant à naître est un « principe général applicable dans tous les domaines du droit » (par. 3), cette affirmation s'étend également à la *Charte canadienne*. Autrement dit, l'interprétation que donne la Cour d'appel de la Colombie-Britannique à la jurisprudence de la Cour suprême est à l'effet que cette dernière se serait donc clairement prononcée sur la question de l'absence de protection constitutionnelle du fœtus dans le cadre de la *Charte canadienne*. La Cour suprême du Canada a donc, dans l'arrêt *Winnipeg*, clairement consacré le principe juridique de la primauté de l'autonomie de la femme enceinte. La solution

---

10.  *Borowski c. Procureur général du Canada*, [1989] 1 R.C.S. 342, EYB 1989-95668. À la lumière des principes qui gouvernent l'interprétation de la *Charte canadienne*, nous sommes d'avis que si la Cour suprême devait être saisie de cette question, elle en arriverait aux mêmes conclusions. Dans le même sens, voir M. Shaffer, « Fœtal Rights and the Regulation of Abortion », (1994) *R.D. McGill* 59 ; D. Gresner, « Abortion and Democracy for Women : A Critique of *Tremblay* v. *Daigle* », (1990) 35 *R.D. McGill* 633. Pour une approche européenne de la question du statut juridique de l'enfant conçu, voir A. Bertrand-Mirkovic, « L'enfant à naître est-il une personne protégée par la Convention européenne de sauvegarde des droits de l'homme ? », (2005) *Revue générale de droit médical* 14, 197-223.

11.  *R. c. Morgentaler*, [1988] 1 R.C.S. 30, EYB 1988-67444. Dans cette affaire, la Cour suprême a déclaré inopérant l'article 251 C.cr. qui restreignait l'accès à l'avortement. Aux yeux de la Cour, les modalités d'accès à l'interruption volontaire de grossesse violent le droit à la sécurité de la femme, garanti par l'article 7 de la *Charte canadienne*. La question n'a donc pas été abordée sous l'angle des droits du fœtus, mais plutôt sous celui des restrictions imposées aux femmes enceintes. Bien que cette décision ait eu pour conséquence de décriminaliser l'avortement, ce n'est pas l'objectif de protection du fœtus, mais bien les moyens employés par le législateur pour atteindre cet objectif qui sont au cœur de la décision rendue par la Cour suprême. Bien que cette disposition figure encore dans le *Code criminel* (art. 287 C.cr.), elle n'en demeure pas moins inopérante, compte tenu des conclusions de la Cour suprême dans l'arrêt *Morgentaler*.

12.  *R. c. Demers*, (2003) 102 C.C.R. (2d) 367, 2003 BCCA 28 (CanLII) [permission d'appeler à la Cour suprême refusée : [2003] 2 R.C.S. VII].

juridique laisse cependant intacte la question de l'obligation morale de la femme enceinte en regard de sa grossesse[13].

**6.–** *La Charte des droits et libertés de la personne : un débat qui est clos.* Sur la scène provinciale, c'est en regard de la généralité du terme « être humain » employé tant à l'article 1 de la *Charte des droits et libertés de la personne*[14] qu'à l'article 1 du *Code civil du Québec* et sur l'emploi de ce même terme qu'on retrouve à la fois dans le préambule et à l'article 2 de la Charte[15], par opposition au mot « personne » utilisé aux articles suivants, que le débat s'est engagé ; et c'est sur le terrain du droit privé qu'il a été tranché. La réponse ne souffre aujourd'hui aucune ambiguïté : la Cour suprême, dans l'arrêt *Tremblay* c. *Daigle*[16], a clairement affirmé que dans l'un et l'autre cas, les mots « être humain » réfèrent à la personne juridique et que pour avoir la qualité de personne, il faut naître vivant et viable. Selon ce raisonnement de la Cour suprême, le fœtus ne possède donc pas la personnalité juridique.

**7.–** *L'affaire Daigle c. Tremblay* – Dans cette affaire, s'appuyant sur ces mêmes dispositions ainsi que sur les articles 752 et 753 du *Code de procédure civile*, le compagnon d'une jeune femme s'est adressé aux tribunaux en vue d'obtenir une injonction interlocutoire ordonnant à cette dernière « de s'abstenir, sous toute peine que de droit, de se soumettre à un avortement ou de recourir volontairement à toutes méthodes qui, directement ou indirectement, conduiraient à la mort du fœtus qu'elle porte ». Une ordonnance à cet effet fut rendue par la Cour supérieure[17] dont la Cour d'appel, sur division, confirma la décision[18]. L'affaire fut ensuite portée devant la Cour suprême du Canada qui accueillit le pourvoi, puis infirma le jugement de la Cour d'appel, cassant, par voie de conséquence, l'injonction obtenue dans les instances antérieures.

---

13. Sur l'aspect éthique de la question de l'autonomie de la femme enceinte, voir M.T. Giroux, « L'autonomie de la femme enceinte et la protection de l'enfant à naître : une perspective éthique », dans Service de la formation continue, Barreau du Québec, vol. 261, *Autonomie et protection*, Cowansville, Éditions Yvon Blais, 2007, p. 33-59.
14. « Tout être humain a droit à la vie, ainsi qu'à la sûreté, à l'intégrité et à la liberté de sa personne. Il possède également la personnalité juridique. » Un droit qui doit s'exercer « dans le respect des valeurs démocratiques, de l'ordre public et du bien-être général des citoyens du Québec » (art. 9.1 de la Charte).
15. « Tout être humain dont la vie est en péril a droit au secours. »
16. *Tremblay* c. *Daigle*, [1989] 2 R.C.S. 530, EYB 1989-67833 ; [1989] R.J.Q. 1735, EYB 1989-63356 (C.A.), conf. [1989] R.J.Q. 1980 (C.S.)
17. *Tremblay* c. *Daigle*, [1989] R.J.Q. 1980, EYB 1989-79700 (C.S.).
18. *Daigle* c. *Tremblay*, [1989] R.J.Q. 1735, EYB 1989-63356 (C.A.).

Ici encore, la Cour a rejeté les arguments d'ordre linguistique, s'appuyant sur des arguments d'ordre contextuel et, plus particulièrement, les dispositions du *Code civil du Québec* qui, dans certains cas, permettent de faire rétroagir à la date de la conception l'acquisition de la personnalité juridique.

La Cour a écarté l'argument selon lequel le fœtus est tout simplement un être humain au sens ordinaire du terme : « Le sens de l'expression « être humain » est pour le moins une question hautement controversée, qui ne peut être réglée par une décision linguistique, un argument purement linguistique présente la même faille qu'un argument purement scientifique : il tente de trancher le débat juridique par des moyens non juridiques [...] » (p. 554-555).

Soulignons à cet égard que, dès le départ, la Cour a tenu à préciser qu'elle n'entendait pas intervenir dans des débats d'ordre métaphysique : « Cet argument [selon lequel le fœtus est « un être humain », qui à ce titre a droit à la vie et droit au secours], doit être examiné dans le contexte de la législation en cause. La Cour n'est pas tenue d'intervenir dans les débats philosophiques et théologiques quant à savoir si le fœtus est une personne ; sa tâche est plutôt de répondre à une question juridique, à savoir si le législateur québécois a attribué au fœtus le statut de personne. Pour pertinents que puissent être les arguments métaphysiques, ils ne sont pas l'objet principal de l'analyse. Les arguments scientifiques sur le statut biologique du fœtus ne sont pas déterminants non plus. La classification juridique et la classification scientifique du fœtus sont deux démarches différentes. L'attribution de la personnalité au fœtus est en droit une tâche essentiellement normative. Elle a pour conséquence la reconnaissance de droits et d'obligations – une préoccupation totalement étrangère à la classification scientifique. Bref, la tâche de cette Cour est juridique. Les décisions fondées sur des choix sociaux, politiques, moraux et économiques au sens large, doivent plutôt être confiés au législateur » (p. 553).

Quant à l'argument tenant au fait que dans son préambule et aux articles 1 et 2, la Charte parle d'« êtres humains » et de « personnes » dans les articles suivants, distinction importante selon l'intimé, l'expression « être humain » étant plus large que le terme « personne » et incluant donc, à ses yeux, le fœtus, la Cour n'a pas plus souscrit à ce point de vue. D'abord parce que l'expression « être humain » ne fait ici que qualifier le mot « personne », reflétant ainsi l'intention du législateur d'empêcher les personnes artificielles, soit les personnes morales, de bénéficier des droits et libertés conférés par la Charte ; un argument avancé, en Cour d'appel, par la juge Tourigny, dissidente, et explication « beaucoup plus plausible », aux yeux de la Cour, que celle de l'intimé. De l'avis de cette dernière, la *Charte québécoise*, prise dans son ensemble, ne traduit aucune intention manifeste de la part du législateur de prendre en considération le fœtus, ce qui ressort à la fois des termes mêmes du préambule et de l'absence de définition des termes « être humain » et « personne » (p. 553-554).

Analysant ensuite les dispositions pertinentes du Code civil qui reconnaissent des droits patrimoniaux et mettent en place des mécanismes en vue de préserver les intérêts du fœtus[19], la Cour en est venue à la conclusion que ces dispositions portaient explicitement qu'à moins que le fœtus ne naisse vivant et viable, il ne bénéficiera pas des droits qui y sont reconnus (p. 554) et qu'elles tendaient plutôt à justifier la conclusion contraire, à savoir que le fœtus n'a pas la personnalité juridique aux termes du Code civil (p. 558). En d'autres termes, « le fœtus n'est traité comme une personne que dans les cas où il est nécessaire de le faire pour protéger ses intérêts après sa naissance » (p. 560).

**8.–** Soulignons que depuis lors, la Cour suprême qui, dans l'affaire *Daigle* avait étendu son analyse à la common law, a confirmé sa position. Réitérant le principe que le fœtus n'a pas le statut de personne, la Cour a estimé qu'elle n'avait pas compétence pour ordonner la garde en établissement d'une femme enceinte qui inhalait des vapeurs de solvant pour la faire traiter et ainsi protéger le fœtus[20]. Le droit, écrit la Cour, « a toujours considéré que la femme enceinte et l'enfant qu'elle porte ne formaient qu'une seule et même personne ». Ce n'est qu'après la naissance que l'enfant acquiert une personnalité juridique distincte. En ce sens « Intenter une poursuite contre la femme enceinte au nom du fœtus, c'est poser en principe une anomalie puisqu'une partie d'une entité juridique et physique agirait en justice contre elle-même »[21]. Enfin « rendre une ordonnance visant à protéger le fœtus empièterait donc radicalement sur les libertés fondamentales de la femme enceinte, qu'il s'agisse du choix de son mode de vie, de sa manière d'être ou de l'endroit où elle choisit de vivre »[22], un pouvoir qui n'appartient pas aux tribunaux, mais bien plutôt au

---

19. Art. 608, 771, 838, 945 et 2543 C.c.B.-C., qui trouvent leur équivalent, aujourd'hui, dans les articles 617, 1891, 1242, 1279 et 2247 C.c.Q.

20. *Office des services à l'enfant et à la famille de Winnipeg (région du Nord-Ouest)* c. *G. (D.F.)*, [1997] 3 R.C.S. 925, REJB 1997-02909 (désormais cité, *Office des services à l'enfant et à la famille*). Sur le mécanisme de l'injonction et son incompatibilité avec le droit criminel, voir M. Morin, « Les confins du droit civil et du droit pénal : l'avortement et les droits de l'enfant conçu », (1997) *R.D. McGill* 199, 267-269 et *Thériault* c. *Gauvreau*, J.E. 96-1737, EYB 1996-29266 (C.S.).

21. *Ibid.*, p. 953 (M$^{me}$ la juge McLachlin).

22. *Ibid.*, p. 944-945, décision qui, soulignons-le, n'a pas rallié la totalité des juges de la Cour suprême, les juges Major et Sopinka ayant exprimé leur dissidence et considérant, à certaines conditions, que le tribunal, en vertu de sa compétence de *parens patriae*, pourrait intervenir. L. Langevin, « Entre la non-reconnaissance et la protection : la situation juridique de l'embryon et du fœtus au Canada et au Québec », (2004) *Revue internationale de droit comparé* 39 ; S. Philips Nootens : « La Cour suprême face à la vie, face à la mort : de valeurs et droits », (2002) 79 *R. du B. can.* 145 et S. Rodgers, « The Legal Regulation of Women'S Reproduction Capacity in Canada », dans J. Downie, T. Caulfield et C.M. Flood (dir.), *Canadian Health Law and Policy*, Toronto, Butterworths, 2002, p. 231.

législateur[23]. Sans entrer dans le débat sur la constitutionnalité d'une telle législation, mentionnons que le législateur du Yukon n'a pas hésité à franchir ce pas en autorisant le directeur des services à l'enfance et à la famille à « demander à un juge de rendre une ordonnance obligeant la femme à se soumettre à la surveillance ou à la consultation professionnelle raisonnable précisée dans l'ordonnance concernant sa consommation de telles substances » lorsqu'il « a des motifs raisonnables et probables de croire et croit qu'un fœtus risque fort d'être victime du syndrome d'alcoolisme fœtal ou d'une autre maladie congénitale causée par la consommation par une femme enceinte de substances qui créent une dépendance à des substances enivrantes »[24].

Il convient donc de s'arrêter sur les raisons qui, du point de vue du droit civil, gouvernent l'acquisition de la personnalité juridique : la naissance vivante et le caractère de viabilité de l'enfant.

### §2 - Les conditions d'acquisition de la personnalité juridique

#### A. Le principe

**9.–** *La personnalité juridique n'appartient qu'à l'enfant qui naît vivant et viable.* L'enfant mort-né, de même que l'enfant né vivant mais dont la conformation ne lui permet pas de survivre (malformations qui rendent la mort inéluctable, enfant dont les organes sont insuffisamment développés et qui ne peut avoir de vie indépendante parce que né trop prématurément) ne sont pas des personnes aux yeux du droit. Ils sont considérés comme n'ayant jamais eu d'existence civile[25]. Pour naître vivant, l'enfant sorti du sein de sa mère doit

---

23. *Ibid.*, p. 955. Une intervention qui, selon certains auteurs, en regard de comportements excessifs, serait justifiée : R.P. Kouri et S. Philips-Nootens, *L'intégrité de la personne et le consentement aux soins*, 2e éd. (ci-après cité *L'intégrité de la personne*), Cowansville, Éditions Yvon Blais, 2005, nos 117-118, p. 116, Voir également, E.W. Keyserling, *The Unborn Child's Right to Prenatal Care*, Montréal, Centre de recherche en droit privé comparé du Québec, 1984.

24. *Loi sur l'enfance*, L.R.Y. 2002, c. 31, art. 135. En vertu de la *Loi sur la santé et la sécurité publique* de ce territoire (L.R.Y. 2002, c. 176), un règlement y a été adopté prévoyant une obligation de signalement des cas de syndrome d'alcoolisme fœtal : *Règlement sur le signalement du syndrome de l'alcoolisme fœtal*, Y.D. 2000/179.

25. Voir *K. B. c. Société de l'assurance automobile du Québec*, [2004] T.A.Q. 781 où le tribunal conclut que l'enfant mort-né par les suites d'un accident de la route ne se qualifie pas comme « victime » au sens de la *Loi sur l'assurance-automobile*. Voir également *Assurance-automobile – 9*, [1984] C.A.S. 489 et *Aide sociale – 2*, [1993] C.A.S. 30 ; *Julien c. J.E. Roy Inc.*, [1975] C.S. 401 ; *Assurance automobile – 25*, [1982] C.A.S. 270.

avoir respiré complètement[26], peu importe s'il meurt peu de temps après la naissance. L'essentiel est qu'il ait vécu, ne fût-ce qu'un court instant ; il sera réputé avoir eu la personnalité juridique, sauf à rapporter la preuve qu'en raison de sa conformation il était dans l'incapacité d'avoir une vie autonome. L'enfant né vivant est présumé viable ; c'est donc à ceux qui allèguent la non-viabilité qu'il appartient d'en faire la preuve[27]. S'agissant d'un fait juridique, cette preuve peut se faire par tous les moyens, même si l'expertise médicale est généralement incontournable.

Encore faut-il s'entendre sur l'objet de l'expertise. En effet, on assiste aujourd'hui à un recul des frontières de la viabilité puisque la technologie médicale permet désormais de pallier le défaut de maturité, voire les erreurs de la nature. En ce sens, la survie d'un enfant né prématurément ou souffrant de certaines malformations dépend très largement de l'équipement disponible[28]. « Dès lors, les experts doivent-ils rechercher si, concrètement, l'utilisation de moyens disponibles et éprouvés aurait permis à l'enfant de survivre [...] Peuvent-ils tenir compte de découvertes scientifiques encore mal connues et en tous cas inapplicables dans les circonstances de temps et de lieu considérées ? La première méthode aboutit à une relativité de la notion peu satisfaisante ; la seconde risque de faire naître des controverses sur l'appréciation des mérites de recherches savantes et d'expériences parfois lointaines »[29]. Par ailleurs, peut-on, au motif qu'ils ne sont pas nés via-

---

26. *Allard* c. *Monette*, (1928) 66 C.S. 291, 293. Ainsi que le soulignent certains auteurs, référant ici à la définition de la naissance vivante de l'Organisation mondiale de la santé, cette définition manque de nuance même si, depuis, elle n'a jamais été contestée devant les tribunaux québécois ; R.P. Kouri et S. Philips-Nootens, *L'intégrité de la personne*, *op. cit.*, note 23, n° 97.

27. *Allard* c. *Monette*, précité, note 26.

28. Voir, en ce sens, les commentaires de la Commission de réforme du droit du Canada dans son document de travail n° 58, *Les crimes contre le fœtus*, *op. cit.*, note 3, p. 60 et C. Léonard, « Monitoring fœtal », dans Institut canadien, *Responsabilité médicale en matière d'obstétrique, de chirurgie et d'anesthésie*, Toronto, 1997. Sur la notion de viabilité, voir également P. Salvage, « La viabilité de l'enfant nouveau-né », (1976) *R.T.D.C.* 725.

29. G. Goubeaux, *Traité de droit civil*, sous la direction de J. Ghestin, t. I, *Les personnes*, Paris, L.G.D.J., 1989, n° 41, p. 48-49. L'Association médicale canadienne et la Société des obstétriciens et gynécologues du Canada tiennent toutes deux la viabilité pour possible, dans des circonstances habituelles, à 22 semaines après les dernières menstruations ou lorsque le fœtus atteint le poids de 500 grammes. Ces critères sont par ailleurs conformes aux recommandations qui ont été émises par l'Organisation mondiale de la santé (*supra*, note 26) en 1987. On notera d'ailleurs qu'en vertu de la réglementation dans le cadre de la *Loi sur les laboratoires médicaux, la conservation des organes, des tissus, des gamètes et des embryons, les services ambulanciers et la disposition des cadavres*, L.R.Q., c. L-02, l'enfant mort-né et le fœtus avorté de plus de 500 grammes doivent faire l'objet d'une déclaration de mortinaissance pour les fins du registre de la population : *Règlement d'application de la Loi sur la protection de la santé publique*, R.Q., c. L- 0.2, r. 1, art. 9. Ajoutons que bien que le fœtus avorté et l'enfant mort-né n'aient jamais eu la personnalité

bles, ne pas reconnaître comme des personnes juridiques des enfants comme par exemple les enfants anencéphales, dont l'expectative de vie peut aller de quelques jours à quelques mois, ou est autrement lourdement hypothéquée ? Certains pays ont coupé court aux difficultés en accordant la personnalité juridique à tout enfant né vivant, même non viable. C'est le cas, notamment, de l'Allemagne et de la Suisse qui, de l'avis de certains auteurs, ont peut-être emprunté la voie de la sagesse[30].

Concrètement, la question de la viabilité, et donc de l'acquisition des droits, ne se présente que lorsque l'enfant meurt immédiatement après la naissance. Elle détermine alors l'attribution rétroactive d'une certaine protection intra-utérine. Le droit se préoccupe des intérêts des personnes futures et fait remonter l'aptitude à acquérir certains droits à la date de la conception.

### B. La consécration d'une maxime coutumière

**10.–** *La personnalité de l'enfant né vivant et viable rétroagit, dans son intérêt, à la date de sa conception.* Si l'enfant conçu n'acquiert la personnalité juridique qu'à partir du moment où il est capable de vie autonome, le droit civil lui permet, une fois qu'il a accédé au statut de personne, de réclamer certains droits acquis pendant sa vie intra-utérine[31]. Il s'agit d'une autre fiction du droit, qui trouve son expression dans une maxime coutumière, elle-même héritée du droit romain et selon laquelle l'enfant simplement conçu est réputé né chaque fois qu'il s'agit de ses intérêts (*infans conceptus pro nato habetur quoties de commodis ejus agitur*)[32]. Érigé au statut de principe général de droit, cette maxime constitue une source de droit positif [33].

---

juridique, le législateur leur accorde pas moins le statut de défunt pour les fins de cette même loi (art. 1j)) et que dans certains pays, comme la France, on dresse même un acte d'état civil d'enfant sans vie (art. 19-1, al. 2 du *Code civil*).

30. G. Goubeaux, *op. cit.*, note 29, n° 41, p. 48-49 ; C. Philippe, « La viabilité de l'enfant nouveau-né », *D.S.* 1996, chron. 29.

31. Et l'on doit aujourd'hui ajouter celle de sa vie au stade « préembryonnaire » dans le cas de la fécondation *in vitro* et de sa vie « en suspension » lorsque, avant l'implantation dans l'utérus « maternel », on procède à sa cryogénisation.

32. Encore citée *Infans nasciturus pro nato habetur quoties de commodo ejus agitur*, A. Mayrand, *Dictionnaire de maximes et locutions latines utilisées en droit*, 4e éd., mise à jour par Mairtin Mac Aodha, Centre de recherche en droit privé et comparé du Québec, Cowansville, Éditions Yvon Blais, 2007, p. 225.

33. P.-A. Crépeau, « L'affaire *Daigle* et la Cour suprême du Canada ou la méconnaissance de la tradition civiliste », dans *Mélanges Germain Brière*, sous la direction de E. Caparros, Montréal, Wilson & Lafleur, 1993, p. 218, 257.

Le *Code civil du Québec*, au même titre que son prédécesseur le *Code civil du Bas-Canada*, prévoit une série de situations où cet adage trouve application. C'est le cas en matière de successions (art. 617, al. 1 C.c.Q.), de substitutions (art. 1242 C.c.Q.), de fiducies (art. 1279 C.c.Q.), de donations (art. 1814, al. 1 C.c.Q.) et en matière d'assurances de personnes (art. 2447 C.c.Q.)[34]. Dans certains cas (en matière de donation, de fiducie, de succession), le Code va même au-delà de la maxime classique en permettant d'avantager des enfants à naître et non encore conçus[35]. Les exemples d'application de la maxime *infans conceptus...* que l'on retrouve dans le Code civil ainsi que dans d'autres lois, ne sont cependant pas limitatifs. La Cour suprême du Canada a en effet reconnu que la maxime était d'application générale en droit civil. Ainsi, l'enfant, une fois né, peut réclamer des dommages-intérêts pour le préjudice résultant du fait d'un tiers et de l'atteinte portée à son intégrité alors qu'il était encore dans le ventre de sa mère. Cette application générale de la maxime a été préconisée dans l'arrêt clé de la Cour suprême *Montreal Tramways Co. c. Léveillé*[36]. Dans cette affaire, un enfant était né avec un handicap (des pieds bots) et la preuve avait permis d'établir que cette difformité résultait d'un accident imputable à la faute du conducteur de tramway et survenu pendant la grossesse de la mère. Appliquant la maxime *infans conceptus...* la Cour suprême accorde à l'enfant, né vivant et viable, une indemnisation pour le dommage subit *in utero* :

> À l'argument [...] qu'un enfant non encore né, étant donné qu'il fait simplement partie de sa mère, n'a pas d'existence indépendante et ne saurait en conséquence intenter une action (en responsabilité), il faut, selon moi, répondre que, bien que l'enfant ne fût pas en fait né au moment où la société par sa faute a créé les conditions qui ont provoqué la malformation de ses pieds, il est néanmoins réputé l'avoir été en droit civil si cela est dans son intérêt. Par conséquent, quand l'enfant est par la suite né vivant et viable, il se trouvait revêtu de tous les droits d'action qu'il aurait possédés s'il avait réellement existé lors de l'accident. La lésion occasionnée par l'acte délictuel de la société s'est manifestée à la naissance de l'enfant et le droit d'action était dès lors acquis.[37]

---

34. Voir également, pour une application particulière, l'article 66 de la *Loi sur l'assurance automobile*, L.R.Q., c. A-25, selon lequel l'enfant de la victime né après le décès de cette dernière est réputé une personne à charge de moins de un an.
35. Voir les articles 439, 1239, 1289 et 1840 C.c.Q.
36. *Montreal Tramways Co. c. Léveillé*, [1933] R.C.S. 456.
37. *Ibid.*, p. 465 (traduction). Voir cependant *Schrierer c. Canada (Sous-Procureur général)*, (1996) 109 F.T.R. 28, (1997) C.C.L. 5511, où le tribunal, en s'appuyant

Ainsi, l'enfant ou son représentant pourraient intenter une action en responsabilité contre le médecin ou l'établissement hospitalier pour un préjudice subi pendant la gestation ou au cours de l'accouchement et obtenir réparation sous forme d'indemnité[38]. La maxime *infans conceptus* consacre ainsi une fiction juridique qui joue en sa faveur, jamais contre lui[39].

**11.** – *L'action en responsabilité pour vie préjudiciable.* Sources de progrès, la médecine prénatale et la médecine génétique sont à l'origine de revendications nouvelles. En effet le fœtus est devenu, sans pour autant en avoir la qualité, une forme de « patient » [40], la relation contractuelle entre sa mère et son médecin emportant des obligations à son endroit. De fait, et par l'intermédiaire de la femme qui le porte, le fœtus « jouit aujourd'hui de toute une gamme de services de santé, allant des examens prénatals aux interventions intra-utérines »[41]. Mais grâce au dépistage et aux tests génétiques, il est possible également de prévenir le handicap, ce qui soulève une question d'un autre ordre : l'enfant dont le handicap aurait pu être diagnostiqué pendant la grossesse ou encore anticipé, en raison d'antécédents familiaux, a-t-il un recours contre les professionnels de la médecine qui n'auraient pas fourni les informations qui, si elles avaient été portées à la connaissance de la future mère, l'auraient amenée à décider d'avorter et, plutôt que de poursuivre une grossesse à risque, à privilégier la voie de l'adoption ou de la procréation assistée ? L'enfant pourrait-il poursuivre en responsabilité pour vie préjudiciable le laboratoire qui a procédé aux analyses, en cas d'erreur de diagnostic (faux négatif) ?

Au Québec, comme dans les provinces canadiennes de common law, les tribunaux ont refusé jusqu'à présent de reconnaître un

---

sur le *Décret concernant les paiements à titre gracieux aux personnes déstructurées à l'Institut Allen Mémorial au cours des années 1950 et 1965,* rejette la demande d'indemnisation du requérant au motif qu'il n'était pas un patient au sens du Décret, puisqu'il n'était pas né. En l'espèce, la preuve avait pourtant démontré que les médicaments administrés ainsi que les effets provoqués par les électrochocs avaient traversé le placenta. Pour un commentaire de cette décision, voir, G. Koren, P. Selby et B. Kapur, « Is a Fetus a non-Consenting Patient ? », (2004) 50 *Can. Fam. Physician* 1219-1221.

38.  Ou encore à la suite d'un avortement raté : *Cherry* c. *Borsman*, (1992) 94 D.L.R. (4th) 487 (C.A. C.-B), affaire dans laquelle la mère et l'enfant, né handicapé, ont été indemnisés. Voir aussi *Batoukaeva* c. *Fugère*, 2006 QCCS 1950.

39.  *Ivanhoe inc.* c. *TUAC, section locale 500*, [2001] 2 R.C.S. 565, REJB 2001-25016, par. 100.

40.  R.P. Kouri et S. Philips-Nooteens, *op. cit.*, note 23, n° 139.

41.  L. Langevin, *loc.cit.*, note 22, p. 59.

recours à l'enfant, invoquant des considérations d'ordre social[42], sans compter les difficultés que peut soulever l'évaluation des dommages. Comment en effet comparer la vie avec le néant, c'est-à-dire la non-existence d'un être humain ? De l'avis de certains auteurs, rien n'autorise théoriquement à rejeter ce genre d'action, en common law, comme en droit civil[43]. La question demeurerait donc en suspens. Par contre, dans un système comme dans l'autre, les parents peuvent se faire indemniser dans la mesure où ils peuvent prouver l'existence d'un préjudice qui leur est propre[44].

**12. – Le recours de l'enfant contre sa mère.** S'il est impensable, en l'état actuel du droit au Québec, qu'on puisse contraindre une femme à subir une césarienne ou qu'en raison de son style de vie et compte tenu des incidences qu'il peut avoir sur le développement normal du fœtus (tabagisme, alcoolisme, toxicomanie), on puisse, pendant la gestation, mettre cette personne sous tutelle, qu'en est-il d'un éventuel recours de l'enfant, né vivant et viable, contre sa propre mère ? Si l'on applique les principes dégagés par la Cour suprême dans l'arrêt *Montreal Tramways*, il devient possible d'imaginer qu'un enfant, une fois né, puisse réclamer des dommages et intérêts pour le handicap avec lequel il est venu au monde et imputable au comportement de sa mère pendant la grossesse. En effet, dans *Montreal Tramways*, le juge Lamont, s'exprimant au nom de la Cour à la majorité, écrivait que « permettre à l'enfant né vivant et viable d'agir en justice afin

---

42. *Engstrom* c. *Moreau*, [1986] R.J.Q. 3048, EYB 1986-79061 (C.S.) et *Cataford* c. *Moreau*, [1978] C.S. 933 (toutefois, en l'espèce, l'enfant né à la suite d'une stérilisation ratée, était en parfaite santé). Pour les juridictions de common law, voir *Arndt* c. *Smith*, [1997] 2 R.C.S. 539 ; *Lacroix (Litigation Guardian of)* c. *Dominique*, (1999) 141 Man. R. (2d) 1 (Q.B.), requête pour autorisation d'appeler à la Cour suprême rejetée. Pour une analyse de la question, voir T. Caulfield, « Liability in the Genetic Era : Wrongful Birth and Wrongful Life Lawsuits », (2001) 23(2) *J. Soc. Obstet. Gynaecol. Can.* 143-147 et E. Nelson et G. Robertson, « Liability for Wrongful Birth and Wrongful Life », *Isuma* 2001, vol. 2, n° 3, en ligne : http://www. isuma.net/v02n03/nelson/nelson-e-shtlm.

43. L. Langevin, *loc. cit.*, note 22, p. 53, qui s'appuie sur l'article 1457 C.c.Q. Pour la common law, voir A. Shapiro, « Wrongful Life Law Suits for Faulty Genetic Counselling : Should the Impaired Newborn be Entitled to Sue ? », (1998) 24 *J.Med. Ethics* 369-375.

44. *Engstrom* c. *Courteau*, [1986] R.J.Q. 3048, EYB 1986-79061 (C.S.) ; *Cataford* c. *Moreau*, [1978] C.S. 933 ; *Cooke* c. *Suite*, [1995] R.J.Q. 2765, EYB 1995-59148 (C.A.) (pour une analyse critique de cette dernière décision, voir L. Langevin, « The Compensation of Wrongful Pregnancy in Quebec Civil Law », (1999)14 *Revue canadienne Droit et Société* 61) ; *Krangle (Tutrice à l'instance de)* c. *Brisco*, (1997) 154 D.L.R (4th) 707 (C.S. B.-C.), infirmé en partie par (2000) 184 D.L.R. (4th) 251 (C.A. B.-C.). La Cour suprême a par la suite rétabli le jugement de première instance, mais le litige ne portait que sur la question de la compensation, la responsabilité du médecin étant acquise [2002] 1 R.C.S. 205, REJB 2002-27592.

d'obtenir réparation du préjudice infligé à tort à sa personne alors qu'il était dans le ventre de sa mère est simplement conforme à la justice naturelle »[45]. La question du droit de l'enfant de poursuivre sa mère s'est posée à la Cour suprême dans une affaire venant du Nouveau-Brunswick et qui a donné lieu à un arrêt de principe dans *Dobson (Tuteur à l'instance de)* c. *Dobson*[46]. Dans cette cause, un enfant né prématurément et handicapé à la suite d'un accident d'automobile dont sa mère, alors enceinte de sept mois, était responsable, réclame de celle-ci des dommages-intérêts à titre d'indemnisation. Appliquant les principes de la responsabilité délictuelle de la common law et constatant que l'imposition à la femme enceinte d'une obligation légale de diligence à l'égard du fœtus qu'elle porte constituerait une intrusion grave dans la façon dont les femmes entendent vivre leur grossesse, la Cour suprême conclut que la mère doit bénéficier d'une immunité générale. L'enfant ne peut donc poursuivre sa mère pour les dommages qu'il a subis *in utero* par la faute de celle-ci. Ce faisant, la Cour suprême met de l'avant le droit des femmes à la vie privée et à l'autonomie. En *obiter* la Cour suprême suggère cependant que le législateur pourrait fort bien créer une exception à ce principe d'immunité de la mère en matière délictuelle afin de permettre une indemnisation, soigneusement balisée, en faveur de l'enfant victime d'un tel accident de la circulation avant sa naissance[47].

**13.** – On peut questionner le fait que cette immunité parentale dont jouit la mère de l'enfant au titre de la common law, telle qu'interprétée par la Cour suprême du Canada dans l'affaire *Dobson*, puisse être transposée en droit civil québécois, compte tenu du devoir général de « respecter les règles de conduite qui, suivant les circonstances, les usages ou la loi s'imposent à toute personne », édicté à l'article 1457 C.c.Q. et qui n'existe pas comme tel en common law. Il est vrai que la décision rendue par cette même cour dans l'affaire

---

45. *Montreal Tramways Co.* c. *Léveillé*, [1933] R.C.S. 456, 464.
46. [1999] 2 R.C.S. 753, REJB 1999-13280, inf. (1998) 189 R.N.-B. (2d) 208, 148 D.L.R. (4th) 332 (N.-B. C.A.).
47. Depuis, certaines provinces ont effectivement légiféré afin d'autoriser les poursuites dans des situations identiques à celle de l'affaire *Dobson*, de manière à ce que l'enfant puisse être indemnisé par la compagnie auprès de laquelle la femme enceinte a souscrit une police d'assurance pour les dommages causés à des tiers. Voir pour l'Alberta, *Maternal Tort Liability Act*, S.A. 2005, c. M-7.5 et, dans le sens d'une généralisation de cette solution dans les autres provinces de common law : D. Ginin, « A Balancing that is Beyond the Scope of the Common Law : A Discussion of the Issues Raised by *Dobson (Litigation Guardian of)* v. *Dobson* », (2001) 27 *Queen's L.J.* 51. On rappellera cependant qu'au Québec, le législateur a institué en la matière un régime d'indemnisation sans égard à la faute. Dans de telles circonstances, l'enfant, considéré comme une victime au sens de l'article 6 de la *Loi sur l'assurance automobile*, serait indemnisé par la Société d'assurance automobile pour les dommages subis alors qu'il n'était pas encore né.

*Montreal Tramway* c. *Léveillé*, fut rendue à l'occasion d'un litige québécois et que l'on pourrait être tenté d'y voir une porte ouverte à l'idée d'un recours de l'enfant contre sa propre mère[48]. Une telle possibilité ne nous semble pourtant pas envisageable. En effet, rappelons d'abord que dans l'arrêt *Dobson* la Cour suprême réfère directement à son arrêt *Montreal Tramways* et souligne que rien dans cet arrêt permet de penser que la Cour avait, à l'époque, envisagé la délicate question de la responsabilité de la mère pour une négligence commise avant la naissance et que, dès lors, « l'arrêt *Montreal Tramways*, bien qu'il soit important, ne devrait pas être considéré comme décisif » en ce qui concerne la question soulevée dans l'affaire *Dobson*. Il est, de plus, tout à fait probable que pour des considérations d'ordre social, les tribunaux québécois saisis d'une telle action invoquent les valeurs fondamentales de la société et donc, la notion d'ordre public (art. 9 C.c.Q.), pour écarter toute action qui pourrait être intentée, au nom de l'enfant, une fois né, contre sa mère, en raison du préjudice imputable à sa négligence pendant sa grossesse. Il n'y a aucune raison pour que le caractère exceptionnel de la relation qu'entretient la femme enceinte avec le fœtus qu'elle porte, si différente des rapports avec les tiers, et les conséquences qui pourraient en résulter, pour la femme enceinte, au plan de son autonomie, invoquées par la Cour suprême dans l'affaire *Dobson*, ne soient invoqués avec la même efficacité dans le contexte du droit québécois[49]. Certains ont avancé l'idée que le père qui serait poursuivi par l'enfant pour des dommages subis pendant la grossesse, pourrait avancer les mêmes arguments que la mère en se basant sur l'arrêt *Dobson*[50]. À notre avis, un tel argumentaire ferait abstraction du fait que la Cour suprême a basé tout son raisonnement sur la nature exceptionnelle et unique du lien entre la mère et son enfant. Pendant la grossesse, le père est en réalité un tiers et ne peut prétendre à un statut particulier, comme le rappelait d'ailleurs la Cour suprême dans l'arrêt *Tremblay* c. *Daigle*.

Il est incontestable que dans l'état actuel du droit, l'enfant à naître ne jouit d'aucun attribut attaché à la qualité de personne. On ne peut donc invoquer à son profit des droits extrapatrimoniaux[51], ce que confirme l'article 192, al. 2 C.c.Q. qui institue les père et mère tuteurs légaux de leur enfant conçu pour lequel ils sont chargés d'agir

---

48.   En ce sens, voir R.P. Kouri et S. Philips-Nootens, *op. cit.*, note 23, n° 103, ainsi que M.-J. Bernardi, *Le droit à la santé du fœtus*, Éditions Thémis, Montréal, 1995, p. 194 et S. Rosier et D. Boivin, « L'immunité légale de la femme enceinte et l'affaire Dobson », (1999-2000) 31 *R.D. Ottawa* 283.

49.   En ce sens, R.-P. Avard et B.M. Knoppers, « L'affaire *Dobson (Tuteur à l'instance de)* c. *Dobson* : un conflit entre la réalité et la théorie », (2000) 45 *R.D. McGill* 315 et L. Langevin, *loc. cit.*, note 22, p. 56.

50.   L. Langevin, « Entre la non-reconnaissance et la protection : la situation juridique de l'embryon et du fœtus au Canada et au Québec », (2004) 1 *Revue internationale de droit comparé* 39, 57.

51.   Voir sur ce point, les commentaires de W.E. Keyserlingk, « A Right of the Unborn Child to Prenatal Care – The Civil Law Perspective », (1982) 13 *R.D.U.S.* 49, 62 à 64.

« dans tous les cas où son intérêt patrimonial l'exige ». En d'autres termes, l'enfant conçu ne devient porteur de droits propres que s'il naît vivant et viable. S'il ne remplit pas ces deux conditions, il ne peut prétendre à l'acquisition de la personnalité juridique. En ce sens, le statut de l'enfant conçu est, en droit civil, à la fois relatif et conditionnel :

- relatif, parce qu'il est tributaire de l'intérêt de l'enfant et qu'il ne peut donc jamais jouer contre lui[52] ;

- conditionnel, puisqu'il est subordonné à l'acquisition de la qualité de personne, ce qui apparaît donc comme une condition suspensive[53].

**14.–** *La détermination de la date de la conception.* L'enfant qui est né vivant et viable (ou son représentant) et qui se réclame de la maxime *infans conceptus...* doit pouvoir faire la preuve qu'au moment où les droits qu'il revendique sont réputés être ouverts, il était déjà conçu[54]. Une preuve qui, au moins lorsqu'il s'agit de procréation naturelle, ne peut être faite directement. Aussi, c'est à partir de la date de la naissance et en fonction de la durée probable de la gestation telle qu'établie par la loi, au titre de la filiation, soit 300 jours[55], que sera déterminée la date de la conception. Il s'agit cependant d'une présomption simple qui, en conséquence, peut être renversée par une preuve contraire[56].

**15.–** *La protection des intérêts patrimoniaux de l'enfant conçu.* Le législateur a remplacé la curatelle au ventre du *Code civil du Bas-Canada* par la tutelle légale des père et mère[57]. Ce sont donc les parents qui administreront, jusqu'à la naissance de l'enfant et après l'événement, jusqu'à sa majorité, les biens qui lui adviendront s'il est né vivant et viable. Dans le cas contraire, les tuteurs devront rendre compte de leur administration aux personnes qui recueilleront les biens à sa place.

---

52. La maxime étant favorable à l'enfant, elle ne peut être invoquée par les parents au soutien de réclamations qui leur sont propres : voir *Julien* c. *J.E. Roy*, précité, note 25, p. 406-407.
53. *Tremblay* c. *Daigle*, précité, note 16, p. 500.
54. Rappelons que dans quelques cas exceptionnels, la loi prévoit la possibilité d'avantager des enfants à naître, sans égard au fait qu'ils soient ou non conçus à la date de l'acte juridique concerné : voir les articles 439, 1239, 1289 et 1840 C.c.Q.
55. Art. 525, al. 1 et 538.3, al. 1 C.c.Q.
56. Art. 2847, al. 2 C.c.Q.
57. Art. 192, al. 2 C.c.Q.

Cette tutelle légale des parents de l'enfant conçu laisse cependant perplexe. En effet, comment les père et mère peuvent-ils être investis d'une telle fonction alors que, juridiquement parlant, l'enfant conçu n'a pas d'état et que, conséquemment, il n'a ni père ni mère ? Il y a là une ambiguïté qui tend à démontrer que la situation de l'enfant conçu pose problème[58].

Si les futurs parents de l'enfant conçu sont tous les deux mineurs et non émancipés, il faudra soit demander leur émancipation[59], soit faire nommer un tuteur datif au cas où l'enfant conçu aurait un patrimoine à gérer ou des droits à exercer. La tutelle légale en effet, est réservée aux parents majeurs ou émancipés selon l'article 192 C.c.Q. Il y a là une situation qui ressemble à celle du curateur au ventre des articles 338 et 345 C.c.B.-C., institution qui avait au moins le mérite d'assurer une certaine cohérence à la représentation de l'enfant conçu[60] mais dont la résurgence, sous cette forme, renvoie à la portée qui a été donnée à la maxime *infans conceptus*. Pour certains observateurs, en effet, on voit mal comment il est possible de reconnaître une protection des intérêts économiques du fœtus sans lui attribuer du même coup des droits de la personnalité[61].

**16.–** *Une remise en cause de la maxime ?* Cette interprétation restrictive de la maxime qui veut que l'enfant simplement conçu est réputé né chaque fois qu'il y va de son intérêt n'est pas partagée par tous[62]. Certains estiment,

---

58. Voir, à titre d'exemple *Picard* c. *Leroux, EYB* 2002-3405 (C.S.).

59. Art. 175 C.c.Q.

60. Dispositions à propos desquelles la Cour suprême a écrit : « [...] ces articles établissent simplement un mécanisme qui permet de protéger les droits énoncés ailleurs dans le Code : ils ne confèrent au fœtus aucun droit additionnel », *Tremblay* c. *Daigle*, précité, note 16, p. 557. Au soutien de son interprétation, la Cour s'appuie, notamment, sur un passage de Pothier, cité par de Lorimier (C.-C. de Lorimier et C.-A. Vilbon, *Bibliothèque du Code civil de la Province de Québec*, t. 3, Montréal, La Minerve, 1874, p. 126) qui distingue le rôle des tuteurs, « donnés principalement pour gouverner la personne du mineur » de celui du curateur au ventre, nommé « pour l'administration des biens qui doivent lui appartenir un jour » (*Ibid.*, p. 558).

61. R.P. Kouri et S. Philips-Nootens, *L'intégrité de la personne, op. cit.*, note 23, n⁰ 106.

62. Voir E.W. Keyserlingk, *The Unborn Child's Right to Prenatal Care, op. cit.*, note 23 ; J. Rhéaume, « *Daigle* : un oubli des questions de droit civil et de droit constitutionnel », (1990) 21 *R.G.D.* 151 ; M.L. McConnell, « *Sui generis* : the Legal Nature of the Foetus in Canada », (1991) 70 *R. du B. can.* 548 ; P.-A. Crépeau, *loc. cit.*, note 33 et S. Philips-Nootens, « Être ou ne pas être... une personne juridique : variations sur le thème de l'enfant conçu », dans *Mélanges Germain Brière*, Montréal, Wilson & Lafleur, 1993, p. 197 et G. Brière qui, pour sa part, s'appuie sur les mots « y compris » de l'article 617 C.c.Q. pour voir dans la capacité de succéder ainsi reconnue au fœtus, la reconnaissance implicite de sa personnalité juridique : *Les successions*, 2ᵉ éd., dans P.-A. Crépeau (dir.), *Traité de droit civil*, Cowansville, Éditions Yvon Blais, 1994, n⁰ 70, p. 93.

en effet, qu'avec l'arrêt *Tremblay* c. *Daigle* la Cour suprême du Canada a tiré argument de l'ambiguïté des textes pour prendre position sur la difficile question de l'avortement et a rendu une décision plus politique que juridique. En ce sens, le *Code civil du Québec*, qui consacre explicitement la solution mise de l'avant par la Cour suprême[63], « ne fait que perpétuer un illogisme » qui consiste à reconnaître à l'enfant conçu des droits, sans lui reconnaître la qualité de personne[64]. Mais, ce n'est plus en termes d'anticipation ou de rétroactivité que la question de la personnalité juridique de l'enfant conçu est posée ; c'est la qualification même de la naissance comme condition juridique qui est remise en cause[65]. Selon certains auteurs, en effet, « l'assimilation de la naissance à une condition au sens du droit des obligations » est éminemment critiquable[66]. Selon ces mêmes auteurs la maxime *infans conceptus* « est une fiction qui porte non pas sur l'existence même de l'enfant conçu mais sur sa naissance [...]. Cette fiction se maintient, à condition d'être confirmée en quelque sorte par l'éventuelle naissance de l'enfant en vie et viable. Ce ne sont pas les droits subjectifs de l'enfant conçu qui sont conditionnels, mais plutôt l'existence juridique de leur titulaire »[67]. Dans cette logique, c'est donc en terme de capacité et au regard de la notion même de droits qu'il faudrait raisonner : « À partir du moment où le législateur, par des dispositions quelconques, établit l'existence d'un rapport de droit entre deux entités susceptibles, chacune, de faire valoir ces droits ou de prendre des mesures afin de les protéger, ce ne peut être qu'entre deux sujets de droits, et non entre un sujet et un objet »[68]. Or « l'enfant conçu est à tout le moins titulaire de droits patrimoniaux »[69] : il est donc sujet de droits et, partant, possède la personnalité juridique. Selon ces auteurs, on ne peut voir dans la naissance un préalable, une condition d'acquisition de la personnalité ; ce serait une étape, au même titre que la minorité, vers la voie de la pleine capacité[70] : « En aménageant la capacité d'exercice comme il le fait pour d'autres catégories de personnes protégées, en édictant au besoin des incapacités de jouissance (nécessairement spéciales et limitées), bref, en appliquant les principes fondamentaux du

---

63. Art. 192 C.c.Q.
64. R.P. Kouri et S. Philips-Nootens, *L'intégrité de la personne, op. cit.*, note 23, nº 106.
65. En ce sens, voir P.-A. Crépeau, *loc. cit.*, note 33, p. 270.
66. S. Philips-Nootens, *loc. cit.*, note 62, p. 211. Voir également, dans le même sens, M. Morin, *loc. cit.*, note 20, p. 239.
67. R.P. Kouri et S. Philips-Nootens, *L'intégrité de la personne, op. cit.*, note 23, nº 112.
68. S. Philips Nootens, *loc. cit.*, note 62, p. 203-204.
69. *Ibid.*, p. 204-205.
70. *Ibid.*, p. 212-213. Voir également J.-L. Baudouin et P.-G. Jobin, avec la collaboration de N. Vézina , *Les obligations*, 6e éd., Cowansville, Éditions Yvon Blais, 2005, nº 341, qui citent le cas de l'enfant conçu comme l'illustration la plus parfaite du caractère protectionniste de l'incapacité d'exercice et, à propos de l'embryon *in vitro*, M.A. Hermitte, « L'embryon aléatoire », dans *Le magasin des enfants*, sous la direction de J. Testart, Éditions François Bourin, 1990, p. 238, 263-264.

droit des personnes, le législateur de droit civil est à même de répondre aux exigences liées à la situation particulière de l'enfant à naître »[71].

Ce raisonnement est logique sur le plan de la technique juridique. Il fournit une base cohérente à un régime de protection propre à la condition prénatale et qu'appelle aujourd'hui le développement de techniques qui permettent de créer artificiellement la vie humaine, bases qui, autant que faire se peut, sont indépendantes de la question de l'avortement qui ne relève que de la conscience individuelle[72].

D'autres auteurs, à partir des mêmes prémisses, c'est-à-dire l'inadéquation de la transposition d'une technique propre au droit des obligations (la condition), au droit des personnes, voient l'enfant conçu comme « une personne future », notion que connaissait le droit romain, que l'on retrouve dans l'ancien droit[73] et qui sous-tend les dispositions qui, dans le Code civil, énumèrent les actes qui peuvent être accomplis en faveur de l'enfant à naître[74]. La maxime *infans conceptus...* n'aurait donc pas pour effet d'anticiper la personnalité de l'individu au moment de la conception » mais de faire rétroagir sa personnalité au jour présumé de la conception[75]. Mais doit-on pour autant conclure que la protection de l'embryon relève du droit des biens et non pas du droit des personnes ? Indépendamment de la question de l'avortement, considérée désormais comme un acte médical[76], se pose aujourd'hui la question du statut de l'embryon, notamment en raison du fait qu'il peut être isolé du corps maternel.

---

71. *Ibid.*, p. 214.
72. Voir, à titre comparatif, dans une perspective féministe, la thèse développée en common law par Eileen L. McDonagh : *Breaking the Abortion Deadlock : From Choice to Consent,* New York University Press, 1996. Pour une analyse critique de cette thèse, voir M. Ford, « The Consent Model of Pregnancy : Deadlock Undiminished », (2005) 50 *R.D. McGill* 619.
73. Voir L. Sébag, *La condition juridique des personnes physiques et des personnes morales avant leur naissance,* Paris, Sirey, 1938, p. 157 et s.
74. Une notion que vient d'ailleurs conforter le concept de patrimoine d'affectation tel que codifié dans le *Code civil du Québec* et, plus particulièrement, celui de patrimoine fiduciaire : formé des biens transférés en fiducie par contrat à titre onéreux ou gratuit, par testament ou par la loi, c'est un patrimoine qui se révèle distinct du patrimoine du constituant, du fiduciaire ou du bénéficiaire et sur lequel aucun d'entre eux n'a de droit réel (art. 1261, 1262 C.c.Q.). « Il s'agit en quelque sorte d'un patrimoine-but, dépourvu de sujet de droit, quoique émanant évidemment d'une personne physique ou morale » : D.-C. Lamontagne, « Distinction des biens, domaine, possession et droit de propriété », dans *La Réforme du Code civil,* p. 466, 483.
75. Voir X. Labbée, *La condition juridique du corps humain avant la naissance et après la mort,* Lille, P.U.L., 1990, p. 85 et s.
76. En ce sens, il n'y a pas à proprement parler de vide juridique, puisque la décision rendue par la Cour suprême conduit à la requalification de l'acte, envisagée cette fois du point de vue du droit social. E. Severin, « De l'avortement à l'interruption volontaire de grossesse : l'histoire d'une requalification sociale », (1980) 4 *Déviance et Société* 1.

*C. L'embryon et le fœtus : quel statut juridique ?*

**17.**– Après avoir percé le mystère de l'enveloppe utérine grâce aux techniques comme l'échographie, la fœtoscopie, l'amniocentèse ou la biopsie du chorion, la génétique, couplée à la biologie, nous permet aujourd'hui d'avoir accès à l'univers embryonnaire et aux lois de l'hérédité. Ainsi est-il possible désormais, non seulement de créer la vie, mais aussi de la manipuler et de la programmer.

**18.** – *Médecine procréative, médecine prédictive et médecine program-mative : des conflits potentiels.* Si le développement de tests de dépis-tage « contribue de manière indéniable à l'amélioration de la santé lorsque des traitements, des mesures de prévention, des décisions procréatives peuvent être au rendez-vous »[77], il nous confronte aussi aujourd'hui à des choix complexes, puisqu'il permet de diagnostiquer la survenance de maladies neuro-dégénératives qui se développeront tardivement. Le séquençage du génome humain, aujourd'hui com-plété, ouvre des perspectives plus larges encore dans l'identification de la composante génétique d'un nombre de plus en plus grand de maladies. Informés de ce risque, certains seront peut-être enclins à ne pas donner à l'embryon ou au fœtus, identifié comme un malade en puissance, la possibilité de se développer[78]. Derrière ces choix se pro-file indéniablement le spectre d'une nouvelle forme d'eugénisme[79].

Par ailleurs, si la médecine prédictive soulève la question de la liberté de l'engendré, elle pose aussi celle de la réification de la per-sonne. Car ces techniques qui, au départ, ont été développées en vue

---

77. S. Philips-Nootens, « La recherche en génétique : quel risque individuel pour quel bien commun ? », dans M.-H. Parizeau et S. Kash (dir.), *Néoracisme et dérives génétiques*, Québec, P.U.L., 2006, p. 215, 216.
78. Pour une étude de la question, voir J. Glover, *Choosing Children : Genes, Disabi-lity, and Design*, Oxford, New York, Oxford University Press, 2006 ; T. Lemmens, M. Lacroix et R. Mykitiuk, *Reading the Future ? Legal and Ethical Challenges of Predictive Genetic Testing*, Montréal, Les Éditions Thémis, 2007 ; Conseil de la santé et du bien-être, *Avis, La santé et bien-être à l'ère de l'information génétique, enjeux individuels et sociaux à gérer*, Québec, Le Conseil, avril 2001 ; B.-M. Knop-pers (éd.), *Socio-Ethical Issues in Human Genetics*, Cowansville, Éditions Yvon Blais, 1998.
79. Voir à cet égard, M.-H. Parizeau, « Du diagnostic prénatal à l'eugénisme : la pente glissante ? », dans M.-H. Parizeau et S. Kash (dir.), *Néoracisme et dérives généti-ques*, Québec, P.U.L., 2006, p. 175 et, dans ce même ouvrage, S. Kash, « Génétique et discrimination sociale, », p. 232, 248 et s. Pour une analyse au carrefour de l'éthique, du politique et du droit, voir J. Habermas, *L'avenir de la nature humaine. Vers un eugénisme libéral ?*, Paris, Gallimard, 2002.

de détecter la présence de malformations ou de maladies génétiques et, éventuellement, de les traiter, sont aujourd'hui sollicitées à des fins de convenance. Pensons, par exemple, à la question de la sélection du sexe de l'enfant. Ainsi, pour « être heureux », mais aussi « rendre heureux ses géniteurs », l'enfant devrait répondre au profil désiré, au risque d'être renvoyé dans les marges sociales, au même titre d'ailleurs que ceux qui l'ont engendré[80]. Les avancées de la science créent ainsi de nouvelles attentes parentales, en même temps que de nouvelles responsabilités sur le corps médical, comme en témoignent les actions pour « gestation préjudiciables » par lesquelles des parents réclament des dommages-intérêts pour avoir été empêchés, faute de renseignements sur l'état du fœtus, de procéder à une interruption volontaire de grossesse. On voit ainsi se dessiner de nouveaux liens entre hérédité et héritage, l'enfant perdant sa « qualité d'héritier génétique pour gagner celle de propriété privée »[81] des liens que la pratique du diagnostic préimplantatoire à des fins de traitement au bénéfice d'autrui tend à resserrer. Cette pratique que l'on appelle communément le « bébé médicament » permet de sélectionner, parmi les embryons sains, un embryon génétiquement compatible avec le frère ou la sœur malade, afin de l'implanter dans l'espoir de faire naître un enfant sur lequel, une fois né, on pourra prélever des cellules ou dont on utilisera le sang du cordon en vue de soigner le frère ou la sœur[82].

Ces développements posent de façon pressante la question du statut de l'enfant conçu, notamment quant à la protection de l'embryon lorsqu'il est isolé du corps maternel.

**19 – *La procréation médicalement assistée et l'embryon ex utero.*** Si les techniques de procréation médicalement assistée, combinées avec l'ingénierie génétique, interrogent le devenir de l'individu envisagé dans son appartenance à l'espèce, c'est notamment parce que ces technologies, plus particulièrement la fécondation *in vitro,* induisent la production d'embryons excédentaires et qu'il existe aujourd'hui des banques d'embryons. La congélation de ces embryons qui, du point de vue éthique, se présente comme la solution du moindre mal, conduit aussi à privilégier le don de ces embryons à des couples infer-

80. H. Doucet, sous Diagnostic prénatal dans *Les mots de la bioéthique*, sous la direction de G. Hottois et M.-H. Parizeau, Bruxelles, De Boeck Université, Collection « Sciences, éthiques, sociétés », 1993, p. 127, 128.

81. F. Terré, *L'enfant de l'esclave*, Paris, Flammarion, 1987, p. 203.

82. EL. Nelson, « Comparative Perspectives : Regulating preimplantation diagnosis in Canada and United Kingdom », (2006) 85 *Fertil. Steril.* 1646-52.

tiles et, à défaut, leur utilisation à des fins de recherche lorsque le projet parental initial a été réalisé ou abandonné. Du point de vue du droit, ces pratiques posent la question du pouvoir de disposition des géniteurs, tant en ce qui concerne leurs forces génétiques (don et stockage des gamètes) qu'en ce qui concerne l'embryon. Ces pratiques posent également la question des limites qui devraient ou non être assignées à la recherche[83].

**20.** – Comment qualifier le statut de l'enfant à naître : personne humaine, personne juridique à capacité limitée, chose à destination personnelle, propriété à effets limités, simple matériau biologique et donc pur objet[84] ? Les analyses reposant sur des considérations d'ordre scientifique, philosophique et moral sont des plus variées. Dans les pays industrialisés, la réflexion s'est engagée[85]. La plupart des pays ont légiféré[86]. Le législateur québécois s'est contenté, en 2002, d'aménager les règles relatives au droit de la filiation (art. 538 à 542 C.c.Q.), laissant ainsi un certain nombre de questions sans réponses[87]. Par contre, une loi fédérale, la *Loi sur la procréation*

---

83. J. Johnson, « Is research in Canada limited to « Surplus » Embryos ? », (2006) 14 *Health L. Rev.* 3 ; B. Billingsley et T. Caulfield, « The regulation of Science and the *Charter* of Rights ; Would a ban on Non-Reproductive Human Cloning Unjustifiably Violate the Freedom of Expression ? », (2004) 29 *Queen's L.J* .647.
84. C. Sureau, *Son nom est personne ; avant de naître, l'enfant est-il une chose, un amas de cellules ou un patient ?*, France, Albin Michel, 2005 ; C.M. Mazzoni, « La protection réelle de l'embryon », (2005) 60 *Droit et société* 499-513.
85. R. Copelon, C. Zampas, E. Brusie et J. deVore, « Human Rights Begin at Birth : International Law and the Claim of Fetal Rights », (2005) 13 *Reproductive Health Matters* 120. Mentionnons, à cet égard, que l'inclusion de l'enfant conçu mais pas encore né était une des pierres d'achoppement dans les négociations internationales qui ont abouti à l'adoption de la *Convention relative aux droits de l'enfant*, résolution n⁰ 44/25, Doc. AGNU, c. 3, 44ᵉ sess. (1989) dont le préambule reflète, par la référence qu'il fait à la Déclaration de 1959, un difficile compromis en la matière : « Ayant présent à l'esprit que comme indiqué dans la déclaration des droits de l'enfant, adopté le 20 novembre 1959 par l'assemblée générale des Nations Unies, "l'enfant, en raison de son manque de maturité physique et intellectuelle, a besoin d'une protection spéciale et de soins spéciaux, notamment d'une protection juridique appropriée, avant, comme après la naissance" ».
86. La Grande-Bretagne a été la première à amorcer la réflexion et la première aussi à légiférer : *Human Fertilisation and Embryology Act 1990*, (R.U.), 1990, c. 37. La France a adopté en 1994 des lois communément appelées « lois de bioéthique », lesquelles on été révisées en 2004 : Loi nᵒˢ-94-563 et 94-654 modifiées par la loi 2004-800 du 6 août 2004, *J.O.* 7 août 2004, p. 14040.
87. É. Petit, « Éléments de réflexion sur le choix d'un modèle de réglementation pour l'embryon et les cellules souches embryonnaires », (2004) 45 *C. de D.* 371 et É. Petit, *Cellules souches embryonnaires : droit éthique et convergeance*, Montréal, Thémis, 2003. Un projet de loi, non adopté au moment d'écrire ces lignes, entend cependant réglementer les questions relatives à la procréation assistée au Québec: P.L. 23, *Loi sur les activités cliniques et de recherche en matière de procréation assistée*, 1ʳᵉ sess., 38ᵉ lég., Québec, 2007.

*assistée,* est venue encadrer les pratiques en matière de procréation assistée et de recherche connexe, dans une perspective résolument de droit criminel[88]. Toutefois, plusieurs de ses dispositions entrent en conflit avec certains articles du Code civil[89] et il n'est pas certain non plus qu'elle résiste, au plan de sa constitutionnalité, à l'examen des tribunaux compte tenu du volet de son contenu qui porte sur les activités réglementées et qui s'éloigne considérablement de la dimension de droit criminel[90].

**21.** – Si le *Code civil* reconnaît la légitimité de la procréation assistée et, par voie de conséquence, la légitimité du don de gamètes qui relève des principes en matière d'aliénation des parties et des produits du corps (art. 19 et 25 C.c.Q .), il ne règle pas la question du statut de l'embryon. Le Code laisse en suspens la question des droits qui ont pu s'ouvrir pendant le temps où l'existence de l'enfant était en quelque sorte suspendue, c'est-à-dire pendant le temps où il était congelé. Toutefois, si l'on s'en tient aux règles du droit commun, l'embryon qui, au moment du décès de l'un de ses parents, était congelé et qui a ensuite été implanté, devrait, une fois né vivant et viable, pouvoir succéder, au même titre que l'enfant conçu naturellement. Il s'agit d'une simple application de la maxime *infans conceptus.* La même solution devrait également s'appliquer en matière de donations,

---

88. *Loi sur la procréation assistée,* L.C. 2004. c. 2, entrée en vigueur pour partie le 22 avril 2004 et le 12 janvier 2006 : TR/2004-49, 5 mai 2004, G.C. Partie II, vol. 38, n⁰ 9, p. 478 ; TR/2005-42, 18 mai 2005, G.C. Partie II, vol. 139, n⁰ 10, p. 1033. *Règlement sur la procréation assistée(article 8 de la Loi),* DORS/2007-137, G.C. Partie II, vol. 141, n⁰ 13, 14 juin 2007, p.1520 : ce règlement ne touche qu'aux questions relatives au consentement éclairé ; il est entré vigueur le 1er décembre 2007 et vise à offrir des garanties afin que du matériel reproductif humain ou des embryons *in vitro* ne soient pas utilisés à des fins pour lesquelles aucun consentement n'a été obtenu des personnes concernées.

89. Par exemple la reconnaissance du contrat de mère porteuse et la levée de l'anonymat avec le consentement du donneur : *Loi sur la procréation assistée,* précitée, art. 6, 12 (3) et 18 (3).

90. En effet, au-delà des problèmes de compatibilité avec le Code civil, cette loi empiète sur un certain nombre de champs de compétence provinciale, tels que la prestation et la réglementation des soins de santé, la réglementation des professionnels de la santé et les lois sur la protection de la vie privée. Le 19 juin 2008, la Cour d'appel, sur un renvoi présenté par le gouvernement du Québec, décidait que les articles 8 à 19, 40 à 53, 60, 61 et 68 de la *Loi sur la procréation assistée,* L.C. 2004, ch. 2, excèdent la compétence du Parlement du Canada en vertu de la *Loi constitutionnelle de 1867,* en raison du fait que la partie contestée de la loi vise essentiellement à réglementer une activité relative à la santé: *Renvoi fait par le gouvernement du Québec en vertu de la* Loi sur les renvois à la Cour d'appel, *L.R.Q. ch. R-23, relativement à la constitutionnalité des articles 8 à 19, 40 à 53, 60, 61 et 68 de la* Loi sur la procréation assistée, *L.C. 2004, ch. 2 (Dans l'affaire du),* 2008 QCCA 1167.

substitutions, fiducies et en matière d'assurance[91]. Toutefois, selon certains auteurs, la capacité pour l'embryon d'acquérir des droits de façon rétroactive devrait s'apprécier au moment de l'implantation et non pas de sa fécondation, compte tenu des incertitudes liées à la décision de donner suite ou non au projet parental[92]. En effet, l'embryon peut ne jamais être implanté ou pourrait encore être donné à des tiers, ce qui remettrait en cause l'intention des auteurs des libéralités dont il aurait pu être gratifié au moment de sa fécondation *in vitro*. *Quid* cependant en cas d'insémination ou de transplantation *post-mortem*, sa capacité de succéder étant tributaire de la preuve de l'existence d'un lien de filiation avec le défunt qui l'a engendré ? En cas de divorce ou de séparation de ses géniteurs ou du couple pour lequel il a été conçu lorsqu'il y a eu recours à un don de gamètes, à qui appartient la décision sur son devenir ? En cas de défaillance de la technique ou de destruction involontaire, ses « géniteurs » disposent-ils d'un recours et, le cas échéant, quel en serait le fondement ? Ce sont là des questions auxquelles la *Loi sur la procréation assistée* ne répond que très partiellement.

Après une longue période de consultation, entrecoupée de soubresauts politiques, le législateur fédéral est venu encadrer les activités cliniques en matière de procréation assistée et la recherche sur l'embryon[93]. En principe, un embryon ne peut être créé que pour les seules fins de procréation et l'apprentissage ou l'amélioration de ces techniques[94]. Cependant, advenant l'abandon du projet parental, l'embryon peut être utilisé à des fins de recherche dès lors que les donneurs du matériel génétique y ont consenti[95] et sous réserve des autorisations délivrées à cette fin par l'Agence canadienne

---

91. M.C. Kirouak, « Le projet parental et les nouvelles règles relatives à la filiation : une avancée ou un recul quant à la stabilité de la filiation ? », dans Service de la formation permanente, Barreau du Québec, *Développements récents en droit familial (2005)*, Cowansville, Éditions Yvon Blais, 2005, p. 369, 453-459 ; J. Beaulne, « Réflexions sur quelques aspects de la procréation assistée en matière de droit des personnes et de la famille », (1995) 26 *R.D.D.* 235, 245 ; S. Le Bris, « Procréation médicalement assistée et parentalité à l'aube du 21e siècle », (1994) 1 *C.P. du N.* 133, 161.

92. R.P. Kouri et S. Philips-Nootens, *L'intégrité de la personne, op. cit.*, note 23, n° 138. *Contra* A. Richard, « Le statut successoral de l'enfant conçu », (2001) 26 *R.T.J.* 1361, 1386 qui est d'avis que si l'embryon a été créé avant la mort de son auteur, l'enfant serait apte à succéder.

93. Pour un historique, voir A. Harvison Young, « Let's Try Again...This Time with Feeling : Bill C-6 and New Reproductive Technologies », (2005) 38 *U.B.C. Law Rev.* 123, et L. Langevin, *loc. cit.*, note 22, p. 62 et s.

94. *Loi sur la procréation assistée*, art. 5. Sur cette question, voir les commentaires de J. Jonhston : « Is Research in Canada Limited to "Surplus" Embryos ? », (2006) 14.3 *Health Law Review* 3.

95. *Ibid.*, art. 8 : voir également le *Règlement sur la procréation assistée (article 8 de la Loi)*. DORS/2007-137.

de contrôle de la procréation assistée[96]. La loi fédérale interdit par ailleurs un certain nombre de manipulations, considérées comme attentatoires à la dignité humaine[97], telle que le clonage, y inclus le clonage thérapeutique[98], la thérapie génique germinale, la manipulation du génome, la conservation de l'embryon en dehors du sein maternel, la sélection du sexe, la modification du génome et la création d'hybrides et de chimères[99]. Enfin, elle interdit l'achat d'embryons, de même que leur échange pour des biens et services[100]. Ainsi, tout en demeurant exclu de la catégorie des personnes, l'embryon bénéficie néanmoins d'une certaine protection de la loi.

## Section II
## L'extinction de la personnalité

**22.**– La personnalité juridique s'éteint avec la vie. Ce sont donc, ici encore, des données d'ordre biologique qui gouvernent la fin de l'existence juridique de la personne. Il n'en fut cependant pas toujours ainsi. En effet, le droit connaissait autrefois la mort civile, qui était une sanction s'ajoutant à certaines peines criminelles les plus graves[101]. Ces personnes étaient considérées comme juridiquement

---

96. *Ibid.*, art. 10 à 13 et 41. Sur la mission dévolue à l'agence, voir les articles 21 à 44 de la loi. Rappelons cependant que ces dispositions ont été déclarées inconstitutionnelles par la Cour d'appel du Québec: *Renvoi fait par le gouvernement du Québec en vertu de la* Loi sur les renvois à la Cour d'appel, *L.R.Q., ch. R-23, relativement à la constitutionnalité des articles 8 à 19, 40 à 53, 60, 61 et 68 de la* Loi sur la procréation assistée, *L.C. 2004, ch. 2 (Dans l'affaire du),* 2008 QCCA 1167.

97. Sur la notion de dignité appliquée à la vie avant la naissance, voir L. Cassiers, « La dignité de l'embryon humain », (2003) 54 *Revue Trimestrielle des Droits de l'Homme,* 403-420.

98. *Ibid.*, art. 5(1)a). Un point sur lequel les opinions sont toutefois partagées : voir B. Billingsley et T. Caulfield, « The regulation of Science and the *Charter* of Rights ; Would a ban on Non-Reproductive Human Cloning Unjustifiably Violate the Freedom of Expression ? », (2004) 29 *Queen's L. J.* 647 ; C. Rasmussen, « Canada's *Assisted Human Reproduction Act* : Is it scientific Censorship, or a Reasoned Approach to the Regulation of Rapidly Emerging Reproductive Technologies ? », (2004) 67 *Sask. L. Rev.* 97 ; H. Mbulu, « Le clonage humain et les usages polémiques de la dignité humaine », (2003) 44 *C de D.* 237 ; T. Caulfield, « Politics, prohibitions and the Lost Public Perspective ; a Comment on Bill 56, The Assisted Human Reproduction Act 2 », (2002) 40 *Alta l. Rev.* 451.

99. *Ibid.*, art.5(1)b), c), d), e), f), g), h), i) et j). Voir également l'article 2 qui au nombre des principes qui doivent présider à l'application et à l'interprétation de la loi réfère à la dignité et aux droits des êtres humains. Sur les sanctions dont sont assortis ces interdits, voir les articles 60 à 64.

100. *Ibid.*, art. 7.

101. Jusqu'en 1906, le Code civil prévoyait également que les personnes qui professaient la religion catholique et qui avaient formulé des vœux solennels et à perpétuité dans une communauté religieuse reconnue lors de la cession du Canada à l'Angleterre, étaient frappées d'un certain nombre d'incapacités juridiques telles que prévues par les lois en vigueur à l'époque de la cession (art. 34 C.c.B-C.). Ces incapacités étaient telles, que les Commissaires à la codification de 1866 y voyaient l'équivalent de la mort civile.

mortes et perdaient donc leurs droits civils. Cette mesure impliquait la confiscation de tous les biens du condamné[102]. Même si l'on dit souvent que la mort civile entraînait la perte de la quasi-totalité des droits, il convient cependant de nuancer cette affirmation puisque le Code prévoyait une liste, importante certes, des droits perdus et que celle-ci ne visait que les droits patrimoniaux et judiciaires. Par ailleurs, le Code prévoyait également que le pardon, la libération, la remise de la peine ou sa commutation en une autre qui n'emporte pas mort civile, « rendent la vie »...[103]. Ce n'est qu'en 1906 que la mort civile fut abolie[104]. On lui substitua alors la dégradation civique, qui emportait la perte des droits civiques et politiques, mais non la perte de la personnalité civile, en cas de condamnation à une peine afflictive perpétuelle. La dégradation civique fut elle-même abolie en 1971[105].

**23.–** Puisque la mort marque l'anéantissement de la personnalité juridique, elle doit être constatée et actée. De multiples effets sont attachés à cet événement. Ainsi, la mort emporte dans son sillage la dissolution du mariage ou de l'union civile et c'est à ce moment que s'ouvre la succession du défunt et que les héritiers sont saisis de son patrimoine. Malgré le fait que la mort représente aussi la fin juridique de la personne, le droit admet un certain prolongement de la personnalité après la mort, comme en témoignent notamment les règles relatives au respect du corps *post mortem*.

### §1 - La constatation de la mort

**24.–** Au même titre que la naissance, le décès doit faire l'objet d'un constat, d'une déclaration et d'une insertion au registre de l'état civil (art. 122 à 128 C.c.Q.). On ne trouve cependant pas de définition légale de la mort au Québec[106]. La loi se contente de la consigner, lais-

---

102. Art. 30 à 38 C.c.B.-C. ; T.-J.-J. Loranger, *Commentaires sur le Code civil du Bas-Canada*, t. I, Montréal, E. Senecal, 1879, p. 230 ; P.-B. Mignault, *Le droit civil canadien*, t. I, Montréal, Théoret, t. I, 1895, p. 150 et s. et F. Langelier, *Cours de droit civil de la province de Québec*, t. I, Montréal, Wilson & Lafleur, 1905, p. 112 et s.
103. Art. 38 C.c.B.-C. La version anglaise de cette disposition utilisait l'expression, moins poétique, « restore the civil ability ».
104. *Loi abolissant la mort civile*, (1906) 6 Ed. VII, c. 38.
105. *Loi modifiant de nouveau le Code civil et modifiant la Loi abolissant la mort civile*, L.Q. 1971, c. 84.
106. Au Manitoba, la loi définit ainsi la mort d'une personne : « Pour tout ce qui relève de la compétence législative de la Législature du Manitoba, le décès d'une personne a lieu au moment où se produit une cessation irréversible de toutes les fonctions cérébrales de cette personne » : *Loi sur les statistiques de l'état civil*, C.P.L.M., c. V-60, art. 2.

sant à la médecine le soin d'en définir les paramètres. Ainsi, « la science médicale dit, la science juridique constate »[107].

Mais certaines techniques développées par la médecine moderne sont venues remettre en cause des critères qui jusqu'alors paraissaient immuables, projetant ainsi un certain flou. Deux faits plus particulièrement ont obligé médecins et juristes à repenser le problème de la détermination et de la constatation de la mort : 1o la possibilité d'assurer par des moyens artificiels la circulation d'un sang oxygéné dans un organisme atteint d'une manière irréversible ; 2o la transplantation d'organes prélevés sur le cadavre, qui acquiert ainsi une dimension sociale.

Dès lors, une première question se pose : quel est le statut juridique du patient dont la « vie » est ainsi maintenue artificiellement ? Doit-on s'en tenir au critère classique de la mort clinique (arrêt des fonctions cardiaques et respiratoires) ou doit-on retenir la notion plus moderne de la décérébration ou coma dépassé qui correspond à la mort biologique (i.e. la cessation de toutes les fonctions cérébrales, aussi bien celles du cortex, i.e. de la conscience, que celles du tronc cérébral, i.e. respiration, circulation, régulation thermique) quand bien même les fonctions circulatoire et respiratoire seraient artificiellement assurées ? En d'autres termes, où et quand, dans une telle hypothèse, peut être signée la déclaration de décès ?

La question est d'autant plus importante, qu'au-delà du problème technique de l'administration de la preuve, les organes nobles de ces malades sont en excellent état et constituent une des meilleures sources possibles de greffes disponibles aujourd'hui ; peut-on alors autoriser le médecin à prélever un de ces organes sur un patient qui, quoique médicalement irrécupérable, n'est pas encore véritablement un cadavre[108] ?

Au-delà de ces questions qui, sur le plan légal, obligent à circonscrire la responsabilité civile et criminelle du médecin effectuant le prélèvement et qui posent donc la question de savoir si le juriste doit s'impliquer plus avant dans le processus graduel qui conduit à la mort, surgit un autre problème : le médecin a-t-il l'obligation de prolonger la vie d'une personne dont la mort est inévitable, est-il légale-

---

107.    J.-L. Baudouin, « L'incidence de la biologie et de la médecine moderne sur le droit civil », (1970) 2 *R.J.T.* 217, 225.
108.    M. Potts et D.W. Evans, « Does it Matter that Organ Donors are not Dead ? Ethical and Policy Implications », (2005) 31 *J. Med. Ethics* 406.

ment et déontologiquement seul maître de la décision d'interrompre les moyens mécaniques ou le traitement qui sert de support à la vie d'un patient déjà engagé dans le processus de la mort ? C'est tout le problème de l'euthanasie et de la dignité devant la mort qui se trouve posé (voir *infra*, le chapitre sur l'intégrité physique).

**25.–** *Le problème d'une définition.* S'il existe aujourd'hui un certain consensus au sein du corps médical sur les critères de définition de la mort[109], plusieurs s'interrogent sur l'opportunité d'une définition législative[110].

La question est d'autant plus pertinente qu'il existe une certaine confusion dans l'application concrète du critère de la mort cérébrale, l'accomplissement d'examens cliniques n'éliminant en rien le diagnostic, qui reste l'apanage du médecin. Les besoins d'organes, qui se font de plus en plus pressants, font aussi que les regards se tournent vers des personnes qui, bien que ne répondant pas aux critères de la mort cérébrale, sont considérées par certains comme des morts vivants[111]. D'un autre côté, il peut être dangereux de fixer des critères rigides dans un domaine où le diagnostic clinique demeure prééminent et où les connaissances évoluent rapidement. À tout le moins le législateur québécois a-t-il prévu un certain encadrement autour de la disposition du corps humain décédé[112], en aménageant tout un chapitre sur le respect du corps après le décès et en édictant des règles strictes relatives aux prélèvements *post mortem* (art. 43 à 45 C.c.Q.). Si le législateur québécois demeure donc muet quant à la définition

---

109. Voir « A Definition of Irreversible Coma », (1968) 205 *J.A.M.A.* 337 ; cette publication qui émane d'un comité spécial de la Faculté de médecine de l'Université Harvard, a constitué un point tournant pour la science médicale. Voir à ce titre, les critères diffusés par Québec Transplant dans Collège des médecins du Québec, *Aspects législatifs, déontologiques et organisationnels de la pratique médicale au Québec*, Collège des médecins du Québec, 2000, p. 103 ; Canadian Medical Association Position Statement, « Guidelines for the Diagnosis of Brain Death », (1987) *Can. Med. Ass. J.* 200A.

110. R.P. Kouri, « Réflexion sur la nécessité d'une définition de la mort », (1983) 13 *R.D.U.S.* 447 ; Commission de réforme du droit du Canada, *Les critères de détermination de la mort*, Rapport n° 15, Ottawa, ministre des Approvisionnements et Services Canada, 1981, et Document de travail n° 23, Ottawa, Approvisionnements et Services Canada, 1979, p. 64.

111. C'est le cas, notamment, des malades en état végétatif chronique qui pourraient devenir des sources d'organes, malgré l'existence de fonctions cardiaques et respiratoires spontanées. Voir à ce sujet, M. Lock, *Twice Dead. Organ Transplants and the Reinvention of Death*, Los Angeles, University of California Press, 2002.

112. « Il n'a pas été nécessaire de donner une définition de la mort ; celle-ci est un fait dont l'appréciation relève de critères autres que juridiques. D'ailleurs une telle définition n'aurait pu être que provisoire, compte tenu de l'évolution de la science », Comm. 1, sous l'article 45 C.c.Q.

de la mort, il convient tout de même de souligner que la Cour supérieure s'est penchée directement sur la question, dans une affaire où
pour des raisons d'ordre successoral il fallait déterminer si une mère
et son enfant, victimes d'un accident de la route, étaient décédés
simultanément ou si l'un avait survécu à l'autre[113]. Le tribunal
rejette la proposition que le seul constat de la mort néocorticale (*i.e.*
la mort du cortex cérébral) serait suffisant pour conclure au décès de
la personne et il conclut que le principe de l'arrêt de toute fonction
cérébrale comme condition du décès, doit inclure l'arrêt irréversible
de toute fonction du tronc cérébral également. Le juge affirme ainsi
que « la mort n'est pas un processus évolutif mais plutôt un élément
factuel qui se produit à un moment donné », soit l'arrêt irréversible
de *toutes* les fonctions cérébrales. Conscient du fait que cette définition apporte une sérieuse restriction en matière de prélèvements
d'organe, le juge Bureau écrit que « la société québécoise n'est pas
encore disposée à accepter qu'un être humain, quelles que soient les
atteintes cérébrales dont il peut être victime, soit déclaré mort tant et
aussi longtemps qu'il démontre des fonctions cardio-respiratoires
autonomes »[114]. La solution serait évidemment différente s'il est
démontré que les fonctions cardio-respiratoires sont maintenues
artificiellement, alors que la fin irréversible des fonctions cérébrales
est constatée[115].

### §2 - Les pouvoirs de la volonté au-delà de la mort

**26.–** Si certains droits peuvent être accordés rétroactivement à
l'enfant né vivant et viable, en dépit du fait qu'il n'a pas la personnalité juridique avant la naissance, la perte de la personnalité juridique
qui s'éteignait irrémédiablement avec le décès n'emporte plus totalement les mêmes effets. En effet, le droit organise une certaine protection de la personne après la mort, même s'il n'est plus question de
personnalité juridique dès l'instant du décès. Le culte des morts
s'inscrit traditionnellement et généralement dans le champ des
croyances et de la religion. Les règles juridiques relatives au corps
après le décès reflètent aussi le respect de l'individu comme valeur

---

113. *Leclerc (Succession de)* c. *Turmel*, [2005] R.J.Q. 1165, EYB 2005-87440 (C.S.) ;
     appel rejeté sur requête (C.A., 2005-09-19), n° 500-09-015588-056. Cette affaire
     mettait en jeu la présomption de décès simultané en matière successorale
     lorsque les personnes, dont au moins une est appelée à la succession de l'autre,
     décèdent sans qu'il soit possible d'établir laquelle a survécu à l'autre (art. 616
     C.c.Q,).
114. *Ibid.*, par. 54.
115. *Centre de santé et services sociaux Richelieu-Yamaska* c. *M.L.*, [2006] R.D.F. 420,
     EYB 2006-104015 (C.S.)

sociale primordiale et elles indiquent que la personne, même décédée, participe encore d'une certaine façon de la nature humaine. En ce sens, on peut dire que même au-delà de la mort, le droit reconnaît à la personne une certaine dignité.

**27.** – Il fut une époque où le défunt avait une quasi-personnalité. Dans son ouvrage sur l'inviolabilité de la personne, Albert Mayrand rappelle ainsi cet état des choses : « Dans l'ancien droit, tout comme le respect qu'on lui portait, l'infamie que le défunt avait encourue s'attachait à sa dépouille mortelle. Le cadavre était doué d'une quasi-personnalité. On lui intentait des procès et on lui infligeait des peines. En 1698, le procureur général de la Nouvelle-France se porta au procès « [...] demandeur et accusateur contre le cadavre du nommé Henri Bézard dit Lafleur ». Le Conseil supérieur déclara le défunt Henri Bézard « [...] dûment atteint et convaincu de s'être battu et avoir été tué en duel par le nommé Dubé [...] », et « pour réparation, il ordonna que sa mémoire demeurerait condamnée, éteinte et supprimée à perpétuité, que tous ses biens seraient acquis et confisqués au roi, que son cadavre enfin, après avoir été attaché par l'exécuteur de la justice au derrière d'une traîne sur une claie, la tête en bas et la face contre terre, serait ensuite jeté à la voirie »[116].

**28.**– *Le testament*. La manifestation la plus tangible de ce prolongement de la personnalité est le testament, acte unilatéral par lequel une personne dispose à la fois de ses biens[117] et de son corps[118], pour le temps où il ne sera plus. Plus remarquable cependant est le cas de la fondation ou de la fiducie où la personne prétend, par-delà la mort, imprimer à perpétuité une certaine destination à ses biens[119]. Quant au pouvoir de disposition sur son corps, il se rattache, nous l'avons déjà souligné, aux droits de la personnalité. Il sera donc analysé au Titre que nous leur avons consacré dans cet ouvrage.

**29.**– *Le respect du cadavre et la protection de la mémoire du défunt*. Il existe un devoir moral de traiter avec respect le cadavre de la personne qui n'est plus, et de voir à ses funérailles[120], un devoir que le

---

116. A. Mayrand, *L'inviolabilité de la personne humaine*, Montréal, Wilson & Lafleur, 1975, n° 112.
117. Art. 613 et 731 et s. C.c.Q.
118. Art. 42 et 43 C.c.Q.
119. On parlera alors de fondation ou de fiducie d'utilité sociale. Mais la fiducie d'ordre privé peut aussi, dans certaines circonstances, s'étendre sur plusieurs générations ; André J. Barette, « La fiducie d'utilité sociale : réflexions sur un thème méconnu », dans Service de la formation continue, Barreau du Québec, *Fiducies personnelles et successions (2007)*, Cowansville, Éditions Yvon Blais, 2007, p. 79-92.
120. Ajoutons que le *Code criminel* sanctionne quiconque néglige, sans excuse légitime, d'accomplir un devoir que lui impose la loi ou qu'il s'engage à remplir, au

législateur a transformé en obligation légale. Alors qu'autrefois, à défaut pour le défunt d'avoir pris de son vivant des dispositions à cet effet, le Code civil s'en remettait à l'usage[121], ce sont les héritiers ou les successibles[122] qui, aujourd'hui, sont tenus de veiller au règlement des funérailles (art. 625, al. 3 C.c.Q.). Il en est de même de la disposition du corps, i.e. du choix entre la cryogénie, l'inhumation, l'incinération et la disposition des cendres qui, tout comme dans le cas des funérailles, doit respecter les volontés qui auraient pu être exprimées, même verbalement, par le défunt[123].

Si l'on peut comprendre que l'introduction de cette règle permette « d'éviter certains conflits entre les héritiers ou entre celui qui acquitte les frais et les héritiers »[124], il nous semble qu'elle accorde bien peu d'importance aux sentiments des proches lorsque ceux-ci ne sont pas eux-mêmes héritiers[125]. L'usage qui, selon la jurisprudence antérieure, voulait que ces décisions reviennent au conjoint ou aux plus proches parents[126] était sans doute plus respectueuse de la volonté du défunt.

Mais si le cadavre est digne de respect, il n'en demeure pas moins une *chose* et on ne saurait lui reconnaître un droit de la personnalité. Cela n'exclut pas la possibilité pour ses ayants cause d'agir en justice s'il est porté atteinte à son image, à sa mémoire ou à sa dignité. Mais c'est alors à titre personnel et en raison de l'atteinte qui a pu être portée au respect de leur vie privée ou à leur sentiment personnel de l'honneur, que ces derniers pourront agir[127].

---

sujet de l'inhumation d'un cadavre humain ou de restes humains, de même que quiconque commet un outrage envers un cadavre : art. 182 C.cr.

121. Art. 21 C.c.B.-C.

122. Le successible est celui qui a vocation à la succession du défunt mais qui n'a pas encore exercé son option d'accepter la succession ou d'y renoncer (art. 630 C.c.Q.). Le délai de déclaration est de 6 mois (art. 632 C.c.Q.) et il est évident que les funérailles doivent avoir lieu avant cela.

123. Bien que l'article 42 C.c.Q., contrairement à l'article 44 C.c.Q., ne mentionne pas expressément l'obligation de respecter les volontés qui auraient pu être exprimées verbalement par le défunt, le commentaire qui l'accompagne ne laisse aucun doute à ce sujet.

124. Commentaire, 1, sous l'article 42 C.c.Q.

125. En ce sens, R.P. Kouri et S. Philips-Nootens, *op. cit.*, note 23, n° 66.

126. A. Mayrand, « Problèmes de droit relatif aux funérailles », dans A. Popovici (dir.), *Problèmes de droit contemporain*, Mélanges Louis Baudouin, Montréal, P.U.M., 1974, p. 119.

127. Voir, à titre d'exemple, *Robert* c. *Cimetière de l'Est de Montréal Inc.*, [1989] R.R.A. 124 (C.S.), où la Cour supérieure a condamné le cimetière à verser des dommages moraux à chacun des six enfants du défunt pour avoir égaré l'urne de leur père. Toute autre chose est le fait d'invoquer l'atteinte portée de son vivant à un droit de la personnalité du défunt, au nom duquel les héritiers pourront alors agir.

## Pour aller plus loin

**30.**– *La notion de personne, sujet de droit : un produit de la culture.* Si la notion de personne, définie comme tout individu « conçu comme un moi unique, autonome et égal en droit et en dignité » fait aujourd'hui figure d'évidence, l'histoire nous révèle qu'il n'en fut pas toujours ainsi, et l'anthropologie oblige à la relativiser : « l'invention de l'homme comme sujet doué d'une personnalité et d'un destin propre auquel il appartient de collaborer activement, est une création de l'Occident, fruit imprévisible de la rencontre de la culture grecque, du juridisme latin et de la foi chrétienne, elle-même enracinée dans la foi judaïque » (M.-T. Meulders-Klein, « Personne », dans *Dictionnaire encyclopédique de théorie et de sociologie du droit*, sous la direction de A.-J. Arnaud, Paris, L.G.D.J., 1988, 292 p.).

L'idée de droit subjectif était fondamentalement étrangère aux sociétés antiques. Dans la doctrine du droit naturel classique, « le droit est objectif, c'est-à-dire que loin d'être un attribut, qualité interne au sujet, part intégrante de son être [...] il est le résultat d'un partage » : c'est le lot qui revient à chacun, en tant que membre d'une totalité organique, le *cosmos*, selon l'ordre de la nature, inclus dans le corps social (M. Villey, « La genèse du droit subjectif chez Guillaume d'Occam », *Arch. de philosophie du droit*, t. IX, 1964, 97 p., p. 63-67. Voir également, du même auteur, *Le droit et les droits de l'homme*, Paris, P.U.F., « Collection 'Questions'», 1983).

Dans la Rome ancienne, l'esclave était objet de propriété, juridiquement une chose (*res*). Il ne possédait ni droits politiques, ni droits familiaux, ni droits patrimoniaux, attributs de la personnalité civile (*persona civile*), invention du droit romain. L'Europe médiévale connut le servage, adaptation de l'esclavage aux exigences de la morale chrétienne. Contrairement à l'esclave, le serf n'était pas objet d'appropriation. Ce n'était cependant pas un homme libre, le servage impliquant une étroite dépendance personnelle : dans la société féodale, chacun marchait à son pas, selon l'ordre auquel il appartenait. Le christianisme a introduit une fracture en affirmant l'égale dignité des êtres humains devant Dieu, mais il n'en demeure pas moins qu'en invoquant l'ordre de la Création, il a permis de conforter les inégalités sociales.

Il faudra attendre le XVIIIe siècle « pour que dans la foulée de l'École du droit naturel et des gens soit proclamé comme une évidence, le principe de l'égalité et de la liberté de tous » en Occident (M.-T. Meulders-Klein, *loc. cit.*, *supra*, p. 293). Et pourtant, l'esclavage n'a été aboli dans les colonies qu'au XIXe siècle ; par les Anglais en premier lieu, en 1833, puis par les Français en 1848 (voir J. Carbonnier, « L'esclavage sous le régime du Code civil », *Annales de la Faculté de droit de Liège*, Liège, 1957, p. 53 et D. Thouvenin, « L'esclavage et les idéaux de la Révolution française », *Milieux*, 1987, no 27, p. 30). La Nouvelle-France, qui n'a pourtant pas connu le *Code noir* (cette ordonnance de Colbert relative aux esclaves des Îles d'Amérique (1685), ne fut jamais promulguée en Nouvelle-France), et le Bas-Canada connurent eux aussi l'esclavage, encore qu'à une bien plus petite échelle (voir M. Trudel, *L'esclavage au Canada français : histoire et conditions de l'esclavage*, Québec, P.U.L., 1960).

Et ce n'est qu'en 1906 que la peine de la mort civile fut abolie au Bas-Canada (*Loi abolissant la mort civile*, (1906) 6 Ed. VII, c. 38).

Sur l'évolution du concept de personne, dans une perspective sociologique et anthropologique, voir D. de Rougemont, *L'aventure occidentale de l'homme*, Paris, Albin Michel, 1957 ; L. Dumont, *Essai sur l'individualisme Une perspective anthropologique sur l'idéologie moderne*, Paris, Seuil, Collection « Esprit », 1983 et M. Mauss, « Une catégorie de l'esprit humain : la notion de personne, celle de *moi* », dans *Sociologie et anthropologie*, Paris, P.U.F., Collection « Quadrige », 9ᵉ éd., 1985, p. 335. Dans une perspective plus philosophique, voir J. Ladrière, « La notion de personne, histoire d'une longue tradition », dans *Biomédecine et devenir de la personne*, sous la direction de Simone Novaes, Paris, Esprit/Seuil, 1991, p. 42 et s. ; L. Ferry et J.-D. Vincent, *Qu'est-ce que l'homme*, Paris, Odile Jacob, 2000 ; A. Renaud, *L'ère de l'individu, Contribution à une histoire de la subjectivité*, Paris, Gallimard, Collection « N.R.F. », 1989 ; du point de vue de la philosophie du droit, C. Atias, *Philosophie du droit*, Paris, P.U.F., 1999 ; B. Oppetit, *Philosophie du droit*, Paris, Dalloz, 1999 ; M.Villey, *La formation de la pensée juridique moderne*, Paris, Montchrestien, 1975 ; B. Barret Kriegel, *Les droits de l'homme et le droit naturel*, Paris, P.U.F., Collection « Quadrige », 1989 ; S. Tzitzis, *Qu'est-ce que la personne ?*, Paris, Armand Colin, 1999, et *La personne, l'humanisme et le droit*, Ste-Foy, P.U.L., Collection Diké, 2001 et S. Goyard-Fabre, *Les fondements de l'ordre juridique*, Paris, P.U.F., 1992.

**31.–** *Théorie juridique.* La notion même de sujet de droits appliquée à l'individu ne fait pas l'unanimité. Il existe une opposition classique entre les doctrines du droit subjectif – qui voient dans l'individu, dépositaire d'attributs originaires et autonomes, l'élément central du droit – et du droit objectif – qui posent l'État comme l'entité première dans l'ordre juridique, celle qui organise la vie sociale en conférant des droits aux individus, des droits dits subjectifs. Ce droit droit issu de l'État constitue le droit « objectif ». Dans la doctrine du droit objectif, les droits subjectifs sont des prérogatives individuelles qui sont en quelque sorte un don de la loi et non pas des attributs originaires de la personne.

Le véritable enjeu de la mise en cause de la notion de sujet de droits est donc d'ordre épistémologique, c'est celui de « la possibilité pour la personne d'avoir des « droits » (les droits de l'homme) antérieurs au droit, plus précisément à la règle de droit, au système positif des règles de droit [...]. Si bien que la personne apporterait ses droits avec elle dans le phénomène juridique et les imposerait comme transcendatalement supérieurs, et que la règle positive ne pourrait toucher à ces droits préexistants, mais devrait la respecter ». (R. Martin, « Personne et sujet de droit », (1981) 13 *Rev. trim. dr. civ.* 785, 794). À propos des différentes écoles de pensée qui s'inscrivent à l'intérieur de ces deux tendances et les critiques dont elles ont fait l'objet, voir le *Dictionnaire encyclopédique de théorie et de sociologie du droit*, précité (V° droit, droit naturel, droit objectif, droit positif), *Le sujet de droit, Archives de philosophie du droit*, t. 34, Paris, Sirey, 1989 et A. Paynot-Rouvillois. « Sujet de droit », dans *Dictionnaire de la culture juridique*, sous la direction de D. Alland et S. Rials, Paris, P.U.F., 2003, p. 1151 et s.

La « question de savoir si la notion de personne juridique est un concept sans substance prédéterminée et qui, selon la décision arbitraire du droit, peut être appliquée à diverses entités humaines ou non, ou si la notion recouvre nécessairement et exclusivement des êtres humains nés et vivants, pris isolément ou en groupe organisé fait aujourd'hui l'objet d'un débat », auquel participent tant les philosophes que les juristes, alimentés en ce sens par le mouvement écologiste et les défenseurs de l'environnement (C. Labrusse-Riou et F. Bellivier, « Les droits de l'embryon et du fœtus en droit privé », (2002) 2 *R.I.D.C.* 580, 581. Ainsi, indépendamment de la question de savoir si l'embryon et le fœtus devraient faire l'objet d'une certaine protection de la loi, en leur qualité d'être humain ou de personne juridique, certains se demandent si les animaux, voire la nature elle-même, ne doivent pas être reconnus comme sujets de droit : P. Gérard, F. Ost et M. Van de Kerchove (dir.), *Images et usage de la nature en droit*, Bruxelles, Publications des Facultés universitaires de Saint-Louis, 1993 ; B. Edelman et M.A. Hermitte, *L'homme, la nature et le droit*, Paris, C. Bourgeois, 1988 ; Y. Thomas, « Le sujet de droit, la personne et la nature. Sur la critique contemporaine du sujet de droit », (1998) 100 *Le Débat* 85 ; J.-P. Marguenaud, « La personnalité juridique des animaux », *D.* 1998, chron. 205 et A. Roy, « Papa, Maman, Bébé et... Fido ! L'animal de compagnie en droit civil ou l'émergence d'un nouveau sujet de droit », (2003) 82 *R. du B. can.* 791.

Pour une approche plus philosophique de cette question : P. Singer, *Animal Liberation*, N.Y., Avon Books Publishers, 1977 ; T. Regan, *The Case for Animal Rights*, Routledge, London & New York, 1988 ; M.H Parizeau et G. Chapoutier (dir.), *L'être humain, l'animal et la technique*, Québec, P.U.L., 2007 ; J. R. Lovvorn, « Animal Law in Action : The Law, The public Perception and the Limits of Animal Rights Theory as a basis for Legal Reform », (2006) 12 *Animal L.* 133, 148-149 ; T.L. Bryant, « Similarity or Difference as a Basis for Justice : Must Animals be Like Humans to be Legally Protected from Humans ? », (2007) 70 *Law & Contemporary Problems* 207 ; L. Ferry, *Le nouvel ordre écologique : l'arbre, l'animal et l'homme*, Paris, Grasset, 1992 ; B. Melkevik, « La nature, un sujet de droit ? Interrogation philosophique et critique », dans *Horizons de la philosophie du droit*, Paris, L'harmattan/ P.U.L., 1998, p. 39.

Sur les relations entre être humain, personne et sujet de droit : R. Demogue, « La notion de sujet de droit », (1909) *R.T.D.C.* 611 ; M. Rivet, « Esquisse d'un profil de la personne selon le droit », (1981) 11 *R.D.U.S.* 417 ; S. Joly, « Le passage de la personne, sujet de droit, à la personne, être humain », (2001) 10 *Droit de la famille* 9 ; J.-L. Baudouin, « La personne humaine en droit comparé : apparition et disparition », dans *4ᵉ Journée René Savatier, « Vie et mort de la personne »*, Poitiers, P.U.F., 1993, p. 73.

**32.–** *De la protection de l'enfant conçu : la maxime infans conceptus ; son origine, son évolution et sa portée*: A. Lefevre-Teillard, *Introduction historique au droit des personnes et de la famille*, Paris, P.U.F., 1996 et « *Infans conceptus*... Existence physique et existence juridique », (1994) 72 *R.H.D.* 499 ; J.-P. Baud, *Le droit de vie et de mort, Archéologie de la bioéthique*, Paris, Aubier, Collection Alto, 2001, p. 211-246 ; C. Bernard, E. Deleury, F. Dion et P. Gaudette, « Le statut de l'embryon humain dans l'antiquité gréco-romaine », (1989) 45 *Laval théologique et philosophique* 179 ; E. Deleury, « Naissance et mort de la personne humaine ou les confrontations de la médecine et du droit », (1976) 17 *C. de D.* 178, 265 ; L. Langevin, « Entre la non-reconnaissance et la protection : la situation juridique de l'embryon et du fœtus au Canada et au Québec », *R.I.D.C.* 39. En droit français, voir : B. Feuillet le Mintier (dir.), *L'embryon humain, approche multidisciplinaire*, Paris, Economica, 1996 ; M.-C. Gaudreault, « L'embryon en droit français, titulaire d'un statut juridique », (1997) 28 *R.G.D.* 167 ; C. Byk, « Embryon et pouvoir parental : tendances en droit comparé », (1996) *Jal. Intern. Bioeth.* 192 ; F. Diesse, « La situation juridique de l'enfant à naître en droit français : entre pile et face », (1999-2000) 30 *R.G.D.* 607.

**33.–** *Sur le droit à l'autonomie de la femme enceinte, le « droit à la santé » du fœtus et le pouvoir de contrainte de la part de l'État*. Cette question a soulevé bien des controverses, aux États-Unis tout d'abord, puis au Canada, avant que la Cour suprême du Canada ne tranche définitivement la question dans l'arrêt *Office des services à l'enfant et à la famille de Winnipeg (région du Nord-Ouest) c. G. (D.F.)*, [1997] 3 R.C.S. 925 ; M.T. Giroux, « L'autonomie de la femme enceinte et la protection de l'enfant à naître : une perspective éthique », dans Service de la formation continue, Barreau du Québec, vol. 261, *Autonomie et protection (2007)*, Cowansville, Éditions Yvon Blais, p. 33-59 ; R.D. Bell, « Prenatal Substance Abuse and Judicial Intervention in Pregnancy : *Winnipeg Child and Family Services v. G. (D.F.)* », (1997) 55 *U.T. Fac. L. Rev.* 321 ; C. MacIntosh, « Conceiving Fetal Abuse », (1998) 15 *Can. J. Fam. L.* 178 ; voir aussi, dans le numéro semi-thématique consacré par l'*Alberta Law Review* à la décision rendue par la Cour suprême, S. Rodgers, « *Winnipeg Child and Family Services v. D.F.G.* : Juridical Interference with Pregnant Women in the Alleged Interest of the Fœtus », p. 711 ; F.C. DeCoste, « *Winnipeg Child and Family Services (Northwest Area) v. D.F.G.* », p. 725 ; L. Shanner, « Pregnancy Intervention and Models of Maternal Fetal Relationship : Philosophical Reflections on the Winnipeg *C.F.S.* Dissent », p. 751 ;

B.P. Elman et J. Mason, « The Failure of Dialogue : *Winnipeg Child and Family Services (Northwest Area)* v. *G. (D.F.)* », p. 768 ; F. Baylis, « Dissenting with the Dissent : *Winnipeg Child and Family Services (Northwest Area)* v. *G. (D.F.)* », p. 785 ; T. Caulfield et E. Nelson, « *Winnipeg Child and Family Services* v. *D.F.G.* : A Commentary on the Law, Reproductive Autonomy and the Allure of Technopolicy », p. 799 ; A. Diduck, « Conceiving the Bad Mother : « The focus should be on the Child to Be Born » », (1998) 38 *U.B.C.L.R.* 199 ; S. Philips-Nootens, « La Cour suprême face à la vie, face à la mort : de valeurs et de droits », (2000) 79 *R. du B. can.* 145. Pour une analyse de la situation aux États-Unis : L. Gomez, *Misconceiving Mothers : Legislators, Prosecutors, and the Politics of Prenatal Drug Exposure*, Philadelphia, Temple University Press, 1997 et J.R. Schroedel, *Is The Fetus a Person ? A Comparison of Policies Across the fifty States*, Ithaca/London, Cornell University Press, 2000 ; E. Spiezer « Recent Developments in Reproductive Health Law and the Constitutional Rights of Women : The Role of the Judiciary in Regulating Maternal Health Safety », (2004-2005) *Cal. Western L. Rev.* 507. Dans une perspective de réconciliation entre le droit à l'intégrité et à la sécurité de la femme enceinte, voir la thèse développée en common law par Eileen L. McDonagh, *Breaking the Abortion Deadlock : From Choice to Consent,* New York University Press, 1996. Pour une analyse critique de cette thèse, voir M. Ford, « The Consent Model of Pregnancy : Deadlock Undiminished », (2005) 50 *R.D. McGill* 619.

**34.–** *Poursuites pour vie préjudicielle* – La question du droit de poursuite pour vie préjudicielle a suscité bien des remous, en France, à la suite de la décision rendue par la Cour de cassation dans l'affaire *Perruche* (Cass. Plénière, 17 novembre 2000, Bull. 2000, Ass. Plén. nᵒ 9, p. 15. Cette jurisprudence a été par la suite confirmée dans cinq autres arrêts par la Cour de Cassation) affaire dans laquelle la haute Cour a reconnu le droit pour l'enfant, dans de telles circonstances, de demander la réparation du préjudice résultant de son handicap. Cette jurisprudence a provoqué, en France, l'intervention du législateur. Aujourd'hui, en droit français « Nul ne peut se prévaloir d'un préjudice du seul fait de sa naissance » : Loi nᵒ 2002-303 du 4 mars 2002 relative aux droits des malades et à la qualité du système de santé, art. 1. Ce texte maintient cependant la responsabilité du médecin « lorsque l'acte fautif a provoqué directement le handicap ou l'a aggravé, ou n'a pas permis de prendre les mesures susceptibles de l'atténuer » (*Ibid.*). On soulignera par ailleurs qu'en Grande-Bretagne, à la suite de la décision rendue dans *Mc Kay* c. *Essex Area Health Authority*, (1982) Q.B. 1166, le législateur a adopté une loi au même effet : V. Pécresse et B. Markesinis, « Réflexions sur l'arrêt P... et la nécessité d'un recours accru au droit étranger par les juridictions nationales », (2001) *R.T.D.C.* 77. Aux États-Unis où ce type d'actions qualifiées de *wrongful life* est connu depuis bientôt une trentaine d'années, son accueil est plutôt mitigé (A.-C. Mercier-Jacquimont, « L'action dite de vie préjudiciable aux États-Unis », (2001) 89 *R.R.J. Droit prospectif* 1243).

**35.–** *Sur l'embryon et les perspectives ouvertes par la génétique et la biologie* – B. Feuillet Le Mintier (dir.), *L'embryon humain, approche multidisciplinaire,* C.R.J.O./Économie, Paris, 1996 ; M.-J. Melançon et R. Gagné, *Dépistage et diagnostique génétique, aspects juridiques, éthiques et sociaux,* Ste-Foy, P.U.L., 1999 ; J.-L. Baudouin et C. Labrusse-Riou, *Produire l'homme, de quel droit ?,* Paris, P.U.F., 1987 ; G. Delaisi de Parseval, *L'enfant à tout prix,* Paris, Seuil, 1981 ; P. Legendre, *L'inestimable objet de la transmission, Étude sur le principe généalogique en Occident,* Paris, Fayard, 1985 ; J. Dufresnes, *La reproduction humaine industrialisée,* I.Q.R.C., Québec, 1986 ; C. Overall, *The Future of Human Reproduction,* Toronto, Women's Press, 1989 ; M. Hudson, « Les nouvelles techniques de reproduction et de génétique : fixer les limites et protéger la santé », dans J.-L. Baudouin et S. Le Bris (dir.), *Droits de la personne, les bio-droits, aspects nord-américains* (ci-après cités *Les bio-droits*), Cowansville, Éditions Yvon Blais, 1997, p. 83 ; B. Edelman, « Génétique et libertés », (1991) 13 *Droits* 31 ; C. Neirinck, « L'embryon humain : une catégorie juridique à dimension variable ?, » *D.* 2003, chron., Doctrine, p. 841 ; S. Le Bris, « La procréation médicalement assistée à l'aube du 21e siècle », (1994) 1 *C.P. du N.* 241.

**36.–** *La mort. Des peines posthumes du droit pénal romain au concept de demi-personne* – A. Leca, « Essai sur la personnalité juridique des morts dans l'ancien droit français », dans *Le droit dans le souvenir, Liber Amicorum Benoît Savelli,* P.M. Aix-Marseilles, 1998, p. 289 ; R. Demogue, « La notion de sujet de droit », (1909) *R.T.D.C.* 611 ; G. Lebreton, « Le droit, la médecine et la mort », *D.* 1994, chron. 352 ; B. Calais, « La mort et le droit », *D.* 1995, chron. 73 ; A. Terrasson de Fougères, « La résurrection de la mort civile », (1997) *R.T.D.C.* 893. Dans une perspective historique et anthropologique, voir, entre autres, P. Aries, *L'homme devant la mort,* Paris, Seuil, 1977 ; *Essais sur la mort en Occident du Moyen Âge à nos jours,* Seuil, 1975 ; L.-V. Thomas, *Anthropologie de la mort,* Paris, Payot, 1975.

*Définition de la mort* – Le Manitoba est la seule province à avoir adopté une définition légale de la mort, *Loi sur les statistiques de l'état civil,* L.R.M. 1987, c. V-60. Le critère de la mort cérébrale a également été repris dans la Loi uniforme sur les tissus humains : Conférence sur l'uniformisation des lois au Canada, *Loi uniforme sur le don de tissus humains,* (1989) dans *Consolidation of Uniform Acts,* Fredericton (N.-B.), La Conférence, 1990, p. 22-1. Aux États-Unis, la plupart des États ont opté pour une définition légale de la mort. Il en est de même en Europe, où de nombreux pays ont suivi les recommandations formulées par la Conférence des ministres européens de la santé : *La transplantation d'organes – Troisième Rapport : Mesures législatives relatives à la transplantation d'organes et à la coopération européenne,* Strasbourg, 1987 et 3e Conférence des Ministres européens de la Santé, *Texte final sur la transplantation d'organes,* (1988) 39 :1 R.I.L.S. 294. Pour une analyse de droit comparé, voir R.P. Kouri et S. Philips-Nootens, *Le corps humain, l'inviolabilité de la personne et le consentement aux soins, op. cit.,* note 23, nos 134 à 142.

## BIBLIOGRAPHIE SÉLECTIVE

AVARD, R.-P. et B.M. KNOPPERS, « L'affaire *Dobson (Tuteur à l'instance de)* c. *Dobson* : un conflit entre la réalité et la théorie », (2000) 45 *R.D. McGill* 315.

BAUDOUIN, J.-L. et S. LEBRIS (dir.), *Droits de la personne ; les biodroits,* Cowansville, Éditions Yvon Blais, 1996.

BERNARDI, M.-J., *Le droit à la santé du fœtus au Canada*, Éditions Thémis, Montréal, 1995.

COMMISSION DE RÉFORME DU DROIT DU CANADA, *Les critères de détermination de la mort*, Document de travail n⁰ 23, Ottawa, Approvisionnements et Services Canada, 1979, p. 64.

COMMISSION DE RÉFORME DU DROIT DU CANADA, *Les crimes contre le fœtus*, Document de travail n⁰ 58, Ottawa, Approvisionnements et Services Canada, 1989.

COMMISSION DE RÉFORME DU DROIT DU CANADA, *La procréation médicalement assistée*, Document de travail n⁰ 65, Ottawa, Approvisionnements et Services Canada, 1992.

COMMISSION ROYALE D'ENQUÊTE SUR LES NOUVELLES TECHNOLOGIES DE LA REPRODUCTION, *Un virage à prendre en douceur*, 2 vol., Ottawa, ministère des Services intergouvernementaux, 1993.

GIROUX, M.T., « L'autonomie de la femme enceinte et la protection de l'enfant à naître : une perspective éthique », dans Service de la formation continue, Barreau du Québec, vol. 261, *Autonomie et protection (2007)*, Cowansville, Éditions Yvon Blais, p. 33-59.

KEYSERLINGK, E., *The Unborn Child's Right to Prenatal Care*, Montréal, Centre de recherche en droit privé comparé du Québec, 1984.

KOURI, R.P. et S. PHILIPS-NOOTENS, *L'intégrité de la personne et le consentement aux soins*, 2ᵉ éd., Cowansville, Éditions Yvon Blais, 2005.

LANGEVIN, L., « Entre la non-reconnaissance et la protection : la situation juridique de l'embryon et du fœtus au Canada et au Québec », (2004) *R.I.D.C.* 39.

McCONNELL, M.L., « *Sui generis* : the Legal Nature of the fœtus in Canada », (1991) 70 *R. du B. can.* 548.

LÉTOURNEAU, H., « Le fœtus, une question de droit ou de bon sens ? », dans Service de la formation permanente, Barreau du Québec, *Développements récents en droit de la jeunesse*, Cowansville, Éditions Yvon Blais, 1998, p. 59.

MORIN, M., « Les confins du droit civil et du droit pénal : l'avortement et les droits de l'enfant conçu », (1997) *R.D. McGill* 199, 267-269.

PHILIPS-NOOTENS, S., « La Cour suprême face à la vie, face à la mort : de valeurs et de droits », (2002) 79 *R. du B. can.* 145.

ROSIER, S. et D. BOIVIN, « L'immunité légale de la femme enceinte et l'affaire *Dobson* », (1999-2000) 31 *R.D. Ottawa* 283.

# CHAPITRE II

## DE L'INCERTITUDE SUR L'EXISTENCE DE LA PERSONNE

**37.–** Le début de la vie et la fin de la vie sont pour le droit civil des moments précis que l'on constate et qui sont actés formellement. Mais il peut y avoir des situations où une personne disparaît, laissant les proches dans l'incertitude quant à son sort. Une personne peut également disparaître dans des circonstances qui ne laissent à peu près aucun doute sur son décès alors que l'absence de corps empêche la possibilité de constater la mort *de visu*. Le législateur a pourvu à ces scénarios en instituant le mécanisme de l'absence et celui de la déclaration judiciaire de décès.

**38.–** *Définitions*. Dans le langage courant, les mots « éloignement », « absence », « disparition », sont employés pour décrire une situation de fait, celle de la non-présence d'une personne. Dans le langage courant, l'absent est celui qui n'est pas là où il pourrait ou devrait être. Parfois on sait où elle se trouve, parfois on l'ignore ; mais la notion d'absence n'inclut généralement aucune dimension d'incertitude quant à l'existence même de la personne non présente. En droit civil, par contre, le qualificatif d'absent est utilisé pour désigner la personne à l'égard de laquelle un doute existe quant à savoir si elle vit encore ou si elle est décédée.

Lorsque l'incertitude est levée, en ce sens qu'il devient quasi certain que la personne est décédée, celle-ci ne répond plus alors à la définition de l'absence. On parlera d'une personne disparue dont la mort est quasi certaine. Le mot « disparition » est utilisé par la doctrine civiliste classique pour désigner cet état de quasi-certitude de décès. Dans cette optique, le « disparu » est la personne dont on sait qu'elle est décédée mais dont le décès ne peut être constaté, faute de cadavre. Dans le *Code civil du Québec*, le mot disparition renvoie plutôt à une situation factuelle, tantôt condition de l'absence, tantôt condition de la déclaration de décès. Dans ce dernier cas, le droit vise les cas où les circonstances du décès sont claires alors que le corps a disparu : naufrages, catastrophes aériennes, cataclysmes naturels ou

51

industriels, conflits armés, actes de terrorisme, noyade, etc. Le doute, ici, tient au défaut de représentation du cadavre, soit que le corps n'ait pas été retrouvé, soit qu'il n'ait pu être identifié alors que dans un cas comme dans l'autre les probabilités de survie de la personne concernée sont quasi inexistantes[1].

**39.– *La réforme de 1991*.** L'une et l'autre de ces situations étaient déjà régies par le C.c.B.-C.[2], encore que, pendant un peu plus d'un siècle, l'absence fut le seul régime cohérent qui couvrit les deux hypothèses.

Réglementée en 1866, à une époque où la lenteur des communications rendait difficile à interpréter le silence de ceux qui avaient quitté leur domicile sans jamais y reparaître, le mécanisme de l'absence était marqué par un formalisme lourd qui convenait mal aux situations de quasi-certitude de décès. Le législateur est donc intervenu, dans un premier temps, par la voie de lois spéciales[3]. Ces textes n'avaient toutefois qu'une portée limitée et avec le développement des moyens de communication et la sophistication des méthodes d'investigation, les cas d'absence devenaient de plus en plus rares. Le législateur a donc introduit dans le Code, à côté de l'absence, un régime général de disparition[4].

Aujourd'hui, à l'heure d'Internet et des communications électroniques, on pourrait se surprendre que le Code civil s'attache encore à organiser le statut de l'absent, tant il semble invraisemblable, de nos jours, qu'une personne puisse disparaître sans laisser de trace et sans que l'on sache si elle est en vie ou non. S'il est vrai que ces situations sont sans doute de plus en plus marginales, elles n'en demeurent pas moins possibles. On pourrait même avancer que, dans une certaine mesure, le fait même de la mobilité croissante des personnes et de la prolifération des échanges internationaux, entraîne en soi un plus haut risque de disparition et d'incertitude. Dans ses commentaires, le ministre de la Justice évoque également le scénario de l'adolescent en fugue et celui du débiteur alimentaire qui voudrait se faire oublier[5]. Lors de la réforme de 1991, le législateur a donc opté non

---

1. Sur la distinction entre les deux institutions, voir *Sandaldjian* c. *Directeur de l'état civil*, B.E. 2004BE-377 (C.A.) ; *Assurance-vie Desjardins* c. *Duguay*, [1985] C.A. 334 et *Gariepy* c. *Directeur de l'état civil*, [1997] R.D.F. 50 (C.S.).
2. Art. 70-73 et 86-110 C.c.B.-C.
3. Voir É. Deleury, « La loi concernant les jugements déclaratifs de décès », (1970) 11 *C. de D.* 330.
4. *Loi concernant les jugements déclaratifs de décès*, L.Q. 1969, c. 79.
5. Voir les *Commentaires du ministre de la Justice*, t. I, sous le chapitre III, p. 65 et 66. Sur cette question M. Lauzon, « *Quid novi* chez les absents ? », (1972) 32 *R. du B.* 132.

seulement pour le maintien mais aussi pour la modernisation de l'institution dans un chapitre « De l'absence et du décès » (art. 84 à 105 C.c.Q.) qui couvre désormais tant les scénarios d'absence que ceux de disparition avec quasi-certitude de décès.

Le Code innove également en prévoyant le scénario particulier de l'enlèvement dans des cas où les communications avec les ravisseurs sont impossibles ou rompues. Le législateur a donc introduit, à côté de l'absence et de la quasi-certitude de décès, un régime spécial de *l'éloignement forcé*. Les dispositions relatives à l'absence s'appliquent aux cas des non-présents qui se trouvent, malgré eux, hors d'état de manifester leur volonté. La frontière entre l'absence et l'éloignement forcé sera souvent très ténue, puisque s'il est établi que l'individu est encore vivant à un moment donné, sa vie est aussi menacée, ce qui peut conduire très rapidement à une situation d'absence, voire à une quasi-certitude de décès.

## Section I

## L'absence

### §1 - *Une présomption de vie*

**40.–** *L'absent est présumé vivant pendant sept années.* L'article 84 C.c.Q. édicte que l'absent « est celui qui, alors qu'il avait son domicile au Québec, a cessé d'y paraître sans donner de nouvelles et sans que l'on sache s'il vit encore »[6].

Si le droit reconnaît ainsi que l'existence d'une personne peut être incertaine, il entend cependant limiter cette période d'incertitude. Au cours des sept années qui suivent sa disparition, l'absent est présumé vivant[7], mais la présomption tombe au terme de cette

---

6. La définition de l'absence du *Code civil du Québec* est, sous cet aspect, la même que celle du *Code civil du Bas-Canada*. Les commentaires des auteurs qui ont analysé la pensée des codificateurs de 1866 restent donc utiles aujourd'hui. Voir P.B. Mignault, *Le droit civil canadien*, t. I, Montréal, Théoret, 1895, p. 252 ; H. Roch, *L'absence*, Montréal, 1951.

7. Art. 85 C.c.Q. Un délai qui est en phase avec d'une part celui qui était rattaché à la déclaration de présomption de décès, édicté à l'article 2529 C.c.B.-C. en matière d'assurance et d'autre part avec celui en matière de bigamie. En effet, en vertu de l'article 290(2)b) C.cr., une personne n'est pas réputée avoir commis la bigamie si « le conjoint de cette personne a été continûment absent pendant les sept années qui ont précédé le jour où elle passa par la formalité de mariage, à moins qu'elle n'ait su que son conjoint était vivant à un moment quelconque de ces sept années ».

période. Passé ce délai, l'absent est tenu pour décédé, ce qu'il faudra cependant faire constater judiciairement. Le défaut de faire déclarer judiciairement la personne décédée entraîne donc une prolongation de la période d'absence au-delà du délai de sept ans. La présomption de vie pendant la période de sept ans est une présomption simple que la preuve du décès ou de l'existence de l'absent met en échec. Dans ces scénarios, il conviendra de rendre compte aux héritiers dans le cas du décès prouvé ou à l'absent lui-même en cas de preuve de son existence.

Pendant la période d'absence, il convient de protéger non seulement les intérêts de l'absent, il faut également veiller à l'exécution des obligations qu'il peut avoir à l'égard des tiers comme à l'égard de son conjoint et de ses enfants.

**41.**–*L'absent est apte à recueillir des droits et à être tenu d'obligations*. Puisque l'absent est présumé vivant, la logique veut qu'il puisse être appelé à succéder (art. 617 et 638(1) C.c.Q.). La présomption de vie laisse également intact le lien conjugal dans lequel il avait pu être engagé, réserve faite de la possibilité pour le conjoint marié de demander le divorce ou la séparation de corps pour cause de séparation factuelle[8], et pour le conjoint uni civilement, de demander la dissolution de l'union pour cause de séparation (art. 521.17 C.c.Q.). Tant en matière de divorce que de séparation de corps ou de dissolution de l'union civile, la séparation factuelle comme fondement de l'action peut être involontaire. La séparation causée par l'absence peut donc justifier une telle demande en justice.

**42.**– *Le caractère supplétif du régime de protection institué par le Code*. Conséquence également de la présomption de vie, le Code consacre la primauté de la représentation conventionnelle lorsque l'absent, ayant prévu son éventuelle absence, a pris la précaution de désigner un administrateur de ses biens. Nous verrons un peu plus loin que la loi prévoit un mécanisme de désignation d'un tuteur à l'absent. Cependant, dans l'hypothèse où l'absent a pris soin de désigner lui-même un administrateur de ses biens, l'ouverture d'une

---

8. La *Loi sur le divorce*, L.R.C. (1985), c. 3 (2e suppl.), art 8(1) permet d'obtenir le divorce pour cause de séparation d'un an. De son côté, l'article 494(2) C.c.Q. édicte qu'il y a atteinte grave à la volonté de vie commune et donc cause de séparation de corps, lorsque « au moment de la demande, les époux vivent séparés l'un de l'autre ».

tutelle devient impossible à moins, bien entendu, que l'administrateur désigné soit inconnu, qu'il refuse ou néglige d'agir ou qu'il en soit empêché (art. 86 C.c.Q.). On peut ajouter à ces hypothèses celles où l'administrateur désigné décède et celle où le mandat n'aurait été donné que pour une durée limitée ou que pour des actes déterminés[9] ainsi que le prévoit l'article 86 C.c.Q. Un tel principe, déjà admis dans le *Code civil du Bas-Canada*, s'imposait d'autant plus que les dispositions relatives à la protection des intérêts de l'absent présumé vivant s'appliquent également aux non-présents involontaires (art. 91 C.c.Q.).

### §2 - *L'organisation de la protection des intérêts de l'absent*

**43.–** *Un mode de protection subsidiaire.* Ces dispositions, conçues comme supplétives, ont également un caractère facultatif. L'absent, en effet, peut ne pas avoir d'intérêts à protéger, soit qu'il n'a aucun bien ni droit à exercer, soit que des règles destinées à des vivants non présents peuvent recevoir application. En effet, le droit familial prévoit que le conjoint est présumé mandataire de l'autre lorsque celui-ci se trouve dans l'impossibilité de prendre des décisions relatives à la direction morale ou matérielle de la famille et dans certains cas précis d'impossibilité d'agir, le tribunal peut autoriser un conjoint à agir sans le consentement de l'autre[10]. Le droit prévoit donc des règles de représentation au sein des couples en cas d'impossibilité d'agir, ce qui peut recouvrir une situation d'absence. Il demeure que ce sont là des pouvoirs ponctuels et qu'il faut penser aussi aux intérêts des tiers. En ce sens, l'ouverture d'une tutelle, quoique facultative, présente une utilité certaine.

**44.–** *Un système calqué sur la tutelle des mineurs.* En l'absence d'administrateur désigné, ou s'il y a carence de la part de ce dernier, on peut demander l'ouverture d'une tutelle à l'absent (art. 86 C.c.Q.), conformément aux dispositions en matière d'inaptitude, puisque la tutelle fait aujourd'hui figure de régime de droit commun en matière de protection des personnes inaptes.

**45.–** *Inaptitude et absence.* La situation de l'absent sous tutelle s'apparente à celle du majeur qui est inapte à administrer ses biens dont traite

---

9.   Il est permis de croire que dans le cas d'un mandat partiel, le tribunal appelé à désigner un tuteur, pourrait moduler les pouvoirs de ce dernier afin de respecter ceux du mandataire désigné (art. 87 et 286 C.c.Q.).

10.  Art. 398, al. 2, 399, 444 et 521.6, al. 4 C.c.Q.

l'article 258 C.c.Q. Le libellé de cette disposition est suffisamment large pour couvrir l'hypothèse de l'absence, l'incapacité provenant ici de l'inaptitude physique dans laquelle l'absent se trouve de pouvoir exprimer sa volonté. Par ailleurs, le choix de la tutelle comme régime de protection répond en tout point aux conditions énoncées à l'article 285 C.c.Q. puisqu'il s'agit bien d'une inaptitude qui présente un caractère temporaire[11].

Toutefois, si l'on peut affirmer que le régime mis en place par les articles 86 et s. C.c.Q. participe de l'esprit qui sous-tend les régimes de protection institués pour les inaptes, cela n'autorise pas pour autant à classer l'absent dans cette catégorie. En effet, l'absent est présumé vivant et ne perd pas le pouvoir de gérer ses biens puisqu'il peut toujours désigner un administrateur. En cas de réapparition, il devra obtenir du juge la mainlevée de la tutelle s'il veut que les actes qu'il est amené à faire puissent être opposables aux tiers[12]. En revanche, le tuteur nommé n'aurait, à aucun titre, la possibilité de refuser de lui rendre ses biens dès avant la décision judiciaire (art. 90 C.c.Q.).

**46.– La demande.** La tutelle s'ouvre dans les conditions énoncées précédemment. Il faut que l'absence soit constatée, c'est-à-dire qu'il faut faire la preuve que la personne concernée est domiciliée au Québec, qu'elle a cessé d'y paraître et que, depuis, en l'absence de toute nouvelle de sa part, on ne sait si elle est vivante ou morte. Cette preuve se fait par la production de témoignages[13]. Le juge peut requérir toute preuve additionnelle. L'absence constatée, il faut encore convaincre le juge de la nécessité de veiller à la défense de ses intérêts, conformément aux dispositions de l'article 86 C.c.Q.

**47.– La procédure.** Selon l'article 87 C.c.Q., la tutelle est déférée par le tribunal, sur avis du conseil de tutelle ; pour le reste, le législateur renvoie aux règles relatives à la tutelle des mineurs[14]. La demande, qui doit être adressée à un juge ou à un greffier de la Cour supérieure

---

11. Voir *infra*, Partie II, La tutelle.
12. Soulignons que dans le Projet de l'Office de révision du Code civil, l'absence avait été intégrée au titre sur la capacité (O.R.C.C., *Rapport sur le Code civil du Québec*, Québec, Éditeur officiel, 1977, vol. I, p. 35, art. 250 et s.) et que dans la première mouture du projet de loi, elle faisait l'objet d'un titre spécial [*Loi portant réforme au Code civil du Québec du droit des personnes*, Projet de loi 106 (Québec), 1982, art. 229 et s.]. Le législateur l'a finalement rapatriée dans le chapitre III du Livre I du Code, puisque l'absence touche à l'état de la personne et débouche normalement sur un jugement déclaratif de décès. Voir également la *Loi portant réforme au Code civil du Québec du droit des personnes, des successions et des biens*, L.Q. 1987, c. 18, art. 89 et s.
13. Sur cette question, voir *Chamberland et P.G. du Québec et la Banque de Montréal (Re)*, (1938) 76 C.S. 167.
14. Art. 222-255 C.c.Q. et 872-876.1 C.p.c. Voir également *infra*, Partie II, Les incapacités et la protection des inaptes.

(mais qui pourrait également être présentée à un notaire en application des articles 863.4 C.p.c. et s. si l'on accepte que le renvoi que fait l'article 87 C.c.Q. implique aussi l'application des règles de procédure), peut être faite par toute personne intéressée, y inclus le curateur public. On peut penser aussi aux créanciers, aux associés, aux personnes qui pourraient être impliquées avec l'absent dans une division ou dans un démembrement de propriété, sans compter, évidemment, ses héritiers éventuels[15].

La demande est portée devant le tribunal du domicile de la personne dont on veut établir l'absence ou, s'il est inconnu, devant celui de sa dernière résidence connue, ou encore devant celui du domicile du requérant. Si l'absent a désigné un administrateur de ses biens et que ce dernier refuse ou néglige d'agir ou en est empêché, la demande peut être portée devant le tribunal du domicile de l'administrateur. Elle doit également être signifiée au curateur public (à moins que ce dernier évidemment n'en soit l'auteur) et, le cas échéant, à la personne désignée par l'absent pour administrer ses biens ainsi qu'à son conjoint, s'il en est (art. 862, 863 à 863.2 et 865.1 C.p.c.).

Le jugement, une fois rendu, doit être notifié au curateur public (art. 863.3 C.p.c.).

**48.–** *Le rôle et la responsabilité du tuteur.* Ici encore les règles relatives à la tutelle du mineur s'appliquent, compte tenu des adaptations nécessaires. Le tuteur, une fois nommé, a la simple administration des biens de l'absent[16].

La simple administration, qui renvoie aux articles 1301 et s. C.c.Q., inclut les actes nécessaires à la conservation des biens, la perception des fruits et des créances, l'exploitation des fruits sans en changer la destination, l'investissement dans des placements sûrs. Sauf exceptions, relevant de l'urgence et de la nécessité, elle n'inclut pas en principe les actes de disposition[17].

**49.–** *Le rôle du curateur public.* À défaut d'avoir été acceptée par des personnes plus proches, la charge peut être exercée par le curateur public. Ce dernier doit cependant être nommé par le tribunal, encore qu'il puisse agir provisoirement ou même d'office si le tuteur décède

---

15. Art. 87, al. 1 C.c.Q. et 863 C.p.c.
16. Art. 87 et 208 C.c.Q.
17. Les règles relatives à l'administration des biens d'autrui ont été regroupées dans le Titre sept du Livre IV du Code civil (Des Biens). Sur les pouvoirs du tuteur, voir *infra*, Partie II, Les incapacités et la protection des inaptes.

ou démissionne. Le *Code civil du Québec* consacre ainsi clairement le caractère supplétif de la curatelle publique lorsqu'il s'agit d'exercer des tutelles[18].

### §3 - Les règles particulières aux charges familiales et aux rapports pécuniaires entre les époux

**50.**– *Le règlement des charges familiales.* L'absent étant présumé vivant, il convenait de prévoir un mécanisme qui permette au tuteur d'acquitter pour lui ses éventuelles obligations financières à l'égard de son conjoint et de ses enfants. Il appartient dès lors au tribunal, à la demande du conjoint ou de toute personne intéressée, de fixer, suivant l'importance des biens, les sommes qu'il convient d'affecter aux charges du ménage, à l'entretien de la famille ou au paiement des obligations alimentaires de l'absent[19]. La demande est soumise aux mêmes règles de procédure que la demande d'ouverture de tutelle elle-même (art. 865.2 c. p.c.).

**51.**– *Les rapports pécuniaires entre les époux.* En vertu de l'article 89, al. 1 C.c.Q., le tribunal peut déclarer, à la demande du conjoint ou du tuteur, que les droits patrimoniaux des conjoints sont susceptibles de liquidation. La demande ne peut cependant être présentée qu'après un an d'absence constatée. Les droits visés ici englobent notamment la liquidation et le partage du patrimoine familial et du régime matrimonial, ce qui permet d'opérer la séparation des patrimoines des conjoints. Toutefois, le tuteur doit obtenir l'autorisation du tribunal avant de se prononcer sur les droits de l'absent susceptibles de liquidation ou de partage[20]. Il s'agit en effet de décisions importantes qui, au surplus, excèdent les pouvoirs normalement reconnus à l'administrateur chargé de la simple administration du bien d'autrui[21].

**52.**– *La filiation, l'autorité parentale et la tutelle des enfants mineurs.* L'absent perd l'exercice de l'autorité parentale en raison de l'impossibilité dans laquelle il se trouve de manifester sa volonté (art. 600 C.c.Q.) et, par voie de conséquence, celui de la tutelle de ses enfants mineurs (art. 193 C.c.Q.). Par contre les présomptions que l'on retrouve au titre de la filiation conti-

---

18. Art. 180, 232, 252 et 261 C.c.Q. et 12 et 24 de la *Loi sur le curateur public*, L.R.Q., c. C-81 ; sur le rôle du curateur public, voir *infra*, Partie II, Les incapacités et la protection des inaptes.
19. Art. 88 C.c.Q. Cette disposition peut être mise en parallèle avec l'article 218 C.c.Q. relatif à la tutelle du mineur.
20. Voir également l'article 465(4) C.c.Q. relatif à la dissolution de la société d'acquêts.
21. *Comm.*, t. I, p. 70.

nuent à jouer à son endroit[22], puisque son mariage ou son union civile, selon le cas, n'est pas dissous. Toutefois, en l'absence de possession d'état, la filiation établie sur la base de ces présomptions demeure plutôt fragile et ne résisterait pas à une contestation[23]. Il semble également impossible d'obtenir la déchéance de l'autorité parentale du conjoint absent sur la seule base de l'absence[24], à moins de démontrer que l'absence fait partie d'une situation plus globale dans laquelle l'absent a volontairement abandonné les enfants[25].

### §4 - Les événements qui mettent fin à la présomption de vie et à la tutelle à l'absent

**53.–** *La preuve du décès ou le retour de l'absent.* La présomption de vie et, par voie de conséquence, la tutelle, peut cesser à tout moment, soit que l'absent revienne, soit qu'il désigne quelqu'un pour administrer ses biens, soit que la preuve soit faite de son décès (90 C.c.Q.). Dans ces cas, la tutelle devient inutile.

Advenant l'une ou l'autre de ces situations, le tuteur doit restituer les biens, objet de sa gestion, soit à l'absent lui-même, soit à l'administrateur que ce dernier a désigné, soit encore à ses héritiers[26]. Par contre, le simple envoi de nouvelles n'implique pas la cessation de la tutelle, sous réserve d'un mandat qu'il aurait pu donner à autrui. L'article 90 C.c.Q. exclut expressément cette hypothèse puisque l'absent n'a alors pas exprimé de volonté[27].

Si, par contre, l'absence suit son cours sans fait nouveau, elle pourra déboucher sur une déclaration judiciaire de décès à l'expiration du délai de sept ans. Un tel jugement pourra être obtenu dans un délai plus court dès lors qu'une preuve de quasi-certitude de décès peut être présentée et que les autres conditions légales sont réunies.

---

22. Art. 525 et 538.3 C.c.Q.
23. Art. 531 et 539 C.c.Q.
24. Voir, à titre d'exemple, *Droit de la famille – 1757*, [1993] R.D.F. 147.
25. Sur les conditions de la déchéance, voir M. D.-Castelli et D. Goubau, *Le droit de la famille au Québec*, Québec, P.U.L., 2005, p. 358-364 ; J. Pineau et M. Pratte, *La famille*, Montréal, Thémis, 2007, p. 866-877 ; M. Tétrault, *Droit de la famille*, 3e éd., Cowansville, Éditions Yvon Blais, 2005, p. 1399-1422.
26. Art. 247, 295, 1356(3), 1363 et s. C.c.Q.
27. Voir à ce propos les commentaires de l'Office de révision du Code civil relativement à l'article 208 du Projet de Code civil, O.R.C.C., *Rapport sur le Code civil du Québec*, Québec, Éditeur officiel, 1978, vol. II, t. 1, p. 75.

## Section II
## De la déclaration judiciaire de décès

*§1 - Conditions d'ouverture*

**54.–** *La quasi-certitude de décès.* Lorsque la disparition se fait dans des circonstances qui autorisent à tenir la mort pour certaine, il est possible de s'adresser au tribunal qui doit alors apprécier ces circonstances afin de déclarer que la personne est morte et de déterminer la date du décès ou de l'événement qui emporte la quasi-certitude du décès[28]. La preuve doit nécessairement porter sur les circonstances précises du décès si l'on veut obtenir du tribunal que la date du décès soit établie à une date précise qui est antérieure à l'écoulement du délai de sept ans, sans quoi le tribunal déterminera que le décès est arrivé à l'expiration de cette période de sept ans d'absence[29]. C'est la conséquence du fait que le jugement ne peut être prononcé que s'il y a quasi-certitude de décès. Il ne suffit pas de démontrer que le décès est possible ou simplement probable[30]. On exige donc une « preuve circonstancielle portant sur le décès lui-même et qui devra comporter des indices graves, précis et concordants permettant de conclure au décès et écartant toute autre hypothèse »[31]. Une déclaration judiciaire de décès peut être obtenue pour tout décès arrivé au Québec, donc même le décès d'une personne domiciliée à l'extérieur de la province (par exemple, le cas d'un touriste disparu dans les eaux du St-Laurent) et également, mais à la condition que la personne concernée était domiciliée au Québec, pour les décès qui se sont produits à l'extérieur du Québec (le cas d'un alpiniste québécois qui disparaîtrait dans l'Himalaya). À titre exceptionnel, un tribunal pourrait même prononcer, en vertu de l'article 3136 C.c.Q., un jugement déclaratif de décès alors que la personne n'était pas domiciliée au Québec et que le décès est survenu à l'étranger, s'il est démontré qu'une action à l'étranger se révèle impossible ou non souhaitable et que la situation présente un lien suffisant avec le Québec[32].

---

28. Art. 92, al. 2 C.c.Q. Voir, à titre d'exemple, *Royer (Re)*, REJB 2006-108189 (C.S.) ; *Sandaldjian* c. *Directeur de l'état civil*, précité, note 1 ; *Salman* et *Gagnon,* [1996] R.D.F. 324 (C.S.) ; *Marois* et *Chassé*, [2000] R.D.F. 301, REJB 2000-18441 (C.S.).
29. *Frères de l'instruction chrétienne* et *Dupont*, [2006] R.L. 523, EYB 2006-114252 (C.S.).
30. *Assurance-vie Desjardins* c. *Duguay*, [1985] C.A. 334 ; *Trottier* et *Directeur de l'état civil*, 2008 QCCS 965.
31. *Salman* et *Gagnon*, [1996] R.D.F. 324 (C.S.).
32. En ce sens, *Kou* c. *Fang* (C.S., 1998-04-28), SOQUIJ AZ-98026365, B.E. 98BE-668, [1999] R.L. 10.

**55.–** *Sept années d'absence*. Dans le cas de l'absent, celui dont l'existence est incertaine, le législateur a fixé à sept ans la limite au-delà de laquelle on peut présumer que la personne est décédée. Dans ce cas, il n'est pas nécessaire de faire la preuve des circonstances du décès. La preuve de sept années d'absence suffit[33]. Ce délai est calculé à partir du moment où la personne a été vue vivante pour la dernière fois ou encore de l'envoi des dernières nouvelles reçues.

Si l'écoulement du temps apparaît ici comme une condition nécessaire, il ne constitue pas pour autant une condition suffisante, puisque l'absence doit préalablement être constatée. À supposer qu'il y ait eu ouverture d'une tutelle, le tribunal n'est pas lié par l'interprétation qui a été donnée, sept ans auparavant, des circonstances dans lesquelles l'absent a disparu. D'ailleurs, entre-temps ce dernier a pu donner de ses nouvelles et même refaire surface ou, encore, son décès a pu être prouvé. En d'autres mots, lorsque l'article édicte qu'il doit s'être écoulé sept ans depuis la disparition, cette disposition impose en réalité une absence (au sens de l'article 84 C.c.Q.) continue pendant toute la période de sept ans. L'écoulement du temps n'autorise donc pas à faire déclarer judiciairement décédé le non-présent involontaire qui est visé par l'article 91 C.c.Q., sauf à prouver évidemment que la situation a changé et que le silence qui entoure sa personne autorise à conclure que la personne est effectivement absente au sens de l'article 84 C.c.Q.

### *§2 - La procédure*

**56.–** *La demande*. La demande est introduite devant un juge de la Cour supérieure du domicile de la personne dont on veut établir le décès ou devant celui du lieu du décès, s'il est connu, ou celui du lieu de sa disparition lorsqu'il s'agit d'une personne qui n'avait pas son domicile au Québec[34]. La demande doit être signifiée au conjoint, aux père et mère et aux enfants de 14 ans et plus ainsi qu'à l'assureur du présumé défunt, s'il y a lieu[35]. Lorsque plusieurs décès se sont produits lors d'un même événement, le juge peut, d'office ou sur demande, ordonner une signification collective à toutes autres personnes selon les modalités qu'il indique.

---

33. *Sandaldjian* c. *Directeur de l'état civil*, précité, note 1.
34. Art. 862 et 865.3 C.p.c.
35. Art. 865.4 C.p.c., sur les conséquences que peut emporter le défaut de signification à l'assureur, voir *Canadian Life Assurance* c. *Lo*, [1998] R.J.Q. 418, REJB 1998-04205 (C.A.).

S'agissant de dispositions d'ordre public, la demande peut encore être signifiée, d'office ou sur demande, au Procureur général du Québec, lequel peut toujours intervenir et présenter ses propres conclusions (art. 97 et 98 C. p.c.). Ceci explique également pourquoi elle ne peut être entendue par le greffier et que, advenant une contestation, elle soit du ressort exclusif du tribunal (art. 97, 99 et 865.6 C.p.c.). Celui-ci ou le juge, selon les circonstances, peut par ailleurs requérir la présentation de toute preuve additionnelle, y compris la production de rapports d'experts (art. 863.1 C.p.c.).

**57.–** *Le jugement*. Le jugement déclaratif de décès tenant lieu de déclaration de décès (art. 126 C.c.Q.), on y retrouve substantiellement les mêmes éléments[36]. Toutefois, faute de preuve matérielle quant à la date et au lieu du décès, ceux-ci sont déterminés par le Code : en cas d'absence, la date est fixée à l'expiration du délai de sept ans, calculé à compter de la « disparition ». Dans les autres cas, elle est déterminée en fonction des présomptions tirées des circonstances permettant de tenir la mort pour certaine[37]. Quant au lieu du décès, en l'absence d'autres preuves, il est fixé là où la personne a été vue pour la dernière fois (art. 94, al. 2 C.c.Q.).

Le jugement, une fois notifié, est transcrit dans le registre de l'état civil (art. 129 C.c.Q.). Le directeur de l'état civil dresse ensuite l'acte de décès, en y indiquant les mentions conformes au jugement (art. 133 C.c.Q.). Une copie du jugement doit également être transmise par le greffier au coroner en chef qui pourrait être amené à faire enquête sur les circonstances du décès (art. 93, al. 2 C.c.Q.).

**58.–** *Effet du jugement : l'assimilation au décès*. Une fois transcrit, le jugement produit les mêmes effets que le décès (art. 95 C.c.Q.) : le mariage ou, selon le cas, l'union civile, ainsi que le régime propre à l'organisation des rapports pécuniaires des conjoints sont dissous (art. 89 C.c.Q.), la succession est ouverte, les assurances sont payées et les régimes de retraite liquidés[38]. Le jugement modifie donc l'état de la personne, raison pour laquelle il n'est pas possible de s'en désister[39].

---

36. Art. 93 C.c.Q. Voir, à titre d'exemple, *Frères de l'instruction chrétienne* et *Dupont* [2006] R.L. 523 (C.S.).
37. Art. 94, al. 1 C.c.Q. Voir à titre d'illustration, *Royer (Re)*, précité, note 28 et *Sandaldjian* c. *Directeur de l'état civil, supra*, note 1.
38. Il faut tenir compte cependant des délais qui sont propres au droit des assurances et de ceux qui sont établis par la *Loi sur le régime des rentes du Québec*, L.R.Q., c. R-9) en ce qui concerne la date à partir de laquelle ces montants peuvent être réclamés : *Côté*, [2006] R.R.A. 509, EYB 2006-101691 (C.Q.).
39. *Darveau* c. *Darveau*, [1977] C.S. 1077.

## §3 - Des conséquences de la preuve du décès ou du retour

**59.** – *L'hypothèse du décès cède devant la réalité.* Le jugement déclaratif de décès étant fondé sur une hypothèse, elle-même tirée de fortes probabilités, il fallait prévoir l'éventualité où elles s'avéreraient non fondées. S'il est prouvé que le décès a eu lieu à un autre moment que celui retenu dans le jugement déclaratif, il convient d'en tirer les conséquences à l'égard des héritiers. Si au contraire, comme un Lazarre qui ressuscite, la personne judiciairement déclarée morte s'avère être vivante, le droit doit aménager les conséquences de cet improbable scénario.

### A. Les incidences du décès réel sur la dissolution du régime matrimonial et sur l'ouverture de la succession

**60.** – *Des solutions différentes selon la date à laquelle s'est produit le décès.* Le législateur a prévu ici deux hypothèses ; les solutions diffèrent selon que la date réelle du décès est antérieure ou postérieure à celle qui est indiquée dans le jugement. Dans le cas où la date du décès prouvée est antérieure à celle qui a été fixée dans le jugement, la dissolution du régime matrimonial ou, selon le cas, du régime d'union civile, rétroagit à la date du décès réel et la succession est ouverte à compter de cette même date (art. 96 C.c.Q.). Si la date du décès prouvée est postérieure à celle qui a été fixée dans le jugement, la succession, ici encore, est réputée ouverte à la date réelle du décès, mais la dissolution du régime matrimonial ou du régime d'union civile est fixée en fonction de la date indiquée dans le jugement.

La succession s'ouvre donc toujours à la date réelle du décès, conformément à l'article 613, al. 1 C.c.Q.[40]. La distinction établie par le législateur en regard de la dissolution du régime matrimonial et du régime d'union civile se veut une mesure d'équité. Le commentaire qui accompagne l'article 96 C.c.Q. précise en effet qu'il est préférable, dans l'hypothèse où le décès réel serait antérieur à la date indiquée dans le jugement, de faire coïncider la dissolution du régime avec celle de l'ouverture de la succession de manière à ce que l'éventuel droit à une prestation compensatoire ainsi que les autres droits patrimoniaux puissent être déterminés en même temps. Un époux ou un conjoint uni civilement peut également demander l'application des articles 417 et 466 C.c.Q. qui permettent de faire rétroagir, entre les

---

40. Ce qui souligne bien le caractère exceptionnel du jugement déclaratif. Voir M. Ouellette, « Des personnes », dans Barreau du Québec et Chambre des notaires du Québec, *La Réforme du Code civil, Livre 1*, Ste-Foy, P.U.L., 1993, p. 73, n° 179.

conjoints, l'établissement de la valeur du patrimoine familial et la dissolution du régime matrimonial à la date de la cessation de la vie commune[41].

**61.**– *Les rapports entre les héritiers apparents et les héritiers réels.* Sur ce point, le Code renvoie aux règles relatives à la restitution des prestations du Livre sur les obligations (art. 96 C.c.Q.).

## B. Du retour

**62.**– *Les effets du retour.* L'hypothèse d'un retour étant improbable mais possible, le législateur y pourvoit aux articles 97 à 101 C.c.Q. : les effets du jugement déclaratif cessent. Cela ne signifie pas pour autant que l'on fasse revivre le passé. Par ailleurs, le retour ne produira son plein effet que lorsque le jugement déclaratif de décès aura été annulé.

### 1) L'annulation du jugement déclaratif de décès

**63.**– *L'existence de la personne doit être constatée.* Le retour du « mort vivant » ne fait pas tomber automatiquement le jugement déclaratif du décès. Il appartient au « revenant » d'en demander l'annulation et de faire rectifier en conséquence le registre de l'état civil. À défaut, la demande pourra être présentée par toute personne intéressée, aux frais du « revenant » (art. 98, al. 2 C.c.Q.). La personne « ressuscitée » peut également demander au tribunal, sous réserve du droit des tiers, la radiation ou la rectification des mentions ou des inscriptions faites à la suite du jugement – que son retour rend sans effet[42] – dans le registre des droits personnels et réels mobiliers comme le prévoient les articles 2990 et s. C.c.Q. au Livre sur la publicité des droits.

### 2) Les effets du retour de la personne dans les rapports avec son ex-conjoint

**64.**– *Les liens conjugaux demeurent dissous.* Si le retour, sous réserve des précisions susmentionnées, fait cesser les effets attachés à la déclaration judiciaire de décès, il ne rétablit cependant pas les liens conjugaux (art. 97, al. 1 C.c.Q.). La nouvelle union – mariage ou union civile – contractée par le conjoint du « ressuscité » après le prononcé du jugement déclaratif de décès demeure donc valable. En consé-

---

41. *Comm.*, t. I, p. 74-75.
42. Art. 98, al. 1 C.c.Q. et 865.5 C.p.c.

quence, le conjoint de cet « ancien défunt » conserve les biens reçus lors de la dissolution du régime, ainsi que les avantages matrimoniaux qui découlent de la dissolution. Cette règle ne s'applique cependant pas aux avantages de nature testamentaire qui doivent être remis à celui qui reparaît, conformément au principe énoncé à l'article 101 C.c.Q.[43].

**65.–** *Le règlement des conflits familiaux.* Par ailleurs, advenant l'hypothèse où des difficultés surgissent entre les ex-conjoints relativement à la garde des enfants ou aux aliments, le Code prévoit qu'elles seront réglées comme s'il y avait eu séparation de corps ou, s'ils étaient unis civilement, comme si leur union avait été dissoute (art. 97, al. 2 C.c.Q.).

3) Les effets du retour de la personne dans les
rapports avec les héritiers apparents

**66.–** *L'ex-défunt reprend ses biens dans l'état où ils se trouvent.* Le jugement étant anéanti, il y a lieu de restituer son patrimoine à l'ex-défunt. La loi n'annule cependant pas toutes les conséquences de la dévolution successorale réalisée alors que l'on croyait au décès. L'ex-défunt reprend donc ses biens selon les modalités relatives à la restitution des prestations prévues au Livre des obligations[44].

**67.–** *La restitution.* La restitution se fait en principe en nature, à défaut par équivalent. L'équivalence est évaluée au moment où le débiteur, en l'occurrence l'héritier apparent, a reçu ce qu'il doit restituer. En cas de perte ou d'aliénation, et hormis l'hypothèse toujours possible d'une fraude ourdie par des héritiers trop pressés, l'héritier apparent doit rendre la valeur du bien, considérée au temps de sa réception, de sa perte ou de son aliénation ou sa valeur au moment de sa restitution, selon la moindre des deux. Advenant l'hypothèse où le bien aurait péri par force majeure, l'héritier doit alors céder au créancier l'indemnité qu'il a reçue pour cette perte ou, le cas échéant, le droit à cette indemnité. En cas de perte partielle, celui qui est tenu à restitution doit indemniser le créancier à moins que cette perte ne résulte d'un usage normal. Par contre, celui qui est tenu à restitution garde les fruits et les revenus produits par le bien qu'il est tenu de restituer[45].

---

43. *Comm.*, t. I, p. 97.
44. Art. 99 C.c.Q. et 1699, al. 1 C.c.Q.
45. Art. 1700 à 1704 C.c.Q.

En d'autres termes, si l'ex-défunt peut profiter de certaines plus-values dues à la bonne gestion de ses héritiers (biens acquis en emploi des capitaux), il subit les contrecoups d'opérations qui se sont révélées moins avantageuses (aliénation donnant lieu à restitution du prix sans réévaluation, dégradations matérielles qui ne donnent pas droit à une indemnisation). Il doit également rembourser ceux qui, alors qu'ils étaient en possession de ses biens, ont acquitté ses obligations autrement, à moins d'une possession de mauvaise foi (art. 99 C.c.Q.).

L'héritier apparent conserve cependant la possession des biens de celui qui revient et en acquiert les fruits tant et aussi longtemps que ce dernier n'en exige pas la restitution (art. 101 C.c.Q.). Ce n'est donc pas le retour ni l'annulation du jugement déclaratif de décès qui met fin aux droits de l'héritier apparent, mais bien la volonté manifestée par celui qui vient de reprendre ses biens.

**68.**– *Les paiements faits aux héritiers par les tiers.* L'article 100 C.c.Q. précise le moment à partir duquel les paiements qui ont pu être faits aux héritiers ou aux légataires particuliers de l'ex-défunt sont valables et libératoires. Ce sont ceux qui ont été faits postérieurement au jugement déclaratif de décès, mais avant la radiation ou la rectification des mentions ou inscriptions qui en ont résulté. De fait, ces solutions trouvent leur fondement, vis-à-vis les tiers, dans la théorie de l'apparence et dans les règles relatives au possesseur de bonne foi, pour ce qui est des héritiers apparents.

### Pour aller plus loin

**69.**– *Le droit de l'absence dans le Code civil du Bas-Canada.* Le droit de l'absence, dans le *Code civil du Bas-Canada*, était dominé par l'idée du retour toujours possible de l'absent. Avec l'écoulement du temps, l'incertitude fait de plus en plus place à l'improbabilité d'un retour. Ainsi, la loi se préoccupait de plus en plus des intérêts de ses héritiers, mais elle se refusait à trancher la question de l'existence ou du décès de l'absent. De fait, la situation ne trouvait de dénouement qu'avec la preuve de sa survie ou de son décès.

Ajoutons que puisque par définition l'incertitude persistait tout au long de l'absence, il était impossible de réclamer les droits qui, fondés sur la preuve de son existence, pouvaient s'ouvrir à son profit. C'est ainsi, notamment, qu'une fois l'absence constatée, l'absent ne pouvait être appelé à une succession. Inversement, la mise en œuvre de droits ou la modification d'une situation juridique subordonnées à la preuve de son décès étaient tout autant impossibles. Par exemple, l'absence n'entraînait pas la dissolution du mariage et, n'eût été l'ouverture introduite en 1968 par la législation fédérale sur le divorce, le conjoint de l'absent aurait été condamné à vivre dans le veuvage sans pour autant avoir le titre de veuf ou de veuve.

La seule exception au doute sempiternel sur lequel était fondé tout le droit de l'absence concernait le droit des assurances. En effet, l'article 2529 C.c.B.-C. autorisait le bénéficiaire de l'assurance-vie souscrite par l'absent avant qu'il ne disparaisse, à réclamer, après sept ans d'absence, le versement du capital assuré.

Sur l'absence, telle qu'elle était organisée dans le *Code civil du Bas-Canada*, voir les ouvrages de F. Langelier, *Cours de droit civil de la Province de Québec*, t. 1, Montréal, Wilson & Lafleur, 1905, p. 200 et s. ; T.-J.-J. Loranger, *Commentaire sur le Code civil du Bas-Canada*, t. I, Montréal, E. Sénecal, 1879, p. X et s. ; G. Trudel, *Traité de droit civil du Québec*, t. I, Montréal, Wilson & Lafleur, 1942, p. 310 et s.

Sur les travaux qui ont précédé la réforme de l'institution, voir O.R.C.C., *Rapport sur le Code civil du Québec*, Québec, Éditeur officiel, 1978, vol. I, art. 205 et s. ; vol. II, t. I, p. 74 et s.

**70.– *La non-présence.*** Il n'existe pas, dans le Code, de régime général de la non-présence. On retrouve ici et là des dispositions particulières qui protègent, par respect pour la liberté individuelle, les droits des non-présents et qui préservent les droits des tiers que cet éloignement pourrait compromettre, voire paralyser. C'est le cas notamment des présomptions de mandat que l'on retrouve au titre du mariage (art. 398 et, par extension à l'union civile, art. 521.6, al. 4 C.c.Q.) en matière de tutelle (art. 194, al. 2 C.c.Q.) et d'exercice de l'autorité parentale (art. 603 C.c.Q.) et qui visent à faciliter l'organisation de la vie familiale.

Parfois encore l'éloignement permet au non-présent d'exercer des droits qui, à défaut de volonté exprimée dans un délai imparti, auraient été prescrits ou éteints : art. 531, al. 2 C.c.Q. relatif au désaveu de paternité dans le cas où le père présumé n'a pas assisté à la naissance et n'en a pas été informé immédiatement, en raison de son éloignement ; art. 595 et 596 C.c.Q. en matière d'aliments où l'impossibilité de pouvoir rejoindre le débiteur ou le créancier autorise parfois l'allongement des délais à l'intérieur desquels ils sont censés agir normalement. Mais c'est surtout en matière de procédure que l'éloignement entraîne la prolongation des délais légaux (voir par exemple, en matière de signification, les articles 123, 138 et 139 C.p.c.). La non-présence, en tant que telle, emporte également des sanctions, pour ne citer que la condamnation par défaut (art. 192 à 198.1 C.p.c.).

Par ailleurs, il existe des actes juridiques que la non-présence physique peut bloquer irrémédiablement, alors qu'en principe, la volonté est efficace, même entre absents (art. 1385 à 1387 C.c.Q.). C'est le cas du mariage et de l'union civile, pour lesquels la loi requiert la présence physique de l'un et l'autre des futurs conjoints (art. 365, 374, al. 2 et 521.2 2 C.c.Q.).

Enfin, ce qui n'épuise pas pour autant tous les effets qui peuvent être attachés à la non-présence, celle-ci peut parfois donner ouverture à la modification de certaines situations juridiques. C'est ainsi que l'éloignement, qui peut être physique, mais qui s'exprime parfois aussi en termes d'indifférence peut donner ouverture à la séparation de corps (art. 493 et 494, al. 2 C.c.Q.), au divorce (art. 8(1) et 8(2)a) de la *Loi sur le divorce de 1985*) ou à la dissolution de l'union civile (art. 521.17 C.c.Q.), et qu'il permet de déclarer un enfant admissible à l'adoption (art. 559, par. 2 C.c.Q.).

**71.**–*Ici et ailleurs.* Sur l'organisation de régime de l'absence dans les systèmes de droit civilistes et dans les systèmes de common law, voir H.C. Corral Talciani et M.S. Rodriguez Pinto, « Disparition de personnes et présomptions de décès, observations de droit comparé », (2000) 3 *R.I.D.C.* 553.

## BIBLIOGRAPHIE SÉLECTIVE

CANTIN CUMYN, M., *Traité de droit civil* (P.A. Crépeau, dir.), *L'administration du bien d'autrui*, Cowansville, Éditions Yvon Blais, 2000.

DELEURY, É., « La loi concernant les jugements déclaratifs de décès », (1970) 11 *C. de D.* 330.

FRENETTE, A., « La gestion des biens des incapables », (1987-1988) 18 *R.D.U.S.* 84.

LAUZON, G., « L'administration du bien d'autrui dans le contexte du nouveau *Code civil du Québec* (L.Q. 1991, c. 64) », (1993) 24 *R.G.D.* 107.

ROCH, H., *L'absence*, Montréal, 1951.

# TITRE II

# LES DROITS DE LA PERSONNALITÉ

**72.–** La personnalité juridique est le potentiel à détenir des droits, inhérent à toute personne. Mais elle implique également l'attribution automatique et effective d'un certain nombre de droits visant à protéger la personne humaine dans ce qu'elle a de plus essentiel. Il s'agit, sur le plan des droits civils, de ce que l'on qualifie de *droits de la personnalité*. On y inclut généralement aussi les libertés civiles.

S'agissant de protection de la personne humaine, la doctrine les désigne parfois par l'expression *droits primordiaux de la personne humaine*. Les contours de ces droits qui visent la personne tant dans sa dimension physique que morale ou spirituelle, ne sont pas toujours aisés à déterminer. Il convient donc de définir la notion de droits de la personnalité (chap. I). Reflet des valeurs sociales, le droit protège avec une attention particulière la dimension physique de la personne, c'est-à-dire le corps humain. Un chapitre est ainsi consacré à la protection de l'intégrité physique (chap. II). Les autres valeurs morales, qui font le prix de la vie et de la dignité humaine, font également l'objet d'un cadre juridique précis. Il s'agit du droit à l'intégrité morale et des libertés civiles nécessaires à l'épanouissement singulier de chaque personne (chap. III).

# CHAPITRE I

# LA NOTION DE DROIT DE LA PERSONNALITÉ

## Section I

### Définition, nature et caractères

**73.–** *Les droits de la personnalité, des droits subjectifs.* Ces prérogatives inhérentes à la personne humaine sont aussi des *droits subjectifs*[1] dont l'objet est déterminé et qui sont sanctionnés par une contrainte juridique.

On peut les décrire de la manière suivante : ce sont les prérogatives qui ont pour fonction d'assurer la protection juridique de ce qui constitue, sur le plan physique et moral, l'individualité propre de la personne dans les relations entre particuliers. Cette définition oblige à souligner la distinction, mais en même temps la ressemblance, entre la notion de droits de la personnalité (qualifiés parfois de *droits primordiaux de la personne*) et celle de *droits et libertés fondamentaux.*

**74.–** *Les droits et libertés fondamentaux.* Les droits fondamentaux de la personne sont ceux qui doivent être reconnus par la loi à tout individu dans ses rapports avec la collectivité tout entière, considérée comme détenant la souveraineté et, conséquemment, avec l'État dont les organes exercent, au nom de cette collectivité, cette souveraineté. Ce sont des droits qui sont à la fois antérieurs et supérieurs à l'État. On constate que certains de ces droits apparaissent plutôt comme des *libertés*, même s'il n'est pas toujours évident de savoir si une liberté exprime un droit car on dénote une tendance, dans la société contemporaine, marquée du sceau de l'individualisme, à transformer des libertés, parfois même des désirs, en droits subjectifs.

---

1. Ainsi dénommés parce qu'ils sont envisagés sous l'angle de leur bénéficiaire, la personne juridique, le sujet de droit, et par opposition au droit objectif, c'est-à-dire l'ensemble des règles juridiques qui régissent la vie en société et qui sont sanctionnées par une contrainte exercée par l'autorité publique, encore qu'ils soient placés sous son égide.

Ces droits et libértés fondamentaux qui, au XVIIIe siècle, ont fait l'objet de déclarations solennelles à l'échelle des nations, *Déclaration d'indépendance* de 1776 (États-Unis d'Amérique), *Déclaration des droits de l'Homme et du citoyen* de 1789 (France), qui ont ensuite été réaffirmés, dans la première moitié du XXe siècle, dans des instruments internationaux (*Déclaration universelle des droits de l'Homme* de 1948, *Pacte international relatif aux droits civils et politiques* de 1966, *Convention européenne des droits de l'Homme* de 1950), font référence aux valeurs humaines les plus fondamentales : égalité en valeur et en dignité, liberté et justice. Conçus au départ comme des droits négatifs, dans le sens où ils impliquent un devoir d'abstention de la part de l'État, ces droits, qui sont essentiellement des droits individuels, recouvrent des droits qu'on qualifie, du point de vue du droit privé, de droits de la personnalité et, du point du vue du droit public, de *droits de la personne*[2].

Il existe donc entre les deux catégories un fond commun, puisqu'elles participent de la même vision de la personne humaine et qu'elles font donc référence aux mêmes valeurs. Mais on ne saurait pour autant les confondre. En effet, les droits fondamentaux de la personne relèvent du droit public alors que les droits de la personnalité sont envisagés du point de vue du droit privé. De plus, on tend aujourd'hui à ranger parmi les droits fondamentaux de la personne, des droits qui exigent de l'État qu'il intervienne afin de compenser des situations de fait (droits économiques et sociaux), des droits dont les sujets ne sont plus des individus, mais des collectivités, voire des « peuples » ou, plus globalement encore, l'Humanité comme telle[3]. Par ailleurs, certains droits de la personnalité ne sont pas reconnus comme des « droits fondamentaux » en droit constitutionnel interne, ni dans tous les instruments internationaux (par exemple, le droit au nom).

### §1 - *La constitutionnalisation progressive des droits fondamentaux*

**75.**– Depuis le milieu du XXe siècle, les droits et libertés de la personne sont devenus objets systématiques de législation, et même de

---

2. En dehors du contexte canadien et québécois, les *droits de la personne* sont encore souvent désignés par l'expression *droits de l'Homme (Human Rights)*.

3. Voir, à titre d'exemple, les commentaires de J.-C. Galloux sur « Les enjeux d'une déclaration universelle sur la protection du génome humain », *D.* 1996, chr. 141 et M.-J. Bernard, « Diversité génétique humaine : éléments d'une politique », (2001) 35 *R.J.T.* 273.

législation constitutionnelle, au Québec et au Canada. Leur intégration dans la sphère des droits constitutionnellement protégés soulève cependant un certain nombre de difficultés et oblige à s'interroger sur les rapports entre le droit privé et le droit public.

### A. La Charte canadienne et les rapports de droit privé

**76.–** Entrée en vigueur le 17 avril 1982, la *Charte canadienne des droits et libertés*[4] est venue constitutionnaliser formellement certains des droits fondamentaux de la personne. Déjà s'appliquaient, et s'appliquent toujours d'ailleurs, au Québec et au Canada, trois Chartes qui couvrent le domaine des droits fondamentaux et, pour certaines, plus complètement que ne le fait la *Charte canadienne* : la *Déclaration canadienne des droits*[5], la *Loi canadienne sur les droits de la personne*[6] et la *Charte des droits et libertés de la personne*[7]. Ces instruments n'ont cependant qu'une valeur législative. Ils sont donc susceptibles de modification, contrairement à la Charte constitutionnelle fédérale qui ne peut être modifiée que par une procédure complexe, prévue à l'article 38 de la Constitution[8].

**77.–** La *Charte canadienne*, qui fait partie intégrante de la Constitution du Canada, fournit une protection contre l'arbitraire de l'État en garantissant un certain nombre de droits fondamentaux. C'est le cas, notamment, de l'article 7 qui, au chapitre des garanties juridiques, érige « le droit à la vie, à la liberté et à la sécurité de sa personne » au rang de droits fondamentaux ; de l'article 2 qui garantit la liberté de conscience, de religion, de pensée, de croyance, d'opinion et d'expression, incluant la liberté de la presse ; il en va de même de l'article 15 qui consacre le droit à l'égalité. Ces prérogatives ne sont toutefois pas absolues. La Charte contient, en effet, une disposition limitative énonçant que les droits et libertés qu'elle garantit peuvent être restreints par « une règle de droit dans des limites qui soient raisonna-

---

4. *Partie I de la Loi constitutionnelle de 1982*, Annexe B de la *Loi de 1982 sur le Canada* (R.-U.), 1982, c. 11 (ci-après *Charte canadienne*).
5. *Déclaration canadienne des droits*, L.R.C. (1985), App. III, adoptée en 1960.
6. *Loi canadienne sur les droits de la personne*, L.R.C. (1985), c. H-6. Cette loi, qui vient compléter la *Déclaration canadienne des droits*, prohibe, dans certaines situations désignées, la discrimination fondée sur certains motifs de distinction dont la liste est d'ailleurs plus étendue que celle que l'on retrouve dans la *Déclaration*. Au même titre que la *Déclaration*, la *Loi canadienne sur les droits de la personne* s'applique également au gouvernement et à toutes les instances et à l'administration fédérale. Elle s'applique aussi aux relations entre les personnes privées dans les domaines de compétence fédérale.
7. *Charte des droits et libertés de la personne*, L.R.Q., c. C-12.
8. Art. 38 et 52(3) de la *Loi constitutionnelle de 1982*.

bles et dont la justification peut se démontrer dans le cadre d'une société libre et démocratique »[9]. La *Charte canadienne* comporte également une « clause de dérogation expresse », qui permet au Parlement fédéral ou à la législature d'une province d'écarter, à l'égard des lois que ces organismes législatifs peuvent adopter, l'application des articles 2 (libertés fondamentales) et 7 à 15 (garanties juridiques et droits à l'égalité)[10]. Ajoutons que la teneur et la portée de certains droits garantis par cette Charte sont loin de faire l'unanimité, tant du point de vue doctrinal que jurisprudentiel[11]. Enfin, cet instrument n'affecte qu'indirectement les rapports de droit privé.

**78.– *Une charte publique*.** La *Charte canadienne* s'intéresse en effet essentiellement à l'activité de l'État, principalement en matière pénale. Elle est donc « peu concernée par les rapports de droit privé »[12]. Un acteur privé dans un litige privé pourrait cependant s'appuyer sur la Charte pour faire rejeter une revendication fondée sur un acte de nature législative (loi, règlement, décret, etc.) ou une action gouvernementale qui serait incompatible avec un droit ou une liberté qui s'y trouve consacré[13]. De plus, il ne faut pas confondre les mots *litige privé*, c'est-à-dire un litige entre personnes privées, et les mots *matière civile* utilisés par opposition, par exemple, à *matière pénale*[14]. Si l'État n'est pas partie à un *litige privé*, il peut être une partie dans un *litige civil*. Il est tout à fait possible de contester la

---

9. Art. 1 de la *Charte* canadienne. Les conditions d'exercice de cette disposition ont été dégagées par la Cour suprême du Canada dans l'affaire *R. c. Oakes*, [1986] 1 R.C.S. 103, EYB 1986-67556. Suivant la Cour suprême du Canada, une limitation à un droit ou à une liberté garantis par la Charte canadienne revêt un caractère justifié pour autant qu'elle réponde à des critères de rationalité de l'objectif poursuivi et de proportionnalité du moyen limitatif utilisé pour atteindre cet objectif. L'arrêt *Oakes* demeure la décision de principe en la matière, même si la Cour suprême est venue moduler les critères qui y sont énoncés.

10. Art. 33 de la *Charte canadienne*. Il s'agit de cette disposition désignée par l'expression « clause nonobstant ».

11. C'est le cas, notamment, du droit à la vie, à la liberté et à la sécurité de sa personne garanti par l'article 7 dont le contenu a été dégagé peu à peu par les tribunaux, mais dont les contours demeurent néanmoins incertains.

12. Sur l'exclusion de l'application de la *Charte canadienne* aux rapports et aux litiges privés, voir *S.D.G.M.R.* c. *Dolphin Delivery Ltd.*, [1986] 2 R.C.S. 530, EYB 1986-95560. Toutefois, la *Charte canadienne* peut s'appliquer de manière indirecte à la common law de droit privé et potentiellement aussi à l'interprétation des dispositions du Code civil, qui pourraient heurter les valeurs (par opposition aux droits) qui sont énoncées dans cette même Charte : *Hill* c. *Église de scientologie de Toronto*, [1995] 2 R.C.S. 1130, EYB 1995-68609.

13. Voir, à titre d'exemple, *Vriend* c. *Alberta*, [1998] 1 R.C.S. 493, REJB 1998-05585 et T. Macklem, « *Vriend* v. *Alberta* : Making the Private Public », (1999) 44 *R.D. McGill* 197.

14. G. Couture, *L'admissibilité de la preuve obtenue en violation des droits et libertés fondamentaux en matière civile*, Montréal, Wilson & Lafleur, 1996, p. 15.

constitutionnalité d'une disposition du Code civil. Par exemple, le défendeur à une action en dommages-intérêts fondée sur l'article 36(6) C.c.Q. qui protège la vie privée et la correspondance, pourrait tenter de contester cette disposition en invoquant la liberté d'expression au sens de l'article 2b) de la *Charte canadienne* dans la mesure où la conduite qu'on lui reproche résulte de l'exercice de cette liberté[15].

Il faut cependant souligner que de nombreuses dispositions du Code civil sont formulées en termes généraux et abstraits et que les règles qu'elles contiennent potentiellement ne se trouvent concrétisées que dans des décisions jurisprudentielles[16], ce qui oblige à distinguer le *droit* et la *loi*[17]. Qui plus est, le Code civil est lui-même « irrigué »[18] par la *Charte des droits et libertés de la personne*, dont la portée et le champ d'application sont beaucoup plus larges. C'est aussi un instrument interprétatif, donc susceptible d'infléchir, dans le sens d'une plus grande protection des droits et des libertés, des concepts flous du droit civil[19], tels que celui d'ordre public[20] ou de faute. Dans la mesure où la *Charte québécoise* sert déjà de guide d'interprétation en droit civil, elle permet d'assurer en quelque sorte « une compatibilité générale entre le droit privé et la Charte fédérale »[21].

---

15. C. Brunelle, « Les droits et libertés dans le contexte civil », dans École du Barreau du Québec, *Droit public et administratif*, Collection de droit 2007-2008, Cowansville, Éditions Yvon Blais, 2007, 41.

16. Pour une analyse de la question, voir Y.-M. Morissette, « Certains problèmes d'applicabilité des Chartes de droits et libertés en droit québécois », dans *Application des Chartes des droits et libertés en matière civile*, Cowansville, Éditions Yvon Blais, 1988, p. 1, 21. Voir également, à titre d'exemple, *P.(D.) c. S.(C.)*, [1993] 4 R.C.S. 141, EYB 1993-67881 (à propos de l'article 30 C.c.B.-C. et de l'intérêt de l'enfant).

17. D'où les craintes exprimées par certains auteurs qui redoutent que le droit civil ne soit contaminé par la common law, compte tenu de sa prépondérance en droit constitutionnel, et compte tenu des concepts et raisonnements propres à la *Charte canadienne*. Voir A. Popovici, « Le rôle de la Cour suprême en droit civil », (2000) (34) *R.J.T.* 607, 614.

18. L'expression est de Y.-M. Morissette, « Certains problèmes d'applicabilité des Chartes de droits et libertés en droit québécois », *supra*, note 16, p. 20.

19. D. Lluelles et P. Trudel, « L'application de la Charte canadienne des droits et libertés aux rapports de droit privé », (1984) *R.J.T.* 219.

20. Il ne faudrait cependant pas en conclure que les valeurs protégées par les Chartes résument, à elles seules, la notion d'ordre public. Voir *Godbout c. Ville de Longueuil*, [1995] R.J.Q. 2561, EYB 1995-64631 (C.A.), p. 2570, confirmé par [1997] 3 R.C.S. 844, REJB 1997-02908.

21. Y.-M. Morissette, *loc. cit.*, note 16, p. 19.

## B. La Charte provinciale et le Code civil

**79.–** *La Charte québécoise, source directe des droits de la personnalité ; un Code civil qui en aménage l'exercice.* Entrée en vigueur le 28 juin 1976, la *Charte québécoise* participe et témoigne d'une conception globale des droits et libertés de la personne. Qualifiée d'instrument d'une « ampleur inégalée »[22], cette loi consacre tant les libertés et droits fondamentaux (art. 1-9), les droits à l'égalité (art. 10-20.1), les droits politiques (art. 21-22) et les droits judiciaires (art. 23-38), que les droits économiques, sociaux et culturels (art. 39-48). Bien qu'elle ne soit qu'une loi ordinaire, susceptible donc de modification comme toute autre loi, la *Charte des droits et libertés de la personne*, dans ses articles 1 à 38, a préséance sur toutes les lois québécoises antérieures ou postérieures à son adoption. Le législateur ne peut déroger aux droits et libertés énoncés dans ces articles qu'à la condition de le déclarer expressément, à moins évidemment que ces dispositions ne l'y autorisent déjà (art. 52)[23]. C'est cette règle de la prépondérance qui confère à la *Charte québécoise*, comme c'est le cas pour la *Déclaration canadienne des droits*, le statut d'un texte quasi constitutionnel[24]. Toutefois, en tant que telle, la *Charte québécoise* demeure assujettie à l'obligation de conformité aux normes constitutionnelles, dont celles énoncées dans la *Charte canadienne*[25].

**80.–** *Un document qui lie l'État et les personnes privées.* Indépendamment des clauses de dérogation expresse, la *Charte québécoise*, tout comme la *Charte canadienne*, contient une clause limitative, « clause

---

22. A. Morel, « La *Charte québécoise*, un document unique dans l'histoire législative canadienne », (1987) 21 *R.J.T.* 1. Voir également H. Brun, « La *Charte des droits et libertés de la personne* : domaine d'application », (1977) 37 *R. du B.* 179, 180.

23. La lecture de l'article 52 amène généralement à la conclusion que les recours disponibles en faveur de la victime d'un droit protégé par la Charte (art. 49) n'ont pas en eux-mêmes de statut constitutionnel et que les droits économiques et sociaux n'ont, somme toute, qu'une portée symbolique puisque les tribunaux ne disposent pas du pouvoir de contraindre l'État à s'y conformer : *Gosselin* c. *Québec (Procureur general)*, [2002] 4 R.C.S. 429, REJB 2002-36302. Pour une analyse de la question, voir D. Robitaille, « Les droits économiques et sociaux dans les relations État-particuliers après trente ans d'interprétation : normes juridiques ou énoncés juridiques symboliques », dans (2006) *R. du B.* (numéro thématique hors série) 455.

24. *Béliveau St-Jacques* c. *Fédération des employées et employés de services publics Inc.*, [1996] 2 R.C.S. 345 (ci-après cité *Béliveau St-Jacques*) ; *Québec (Curateur public)* c. *Syndicat national des employés de l'Hôpital St-Ferdinand*, [1996] 3 R.C.S. 211, EYB 1996-29281 (ci-après cité *Hôpital St-Ferdinand*) ; *Augustus* c. *Gosset*, [1996] 3 R.C.S. 268, EYB 1996-30154.

25. *Chaoulli* c. *Québec (Procureur général)*, [2005] 1 R.C.S. 791, EYB 2005-91328 ; *Québec (Commission des droits de la personne et des droits de la jeunesse)* c. *Montréal (Ville de)*, [2000] 1 R.C.S. 665, REJB 2000-18009.

soupape »[26], destinée à rappeler que « les libertés et droits fondamentaux s'exercent dans le respect des valeurs démocratiques, de l'ordre public et du bien-être général des citoyens du Québec » et que « la loi peut, à cet égard, en fixer la portée et en aménager l'exercice »[27]. Cette disposition est d'autant plus importante que le régime de protection des droits mis en place par la *Charte des droits et libertés de la personne* est double puisque cet instrument, qui lie la Couronne (art. 54), vise également les matières qui sont de la compétence législative du Québec (art. 55) et qu'il affecte les rapports entre particuliers, régis par le Code civil[28]. En ce sens, et au même titre que les droits et libertés consacrés par la Charte[29], la clause limitative de l'article 9.1 joue un rôle qu'on pourrait qualifier de doublement interprétatif. Doublement, parce que les valeurs sur lesquelles repose la Charte servent de guide d'interprétation aux tribunaux et que sous cet aspect (respect des valeurs démocratiques, de l'ordre public et du bien-être général des citoyens), elle permet tout autant de faire échec à l'action étatique que de sanctionner les atteintes d'origine privée aux droits et libertés définis par la Charte[30]. Mais c'est aussi et surtout parce que la Charte

26. J.-Y. Morin, « La constitutionnalisation progressive de la Charte », dans *De la Charte des droits et libertés : origine, nature et défis*, Montréal, Éditions Thémis, 1989, p. 51.

27. *Charte québécoise*, art. 9.1. Pour une application de l'article 9.1 dans un cas où il s'agissait de déterminer un difficile équilibre entre la liberté de religion d'une personne (art. 3) et le choix, pour une autre personne, de se marier et de divorcer, voir *Bruker c. Marcovitz*, 2007 CSC 54, EYB 2007-127332.

28. À titre d'exemple, voir *Tremblay c. Daigle*, [1998] 2 R.C.S. 530, EYB 1989-67833, sur la question du statut du fœtus et *Aubry c. Éditions Vice-Versa Inc.*, [1998] 1 R.C.S. 591, REJB 1998-05646, sur la question de la protection du droit à l'image. Voir également L. Otis, G. Grenier et G. Garneau, « Les autres droits fondamentaux garantis par la *Charte des droits et libertés de la personne* », dans *Application des Chartes des droits et libertés en matière civile*, Cowansville, Éditions Yvon Blais, 1988, p. 179.

29. A.-F. Bisson, « Nouveau Code civil et jalons pour l'interprétation : traditions et transitions », (1992) 23 *R.D.U.S.* 1, 5 et 6 ; J.-M. Brisson, « Le Code civil, droit commun ? », dans *Le nouveau Code civil, interprétation et application*, Journées Maximilien Caron, Montréal, Éditions Thémis, 1992, p. 309.

30. Mais, peut-on pour autant, par analogie à une action gouvernementale, appliquer les critères de l'arrêt *Oakes* pour établir les limites à une norme d'origine privée (par exemple, une disposition contractuelle) ou, dans le cas d'une conduite individuelle, une violation des articles 1 à 9 de la Charte ? (Voir, en ce sens, *Syndicat des travailleuses et des travailleurs de Bridgestone / Firestone de Joliette (C.S.N.) c. Trudeau*, [1999] R.J.Q. 2229, REJB 1999-14156 (C.A.)). Sur ce point, les opinions divergent et la jurisprudence, y compris celle de la Cour suprême, se montre plutôt hésitante : voir *Godbout c. Longueuil (Ville de)*, [1997] 3 R.C.S. 844, REJB 1997-02908 ; *Ford c. Québec (Procureur général)*, [1988] 2 R.C.S. 769, 770 ; *Aubry c. Éditions Vice-Versa Inc.*, [1998] 1 R.C.S. 591, REJB 1998-05646 et *Syndicat Northcrest c. Amselem*, [2004] 2 R.C.S. 551, REJB 2004-66513 ; *Bruker c. Marcovitz*, 2007 CSC 54, EYB 2007-127332. Pour une analyse de la question, voir C. Brunelle, « La sécurité et l'égalité en conflit : la structure de la *Charte québé-*

est source directe de droits protecteurs de la personnalité dont le *Code civil du Québec* confirme aujourd'hui non seulement l'existence[31], mais dont il « précise aussi la portée » et « en aménage l'exercice »[32], que cette disposition revêt toute son importance. Il est même permis d'affirmer que le Code, à ce chapitre, joue un rôle supplétif, puisque, aux droits déjà énoncés dans la Charte, il ajoute le droit au nom (art. 55 C.c.Q.) et le droit au respect du corps après le décès (art. 42 et 44 à 49 C.c.Q.). La *Charte québécoise* a donc érigé au rang des droits fondamentaux les droits de la personnalité dont l'existence avait été préalablement dégagée par la jurisprudence[33] et qui sont désormais régis par le Code civil. À l'origine, ces droits ont trouvé leur protection essentielle dans les principes généraux de la responsabilité civile ainsi que dans la notion d'ordre public (art. 13, 989, 990, 1053 et 1062 C.c.B.-C. qui trouvent aujourd'hui leurs correspondants dans les articles 7 à 9, 1373, 1411, 1413 et 1457 C.c.Q.). Droit à l'inviolabilité et à la liberté de sa personne (art. 1), droit à la sauvegarde de sa dignité, de son honneur et de sa réputation (art. 4), droit au respect de sa vie privée (art. 5) et au secret professionnel (art. 9), ces droits transcendent les frontières du droit public et du droit privé[34], ce qui contribue à leur originalité. En effet, au-delà des documents formels et de leur préséance dans la hiérarchie des normes juridiques, c'est bien dans le droit civil que l'on trouve la protection réelle et concrète des droits de la personnalité. Le Code ne se contente pas de « collaborer » avec la *Charte des droits et libertés de la personne*. Rappelons que dans sa disposition préliminaire, le Code civil énonce qu'il régit « en harmonie avec la *Charte des droits et libertés de la personne* et les principes généraux du droit, les personnes, les rapports entre les personnes, ainsi que les biens » et que, « en toutes

---

*coise* comme contrainte excessive », dans Tribunal des droits de la personne et Barreau du Québec (dir.), *La Charte des droits et libertés de la personne : pour qui et jusqu'où ?* Cowansville, Éditions Yvon Blais, 2005, p. 343.

31. Art. 3 C.c.Q. et art. 1, 4 et 5 de la Charte. Les auteurs n'ont d'ailleurs pas manqué de souligner le parallèle entre les deux documents : M. Caron, « Le *Code civil du Québec*, instrument de protection des droits et libertés de la personne ? », (1978) 56 *R. du B. can.* 197.

32. *Comm.*, t. 1, p. 6 et 10. Voir, à titre d'exemple, l'article 36 C.c.Q. qui fournit une liste indicative de comportements susceptibles de porter atteinte au droit au respect de la vie privée protégé par l'article 5 de la Charte.

33. Sur la continuité historique et conceptuelle entre le droit de la responsabilité civile et la *Charte québécoise*, voir les notes du juge Gonthier dans *Hôpital St-Ferdiand, supra*, note 24. Voir également, L. LeBel, « La protection des droits fondamentaux et la responsabilité civile », (2004) 49 *R.D. McGill* 231.

34. P.-A. Molinari, « Le droit de la personne sur son image : de la théorie juridique à la théorie des droits fondamentaux », dans G.-A. Beaudoin (dir.), *Vues canadiennes et européennes des droits et libertés, Actes des Journées strasbourgeoises 1988,* Cowansville, Éditions Yvon Blais, 1989, p. 537, 554.

matières auxquelles se rapportent la lettre, l'esprit ou l'objet de ses dispositions, [il] établit, en termes exprès ou de façon implicite, le droit commun ». Le Code civil établit aussi des « liens de solidarité, tant avec ses dispositions substantives qu'avec ses mécanismes de sanction »[35], solidarité qui conduit à une certaine redondance[36], quand elle ne se traduit pas par une confusion des genres[37]. C'est certainement le cas du chapitre consacré au respect des droits de l'enfant qui participe de la nomenclature des droits de la personnalité qui, de fait, s'analysent plutôt comme des droits de la personne[38].

### §2 - Les droits de la personnalité : une catégorie originale

**81.**– *La notion de protection juridique de la personnalité : une notion empirique.* La personnalité dont il est question ici ne se réduit pas à la notion technique de personnalité juridique, au sens de l'aptitude à être sujet de droits. C'est la personne humaine dans sa totalité, dans sa réalité à la fois biologique, psychologique et sociale, en d'autres termes, le support même de cette qualité juridique, qui est ici protégée par le droit. En définissant la personnalité comme « l'ensemble des caractéristiques inhérentes et spécifiques de la personne qui la distingue de toute autre personne », il faut admettre que la multiplicité de ces éléments se prête mal à une synthèse : tout effort de classification apparaît impossible « tant sa confection dépend de ce qui est, ou peut être, inhérent ou spécifique »[39]. Le concept de protection de la personnalité apparaît dès lors comme une notion ouverte et évolutive, ce dont témoigne aussi bien le libellé de l'article 3 du *Code civil du Québec* qui énumère de façon non limitative les prérogatives atta-

---

35. J.-M. Brisson, *loc. cit.*, note 29, p. 311.

36. A. Popovici, *loc. cit.*, note 73, p. 53. Selon certains, le détail des dispositions du Code civil qui viennent aménager les droits de la personnalité, aurait eu pour effet de dénaturer l'objet de la *Charte québécoise*, d'en réduire la portée (voir par exemple les articles 10 et s. C.c.Q.).

37. J. Frémont, « La Charte, le droit statutaire et le droit commun du Québec trente ans plus tard : réflexions autour de malaises », dans la *Charte des droits et libertés de la personne* : pour qui et jusqu'où ?, Cowansville, Éditions Yvon Blais, 2005, p. 63, 79 et s. ; D. Gardner et D. Goubau, « L'affaire *Vallée* et l'exploitation des personnes âgées selon la *Charte québécoise* : quand l'harmonie fait défaut », (2005) 46 *C. de D.* 961 ; F. Allard, « La *Charte des droits et libertés de la personne* et le *Code civil du Québec* : deux textes fondamentaux du droit civil québécois dans une relation d'harmonie ambiguë », dans Barreau du Québec, « La Charte québécoise, origines, enjeux et perspectives », (2006) *R. du B.* (numéro hors série) 33.

38. Art. 32 à 34 C.c.Q. Cette confusion des genres explique la raison pour laquelle nous préférons traiter du respect des droits et de l'intérêt de l'enfant dans la deuxième partie du livre consacrée à la protection des inaptes.

39. P.-A. Molinari, *loc. cit.*, note 34, p. 722. Voir aussi F. Rigaux, *La protection de la vie privée et des autres biens de la personnalité*, Bruxelles/Paris, Bruylant/L.G.D.J., 1990, n° 663, p. 738.

chées à la personne humaine[40], que les termes du titre qui chapeaute ces droits dans le Code civil : « De *certains* droits de la personnalité ».

**82.– *La théorie des droits de la personnalité : un objet de débats.*** D'origine jurisprudentielle, ces droits ont été approfondis par la doctrine et sont aujourd'hui consacrés formellement dans le Code civil. Il est intéressant de noter que l'on doit aux progrès de la médecine et de la biologie les premières dispositions consacrant la reconnaissance pour tout être humain de la personnalité juridique et du droit à l'inviolabilité de sa personne[41]. Pourtant, ces droits résistent encore à une définition cohérente et leur classification ne fait guère l'unanimité[42]. Il est toutefois permis d'affirmer que, aux yeux du législateur québécois, il n'existe pas de faux droits de la personnalité, puisque la liste que l'on retrouve dans le *Code civil du Québec* couvre à la fois les biens fondamentaux que sont la vie et l'intégrité physique, « noyau dur des droits » de la personne[43], et les biens qui relèvent davantage de l'intimité du sujet et de la manière dont il entend se présenter à autrui, comme le nom, l'image, la voix, la réputation, le domicile et le secret, attributs personnels que chacun peut opposer à l'État, comme aux particuliers.

Il n'est pas de notre propos de relater ici tous les efforts de théorisation auxquels la doctrine s'est prêtée. À tout le moins est-il permis d'affirmer que les droits de la personnalité constituent une catégorie originale, réductible à aucune autre. C'est « une notion qui s'intercale et s'insère entre deux autres : celle des libertés publiques et celle des droits économiques et sociaux »[44], des droits « à la limite des droits subjectifs »[45]. Bien qu'ils soient généralement qualifiés d'absolus,

---

40. On peut ici établir un parallèle avec l'article 50 de la *Charte québécoise*, dont le libellé laisse place tout autant à l'implicite.
41. Art. 18 à 22 C.c.B.-C., tels qu'introduits par la *Loi modifiant de nouveau le Code civil et modifiant la Loi abolissant la mort civile*, L.Q. 1971, c. 84, art. 2 et 5. Pour une analyse de ces dispositions, voir É. Deleury, « Une perspective nouvelle : le sujet reconnu comme objet du droit », (1972) 12 *C. de D.* 529.
42. Cette incertitude reflète le flou qui continue à caractériser les principes théoriques qui les sous-tend. C'est ainsi que certains civilistes français se refusent à ranger dans la catégorie des droits de la personnalité le droit à la vie et à l'intégrité physique de la personne et pour qui ces droits ne seraient que l'expression d'une liberté, la liberté physique : J. Carbonnier, *Droit civil, t. I, Les personnes*, 21e éd., Paris, P.U.F., coll. Thémis, 2000, no 8, p. 27 ; R. Nerson, « De la protection de la personnalité en droit privé français », dans *Travaux de l'Association Henri Capitant*, t. XIII, Paris, Dalloz, 1963, p. 60, 84.
43. F. Rigaux, *op. cit.*, note 39, no 5, p. 17 et M.-T. Meulders-Klein, « Vie privée, vie familiale et droits de l'homme », (1992) *R.T.D.C.* 271.
44. J. Foyer, « Rapport-synthèse », dans *Les nouveaux moyens de reproduction, Travaux de l'Association Henri Capitant*, t. XXXVII, Paris, Economica, 1986, p. 20.
45. J. Ghestin et G. Goubeaux, *Traité de droit civil*, sous la dir. de J. Ghestin, *Introduction générale*, Paris, L.G.D.J., 1987, no 190, p. 148, note 65.

dans le sens d'opposables à tous, ce ne sont pas pour autant des droits à opposabilité absolue car ces droits peuvent entrer en conflit avec d'autres prérogatives qui empiètent sur eux. Il revient alors aux tribunaux de fixer les contours concrets des droits de la personnalité.

### A. Des droits attachés à la personne : des droits non pécuniaires

**83.–** *Des droits extrapatrimoniaux : intransmissibles, incessibles, insaisissables et imprescriptibles.* Les liens intimes entre les droits de la personnalité et la personne elle-même ont pour résultat que ces droits, contrairement aux autres droits, ne peuvent être détachés de la personne pour changer de titulaire. Ils sont *intransmissibles*, c'est-à-dire qu'ils s'éteignent avec la mort de la personne et ne passent pas, en principe, aux héritiers. Par le fait qu'ils mettent en jeu des intérêts d'ordre moral, donc généralement non susceptibles d'évaluation pécuniaire, ils échappent à l'emprise des mécanismes économiques. Ils sont, par le fait même, *incessibles* : ils ne peuvent faire l'objet, par convention, d'une cession ou d'une renonciation de façon définitive (art. 8, al. 2 C.c.Q.). N'ayant pas « d'attache matérielle et ne constituant pas des biens économiques »[46], les droits de la personnalité sont également *insaisissables*[47]. C'est pourquoi on dit aussi qu'ils sont hors commerce[48]. Enfin, ce sont des droits imprescriptibles (2876 C.c.Q.) : le seul écoulement du temps ne peut entraîner la perte du droit. En revanche, il convient de souligner que les recours qui peuvent être exercés par la victime d'une atteinte à un droit de la personnalité n'échappent pas, eux, aux règles générales de la prescription.

Toutefois, ces affirmations méritent d'être nuancées. Il existe en effet des interférences entre les droits de la personnalité et les droits patrimoniaux. Ainsi, l'atteinte à un droit de la personnalité ouvre la porte à une réparation. Or cette réparation se traduit généralement par l'allocation d'une somme d'argent – les dommages-intérêts. Les droits extrapatrimoniaux peuvent donc, à l'occasion d'une

---

46. J.-L. Baudouin, P.-G. Jobin et N. Vézina, *Les obligations*, 6ᵉ éd., Cowansville, Éditions Yvon Blais, 2005, nᵒ 2, p. 2 ; J. Pineau, D. Burman et S. Gaudet, *Théorie des obligations*, 4ᵉ éd., Montréal, Éditions Thémis, 2001, nᵒ 1, p. 3.

47. La saisie peut être définie ainsi : « mesure de nature conservatoire ou voie d'exécution par laquelle un créancier met sous le contrôle de la justice des biens appartenant à son débiteur dans le but d'assurer la conservation de ses droits ou d'obtenir l'exécution efficace d'un jugement » (H. Reid, *Dictionnaire de droit québécois et canadien*, Montréal, Wilson & Lafleur, 2004).

48. C'est d'ailleurs pourquoi certains auteurs leur refusent le caractère de droit subjectif : voir, notamment P. Roubier, *Droits subjectifs et situations juridiques*, Paris, Dalloz, 1963.

violation, faire l'objet d'une estimation pécuniaire[49]. Lorsque le préjudice allégué est un préjudice moral, le dommage est par hypothèse
extrapatrimonial et l'idée même d'une *réparation* pécuniaire peut
sembler problématique. On peut répondre à cela que la violation du
droit de la personnalité représente un préjudice réel et que s'il est
vrai que l'indemnité pécuniaire ne peut réparer ce qui, par hypothèse, n'est pas réparable, du moins les dommages-intérêts offrent-
ils une « compensation ». Il s'opère donc, par le biais des actions en
responsabilité civile et l'octroi de dommages-intérêts, un rapprochement entre la personne et le patrimoine. De plus, il faut bien constater aussi que les principes d'intransmissibilité et d'indisponibilité des
droits de la personnalité connaissent un certain nombre d'atténua-
tions. Le droit reconnaît désormais la réalité et la légitimité de certaines conventions relatives aux droits de la personnalité, illustration
supplémentaire de ce que les droits de la personnalité, du moins certains d'entre eux, ont des liens incontournables avec le patrimoine.
Le mouvement est si net que l'on peut être tenté d'y voir l'émergence
de certains droits patrimoniaux de la personnalité[50].

## B. Des jonctions entre le patrimoine et les droits de la personnalité

**84.**–*Les conventions sur les droits de la personnalité.* Si les droits de la
personnalité sont trop liés à la personne pour que celle-ci puisse
en être dépouillée, ils n'échappent cependant pas totalement à la
volonté du sujet. En effet, celui-ci peut renoncer à faire valoir la protection de tel ou tel aspect de sa personnalité à l'égard d'une personne
déterminée qui, par l'effet de cette convention, acquiert une liberté
d'action que ne détiennent pas les autres. Encore faut-il que cette
autorisation, qui a un effet dérogatoire, soit « claire, précise et
limitée »[51]. La renonciation et l'autorisation qu'elle implique, doivent

---

49. Il convient, sur ce plan, de ne pas confondre le droit à la compensation pour préjudice moral avec son indemnisation, *i.e.* la méthode utilisée pour quantifier les
dommages-intérêts : *Québec (Curateur public)* c. *Syndicat national des employés
de l'Hôpital St-Ferdinand, supra*, note 24. Le droit à une compensation s'analyse
en effet de manière objective : « les dommages sont recouvrables parce qu'il y a eu
atteinte à un intérêt légitime [...] et non parce qu'il existe un moyen matériel d'en
pallier les inconvénients » (J.-L. Baudouin et P. Deslauriers, *La responsabilité
civile*, 7e éd., Cowansville, Éditions Yvon Blais, 2007, vol. I, no 1-478, p. 480 ; D.
Jutras, « *Pretium* et précision », (1990) 69 *R. du B. can.* 203).
50. S. Normand, *Introduction au droit des biens*, Montréal, Wilson & Lafleur, 2000,
p. 17-18 ; G. Loiseau, « Des droits patrimoniaux de la personnalité en droit français », (1997) 42 *R.D. McGill* 319 ; G. Cornu, *Droit civil, Introduction, Les personnes, Les biens*, 12e éd., Paris, Montchrestien, 2005, no 67, p. 36.
51. *La Métropolitaine* c. *Frenette*, [1990] R.J.Q. 62, EYB 1989-63413 (C.A.) notes des
juges Baudouin et Gendreau, p. 67, 74. (Infirmé par la Cour suprême pour

être interprétées restrictivement[52]. La notion d'ordre public joue, en la matière, le rôle d'un frein puissant[53]. Ainsi, une transaction dans laquelle une personne s'engage à subir une chirurgie n'est pas susceptible d'exécution forcée et n'entame en rien le droit inaliénable de refuser l'intervention[54]. Par ailleurs, dans certains cas, la loi vient elle-même baliser le champ de la volonté de la personne. Il en est ainsi des conventions relatives au corps humain lorsqu'elles n'ont pas de finalité strictement thérapeutique, de même que des conventions relatives à certaines parties du corps humain lorsqu'elles sont détachées de celui-ci.

La renonciation peut parfois aussi se monnayer. L'exploitation et l'utilisation du nom, de l'image, de la voix, dans une société où l'audiovisuel règne en roi, est aujourd'hui monnaie courante et, pour celui qui s'y prête, source de profits. Les droits de la personnalité peuvent ainsi se dédoubler pour comporter, à l'instar des droits d'auteur, un véritable caractère commercial, en marge du droit extrapatrimonial[55]. Le nom lui-même, lorsqu'il sert au ralliement d'une clientèle commerciale, devient l'objet d'un véritable droit de propriété.

**85.–** *Le recours des héritiers en cas de violation d'un droit de la personnalité.* Sous le *Code civil du Bas Canada*, le principe voulait que les héritiers étaient sans droit pour invoquer l'atteinte à un droit de la personnalité subie par leur auteur. C'est au nom de ce même principe et en s'appuyant sur les règles de la responsabilité civile qui exigent la preuve de la faute, du dommage et du lien de causalité, que sous l'empire de l'article 1053 C.c.B.-C. la Cour suprême du Canada avait refusé d'accorder aux héritiers une indemnité pour perte de vie ou d'expectative de vie de leur auteur lorsque celui-ci était décédé sur le coup ou n'avait pas repris conscience avant de mourir et était donc dans l'incapacité de ressentir quoi que ce soit[56]. Argument péremptoire donc, qui veut que le droit à la vie prenne fin avec la vie et que la consécration dans la *Charte des droits et libertés de la personne* du

---

d'autres motifs, [1992] 1 R.C.S. 647, EYB 1992-68617) ; *Syndicat Northwest* c. *Amselem*, [2004] 2 R.C.S. 551, REJB 2004-66513.

52. *La Métropolitaine* c. *Frenette*, précité, note 51 : *Syndicat Northwest* c. *Amselem*, précité, note 51 ; *Syndicat des professionnels du centre jeunesse de Québec (C.S.N.)* c. *Desnoyers*, [2005] R.J.Q. 414, EYB 2005-86208 (C.A.).

53. Art. 9 et 2632 C.c.Q.

54. *Ethier* c. *Moufarrège*, 2005, AZ-50337354 (C.Q.).

55. Voir, en ce sens, G. Loiseau, *loc. cit.*, note 50, qui distingue les droits primaires (extrapatrimoniaux) des droits dérivés de la personnalité (droits patrimoniaux à caractère personnel). Voir également à propos du droit au nom et du droit à l'image, M. Bui Leturcq, « Patrimonialité, droits de la personnalité et protection de la personne, une association cohérente », (2006) *R.R.J.* 766.

56. *Driver* c. *Coca-Cola Ltd.*, [1961] R.C.S. 201 ; *Pantel* c. *Air Canada*, [1975] 1 R.C.S. 472.

droit de tout être humain à la vie n'a pas permis pour autant de réfu-
ter. La Cour suprême prend néanmoins soin de souligner qu'il ne faut
pas y voir une dévalorisation du droit à la vie : « Au contraire, c'est
précisément le respect qui est dû au droit à la vie qui commande que
seules les personnes aux yeux desquelles ce droit avait effectivement
de la valeur puissent obtenir compensation ». À cet égard, la reconnaissance du *solatium doloris*, *i.e.*, « la douleur morale éprouvée par
les proches d'une personne qui perd la vie par la faute d'autrui »,
comme chef de dommages « n'est nulle autre que la reconnaissance de
la valeur même du droit à la vie »[57]. Mais c'est aussi un argument que
certains ont qualifié de « captieux », puisque « le préjudice réclamé ne
résulte pas du décès mais bien plutôt de l'abrègement de la vie » (*i.e.*,
la perte de chance de vivre sa vie jusqu'au moment, au moins, de son
expectative présumée), le décès lui-même n'étant que l'aboutisse-
ment de la perte déjà éprouvée »[58]. Mais c'est aussi un argument qui
fait autorité et que l'article 625, al. 3 C.c.Q., selon lequel les héritiers
sont saisis des droits d'action du défunt contre l'auteur de toute violation d'un droit de la personnalité, ne sauraient suffire à écarter[59],
puisque la perte objective d'expectative de vie n'est pas considérée
comme un chef de dommage moral.

**86.–** Il en va différemment par contre des postes de dommages autres
que le *pretium mortis* et des droits d'action dont sont spécifiquement
investis les héritiers du *de cujus* contre l'auteur d'une atteinte à l'un
de ses droits de la personnalité lors de son vivant. Le droit d'action
pour violation d'un droit de la personnalité entre dans le patrimoine
de la personne et, à ce titre, est transmissible aux héritiers. Mais on
peut dire que les articles 625, al. 3 et 1610, al. 2 C.c.Q. consacrent, du
même coup, le droit à l'intransmissibilité des droits de la personnalité. Le législateur avait pourtant dérogé à ce principe en 1994 dans
un cas bien précis, en faisant survivre le droit au respect de la vie
privée du défunt dans la personne de ses héritiers.

Certes, on aurait pu voir dans cette transmissibilité une forme
d'héritage moral, par opposition à l'héritage patrimonial, dans la
mesure où le mot « héritiers » aurait désigné les proches du défunt,

---

57. *Augustus c. Gosset*, précité, note 24, par. 63. Sur l'indemnisation du *solatium dolo-
    ris*, voir J.-L. Baudouin et P. Deslauriers, *op. cit.*, note 49, nos 1-504 à 1-519.
58. A. Mayrand, « Que vaut la vie ? », (1962) 22 *R. du B.* 1, 8.
59. G. Brière, *Traité de droit civil : les successions,* Cowansville, Éditions Yvon Blais,
    1994, no 118, p. 144. Voir également l'article 1610, al. 2 C.c.Q., selon lequel le droit
    du créancier à des dommages-intérêts qui résultent de la violation d'un droit de
    la personnalité, y inclus des dommages punitifs, n'est transmissible qu'aux
    héritiers.

c'est-à-dire la famille ou les personnes qui en tiennent lieu[60]. Mais en l'absence de toute précision en ce sens, et devant les incohérences qui pouvaient résulter de l'application de l'article 35 C.c.Q. à toute personne susceptible de venir à la succession du défunt au sens où l'entend l'article 619 C.c.Q.[61], le législateur est revenu sur sa décision[62]. Aujourd'hui donc, le droit au respect de la vie privée ne survit plus au décès et on peut dire que le principe de l'intransmissibilité des droits de la personnalité ne souffre plus d'exception.

Mais la mort met en scène un « théâtre d'ombres »[63] où évoluent aussi des vivants dont les intérêts moraux sont, en quelque sorte, habités par ces ombres. C'est pourquoi on reconnaît aux héritiers, aux membres de la famille et aux personnes qui lui étaient liés par les liens de l'affectivité le droit de défendre l'honneur du défunt, son image ou le nom[64]. Mais c'est à titre personnel, *i.e.* pour obtenir réparation d'un préjudice qui leur est propre, que ces personnes peuvent faire valoir un droit d'action contre celles qui terniraient la mémoire ou le nom de celui qui n'est plus. Sous-jacente à la reconnaissance de ces droits se profile l'idée non pas d'un héritage moral, mais d'un patrimoine moral dont les personnes qui étaient liées au défunt par les liens du sang ou auquel elles étaient unies par l'union civile ou le mariage, seraient titulaires, parce qu'elles partagent avec lui certains éléments constitutifs de leur personnalité[65]. Il ne s'agit donc

---

60. C'est la thèse que nous avions soutenue à l'époque : voir la 2e édition de cet ouvrage (1997), n° 74, p. 75-76. Dans le même sens, voir M. Ouellette, « Livre premier : Des personnes », dans Barreau du Québec et Chambre des notaires du Québec, *La réforme du Code civil*, t. 1, « Personnes, successions, biens », Ste-Foy, P.U.L., 1993, p. 47, par. 100.

61. On privilégiait clairement les droits du défunt sur les intérêts et les droits que peuvent faire valoir les vivants, ce dont se sont plaints différents organismes représentatifs des journalistes, des éditeurs de livres, des archivistes et des généalogistes devant la Commission permanente des institutions lors de l'étude du projet de loi qui a mené à la modification du Code civil : *Journal des débats*, 9 avril 2002, vol. 37, n° 56.

62. *Loi modifiant le Code civil et d'autres dispositions législatives*, L.Q. 2002, c. 19, sanctionné le 13 juin 2002. L'article 35, al. 2 C.c.Q. se lit donc aujourd'hui comme suit : « Nulle atteinte ne peut être portée à la vie privée d'une personne sans que celle-ci y consente ou sans que la loi l'autorise. »

63. J. Pousson-Petit, « La personne humaine sur la scène d'un théâtre d'ombres », dans *Liber Amicorum, Marie-Thérèse Meulders-Klein*, Bruxelles, Bruylant, 1998, 505.

64. Art. 56, al. 2 C.c.Q. Voir également *supra*, Titre I, chap. I, à propos du respect du corps *post mortem*.

65. Art. 42 C.c.Q. Ce qui explique aussi que, dans certains cas, l'intérêt du *de cujus* puisse céder le pas à celui des personnes qui lui sont liées par le sang, quitte à violer le secret dont ce dernier s'est entouré. L'article 23 de la *Loi sur les services de santé et les services sociaux*, L.R.Q., c. S-4.2, et son correspondant en ce qui a trait au secteur privé, l'article 31 de la *Loi sur la protection des renseignements person-*

pas à proprement parler d'une exception au principe de l'intransmissibilité des droits de la personnalité.

**87.–** *Une atténuation à la règle de l'imprescriptibilité.* Toute atténuation au principe de l'imprescriptibilité ne pourrait être qu'exceptionnelle, puisque les droits de la personnalité sont inhérents à la personne. L'écoulement du temps ne peut donc ni créer, ni emporter la perte de ce droit. On peut cependant soutenir que le droit au nom échappe exceptionnellement, dans un des ses aspects, à cette règle puisque l'utilisation d'un autre nom que le sien donne ouverture à une demande de changement de nom. Cela revient à dire que l'acquisition d'un nom autre que celui qui figure à l'acte de naissance, peut résulter d'une prescription, même s'il est vrai que techniquement cette acquisition dépend d'une décision judiciaire[66].

## Section II

### La protection des droits de la personnalité

**88.–** Toute atteinte illicite, *i.e.* non justifiée par un intérêt légitime et indépendamment des mesures pénales ou quasi pénales de répression, engendre le droit pour la victime d'obtenir réparation du préjudice qui pourrait en résulter. Mais la protection des droits de la personnalité, de défensive qu'elle était, relève aujourd'hui tout autant du droit préventif que du droit simplement curatif. À cet égard, on note qu'il existe une étroite relation entre l'évolution technologique et l'évolution juridique. Si l'on a pu dire qu'en matière de droits de la personnalité, la technologie était non seulement révélatrice mais aussi créatrice de droits[67], il existe une relation tout aussi évidente entre l'évolution technologique et celle des mécanismes mis en œuvre pour assurer la protection de ces mêmes droits. On peut parler aujourd'hui d'un droit « engagé », un droit qui est tourné vers l'avenir et non vers le passé. C'est un droit qui encadre, qui surveille, qui « facilite l'exercice par le particulier de son [...] droit à sa personnalité »[68], par opposition au droit qui n'intervient essentiellement

---

*nels dans le secteur privé*, L.R.Q., c. P-39.1, en sont de bons exemples : ils reconnaissent aux personnes qui sont liées par le sang à un patient ou à un usager décédé, le droit de recevoir communication des renseignements contenus dans son dossier, nonobstant le refus que ce dernier aurait pu y faire consigner.

66.  Art. 58, al. 1 C.c.Q. Pour une analyse détaillée de cette question, voir *infra*, Titre III, chap. I, Le nom.

67.  P.-A. Molinari, *loc. cit.*, note 34, p. 14.

68.  H.P. Glenn, « Les nouveaux moyens de reproduction et les droits de la personnalité », dans *Les nouveaux moyens de reproduction, Travaux de l'Association Henri Capitant,* t. XXXVII, Paris, Economica, 1986, p. 33, 37.

que pour sanctionner la faute dans le cadre de l'application des principes généraux de la responsabilité civile.

## §1 - *Les dommages-intérêts compensateurs et les dommages-intérêts punitifs*

**89.–** *Le droit à réparation du préjudice causé par la violation d'un droit protégé.* La *Charte des droits et libertés de la personne* protège depuis 1975 ce qui autrefois ne relevait que du droit commun de la responsabilité civile. Outre l'affirmation des droits et libertés de la personne, la Charte aménage par l'article 49 un recours particulier qui permet à la victime d'une atteinte illicite à un droit protégé, d'obtenir la réparation du préjudice moral ou matériel qui en résulte.

L'autonomie formelle de ce recours en dommages-intérêts compensatoires ne permet cependant pas de conclure à une autonomie de principe par rapport au régime général de la responsabilité civile où la faute, source du droit à réparation, est entendue comme « la violation, par une conduite se situant en dehors de la norme, du devoir de *se « bien » comporter* à l'égard d'autrui »[69]. Cela inclut la violation des droits fondamentaux. Qui plus est, la référence que fait l'article 49, al. 1, au préjudice moral ou matériel montre bien que le système de protection n'est pas détaché des principes de réparation qui sont à la base du régime de droit commun de la responsabilité civile[70]. On a donc pu dire que la Charte « n'innove pas » et qu'elle vient tout simplement clarifier les choses, « sans ajouter au droit commun »[71]. La jurisprudence a consacré de façon définitive la théorie du chevauchement intégral du régime de droit commun et des mesures de redressement de la Charte, par opposition à la thèse de l'autonomie de principe de l'article 49, laquelle, selon certains observateurs, instituerait un système de responsabilité objective[72]. Il convient donc plutôt de parler de chevauchement, « de coordination ou de convergence », puisque le

---

69.  J.-L. Baudouin et P. Deslauriers, *op. cit.*, note 49, n° 1-162, p. 152.

70.  Voir A.-F. Bisson, « La Charte québécoise des droits et libertés de la personne et le dogme de l'interprétation spécifique des textes constitutionnels », (1986) 17 *R.D.U.S.* 19 ; K. Delwaide, « Les articles 49 et 52 de la Charte québécoise des droits et libertés : recours et sanctions à l'encontre d'une violation des droits et libertés garantis par la Charte », dans *Application des Chartes des droits et libertés en matière civile*, Cowansville, Éditions Yvon Blais, 1988, p. 122.

71.  M. le juge Gonthier dans *Béliveau St-Jacques, supra,* note 24, au par. 122. Voir également, *Hôpital St-Ferdinand* et *Augustus* c. *Gosset*, précités, note 24.

72.  M. Drapeau, « La responsabilité pour atteinte illicite aux droits et libertés de la personne », (1994) 28 *R.J.T.* 31 ; G. Otis, « Le spectre d'une marginalisation des voies de recours découlant de la *Charte québécoise* », (1991) 51 *R. du B.* 561.

droit de la victime à la réparation, bien que se fondant sur la *Charte*, relève bien des principes de la responsabilité du droit civil. C'est dire aussi que pour une même situation factuelle, la Charte ne saurait autoriser une double compensation, ni fonder des dommages distincts de ceux qui auraient pu être obtenus en vertu du droit commun[73]. Il convient de souligner, cependant, que toute violation d'un droit consacré par la Charte québécoise n'implique pas automatiquement qu'il y a faute ouvrant la porte à une compensation puisque dans certains cas il convient de procéder à un test de justification et de pondération des intérêts au sens de l'article 9.1 de la Charte[74].

**90.– *L'attribution de dommages punitifs*.** L'article 49, al. 2 de la Charte prévoit qu'en cas d'atteinte illicite et intentionnelle à un droit protégé, le tribunal peut en outre condamner son auteur à des dommages punitifs. Il s'agit là d'une mesure de redressement de nature punitive et dissuasive qui participe de la nature d'une peine privée[75]. L'idée est de sanctionner civilement la conduite du fautif et de montrer publiquement la réprobation d'une telle violation d'un droit protégé par la Charte[76], ce qui au-delà de l'élément dissuasif, dénote également un objectif d'éducation civique[77].

---

73. Pour certains auteurs, cette approche bouleverse la hiérarchie des normes, telle qu'établie par la *Charte des droits et libertés de la personne*, pourtant qualifiée de loi fondamentale. Voir, entre autres, A. Popovici, « De l'impact de la Charte des droits et libertés de la personne sur le droit de la responsabilité civile : un mariage raté », (1998-1999) *Meredith Mem. Lect.* 49-94.

74. L. LeBel, « La protection des droits fondamentaux et la responsabilité civile », (2004) 49 *R.D. McGill* 231, 245. Il en est ainsi, notamment, lorsqu'une situation juridique met potentiellement en conflit des droits également protégés, mais concurrents, comme la liberté d'expression et le droit à la protection de l'honneur, de la réputation ou de la vie privée.

75. La notion de dommages punitifs (qualifiés à l'origine de dommages *exemplaires*) trouve son origine dans la common law et son introduction dans notre système de responsabilité extracontractuelle qui, par essence, est compensatoire, suscite bien des discussions. Voir, D. Gardner, « Les dommages-intérêts : une réforme inachevée », (1988) 28 *C. de D.* 833 ; L. Perret, « Le droit de la victime à des dommages punitifs en droit québécois : sens et contresens », (2003) *R.G.D.* 223. Pour un exposé général de cette question, voir C. Dallaire, *La mise en œuvre des dommages exemplaires sous le régime des chartes.*, 2e éd., Montréal, Wilson & Lafleur, 2003.

76. *Association des professeurs de Lignery (A.P.L.), Syndicat affilié à la C.E.Q. c. Alvetta-Comeau*, [1990] R.J.Q. 130, EYB 1989-63377 (C.A.), p. 137 ; *Hôpital St-Ferdinand*, précité, note 24.

77. Il n'est pas exclu, par ailleurs, que l'article 24(1) de la Charte canadienne, qui reconnaît le droit à la victime d'une violation d'un droit fondamental de s'adresser à un tribunal compétent pour obtenir la réparation que le tribunal estime convenable et juste, eu égard aux circonstances, puisse donner ouverture à l'octroi de dommages-intérêts exemplaires. Voir à ce titre, *Québec (Procureur général) c. Boisclair*, [2001] R.J.Q. 2449, (2001) R.R.A. 877, REJB 2001-27084 (CA).

Il s'agit toutefois d'une faculté pour le tribunal ; l'octroi de dommages punitifs n'est donc pas automatique, quand bien même on aurait rapporté la preuve du caractère intentionnel de l'acte. Cette discrétion n'est pourtant pas absolue. Élaborés dans un premier temps par la jurisprudence, les critères d'attribution ont ensuite été codifiés. L'article 1621 C.c.Q. invite à une retenue judiciaire en édictant que les montants accordés ne doivent excéder ce qui est suffisant pour assurer leur fonction *préventive* et en obligeant à tenir compte de la situation particulière dans laquelle se trouve le débiteur[78].

Contrairement aux dommages compensatoires, l'octroi de dommages punitifs ne dépend pas de la mesure du préjudice résultant de l'atteinte illicite, mais du caractère intentionnel de cette atteinte. En d'autres termes, ce n'est pas la faute mais plutôt l'atteinte illicite qui doit être intentionnelle. Le caractère intentionnel renvoie à un état d'esprit qui dénote soit une volonté de causer les conséquences certaines ou probables, soit une connaissance (et donc une acceptation implicite) de ces conséquences. Moins exigeant que le critère de l'intention particulière, ce test dépasse tout de même celui de la simple négligence[79].

Malgré ces particularités, la Cour suprême du Canada refuse de dissocier les dommages punitifs des principes de la responsabilité civile. Elle voit dans l'article 49, al. 2 l'accessoire d'un recours principal à caractère compensatoire. Par conséquent, la Cour applique la théorie du chevauchement de façon intégrale et refuse même d'y voir un droit constitutionnellement protégé[80]. Cette interprétation écarte de ce recours la victime indemnisée sur une base forfaitaire en vertu d'un régime d'indemnisation fondé sur la responsabilité sans faute, assorti, comme c'est le cas généralement, d'une clause d'immunité civile[81]. Cette approche est critiquable, dans la mesure où l'octroi de dommages-intérêts punitifs constitue un régime d'exception par rapport au droit commun de la responsabilité civile et que, par conséquent, le chevauchement ne peut être que partiel. L'absence de

---

78. L'article 1621, al. 2 C.c.Q. édicte que les dommages-intérêts punitifs « s'apprécient en tenant compte de toutes les circonstances appropriées, notamment de la gravité de la faute du débiteur, de sa situation patrimoniale ou de l'étendue de la réparation à laquelle il est déjà tenu à l'égard du créancier, ainsi que, le cas échéant, du fait que la prise en charge du paiement réparateur est, en tout ou en partie, assumée par un tiers ».

79. *Hôpital St-Ferdinand*, précité, note 24, par. 118.

80. *Béliveau St-Jacques Inc.*, précité, note 24.

81. Tel, par exemple, le régime institué par la *Loi sur l'assurance automobile*, L.R.Q., c. A-25, ou encore la *Loi sur les accidents du travail et les maladies professionnelles*, L.R.Q., c. A-3.001.

preuve de dommages compensables, matériels ou moraux, ne devrait donc par empêcher *ipso facto* un tribunal d'attribuer des dommages-intérêts punitifs[82].

D'autre part, conclure comme le fait la Cour suprême, que la primauté de la Charte ne s'applique pas aux redressements prévus à l'article 49 risque bien de réduire cet instrument à un simple énoncé de principe et de vider de son sens le principe de la primauté des articles 1 à 38.

### §2 - Mesures conservatoires et mesures de protection non monétaires

**91.**– *L'injonction.* La condamnation à des dommages-intérêts, moyen curatif plus ou moins efficace lorsqu'il s'agit de réparer des dommages moraux, n'est pas toujours la meilleure façon de répondre à une lésion de droit. La véritable protection se trouve, lorsque cela est possible, dans l'action préventive, destinée à gagner de vitesse, par exemple, les indiscrétions ou la divulgation de propos calomnieux, lorsqu'il s'agit d'atteintes à la réputation ou à la vie privée. L'article 49, alinéa 1 de la *Charte* québécoise prévoit dès lors la possibilité d'obtenir la cessation d'une atteinte illicite à un droit ou à une liberté qu'elle consacre. Le recours en injonction est donc un instrument important de protection des droits de la personnalité (art. 751 C.p.c.).

Il ne suffit pas d'alléguer une apparence de violation des droits fondamentaux pour autoriser la délivrance d'une injonction interlocutoire, qui est et qui demeure un recours extraordinaire. L'article 49, al. 1 utilise le mot « victime » et ne modifie pas les critères traditionnels (*i.e.* apparence de droit, de préjudice irréparable et balance des inconvénients)[83]. Par contre, il est permis de penser qu'il en irait différemment dans le cadre d'une demande d'injonction permanente si l'on peut établir clairement que sans une ordonnance d'injonction, la violation serait une réalité. Un recours en injonction *quia timet*

---

82. Voir l'opinion dissidente de la juge L'Heureux-Dubé dans l'affaire *Béliveau St-Jacques*, précitée, note 24, par. 27, et dont la position est partagée majoritairement par la doctrine : L. LeBel, *loc. cit.,* note 74, p. 250 ; J.-L. Baudouin et P. Deslauriers, *op. cit.,* note 49, n° 1-376, p. 397 ; C. Dallaire, « L'évolution des dommages exemplaires depuis les décisions de la Cour suprême en 1996 : dix ans de cheminement », dans Service de la formation continue, Barreau du Québec, *Développements récents en droit administratif et constitutionnel*, Cowansville, Éditions Yvon Blais, 2006, p. 185.
83. *Lambert* c. *P.P.D. Rim-Spec Inc.*, [1991] R.J.Q. 2174, EYB 1991-63804(C.A.).

peut être intenté. Une analogie peut être faite entre ce recours et le redressement prévu à l'article 24 de la *Charte canadienne*.

On peut ranger sous le même registre les sanctions prévues par la *Loi sur la presse*, qui sont à la fois punitives et réparatrices.

**92.–** *La rétractation et le droit de réponse en matière de presse.* La liberté de la presse, garantie par la *Charte canadienne*, constitue une limite au droit au respect de la vie privée lorsque ce droit entre en conflit avec le droit à l'information du public[84]. Cette liberté n'autorise pas pour autant à diffuser, par la voie des journaux, des informations fausses ou calomnieuses. Une loi spéciale, la *Loi sur la presse*[85], aménage un régime distinct du droit commun et s'applique aux journaux et aux périodiques. La partie lésée doit permettre au journal de se rétracter, ce qui réduit considérablement les possibilités de poursuite en dommages-intérêts. De plus, elle bénéficie, à certaines conditions, d'un droit de réponse que le journal doit publier[86]. La rétractation, qui doit être faite dans un endroit de la publication qui soit aussi en vue que l'article incriminé et qui est jointe à la publication de la réponse, met fin aux possibilités de poursuite[87]. Le journal condamné pour diffamation peut aussi être obligé de publier le jugement.

**93.–** *L'irrecevabilité de la preuve obtenue en violation des droits et libertés fondamentaux.* L'article 2858 C.c.Q. consacre en matière civile un principe reconnu depuis longtemps en matière pénale et criminelle, soit l'irrecevabilité de principe de tout élément de preuve obtenu dans des conditions qui portent atteinte aux droits et libertés fondamentaux et dont l'utilisation est susceptible de déconsidérer l'administration de la justice[88]. L'exigence d'une démonstration de déconsidération de la justice n'est cependant pas posée lorsqu'il s'agit de la violation du secret professionnel puisque celui-ci est protégé spécifiquement par l'article 9 de la *Charte québécoise*.

L'article 2858 C.c.Q. permet de sanctionner, sur le terrain de la preuve, les droits et libertés garantis tant par la *Charte québécoise*

---

84. Art. 2 de la *Charte canadienne* et art. 36(6) C.c.Q.
85. *Loi sur la presse*, L.R.Q., c. P-19.
86. *Ibid.*, art. 3 à 6.
87. *Ibid.*, art. 8.
88. *Charte canadienne*, art. 24, al. 2, dont le champ d'application ne se limite d'ailleurs pas au droit pénal, même si c'est surtout dans ce domaine que les tribunaux en ont dégagé les conditions d'application. Sur cette question, voir Y. Paradis et G. Cournoyer, La *Charte canadienne* : les droits protégés, principes de base, dans École du Barreau, Collection de droit 2007-2008, vol. 11, *Droit pénal (Procédure et preuve)*, Cowansville, Éditions Yvon Blais, 2007, p. 217.

que par la *Charte canadienne*, voire « toute disposition incarnant une valeur inscrite dans les Chartes ou qui se situe dans leur prolongement »[89]. Nous pensons plus particulièrement ici au droit à l'inviolabilité de la personne humaine et au droit au respect de la vie privée tels qu'aménagés par le *Code civil du Québec*. Les conditions de rejet d'une preuve obtenue en violation des droits et libertés étant substantiellement semblables à celles mentionnées dans la *Charte canadienne*, on aurait pu penser que les critères élaborés par les tribunaux en application du paragraphe 24(2) de la Charte[90], eux-mêmes regroupés autour de trois éléments, soit l'équité du procès, la gravité de la violation et l'effet de l'inclusion de la preuve sur la déconsidération de la justice, seraient utilisés pour interpréter et appliquer les dispositions du Code civil[91]. On aurait même pu penser que l'exclusion d'un élément de preuve, obtenu dans de telles conditions, serait plus fréquente dans les affaires civiles, les conséquences en étant en principe moins significatives pour la société qu'en matière pénale[92]. Pourtant, tout en reconnaissant qu'« ils peuvent servir de guide »[93], les tribunaux semblent plutôt hésitants à transposer intégralement, en matière civile, la jurisprudence et les principes développés sous l'angle du droit criminel[94]. Il en est ainsi, notamment, des facteurs reliés à l'équité du procès qui, en matière pénale, relèvent du principe de non-incrimination, lui-même fondé sur la présomption d'innocence, privilège qui n'existe pas en matière civile. En effet, dans le procès civil, « le défendeur ne jouissant d'aucune position privilégiée »[95], la recherche de la vérité constitue la norme[96]. Aussi les tribunaux considèrent-ils généralement comme admissible la preuve qui ne fait que confirmer un autre élément de preuve acquis, pour sa part, de façon légale ou qui peut être établie au procès. Il en va diffé-

---

89. G. Couture, *L'admissibilité de la preuve obtenue en violation des droits fondamentaux*, Montréal, Wilson & Lafleur, 1996, p. 45. Pour une analyse approfondie de l'article 2858 C.c.Q., voir l'opinion de la juge Bich dans *Bellefeuille* c. *Morisset*, [2007] R.J.Q. 796, EYB 2007-117913 (C.A.).

90. Ces critères ont été initialement dégagés dans l'affaire *R.* c. *Collins*, [1987] 1 R.C.S. 265, EYB 1987-66975.

91. *Comm.*, t. II, p. 1790 : « L'article 2858 généralise l'application du principe de cet article 24 à tous les litiges qui mettent en cause les droits et libertés fondamentaux. »

92. G. Couture, *op. cit.*, note 89, p. 56. Voir également C. Brunelle, *loc. cit.*, note 30, p. 94.

93. *Mascouche (Ville de)* c. *Houle*, [1999] R.J.Q. 1894, REJB 1999-13538 (C.A.), p. 1921 à 1923.

94. *Syndicat des travailleuses et des travailleurs de Brigestone Firestone de Joliette (C.S.N.)* c. *Trudeau*, [1999] R.J.Q. 2229, REJB 1999-14156 (C.A.), p. 2244.

95. L. Ducharme, *Précis de la preuve*, 5e éd., Montréal, Wilson & Lafleur, 1995, no 768.

96. *Mascouche (Ville de)* c. *Houle*, *supra*, note 93, p. 1905, 1906 et 1909.

remment lorsque la preuve a été entièrement obtenue en violation d'un droit fondamental. C'est la gravité de la violation qui, dans ces circonstances, est considérée comme l'élément central. L'objectif poursuivi par l'auteur de l'atteinte aux droits fondamentaux et les modalités de sa réalisation sont considérés comme déterminants. Ainsi, « l'absence d'un intérêt juridique, d'une motivation ou d'une finalité sérieuse, accroît la gravité de la violation »[97]. Par ailleurs, la violation d'un droit fondamental peut être bénigne ou sérieuse selon les moyens mis en œuvre pour obtenir l'élément de preuve litigieux : filmer à son insu une personne dans une rencontre sociale ne se compare pas à filmer secrètement une personne dans sa chambre à coucher.

L'enjeu du procès constitue également un facteur important dans l'évaluation de la recevabilité d'une preuve obtenue en violation d'un droit fondamental. Si la gravité de la violation apparaît comme une condition nécessaire pour autoriser l'exclusion de la preuve, elle n'en fait pas pour autant une condition suffisante. L'exclusion, en effet, n'est jamais automatique. Encore faut-il que le tribunal soit convaincu qu'il y a là un abus du système de justice, avant de rejeter l'élément de preuve. Chaque cas doit donc être envisagé de façon particulière. Dans cet exercice de pondération entre le respect des droits fondamentaux et celui de l'intégrité du système de preuve civile, certaines valeurs sociales, comme l'intérêt de l'enfant[98], peuvent commander que la priorité soit donnée à la recherche de la vérité. Le respect des droits fondamentaux ne semble guère, alors, lui faire contrepoids. En inscrivant ainsi les règles relatives à l'exclusion de la preuve obtenue en violation des droits fondamentaux dans le Code civil plutôt que dans la *Charte des droits et libertés de la personne*, on les réduit à des dispositions bien ordinaires[99].

**94.–** *L'autorisation judiciaire, rempart de l'intégrité physique.* Le développement des connaissances et des techniques en médecine et en biologie ainsi que l'élargissement du rôle reconnu à la volonté individuelle dans la plupart des domaines, ont amené le législateur québécois à encadrer les actes à caractère médical et psychosocial et à instituer les tribunaux en arbitres des conflits qui peuvent opposer le corps médical aux patients, l'intérêt de la société à celui de l'individu et l'intérêt d'autrui à celui du patient. C'est ainsi que le *Code civil du*

---

97. *Ibid.* 1907.
98. Voir les applications dans *Droit de la famille – 2206*, [1995] R.J.Q. 1419, EYB 1995-72384 (C.S.) ; *Droit de la famille – 2474*, [1996] R.D.F. 612, EYB 1996-29228 (C.S.) ; *Droit de la famille – 2469*, [1997] R.D.F. 241 (C.S.).
99. En ce sens, C. Brunelle, *loc. cit.*, note 30, p. 88.

*Québec* contient aujourd'hui toute une section, au chapitre des droits de la personnalité, consacrée aux soins (art. 11-24 C.c.Q.). Cette section se présente comme un cas d'application particulière du principe inscrit à l'article 10 et qui consacre l'inviolabilité de la personne humaine. Qu'il s'agisse de soins requis ou non par l'état de santé, de prélèvements d'organes et de tissus, la loi oblige dans de nombreux scénarios impliquant des mineurs ou des majeurs inaptes, à obtenir l'autorisation du tribunal avant de pouvoir poser l'acte médical visé.

Cette mesure préventive tend à garantir la liberté et l'autonomie de la personne mais elle témoigne aussi de la nécessité d'harmoniser des droits, voire des intérêts, concurrents : droit à la vie des uns opposé au droit à l'intégrité et à la liberté des autres, droit à l'autonomie opposé à la dignité de la personne, liberté de la recherche opposé à la protection de la dignité humaine.

**95.–** *Gestion fiduciaire et droit d'accès : de nouveaux mécanismes contre l'invasion de la vie privée.* L'État détient aujourd'hui et gère une masse phénoménale d'informations sur les citoyens, informations que celui-ci n'a guère le choix de céder, « que ce soit en vertu de la loi (impôt), en demandant un service essentiel (services médicaux) ou au nom d'une contrainte de la vie moderne (enregistrement d'une automobile) »[100]. La concentration au sein de l'État de ces informations a engendré, quant à ses effets, la crainte d'une nouvelle forme de despotisme incompatible avec nos conceptions de la démocratie. Cette crainte a provoqué une évolution de la rationalité de la collecte, de la gestion et de la diffusion de ces informations qui font aujourd'hui de l'État le fiduciaire de l'information qu'il détient sur ses citoyens[101]. La *Loi sur l'accès aux documents des organismes publics et sur la protection des renseignements personnels*[102] régit, depuis 1982, la collecte, la conservation, l'utilisation et l'accès aux renseignements détenus par les différents organes de l'État. La Commission d'accès à l'information, instituée par cette même loi et chargée d'en surveiller l'application, s'est vu confier un certain nombre de pouvoirs aux fins de contrôler le contenu de ces banques de données et d'en surveiller le fonctionnement, de manière à ce qu'elles ne contiennent pas, sans son consentement, de données susceptibles de préju-

---

100.   M.-C. Prémont, « Données personnelles et secret de la vie privée, approche nord-américaine », dans *Nouvelles technologies et droit de propriété*, Montréal, Éditions Thémis/Litec, 1991, p. 153, 169-170.

101.   *Ibid.* Voir *Information et liberté, Rapport de la Commission d'étude sur l'accès du citoyen à l'information gouvernementale et sur la protection des renseignements personnels*, Gouvernement du Québec, Québec, 1981.

102.   L.R.Q., c. A-2.1.

dicier la personne et pour que leur finalité soit respectée. La Commission peut également réviser toute décision par laquelle un particulier s'est vu refuser l'accès à de tels documents, facilitant ainsi, pour ce dernier, l'exercice d'un nouveau droit subjectif, celui de l'*habeas data* ou *habeas scriptum*[103], soit le droit de vérifier le contenu des informations et d'en exiger la rectification.

Le législateur a, par la suite, étendu aux dossiers constitués par une entreprise, le même type de protection à l'égard des particuliers que celui qui a été institué vis-à-vis de l'État. La *Loi sur la protection des renseignements personnels dans le secteur privé*[104] complète, en ce sens, les articles 37 à 41 du Code civil qui, comportant essentiellement des énoncés de principe, étaient apparus insuffisants pour assurer de manière efficace le droit au respect de la vie privée face au développement de l'informatique et à la diffusion, jusque-là non normalisée, d'informations à caractère personnel dans le secteur privé. Cette loi impose désormais aux personnes qui exploitent une entreprise privée un certain nombre d'obligations, assurant ainsi la transparence des systèmes d'information qui se sont constitués dans le secteur privé et permettant à l'individu d'exercer un meilleur contrôle sur les renseignements personnels qu'une entreprise détient à son sujet. Ce contrôle se concrétise dans la reconnaissance d'un droit d'accès et d'un droit de rectification dont la loi établit les conditions et les modalités d'exercice.

En ce sens, il est permis d'affirmer que le droit d'accès aux informations à caractère personnel, sous ses multiples facettes, apparaît comme un nouveau droit subjectif, « celui de la personne fichée de participer à la formation de l'image que les personnes qui l'entourent se font d'elle »[105].

---

103. H.P. Glenn, *loc. cit.*, note 68, p. 47.
104. *Loi sur la protection des renseignements personnels dans le secteur privé*, L.R.Q., c. P-39.1.
105. Y. Poulet, « Le fondement du droit à la protection des données nominatives : propriétés ou libertés », dans *Nouvelles technologies et propriété*, Montréal, Éditions Thémis/Lélec, 1991, 175, p. 191.

## BIBLIOGRAPHIE SÉLECTIVE

BARREAU DU QUÉBEC, Service de la formation permanente, *Les 25 ans de la Charte québécoise*, Cowansville, Éditions Yvon Blais, 2000.

BARREAU DU QUÉBEC, « La Charte québécoise, origines, enjeux, perspectives », (2006) *R. du B.*, (numéro thématique en marge du trentième anniversaire de l'entrée en vigueur de la Charte des droits et libertés de la personne).

BEAUDOIN, G.A. et E. MENDES, *The Canadian Charter of Rights and Freedoms / Charte canadienne des droits et libertés*, 4e éd., Markham, LexisNexis Butterworths, 2005.

BRISSON, J.-M., « Le Code civil, droit commun ? », dans *Le nouveau Code civil, interprétation et application*, Journées Maximilien Caron, Montréal, Éditions Thémis, 1992, p. 309.

BRUNELLE, C., « La sécurité et l'égalité en conflit : la structure de la *Charte québécoise* comme contrainte excessive », dans Tribunal des droits de la personne et Barreau du Québec, *La Charte des droits et libertés de la personne : pour qui et jusqu'où ?*, Cowansville, Éditions Yvon Blais, 2005, p. 345.

BRUNELLE, C., « Les droits et libertés dans le contexte civil », dans École du Barreau du Québec, *Droit public et administratif*, Collection de droit 2007-2008, Cowansville, Éditions Yvon Blais, 2007, p. 41.

DALLAIRE, C., « L'évolution des dommages exemplaires depuis les décisions de la Cour suprême en 1996 : dix ans de cheminement », dans Service de la formation continue, Barreau du Québec, *Développements récents en droit administratif et constitutionnel (2006)*, Cowansville, Éditions Yvon Blais, 2006, p. 185.

JOBIN, P.G., « Contrats et droits de la personne : un arrimage laborieux », dans Benoît Moore (dir.), *Mélanges Jean Pineau*, Montréal, Éditions Thémis, 2003, p. 357.

KAYSER, P., « Les droits de la personnalité, aspects théoriques et pratiques », (1971) *Rev. trim. dr. civ.* 446.

LEBEL, L., « La protection des droits fondamentaux et la responsabilité civile », (2004) 49 *R.D. McGill* 231.

LINDON, R., *Les droits de la personnalité*, Paris, Dalloz, 1974.

LOISEAU, G., « Des droits patrimoniaux de la personnalité en droit français », (1997) 42 *R.D. McGill* 319.

MORRISSETTE, Y.-M., « Certains problèmes d'applicabilité des Chartes des droits et libertés en droit québécois », dans *Application des Chartes des droits et libertés en matière civile*, Cowansville, Éditions Yvon Blais, 1988, p. 1.

NERSON, R., « De la protection de la personnalité en droit privé français », dans *Travaux de l'Association Henri Capitant*, t. XIII, Paris, Dalloz, 1963, p. 60.

PERRET, L., « Le droit de la victime à des dommages punitifs en droit civil québécois : sens et contresens », (2003) 33 *R.G.D.* 233.

TRIBUNAL DES DROITS DE LA PERSONNE et BARREAU DU QUÉBEC (dir.), La *Charte des droits et libertés de la personne* : *pour qui et jusqu'où ?*, Cowansville, Éditions Yvon Blais, 2005.

# CHAPITRE II
# LE DROIT À L'INTÉGRITÉ PHYSIQUE

**96.–** La protection de la personne, en droit, implique la mise en place d'un cadre juridique particulier pour le corps humain[1]. Au cœur de cette protection se trouve le principe de l'inviolabilité de la personne, aujourd'hui consacré formellement par la loi. « *Noli me tangere* : ne me touche pas, tel est le principe fondamental »[2], un principe qui s'étend, à certains égards, au-delà de l'existence humaine. Le Code civil consacre en effet un chapitre particulier au respect du corps après le décès. Il convient donc de distinguer le droit à l'inviolabilité et à l'intégrité physique de la personne (I), du respect dû au corps après la mort (II).

## Section I
## La protection du corps pendant la vie de la personne

**97.–** La personne humaine, telle qu'elle apparaît aujourd'hui dans le Code, n'est plus seulement un concept abstrait ; elle est « incarnée », avec pour conséquence que dans sa dimension charnelle le sujet est devenu, à certains égards, objet du droit. Car le corps que l'on est, est aussi le corps que l'on a. Et ce corps est de plus en plus sollicité par la médecine et la recherche biomédicale.

### §1 - Le droit à l'inviolabilité et à l'intégrité de la personne

Porter atteinte au corps humain, c'est porter atteinte à la personne même. De là l'affirmation du droit à l'inviolabilité et à l'intégrité de la personne, un principe dont il convient toutefois de mesurer

---

1. « Une réalité concrète (le corps), et une idée abstraite (la personnalité) se fusionnent pour ainsi dire, dans une même perception » : J.-L. Baudouin et C. Labrusse-Riou, *Produire l'homme : de quel droit ?*, Paris, P.U.F., 1987.
2. J. Carbonnier, *Droit civil*, t. I, *Les personnes*, 21e éd., Paris, P.U.F., Collection Thémis, 2000, n° 5, p. 20.

la portée, avant d'analyser la façon dont son exercice a été aménagé dans le Code.

**98.–** L'article 3 C.c.Q. énonce clairement le principe en édictant que « toute personne est inviolable et a droit à son intégrité. Sauf dans les cas prévus par la loi, nul ne peut lui porter atteinte sans son consentement libre et éclairé ». Consacré formellement en 1971 dans le *Code civil du Bas-Canada*[3], érigé au rang de droit fondamental par le législateur québécois tout d'abord[4], puis par le constituant canadien, avec l'enchâssement, dans la Constitution, de la *Charte canadienne des droits et libertés*[5], le principe de l'inviolabilité et du droit de chacun à l'intégrité de sa personne a donc pris rang, dans le *Code civil du Québec*, au Titre des droits de la personnalité. Le Code consacre ainsi le lien ultime qui unit la personne à son corps[6]. Le principe de l'inviolabilité et celui de l'intégrité, qui *a priori* se complètent et qui peuvent même apparaître redondants[7], ne se recouvrent pourtant pas nécessairement. Il est des cas où l'un devra céder le pas à l'autre. En effet, ce que le droit consacre avant toute chose, c'est la dignité qui participe de l'essence même de la personne et qui passe par la reconnaissance de son libre arbitre. En ce sens, le droit à l'inviolabilité, posé comme un interdit vis-à-vis les tiers, protège l'autonomie décisionnelle de la personne et apparaît comme un moyen de sauvegarder sa dignité. Or, cette autonomie peut être déficiente, ce qui peut faire céder le pas à l'inviolabilité, au nom de l'intégrité. Comme l'indiquaient les Commentaires du ministre de la Justice sur le *Code civil du Québec*, « l'atteinte à l'inviolabilité est le fait de tierces personnes, alors que l'atteinte à l'intégrité peut être le fait de la personne elle-même en raison de ses propres déficiences ; les exceptions légales à l'inviolabilité se justifient d'ailleurs par le droit à l'intégrité »[8]. En effet, la personne ne se réduit pas à la seule volonté

---

3. Art. 19 C.c.B.-C., tel qu'introduit par la *Loi modifiant de nouveau le Code civil et modifiant la Loi abolissant la mort civile*, L.Q. 1971, c. 84, art. 2.
4. *Charte des droits et libertés de la personne*, L.R.Q., c. C-12, art. 1 : « Tout être humain a droit à la vie, ainsi qu'à la sûreté, à l'intégrité et à la liberté de sa personne. »
5. *Charte canadienne des droits et libertés*, Partie I de la *Loi constitutionnelle de 1982*, Annexe B de la *Loi de 1982 sur le Canada* (R.-U., 1982), c. 11, art. 7.
6. Sur la double nature du droit à l'intégrité, droit de la personne et droit de la personnalité dans une perspective de droit comparé, voir I. Arnoux, *Les droits de l'être humain sur son corps*, Bordeaux, Presses universitaires de Bordeaux, (P.U.B.), 1994 ; N. Lenoir, « Le statut juridique du corps humain : pour répondre à l'angoisse contemporaine », dans *L'État de droit, Mélanges en l'honneur de Guy Braibant*, Paris, Dalloz, 1996, p. 413.
7. G. Brière, « La jouissance et l'exercice des droits civils : nouvelle version », (1989) *R.G.D.* 265, 281.
8. *Comm.*, t. I, p. 12.

pensante puisque cela reviendrait à exclure de toute protection l'enfant en bas âge et le majeur inapte, incapables d'exprimer une telle volonté. La volonté individuelle n'est pas non plus toute puissante : non seulement elle ne doit pas menacer les tiers, mais elle doit parfois aussi s'effacer devant l'intérêt collectif. Il existe par ailleurs, entre la personne et son corps, un ordre public qui joue, précisément au nom de la dignité humaine, comme un rempart contre les excès de la volonté individuelle[9]. C'est dire que si la protection de la personne passe par l'affirmation du droit à son inviolabilité vis-à-vis les tiers, elle oblige aussi à des arbitrages entre le sujet de droit, pouvoir de volonté et personne sociale, et la personne comme valeur en soi. Il convient donc de s'arrêter sur ces prémisses avant d'analyser les dispositions autour desquelles s'articulent les droits sur le corps.

**99.–** *La protection contre les atteintes des tiers.* Toute personne a le droit d'être protégée contre les atteintes des tiers, dans les rapports privés comme dans ses rapports avec l'État. Le droit à l'inviolabilité, complément nécessaire du droit à l'autodétermination, s'oppose à toute atteinte non consentie au corps humain.

Nul ne peut être contraint de subir une atteinte à son intégrité corporelle et, indépendamment des éventuelles sanctions à caractère pénal, la personne victime d'une atteinte non consentie a droit à la réparation du préjudice qui en résulte. Le droit sanctionne d'ailleurs tout autant l'atteinte qui résulte d'une omission. Le droit à l'intégrité physique, particulièrement le droit à la vie, a pour corollaire le droit au secours, garanti par l'article 2 de la *Charte des droits et libertés de la personne* qui édicte que « tout être humain dont la vie est en péril a droit au secours ; toute personne doit porter secours à celui dont la vie est en péril, personnellement ou en obtenant du secours, en lui apportant l'aide physique nécessaire et immédiate à moins d'un risque pour elle ou pour les tiers ou d'un autre motif raisonnable »[10]. Seule une autorisation légale permet de porter atteinte à la personne contre sa volonté. On peut donc dire que le consentement de la personne, d'une part, et l'autorisation légale, d'autre part, apparaissent

---

9. X. Dijon, *Le sujet de droit en son corps. Une mise à l'épreuve du droit subjectif*, Bruxelles, Larcier, 1982, p. 344 et s.

10. Ce droit, dans sa généralité, se trouve sanctionné par le truchement de l'article 219 du *Code criminel* qui fait de l'omission à un devoir légal une négligence criminelle. Voir également l'article 252 C.cr. qui sanctionne spécifiquement le délit de fuite en cas d'accident ainsi que l'article 168 du *Code de la sécurité routière*, L.R.Q., c. C-24.2. Sur la portée de l'article 2, voir A. Klotz, « Le droit au secours dans la province de Québec », (1991) 21 *R.D.U.S.* 479 et F. Drouin-Barakett et P.-G. Jobin, « Une modeste loi du bon samaritain pour le Québec », (1976) 54 *R. du B. can.* 290.

comme les deux exceptions au principe du respect de l'inviolabilité de la personne physique.

Ainsi, c'est dans l'intérêt général et en vue du bien-être collectif, que la loi permet, dans certains cas, d'imposer des atteintes au corps humain. Il en est ainsi lorsque la santé ou la sécurité publiques sont menacées. Par exemple, la loi autorise le gouvernement à décréter par règlement un état d'urgence sanitaire et à ordonner la vaccination de toute la population ou d'une partie de celle-ci contre la variole ou contre toute autre maladie contagieuse[11]. Elle permet également d'imposer des mesures de prophylaxie (isolement) ainsi que le traitement de certaines maladies contagieuses dont la liste est déterminée par règlement[12]. Pour ce qui est de la sécurité publique, on peut mentionner l'exemple des dispositions relatives aux prélèvements qui peuvent être exigés en cas de conduite en état d'ivresse (échantillons d'haleine ou de sang) ou dans les cas d'infractions perpétrées avec violence ou à caractère sexuel (empreintes génétiques à des fins médico-légales)[13]. Mais des dérogations à l'exigence du consentement peuvent aussi être justifiées par le souci de protéger la personne elle-même. Ainsi, certaines dispositions de la *Loi sur la protection des personnes dont l'état mental présente un danger pour elles-mêmes ou pour autrui* et du *Code civil du Québec*[14] permettent, sur décision du tribunal, l'examen psychiatrique obligatoire d'une personne qui présente des troubles mentaux susceptibles de mettre en danger sa santé ou sa sécurité, ou la santé et la sécurité d'autrui, motifs qui autorisent également à ordonner sa mise sous garde. De même, l'urgence, dans certaines conditions, autorise le médecin à intervenir sans le consentement du malade ou de son représentant légal[15].

---

11. *Loi sur la santé publique*, L.R.Q., c. S-2.2, art. 118 à 130.
12. *Règlement ministériel d'application de la Loi sur la santé publique*, R.R.Q., c. S-2.2, r. 2, art. 9. À titre d'exemple, voir *Déry c. Annanack*, J.E. 2005-716, EYB 2004-83145 (C.Q.).
13. Art. 254, 258 et 487.05 et s. C.cr. Ces dispositions existent aussi dans l'intérêt d'une bonne justice : sur cette question plus précisément, voir C. Hennau-Hublet et B.M. Knoppers, *L'analyse génétique à des fins de preuve et les droits de l'homme : aspects médico-scientifique, éthique et juridique*, Bruxelles, Bruylant, 1997 ; J. Marceau, « La mise en œuvre de la banque d'empreintes génétiques », dans Service de la formation permanente, Barreau du Québec *Congrès annuel du Barreau du Québec (2001)*, p. 215.
14. L.R.Q., c. P-38.001, art. 2, 5, 7 et 13 ; art. 26 à 30 C.c.Q. Voir également l'article 672.58 du *Code criminel*, L.R.C. (1985), c. C-46 qui prévoit la possibilité à l'égard d'un accusé ayant bénéficié d'un verdict d'inaptitude, de lui imposer des traitements, sous réserve de modalités fixées par le tribunal.
15. Art. 13 C.c.Q., art. 43 de la *Loi sur les laboratoires médicaux, la conservation des organes, des tissus, des gamètes et des embryons et la disposition des cadavres*, L.R.Q., c. L-0.2 et art. 7 de la *Loi sur les services de santé et les services sociaux*, L.R.Q., c. S-4.2.

Mis à part ces exceptions, le droit civil se sépare du droit de la puissance publique. L'intérêt d'un individu, si légitime soit-il, bien qu'il puisse donner ouverture à certaines mesures d'instruction, n'autorise pas à employer la coercition. Ainsi, celui qui dans le cadre d'un procès civil refuse de se prêter à une expertise médicale ou à un prélèvement aux fins d'analyse[16], risque-t-il, tout au plus, de voir son refus être interprété contre lui[17]. Encore faut-il que l'ensemble des éléments de la preuve l'autorise[18]. C'est en vertu de ce même principe, dans le cas d'obligations de faire exigeant une intervention unique et personnelle du débiteur, que le créancier ne peut exercer son pouvoir de contrainte que sur les biens et non la personne de ce dernier[19].

Si le consentement est une condition nécessaire, il n'est pourtant pas toujours suffisant pour autoriser une atteinte au corps humain. Il existe des limites à l'intérieur desquelles la personne peut librement disposer de son corps, par convention. La détermination de ces limites pose directement la question de la nature juridique de la relation de la personne avec son corps.

---

16. Art. 399 et 414 C.p.c. ; *J.D.* c. *M.R.*, J.E. 2004-940 (C.S.) (on ne peut exiger d'une partie qu'elle se soumette à un examen physique alors que la demande ne se base que sur des éléments hypothétiques). Dans *Maritime (La), compagnie d'assurance-vie* c. *Houle*, 2005 QCCA 930, on trouvera un intéressant exposé de l'état du droit en ce qui concerne l'article 399 C.p.c. Sur les conditions d'exercice de ces mesures d'instruction : voir D. Ferland, B. Emery et J. Tremblay, *Précis de procédure civile du Québec* Cowansville, Éditions Yvon Blais, 4e éd., 2003, vol. 1 (art. 1 à 481 C.p.c.), p. 610 et s. et A. Mayrand, *L'inviolabilité de la personne humaine*, Montréal, Wilson & Lafleur, 1975, p. 105 et s.
17. Voir, par exemple, *Gilbert* c. *Couture*, 2006 QCCS 1458, J.E. 2006-866, EYB 2006-102772 (une partie n'est pas obligée de soumettre à un examen qui lui causerait des inconvénients majeurs) ; *R.* c. *Beaulieu*, [1992] R.J.Q. 2959, EYB 1992-75115 (C.Q.) (rejet d'une requête présentée dans le cadre d'une instance civile par la victime d'une agression sexuelle en vue de contraindre son agresseur à un prélèvement de sang, afin de savoir s'il était porteur du virus du sida).
18. Voir à ce titre, l'article 535.1 C.c.Q. qui, dans les actions relatives à la filiation, autorise aujourd'hui le tribunal à ordonner qu'il soit procédé à une analyse permettant, par prélèvement d'une substance corporelle, d'établir une empreinte génétique, mais qui exige, lorsque l'action vise à établir la filiation, l'établissement au préalable d'un commencement de preuve. Sur cette question, voir M.-D. Castelli et D. Goubau, *Le droit de la famille au Québec*, 5e éd., Québec, P.U.L., 2005, p. 218 et s. ; M. Giroux, « Test d'ADN et filiation à la lumière des développements récents : dilemmes et paradoxes », (2002) 32 *R.G.D.* 865-907.
19. Par exemple, peindre un portrait, jouer dans une pièce de théâtre (art. 1590 et 1601 C.c.Q.). Sur l'exécution forcée, en nature, voir J.-L. Baudouin, P.G. Jobin et N. Vézina, *Les obligations,* 6e éd., Cowansville, Éditions Yvon Blais, 2005, nos 859 à 862, p. 859 et s.

**100.–** *L'indisponibilité du corps humain et la protection contre soi-même.* Le droit a depuis longtemps établi comme axiome que du principe de l'inviolabilité de la personne physique découle le principe de l'indisponibilité du corps humain : puisque le corps humain est la personne et que la personne n'est pas une chose, il ne peut faire l'objet d'appropriation ; étant « hors du commerce » il ne saurait donc être l'objet de conventions ; il est inaliénable. On peut mentionner, pour exemple, l'article 541 du Code civil qui déclare nulles et non avenues les conventions de procréation ou de gestation pour autrui, les fameux « contrats de mère porteuse »[20]. Ce discours sur la consubstantialité du corps et de la personne et sur le principe d'indisponibilité du corps humain qui en découle, mérite toutefois d'être nuancé. En effet, s'il est vrai que le corps humain, envisagé dans sa totalité, ne peut être considéré comme un bien susceptible d'appropriation, parce que cela est incompatible avec la notion de liberté, fondement de la dignité humaine, cela ne signifie pas pour autant que toute convention ayant une relation quelconque avec le corps humain est en soi illicite.

En effet, appliqué largement, le principe conduirait à écarter tout contrat impliquant une activité corporelle dont, au premier chef, le contrat de travail[21], sans compter les conventions portant sur la réparation des atteintes au corps humain, pour ne citer que l'exemple du contrat d'assurances de personnes. Par ailleurs, il a bien fallu admettre que si le corps fait la personne, il n'est pas évident que le corps et le sujet se confondent au point que les parties du corps soient totalement solidaires en tant que support de la personne. En témoignent les conventions entre le patient et son chirurgien en vue d'une intervention mutilante, parfois sans aucun objectif thérapeutique comme c'est le cas pour certaines chirurgies esthétiques et le contrat de soins dont la doctrine et la jurisprudence ont toujours reconnu la

---

20. Par contre, la loi fédérale qui encadre les pratiques de procréation assistée n'interdit pas comme tel le recours à une mère porteuse ; elle en proscrit seulement la rétribution, ainsi que celle des intermédiaires et la publicité qui ferait état d'une telle rétribution. C'est dire que si le contrat de procréation ou de gestation est nul sur le plan du droit civil, il n'est pas *interdit* pour autant. On soulignera cependant que la loi fédérale interdit d'inciter ou d'aider une jeune femme de moins de 21 ans à devenir mère porteuse : *Loi concernant la procréation assistée et la recherche connexe*, L.C. 2004, c. 2, art. 6. Sur la pratique des contrats de procréation et de gestation pour autrui, S. Philips-Nootens et C. Lavallée, « De l'état inaliénable à l'instrumentalisation : la filiation en question », dans P.-C. Lafond et B. Lefebvre (dir.), *L'union civile, nouveaux modèles de conjugalité et de parentalité au 21e siècle*, Cowansville, Éditions Yvon Blais, 2003, p. 63.
21. En ce qui concerne les contrats conclus par les professionnels du sport, voir A. Mayrand, *op. cit.*, note 16, n° 23, p. 27 et s.

validité. En témoignent également, dans un autre ordre, l'ancien contrat de nourrice dont la validité n'était pas questionnée[22] ou la vente des phanères, largement pratiquée au XIXe siècle et le don du sang, actes de disposition qui, soit en raison de leur caractère altruiste, soit parce que consacrés par les mœurs et n'impliquant qu'une atteinte négligeable au corps humain, sont considérés comme licites. La tendance actuelle est plutôt d'affirmer que la personne peut disposer librement de son corps, par convention, pourvu que l'exercice de cette liberté ne soit pas contraire à l'ordre public[23]. Un ordre public qui est aujourd'hui balisé et qui trouve son expression dans le Code civil. Le législateur est venu normaliser les atteintes au corps humain. Mais il faut souligner que cette notion d'ordre public, quand il s'agit du corps humain, est pour le moins fluctuante et incertaine. Qu'il suffise de mentionner à nouveau l'exemple du *Code civil du Québec* qui déclare nulle de nullité absolue la convention de mère porteuse alors que la législation fédérale, sans interdire cette pratique, se satisfait d'en assurer le caractère gratuit !

**101.–** *Le sujet devenu objet du droit.* Si le corps humain a été posé comme inaliénable par les auteurs du XIXe et du début du XXe siècle, c'est aussi parce qu'il ne pouvait être pensé comme extérieur à la personne. Or cette perception a été profondément modifiée par la pratique des greffes et des transplantations d'organes et par l'utilisation progressive, à des fins médicales et scientifiques, de tous les éléments du corps[24]. Devenu objectivé, le corps humain traverse désormais la frontière entre les personnes et les choses. L'expression « l'homme biotech » exprime bien cette réalité incontournable[25]. C'est ici qu'intervient la notion de dignité dont procède toute la réglementation que l'on retrouve au chapitre de l'intégrité dans les normes juridiques, notamment dans le Code civil. Pour protéger la personne, on a en quelque sorte personnifié le corps.

Consacrées aux soins, ces dispositions qui concernent le corps humain se présentent comme un véritable ordre public de protection de la personne.

---

22. F. Terré, *L'enfant de l'esclave, génétique et droit*, Paris, Flammarion, 1987.
23. J.-L. Baudouin et C. Labrusse-Riou, *op. cit.*, note 1, p. 185 et s.
24. R. Nerson, « L'influence de la biologie et de la médecine modernes sur le droit civil », (1970) 68 *Rev. trim. dr. civ.* 661, 681. Voir également, dans une perspective presque prémonitoire, A. David, *Structure de la personne humaine ; limite actuelle entre les personnes et les choses,* Paris, P.U.F., Bibliothèque de philosophie contemporaine, 1955 et « Réflexions pour un schéma de l'homme », (1955) *Arch. Phil. dr.* 103.
25. J.-P. Béland (dir.), *L'homme biotech : humain ou posthumain ?*, Québec, Les Presses de l'Université Laval, 2006.

**102.**– *Personnification du corps et biologisation de la personne.* L'ins-cription du corps humain dans le Code participe ainsi, assez para-doxalement, d'une forme de déconstruction de la personne corporelle, amorcée par le développement des sciences et des techniques. Devenu objet d'utilité sociale, le corps humain a perdu de sa sacra-lité ; il s'inscrit désormais résolument dans l'échange et peut même déboucher, une fois les éléments qui en ont été détachés transformés, sur le marché[26]. Mais ce processus de réification du corps humain ris-quait aussi d'emporter dans son sillage, la biologisation de la per-sonne. Il s'agissait en quelque sorte, face aux impératifs sociaux de la science et la médecine, de concilier l'être et l'avoir, *i.e.*, la personne sociale et la dignité qui la fonde, avec son support biologique[27], de manière à ce que les éléments qui en sont détachables conservent quelque chose de son humanité.

Devant le risque d'une préservation « forcée », générée par le développement de nouvelles techniques de survie, on a vu l'individu « se rebeller et revendiquer l'autonomie et le contrôle de sa propre protection, posant ainsi tout à la fois la question de savoir ce que l'individu peut faire *de* et *avec* son corps »[28]. De là l'affirmation du droit à l'autodétermination du sujet et la normalisation des actes médicaux et psychosociaux.

Ces actes juridiques relèvent désormais d'un ordre public « spé-cial » au carrefour du droit des personnes, du droit des biens et du droit des obligations, mais qui inscrit fondamentalement la personne biologique dans la relation sujet-attribut, consacrant ainsi le carac-tère extrapatrimonial des droits sur le corps. Le cadre qui a été redes-siné se veut à la fois assez souple pour favoriser les échanges socialement utiles des éléments et des produits du corps et néan-moins suffisamment contraignant pour empêcher l'individu de céder à des pressions attentatoires à la dignité humaine[29]. Tout en insti-tuant une certaine distance par rapport au sujet[30], les nouvelles dis-positions sur l'intégrité permettent d'échapper à une conception purement objective du corps humain, même s'il faut bien admettre

---

26. Pour une analyse critique de l'émergence d'une sorte de droit de propriété sur le corps humain, voir J. Fierens, « Critique de l'idée de propriété du corps humain ou Le miroir de l'infâme belle-mère de Blanche-Neige », (2001) 42 *C. de D.* 647-665.
27. N. Lenoir, *Aux frontières de la vie, op. cit.*, note 6, p. 121.
28. J.-L. Baudouin, « Le droit de refuser d'être traité », dans *Justice Beyond Orwell*, Cowansville, Éditions Yvon Blais, 1985, p. 207.
29. N. Lenoir, « Le statut juridique du corps humain : pour répondre à l'angoisse contemporaine », *loc. cit.*, note 6, p. 417.
30. X. Dijon, *op. cit.*, note 9, n° 200.

que ce nouvel ordre public de protection de la personne dans sa dimension corporelle a une connotation fortement sanitaire et biologisante.

**103.–** *Le corps sujet et le corps objet.* Les dispositions relatives aux soins sont chapeautées par l'affirmation du droit à l'autodétermination qu'édicte l'article 11 C.c.Q. : « Nul ne peut être soumis sans son consentement à des soins, quelle qu'en soit la nature, qu'il s'agisse d'examens, de prélèvements, de traitements ou autre intervention »[31]. Ces dispositions obligent à distinguer le corps que l'on est, du corps que l'on a[32], c'est-à-dire les soins qui sont prodigués en vue de préserver la vie, la santé et le bien-être de la personne, et les interventions qui sont essentiellement motivées par l'intérêt d'autrui ou qui sont effectuées dans l'intérêt collectif de la recherche et de la santé publique. Selon leur finalité, ces actes seront soumis à des conditions plus ou moins strictes, conditions qui peuvent encore différer selon l'état ou la condition physique ou mentale des personnes qui en sont l'objet.

### §2 - Les soins requis par l'état de santé et les soins non requis par l'état de santé de la personne

### A. La notion de soins

**104.–** *Les soins : une notion englobante et complexe.* Le mot « soins » est entendu ici dans un sens générique, tant du point de vue de son objet que de la nature des actes qu'il recouvre. Le commentaire qui accompagne l'article 11 C.c.Q. précise en effet : « le mot soins [...] recouvre toutes espèces d'examens, de prélèvements, de traitements ou d'interventions, de nature médicale, psychologique ou sociale, requis ou non par l'état de santé, physique ou mentale[33]. Il couvre également, comme acte préalable, l'hébergement en établissement de santé lorsque la situation l'exige »[34]. Cette définition recoupe celle de

---

31. Voir également l'article 9 de la *Loi sur les services de santé et les services sociaux,* précitée, note 15.
32. Voir I. Arnoux, *op. cit.,* note 6, p. 33, dont la thèse est bâtie autour de cette dichotomie.
33. Ce qui inclut donc tout ce qui relève du dépistage ( sauf exception prévue par la loi) et les évaluations psychosociales : *Droit de la famille – 2558,* [1997] R.D.F. 55, EYB 1996-85446 (C.S.).
34. *Comm.,* t. I, p. 12, : *Manoir de la Pointe Bleue* c. *Corbeil,* [1992] R.J.Q. 712, EYB 1992-74873 (C.S.). En ce qui a trait à l'hébergement qui peut être envisagé à titre de soin préventif ou comme faisant partie intégrante du traitement, voir *Alloi-Lussier* c. *Centre d'hébergement Champlain,* [1997] R.J.Q. 807, REJB 1997-00104

l'article 1 de la *Loi sur les services de santé et les services sociaux,* qui vise le « maintien et l'amélioration de la capacité physique, psychique et sociale des personnes », et plus largement, celle de l'O.M.S. Selon la jurisprudence, entrent également dans cette définition ce qu'on appelle communément les soins de base, tels l'alimentation et l'hydratation. Sont donc aussi couverts par la notion de soins, les contentions physiques et pharmacologiques[35], de même que les mesures d'isolement d'un patient[36].

On constate non seulement que la notion de soins est englobante, mais que le législateur a tendance à la ramifier. En effet, la loi utilise une série de qualificatifs pour désigner des soins particuliers qui appellent des solutions distinctes. Or le législateur ne définit pas ces notions. Ainsi et indépendamment de la distinction déjà soulignée entre *les soins requis* et *les soins non requis par l'état de santé,* dont l'étanchéité est loin d'être évidente, la loi traite de *soins inutiles,* de *soins inusités,* de *soins innovateurs,* de *soins d'hygiène,* de *soins qui présentent un risque sérieux,* de *soins qui peuvent causer des effets graves et permanents,* de *soins dont les conséquences peuvent être intolérables pour la personne...* Il y a donc place à interprétation et cela n'est pas rassurant pour le sujet dont on prétend pourtant assurer la protection[37] !

---

(C.A.) ; *M.B.* c. *Centre Hospitalier Pierre-Le-Gardeur,* [2004] R.J.Q. 792, REJB 2004-54544, [2004] R.D.F. 224 (C.A.) ; *Regroupement Centre Notre-Dame de l'enfant-Dixville* c. *R.(É.),* EYB 2006-111611 (C.S.) ; *Centre hospitalier universitaire de Québec* c. *L. (S.),* EYB 2005-99986 (C.S.) ; *Jean* c. *P. (H.),* EYB 2003-48339 (C.S.). Voir également, en matière de transfert d'un établissement à un autre, *Collins* c. *Centre hospitalier de Sept-Îles,* [2000] R.J.Q. 2110, REJB 2000-20110 (C.Q.).

35. D. Boulet, « Contentions : quand la protection devient un piège, à qui la faute ? », dans Service de la formation permanente, Barreau du Québec, vol. 200, *Responsabilité et mécanisme de protection (2004),* Cowansville, Éditions Yvon Blais, 2004, p. 127-161 ; P.J. Durand , « Contention physique en soins de longue durée et le paradoxe de la protection », dans Service de la formation permanente, Barreau du Québec, vol. 182, *Pouvoirs publics et protection (2003),* Cowansville, Éditions Yvon Blais, 2003, p. 165-180.

36. D. Boulet, « Justice ou injustice en santé mentale : le droit, les regards et les perspectives », dans Service de la formation permanente, Barreau du Québec, vol. 182, *Pouvoirs publics et protection (2003),* Cowansville, Éditions Yvon Blais, 2003, p. 85-115.

37. Sur l'ambiguïté de ces expressions et la confusion qui peut en résulter, voir R.P. Kouri et S. Philips-Nootens, *L'intégrité de la personne et le consentement aux soins* (cité ci-après : *L'intégrité de la personne),* 2e éd., Cowansville, Éditions Yvon Blais, 2005, n° 92, p. 271.

## B. Le consentement aux soins

### 1. La nécessité du consentement

**105.– Nécessité, caractères et fondement.** Le consentement est la pierre angulaire de tout le système ; c'est lui qui vient concrétiser le droit à l'autonomie et qui rend licite l'atteinte portée au corps humain. Analysée traditionnellement comme une condition nécessaire à la formation du contrat qui fonde la relation patient-médecin[38], l'exigence du consentement nous renvoie aujourd'hui à la théorie des droits fondamentaux[39]. Sauf exception prévue par la loi, les intervenants du domaine de la santé sont tenus d'obtenir le consentement du patient. Du point de vue du droit civil, comme au plan de la déontologie[40], il s'agit pour eux d'un devoir, auquel sont également rattachées des sanctions pénales[41].

Le consentement doit exister, bien entendu. Mais il doit aussi être libre et éclairé, au même titre que ses corollaires, le refus et l'interruption de traitement. Le consentement s'analyse comme un processus ; il représente un rapport entre le patient et son médecin et non pas un « instant déterminé »[42]. Le consentement peut être initial et couvrir tous les actes médicaux courants du médecin traitant[43].

---

38. Voir P.A. Crépeau, *La responsabilité civile du médecin et de l'établissement hospitalier,* Montréal, Wilson & Lafleur, 1956 ; « La responsabilité civile de l'établissement hospitalier en droit civil canadien », (1981) 26 *McGill L.J.* 673 ; A. Bernardot et R.P. Kouri, *La responsabilité civile médicale,* Sherbrooke, Revue de droit de Sherbrooke, 1980, nos 146 et s., p. 103 et s. ; S. Philips-Nootens, P. Lesage-Jarjoura et R.P. Kouri, *Éléments de responsabilité civile médicale,* 3e éd., Cowansville, Éditions Yvon Blais, 2007.
39. P.A. Molinari, « La prestation de soins de santé et le respect des droits fondamentaux », dans *Études offertes à Jean-Marie Auby,* Paris, Dalloz, 1992, p. 771, 778. Voir également F. Allard, « *La Charte des droits et libertés de la personne* et le *Code civil du Québec* : des textes fondamentaux et complémentaires du droit québécois dans une relation d'harmonie ambiguë » dans Barreau du Québec, *La Charte québécoise, origines, enjeux, perspectives,* (2005) *R. du B.* (no hors série) 33, 65-75 ; C. Gendreau, *Le droit du patient psychiatrique de consentir à un traitement : élaboration d'une norme internationale,* Montréal, Éditions Thémis, 1996, p. 19 ; D. Poirier, « La protection juridique des personnes âgées ou handicapées et la *Charte canadienne des droits et libertés* », (1991) 23 *R.D. Ott.* 553, 556.
40. Art. 1457 C.c.Q. et *Code de déontologie des médecins,* R.Q., c. M-9, r. 4.1, art. 28 et 29.
41. Sous réserve des cas d'immunité prévus par la loi, le fait d'administrer un traitement sans avoir obtenu au préalable le consentement du patient (ou de son représentant) est qualifié de voies de fait au sens de l'article 265 C.cr.
42. M. Ouellette, « Les personnes et la famille », dans *Le nouveau Code civil du Québec : un bilan,* Collectif, Montréal, Wilson & Lafleur, Collection Études critiques, 1995, p. 5, 12.
43. *Lacasse* c. *Lefrançois,* EYB 2007-122339 (C.A.).

Mais le principe de la nécessité du consentement emporte pour la personne le droit de faire interrompre un traitement, une investigation ou toute autre procédure qui aurait pu être amorcée, dans la mesure où la chose est possible[44].

Dans les cas d'inaptitude, que nous verrons plus loin en détail, il convient d'avoir recours au consentement substitué, c'est-à-dire au consentement d'une personne habilitée à représenter le patient qui, en raison de son âge ou de son état physique ou mental, est incapable d'exprimer lui-même sa volonté. Il existe par ailleurs des circonstances où le consentement n'est pas nécessaire, comme par exemple dans certaines situations d'urgence. Dans certains cas exceptionnels, des soins pourront être administrés nonobstant le refus de la personne ou de son représentant.

## 2. La capacité à consentir aux soins

**106.–** *La capacité à consentir aux soins : une approche fonctionnelle.* En principe, la capacité s'entend comme « l'aptitude décrétée par la loi à s'obliger par acte juridique »[45]. En matière de soins, elle renvoie plutôt à la notion de « compétence » ou d'aptitude mentale à consentir, à un moment précis, notion qui relève davantage d'un jugement clinique[46]. Elle implique que le patient soit à même de recevoir et de comprendre l'information, qu'il soit capable de raisonner, d'évaluer les conséquences de ses choix dans une situation donnée et qu'il soit capable de les exprimer[47]. En d'autres termes, il s'agit d'une donnée factuelle qui s'apprécie indépendamment de la situation juridique de

---

44. *Ciarlariello* c. *Schacter,* [1993] 2 R.C.S. 119, 136, EYB 1993-68611. Sur le retrait du consentement en cours de procédure, voir S. Philips-Nootens, P. Lesage-Jarjoura et R.P. Kouri, *op. cit.*, note 38, n° 215 et R.P. Kouri et S. Philips-Nootens, *op. cit.*, note 37, n°s 379 à 382.

45. J.-L. Baudouin, P.G. Jobin et N. Vézina, *Les obligations, op. cit.*, note 19, n° 362, p. 385.

46. Sur la difficulté clinique de conclure à l'inaptitude, voir G. Gary, « Le refus des soins requis : lorsque la vague de l'intervention se brise sur les rochers du droit », dans Service de la formation permanente, Barreau du Québec, *Être protégé malgré soi*, Cowansville, Éditions Yvon Blais, 2002, p. 107 ; F.A. Rozovsky, *Consent to Treatment : a Practical Guide,* 8ᵉ éd., Gaithersburg, M.D., Aspen Publ., 2000 ; M.A. Sommerville, « Labels versus Contents : Variance between Philosophy, Psychiatry and Law in Concepts Governing Decision-Making », (1994) *R.D. McGill* 179.

47. *Starson* c. *Swayze,* [2003] 1 R.C.S. 722, REJB 2003-42849 ; *M.B.* c. *Hôpital-Le-Gardeur,* précité note 34 ; *Institut Philippe Pinel* c. *A.G.,* [1994] R.J.Q. 2523, EYB 1994-64538 (C.A.), p. 2528 (requête pour permission d'appeler à la Cour suprême rejetée, [1995] 1 R.C.S. vii). Sur l'ensemble de la question, voir R.P. Kouri et S. Philips-Nootens, *L'intégrité de la personne, op. cit.*, note 37, n°s 217-226.

l'individu ou, plus précisément, de sa capacité légale[48]. On ne peut donc prendre prétexte de ce qu'une personne est sous régime de protection pour passer outre à l'exigence du consentement. Comme le souligne la Cour d'appel, « l'aptitude à consentir à des soins médicaux donnés est soumise à une évaluation particulière qui, si la personne concernée est sous le coup d'un régime de protection, peut être différente de l'évaluation dont a fait l'objet la raison pour laquelle un tel régime lui a été ouvert [...]. Il peut fort bien arriver qu'une personne soit incapable d'administrer ses biens, tout en étant parfaitement consciente de ses besoins de santé »[49]. L'aptitude ou l'inaptitude à consentir à des soins ne doit pas être confondue avec l'inaptitude générale[50], ni avec des notions comme l'inaptitude particulière à subir son procès, l'absence de responsabilité criminelle pour maladie mentale ou, encore, la dangerosité pour soi-même ou pour autrui[51]. Chacune de ces restrictions à l'exercice des droits de l'individu se définit limitativement et n'emporte pas, en soi, d'inaptitude à consentir à des soins de santé. Il faudra donc, dans chacune de ces situations, apprécier le degré d'autonomie et de conscience de la personne concernée. C'est à celui qui invoque l'inaptitude qu'il appartient de la prouver, ce qui, dans bien des cas, nécessitera une expertise médicale. De même, les mineurs dont la capacité d'exercice est en principe réduite se sont-ils vu reconnaître, en matière de soins, comme pour un certain nombre d'actes à caractère personnel, une capacité spéciale. Ils peuvent, dès l'âge de 14 ans, consentir seuls aux soins de santé[52]. Mais cette capacité est elle-même modulée en fonction des circonstances et de la nature des soins.

**107.–** *Le refus de traitement dans le cas particulier des maladies mentales.* Un individu n'est pas considéré inapte à exprimer un consentement du seul fait qu'il refuse un traitement alors qu'il est atteint d'une maladie mentale[53]. Même si le refus de traitement peut avoir

---

48. *M.-Q.(J.)* c. *C.-W.(S)*, [1996] R.J.Q. 229, EYB 1996-71138 (C.A.).
49. M. le juge Delisle dans *Institut Philippe Pinel* c. *A.G.*, précité, note 47, p. 2529 et 2532.
50. R.P. Kouri, et S. Philips-Nootens, « Le majeur inapte et le refus catégorique de soins de santé : un concept pour le moins ambigu », (2003) 63 *R. du B.* 1-28.
51. « La dangerosité devrait être prise en considération au moment où le tribunal s'interroge sur le caractère d'opportunité du traitement et non au moment de l'évaluation de l'inaptitude » : *Institut Philippe Pinel* c. *A.G.*, précité, note 47, p. 2536.
52. Art. 14, al. 2 C.c.Q. Voir également les articles 153 et 155 C.c.Q. et *infra*, Partie II, Titre I, chap. I.
53. Pour une analyse de la question, voir H. Dorvil : « Autonomie et santé mentale ; relation complexe, mais possible et souhaitable », dans Service de la formation continue, Barreau du Québec, vol. 261, *Autonomie et protection*, Cowansville, Éditions Yvon Blais, 2007, p. 297.

pour conséquence le décès de la personne, ce refus n'est pas en soi une preuve suffisante de l'inaptitude de la personne[54]. Pourtant, en cas de refus de traitement, on semble attacher une importance particulière au déni de la maladie, un critère qui ne fait cependant pas l'unanimité au plan de son utilisation comme au plan de son application, dans le domaine de la psychiatrie. Il semble en effet que les professionnels de la santé se questionnent plus souvent au sujet de l'aptitude de leur patient quand ce dernier exprime un refus que lorsqu'il exprime un consentement, alors qu'on devrait appliquer, dans tous les cas, la même rigueur d'analyse[55].

Ainsi que le soulignent certains auteurs, cette pratique qui consiste, d'une part, à considérer comme incapable un patient qui refuse explicitement un traitement et, d'autre part, à considérer capable un patient qui accepte un traitement, c'est-à-dire qui n'y résiste pas, a une double conséquence sur les droits de la personne[56]. La première conséquence consiste à outrepasser la décision des patients qui sont capables de consentir à un traitement mais qui refusent le traitement. Ainsi, on porte atteinte, entre autres, à leur droit à l'autodétermination et à leur droit à l'égalité en rendant impossible l'exercice de ce droit[57]. La deuxième conséquence consiste à priver de la protection d'un tiers une personne incapable qui n'opposerait pas de résistance à l'administration d'un traitement.

---

54. *Hôpital Charles-Lemoyne* c. *N.D.*, J.E. 2005-618 (C.Q.).
55. Sur la gestion, par les tribunaux canadiens, de la contradiction entre le modèle juridique qui privilégie l'autonomie de la personne et le modèle médico-social qui privilégie l'intervention dans l'intérêt supérieur de la personne, voir D. Poirier, « La protection juridique des personnes âgées ou handicapées et la *Charte canadienne des droits et libertés* », (1991) 23 *R.D. Ottawa* 553. Voir également D. Blondeau et É. Gagnon, « De l'aptitude à consentir à un traitement ou à le refuser : une analyse critique », (1994) 35 *C. de D.* 651.
56. Sur la relation thérapeutique entre le médecin psychiatre et son patient, voir, P.-A. Lafleur, « Je ne suis pas malade, docteur ! », dans Service de la formation permanente, Barreau du Québec, vol. 165, *Être protégé malgré soi (2002)*, Cowansville, Éditions Yvon Blais, 2002, p. 1. Selon certains, toutefois, il semble que les médecins, y inclus les médecins psychiatres, « seraient plutôt allergiques à comparaître devant les tribunaux tels que la Cour supérieure ». Ils auraient ainsi « tendance à respecter le refus catégorique du majeur inapte, plutôt que de se lancer dans ce qu'ils perçoivent comme une saga judiciaire, même si c'est la psychose qui motive ce refus » : F. Grunberg, « Réflexion sur le déni psychotique et le refus catégorique aux soins », dans *Le refus catégorique*, A.H.Q., Collection Code civil du Québec, 1993, p. B-4.
57. *Institut Philippe Pinel* c. *A.G.*, *supra*, note 47, p. 2542. On soulignera ici que dans le commentaire qui accompagne l'article 16 C.c.Q., on parle d'un refus qualifié : « un refus doit s'apparenter à un refus libre et éclairé et se distinguer du simple réflexe biologique totalement étranger à l'expression de la volonté » : *Comm.*, t. 1, p. 18.

Il ne faudrait donc pas que le recours à un tiers décideur, « qu'il s'agisse du mandataire ou du tribunal, ne devienne une technique pour priver une personne de son droit de refuser un traitement recommandé par ses médecins traitants »[58]. Aussi les tribunaux ont-ils essayé de dégager des critères de détermination de l'inaptitude et ont développé un test en cinq volets, regroupés autour des questions suivantes[59] :

- La personne comprend-elle la nature de la maladie pour laquelle un traitement lui est proposé ?

- La personne comprend-elle la nature et le but du traitement ?

- La personne saisit-elle les risques et les avantages du traitement si elle le subit ?

- La personne comprend-elle les risques de ne pas subir le traitement ?

- La capacité de comprendre de la personne est-elle affectée par sa maladie ?

Les tribunaux réfèrent régulièrement à ce « test » proposé par la Cour d'appel[60]. Ces critères ne sont cependant pas cumulatifs et, en conséquence, ils doivent être considérés dans leur ensemble. Ils appellent aussi certaines nuances. Particulièrement en ce qui concerne la question de savoir si la capacité de comprendre de la personne est affectée par sa maladie, il convient d'être circonspect, comme l'a rappelé la Cour suprême dans l'arrêt *Starson* c. *Swayze*[61]. Ainsi, ce n'est pas parce que le patient n'est pas d'accord avec son médecin sur un diagnostic particulier ni, même, avec les soins qui lui

---

58. M*me* la juge LeBel, dans *Institut Philippe-Pinel* c. *Blais*, [1991] R.J.Q. 1974 (C.S.) ; voir également les notes du juge J.-L. Baudouin, dans *M.-W. (J.)* c. *C.-W. (S.)*, [1996] R.J.Q. 229, EYB 1996-71138 (C.A.), p. 335. C'est pourquoi il est permis d'énoncer que c'est à tort qu'on a pu affirmer que l'autorisation du tribunal participait davantage de la procédure d'homologation : *Québec (Curateur public)* c. *C.(M.)*, J.E. 98-1317, REJB 1998-06599 (C.S.).

59. *Institut Philippe Pinel* c. *A.G.*, précité, note 47, où la Cour d'appel reprend les critères énoncés à l'article 52(2) du *Hospital Act* de la Nouvelle-Écosse (*Nova Scotia Hospital Act*, R.S.N.S. 1989, c. 208).

60. *Centre de santé et de services sociaux de la Haute-Yamaska* c. *A.*, REJB 2007-114635 (C.S.) (en l'espèce le patient disait que ses hallucinations, effets de la schizophrénie, étaient d'origine divine) ; *Centre hospitalier Robert-Giffard* c. *L.(S.)*, REJB 2006-110523 (C.S.).

61. *Starson* c. *Swayze*, [2003] 1 R.C.S. 722, REJB 2003-42849.

sont proposés, qu'on peut conclure à son inaptitude. C'est en fonction de *l'état* du patient, c'est-à-dire des manifestations objectivement perceptibles de la maladie, plutôt qu'à l'interprétation qui lui est donnée, que la décision doit être prise. L'important est que, s'il est démontré que le patient est dans un « état psychologique donné, il soit apte à reconnaître qu'il puisse être affecté par cet état » et qu'il comprenne vraiment les paramètres de la décision » qu'il doit prendre, c'est-à-dire la nature et l'objet du traitement, les effets bénéfiques et les risques prévisibles, les autres traitements possibles et les conséquences prévisibles du fait de ne pas le subir[62].

À partir du moment où le patient « montre qu'il comprend ces paramètres – peu importe qu'il juge les renseignements d'une manière différente de celle de son médecin traitant », « qu'il ne leur accorde pas la même valeur, et qu'il ne soit pas d'accord avec le traitement recommandé, il est apte à évaluer la décision qu'il prend »[63]. C'est dire que le recours au tribunal devrait être limité aux cas où le refus opposé par le majeur inapte s'avère « structuré et conscient »[64], quand bien même il peut sembler déraisonnable.

Cet exercice d'appréciation de l'aptitude ou de l'inaptitude de la personne n'est pas à l'abri d'éléments subjectifs et demeurera sujet à controverse[65].

---

62. M. le juge Major, *ibid.*, par. 80. Dans cette affaire, qui présente de nombreuses similitudes avec celle de l'*Institut Philippe Pinel* c. *A.G.* (*supra*, note 47), la Cour suprême avait à interpréter la *Loi sur le consentement aux soins* de l'Ontario dont l'article 4(1) (2) définit la capacité de consentir comme l'aptitude « à comprendre les renseignements pertinents à l'égard de la prise d'une décision concernant le traitement [...] et [... ] à évaluer les conséquences raisonnablement prévisibles d'une décision ou de l'absence de décision ».
63. *Ibid.* Voir également *M.B.* c. *Centre hospitalier Pierre-Le-Gardeur*, [2004] R.J.Q. 792, REJB 2004-54544, décision dans laquelle la Cour d'appel du Québec, tout en soulignant la prudence qui est de mise avant d'importer, en droit québécois, des concepts élaborés dans un autre cadre législatif, fait siens, à titre de guides pour les fins de l'examen en cinq questions proposé dans *Institut Philippe Pinel* c. *A.G.* (*supra*, note 47), les critères dégagés dans l'affaire *Starson* : M. le juge Chamberland, aux par. 42 à 47. Soulignons que la Cour d'appel n'avait pas à statuer sur le refus par la patiente de prendre sa médication, mais sur son refus du type d'hébergement qui lui était proposé, ce qui nous renvoie à la notion de soins et à sa conception globalisante. Voir aussi *L.P.* c. *Cité de la santé de Laval*, J.E. 2004-1333, EYB 2004-65861 (C.A.) où la Cour d'appel applique également les principes de l'arrêt *Starson*.
64. R.P. Kouri et S. Philips-Nootens, *loc.cit.*, note 50, p. 19.
65. Ce dont témoignent les analyses divergentes, à la lumière de l'arrêt rendu dans l'affaire *Starson*, de la décision rendue dans *Institut Philippe Pinel* : S. Lussier, « L'arrêt *Gharavy* à la lumière de l'arrêt *Starson* », dans Service de la formation permanente, Barreau du Québec, vol. 200, *Responsabilités et mécanisme de protection (2004)*, Cowansville, Éditions Yvon Blais, 2004, p. 237 et J.-P. Ménard, « Le

Les tribunaux, lorsqu'ils autorisent l'administration de soins, ont développé la pratique d'assujettir cette autorisation à certains contrôles, en imposant au médecin traitant ou à l'établissement l'obligation de faire rapport périodiquement, soit à la Cour, soit au comité d'évaluation de l'acte médical du Conseil des médecins, dentistes et pharmaciens, à son Comité exécutif ou encore au comité d'éthique de l'établissement[66].

### 3. Le consentement aux soins doit être libre et éclairé

**108.–** *Un consentement libre et éclairé*. Le consentement exprimé doit être libre de toute contrainte. Il doit aussi être éclairé, c'est-à-dire que la personne, avant de s'engager, doit avoir l'information nécessaire pour prendre une décision en toute connaissance de cause[67]. En d'autres termes, la personne doit pouvoir faire un véritable choix d'accepter ou de refuser les interventions proposées. Cela se traduit pour les acteurs du milieu médical, et plus particulièrement les médecins, par une obligation de renseignement dont l'étendue est cependant loin de faire l'unanimité.

En effet, s'il existe un consensus quant au contenu même de l'obligation d'informer, il en va différemment en ce qui a trait au critère qui doit être utilisé lorsqu'il s'agit de déterminer la suffisance de l'information dans l'établissement du lien de causalité entre le manquement à cette obligation et le préjudice subi par le patient.

---

refus catégorique de soins revu et corrigé. L'aptitude à consentir aux soins médicaux : la Cour suprême redéfinit les propositions de la Cour d'appel du Québec », dans Service de la formation permanente, Barreau du Québec, vol. 219, *Famille et protection (2005)*, Cowansville, Éditions Yvon Blais, 2005, p. 295.

66. Sur cette pratique et sur la responsabilité des intervenants et des établissements de santé à l'endroit des patients inaptes, voir J.-P. Ménard, « Les requêtes en autorisation de traitements : enjeux et difficultés importantes à l'égard des droits des personnes », dans Service de la formation continue, Barreau du Québec, vol. 261, *Autonomie et protection (2007)*, Cowansville, Éditions Yvon Blais, 2007, p. 317 ; H. Guay, « Quelles sont les responsabilités des intervenants qui réalisent les diverses évaluations en milieu de santé ? », dans Service de la formation permanente, Barreau du Québec, vol. 200, *Responsabilité et mécanisme de protection (2004)*, Cowansville, Éditions Yvon Blais, 2004, p. 181 ; H. Guay, « Quelles sont les limites à l'intervention d'un établissement de santé pour fins de protection des personnes majeures inaptes ? », dans *Responsabilités et mécanismes de protection (2004), op. cit.*, p. 1.

67. Art. 10 et 11 C.c.Q. En ce sens, le consentement éclairé ne se résume pas à l'apposition d'une signature au bas d'un formulaire : *Cantin-Cloutier* c. *Gagnon*, [2002] R.R.A. 75, REJB 2000-21212 (C.S.) ; *Daigle* c. *Lafond* (C.S., 2006-09-08), 2006 QCCS 5136, EYB 2006-110324.

## 4. Le devoir d'information médicale

**109.–** Le devoir d'information est donc un corollaire du principe de l'inviolabilité de la personne[68]. Dans certains cas, toutefois, le médecin pourra, dans l'intérêt du malade, dissimuler certaines informations. On comprendra que cette exception, qu'on désigne habituellement sous le nom de « privilège thérapeutique », doit s'interpréter restrictivement[69].

**110.–** *L'étendue du devoir d'information et la norme du test objectif de divulgation.* Deux décisions rendues dans les années '80 par la Cour suprême du Canada, *Hopp* c. *Lepp*[70] et *Reibl* c. *Hughes*[71], ont profondément modifié le droit applicable. Bien que limités, dans leur portée, à la common law, ces deux arrêts ont fortement influencé la jurisprudence québécoise. Il en est résulté toute une controverse.

Du point de vue du droit civil, en effet, le consentement constitue la rencontre, non pas de volontés abstraites, mais bien de volontés individuelles : « ce que le praticien est tenu de révéler ou même, à l'occasion de passer sous silence, doit, en tenant compte des circonstances particulières de chaque cas, s'apprécier *in abstracto*, c'est-à-dire selon la norme abstraite de la diligence du praticien avisé et prudent, tout en se rappelant qu'il doit s'assurer *in concreto* que le patient a compris les explications fournies et a pu dès lors donner un consentement éclairé »[72]. C'est dire qu'en principe, un médecin n'est tenu de révéler que « les risques probables » et non pas « tous les risques possibles »[73]. Un principe à propos duquel les deux arrêts précités sont venus créer une certaine confusion en droit québécois. Dans l'affaire *Hopp* c. *Lepp* tout d'abord, le juge en chef Laskin en est venu à la conclusion que les chirurgiens doivent « divulguer la nature de l'opération envisagée, sa gravité, tous ris-

---

68. J.-L. Baudouin et P. Deslauriers, *La responsabilité civile*, 7e éd., Cowansville, Éditions Yvon Blais, 2007, vol. II, n° 2-47. Voir également l'article 8 de la *Loi sur les services de santé et les services sociaux*, précitée, note 15 et les articles 28 et 29 du *Code de déontologie des médecins*, précité, note 40.
69. Art. 57 du *Code de déontologie des médecins*, précité, note 40. Pour une analyse de la question, voir R.P. Kouri et S. Philips-Nootens, *L'intégrité de la personne*, *op. cit.*, note 37, n^os 345 à 352, p. 318 à 323.
70. *Hopp* c. *Lepp*, [1980] 2 R.C.S. 192.
71. *Reibl* c. *Hughes*, [1980] 2 R.C.S. 880.
72. P.-A. Crépeau, *L'intensité de l'obligation juridique ou des obligations de diligence, de résultat et de garantie*, Cowansville, Éditions Yvon Blais, 1989, p. 52, 53. Voir également R.P. Kouri, « L'influence de la Cour suprême sur l'obligation de renseigner en droit médical québécois », (1984) 44 *R. du B.* 851.
73. L. Potvin, *L'obligation de renseignement du médecin. Étude comparée du droit québécois, français et du common law canadien*, Cowansville, Éditions Yvon Blais, 1984, Collection Minerve, p. 29-29 ; P.-A. Crépeau, *op. cit.*, note, 72, p. 53 ; J.-L. Baudouin et P. Deslauriers, *La responsabilité civile*, *op. cit.*, note 68, n^os 2-50 et 2-51.

ques *importants* et tous risques particuliers ou inhabituels que présente cette opération »[74]. Doivent également être dévoilés tous les risques possibles dont les conséquences pourraient être graves même si leur réalisation est peu probable[75]. Dans l'affaire *Reibl* c. *Hughes*, le juge Laskin, reprenant les conclusions[76] auxquelles il en était arrivé dans l'arrêt *Hopp*, poursuit son raisonnement et propose de remplacer, dans l'appréciation du lien de causalité, le critère du médecin raisonnable jusqu'alors suivi par la common law, pour le remplacer par une norme objective, celle du patient raisonnable[77].

La doctrine québécoise a dénoncé avec vigueur une certaine tendance des tribunaux québécois à accueillir, inconditionnellement, les principes de common law des arrêts *Hopp* et *Reibl*[78]. Pour certains, le critère objectif auquel font appel ces décisions est non seulement contraire à la tradition civiliste, mais il entre également en conflit avec le droit à l'autonomie des individus qui ont « le droit d'être déraisonnables [...] et d'agir à l'encontre de leurs propres intérêts »[79].

Ces deux tendances qui participent de traditions différentes ne sont cependant pas irréconciliables. Ainsi la Cour d'appel du Québec, qui dans un premier temps s'était montrée divisée sur la question, s'est orientée depuis vers une solution de compromis en développant le test de « raisonnabilité subjective » ou de « subjectivité rationnelle ». Il s'agit en fait d'« apprécier, en fonction de la nature du risque et de la preuve, quelle aurait été la réponse

---

74. *Hopp* c. *Lepp*, précité, note 70, p. 210.
75. *Ibid.*, p. 209.
76. *Reibl* c. *Hughes*, précité, note 71, p. 894 : « Le devoir de divulgation du médecin s'applique aussi bien à ce qu'il sait ou devrait savoir qu'un certain patient considère pertinent à la décision de subir ou non le traitement prescrit, *qu'aux risques importants* que les connaissances médicales requises permettent d'identifier » (nos italiques). Pour une analyse de cette décision du point de vue de la common law, voir M.A. Sommerville, « Structuring the Issues in Informed Consent », (1981) 26 *McGill L.J.* 740, 754-755.
77. *Ibid.*, p. 894 à 900, principe qui a été repris et explicité par le juge Cory dans *Ciarlariello* c. *Schacter* : « Pour décider si un risque est important et doit en conséquence être expliqué au patient, il convient d'adopter un point de vue objectif. La question clé dans cette décision est de savoir si une personne raisonnable se trouvant dans la situation du patient souhaiterait connaître le risque » (p. 237).
78. R.P. Kouri, « L'obligation de renseigner en matière de responsabilité médicale et la « subjectivité rationnelle » : mariage de convenance ou mésalliance ? », (1994) 24 *R.D.U.S.* 345.
79. R.P. Kouri, *loc. cit.*, note 72, p. 858. Il faut reconnaître, sur ce point, que l'exercice risque d'atteindre un tel degré d'abstraction qu'on peut s'interroger sur la possibilité pour le patient de prendre une décision tout court. D'une part, celui-ci risque d'être « submergé par l'information » et, d'autre part, « le médecin pourrait fournir tous les renseignements désirés par une personne raisonnable, mais ne pas divulguer ce que *ce* patient, compte tenu de son intelligence, de son caractère, de sa nervosité, etc., aurait voulu savoir, précisément à cause d'éléments qui lui sont propres » : R.P. Kouri et S. Philips-Nootens, *L'intégrité de la personne, op. cit.*, note 37, n° 267.

raisonnable du patient en l'instance et non de l'homme raisonnable dans l'abstrait »[80], une approche qui concilie en quelque sorte une règle de fond, celle de l'appréciation subjective des risques qui auraient été acceptés par le patient, et une règle de preuve, en vue de permettre au juge, à partir d'un test objectif, d'évaluer la crédibilité à accorder à son témoignage[81].

**111.–** Lorsqu'on considère les éléments qui sont nécessaires à une prise de décision éclairée, en ce qui concerne les soins requis par l'état de santé, la doctrine et la jurisprudence s'accordent pour dire que le patient doit être informé sur les éléments suivants : la nature de sa maladie (diagnostic) ; la nature et l'objectif de l'intervention ou du traitement envisagé ; les chances de réussite ou d'échec ; les risques courus ; les effets escomptés ; les choix thérapeutiques possibles (alternatives) ; les conséquences d'un défaut d'intervention ou de traitement. Par ailleurs, si la question de la pertinence des risques qui doivent être divulgués fait toujours l'objet de controverses, il est au moins deux paramètres autour desquels jurisprudence et doctrine se rencontrent, soit la probabilité de leur matérialisation, c'est-à-dire l'évaluation, sur un plan statistique, de leur probabilité d'actualisation (en d'autres termes, la fréquence) et la gravité ou la sévérité de leur réalisation pour le patient. En d'autres termes, « plus un risque peut entraîner des conséquences graves même s'il ne survient que rarement, plus le risque doit être considéré comme important. Inversement, une fréquence élevée d'un risque somme toute mineur doit également être considérée comme important »[82]. Dans l'un et l'autre cas, le patient doit en être informé.

Par contre, le standard de divulgation retenu par les tribunaux est beaucoup plus exigeant, lorsqu'il s'agit de soins à caractère facultatif[83], qui ne sont donc pas requis par l'état de santé[84] ou encore de soins qui ne sont pas encore considérés dans la pratique médicale

---

80.   M. le juge Brossard, dans *Pelletier* c. *Roberge,* [1991] R.R.A. 726, EYB 1991-63575 (C.A.). C'est aussi l'approche qui, depuis lors, semble avoir été retenue par la Cour suprême en droit civil : *Marcoux* c. *Bouchard,* [2001] 2 R.C.S. 726, REJB 2001-25654.

81.   J.-L. Baudouin et P. Deslauriers, *La responsabilité civile, op. cit.,* note 68, n° 2-65 ; S. Philips-Nootens, P. Lesage-Jarjoura et R.P. Kouri, *op. cit.,* note 38, n° 192.

82.   F. Tôth, « L'obligation de renseignement du médecin en droit civil québécois », dans *Responsabilité médicale et hospitalière. Aspects éthiques et juridiques,* Canadian Institute, Montréal, 1990, p. 1, 22.

83.   Parfois qualifiés erronément de *soins électifs,* notion qui renvoie à des traitements qui peuvent être requis par l'état de santé mais dont la mise en œuvre peut être différée : R.P. Kouri et S. Philips-Nootens, *L'intégrité de la personne, op. cit.,* note 37, n° 294.

84.   Voir, par exemple, *Meloche* c. *Bernier,* [2005] R.R.A. 172, EYB 2005-86371 (C.S.) (niveau d'information requise en cas de chirurgie esthétique).

comme des soins standards. On parlera alors, dans ce dernier cas, de soins innovateurs, de thérapie expérimentale ou d'expérimentation. Inversement, dans les situations d'urgence, les standards seront généralement moins élevés.

### 4. Le consentement substitué

**112.**– *Le consentement substitué ou la volonté pour autrui.* Lorsque la personne est inapte à consentir ou à refuser des soins, la loi lui désigne un représentant qui se substituera au patient. Pour les enfants et les adolescents, ce rôle est assumé par le titulaire de l'autorité parentale ou le tuteur (art. 14 C.c.Q.), alors qu'en ce qui concerne les majeurs, le Code prévoit une liste de représentants, selon les scénarios : le mandataire, le tuteur ou le curateur, le conjoint, un proche parent, une personne qui démontre pour la personne un intérêt particulier (art. 15 C.c.Q.). À l'occasion de la réforme de la *Loi sur la curatelle publique*[85], le législateur a institué un mécanisme de représentation fondé sur le respect de l'autonomie de la personne. *Le mandat donné en prévision de l'inaptitude* (ou *mandat de protection*), régi aujourd'hui par les articles 2166 et s. C.c.Q., permet à une personne d'aménager de façon particulière son régime de protection, advenant son inaptitude. Cela peut inclure sa représentation en ce qui a trait aux actes à caractère personnel, comme le sont les actes médicaux[86]. Le Code prévoit par ailleurs, de manière supplétive, un mécanisme de représentation informelle pour l'adulte inapte à consentir et qui n'a pas fait de mandat de protection en ce qui concerne sa personne et qui n'est pas pourvu d'un tuteur ou d'un curateur. Ici encore, l'esprit qui sous-tend la législation est de respecter, dans toute la mesure du possible, la volonté qu'aurait pu exprimer, même tacitement, la personne concernée avant la survenance de son inaptitude. En effet, dans de telles circonstances, on fera appel aux personnes qui sont en principe les plus proches du patient dont on a constaté l'inaptitude et qui sont les plus susceptibles de connaître ses volontés. Ainsi, à défaut de mandat et en l'absence de régime de protection,

---

85. *Loi sur la curatelle publique et modifiant le Code civil et d'autres dispositions législatives*, L.Q. 1989, c. 54.

86. Il convient donc d'examiner le mandat lui-même pour savoir si le mandataire s'est vu confier ou non le gouvernement de la personne du mandant : *S.B.* c. *Kemp*, J.E. 2005-147, EYB 2004-81535 (C.S.). À titre d'illustration particulière, à propos du refus par le mandataire de cesser tout traitement, contrairement à la volonté du mandant, voir *Centre de santé et services sociaux Richelieu-Yamaska* c. *M.L.*, J.E. 2006-918, EYB 2006-104015, (C.S.) ; J.P. Ménard, « Mandat en prévision d'inaptitude et consentement aux soins », dans Service de la formation permanente, Barreau du Québec, vol. 165, *Être protégé malgré soi (2002)*, Cowansville, Éditions Yvon Blais, 2002, p. 129.

ce sont, dans un ordre hiérarchique, le conjoint, le mot étant entendu ici dans son sens le plus large (personne mariée, en union civile ou conjoint de fait) ; à défaut de conjoint ou en cas d'empêchement de ce dernier, ce sont les proches, *i.e.* les membres de la parenté ou une personne qui démontre pour le majeur un intérêt particulier qui seront appelés à consentir ou à refuser les soins requis par son état de santé. Mais en privilégiant tout à la fois les liens du sang et de l'affectivité, le législateur a aussi ouvert la porte à d'éventuels conflits. En effet le Code, à l'endroit des proches, ne prévoit pas de hiérarchie, pas plus qu'il n'en établit entre ceux-ci et la personne qui démontre pour le majeur inapte un intérêt particulier. Or ces personnes peuvent avoir des visions différentes de l'intérêt du patient. On peut penser aussi au conflit qui pourrait opposer le conjoint de fait au conjoint marié, ou uni civilement, alors que la situation matrimoniale ne serait pas liquidée. Dans de telles circonstances, à défaut de conciliation entre ces personnes, et dans la mesure où le temps le permet, il faudra recourir au tribunal.

Quant à la personne qui démontre pour le majeur un intérêt particulier, on peut penser aux liens d'amitié qui ont pu se développer au fil des ans, mais aussi plus largement à toute personne qui au gré des relations professionnelles, familiales ou sociales, a développé à l'égard de la personne des liens qui l'amène à se soucier du bien-être de celle-ci. On pourrait penser au mandataire désigné dont le mandat n'aurait pas encore pris effet. Il convient de souligner ici le rôle joué par le curateur public à l'endroit des personnes qui n'ont pas de régime de protection et qui sont complètement isolées, *i.e.* qui n'ont ni conjoint, ni parents ou amis[87].

**113.–** Fallait-il que la loi habilite les proches, au cas d'empêchement du représentant légal (ou conventionnel), à consentir aux soins requis par son état de santé[88] ? Il nous semble que ce serait leur permettre d'empiéter sur les responsabilités et les pouvoirs du représentant légal que de leur confier ce pouvoir résiduaire, notamment dans les cas de situations conflictuelles au sein de la famille[89]. Ce mécanisme de représentation supplétif (c'est-à-dire en dehors du mandat, de la tutelle ou de la curatelle) n'englobe pas les soins à finalité non

---

87. F. Dupin, « Le curateur public : mode d'emploi et interface avec les autres organismes », dans Service de la formation permanente, Barreau du Québec, *Pouvoirs publics et protection (2003)*, Cowansville, Éditions Yvon Blais, 2003, p. 127.

88. R.P. Kouri et S. Philips-Nootens, *L'intégrité de la personne, op. cit.*, note 37, nº 416.

89. Voir, à titre d'exemple, *P.A.* c. *Hôpital de Rivière-des-Prairies*, [2000] R.J.Q. 2070, REJB 2000-19710 (C.S.).

thérapeutique, auxquels seul le représentant légal (tuteur ou cura-teur) ou conventionnel (mandataire) est habilité à consentir. Par contre, advenant l'hypothèse où un majeur devient inapte subite-ment et où les délais ne permettent pas de lui attribuer un représen-tant légal en temps utile, le conjoint ou, à défaut, les autres personnes autorisées aux termes de l'article 15 C.c.Q. à consentir aux soins requis par son état de santé, se voient investis du pouvoir de consen-tir à une expérimentation sur sa personne (art. 21, al. 3 C.c.Q.).

**114.– *Les facteurs décisionnels*.** L'intervention d'une tierce personne en matière de soins de santé doit toujours se faire avec le souci de pro-téger la personne représentée. On comprend donc que le consente-ment substitué soit strictement balisé. À cette fin, le législateur a fixé un certain nombre de paramètres que les personnes autorisées à consentir pour autrui doivent observer. L'article 12 C.c.Q. apparaît comme le petit guide destiné aux représentants en matière médicale. Cette disposition n'est pas très élaborée mais elle énonce tout de même les grands principes qui doivent inspirer toute personne dont la mission est d'accepter ou de refuser les soins pour une autre per-sonne. Ce « guide » doit également être respecté par le tribunal lors-qu'il est appelé à se prononcer sur une autorisation de soins. Selon cette disposition, le représentant doit « agir dans le seul intérêt de la personne concernée, en tenant compte, dans la mesure du possible, des volontés que cette dernière a pu manifester » (art. 12, al. 1 C.c.Q.). Vérifier les volontés de la personne peut, dans certains cas, impliquer pour le représentant le fait de s'informer auprès des proches[90]. Si le représentant exprime un consentement, il doit s'assurer que « les soins seront bénéfiques, malgré la gravité et la permanence de cer-tains de leurs effets, qu'ils sont opportuns dans les circonstances et que les risques présentés ne sont pas hors de proportion avec le bien-fait qu'on en espère » (art. 12, al. 2 C.c.Q.). Il s'agit donc de critères à la fois objectifs et subjectifs, distincts et reliés. L'intérêt du patient s'appréciera, dans un premier temps, à la lumière du pronostic et de la proportionnalité entre les risques courus et les bienfaits escomp-tés. Mais des soins qui pourraient paraître *a priori* bénéfiques du point de vue des avantages et des inconvénients (par exemple, un traitement dont les effets secondaires sont minimes) peuvent néan-moins ne pas être opportuns dans les circonstances, par exemple en raison du fait qu'ils iraient à l'encontre de l'intérêt psychique du

---

90. M.T. Giroux, « Le représentant légal se trouve-t-il dans l'obligation éthique de consulter les proches de son pupille avant de consentir à des soins ? », dans Service de la formation permanente, Barreau du Québec, vol. 219, *Famille et protection (2005)*, Cowansville, Éditions Yvon Blais, 2005, p. 275-293.

patient[91] ou parce qu'ils seraient contraires à ses valeurs, ses croyances ou ses opinions.

Autorisées par la loi à consentir pour autrui, les personnes ainsi habilitées ont le droit de recevoir toute l'information nécessaire pour donner un consentement libre et éclairé. On comprend que dans ces circonstances, on ait fait exception aux règles relatives à la confidentialité du dossier médical qu'elles sont autorisées à consulter[92].

**115.–** *Le testament de vie.* On désigne généralement sous cette expression (ou sous l'expression *testament biologique*) le document par lequel une personne a énoncé un certain nombre d'instructions en rapport avec les soins administrés en fin de vie. Il s'agit généralement de directives visant à refuser tout acharnement thérapeutique en fin de vie. Même si le Code ne réglemente pas le testament de vie de façon particulière, on peut dire que ce document est implicitement visé par l'article 12 C.c.Q. qui énonce qu'il convient *dans la mesure du possible* de tenir compte des volontés que la personne a pu exprimer relativement aux soins, quels qu'ils soient. Cela inclut donc le testament de vie[93]. On peut donc dire que le testament de vie ne s'impose pas absolument au représentant, mais que ce dernier doit en tenir compte dans la mesure où ce document fait effectivement état de la volonté exprimée par la personne. L'efficacité du testament de vie dépend donc en bonne partie de la mesure dans laquelle il reflète adéquatement, et de façon contemporaine, la volonté du patient relativement à

---

91. *Douglas Hospital* c. *C.T.*, [1993] R.J.Q. 1128, EYB 1992-74087 (C.S.) : une demande d'autorisation visant à procéder à des examens en vue de vérifier l'existence d'un cancer du poumon est refusée par le tribunal en raison de la peur panique qu'ils suscitaient chez le patient.

92. *Loi sur les services de santé et les services sociaux*, précitée, note 15, art. 22. Voir également l'article 18, par. 4 et 7 de la *Loi sur la protection des renseignements personnels dans le secteur privé*, L.R.Q., c. P-39. En ce qui concerne l'accès aux dossiers des personnes mineures, voir l'article 21 de la *Loi sur les services de santé et les services sociaux*, précitée, note 15.

93. *Comm.*, t. I, p. 14. Sur le testament de vie, voir D. Chalifoux, « Les directives préalables de fin de vie et les pouvoirs publics », dans Service de la formation permanente, Barreau du Québec, vol. 182, *Pouvoirs publics et protection (2003)*, Cowansville, Éditions Yvon Blais, 2003, p. 1-54 ; P. Duchaine, « Réflexion sur le « living will » de common law dans le contexte du droit civil québécois », (2000) 102 *R. du N.* 393 ; G. Mullins, « Le refus de soins requis : quand la vague de l'intervention se brise sur les rochers du droit », dans Service de la formation permanente, Barreau du Québec, *Être protégé malgré soi,* Cowansville, Éditions Yvon Blais, 2002, p. 117 ; M. Ouellette, « Nancy B. et les volontés de fin de vie », (1993) 1 *C.P. du N.* 1 ; « Le testament de vie », dans G. Durand et C. Perrotin (dir.), *Contribution à la réflexion bioéthique, Dialogue France-Québec*, Montréal, Fides, 1991, Collection « Vie, santé, valeurs », p. 203 ; M. Lord, « Le consentement libre et éclairé et le testament biologique », (1994) 16 *R.P.F.S.* 650.

certains soins proposés. De plus, le respect des volontés exprimées doit évidemment être matériellement possible et légal.

**116.– *L'autorisation judiciaire.*** En plus de ces paramètres qui viennent circonscrire la marge de discrétion dont dispose celui ou celle qui est appelé à exprimer un consentement ou un refus pour autrui, le législateur a mis en place un mécanisme de contrôle : l'autorisation judiciaire. En tant que garant des libertés fondamentales, le tribunal est appelé à intervenir dans trois catégories de situations. La première concerne l'impossibilité d'agir ou le refus du représentant, si le refus apparaît injustifié dans les circonstances. La deuxième vise les cas dans lesquels le majeur dont l'inaptitude a été constatée ou le mineur de plus de quatorze ans refusent catégoriquement les soins qui sont requis par leur état de santé, exception faite des cas d'urgence ou, dans le cas particulier du majeur inapte, des soins d'hygiène. Troisièmement, certains soins à finalité non thérapeutique ne pourront être administrés qu'après avoir été préalablement autorisés par le tribunal. Ces situations commandent des solutions différentes selon qu'il s'agit d'un mineur de plus ou de moins de quatorze ans ou d'un majeur inapte.

### C. Le corollaire de l'exigence du consentement : le droit de refus

**117.– *Le refus de soins et la demande d'interruption de traitement.*** À l'intérieur des limites posées par la loi, la personne est maître de ses décisions. Ce droit à la liberté est reconnu en matière médicale aussi. On peut même dire qu'il est reconnu de façon radicale puisque dès lors qu'une personne est apte, sa volonté doit être respectée. Même si le refus d'un traitement ou son interruption devait entraîner le décès de la personne, sa volonté doit impérativement être respectée. En ce sens, on peut dire que le droit reconnaît au majeur apte le droit absolu de refuser des soins, quelles qu'en soient les conséquences sur sa qualité de vie et sur sa vie elle-même. Ce droit au refus a été clairement confirmé dans une série de décisions de justice. C'est ainsi que dans l'affaire *Nancy B.* c. *Hôtel-Dieu de Québec*[94], la Cour supérieure a reconnu le droit d'une jeune femme de 25 ans, atteinte de paralysie ascendante motrice causée par le syndrome de Guillain-Barré, d'exiger l'interruption du respirateur artificiel sur lequel elle avait été placée. De même, dans l'affaire *Manoir de la Pointe Bleue* c. *Corbeil*[95] qui soulevait la question des obligations d'un centre d'accueil pour malades chroniques à l'endroit d'une personne devenue para-

---

94. *Nancy B.* c. *Hôtel-Dieu de Québec*, [1992] R.J.Q. 361 (C.S.).
95. *Manoir de la Pointe Bleue* c. *Corbeil*, [1992] R.J.Q. 712, EYB, 1992-74873 (C.S.).

plégique à la suite d'un accident routier et qui demandait l'arrêt de tout support nutritionnel, le tribunal déclare qu'il convient de respecter la décision du patient qui veut mettre fin à ses jours. À cette occasion, le tribunal a rappelé que le refus du patient apte doit primer l'obligation du médecin de fournir des soins. La question centrale est celle de l'aptitude de la personne. Si le patient est apte (au sens analysé plus haut) : son refus doit être respecté. Il n'est pas juridiquement pertinent de savoir si le refus est raisonnable ou déraisonnable dès lors que la personne a, dans les faits, l'aptitude requise[96]. Il est utile de rappeler l'obligation déontologique qui pèse sur le médecin dans de telles circonstances : « Le médecin doit agir de telle sorte que le décès d'un patient qui lui paraît inévitable survienne dans la dignité. Il doit assurer à ce patient le soulagement approprié »[97]. Dans les cas de refus de soins ayant pour conséquence la mort de la personne, les tribunaux enjoignent les institutions impliquées à fournir aux patients toute l'assistance requise afin d'assurer le respect de la dignité dans la mort.

Ce respect du droit au refus est relativement récent. Jusqu'au milieu des années 1980, la doctrine et la jurisprudence se montraient plutôt réticentes face au refus de soins vitaux manifesté par la personne, particulièrement dans les cas où la mort n'était pas imminente ou lorsque l'état du patient n'était pas irréversible. La tendance était plutôt à l'intervention forcée, au nom du respect du caractère sacré de la vie[98].

**118.–** *Le droit de mourir.* Le droit reconnaît aujourd'hui à l'individu la liberté de refuser ou d'interrompre des soins ou un traitement. En ce sens, on peut dire qu'il existe un droit de se laisser mourir, ce que certains qualifient d'euthanasie passive. Jusqu'à ce jour, le droit a cependant refusé de franchir le pas de l'euthanasie active[99] ou du suicide assisté. En ce sens, il n'existe pas de véritable droit de mourir et

---

96. Voir également *Centre hospitalier de Chandler* c. *C.C.*, [2000] R.J.Q. 1159, REJB 2000-17538 (C.S.) ; *Carrefour de la santé et des services sociaux de la St-Maurice* c. *Cadieux*, [1999] R.D.F. 292, REJB 1999-10538 (C.S.) ; *Centre Hospitalier affilié universitaire de Québec* c. *L.B.*, 2006 QCCS 1966.
97. *Code de déontologie des médecins,* précité, note 40, art. 58.
98. A. Mayrand, *op. cit.*, note 16, nº 40, p. 48-49. Pour une application de cette thèse, voir *Procureur général du Canada* c. *Hôpital Notre-Dame*, [1984] C.S. 426.
99. Le *Code criminel* interdit ces actes. L'article 14 édicte « Nul n'a le droit à ce que la mort lui soit infligée, et un tel consentement n'atteint pas la responsabilité pénale d'une personne par qui la mort peut être infligée à celui qui a donné son consentement ». L'euthanasie active, qui consiste dans le fait de donner sciemment et volontairement la mort (par opposition à la cessation de traitement permettant au patient de mourir), constitue un meurtre (art. 229 C.cr.). Quant à l'aide au suicide, elle est sanctionnée par l'article 241b) C.cr.

une personne ne pourrait donc revendiquer le droit que l'on mette activement fin à ses jours, quelles que soient les raisons invoquées.

Nombreux sont les groupes, cependant, qui réclament aujourd'hui la décriminalisation de l'aide au suicide au nom du droit à l'autodétermination. « Si, prétendent-ils, la liberté de l'homme sur sa vie n'est pas un vain concept, l'exercice de cette liberté passe par son droit de demander de l'aide lorsqu'il entend mettre fin à ses jours et est physiquement incapable de le faire seul. La Loi ne devrait donc pas pénaliser le médecin ou le proche qui fournit au patient en phase terminale un produit lui permettant de mourir au moment choisi et d'une manière douce »[100]. Plusieurs projets de loi ont en vain été déposés en ce sens et la Cour suprême, en 1993, a elle-même été saisie de la question à l'occasion de l'affaire *Rodriguez* c. *Colombie-Britannique*[101]. L'appelante, âgée de 42 ans, était atteinte d'une sclérose latérale amyotrophique et son expectative de vie se situait entre 2 et 14 mois. Elle ne souhaitait pas mourir tant qu'elle pouvait encore jouir de la vie et elle demandait par conséquent qu'un médecin qualifié soit autorisé à mettre en place des moyens technologiques à sa disposition pour le jour où elle perdrait la jouissance de la vie. La requérante voulait ainsi pouvoir se donner elle-même la mort au moment choisi par elle. Appelée à statuer sur la compatibilité de l'article 241b) du *Code criminel* avec les droits garantis par les articles 7, 12 et 15 de la *Charte canadienne des droits et libertés*, la Cour a conclu, dans une décision de cinq contre quatre, que l'interdiction générale de l'aide au suicide n'est ni arbitraire, ni injuste, qu'elle est liée à l'intérêt de l'État à la protection des personnes vulnérables et qu'elle reflète les valeurs fondamentales véhiculées dans notre société.

### D. L'exception à l'exigence du consentement : la situation d'urgence médicale

**119.–** *L'urgence : la protection de l'intégrité dans le respect de la dignité et de l'autonomie de la personne.* L'urgence, au sens de l'article 13 C.c.Q., vise les situations où « la vie de la personne est en danger ou son intégrité menacée et où son consentement ne peut être obtenu en temps utile ». Elle a un effet dérogatoire important, mais elle ne dispense pas des démarches en vue d'obtenir le consentement de la personne ou de son représentant si le temps le permet[102]. L'urgence est

100. J.-L. Baudouin, « Le droit de refuser d'être traité », *loc. cit.*, note 28, p. 216 et J.-L. Baudouin et D. Blondeau, *Éthique de la mort et droit à la mort,* Paris, P.U.F., Collection « Les voies du droit », 1993.

101. *Rodriguez* c. *Colombie-Britannique (P.G.)*, [1993] 3 R.C.S. 519, EYB 1993-67109.

102. Voir D. Boulet, « Justice ou injustice en santé mentale : le droit, les regards et les perspectives », dans Service de la formation permanente, Barreau du Québec, vol. 182, *Pouvoirs publics et protection (2003)*, Cowansville, Éditions Yvon Blais, 2003, p. 85-115.

source d'un droit d'exception et fait office de défense d'immunité ou de fait justificatif en droit civil[103] comme en droit criminel[104]. Situation d'exception, l'urgence s'interprète de façon restrictive ; il faut donc la prouver[105]. L'urgence permet non seulement de se passer du consentement de la personne lorsque les conditions de l'article 13 C.c.Q. sont réunies, mais elle confronte les soignants à leur obligation d'intervenir, comme le rappellent les différents codes de déontologie[106] ainsi que la *Loi sur les services de santé et les services sociaux*.[107]

L'urgence fait référence « à la célérité de l'action à entreprendre », à une action « qui ne peut être différée ». En ce sens, elle ne se limite pas à la salle d'urgence. Elle englobe également des situations où, dans le cadre d'une intervention chirurgicale à laquelle le patient a préalablement consenti, le médecin découvre, par exemple, une tumeur cancéreuse et procède à son ablation[108]. Il faut faire vite et bien souvent l'intéressé, même conscient et capable de discernement, n'aura pas le temps d'être informé de la nature et des conséquences des soins qui vont lui être prodigués. En ce sens, la menace à l'intégrité, de droit nouveau, a suscité des réserves. Le danger est que des soins soient administrés contre la volonté de la personne[109]. Tou-

---

103. *Dufour* c. *Centre hospitalier Robert Giffard*, [1986] R.R.A. 262 (C.S.) ; *Boyer* c. *Grignon*, [1988] R.J.Q. 829, EYB 1988-86759 (C.S.).

104. Voir l'article 45 C.cr. Du point de vue du droit civil, il serait sans doute plus exact de dire que l'urgence remplace le consentement puisque l'on se situe ici en dehors du cadre contractuel et que les effets du défaut d'autorisation ne sont pas les mêmes : R.P. Kouri et S. Philips-Nootens, *op. cit.*, note 37, n° 384.

105. J.-M. Handfield, *L'urgence médicale et ses effets sur la responsabilité civile*, Ottawa, Bibliothèque du Canada, 1993, p. 13 et s. ; R.P. Kouri et S. Philips-Nootens, *op. cit.*, note 37, n°s 353-354.

106. *Code de déontologie des médecins*, R.Q., c. M-9, r. 4.1, art. 38 (« le médecin doit porter secours et fournir les meilleurs soins possibles à un patient lorsqu'il est vraisemblable de croire que celui-ci présente une condition susceptible d'entraîner des conséquences graves à moins d'attention médicale immédiate ») ; *Code de déontologie des infirmières et infirmiers*, R.Q., c. I-8, r. 4.1. art. 1.

107. *Loi sur les services de santé et les services sociaux*, L.R.Q., c. S-4.2, art. 7 : « Toute personne dont la vie est en danger a le droit de recevoir les soins que requiert son état. Il incombe à tout établissement, lorsque demande lui est faite, de voir à ce que soient fournis les soins ».

108. Voir *Kulczycky* c. *Rafferty*, [1994] R.J.Q. 1792, EYB 1994-58465 (C.A.) ; *Bédard* c. *Gauthier*, J.E. 96-1540 (C.S.), [1996] R.R.A. 860, EYB 1996-85023 et *Boyer* c. *Grignon, supra,* note 103. Sur la définition de l'urgence, voir A. Bernardot et R.P. Kouri, *op. cit.*, note 38, n° 207 ; S. Philips-Nootens, P. Lesage-Jarjoura et R.P. Kouri, *op. cit.*, note 38, n°s 257-259 ; A. Sommerville, *Le consentement à l'acte médical et le droit criminel*, Commission de réforme du droit du Canada (ci-après citée C.R.D.), Série Protection de la vie, Ottawa, ministère des Approvisionnements et Services Canada, 1980, p. 99 ; R. Nerson, « Urgence et droit médical », (1975) 10 *R.J.T.* 13, 14.

109. M. Ouellette, « Livre 1, *Les personnes* », dans *La réforme du Code civil*, textes réunis par le Barreau du Québec et par la Chambre des notaires du Québec, Québec, P.U.L., 1993, n° 26, p. 23, ci-après cité : *La Réforme*.

tefois, l'article 13, al. 2 C.c.Q. pose certaines balises, l'idée étant de prévenir l'acharnement thérapeutique. Ainsi, le consentement n'en devra pas moins être obtenu lorsque les soins sont inusités ou devenus inutiles ou que leurs conséquences pourraient être intolérables pour la personne.

**120.**– Il peut paraître surprenant que dans la nomenclature des exceptions où la nature des soins recommande un consentement, on retrouve une notion telle que *soins devenus inutiles*, puisque par définition aucun bénéfice n'en peut être attendu. Superfétatoire[110], et dans une certaine mesure, même, confondante[111], l'expression n'en fait pas moins figure de symbole, l'idée étant de prévenir des interventions forcées et de laisser à la personne (ou à son représentant) le soin de définir seule la qualité de sa vie. C'est ce que traduit plus précisément l'obligation de requérir le consentement lorsque les soins pourraient avoir des conséquences intolérables pour la personne. C'est ici que le principe d'autodétermination prend toute sa signification. Comme le soulignent certains auteurs, il peut sembler difficile de concilier l'obligation de porter secours à une personne en danger qui incombe au médecin en vertu, notamment, de la *Charte des droits et libertés de la personne* et du *Code de déontologie des médecins,* avec l'article 13, al. 2 C.c.Q., d'autant plus que, dans l'ordre hiérarchique, c'est la Charte qui devrait avoir préséance sur les autres lois[112]. Mais on peut aussi considérer que les soins qui y figurent constituent une exception comprise dans les « autres motifs raisonnables » de l'article 2 de la Charte qui, dans son préambule, réfère spécifiquement à la notion de dignité. Une interprétation que tendent à confirmer les commentaires du ministre de la Justice : « L'article 13 vise à reconnaître une certaine primauté à la qualité de la vie sur le maintien de la vie à tout prix, dans des conditions inacceptables ». Toutefois, le commentaire précise que le refus de traitement ne doit pas être confondu avec l'euthanasie qui « implique une intervention positive pour mettre fin à la vie, alors que le refus de traitement consiste plutôt à cesser tous traitements autres que ceux visant à soulager les souffrances de la personne à l'approche de la mort »[113]. On peut penser, par exemple, aux témoins de Jéhovah dont les préceptes religieux s'opposent à toute transfusion sanguine[114], comme on peut penser au refus de recevoir un

---

110. Ainsi que le soulignent R.P. Kouri et S. Philips-Nootens, en administrant des soins inutiles à une personne dont la vie est en danger, on sort du cadre des soins urgents imposés et le principe de l'inviolabilité de la personne reprend toute sa vigueur : *L'intégrité de la personne, op. cit.*, note 37, n° 386.

111. De fait, le mot « inutile » peut renvoyer aussi à la notion de *futility* que l'on retrouve dans la littérature anglo-américaine consacrée à l'éthique clinique, et à propos de laquelle les avis sont très partagés.

112. S. Philips-Nootens , P. Lesage-Jarjoura et R.P. Kouri, *op. cit.*, note 38, n° 225 et D. Chalifoux et J. LeMay, *Le consentement aux soins requis par l'état de santé,* A.H.Q., Collection Code civil du Québec, 1993, p. 28-29.

113. *Comm.*, t. 1, p. 15, sous l'article 13.

114. Voir en ce sens, *Mallette* c. *Schulman*, (1990) 72 O.R. 417, affaire dans laquelle la Cour d'appel de l'Ontario a condamné un médecin pour avoir transfusé une

traitement dont les effets secondaires pourraient affecter la motricité ou les facultés intellectuelles de la personne d'une façon incompatible avec sa conception de la vie.

Reste à définir ce qu'on entend par *soins inusités*, concept qui, compte tenu du caractère englobant qu'on doit prêter au mot « soins », peut donner lieu aux interprétations les plus diverses. À tout le moins est-il permis d'affirmer que ce qualificatif ne recouvre pas ce qui relève du champ de l'*expérimentation*, auquel le Code civil consacre deux articles (art. 20 et 21 C.c.Q.). Il en va différemment, par contre, de la notion de *soins innovateurs* qui, selon l'interprétation qu'on lui prête, pourrait englober les *soins inusités*, mais qui exigerait un consentement de l'intéressé ou un consentement substitué.

### E. Les règles particulières concernant les mineurs et les majeurs inaptes

#### 1. Le mineur de 14 ans et plus

**121.**– *Un état intermédiaire entre la majorité et la minorité.* Sujet de droit à part entière, l'enfant mineur a la pleine jouissance de ses droits. Sa capacité d'exercice se trouve toutefois modulée en fonction de son âge, de son discernement, de la nature et des conséquences des actes juridiques qu'une personne peut être amenée à faire (art. 155 C.c.Q.). En ce sens, la minorité apparaît comme un état évolutif et l'âge de 14 ans constitue en matière de soins un moment charnière. Depuis 1973 la loi reconnaît à l'adolescent une espèce de majorité anticipée mais incomplète lorsqu'il s'agit de sa santé[115]. Ainsi, le mineur de 14 ans et plus, apte et non émancipé[116], peut consentir seul aux soins requis par son état de santé. Toutefois, le Code civil introduit des nuances. Sa « capacité médicale » s'apprécie en regard de la nature des soins, selon qu'ils sont ou non à finalité thérapeutique. Il existe des conditions propres à chacune des catégories. Il convient donc de distinguer chacune des situations.

**122.**– *Les soins à finalité thérapeutique.* Sur ce plan, les règles vont à la fois dans le sens de la reconnaissance d'une plus grande autonomie

---

femme témoin de Jéhovah, arrivée inconsciente à l'urgence à la suite d'un accident. Sur cette question, voir R.P. Kouri et C. Lemieux, « Les témoins de Jéhovah et le refus de certains traitements : problèmes de forme, de capacité et de constitutionnalité découlant du *Code civil du Québec* », (1995) 26 *R.D.U.S.* 77.

115.  Art. 42 de la *Loi sur la protection de la santé publique*, L.R.Q., c. P-35.1, remplacé par l'article 14, al. 2 C.c.Q.

116.  Le mineur émancipé n'est pas visé par ces dispositions, celui-ci n'étant plus sous l'autorité de ses père et mère : art. 171 et 176 C.c.Q.

mais aussi d'un plus grand contrôle de son exercice. En effet, le Code fait obligation à l'établissement de santé ou de services sociaux, lorsque l'état de santé du mineur exige qu'il y soit hébergé pendant plus de 12 heures, d'en informer le titulaire de l'autorité parentale ou son tuteur. Toutefois, l'établissement ou le médecin consulté n'a pas à les aviser lorsque les soins nécessitent un certain suivi, sans toutefois exiger son hospitalisation[117].

Par contre, le droit du mineur de 14 ans et plus de refuser des soins requis par son état de santé est plus restreint. Deux hypothèses sont ici envisagées, selon qu'il y a urgence ou non. Dans les cas d'urgence, le consentement du titulaire de l'autorité parentale ou du tuteur suffit à passer outre à son refus[118]. Dans l'hypothèse où les parents appuient le refus du mineur et où l'urgence ne permet pas de saisir le tribunal, certains auteurs sont d'avis que les autorités médicales sont tenues de respecter ce double refus[119]. Cette opinion ne fait cependant pas l'unanimité et l'économie du Code va plutôt dans le sens d'une intervention de la part des autorités médicales[120]. Dans les cas non urgents et où le mineur de 14 ans et plus refuse les soins qui sont requis par son état de santé, seul le tribunal peut les lui imposer[121]. La demande d'autorisation peut être formulée par les

---

117. Art. 14, al. 2 C.c.Q. Cette situation peut poser problème, comme ce fut le cas dans *Labbé* c. *Laroche*, [2001] R.R.A. 184, REJB 2000-21617 (C.S.). En l'espèce, un mineur de plus de 14 ans avait été hospitalisé alors qu'il était pris en charge par le Directeur de la protection de la jeunesse. Le mineur avait consenti à son hospitalisation et au traitement et l'information sur la maladie dont il était atteint avait été transmise au D.P.J. La mère qui, par la suite, avait repris la charge de son fils, n'a eu connaissance de l'intervention médicale qu'à la mort de ce dernier.

118. Art. 16, al. 2 C.c.Q. En introduisant cette réserve par rapport au principe établi à l'article 13 C.c.Q., le législateur entendait ainsi concilier les droits reconnus au mineur avec les devoirs des titulaires de l'autorité parentale ou du tuteur : *Comm.*, t. I, p. 18.

119. B. Knoppers et S. Lebris, « L'inviolabilité de la personne et responsabilité hospitalière à la lumière du nouveau *Code civil du Québec* : quand le prisme législatif sclérose la pratique médicale », dans *La responsabilité hospitalière, maximiser la protection, minimiser l'exposition*, Toronto, Institut canadien, 1994, p. 33.

120. Pour une étude de la question, voir É. Seguin, « Le refus de soins injustifié d'un mineur âgé de 14 ans et plus : quand l'établissement de santé doit-il intervenir pour le protéger ? », dans Service de la formation permanente, Barreau du Québec, vol. 182, *Pouvoirs publics et protection*, Cowansville, Éditions Yvon Blais, 2003, p. 147 ; F. Allard, *loc. cit.*, note 46, p. 65 et R.P. Kouri et S. Philips-Nootens, *L'intégrité de la personne, op. cit.*, note 37, n° 448.

121. Art. 16, al. 2 C.c.Q ; *A.G. (Dans la situation de)* (C.Q., 2002-12-19), SOQUIJ AZ-50158918, J.E. 2003-400, REJB 2002-37205 ; *Protection de la jeunesse – 599*, [1993] R.J.Q. 611, EYB 1993-74033 (C.Q.) ; *Protection de la jeunesse – 884*, [1998] R.J.Q. 816, REJB 1998-04853 (C.S.) ; *Allan Memorial Institute* c. *McIntosh*, REJB 1999-15815 (C.S.).

personnes intéressées[122], parmi lesquelles figurent évidemment les parents. On peut penser que les tribunaux refuseraient d'autoriser des traitements dont les bénéfices sont incertains dans les cas, par exemple, où le traitement ne fait que retarder une échéance devenue inéluctable. La question reste ouverte en ce qui concerne le refus que pourrait opposer le mineur qui, pour des motifs religieux, mais témoignant par ailleurs d'une certaine maturité, refuserait une transfusion sanguine salvatrice. Les rares décisions qui ont été rendues jusqu'à présent ont toutes autorisé l'intervention[123].

**123.–** *Les soins non requis par l'état de santé.* La question des soins non requis par l'état de santé du mineur, est plus complexe. La première difficulté réside dans le fait que cette catégorisation des soins est loin d'être étanche. Ces soins qui, dans un cas donné, peuvent présenter un caractère facultatif ou électif peuvent, dans une autre situation, être considérés comme importants pour la santé. Il s'agit d'un critère fluctuant et le caractère requis ou non dépend donc aussi de la situation particulière du patient.

Le mineur de 14 ans et plus peut consentir seul aux soins non requis par son état de santé, auquel cas son consentement doit être donné par écrit (art. 17 et 24 C.c.Q.). Mais ce principe s'accompagne d'une importante exception. Le consentement du titulaire de l'autorité parentale ou du tuteur est en effet nécessaire lorsque les soins présentent un risque sérieux pour la santé de l'adolescent *et* peuvent lui causer des effets graves *et* permanents. Il conviendrait plutôt de parler d'autorisation que de consentement, terme qui réfère à l'acquiescement de la volonté donné par la personne que visent les soins[124]. Si la notion de permanence ne soulève pas de problème d'interprétation, il en va différemment de la gravité qui fait appel à

---

122. Sur l'obligation des médecins et des établissements de santé de procéder aux demandes d'autorisation de soins, voir M.N. Paquet, « Prendre les moyens légaux de soigner : choix ou obligation ? », dans Service de la formation continue, Barreau du Québec, *Obligations et recours contre un curateur, tuteur ou mandataire défaillant 2008*, Cowansville, Éditions Yvon Blais, 2008, p. 161.

123. *Hôpital Sainte-Justine* c. *Giron*, J.E. 2002-1080, [2002] R.D.F. 732, REJB 2002-32270 (C.S.) ; *Hôpital de Montréal pour enfants* c. *D.J.*, J.E. 2002-1363, REJB 2002-32899. Sur cette question, voir É. Seguin, *loc. cit*, note 120, p. 147-164 ; R.P. Kouri et S. Philips-Nootens, *L'intégrité de la personne, op. cit.,* note 37, n[os] 434-449. Et, sur la délicate question du suicide, D. Boulet « Le traitement juridique du mineur suicidaire », (2001-2002) 32 *R.D.U.S.* 317-426.

124. Voir, sur ce point, les observations de N. Girard, *Le consentement du mineur aux soins médicaux*, Cowansville, Éditions Yvon Blais, 1993, Collection Minerve, p. 417 et s. ; B.M. Knoppers, « Les notions d'autorisation et de consentement dans le contrat médical », (1978) 19 *C. de D.* 893 et M.A. Sommerville, *op. cit.,* note 108, p. 91.

des éléments tant objectifs que subjectifs. En ce sens, cette disposition laisse plutôt perplexe et l'on peut s'interroger sur sa portée pratique, que ce soit en matière d'avortement, de contraception ou d'orthodontie, par exemple[125]. Même si l'on peut admettre que compte tenu des conditions qui sont cumulatives, l'article 17 C.c.Q. ne vise que de rares actes auquel le mineur serait tenté de se soumettre seul[126], il n'en demeure pas moins qu'il pourrait consentir à des interventions draconiennes, qui présentent peu de risque, comme la stérilisation purement contraceptive.

Il y a au moins une certitude : le mineur de 14 ans et plus ne peut en aucun cas se faire imposer des soins qui ne sont pas requis par son état de santé. À cet égard, peu importe qu'il soit apte ou inapte, son droit de refus est absolu (art. 23, al. 2 C.c.Q.). Toutefois, advenant son inaptitude, le mineur de 14 ans et plus est alors assimilé au mineur de moins de 14 ans.

---

125. Par ailleurs, la question se pose de savoir qui va payer lorsque les soins ne sont pas couverts par le Régime de l'assurance maladie : le mineur ou ses parents ? Sur cette question, voir, *Clinique dentaire Lafrenière & St-Pierre c. McLean*, J.E. 2003-2080, REJB 2003-50416 (C.Q.). Comparer avec *Dupont c. Ruffo*, [1987] R.J.Q. 1592, EYB 1987-83428 (C.S.) où les traitements avaient été ordonnés par la Cour du Québec dans le cadre d'une mesure de protection.
126. R.P. Kouri et S. Philips-Nootens, *op. cit.*, note 37, n[os] 521-522.

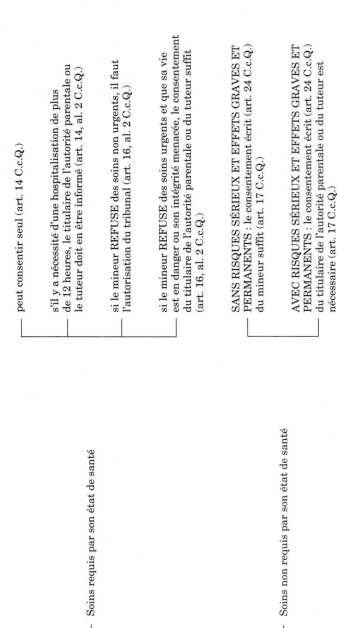

# LE CONSENTEMENT AUX SOINS

## LE MINEUR DE 14 ANS ET PLUS, APTE À CONSENTIR

**Soins requis par son état de santé**

- peut consentir seul (art. 14 C.c.Q.)

- s'il y a nécessité d'une hospitalisation de plus de 12 heures, le titulaire de l'autorité parentale ou le tuteur doit en être informé (art. 14, al. 2 C.c.Q.)

- si le mineur REFUSE des soins non urgents, il faut l'autorisation du tribunal (art. 16, al. 2 C.c.Q.)

- si le mineur REFUSE des soins urgents et que sa vie est en danger ou son intégrité menacée, le consentement du titulaire de l'autorité parentale ou du tuteur suffit (art. 16, al. 2 C.c.Q.)

**Soins non requis par son état de santé**

- SANS RISQUES SÉRIEUX ET EFFETS GRAVES ET PERMANENTS : le consentement écrit (art. 24 C.c.Q.) du mineur suffit (art. 17 C.c.Q.)

- AVEC RISQUES SÉRIEUX ET EFFETS GRAVES ET PERMANENTS : le consentement écrit (art. 24 C.c.Q.) du titulaire de l'autorité parentale ou du tuteur est nécessaire (art. 17 C.c.Q.)

## 2. Le mineur de moins de 14 ans

**124.–** *Le consentement aux soins : une prérogative parentale.* Le mineur de moins de 14 ans est considéré comme incapable dans le domaine des soins et c'est donc aux parents, en tant que protecteurs naturels de l'enfant, chargés de son éducation et de son développement, qu'il revient de consentir ou d'autoriser les interventions médicales. Il faut bien comprendre que, contrairement à la règle en matière d'inaptitude des majeurs, l'inaptitude des mineurs de moins de 14 ans en matière médicale ne réfère pas à une situation de fait. Leur inaptitude est automatique, en ce sens qu'elle découle du simple statut de mineur. En d'autres mots, quel que soit le degré de développement mental de l'enfant, son inaptitude en matière médicale est la règle. La seule exception à cette règle, que nous analyserons plus loin, est celle, partielle, du droit de l'enfant de refuser des soins non requis par son état de santé. Le pouvoir parental qui, du point de vue du droit public, s'analyse comme une liberté fondamentale, protégée par l'article 7 de la *Charte canadienne*[127], est un effet de la filiation. Il fait partie des attributs de l'autorité parentale. Ce pouvoir est aussi une contrepartie des devoirs et responsabilités qui incombent aux parents (art. 598 et s. C.c.Q.). Lorsque les circonstances prêtent à l'ouverture d'une tutelle, c'est au tuteur, qui agit alors comme titulaire de l'autorité parentale, qu'il appartient de consentir aux soins (art. 14 et 186 C.c.Q.).

**125.–** *Consentement aux soins et statut parental.* L'autorité parentale est une institution collégiale. C'est dire qu'à moins de décès, de déchéance ou d'impossibilité pour l'un d'entre eux de pouvoir exprimer sa volonté, elle est exercée conjointement par les père et mère de l'enfant (art. 600, al. 2 C.c.Q.).

Il n'est cependant pas nécessaire dans tous les cas d'obtenir le consentement des deux parents. En effet, vis-à-vis les tiers de bonne foi, le père ou la mère qui accomplit seul un acte d'autorité à l'égard de l'enfant est présumé agir avec le consentement de l'autre (art. 603 C.c.Q.)[128]. Dans l'hypothèse où un différend venait à surgir entre les parents à propos des soins à prodiguer à l'enfant, chacun

---

127. *B.(R.)* c. *Children's Aid Society of Metropolitan Toronto,* [1995] 1 R.C.S. 315, EYB 1995-67419 ; *Nouveau-Brunswick (Ministre de la Santé et des Services communautaires)* c. *G.(J.),* [1999] 3 R.C.S. 46, REJB 1999-14250 ; *Office des services à l'enfant et à la famille de Winnipeg* c. *K.K.W.,* [2000] 2 R.S.C. 48, REJB 2000-20378.

128. La tutelle fonctionne sur le même principe de la collégialité et de la présomption à l'égard des tiers de bonne foi : art. 193 et s. C.c.Q.

d'entre eux peut s'adresser au tribunal qui tranchera la question après avoir tenté une conciliation des parties (art. 604 C.c.Q.)[129].

En cas de divorce, de séparation de corps ou de séparation de fait, et nonobstant certains *obiters* de la Cour suprême selon lesquels, à moins d'une ordonnance de garde conjointe, le parent gardien disposerait seul du pouvoir de prendre des décisions[130], la majorité des auteurs québécois, tout en admettant que l'autorité du parent non gardien soit affaiblie, considérait qu'en contexte de séparation, le parent non gardien a non seulement le droit, mais aussi le devoir de participer aux décisions importantes. Cela touche évidemment aussi le choix des traitements médicaux. Le parent gardien est donc tenu de le consulter, sauf décision contraire du tribunal[131]. La Cour d'appel du Québec a clairement consacré cette approche favorisant le principe de la coparentalité post-séparation et post-divorce[132]. Bien entendu, le tribunal pourrait, au nom de l'intérêt de l'enfant, écarter ce principe et investir un seul parent du pouvoir décisionnel en matière médicale. Mais une telle décision n'est rendue que dans des circonstances particulières. Ce pourrait être le cas lorsque les parents ont, à l'égard des soins de santé, des approches irréconciliables[133]. Une interprétation qui s'applique, *a fortiori*, à l'endroit des tiers à qui la garde de l'enfant a pu être confiée par le tribunal et que vient conforter la décision rendue par la Cour suprême dans l'arrêt-clé *T.V.-F et D.F.* c. *G.C.*[134].

La situation est cependant plus complexe lorsque l'exercice de l'autorité parentale a été confiée à des tiers à la suite d'une mesure

---

129. Le tribunal pourrait aussi être saisi sur la base de l'article 16 C.c.Q., l'un des parents pouvant invoquer le refus injustifié de l'autre de consentir ou de poursuivre un traitement. Voir, à titre d'illustration à propos de l'administration d'un vaccin contre la méningite, à la suite d'un programme mis sur pied par le gouvernement, *J.L.* c. *D.B.*, J.E. 2001-2227, REJB 2001-27365 (C.S.).

130. *P. (D.)* c. *S. (C.)*, [1993] 4 R.C.S. 141, EYB 1993-67881 ; *W.(V.)* c. *S.(D.)*, [1996] 2 R.C.S. 108, EYB 1996-67897 ; *Young* c. *Young*, [1993] 4 R.C.S. 3, EYB 1993-67111.

131. M.D. Castelli et D. Goubau, *Le droit de la famille au Québec*, 5e éd., Québec, P.U.L., 2005, p. 333-345 ; J. Pineau et M. Pratte, *La Famille*, Montréal, Éditions Thémis, 2006, p. 855-866.

132. *D.W.* c. *A.G.*, [2003] R.J.Q. 1481, REJB 2003-38730 (C.A.).

133. Voir *D.M.* c. *P.L.*, [2005] R.D.F. 141, EYB 2004-82118 (C.S.) où la mère suit l'avis des experts alors que le père ne croit qu'aux médecines douces et refuse toute médication pour les enfants.

134. *T.V.-F et D.F.* c. *G.C.*, [1987] 2 R.C.S. 244, EYB 1987-67733 : dans cet arrêt, la Cour suprême établit les conditions permettant de confier la garde d'un enfant à un tiers plutôt qu'à son parent et énonce les principes régissant l'exercice de l'autorité parentale en pareilles circonstances.

ordonnée en vertu de la *Loi sur la protection de la jeunesse*[135]. Dans ces circonstances, il convient de distinguer selon qu'il s'agit de soins qui entrent dans le quotidien de l'enfant ou de soins médicaux importants, auxquels seuls les parents sont habilités à consentir. Sauf décision judiciaire leur donnant ce pouvoir, la famille d'accueil ou l'établissement à qui l'enfant a été confié ne pourraient consentir à des soins (que ce soit une consultation médicale, l'administration de médicaments ou tout autre soin) qu'en cas d'affection sans gravité, sous réserve des cas d'urgence et des obligations qui incombent alors au médecin et à l'établissement de santé.

**126.**– *Les limites au consentement parental.* Elles sont de trois ordres. Elles peuvent résulter de circonstances objectives qui font qu'il est impossible de solliciter le consentement des parents ou du tuteur. On parle alors d'absence de consentement. Il existe aussi des limites plus générales qui tiennent à la finalité de l'autorité parentale et qui, sur autorisation du tribunal, permettront de passer outre au refus des parents. Ceci explique également que pour certains types de soins le consentement parental, à lui seul, est insuffisant. Selon la nature de l'atteinte envisagée, particulièrement lorsqu'il s'agit de soins qui ne sont pas requis par l'état de santé, la loi exige l'autorisation du tribunal.

L'absence de consentement parental est généralement liée à une situation d'urgence ou à une impossibilité de rejoindre le titulaire de de l'autorité parentale. Ce dernier cas rejoint l'hypothèse où l'exercice de l'autorité parentale a été déléguée et où l'état du mineur nécessite des soins ou un suivi médical importants. L'autorisation judiciaire est alors incontournable. Contrairement au majeur inapte pour lequel la loi prévoit un mécanisme de représentation informel lorsque le majeur n'a ni mandataire, ni curateur ou tuteur, le mineur ne bénéficie curieusement pas d'un tel mécanisme[136]. Cette protection serait pourtant utile dans certains cas. On peut penser, par exemple, à la situation de l'enfant qui a un statut de réfugié et qui n'est pas pourvu d'un tuteur[137].

**127.**– L'urgence permet donc de passer outre à l'exigence du consentement mais ne permet pas pour autant d'intervenir à tout prix. Il demeure que dans le cas d'un enfant, lorsqu'il s'agit de soins, qui aux

---

135. *Loi sur la protection de la jeunesse*, L.R.Q., c. P-34.1, art. 52 et 54e) et j), 74.1, 76.1 et 91g) et i).
136. S. Philips-Nootens, P. Lesage-Jarjoura et R.P. Kouri, *op. cit.*, note 38, n° 16.
137. *D.-J.S. (Dans la situation de)*, J.E. 2004-2179, EYB 2004-81112 (C.Q.).

yeux des parents peuvent sembler inutiles, de soins inusités ou de soins dont les conséquences peuvent leur apparaître intolérables, le refus parental s'interprète différemment de celui que peut exprimer un patient majeur. Dans ces circonstances, et au même titre que pour des soins non urgents, le médecin ou l'établissement qui considèrent le refus parental déraisonnable peuvent s'adresser au tribunal (art. 16, al. 1 C.c.Q.). Le tribunal prendra alors l'avis d'experts, du titulaire de l'autorité parentale. Il peut prendre aussi l'avis de toute personne qui manifeste un intérêt particulier pour le mineur. Le tribunal est tenu, sauf impossibilité, de recueillir l'avis de ce dernier (art. 23 C.c.Q.), représenté en la circonstance par un tuteur *ad hoc* (art. 394.2 C.p.c.). Le tribunal statuera dans le respect des droits et l'intérêt de l'enfant, conformément à l'article 33 C.c.Q.[138]. C'est ainsi, par exemple, que les tribunaux ont régulièrement autorisé des transfusions sanguines auxquelles les parents s'opposaient pour des motifs d'ordre religieux. Dans ces cas, les tribunaux n'hésitent pas à affirmer que le droit fondamental des parents à la liberté de religion doit céder le pas au droit fondamental de l'enfant à la vie, la sûreté et l'intégrité[139]. On ne peut accepter, en effet, que pour obéir à une règle morale ou religieuse, les parents compromettent la vie ou la santé de leur enfant. Par contre, cela ne signifie pas pour autant que les parents ne peuvent refuser un traitement qu'ils estiment contraire à l'intérêt de l'enfant. Au contraire, l'article 12 C.c.Q. oblige les parents à prendre leur décision dans le seul intérêt de l'enfant. Or, il est des circonstances où le refus de traitement, même s'il doit entraîner le décès de l'enfant, est dans l'intérêt de ce dernier. En ce sens, les tribunaux n'interviendront que si le refus parental est manifestement injustifié, comme l'a rappelé la Cour d'appel dans l'arrêt *Couture Jacquet* c. *Montreal Children's Hospital*[140]. Dans cette décision, qui est souvent citée, il s'agissait d'une enfant de trois ans qui souffrait d'une forme très rare de cancer. La fillette avait déjà subi plusieurs traitements de chimiothérapie et sa mère s'opposait à ce qu'on lui

---

138.  *Goyette (In Re) : Centre de services sociaux du Montréal métropolitain*, [1983] C.S. 429, affaire dans laquelle le juge a autorisé une intervention cardiaque chez une enfant atteinte de trisomie 21, âgée de 26 mois. Dans le même sens, voir *Protection de la jeunesse – 332*, [1988] R.J.Q. 1666 (C.S.) ; *Centre hospitalier Ste-Marie* c. *Fournier*, [1996] R.J.Q. 2325, EYB 1996-30252 (C.S.).

139.  *Centre hospitalier universitaire de Québec* c. *A.*, J.E. 2007-1093, EYB 2007-119927 (C.A.) ; *Hôpital St-François d'Assise* c. *Lacasse*, [1993] R.D.F. 393, EYB 1993-74113 (C.S.) ; voir également *B.(R.)* c. *Children's Aid Society of Metropolitan Toronto,* précité, note 127.

140.  *Couture Jacquet* c. *Montreal Children's Hospital*, [1986] R.J.Q. 1221, 1227, EYB 1986-62351 (C.A.). Voir également *Commission de protection des droits de la jeunesse* c. *C.T. et G.R.*, [1990] R.J.Q. 1674, EYB 1990-76655 (C.S.) et *B.(R.)* c. *Children's Aid Society of Metropolitan Toronto,* précité, note 127.

administre une nouvelle série de traitements. Considérant les souffrances endurées par l'enfant, les effets secondaires importants qu'avaient eus les traitements et les chances de guérison qui étaient de l'ordre de 10 % à 20 %, le tribunal a estimé que la décision de la mère ne pouvait être qualifiée de déraisonnable et il a refusé d'intervenir. En l'espèce, la mère avait correctement exercé son pouvoir de représentation. La Cour conclut que son refus devait être respecté au nom de l'intérêt de l'enfant.

On rappellera, à cet égard, qu'en vertu de la *Loi sur la protection de la jeunesse,* la Cour du Québec, lorsque la sécurité ou le développement de l'enfant est compromis, peut ordonner l'exécution de certaines mesures, notamment que l'enfant soit confié à un centre hospitalier afin qu'il reçoive les soins nécessaires[141], et que le Directeur de la protection de la jeunesse, en cas d'urgence, peut prendre des mesures temporaires avant d'en référer au tribunal[142].

**128.**– *Les soins non requis par l'état de santé de l'enfant.* Il est d'autres situations où l'appréciation de l'intérêt de l'enfant pose problème et où le législateur a estimé qu'elle ne pouvait être laissée complètement aux parents ou aux personnes qui en tiennent lieu. Il s'agit des soins à finalité non thérapeutique. Pour ces soins non requis par l'état de santé de l'enfant, il faut, dans certaines circonstances, que le titulaire de l'autorité parentale ou le tuteur obtiennent l'autorisation du tribunal. Il en est ainsi lorsque ces soins, qui ne visent ni à prévenir, ni à soigner ou à pallier une maladie, une infirmité ou une déficience, présentent un risque sérieux pour la santé du mineur *ou* qu'ils peuvent avoir des effets graves et permanents (art. 18 C.c.Q.). Contrairement au cas du mineur de plus de 14 ans, il ne s'agit pas ici de critères cumulatifs. Le test est donc plus restrictif. Mais les mêmes questions se posent quant à la qualification de certaines interventions qui peuvent ou non être requis par l'état de santé de l'enfant selon les circonstances particulières (la chirurgie esthétique ou l'avortement par exemple).

---

141. À titre d'illustration, voir *Protection de la jeunesse – 1110*, [2000] R.J.Q. 579, REJB 2000-16960 (C.Q.). C'est dire aussi que la Cour supérieure et la Cour du Québec, chacune dans l'exercice de la compétence qui leur est propre, exercent une juridiction concurrente en la matière : *D.-J.S. (Dans la situation de)*, J.E. 2004-2179, EYB 2004-81112 (C.Q.).

142. *Loi sur la protection de la jeunesse*, L.R.Q., c. P-34.1, art. 46 à 48.

# LE CONSENTEMENT AUX SOINS

## LE MINEUR DE MOINS DE 14 ANS

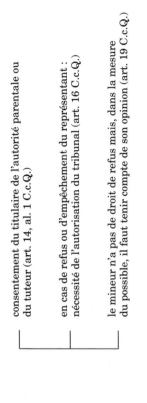

Soins requis par son état de santé

consentement du titulaire de l'autorité parentale ou du tuteur (art. 14, al. 1 C.c.Q.)

en cas de refus ou d'empêchement du représentant : nécessité de l'autorisation du tribunal (art. 16 C.c.Q.)

le mineur n'a pas de droit de refus mais, dans la mesure du possible, il faut tenir compte de son opinion (art. 19 C.c.Q.)

Le principe = le consentement substitué (art. 11, al. 2 C.c.Q.) dans le respect des critères de l'article 12 C.c.Q.

Soins non requis par son état de santé

consentement du titulaire de l'autorité parentale ou du tuteur (art. 18 C.c.Q.)

si risque sérieux ou possibilité d'effets graves et permanents

autorisation du tribunal (art. 18 C.c.Q.)

+ consentement du titulaire de l'autorité parentale ou du tuteur

droit de refus du mineur (art. 23 C.c.Q.)

### 3. Le majeur inapte

**129.–** *L'inaptitude : une question de fait.* Nous avons analysé plus haut la question de l'établissement de l'inaptitude en matière médicale. Rappelons que l'inaptitude est ici une donnée factuelle qui s'apprécie indépendamment de la capacité juridique. Il appartient à celui qui invoque l'inaptitude de démontrer que le patient ne peut faire connaître ses intentions ou sa volonté. Ce peut être pour des raisons tenant à la maladie, la déficience, un affaiblissement dû à l'âge et qui altère les facultés mentales de la personne, comme cela peut être lié à sa condition physique. Dans les faits, l'appréciation de la capacité médicale relèvera, le plus souvent, du médecin traitant. Dans certains cas, on aura recours à une expertise psychiatrique. Toutefois, il faut admettre qu'en matière de maladie mentale, il n'existe pas de critère qui, à lui seul, soit satisfaisant. En contexte psychiatrique, la détermination de la capacité à consentir constitue un enjeu critique d'autant plus important que le législateur consacre une certaine forme de validité du refus de traitement de la personne inapte[143]. Ainsi, devant un refus catégorique, à moins qu'il ne s'agisse de soins d'hygiène ou d'un cas d'urgence, il faudra l'autorisation du tribunal pour pouvoir administrer les soins (art. 16, al. 1 C.c.Q.). Dans le cas des majeurs inaptes, la demande d'autorisation vise souvent la question de l'hébergement de la personne. Nous avons vu plus haut que l'hébergement peut être qualifié de « soins » au sens de l'article 11 C.c.Q. Cependant, il est important de souligner qu'une telle autorisation ne peut être accordée que lorsqu'il est démontré que la santé de la personne dicte impérativement et immédiatement une telle mesure qui ne peut donc être basée sur des conclusions spéculatives. Ainsi, on ne pourrait obtenir une décision judiciaire visant l'hébergement forcé d'une personne pendant une période de soins, chaque fois que du seul avis du médecin traitant l'état de la personne exige un tel hébergement. En effet, seul le tribunal peut ordonner l'hébergement[144]. Soulignons également qu'une demande d'hébergement basée sur les articles 11 et 16 C.c.Q. ne pourrait pas non plus servir à éviter les exigences particulières en matière de mise sous garde en établissement psychiatrique au sens des articles 26 à 31 C.c.Q.

---

143. R.P. Kouri et S. Philips-Nootens, « Le majeur inapte et le refus catégorique de soins de santé : un concept pour le moins ambigu », *loc. cit.*, note 50 ; M. Hébert, « Le refus catégorique : quelques considérations éthiques », dans *Le refus catégorique, op. cit.*, note 56, p. F-1, F-3.

144. *Centre de santé et de services sociaux de Rimouski-Neigette* c. *A.*, 2007 QCCS 1403.

Le droit de refus du majeur inapte peut, à certains égards, sembler paradoxal. L'article 16 C.c.Q. prévoit que l'autorisation judiciaire est nécessaire en présence d'un refus catégorique, à moins qu'il ne s'agisse de soins d'hygiène ou d'un cas d'urgence. Le tribunal peut donc, au nom de l'intérêt du patient, décider de respecter son refus dès lors que celui-ci est catégorique ou, au contraire, autoriser les soins malgré le refus. On comprend que cette règle se fonde sur l'idée que les soins forcés constituent une atteinte au droit à l'intégrité physique et que, par conséquent, ils ne peuvent être imposés à l'inapte qu'au nom d'un impératif de protection. C'est donc ce même principe de protection qui dicte l'idée du respect possible d'un refus catégorique. En même temps, cela revient à dire que l'inapte (et on se souvient que les conditions permettant de conclure à l'inaptitude sont très exigentes), en dépit de son inaptitude, conserve une capacité résiduelle à refuser certains soins, sous réserve d'une autorisation judiciaire. La logique voudrait que, puisqu'il s'agit nécessairement d'une personne inapte, le tribunal ne vérifie le bien-fondé du refus que de manière objective (en se posant la question : les soins sont-ils objectivement dans l'intérêt de la personne qui les refuse ?). Pourtant, l'analyse de certaines décisions démontre que les tribunaux ont plutôt tendance à analyser la question du bien-fondé du refus en passant par le prisme d'un test portant sur l'aptitude ou l'inaptitude de la personne à refuser des soins. Cela aboutit au résultat surprenant qu'il y aurait d'une part une inaptitude à consentir à des soins et, d'autre part, une (in)aptitude à refuser ces mêmes soins...[145]

**130.–** *Consentement substitué et pouvoir de délégation.* En l'absence d'opposition catégorique de la part du majeur inapte aux soins requis par son état de santé, on devra s'adresser aux substituts, conformément à la hiérarchie établie à l'article 15 C.c.Q. Étant donné que la loi permet au tuteur ou au curateur de déléguer la garde et l'entretien du majeur protégé, certains observateurs suggèrent qu'une personne déléguée pourrait donc consentir aux soins requis par son état de santé[146]. Cette interprétation semble cependant faire abstraction du fait que, contrairement à l'article 264 C.c.Q., relatif à l'exercice de la charge par le curateur public, l'article 260, al. 2 C.c.Q. ne prévoit pas spécifiquement la possibilité d'une telle délégation.

Il est vrai qu'à moins qu'elle ne lui ait été confiée par le tribunal, le curateur public n'a pas la garde du majeur auquel il a été nommé tuteur ou curateur (art. 261, al. 1. C.c.Q.). Dans ces circonstances,

---

145. Voir par exemple *Centre hospitalier de Québec* c. *M.G.*, [2007] R.D.F 732 (C.S.) où le tribunal, tout en constatant l'inaptitude de la patiente, conclut à sa capacité à exprimer valablement son refus de soin. En l'espèce, la patiente refusait catégoriquement une trachéotomie qui l'aurait empêchée de continuer à fumer ses trois cigarettes quotidiennes.

146. J.-P. Ménard, *loc. cit.*, note 86, p. E-18.

c'est la personne à qui la garde du majeur protégé a été confiée qui a le pouvoir de consentir aux soins (art. 263, al. 2 C.c.Q.). Par ailleurs, lorsque la garde a été confiée au curateur public, la loi lui permet de déléguer certains éléments de sa charge. Cette délégation peut se faire à toute personne qu'il désigne, pourvu qu'elle ne soit pas une salariée de l'établissement où le majeur est soigné et n'y occupe aucune fonction. Néanmoins, lorsque les circonstances le justifient, il peut passer outre à cette restriction si l'employé de l'établissement est le conjoint ou un proche parent du majeur protégé (art. 264 C.c.Q.). Mais c'est lui qui détermine l'étendue de cette délégation, comme il peut limiter les pouvoirs de la personne à qui la garde du majeur protégé a été confiée par le tribunal. Le curateur public peut donc se réserver le droit de consentir à des soins spécifiques. Mais au même titre que le tuteur ou le curateur privé ou leur délégué, la personne qu'il désigne doit, dans la mesure du possible, maintenir une relation personnelle avec le majeur, obtenir son avis, le cas échéant, et le tenir informé des décisions prises à son sujet[147].

**131.**– *Les soins non requis par l'état de santé.* Contrairement aux soins qui sont requis par l'état de santé du majeur inapte à consentir, seules les personnes mentionnées à l'article 18 C.c.Q., c'est-à-dire le mandataire, le tuteur ou le curateur, peuvent consentir aux soins non requis par l'état de santé de la personne. Toutefois, s'il s'agit de soins qui présentent des risques sérieux pour la santé *ou* qui ont des effets graves et permanents, le représentant de l'inapte doit préalablement obtenir l'autorisation du tribunal. La situation du majeur inapte à consentir s'apparente, en ce sens, à celle du mineur de moins de 14 ans. Cependant, au nombre des interventions les plus susceptibles d'être régies par l'article 18 C.c.Q., on se trouve confronté, dans le cas du majeur inapte, à la question délicate de la stérilisation contraceptive des déficients mentaux. Rappelons que le Code civil exige que tout acte soit posé dans le seul intérêt de la personne (art. 12 C.c.Q.). Les tribunaux se montrent très circonspects à cet égard[148].

---

147. Art. 17 de la *Loi sur le Curateur public,* L.R.Q., c. C-81 et art. 260 C.c.Q.
148. *T.(N.)* c. *N.-T.(C.),* [1999] R.J.Q. 223, REJB 1998-10487 (C.S.). Dans l'affaire *E. (Mrs)* c. *Eve,* [1986] 2 R.C.S. 388, EYB 1986-67712, la Cour suprême du Canada avait estimé qu'on ne pouvait jamais déterminer d'une manière certaine qu'une stérilisation est à l'avantage de la personne et qu'elle ne devrait jamais être autorisée en vertu de la compétence *parens patriae* des tribunaux de common law. Pour une comparaison avec le droit en vigueur dans les provinces de common law, voir K. Savell, « Sex and the Sacred : Sterilization and Bodily Integrity in English and Canadian Law », (2004) 49 *R.D. McGill.* 1093.

Tout comme le mineur de quatorze ans et plus, le majeur inapte jouit d'un droit de refus absolu pour ce qui est des soins non requis par l'état de santé. Encore faut-il que le patient soit capable de s'exprimer et d'être entendu (art. 23 C.c.Q.).

Certains n'ont pas manqué de souligner que la rédaction de l'article 18 C.c.Q. aboutit à un résultat plutôt curieux. En effet, parce que son représentant légal a le pouvoir de consentir seul à des actes de moindre gravité, on pourrait conclure que, contrairement aux cas où le tribunal aura à statuer, le refus de l'inapte n'aurait pas à être respecté[149]. Mais ce serait oublier l'article 12 C.c.Q. et les obligations qui pèsent sur les représentants légaux (notamment tenir compte de la volonté exprimée par la personne, dans la mesure du possible), sans compter les obligations auxquelles sont tenus les professionnels de la santé[150].

---

149. R.P. Kouri et S. Philips-Nootens, *op. cit.*, n° 513.
150. Par ailleurs, l'obligation faite au tribunal en vertu de l'article 23 C.c.Q. de respecter le refus, se comprend bien dans le cadre de l'article 18 C.c.Q. puisque cette disposition vise précisément des soins qui tout en étant non requis par l'état de santé de la personne, représentent néanmoins un risqué sérieux pour celle-ci.

# LE CONSENTEMENT AUX SOINS

## LE MAJEUR INAPTE

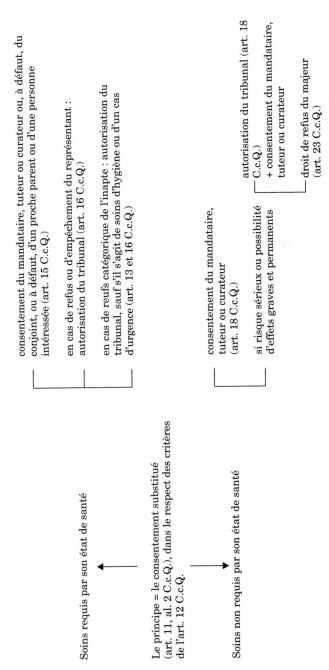

Soins requis par son état de santé

consentement du mandataire, tuteur ou curateur ou, à défaut, du conjoint, ou à défaut, d'un proche parent ou d'une personne intéressée (art. 15 C.c.Q.)

en cas de refus ou d'empêchement du représentant : autorisation du tribunal (art. 16 C.c.Q.)

en cas de reufs catégorique de l'inapte : autorisation du tribunal, sauf s'il s'agit de soins d'hygiène ou d'un cas d'urgence (art. 13 et 16 C.c.Q.)

Le principe = le consentement substitué (art. 11, al. 2 C.c.Q.), dans le respect des critères de l'art. 12 C.c.Q.

Soins non requis par son état de santé

consentement du mandataire, tuteur ou curateur (art. 18 C.c.Q.)

si risque sérieux ou possibilité d'effets graves et permanents

autorisation du tribunal (art. 18 C.c.Q.) + consentement du mandataire, tuteur ou curateur

droit de refus du majeur (art. 23 C.c.Q.)

## §3 - L'aliénation et l'utilisation d'une partie du corps et l'expérimentation

**132.–** Les perspectives offertes par la science et la médecine modernes ont amené le législateur à encadrer l'expérimentation sur les sujets humains ainsi que l'aliénation *in vivo* des éléments et des produits du corps et les dons d'organes prélevés *post mortem*. Ces actes, dont la légitimité repose sur la finalité et le caractère altruiste, étaient déjà normalisés sous le *Code civil du Bas-Canada*[151] et font l'objet de normes plus détaillées dans le *Code civil du Québec*. En effet, le Code réaffirme la licéité des ces interventions, tout en recherchant un juste équilibre entre les intérêts individuels et les intérêts collectifs.

C'est ainsi qu'en ce qui concerne les prélèvements, le législateur a élargi le bassin des donneurs vivants, qui englobe désormais tous les incapables, *i.e.*, mineurs non émancipés, quel que soit leur âge et leur degré de discernement[152], majeurs sous tutelle ou curatelle ou dont le mandat en prévision de leur inaptitude a été homologué par le tribunal. Il en est de même en matière d'expérimentation, alors que dans le *Code civil du Bas-Canada* les majeurs inaptes sous régime de protection, au même titre que les mineurs non doués de discernement, étaient exclus du champ de la recherche. Ces concessions actuelles s'accompagnent toutefois de conditions strictes. En effet, dans le cas particulier des inaptes, le pouvoir d'aliéner une partie du corps est limité aux seuls éléments susceptibles de régénération. Enfin, deux principes sont affirmés avec force : la gratuité de l'acte (art. 25 C.c.Q.) et le respect de l'autonomie qui, en ce qui concerne les mineurs et les majeurs inaptes, se concrétise par la reconnaissance d'un droit de veto lorsque la personne peut l'exprimer (art. 21, al. 1 et

---

151. Art. 20 C.c.B.-C. W.F. Bowker, « Experimentation on Humans and Gifts of Tissues : articles 20-23 of the Civil Code », (1973) 19 *McGill L.J.* 161.

152. Selon l'article 20, al. 2 et 4 C.c.B.-C., le mineur doué de discernement pouvait consentir par écrit à l'aliénation entre vifs d'une partie de son corps ou se soumettre à une expérimentation, « avec l'autorisation d'un juge de la Cour supérieure et le consentement du titulaire de l'autorité parentale à condition qu'il n'en résulte pas un risque sérieux pour sa santé ». Il est vrai, aussi, que la notion de discernement, telle qu'interprétée par les tribunaux, avait conduit à reconnaître à des enfants de trois à cinq ans la capacité de consentir à de tels prélèvements, s'agissant, plus particulièrement, de transplantations intra-familiales : *Cayouette* et *Mathieu*, [1987] R.J.Q. 2230, EYB 1987-78462 (C.S.). Sur les dérives auxquelles cette disposition a donné lieu, voir R.P. Kouri, « The Law Governing Human Experimentation in Quebec », (1991) 22 *R.D.U.S.* 77 ; « Le consentement aux soins médicaux à la lumière du projet de loi 20 », (1987) 18 *R.D.U.S.* 27 ; P. Deschamps et D. Sauvé, « Aspects juridiques de la transplantation de moelle osseuse », (1981) 16 *Le médecin du Québec* 51.

23, al. 2 C.c.Q.). Ces principes rappellent que donneurs et sujets d'expérimentation sont des personnes sociales et non pas simplement des corps biologiques. D'où l'insertion de dispositions sur l'utilisation, à des fins de recherche, des éléments et des produits du corps prélevés dans le cadre de soins.

### A. Les prélèvements à des fins scientifiques ou thérapeutiques

**133.– Les conditions.** Toute personne majeure, apte à consentir, peut aliéner entre vifs une partie de son corps pourvu que le risque couru ne soit pas hors de proportion avec le bienfait qu'on peut raisonnablement en espérer (art. 19, al. 1 C.c.Q.). Autrement dit, « entre l'inconvénient accepté par celui qui subit l'intervention et l'avantage prévu ou espéré, il doit y avoir un certain équilibre, ou mieux un déséquilibre en faveur de l'avantage espéré »[153].

Il y a donc une obligation de renseignement beaucoup plus lourde qui pèse sur le corps médical compte tenu du caractère altruiste du geste, particulièrement lorsqu'il s'agit d'un organe, ce qui n'autorise pas à minimiser pour autant les risques auxquels peuvent être exposés ceux qui consentent à d'autres types de prélèvements corporels. On peut penser, notamment, au prélèvement d'échantillons d'ADN qui, comme tel, ne comporte pas de risque pour la santé du donneur, mais qui peut révéler sur lui des informations dont la connaissance peut lui être individuellement ou socialement préjudiciable.

Le consentement doit être donné par écrit (art. 24, al. 1 C.c.Q.). Ce formalisme se justifie par le souci de protéger efficacement tant le donneur que l'équipe ou le médecin appelé à effectuer le prélèvement. Par contre, l'article 24 C.c.Q. dispose expressément que la révocation du consentement peut être faite verbalement, permettant ainsi au donneur de changer d'avis à tout moment.

Le don est soumis à d'autres conditions : l'aliénation ne peut être répétée si elle présente un risque sérieux pour la santé et elle doit être gratuite (art. 25, al 1 C.c.Q.). Est-il nécessaire de rappeler que l'aliénation d'une partie du corps ou d'une substance corporelle ne peut être que volontaire et qu'un tribunal ne pourrait jamais l'ordonner ? C'est ainsi que dans le cadre d'une ordonnance de droit de visite à l'égard d'un nourrisson, un tribunal a souligné, à juste titre,

---

153. Office de révision du Code civil, *Rapport sur la reconnaissance de certains droits concernant le corps humain*, Montréal, 1971, p. 14.

que d'ordonner à une mère de remettre du lait maternel au père pour qu'il puisse nourrir lui-même l'enfant, serait une atteinte inacceptable à l'intégrité physique de la mère[154].

**134.**– Dans le cas des mineurs et des majeurs inaptes, les conditions de l'aliénation sont encore plus strictes. Le prélèvement ne peut, dans ces cas, comporter de risques sérieux pour la santé du donneur et l'aliénation est limitée aux parties du corps susceptibles de régénération, comme le sang ou la mœlle osseuse. En ce qui concerne les majeurs inaptes, ne sont autorisés que les dons faits par une personne sous régime de protection ou dont le mandat en prévision d'inaptitude a été homologué (art. 19, al. 2 C.c.Q.). Les mineurs, quel que soit leur âge, sont assimilés aux majeurs inaptes pour ce qui est de l'aliénation d'une partie du corps entre vifs. En matière de dons corporels, comme en matière d'expérimentation, les mineurs sont considérés comme des incapables. La loi ne reconnaît pas ici un statut particulier à l'adolescent. Dans tous les cas de mineurs, le consentement du titulaire de l'autorité parentale ou du tuteur est requis. Signe de l'importance qu'attache le législateur à la protection des enfants et des inaptes lorsqu'il s'agit d'aliénation d'une partie du corps, l'autorisation du tribunal est exigée dans tous les cas[155]. Entrent ici en ligne de compte, non seulement le caractère exceptionnel de l'acte qui profite à autrui, mais aussi le risque de conflit d'intérêts, particulièrement lorsqu'il s'agit de transplantations intrafamiliales. Il convient, en effet, de ne pas minimiser le risque que des pressions pourraient être exercées sur ces personnes vulnérables, particulièrement quand ces personnes sont incapables d'exprimer ce refus. Si la personne refuse l'aliénation, on peut comprendre que le tribunal soit tenu de respecter leur refus, contrairement à ce qui prévaut en matière de soins requis par l'état de santé (art. 23, al. 2.C.c.Q.).

Toutefois, au-delà de la distinction entre les parties susceptibles ou non de régénération, il nous semble que le législateur aurait pu opérer des distinctions plus spécifiques entre les différents éléments corporels et qu'il devrait attribuer un statut particulier aux éléments du corps qui sont susceptibles de transmettre la vie. En effet, les gamètes ne sont pas des produits du corps ni des cellules comme les autres. Le donneur de gamètes ne dispose pas simplement d'une chose, comme c'est le cas pour les autres parties du corps. À

---

154.   *S.A.* c. *P.T.*, [2004] R.D.F. 447, REJB 2004-54934 (C.S.).
155.   Voir *Collin Re,* EYB 2007-118477 (un mineur de 16 ans est autorisé à se soumettre au prélèvement de 20 % du total de sa mœlle osseuse, l'objectif étant de traiter son frère atteint d'un cancer du sang).

la différence du don d'organe, on peut dire qu'ici le don se perpétue[156]. Si l'on peut admettre que par l'apport de ses « forces génétiques » une personne puisse contribuer au projet parental d'autrui ou au développement de la science et que, par voie de conséquence, les gamètes puissent être considérées comme des choses, on devrait leur reconnaître une indisponibilité relative. Certes, le don de gamètes est encadré en partie par le Code civil et en partie par la loi fédérale sur la procréation assistée qui interdit notamment « d'obtenir l'ovule ou le spermatozoïde d'une personne de moins de 18 ans et de l'utiliser, sauf pour le conserver ou pour créer un être humain qui sera élevé par cette personne »[157]. Cette loi interdit également l'achat ou l'offre d'achat de gamètes, mais non la vente, tout en prévoyant la possibilité pour les donneurs, sur présentation d'un reçu, et en conformité avec les règlements et avec l'autorisation de l'Agence canadienne de contrôle de la procréation assistée, de se faire rembourser les frais qu'ils ont encourus[158].

### B. L'utilisation de parties du corps prélevées dans le cadre de soins à des fins de recherche

**135.– Une transparence nécessaire.** L'avancement de la science et l'amélioration des soins dictent que l'on puisse utiliser, à des fins de recherche, des parties du corps qui ont été prélevées dans le cadre des soins. Cet impératif ne permet cependant pas d'écarter le principe du respect des droits des personnes[159]. C'est pourquoi le Code, dans un souci de cohérence, exige le consentement de la personne concernée ou de celle habilitée à consentir pour elle. Ici encore, le consentement doit être donné par écrit et il peut être révoqué en tout temps[160]. Le Code vise l'utilisation d'une partie du corps pour des fins de recherche, mais il est muet sur la question de l'utilisation à des fins thérapeutiques[161]. En l'absence de toute référence à des fins thérapeutiques, doit-on en conclure que le Code civil n'exige le consente-

---

156. R.P. Kouri et S. Philips-Nootens, *op. cit.*, note 37, n° 27.
157. *Loi sur la procréation assistée et la recherche connexe*, L.C. 2004, c. 2, art. 9.
158. *Ibid.*, art. 12.
159. *Comm.*, t. I, p. 25.
160. Art. 22 et 24 C.c.Q. Ainsi que le soulignent certains auteurs, logiquement, la désignation de ceux pouvant consentir pour autrui et les conditions de validité de leur consentement dépendraient de la nature des soins, la loi étant plus exigeante à l'égard des soins non requis par l'état de santé de la personne. La question qui se pose alors à cet égard est de savoir si les autres conditions de validité du consentement aux soins s'appliquent à la permission additionnelle nécessaire afin d'effectuer des recherches. Dans le cas du mineur de plus de 14 ans, sauf un risque particulier dont celui-ci pourrait mal mesurer la portée, sa seule autorisation serait alors suffisante : R.P. Kouri et S. Philips-Nootens, *L'intégrité de la personne*, *op. cit.*, note 37, n° 31.
161. A. Bertrand-Mirkovic, « La licéité du prélèvement du sang du cordon ombilical à la naissance en droit québécois », (2003) 38 *R.J.T.* 495-503.

ment qu'en amont et non pas en aval, ce qui reviendrait à dire que le consentement n'est plus nécessaire, dès lors que les éléments qui sont prélevés sont utilisés pour les fins de produits finis ? Selon certains auteurs, l'article 22 C.c.Q., *prima facie*, ne défendrait pas à l'individu de demander une contrepartie pour l'obtention de son consentement à l'utilisation de ses produits biologiques pour des fins de recherche[162]. La question mérite d'être posée, en rappelant que les droits sur le corps ont été rangés formellement dans la catégorie des droits extrapatrimoniaux.

**136.–** Ces prélèvements ne sont pas directement attentatoires à l'intégrité physique de la personne puisqu'ils sont effectués dans le cadre de soins qui sont prodigués dans son propre intérêt. Qui plus est, les formulaires de consentement utilisés dans les centres hospitaliers comportent une clause prévoyant l'abandon ou la cession des tissus prélevés au cours des interventions chirurgicales en faveur de l'établissement, faisant ainsi de la prise en charge de ces déchets biologiques une partie intégrante du contrat hospitalier[163]. Il n'en demeure pas moins que l'utilisation que l'on peut faire de ces déchets médicaux[164] peut choquer la conception de la dignité que la personne a d'elle-même. Les patients ignorent généralement que certains de ces « déchets » sont recyclables et qu'on peut les stocker (par exemple les valves cardiaques ou les os), les transformer, les utiliser pour la fabrication de médicaments ou pour fins de recherche, voire de produits cosmétiques (par exemple le placenta). Les « déchets hospitaliers » ont longtemps été considérés par le droit comme des choses abandonnées *(res derelictae)* appropriables par celui qui s'en empare, sans qu'il soit nécessaire que le patient en soit informé. Le législateur a donc rompu avec ces pratiques discutables. Il ne faut pas ignorer les avantages économiques importants qui peuvent résulter de l'utilisation de ces parties du corps[165]. Après transformation, les produits

---

162.  R.P. Kouri et S. Philips-Nootens, *L'intégrité de la personne, op. cit.*, note 37, n° 39. Voir cependant *contra :* R.W. Marusyk et M.S. Swain, « A Question of Property Rights in the Human Body », (1989) 21 *R.D.U.S.* 351. Selon ces auteurs, les prélèvements, tels que régis par l'article 20 C.c.B.-C., pouvaient faire l'objet de droits patrimoniaux, ce qui n'est plus le cas selon le C.c.Q.

163.  Toutefois, cet abandon ou cette cession n'autorise pas pour autant l'établissement à les utiliser pour la recherche : voir S. Gascon, *L'utilisation médicale et la commercialisation du corps humain*, Cowansville, Éditions Yvon Blais, Collection Minerve, 1993, p. 59.

164.  Le *Règlement d'application de la Loi sur la protection de la santé publique*, R.Q., c. L-0.2, r. 1, qualifie de « restes humains » une partie du corps d'un être humain décédé ainsi que les parties détachées du corps d'un être humain vivant (art. 2r)).

165.  Sur ce plan, la décision rendue par la Cour d'appel de la Californie dans l'affaire *Moore* a permis de mettre en évidence qu'un patient pouvait recéler des trésors insoupçonnés et que sur le terrain l'intérêt du chercheur prime parfois sur celui

prélevés peuvent en effet être commercialisés. Il existe aujourd'hui des médicaments fabriqués à partir de produits d'origine humaine. Certains produits ainsi prélevés sont intimement liés à l'identité de la personne. C'est le cas, notamment, des produits de type moléculaire ou, plus communément, de l'ADN. Il en est de même des gamètes et des tissus fœtaux ou des « produits d'avortement » qui touchent à l'intimité de la femme concernée[166]. Dans ces circonstances, il apparaît normal que la personne puisse avoir un droit de regard sur le sort des produits prélevés. Cela implique que la personne soit informée de leur utilisation et qu'elle ait donné son consentement libre et éclairé.

La question est particulièrement sensible dans le domaine de la génétique, notamment lorsque l'échantillon prélevé a gardé un caractère nominatif et qu'il peut servir à des recherches ultérieures. La question du consentement éclairé et l'obligation de renseignement qui le sous-tend prend ici un relief particulier eu égard à l'information que permet d'obtenir son analyse. La question de la protection de la vie privée est posée. Or il est loin d'être certain que, telle qu'organisée par le droit actuel, la protection des renseignements personnels soit adaptée à l'information génétique.

## C. L'expérimentation

**137.**– *De la légitimité à la légalité.* Devenue nécessité sociale, l'expérimentation sur les sujets humains est entrée dans le champ de la légalité et elle a acquis droit de cité dans le Code civil. L'expérimentation était régie de façon minimale par le *Code civil du Bas-Canada* qui, sur ce point, référait aux grands principes dégagés par la bioéthique, c'est-à-dire « consentement libre et éclairé du sujet, caractère scientifique de la recherche, proportionnalité acceptable entre le bénéfice escompté et les risques pour le sujet et, enfin, conformité à l'ordre public »[167]. L'expérimentation fait aujourd'hui l'objet d'une régle-

---

du thérapeute : *Moore* c. *Regents of the University of California*, 249 Cal. Rptr. 494 (Cal. Ap. 2 Dist., 1988) ; 271 Cal. Rptr. 146 (Cal. Sup. Ct. 146) ; permission d'appeler à la Cour suprême des États-Unis refusée, 499 U.S. 936. Voir également, B.M. Dickens, « Conflicts of Interest in Canadian Health Care Law », (1995) 21 *Am. J. of Law and Med.* 259. Sur la question des brevets, voir J.-C. Galloux, « La brevetabilité des éléments et des produits du corps humain ou les obscurités d'une loi grand public », (1995) I *J.C.P.* 3872.

166. Commission royale sur les nouvelles techniques de reproduction, *Un virage à prendre en douceur,* ministre des Services gouvernementaux Canada, Ottawa, 1993, vol. 1, Recommandation n⁰ 188, p. 722.

167. J.-L. Baudouin, « Les expériences biomédicales sur l'être humain : modèle et modalités des systèmes actuels des droits de la personne », dans *Expérimentation biomédicale et droits de l'Homme*, Paris, P.U.F., 1988, p. 72.

mentation plus serrée. Tout en réaffirmant les grands principes précédemment évoqués en ce qui concerne les majeurs aptes à s'obliger, soit le consentement libre et éclairé, la proportionnalité des risques et des bénéfices (art. 20 C.c.Q.) et l'absence de contrepartie financière (art. 25 C.c.Q.), le Code civil élargit le champ de l'expérimentation aux majeurs protégés et à l'ensemble des personnes mineures. Leur participation est essentielle dans le cadre de la recherche sur certaines maladies, ce qui pose de façon aiguë la question de l'équilibre entre cet impératif de participation et la protection des enfants et des inaptes[168]. Les exigences à leur endroit sont cependant beaucoup plus strictes.

**138.–** *La préséance du droit à l'intégrité sur le droit à l'autonomie.* Participer à un projet de recherche n'est pas un geste anodin lorsqu'il implique une expérimentation. Nombre de protocoles de recherche comportent une part de risques, parfois importants, pour les personnes qui y prêtent leur concours. Ces risques ne se limitent pas aux complications organiques ni aux effets secondaires qui peuvent être associés à la prise d'une médication à l'essai[169] ou à l'assujettissement à une technique expérimentale ou invasive, ils peuvent également entraîner l'humiliation, la perte de dignité et le sentiment d'être exploité. Les règles relatives au consentement sont donc très strictes. La personne sollicitée pour participer à un projet de recherche doit recevoir une information complète, particulièrement quant aux risques[170]. En effet, la proportionnalité risques-bénéfices constitue le test de validité de l'acte et représente donc une importante limite au pouvoir de la personne de disposer d'elle-même[171]. La question de l'équilibre entre les risques et les bénéfices se pose de façon particulièrement délicate lorsqu'il s'agit de recherche en génétique[172] de même que dans les cas où la personne qui accepte de se

---

168.  J. Samuel, R. Alemdjrodo et B. M. Knoppers, « Les droits de l'enfant et la thérapie génique : les enjeux éthiques et les particularités de l'article 21 du *Code civil du Québec* » , (2006) 66 *Revue du Barreau du Québec* 183.

169.  Au-delà des dispositions du Code, les essais de médicaments sont assujettis, au Canada, à la *Loi sur les aliments et drogues* (L.R.C. (1985), c. F-27), ainsi qu'à la réglementation qui la complète (C.R.C., c. 870) : voir M. Gagné, *Le droit des médicaments*, Cowansville, Éditions Yvon Blais, 2005.

170.  Voir notamment à ce propos les décisions rendues dans les affaires *Halinshka* c. *University of Saskatchewan*, (1966) 53 D.L.R. (3d) 436 (Sask. C.A.) et *Weiss* c. *Solomon*, [1989] R.J.Q. 731, EYB 1989-95790 (C.S.).

171.  R. Drouin et C. Bouffard, « Le consentement et la communication des bienfaits et des risques de la recherche », dans *La recherche en génétique et en génomique : droits et responsabilités*, Montréal, Éditions Thémis, 2005, p. 75-89.

172.  K. Cranley-Glass, « L'appréciation et l'évaluation des risques et des bénéfices : un équilibre délicat », dans *La recherche en génétique et en génomique : droits et responsabilités*, Montréal, Éditions Thémis, 2005, p. 61-74.

soumettre à l'expérimentation en espère des bienfaits personnels en raison de son état de santé désespéré et risque donc de sous-évaluer les risques[173].

Le caractère libre et éclairé du consentement implique aussi que l'information donnée ne soit pas trop complexe et qu'elle soit donnée dans des termes compréhensibles pour la personne dont le consentement est sollicité[174]. La compréhension réelle de l'information est une condition essentielle du caractère libre et éclairé du consentement[175]. À la différence des soins ordinaires, l'aspect négatif de protection l'emporte sur le droit à l'autonomie[176]. L'obligation de renseignement du chercheur s'en trouve d'autant plus alourdie et il n'existe aucune place, en la matière, « pour le privilège thérapeutique ou la renonciation à être informé même si tel est le souhait du sujet ».

**139.–** *La gratuité.* Toute expérimentation doit être gratuite, en ce sens que le sujet de recherche ne peut recevoir une rémunération pour sa participation (art. 25, al. 2 C.c.Q.). L'interdiction de recevoir une contrepartie financière renforce la dimension de protection qui domine l'ensemble du dispositif législatif relatif aux actes de disposition du corps au bénéfice d'autrui. Toutefois, en matière de recherche, le sujet peut recevoir une indemnité en compensation pour les pertes et inconvénients subis. Il demeure que la délimitation des frontières entre indemnisation et rémunération est parfois ténue. Les compagnies pharmaceutiques se montrent en effet parfois fort généreuses et les indemnités versées débordent bien souvent le cadre d'une indemnité, ce qui constitue une forme déguisée de sollicitation. Chose certaine, l'indemnité ne devrait jamais prendre des proportions qui la transformeraient en un incitatif à participer à une expérimentation car c'est précisément pour éviter cet écueil que la loi interdit la

---

173. Collège des médecins du Québec, *Le médecin et la recherche clinique*, Montréal, juillet 2007 (www.collegedesmedecins.qc.ca) ; D. Joncas et S. Philips-Nootens, « Le malentendu thérapeutique ; un défi pour le consentement médical en recherche clinique », (2005-2006) 36 *R.D.U.S.* 133.

174. À ce sujet, voir les constats dans J.P. Cabanac et M. Giroux, « Le formulaire de consentement à la recherche : incompatibilité entre le droit des personnes et le droit des contrats », (2006-2007) 37 *R.D.U.S.* 235-274.

175. D. Joncas, « Le consentement libre et éclairé : la communication des bienfaits et des risques de la recherche », dans *La recherche en génétique et en génomique : droits et responsabilités*, Montréal, Éditions Thémis, 2005, p. 17-31.

176. A. Fagot-Largeault, « L'expérimentation humaine et les questions d'autonomie, de don et de solidarité », dans M.-H. Parizeau (dir.), *Les fondements de la bioéthique*, Bruxelles, De Boeck Université, Collection « Sciences, éthiques, sociétés », 1992, p. 143, 144.

contrepartie financière[177]. L'argument de certains chercheurs qui consiste à présenter les sujets de l'expérimentation comme des partenaires du projet de recherche dont la participation mérite, en équité, une reconnaissance financière, peut paraître séduisant mais il n'en va pas moins directement à l'encontre de l'article 25, al. 2 C.c.Q. Il soulève ainsi le spectre des expérimentations auxquelles des personnes démunies n'acceptent de se soumettre que pour des raisons financières.

**140.–** *Les règles spécifiques à l'expérimentation sur les mineurs et les majeurs inaptes : des dispositions ambiguës.* Les dispositions du Code civil qui encadrent l'expérimentation sur les mineurs et les majeurs inaptes soulèvent plusieurs questions. La première est celle de la délimitation des frontières entre l'expérimentation sur une seule personne, l'expérimentation sur un groupe de personnes et les soins innovateurs (art. 21, al. 2 et 4 C.c.Q.). À ces trois catégories de situations déjà couvertes lors de la réforme de 1991[178], s'ajoute depuis 1998 l'expérimentation en cas d'urgence (art. 21, al. 3 C.c.Q.). De plus, dans le cas particulier des majeurs inaptes en situation d'urgence, il faut distinguer ceux qui sont sous régime de protection et ceux qui, en raison du caractère subi de leur inaptitude, ne peuvent être pourvus d'un représentant légal dans les délais à l'intérieur desquels une intervention à caractère expérimental pourrait être efficace.

En distinguant, comme il l'avait fait en 1991, l'expérimentation sur une seule personne de l'expérimentation sur un groupe de personnes, le législateur semblait vouloir s'écarter de la logique qui conduit à opposer thérapie et recherche. Les avancées de la médecine moderne tendent en effet à démontrer que ces deux domaines, posés *a priori* comme distincts, se chevauchent. En ce sens, il était permis d'affirmer que ce n'est pas seulement l'objectif poursuivi qui avait guidé le législateur, mais aussi la démarche, voire les moyens employés pour l'atteindre. L'affirmation demeure tout aussi valable aujourd'hui mais elle mérite d'être nuancée.

En effet, quelle que soit la situation envisagée, l'expérimentation dont traite l'article 21 C.c.Q. doit s'inscrire dans un projet de

---

177.   Le Collège des médecins du Québec rappelle donc à juste titre dans son guide sur la recherche clinique que les « indemnités ne doivent aucunement avoir pour effet d'exercer sur le sujet une influence pouvant indûment l'amener à participer » : Collège des médecins du Québec, *Le médecin et la recherche clinique*, Montréal, juillet 2007, p. 26.

178.   Art. 21 ancien, al. 2 et al. 3 C.c.Q.

recherche. Elle doit donc faire appel à la méthode scientifique, *i.e.* un ensemble de règles, de principes normatifs sur lesquels reposent les démarches que suit l'esprit pour vérifier une hypothèse ou démontrer la vérité[179]. C'est dire aussi qu'on doit exclure du champ de l'expérimentation toute initiative spontanée comme celle du médecin qui, face « à un conflit entre l'intérêt de son patient et le souci de l'exactitude scientifique », recourt, dans des cas souvent extrêmes, à un traitement ou à une procédure inédite, *i.e.* non validée, non éprouvée et non approuvée par ses pairs[180]. Une telle conduite, qui tient plutôt de l'expérience, entendue au sens commun du terme, et où l'on fait appel à l'exploitation des connaissances acquises, relève davantage de la notion floue de soins innovateurs.

Pour certains, la notion de soins innovateurs dont traite l'article 21 *in fine* C.c.Q. renverrait à des traitements déjà éprouvés et approuvés, mais utilisés à d'autres fins que celles pour lesquelles ils ont été agréés[181], soit encore à la modification de techniques ou de procédures standardisées, c'est-à-dire à des traitements dont l'efficacité a été établie mais dont les modalités d'application ou les indications exactes, faute d'expérience, restent à préciser[182].

On comprend mieux, dès lors, les craintes de certains face au pouvoir discrétionnaire dont jouissent les comités d'éthique de la recherche (C.É.R.) puisque ce sont eux, en définitive, qui trancheront entre ce qui relève de la volonté de soigner, par opposition à la volonté de savoir. Cela est d'autant plus vrai si l'on part du principe que « toute recherche thérapeutique a nécessairement une composante

---

179. Voir, sur ce point, l'énoncé de politique des trois grands organismes fédéraux qui subventionnent la recherche au Canada : « il doit s'agir d'un projet de « recherche », terme qui désigne toute investigation systématique visant à établir des faits, des principes et des connaissances généralisables » : *Énoncé de politique des trois Conseils : Éthique de la recherche avec des êtres humains*, Ottawa, ministre des Approvisionnements et Services Canada, août 1998, p. i.1.

180. En ce sens, voir le document de réflexion sur la recherche auprès des enfants du Conseil national de la bioéthique en recherche chez les sujets humains (CNBRH, devenu depuis Conseil national d'éthique en recherche chez l'humain (CNERH) qui définit la « thérapie novatrice comme étant une intervention nouvelle ou non standardisée, et non évaluée, dont l'objectif est d'obtenir un bienfait direct au patient » : CNBRH, *Réflexions sur la recherche auprès des enfants*, Ottawa, décembre 1993, p. viii.

181. I. Panisset, *L'innovation médicale et la pratique : aspects juridiques et applications*, mémoire de maîtrise, Université de Sherbrooke, 1990.

182. Voir en ce sens, la définition proposée par le Conseil d'évaluation des technologies de la santé (CETS) dans le cadre de son rapport préliminaire sur les transplantations d'organes au Québec : *La transplantation au Québec, rapport préliminaire sur l'efficacité, les coûts et les caractéristiques organisationnelles*, Montréal, 1991, p. 2 et 3.

novatrice », ce qui revient à dire que tout peut être classé sous la rubrique des soins innovateurs et qui rend, par le fait même, cette notion inopérante[183]. Devant la diversité des interprétations, il est à craindre que les mesures de protection mises en place par le législateur ne soient qu'un leurre[184].

**141.–** De fait, c'est sans doute le mot « expérimentation » qui porte le plus à confusion. Car, en définitive, c'est bien la recherche sur les sujets humains que le législateur a voulu tout à la fois permettre et encadrer, et non pas l'expérimentation, au sens vulgaire du terme, dont les bénéfices sont plus qu'aléatoires et qui, s'agissant ici de personnes vulnérables, pourrait conduire à leur exploitation. Cette interprétation se trouve confortée par les amendements apportés à l'article 21 du Code civil en 1998[185] dans lequel on a introduit la notion d'expérimentation en cas d'urgence et dont on aurait pu penser jusqu'alors qu'elle était couverte par celle de soins inusités. Il convient pourtant de ne pas confondre la notion d'expérimentation qui se trouve dans le Code, avec celle de projet de recherche qui s'y trouve aussi. Si la loi exige que l'expérimentation s'inscrive dans le cadre d'un projet de recherche, c'est bien qu'il s'agit de deux notions distinctes[186]. Tout acte de recherche ne se qualifie pas d'emblée comme expérimentation visée par les dispositions du Code. La simple observation ou la simple compilation statistique s'inscrivant dans un projet de recherche ne devient pas une expérimentation si elle n'implique aucune dimension d'essai ou d'intervention sur ou avec la personne. D'autre part, s'il est clair que l'expérimentation met en jeu l'intégrité physique ou psychologique de la personne, il convient pourtant de souligner que ce n'est pas la notion de risque qui définit l'expérimentation. La notion de risque permet, par exemple, de décider si un enfant ou un majeur inapte peut être soumis à une expérimentation, mais elle ne participe pas de la définition de cette notion. Il peut y avoir des expérimentations sans risques, d'autres dont le risque est acceptable ou trop élevé. Il n'en demeure pas moins qu'il peut s'agir d'expérimentations. Par conséquent, dès lors qu'il s'agit d'une expérimentation et même en l'absence de risque, les exigences de l'article 21 C.c.Q. s'imposent.

---

183. C. Roy, « L'expérimentation auprès des mineurs et des inaptes », *Bulletin de la Société de médecine et de droit du Québec*, mai 1995, p. 2.
184. Voir à ce sujet les documents de consultation du ministère de la Santé et des Services sociaux, *Plan d'action ministériel pour une éthique en recherche. Établissements du réseau de la santé et des services sociaux – Document de consultation*, Québec 2007 et *Plan d'action ministériel pour une éthique en recherche. Universités dont les comités d'éthique de la recherche sont désignés par le ministre de la Santé et des Services sociaux – Document de consultation*, Québec, 2007.
185. *Loi modifiant le Code civil et d'autres dispositions législatives*, L.Q. 1998, c. 32.
186. Pour une proposition de distinction entre l'expérimentation et la recherche, voir E. Lévesque, « Les exigences légales entourant le consentement dans la recherché avec des enfants et des adultes inaptes : une piste de solution aux difficultés posées par les articles 21 et 24 C.c.Q. », (2006) 51 *R.D. McGill* 385.

Chacune des catégories à l'intérieur desquelles s'inscrit l'expérimentation dont traite l'article 21 C.c.Q. est régie par des règles générales et spécifiques. Il convient donc de s'arrêter sur les conditions de validité de l'expérimentation sur les mineurs et les majeurs inaptes.

**142.– *Les conditions de l'expérimentation*.** L'expérimentation, telle qu'encadrée par l'article 21 C.c.Q., conduit à distinguer l'expérimentation sur une personne, l'expérimentation sur un groupe de personnes et l'expérimentation en situation médicale d'urgence. Lorsque l'expérimentation ne vise qu'une seule personne, l'article 21 C.c.Q. exige qu'on puisse en espérer un bienfait pour la santé du mineur ou du majeur inapte. Il s'agit donc d'expérimentation à finalité thérapeutique ou de thérapie expérimentale.

Dans le cas de l'expérimentation qui vise un groupe de personnes, on doit pouvoir s'attendre à des résultats qui sont bénéfiques pour les personnes possédant les mêmes caractéristiques d'âge, de maladie ou de handicap que les membres du groupe. Cette condition a pour résultat qu'il n'est pas permis de soumettre les personnes inaptes et les mineurs à des expérimentations qui portent sur des maladies ou sur des questions médicales qui ne concernent pas leur groupe. Le bénéfice espéré peut donc être direct ou indirect : direct, dans la mesure où certains membres du groupe (par exemple, ceux qui reçoivent un médicament à l'essai) peuvent voir leur état s'améliorer ; indirect dans la mesure où il s'agit d'approfondir des connaissances qui déboucheront, à moyen ou à long terme, sur de nouveaux traitements. Dans un cas comme dans l'autre, le consentement à l'expérimentation ne peut être exprimé que par le représentant légal du mineur ou du majeur inapte. C'est dire aussi qu'aux fins de l'expérimentation, le mineur, dans un souci de protection, est considéré comme un incapable. Inhabiles aux yeux de la loi à consentir à une expérimentation, les mineurs et les majeurs inaptes peuvent cependant refuser d'y participer. Encore faut-il qu'ils puissent comprendre la nature et les conséquences de l'acte pour que ce refus soit respecté. La capacité de discernement se présente désormais comme une condition qui permet l'opposition à l'acte. En d'autres termes, c'est le refus qui devient volontaire. C'est dire aussi que seul le mineur doué d'un certain degré de discernement ou le majeur inapte dont les facultés sont simplement réduites ou limitées, peuvent valablement opposer leur veto.

L'exigence, pour ce qui est des inaptes majeurs, d'être représenté par un mandataire, un tuteur ou un curateur, est dictée par le souci de protection. Le revers de la médaille est, bien entendu, qu'en dehors d'une telle représentation, l'expérimentation n'est pas possible, ce que plusieurs observateurs dénoncent[187].

**143.–** L'expérimentation en situation médicale d'urgence constitue une exception puisqu'elle permet d'inclure dans un protocole de recherche des majeurs devenus inaptes subitement et qui n'ont pas nécessairement de représentant légal. Cette exception est motivée par l'intérêt du patient comme par l'intérêt général, dans la mesure où l'expérimentation doit être effectuée rapidement après l'apparition de l'état qui y donne lieu. Dans ces circonstances, et afin de ne pas priver ces personnes des bénéfices potentiels de la recherche, le conjoint ou, à défaut, un parent proche ou une personne qui présente pour le majeur un intérêt particulier peuvent consentir à ce que celui-ci soit soumis à une expérimentation. Indépendamment des conditions énumérées précédemment, l'expérimentation doit répondre à certains critères qui s'appliquent de façon uniforme à chacune des situations. Ainsi, l'expérimentation ne doit pas présenter de risques sérieux pour la santé du mineur ou du majeur inapte. Cette condition est plus rigoureuse que la règle de la proportionnalité de l'article 20 C.c.Q. à laquelle est assujettie l'expérimentation sur le majeur qui est apte. Elle doit aussi revêtir un caractère scientifique. Cela explique la nécessité de l'inscription de l'expérimentation dans un projet de recherche qui doit être approuvé et contrôlé par un comité d'éthique accrédité par le ministre de la Santé et des Services sociaux.

**144.–** Ces comités qui, à l'origine, ne jouissaient que d'un simple pouvoir de recommandation auprès du ministre responsable de l'approbation des projets[188], se voient investis de pouvoirs et de responsabilités considérables, puisque c'est sur eux que reposent l'encadrement et le contrôle de la recherche. Le comité d'éthique de la recherche a pour mission de s'assurer que toute demande qui lui est soumise est respectueuse de la dignité, du bien-être, de la sécurité, de l'intégrité et des droits de la personne. Cela implique l'évaluation

---

187.   Voir notamment E. Lévesque, « L'expérimentation sur les majeurs inaptes : de nouvelles pistes de solution », dans Service de la formation continue, Barreau du Québec, *Obligations et recours contre un curateur, tuteur ou mandataire défaillant 2008*, Cowansville, Éditions Yvon Blais, 2008, p. 37.

188.   Art. 21, ancien al. 3 C.c.Q. De fait, ce sont les comités d'éthique de la recherche qui, en réponse aux exigences des organismes qui, à même les fonds publics, financent la recherche au Québec et au Canada, avaient été mis en place dans les universités et les hôpitaux affiliés qui ont été désignés par le ministre pour les fins du contrôle alors institué par l'article 21 C.c.Q. Pour ce qui est des recherches réalisées hors des centres hospitaliers ou dans des établissements qui ne disposent pas d'un comité d'éthique accrédité par le ministre ou qui n'en ont pas, celles-ci sont évaluées par un comité d'éthique provincial dont le secrétariat est assumé par le Fonds de recherche en santé du Québec (F.R.S.Q.).

des risques, le contrôle de la validité scientifique, ainsi que la vérification de la conformité du projet de recherche aux normes éthiques usuelles[189]. Il doit évaluer les demandes de recherche en s'assurant que les projets impliquant des sujets humains sont conformes au cadre normatif en vigueur. Le comité doit aussi s'assurer de la réévaluation des recherches en cours déjà approuvées, en plus de mener des activités de formation et d'éducation[190]. La mission est vaste et délicate, particulièrement lorsqu'il s'agit d'assurer le suivi éthique des projets de recherche[191]. Il est vrai que pour être accrédités, les comités doivent répondre à des standards édictés par voie réglementaire[192], mais il n'est pas certain toutefois que ces comités disposent des moyens nécessaires à l'accomplissement de leur mandat ni que l'obligation qui leur est faite de rendre compte de leurs activités assure une complète transparence du processus qui entoure l'approbation des projets de recherche. Or ce sont ces mêmes comités qui ont pour mission de trancher entre ce qui relève du champ de l'expérimentation et ce qui constitue plutôt des soins innovateurs. Ce pouvoir peut apparaître exorbitant puisqu'il emporte dans son sillage la perte du droit de veto pour l'inapte. En effet, rappelons que le tribunal n'est plus lié par le refus dès qu'il s'agit de soins requis par l'état de santé de la personne. Ajoutons que, dans le cas du mineur de moins de 14 ans, les soins classés dans la catégorie des soins innovateurs peuvent lui être imposés par le titulaire de l'autorité parentale, l'autorisation donnée par ce dernier échappant au contrôle des tribunaux judiciaires (art. 23, al. 2 et 14, al. 1 C.c.Q.).

**145.–** De plus, il est loin d'être certain que le mécanisme mis en place permette de s'assurer que le refus que pourrait opposer le mineur ou le majeur inapte sera respecté. On voit mal, en effet, comment les comités d'éthique de la recherche, bien que chargés d'examiner le mode de sélection des participants à la recherche et d'évaluer les modalités du consentement à celle-ci, peuvent intervenir à cet égard

---

189. M.T. Giroux, « Le dilemme entre la protection des personnes inaptes et la recherche sur leur maladie », dans Service de la formation permanente, Barreau du Québec, vol. 200, *Responsabilité et mécanisme de protection (2004)*, Cowansville, Éditions Yvon Blais, 2004, p. 163-179.
190. Gouvernement du Québec, ministère de la Santé et des Services sociaux, *Modèle de règles de fonctionnement d'un comité d'éthique de la recherche*, Québec, 2004 (document disponible sur le site Internet du ministère : ethique.msss.gouv. qc.ca).
191. Voir, par exemple, M. Deschênes, « Le suivi de l'éthique des projets de recherche en génétique », (2004-2005) 35 *R.D.U.S.* 187-229.
192. Ces normes s'inspirent du *Rapport sur l'évaluation des mécanismes de contrôle en matière de recherche éthique au Québec*, juin 1995 (plus communément appelé Rapport Deschamps, du nom du président de ce comité). Garants de l'intégrité des personnes, ces comités engagent, par le fait même, la responsabilité des établissements auxquels ils appartiennent. Avant l'adoption de l'article 21 C.c.Q., les tribunaux avaient déjà sanctionné la faute commise par un CÉR qui ne s'était pas montré suffisamment vigilant lors de l'examen d'un projet de recherche : *Weiss c. Solomon*, [1989] R.J.Q. 371, EYB 1989-95790 (C.S.).

puisque dans les faits ils ne rencontrent pas les personnes visées par la recherche[193].

Dans la mesure, enfin, où lors de l'approbation d'un projet de recherche, un comité peut aussi avoir à décider si un majeur devenu inapte subitement pourra ou non, du consentement des tiers habilités à cet effet, être soumis à une expérimentation, on peut s'interroger sur la nature des protocoles qui seront ainsi agréés. En effet, contrairement à l'expérimentation sur une seule personne, où la loi exige qu'on puisse au moins espérer un bienfait pour la personne concernée, il ne semble pas qu'en situation d'urgence médicale, l'expérimentation doive respecter un tel critère. Il y a donc là une ouverture qu'il conviendrait de combler si l'on veut prévenir les abus, toujours possibles en la matière et que l'éthique à elle seule ne peut contrer.

### §4 - Des demandes relatives à l'intégrité de la personne

**146.–** *Le tribunal compétent.* Les demandes relatives à des soins, à l'aliénation d'une partie du corps ou à une expérimentation sont régies par les articles 774 et s. C.p.c. La Cour supérieure a juridiction[194], à moins qu'il s'agisse d'une situation de compromission au sens de la *Loi sur la protection de la jeunesse,* auquel cas des soins peuvent être ordonnés dans le cadre des mesures de protection et c'est alors la Cour du Québec qui est le tribunal compétent[195]. La Cour du Québec ne devrait cependant pas intervenir lorsque le seul problème posé est celui de l'opportunité de soins précis sans que la situation ne puisse pour autant être assimilée à un cas de compromission[196]. Les demandes relatives à l'intégrité physique doivent nécessairement être entendues par un juge ou par le tribunal. Elles sont traitées d'urgence et elles ont préséance sur toute autre demande, à l'exception des demandes en *habeas corpus,* en première instance comme en appel. La demande est introduite devant le tribunal du domicile du mineur ou du majeur inapte. Elle peut cependant être portée devant le tribunal du lieu de l'établissement où la personne est gardée (art.

---

193. Il n'est pas sûr, par ailleurs, que le mécanisme de traitement des plaintes mis en place par la *Loi sur les services de santé et les services sociaux,* L.R.Q., c. S-4.2, art. 29 à 71, soit à cet égard le mécanisme le plus approprié.
194. *É.P. (Dans la situation de),* REJB 2004-68761 (C.Q.) ; *L.M. (Dans la situation de),* J.E. 2005-1304, EYB 2005-93292 (C.Q.) ; *Y.P.* c. *Hôpital Louis-H. Lafontaine,* [2005] T.A.Q. 57.
195. *X (Dans la situation de),* [2006] R.J.Q. 2488 (C.Q.) ; *M.-M.S. (Dans la situation de),* B.E. 2006BE-330 (C.Q.) ; *R.(F.-S.) (Dans la situation de),* J.E. 2003-1946, REJB 2003-49696 (C.Q.).
196. *F.P. (Dans la situation de),* EYB 2005-97957 (C.Q.).

70.2 C.p.c.). L'avis d'au moins un expert doit être joint à la requête de même que l'avis du conseil de tutelle s'il a été formé.

Toute demande en vue d'obtenir l'autorisation du tribunal doit être signifiée à la personne concernée si elle est âgée de 14 ans et plus, de même qu'au titulaire de l'autorité parentale, au tuteur ou curateur, le cas échéant, ou au mandataire du majeur inapte (art. 776 C.p.c.). Le juge saisi de la demande peut aussi en ordonner la signification d'office (art. 97 C.p.c.). Si le majeur n'est pas représenté, la demande doit être signifiée au curateur public qui, de toute façon, peut intervenir d'office[197]. La pratique démontre cependant que le curateur public n'utilise que rarement cette prérogative[198].

**147.**–*Les règles relatives à la représentation et à l'audition.* Si le tribunal estime nécessaire que le mineur ou le majeur inapte soit représenté, il peut, même d'office, ajourner l'audition jusqu'à ce qu'un avocat lui soit nommé. En cas d'opposition d'intérêts entre la personne concernée et son représentant légal, il doit leur désigner un tuteur ou un curateur *ad hoc* (art. 394.1 et 394.2 C.p.c.).

Le mineur ou le majeur que le tribunal estime inapte peut en outre être accompagné d'une personne pouvant l'assister ou le rassurer lors de son témoignage. Cette audition peut se dérouler hors la présence des parties si le juge estime que l'intérêt de la personne l'exige. Le tribunal peut même se déplacer et entendre ce dernier au lieu où il réside ou à celui où il est gardé (art. 394.3 et 394.4 C.p.c.).

Rappelons qu'en vertu de l'article 23 C.c.Q., le tribunal appelé à statuer sur une demande d'autorisation relative à des soins, à l'aliénation d'une partie du corps ou à une expérimentation, doit prendre l'avis d'experts, du titulaire de l'autorité parentale, du mandataire, du tuteur ou du curateur et du conseil de tutelle. Il peut aussi prendre l'avis de toute personne qui manifeste un intérêt particulier pour l'individu concerné par la demande. Le tribunal est tenu, sauf impossibilité, de recueillir l'avis de celui-ci.

Ces procédures sont soumises aux règles générales et particulières en matière de gestion de l'instance (art. 151.1 et 151.11 C.p.c.).

---

197. Art. 13, 3º de la *Loi sur le curateur public*, L.R.Q., c. C-81.
198. J.-P. Ménard, « Les requêtes en autorisation de traitements : enjeux et difficultés importantes à l'égard des droits des personnes », dans Service de la formation continue, Barreau du Québec, vol. 261, *Autonomie et protection,* Cowansville, Éditions Yvon Blais, 2007, p. 317.

**148.–** *La décision.* Le tribunal appelé à autoriser ou à rejeter la demande d'autorisation de soins doit décider en fonction de la preuve qui lui est présentée – éventuellement sous forme d'affidavits détaillés (art. 766 C.p.c.) – et des critères énoncés à l'article 12 C.c.Q. Lorsque la demande vise à autoriser un traitement contre la volonté du patient, le tribunal statuera, dans un premier temps, sur l'aptitude de ce dernier à consentir au traitement qu'il refuse. Face à un constat d'inaptitude, il statuera ensuite sur l'opportunité du traitement pour lequel l'autorisation a été demandée. La décision doit s'appuyer sur les éléments de preuve afin que le dispositif du jugement soit le plus précis possible quant aux modalités de l'intervention médicale. Plus l'ordonnance est invasive pour le patient, plus elle devrait être précise quant aux paramètres du traitement autorisé[199]. La mesure autorisée par le tribunal constituant une intervention exceptionnelle à l'encontre de la volonté de la personne ou de son représentant, « elle devra être la moins contraignante, la moins agressive, la moins intrusive et la moins irréversible dans les circonstances »[200]. Le caractère exceptionnel d'une telle mesure dicte qu'en principe elle soit la plus courte possible dans le temps. En effet, la loi ne prévoit pas de mécanisme de révision automatique de la situation d'un patient à l'égard duquel des soins ont été ordonnés contre sa volonté[201]. On peut sans doute y voir l'indication de la volonté du législateur de ne soumettre les personnes à des soins de longue durée que dans des situations exceptionnelles[202]. La discrétion du juge,

---

199. Dans *Québec (Curateur public)* c. *Institut Pinel de Montréal*, 2008 QCCA 286, EYB 2008-129599, la Cour d'appel reproche au premier juge d'avoir autorisé des électrochocs sans en préciser la fréquence et la durée. La Cour rappelle que dans ce domaine la discrétion appartient au juge et non pas au personnel médical, d'où l'importance d'un jugement détaillé.

200. J.-P. Ménard, « Le refus de traitement du majeur inapte », dans *Le refus catégorique*, A.H.Q., Collection Code civil du Québec, 1993, p. E-28.

201. Dans la pratique, on constate que les tribunaux ont tendance à exiger que les traitements fassent l'objet de rapports périodiques au Conseil des médecins, des dentistes et pharmaciens (CMDP) de l'établissement de santé concerné. On assiste ainsi, en ce qui concerne le contrôle sur les soins imposés, à une reconnaissance du pouvoir *de facto* des établissements de santé. Dans *Centre de santé et de services sociaux Domaine-du-Roy* c. *Z.J.*, 2008 QCCS 935, le tribunal ordonne à l'établissement de porter à la connaissance du tribunal toute divergence d'opinion entre le Comité d'évaluation de l'acte médical, dentaire et pharmaceutique et le médecin traitant.

202. L'analyse de la jurisprudence montre pourtant que le terme moyen prévu dans de telles ordonnances est de deux ans et que dans certains cas le terme peut être aussi éloigné que trois ans (exemple : *Centre de santé et des services sociaux de Rouyn-Noranda* c. *J.T.*, 2007 QCCS 5782, EYB 2007-127161 : réduction de cinq à trois ans ; dans *Centre de santé et de services sociaux Domaine-du-Roy* c. *Z.J.*, 2008 QCCS 935, EYB 2008-131011, le tribunal ordonne un hébergement d'une durée de trois ans afin de permettre que se stabilise la maladie et que se forme une alliance thérapeutique entre la patiente et son équipe soignante), voire

dans l'établissement d'un terme doit s'exercer judiciairement. Cela signifie que le juge est tenu d'analyser et de pondérer les facteurs pertinents. Comme le rappelle la Cour d'appel dans une affaire où elle réduit le terme accordé par le premier juge, on ne peut autoriser des périodes prolongées de traitement uniquement dans le but de laisser plus de latitude aux intervenants médicaux dans l'administration des soins[203].

**149.–** Lorsqu'il constate l'inaptitude de la personne à consentir aux soins ou à les refuser valablement, le tribunal est amené à rendre éventuellement une décision d'autorisation de soins contre la volonté de la personne. Dans ce contexte, il arrive que les tribunaux fassent droit à une conclusion visant à obtenir l'autorisation pour les forces de l'ordre de porter assistance au corps médical dans l'exécution de l'ordonnance. Un tribunal pourrait même ordonner à la personne de se soumettre au traitement autorisé, à moins qu'une preuve démontre que le patient n'est pas apte à comprendre une telle ordonnance[204]. Le constat de l'inaptitude à consentir ou à refuser des soins ne permet pas de conclure *ipso facto* à l'inaptitude à comprendre l'ordonnance d'autorisation de soins. Même s'il peut sembler tentant de conclure qu'on ne peut obliger une personne à respecter une ordonnance de soins alors qu'on a d'abord conclu que cette personne était inapte à consentir à des soins[205], une telle inaptitude à comprendre une ordonnance de soins doit pourtant être démontrée. Elle ne découle pas automatiquement du constat d'une inaptitude à consentir à des soins. Par contre, lorsque la preuve concernant l'inaptitude à consentir aux soins démontre que le patient est déconnecté de la réalité, on peut en déduire qu'il y a une inaptitude à comprendre une

---

cinq ans (exemple : *Institut Philippe-Pinel de Montréal* c. *F.V.*, 2007 QCCS 3981, EYB 2007-123276), comme il est rapporté dans J.-P. Ménard, « Les requêtes en autorisation de traitements : enjeux et difficultés importantes à l'égard des droits des personnes », dans Service de la formation continue, Barreau du Québec, vol. 261, *Autonomie et protection,* Cowansville, Éditions Yvon Blais, 2007, p. 317. Voir aussi la jurisprudence rapportée dans l'arrêt *Québec (Curateur public)* c. *Institut Pinel de Montréal*, 2008 QCCA 286, EYB 2008-129599.

203. *Québec (Curateur public)* c. *Institut Pinel de Montréal*, 2008 QCCA 286, EYB 2008-129599, par. 34.

204. *McGill University Health Centre* c. *H.M.*, 2006 QCCA 951, EYB 2006-107771 : « Bien qu'on puisse facilement concevoir que la personne jugée inapte à consentir aux soins requis par son état de santé mentale puisse aussi être jugé inapte à comprendre le sens et la portée d'une ordonnance qui lui impose certaines obligations, encore faut-il que, dans chaque cas, la preuve administrée permette d'en arriver à une telle conclusion. » (par. 3).

205. *McGill University Health Centre* c. *D.(D.)*, REJB 2006-111711 (C.S.).

ordonnance obligeant la personne à se soumettre aux soins autorisés[206].

Dans le cas d'un mineur de moins de 14 ans, le tribunal définira d'abord quel est son intérêt dans les circonstances. Ensuite, à la lumière de cet intérêt, il évaluera le caractère du refus.

Si le juge autorise le traitement, le prélèvement ou l'expérimentation et qu'il n'y est pas donné suite dans les six mois, le jugement devient caduc. Le jugement peut aussi prévoir un autre délai et fixer des conditions ou des modalités pour se prévaloir de l'autorisation (art. 777 C.p.c.).

Rappelons qu'en présence de soins qui ne sont pas requis par l'état de santé, le tribunal est tenu de respecter le refus exprimé par la personne (art. 23, al. 2 C.c.Q.).

Finalement, le jugement qui accueille une demande d'autorisation de soins ne prend effet que dans un délai de cinq jours qui est le délai spécial pour interjeter appel d'une telle autorisation (art. 783, al. 1 C.p.c.).

## Section II

### Du respect du corps après le décès

**150.**– *Du respect de la personne à celui de sa dépouille mortelle.* Dans toutes les civilisations et à toutes les époques, les êtres humains ont manifesté une forme de respect à l'égard de la mort et du corps après le décès. Ce culte des morts, l'une des plus vieilles et des plus profondes idées religieuses de l'humanité, est passé dans la norme juridique[207]. Le droit criminel sanctionne très sévèrement toute indignité commise sur les cadavres et fait du défaut de sépulture un délit (art. 182 C.cr.). Quant au droit civil, il affirme le principe de l'inviolabilité du corps humain même au-delà de la mort. Le *Code civil du Québec* consacre tout un chapitre, au titre des droits de la personnalité, au respect du corps après le décès. Dans ces Commentaires, le

---

206.    C'est, à notre avis, ainsi qu'il faut comprendre la position de la Cour d'appel dans l'arrêt *McGill University Health Centre* c. *A*, 2007 QCCA 208, EYB 2007-114454.

207.    Pour une analyse de la question, voir R. Dierkens, *Les droits sur le corps et le cadavre de l'homme*, Paris, Masson, 1966, p. 196 et s. Dans une perspective à la fois historique et anthropologique, voir J. Potel, *Les funérailles, une fête ?*, Paris, Cerf, 1973 et H. Denis, *Laissez les morts enterrer leurs morts*, Lyon, Profac, 1984.

ministre de la Justice énonce que « le droit d'une personne à la sauve-garde de sa dignité continue même après sa mort : son corps doit être l'objet de soins particuliers »[208].

Mais la notion de piété qu'on trouvait exprimée dans le *Code civil du Bas-Canada*[209] fait place dans le *Code civil du Québec* à la notion de dignité, qui fonde la souveraineté posthume de la personne sur son corps et le respect de son intimité au-delà de la mort. Car « le respect des morts commence [...] par le respect de leur volonté »[210].

Souveraine quant à la disposition de ses biens par testament, la volonté du *de cujus* est aussi souveraine quant à la disposition de son cadavre. À défaut de dispositions expresses, la loi s'en remet aux héritiers ou aux successibles pour les funérailles et à la famille quant à la disposition du cadavre. Ce n'est que par exception, lorsqu'un intérêt supérieur le justifie, qu'on pourra passer outre à la volonté du *de cujus* ou de ses proches. C'est le cas, notamment, lorsque le décès ne paraît pas avoir résulté de causes naturelles ou accidentelles ou pour des raisons de santé publique[211].

Cependant, la médecine moderne a ouvert des perspectives qui obligent à trouver un équilibre entre le principe de l'intégrité du corps après la mort et l'impératif social de procéder à des transplantations d'organes. Considéré autrefois sous l'angle des valeurs morales et affectives qu'il représentait, le cadavre est désormais vu aussi comme une source de vie pour d'autres. Ainsi la loi autorise-t-elle, dans certaines circonstances, l'utilisation des cadavres pour fins d'étude anatomique[212] et, en cas de nécessité, le prélèvement d'organes et de tissus sur le corps du défunt.

---

208. *Comm.*, t. I, p. 37.
209. Art. 2217, al. 2 C.c.B.-C. : les « restes des morts, *choses sacrées de leur nature* », disposition qui n'a plus d'équivalent dans le C.c.Q.
210. A. Mayrand, *L'inviolabilité de la personne humaine*, Montréal, Wilson & Lafleur, 1975, p. 154.
211. Voir la *Loi sur la recherche des causes et des circonstances des décès*, L.R.Q., c. R-0.2 et la *Loi sur les laboratoires médicaux, la conservation des organes, des tissus, des gamètes et des embryons et la disposition des cadavres*, L.R.Q., c. L-0.2.
212. *Loi sur les laboratoires médicaux, la conservation des organes, des tissus, des gamètes et des embryons et la disposition des cadavres*, L.R.Q., c. L-0.2, art. 58. Sur les débats qui ont entouré l'adoption des lois d'anatomie au Québec et au Canada, voir Commission de réforme du droit, *Prélèvement et utilisation médicale de tissus et d'organes humains*, Ottawa, 1992, p. 2 et 3 et p. 148 à 150.

## §1 - Les funérailles et la disposition du corps

**151.**– *Le droit de disposer librement de son cadavre.* Le majeur doué de la capacité requise par la loi peut fixer librement les modalités de ses funérailles (art. 42 C.c.Q.), sous réserve des dispositions impératives de certaines législations dont l'objet est de réglementer les questions relatives au transport du cadavre, à l'inhumation, à l'exhumation[213], l'embaumement, la crémation ou la thanatopraxie[214]. Généralement, la volonté de la personne quant à la disposition de son corps prendra la forme d'un contrat ou d'une clause testamentaire[215]. Mais elle peut être simplement verbale. Une telle disposition verbale qui serait postérieure à une clause testamentaire relative aux funérailles aurait pour résultat d'annuler cette clause du testament[216]. Il appartient ainsi à la personne de préciser le caractère civil ou religieux, public ou privé, de la cérémonie et de décider du mode de disposition de son cadavre. Le respect des volontés du défunt est le principe premier lorsqu'il s'agit de la disposition du corps[217]. Bien que les volontés ainsi exprimées par le défunt puissent apparaître comme une composante de la liberté de tester, il faut comprendre que ce droit de disposition reconnu à l'individu constitue essentiellement une composante du droit à l'autonomie corporelle. Ainsi, le mineur est privé du droit de disposer de ses biens de valeur par testament (art. 708 C.c.Q.), mais il peut néanmoins régler les questions de la disposition de son corps, pourvu qu'il ait le consentement écrit du titulaire de l'autorité parentale ou, le cas échéant, de son tuteur (art. 42 C.c.Q.).

Le Code précise que les frais relatifs aux funérailles ou à la disposition du cadavre sont à la charge de la succession[218]. Celui qui a

---

213. Art. 48 et 49 C.c.Q. et la *Loi sur les inhumations et les exhumations*, L.R.Q., c. I-11. Cette loi pose des conditions strictes qui sont dictées soit par le principe du respect du corps après le décès, soit par des impératifs de sécurité et de santé publiques.

214. *Loi sur les laboratoires médicaux, la conservation des organes, des tissus, des gamètes et des embryons et la disposition des cadavres*, L.R.Q., c. L-0.2 et le *Règlement d'application de la Loi sur la protection de la santé publique*, R.Q., c. L-0.2, r. 1.

215. La *Loi sur les arrangements préalables de services funéraires et de sépulture*, L.R.Q., c. A-23.001, permet de conclure un contrat relatif aux biens et aux services reliés à l'inhumation ou à la crémation du cadavre.

216. En ce sens, *Pelletier* c. *Pelletier*, J.E. 2004-985, REJB 2004-55601 (C.S.).

217. *Gagné* c. *Directeur de l'état civil*, B.E. 2005BE-596 (C.S.) : refus d'autoriser une exhumation ; le tribunal reproche à la demande d'exhumation de ne pas faire état des volontés éventuellement exprimées par la défunte. Dans *Lapolla-Longo* c. *Lapolla*, REJB 2003-39529 (C.S.), le tribunal autorise une exhumation afin que le défunt, dont le testament ne fut découvert qu'après l'inhumation, soit enterré selon ses volontés.

218. Art. 42 C.c.Q. ; *Coopérative funéraire de la Mauricie* c. *Gendron*, J.E. 2004-110, REJB 2003-50921 (C.Q.). Si les proches se désintéressent manifestement du

acquitté les frais des funérailles peut donc en demander le remboursement à la succession[219]. On comprend aussi qu'au regard de cette
obligation, la loi confie à ces mêmes héritiers ou successibles le soin
de choisir les conditions des funérailles ainsi que le mode de disposition du cadavre[220]. Par souci de sécurité, l'article 48 C.c.Q. prévoit
que l'incinération ou l'inhumation ne peuvent avoir lieu avant que le
constat de décès n'ait été dressé et qu'il ne se soit écoulé six heures
depuis le constat.

### §2 - Le don et le prélèvement d'organes

**152.–** *La personne peut faire don de ses organes.* Le don d'organe est
une nécessité sociale puisqu'il permet d'améliorer la qualité de vie de
personnes malades et de sauver des vies[221]. Une personne peut donc
faire preuve d'altruisme et décider de faire don de son corps à la
science, comme il peut consentir au prélèvement *post-mortem*
d'organes ou de tissus sur son cadavre[222]. Il s'agit d'une liberté qui
peut également être exercée par le mineur âgé de 14 ans et plus. Le
commentaire du ministre précise : « Cet article ne retient pas comme
nécessaire l'autorisation du titulaire de l'autorité parentale ou du
tuteur dans le cas du mineur de 14 ans et plus. En effet, si dans le cas
des funérailles on pouvait craindre que le mineur exprime des volontés disproportionnées par rapport à sa fortune, cette crainte ne subsiste plus lorsqu'il s'agit du don de son cadavre ou de prélèvements
sur celui-ci »[223]. Le mineur de moins de 14 ans peut également agir en
ce sens mais seulement avec l'autorisation du titulaire de l'autorité

---

défunt pendant une période de 24 heures, la loi prévoit que le corps est réputé
« non réclamé » ; il peut alors être acheminé vers une institution d'enseignement
si un médecin estime cette solution adéquate (*Loi sur les laboratoires médicaux,
la conservation des organes, des tissus, des gamètes et des embryons et la disposition des cadavres*, L.R.Q., c. L-0.2, art. 56).

219. *Bélanger-Gauthier* c. *Véronneau*, J.E. 2002-1296, REJB 2002-32771 (C.Q.).
220. Art. 42 C.c.Q. On notera que le Code s'en remettait autrefois à l'usage (art. 21
C.c.B.-C.), qui semble s'être montré plutôt déficient.
221. La Commission de l'éthique de la science et de la technologie du gouvernement
du Québec a publié un document de réflexion et d'information fort complet sur
cette question : *Avis. Le don et la transplantation d'organes : dilemmes éthiques
en contexte de pénurie*, Québec, gouvernement du Québec, 2004.
222. Art. 43 C.c.Q. La « gestion » des cadavres légués à la science est régie par la *Loi
sur les laboratoires médicaux, la conservation des organes, des tissus, des gamètes et des embryons et la disposition des cadavres*, L.R.Q., c. L-0.2 et le *Règlement
d'application de la Loi sur la protection de la santé publique*, R.Q., c. L-0.2, r. 1.
223. *Comm.*, t. I, p. 39. Notons que le mineur de 14 ans et plus peut consentir tout
aussi valablement, de son vivant, à l'autopsie, celle-ci étant assimilée au don de
son corps à des fins médico-légales : art. 43 et 46 C.c.Q.

parentale ou du tuteur. Ces volontés peuvent être exprimées soit verbalement devant deux témoins, soit par écrit. Elles peuvent être révoquées de la même manière (art. 43, al. 2 C.c.Q.). De manière à prévenir d'éventuels conflits entre la volonté exprimée par le défunt et celle des membres de sa famille, le Code précise qu'il « doit être donné effet à la volonté exprimée, sauf motif impérieux »[224]. En l'absence de sanction spécifique, sauf à invoquer l'indignité qui rend inhabile à succéder, il faut conclure qu'il s'agit d'une obligation liant la seule conscience des médecins et de la famille. En théorie, on pourrait envisager une poursuite engagée par les héritiers et fondée sur la réparation du dommage moral, le dommage s'exprimant dans le « mépris de la volonté exprimée par le défunt »[225].

Une des grandes difficultés soulevées par le don d'organes dans un contexte juridique où cela relève de la volonté individuelle est de convaincre les personnes à faire ce genre de don. L'autre difficulté consiste à savoir si la personne décédée a effectivement consenti ou non au prélèvement de ses organes. Afin de faciliter cette vérification, la loi encadre la mise en place et la gestion d'un registre des dons d'organes et de tissus sous la responsabilité de la Chambre des notaires du Québec[226]. Mais dans le souci de généraliser la pratique, le législateur est ensuite intervenu pour mettre en place un système global d'enregistrement des volontés en matière de don d'organes, encadré par la *Loi facilitant les dons d'organes*[227].

**153.**– *Le prélèvement d'organes en l'absence de volontés exprimées ou connues.* Lorsque la personne a exprimé verbalement ou par écrit sa volonté de faire don de ses organes, cette volonté suffit pour procéder aux prélèvements en cas de décès. Cette expression de volonté doit même, nous l'avons vu, être respectée sauf motif impérieux. Cepen-

---

224. Ces motifs peuvent tenir, par exemple, au caractère impropre des organes : M. Ouellette, « Les personnes », dans *La réforme du Code civil*, vol. 1, *Personnes, successions, biens,* Ste-Foy, P.U.L., 1993, p. 15, 52.

225. M. Ouellette, « De la jouissance et de l'exercice des droits civils et de certains droits de la personnalité », (1988) 118 *C.P. du N.* 1, 41.

226. *Loi modifiant la Loi sur les services de santé et les services sociaux et d'autres dispositions législatives,* L.Q. 2005, c. 32 ; *Loi sur le notariat,* L.R.Q., c. N-3, art. 93 et s. (ces dispositions prévoient également la mise en place d'un registre sur les directives de fin de vie) ; *Règlement sur les registres de la Chambre des notaires du Québec,* R.Q., c. N-3, r. 4.

227. *Loi facilitant les dons d'organes,* L.Q. 2006, c. 11. Au moment d'écrire ces lignes, la loi, sanctionnée le 9 juin 2006, n'était pas encore entrée en vigueur. Elle prévoit l'organisation de l'inscription des volontés en matière de don d'organes, dans les registres de l'assurance-maladie.

dant, dans la plupart des cas on ne connaît pas la volonté de la personne. La loi met donc en place un mécanisme qui reflète l'équilibre entre le respect du corps et l'utilité des prélèvements d'organes. L'article 44, al. 1 C.c.Q. autorise le consentement substitué par les personnes qui peuvent consentir aux soins. C'est donc le titulaire de l'autorité parentale ou le tuteur qui peut autoriser les prélèvements sur le corps d'un mineur (art. 14 C.c.Q.). Quant au majeur, la loi désigne d'abord le mandataire, le curateur ou le tuteur et, à défaut, le conjoint et, en dernière instance, un proche parent ou une personne qui démontre pour la personne un intérêt particulier, comme en matière de soins (art. 15 C.c.Q.). Ce pouvoir n'est donc pas accordé à l'héritier. Le cadavre, pas plus que le corps vivant, ne peut être considéré comme un bien et si les héritiers doivent honorer leurs morts et les ensevelir, ils n'en ont pas la propriété. Droit extrapatrimonial, le droit sur le cadavre s'analyse comme un prolongement de la protection de la personne. Le pouvoir décisionnel en matière de don d'organes revient donc naturellement à ceux qui peuvent être les plus fidèles interprètes de la volonté de la personne. Ici encore, et dans le souci de sauver des vies humaines, l'urgence représente une importante exception à l'exigence du consentement. Entre l'inviolabilité du corps humain décédé et la vie des autres, le législateur fait un choix facile puisqu'en cas d'urgence et lorsque l'on peut raisonnablement espérer sauver une vie humaine ou en améliorer la qualité, les prélèvements sur le cadavre sont possibles[228]. S'agissant d'un pouvoir exceptionnel, la loi le délimite strictement. On exige l'attestation écrite de deux médecins qui confirment que le consentement ne peut être obtenu en temps utile, qu'il y a urgence à procéder à l'intervention et qu'il existe un espoir sérieux de sauver une vie humaine ou d'en améliorer sensiblement la qualité. Afin d'éviter tout conflit d'intérêts, l'article 45 C.c.Q. précise en outre que le prélèvement ne peut être effectué avant que le décès du donneur n'ait été constaté par deux médecins qui ne participent ni au prélèvement ni à la transplantation.

### Pour aller plus loin

**154.–** *Autonomie décisionnelle et sauvegarde de la dignité de la personne.* On consultera les références suivantes : R. Dierkens, « Les droits

---

228. Art. 44, al. 2 C.c.Q. qui reprend l'article 22 C.c.B.-C. mais en élargissant, dans « un esprit humanitaire », les cas d'ouverture (*Comm.*, t. I, p. 40). C'est un compromis entre la thèse du *opting in* (obligation de consentement) et celle du *opting out* (présomption de consentement) qui tend à privilégier la qualité de la vie.

sur le corps et le cadavre de l'homme », Paris, Masson, 1966, p. 42 ; J.L. Baudouin, « Le droit de refuser d'être traité », dans *Justice Beyond Orwell*, Cowansville, Éditions Yvon Blais, 1985, p. 207 ; G. Loiseau, « Le rôle de la volonté dans le régime de protection de la personne et de son corps », (1992) 37 *R.D. McGill* 965, 989 ; M.A. Sommerville, *Le consentement à l'acte médical et le droit criminel*, Commission de réforme du droit du Canada (ci-après citée C.R.D.), Série Protection de la vie, Ottawa, ministère des Approvisionnements et Services Canada, 1980 ; E.W. Keyserlingk, *Le caractère sacré de la vie ou la qualité de la vie*, C.R.D., Série Protection de la vie, Ottawa, ministère des Approvisionnements et Services Canada, 1979.

**155.– *Le corps hors commerce ?*** Voir L. Josserand, « La personne dans le commerce juridique », *D.H.* 1932, chr. 1 ; L. Mazeaud, « Les contrats sur le corps humain », (1956) 16 *R. du B.* 157 ; A. Jack, « Les conventions relatives à la personne physique », (1933) *Rev. crit. de la législation et de jurisprudence* 392 ; J.-L. Baudouin, « Corps humain et actes juridiques », (1976) 6 *R.D.U.S.* 387 ; F. Heleine, « Le dogme de l'intangibilité du corps humain et ses atteintes normalisées dans le droit des obligations du Québec contemporain », (1976) 16 *R. du B.* 157 ; Vissert Hooft, « Les actes de disposition concernant le corps humain », (1979) *Arch. Phil. dr.* 87 ; D. Thouvenin, « La disponibilité du corps humain : corps sujet et corps objet », dans *Le corps aux mains du droit, Actes,* nos 49/50, 1984, p. 35 ; M.-A. Hermitte, « Le corps hors du commerce, hors du marché », (1988) *Arch. Phil. dr.* 323 ; M. Harichaux, « Le corps objet », dans R. Drai et M. Harichaux (dir.), *Bioéthique et droit*, Paris, P.U.F., 1988, p. 130, 131 ; M. Gobert, « Réflexions sur les sources du droit et les 'principes' de l'indisponibilité du corps humain et de l'état des personnes », (1992) *Rev. trim. dr. civ.* 489 ; J. Beignier, « L'ordre public et les personnes », dans *Annales de l'université des sciences sociales de Toulouse,* t. XLII, 1994, p. 31 ; J.-P. Béland (dir.), *L'homme biotech : humain ou posthumain ?*, Québec, Les Presses de l'Université Laval, 2006 ; F. Bellivier et C. Noiville, *Contrats et Vivant. Le droit de la circulation des ressources biologiques*, Paris, L.G.D.J., Montchrestien, 2006 ; S. Gascon, *L'utilisation médicale et la commercialisation du corps humain*, Cowansville, Éditions Yvon Blais, Collection Minerve, 1993 ; *L'Homme, la nature et le droit*, B. Edelman, M.-A. Hermitte et C. Labrusse-Riou (dir.), C. Bourgeois, éditeur, 1988.

**156.– *Le don d'organes.*** La Commission de l'éthique, de la science et de la technologie du gouvernement du Québec a publié un document de réflexion et d'information fort complet sur cette question : *Avis, Le don et la transplantation d'organes : dilemmes éthiques en contexte de pénurie,* Québec, gouvernement du Québec, 2004 ; voir également T. Leroux, « Intégrité, dignité et dons d'organes : les modalités du consentement en droit québécois », dans J. Saint-Arnaud (dir.), *L'allocation des ressources rares en soins de santé : l'exemple des transplantations d'organes,* Cahiers scientifiques de l'A.C.F.A.S., vol. 92, 1996, p. 41 ; J.M. Mantz, « Transplantations et greffes d'organes et de tissus : le point sur la question », dans *Droits de la personne, les bio-droits, aspects nord-américains*, Cowansville, Éditions Yvon Blais, 1997, p. 91 ; Commission de réforme du droit, *Prélèvement et utilisation médicale de tissus et d'organes humains*, Ottawa, 1992, p. 54 et s.

**157.–** *Utilisation des parties du corps et protection de la vie privée.* Il existe une abondante littérature sur la question, particulièrement en ce qui concerne l'information génétique : Conseil de la santé et du bien-être, *Avis, La santé et bien-être à l'ère de l'information génétique, enjeux individuels et sociaux à gérer*, Québec, Le Conseil, avril 2001 ; B.-M. Knoppers (éd.), *Human D.N.A. : Law and Policy, International Perspectives*, Kluwer Law International, Des Haag, 1997 ; *Socio-Ethical Issues in Human Genetics*, Cowansville, Éditions Yvon Blais, 1998 ; Commissaire à la protection de la vie privée du Canada, *Le dépistage génétique et la vie privée*, Ottawa, ministre des Approvisionnements et Services Canada, 1992 ; Comité consultatif national d'éthique, *Génétique et médecine : de la prédiction à la prévention, avis et recommandations, Les Cahiers du C.C.N.E*, 1996, no 6, p. 5 ; *Registres et fichiers génétiques : Enjeux scientifiques et normatifs*, Cahiers scientifiques de l'ACFAS, Montréal, 1992 ; B.-M. Knoppers, C. Laberge et L. Cadiet (dir.), *Génétique humaine : de l'information à l'informatisation*, Paris, Litec, 1992 ; J.-C. Galloux, « De la nature juridique du matériel génétique ou la réification du corps humain et vivant », (1989) *R.R.J. Droit prospectif* 521 ; D.-L. Demers, « L'information génétique aux confins de la médecine et de la personne », dans *Vie privée sous surveillance ; la protection des renseignements personnels en droit québécois et comparé*, sous la direction de R. Côté et R. Laperrière, Cowansville, Éditions Yvon Blais, 1994, p. 3 ; K. Cranley-glass, « L'appréciation et l'évaluation des risques et des bénéfices : un équilibre délicat », dans *La recherche en génétique et en génomique : droits et responsabilités*, Montréal, Éditions Thémis, 2005. p. 61-74 ; E. Lévesque, B.M. Knoppers et D. Avard, « La génétique et le cadre juridique applicable au secteur de la santé : examens génétiques, recherche en génétique et soins innovateurs », (2004) 64 *R. du B.* 57-102 ; M.-H. Parizeau, « De l'individu au groupe : la face cachée de la recherche en génétique », dans *La recherche en génétique et en génomique : droits et responsabilités*, Montréal, Éditions Thémis, 2005, p. 49-59. La question de la protection de la vie privée se pose de façon toute particulière en regard des recherches à caractère épidémiologiques aujourd'hui fort prisées et qui conduisent à interroger la pertinence et les utilisations éventuelles de banques de données populationnelles.

**158.–** *L'expérimentation.* L'affirmation des droits du sujet d'expérimentation doit beaucoup à des textes de valeur éthique dont, en tout premier lieu, le *Code de Nuremberg* dont les principes ont été repris de façon plus élaborée sous l'égide de l'Association médicale mondiale [*Déclaration d'Helsinki*

(1964) ; *Déclaration de Tokyo* (1975) ; *Déclaration de Venise* (1983)], et le Conseil des Organisations Internationales des Sciences Médicales : *Déclaration de Genève, 1993.* Au Canada, des lignes directrices ont été élaborées par les trois organismes subventionnaires : Conseil de recherches médicales du Canada, Conseil de recherches en sciences naturelles et en génie du Canada et Conseil de recherches en sciences humaines du Canada, *Énoncé de politique des trois Conseils : Éthique de la recherche avec des êtres humains,* Ottawa, ministère des Approvisionnements et Services du Canada, 1998 (cet énoncé remplace le *Code de déontologie de la recherche utilisant des sujets humains* du C.R.S.H. (Ottawa, 1977) ainsi que les *Lignes directrices concernant la recherche sur des sujets humains* du CRM (1997) ; H. Doucet, *L'éthique de la recherche. Guide pour le chercheur en sciences de la santé,* Montréal, P.U.M., 2002 ; J.-L. Baudouin, « Les expériences biomédicales sur l'être humain : modèle et modalités des systèmes actuels des droits de la personne », dans *Expérimentation biomédicale et droits de l'Homme,* Paris, P.U.F., 1988, p. 72 ; M.D. Castelli, « L'expérimentation biomédicale et l'inviolabilité de la personne : autodétermination ou protection de l'intégrité physique », (1994) 25 *R.G.D.* 173 ; E.W. Keyserlingk, « Revisiting the Guidelines and Learning from Scandals », (1995) 6 *Jal. Intern. Bioéth.* 243 ; D. Roy, J. Williams, B. Dickens et J.-L. Baudouin, « La recherche médicale et l'expérimentation sur les sujets humains », dans *La Bioéthique, ses fondements et ses controverses,* Les éditions du Renouveau pédagogique, 1995, (chap. 13). Sur l'incorporation de ces principes dans le corpus juridique, voir M. Gagné, « L'expérimentation humaine : l'intégration des règles bioéthiques en droit québécois », (2001) *C. de D.* 1125 ; Commission de réforme du Canada, *L'expérimentation biomédicale sur l'être humain,* Ottawa, 1989, p. 25 ; M.T. Giroux, « Le dilemme entre la protection des personnes inaptes et la recherche sur leur maladie », dans Service de la formation permanente, Barreau du Québec, *Responsabilité et mécanisme de protection (2004),* vol. 200, Cowansville, Éditions Yvon Blais, 2004, p. 163-179 ; J. Samuel, R. Alemdjrodo et B. M. Knoppers, « Les droits de l'enfant et la thérapie génique : les enjeux éthiques et les particularités de l'article 21 du *Code civil du Québec* », (2006) 66 *R. du B.* 183 ; E. Lévesque, « Les exigences légales entourant le consentement dans la recherche avec des enfants et des adultes inaptes : une piste de solution aux difficultés posées par les articles 21 et 24 C.c.Q. », (2006) 51 *R.D. McGill* 385 ; Collectif, *La recherche en génétique et en génomique : droits et responsabilités,* Montréal, Éditions Thémis, 2005.

**159.**– *Le droit à la mort.* L'affaire *Rodriguez* c. *Colombie-Britannique (P.G.),* [1993] 3 R.C.S. 519 a donné lieu à de nombreuses analyses. On consultera notamment celles publiées dans un numéro de la Revue de droit de McGill dédié à cette question : (1994) 39 *R.D. McGill* : E. Bereza, « The Private and Public Death of Sue Rodriguez », (p. 179) ; B. Freedman, « The Rodriguez Case : Sticky Questions and Slippery Answers », (p. 644) ; E.W.

Keyserlingk, « Assisted Suicide, Causality and the Supreme Court of Canada », (p. 708) ; M.A. Sommerville, « Death Talk in Canada : the Rodriguez Case », (p. 602) ; L. Wienrib, « The Body and the Body Politic : Assisted Suicide under the *Canadian Charter of Rights and Freedoms* », (p. 618) et K.K. Young, « A Cross-Cultural Historical Case against Planned Self-Willed and Assisted Suicide », (p. 657) ; B. Melkevik, « La responsabilité devant la mort ? Sue Rodriguez devant la Cour suprême du Canada », (1995) 7/8 *Rev. intern. philosophie pénale et de criminologie* 87 ; S. Philips-Nootens, « La Cour suprême face à la vie, face à la mort : de valeurs et de droits », (2000) 79 *R. du B. can.* 145 ; D. Challifoux, « L'euthanasie active et le rôle de l'État », (2000) 79 *R. du B. can.* 119. Un comité sénatorial spécial a été créé à la suite de l'arrêt *Rodriguez* : Sénat du Canada, *De la vie et de la mort : Rapport du Comité sénatorial spécial sur l'euthanasie et l'aide au suicide,* Ottawa, Approvisionnements et Services Canada, 1995, p. 76 et 91.

# BIBLIOGRAPHIE SÉLECTIVE

BAHAMIN, P., « La génétique et la protection de la vie privée : confrontation de la législation québécoise au concept du droit à la vie privée », (1995) 55 *R. du B.* 203.

BARREAU DU QUÉBEC, *Être protégé malgré soi*, Cowansville, Éditions Yvon Blais, 2002.

BARREAU DU QUÉBEC, *Pouvoirs publics et protection*, vol. 182, Cowansville, Éditions Yvon Blais, 2003.

BARREAU DU QUÉBEC, *Responsabilités et mécanismes de protection*, vol. 200, Cowansville, Éditions Yvon Blais, 2004.

BARREAU DU QUÉBEC, *Famille et protection*, vol. 219, Cowansville, Éditions Yvon Blais, 2005.

BARREAU DU QUÉBEC, *Autonomie et protection*, vol. 261, Cowansville, Éditions Yvon Blais, 2007.

BASTIEN, I., *L'expérimentation chez les malades mentaux : l'adéquation du Code civil du Québec,* Montréal, Éditions Thémis, 1996.

BAUD, J.-P., *L'affaire de la main volée. Une histoire juridique du corps,* Paris, Éd. du Seuil (Collection « Des Travaux »), 1993.

BAUDOUIN, J.-L., « Le droit de refuser d'être traité », dans *Justice Beyond Orwell*, Cowansville, Éditions Yvon Blais, 1985, p. 207.

BAUDOUIN, J.-L., « Expérimentation sur l'être humain, aperçu de la législation canadienne et québécoise, questions éthiques sous-jacentes », dans *Contribution à la réflexion bioéthique Dialogue France-Québec*, Québec, Fides, 1991, p. 91.

BLONDEAU, D. et É. GAGNON, « De l'aptitude à consentir à un traitement ou à le refuser : une analyse critique », (1994) 35 *C. de D.* 651.

CASTELLI, M.D., « L'expérimentation biomédicale et l'inviolabilité de la personne : autodétermination ou protection de l'intégrité physique », (1994) 25 *R.G.D.* 173.

COMMISSION DE RÉFORME DU DROIT DU CANADA, *Prélèvement et utilisation médicale de tissus et d'organes humains,* Ottawa, Approvisionnements et Services, 1992.

COMMISSION DE RÉFORME DU DROIT DU CANADA, *Euthanasie, aide au suicide et interruption de traitement,* Rapport no 20, Ottawa, Approvisionnements et Services, 1983.

COMMISSION DE RÉFORME DU DROIT DU CANADA, *L'expérimentation biomédicale sur l'être humain*, Document de travail n⁰ 61, Ottawa, Approvisionnements et Services, 1989.

DELEURY, É., « La personne en son corps : l'éclatement du sujet », (1991) 70 *R. du B. can.* 449.

GALLOUX, J.-C., « Réflexion sur la catégorie des choses hors du commerce : l'exemple des éléments et des produits du corps humain en droit français », (1989) 30 *C. de D.* 1011.

GASCON, S., *L'utilisation médicale et la commercialisation du corps humain*, Cowansville, Éditions Yvon Blais, 1993, Collection Minerve.

GENDREAU, C., *Le droit du patient psychiatrique de consentir à un traitement : élaboration d'une norme internationale,* Montréal, Éditions Thémis, 1996.

JONES, D.J., « Retrospective on the Future : Brain Death and Evolving Legal Regimes for Tissue Replacement Technology », (1993) 38 *McGill L.J.* 395.

KOURI, R.P. et C. LEMIEUX, « Les témoins de Jéhovah et le refus de certains traitements : problèmes de forme, de capacité et de constitutionnalité découlant du *Code civil du Québec* », (1995) 26 *R.D.U.S.* 77.

KOURI, R.P. et S. PHILIPS-NOOTENS, *L'intégrité de la personne et le consentement aux soins*, 2ᵉ éd., Cowansville, Éditions Yvon Blais, 2005.

LEROUX, T., « Réflexions éthiques et juridiques suscitées par la réalisation d'essais cliniques en milieu hospitalier québécois », dans Service de la formation permanente, Barreau du Québec, *Développements récents en droit de la santé (1991),* Cowansville, Éditions Yvon Blais, 1991, p. 153.

LESAGE-JARJOURA, P., *La cessation de traitement : au carrefour du droit et de la médecine,* Cowansville, Éditions Yvon Blais, 1990, Collection Minerve.

LÉVESQUE, E., « L'expérimentation sur les majeurs inaptes : de nouvelles pistes de solution », dans Barreau du Québec, *Obligations et recours contre un curateur, tuteur ou mandataire défaillant 2008,* Cowansville, Éditions Yvon Blais, 2008, p. 37.

MAYRAND, A., *L'inviolabilité de la personne humaine,* Montréal, Wilson & Lafleur, 1975.

MÉMETEAU, G., « Volonté du malade opposée à l'intérêt du malade, provocation à une réflexion hérétique », (1988) 18 *R.D.U.S.* 265.

MEULDERS-KLEIN, M.-T., « La production des normes en matière de bioéthique », dans C. Neirinck (sous la direction de), *De la bioéthique au bio-droit*, Paris, L.G.D.J., collection Droit et société, vol. 8, 1994, p. 23.

PAQUET, M.N., « Prendre les moyens légaux de soigner : choix ou obligation ? », dans Barreau du Québec, *Obligations et recours contre un curateur, tuteur ou mandataire défaillant 2008*, Cowansville, Éditions Yvon Blais, 2008, p. 161.

PHILIPS-NOOTENS, S., P. LESAGE-JARJOURA et R.P. KOURI, *Éléments de responsabilité civile médicale*, 3e éd., Cowansville, Éditions Yvon Blais, 2007.

SOMMERVILLE, M.A., « Labels versus Contents : Variance between Philosophy, Psychiatry and Law in Concepts Governing Decision-Making », (1994) *R.D. McGill* 179.

# CHAPITRE III

# LE DROIT À L'INTÉGRITÉ MORALE ET LES LIBERTÉS CIVILES

Le droit à l'intégrité de la personne ne se limite pas à la seule dimension corporelle. La pensée, les sentiments, les qualités qui sont reconnues à une personne doivent pouvoir être défendus. C'est pourquoi l'on s'accorde généralement pour classer le droit à la sauvegarde de la dignité, de l'honneur, de la réputation et au respect de la vie privée, dans les droits primordiaux de la personne humaine. À ces droits érigés au rang de droits subjectifs, s'ajoutent un certain nombre de libertés que consacre le droit civil.

## Section I

## Le droit à l'intégrité morale

**160.–** Enchâssés dans la *Charte des droits et libertés de la personne*, les droits au respect de la réputation[1] et de la vie privée[2] dont les contours avaient été préalablement dégagés par la jurisprudence et par la doctrine, sont consacrés également par le Code civil. Énoncé à l'article 3 C.c.Q., au Titre de la jouissance et de l'exercice des droits, le principe en est réaffirmé aux articles 35 et suivants C.c.Q. Le Code consacre en effet tout un chapitre à l'aménagement de l'exercice de ces droits et plus particulièrement au droit au respect de la vie privée. Cette notion est plus récente que celles de l'honneur et de la réputation qui, elles, ont traversé les époques[3], mais que l'on tend aujourd'hui à rattacher au concept de vie privée, notamment dans les

---

1. *Charte des droits et libertés de la personne*, L.R.Q., c. C-12, art. 4 (ci-après *Charte québécoise*) : « Toute personne a droit à la sauvegarde de sa dignité, de son honneur et de sa réputation. »
2. *Ibid.*, art. 5 : « Toute personne a droit au respect de sa vie privée. »
3. Sur la conception de l'honneur et son évolution à travers les siècles, voir B. Beignier, *L'honneur et le droit*, Paris, L.G.D.J., Coll. Bibliothèque de droit privé, t. 234, 1995.

instruments internationaux[4]. Leur inscription dans le Code procède de la même technique. L'article 35 C.c.Q. édicte que « Toute personne a droit au respect de sa réputation et de sa vie privée. Nulle atteinte ne peut être portée à la vie privée d'une personne sans que celle-ci y consente ou que la loi l'autorise »[5], ce qui n'autorise cependant pas à les confondre, comme ont tendance à le faire parfois les tribunaux[6].

**161.**– *Dignité, honneur, réputation et vie privée : des concepts à la fois autonomes et interreliés.* La protection de la dignité, de l'honneur, de la réputation et de la vie privée ne procèdent pas du même fondement et n'ont pas la même finalité[7]. La dignité est inhérente à la personne humaine et est plus large que le simple sentiment que la personne a d'elle-même comme individu et de l'idée que les autres s'en font. Elle repose sur le principe que tout être humain possède une valeur intrinsèque qui le rend digne de respect. La notion de vie privée tend à protéger la paix et la tranquillité de la vie personnelle. Sa définition n'est pas aisée car elle englobe également une dimension de liberté.

Il convient donc de bien distinguer ce qui relève du champ de la protection de la vie privée de celle de la dignité dont participent l'honneur et la réputation. Certes, il peut arriver que les mêmes actes portent atteinte à l'un et l'autre de ces attributs. Nombreux sont les cas où une atteinte au respect de la vie privée emporte dans son sillage une atteinte à l'honneur ou à la réputation. Mais l'une ne comporte pas nécessairement l'autre. Là s'arrêtent donc les rapports entre les deux. Dans une décision célèbre concernant le droit à l'image, la Cour d'appel du Québec, sous la plume du juge LeBel, exprime bien cette idée : « La législation associe parfois défense de l'honneur et de la réputation et protection de la vie privée, comme dans l'article 35 C.c.Q. Les mêmes actes peuvent constituer des violations de ces droits en principe distincts, que la jurisprudence invoque simultanément, à l'occasion, pour sanctionner des comportements

---

4. Ainsi, l'article 12 de la *Déclaration universelle des droits de l'Homme* de 1948 est le premier texte international à reconnaître le droit à la vie privée comme un droit de la personne. L'article 17 du *Pacte international relatif aux droits civils et politiques* de 1966 le consacre également.
5. Contrairement à l'article 4 de la *Charte québécoise*, ni l'article 3 ni l'article 35 C.c.Q. ne font référence à l'honneur et à la dignité. Quant à la *Charte québécoise*, elle consacre le droit au respect de la vie privée dans une disposition distincte.
6. Ainsi, les atteintes à la réputation se prescrivent par un an (art. 2929 C.c.Q.), alors que les autres atteintes répondent au droit commun de l'article 2925 C.c.Q., c'est-à-dire à une prescription de trois ans : A. Popovici, « L'altération de la personnalité aux yeux du public », (1994) 28 *R.J.T.* 289, 295.
7. P. Kayser, *La protection de la vie privée par le droit*, 3e éd., Paris, Economica, Presses universitaires d'Aix-Marseilles, 1995, no 73, p. 127.

illicites. Leur mise en œuvre appelle des distinctions, en raison de l'impossibilité d'identifier totalement le domaine d'application du concept d'atteinte à la vie privée et celui de préjudice à la réputation »[8].

## Section II
### Le droit à la sauvegarde de la dignité, de l' honneur, de la réputation

**162.–** *La dignité : un principe fondateur érigé au rang de droit fondamental.* La notion de dignité s'entend généralement comme l'estime de soi, le sentiment que l'on a de mériter de la considération, ce qui est aussi le propre de l'honneur. Ce sont les atteintes au sentiment que chacun se fait de sa dignité, au droit de garder sa propre estime, en plus de celle des autres auxquelles renvoie le concept de réputation que l'on retrouve à l'article 35 C.c.Q., que les tribunaux sanctionnaient habituellement au titre de la responsabilité civile. Tel est également le sens que lui prêtent les auteurs[9]. Mais la notion de dignité est un terme à sens multiples auquel s'ajoute une dimension objective[10]. Le concept possède à la fois une dimension « interne » et une dimension « externe ». Ainsi en a statué la Cour suprême[11], confirmant sur ce point la jurisprudence amorcée par les tribunaux inférieurs[12]. Indépendamment de la perception ou de la conscience que l'individu peut avoir de sa dignité, il y a celle qui est inhérente à la condition humaine. Comme le soulignait la juge L'Heureux-Dubé, « l'article 4 de la *Charte* vise les atteintes aux attributs fondamentaux de l'être humain qui contreviennent au respect auquel toute per-

---

8. *Aubry* c. *Editions Vice-Versa Inc.*, [1996] R.J.Q. 2137, 2142, EYB 1996-65174 (C.A.), confirmé par la Cour suprême dans *Aubry* c. *Éditions Vice-Versa Inc.*, [1998] 1 R.C.S. 591, REJB 1998-05646.

9. H. Brun, « Liberté d'expression et de presse ; droits à la dignité, l'honneur, la réputation et la vie privée », (1992) 23 *R.G.D.* 449, 453 ; N. Vallières, *La presse et la diffamation*, Montréal, Wilson & Lafleur, 1986, p. 6.

10. Pour une analyse du concept, voir C. Brunelle, « La dignité dans la Charte des droits et libertés de la personne : de l'ubiquité à l'ambiguïté d'une notion fondamentale », (2006) *Revue du Barreau du Québec*, Numéro thématique hors série, p. 143-174.

11. *Syndicat national des employés de l'Hôpital St-Ferdinand (C.S.N.)* c. *Québec (Curateur public)*, [1996] 3 R.C.S. 211, EYB 1996-29281, confirmant [1994] R.J.Q. 2761, EYB 1994-28741 (C.A.), infirmant, pour partie, [1990] R.J.Q. 359, EYB 1989-76768 (C.S.).

12. Voir notamment *Commission des droits de la personne* c. *Centre d'accueil Villa Plaisance,* [1995] R.J.Q. 511, EYB 1995-103633 (T.D.P.) ; *Commission des droits de la personne* c. *Coutu*, [1995] R.J.Q. 1628, EYB 1995-106154 (T.D.P.), confirmé en appel, J.E. 98-2088, REJB 1998-08181.

sonne a droit du seul fait qu'elle est un être humain et au respect qu'elle se doit à elle-même »[13]. C'est dans l'arrêt *Syndicat national des employés de l'Hôpital St-Ferdinand (C.S.N.) c. Québec (Curateur public)*, que la Cour suprême décidait que l'inconfort souffert par les bénéficiaires déficients intellectuels d'un centre hospitalier privés de soins pendant une grève illégale constitue non seulement un préjudice moral sous le régime général de la responsabilité civile, mais aussi une atteinte illicite au droit garanti à l'article 4 de la *Charte des droits et libertés de la personne*[14]. Le concept de dignité ne se confond donc pas complètement avec la notion d'honneur et de réputation qui n'en sont que des composantes. Il réfère plus globalement à la dignité humaine qui constitue le fondement des droits et libertés enchâssés dans la *Charte canadienne* et dans la *Charte des droits et libertés de la personne* et à laquelle renvoient la plupart des préambules des instruments internationaux.

**163.–** *L'honneur, un sentiment complexe.* La dignité, dans l'acception qu'on lui donne plus communément (l'honneur), relève des sentiments personnels. Elle a par conséquent un caractère subjectif. On peut dire que l'honneur renvoie à la conception qu'a l'individu de sa propre dignité. Mais l'honneur ne relève pas seulement de l'intériorité ; il a aussi un caractère social : perdre son honneur, c'est « perdre la considération de ses semblables »[15], d'où l'association entre honneur et réputation. L'honneur est un concept difficile à cerner car sa perception est largement tributaire de la position sociale et de l'entourage immédiat de chacun. Il est aussi fortement coloré par les mœurs. Le sentiment qu'on en éprouve s'apprécie différemment selon les époques et les cultures. Ainsi, la séduction et la rupture abusive de promesse de mariage qui sont des notions d'une autre époque, ou encore l'aliénation d'affection, ont-elles été sanctionnées par les tribunaux en tant qu'atteintes à l'honneur d'une personne[16]. Aujourd'hui, l'atteinte à la dignité constitue un des fondements juridiques

---

13.  *Syndicat national des employés de l'Hôpital St-Ferdinand (C.S.N.) c. Québec (Curateur public)*, [1996] 3 R.C.S. 211, EYB 1996-29281, par. 105.
14.  *Ibid.*, par. 108. Voir également *Commission des droits de la personne c. Filion*, J.E. 2004-477, REJB 2004-53765 (T.D.P.Q.) ; *Commission des droits de la personne c. Bouchard*, J.E. 2004-1897, REJB 2004-70227 (T.D.P.Q.).
15.  B. Beignier, *L'honneur et le droit*, Paris, L.G.D.J., Coll. Bibliothèque de droit privé, t. 234, 1995, p. XXXIII. Voir également *Hervieux-Payette c. Société St-Jean-Baptiste de Montréal*, [1998] R.J.Q. 131, REJB 1997-03422 (C.S.).
16.  R. De Bottini, « La nature du recours pour rupture de fiançailles », dans *Quelques aspects du droit de la province de Québec,* Paris, Cujas, 1963, p. 135 ; A. Mayrand, « Problèmes juridiques nés de la rupture des promesses de mariage », (1963) 23 *R. du B.* 1 ; A. Popovici, « Ingérence du droit anglais dans le droit civil québécois en matière de rupture de promesse de mariage », (1963) *R.J.T.* 119.

reconnus par la jurisprudence en ce qui concerne le recours pour harcèlement sexuel. C'est souvent dans le contexte des relations de travail que les tribunaux sont saisis de ce genre de recours. Le harcèlement sexuel est d'ailleurs considéré comme une lésion professionnelle au sens de la *Loi sur les accidents du travail et les maladies professionnelles*[17]. Mais il ne se limite pas au milieu du travail[18]. Dans certains cas, le harcèlement prend la forme d'une agression tout court[19].

**164.**–*La réputation, un sentiment fragile.* Les atteintes à l'honneur et à la réputation prennent le nom technique de diffamation lorsqu'elles résultent de l'allégation ou de l'imputation d'un fait[20]. La diffamation ne doit pas être confondue avec l'injure, expression outrageante, terme de mépris ou invective qui n'impute aucun fait mais qui, si elle entraîne un dommage, donne ouverture à réparation[21]. On constate cependant que les tribunaux ne font pas systématiquement la distinction et que le terme « diffamation » est employé le plus souvent dans un sens large.

Ainsi, toute atteinte à la réputation, qu'elle soit verbale (parole[22], chanson, mimique) ou écrite (lettre[23], pièce de procédure, caricature, portrait, etc.), publique (articles de journaux, de revues, livres, commentaires de radio, de télévision[24]) ou privée (lettre[25],

---

17. L.R.Q., c. A-3.001. Mais il ne peut alors être invoqué sous le chef de l'article 4 de la *Charte québécoise.*
18. Voir, à titre d'illustration, *Lalancette* c. *Guillemette*, [1999] R.R.A. 1035, REJB 1999-15513 (C.S.).
19. *Larocque* c. *Côté*, [1996] R.J.Q. 1930, EYB 1996-30544 (C.S.). Il s'agissait en l'espèce de l'initiation d'un jeune soldat, traité de manière dégradante par les membres du corps d'armée auquel il appartenait. Voir aussi *M.D.* c. *C.D.*, J.E. 2005-27, EYB 2004-80330 (C.S.) : l'agression sexuelle sur une jeune de 13 ans est considérée comme une violation de l'article 4 de la *Charte québécoise.*
20. La diffamation constitue également une infraction pénale qui porte le nom de libelle (« le libelle diffamatoire »), sanctionnée par les articles 297 et s. C.cr. Ces dispositions ne visent cependant, en ce qui concerne la diffamation médiatique, que les médias écrits ; M. Roy, *La diffamation et la presse électronique*, Ste-Foy, P.U.L., 1993.
21. Voir, à titre d'exemple, *Jouvet* c. *Lévesque*, [2001] R.R.A. 861, REJB 2001-26010 (C.S.) ; *Falcon* c. *Cournoyer*, [2000] R.R.A. 130, REJB 2000-15974 (C.S.).
22. *Joncas* c. *Dupuis*, [2002] R.R.A. 120, REJB 2002-29976 (C.S.).
23. *Hubert* c. *Université Laval*, [2001] R.R.A. 975, REJB 2001-27172 (C.S.) ; *Jouvet* c. *Lévesque*, [2001] R.R.A. 861, REJB 2001-26010 (C.S.) ; *E. Néron Communication Marketing inc.* c. *Chambre des notaires du Québec*, [2004] 3 R.C.S. 95, REJB 2004-68721.
24. *Journal de Québec (Le), Division des Communications Quebecor inc.* c. *Beaulieu-Marquis*, [2002] R.R.A. 797 (C.A.) ; *Devoir Inc. (Le)* c. *Centre de psychologie préventive et de développement humain Inc.*, [1999] R.R.A. 17, REJB 1999-10604 (C.A.).
25. *Productions et distributions Imavision 21 Ltée* c. *Avecom Distribution Inc.*, [2002] R.R.A. 227, REJB 2001-29853 (C.S.).

tract, rapport, mémoire), qu'elle soit seulement injurieuse ou aussi diffamatoire, qu'elle procède d'une affirmation ou d'une imputation ou d'un sous-entendu[26], peut constituer une faute qui, si elle entraîne un dommage, doit être sanctionnée par une compensation pécuniaire[27].

La diffamation n'implique pas nécessairement l'intention de nuire en voulant sciemment ridiculiser, humilier ou exposer une personne au mépris ou à la haine du public ou d'un groupe. Mais l'intention de nuire peut évidemment être un élément pertinent[28]. La diffamation peut résulter d'un comportement qui, sans s'attaquer délibérément à la réputation de la victime, jette néanmoins le discrédit sur elle par témérité, négligence ou incurie[29]. La véracité est un facteur pertinent mais il est insuffisant en soi car il faut tenir compte de la teneur globale des propos tenus et, s'il s'agit d'un travail journalistique, de la méthodologie et du respect des normes professionnelles[30]. La nature diffamatoire des propos doit s'analyser selon une norme objective, en ce sens qu'il faut se demander si le citoyen ordinaire estimerait que les propos tenus, pris dans leur ensemble, ont ou non déconsidéré la réputation de la personne concernée[31]. L'analyse doit donc nécessairement tenir compte du contexte particulier de chaque cas[32].

---

26. *Prud'homme* c. *Prud'homme*, 2002 CSC 85, REJB 2002-36356 ; *Deschamps* c. *Ghorayeb*, [2006] R.R.A. 20 (C.A.) ; *Picard* c. *Gros-Louis*, [2000] R.R.A. 62, REJB 2000-16362 (C.A.) ; *Srivastava* c. *Hindu Mission of Canada (Québec) Inc.*, [2001] R.J.Q. 1111, REJB 2001-23958 (C.A.).

27. Dans le cas des personnalités publiques, particulièrement les hommes politiques, la jurisprudence se montre généralement plus tolérante : *Arthur* c. *Gravel*, [1991] R.J.Q. 1223, EYB 1991-63764 (C.A.), p. 2129 ; *Éthier* c. *Boutique à coiffer Tonic Inc.*, [1999] R.R.A. 100, REJB 1998-10030 (C.S.). Voir cependant *Berrière* c. *Filion*, [1999] R.J.Q. 1127 (C.S.) ; *Guitouni* c. *Société Radio-Canada*, [2000] R.J.Q. 2889, REJB 2000-20329 (C.S.) ; *Bélisle* c. *Grenier*, [2000] R.R.A. 923, REJB 2000-21283 (C.S.) ; *Parizeau* c. *Lafferty, Hartwood & Partners Ltd.*, [2000] R.R.A. 417, REJB 2001-17424 (C.S.) et *Blanchette* c. *Bury*, [2001] R.R.A. 904, REJB 2001-26864 (C.S.).

28. *Métromédia CMR Montréal inc.* c. *Johnson*, [2005] R.R.A. 39, EYB 2006-100768 (C.A.) ; *Frappier* c. *Constant*, [2005] R.R.A. 1056, EYB 2005-94625 (C.A.).

29. *Pilon* c. *St-Pierre*, [1999] R.J.Q. 1825, REJB 1999-13437 (C.S.).

30. *E. Néron Communication Marketing inc.* c. *Chambre des notaires du Québec*, [2004] 3 R.C.S. 95 ; *Tremblay* c. *Southam*, J.E. 2006-634, EYB 2006-100096 (C.S.).

31. *Prud'homme* c. *Prud'homme*, 2002 CSC 85, REJB 2002-36356.

32. *Ibid.* ; *Confédération des syndicats nationaux* c. *Jetté*, [2006] R.R.A. 7, EYB 2005-99095 (C.A.) ; *Bouffard* c. *Gervais*, [2004] R.R.A. 742, EYB 2004-65888 (C.A.) ; *Michaud* c. *Angenot*, [2003] AZ-03019658 (C.A.) ; *Frappier* c. *Constant*, [2005] R.R.A. 1056, EYB 2005-94625 (C.A.).

Mais dans ce domaine comme dans d'autres, il faut compter avec la liberté d'opinion et la liberté d'expression, lesquelles entretiennent des rapports tout aussi antagonistes avec le droit au respect de la vie privée[33]. Il convient de trouver chaque fois un équilibre entre deux valeurs fondamentales puisque, comme le rappelle la Cour suprême, le droit à la sauvegarde de la réputation entre en compétition avec la liberté d'expression[34].

## Section III
## Le droit au respect de la vie privée

**165.–** La protection de la vie privée sous sa forme actuelle est un phénomène relativement récent. La vie privée est non seulement devenue « un trait de la civilisation contemporaine »[35], mais on peut dire qu'elle est désormais à bien des égards une valeur en soi. Érigée en droit subjectif par le législateur québécois, elle a pris rang, bien que non énoncée expressément, de droit protégé par la Constitution. La protection de la vie privée est devenue, avec le temps, une branche particulière du droit et la pratique dans ce domaine est désormais une spécialité en soi. Nous en aborderons quelques aspects dans le cadre du droit privé, en nous arrêtant plus particulièrement aux règles de base du Code civil.

**166.–** *La vie privée : un trait de la civilisation contemporaine.* Cette tendance à l'extension du droit au respect de la vie privée est généralement associée aux facteurs suivants :

– le développement technologique qui permet à la fois de fixer et de reproduire le son et l'image[36], d'intercepter et d'enregistrer des

---

33. *Charte canadienne des droits et libertés* (ci-après *Charte canadienne*), L.R.C. (1985), App. 11, n° 44, art. 2b), qui précise que ces libertés incluent la liberté de presse et art. 3 de la *Charte québécoise* qui protège également le droit du public à l'information (art. 44).

34. *Gilles E. Néron Communication Marketing inc. c. Chambre des notaires du Québec,* [2004] 3 R.C.S. 95.

35. B. Beignier, *Le droit de la personnalité,* Paris, P.U.F., Éd. *Que sais-je ?*, 1995, p. 8.

36. Voir H.P. Glenn, « Les nouveaux moyens de reproduction audiovisuels et numériques et les droits de la personnalité : Rapport général », (1986) 46 *R. du B.* 693 ; P.-A. Molinari, « Observations sur la production des théories juridiques : les images floues du droit à l'image », dans *Nouvelles technologies de propriété*, Montréal, Éditions Thémis/Litec, 1991, p. 11 ; L. Doré, « Surveillance vidéo vs respect du droit à la vie privée », dans Service de la formation permanente, Barreau du Québec, *Développements récents en droit de l'accès à l'information 2005,*Cowansville, Éditions Yvon Blais, 2005, p. 27.

communications verbales[37] sans compter les possibilités qu'offrent aujourd'hui l'informatique et la génétique[38] ;

- l'émergence des sociétés de masse où l'information est devenue une valeur fondamentale et la démocratisation de nos sociétés qui repose sur la liberté d'expression et de communication et qui viennent contrebalancer le droit au respect de la vie privée[39] ;

- l'insertion de certains éléments constitutifs de la personnalité dans un marché d'échange patrimonial (nom, image, voix) ;

- le pluralisme des morales et des valeurs et, conséquemment, l'élargissement des sphères de liberté face à l'État[40] qui ouvre de nouvelles perspectives, la notion de vie privée se détachant ici du concept d'intimité et renvoyant à la liberté pour l'individu, « de choisir son mode de vie » ou même, plus largement, « de pouvoir vivre sa vie »[41].

---

37.  J. Colombo, « The Right to Privacy in Verbal Communication : the Legality of Unauthorized Participant Recording », (1989-90) 35 *McGill L.J.* 921 et P. Patenaude, « La zone de protection accordée à l'intimité au Canada », (1977) 8 *R.D.U.S.* 119.

38.  Voir, à ce titre, Conseil de la santé et du bien-être. *Avis : La santé et le bien-être à l'ère de l'information génétique*, Le Conseil, avril 2001 ; E. Lévesque, B.M. Knoppers et D. Avard, « La protection de l'information génétique dans le domaine médical au Québec : principe général de confidentialité et questions soulevées par les dispositions d'exception », (2005-2006) 36 *R.D.U.S.* 101.

39.  M. Michaud, *Le droit au respect de la vie privée dans le contexte médiatique*, Montréal, Wilson & Lafleur, 1996 ; P. Trudel et F. Abran (dir.), *Droit du public à l'information et vie privée : deux droits irréconciliables ?*, Montréal, Éditions Thémis/ Litec, 1992 ; M.A. Blanchard et S. Dormeau, « Liberté de presse et vie privée : une perspective québécoise », dans Institut canadien d'études juridiques supérieures, *Droits de la personne : solidarité et bonne foi*, Cowansville, Éditions Yvon Blais, 2000, p. 263 ; K. Benyekhlef, « Liberté d'information et droits concurrents : la difficile recherche d'un critère de rééquilibration », (1995) 26 *R.G.D.* 265.

40.  F. Rigaux, *La protection de la vie privée et des autres biens de la personnalité*, Bruxelles/Paris, Bruylant/LGDJ, 1990.

41.  B. Beignier, « Vie privée et vie publique », dans *Le privé et le public, Archap. Phil.*, t. 43, Paris, Sirey, 1997, p. 163. On rejoint alors le *Right of Privacy* du droit américain tel que développé par E.A. Warren et L. Brandeis, « The Right to Privacy », (1890) *Harv. L. Rev.* 193 et consacré par la Cour suprême des États-Unis dans *Griswold* c. *State of Connecticut*, 381 U.S. 479 (1965) ou aujourd'hui reconnu comme un droit quasi constitutionnel par la Cour suprême du Canada : *Godbout* c. *Longueuil (Ville de)*, [1997] 3 R.C.S. 844, REJB 1997-02908 ; *R.* c. *Morgentaler*, [1988] 1 R.C.S. 30, EYB 1988-67444 ; *B.(R.)* c. *Children's Aid Society of Metropolitan Toronto*, [1995] 1 R.C.S. 315, EYB 1995-67419 ; *Nouveau-Brunswick (Ministre de la Santé et des Services communautaires)* c. *G.(J.)*, [1999] 3 R.C.S. 46, REJB 1999-14250 ; *Office des services à l'enfant et à la famille de Winnipeg* c. *K.L.W.*, [2000] 2 R.C.S. 519, REJB 2000-20378 ; *Blencoe* c. *Colombie-Britannique (Human Rights Commission)*, [2000] 2 R.C.S. 307, REJB 2000-20288.

**167.–** C'est dire que la notion de vie privée est plus ou moins élastique et qu'il est difficile de la définir[42]. Les descriptions qui en sont faites sont généralement très générales, comme en témoigne cet extrait d'une décision de la Cour supérieure souvent cité : « La notion du droit à la vie privée représente une constellation de valeurs concordantes et opposées, de droits solidaires et antagonistes, d'intérêts communs et contraires évoluant avec le temps et variant d'un milieu culturel à l'autre »[43]. On peut tout de même référer à l'énumération non exhaustive des scénarios considérés comme des atteintes à la vie privée et que l'on retrouve à l'article 36 C.c.Q. Cette liste permet d'ordonner plusieurs éléments de son application et de décrire les limites assignées à sa protection. D'autre part, certains principes dégagés par la Cour suprême à propos des limites à l'intérieur desquelles l'État peut s'immiscer dans la vie personnelle des citoyens, peuvent aussi servir de guide dans l'interprétation de l'article 5 de la *Charte des droits et libertés de la personne* et de l'article 35 C.c.Q.[44]

**168.–** *Le droit au respect de la vie privée : une valeur démocratique et un droit qui entre dans le champ de protection des articles 7 et 8 de la Charte canadienne.* Bien que la *Charte canadienne des droits et libertés* ne prévoie pas de manière expresse le droit au respect de la vie privée, la Cour suprême a considéré que l'article 8, qui protège les citoyens contre les fouilles, les perquisitions et les saisies abusives, permet de fonder un droit constitutionnel à la vie privée[45]. Il convient toutefois de préciser que la personne qui se réclame du droit à la vie privée selon l'article 8 de la *Charte canadienne* doit prouver l'existence d'une attente raisonnable de sphère de vie privée, une expectative qui s'évalue d'un point de vue subjectif. Il s'agit alors de déterminer si une personne placée dans la même situation peut rai-

---

42. Un point sur lequel jurisprudence et doctrine se rencontrent : voir *Syndicat des travailleuses et travailleurs de Bridgestone / Firestone de Joliette (C.S.N.)* c. *Trudeau*, [1999] R.J.Q. 2229, REJB 1999-14156 (C.A.) (M. le juge LeBel, p. 2241).

43. Propos du juge Michaud dans *Valiquette* c. *The Gazette (Division de Southam inc.)*, [1997] R.J.Q. 30, EYB 1996-65651 (C.S.).

44. Encore qu'on ne fasse pas toujours les nuances qui s'imposent lorsqu'il s'agit de les appliquer dans le cadre de litiges impliquant des particuliers. Voir, à ce titre, les notes du juge Lamer dans *Aubry* c. *Éditions Vice-Versa Inc.*, [1998] 1 R.C.S. 591, particulièrement les paragraphes 9 à 19 ; comparer avec les notes du juge LeBel dans *Syndicat des travailleuses et travailleurs de Bridgestone* c. *Trudeau*, [1999] R.J.Q. 2229, REJB 1999-14156 (C.A.), particulièrement aux pages 2241 à 2244 de l'arrêt.

45. Le principe en a été dégagé dans l'affaire *Hunter* c. *Southam*, [1984] 2 R.C.S. 145. Mais c'est dans l'affaire *R.* c. *Dyment*, [1988] 2 R.C.S. 417, EYB 1988-67715 que la Cour suprême s'est le plus avancée. Voir également *R.* c. *Mills*, [1999] 3 R.C.S. 668, REJB 1999-15270.

sonnablement croire à la possibilité d'être laissée tranquille, à l'abri des indiscrétions.

À cet égard, la Cour suprême a identifié trois sphères, considérées comme des composantes fonctionnelles ou conceptuelles de la vie privée : la sphère spatiale ou territoriale, la personne et la sphère informationnelle, lesquelles recoupent d'ailleurs un certain nombre de situations couvertes par les articles 36 et 37 C.c.Q. Or bien que ces principes aient été dégagés dans le cadre d'un contentieux impliquant des actions gouvernementales, les tribunaux y font appel régulièrement dans les affaires civiles lorsqu'il s'agit de préciser le contenu du droit protégé par l'article 5 de la *Charte québécoise*[46].

**169.–** Mais l'article 8 de la *Charte canadienne* n'est perçu lui-même que comme un droit qui fait partie d'un droit encore plus englobant, lui-même inféré du droit à la liberté protégé par l'article 7 de la *Charte canadienne*. Ce droit vise à garantir une sphère d'autonomie personnelle se rapportant à des choix de nature fondamentalement privée ou intrinsèquement personnelle[47]. Il trouve son équivalent dans l'article 5 de la *Charte québécoise*[48]. Ce droit comprend notamment le droit à l'autonomie dans l'aménagement de sa vie personnelle, y inclus le choix du lieu de sa résidence[49] et la faculté pour la personne de contrôler l'usage qui est fait de son image, en tant qu'élément de l'identité[50]. Cependant, qu'il s'agisse du droit à la vie privée selon l'article 5 de la *Charte québécoise* ou des articles 7 et 8 de la *Charte canadienne*, ces droits ne sont pas absolus. Ils doivent être pondérés à la lumière de l'intérêt général. En matière de protection de l'image de la personne, par exemple, le Code réfère au concept d'information légitime du public. L'intérêt de la société s'impose, dans certaines conditions, comme valeur supérieure. De plus, il convient de souligner que puisque le respect de la vie privée est un droit consacré par la *Charte québécoise* (art. 5), il se peut que certaines atteintes à ce droit (on peut songer à la surveillance, par exemple) ne soient pas considérées comme des atteintes illicites à la vie privée dès lors qu'elles sont justifiées par des motifs rationnels et qu'elles sont conduites par des moyens raisonnables au sens de la clause de limitation de l'article 9.1 de la Charte[51].

---

46. *Srivastava c. Hindu Mission of Canada (Québec) Inc.*, [2001] R.J.Q. 1111, REJB 2001-23958 (C.A.), p. 1122 ; *Mascouche (Ville de) c. Houle*, [1999] R.J.Q. 1894, REJB 1999-13538 (C.A.) ; *Syndicat des travailleuses et travailleurs de Bridgestone / Firestone c. Trudeau*, [1999] R.J.Q. 2229, REJB 1999-14156 (C.A.).
47. *Godbout c. Longueuil (Ville de)*, [1997] 3 R.C.S. 844, REJB 1997-02908.
48. *Aubry c. Éditions Vice-Versa Inc.*, [1998] 1 R.C.S. 591, REJB 1998-05646.
49. *Godbout c. Longueuil (Ville de)*, [1997] 3 R.C.S. 844, REJB 1997-02908, p. 913.
50. *Aubry c. Éditions Vice-Versa Inc.*, [1998] 1 R.C.S. 591, REJB 1998-05646.
51. *Syndicat des travailleuses et travailleurs de Bridgestone / Firestone de Joliette (CSN) c. Trudeau*, [1999] R.J.Q. 2229, REJB 1999-14156 (C.A.).

Il s'agit donc d'appliquer un test de proportionnalité[52]. C'est ainsi que dans certains domaines, particulièrement celui de l'emploi et des relations de travail, on assiste à un phénomène de rétrécissement du domaine de la vie privée, justifié essentiellement par des considérations d'ordre économique et d'organisation efficace du travail[53].

**170.**– À la lumière des articles 5 et 7 de la *Charte québécoise*, des articles 35 à 41 C.c.Q. qui les complètent et des principes dégagés par la Cour suprême, il convient donc de préciser l'objet et le contenu du droit au respect de la vie privée, dans sa dimension individuelle. Il faut rappeler que de nombreux aspects du droit à la vie privée relèvent du droit public et que si l'on peut s'en inspirer quand il s'agit du droit privé, il ne faut pas oublier que les considérations qui soustendent le domaine du droit public sont particulières, notamment en raison de l'impératif d'assurer la sécurité publique.

### §1 - L'objet et le contenu du droit

**171.**– Le respect de la vie privée, dans les rapports entre particuliers, se traduit essentiellement par un devoir de non-immixtion, de non-ingérence dans les affaires d'autrui. C'est le droit d'être laissé tranquille, de faire respecter le caractère privé de sa personne. Ce droit comporte une multitude d'expressions : le droit de rester *incognito*, de ne pas être surveillé ou dérangé, le droit de rester discret dans toutes les facettes de sa vie. L'article 35 C.c.Q. vient illustrer le principe énoncé par l'article 5 de la *Charte des droits et libertés de la personne* alors que l'article 36 C.c.Q. énumère de manière non limitative un certain nombre d'atteintes considérées comme illicites. Cette énumération permet de circonscrire en partie le contenu du droit au respect de la vie privée. Ainsi, sauf dans les cas prévus par la loi, personne ne peut sans l'autorisation de la personne intéressée :

1º   pénétrer chez elle ou y prendre quoi que ce soit ;

2º   intercepter ou utiliser volontairement une communication privée ;

---

52. *Veilleux* c. *Compagnie d'assurance-vie Penncorp*, 2008 QCCA 257, EYB 2008-129355.
53. Voir, par exemple, *Laplante* c. *Groupe de sécurité Garda inc.*, 2008 QCCQ 1594 ; *Ste-Marie* c. *Placements JPM Marquis inc.*, [2005] R.R.A. 295, EYB 2005-88296 (C.A.) ; *Amzïane* c. *Bell Mobilité*, J.E. 2004-1702, EYB 2004-68815 (C.S.) ; *Ghattas* c. *École nationale de théâtre du Canada*, [2006] R.J.Q. 852, EYB 2006-102226 (C.S.).

3° capter ou utiliser son image ou sa voix lorsqu'elle se trouve dans des lieux privés ;

4° surveiller sa vie privée par quelque moyen que ce soit ;

5° utiliser son nom, son image, sa ressemblance ou sa voix à toute autre fin que celle de l'information légitime du public ;

6° utiliser sa correspondance, ses manuscrits ou ses autres documents personnels.

De telles intrusions dans la vie privée de la personne peuvent elles-mêmes être regroupées autour de trois éléments préalablement dégagés par la doctrine et la jurisprudence comme relevant du droit au respect de la vie privée. Ce sont le droit à la solitude et à l'intimité, le droit à l'anonymat et le droit au secret et à la confidentialité auquel il faut rattacher le droit au contrôle des données personnelles, régi par les articles 37 à 41 C.c.Q. Compte tenu du régime particulier attaché à la protection des renseignements personnels, une section distincte lui sera consacrée.

*A. Le droit à la solitude et à l'intimité*

**172.–** Ce droit à la solitude et à l'intimité coexiste souvent avec un droit à l'isolement physique[54]. C'est l'inviolabilité du domicile que vise l'article 36, 1° C.c.Q. et qui est également sanctionnée par le droit pénal[55]. Mais ce droit ne se ramène pas uniquement à la propriété ou à la jouissance des choses matérielles. Il existe aussi en l'absence de tout isolement physique[56].

**173.–** *L'inviolabilité du domicile.* La protection de l'intimité s'intéresse ici au lieu de vie de la personne. Le droit reconnaît à l'individu une emprise sur un lieu dont les frontières le protègent contre les intrusions des tiers et où il peut faire ce qui lui plaît. Garantie par l'article 7 de la *Charte des droits et libertés de la personne*[57], l'invio-

---

54. *Legare* c. *Flammand*, [2004] R.D.I. 752, EYB 2004-66402 (C.Q.) : jeter des regards répétitifs et insistants sur ses voisins porte atteinte à leur droit à leur intimité.
55. Voir, par exemple, les articles 348 (introduction par effraction) et 349 (présence illégale dans une maison d'habitation) du *Code criminel*.
56. *Syndicat des professionnelles du Centre jeunesse de Québec (CSN)* c. *Desnoyers*, 2005 QCCA 110, EYB 2005-86208.
57. Voir également l'article 8 qui consacre le droit de toute personne à la jouissance paisible et à la libre disposition de ses biens, sous réserve des exceptions prévues par la loi. À titre d'exemple d'interfaces entre les deux droits, voir *Duval* c. *Office*

labilité du domicile a une double dimension. Elle permet à la personne de maintenir une distance entre elle et les autres et elle définit les contours de l'endroit où elle peut prétendre s'isoler. En d'autres termes, « c'est la liberté d'avoir la paix chez soi »[58] ou de ce qui en tient lieu. Le mot *domicile* doit être pris dans son sens étymologique de *domus,* demeure, et non pas du lieu du principal établissement au sens de l'article 75 C.c.Q. Il s'entend largement et désigne tout lieu habité par la personne, quel que soit son lien de droit avec ce lieu. Par exemple le locataire peut opposer au locateur son droit à l'inviolabilité du domicile[59]. De même, la chambre d'une adolescente qui est hébergée dans un centre d'accueil en vertu d'une mesure de protection, est un endroit d'intimité auquel elle peut prétendre[60]. C'est sur ce fondement également que reposent le droit de clore son terrain prévu par l'article 1002 C.c.Q. ainsi que les contraintes en matière de servitudes de vue, c'est-à-dire les distances à observer pour ouvrir des vues sur une propriété voisine (art. 1179 C.c.Q.). Par ailleurs, la protection ne se limite pas au domicile ou à la résidence en elle-même. Elle couvre aussi les abords de la résidence : par exemple, il fut déjà jugé que la liberté d'expression ne permet pas de piqueter sans entrave aux abords des résidences et d'intervenir ainsi dans la vie privée des cadres et de leur famille[61]. C'est sur cette base aussi que les tribunaux ont sanctionné le harcèlement par téléphone dont avaient été victimes des individus de la part de leurs créanciers ou d'agences de recouvrement[62] ou encore l'avalanche de communications suscitées par certains médias[63].

---

*national du film,* [1988] R.R.A. 288 (C.S.) et *Béchard c. Desjardins,* J.E. 92-13, EYB 1991-75135 (C.Q.).

58. G. Cornu, *Droit civil,* t. I, *Introduction, Les personnes, Les biens,* 10e éd., Paris, Montchrestien, 2001, p. 230.

59. *Commission des droits de la personne et des droits de la jeunesse c. Caumartin,* 2007 QCTDP 22.

60. *Protection de la jeunesse – 273,* [1987] R.J.Q. 1923, EYB 1987-78788 (T.J.).

61. *Syndicat des communications graphiques, local 41 M c. Journal de Montréal,* [1994] R.D.J. 456, EYB 1994-64349 (C.A.). Voir également *Société Radio-Canada c. Courtemanche,* [1999] R.J.Q. 1577, REJB 1999-12880 (C.A.).

62. *Cooperberg c. Buckman,* [1958] C.S. 427 ; *McIlwaine c. Equity Accounts Buyers Ltd.,* [1974] R.L. 115 ; *Auger c. Equity Account Buyers Ltd.,* [1976] C.S. 279 ; *Beaudoin c. Beaudoin,* [1986] R.R.A. 68 et *Pasquale c. Descôteaux,* [1990] R.R.A. 574, EYB 1990-76626 (C.S.).

63. *Robbins c. Canadian Broadcasting Corp. (Québec),* [1958] C.S. 152, affaire dans laquelle, en réponse à une lettre critique d'un téléspectateur, l'animateur d'une station de télévision avait invité le public à lui écrire ou à lui téléphoner. Pour des cas de harcèlement téléphonique jugés comme des violations de la vie privée, voir *Lehouillier-Rail c. Visa Desjardins,* 2007 QCCQ 10123 et *Plante c. Bisson,* 2006 QCCQ 3890.

Comme tous les droits de la personnalité, le droit à l'inviolabilité du domicile est général, en ce sens qu'il est accordé à toute personne dans le lieu où elle demeure. La protection n'est cependant pas absolue. Indépendamment des dispositions qui, en matière criminelle, autorisent les perquisitions à domicile[64] et des dispositions du *Code de procédure civile* qui, à certaines conditions et à certaines heures, autorisent l'huissier qui veut procéder à une saisie à pénétrer dans le domicile du débiteur en défaut (art. 581 et 582 C.p.c.), le droit à l'inviolabilité du domicile doit parfois céder le pas au droit de propriété. C'est ainsi qu'à condition d'en user de manière raisonnable, le propriétaire des lieux loués conserve le droit d'y pénétrer afin de vérifier l'état des lieux et celui de les faire visiter à un futur locataire ou à un acquéreur éventuel (art. 1857 et 1931 à 1933 C.c.Q.).

**174.–** *Le droit de préserver son intimité.* La vie privée ne se réduit pas à la seule protection de la demeure privée. La protection de la loi couvre la vie privée même en dehors de ce lieu. La notion de solitude s'entend en effet de manière beaucoup plus large. C'est « une sorte d'intégrité mentale ou spirituelle, une condition dans laquelle l'individu est libre de toute entrave à son état d'esprit »[65]. Elle s'étend également aux conversations et communications privées[66], à la correspondance, les manuscrits, les documents personnels comme un journal intime[67]. La vie privée s'étend, de manière plus globale, à tout lieu considéré comme privé (art. 36, 2o et 36, 3o C.c.Q.). Reste cependant à déterminer ce qui peut être considéré comme un lieu privé, ce qui soulève le problème de l'interception et de la divulgation d'un fait qui est intervenu publiquement ou de la présence d'une personne dans un lieu ouvert à tous comme, par exemple, un restaurant. Il est généralement admis que les éléments de la vie privée doivent être sauvegardés dès lors qu'ils ne se rattachent pas à une activité publique en elle-même[68].

---

64. Art. 487 C.cr. Voir également la *Loi sur les stupéfiants*, L.R.C. (1985), c. N-1, art. 10 à 12 et la *Loi sur les aliments et drogues*, L.R.C. (1985), c. F-27, art. 42(1), (2), (3) et 51(1).

65. H.-P. Glenn, « La protection de la vie privée », (1979) 39 *R. du B.* 879, 884, définition reprise dans *Valiquette* c. *The Gazette,* [1997] R.J.Q. 30, EYB 1996-65651 (C.A.).

66. À titre d'illustration, *Thibodeau* c. *Commission municipale de Québec*, [1996] R.J.Q. 1217, EYB 1996-87949 (C.S.) et *Srivastava* c. *Hindu Mission of Canada (Québec) Inc.*, [2001] R.J.Q. 1111, REJB 2001-23958 (C.A.) ; *R.* c. *Solomon,* [1992] R.J.Q. 2631 (C.S.).

67. *Sergerie* c. *Centre jeunesse du Saguenay-Lac-St-Jean*, J.E. 2004-547, REJB 2004-54071 (C.A.).

68. P.-A. Molinari et P. Trudel, « Le droit au respect de l'honneur, de la réputation et de la vie privée : aspects généraux et applications », dans Service de la formation permanente, Barreau du Québec, *Application des Chartes des droits et libertés en matière civile*, Cowansville, Éditions Yvon Blais, 1988, p. 197, 214-215.

Au cœur de la vie privée, il y a donc la vie personnelle. À ce titre, sera considérée comme injustifiable, l'intrusion « qui a comme effet de porter un renseignement personnel à la connaissance de l'intrus ou tout simplement de gêner la victime »[69]. Les éléments relatifs aux origines de la personne entrent dans cette catégorie. Ainsi, c'est le respect de la vie privée qui est invoqué pour justifier le principe controversé de la confidentialité entourant les dossiers d'adoption (art. 582 et 584 C.c.Q.) et qui apporte des limites à l'intérieur desquelles l'adopté peut exercer son droit aux origines[70]. Une logique identique s'applique en ce qui a trait à la filiation issue de la procréation médicalement assistée (art. 542 C.c.Q.). Sont également visés par cette protection, les éléments relatifs à l'état de santé de la personne (indépendamment de la protection à laquelle un patient a droit en vertu des règles relatives au secret professionnel)[71], et tout ce qui, plus globalement, touche au corps[72], la vie familiale ou sentimentale[73], les loisirs, l'aspect privé du travail professionnel. Des éléments qui, d'un point de vue objectif, peuvent être qualifiés de privés par nature[74] et auxquels se greffent également les opinions politiques, philosophiques ou religieuses[75]. En ce sens, le droit à la solitude recoupe souvent le droit à l'anonymat qui constitue un autre élément du droit au respect de la vie privée.

---

69. H.P. Glenn, « Le secret de la vie privée en droit québécois », (1974) 5 *R.G.D.* 24.
70. *Droit de la famille – 2367*, [1996] R.J.Q. 829, EYB 1996-88116 (C.Q.) ; *Droit de la famille – 27*, [1984] T.J. 2073 ; *Droit de la famille – 140*, [1984] T.J. 2049 ; *Droit de la famille – 657*, [1989] R.D.F. 542, EYB 1989-77170 (C.Q.) ; *Droit de la famille – 3212*, [1999] R.D.F. 185, REJB 1998-09468.
71. *The Gazette (division Southam)* c. *Valiquette*, [1997] R.J.Q. 30, EYB 1996-65651 (C.A.) : un article de journal traitait du cas particulier d'un enseignant dans le cadre d'un reportage sur la discrimination exercée à l'endroit des sidéens et dont le libellé, sans que la personne soit nommée expressément, permettait néanmoins de la reconnaître ; *Torrito* c. *Fondation Lise T. pour le respect du droit à la vie et à la dignité des personnes lourdement handicapées*, [1995] R.D.F. 429, EYB 1995-72401 (C.S.) : action exercée par les parents d'un enfant mineur, lourdement handicapé, pour usage non autorisé de son nom et de sa photographie et de vidéos tournées peu de temps avant son décès (appel réglé hors cour).
72. *Sébille* c. *Photo Police*, [2007] R.R.A. 320, EYB 2007-116399 (C.S.).
73. *Droit de la famille – 2427*, [1996] R.J.Q. 1451, EYB 1996-88125 (C.Q.) ; *Lancaster* c. *Desgroseillers*, [1991] R.R.A. 290 (C.S.).
74. M. Contamine-Raynaud, « Le secret de la vie privée », dans *L'information en droit privé*, Paris, LGDJ, 1979, p. 401 et s.
75. P.-A. Molinari et P. Trudel, « Le droit au respect de l'honneur, de la réputation et de la vie privée : aspects généraux et applications », dans Service de la formation permanente, Barreau du Québec, *Application des Chartes des droits et libertés en matière civile*, Cowansville, Éditions Yvon Blais, 1988, p. 197, 211 et s.

## B. Le droit à l'anonymat

Sous cette rubrique, on peut ranger tous les éléments qui se rapportent à l'identification de la personne, c'est-à-dire le nom, l'image, la voix, ou même la ressemblance (art. 36, 5º C.c.Q.), signes distinctifs qui constituent en quelque sorte le reflet de la personne.

**175.– Le nom.** Élément important de l'individualisation de la personne, le nom est également un moyen pour la personne de s'approprier son identité. La protection de l'anonymat implique dès lors une protection du nom et de la diffusion non autorisée du nom lorsque la vie privée est en jeu. Ainsi, dans les procédures en matières familiales qui affectent l'un des volets les plus intimes de la vie des parties concernées, la loi interdit la publication de toute information permettant de les identifier[76], protégeant ainsi leur anonymat. C'est ici qu'on rejoint la double nature du droit au nom qui, en tant qu'élément de l'état, jouit d'une protection particulière. Expression de son identité, l'utilisation du nom par une autre personne que son titulaire est en effet sanctionnée (art. 56 C.c.Q.). Mais c'est l'usurpation de l'identité qui est visée ici et non plus la violation de l'intimité résultant de la divulgation du nom de la personne, associée à la publication ou à la divulgation d'informations à caractère personnel. Il en est de même du droit à l'image.

**176.– L'image.** Au même titre que le nom, l'image de la personne est protégée en tant qu'élément identificateur de la personnalité. Parce qu'elle est une représentation des traits physiques de la personne, la captation de l'image dans des lieux privés et, *a fortiori*, sa reproduction sans l'autorisation de la personne, constituent une violation du droit à l'intimité (art. 36, 3º C.c.Q.)[77]. Le droit à l'image ne couvre cependant pas la protection contre les caricatures qui relève plutôt de la protection de la réputation[78]. Mais le droit à l'image déborde le strict cadre de la vie privée, tout au moins de l'intimité. Il exclut que l'image saisie dans des lieux publics ou qui, à tout le moins, n'ont rien d'intime, soit utilisée sans le consentement de la personne à d'autres fins que l'information légitime du public (art. 36, 5º C.c.Q.), notam-

---

76. Art. 13 C.p.c. Voir également l'article 83 de la *Loi sur la protection de la jeunesse*, L.R.Q., c. P-34.1.

77. À titre d'illustration, *Pelletier c. Ferland*, [2004] R.R.A. 944, REJB 2004-66848 (C.S.).

78. *Perron c. Éditions des Intouchables inc.*, J.E. 2003-1736, REJB 2003-46170 (C.S.); S. Martin, « Rira bien qui rira le dernier : la caricature confrontée au droit à l'image », (2003-2004) 16 *C.P.I.* 611.

ment à des fins publicitaires[79], artistiques ou littéraires[80]. Le consentement donné pour une diffusion déterminée de l'image n'implique pas que ce consentement vaut pour d'autres diffusions. Le consentement est donc *ad hoc*[81]. Cette faculté de contrôler l'usage, qui peut en être fait à l'insu de la personne, s'appuie sur l'idée d'autonomie individuelle. Le contrôle sur sa propre identité suppose un choix personnel et des décisions fondamentalement privées protégées par l'article 5 de la *Charte des droits et libertés de la personne*, tel qu'interprété par la Cour suprême du Canada dans l'affaire *Aubry*[82]. Dans cette décision, la Cour a clairement établi que le droit à l'image implique que la personne soit reconnaissable et ce principe est constamment rappelé par les tribunaux[83]. Et même si la personne peut être reconnue, elle ne pourra pas invoquer son droit à l'image pour s'opposer à la diffusion de l'image si cette personne ne représente qu'un élément du décor dans un lieu public. La liberté de photographier les sites (paysages, monuments, places publiques) a pour conséquence nécessaire la liberté de capter l'image des personnes qui se trouvent sur les lieux au moment du cliché. Dans ces circonstances, l'image de la personne n'est que l'accessoire du lieu et sa capture est parfaitement licite. Il en est de même lorsque l'image de la personne est captée dans le cadre de la couverture d'un événement public[84].

Il demeure que dans de telles circonstances c'est l'appropriation d'autrui plus que l'atteinte à son intimité qui est en cause. C'est la dif-

---

79. *Bonneville* c. *Brasseurs du Nord Inc.*, [2000] R.R.A. 144, REJB 2000-16215 (C.S.) : brochure publicitaire distribuée dans des caisses de bière reproduisant la photo du requérant jouant de la guitare parmi un groupe de personnes et prise à son insu.
80. *Aubry* c. *Éditions Vice-Versa Inc.*, [1998] 1 R.C.S. 591 : la demanderesse avait été photographiée à son insu alors qu'elle était assise dans l'escalier extérieur d'un édifice, dans une rue de Montréal. La photographie avait été publiée dans une revue littéraire et artistique.
81. *Cohen* c. *Queenswear International Ltd.*, [1989] R.R.A. 570 (C.S.) ; *Rebeiro* c. *Shawinigan Chemicals (1969) Limited*, [1973] C.S. 389 ; *Deschamps* c. *Renault Canada*, (1977) 18 *C. de D.* 937 (C.S.) ; *Laoun* c. *Malo*, [2003] R.J.Q. 381, REJB 2003-36925 (C.A.) ; *Journal de Québec (Le), Division des Communications Quebecor inc.* c. *Beaulieu-Marquis*, [2002] R.R.A. 797, REJB 2002-33702 (C.A.) ; *Podelej* c. *Rogers Media inc.*, [2005] R.R.A. 98, EYB 2004-82291 (C.S.).
82. *Aubry* c. *Éditions Vice-Versa*, [1998] 1 R.C.S. 591, REJB 1998-05646, par. 52 et 53.
83. *Rossi* c. *Urgence-santé inc.*, [2006] R.R.A. 989 (C.S.) ; *Chabot* c. *Sun Media*, J.E. 2008-140, REJB 2007-131908 (C.S.).
84. Voir, en ce sens, les notes de la juge C. L'Heureux-Dubé dans *Aubry* c. *Vice-Versa*, [1998] 1 R.C.S. 591, REJB 1998-05646, par. 60. À titre d'illustration, pour un concert en plein air, *Field* c. *United Amusement Corporation Ltd.*, [1971] C.S. 283 ; dans le même sens, voir *D'Alexis* c. *Société de publication Merlin Ltée*, C.S. Montréal, n° 500-05-007199-878, 10-01-96 (photographie prise dans un lieu public, dans le cadre d'un exercice de boxe).

fusion et la distribution de l'image qui constitue l'atteinte et non pas la captation en soi. D'où la controverse doctrinale qui oppose ceux qui ne voient dans le droit à l'image qu'une variante ou un attribut du droit au respect de la vie privée et ceux pour qui il constitue un droit autonome, fondé sur la notion de propriété. Le principe est que « le sujet est propriétaire de lui-même et que si on lui vole son reflet, on lui vole une partie de lui-même et on lui doit réparation »[85]. Cette théorie, qui a trouvé un certain écho dans la jurisprudence et la doctrine québécoises[86], doit cependant être écartée, puisque c'est au chapitre de la réputation et du respect de la vie privée que le droit à l'image a été consacré par la loi. Il s'agit donc d'un droit extrapatrimonial qui participe du régime des droits de la personnalité[87], ce qui permet de confirmer, par exemple, que le droit à l'image est incessible en soi et que toute personne en est titulaire, qu'elle soit inconnue ou célèbre[88]. Par ailleurs, si comme l'affirme la jurisprudence, l'on doit admettre que « le droit à la vie privée a largement absorbé le droit à l'image »[89], on peut en dire tout autant du droit au respect de la dignité et du droit à l'honneur et à la protection de la réputation. C'est le cas, notamment, de l'exploitation que l'on peut faire de l'effigie d'une personne afin de tirer parti de sa notoriété sans le lui avoir demandé. Il y a alors « captation » de sa réputation, entendue ici dans le sens de renommée, alors que dans le cas des personnes qui n'ont pas de notoriété particulière c'est beaucoup plus la dignité qui peut être en cause[90]. En ce sens, c'est bien plus à l'ensemble des droits de la personnalité que le droit à l'image devrait être rattaché. Mais il n'est pas non plus une fin en soi. Il doit s'analyser tout simplement comme un moyen, parmi d'autres, d'assurer la protection de la personnalité.

Cela ne signifie pas qu'en dehors de la protection de la vie privée, de la dignité, de l'honneur ou de la réputation, il n'y ait pas place pour une sanction pleinement indépendante du droit à l'image. Mais ce sont les intérêts pécuniaires résultant de l'exploitation lucra-

---

85. B. Edelman, « Esquisse d'une théorie du sujet : l'homme et son image », *D.* 1970, Chron. 119, n⁰ 5.

86. *Éthier* c. *Boutique à coiffer Tonic Inc.*, [1994] R.R.A. 100 (C.S.) ; D. Chalifoux, « Droit à l'image : une amorce de protection de l'identité artistique ? », dans Service de la formation permanente, Barreau du Québec, *Congrès annuel du Barreau du Québec,* 2000, p. 533.

87. *Aubry* c. *Les Éditions Vice-Versa Inc.*, [1998] 1 R.C.S. 591, REJB 1998-05646, par. 52 (Mᵐᵉ la juge C. L'Heureux-Dubé).

88. *Laoun* c. *Malo,* [2003] R.J.Q. 381, REJB 2003-36925 (C.A.), par. 60 et 110.

89. *Éditions Vice-Versa Inc.* c. *Aubry,* [1998] 1 R.C.S. 591, REJB 1998-05646, p. 2148 (juge LeBel). Voir également les notes du juge Baudouin pour qui le droit à l'image fait partie intégrante du droit au respect de la vie privée (p. 2151).

90. Voir en ce sens *Cohen* c. *Queenswear International Ltd.*, [1989] R.R.A. 570 (C.S.) ; *Rebeiro* c. *Shawinigan Chemicals (1969) Limited,* [1973] C.S. 389.

tive de cet élément de sa personnalité qui sont alors en cause. L'image prend donc « la forme accessoire d'un droit patrimonial »[91] se rapprochant des principes qui sous-tendent le droit d'auteur[92], sans cependant s'identifier totalement avec lui. Ce droit se rattache davantage au droit de clientèle tel que défini par les auteurs français[93].

**177.– *La voix.*** Si l'usage de la parole est protégé comme faculté naturelle d'expression, la voix, émanation personnelle et signe distinctif de la personnalité, appelle une protection particulière. Aussi toute forme d'écoute clandestine[94], au même titre que la conservation et l'utilisation de la voix, est considérée comme une atteinte illicite lorsque la personne s'est exprimée dans des lieux privés ou tenait une conversation de nature privée. Il en est de même de toute utilisation secondaire, lorsque non autorisée par la loi ou par la personne concernée (art. 36, 3o et 36, 5o C.c.Q.). Par contre, l'enregistrement d'une conversation téléphonique par l'un des interlocuteurs ne constitue pas *per se* une introduction illégale dans la vie privée de l'autre. Tout est question de circonstances. On ne peut alors parler d'interception illicite ; seule l'utilisation peut constituer une atteinte[95]. Il a par ailleurs été jugé qu'une mère qui a enregistré à leur insu une conversation téléphonique entre son enfant et le père de celui-ci, n'avait pas porté atteinte au droit à la vie privée du père étant donné qu'en tant que titulaire de l'autorité parentale, la mère avait le pouvoir de consentir pour l'enfant et ne faisait qu'exercer son droit et son devoir de surveillance[96].

---

91. P.-A. Molinari, « Observations sur la production des théories juridiques : les images floues du droit à l'image », *loc. cit.*, note 36, p. 68. Sur la dimension patrimoniale du droit à l'image, voir G. Loiseau, « Des droits patrimoniaux de la personnalité en droit français », (1997) 42 *R.D. McGill* 319.

92. S.H. Abramovitch, « Publicity Exploitation of Celebrities : Protection of a Star's Style in Quebec Civil Law », (1991) 32 *C. de D.* 301 ; S. Gilker, « Les artistes exécutants et interprètes et le nouveau *Code civil du Québec* », (1995-96) 8 *C.P.I.* 91.

93. Voir plus particulièrement P. Roubier, « Droits intellectuels ou droits de clientèle », (1935) *R.T.D.C.* 25. Pour une analyse dans le même sens en droit québécois, voir S. Martin, « Protection du pseudonyme au titre du droit au respect de la vie privée », dans Service de la formation permanente, Barreau du Québec, *Développements récents en droit du divertissement (2001)*, Cowansville, Éditions Yvon Blais, 2003, p. 211 et s. Pour une analyse comparative, voir L. Potvin, *La personne et la protection de son image – Étude comparée des droits québécois, français et de la common law*, Cowansville, Éditions Yvon Blais, 1991.

94. Sous réserve, évidemment, des dispositions du *Code criminel* : Partie VI, art. 183 et s. ; voir P. Patenaude, *La preuve, les techniques modernes et le respect des valeurs fondamentales (Enquête, surveillance et conservation de données)*, Sherbrooke, Les Éditions Revue de droit de l'Université de Sherbrooke, 1990.

95. *Wilson c. Bano*, [1995] R.J.Q. 787 (C.S.).

96. *Droit de la famille – 2206*, [1995] R.J.Q. 1419, EYB 1995-72384 (C.S.) ; voir également les décisions rendues dans *Roy c. Saulnier*, [1992] R.J.Q. 2419 (C.A.) et *Cadieux c. Service de gaz naturel Laval Inc.*, [1991] R.J.Q. 2490 (C.A.).

C'est sous le double chef du droit au respect de la réputation et de la vie privée que l'expression vocale est protégée. La voix est un élément de l'identité et relève, à ce titre, du droit à l'anonymat. Mais sa captation, au même titre que sa reproduction ou sa diffusion, peut constituer une atteinte à d'autres attributs de la personnalité. Dans certaines circonstances, l'usage qu'en fait un tiers non autorisé peut porter atteinte à la dignité, à l'honneur et à la réputation de la personne[97]. C'est donc encore l'intégrité morale et la dignité de la personne humaine qui fonde la protection de cet élément distinctif de la personnalité. Pas plus que le droit à l'image, le droit à la voix ne peut s'analyser comme attribut particulier de la personnalité. Ici encore, c'est un moyen d'assurer la protection de la personnalité[98].

### §2 - Les limites de la protection

**178.**– « En opposant la vie privée à la vie publique, on met en lumière le fait que cette dernière concerne les informations pertinentes à la participation de toute personne à la vie en société »[99]. Selon la situation des personnes, certains aspects de leur vie, qui relèvent normalement de la sphère d'intimité, peuvent être portés à l'attention du public, au nom du droit à l'information et de la liberté d'expression, ce qui démontre bien que les droits et libertés sont reliés entre eux. Le consentement de la « victime » appelle également des commentaires particuliers.

### A. Les besoins de l'information et la liberté d'expression

**179.**– *La liberté d'expression, une liberté qui régit le droit.* Le droit du public à l'information, soutenu par la liberté d'expression, protégé par l'article 3 de la *Charte des droits et libertés de la personne*, au même titre que la liberté d'opinion, pose en effet la question des limites qui peuvent être assignées aux droits garantis par les articles 4 et 5 de la *Charte des droits et libertés de la personne*, tels qu'aménagés par l'article 36 C.c.Q.

---

97. *Srivastava* c. *Hindu Mission of Canada (Québec Inc.)*, [2001] R.J.Q. 1111, REJB 2001-23958 (C.A.).
98. Tout autre cependant est la question de savoir si l'emprunt de mots prononcés par des artistes dans le cadre d'un spectacle et utilisés à leur insu, à des fins publicitaires, constitue une atteinte à leur personnalité : *Thériault* c. *Association montréalaise d'action récréative et culturelle*, [1984] C.S. 946.
99. P.-A. Molinari et P. Trudel, « Le droit au respect de l'honneur, de la réputation et de la vie privée, aspects généraux et application », dans Service de la formation permanente, Barreau du Québec, *Application des Chartes des droits et libertés en matière civile*, Cowansville, Éditions Yvon Blais, 1988, p. 197, 211.

À cet égard, la Cour suprême nous rappelle dans l'affaire *Aubry* qu'en vertu de l'article 9.1 de la *Charte des droits et libertés de la personne*, les droits et libertés doivent s'exercer les uns par rapport aux autres, dans le respect de l'ordre public, des valeurs démocratiques et du bien-être général[100]. En cas de conflit, il faut donc décider de la pondération entre les droits impliqués. En fait, « le véritable baromètre en matière de liberté d'expression et plus particulièrement dans le cas de la presse et des autres moyens de communication [...] se situe dans la notion d'intérêt public et du droit du public à l'information qui, selon la personne, sa situation, les faits en cause, et l'intérêt de la nouvelle, permettront de faire pencher la balance d'un côté ou de l'autre »[101].

Ainsi, certains éléments de la vie privée d'une personne exerçant une activité publique ou ayant acquis une certaine notoriété, peuvent devenir matière d'intérêt public[102]. C'est le cas des artistes et des personnalités politiques mais aussi de tous ceux dont la réussite professionnelle dépend de l'opinion publique. L'inverse est tout aussi vrai car il peut arriver que par son comportement privé, un simple particulier touche à des intérêts qui relèvent du domaine public comme, par exemple, la justice[103], l'emploi de fonds publics ou la sécurité publique. C'est dire que la vie privée des « sans grade » peut donner lieu, elle aussi, à un débat public. En définitive, dans ce domaine comme dans bien d'autres, tout est une question de contexte. À cet égard, la décision rendue par la Cour suprême dans l'affaire *Aubry* a fait couler beaucoup d'encre. Pour certains auteurs, en effet, en reconnaissant à une personne le droit de s'opposer à la diffusion d'une image, même prise dans un contexte notoirement public, la Cour suprême véhicule une vision trop étroite de l'intérêt public. À leurs yeux, cette décision serait même dangereuse car elle ferait

---

100. *Aubry* c. *Éditions Vice-Versa*, [1998] 1 R.C.S. 591, REJB 1998-05646, par. 57 et s.

101. F. Allard, « Les droits de la personnalité », École du Barreau du Québec, Collection de droit 2007-2008, vol. 3, *Personnes, famille et successions*, Cowansville, Éditions Yvon Blais, 2007.

102. F. Rigaux propose de retenir le critère de la « valeur d'actualité » qui peut être attachée à tous et chacun de ces notables (*newsworthiness*), un critère qui permettrait de cerner de manière plus objective si les faits répondent à un besoin d'information légitime : F. Rigaux, « La liberté de la vie privée », (1991) *R.T.D.C.* 539, 541.

103. À ce titre, il semblerait que pour les personnes qui ont un casier judiciaire, il n'existerait pas de droit à l'oubli, tout au moins quand leur photographie est publiée au soutien d'un article d'actualité : *Lévesque* c. *Communication Quebecor Inc.*, [1999] R.R.A. 681, REJB 1999-14105 (C.S.) ; comparer avec *Ouellet* c. *Pigeon*, [1997] R.R.A. 1168, REJB 1997-03106 (C.S.).

dépendre la liberté d'expression « non des impératifs d'un autre droit fondamental, mais plutôt des sensibilités infiniment variables des individus »[104]. Pour d'autres encore, cette décision véhicule une notion étroite de l'activité artistique[105]. Il convient cependant de bien circonscrire le contexte factuel de l'arrêt *Aubry* et de constater que rien ne permettait de relier ce scénario précis à une situation relevant de l'information légitime du public[106].

## B. *Le consentement*

**180.–** Dans le contexte de la liberté d'expression il faut aussi tenir compte du consentement exprès de la personne à la divulgation d'informations touchant à son intimité ou d'éléments révélateurs de son identité. La liberté qui s'exprime ici par l'exercice de la volonté comprend le droit de disposer des éléments constitutifs de son individualité. Par contre, la question du consentement tacite et celle de la portée des autorisations antérieures sont plus délicates.

**181.–** *Consentement tacite et autorisations antérieures.* Le consentement ne doit pas nécessairement être exprès. Il peut s'inférer de certaines circonstances. Par exemple, une personne qui se laisse interviewer et photographier sans réserve par un journaliste, consent implicitement à ce que son identité, le contenu de l'entrevue et sa photo soient diffusés[107]. La plupart des difficultés pratiques ont pour origine l'allégation d'une autorisation tacite et la tolérance dont la personne peut faire preuve à l'égard de la publicité entourant sa notoriété, comme constituant un consentement implicite à l'usage de son nom ou de son image. Il semble cependant difficile qu'on puisse inférer un consentement implicite du seul fait qu'on a exploité antérieu-

---

104. P. Trudel, « Droit à l'image. La vie privée devient veto privé ; *Aubry* c. *Éditions Vice-Versa Inc.*, [1998] 1 R.C.S. 591, REJB 1998-05646 », (1998) 77 *R. du B. can.* 456, 465.

105. M.-A. Blanchard, « Le droit à l'image en droit québécois : une critique de l'arrêt *Aubry* c. *Vice-Versa* », dans Service de la formation permanente, Barreau du Québec, *Développements récents en droit du divertissement (1998)*, Cowansville, Éditions Yvon Blais, 1998, p. 1 ; M.-A. Blanchard et S. Dormeau, « L'équilibre entre le droit à la vie privée et le droit à l'information : droit à l'image versus l'image d'un droit », dans Barreau du Québec, *Congrès annuel du Barreau du Québec, 1999*, Montréal, 1999, p. 37.

106. Contrairement au scénario dans *Rouleau* c. *Groupe Quebecor Inc.*, [1992] R.R.A. 244, EYB 1992-74893 (C.S.) où l'on a jugé qu'un article accompagné d'une photo prise à l'entrée de l'urgence d'un hôpital et rapportant la noyade d'une enfant de 2 ans et demi, était matière d'intérêt public ; voir également *Thomas* c. *Publications Photo-Police Inc.*, [1997] R.J.Q. 2321, REJB 1997-03552 (C.S.).

107. *Journal de Québec (Le), Division des Communications Quebecor inc.* c. *Beaulieu-Marquis*, [2002] R.R.A. 797, REJB 2002-33702 (C.A.).

rement sa notoriété à des fins commerciales[108], compte tenu du principe aujourd'hui consacré par la loi et par la jurisprudence, qui veut que seule la personne a le droit de fixer les limites de l'utilisation des éléments constitutifs de son individualité (sous réserve de l'ordre public évidemment) ou de ce qui peut être publié sur sa vie intime. On ne peut pas plus s'abriter derrière le consentement pour légitimer l'utilisation ou la diffusion d'un élément de la personnalité si la personne, bien qu'ayant consenti à la saisie de son image ou de sa voix, n'a pas consenti expressément ou implicitement à l'utilisation ou à la diffusion qui en a été faite[109]. De même, le consentement qui légitime l'indiscrétion n'autorise pas pour autant la reprise de l'information dans une autre publication ou diffusion qui n'est pas couverte par l'autorisation antérieure[110].

## Section IV

### Le droit au secret, à la confidentialité et à la protection des renseignements personnels

**182.**– Constitue une atteinte à la vie privée d'une personne, le fait d'utiliser, sans autorisation, sa correspondance, ses manuscrits ou tous autres documents personnels (art. 36, 6⁰ C.c.Q.). Le principe qui sous-tend cette règle est que la personne a, en principe, le droit de rester maître des informations qui la concernent[111]. Ce principe est plus facile à faire respecter à l'égard des écrits sur support papier, alors qu'il est sérieusement mis à mal lorsqu'il s'agit d'écrits électroniques et de cyberespace[112]. Il n'en demeure pas moins important.

---

108.  *Laoun* c. *Malo*, [2003] R.J.Q. 381, REJB 2003-36925 (C.A.) et *Deschamps* c. *Renault Canada*, (1977) 18 *C. de D.* 937 (C.S.).

109.  *Cohen* c. *Queenswear International Ltd.*, [1989] R.R.A. 570 (C.S.) ; *Rebeiro* c. *Shawinigan Chemicals (1969) Limited*, [1973] C.S. 389.

110.  Le consentement donné ne profite qu'au contractant autorisé, à l'exclusion de toute autre personne, selon le principe énoncé à l'article 1440 C.c.Q.

111.  À titre d'illustration : un formulaire d'embauche qui requiert des candidats des informations sur leurs antécédents judiciaires en général et non pas seulement sur ceux ayant un lien avec l'emploi, porte atteinte à la vie privée : *Commission des droits de la personne et des droits de la jeunesse* c. *Magasins Wal-Mart Canada Inc.*, [2003] R.J.Q. 1345, REJB 2003-38790 (T.D.P.Q.) ; appel accueilli pour d'autres motifs, J.E. 2005-441, EYB 2005-86103 (C.A.).

112.  R. Doray, « Le respect de la vie privée et la protection des renseignements personnels dans un contexte de commerce électronique », dans *Droit du commerce électronique*, Montréal, Éditions Thémis, 2002, p. 303 ; P. Trudel, « L'État en réseau et la protection de la vie privée : des fondements à revoir et des droits à actualiser », dans Service de la formation permanente, Barreau du Québec, *Développements récents en droit de l'accès à l'information (2003)*, Cowansville, Éditions Yvon Blais, 2003, p. 107.

C'est en vertu du même principe qu'est établi le droit au secret professionnel auquel sont soumis, par exemple, les médecins[113] et les avocats[114]. Il s'agit d'un rempart contre la divulgation non autorisée de renseignements confidentiels. C'est aussi un droit garanti par la *Charte des droits et libertés de la personne*, mais par renvoi à des dispositions légales[115]. Désormais et indépendamment de l'existence ou non d'une obligation de secret professionnel, le respect de la vie privée implique également une certaine emprise de l'individu sur les renseignements personnels qui le concernent et qui sont détenus par un tiers.

**183.**– *Le cadre législatif de la protection des renseignements personnels.* Dans une société où l'avancement des technologies permet de colliger, de stocker, d'apparier et de traiter des informations de plus en plus rapidement et facilement, il est impératif de mettre en place des mécanismes de contrôle lorsqu'il s'agit de renseignements à caractère personnel. Déjà depuis 1982, à la suite de l'adoption de la *Loi sur l'accès aux documents des organismes publics et sur la protection des renseignements personnels*[116], le secteur public vit sous un régime qui garantit la confidentialité des renseignements recueillis, conservés et traités à des fins administratives. Cette loi, qui a un caractère prépondérant, trouve son pendant, en ce qui concerne les organismes fédéraux, dans la *Loi sur l'accès à l'information*[117] et dans la *Loi sur la protection des renseignements personnels*[118]. Certaines lois sectorielles contiennent en outre des mécanismes de protection plus restrictifs encore que ceux institués par la *Loi sur l'accès*. C'est le cas, notamment, en ce qui concerne la protection des dossiers médicaux[119]. Mais il devenait impératif d'étendre cette protection aux activités informationnelles du secteur privé, et d'encadrer ce qu'il est convenu d'appeler « l'industrie du renseignement »[120]. Les mécanismes existants de protection étaient éparpillés dans différentes lois[121]

---

113. *Code de déontologie des médecins*, R.R.Q., c. M-9, r. 4.
114. *Loi sur le Barreau*, L.R.Q., c. B-1 et *Code de déontologie des avocats*, R.R.Q., c. B-1, r. 1.
115. *Charte des droits et libertés de la personne*, art. 9.
116. L.R.Q., c. A-2.1 (ci-après désignée *Loi sur l'accès*).
117. L.R.C. (1985), c. A-1.
118. L.R.C. (1985), c. P-21.
119. *Loi sur les services de santé et les services sociaux*, L.R.Q., c. S-4.2, art. 17 à 28. Voir également les articles 72.5 à 72.7 de la *Loi sur la protection de la jeunesse*, L.R.Q., c. P-34.1.
120. R. Côté et R. Laperrière, *Vie privée sous surveillance : la protection des renseignements personnels en droit québécois*, Cowansville, Éditions Yvon Blais, 1994, p. 57.
121. Notamment la *Loi sur la protection du consommateur*, L.R.Q., c. P-40.1, art. 260.1 à 260.4 ; la *Loi sur les intermédiaires de marché*, L.R.Q., c. I-15.1, art. 25 ; la *Loi sur le courtage immobilier*, L.R.Q., c. C-73, art. 21.

et jugés insuffisants. Le *Code civil du Québec* a donc introduit des dispositions générales sur la constitution de dossiers personnels (art. 37 à 41 C.c.Q.). Ces dispositions sont applicables à toute personne – individu ou personne physique et personne morale – qui constitue des dossiers sur une personne physique au Québec. Cette toile de fond est elle-même complétée par la *Loi sur la protection des renseignements personnels dans le secteur privé*[122]. Cette loi a aujourd'hui un équivalent au niveau fédéral, la *Loi sur la protection des renseignements personnels et les documents électroniques*[123]. Ajoutons que dans la mesure où la législation provinciale offre une protection similaire, les entreprises québécoises n'entrent pas dans son champ d'application et sont régies par les seules dispositions provinciales[124]. La *Loi sur la protection des renseignements personnels dans le secteur privé* qui, au même titre que la *Loi sur l'accès,* a un statut prépondérant (art. 94)[125], se présente comme une loi d'application pour l'exercice des droits conférés aux articles 35 à 40 C.c.Q. à l'égard des renseignements recueillis, utilisés et communiqués à des tiers à l'occasion de l'exploitation d'une entreprise, au sens de l'article 1525 C.c.Q. ainsi qu'aux ordres professionnels. L'article 1525 C.c.Q. édicte que « Constitue l'exploitation d'une entreprise l'exercice, par une ou plusieurs personnes, d'une activité économique organisée, qu'elle soit ou non à caractère commercial, consistant dans la production ou la réalisation de biens, leur administration ou leur aliénation, ou dans la prestation de services »[126]. Toutefois, la collecte, la détention et l'utilisation ou la communication de matériel journalistique, historique ou généalogique sont exclues du champ d'application de la Loi.

---

122. L.R.Q., c. P-39.1, ci-après désignée *Loi sur les renseignements personnels.*
123. L.C. 2000, c. 5, pleinement entrée en vigueur en 2004 seulement. Pour une étude exhaustive de cette loi, voir L. Doré, « La législation canadienne sur la protection des renseignements personnels dans le secteur privé », dans Service de la formation permanente, Barreau du Québec, *Développements récents en droit de l'accès à l'information (2003),* Cowansville, Éditions Yvon Blais, 2003, p. 231.
124. *Loi sur la protection des renseignements personnels et les documents électroniques,* art. 26(2)b).
125. *A.L. (Succession de)* c. *Duchesne,* AZ-50463468 (C.A.I. 2007-11-02) ; *Pierre* c. *Federal Express Canada Ltée,* [2003] C.A.I. 139.
126. Sur la notion d'entreprise, telle qu'assujettie à la *Loi sur la protection des renseignements personnels,* voir *Girouard* c. *Association des courtiers d'assurances du Québec,* J.E. 97-193, EYB 1996-85480 (C.S.) ; *X.* c. *Corp. professionnelle des médecins du Québec,* [1995] C.A.I. 245 ; *Whitehouse* c. *Ordre des pharmaciens du Québec,* [1995] C.A.I. 252 et *Grenier* c. *Collège des médecins du Québec,* [1997] R.J.Q. 439, EYB 1996-85461 (C.S.) ; *Congrégation des Témoins de Jéhovah d'Issoudun-Sud* c. *Mailly,* [2000] C.A.I. 427, REJB 2000-20159 ; *Rauzon* c. *Association des courtiers et agents immobiliers du Québec,* [2000] C.A.I. 173 ; *Rochette* c. *Tribunal ecclésiastique de Québec,* [2004] C.A.I. 1. (l'Église catholique n'est pas une « entreprise » au sens de cette loi).

Aujourd'hui, le stockage et la diffusion de renseignements personnels sont donc visés par la protection légale de la vie privée.

Sans entrer dans le détail de ces différentes dispositions, nous évoquerons ici les grands principes de ce mécanisme de protection.

### §1 - La constitution et la détention d'un dossier

**184.– Des règles strictes.** La constitution d'un dossier personnel est soumise à des règles strictes, tant en ce qui a trait à la collecte des renseignements qu'à leur caractère confidentiel[127]. Le dossier peut se présenter sous forme écrite, graphique, sonore, visuelle, informatisée ou autre[128]. Sont visés, les renseignements qui concernent une personne physique[129] et permettent de l'identifier[130]. Indépendamment des identifiants rattachés à un individu déterminé (numéro d'assurance sociale, numéro de permis de conduire, carte d'assurance-maladie, adresse, numéro de téléphone personnel, âge, sexe), sont considérés comme personnels les renseignements concernant la race, le statut social, le revenu d'une personne, son statut de propriétaire ou de locataire, ses diplômes ou résultats scolaires, son état de santé, son comportement disciplinaire, ses intentions (d'acquérir un bien ou un service, de changer d'emploi, etc.), bref, tout renseignement qui permet de cerner les caractéristiques d'une personne[131]. Ainsi, les opinions, jugements, commentaires consignés par le représentant d'une entreprise dans le cadre de l'évaluation d'un employé, constituent des renseignements personnels sur ce dernier.

---

127. En 2006, le législateur a cependant exclu de l'application des sections II et III de la *Loi sur la protection des renseignements personnels dans le secteur privé* les renseignements personnels qui ont un caractère public en vertu de la Loi (*Loi modifiant la Loi sur l'accès aux documents des organismes publics et sur la protection des renseignements personnels et d'autres dispositions législatives*, L.Q. 2006, c. 22, art. 111).

128. *Loi sur les renseignements personnels*, art. 1.

129. À l'exclusion des personnes morales : *Assurance-vie Desjardins-Laurentienne inc.* c. *Boissonnault*, J.E. 1998-995, REJB 1998-09260 (C.S.).

130. *Loi sur les renseignements personnels*, art. 2. La notion de renseignement personnel est interprétée de manière large. À titre d'exemple, voir *Boucher* c. *Assurances générales des Caisses Desjardins*, [1999] C.A.I. 53 ; *Bouffard* c. *Assurances générales Desjardins*, [2000] C.A.I. 110 ; *I.M.S.du Canada* c. *Commission d'accès à l'information*, J.E. 2005-511, EYB 2005-86003 (C.S.).

131. *Perreault* c. *Blondin*, [2006] C.A.I. 162 ; *Assurance-vie Desjardins* c. *Stebenne*, [1997] R.J.Q. 416 (C.S.), confirmant [1995] C.A.I. 14.

Lorsqu'une personne constitue un dossier sur une autre personne, elle doit, d'une part, avoir un « intérêt sérieux et légitime »[132] pour le faire et, d'autre part, se limiter aux renseignements pertinents[133] à l'objet déclaré du dossier[134]. La personne qui constitue le dossier ne peut, dès lors, utiliser les renseignements à d'autres fins que celles qui ont présidé à la constitution du dossier[135]. Le non-respect de l'article 37 C.c.Q. constitue une atteinte à la vie privée de la personne concernée[136]. Mais il faut souligner d'emblée une lacune importante dans le système. En effet, ni le Code civil, ni la *Loi sur les renseignements personnels* ne définissent l'intérêt « sérieux et légitime » qui est exigé à l'égard d'une collecte de renseignements et rien, par ailleurs, ne vient préciser la légitimité des objets assignés au dossier. Il y a donc place à interprétation et, partant, une source évidente de conflits potentiels.

La collecte des renseignements doit se faire par des moyens licites et doit, en principe, s'effectuer auprès de la personne concernée, à moins que celle-ci ne consente à ce qu'ils soient recueillis auprès de tiers (art. 6). Il demeure qu'on peut s'interroger sur la qualité d'un tel consentement, la personne devant souvent s'y obliger pour obtenir des services indispensables, que ce soit en matière d'assurance, de logement, d'éducation, de crédit à la consommation, sans parler du domaine de l'emploi, un secteur peut-être encore plus sensible que les autres. Qui plus est, le principe lui-même souffre trois exceptions, soit l'autorisation de la loi, les cas où ces renseignements sont recueillis dans l'intérêt de la personne et ne peuvent l'être auprès d'elle en temps utile, et la nécessité, pour l'entreprise, de s'assurer de l'exactitude des renseignements. Précisons toutefois que l'entreprise qui désire se prévaloir des deux dernières exceptions doit justifier d'un intérêt sérieux et légitime et que la communication des renseigne-

---

132.   Art. 37 C.c.Q. et *Loi sur les renseignements personnels*, art. 4 ; *Alain c. Caisse populaire Laval-des- Rapides*, [2005] C.A.I. 25.
133.   Art. 5 de la *Loi sur la protection des renseignements personnels* ; *Julien c. Domaine Laudance*, [2003] C.A.I. 77. Sur l'interprétation du concept de *nécessité* prévu à l'article 5, voir K. Delwaide et A, Aylwin, « Leçons tirées de dix ans d'expérience : la *Loi sur la protection des renseignements personnels dans le secteur privé* du Québec », », dans Service de la formation permanente, Barreau du Québec, *Développements récents en droit de l'accès à l'information*, Cowansville, Éditions Yvon Blais, 2005, p. 279, 298.
134.   *X. c. Banque de Montréal*, A.I.E. 96AC-68 ; *X. c. Brault et Martineau Inc.*, A.I.E. 96AC-35 ; *X. et Aventure Électronique*, A.I.E. 96AC-76 ; *Service d'aide au consommateur* et *Reliable (la) Compagnie d'assurance-vie*, A.I.E. 96AC-102 ; *Boucher c. Assurances générales des Caisses Desjardins*, [1999] C.A.I. 52.
135.   Art. 37 C.c.Q. et *Loi sur les renseignements personnels*, art. 13.
136.   *Courtemanche c. Poisson*, [2004] R.R.A. 272, REJB 2004-52229 (C.S.).

ments, si le tiers est lui-même assujetti à la *Loi sur les renseignements personnels*, implique le consentement de la personne concernée (art. 13 et 14). L'entreprise qui, à partir des renseignements communiqués par un tiers, constitue un dossier personnel doit en faire mention au dossier et elle doit également y indiquer ses sources (art. 7).

Au moment de la collecte, la personne qui rassemble ces informations doit informer la personne concernée de l'objet du dossier, de son utilisation, de l'endroit où il sera détenu, ainsi que des droits d'accès et de contrôle (art. 8). Une fois les renseignements colligés, ceux-ci sont frappés du sceau de la confidentialité, le détenteur du dossier ayant, à cet égard, une obligation de sécurité. Les mesures doivent être raisonnables, ce qui dépend notamment de la sensibilité des renseignements, ainsi que de la finalité de leur utilisation, de leur quantité et de leur support (art. 10). Les exigences de sécurité fluctuent donc selon le cas. Le détenteur doit aussi en vérifier l'exactitude, ce qui pourrait impliquer leur mise à jour au moment où il les utilise pour prendre une décision (art. 11). Il ne peut, bien entendu, dans la constitution et l'utilisation du dossier, porter autrement atteinte à la vie privée et à la réputation de la personne concernée (art. 37 C.c.Q.).

### §2 - La diffusion des données

**185.**– *La communication de renseignements personnels à des tiers.* La confidentialité et la finalité même des dossiers personnels impliquent l'interdiction de communiquer les renseignements à des tiers, si ce n'est avec le consentement exprès de la personne ou sur autorisation de la loi[137], sous peine de dommages-intérêts[138]. Cependant, si tel est le principe de base, la générosité avec laquelle la *Loi sur les renseignements personnels* distribue les autorisations risque bien de mettre en péril l'axiome de la confidentialité et donc le droit au respect de la vie privée. Ces exceptions au principe du consentement à la

---

137. Art. 37 C.c.Q. et *Loi sur la protection des renseignements personnels,* art. 13. Sur l'exigence du consentement aux fins de communication des renseignements, voir : *St-Amand* c. *Meubles Morigeau ltée*, [2006] R.J.Q. 1434, EYB 2006-104823 (C.S.). À souligner également, en ce qui a trait à la confidentialité, l'obligation, pour les entreprises qui exportent de tels renseignements, de prendre les moyens « raisonnables » pour s'assurer qu'ils recevront une protection équivalente dans le pays destinataire : *Loi sur les renseignements personnels,* art. 17.

138. Pour un cas d'application : *Roy* c. *Société sylvicole d'Arthabaska-Drummond,* J.E. 2005-279, EYB 2004-82277 (C.Q.).

communication des renseignements personnels visent, notamment, des renseignements qui sont utiles en matière pénale, des renseignements requis par le représentant d'un organisme public dans l'exercice de ses fonctions, des informations nécessaires en raison d'une situation d'urgence mettant en danger la vie, la santé ou la sécurité de la personne concernée ou, à certaines conditions, des renseignements contenus dans une liste nominative (art. 22 à 26). Une liste nominative est « une liste de noms, de numéros de téléphone, d'adresses géographiques de personnes physiques ou d'adresses technologiques où une personne physique peut recevoir communication d'un document ou d'un renseignement technologique » (art. 22). La loi permet leur utilisation à des fins de prospection commerciale ou philanthropique (art. 22 à 26). Sans entrer dans le détail de toutes ces entorses au principe général, on peut noter qu'elles sont toutes motivées par un critère de nécessité, relié soit à l'intérêt public, soit au bon fonctionnement du commerce, soit à l'intégrité des personnes (art. 18 et s.).

### §3 - Le contrôle des renseignements personnels

Un des buts essentiels de ces mécanismes de protection est de permettre aux individus de ne pas être « dépossédés » de l'information qui les concerne personnellement, parfois intimement. La loi a donc mis en place des garanties visant à permettre à l'individu de contrôler lui-même, dans une certaine mesure, les renseignements qui circulent sur lui. Ces garanties s'expriment par un droit de consultation, de reproduction, de rectification, voire, dans certains cas, de suppression des renseignements (art. 38 à 40 C.c.Q.). Ces droits visent donc la possibilité d'accéder au dossier et celle d'y faire apporter des modifications.

**186.– L'accès au dossier.** En principe, la personne peut accéder à son dossier, le consulter gratuitement et le faire reproduire ou en obtenir une transcription intelligible, moyennant des frais raisonnables[139]. Seuls les renseignements personnels peuvent être obtenus[140] et non pas les renseignements relatifs à l'entreprise[141]. La loi reconnaît par ailleurs un droit d'accès limité à certaines catégories d'ayants droit : il s'agit, plus particulièrement, des héritiers, de l'administrateur de

---

139. Art. 38 C.c.Q. et *Loi sur les renseignements personnels*, art. 27 et 33.
140. *X. c. Compagnie Wal-Mart du Canada*, A.I.E. 2004AC-85.
141. *Goyette c. Fédération québécoise des centres de réadaptation pour personnes alcooliques et autres toxicomanes*, [2006] C.A.I. 131.

la succession, du bénéficiaire d'une assurance-vie et du titulaire de l'autorité parentale même si l'enfant mineur est décédé (art. 30 et 41). Peuvent également avoir accès au dossier de santé en cas de décès de la personne, et à certaines conditions, le conjoint, les ascendants et les descendants directs (art. 31).

Le droit d'accès n'est cependant pas absolu. Ainsi, ne peuvent être communiqués les renseignements personnels protégés par le secret professionnel[142] ou les renseignements qui sont susceptibles de révéler l'identité d'un tiers et dont la divulgation pourrait nuire sérieusement à ce dernier[143]. La loi entend par là protéger la vie privée des autres personnes qui pourraient être concernées par l'ensemble ou par une partie du dossier[144]. Mais elle entend aussi protéger les intérêts du détenteur du dossier à qui cette consultation pourrait être préjudiciable. Celui-ci pourra donc en refuser l'accès à la personne concernée, mais il devra alors justifier d'un « intérêt sérieux et légitime ». Cette exception viserait, selon les commentaires officiels, à éviter au détenteur du dossier de subir un préjudice plus considérable et de l'empêcher d'atteindre un objectif tout à fait légitime. Ce refus doit être motivé et donné par écrit[145]. La *Loi sur les renseignements personnels* énonce un certain nombre de cas où un tel refus est considéré comme justifié. Il en va ainsi des dossiers qui contiennent des renseignements de nature médicale et dont la divulgation pourrait entraîner un préjudice grave pour la santé de la personne concernée[146]. De même, un mineur de moins de 14 ans peut se voir refuser l'accès à des renseignements de nature médicale ou sociale, sauf s'il le fait par l'intermédiaire de son procureur, dans le cadre restreint de procédures judiciaires (art. 38). D'autres exemples sont prévus, basés essentiellement sur des considérations de sécurité publique, de respect de la vie privée ou des intérêts d'un tiers. Cela peut viser également le détenteur lui-même. C'est ainsi que l'article 39(2) de la Loi prévoit que ce dernier peut refuser l'accès au dossier si cette consultation risque d'avoir un effet sur une procédure judiciaire

---

142. *Jou* c. *Allstate du Canada, compagnie d'assurances*, [2003] C.A.I. 640.
143. Art. 39 C.c.Q.et *Loi sur la protection des renseignements personnels*, art. 40. Pour une analyse détaillée de cette dernière disposition, voir G. Fréchette, « Évolution de la jurisprudence en matière de renseignements nominatifs, droit d'accès et protection », dans Service de la formation permanente, Barreau du Québec, vol. 212, *Développements récents en droit de l'accès à l'information (2004)*, Cowansville, Éditions Yvon Blais, 2004, p. 151.
144. *Comm.*, p. 36.
145. *Loi sur les renseignements personnels*, art. 34 ; *Demers* c. *Club des archers de Beaurivage*, [1994] C.A.I. 209.
146. *Loi sur les renseignements personnels*, art. 37, empruntée, pour partie, à la *Loi sur les services de santé et les services sociaux*, L.R.Q., c. S-4.2.

dans laquelle l'une ou l'autre de ces personnes a un intérêt. Cette disposition couvre, par exemple, le cas de l'employé congédié qui veut accéder au dossier que détient sur lui son employeur alors qu'une procédure judiciaire oppose les deux parties[147]. Cela peut également viser des cas de protection de l'intégrité des personnes[148].

**187.–** *La modification du dossier.* Plusieurs types de modifications peuvent être exigées par la personne concernée. Ainsi, celle-ci peut compléter les renseignements ; elle peut, bien entendu, faire corriger ceux qui sont inexacts ou équivoques et faire supprimer ceux qui seraient périmés[149] ou non justifiés par l'objet du dossier[150]. Encore faut-il que les faits soient précis et vérifiables[151]. De façon générale, elle peut exiger la suppression de tout renseignement dont la collecte est illégale[152]. La rectification doit porter sur des données factuelles et non sur des opinions, jugements ou perceptions qui peuvent avoir été consignés par le détenteur du dossier. La personne concernée par ce dernier peut cependant ajouter ses propres commentaires sur les opinions entretenues à son sujet[153]. La personne peut également formuler par écrit des commentaires qui doivent être ajoutés au dossier.

**188.–** La *Loi sur les renseignements personnels* prévoit que la demande d'accès ou de rectification doit être faite par écrit (art. 30). Toutefois, lorsqu'il s'agit de faire retrancher des renseignements d'une liste nominative, la demande peut être formulée verbalement (art. 25).

---

147. L'article 39 de la *Loi sur les renseignements personnels* est la disposition qui génère le plus de jurisprudence. Voici quelques exemples : *Compagnie d'assurances ING du Canada* c. *Marcoux*, 2006 QCCQ 6387, EYB 2006-107549 ; *Charrette* c. *Clinique Noci*, [2005] C.A.I. 85 ; *Charrette* c. *Imperial Tobacco Canada Ltd.*, [2005] C.A.I. 333 ; *Caron* c. *Nellson Nutraceutical Canada,* [2005] C.A.I. 108 ; *A.* c. *Agence universitaire de la francophonie*, AZ-50421734 (C.A.I.) ; *Dupont* c. *École nationale de ballet contemporain*, [2004] C.A.I. 489 ; *Villeneuve* c. *Laliberté & Associés*, [2003] C.A.I. 207 ; *X.* c. *Assurances générales des Caisses Desjardins*, [2003] C.A.I. 259 ; *X.* c. *Axa Assurances inc.*, [2005] C.A.I. 480.

148. *Loi sur les renseignements personnels*, art. 37 à 41. Selon la jurisprudence de la Commission d'accès à l'information, outre les motifs d'ordre public, ces dispositions épuiseraient la notion « d'intérêt sérieux et légitime » de l'article 39 C.c.Q. ; *Morin-Gauthier* c. *Assurance-vie Desjardins*, [1994] C.A.I. 226.

149. *Courtois* c. *Citifinancial*, [2004] C.A.I. 5.

150. *Chamberlain* c. *Association québécoise d'aide aux personnes souffrant d'anorexie nerveuse et de boulimie*, [2003] C.A.I. 544.

151. *Bilodeau* c. *Goulet*, [2004] C.A.I. 366.

152. Art. 40, al. 1 C.c.Q. et *Loi sur les renseignements personnels*, art. 28.

153. *X.* c. *Compagnie de La Baie d'Hudson*, [1995] C.A.I. 283. À noter également que, selon les secteurs d'activité, certains renseignements qui ont une valeur historique peuvent être conservés au dossier pendant plusieurs années. À propos de la mention d'une faillite personnelle dans un dossier de crédit : *X.* c. *Equifax Canada*, [1994] C.A.I. 230.

Le détenteur du dossier doit donner suite dans les 30 jours à une demande d'accès ou de rectification. À défaut de respecter ce délai, il est réputé avoir refusé la demande (art. 32). S'il s'agit d'une demande visant à retrancher un renseignement d'une liste nominative, aucun délai n'est prévu, la loi se contentant d'édicter que le détenteur doit alors agir « avec diligence », ce qui signifie que le retrait doit se faire dans les plus brefs délais. Le refus d'acquiescer à une demande d'accès ou de rectification doit être notifié et motivé par écrit. Le détenteur du dossier a également l'obligation d'informer la personne de ses recours (art. 34).

La rectification, ainsi que la demande de rectification contestée, doit être notifiée sans délai à toute personne qui a reçu les renseignements dans les six mois précédents, ainsi qu'à la personne de qui, le cas échéant, celui qui a constitué le dossier sujet à rectification tient lui-même les renseignements (art. 40, al. 2 C.c.Q.), peu importe l'époque où on les lui a communiqués. Cette règle, selon les commentaires officiels, « vise à corriger le préjudice que pourrait subir la personne qui fait l'objet du dossier en raison de la transmission de renseignements inexacts, incomplets ou équivoques »[154]. Si la rectification est effectuée, la personne qui détient le dossier doit transmettre à la personne concernée une copie gratuite du renseignement modifié ou, le cas échéant, une attestation du retrait de cette information (art. 35).

**189.**– *L'obligation du détenteur d'informer la personne concernée.* Le contrôle réel et efficace des renseignements personnels, et finalement la protection elle-même, implique que la personne concernée soit au courant de l'existence d'un dossier qui la concerne. En effet, le droit d'accès au dossier et, de façon générale, la maîtrise par les individus des informations qui les concernent, signifieraient peu de chose si les renseignements pouvaient être recueillis, conservés et traités à leur insu. Le Code civil est muet sur cette question. Par contre, la *Loi sur les renseignements personnels* y pourvoit, du moins partiellement.

Lorsque les renseignements ont été obtenus directement auprès de la personne concernée, le contrôle est plus facile puisque le détenteur du dossier a l'obligation expresse d'aviser cette personne de la constitution du dossier[155]. De plus, lorsqu'il s'agit, par exemple, de listes nominatives utilisées à des fins de prospection commerciale ou

---

154. *Comm.*, p. 36 et *X.* c. *Vision Trust Royal,* [1994] C.A.I. 290 ; *McFarlane* c. *Royal Trust*, [1995] C.A.I. 105.
155. Voir également l'article 19, en vertu duquel les personnes qui exploitent une entreprise ayant pour objet le prêt d'argent et qui prennent connaissance de rapports de crédit ou de recommandations concernant la solvabilité de personnes physiques, préparés par un agent de renseignements personnels, doivent informer ces personnes de leurs droits d'accès et de rectification du dossier.

philanthropique, le détenteur doit accorder aux personnes « une occasion valable de refuser que des renseignements personnels les concernant soient utilisés à de telles fins » (art. 23, al. 2). La question est beaucoup plus délicate lorsqu'il s'agit de renseignements obtenus auprès de tiers. Si ce tiers est lui-même une personne qui exploite une entreprise au sens de la loi, il doit obtenir le consentement de la personne pour pouvoir communiquer les renseignements. La source de ces renseignements doit alors être consignée (art. 13). Cette inscription fait partie du dossier (art. 7) et, sur demande de la personne concernée, le détenteur du dossier ainsi constitué doit lui en confirmer l'existence et lui en permettre l'accès (art. 27). Mais encore faut-il qu'elle ait une connaissance préalable, ou du moins des soupçons, quant à l'existence même du dossier. À cet égard, et dans la mesure où toute personne qui exploite une entreprise et qui détient des renseignements sur autrui doit « prendre les mesures nécessaires pour assurer l'exercice des droits [...] prévus aux articles 37 à 40 du Code civil » (art. 29)[156], on est autorisé à penser que le détenteur de tels renseignements a l'obligation d'informer ses « clients » de l'existence d'un dossier.

**190.**– *Le rôle de surveillance de la Commission d'accès à l'information.* Les mésententes concernant soit l'accès et la rectification d'un dossier, soit le retrait d'un renseignement d'une liste nominative, peuvent être soumises, par écrit et dans les 30 jours, à l'examen de la Commission d'accès à l'information (art. 42 à 60)[157]. Cet organisme, dont la compétence s'étend donc aux différends de nature privée[158], possède par ailleurs un important pouvoir d'enquête qu'il peut exercer aussi bien sur une plainte d'une personne intéressée que de sa propre initiative[159]. Ses décisions sont exécutoires et ont, à la date de

---

156. Cette disposition prévoit également que le détenteur doit notamment porter à la connaissance du public l'endroit où ces dossiers sont accessibles et les moyens d'y accéder.

157. Pour autant que la *Loi sur les renseignements personnels* s'applique au dossier visé.

158. Il s'agit en effet de la Commission créée par l'article 103 de la *Loi sur l'accès aux documents des organismes publics et sur la protection des renseignements personnels*, L.R.Q., c. R-8.1. Sur le rôle de la Commission, voir J. Saint-Laurent, « Le rôle de la Commission d'accès à l'information au lendemain de la modernisation attendue du régime québécois d'accès à l'information », dans Service de la formation permanente, Barreau du Québec, *Le droit à l'information : le droit de savoir !*, Cowansville, Éditions Yvon Blais, 2006, p. 105 ; R. Langelier, « La protection de la vie privée par la Commission d'accès à l'information : quelle vie privée ? Quelle protection ? En fonction de quels intérêts ? », dans Service de la formation permanente, Barreau du Québec, *Développements récents en droit de l'accès à l'information 2005*, Cowansville, Éditions Yvon Blais, 2005, p. 149.

159. La Commission s'est également vu confier une mission de conciliation auprès des parties : *Loi sur les renseignements personnels*, art. 48.

leur homologation en Cour supérieure, tous les effets d'une décision judiciaire (art. 58). L'homologation résulte du simple dépôt de la décision au bureau du greffier de la Cour supérieure. Elles peuvent faire l'objet d'un appel de plein droit devant la Cour du Québec, mais seulement sur une question de droit ou de compétence. Les décisions interlocutoires de la Commission peuvent faire l'objet d'un appel aussi mais seulement sur permission (art. 61 à 69).

Dans le cas des dossiers qui ne sont pas détenus par des entreprises et auxquels s'appliquent, de façon exclusive, les articles 35 à 41 C.c.Q., les demandes doivent être soumises directement au tribunal (art. 41, al. 2 C.c.Q.). C'est à la Cour supérieure qu'il appartient de trancher, et c'est à elle aussi qu'il appartient d'établir les conditions et les modalités d'exercice des droits d'accès et de rectification, lorsque la loi ne le prévoit pas (art. 41, al. 1 C.c.Q.).

## Section V

## Les libertés civiles

### §1 - Généralités

**191.–** Traditionnellement, on inclut également les libertés civiles dans la notion de droits de la personnalité. Les Chartes consacrent le principe de la liberté individuelle[160]. Les libertés sont multiples et leur analyse nécessite de grandes nuances. Il n'entre pas dans notre propos de les présenter en détail. D'autres s'y consacrent abondamment, essentiellement dans la perspective du droit public. Nous nous contenterons ici d'évoquer certaines de ces libertés dans le contexte spécifique du droit privé. Parmi ces libertés, on retiendra en premier lieu la liberté de conscience, à laquelle on rattache généralement la liberté de religion et la liberté d'opinion. En droit civil, elle permettra, par exemple, d'invalider la clause d'un testament ou d'un legs qui subordonne la libéralité à la condition de pratiquer telle religion ou de ne pas épouser une personne qui soit de telle croyance. On peut citer également la liberté du mode de vie. L'individu est en effet libre de vivre comme il lui plaît, dans le respect de la liberté d'autrui. C'est cette même liberté d'action qui fonde l'interdiction d'engager les services d'un individu à vie (art. 2091 C.c.Q.).

---

160. *Charte des droits et libertés de la personne*, art. 1 ; *Charte canadienne des droits et libertés*, art. 7.

**192.–** Le libre choix du mode de vie rejoint également le principe fondamental de la liberté physique. Elle signifie que la personne peut, dans les limites du droit, se mouvoir où elle le désire. La mise en place de certaines servitudes de passage (art. 1179 et s. C.c.Q.) et le droit de choisir son domicile (art. 76 C.c.Q.) en sont des expressions. Ainsi, est invalide une clause testamentaire qui impose aux héritiers de résider ensemble pendant un nombre déterminé d'années pour pouvoir hériter[161]. La personne peut même vivre recluse si telle est sa volonté. L'inviolabilité du domicile participe, en quelque sorte, de cette liberté[162].

Mais l'aspect de la liberté physique qui retient le plus l'attention est celui du droit de ne pas être enfermé contre son gré. Cette liberté, qui constitue le fondement de la procédure en *habeas corpus* (art. 851 et s. C.p.c.), a pour effet de rendre impossible la contrainte par corps en droit civil, l'inexécution des obligations donnant ultimement lieu à une réparation par le paiement de dommages et intérêts (art. 1458 et s. C.c.Q.). C'est également dans le souci de respecter la liberté physique que le législateur a mis en place un mécanisme complexe de protection de la personne dont l'état mental nécessite, parfois contre son gré, une privation de liberté.

### §2 - La protection spécifique de la personne dont l'état mental représente un danger

**193.–** *Le cadre législatif.* L'évaluation psychiatrique et la garde d'une personne dans un établissement de santé, contre son gré, peuvent devenir nécessaires, en raison de son état mental. Mais ces interventions forcées « constituent une exception très importante aux principes fondamentaux d'inviolabilité et de liberté de la personne »[163]. C'est la raison pour laquelle la loi les encadre de façon très stricte, distinguant clairement ces mesures privatives de liberté, de la question des soins et des cas de simple hébergement ou de résidence en établis-

---

161.  *Trahan (Succession de)*, [2004] R.J.Q. 1613, REJB 2004-61359 (C.S.).
162.  *Charte des droits et libertés de la personne*, art. 7 et 8.
163.  *Comm.*, p. 11. Nous n'envisagerons pas ici la question de la garde des personnes déclarées inaptes à subir leur procès en raison de troubles mentaux, qui relève plus spécifiquement de l'étude du droit criminel (art. 2, 16 et 672.10 à 672.66 (Partie XX.1) C.cr.). Pour une analyse de ces dispositions voir D. Gallant, « Protection des contrevenants souffrant de troubles mentaux et protection de la société : un équilibre fragile », dans Service de la formation permanente, Barreau du Québec, vol. 165, *Être protégé malgré soi*, Cowansville, Éditions Yvon Blais, 2002, p. 73.

sement de santé pour des soins non reliés à l'état mental de la personne[164]. En ce sens, la notion de garde en établissement nous apparaît beaucoup plus juste puisque, contrairement à celle qu'on employait autrefois où l'on parlait alors de cure fermée, elle n'infère aucune autorisation de traitement.

Le Code civil consacre toute une section à la garde en établissement et à l'évaluation psychiatrique (art. 26 à 31 C.c.Q.). Ces dispositions sont complétées par la *Loi sur la protection des personnes dont l'état mental présente un danger pour elles-mêmes ou pour autrui*[165], laquelle remplace la *Loi sur la protection du malade mental*[166] dont les principes directeurs ont été intégrés dans le Code. Il n'existe plus qu'un seul régime d'internement civil, dont les principes essentiels de droit substantif sont régis par le Code civil, mais qui trouvent leur complément dans la nouvelle loi ainsi que dans le *Code de procédure civile* (art. 778 à 782 C.p.c.)[167]. Il faut donc lire ces textes en parallèle pour avoir une image complète des mécanismes dont le but fondamental est de protéger l'individu tout en cherchant à minimiser, autant que faire se peut, les atteintes à sa liberté. S'agissant d'une atteinte à une liberté fondamentale, ces dispositions sont d'interprétation restrictive[168] et leur non-respect peut entraîner la responsabilité civile de l'établissement[169].

---

164. *Comm.*, p. 26 ; *Centre hospitalier de Québec (Pavillon Hôtel-Dieu de Québec)* c. *L.R.*, C.A. Québec, n° 200-09-003283-006, 2000-10-11, J.E. 2000-1984, REJB 2000-20477 ; *Affaires sociales – 204*, [1999] T.A.Q. 91 ; *Affaires sociales – 518*, [2000] T.A.Q. 1049. Voir également les notes du juge Robert dans *Alloi-Lussier* c. *Centre d'hébergement Champlain*, [1997] R.J.Q. 807, REJB 1997-00104 (C.A.).

165. L.R.Q., c. P-38.001 (plus loin citée la Loi). Sanctionnée le 18 décembre 1997, cette loi est entrée en vigueur le 1er juin 1998 (Décret 98-625, du 6 mai 1998, (1998) 130 *G.O.Q.* II, 2481).

166. L.R.Q., c. P-41.

167. Sur l'évolution de la législation dans ce domaine, voir en particulier V. Bergeron, *L'attribution d'une protection légale aux malades mentaux*, Montréal, Éditions Yvon Blais, 1981, p. 89 et s.

168. Voir, en ce sens, *Lavigne* c. *P.F.*, 2008 QCCQ 482, J.E. 2008-518, EYB 2008-129198 (C.Q.) ; *Y.-E.S.* c. *Hôpital Charles-Lemoyne*, [2000] T.A.Q. 242 ; *Affaires sociales – 273*, [1999] T.A.Q. 221 ; *Protection du malade mental – 6*, [1997] C.A.S. 275 ; S. Philips-Nootens, P. Lesage-Jarjoura et R.P. Kouri, *Éléments de responsabilité civile médicale. Le droit dans le quotidien de la médecine*, 3e éd., Cowansville, Éditions Yvon Blais, 2007, n° 265. Voir cependant *Grizenko* c. *V.*, [2000] R.J.Q. 2193, REJB 2000-17984 (C.Q.), où le juge, dans un souci de protection de la personne, tempère cette interprétation.

169. Pour un exemple où l'établissement de santé est condamné à des dommages-intérêts pour avoir maintenu une personne sous garde sans autorisation judiciaire, voir *Bourassa-Lacombe* c. *Centre universitaire de santé de l'Estrie*, REJB 2007-114629 (C.S.).

### A. Les conditions auxquelles l'évaluation psychiatrique et la garde en établissement peuvent être imposées

**194.–** *Les principes généraux.* La règle est que nulle personne ne peut être gardée dans un établissement, en vue d'une évaluation ou à la suite d'une évaluation psychiatrique, sans son consentement ou sans que la loi ou le tribunal l'autorise. Tout le régime de garde en établissement découle de cette disposition fondamentale, application directe du principe de l'inviolabilité de la personne humaine, énoncé à l'article 10 C.c.Q.

**195.–** *Le consentement.* La condition première d'une telle intervention est celle du consentement libre et éclairé de la personne (art. 26, al. 1 C.c.Q.). Même si dans de nombreux cas, un tel consentement est impossible en raison précisément de l'état mental du patient, il est important d'affirmer clairement cette exigence qui implique qu'une vérification préalable de l'inaptitude de la personne soit faite. Dans le cas des mineurs et des personnes majeures qui ne peuvent exprimer leur volonté, le consentement peut être donné par le représentant légal ou conventionnel, *i.e.* le tuteur, le curateur ou le mandataire (art. 26, al. 2 C.c.Q.). Ce consentement ne peut cependant être donné par le représentant légal qu'en l'absence d'opposition de la personne. Dans ce cas, ou en l'absence de régime de protection dans le cas du majeur inapte à consentir, l'autorisation judiciaire devient nécessaire, réserve faite toutefois, en cas d'urgence, d'une mesure de garde préventive.

**196.–** *La dangerosité : le seul critère qui autorise à garder en établissement, contre son gré, une personne qui présente des troubles d'ordre mental.* Posée comme une mesure de protection de la personne ou de son entourage, la garde en établissement se fonde sur la notion de dangerosité. Une personne ne peut être gardée dans un établissement en vue ou à la suite d'une évaluation psychiatrique que si elle manifeste des troubles d'ordre mental susceptibles de mettre en danger sa santé ou sa sécurité ou la sécurité d'autrui[170]. Ce n'est donc pas l'état mental de la personne comme tel, bien que condition nécessaire[171], qui peut donner ouverture à une mesure d'internement,

---

170. Art. 27 et 29 C.c.Q. et art. 1, 7 et 8 de la *Loi sur la protection des personnes dont l'état mental présente un danger pour elles-mêmes ou pour autrui.* Sur la notion de dangerosité, voir J. Lauzon, « L'application judiciaire de la *Loi sur la protection des personnes dont l'état mental présente un danger pour elles-mêmes ou pour autrui* : pour un plus grand respect des droits fondamentaux », (2002-2003) *Revue de Droit* 219.

171. « Sans un tel état mental, la dangerosité (le deuxième élément essentiel) n'a pas d'assise » : *Grizenko et Douglas Hospital* c. *Mastromatteo*, C.Q. Montréal, n° 500-

mais le danger que, en raison même de cet état, celle-ci représente pour elle-même ou pour autrui. La garde en établissement ne peut donc pas être interprétée comme un élément de traitement lorsque le facteur dangerosité est absent. C'est l'état mental de la personne, peu importe qu'un diagnostic soit posé ou non, qui, associé à la dangerosité, sert de base à l'application de la loi, ce qui inclut les troubles du comportement[172]. Un diagnostic de maladie mentale ne crée aucune présomption de dangerosité ; celle-ci doit être démontrée[173]. De même, le refus de traitement ne constitue pas en soi une preuve de dangerosité[174] mais ce refus peut, bien entendu, devenir pertinent lorsque le danger qui en découle est démontré[175]. À défaut de remplir les conditions et en l'absence même d'opposition, la garde doit être considérée comme illégale, donnant ainsi ouverture à la délivrance d'un bref d'*habeas corpus*.

Bien que non définie par la loi, la notion de dangerosité est entendue restrictivement par les tribunaux[176]. Elle se trouve cependant balisée par les éléments du contenu que doit obligatoirement comporter le rapport d'examen psychiatrique. Ainsi le médecin appelé à évaluer la dangerosité de la personne doit-il préciser son opinion sur la gravité de l'état mental du patient, ses conséquences probables, ainsi que les motifs et les faits sur lesquels il fonde son diagnostic et son opinion.

**197.–** Le danger appréhendé doit à la fois être sérieux et probable, c'est-à-dire prévisible à court terme, et non pas simplement potentiel ou hypothétique[177]. Pour reprendre la terminologie de la Cour d'appel, il doit s'agir d'un « danger important ou d'un potentiel de

---

40-002343-965, 1996-11-27. Ainsi, la garde en établissement ne peut être utilisée comme un cataplasme pour résoudre des problèmes administratifs. Elle n'est pas non plus un moyen légal pour empêcher une personne de dépenser exagérément ni pour la soustraire aux contraintes socio-économiques de la société : *M.C.* c. *Centre hospitalier régional de Lanaudière*, [2001] T.A.Q. 1152.

172. *Protection du malade mental – 4*, [1997] C.A.S. 271.
173. *A.* c. *Centre hospitalier A.*, T.A.Q.E. 2007AD-75.
174. *Hôpital Charles-Lemoyne* c. *N.D.*, J.E. 2005-618, EYB 2005-98650 (C.Q.) ; *Guèvremont* c. *A.S.*, [2004] R.D.F. 467, REJB 2004-53335 (C.Q.).
175. *Luyet* c. *S.B.*, J.E. 2006-110, EYB 2006-101601 (C.Q.) ; *S.C.-N.* c. *Centre hospitalier universitaire de Québec*, T.A.Q.E. 2004AD-64.
176. Certains regrettent cette interprétation restrictive, jugeant qu'elle constitue un obstacle à l'intervention efficace de protection de la personne : J.-L. Dubreucq, « Sans-abri, caractériel, alcoolique, drogué et fou... Au secours ! », dans Service de la formation permanente, Barreau du Québec, vol. 238, *Dépendances et protection (2006)*, Cowansville, Éditions Yvon Blais, 2006, p. 23-39.
177. *Protection du malade mental – 3*, [1989] C.A.S. 857 ; *Protection du malade mental – 2*, [1992] C.A.S. 243 ; *Protection du malade mental – 3*, [1992] C.A.S. 623 ; *Protection du malade mental – 5*, [1997] C.A.S. 274.

danger élevé »[178]. Il n'existe cependant pas de critères absolus ou exhaustifs, tout au plus certains jalons susceptibles de guider ceux qui ont à prendre une décision en matière de garde[179]. À ce titre, au nombre des éléments qui sont généralement retenus par le tribunal administratif chargé de réviser la situation des personnes qui ont été admises sous garde, on mentionnera l'absence d'autocritique, combinée avec la présence d'éléments psychotiques et un comportement agressif, d'idées suicidaires, d'un comportement régressif, ou de l'incapacité de contrôler ses pulsions[180]. Il faut bien admettre cependant que le critère de « dangerosité » demeure, à bien des égards, un critère imprécis dont la traduction pratique ne peut être que variable[181] et qui comporte un certain degré de subjectivité[182].

Dans de telles circonstances une personne pourra donc être enfermée contre son gré dans un centre exploité par un établissement au sens de l'article 79 de la *Loi sur les services de santé et les services sociaux*[183].

Il convient de distinguer trois séries de situations :

– *la garde préventive* : une personne peut être gardée temporairement, sans son consentement, sans l'autorisation du tribunal et sans qu'aucun examen psychiatrique ait été effectué, dans un établissement de santé ;

– la *garde provisoire* : la garde est ordonnée par le tribunal en vue de soumettre la personne, qui s'y refuse, à une évaluation psychiatrique ;

– la *garde régulière* : la garde est ordonnée par le tribunal à la suite d'une évaluation psychiatrique : il s'agit donc ici, à proprement parler, d'une mesure d'*internement*.

---

178. A. c. *Centre hospitalier de St. Mary*, 2007 QCCA 358, par. 17.
179. *C.R.* c. *Hôpital Sainte-Croix*, [2001] T.A.Q. 1137.
180. A. c. *Centre hospitalier A.*, T.A.Q.E. 2007AD-19 ; *D.L.* c. *Hôpital X*, T.A.Q.E. 2006AD-67 ; *N.D.* c. *Hôpital X.*, T.A.Q.E. 2006AD-251. Pour une analyse critique de cette jurisprudence, voir K. Brown et E. Murphy, « Falling Through the Cracks : The Quebec Mental Health System », (2000) 45 *R.D. McGill* 1037. Ces auteurs notent l'absence de prise en considération de facteurs d'ordre émotionnel ou psychosocial dans l'appréciation de la dangerosité.
181. S. Philips-Nootens, P. Lesage-Jarjoura et R.P. Kouri, *Éléments de responsabilité civile médicale. Le droit dans le quotidien de la médecine*, 3e éd., Cowansville, Éditions Yvon Blais, 2007, n° 265.
182. *J.D.* c. *Centre hospitalier Robert-Giffard*, [2001] T.A.Q. 330.
183. L.R.Q., c. S-4.2.

**198.–** *La garde préventive*. La garde préventive est une mesure d'urgence puisqu'elle permet à tout médecin de l'établissement où une personne a pu être conduite de l'y garder, contre son gré, s'il estime que le danger qu'elle présente pour elle-même ou pour autrui est grave et immédiat[184]. Dans de telles circonstances, la loi permet qu'on ait recours à un agent de la paix. Celui-ci n'est autorisé à agir qu'à la demande d'un intervenant en situation de crise, du titulaire de l'autorité parentale, du tuteur au mineur ou de l'une ou l'autre des personnes énumérées à l'article 15 C.c.Q. Encore faut-il, dans ces derniers cas, qu'aucun intervenant en situation de crise ne soit disponible pour évaluer la situation. De plus, l'agent de la paix doit lui-même apprécier si l'état de la personne nécessite ou non son intervention[185].

Cette garde préventive ne peut durer plus de 72 heures. Passé ce délai, la personne doit être libérée à moins que le tribunal n'ait ordonné que la garde soit prolongée afin de lui faire subir une évaluation psychiatrique. Ce délai pourra être prolongé si cette période se termine un samedi ou un jour non juridique et qu'aucun juge compétent ne peut agir (art. 7). Dans de telles circonstances, la garde devient provisoire, celle-ci pouvant elle-même déboucher sur une ordonnance d'internement ou de garde régulière.

**199.–** *La garde provisoire*. La garde provisoire est prévue par l'article 23, al. 1 du Code civil. Condition préalable à toute ordonnance de garde en établissement au sens de l'article 30 C.c.Q., c'est-à-dire à l'enfermement dans un établissement autorisé à recevoir des personnes atteintes de maladie mentale (art. 9), la garde provisoire est régie par des règles strictes. Il en est ainsi particulièrement des délais à l'intérieur desquels doivent être effectués les examens requis par la loi pour les fins de l'évaluation psychiatrique de la personne. Il s'agit en principe de délais de rigueur. On observe cependant une tendance dans la jurisprudence à considérer, au nom de la protection de la personne, que le non-respect des délais ne doit pas signifier automatiquement la libération de la personne dès lors que des motifs rai-

---

184. Art. 27, al. 2 C.c.Q. et art. 6 et 7 de la Loi.
185. Voir l'article 8 de la Loi. Sur les pouvoirs des policiers en la matière, voir M.-M. Daigneault, « Le Projet de loi n° 39 : trop ou pas assez. L'intervention policière auprès des personnes présentant un danger pour elles-mêmes ou pour autrui », dans Service de la formation permanente, Barreau du Québec, *Développements récents en droit de la santé mentale (1998)*, Cowansville, Éditions Yvon Blais, 1998, p. 43 et P. Deschamps, « Aspects éthiques et juridiques des interventions de protection de première ligne », dans Service de la formation permanente, Barreau du Québec, vol. 165, *Être protégé malgré soi*, vol. 165, Cowansville, Éditions Yvon Blais, 2002, p. 17.

sonnables expliquent le retard et que l'intégrité de la personne dicte sa mise sous garde[186].

Lorsqu'à la suite de la décision d'un médecin la personne a été admise sous garde préventive, un premier examen doit avoir lieu dans les 24 heures suivant l'ordonnance du tribunal. Si cet examen conduit à la nécessité d'une garde en établissement, un deuxième examen doit être effectué par un médecin différent dans les 24 heures qui suivent, soit dans les 48 heures de l'ordonnance du tribunal (art. 28, al. 1 et al. 2 C.c.Q.).

Dans les autres cas, *i.e.* lorsque la garde a été entreprise aux fins d'une évaluation psychiatrique sur ordre du tribunal, la personne doit être examinée dans les 24 heures de sa prise en charge par l'établissement où elle a été conduite[187]. Dans ces circonstances, si un deuxième examen devient nécessaire pour confirmer la nécessité de la garde, celui-ci doit être effectué par un autre médecin, au plus tard dans les 96 heures de la prise en charge (28, al. 2 C.c.Q.).

C'est dire aussi que si à la suite de l'un ou l'autre des examens exigés par la loi, un médecin considère qu'elle ne constitue pas ou qu'elle ne représente plus un danger pour elle-même ou pour autrui, la personne doit être libérée (art. 28, al. 3 C.c.Q.). Ces examens doivent en principe être complétés par un psychiatre. Un résident en psychiatrie n'est donc pas habilité au sens de la loi à signer un rapport d'examen et le fait que son rapport soit entériné *a posteriori* par un psychiatre qui n'a pas effectué l'examen conjointement ne valide pas l'exercice[188]. En outre, le médecin habilité à effectuer l'examen ne peut être le conjoint, le conjoint de fait, un allié ou un proche parent ou encore le représentant de la personne[189]. Exceptionnellement, lorsque les services d'un psychiatre ne peuvent être obtenus en temps utile, l'examen pourra être complété par tout autre médecin[190]. Advenant l'hypothèse où deux médecins concluent à la nécessité de la garde et où la personne s'y refuse, l'autorisation du tribunal devient nécessaire. L'établissement au sein duquel elle est gardée dispose

---

186. Voir, par exemple, *Lavigne* c. *P.F.*, 2008 QCCQ 482, J.E. 2008-518, EYB 2008-129198 (C.Q.).
187. Art. 28, al. 1 C.c.Q. Il peut s'agir aussi d'une personne qui a déjà été admise dans un établissement et qui nécessite une évaluation psychiatrique à laquelle elle se refuse. Soulignons par ailleurs que le tribunal peut aussi ordonner tout autre examen médical rendu nécessaire dans les circonstances : art. 27, al. 1 C.c.Q.
188. *Y.-E.S.* c. *Hôpital Charles-Lemoyne*, [2001] T.A.Q. 142.
189. *J.D.* c. *Centre hospitalier Robert-Giffard*, [2001] T.A.Q. 330.
190. Art. 2 et 23 de la Loi. Une exception qui, ici encore, est entendue de façon restrictive : *Lirette* c. *M.(C.)*, [1997] R.J.Q. 1794, REJB 1997-07489 (C.Q.).

alors d'une période de 48 heures pour obtenir une ordonnance de garde[191].

Cette garde provisoire, en principe, ne devrait pas excéder sept jours, délai à l'intérieur duquel un rapport d'examen doit être soumis au tribunal[192], lequel assure ainsi un certain suivi. C'est sur la foi de ce rapport, qui est confidentiel, que le tribunal statuera, une fois l'évaluation psychiatrique complétée, sur la nécessité d'une garde forcée, *i.e.* de l'internement ou non de la personne.

**200.**– *La garde régulière autorisée par le tribunal à la suite d'une évaluation psychiatrique : une mesure temporaire, assortie d'un contrôle sévère.* La garde ne peut être ordonnée que sur production des rapports d'évaluation psychiatrique. Le rapport ne peut être divulgué qu'aux parties, sauf autorisation du tribunal (art. 29, al. 2 C.c.Q.). Le contenu des rapports est décrit à l'alinéa 1 de ce même article (soulignons toutefois que, dans ce cas précis, il faudrait plutôt parler des deux rapports d'examens psychiatriques, compte tenu du libellé de l'article 30, al. 2 C.c.Q.). Les rapports doivent donc expliquer expressément en quoi la personne représente un danger pour elle-même ou pour autrui[193], sans quoi il devient impossible pour le tribunal de se forger sa propre opinion[194]. Au-delà de la nécessité ou non de la garder en établissement, le rapport doit donner des indications sur l'aptitude de la personne examinée à prendre soin d'elle-même ou à administrer ses biens et, le cas échéant, sur l'opportunité d'ouvrir à son endroit un régime de protection. Cette disposition doit être complétée par l'article 3 de la Loi, qui ajoute aux éléments précédemment énoncés. Le tribunal n'est cependant pas lié par les conclusions de ce rapport. Son rôle ne se limite pas à vérifier la conformité de la procédure. Il doit former sa propre opinion, quelle que soit la preuve qui lui est présentée, quand bien même il n'y aurait pas de contre-expertise[195]. De plus, le juge doit faire état de ses motifs tant sur le danger

---

191.  Art. 28, al. 3 C.c.Q., délai à l'intérieur duquel la personne peut être maintenue sous garde provisoire.
192.  Art. 29, al. 2 C.c.Q. et art. 4 de la Loi selon lequel, lorsqu'un examen psychiatrique est requis d'un établissement, le rapport du médecin doit être transmis au tribunal.
193.  *N.B.* c. *Centre hospitalier affilié universitaire de Québec*, 2007 QCCA 1382, EYB 2007-124980 ; *Chagnon* c. *S.L.*, J.E. 2005-804, EYB 2005-88708 (C.Q.).
194.  *Guèvremont* c. *A.S.*, [2004] R.D.F. 467, REJB 2004-53335 (C.Q.).
195.  Art. 30, al. 2 C.c.Q. tel que modifié par la *Loi modifiant le Code civil et d'autres dispositions législatives*, L.Q. 2002, c. 19, art. 1. Le législateur entendait ainsi faire échec à une certaine jurisprudence qui, tout en affirmant que le tribunal n'est pas lié par le rapport d'examen psychiatrique, considérait qu'il n'était pas indiqué de s'en écarter en l'absence de contre-expertise, *C.H.A.L.* c. *T.I.B.*, [2001] R.D.F. 414.

que sur la nécessité de la garde. Il ne suffit pas que le juge déclare disposer de motifs sérieux permettant la mise sous garde ; encore faut-il qu'il les explique. C'est la conséquence directe du fait que la mise sous garde constitue une atteinte à la liberté de la personne et que les raisons d'une telle atteinte doivent donc pouvoir être contrôlées[196].

**201.–** Mesure exceptionnelle et de dernier recours, l'ordonnance de garde doit être la moins contraignante possible. Il n'y a pas de place, ici, pour l'arbitraire. Aussi, lorsqu'à la lumière de l'évaluation psychiatrique, laquelle implique deux rapports d'examens concordants effectués dans les délais fixés par la loi, le tribunal conclut à la nécessité de garder la personne en établissement, il doit fixer la durée de cette mise sous garde[197]. Cela ne signifie pas que la personne restera nécessairement internée pendant toute cette période. Elle doit être libérée dès que sa garde ne se justifie plus (art. 30.1, al. 2 C.c.Q.). La *Loi sur la protection des personnes dont l'état mental présente un danger pour elles-mêmes ou pour autrui* précise d'ailleurs que la personne peut être libérée sur délivrance d'un certificat par le médecin traitant (art. 12, par. 1) et elle impose à l'établissement de procéder à des examens psychiatriques périodiques. Ainsi, un premier examen de révision doit être effectué dans les 21 jours de la décision prise par le tribunal en application de l'article 30 C.c.Q. Par la suite, tous les examens subséquents devront être faits aux trois mois (art. 12, par. 2). Ces rapports d'évaluation périodiques doivent respecter les critères énoncés à l'article 3. De simples notes d'évolution ne satisfont donc pas ces exigences[198]. Il convient ici de mentionner l'importance que le législateur accorde à ces examens périodiques et au respect des délais qui les entourent puisque la garde prend fin automatiquement, sans autre formalité, si à l'expiration du délai à l'intérieur duquel ces examens doivent être effectués, aucun rapport psychiatrique n'a été produit[199].

---

196. *N.B.* c. *Centre hospitalier affilié universitaire de Québec*, 2007 QCCA 1382, EYB 2007-124980 ; *A.* c. *Centre hospitalier de St. Mary*, 2007 QCCA 358, EYB 2007-116185 ; *D.M.* c. *Prosper*, B.E. 2005BE-1075, EYB 2004-85751 (C.A.).

197. Art. 30.1 C.c.Q. tel que modifié par L.Q. 2002, c. 19, art. 1, dont l'alinéa 1 reprend l'énoncé de l'ancien art. 30, al. 2 C.c.Q. Les commentaires officiels soulignent que cette limite est essentielle car la garde constitue « une exception au principe fondamental de la liberté » (*Comm.*, p. 29).

198. Ces rapports doivent par ailleurs être conservés au dossier médical de la personne (art. 10 *in fine* qui doit être lu en conjonction avec l'article 5). La Loi prévoit en outre l'obligation pour l'établissement d'informer le Tribunal administratif du Québec des conclusions de chaque rapport prévu à l'article 10 et de la fin de la garde (art. 20).

199. *G.T.* c. *Hôpital X.*, T.A.Q.E. 2006AD-12 ; *L.L.* c. *Hôpital X.*, T.A.Q.E. 2007AD-144.

La décision de maintenir la garde à la suite d'une de ces évaluations périodiques peut être contestée devant le Tribunal administratif du Québec (art. 21, al. 1). Cette décision peut être contestée tant par la personne elle-même que par son représentant légal ou conventionnel, ou encore la personne qui démontre à son endroit un intérêt particulier. Le Tribunal administratif peut également agir d'office et réviser la décision qui fait suite aux examens de maintenir la personne sous garde[200].

Enfin si, au terme de la période fixée dans le jugement initial, la personne n'a pas été autrement libérée, la garde prend fin automatiquement, sauf à obtenir une nouvelle ordonnance du tribunal[201].

**202.–** *La procédure*. Les demandes d'examen et de mise sous garde forcées sont du ressort de la Cour du Québec, à l'exclusion de la Cour supérieure. En cas d'urgence, la loi donne juridiction aux cours municipales des villes de Montréal, Laval ou Québec (art. 36.2 C.p.c.). L'ordonnance peut être rendue contre le tuteur, le curateur ou le gardien légal si le refus émane de ce représentant (art. 779, al. 1 C.p.c.).

La demande a préséance sur toute autre, à l'exception des demandes en *habeas corpus* (art. 775 C.p.c.). S'agissant ici de demandes relatives à l'intégrité de la personne, elles ne peuvent en aucun cas être entendues par le greffier ni par le greffier spécial. Il y est joint, le cas échéant, l'avis du conseil de tutelle et d'au moins un expert concernant la personne visée par la demande (art. 774 C.p.c.).

La requête doit être signifiée, au moins deux jours avant sa présentation, à la personne qui refuse l'évaluation ou la garde et à une personne raisonnable de sa famille ou, le cas échéant, au titulaire de l'autorité parentale, au tuteur, curateur, mandataire ou à la personne qui en a la garde ou qui démontre un intérêt particulier pour elle. À défaut de pouvoir signifier à l'une ou l'autre de ces personnes, la requête doit être signifiée au curateur public (art. 779, al. 1 et al. 2 C.p.c.)[202]. Le tribunal peut dispenser le requérant de signifier la

---

200. *Ibid.*, art. 21, al. 2. Sur les pouvoirs du Tribunal administratif en matière de révision, voir *J.D.* c. *Centre hospitalier Robert-Giffard*, [2001] T.A.Q. 330 et *Affaires sociales – 402*, [2000] T.A.Q. 258.

201. Art. 12, par. 3 de la Loi et art. 30.1, al. 3 C.c.Q.

202. Sur le rôle subsidiaire du Curateur public, voir F. Dupin, « Incidences du droit de la santé mentale sur le Curateur public », dans Service de la formation permanente, Barreau du Québec, *Développements récents en droit de la santé mentale (1998)*, Cowansville, Éditions Yvon Blais, 1998, p. 267.

requête à la personne concernée s'il estime que cela serait nuisible à sa santé ou à sa sécurité, ou à celle d'autrui[203]. L'urgence peut également justifier une telle dispense qui doit cependant demeurer exceptionnelle (art. 779, al. 3 C.p.c.).

L'audition doit se tenir le jour de la présentation de la requête, à moins que le tribunal ou le juge n'en décide autrement (art. 778 C.p.c.). Sauf exception, le tribunal a l'obligation d'interroger la personne (art. 780 C.p.c.)[204]. Ces exceptions couvrent les cas où l'interrogatoire est manifestement inutile en raison de l'état de santé de l'intimé, les cas où la personne est introuvable et, s'il s'agit d'une demande d'évaluation psychiatrique, les cas d'urgence ou ceux dans lesquels un tel interrogatoire s'avérerait manifestement nuisible pour la personne. Cette disposition prévoit également que l'interrogatoire de la personne peut se faire par un juge du district où elle se trouve, même si la requête est présentée dans un autre district. Dans ce cas, l'interrogatoire doit être pris par écrit et communiqué sans délai au tribunal saisi. La personne bénéficie des règles spéciales quant à sa représentation devant le tribunal[205].

Le jugement est notifié aux personnes à qui la requête devait être signifiée et il peut être exécuté par un agent de la paix (art. 781, al. 2 C.p.c.). Une copie en est transmise au Tribunal administratif du Québec (art. 782 C.p.c.) qui, nous l'avons vu, exerce un rôle de surveillance à l'endroit des personnes sous garde. De là, également, l'obligation qui est faite aux établissements de santé, d'informer sans délai le Tribunal administratif des conclusions de chaque rapport d'examen périodique et de la fin de la garde (art. 20).

Le jugement qui ordonne la garde est exécutoire nonobstant l'appel, mais un juge de la Cour d'appel peut, dans l'intérêt de la justice, en ordonner la suspension (art. 783, al. 2 C.p.c.)[206].

---

203. *Centre de santé et de services sociaux du Lac-St-Jean-Est* c. *M.T.*, B.E. 2006BE-129, EYB 2005-98457 (C.Q.).

204. *J.(G.)* c. *Directeur des services professionnels du Centre hospitalier Pierre-Le-Gardeur*, EYB 2007-122663 (C.A.).

205. Sur ces dispositions particulières, voir *infra*, Partie II, Titre I, chap. IV, Le respect des droits de l'enfant.

206. *A.* c. *Centre hospitalier de St. Mary*, 2007 QCCA 358 ; *J.(G.)* c. *Directeur des services professionnels du Centre hospitalier Pierre-Le-Gardeur*, EYB 2007-122663 (C.A.).

*B. Les droits des personnes astreintes à être gardées en*
*établissement et les obligations des établissements auprès*
*desquels elles sont gardées vis-à-vis leurs représentants légaux*

**203.–** *Le droit à l'information, garantie contre l'arbitraire.* Il ne peut y avoir de protection contre l'arbitraire sans un droit à l'information et sans un droit d'exercer des recours. La loi impose des obligations aux intervenants afin que, dans la mesure du possible, la personne soit en mesure de comprendre le pourquoi de sa situation et l'encadrement prévu par la loi en vue d'assurer sa protection – ou celle des autres – ainsi que l'exercice de ses droits. Délicat dans son application concrète[207], ce droit à l'information n'en demeure pas moins une des pierres d'assise de la loi.

La loi actuelle prévoit toute une série de dispositions qui, selon le cheminement du cas et la qualité des personnes impliquées, décrivent le contenu et la forme dans laquelle cette information doit être communiquée. Délivrée verbalement lorsque, sans faire l'objet d'une ordonnance judiciaire, la personne est interpellée par un agent de la paix (art. 14) et dès sa prise en charge, s'agissant de garde provisoire ou préventive (art. 15), l'information revêt un caractère plus formel, et elle est aussi plus détaillée, lorsque la personne est admise sous garde par suite d'une ordonnance rendue par le tribunal en vertu de l'article 30 C.c.Q. Celle-ci doit alors recevoir un écrit dont la teneur est décrite en annexe dans la loi (art. 16, al. 1) et qui se présente comme un document d'information sur les droits et recours dont elle dispose[208]. Ce document d'information doit également lui être remis après chaque rapport d'examen périodique. L'établissement a aussi le devoir de s'assurer que la personne visée est en mesure de comprendre l'information qui y est contenue. Dans le cas contraire, l'établissement doit en transmettre une copie à la personne habilitée à consentir à la garde ou, à défaut, à la personne qui démontre un intérêt pour la personne visée (art. 16, al. 2).

---

207.     Voir à cet égard la critique sévère de G. Goulet, « Des libertés bien fragiles... L'application de la *Loi sur la protection des personnes dont l'état mental présente un danger pour elles-mêmes ou pour autrui.* Pour le respect des règles d'application d'une d'exception dans une culture humanisée de services de santé », dans Service de la formation continue, Barreau du Québec, *Autonomie et protection (2007)*, vol. 261, Cowansville, Éditions Yvon Blais, 2007, p. 183-211.

208.     Ce document reprend substantiellement les dispositions du *Règlement d'application de l'article 27 de la Loi sur la protection du malade mental*, R.R.Q., c. P-41, r. 1 auquel on a ajouté le droit pour la personne d'être transférée dans un autre établissement et le droit de refuser toute forme de soin autre que les examens psychiatriques périodiques.

La personne doit aussi être informée sur son état et, par voie de conséquence, du plan de soins qui a été établi à son égard, des changements qui pourraient y être apportés ainsi que des modifications que cela emporte relativement à ses conditions de vie (art. 31, al. 1 C.c.Q.). Encore faut-il que la personne sous garde puisse tirer profit d'une telle information. Lorsque cette personne est âgée de moins de 14 ans ou lorsqu'il s'agit d'une personne inapte à consentir, l'information doit plutôt être donnée à ceux qui peuvent consentir aux soins pour elle (art. 31, al. 2 C.c.Q.).

**204.– *Le droit à la communication.*** Le droit à l'information a pour corollaire le droit pour la personne de communiquer, en toute confidentialité, avec les personnes de son choix, à moins que le médecin traitant n'estime que cela serait contraire à son intérêt. Cette restriction ne peut être que temporaire et elle doit être formulée par écrit, motivée et versée au dossier. La personne doit également en être informée (art. 17, al. 1 et 2). Ce pouvoir qui est accordé au médecin traitant est limité. En effet, cette restriction ne peut viser les communications entre la personne concernée et ceux qui peuvent assurer la défense de ses intérêts, *i.e.* son représentant légal, la personne habilitée à consentir aux soins pour elle, un avocat, le Curateur public ou le Tribunal administratif du Québec (art. 17, al. 3).

**205.– *Le droit de s'opposer à des soins autres que les soins de garde.*** Il convient de distinguer la garde en établissement, mesure privative de liberté, des autorisations de traitement qui relèvent de l'article 16 C.c.Q. À cet égard donc, exception faite des examens périodiques auxquels la loi l'oblige à se prêter[209], la situation de la personne astreinte à une mesure de garde, en ce qui concerne la prestation de soins médicaux, n'est pas différente de celle des autres patients. La garde ne saurait donc être interprétée comme une autorisation implicite de soigner le malade[210]. Si la personne est apte à consentir et qu'elle refuse d'être soignée, quelle que soit sa dangerosité, son refus doit être respecté[211]. Dans le cas contraire, réserve faite des soins d'hygiène ou de l'urgence de sa condition, seul le tribunal, après avoir sta-

---

209. Ou des examens qui sont requis aux fins de son évaluation psychiatrique s'il s'agit d'une garde provisoire, encore qu'il puisse s'y ajouter d'autres formes d'examen médical si, comme nous l'avons vu, le Tribunal l'estime nécessaire dans les circonstances : art. 27, al. 1 C.c.Q.

210. S. Philips-Nootens, P. Lesage-Jarjoura et R.P. Kouri, *Éléments de responsabilité civile médicale. Le droit dans le quotidien de la médecine*, 3ᵉ éd., Cowansville, Éditions Yvon Blais, 2007, nᵒ 266.

211. Art. 10 et 11 C.c.Q. ; *Charte des droits et libertés*, L.R.Q., c. C-12, art. 1 et 10.

tué sur son inaptitude, peut autoriser l'administration de soins auxquels cette personne s'oppose (art. 16, al. 1 C.c.Q.).

Par ailleurs, l'existence d'une ordonnance autorisant à administrer un traitement contre le gré du patient n'autorise pas à conclure au caractère superfétatoire d'une ordonnance de garde ni à conclure à sa nécessité, quand bien même l'autorisation de soins serait assortie d'une ordonnance d'hébergement : « Les soins dont a besoin une personne et la nécessité de la garde en établissement appartiennent en effet à des régimes différents qui font appel à des principes et des critères distincts » et le fait de conclure à la présence ou à l'absence de dangerosité, qui est une constatation ponctuelle, n'entre pas en contradiction avec l'autorisation d'un traitement qui a pu être ordonné par la Cour supérieure[212].

**206.–** *L'utilisation de la force, de l'isolement et des contentions.* En situation d'urgence, particulièrement dans le domaine de la psychiatrie, le recours à la force, à l'isolement et à des mesures de contention[213] comme modes de contrôle est fréquent. Ici encore, la situation du patient qui fait l'objet d'une mesure de garde n'est pas différente de celles des autres patients dont le comportement peut être dangereux pour eux-mêmes, pour les autres patients ou le personnel soignant, s'agissant ici non pas de soigner[214], mais de contrôler le comportement d'une personne. On comprend que l'utilisation des moyens qui peuvent être employés pour ce faire soit strictement encadrée. La *Loi sur les services de santé et les services sociaux* contient, à cet égard, des dispositions en vue d'empêcher les abus. On y précise que ces mesures de contrôle ne peuvent être utilisées que pour empêcher une personne de s'infliger ou d'infliger à autrui des lésions. D'utilisation exceptionnelle, elles ne doivent être employées qu'en dernier ressort. La loi prévoit aussi que leur application doit être minimale et qu'elle doit tenir compte de l'état de santé du

---

212. *Affaires sociales – 518*, [2000] T.A.Q. 1049 ; *Affaires sociales – 204*, [1999] T.A.Q. 91.

213. Lesquelles renvoient à l'utilisation de moyens mécaniques ou de substances chimiques comme modes de contrôle : *Loi sur les services de santé et les services sociaux*, art. 118.1.

214. Encore qu'elles puissent être incluses dans un plan de traitement, auquel cas elles doivent faire l'objet d'un consentement libre et éclairé. Mais il faut admettre aussi que ces mesures, maintenant encadrées, s'avèrent dans bien des cas nécessaires, « en raison aussi, hélas, du manque flagrant de personnel dans les institutions » : S. Philips-Nootens, P. Lesage-Jarjoura et R.P. Kouri, *Éléments de responsabilité civile médicale. Le droit dans le quotidien de la médecine*, 3e éd., Cowansville, Éditions Yvon Blais, 2007, no 268.

patient[215]. Elle exige, au surplus, que leur emploi fasse l'objet d'une mention détaillée au dossier du patient.

**207.–** *Les obligations des établissements à l'endroit des représentants légaux de la personne.* Nous avons vu précédemment que lorsque la personne qui est gardée en établissement à la suite d'une ordonnance du tribunal n'est pas en mesure de comprendre la portée et la substance de l'information concernant ses droits et ses recours, l'établissement doit transmettre une copie du document d'information à son représentant légal ou conventionnel ou, à défaut, à la personne qui démontre à son endroit un intérêt particulier. Compte tenu des devoirs et des responsabilités qui incombent, dans le cas du mineur, au titulaire de l'autorité parentale ou, à défaut, au tuteur et, dans le cas des majeurs inaptes, au tuteur, au curateur ou au mandataire, on comprend que la loi puisse imposer aux établissements des obligations complémentaires à leur endroit. Ainsi l'établissement auprès duquel un mineur ou un majeur sous régime de protection fait l'objet d'une mesure de garde, doit obligatoirement aviser l'une ou l'autre de ces personnes de la décision d'un médecin de mettre leur pupille en garde préventive, comme de la nécessité de maintenir la garde après un examen périodique. L'établissement doit également les informer de chaque demande présentée au Tribunal administratif du Québec et de la libération de la personne (art. 19).

### Pour aller plus loin

**208.–** *Protection de la vie privée dans le milieu du travail.* Nous avons souligné plus haut que le concept de vie privée est différent dans certains secteurs de l'activité sociale et que les tribunaux acceptent facilement que dans certaines circonstances l'expectative de respect de la vie privée est moindre. C'est certainement le cas dans le domaine de l'emploi et des relations de travail. Voici quelques références utiles en la matière : D. Veilleux, « Le droit à la vie privée, sa portée face à la surveillance de l'employeur », (2000) 60 *R. du B.* 1 ; K. Delwaide, « La protection de la vie privée et les nouvelles technologies : l'accès au courrier électronique des employés par un employeur », dans Service de la formation permanente, Barreau du Québec, *Congrès annuel du Barreau du Québec (1997)*, Cowansville, Éditions Yvon Blais, 1997, p. 627 ; R. Laperrière et J. Kean, « Le droit des travailleurs au respect de leur vie privée », (1994) 35 *C. de D.* 709 ; V.L. Marleau, « Les droits et libertés dans l'entreprise : le dépistage et l'utilisation de renseignements personnels dans

---

215.   Voir également, Collège des médecins du Québec, *Lignes directrices*, « Recommandations concernant l'utilisation de la contention et de l'isolement », (1999) 39:2 *Le Collège* 2 (encart central).

le domaine de l'emploi », dans Service de la formation permanente, Barreau du Québec, *Développements récents en droit administratif*, Cowansville, Éditions Yvon Blais, 1993, p. 111 ; K. Eltis, « La surveillance du courrier électronique en milieu de travail : le Québec succombera-t-il à l'influence de l'approche américaine ? », (2006) 51 *R.D. McGill* 475-502 ; I. Lauzon et L. Bernier, *Charte et vie privée au travail : tout ce que l'employeur doit savoir*, Cowansville, Éditions Yvon Blais, 2005, 219 p. ; R. Perreault et S.-P. Paquette, « Le dépistage d'alcool et de drogues en entreprise : où en sommes-nous ? », dans Service de la formation continue, Barreau du Québec, *Développements récents en droit du travail*, Cowansville, Éditions Yvon Blais, 2007 ; M. A. Geist, « Computer and E-mail Workplace Surveillance in Canada ; the Shift from Reasonable Expectation of Privacy to Reasonable Surveillance », (2003) 82 *R. du B. can.* 151 ; C. Morgan, « Monitoring Employee – Electronic Mail and Internet Use : Balancing Competing Rights », dans *Droit du commerce électronique*, Montréal, Éditions Thémis, 2002, p. 171 ; L. Duhaime, « La protection des renseignements personnels en milieu de travail », dans Service de la formation continue, Barreau du Québec, vol. 258, *Vie privée et protection des renseignements personnels (2006)*, Cowansville, Éditions Yvon Blais, 2006, p. 83 ; Y. Saint-André, « Le respect du droit à la vie privée au travail : mythe ou réalité ? », dans Service de la formation permanente, Barreau du Québec, vol. 205, *Développements récents en droit du travail (2004)*, Cowansville, Éditions Yvon Blais, 2004, p. 51.

**209.**– *Organismes gouvernementaux de surveillance.* Le site de la Commission de l'accès à l'information (C.A.I.) du Québec permet d'accéder notamment à la jurisprudence et aux avis de la Commission. Le site établit des liens avec les organismes gouvernementaux des autres provinces qui assument un rôle de même nature : http://www.cai.gouv.qc.ca/

Le site du Commissariat à la protection de la vie privée du Canada fournit également de nombreuses informations sur le sujet de la protection des renseignements personnels et de l'accès à l'information au Canada : http://www.privcom.gc.ca/index_f.asp

# BIBLIOGRAPHIE SÉLECTIVE

ALLARD, F., « La vie privée, cet obscur objet de la prestation contractuelle », dans *Mélanges Paul-André Crépeau*, Cowansville, Éditions Yvon Blais, 1997.

ALLARD, F., « Les droits de la personnalité », École du Barreau du Québec, Collection de droit 2007-2008, vol. 3, *Personnes, famille et successions*, Cowansville, Éditions Yvon Blais, 2007.

BARREAU DU QUÉBEC (Service de la formation permanente), *Développements récents en droit de la santé mentale (1998)*, Cowansville, Éditions Yvon Blais, 1998.

BARREAU DU QUÉBEC (Service de la formation permanente), *Être protégé malgré soi*, Cowansville, Éditions Yvon Blais, 2002.

BEIGNIER, B., *L'honneur et le droit*, Paris, L.G.D.J., Coll. Bibliothèque de droit privé, t. 234, 1995.

BENYEKHLEF, K., « Liberté d'information et droits concurrents : la difficile recherche d'un critère d'équilibration », (1995) 26 *R.G.D.* 265.

CÔTÉ, R. et R. LAPERRIÈRE, *Vie privée sous surveillance : la protection des renseignements personnels en droit québécois,* Cowansville, Éditions Yvon Blais, 1994.

DELWAIDE, K. et A. AYLWIN, « Leçons tirées de dix ans d'expérience : la *Loi sur la protection des renseignements personnels dans le secteur privé* du Québec », dans Service de la formation permanente, Barreau du Québec, *Développements récents en droit de l'accès à l'information*, Cowansville, Éditions Yvon Blais, 2005, p. 279.

DORAY, R., « Le respect de la vie privée et la protection des renseignements personnels dans un contexte de commerce électronique », dans *Droit du commerce électronique*, Montréal, Éditions Thémis, 2002, p. 303 ; P. Trudel, « L'État en réseau et la protection de la vie privée : des fondements à revoir et des droits à actualiser », dans Service de la formation permanente, Barreau du Québec, *Développements récents en droit de l'accès à l'information (2003)*, Cowansville, Éditions Yvon Blais, 2003, p. 107.

DORÉ, L., « La législation canadienne sur la protection des renseignements personnels dans le secteur privé », dans Service de la formation permanente, Barreau du Québec, *Développements récents en droit de l'accès à l'information (2003)*, Cowansville, Éditions Yvon Blais, 2003, p. 231.

DORÉ, L., « Surveillance vidéo vs respect du droit à la vie privée », dans Service de la formation permanente, Barreau du Québec, *Développements récents en droit de l'accès à l'information*, Cowansville, Éditions Yvon Blais, 2005, p. 27.

DUBREUCQ, J.-L. , « Sans-abri, caractériel, alcoolique, drogué et fou... Au secours ! », dans Service de la formation continue, Barreau du Québec. vol. 238, *Dépendances et protection,* Cowansville, Éditions Yvon Blais, 2006, p. 23-39.

DUFOUR, N., « Droit à l'image : une amorce de protection de l'identité de l'artiste », *Congrès du Barreau*, 1999, p. 533.

FRÉCHETTE, G., « Évolution de la jurisprudence en matière de renseignements nominatifs, droit d'accès et protection », dans Service de la formation permanente, Barreau du Québec, vol. 212, *Développements récents en droit de l'accès à l'information (2004)*, Cowansville, Éditions Yvon Blais, 2004, p. 151.

GENDREAU, Y., *La protection des photographies en droit d'auteur français, américain, britannique et canadien*, Paris, L.G.D.J., coll. Bibliothèque de droit privé, t. 246, 1994.

GOULET, G., « Des libertés bien fragiles... L'application de la *Loi sur la protection des personnes dont l'état mental présente un danger pour elles-mêmes ou pour autrui*. Pour le respect des règles d'application d'une d'exception dans une culture humanisée de services de santé » dans Service de la formation continue, Barreau du Québec, vol. 261, *Autonomie et protection,* Cowansville, Éditions Yvon Blais, 2007, p. 183-211.

KASIRER, N. (dir.), *La solitude en droit privé*, Montréal, Éditions Thémis, 2002.

KAYSER, P., *La protection de la vie privée par le droit*, 3e éd., Paris, Économica/Presses universitaires d'Aix-Marseille, 1995.

LANGELIER, R., « La protection de la vie privée par la Commission d'accès à l'information : quelle vie privée ? Quelle protection ? En fonction de quels intérêts ? », dans Service de la formation permanente, Barreau du Québec, *Développements récents en droit de l'accès à l'information*, Cowansville, Éditions Yvon Blais, 2005, p. 149.

LAUZON, J., « L'application judiciaire de la *Loi sur la protection des personnes dont l'état mental présente un danger pour elles-mêmes ou pour autrui* : pour un plus grand respect des droits fondamentaux », (2002-2003) *Revue de Droit* 219.

MICHAUD, M., *Le droit au respect de la vie privée dans le contexte médiatique*, Montréal, Wilson & Lafleur, 1996.

MOLINARI, P.-A., « Observations sur la production des théories juridiques : les images floues du droit à l'image », dans *Nouvelles technologies et propriété*, Montréal, Éditions Thémis/Litec, 1991, p. 11.

MOLINARI, P.-A., « Les nouveaux moyens de reproduction et la vie privée : de la curiosité juridique à la théorie des droits fondamentaux », dans Gérald-A. BEAUDOIN (dir.), *Vues canadiennes et européennes des droits et libertés*, Actes des Journées strasbourgeoises 1988, Cowansville, Éditions Yvon Blais, 1989, p. 537.

NADEAU, A.R., *Vie privée et droits fondamentaux : étude de la protection de la vie privée en droit constitutionnel canadien et américain et en droit international*, Cowansville, Éditions Yvon Blais, 2000.

PHILIPS-NOOTENS, S., P. LESAGE-JARJOURA et R.P. KOURI, *Éléments de responsabilité civile médicale. Le droit dans le quotidien de la médecine*, 3ᵉ éd., Cowansville, Éditions Yvon Blais, 2007.

POTVIN, L., *La personne et la protection de son image – Étude comparée des droits québécois, français et de la common law*, Cowansville, Éditions Yvon Blais, 1991.

RIGAUX, F., *La protection de la vie privée et des autres biens de la personnalité*, Bibliothèque de la Faculté de droit de l'Université catholique de Louvain, t. XX, Bruxelles, 1990.

SAINT-LAURENT, J., « Le rôle de la Commission d'accès à l'information au lendemain de la modernisation attendue du régime québécois d'accès à l'information », dans Service de la formation continue, Barreau du Québec, *Le droit à l'information : le droit de savoir !*, Cowansville, Éditions Yvon Blais, 2006, p. 105.

TRUDEL, P., F. ABRAN, K. BENYEKHLEF et S. HEIN, *Droit du cyberespace*, Montréal, Éditions Thémis/Litec, 1997.

VALLIÈRES, N., *La presse et la diffamation*, Montréal, Wilson & Lafleur, 1986.

WACHSMANN, P., « La liberté d'expression et la protection de la *vie privée* en France », dans Institut canadien d'études juridiques supérieures, *Droits de la personne : solidarité et bonne foi*, Actes des Journées strasbourgeoises 2000, Cowansville, Éditions Yvon Blais, 2000, p. 321-334.

# TITRE III
# L'INDIVIDUALISATION DES PERSONNES PHYSIQUES ET L'ÉTAT CIVIL

Les personnes humaines sont toutes destinataires des mêmes normes juridiques et la qualité de sujet de droits emporte pour chacun des attributs identiques. Mais sous d'autres rapports, le droit distingue chaque individu. Comme toute personne est appelée à jouer un rôle sur la scène juridique, elle doit être identifiable. Quatre éléments remplissent cette fonction d'identification :

– le nom permet de désigner la personne (Chap. I) ;

– le sexe complète cette identification en opérant une classification entre les hommes et les femmes (Chap. II) ;

– le domicile permet de localiser la personne (Chap. III) ;

– les actes de l'état civil fixent l'identité de la personne et permettent de la situer aussi bien dans le temps qu'en regard de sa situation de famille à laquelle le droit attache des conséquences juridiques (Chap. IV).

# CHAPITRE I

# LE NOM

**210.**– *Définition.* Le nom est un moyen d'individualisation consistant dans l'usage de mots ou d'une série de mots faisant partie du système d'identification des personnes. C'est sous son nom que l'individu exerce ses droits civils et politiques, qu'il remplit ses obligations à l'égard de l'État et des particuliers, qu'il pose des actes juridiques ou qu'il est cité en justice.

**211.**– *Les autres éléments d'identification.* Le développement de l'appareil de l'État, couplé à celui de la technique, favorise aujourd'hui un système parallèle qui consiste à attribuer à chaque individu un numéro ou un code dont la composition permet (en principe) d'éviter les confusions. Et que dire des développements fulgurants de la biométrie qui permet d'identifier une personne à partir de ses caractéristiques biologiques (empreintes digitales, yeux, voix, etc.) avec une rapidité et une efficacité inégalées. Une même personne peut être désignée par plusieurs numéros ou plusieurs codes dont l'utilisation n'est pas toujours limitée à des fins purement administratives et dessert même très largement le secteur privé (numéro d'assurance sociale, carte d'assurance maladie, permis de conduire, sans compter les systèmes propres au secteur industriel ou commercial). Certains des systèmes ainsi mis en place permettent d'inclure dans ce matricule des éléments qui touchent à l'état des personnes (mariage, filiation) de sorte qu'il est permis aujourd'hui de prétendre qu'il existe plusieurs registres de l'état des personnes.

L'immatriculation est plus précise et « à bien des égards supérieure à la dénomination dans la fonction d'identification des personnes »[1], mais elle ne peut avoir d'autre rôle.

Bien que tous différents, ces numéros se ressemblent. Paradoxalement, le moyen qui est le plus sûr de distinguer les individus

---

1. G. Goubeaux, *Traité de droit civil*, t. I, *Les personnes*, sous la dir. de J. Ghestin, Paris, L.G.D.J., 1989, nº 110, p. 117.

est aussi celui qui les confond dans une masse dont rien n'émerge. Le nom, lui, est évocateur d'une famille, d'une région ; il se prononce, se fixe dans les mémoires ; il est le produit d'une histoire, ancienne ou récente, mais non d'une création abstraite. C'est pourquoi les deux modes d'individualisation coexistent : le nom, à l'usage des personnes, le numéro, à l'usage des machines.

**212.**– Si le Code civil nous présente aujourd'hui une réglementation d'ensemble de cette institution, jusque-là ses contours étaient plutôt diffus. En effet, à l'exception de quelques dispositions éparses, la coutume, la jurisprudence et les pratiques administratives avaient forgé au nom sa configuration[2]. Aujourd'hui, le Code traite à la fois de l'attribution, de l'utilisation et du changement du nom et il est permis, à partir de ces dispositions, de construire une véritable théorie du nom qui relève à la fois des droits de la personnalité et de l'état des personnes. Le nom s'analyse en effet comme une conséquence de la filiation. Mais parce qu'il est aussi porteur de l'identité de la personne, il jouit d'une protection particulière.

## Section I

### Les éléments constitutifs du nom

#### *§1 - Le nom de famille et le(s) prénom(s)*

**213.**– Dans la série de mots qui peuvent servir à nommer *lato sensu* une personne, il en est deux qui sont essentiels : le nom de famille et le ou les prénoms[3]. Les prénoms constituent des discriminants individuels car plusieurs personnes peuvent porter le même nom de famille, surtout dans des régions à population fortement endogène comme on en retrouve au Québec.

---

2. Le *Code civil du Bas-Canada* ne contenait que quelques allusions au nom (art. 56 relatif à l'utilisation du nom, art. 54, 65, 67 et 71 relatifs aux actes de l'état civil et aux jugements qui y suppléent). Les règles d'attribution, qui relevaient de la coutume, ont été modifiées en 1980, dans le sillage de la réforme du droit de la famille (art. 56 à 56.4 C.c.B.-C., tels qu'introduits par la *Loi instituant le Code civil du Québec et portant réforme du droit de la famille*, L.Q. 1980, c. 39, art. 7). Pour le reste, la seule autre source d'origine législative était la *Loi sur le changement de nom et autres qualités de l'état civil*, sanctionnée en 1965 puis modifiée substantiellement en 1977 (L.R.Q., c. C-10) pour finalement être abrogée en 1992 (L.Q. 1992, c. 57, art. 463).

3. J. Carbonnier, *Droit civil*, t. I, *Les personnes*, 21e éd., Paris, P.U.F., 2000, n⁰ 28, p. 60.

Ces mêmes éléments sont mentionnés dans l'article 50 C.c.Q., dont le libellé reprend sensiblement celui de l'article 56.1 C.c.B.-C. C'est donc en regard de cette double consonance qu'il faut interpréter le mot « nom », lorsqu'il est employé sans autre précision dans le Code. Il en est ainsi de l'article 5 C.c.Q., qui figure au titre I, consacré à la jouissance et à l'exercice des droits civils et qui dispose :

> Toute personne exerce ses droits civils sous le nom qui lui est attribué et qui est énoncé dans son acte de naissance.

Nous verrons cependant qu'en cas de pluralité de prénoms, la loi n'impose pas de les utiliser tous et que les sanctions attachées au caractère obligatoire du port du nom appellent également des nuances.

**214.**– *Nom patronymique et nom de famille.* Autrefois, le nom de famille désignait le nom commun à tous les membres d'une même famille qui descendaient par le père d'un même auteur. On parlait alors indifféremment de nom de famille ou de nom patronymique qui, du point de vue étymologique, évoque la référence au père. Le nom de famille n'était donc pas individuel, mais héréditaire et indiquait en principe la filiation paternelle[4].

Si le nom de famille est aujourd'hui encore le signe d'une appartenance familiale, une conséquence de la filiation, il n'est plus nécessairement commun à tous les membres d'une même famille et il a perdu sa vocation héréditaire. L'attribution du nom repose, en effet, sur le libre choix des parents. Le principe d'égalité entre les sexes, que commandait celui de l'égalité entre les personnes, ainsi que la participation de plus en plus active des femmes à la vie publique et sociale s'accommodaient mal de cette conception patriarcale, autoritaire et unitaire qui commandait l'attribution du nom. Aussi le législateur a-t-il rompu avec cette tradition, plus que séculaire, pour ajuster le droit à la nouvelle vision des rapports hommes-femmes, laissant aux parents la liberté de choisir le nom qu'ils entendent transmettre à leurs enfants. Certains auraient préféré des solutions plus souples mais qui impliquent nécessairement une part d'arbitraire et qui privilégient, selon les cas, un sexe par rapport à l'autre. La solution retenue, qui peut apparaître complexe, a cependant le mérite de la cohérence, que ce soit en regard du principe d'égalité ou de celui de la liberté reconnue aux personnes dans la façon d'organiser leurs relations familiales.

---

4. Encore qu'à l'origine la transmission du nom fut rattachée à la terre. Voir S.-G. Parent, *Le nom patronymique dans le droit québécois*, Québec, Chartier et Dugal, 1951 et A. Lefevre-Teillard, *Le nom – droit et histoire*, Paris, P.U.F., 1990.

On est ainsi passé d'un système de dévolution à un système d'attribution, le nom étant désormais sous l'emprise du pouvoir de la volonté, encore que celle-ci ne soit pas toute-puissante. Il n'est pas certain, par ailleurs, que la « dynamique du choix » sur laquelle le système repose entraînera, à terme, « les effets recherchés par la symbolique de l'égalité »[5] ni qu'elle rencontrera l'intérêt de l'enfant. En démantelant le nom de famille au profit du nom de naissance, on risque de le réduire à un mot vide de sens[6] et si les généalogistes se réjouissent du fait, les anthropologues sont sceptiques[7].

## §2 - Les compléments du nom

**215.–** D'autres éléments peuvent compléter le nom, mais ils ne font figure que d'accessoires. C'est le cas du *pseudonyme* et du *surnom*, qui doivent être distingués du nom d'usage, encore que les uns et les autres soient subsidiaires ou additionnels par rapport au nom principal.

**216.–** *Le pseudonyme.* Le pseudonyme est un faux nom que la personne se choisit elle-même pour s'en faire désigner à la place de son véritable nom dans l'exercice d'activités particulières. La pratique est très courante dans les milieux artistiques et littéraires[8]. C'est un nom de fantaisie qui « tout à la fois individualise la personne et dissimule son identité civile »[9], afin de préserver sa vie privée. En tant que création de l'esprit, le pseudonyme jouit d'une protection comparable à celle du nom commercial. Il est donc susceptible d'appropriation et acquiert un caractère patrimonial[10].

---

5. A. Boisgibault de Bryas, « La symbolique du nom de famille », (2005) 109 *R.R.J.* 533, 544. Voir également J.-F. Mellet, *Le régime contemporain de l'attribution du nom au Québec : le « grand bond en avant » d'une institution de droit civil*, mémoire de maîtrise, Montréal, Institut de droit comparé, Université McGill, 2000.

6. Dans le même sens, voir à propos du droit français et de la réforme opérée par la Loi du 4 mars 2002, calquée, avec des nuances, sur le système québécois : G. Cornu, *Droit civil*, t. 1, *Introduction, Les personnes, Les biens*, 12e éd., Paris, Montchrestien, 2005, n° 606, p. 294 et s. ; C. Neirinck (dir.), *L'État civil dans tous ses états*, Paris, L.G.D.J., Droit et société, 2008.

7. Voir entre autres, I. Thery, « Entre préséance et préférence », *Esprit*, 2002, n° 282, p. 110 ; H. Lecuyer, « L'identité de la personne », dans *La personne dans tous ses états, Petites Affiches*, 1er juillet 2004, n° 131, p. 31 ; F. Dekeuwer-Défossey et C. Choain, (éd.), *Les enjeux de la transmission entre générations. Du don pesant au dû vindicatif*, Paris, Presses universitaires du Septentrion, 2005.

8. À titre d'exemple parmi les « classiques », on peut citer les « noms » de Molière, Voltaire, Stendhal ou encore, plus près de nous, Dominique Michel et Hergé.

9. G. Goubeaux, *op. cit.*, note 1, n° 146, p. 145.

10. Voir R. Lindon, *Dictionnaire juridique : les droits de la personnalité*, Paris, Dalloz, 1983, p. 200-205 ; S.-G. Parent, *op. cit.*, note 4, p. 76-82 et H. Simon, *Le nom commercial*, Montréal, Wilson & Lafleur/Sorej, 1984, p. 7-14, 23-28, 61, 62, 82-112 ; S. Martin, « La protection du nom de scène », dans Service de la formation

**217.–** *Le surnom.* À la différence du pseudonyme, le surnom n'est pas un nom choisi par celui qui le porte, mais par les tiers, afin de distinguer la personne des autres individus qui portent le même nom. Il n'a donc pas pour but de dissimuler l'identité de la personne, mais plutôt de la préciser. Il peut parfois, à titre d'élément d'identification, être joint au nom, précédé du mot « dit ». Ce nom surajouté est aussi désigné sous le vocable de *sobriquet.*

## Section II
## L'attribution du nom

**218.–** *Le nom, un effet de la filiation.* En principe, le nom de famille s'acquiert à la naissance et il est attribué à chaque individu en raison de sa filiation. Il faut distinguer les situations, selon que l'enfant a une double ou une simple filiation.

**219.–** *La filiation est connue vis-à-vis les deux auteurs.* L'enfant porte le nom qui lui a été attribué dans l'acte de naissance, sur la foi de la déclaration produite à cet effet par les parents (art. 50, 108 et 115 C.c.Q.). La loi leur permet de choisir entre leurs deux noms ou une combinaison des deux, sous réserve du nombre de mots qui peuvent entrer dans la composition du nom de l'enfant, fixé impérativement à au plus deux parties provenant de celles qui forment leur propre nom (art. 51 C.c.Q.)[11]. Il en est de même du ou des prénoms, le Code leur laissant ici entière liberté quant au nombre. Chose certaine, l'enfant doit avoir au moins un prénom (art. 50 C.c.Q.)[12]. C'est aussi ce qui permet de l'individualiser au sein du groupe familial[13]. En ce sens,

---

permanente, Barreau du Québec, *Développements récents en droit du divertissement (2001)*, Cowansville, Éditions Yvon Blais, p. 203. Pour un exemple de la protection qui est accordée au pseudonyme, voir *Fondation Le Corbusier* c. *Société en commandite Manoir Le Corbusier Phase I*, [1991] R.J.Q. 2864, EYB 1991-76023 (C.S.).

11. Un enfant dont la filiation est établie vis-à-vis ses deux parents ne pourrait donc porter, comme nom de famille, un de ses prénoms : *Droit de la famille – 268*, [1986] R.D.F. 46 (C.S.).

12. Un prénom qui peut aussi prendre la forme d'une initiale, le plus souvent celle du nom de famille de l'un d'un des deux parents, en référence à ce nom : « une lettre, qu'elle représente le nom de famille de l'un des parents ou non, est un mot et, en ce sens, peut constituer un prénom » : *Brasseur* c. *Lavigne*, [1995] R.J.Q. 2183, EYB 1995-75632 (C.S.) ; *Létourneau* c. *Lavigne,* [1995] R.D.F. 228, EYB 1995-72350 (C.S.).

13. Toutefois, « le prénom ne sert pas qu'à distinguer les enfants d'une même famille. Il peut être aussi le signe d'une certaine fraternité entre les membres d'une famille ». En ce sens, le Directeur de l'état civil ne pourrait pas refuser d'attribuer un prénom déjà porté par un enfant du même couple, au motif qu'advenant l'hypothèse où la personne déciderait de n'utiliser que ce seul prénom, il y aurait risque de confusion ; voir *Brasseur* c. *Lavigne*, précité, note 12. Dans une perspective plus

l'attribution du nom apparaît comme une véritable prérogative de l'autorité parentale[14].

**220.–** La restriction relative au nombre de composantes qui peuvent constituer le nom de famille se comprend aisément, car les possibilités offertes aux parents sont multiples. Autoriser toute adjonction à cette dualité déjà possible eût fait perdre au nom sa raison d'être, c'est-à-dire l'individualisation de la personne. Quelques exemples permettent d'illustrer les choix que peuvent exercer les parents.

Julie Colombe et Germain Ladouceur peuvent transmettre un seul de leurs noms à leur enfant (le patronyme ou le matronyme) ou un double nom (le patronyme de l'un et le matronyme de l'autre accolés dans l'ordre déterminé par eux et reliés par un trait d'union)[15].

L'enfant pourrait donc porter l'un des quatre noms de famille suivants :

- Colombe
- Ladouceur

- Colombe-Ladouceur
- Ladouceur-Colombe

Il s'agit donc ici, d'une option à trois branches, mais qui, selon l'option choisie peut conduire à « opacifier »[16] les liens à l'intérieur

---

sociologique, il n'est d'ailleurs pas sans intérêt de souligner une certaine tendance, au Québec et, de manière plus globale en Amérique du Nord, à vouloir concilier l'importance qu'on attache à souligner l'appartenance de l'enfant à la lignée, tout en gardant le souci d'une identification propre. L'usage du mot « Junior » ou de son abréviation *(Jr* ou *JR),* acceptée par la direction de l'état civil, en est une bonne illustration. On peut penser également à une autre coutume, peut-être moins répandue et à consonance plus régalienne, qui consiste à souligner la chronologie dans l'usage d'un même prénom (Jean-François II, Jean-François III, etc.), tout aussi acceptée *(L'État civil Express,* vol. 2, n⁰ 1, p. 3 et vol. 3, n⁰ 1, p. 6).

14. Cette prérogative appartient aux conjoints de même sexe, que l'enfant ait été adopté par les deux ou par le conjoint de celui qui a un lien biologique avec l'enfant, dans le cas de conjoints de sexe masculin, ou dans le cas de conjoints de sexe féminin, lorsque l'enfant est né d'une procréation assistée et que ceux-ci ont formé un projet parental commun (art. 538.1, 578.1 C.c.Q.).

15. « Lorsqu'un nom de famille est composé de deux parties, une règle grammaticale claire de la langue française établit que le trait d'union les relie » : *S.L.* et *Directeur de la protection de la jeunesse du Bas St-Laurent,* [2001] R.D.F. 647. Le droit québécois se démarque donc ici du droit français où le double nom est constitué par le nom accolé de chacun des parents, identifiable par le « — » placé entre les deux noms, alors que le nom composé, quant à lui, est identifiable par un seul tiret : L. Cimar, « Le double nom : du tiret séparateur au double trait d'union », *Droit de la famille,* 2005, n⁰ 4, p. 7.

16. G. Cornu, *op. cit.,* n⁰ 606, p. 295.

d'une même fratrie comme les liens qui peuvent exister entre les générations[17]. Rien n'interdit en effet aux parents d'attribuer un nom différent à chacun de leurs enfants. Lorsque les parents ont eux-mêmes un nom de famille composé, les possibilités se multiplient. Ainsi, Isabelle, fille de Sylvie Colombe-Ladouceur et de Jacques Florient-Laplante, pourrait porter l'un des noms suivants :

- Isabelle Colombe-Ladouceur
- Isabelle Florient-Laplante
- Isabelle Colombe-Florient
- Isabelle Colombe-Laplante
- Isabelle Ladouceur-Florient

- Isabelle Florient-Ladouceur
- Isabelle Florient-Colombe
- Isabelle Ladouceur-Laplante
- Isabelle Laplante-Colombe
- Isabelle Laplante-Ladouceur

Les parents qui portent un double nom ne peuvent donc transmettre à leur enfant leurs deux noms de famille composés accolés l'un à l'autre. L'une des parties de leur nom, patronyme ou matronyme, selon leur choix, devra être nécessairement éliminé[18]. Par contre, ils peuvent porter un nom composé seulement d'une partie de celui des deux parents, soit :

- Isabelle Colombe
- Isabelle Ladouceur

- Isabelle Florient
- Isabelle Laplante

Ils pourraient même inverser les éléments de leur propre nom comme :

Isabelle Ladouceur-Colombe ou Isabelle Laplante-Florient

Ces deux derniers noms s'ajoutant donc à la liste des noms disponibles énoncés plus haut.

---

17. Il semblerait cependant que si l'attribution d'un double nom à l'enfant a connu un certain engouement au Québec dans les années 1990, la pratique tend aujourd'hui à s'estomper. Par contre, de nouvelles pratiques, qui ressortissent sans doute d'un compromis entre deux paradigmes, l'identitaire et l'égalitaire, semblent s'instaurer. Il en est ainsi par exemple de l'attribution, à titre de prénom pour l'enfant, du nom de famille du parent dont le nom propre n'a pas été retenu au nombre des options possibles : pour une analyse des pratiques onomastiques au Québec, voir D. Lemieux, « Nommer le premier enfant, Pratiques et discours de parents québécois », dans A. Fine et F.-R. Ouellette, *Le Nom dans les sociétés occidentales contemporaines*, Toulouse, Presses universitaires du Mirail, 2005, p. 163.

18. *Jean Louis* c. *Directeur de l'état civil*, [1998] R.J.Q. 518, REJB 1997-03657 (C.S.), où le Directeur de l'état civil a refusé d'inscrire un nom de famille composé de trois parties.

**221.**– *Limites à la volonté parentale.* Dans certains cas qui font figure de tempéraments, l'attribution peut résulter d'une décision administrative ou judiciaire plutôt que de la seule volonté des parents. Deux hypothèses doivent être envisagées :

– si les parents ne s'entendent pas sur le nom de famille ou sur le ou les prénoms de l'enfant, c'est le Directeur de l'état civil qui tranche. Il attribue à l'enfant un double nom de famille, une partie provenant du nom du père, l'autre du nom de la mère, selon le choix respectif de ces derniers (art. 52 C.c.Q.)[19]. Quant aux prénoms, il en retient deux, l'un choisi par le père, l'autre par la mère. Le principe d'égalité entre les parents se trouve donc ici respecté et le nom reflète la double filiation de l'enfant. Soulignons cependant que la décision du Directeur de l'état civil, dans un tel cas, est susceptible de révision (art. 74 C.c.Q.) ;

– l'autorité parentale s'analyse comme un droit fonction et législateur devait donc également prévoir l'hypothèse où un nom choisi par des parents prêterait au ridicule ou serait susceptible de déconsidérer l'enfant. Dans un tel cas, le Directeur de l'état civil invitera les parents à modifier leur choix. Si ces derniers refusent de le faire, il en avise le Procureur général qui peut saisir le tribunal dans les 90 jours de l'inscription de l'acte de naissance que le Directeur de l'état civil doit néanmoins dresser (art. 54, al. 1 C.c.Q.)[20]. Le Procureur général peut alors demander au tribunal de remplacer le nom ou les prénoms choisis par les parents, par le nom de famille de l'un d'eux ou par deux prénoms usuels, selon le cas.

Toutefois, en ce qui a trait au choix du prénom, on constate que les tribunaux n'interviendront que de manière véritablement exceptionnelle[21], sans doute en raison de la charge symbolique que peut représenter, pour les parents, un tel choix[22]. Un nom inusité ne doit

---

19. Le Directeur de l'état civil ne peut pas attribuer le nom d'un seul parent : *Jean Louis* c. *Directeur de l'état civil*, précité, note 18.

20. À l'origine, la question était directement soumise au tribunal, mais le contentieux qui en est résulté et sa médiatisation ont amené le législateur à modifier la procédure, manifestant aussi par là que le choix du nom de famille et des prénoms relève de la liberté des parents.

21. Voir, à titre d'exemple, *Lavigne* c. *Beaucaire*, [1996] R.J.Q. 1970, EYB 1996-88187 (C.S.) où les parents entendaient nommer leur fille *Spatule*.

22. J.-P. Albert, « La transmission des prénoms. Quelques enjeux religieux de dérégulation », dans *Le Nom dans les sociétés occidentales contemporaines*, *op. cit.* ; L. Duschesne, *Les prénoms les plus courants et les plus rares au Québec*, Montréal, Éditions du Trécarré, 2001.

donc pas être refusé *a priori*. Dans une société pluraliste, les facteurs d'ordre culturel, linguistique ou ethnique joueront nécessairement dans la décision que serait appelé à rendre un tribunal[23].

**222.**– *La filiation n'est établie qu'à l'endroit d'un seul parent.* Puisque l'attribution du nom est un effet de la filiation, l'enfant dont la filiation n'est établie qu'à l'endroit d'un seul auteur porte nécessairement le nom de ce dernier, c'est-à-dire celui de sa mère ou de son père, selon le cas, lequel choisit aussi son ou ses prénoms (art. 53, al. 1 C.c.Q.)[24].

**223.**– *La filiation n'est pas connue.* L'attribution du nom relève alors de la seule autorité et de la discrétion du Directeur de l'état civil (art. 53, al. 2 C.c.Q.). Selon l'article 116 C.c.Q., la personne qui recueille ou garde un nouveau-né dont les père et mère sont inconnus ou empêchés d'agir, est tenue d'en faire la déclaration, dans les 30 jours, au Directeur de l'état civil. Cette déclaration, dans laquelle le nom de l'enfant, s'il est connu, est mentionné, doit être accompagnée d'une note « faisant état des faits et circonstances et y indiquer, s'ils lui sont connus, les noms des père et mère ». Il n'est donc pas impossible qu'un enfant porte un nom choisi par sa mère sans que pour autant on ait connaissance de son identité, puisque cette note n'est pas consignée à l'acte de naissance. En admettant même que son nom de famille ait été indiqué dans la note, cela n'autoriserait pas pour autant à établir un lien de filiation à son endroit. Rappelons qu'en vertu de l'article 114 C.c.Q., exception faite de pères et mères mariés (ou unis civilement), seuls le père ou la mère peuvent déclarer la filiation de l'enfant à leur endroit (art. 114 C.c.Q.)[25].

**224.**– Par ailleurs, il est des circonstances où l'état civil d'une personne ne peut être retracé et où celle-ci a elle-même perdu la connaissance de son identité. L'hypothèse est assez rare et recouvre

---

23. *Québec (Procureur général)* c. *Comeau*, [2006] R.J.Q. 2729, EYB 2006-110945 (C.S.) à propos du prénom *Caresse*, prénom qui origine des Philippines. Voir également *Lavigne* c. *Villeneuve*, [1998] R.J.Q. 573, REJB 1997-09452 (C.S.), jugement dans lequel *C'Est-Un-Ange*, qui pourtant est une phrase, n'a pas été considéré comme prêtant au ridicule ou comme pouvant déconsidérer l'enfant. Il est vrai qu'en l'espèce, il s'agissait d'un 2e prénom ; voir également *Gagnon* c. *Directeur de l'État civil*, B.E. 98BE-267 (C.S.).

24. L'enfant ne pourrait donc porter le nom de famille du nouveau conjoint de son père ou de sa mère, puisqu'il n'a pas de lien de filiation avec celui-ci, à moins évidemment qu'il ne l'ait adopté : *Droit de la famille – 268*, précité, note 11 et *Droit de la famille – 1102*, [1987] R.D.F. 258 (C.S.).

25. Il n'est pas impossible, par contre, que par le biais d'une déclaration tardive à l'état civil selon l'article 130 C.c.Q., un lien de filiation puisse être établi entre une personne et un enfant qui ne lui est pas lié par le sang et dont la filiation n'a été établie, à l'origine, que par rapport à l'un de ses deux parents.

essentiellement le cas de la personne amnésique, une situation que ne prévoit cependant pas le Code civil. Devant cet état de fait, les tribunaux ont déjà accueilli une requête en jugement déclaratoire (art. 453 C.p.c.) qui, une fois le jugement passé en force de chose jugée, dote l'individu d'une nouvelle identité et lui permet d'exercer ses droits civils[26].

## Section III
### De l'utilisation et des caractères du nom

**225.–** Emblème de la personnalité, signe d'une appartenance, le nom constitue aussi un facteur d'ordre puisqu'il contribue à l'identification de la personne dans la société. En ce sens, il participe de la nature d'une institution de police civile[27]. Le port du nom apparaît à la fois, pour chaque individu, comme un droit et comme une obligation.

### §1 - L'utilisation du nom par son titulaire

**226.–** *Chacun a le droit de porter son nom.* Chacun a le droit de se désigner ou de se faire désigner par le nom qui lui a été attribué et qui est constaté dans son acte de naissance, dans tous les actes de la vie civile, dans ses activités professionnelles et commerciales. Le nom constitue en quelque sorte l'*imprimatur* de la personnalité. Toutefois, et contrairement à une tendance qui semblait se dégager de la jurisprudence, il nous semble qu'une personne ne pourrait profiter d'une homonymie pour exercer, sous son nom, une activité commerciale analogue à celle d'un commerçant qui s'était déjà fait connaître surtout si elle vend ses produits[28] sous ce même nom.

**227.–** *Le port du nom, un droit inaliénable et imprescriptible.* Le titulaire du nom ne peut ni le vendre ni le léguer par testament. Il faut

---

26. Voir *Michel Women et le protonotaire de la Cour supérieure et le greffier de la Ville de Québec*, C.S. Québec, n° 200-14-000-371-911, 11 avril 1991 (juge Ivan Migneault).
27. Mais ce n'est cependant qu'un moyen, parmi d'autres, pour l'État, d'établir la lisibilité d'une société : compte tenu des procédures d'identification de plus en plus sophistiquées que nous offre la technologie (techniques biométriques, RFI, ADN), il est même permis de prétendre que le nom, à titre de facteur identifiant pour les aurorités étatiques, est appelé à tenir un rôle de plus en plus accessoire.
28. Voir *Century 21/Les immeubles Brière Connolly (1983) Inc. c. Hazel Connolly*, [1986] R.J.Q. 1370 (C.S.). On pourrait penser aussi à une action en concurrence déloyale fondée sur les principes de la responsabilité civile.

cependant faire une exception pour le nom commercial, qui fait partie du fonds de commerce. Le nom n'est plus alors le signe qui permet d'individualiser la personne physique, mais un bien incorporel qui peut être cédé[29]. En tant que marque de commerce, le nom jouit également d'une protection particulière[30]. De même, si l'individu ne perd pas le droit de porter le nom qui lui a été attribué à la naissance par le non-usage, la coutume[31] et la loi admettent « l'équipollent d'une prescription acquisitive »[32] puisque l'usage d'un nom qui ne correspond pas à celui qui est inscrit dans son acte de naissance peut désormais se transformer en droit, par suite d'une décision administrative ou judiciaire.

**228.–** *Chacun a l'obligation de porter son nom.* Le principe est énoncé à l'article 5 du Code civil : « Toute personne exerce ses droits civils sous le nom qui lui est attribué et qui est énoncé dans son acte de naissance ». Toutefois, en cas de pluralité de prénoms, elle peut n'en utiliser qu'un seul (art. 55, al. 2 C.c.Q.). Cette obligation a cependant des limites.

**229.–** *L'obligation n'est pas absolue.* L'utilisation d'un faux nom constitue, sous certaines conditions, le crime de faux sanctionné par le *Code criminel*[33]. En droit civil, l'obligation n'est absolue que dans les rapports et les actes de droit privé dans lesquels intervient la puissance publique (actes de l'état civil, actes notariés, procédures judiciaires[34]). Il en va différemment dans les rapports avec les tiers, sous réserve des droits d'autrui. Il est donc possible de se servir d'un faux nom, voire de conserver son nom secret, notamment dans les rela-

---

29. À propos du nom comme élément de la personnalité morale, voir les articles 302, 303, 305, 306 et 308 C.c.Q.
30. Le nom de commerce est aussi considéré comme un bien au sens de l'article 6 de la *Charte des droits et libertés de la personne*, L.R.Q., c. C-12 et il jouit à ce titre d'une double protection.
31. M. Ouellette, *Droit des personnes et de la famille*, Montréal, Thémis, 1978, p. 78 et T.P. Slattery, « The Meaning and Effect of Article 56a) C.c. », (1953) 13 *R. du B.* 23.
32. J. Carbonnier, *op. cit.*, note 3, n° 34, p. 70.
33. Art. 366 et 374 C.cr. De même, le *Code criminel* condamne l'envoi d'un télégramme sous un faux nom (art. 371) ainsi que la supposition de personne (art. 403).
34. *Droit de la famille – 990*, [1991] R.J.Q. 1215, EYB 1991-57832 (C.A.) ; *Montreuil* c. *Directeur de l'état civil*, [1999] R.J.Q. 2819, REJB 1999-15029 (C.A.) et *Montreuil* c. *Québec (Procureur général)*, [2001] R.D.F. 452 (C.S.). Par contre, l'article 59 C.p.c., qui prévoit que nul ne peut plaider sous le nom d'autrui, ne s'oppose pas à ce que, dans une poursuite en dommages-intérêts, le demandeur puisse intenter l'action sous ses initiales, ni à ce que celles-ci soient utilisées pour le désigner dans les actes de la procédure, lorsqu'il y a violation appréhendée de ses droits fondamentaux : *D.(J.L.)* c. *Vallée*, [1996] R.J.Q. 2480, REJB 1996-29278 (C.A.) ; comparer avec *B.(B.)* c. *Québec (Procureur général)*, [1998] R.J.Q. 317, REJB 1997-03811 (C.A.).

tions contractuelles, dans la mesure où cette attitude ne porte pas préjudice aux tiers[35]. C'est cette liberté qui légitime l'usage d'un pseudonyme et qui permet à un individu de garder l'anonymat (art. 36, par. 5 C.c.Q.). Il faut encore souligner le cas des femmes qui se sont mariées avant le 1er avril 1981, à qui le législateur a reconnu le droit de continuer à utiliser dans la vie civile le nom de leur mari.

**230.**– *L'usage du nom du conjoint.* En vertu d'une règle d'origine coutumière et implicitement consacrée par certains textes législatifs[36], il était d'usage que la femme mariée fût désignée par le nom de son mari. Cette attribution résultant du mariage n'avait cependant rien d'absolu ni de définitif. Elle s'analysait comme un droit et non comme une obligation. La femme mariée pouvait donc exercer ses droits civils « soit sous le nom de famille de son mari, soit sous son propre nom patronymique, soit encore utiliser les deux à la fois »[37].

Toutefois si la jurisprudence et la doctrine s'entendaient sur la persistance de ce droit d'usage advenant le prédécès du conjoint, les solutions proposées étaient moins claires en cas de divorce. La majorité des auteurs considéraient que, sauf circonstances exceptionnelles, la femme perdait l'usage du nom de son mari par le seul effet du jugement de divorce[38].

Cette « coutume-loi » a été abrogée par la loi n° 89 portant réforme du droit de la famille. Depuis le 1er avril 1981, « Chacun des époux conserve, en mariage, son nom ; il exerce ses droits civils sous ce nom » (art. 393 C.c.Q., qui reprend l'article 441 du C.c.Q. de 1980).

Certains y ont vu une victoire féministe. À tout le moins, il est permis de prétendre, pour ceux qui voyaient dans cette attribution « non pas tant la marque d'une dépendance qu'une sorte de publicité pour affirmer au regard des tiers l'unité du ménage et de la famille »[39], que le principe d'égalité autour duquel s'articulent aujourd'hui les rapports entre époux ne se serait guère accommodé d'une autre solution. Par ailleurs, rien n'empêche les femmes mariées qui le désirent d'utiliser le nom de leur mari dans la vie sociale, un usage qui, cependant, n'a plus aucune connotation juridique.

---

35. Sur ces pratiques et leur licéité, voir J.-L. Baudouin, P.-G. Jobin et N. Vézina, *Les obligations*, 6e éd., Cowansville, Éditions Yvon Blais, 2005, n°s 515 et s., p. 528.
36. Voir A. Morel, « L'article 56a du Code civil », (1951-1952) 2 *R.J.T.* 216 et *Harris* c. *Bosworthick*, [1966] C.S. 482.
37. S.-G. Parent, *op. cit.*, note 4 ; J. Beetz, « Attribution et changement du nom patronymique », (1956) 16 *R. du B.* 59 ; L. Lemieux, « Utilisation du nom patronymique de la femme mariée », (1977) 37 *R. du B.* 510.
38. S.-G. Parent, *op. cit.,* note 4 ; P. Azard et A.-F. Bisson, *Droit civil québécois,* t. I, *Notions fondamentales, Famille, Incapacités,* Ottawa, Éd. de l'Université d'Ottawa, 1971, p. 62 ; J. Pineau, *Mariage, séparation, divorce : l'état du droit au Québec*, Montréal, P.U.M., 1976, p. 159, n° 220.
39. J. Carbonnier, *op. cit.*, note 3, n° 33, p. 67.

La tradition était toutefois à ce point enracinée que pour éviter une rupture trop brutale vis-à-vis les femmes connues sous le nom de leur mari depuis fort longtemps, comme vis-à-vis les tiers avec lesquels elles étaient appelées à contracter, le législateur a permis à celles qui s'étaient mariées sous le régime de l'ancienne loi de conserver, si elles le désiraient, l'usage du nom de leur conjoint[40].

C'est dire qu'aujourd'hui encore, le nom d'usage de la femme mariée persiste et qu'il peut prêter à contentieux pour quelques années encore. Les solutions retenues jusqu'à présent, quant au nom de la femme divorcée (encore qu'il y ait peu de décisions en la matière), semblent rejoindre celles du droit français où l'épouse « peut continuer par exception à porter le nom du mari, soit par l'effet d'une convention passée avec lui (même tacite), soit en vertu d'une décision du tribunal fondée sur son intérêt personnel (elle était professionnellement connue sous ce nom) »[41]. La perte du droit de porter le nom du mari, comme conséquence du divorce, est une solution insatisfaisante. Elle postule que ce droit est un effet du mariage qui disparaît donc avec sa dissolution. Ce principe draconien trouverait donc aussi à s'appliquer en cas de décès... Une solution de rechange existe en cas de contestation de la part de l'ex-mari puisque la femme qui portait son nom pendant le mariage peut revendiquer le droit au changement de nom fondé sur l'usage prolongé et généralisé du nom de son ex-mari (art. 58 C.c.Q.).

### §2 - L'utilisation de nom par un tiers et le droit au nom

**231.–** *La défense du nom.* Expression trop intime de la personnalité de l'individu pour en être séparée, on comprend que l'utilisation de son nom par un tiers, comme toute autre forme d'atteinte à son intégrité, soit sanctionnée. Le principe en est énoncé à l'article 56, al. 1 du Code civil, qui dispose : « Celui qui utilise un autre nom que le sien est responsable de la confusion ou du préjudice qui peut en résulter ».

---

40. Art. 79 de la *Loi instituant un nouveau Code civil et portant réforme du droit de la famille*, L.Q. 1980, c. 39. Il en est de même pour les femmes qui ont acquis le nom de leur mari suivant la loi de leur domicile au moment du mariage et qui peuvent garder ce nom après s'être établies au Québec : A. Goldstein et E. Groffier, *Traité de droit international privé* , t. 2, *Règles spécifiques,* Cowansville, Éditions Yvon Blais, 2003, nº 213, p. 27-29.

41. C. Atias, *Les personnes, les incapacités*, Paris, P.U.F., 1985 (« Collection de droit fondamental »), nº 45, p. 78 et 79. À titre d'exemple, voir *Mackay* c. *Jolicœur,* [1993] R.J.Q. 2104 (C.S.). Voir *Droit de la famille – 2181*, [1995] R.D.F. 269, EYB 1995-72375 (C.S.) (confirmé en appel le 16 novembre 1995 ; C.A.M., nº 500-09-000702-951), où le tribunal a ordonné à l'intimée de cesser de porter le nom de son ex-conjoint.

**232.**– *Une action qui a son régime propre*. Il ne s'agit cependant pas d'un droit subjectif, la violation du droit n'est pas suffisante en elle-même pour justifier une réaction défensive du titulaire du droit. En ce sens, le risque de confusion, érigé ici « en condition de l'action, pose une limite propre à la défense du nom »[42] par la personne qui le porte. Il est vrai que les deux éléments se trouvent réunis car la confusion, qui renvoie à la notion d'intérêt (intérêt à agir), permet d'inférer le préjudice, tout au moins le préjudice moral. Il n'en reste pas moins que la protection du nom se trouve aujourd'hui assurée en dehors des conditions ordinaires de la responsabilité civile.

**233.**– *La nature du droit au nom*. Le législateur semble avoir consacré les théories dominantes qui voient dans le droit au nom un droit qui participe à la fois des droits de la personnalité (art. 3 C.c.Q.) et des éléments de l'état. C'est un droit autonome qui a son régime propre et qui témoigne bien de l'originalité de la nature juridique du nom, « élément qui, dans sa dimension extrapatrimoniale, a deux dimensions, l'une personnelle, l'autre familiale »[43].

En effet, si chacun a droit à son identité et à ne pas être confondu avec d'autres – ce qui implique une certaine originalité du nom litigieux – les membres de la famille, y inclus ceux qui ne portent pas le même nom[44], ont un droit égal « d'empêcher qu'un pur étranger prétende se rattacher à la maison »[45], comme ils peuvent exiger réparation du discrédit qui aurait été jeté sur la famille par suite de l'utilisation abusive ou malveillante qui aurait été faite du nom d'un des membres du clan, que ce soit à des fins publicitaires, commerciales, littéraires, artistiques ou encore politiques[46].

En ce sens, et sans que l'on puisse prétendre à une totale assimilation, la protection du nom présente une certaine analogie avec celle

---

42. G. Goubeaux, *op. cit.*, note 1, n⁰ 157, p. 156.
43. G. Cornu, *op. cit.*, n⁰ 623, p. 302.
44. Proches parents dont, bien sûr, les enfants ou la personne à laquelle l'individu est marié ou uni civilement : art. 56, al. 2 C.c.Q.
45. G. Goubeaux, *op. cit.*, note 1, n⁰ 156, p. 153.
46. Sous réserve des restrictions déjà mentionnées quant à la liberté de la presse protégée tant par la *Charte canadienne* (art. 2b)) que par la *Charte des droits et libertés de la personne* (art. 3 et 44). Sur cette question, voir *infra*, Titre II (chap. 1, n⁰ 70) et Titre II (chap. III, n⁰ˢ 142 et s.). Par contre, bien que l'article 56 C.c.Q. n'englobe pas le pseudonyme, il semble que ce dernier puisse jouir de la même protection. À tout le moins, il pourrait être protégé par le biais de l'article 35 C.c.Q. sous le chef d'atteinte à la vie privée ou à la réputation. Voir *Fondation Le Corbusier c. Société en commandite Manoir Le Corbusier Phase 1*, précité, note 10.

de la propriété privée[47]. Il ferait partie, en quelque sorte, d'« un patrimoine moral de la famille »[48].

**234.**– *Les sanctions.* Dans un cas comme dans l'autre, qu'il s'agisse de la protection du nom comme élément de l'état des personnes ou comme attribut de la personnalité[49], le titulaire du nom et sa famille pourraient s'opposer à son utilisation et exiger la réparation du préjudice causé. Ils pourraient même obtenir des dommages-intérêts exemplaires, s'il s'agit d'une atteinte illicite et intentionnelle, au sens de l'article 49 de la *Charte des droits et libertés de la personne.* On rejoint alors l'atteinte à la réputation, ou à la vie privée, qui constitue une violation distincte et qui est sanctionnée comme telle[50].

## Section IV

## Le changement de nom

**235.**– Le nom qui participe de l'état des personnes peut être appelé à changer, comme conséquence de l'état de l'intéressé. Au-delà des modifications que peut induire un changement dans la filiation, le nom peut encore se trouver modifié à la suite de certains événements qui emportent l'extinction de certains droits qui découlent de la parenté. Dans de telles circonstances, le nouveau nom est attribué par l'autorité judiciaire.

Au-delà des modulations rattachées aux aléas de la vie familiale, il existe un autre type de changement de nom. Il s'agit du changement volontaire, faculté reconnue à l'individu de changer d'identité. Dans un tel cas, l'attribution du nouveau nom et sa substitution à l'ancien résulteront d'une décision administrative.

**236.**– *Immutabilité du nom et indisponibilité de l'état.* Traditionnellement, le nom était considéré comme immuable. Le principe, qui ori-

---

47. Une thèse qui a eu ses adeptes, en droit français (voir *supra,* note 43), comme en droit québécois : S.-G. Parent, *op. cit.,* note 4, et T.P. Slattery, *loc. cit.,* note 31 ; une thèse qui n'est pas sans lien avec l'histoire du nom, à l'origine associée à celle de la possession des terres et qui a été rejetée puisque la notion de propriété implique celle d'aliénabilité.

48. M. Ouellette, « Des personnes », dans *La réforme du Code civil : personnes, successions, biens,* Ste-Foy, P.U.L., 1993, vol. 1, n° 130, p. 58. Voir *supra,* note 43.

49. Art. 35, al. 2 C.c.Q. En ce sens et contrairement à certains, il nous paraît impossible de soutenir que le nom serait protégé comme élément de l'intégrité au sens de l'article 1 de la *Charte des droits et libertés de la personne : Century 21 / Les immeubles Brière Connolly (1983) Inc. c. Hazel Connolly,* précité, note 28, p. 1375.

50. Voir *infra,* titre II, ch. 3, L'intégrité morale.

gine de l'ancien droit, avait été repris dans l'article 56*a*) du *Code civil du Bas-Canada*, formulé en termes prohibitifs. Depuis lors, ce dogme qui, ici comme ailleurs, coïncidait avec celui plus général de l'indisponibilité de l'état des personnes[51] a été sérieusement érodé. La consécration de l'égalité dans les rapports entre époux et la liberté qui leur a été reconnue d'organiser à leur gré leur mode de vie familial sont venues ajouter à cette érosion. Il faut dire également que, après avoir admis, à certaines conditions, le changement de sexe comme donnant ouverture à un changement de nom, il devenait incohérent de ne pas reconnaître à la personne le pouvoir de se couper de ses racines familiales, ethniques ou territoriales lorsque celles-ci ne correspondent plus à ce que l'individu ressent comme exprimant son identité et sa personnalité propre. Aujourd'hui donc, le principe de l'immutabilité du nom n'a plus rien d'absolu, ce qui n'autorise pas pour autant à affirmer que « le nom appartient à l'individu »[52].

### §1 - Le changement de nom par voie judiciaire

#### A. Les conditions d'ouverture

**237.**– Signe de rattachement familial, le nom se trouve naturellement affecté par les changements qui peuvent intervenir au sein du cercle familial. C'est ainsi qu'un changement dans la filiation, la déchéance de l'autorité parentale ou l'abandon[53] par le père ou la mère de l'enfant peuvent entraîner, par ricochet, un changement de nom pour l'enfant mineur. On comprend aussi que, dans de tels cas, qui sont de nature contentieuse, la question relève de la compétence exclusive du tribunal (art. 65 C.p.c.).

À l'exception de ces deux derniers cas, le changement de nom par voie judiciaire se présente comme accessoire à un changement d'état.

---

51. G. Cornu, *op. cit.*, n° 582, p. 276.
52. S. Pilon, « Le casse-tête juridique des règles d'attribution et de changement de nom », dans Service de la formation permanente, Barreau du Québec, *Congrès annuel de Québec (1992)*, 1992, p. 421, 435.
53. En incluant expressément l'abandon au nombre des situations familiales qui donnent aujourd'hui ouverture à un changement de nom, le législateur entendait faire échec à une jurisprudence de la Cour d'appel pour qui l'abandon, comme motif de déchéance, n'autorisait pas pour autant à faire droit à une demande de changement de nom au profit du parent non déchu : *Droit de la famille – 990*, [1991] R.J.Q. 1215, EYB 1991-57832 (C.A.) et *Côté* c. *St-Antoine*, [1991] R.D.F. 513, EYB 1991-56729 (C.A.). Sur la question, voir S. Pilon, *loc. cit.*, note 52.

**238.–** *Adaptation du nom aux changements d'état.* La modification juridique du lien de filiation, entraîne la modification correspondante du nom de famille. Dans de telles circonstances, le changement de nom est la conséquence du jugement qui établit le véritable statut familial de l'enfant. Il en est ainsi lorsque la filiation, jusqu'alors inconnue, est établie postérieurement à la suite d'une action judiciaire vis-à-vis l'un ou l'autre, sinon les deux parents[54]. Par contre, en l'absence de contestation de la part du parent dont le nom était déjà indiqué à l'acte de naissance, il n'est pas nécessaire pour le parent à l'endroit duquel la filiation serait établie postérieurement, soit sur la base d'une déclaration tardive, soit par une possession d'état constante, de procéder par action d'état afin d'obtenir le changement du nom de l'enfant. L'acte de naissance étant considéré comme incomplet, la demande de changement de nom relève de la compétence du Directeur de l'état civil (art. 58, al. 2 et 130 C.c.Q.)[55].

Inversement, un jugement accueillant une action en contestation d'état fait perdre à l'enfant le nom de famille de la personne dont le tribunal a constaté qu'elle n'en était pas le parent biologique[56]. À cette hypothèse peut encore se greffer l'action en annulation d'une reconnaissance qui serait fausse ou mensongère.

**239.–** Il reste que, particulièrement dans les cas où, à la naissance, la filiation n'a été établie qu'à l'endroit d'un des deux parents, la demande qui vise à ajouter au nom initialement attribué à l'enfant le nom de l'autre, peut ne pas être conforme à son intérêt, condition déterminante (art. 33 C.c.Q.)[57]. Il n'y a donc pas d'automaticité :

> Parmi les facteurs qui permettent d'apprécier si une demande de changement de nom est dans l'intérêt de l'enfant et dans le respect de ses droits, on retrouve notamment : l'âge de l'enfant,

---

54. *Droit de la famille – 072111*, 2007 QCCS 4112, EYB 2007-123560 ; *Droit de la famille – 072036*, 2007 QCCS 3995, EYB 2007-123371.

55. *Droit de la famille – 2049*, [1994] R.J.Q. 1068, EYB 1994-73339 (C.S.) ; *Droit de la famille – 3122*, [1998] R.J.Q. 2809, REJB 1998-08029 (C.S.) et *Chrétien c. Chrétien*, [1997] R.J.Q. 1767, REJB 1997-00190 (C.S.). Voir *Droit de la famille – 073498*, 2007 QCCS 6594, EYB 2007-132581 où le tribunal estime que puisque le père avait une possession constante d'état établissant sa paternité depuis la naissance, sa demande de voir son nom inscrit dans l'acte de naissance de l'enfant ne constitue pas une demande de changement de filiation et, partant, ne permet pas l'application de l'article 65 C.c.Q. Cependant, une telle situation pourrait, selon nous, donner lieu à l'application de l'article 59, al. 2 C.c.Q.

56. Art. 531 C.c.Q. Voir, à titre d'exemple, *É.P. (dans la situation de)*, 2004-06-09, AZ-502657 (C.S.).

57. *Droit de la famille – 1702*, [1993] R.J.Q. 9, EYB 1992-58027 (C.A.) ; *Y.F. c. I.F.A.*, [2001] R.D.F. 43, REJB 2000-22452.

les raisons qui expliquent l'absence d'identification du père à la déclaration de naissance, les raisons de l'absence du père dans la vie de l'enfant depuis sa naissance, l'existence d'un lien significatif entre le père et l'enfant, le désir sincère du père d'être une personne significative dans la vie de l'enfant, ses efforts pour s'impliquer dans la vie de l'enfant, ses efforts pour assumer son bien-être, la qualité de la relation père-enfant, l'apport du père dans la vie de l'enfant jusqu'au moment de la demande, l'incidence du nom de l'enfant comme facteur identitaire et l'incidence chez l'enfant du changement de nom demandé.[58]

Tout est une question d'appréciation des circonstances et chaque cas demeure un cas d'espèce[59].

**240.–** *Le cas particulier de l'adoption.* L'adoption confère à l'adopté une filiation qui se substitue à sa filiation d'origine. Conséquemment, l'adoptant devient parent au sens de la loi et jouit des mêmes prérogatives qu'un parent par le sang quant au choix du nom de l'adopté. L'enfant adopté conjointement peut donc porter le nom de l'un des adoptants ou un nom composé d'une partie de leurs propres noms, à moins que ces derniers ne décident de lui laisser son nom d'origine (art. 576 et 577 C.c.Q.)[60]. C'est le cas de l'enfant orphelin de père ou de mère adopté par le nouveau conjoint du parent survivant, son concubin ou encore un proche parent (art. 555 C.c.Q.). Rien n'empêche par ailleurs le ou les adoptants de donner à l'enfant un nom double, composé d'une partie de leur propre nom et de son nom d'origine.

Le Code précise également que pendant la durée du placement, étape préalable et nécessaire au prononcé du jugement, l'enfant peut exercer ses droits civils sous les nom et prénoms choisis par l'adoptant (art. 569, al. 1 C.c.Q.). À cette étape, il ne s'agit cependant pas à proprement parler d'un changement de nom. L'état civil de l'adopté ne peut être modifié avant que le jugement d'adoption soit passé en

---

58. *B. (A.)* c. *(H.M.J.)*, [2006] R.D.F. 10, EYB 2006-99696 (C.A.), par. 14.
59. Y inclus les cas où la filiation de l'enfant aurait été établie après le décès de son auteur : *L.-J.K. (dans la situation de)*, [2001] R.D.F. 909 (C.S.) où le tribunal a refusé d'ajouter au nom de la mère celui du père. Comparer avec *M.-C.L.* c. *P.C. (Succession de)*, AZ-50212863 (C.S.) ; *J.L.* c. *M.J.*, AZ-50167415 (C.S.) ; *Lebrun* c. *Directeur de l'état civil*, [2002] R.D.F. 656, REJB 2002-33179 (C.S.). Sur les demandes de changement de nom, par suite de l'établissement de la filiation à l'endroit d'un parent vivant voir, par exemple, *Droit de la famille – 2938*, [1998] R.D.F. 308, REJB 1998-05060 (C.S.) ; *Droit de la famille – 3238*, [1999] R.D.F. 165, REJB 1999-10587 (C.S.) ; *B.V.* c. *Y.C.*, [2000] R.D.F. 539, REJB 2000-20130 (C.S.).
60. *S.L.* c. *Directeur de la protection de la jeunesse du Bas St-Laurent*, précité, note 15.

force de chose jugée (art. 129, 132 et 137 C.c.Q.)[61], d'autant qu'il peut toujours être mis fin au placement et que l'ordonnance peut encore être révoquée (art. 570 et 571 C.c.Q.). Cette disposition permet néanmoins d'éviter le *vacuum* qui pourrait résulter du principe de la confidentialité entourant la procédure et les dossiers d'adoption. L'enfant, qu'on ne peut identifier du nom de ses parents biologiques[62], se serait alors retrouvé sans identité pendant toute la durée de l'ordonnance de placement. Le tribunal ne fait donc que constater le choix exercé par les adoptants.

**241.–** *Déchéance de l'autorité parentale et abandon de l'enfant.* Indépendamment des modifications qui peuvent résulter de l'établissement, par voie judiciaire, ou de la contestation du lien de filiation de l'enfant avec l'un ou même ses deux parents, l'abandon et la déchéance de l'autorité parentale donnent ouverture à une demande de changement de nom (art. 65 C.c.Q.)[63]. Toutefois, la déchéance ne saurait servir de prétexte à une telle demande. La jurisprudence est abondante et unanime : le parent qui emprunterait cette voie pour obtenir un changement de nom verra sa demande rejetée, l'effet ne devant pas être confondu avec la cause[64]. Le changement de nom n'est pas non plus un corollaire automatique de la déchéance de l'autorité parentale, mesure qui, rappelons-le, n'est pas irréversible (art. 610 C.c.Q.). C'est, ici encore, l'intérêt de l'enfant qui sert de guide en la matière, peu importe le motif de la demande, qu'il s'agisse de la déchéance ou de l'abandon. Les tribunaux ont à cet égard reconnu l'importance de la stabilité du nom d'un enfant[65]. Au nombre des motifs retenus par les tribunaux pour autoriser un tel changement, on soulignera l'absence d'identification avec le parent déchu[66], le

---

61. *Droit de la famille – 150*, [1984] T.J. 2052.
62. Hypothèse qui se rencontrera dans les cas où les parents ont donné un consentement général à l'adoption (art. 555 C.c.Q.) ou en cas de déclaration d'admissibilité à l'adoption (art. 559 C.c.Q.).
63. L'abandon ne doit pas être confondu avec la rupture du lien conjugal. En conséquence, la convention déposée par les parties devant le tribunal appelé à statuer sur la garde de l'enfant et par laquelle le père consent au changement de nom est contraire à l'ordre public, parce qu'elle sanctionne l'irresponsabilité parentale : *Droit de la famille – 2177*, [1995] R.D.F. 232, EYB 1995-72366 (C.S.).
64. *Droit de la famille – 130*, [1984] C.A. 184 ; *Droit de la famille – 639*, [1989] R.J.Q. 1082, EYB 1989-63336 (C.A.). Dans ces circonstances, la décision rendue dans l'affaire suivante est pour le moins étonnante, la demande en déchéance ayant été rejetée : *C. (C.) c. D. (F.)*, REJB 2005-95281 (C.S.).
65. *J.S. c. D.D.*, [2001] R.J.Q. 329, REJB 2001-22280 (C.A.) ; *Droit de la famille – 990* et *Côté c. St-Antoine*, supra, note 53.
66. *Droit de la famille – 1726*, [1993] R.J.Q. 22 (C.A.) ; *Droit de la famille – 2105*, [1995] R.D.F. 646, EYB 1995-28865 (C.S.) ; *Droit de la famille – 1070*, [1987] R.D.F. 64 (C.S.) ; *Droit de la famille – 072641*, 2007 QCCS 5183, EYB 2007-126097.

traumatisme vécu par l'enfant et les tracasseries subies du fait qu'il porte un nom différent de celui des membres de la famille à laquelle il est identifié[67], l'usage du nom de l'autre parent[68] ou encore l'intention du nouveau conjoint du parent, qui a demandé la déchéance, d'adopter l'enfant[69].

## B. La procédure

**242.–** Chacune de ces situations, changement d'état, abandon ou déchéance de l'autorité parentale, affecte essentiellement, mais non exclusivement, l'enfant mineur. Assimilé à un majeur lorsqu'il s'agit de l'exercice de droits à caractère extrapatrimonial, à compter de l'âge de 14 ans, ce dernier peut présenter lui-même la demande ou s'y opposer (art. 66 C.c.Q.)[70].

**243.–** *La demande.* La demande est portée dans le district de Québec ou devant le tribunal du requérant, conformément aux dispositions des articles 864 et s. C.p.c. Elle est notifiée aux père et mère ou au tuteur, ainsi qu'à l'enfant de 14 ans et plus, le cas échéant. Le mineur de 14 ans et plus qui présente lui-même la demande doit alors en aviser le titulaire de l'autorité parentale ainsi que son tuteur, le cas échéant.

### §2 - Le changement de nom par voie administrative

**244.–** Alors que sous le régime antérieur, le changement de nom indépendant de toute modification de la structure familiale était perçu

---

67. *Droit de la famille – 1343*, [1990] R.D.F. 531 (C.S.) ; *Droit de la famille – 2105*, [1995] R.D.F. 646, EYB 1995-28865 (C.S.) ; *Droit de la famille – 3441*, [1999] R.D.F. 740, REJB 1999-15438. Comparer avec *M.C.* c. *C.B.*, [2001] R.J.Q. 356, REJB 2001-22587 (C.A.) ; *Droit de la famille – 072863*, 2007 QCCS 5601, EYB 2007-126838.
68. *Droit de la famille – 3726*, [2000] R.D.F. 656, REJB 2000-20984 (C.S.).
69. *Droit de la famille – 1102*, précité, note 24. Voir également *Anonyme*, C.S. Montréal, n° 500-04-004051-927, 11-12-1995, dans lequel, s'appuyant sur l'article 58 C.c.Q. et par analogie avec les motifs qui autorisent le Directeur de l'état civil à faire droit à une demande de changement de nom, le tribunal a permis à l'enfant de porter le nom de sa famille d'accueil ; *S.C.* c. *C.F.*, [2000] R.D.F. 507, REJB 2000-19712 (C.S.), où le tribunal a fait droit à la demande de la tante de l'enfant auprès de qui il avait été placé par le Directeur de la protection de la jeunesse jusqu'à sa majorité, nommée tutrice dans la même instance, de changer le nom de l'enfant pour lui donner le sien.
70. Voir, à titre d'exemple, *Droit de la famille – 2105*, [1995] R.D.F. 22, EYB 1994-72558 (C.S.) ; *Droit de la famille – 072982*, 2007 QCCS 5678, EYB 2007-127043 (irrecevabilité de la demande présentée par un enfant de moins de 14 ans).

comme un privilège[71], il apparaît aujourd'hui comme un droit, mais un droit qui s'exerce dans un cadre précis. Attribut de la personnalité, le nom est aussi un élément de sécurité et de stabilité dans les rapports qu'une personne entretient avec la société et l'État, à ce titre, a un intérêt en la matière. Le principe de la stabilité de nom[72], pour l'ensemble de la société, demeure une valeur fondamentale. Aussi, la modification recherchée ne doit-elle pas créer de confusion quant à l'identité de la personne[73].

Nous examinerons successivement les conditions d'admissibilité de la demande et celles qui sont relatives à sa recevabilité.

## A. Les conditions d'ouverture

**245.**– *Un motif sérieux.* Aux termes de l'article 58 C.c.Q., la personne qui désire changer de nom, nom de famille ou prénom, doit justifier d'un motif sérieux, c'est-à-dire un motif grave, valable et important. Le Directeur de l'état civil a donc ici toute discrétion[74] pour apprécier la suffisance des motifs allégués au soutien de la demande et qui ne ressortiraient pas de la compétence exclusive du tribunal. À titre d'exemples, le Code énumère un certain nombre de situations qui pourraient donner ouverture à un tel changement. Cette liste n'est cependant pas limitative :

– le nom généralement utilisé ne correspond pas à celui qui est inscrit dans l'acte de naissance. Les tribunaux exigent toutefois que son usage soit répandu et qu'il l'ait été pendant une période minimale de cinq ans[75] ;

---

71. *Loi sur le changement de nom et autres qualités de l'état civil*, précitée, note 2.
72. Un principe qui « recouvre, à la fois, la nécessité de l'individualisation et l'importance de la contenir par des normes objectives de cohérence institutionnelle et de stabilité sociale », M^me la juge Otis dans *Koulmyeh-Abaneh* c. *Québec (Directeur de l'état civil)*, [2006] R.D.F. 38, EYB 2006-101024 (C.A.), par. 18. Voir également *Montreuil* c. *Directeur de l'état civil*, [1999] R.J.Q. 2819, REJB 1999-15029 (C.A.), p. 2824.
73. *Plante* c. *Directeur de l'état civil*, [1996] R.D.F. 54, EYB 1995-84787 (C.S.) ; *D'Anjou* c. *Registrar of Civil Status*, [1998] R.D.F. 519, REJB 1998-06300 (C.A.) ; *Laliberté* c. *Directeur de l'état civil*, [2001] R.D.F. 258 (C.S.) ; *Thompson* c. *Directeur de l'état civil*, [2002] R.D.F. 182, REJB 2002-28176 (C.S.).
74. Une discrétion qui, compte tenu de l'intérêt de l'État en la matière, ne contrevient pas à la Charte (*Thompson* c. *Directeur de l'état civil*, précité, note 73) dont les valeurs, notamment celle de la dignité inhérente à toute personne, doivent cependant le guider dans l'exercice de cette discrétion : *Gabriel* c. *Québec (Directeur de l'état civil)*, [2005] R.D.F. 160, EYB 2005-82832 (C.S.) ; *Imbeault* c. *Directeur de l'état civil*, [2003] R.D.F. 372, REJB 2003-39533 (C.S.).
75. *Hoque* c. *Directeur de l'état civil*, J.E. 2001-180 ; *Tourigny* c. *Directeur de l'état civil*, [2000] R.D.F. 283, REJB 2000-17395 (C.S.) ; *Montreuil* c. *Directeur de l'état*

- le nom est d'origine étrangère ou trop difficile à prononcer dans sa forme originale[76] ;

- le nom prête au ridicule[77] ou il est frappé d'infamie[78].

L'appréciation des motifs qui pourraient éventuellement donner ouverture à un changement de nom, si l'on en juge par certaines décisions, se ferait selon un test objectif, c'est-à-dire selon ce qu'une personne raisonnable, placée dans les mêmes circonstances, considérerait comme un motif sérieux[79]. C'est dire aussi que la « politique » adoptée par le Directeur de l'état civil, largement inspirée des décisions qui portaient autrefois le sceau du ministre de la Justice (ou plutôt celui du Conseil des ministres), doit être appliquée avec souplesse[80].

On assiste en effet « à l'émergence d'une démarcation entre, d'une part, l'application formaliste d'une politique institutionnelle et, d'autre part, l'examen contextuel et individualisé de la demande de changement de nom en regard, particulièrement, des caractères distinctifs de la personne humaine et du milieu dans lequel elle évolue »[81]. En ce sens, il faut reconnaître que tout en affirmant le

---

civil et *Montreuil* c. *Québec (Procureur général)*, précités, note 34 ; *Thompson* c. *Directeur de l'état civil*, précité, note 73 ; *Laliberté* c. *Directeur de l'état civil*, précité, note 73. À cet égard, mentionnons que dans l'affaire *Montreuil* c. *Directeur de l'état civil*, précitée, note 34, la Cour d'appel arrive à l'étonnante conclusion que le nom n'ayant pas pour objet de désigner le sexe d'une personne, l'utilisation d'un prénom féminin par une personne de sexe masculin ne créait pas de confusion quant à l'individualisation de la personne.

76. À titre d'illustration, voir *Droit de la famille – 1070*, [1987] R.D.F. 1117 (C.S.). Inversement, la difficulté de prononciation du nom de famille dans une langue autre que le français n'a pas été considérée comme un motif sérieux : *Desmarais* c. *Québec (Directeur de l'état civil)*, J.E. 2007-794, EYB 2007-116911 (C.S.).

77. *Cheng* et *Procureur général du Canada*, [1987] R.J.Q. 1177, EYB 1987-78666 (C.S.). Comparer avec *D'Anjou* c. *Registrar of Civil Status*, précité, note 73.

78. Ou, plus largement, une connotation négative : *Mbolika* c. *Québec (Directeur de l'état civil)*, [2003] R.D.F. 211 (C.S.) ; *Droit de la famille – 334*, [1987] R.J.Q. 368, EYB 1986-78536 (C.S.) et *Desloges* c. *Desloges,* J.E. 83-767 (C.S.).

79. *Koulmyeh-Abaneh* c. *Québec (Directeur de l'état civil)*, précité, note 72, par. 21 ; *D'Anjou* c. *Registrar of Civil Status*, précité, note 7390. Voir cependant *Côté* et *St-Antoine*, [1991] R.D.F. 513, EYB 1991-56729 (C.A.) ; *Droit de la famille – 071547*, 2007 QCCS 3096, EYB 2007-121475 (confirmation du refus du Directeur de l'état civil de permettre l'ajout du titre « Sir » en avant du nom).

80. Sur la teneur de cette politique, voir *D'Aoust* c. *Directeur de l'état civil*, [2005] R.J.Q. 1128, EYB 2005-89308 (C.S.) ; *Koulmyeh-Abaneh* c. *Québec (Directeur de l'état civil)*, précité, note 72.

81. *Koulmyeh-Abaneh* c. *Québec (Directeur de l'état civil)* précité, note 72, par. 24.

principe de la stabilité du nom, les tribunaux sont tout aussi sensibles aux considérations d'ordre culturel[82], religieux[83], psychologique[84] ou affectif, qui participent du sentiment d'identité, sans compter les considérations d'ordre humanitaire. De fait, il semble bien, à s'en tenir à la lecture de la jurisprudence, que la notion de motif sérieux se définirait plutôt par la négative, c'est-à-dire comme « un motif qui n'est pas banal, ne provient pas d'un caprice et qui se justifie facilement dans une société libre et démocratique, sans raisonnement compliqué »[85]. De là cependant à conclure que cela autorise à sacrifier des valeurs, telles que celles de l'égalité entre les hommes et les femmes qui sont au cœur des sociétés démocratiques dont participe la société québécoise, il y a un pas qui, nous semble-t-il, ne devrait pas être franchi[86].

Au nombre des motifs qui, par ailleurs sont généralement retenus, on note :

– la confusion possible avec d'autres personnes ;

– la crainte, en raison de son statut de réfugié, que sa sécurité soit menacée[87] ;

---

82. *Ibid.*, voir également *D'Aoust* c. *Directeur de l'état civil*, [2005] R.J.Q. 1128, EYB 2005-89308 (C.S.) ; *Bagdan* c. *Directeur de l'état civil*, [2000] R.J.Q. 1425, REJB 2000-18445 (C.S.) ; *Mbolika* c. *Directeur de l'état civil*, [2003] R.D.F. 221, REJB 2002-36683 (C.S.).

83. *Gabriel* c. *Directeur de l'état civil* et *Imbeault* c. *Directeur de l'état civil*, précités, note 74.

84. *É...M...-B.*, [1996] R.J.Q. 1384, EYB 1996-84899 (C.S.) : souffances psychologiques éprouvées par le rappel constant des années traumatisantes passées dans la famille adoptive ; changement pour le nom du père biologique. Par contre, le désir de porter le nom d'un père naturel que l'on n'a pas connu et découvrir, à 46 ans, qu'un autre prénom correspond davantage à sa personnalité, n'ont pas été considérés comme des motifs suffisamment sérieux pour faire droit à la demande. Comparer avec *Pasteur* c. *Directeur de l'état civil*, [2000] R.D.F. 46, REJB 2000-19462 (C.S.). Voir également *Croteau* c. *Directeur de l'état civil*, [1995] R.D.F. 31 (C.S.).

85. *Chauvette* c. *Directeur de l'état civil*, [2004] R.D.F. 840, REJB 2004-69630 (C.S.), par. 18.

86. *Gabriel* c. *Directeur de l'état civil*, précité, note 74, décision dans laquelle on a fait droit à la demande d'une femme mariée, fondée sur ses convictions religieuses, de changer le nom qui lui avait été attribué à la naissance pour celui de son mari. Or l'article 393 C.c.Q., selon lequel « chacun des époux conserve, en mariage, son nom » et « exerce, sous ce nom ses droits civils » est une disposition impérative et n'a jamais été contestée quant à sa conformité en regard des droits garantis par les Chartes canadienne et québécoise.

87. *Bonilla* c. *Directeur de l'état civil*, [1997] R.D.F. 318 (C.S.).

– l'attribution de la garde à l'un des parents et le retour du matronyme ou du patronyme, selon le cas, lorsque les enfants sont identifiés sous son nom et s'identifient comme tels[88].

**246.– *L'ajout au nom de famille.*** Indépendamment de ces circonstances, le Code donne également autorité au Directeur de l'état civil pour
ajouter au nom de naissance de l'enfant une partie provenant du nom
de famille de son père ou de sa mère selon le cas (art. 58, al. 2 C.c.Q.).
Il s'agit donc ici d'un critère objectif, l'idée étant de permettre aux
parents de l'enfant dont la filiation est indiquée dans l'acte de naissance, d'attribuer à ce dernier un nom composé, possibilité qui leur
avait été offerte, à titre transitoire, par la Loi 89[89] et qui s'étend
aujourd'hui aux enfants majeurs. Il n'est donc pas nécessaire, sous
réserve d'une possible opposition de la part de l'un des parents dans le
cas d'un mineur de moins de 14 ans et de l'obligation pour le Directeur
de l'état civil, dans un tel cas, de rendre sa décision en fonction de
l'intérêt de l'enfant, d'invoquer l'existence d'un motif sérieux[90].

**247.– *Les conditions relatives aux personnes.*** Ce sont substantiellement les mêmes que celles qui étaient requises autrefois par la *Loi
sur le changement de nom*. Il convient néanmoins de distinguer selon
que la demande est présentée par une personne majeure ou par
le tuteur d'un enfant mineur. Le Code prévoit en outre un droit
d'opposition pour le mineur de 14 ans et plus, concerné par une telle
demande.

**248.– *La demande est présentée par une personne majeure.*** Les conditions générales sont énoncées à l'article 59 C.c.Q. : il faut être citoyen
canadien[91], et être domicilié au Québec depuis au moins un an. La
demande qui porte sur le nom de famille vaut également pour les
enfants mineurs qui portent le même nom ou une partie de ce nom. À
la demande touchant le changement de son propre nom de famille, le
législateur assimile celle qui vise à ajouter au nom de ses enfants
mineurs son propre nom de famille ou une partie de ce nom.

---

88. À titre d'exemple : *C. (R.)* c. *Québec (Directeur de l'état civil)*, REJB 2004-69630
    (C.S.). On peut penser aussi aux parents qui reviennent sur leur choix initial
    après que la déclaration de naissance a été enregistrée.
89. *Loi instituant le Code civil du Québec et portant réforme du droit de la famille*, précitée, note 2, art. 79.
90. *Chauvette* c. *Directeur de l'état civil*, précité, note 85.
91. Ce qui ne constitue pas une atteinte au droit à l'égalité au sens de l'article 15 de la
    *Charte canadienne* : *Benmansour* c. *Directeur de l'état civil*, [1995] R.J.Q. 205,
    EYB 1994-72282 (C.S.) (appel rejeté, C.A. Montréal, n° 500-09-000702-951,
    1995-11-16).

Enfin, on peut également demander que les prénoms de ses enfants soient modifiés.

**249.**– *Le cas des mineurs.* C'est le tuteur du mineur qui doit présenter la demande pour son pupille. Encore faut-il que ce dernier ait la citoyenneté canadienne et son domicile, depuis au moins un an, au Québec[92]. Cette possibilité « vise à donner au mineur orphelin ou abandonné, représenté par son tuteur, les mêmes droits qu'aux autres mineurs »[93].

**250.**– *Le droit d'opposition du mineur.* Sauf motif impérieux, la demande qui affecte le nom d'un mineur ne sera accordée que si le tuteur ou l'enfant lui-même, s'il est âgé de 14 ans et plus, ont été avisés et ne s'y sont pas opposés. Le Code se trouve ainsi à consacrer le droit, pour l'enfant, à son identité. En cas d'ajout, le droit d'opposition lui est même réservé, ce qui se comprend, le mineur de 14 ans et plus étant doté d'une majorité anticipée au regard des actes à caractère personnel[94].

## B. La procédure

**251.**– La procédure, la publicité et les droits exigibles de la personne qui fait la demande sont déterminés par un règlement et non par le Code civil[95]. Il y est cependant précisé qu'avant d'autoriser un changement de nom, le Directeur de l'état civil peut exiger du demandeur des explications ou des renseignements supplémentaires (art. 63 C.c.Q.). Il doit par ailleurs s'assurer, sauf dispense spéciale accordée par le ministre de la Justice[96], que les avis de la demande ont été

---

92. Art. 60 C.c.Q.
93. *Comm.*, t. I, p. 51.
94. *Comm.*, t. I, p. 53. Un droit que consacre la *Convention relative aux droits de l'enfant* adoptée par l'ONU et dont le Canada est signataire : Rés. 44/25, AGNU C.3, 44ᵉ sess., Doc. N4 Ac.3/44/l.44 (1989). On ne peut cependant inférer du libellé de l'article 62, al. 2 C.c.Q. que le tuteur au mineur de moins de 14 ans serait privé du droit de former opposition, l'article 62 C.c.Q. devant être interprété comme un tout dans son contexte. Voir *J.-J.F.* c. *Directeur de l'état civil*, [2004] R.J.Q. 254, REJB 2003-51195 (C.S.).
95. *Règlement relatif au changement de nom et d'autres qualités de l'état civil*, D. 1592-93, (1993) 125 *G.O.* II, 8053.
96. Dispense qui pourra être accordée « afin notamment, de protéger l'identité de certaines personnes susceptibles de se trouver dans une situation difficile » (*Comm.*, t. I, p. 53). On peut penser ici aux personnes dont le nom peut être associé, dans le public, à certains fraudeurs ou malfaiteurs. Mais, sur ce point, le commentaire est plutôt vague et le Règlement tout aussi discret : *Règlement relatif au changement de nom et d'autres qualités de l'état civil*, précité, note 95, art. 5 à 7.

publiés. Il doit aussi donner aux tiers la possibilité de faire connaître leurs observations.

**252.**– *Contenu de la demande et documents à fournir.* La demande doit être accompagnée d'une déclaration sous serment attestant de la véracité des motifs qui y sont exposés et, lorsqu'il s'agit d'*une personne majeure*, des renseignements suivants[97] :

- le nom de la personne, tel qu'il est constaté dans son acte de naissance, le nom que cette dernière demande et le nom qu'elle utilise à la date de la présentation de la demande ;

- son sexe ;

- les date et lieu de sa naissance ainsi que l'endroit où elle a été enregistrée ;

- l'adresse de son domicile à la date de la présentation de la demande et depuis combien d'années elle est domiciliée au Québec ;

- la date à laquelle elle est devenue citoyenne canadienne, si elle est née ailleurs qu'au Canada ;

- les noms de ses père et mère ;

- son état civil et, si elle est mariée ou unie civilement, le nom de son conjoint ou de sa conjointe ainsi que les date et lieu de la célébration du mariage ou de l'union civile ;

- le nom de ses enfants, si elle en a, ainsi que leur date de naissance et le nom de l'autre parent de chacun d'eux ;

- si elle a changé de nom, à la suite d'une décision judiciaire ou administrative, le nom qu'elle portait avant cette décision ou, si un tel changement de nom lui a été refusé, les motifs de ce refus ;

- les motifs pour lesquels elle demande un changement de nom.

La personne doit en outre produire des documents attestant de son état civil et politique, soit :

- copie des actes de naissance, de mariage et de décès mentionnés à la demande lorsque ces actes ont été faits hors du Québec ;

---

97. *Règlement relatif au changement de nom et d'autres qualités de l'état civil*, précité, note 95, art. 1 à 4.

- copie de son certificat de citoyenneté canadienne lorsque la personne est née ailleurs qu'au Canada ;

- copie du jugement irrévocable, du certificat de divorce ou du jugement prononçant la nullité de son mariage, le cas échéant ;

- copie des décisions de changement de nom, lorsqu'elle a déjà changé de nom antérieurement.

**253.–** La demande qui porte sur le changement de nom d'une personne majeure et de son enfant mineur, de même que celle qui porte uniquement sur le changement de nom d'un enfant mineur comprend, outre les renseignements susmentionnés ayant trait à la personne majeure ainsi qu'à l'enfant, les informations et documents additionnels suivants[98] le cas échéant, s'il y a eu déchéance de l'autorité parentale du père ou de la mère de l'enfant ; si sa filiation a été changée par jugement ; enfin, si un tuteur lui a été nommé, le nom et l'adresse de ce dernier, le mode de nomination ainsi que la date de prise d'effet de la tutelle. Dans cette dernière hypothèse, on exigera copie du jugement nommant un tuteur à l'enfant ou lorsque celui-ci a été désigné par testament ou par une déclaration au curateur public, copie du testament ou de la déclaration.

**254.–** *Publicité et avis.* À moins de dispense, la demande doit faire l'objet d'un avis officiel dans la *Gazette officielle* et dans un journal publié ou circulant dans le district du domicile officiel du demandeur et, s'il y a lieu, du domicile de l'enfant. La demande qui porte sur le changement de nom d'un enfant mineur doit, en outre, être notifiée aux père et mère de l'enfant, à son tuteur, le cas échéant, et à l'enfant lui-même, s'il est âgé de 14 ans et plus[99].

**255.–** *Oppositions et observations.* Les personnes intéressées qui le désirent ou qui veulent s'opposer, dans le cas d'un enfant mineur, à la demande peuvent, dans les 20 jours suivant la dernière publication requise dans la *Gazette officielle*[100], notifier leurs observations au demandeur et au Directeur de l'état civil. Le demandeur bénéficie alors d'un délai de 15 jours pour répondre à l'opposition ou aux observations formulées sur sa demande. Sa réponse doit elle-même être notifiée à l'opposant ainsi qu'aux autres personnes intéressées conformément au *Code de procédure civile*[101].

**256.–** *La décision du Directeur de l'état civil.* Ce n'est qu'après avoir franchi toutes ces étapes que la demande sera étudiée à son mérite par le Directeur de l'état civil. Qu'il autorise ou qu'il refuse la demande de changement de

---

98. *Ibid.*, art. 3 et 4.
99. *Ibid.*, art. 5 à 10.
100. *Ibid.*, art. 5-7.
101. *Ibid.*, art. 20-22 et art. 146.1 et 146.2. C.p.c.

nom, la décision du directeur doit être motivée. Elle est ensuite notifiée au demandeur, à l'opposant[102] et aux personnes qui ont formulé des observations, le cas échéant. La décision du Directeur de l'état civil peut cependant faire l'objet d'une révision.

**257.– *Les garanties procédurales.*** Dans la mesure où, de privilège qu'il était, le changement de nom est devenu un droit, il fallait assortir la demande *de garanties procédurales*[103]. Aussi le législateur a-t-il institué un recours en révision par le tribunal. Ce recours se veut d'ailleurs général, l'autorité judiciaire exerçant ici le pouvoir de surveillance et de contrôle que lui reconnaît spécifiquement l'article 74 C.c.Q., un pouvoir beaucoup plus large donc, que celui que lui reconnaît l'article 33 du *Code de procédure civile*. Le pouvoir de révision du tribunal ne se limite donc pas à la légalité de la décision administrative ; il doit aussi considérer le mérite de la décision et, s'il y a lieu, sa légitimité[104]. Le requérant en révision n'a pas non plus le fardeau de démontrer que la décision du Directeur de l'état civil est « manifestement déraisonnable » ou même « déraisonnable », tel que l'exige la jurisprudence en matière d'évocation[105]. Le tribunal appelé à statuer peut donc accueilli une autre preuve ou une preuve nouvelle.

**258.–** La demande de révision doit être présentée dans les 30 jours qui suivent la réception de la décision et doit être portée dans le district de Québec ou devant le tribunal du domicile du requérant. Le directeur doit alors transmettre sans délai, au greffe du tribunal saisi, le dossier relatif à la décision qui fait l'objet de la demande de révision (art. 864 et 864.2 C.p.c.).

### §3 - Les effets du changement de nom

**259.–** Le principe en est énoncé à l'article 68 C.c.Q. : « le changement de nom ne modifie en rien les droits et les obligations d'une personne ». Les documents faits sous l'ancien nom sont réputés faits sous le nouveau nom, mais il appartient à la personne concernée de demander que ces documents soient rectifiés par l'indication du nouveau nom. Elle doit toutefois en assumer les frais, au même titre que les tiers intéressés qui en font la demande (art. 69 C.c.Q.).

---

102. *Règlement relatif au changement de nom et d'autres qualités de l'état civil*, art. 11-16.
103. *Comm.*, t. I, p. 59.
104. *Brasseur* c. *Lavigne,* précité, note 12.
105. *Koulmyeh-Abaneh* c. *Québec (Directeur de l'état civil),* précité, note 72.

Quant aux actions auxquelles la personne peut être partie, l'article 70 C.c.Q. précise qu'elles se poursuivent sous son nouveau nom, sans reprise d'instance.

Enfin, le législateur a pris soin de préciser que le changement de nom ne prend effet qu'à compter de la décision finale qui l'autorise (art. 67, al. 1 C.c.Q.). Il est également publicisé, à moins d'une dispense spéciale de publication accordée par le ministre de la Justice[106].

**260.**– Du point de vue de l'état civil, un nouvel acte est dressé, lequel se substitue à l'acte primitif. En ce sens, il est permis d'affirmer que le changement de nom a un effet rétroactif. Une mention de la substitution est cependant portée à l'acte primitif (art. 132 C.c.Q.). Toutefois, seules les personnes mentionnées à l'acte nouveau peuvent obtenir copie de l'acte initial (art. 149 C.c.Q.).

## Pour aller plus loin

**261.**– *Histoire.* Ce sont les Romains qui nous fournissent le premier exemple d'une désignation bien précise des personnes. Leur système onomastique comprenait quatre éléments : le *praenomen* (équivalent de nos prénoms) ; le *nomen gentilium* (correspondant de notre nom de famille), qui indiquait la *gens* : « c'était le nom par excellence, le nom sacré, qui désignait toutes les personnes qui participaient au même culte familial » ; le *cognomen*, qui servait à distinguer les branches de la même *gens* ; enfin l'*agnomen*, surnom individuel qui devenait parfois héréditaire. La multiplicité des *cognomina* et des *agnomina*, à la fin de l'Empire, rendit le système impraticable parce que trop compliqué. En ce sens, l'usage d'un nom unique, à l'époque franque (VIe-Xe siècles), apparaît comme la résultante de la rencontre de deux cultures, celle des Germains, qui portaient un nom unique, et celle des Romains dont la pratique, dès les premiers siècles après J.-C., tendait vers la simplification. Au Moyen-Âge, le nom devint ce qu'on appelle communément le *nom de baptême*, c'est-à-dire le prénom. Apparut ensuite le surnom qui, à la fin du XIIe siècle, se généralisa et qui, en devenant héréditaire, donna naissance au nom de famille. Le système onomastique passa dès lors du nom unique au nom composé à deux termes : « la transmission du surnom, dans la mesure où elle correspond à celle de la terre, de la boutique ou de la fonction, paraît alors toute naturelle, phénomène auquel s'ajoute alors la tendance fondamentale pour l'individu, à transmettre son nom pour rappeler le lien de filiation ». Cependant, jusqu'au XVIe siècle, c'est le nom de baptême qui resta le nom véritable. C'est à partir du XVIIe siècle que le nom de famille prit la

---

106. Art. 67, al. 2 C.c.Q. et art. 17 et 18 du *Règlement relatif au changement de nom et d'autres qualités de l'état civil.*

première place. Le nom de baptême devint un *prénom*. Ce n'est toutefois qu'à la fin du XVIII<sup>e</sup> siècle que le terme *nom* se substitua au surnom (voir A. Lefebvre-Teillard, *op. cit.*, note 4 ; G. Brunet, P. Darlu et G. Zei (dir.), *Le patronyme, Histoire, Anthropologie, société*, CNRS Éditions, 2001 ; S.-G. Parent, « Votre nom dans le droit québécois », Thèse de doctorat, Université Laval, Québec, 1951. Sur les liens entre l'apparition du patronyme héréditaire et la genèse de l'État moderne, voir J. Scott, C. Terhanian et J. Mathias, « The Production of legal Identities proper to States : The case of Permanent Family Surname », *Comparative Studies in Society and History* 44-1, p. 4. Rappelons que ce n'est qu'en 1951 que le législateur intervint, au Québec, en vue de réglementer l'usage du nom. L'immutabilité du nom devint alors la règle, assortie d'une seule exception : le changement de nom par une loi de la législature, puis en 1961, par décret du lieutenant-gouverneur. Sur les pratiques antérieures en matière de changement de nom, notamment la pratique des *Deed pools* (déclarations devant notaires), voir A. Morel, *loc. cit.*, note 36 ; S.-G. Parent, « Le changement de nom patronymique », (1950-1951) 53 *R. du N.* 420) et T.P. Slattery, « The Meaning and Effect of Article 562 C.c. », (1953) 13 *R. du B.* 23.

Il est intéressant de souligner que l'ancienne distinction entre le nom de baptême et le surnom persiste encore aujourd'hui dans la langue anglaise où le *given name* est notre prénom et le *surname*, le nom qui, en common law, s'acquiert par l'usage. On la retrouve encore aujourd'hui dans les différentes lois adoptées dans les provinces anglaises sur le changement de nom (*Change of name Acts* ou *Name Acts*) : voir, pour l'Alberta, R.S.A. 2000, c. C-7 ; pour la Colombie-Britannique, R.S.B.C. 1996, c. 328 ; pour le Manitoba, C.C.S.M., c. C50 ; pour l'Ontario, R.S.O. 1990, c. C.7 ; pour la Nouvelle-Écosse, R.S.N.S. 1989, c. C-66 ; pour le Nouveau-Brunswick, S.N.B. 1987, c. C-2.001 ; pour la Saskatchewan, S.S. 1995, c. C-6.1 ; pour Terre-Neuve et le Labrador, R.S.N.L. 1990, c. C-8 ; pour les Territoires du Nord-Ouest et le Nunavut, R.S.N.W.T. 1988, c. C-3 ; pour le Yukon, R.S.Y. 2002, c. 28.

**262.–** *Théorie juridique : nature du droit au nom.* Au plan théorique, la protection du nom a donné lieu à quatre grandes constructions doctrinales :

– Produit de l'histoire (voir Merlin, *Répertoire universel et raisonné de jurisprudence*, 4<sup>e</sup> éd., Paris, 1813), la propriété du nom sera affirmée avec force tout au long du XIX<sup>e</sup> siècle par la doctrine et la jurisprudence françaises dont s'inspira la jurisprudence québécoise jusqu'en 1951.

– Cette théorie a été violemment critiquée à la fin du XIX<sup>e</sup> siècle par Planiol, qui ne voyait dans le nom qu'une institution de police : celui-ci ne pouvait donc engendrer aucun droit au profit de son titulaire, puisqu'il n'était pour lui qu'objet d'obligation (M. Planiol, *Traité élémentaire de droit civil*, 3<sup>e</sup> éd., 1904, t. I, p. 155, encore que ce dernier atténua l'effet de sa thèse en admettant une protection du nom par l'application des règles de la responsabilité civile).

– La théorie de Planiol fut elle-même critiquée par Colin, pour qui le nom est le signe extérieur de cet élément de l'état des personnes qui résulte de la filiation, d'où son caractère inaliénable et imprescriptible (note sous Paris, 21 janvier 1903, D. 1904, 2, 1 ; voir également A. Colin et H. Capitant, *Cours élémentaire de droit civil*, 1914, t. I, n° 590).

– La conception du nom, attribut de la personnalité, qui finira par rassembler la majorité de la doctrine, a été élaborée par les auteurs allemands au début du XX$^e$ siècle (R. Saleilles, « Le nom individuel dans le Code civil pour l'Empire allemand », (1900) *Rev. crit. de lég. et de jur.* 94. Soulignons également l'ouvrage de E.-H. Perreau, qui exercera une grande influence, *Le droit au nom en matière civile*, Paris, 1910). Cette théorie a été reprise récemment par E. Agostini, pour qui, contrairement aux autres droits de la personnalité, le droit au nom n'est pas un droit subjectif autonome, mais un droit subjectif dépendant, « un moyen utilisé pour protéger les personnes mêmes qu'il sert à désigner [...]. C'est un des multiples aspects d'une prérogative plus générale appartenant à tout homme du seul fait de sa qualité d'être humain, prérogative que l'on peut analyser comme un droit de créance, comme une obligation de ne pas faire, pesant sur tous et bénéficiant à chacun, l'obligation de ne pas pénétrer indûment dans la sphère légitime d'activité d'un de ses semblables » (E. Agostini, « La protection du nom patronymique et la nature du droit au nom », D. 1973, chron. 313, p. 317).

La protection du nom, telle qu'elle se présente aujourd'hui dans le *Code civil du Québec*, s'inspire à des degrés divers des quatre explications proposées. C'est une « prérogative protéiforme, irréductible à l'unité » : l'on y retrouve un côté familial, mais la dimension individuelle est aujourd'hui privilégiée, l'identitaire prenant désormais le pas sur l'identifiant.

**263.–** *Droit comparé. a) Attribution du nom.* Le modèle patriarcal cède aujourd'hui du terrain. « La tendance actuelle à pourchasser les inégalités », notamment celle de l'homme et de la femme, dans le mariage, et entre les enfants légitimes et naturels, dans le droit de la filiation, ont conduit à abandonner la rigidité de la norme au profit d'une certaine plasticité : on cherche moins « à imposer qu'à proposer » (M. Gobert, « Le nom ou la redécouverte d'un masque », *J.C.P.*, 1980, I, 2966).

On retrouve ainsi deux tendances dans les législations contemporaines, lesquelles font une large place à l'autonomie de la volonté en vue d'établir l'égalité sur le terrain de la transmission du nom :

– soit que les parents attribuent à l'enfant, à leur choix, le nom de l'un ou l'autre ou un composé, auquel cas on limitera généralement le patronyme à au plus deux parties provenant du nom des deux, solution adoptée par le législateur québécois et qu'on retrouve également dans les provinces de langue anglaise (rompant ainsi avec la common law) et dans certains

États américains (Nebraska, Pennsylvanie, Tennessee qui se sont dotés de « statutes », alors que dans d'autres États les tribunaux ont « revisité » la common law, certains allant même jusqu'à accepter l'attribution d'un nom résultant de la fusion partielle du nom des deux parents : Hawaï, Floride). Sur l'état du droit aux États-Unis, voir G. Sutton, « Le nom aux États-Unis », (1990) *Rev. trim. dr. civ.* 427. Soulignons que la France, qui avait été condamnée, sur la base de l'article 14 (droit à la non-discrimination) et de l'article 8 (droit au respect de la vie privée) de la *Convention européenne des droits de l'Homme*, pour son système d'attribution du nom, a rejoint les rangs des pays qui ont opté pour la liberté de choix : *Lois* du 4 mars 2002 et du 18 juin 2003 relatives au nom de famille, complétées par l'ordonnance n⁰ 2005-759 du 4 juillet 2005 portant réforme du droit de la filiation. Pour une analyse du dispositif français, voir C. Neirinck (dir.), *L'État civil dans tous ses états*, Paris, L.G.D.J., Droit et société, 2008 ; J. Massip, Incidence de l'ordonnance relative à la filiation sur le nom de famille, *Droit de la famille – 2006*, n⁰ 8, p. 25 ;

– soit que les époux choisissent, par voie de déclaration, au moment du mariage un nom matrimonial commun, celui de l'homme ou de la femme, qui se transmet alors aux enfants. Si les époux décident de conserver chacun leur nom de famille, ils doivent alors choisir, entre leurs deux noms, celui que portera leur enfant commun : c'est la solution adoptée, notamment, par l'Allemagne (art. 1355, 1616 *B.G.B.*). On le retrouve également en Autriche, dans les pays de l'Europe de l'Est ainsi que dans les pays nordiques (Suède, Norvège). De manière générale, on exigera cependant que tous les enfants d'une même famille portent le même nom. Sur tous ces points, voir le *juri-classeur de législation comparée*.

Parmi les tempéraments apportés à la règle de l'attribution du nom, lorsqu'elle est sous la double dépendance du mariage et de la filiation paternelle, on notera, pour *les pays de common law*, la possibilité de choisir un nom de famille comme prénom. À souligner également le particularisme du droit chinois où c'est l'enfant qui choisit son nom. De fait, il faudrait plutôt parler, pour l'enfant, de la possibilité d'opter pour le nom de sa mère, car le nouveau-né porte automatiquement le nom de son père (art. 16 de la *Loi sur le mariage* de 1980).

*b) Le choix du prénom.* Ici encore, la liberté n'est pas absolue. Au-delà de l'intérêt de l'enfant qui peut s'avérer une contrainte à la fantaisie, certains pays exigent même qu'on attribue à l'enfant un prénom qui correspond à son sexe. (Sur le prénom comme marqueur du sexe, voir L. Duschesne, *Les prénoms, des plus rares au plus courants au Québec*, Montréal, Éditions du Trécarré, 2001). Dans les pays de droit hispanique où les noms de famille sont composés d'un élément maternel et paternel (mais où le seul élément transmissible à la génération suivante est le nom du père), certains États, afin d'éviter toute confusion sur l'identité des membres d'une même famille, ont interdit le port d'un prénom identique par plus d'un membre de la famille immédiate.

**264.–** *Sociologie.* Si le nom a longtemps fait corps avec le sacrement du baptême, pour devenir signe d'appartenance à une terre, à un rang, à une fonction, à un métier, à une profession puis « indice de filiation et de mariage », nombreux sont ceux qui, aujourd'hui comme hier, cherchent à se composer un masque. Si, entre 1867 et 1964, 150 changements de nom ont été accordés par le biais de lois privées au Québec, c'est à 12 381 demandes qu'on a fait droit entre 1965 et 1992, dont 10 397 depuis 1977 (année charnière où la *Loi sur le changement de nom*, L.Q. 1965, c. 77, a été à nouveau modifiée par le législateur, *supra*, note 2). Il semble cependant que l'immense brassage des populations qui caractérise notre époque et la volonté des individus qui se sont établis au Québec de s'intégrer ou de faciliter leur insertion sociale soient un facteur non négligeable. Ainsi, sur les 4 837 changements de nom accordés par le ministre de la Justice entre 1986 et 1992, 975, c'est-à-dire plus du quart environ, émanaient de personnes originaires d'autres pays (757, soit le tiers environ) ou d'autres provinces canadiennes (218). Sur ce nombre, les Asiatiques viennent en tête, suivis par les pays du Moyen-Orient et les pays d'Europe, dont l'Europe de l'Est (statistiques de la direction des enregistrements officiels du ministère de la Justice). Si, depuis, les statistiques ne permettent plus de ventiler, elles sont révélatrices d'une inflation qui ne devrait pas être endiguée. Ainsi, entre 2000 et 2004, c'est un peu plus de 1 200 demandes de changement de nom par année qui ont été présentées au Directeur de l'état civil, dont 2 % à peine n'ont pas été acceptées. Ces statistiques tendent ainsi à confirmer que le nom, dans la société contemporaine, se prête davantage aux enjeux identitaires des individus. Ces pratiques onastiques s'inscrivent par le fait même dans le mouvement de désinstitutionnalisation des rapports sociaux.

Quant à l'impact des modifications qui ont été apportées au *Code civil du Bas-Canada* relativement aux règles d'attribution du nom, dans le sillage de la réforme du droit de la famille, dont l'entrée en vigueur remonte au 2 avril 1981, on relèvera que 9 564 enfants se sont vu doter d'un nom composé en vertu des dispositions transitoires (*Loi instituant le Code civil du Québec et portant réforme du droit de la famille*, précitée, note 3, art. 78). Toutefois, les statistiques qui ont été établies dans les années post-réforme tendent à démontrer que l'attribution du double nom tend à diminuer : plus de 75 % des enfants nés au début du XXIe siècle au Québec portent le nom du père seul, 13 % portent un nom composé (dont 9 % dans le sens mère-père et 4 % dans le sens père-mère) et 5 % des enfants portent le seul nom de la mère. Cette régression s'expliquerait en partie pour des raisons de commodité, mais la préséance accordée au nom du père serait aussi révélatrice d'une manière empirique, pour les couples, d'équilibrer les relations asymétriques entre les hommes et les femmes face à la procréation : voir les articles de D. Lemieux,

J.-L. Legall et D. Meintel dans A. Fine et F.-R. Ouellette (dir.), *Le Nom dans les sociétés contemporaines, op. cit.*, note 17, p. 163 et p. 169.

**Répartition (%) des noms de famille attribués aux enfants**

|  | 1980 | 1986 | 1990 | 1992 | 1995 | 2000 | 2001 | 2002 | 2003 | 2004 |
|---|---|---|---|---|---|---|---|---|---|---|
| Nom du père | 92,5 | 76,6 | 72,9 | 71,2 | 73,6 | 78 | 78,8 | 79,8 | 81,1 | 81,6 |
| Nom de la mère | 4,9 | 7,7 | 6,4 | 6,3 | 6,4 | 5,8 | 5,3 | 5,2 | 5 | 4,6 |
| Parents du même nom | 0,8 | 0,8 | 0,8 | 0,9 | 0,8 | 1 | 1 | 1 | 1 | 1 |
| Père-mère | 0,3 | 2,8 | 4,5 | 4,5 | 5,3 | 4,6 | 4,7 | 4,3 | 4,1 | 4,2 |
| Mère-père | 1,5 | 12,1 | 15,4 | 17,2 | 13,8 | 10,5 | 10,2 | 9,7 | 8,8 | 8,6 |
| **Total noms doubles** | **1,8** | **14,9** | **19,9** | **21,7** | **19,1** | **15,1** | **14,9** | **14** | **12,9** | **12,8** |

SOURCE : Institut de la statistique du Québec.
N.B. Pour arriver à 100 %, il faut ajouter les noms de tiers et les cas non déclarés.

**265.–** *Psychologie et anthropologie.* L'évolution que l'on peut faire de l'usage du nom a été rapprochée, par certains auteurs, d'une autre évolution, celle qui a conduit nos sociétés contemporaines à bannir le culte des morts (P. Ariès, *L'homme devant la mort*, Paris, Seuil, 1975, p. 607). Dans la structure symbolique de la famille, « le nom, écrit E. Ortiguès, gage de reconnaissance qui permet à chacun de savoir « qui je suis » « qui tu es » est le dernier résidu irréductible du culte des morts » (E. Ortiguès, *Le discours et le symbole*, Paris, Aubier, p. 211). Ce résidu irréductible lui survivra-t-il ou « ayant perdu sa fonction symbolique, aura-t-il perdu sa raison d'être ? »

Plusieurs études en anthropologie ou en psychanalyse permettent de mesurer l'importance du processus d'attribution du nom dans la construction subjective du sujet. Au-delà d'une fonction d'individualisation ou de « repérage » des individus dans la société, le port du nom joue en effet un rôle important dans la construction identitaire du sujet, en lui permettant, en quelque sorte, de naître une seconde fois, dans le registre symbolique, un registre qui lui permet de sortir de l'état de fusion/confusion dans lequel il naît, et qui lui permet de survivre. Peu d'auteurs québécois se sont penchés expressément sur la valeur symbolique du nom pour l'individu, à l'exception, toutefois, de Jean-François Mellet qui, transcendant les taxinomies juridiques et à la lumière d'une approche empruntant à la psychanalyse, étudie le droit qui gouverne au Québec la transmission et le changement du nom : *Le régime contemporain de l'attribution et du changement de nom au Québec : le « grand bond en avant » d'une institution de droit civil ?,* mémoire de maîtrise, Montréal, Institut de droit comparé, Université McGill, 2000, 103 p. On soulignera aussi deux articles issus d'études empiriques qui, sans viser directement la fonction symbolique, laissent percevoir cette fonction, notamment, lorsque le « marquage identitaire » par le nom n'a pas opéré. Voir R. Dufour « Dis-moi comment tu t'appelles et je te dirai qui tu es. Nom et illégitimité dans les institutions religieuses du Québec » et J. Le Gall et D. Meintel, « Pratiques de nomination dans les unions mixtes à Montréal. L'affichage des multiples appartenances de l'enfant », dans A. Fine, F.-R. Ouellette (dir.), *Le nom dans les sociétés occidentales contemporaines*, *op. cit.*, note 17, p. 93 et 191. En revanche, plusieurs auteurs français ont écrit sur la dimension symbolique du nom, principalement à la suite de l'adoption des lois du 4 mars 2002 et du 18 juin 2003 ; voir, entre autres, A Boisgibault de Bryas, intitulé « La symbolique du nom de famille », (2005) 1 *Revue de la recherche juridique. Droit prospectif* 533.Voir aussi B. Zarca, « La transmission du nom : identité et dualité », (2002) *Esprit* 84 et I. Théry, « Le nom entre préséance et préférence », (2002) 282 *Esprit* 110.

Dans le cadre de l'étude de la dimension symbolique du nom, l'exemple de la société inuite du Nunavik est intéressant. En effet, cette société, fondée sur la tradition coutumière (et non l'État), a mis en place un processus d'attribution du nom, appelé l'éponymie, qui joue clairement un rôle symbolique pour les individus. L'éponymie est l'acte d'attribuer le nom d'une personne adulte significative – vivante ou défunte – à un nouveau-né, devenant l'éponyme de l'enfant. Il arrive parfois que les enfants aient plusieurs éponymes, en moyenne trois ou quatre. Cette pratique nominale ancestrale a une vocation primordiale dans l'élaboration de l'identité des individus, en ce qu'elle tend à montrer une personne divisible, « l'individu étant appelé à absorber plusieurs identités ». L'Inuit ne reste donc pas collé à sa propre image pour se définir, mais au contraire, en décolle en se soumettant à une autorité supérieure à lui, la tradition inuite, qui le force à s'ouvrir aux autres pour composer sa propre identité, particulièrement en intégrant certaines de leurs caractéristiques. Voir É. Houde, *L'éponymie et l'adoption dans la tradition inuit du Nunavik : une mise en scène de l'altérité*, Thèse de doctorat, Université Laval, Québec, 2003.

**266.–** *Sur le nom de la femme mariée.* On signalera ici la décision rendue par la Cour européenne des droits de l'Homme contre la Turquie, par suite de la contestation par une ressortissante de l'obligation que lui imposait sa loi nationale, de faire précéder son nom de jeune fille par le nom de son mari ; au nom de l'unité familiale. La Cour de Strasbourg, en l'instance, a considéré que les motifs invoqués par l'État turc étaient ni justes ni raisonnables : Ünal Tekeli c/Turquie, (2005) 2 R.J.P.F. 4. Voir sur ce point les commentaires de J.-P. Marguinaud, « La Cour de Strasbourg, Cour européenne des droits de la femme : la question du nom », (2005) *R.T.D. civ.* 343.

## BIBLIOGRAPHIE SÉLECTIVE

AGOSTINI, E., « La protection du nom patronymique et la nature du droit au nom », *D.* 1973, *chron.* 313.

BAUDOUIN, L., « La personne humaine au centre du droit québécois », (1966) 26 *R. du B.* 66.

BOISGIBAULT DE BRYAS, A., « La symbolique du nom de famille », (2005) *R.R.J.* 533, 544.

DEKEUWER-DÉFOSSEY, F. et C. CHOAIN (éd.), *Les enjeux de la transmission entre générations. Du don pesant au dû vindicatif*, Paris, Presses universitaires du Septentrion, 2005.

DUSCHESNE, L., *Les prénoms les plus courants et les plus rares au Québec*, Montréal, Éditions du Trécarré, 2001.

FINE, A. et F.-R. OUELLETTE, « La révolution du nom dans les sociétés occidentales contemporaines », dans A. Fine et F.-R. Ouellette (dir.), *Le Nom dans les sociétés occidentales contemporaines*, Toulouse, Presses universitaires du Mirail, 2005.

GOBERT, M., « Le nom ou la redécouverte d'un masque », (1980) I *J.C.P.* 2966.

GOBERT, M., « Le nom, cet inconnu et une inconnue », (1983) 8 *Corps écrit* 49, 58.

GUTMAN, D., *Le sentiment d'identité, étude de droit des personnes de la famille*, Bibliothèque de droit privé, t. 327, Paris, L.G.D.J., 2000.

LEMIEUX, L., « Utilisation du nom patronymique de la femme mariée », (1977) 37 *R. du B.* 510.

LOISEAU, G., *Le nom objet d'un contrat*, Bibliothèque de droit privé, t. 274, Paris, LGDJ, 1997.

MELLET, J.-F., *Le régime contemporain de l'attribution du nom au Québec : le « grand bond en avant » d'une institution de droit civil*, mémoire de maîtrise, Montréal, Institut de droit comparé, Université McGill, 2000.

NEIRINCK, C. (dir.), *L'État civil dans tous ses états*, Paris, L.G.D.J., Droit et société, 2008.

OFFICE DE RÉVISION DU CODE CIVIL, *Rapport sur le nom et l'identité physique de la personne humaine*, XXXV, Montréal, Éditeur officiel du Québec, 1975.

PARENT, S.-G., *Votre nom dans le droit québécois*, Québec, Thèse de doctorat de l'Université Laval, 1951.

PILON, S., « Le casse-tête juridique des règles d'attribution et de changement de nom », dans Service de la formation permanente, Barreau du Québec, *Congrès annuel du Barreau du Québec (1992)*, 1992, p. 421.

SIMON, H., *Le nom commercial*, Montréal, Wilson & Lafleur/Sorej, 1984.

# CHAPITRE II

# LE SEXE

**267.–** *Le sexe, élément de l'état des personnes.* Le sexe fait incontestablement partie de l'état des personnes[1]. Sa mention figure obligatoirement dans les constats de naissance et de décès (art. 111, al. 2, 115, 124 et 126 C.c.Q.) et dans l'acte de naissance et de décès de tout individu enregistré à l'état civil (art. 108 et 109 C.c.Q.). Si, du point de vue démographique, le sexe constitue le premier critère de répartition statistique de la population, on le retrouve également, sous forme de sigle ou de symbole, dans la plupart des documents employés comme pièces d'identité au Québec et au Canada[2].

**268.–** *Égalité et différence.* Le droit consacre la différence de sexe, comme élément d'individualisation des personnes physiques[3], il s'efforce également, avec cette « disparité naturelle » ; de faire cohabiter, sans la contredire, l'égalité des sexes[4].

**269.–** Bien que le « droit à la même protection et au même bénéfice de la loi » soit aujourd'hui garanti par la Constitution[5], la différenciation

---

1. E. Groffier, « De certains aspects juridiques du transsexualisme dans le droit québécois », (1975) 6 *R.D.U.S.* 114, 131. La jurisprudence, quoique peu abondante, confirme ce principe : *Commission des droits de la personne du Québec c. Arglsberger*, [1982] C.P. 82 et *Commission des droits de la personne et des droits de la jeunesse c. Maison des jeunes, A...*, [1998] R.J.Q. 2549, REJB 1998-07058 (T.D.P.Q.).
2. Parmi les documents couramment utilisés pour fins d'identification au Québec on retrouve le permis de conduire et la carte d'assurance-maladie : voir le *Règlement sur les permis*, L.R.Q., c. 24.2, r. 3.11, et le *Règlement sur l'admissibilité et l'inscription des personnes auprès de la Régie de l'assurance-maladie du Québec*, L.R.Q., c. A-29, r. 0.01, art. 14.
3. Une distinction qui renvoie à l'étymologie du mot sexe : « n.m., XIIe siècle, peu usité jusqu'au XVIe siècle ; empr. lat. « sexus », rac. « sectus » = « séparation », « distinction », P. Robert, *Dictionnaire alphabétique et analogique de la langue française.*
4. J. Carbonnier, *Droit civil*, t. I, *Les personnes*, 21e éd., Paris, P.U.F., 2000, n⁰ 76, p. 135.
5. Art. 1, 15, 28 et 52 de la *Charte canadienne des droits et libertés, Loi de 1982 sur le Canada*, Annexe B (1982, R.-U., c. 11). Voir également les articles 10 et 10.1 à 20.1 de la *Charte des droits et libertés de la personne*, L.R.Q., c. C-12.

des sexes a longtemps inféré une différenciation des droits qui, le plus souvent, s'est traduite par des inégalités, c'est-à-dire des moindres droits, particulièrement pour les femmes. Et si le principe de l'égalité des sexes transcende désormais l'ensemble du droit civil[6], les pratiques sociales, y inclus les pratiques contractuelles et judiciaires, attestent que cette égalité est loin d'être effective. Aussi le législateur s'attaque-t-il maintenant au sexisme[7] en condamnant les discriminations fondées sur le sexe.

## Section I
## Le sexe : définition et constatation

### §1 - Définition

**270.–** *Le sexe est binaire.* Toute personne, même si elle présente des anomalies organiques, est obligatoirement rattachée, à la naissance, à l'un des deux sexes : « en droit, l'hermaphrodite n'existe pas »[8].

**271.–** *Sexe et identité sexuelle.* Le Code civil ne définit pas le sexe. On s'entend cependant aujourd'hui pour dire que sa définition ne répond pas à un critère unique, mais à une combinaison de composantes dont certaines sont objectives (sexe anatomique ou morphologique, sexe génétique ou chromosomique, sexe hormonal), d'autres subjectives « au nombre desquelles le sentiment intime d'appartenance sexuelle, élément psychique a sa place »[9] (vécu personnel), sans compter la dimension sociale (vécu relationnel). En principe, tous ces éléments concordent, mais il peut y avoir dysharmonie entre certains de ces caractères sexuels. Lorsqu'il y a discordance entre les éléments objectifs et subjectifs, lorsque les facteurs anatomiques et génétiques indiquent un sexe déterminé qui est contredit par des facteurs psychosociaux, le droit s'alignera sur le psychisme, c'est-à-dire sur la conscience que le sujet a de son sexe. En ce sens, plutôt que de sexe, il

---

6. Une égalité qui n'a été pleinement acquise qu'en 1980, avec l'adoption de la *Loi instituant le Code civil du Québec et portant réforme du droit de la famille*, L.Q. 1980, c. 30.

7. Défini comme « l'attitude de discrimination à l'égard du sexe féminin » dans le Petit Robert. Pour notre part, nous préférons la définition suivante : « l'infériorisation systématique d'un groupe par un autre, fondée sur l'identité sexuelle » : Collectif Clio, *L'histoire des femmes au Québec depuis quatre siècles*, 2e éd., Montréal, Le Jour, 1992, p. 576.

8. R. Nerson et J. Rubellin, « État civil et changement de sexe », (1981) *R.T.D.C.* 840, 841.

9. J.P. Branlard, *Le sexe et l'état des personnes*, Paris, L.G.D.J., 1993, n° 1352, p. 407 ; C. Chiland, *Changer de sexe*, Paris, Odile Jacob, 1997, p. 70.

serait préférable de parler d'identité sexuelle. Toutefois, c'est le sexe morphologique qui détermine, à la naissance, le sexe légal.

## §2 - Constatation

**272.**– *L'acte de naissance*. Les articles 111 et 115 C.c.Q. exigent que le sexe de l'enfant soit mentionné dans le constat et la déclaration de naissance, documents à partir desquels le Directeur de l'état civil dresse l'acte de naissance (art. 106 et 109 C.c.Q.). C'est le sexe anatomique, identifiable dans la quasi-totalité des cas par simple examen superficiel, qui est alors porté à l'acte de naissance du nouveau-né. Si, par suite d'une malformation, l'examen physiologique est insuffisant, un bilan cytogénétique (caryotype) permettra d'établir le véritable sexe de l'enfant, le sexe génétique, pour sa part, étant immuable.

**273.**– *Intersexualités physiques et état civil*. Il existe des anomalies qui affectent certaines composantes du sexe ; une personne peut réunir les éléments masculin et féminin, qu'il s'agisse de la composante anatomique ou même de la composante génétique. On parle alors d'intersexualité physique, qu'on oppose à l'intersexualité psychique, où seule la représentation subjective que l'individu se fait de son sexe est en cause et où le sujet ne présente aucune anomalie[10]. Dans certains cas, un traitement médical ou chirurgical permettra de lever l'ambiguïté. C'est le cas notamment des malformations congénitales. Dans la mesure cependant où le sexe génétique aura été déterminé à la naissance, cela n'affecte pas l'état civil. Advenant toutefois l'hypothèse où une imperfection initiale de l'anatomie a été interprétée, à la naissance, dans un sens que vient démentir un événement ultérieur, il faudra procéder à la rectification de l'état civil.

**274.**– *La procédure de rectification*. Dans ces cas rarissimes, il ne s'agit pas à proprement parler de changement d'état, mais de mettre l'état civil en accord avec la réalité[11]. Peut-on cependant parler

---

10. Pour une description des intersexualités physiques, voir *infra* la rubrique « Pour aller plus loin ».

11. Il demeure que, parfois, la médecine se révèle incapable de mettre fin à l'ambiguïté du sexe déclaré et que, sous couvert de rectification, l'état civil puisse consacrer un véritable changement de sexe : voir, à titre d'exemple C.A. Versailles, 1re Ch. A, 22 juin 2000, commentaire de P. Guez, « Le changement de sexe d'un enfant hermaphrodite », *J.C.P.* 2001, no 39, 1781 ; voir également les commentaires de J.A. Greenberg à propos de la décision rendue par la Cour d'appel du Texas dans *Littleton* c. *Prange*, 9 S.W.3d 223, « When is a Man a Man, and when is a Woman a Woman », (2000) 52 *Fl. L. Rev.* 745 ; E. Groffier, *loc. cit.*, note 1, p. 132, et J.-L. Baudouin, « La vérité et le droit des personnes : aspects nouveaux », (1987) 18 *R.G.D.* 801, 805.

d'erreur matérielle au sens de l'article 142 C.c.Q., auquel cas le Directeur de l'état civil procéderait lui-même à la correction ? Si l'on interprète la notion d'erreur matérielle comme une erreur purement cléricale, la rectification relèverait alors de la compétence du tribunal (art. 141, al. 1 C.c.Q.). Il nous semble cependant que l'article 130 C.c.Q. autorise une solution plus simple. Cette disposition, en effet, « dispense de l'intervention du tribunal et confie au Directeur de l'état civil le soin de procéder à une enquête sommaire et de dresser l'acte de l'état civil, lorsque les constats ou déclarations requis n'ont pas été fournis ou sont incorrects ou tardifs »[12]. La solution, en définitive, se ramène à une question de circonstances et elle dépend du moment où le sexe véritable sera « révélé ». Si l'erreur est découverte dans un temps relativement court après la naissance, la procédure prévue à l'article 130 C.c.Q. devrait s'appliquer. Par contre, si la détermination du sexe auquel appartient réellement l'individu n'a lieu que beaucoup plus tard, la rectification devrait relever de la compétence du tribunal (art. 141, al. 1 C.c.Q. et 864 C.p.c.).

## Section II
### D'un genre à l'autre : le transsexualisme

**275.–** *Définition*. Le transsexualisme est un état pathologique[13], une forme extrême de dysphorie sexuelle[14] dont l'étiologie est inconnue ou, à tout le moins, peu connue[15]. Il « se caractérise par le sentiment irrésistible et inébranlable d'appartenir au sexe opposé à celui qui est génétiquement, physiologiquement et juridiquement le sien, avec le

---

12. *Comm.*, t. I, p. 96.
13. Voir *infra* la rubrique « Pour aller plus loin ».
14. R.W. Reid, « Aspects psychiatriques et psychologiques du transsexualisme », dans Conseil de l'Europe, *Transsexualisme, médecine et droit*, Actes du XXIIIᵉ Colloque de droit européen, Vrije Universiteit Amsterdam, 14-16 avril 1993, Éditions du Conseil de l'Europe, 1993, p. 25.
15. R.-E. Garet, « Self-Transformability », (1991) 65 *S.Cal. L. Rev.* 121 et C.-N. Armstrong et T. Walton, « Transsexual Metamorphoses », (1992) *New L.J.* 96. Voir également G. Herdt (dir.), *Third Sex, Third Gender*, New York, Zone Books, 1994 et les auteurs cités *supra*, notes 13 et 14. Il semblerait toutefois, d'après les données les plus récentes, qu'il s'agirait d'une anomalie cérébrale, due à un défaut d'imprégnation hormonale au moment de la naissance. Certains parlent même aujourd'hui d'un sexe cérébral qui viendrait s'ajouter aux autres composantes déjà citées : L.J.G. Gooren, « Aspects biologiques du transsexualisme et leur importance pour la réglementation en ce domaine, « Memorandum », dans *Transsexualisme, médecine et droit, op. cit.*, note 14, p. 123 ; J.N. Zhou et al., « A Sex Difference in the Human Brain and its Relation to Transsexuality », (1995) 378 *Nature* 68 ; C. Vidal, « Le cerveau a-t-il un sexe ? », (1996) *La recherche* 240. Toutefois si l'étiologie du transsexualisme fait l'objet de controverses, personne, par contre, ne met en doute l'existence du syndrome lui-même.

besoin obsédant de changer d'état sexuel, anatomie comprise »[16]. À la différence de l'intersexualité physique, le transsexualisme ne présuppose aucune ambiguïté sexuelle[17]. C'est cet écartèlement entre le sexe physique et le sexe « psychique » qui fait du transsexualisme une maladie. En l'état actuel de la science, la médecine demeure encore impuissante à guérir le transsexuel. Tout au plus, permet-elle de syntoniser le corps avec le psychisme, grâce à des traitements hormonaux et chirurgicaux[18]. Faute de traitement satisfaisant et devant l'échec notamment de la psychothérapie, les opérations de conversion sexuelle apparaissent comme la seule thérapeutique opportune[19]. De là leur légalité, au plan du droit criminel, et leur licéité, au plan du droit civil, sous réserve du consentement libre et éclairé de la personne.

**276.**– *Le droit à l'identité sexuelle.* Le droit québécois permet, à certaines conditions, aux personnes dont les caractères sexuels apparents ont été changés, d'obtenir du Directeur de l'état civil que leur acte de naissance soit modifié, de manière à refléter leur véritable personnalité. Nous analyserons donc, dans un premier temps, les conditions auxquelles cette modification peut être obtenue, pour nous arrêter ensuite sur les effets qu'a le transsexualisme sur les droits attachés à la personne et qui sont fonction de son identité sexuelle.

### §1 - La modification de l'acte de naissance

**277.**– *Les conditions de fond.* Seule une personne majeure domiciliée au Québec depuis au moins un an et ayant la citoyenneté canadienne peut présenter une telle demande. Cette personne doit en outre avoir subi avec succès des traitements médicaux et chirurgicaux « impliquant une modification structurale des organes sexuels, et destinés à

---

16.  J. Rubellin-Devichi, « Transsexualisme », (1989) *R.T.D.C.* 721, 724.
17.  Il ne doit donc pas être confondu avec le travestisme – comportement fétichiste à l'égard du vêtement féminin – ni avec l'homosexualité qui, pour sa part, relève davantage de l'ordre de l'affect et de l'*éros* que d'un problème d'identité. Le transsexualisme, en ce sens, ne peut être considéré comme une variante parmi d'autres de la sexualité potentielle et vécue : *Commission des droits de la personne et des droits de la jeunesse* c. *Maison des jeunes*, précité, note 1 ; R.-P. Kouri, « Comments on Transsexualism in the Province of Quebec », (1973) 4 *R.D.U.S.* 167, 170.
18.  Certains observateurs dénoncent une tendance à réduire le traitement à une variété sexuelle de la chirurgie esthétique et des suppléances hormonales : C. Chiland, *Changer de sexe*, Paris, Odile Iacob, 1997 ; G. Morel, « Ambiguïtés sexuelles, Sexuation et psychose », (2000) *Antropos* 200.
19.  Selon les *Standards of Care of the Harry Benjamin International Gender Dysphoria Association Inc.*, les conditions exigées pour entreprendre le remodelage du corps dans un tel cas sont un suivi psychiatrique d'au moins 6 mois, une épreuve du vécu (vivre 24 heures sur 24 dans la peau de l'autre sexe) pendant au moins 12 mois et, ensuite, l'hormonothérapie.

changer leurs caractères sexuels apparents » (art. 71 C.c.Q.)[20], les
mots « traitements médicaux » impliquant par ailleurs un suivi psychologique[21]. On entend ainsi s'assurer qu'il s'agit réellement d'un
cas de transsexualisme[22].

**278.–** Toutefois, la question de savoir quel est le niveau de modification structurale des organes génitaux nécessaire pour emporter une
modification de la mention du sexe dans le registre de l'état civil,
demeure ouverte. Ainsi que le soulignent certains auteurs, « il peut y
avoir ici dualité entre le sexe purement apparent et le sexe morphologique, la question du niveau de leur rencontre devant se poser »[23] : les
caractères sexuels apparents doivent-ils être entendus de façon plus
large que les organes génitaux ou doit-on en exiger la recons-
truction[24] ? Force est de constater que sur ce point, les solutions divergent[25] et que les situations soient réglées au cas par cas.

---

20.    Jusqu'en 2004, on exigeait également que la personne ne soit pas mariée. Cette
       exigence créait, par le fait même, une inégalité, basée sur le statut familial, en
       empêchant la personne concernée « de terminer, par une légitimation juridique, le
       traitement de sa pathologie » : B. Moore, « Le droit de la famille et les minorités »,
       (2003-04) 34 *R.D.U.S.* 229, 256 ; K.A. Lahey, « Legal "Persons" and the Charter of
       Rights : Gender, Race and Sexuality in Canada », (1998) 77 *R. du B. can.* 402 et A.
       Robinson, « Lesbiennes, mariage et famille », (1994) 7 *C.J.W.L. / R.J.F.D.* 393. Le
       mariage étant aujourd'hui ouvert aux conjoints de même sexe, le législateur a
       amendé l'article 71 du Code civil, assurant ainsi une cohérence avec les exigences
       propres aux conditions relatives au changement de sexe : *Loi modifiant le Code
       civil relativement au mariage*, L.Q. 2004, c. 23, art. 1 et 2. Voir également la *Loi
       sur le mariage civil*, L.C. 2005, c. 33, art. 2 et la *Loi instituant l'union civile et éta-
       blissant de nouvelles règles de filiation*, L.Q. 2002, c. 6.
21.    C'est une condition pour que le Régime d'assurance-maladie du Québec couvre les
       frais d'intervention : *Règlement d'application de la Loi sur l'assurance-maladie*, c.
       A-29, r. 1, art. 22, lequel exige que les traitements et interventions soient amorcés
       sur la recommandation d'un médecin psychiatre et qu'ils aient lieu dans un centre
       hospitalier autorisé à cette fin : voir R. Joyal, « Transsexualisme et identité paren-
       tale », (1989) 20 *R.D.U.S.* 155.
22.    B. Moore, *loc. cit.*, note 20, p. 257.
23.    *Ibid.*
24.    Pour le transsexuel à vocation féminine, on procède à une ablation des testicules
       et de la verge qui, incisée et retournée, comme un gant, constitue un néo-vagin.
       Dans cette situation, la castration et la fabrication d'un vagin apparaissent néces-
       saires, sans quoi l'on ferait face à une intervention mutilante, créant une per-
       sonne ni homme ni femme. Dans le cas du transsexuel à vocation masculine, la
       reconstruction sexuelle, par contre, est beaucoup plus délicate, car elle implique
       non seulement l'ablation des organes génitaux (seins, ovaires, utérus) mais aussi
       une phalloplastie, une intervention que les urologues semblent réticents à prati-
       quer. Compte tenu des risques qu'elle comporte pour la santé, l'intervention est
       beaucoup plus longue, et l'organe ainsi reconstruit n'est pas très fonctionnel. Elle
       est coûteuse et n'est pas prise en charge par le régime d'assurance-maladie (voir
       B. Moore, *loc. cit.*, note 20, p. 259-259, note 109).
25.    Voir à ce titre la décision non publiée rapportée par Benoit Moore, dans laquelle le
       Directeur de l'état civil a fait droit à la demande formulée par une femme qui

**279.–** *La procédure.* La demande est faite au Directeur de l'état civil. Elle obéit à la même procédure, à la même publicité que la demande en changement de nom lorsqu'elle relève de la compétence du Directeur de l'état civil[26]. La demande doit être appuyée d'une déclaration sous serment attestant que les motifs qui y sont exposés et les renseignements qui y sont donnés sont exacts. Elle doit comprendre les renseignements suivants :

- le nom de la personne, tel qu'il est constaté dans son acte de naissance, éventuellement, les prénoms qu'elle demande ainsi que celui ou ceux qu'elle utilise à la date de la présentation de la demande ;

- son sexe ;

- les date et lieu de sa naissance ainsi que l'endroit où celle-ci a été enregistrée ;

- l'adresse de son domicile à la date de la présentation de la demande et depuis combien d'années elle est domiciliée au Québec ;

- la date où elle est devenue citoyenne canadienne, si elle est née ailleurs qu'au Canada ;

- les noms de ses père et mère ;

- son état civil et, si elle est mariée ou unie civilement, le nom de son conjoint ainsi que les date et lieu de leur mariage ou union civile ;

- le nom de ses enfants s'il en est, ainsi que leur date de naissance et le nom de l'autre parent de chacun d'eux ;

- si elle a déjà changé de nom, à la suite d'une décision judiciaire ou administrative, le nom qu'elle portait avant cette décision ou, si un tel changement de nom lui a été refusé, les motifs de ce refus ;

- les motifs pour lesquels elle demande le changement de la mention du sexe.

**280.–** La demande doit être accompagnée des documents suivants :

- copie des actes de naissance, de mariage et de décès mentionnés à la demande, lorsque ces actes ont été faits hors du Québec ;

---

aurait subi une salpingo-ovariectomie et une hystérectomie mais pas de phalloplastie (*loc. cit., supra,* note 20, p. 257).

26. Art. 58, 65, 72, 73 et 151 C.c.Q. et *Règlement relatif au changement de nom et d'autres qualités de l'état civil,* D. 1592-93, (1993) 125 *G.O.* II, 8053, art. 23 et 24.

– copie de son certificat de citoyenneté, lorsque la personne est née ailleurs qu'au Canada ;

– copie du jugement irrévocable ou du certificat de divorce, si celle-ci est divorcée ;

– copie du jugement prononçant la nullité du mariage, le cas échéant ;

– copie des décisions antérieures de changement de nom, si elle a déjà changé de nom antérieurement[27].

**281.**– Outre les documents pertinents, la demande doit être accompagnée d'un certificat du médecin traitant et d'une attestation du succès des soins établie par un autre médecin qui exerce au Québec[28]. Ajoutons qu'on ne peut, dans une demande de modification de la mention du sexe, demander un changement de nom de famille[29].

**282.**– Quant à la publicité exigée[30], qui pourrait laisser croire que l'on porte atteinte au respect de la vie privée, on a jugé nécessaire d'en maintenir le principe (art. 63 C.c.Q.), afin d'assurer la protection des droits des tiers : « les possibilités de discrimination existent toujours, nous affirment les commentaires, indépendamment de cette publication »[31].

**283.**– La décision du Directeur de l'état civil doit être motivée[32]. Elle est susceptible de révision par le tribunal, à la demande de toute personne intéressée[33]. Sauf dispense spéciale de publication accordée par le ministre de la Justice, la modification demandée et accordée

---

27. Art. 64 C.c.Q. et *Règlement relatif au changement de nom et d'autres qualités de l'état civil*, précité, note 26, art. 1, 2 et 4, ce à quoi s'ajoute encore le paiement des droits exigibles qui sont de 125 $ : *ibid.*, art. 4.
28. Art. 72 C.c.Q.
29. *Règlement relatif au changement de nom et d'autres qualités de l'état civil*, précité, note 26, art. 24. Quant au changement de prénom, il n'apparaît pas non plus comme un accessoire automatique : la demande devrait donc être faite dans une procédure distincte. Inversement, et si l'on s'en réfère à la décision rendue par la Cour d'appel dans *Montreuil* c. *Directeur de l'état civil*, [1999] R.J.Q. 2819 (C.A.), une personne ne pourrait être tenue de demander la modification de son prénom afin de le rendre concordant en apparence, avec son sexe, puisque le nom et le sexe constituent deux éléments distincts de l'individualisation de la personne.
30. Art. 63, 64 et 73 C.c.Q. On notera cependant qu'en vertu du *Règlement relatif au changement de nom et d'autres qualités de l'état civil*, précité, note 26, seuls les articles 1 à 4, 16 à 22 s'appliquent à la demande (art. 24 du règlement) or les règles relatives à la publicité sont régies par les articles 5 à 7.
31. *Comm.*, t. I, p. 59.
32. *Règlement sur le changement de nom et d'autres qualités de l'état civil*, précité, note 26, art. 16.
33. Art. 74 C.c.Q. et art. 864, 864.2 et 865 C.p.c.

fait l'objet d'un avis dans la *Gazette officielle du Québec*[34]. Un certificat de changement de nom est alors délivré par le Directeur de l'état civil[35].

### §2 - Les effets juridiques de la modification du sexe

**284.**– *L'état civil après le changement de sexe.* Les modifications apportées au plan de l'état civil par suite de la délivrance du certificat de changement de sexe n'ont qu'une portée relative. En effet, la nouvelle mention du sexe n'est portée qu'à l'acte de naissance de la personne intéressée (art. 72, al. 2 C.c.Q.) ; l'acte antérieur de mariage ou l'acte de naissance de ses enfants, s'il y a lieu, ne sont donc pas affectés. Le Directeur de l'état civil dresse un nouvel acte qui se substitue à l'acte primitif. Ce nouvel acte en reprend toutes les énonciations et mentions qui n'ont pas fait l'objet de modifications. Une mention de la substitution est cependant portée à l'acte initial (art. 132 C.c.Q.). Seul l'individu concerné pourra obtenir copie de l'acte original (art. 149 C.c.Q.). Le respect de la vie privée, garanti par l'article 5 de la *Charte des droits et libertés de la personne*, exige en effet qu'on interdise l'accès à l'information initiale aux tiers : « en l'absence d'injustice vis-à-vis la société, le dogme légal cède le pas devant le bien de l'individu »[36]. Encore faut-il assurer la continuité des droits et obligations de la personne. Comme pour le changement de nom, la modification de la mention du sexe ne modifie en rien les droits et obligations de cette dernière. Les documents faits antérieurement à la modification sont réputés être faits sous son nouvel état civil et la personne (ou un tiers intéressé) peut exiger que ces documents soient rectifiés par l'indication du nouveau sexe, et éventuellement, du ou des nouveaux prénoms qui, à sa demande, auront pu être substitués à ceux qui lui avaient été attribués à l'origine (art. 68, 69, 71 et 73 C.c.Q.).

Quant aux autres documents utilisés ou exigés pour fins d'identification, l'intéressé devra, en produisant une copie de son nouvel acte de naissance (ou même plus simplement, un certificat d'état civil), en demander la modification : passeport, certificat de citoyenneté, carte d'assurance sociale, carte d'assurance-maladie, permis de conduire, etc.[37]. Au-delà des droits personnels du seul intéressé, il

---

34. Art. 67 C.c.Q. et *Règlement sur le changement de nom et d'autres qualités de l'état civil*, précité, note 26, art. 17 et 18.
35. *Ibid.*, art. 19.
36. R.-P. Kouri, *loc. cit.*, note 17, p. 183.
37. Pour un cas particulier, voir *Montreuil* c. *Société de l'assurance automobile du Québec*, J.E. 98-1988, REJB 1998-08124 (C.S.).

faut encore envisager les conséquences de l'assignation d'un nouveau sexe, sur les rapports qu'il peut entretenir avec d'autres personnes ; on pense particulièrement au conjoint et aux enfants qui seraient nés avant la conversion morphologique de leur parent. Il convient également de s'interroger sur le droit pour ce dernier de fonder une famille, après sa « réassignation sexuelle »[38].

**285.**– *Les conséquences du changement d'identité sexuelle sur les rapports entre conjoints et les droits des enfants déjà nés.* Si pour le conjoint, comme pour les tiers, le changement de la mention du sexe n'affecte pas le passé, la réassignation sexuelle, par contre, peut venir perturber les rapports au sein du couple. Dans la mesure où le processus de transformation, bien qu'occulté, aurait déjà été entamé avant que le mariage ou l'union civile ait été contracté, l'annulation pourrait être envisagée. Le conjoint pourrait alors invoquer l'erreur sur les qualités essentielles[39]. En dehors de cette hypothèse, la seule autre avenue qui s'offre au conjoint est de demander le divorce ou la dissolution de l'union civile. Le conjoint pourrait invoquer le fait que ce changement a conduit à l'échec du mariage[40] ou a atteint, de façon irrémédiable, la volonté de faire vie commune (art. 521.12 C.c.Q.).

**286.**– Il n'est pas exclu, par ailleurs, que le conjoint du transsexué puisse accepter cet état de fait et de droit, ce qui le conduira nécessairement à vivre, dorénavant, avec une personne du même sexe, tout en restant marié ou uni civilement à une personne de sexe différent. La situation est désormais possible puisque le mariage est permis entre personnes de même sexe[41].

**287.**– *Capacité, identité parentale et changement de sexe.* En ce qui a trait à la capacité parentale, la transsexualité, pas plus que l'orientation sexuelle de l'un des parents, ne constitue un facteur déterminant[42]. L'intérêt de l'enfant est le seul critère à prendre en considération (art. 33 C.c.Q.). En ce sens, « l'attribution de la garde

---

38. Pour emprunter la nouvelle terminologie qui nous vient des pays de langue anglaise : voir, entre autres, J.A. Greenberg, *loc. cit.*, note 11.
39. À propos de la notion d'erreur sur la qualité substantielle, voir M.D.-Castelli et D. Goubau, *La Famille*, Québec, P.U.L., 2005, p. 39-41 ; J. Pineau et M. Pratte, *La Famille*, Montréal, Éditions Thémis, 2007, nos 42 à 46.
40. Art. 8(1) de la *Loi sur le divorce*.
41. *Loi sur le mariage civil*, L.C. 2005, c. 33, art. 2.
42. Rappelons ici que l'article 10 de la *Charte des droits et libertés de la personne* prohibe la discrimination fondée sur le sexe et sur l'orientation sexuelle. La discrimination fondée sur l'état de transsexuel ou sur le processus de transsexualisme constitue de la discrimination fondée sur le sexe : *Commission des droits de la personne et des droits de la jeunesse* c. *Maison des jeunes,* précité, note 1.

(ou d'un attribut de l'autorité parentale) ne devrait pas se poser différemment à l'égard du parent transsexuel qu'elle ne l'est quant aux parents hétérosexuels »[43]. Les droits des enfants ne se trouveront pas plus affectés pour ce qui est des questions relatives au patrimoine, compte tenu des dispositions des articles 68 et 73 C.c.Q., la filiation telle qu'établie initialement n'étant par ailleurs aucunement affectée. Celui des deux parents qui, à l'origine, a été indiqué comme le père, bien que devenu femme, le restera et vice-versa[44].

On rappellera ici que la décision qui fait droit à la demande de modification du sexe dans le registre de l'état civil n'a pas d'effet rétroactif. Elle est constitutive d'état. Il est donc possible qu'un lien de filiation qui n'aurait pas été établi avant la modification du sexe légal puisse être établi ultérieurement à l'endroit du ou de la transsexuée, en fonction de son sexe d'origine. Le jugement faisant droit à une action en réclamation d'état a, en effet, un caractère déclaratif.

**288.–** *Le droit de fonder une famille après la modification de la mention du sexe*. Si la question de la validité du mariage de la personne transsexuée avec une personne qui, en apparence, a un sexe différent du sien, est devenue obsolète compte tenu de la définition qu'on en retient aujourd'hui, la question d'une possible annulation du mariage contracté après la « réassignation » morphologique et civile n'est pas à exclure pour autant. Ici encore, le conjoint qui n'aurait pas été mis au courant de cet état de fait avant la célébration pourrait invoquer l'erreur sur les qualités substantielles au soutien d'une demande en nullité.

Mais le transsexué dont l'état civil a été modifié peut également vouloir fonder une famille. Désireux d'avoir un enfant, lui et son conjoint peuvent se tourner vers l'adoption comme l'y autorisent les articles 546 et 555 C.c.Q. C'est d'ailleurs la seule avenue que pourrait emprunter un couple homosexuel (formé d'une femme, devenue homme, avec un autre homme), le recours à la maternité de substitution n'étant pas admis en droit québécois (art. 541 C.c.Q.)[45]. Par

---

43. M. Rivet, « La vérité et le statut juridique de la personne en droit québécois », (1987) 18 *R.D.U.S.* 861. Voir également É. Deleury, « Le droit de la famille et l'union homosexuelle », (1984) 25 *C. de D.* 751, 763 et s.

44. *J.M.* et *Je.M.*, [2004] R.J.Q. 2491 (C.S.) : refus de modifier, dans l'acte de naissance des enfants, la mention du sexe du parent. En d'autres mots, la *mère* ne devient évidemment pas le *père* à la suite d'un changement de sexe.

45. Ce qui introduit, par le fait même, une distinction entre les femmes et les hommes homosexuels. Toutefois, rien n'interdit à la femme qui agirait comme mère porteuse de donner un consentement en faveur du conjoint de celui vis-à-vis duquel la paternité de l'enfant aurait été établie : art. 555 C.c.Q. Pour une analyse de la

contre, dans l'hypothèse où le transsexué et son conjoint forment un couple hétérosexuel (donc de sexe différent selon leur état civil) ou encore un couple homosexuel féminin (donc de même sexe selon leur état civil), la procréation assistée se présente comme une solution possible. Dans ces circonstances, à défaut d'indication dans l'acte de naissance de la filiation paternelle et en présence de conjoints mariés ou unis civilement, la présomption de parentalité de l'article 538.3 C.c.Q. s'applique. C'est dire aussi que dans la famille ainsi constituée, l'enfant pourrait avoir, selon le cas, un père et une mère, deux mères ou deux pères qui, quel que soit le scénario envisagé, ont, à son endroit, les mêmes droits et les mêmes obligations (art. 538.1 C.c.Q.). On se trouve ainsi à bouleverser les structures traditionnelles de la parenté, conjuguée aujourd'hui sur le mode de la parentalité, d'autant plus que dans le cas particulier du transsexué, on se trouve à la fois à gommer, pour l'enfant, et ses origines biologiques et le sexe sous lequel est né celui qui est, au plan du droit, son père ou sa mère.

**289.**– *Le recul du principe de l'indisponibilité de l'état.* On peut considérer que la transcription dans le droit du phénomène du transsexualisme représente un recul du principe de l'indisponibilité de l'état. Mais l'indisponibilité n'est pas l'immutabilité[46]. Quand le changement est l'effet d'une cause étrangère à la volonté, quand il s'agit d'un « déterminisme de nature pathologique », peut-on parler de changement ? Ainsi que l'écrit un auteur le transsexuel n'agit pas, il « est agi », il subit et c'est précisément pourquoi, dans la logique de cette vision, le transsexualisme échappe au principe de l'indisponibilité de l'état[47].

Mais la notion d'identité sexuelle, telle qu'inscrite dans le droit, est aujourd'hui réinterprétée à la lumière du concept philosophique d'identité, *i.e.* de droit à l'autonomie du sujet, et l'on assiste à de nouvelles formes de revendications qui, d'égalitaires, sont devenues identitaires.

---

question, voir J. Pineau et M. Pratte, *op. cit.*, note 39, n[os] 424 et 436.1, p. 682-685, 707-709. Voir également M.D.-Castelli et D. Goubau, *op. cit.*, note 39, selon lesquels le Directeur de l'état civil pourrait difficilement refuser l'inscription de deux hommes comme parents compte tenu du libellé de l'article 115 C.c.Q.

46.   J. Pousson-Petit, « Une illustration, le cas du transsexualisme », dans C. Neirinck, *De la bioéthique au bio-droit*, Paris, L.G.D.J., Collection Droit et Société, n[o] 8, 1994, p. 133, 138.

47.   G. Cornu, « Droit civil », t. 1, *Introduction, Les personnes, Les biens*, 12e éd., Paris, Montchrestien, 2005, n[o] 564 bis, p. 273, qui ajoute : « Le sexe d'arrivée est un sexe de conviction, enraciné dans le psychisme, non un sexe de sélection, de convenance, de caprice ou d'emprunt ».

**290.–** *Du transsexualisme au transgenre ou l'effacement du sexe.* Ces revendications s'appuient sur les théories développées par les féministes pour lutter contre les inégalités dont historiquement elles ont été victimes et sur la notion de *genre*, elle-même empruntée à l'anthropologie et telle que redéfinie par les *gay and lesbian studies*[48]. Selon cette école de pensée, le discours juridique sur le transsexualisme serait biaisé ; il ne ferait que reproduire, sous le couvert du genre, une division sociale des rôles fondée autrefois sur le sexe, *i.e.* anatomique. Ce discours consacrerait l'hégémonie de l'hétérosexualité dans la culture juridique dont les homosexuels seraient des *outsiders*. Posée en ces termes, la question du transsexualisme et celle du sexe comme élément de l'état des personnes, deviennent un enjeu politique, un enjeu qui commande d'abolir tout lien entre le sexe et le genre afin de paver la voie à l'égalité. D'après cette école donc, « chaque individu serait porteur d'une identité de genre, à la fois sexuée et sexuelle, laissée à sa seule appréciation personnelle »[49]. Cette théorie se trouve elle-même confortée par l'affaiblissement, dans la littérature médicale[50], de la référence pathologique[51].

De là, les revendications exprimées par certains groupes : si le genre est déterminé par la seule volonté du sujet, chacun devrait être libre du choix de son sexe à l'état civil et les conditions posées par la loi, à cet égard, seraient discriminatoires puisque, pour changer de sexe, ils sont obligés de passer par un traitement mutilant et irréversible[52].

---

48. Voir, entre autres, T. Flynn, « Transforming the Debate : Why We Need to Include Transgender Rights in the Struggle for Sex and Sexual Orientation Equality », (2001) 101 *Columbia L. Rev.* 392 ; A.N. Sharpe, « Anglo-Australian Judicial Approaches to Transsexuality : Discontinuities, Continuities and Wider Issues at Stake », (1997) 6(1) *Social & Legal Studies* 213 ; *Transgender Jurisprudence : dysphoric bodies of law*, London/Sydney, Cavendish Pub., 2002 ; A. Fausto-Sterling, *Sexing the Body : Gender Politics and the Construction of Sexuality*, New York, Basic Books, 2000, P. Currah, Richard M. Juang et S. Shannon, Price-Minter, *Transgender Rights*, Minneapolis, University of Minnesota Press, 2006 et J. Cromwell, *Transmen and FTMs : Identities, Bodies, Genders and Sexualities*, Chicago, University of Chicago Press, 1999.
49. A. Preciado, *Manifeste contra-sexuel*, Paris, Balland, 2000.
50. H. Frignet, *Le Transsexualisme*, Paris, Desclée de Brouwer, 2000, p. 98.
51. D'après le classement opéré par l'American Psychiatric Association (*Diagnostic and Statistical Manual of Mental Disorder*, 4e éd., Washington D.C., 1994) le transsexualisme s'inscrirait dans un *continuum* qui englobe tous les particularismes sexuels dont il ne se différencie que sur un mode quantitatif : H. Frignet, *op. cit.*, note 50, p. 112. Aussi, la réassignation hormono- chirurgicale est-elle de plus en plus contestée par les psychanalystes, « car si elle peut satisfaire un désir, elle ne guérit pas ».
52. Voir en ce sens les revendications exprimées par les groupes CACTUS et ASTT(E)Q dans K. Namaste, *Évaluation des besoins : les travesti(e)s et les transsexuel(e)s au Québec à l'égard du VIH/Sida*, Montréal, CACTUS.

Si l'amalgame entre identité sexuelle et sexuation[53] qui fonde ces revendications peut prêter le flanc à la critique et si l'éclairage de la psychanalyse révèle même qu'il est potentiellement dangereux, il a au moins le mérite d'interroger certaines pratiques posées comme conditions préalables au changement du sexe civil. En d'autres termes, la question qui se pose pour le juriste est : faut-il démédicaliser ? Et, pour ce faire, faut-il pour autant supprimer toute catégorie sexuelle ?

**291.–** *Le transsexualisme revisité.* Devant les controverses que soulève l'approche médicale et le pluralisme des solutions qui ont été adoptées pour inscrire le transsexualisme dans le droit, certains auteurs ont proposé une solution à deux voies qui consiste à offrir au transsexuel la possibilité de vivre son sexe psychosocial sous un autre prénom, tout en maintenant les mêmes conditions que celles qui sont exigées actuellement pour celui qui demande la modification de son sexe civil. La solution proposée n'est d'ailleurs pas étrangère au droit québécois, l'existence d'un motif sérieux donnant ouverture à une demande de changement de nom (art. 58 C.c.Q.). Or, dans la mesure où, selon les standards médicaux, l'épreuve du vécu sous les apparences de l'autre sexe constitue une étape importante dans le cheminement de la personne qui s'engage dans un processus de transformation sexuelle, on devrait pouvoir conclure au sérieux de sa demande. C'est d'ailleurs en ce sens que la Cour supérieure, siégeant en révision, a rendu sa décision dans l'affaire *Thompson*[54]. Mais il ne faudrait pas que, sous le couvert d'un changement de nom, on permette à une personne de vivre sous deux sexes, sauf à réduire l'état civil à une question d'image et non d'identité.

### Pour aller plus loin

**292.–** *Mythologie, histoire et légendes.* « Le syndrome est ancien » : la mythologie grecque nous révèle que les dieux changeaient déjà les filles en garçons (une faveur lourde de symbolique). Mais « le mythe de l'androgynat a toujours hanté l'humanité [...] : dans l'antiquité, Juvénal rapporte le cas des Phrygiens d'Anatolie ; Hérodote cite la maladie des Scythes, une peuplade du

---

53. « La sexuation intéresse le désir du sujet et rend compte de la manière dont il va inscrire sa jouissance comme masculine ou, au contraire, comme féminine » : H. Frignet, *op. cit.*, note 50, p. 124, qui distingue en ce sens le transsexuel dont l'identité est forclose du transsexualiste chez qui l'identité sexuelle est assurée, mais qui reste dans une impasse pour ce qui est de la sexuation. En ce sens, le transsexualisme comme symptôme subjectif et le phénomène « trans », comme phénomène social, ne se recouvriraient pas entièrement, H. Frignet, *ibid.*, p. 132-133.
54. *Thompson* c. *Directeur de l'état civil*, [2002] R.D.F. 182, REJB 2002-28176 (C.S.).

Nord-Est de l'Europe où les hommes vivaient en femmes. Dans les Métamorphoses d'Ovide, l'auteur décrit le comportement inverse. Les exemples jalonnent l'histoire : l'empereur Caligula, la papesse Jeanne ou Jean XXIII, Henri III, l'abbé de Choisy, [...] le chevalier d'Éon [...], Catherine de Suède présentent des symptômes de transsexualisme » (J. Petit, « L'ambiguïté du droit face au syndrome transsexuel », (1976) *R.T.D.C.* 264). De nos jours encore, en Inde, une communauté secrète d'eunuques, les hijra, s'habillent et vivent à la manière des femmes, et leurs communautés parsèment tout le pays (D. Lapierre, *La cité de la joie*, Paris, Éd. Le livre de poche, 1987, p. 444 et 470, cité par J.-P. Branlard, *op. cit.*, note 9, n° 1186, p. 412). Plus près de nous, on peut penser au mouvement hippy qui refuse la division des sexes. Et si notre époque a été génératrice d'hétérogénéités sexuelles (M. Foucault, *Histoire de la sexualité*, t. I, *La volonté de savoir*, Paris, Gallimard, 1976), d'aucuns voient poindre l'avènement historique de l'androgynie (E. Badinter, *L'un et l'autre : des relations entre hommes et femmes*, Paris, Éd. Odile Jacob, 1986).

**293.–** *Sexe, genre et identité sociale de sexe.* L'établissement d'une distinction conceptuelle entre le sexe et le genre (*gender*), construit culturel qui varie d'une société à l'autre, est probablement la plus grande contribution des chercheures féministes aux débats épistémologiques et méthodologiques en sciences sociales (R.J. Stoller, *Sex and Gender*, New York, Science House, 1968 ; M.T. Nelson, *Sex and Gender, Making Cultural Source of Civilization*, Leyde, 1989 ; K.A Lahey, *Are we « Persons » yet ?*, *Law and Sexuality in Canada*, Toronto, University of Toronto Press, 1999 ; N.-C. Mathieu, *Anatomie politique, catégorisations et idéologies du sexe*, Paris, Éditions Côté-femmes, 1991 et J. Scott, « Le genre : une catégorie utile d'analyse historique », *Les Cahiers du Grif*, n° 37/38, printemps 1988, p. 125). Les anthropologues nous proposent aujourd'hui la « construction d'un paradigme ternaire des catégories sociales de sexe, en parlant d'un « troisième sexe » social pour les individus dont la socialisation impliquerait un chevauchement de la frontière des sexes sociaux » (H. Guay, « Femmes inuit, développement et catégories sociales de sexe », *Recherches féministes*, 1988, vol. 1, n° 2, 91, p. 93). Dans les sociétés primitives, on appelle *chamanes* ces chevaucheurs de frontière entre les sexes. Bernard Saladin d'Anglure, dénonçant la confusion qu'on continue à entretenir entre sexe social et sexualité, définit comme suit ce troisième sexe : « une catégorie de sexe résultant d'une construction socioculturelle de l'identité opérée par le groupe, à travers l'« atome familial » de reproduction (modèle idéal mais aussi unité sociale) en manipulant et la filiation (ordre des générations, ou ordre de naissance) et les catégories de sexe, en fonction de l'état de développement de cet atome familial et de l'identité de ceux qui en ont la charge » (B. Saladin d'Anglure, « Du projet par A.I.D. du sexe des anges : notes et débats autour d'un troisième sexe », *Anthropologie et sociétés*, 1985, vol. 9, n° 3, 139, p. 164 ; voir également du même auteur, « Le « troisième » sexe », *La recherche*, n° 245, juillet-août 1992, p. 836).

**294.–** *Histoire du droit.* Les jurisconsultes romains classaient les individus qui présentaient l'apparence des deux sexes en faisant « appel à la distinction du principal et de l'accessoire » (J. Carbonnier, *Droit civil*, t. I, *Les personnes*, 21e éd., Paris, P.U.F., 2000, no 77, p. 111). Ils les rangeaient dans celui qui semblait prédominant (Dig. I, 5, 10 ; 28, 2, 6, 2 et Ulpien, L.622, *De liberis et posthumis*, XVII.2). C'était aussi l'enseignement de Domat, *Les lois civiles dans leur ordre naturel*, t. I, *De l'état des personnes par la nature*, p. 68. Intéressante cependant est la thèse du criminaliste espagnol Lorenzo Matheu y Sanz (1663) qui, non seulement, soutenait la thèse de la possibilité technique de l'hermaphrodisme parfait (phénomène extrêmement rare pour ne pas dire inexistant chez l'humain), mais aussi celle de la réalité biologique et historique d'un être humain complètement formé dans ses capacités bisexuelles : voir V. Marchetti, « Proposition de règlement juridique d'une troisième sexualité », dans *Droit, histoire et sexualité*, textes réunis et présentés par J. Poumarède et J.-P. Royer, Publications de l'Espace juridique, 1987, p. 133.

**295.–** *Droit comparé.* « La composante psychologique et psychosociale sont deux aspects de l'identité sexuelle qui prennent de plus en plus d'importance dans le développement des sociétés occidentales. Ce que révèle une incursion dans le droit comparé » : J.-P. Branlard, *op. cit.*, note 9, no 1391, p. 463. Dans l'ensemble, en effet, l'attitude semble assez libérale. Mais si la licéité des traitements hormonaux et chirurgicaux semble aujourd'hui acquise, la modification à l'état civil, par contre, donne lieu à des divergences de solution (J.-L. Baudouin, *loc. cit.*, note 11, p. 805). Ainsi certains pays n'autorisent que le changement de prénom. Dans les pays qui permettent le changement de la mention du sexe à l'état civil, la procédure appropriée est soit judiciaire (on procède alors par action d'état), soit administrative. Certains pays se contentent d'exiger la conviction de la personne qu'elle appartient à l'autre sexe (on exige cependant la preuve que la personne est dans l'incapacité de procréer (Belgique, Pays-Bas, Allemagne, dont la loi prévoit deux procédures judiciaires au choix du transsexuel : la solution « restreinte », limitée au changement de prénom, et la solution « large », qui comporte une décision du tribunal constatant le changement de sexe et dont les conditions d'ouverture sont plus strictes)) ; d'autres exigent la preuve préalable d'une transformation physique. Le célibat apparaît encore comme une condition essentielle mais la nationalité n'est pas toujours une condition nécessaire.

Parmi les pays qui se sont dotés d'une législation spécifique, on note pour l'Europe : l'Allemagne, la Belgique, le Danemark, l'Espagne, la Finlande, l'Italie, les Pays-Bas, la Suède et la Grande-Bretagne. Aux États-Unis : l'Arizona, la Californie, l'Illinois et la Louisiane ont également légiféré et, exception faite de l'Ohio et du Tennessee, les tribunaux, en l'absence de législation, acceptent de modifier les actes de l'état civil en conséquence. En Europe, dans les pays qui n'ont pas adopté de législation, le problème se résout par référence au droit commun (Grèce, Luxembourg, Portugal, Suisse). Pour la France, la question a été définitivement tranchée par la Cour de cassation en 1992 (Cass. Plen. 11 décembre 1992, J.C.P. 1992.II, 2191, note G. Mémeteau), après sa condamnation par la Cour européenne des droits de l'homme (*B.* c. *France*, C.E.D.H., 25 mars 1992, série A, n° 231C). On aurait pu penser, toutefois, compte tenu des motifs qui avaient été avancés par la Cour européenne des droits de l'homme, au soutien des deux décisions qu'elle avait rendues en 2002 dans les affaires *I.* et *Christine Goodwin* c. *Royaume-Uni* (arrêts du 11 juillet 2002, req. Nos 28957/95 et 25680/94, *D.* 2003, 2032) que cette même Cour se serait montrée plus ouverte envers les transsexuels déjà mariés. Or, la Cour a par la suite déclarée irrecevables les requêtes dont elle a été saisie par deux transsexuels qui contestaient, pour l'un le droit anglais, pour l'autre, le droit écossais qui n'autorisent la délivrance d'un nouveau certificat de naissance qu'à une personne qui n'est pas ou qui n'est plus mariée. (*R. et F.* c. /*Royaume-Uni* et *Perry* c. /*Royaume-Uni*, CEDH 28 novembre 2006. Sur la jurisprudence de la Cour européenne et sur l'état du droit européen, voir J.P. Marguénaud et P. Corlay, « Le mariage entre personnes de même sexe renvoyé aux calendes grecques », (2007) *R.I.D.C.* 287 ; L. François, R. Pierre et W. Jean-Baptiste, « Transsexualisme et droit européen », dans *Sexe, sexualité et droits européens* ; Dubos et J.-P. Marguénaud (dir.), Paris, Pédone, 2007 ; *Les Grands arrêts de la Cour européenne des droits de l'homme (GACEDH)*, par F. Sudre, J.-P. Marguénaud, J. Andriant-Simbazovina, A. Gouttenoire, M. Levinet, Paris, P.U.F., 4e éd., 2007 ; Conseil de l'Europe, *Transsexualisme, médecine et droit, op. cit.*, note 14 ; J. Pousson-Petit, « Le droit à l'identité sexuée et sexuelle dans les droits européens », dans *L'identité de la personne humaine, Étude de droit français et de droit comparé*, J. Pousson-Petit dir., Bruxelles, Bruylant, 2002, p. 718.

Au Canada, on trouve, dans l'ensemble des provinces, des dispositions particulières qui s'apparentent sensiblement à celles du *Code civil du Québec* : on les retrouve généralement dans les lois sur les statistiques de l'état civil (*Vital Statistics Act*) calquées, le plus généralement sur le *Uniform Vital Statistics Act* élaboré par la Conférence pour l'harmonisation des lois au Canada : *Recueil des lois uniformes*, c. 50 A-1. Voir pour l'Alberta, R.S.A. 2000, c. V-4 ; la Colombie-Britannique, R.S.B.C. 1996, c. 479 ; le Manitoba, C.C.S.M., c. V50 ; le Nouveau-Brunswick, S.N.B. 1979, c. V-3 ; la Nouvelle-Écosse, R.S.N.C. 1989, c. 494 ; l'Ontario, R.S.O. 1990, c. V.4 ; la Saskatchewan, S.S. 1995, c. V-7.1 et, pour les Territoires du Nord-Ouest, R.S.N.W.T. 1988, c. 3, supp. S.17.

**296.–** *Sociologie.* Le transsexualisme semblerait surtout préoccuper les pays industrialisés (Amérique du Nord et Europe occidentale). Apparemment, le syndrome « aurait une moindre implantation dans le tiers-monde américain, africain, asiatique et les pays de l'Europe centrale : « il s'agirait donc d'un problème de société » (J.-P. Branlard, *op. cit.*, note 9, n° 1200, p. 416).

Le phénomène demeure malgré tout marginal. En France, on parle d'environ un millier de cas (*ibid.*, n° 2079, p. 618). Aux États-Unis, on estime

entre 700 et 2 000 le nombre de conversions sexuelles effectuées annuellement (R.-E. Garet, « Self-Transformability », (1991) 65 *S.Cal. L. Rev.* 129,
note 11. Voir cependant T. Walton, « A Measure of Appreciation », (1992) 4
*New L.J.* 1201). Au Québec, les statistiques de la direction des enregistrements officiels du ministère de la Justice démontrent cependant que le phénomène, tout marginal qu'il soit, a plus d'ampleur. Entre 1979 et 1992, 251
requêtes pour changement d'indication de sexe et de prénoms ont en effet été
accordées. On note cependant que depuis le milieu des années 90, le nombre
de demandes a nettement diminué. Par contre, ici comme ailleurs, l'écart
entre hommes et femmes tend à se réduire. D'après les statistiques de l'état
civil, les demandes de changement dans la direction femme-homme, même si
elles sont moins nombreuses, représentent environ 30 % de l'ensemble des
demandes présentées au cours des 5 dernières années. Une évolution liée,
selon certains, au fait qu'autrefois, les femmes atteintes de ce syndrome,
n'osaient se faire connaître, alors qu'aujourd'hui, elles le font (J.-P. Branlard,
*op. cit.*, note 9, n⁰ 1758, p. 547). Sur la dimension sociale du transsexualisme,
voir F.W. Lewins, *Transsexualism in Society : A Sociology of Male to Female
Transsexuals*, South Melbourne, McMillan Education, Australia, 1995.

**297.–** *Description du transsexualisme.* Le terme a été employé pour la
première fois par le docteur Caudwell dans le titre d'un article paru en 1949
« Psychopathia Transsexualis », (1949) 16 *Sexology* 274-280, repris et consa-
cré par H. Benjamin et E.-A. Gutheil qui en traceront le tableau clinique et
qui en donneront la première définition : H. Benjamin, « Travestism and
Transsexualism », (1953) 7 *Int. J. Sexol.* 12-14 ; « Travestism and Transsexualism, Symposium », (1954) 8 *Am. J. Psychother.* 219-230 ; E.R. Gutheil,
« The Psychologic Background of Transsexualism and Travestism », (1954) 8
*Am. J. Psychother.* 231-239. Voir également H. Benjamin, *The Transsexual
Phenomenon*, New York, The Julian Press Inc., 1966. C'est à ce titre qu'on le
retrouve aujourd'hui dans la *Classification internationale des troubles men-
taux et des troubles du comportement* de l'Organisation mondiale de la santé,
O.M.S., Geneviève Masson, p. 192. Voir également, American Psychiatric
Association, *Diagnostic and Statistical Manual of Mental Disorder*, 4ᵉ éd.
(DSM-IV), Washington D.C., 1994, p. 537, à qui certains reprochent d'avoir
imposé une approche exclusivement comportementale à la psychiatre du
monde entier sur la question, sa définition du phénomène comme une dysphorie de genre (*gender dysphoria*) évoquant davantage un état qu'une
maladie. Voir notamment, A. Frignet, *Le transsexualisme*, Paris, Desclée de
Brouwer, 2000, p. 33, note 9. Sur les glissements induits par ce changement
de terminologie, voir J. Pousson-Petit, « Une illustration, le cas du transsexualisme », dans C. Neirinck, *De la bioéthique au bio-droit*, Paris, L.G.D.J.,
Collection Droit et Société, n⁰ 8, 1994, 133, p. 134. L'étiologie du transsexualisme est mal connue. R.-E. Garet, « Self-Transformability », (1991) 65 *S.Cal.
L. Rev.* 121 et C.-N. Armstrong et T. Walton, « Transsexual Metamorphoses »,
(1992) *New L.J.* 96. Voir également G. Herdt (dir.), *Third Sex, Third Gender*,
New York, Zone Books, 1994. Il semblerait toutefois qu'il s'agirait d'une ano-

malie cérébrale, due à un défaut d'imprégnation hormonale au moment de la naissance. Certains parlent même d'un sexe cérébral qui viendrait s'ajouter aux autres composantes : L.J.G. Gooren, « Aspects biologiques du transsexualisme et leur importance pour la réglementation en ce domaine, « Memorandum », dans *Transsexualisme, médecine et droit, op. cit.*, note 14, p. 123 ; J.N. Zhou et al., « A Sex Difference in the Human Brain and its Relation to Transsexuality », (1995) 378 *Nature* 68 ; C. Vidal, « Le cerveau a-t-il un sexe ? », (1996) *La recherche* 240. Toutefois si l'étiologie du transsexualisme fait l'objet de controverses, personne, par contre, ne met en doute l'existence du syndrome lui-même (désigné comme le syndrome de Benjamin). Le transsexualisme est un phénomène complexe. « Cette réalité complexe, mouvante et globale, écrit Jacqueline Petit, est d'appréhension difficile, partielle et relative. Généticien, embryologiste, anatomiste, histologiste, endocrinologue, psychologue, juriste et sociologue l'envisagent selon leurs optique et critères. Mais le sexe d'un individu ne peut résulter que d'un bilan : il est issu de la juxtaposition d'une série d'éléments : génétique, chromosomial [...], chromatinien, gonadique, germinal, gamétique ou gonocytaire, gonophorique interne, gonophorique externe ou périnéal, hormonal, somatique, psychique voire social [...] » : J. Petit, « L'ambiguïté du droit face au syndrome transsexuel », (1976) *R.T.D.C.* 263, 269. À la complexité de cette réalité, s'ajoutent encore les particularismes identitaires dont fait état l'anthropologie. On peut penser plus particulièrement à l'éponyme, *i.e.* le nom sous lequel l'enfant, quel que soit son sexe, sera identifié jusqu'à sa puberté, dans la culture inuite. Le nom donné à l'enfant est celui d'une personne défunte, le plus généralement, un de ses ancêtres, dont il habitera l'*habitus* du sexe, dans une identification complète, qu'il s'agisse d'un homme ou d'une femme. Il s'agit en quelque sorte d'un « sexe d'élevage » : voir sur cette question, B. Saladin-d'Anglure, « Du projet par A.I.D. au sexe des anges : notes et débats autour d'un « troisième sexe », (1985) 9 (3) *Anthropologie et Sociétés* 139. Ce sont les chromosomes X et Y qui font la différenciation entre les sexes : chez la femme, les deux chromosomes sexuels sont identiques (XX) alors que chez l'homme apparaît la combinaison XY : « Apparemment, c'est un modèle (toujours le même) que la nature suit. Au départ, l'embryon est neutre et possède une double potentialité. Si le sujet est destiné à devenir un mâle, des modifications interviennent qui l'orientent dans le sens masculin. S'il est destiné à devenir une fille, ces modifications n'ont pas lieu. Le sexe féminin apparaît ainsi comme le sexe « fondamental » ; pour qu'il y ait « virage » vers le sexe masculin, il faut qu'une puissance agissante se mette en marche. Cette « machinerie », au commencement, c'est le chromosome Y » : J.-P. Branlard, *op. cit.*, note 9, n⁰ 1539, p. 456, qui renvoie à l'article de J. Belaisch, « Comment se fabrique un individu de sexe masculin et comment il fonctionne », dans *Les sexes de l'Homme*, Paris, Éd. Seuil, 1985, p. 77 à 122. Voir également D.L. Hawley, « The Legal Problems of Sex Determination », (1977) 15 *Alta L. Rev.* 122, 123. C'est après l'apparition des gonades, soit les glandes sexuelles (vers la 7e semaine environ) que les organes génitaux prendront leur configuration définitive (vers le 3e mois environ).

**298.–** *Les intersexualités physiques.* On les regroupe en quatre catégories « à savoir les aplasies ou les hypoplasies gonadiques à caryotype XX ou XY, les dysgénésies gonadiques vraies, l'hermaphrodisme, les pseudo-hermaphrodismes masculin et féminin » (J. Petit, « L'ambiguïté du droit face au syndrome transsexuel », (1976) *R.T.D.C.* 263, 269 ; K. Haffen, « Intersexualité », dans *Encyclopedia Universalis* ; B. Salzgeber, « Hermaphrodisme », dans *Encyclopedia Universalis*).

Ces anomalies visent :

– soit le génotype lui-même ou le sexe génétique ou le sexe chromosomial (le syndrome de Turner : (44 + X) c'est-à-dire l'absence d'ovaires ; le syndrome de Klinefelter : (44 + XXY) c'est-à-dire l'hypoplasie testiculaire ; le syndrome des super-femelles (44 + XXX) c'est-à-dire l'hypoplasie mammaire – l'aménorrhée – l'hypoplasie des ovaires – la configuration infantile des organes génitaux externes) ;

– soit les relations du génotype avec le phénotype gonadique (les aplasies, les hypoplasies, les dysgénésies gonadiques à caryotype XX ou XY, l'hermaphrodisme vrai, c'est-à-dire l'ambiguïté des organes génitaux internes et externes) ;

– soit la subordination à la glande des divers constituants du phénotype sexuel (le pseudo-hermaphrodisme féminin (44 + XX), c'est-à-dire la virilisation des organes génitaux externes ; le pseudo-hermaphrodisme masculin (44 + XY) c'est-à-dire la féminisation des organes génitaux externes ; l'affection du testicule féminisant, c'est-à-dire la présence de testicules, l'absence d'androgènes gonadiques et surrénaux et le phénotype féminin ; les anomalies des organes génitaux et des caractères sexuels secondaires ; *ibid.*, p. 268-269. Voir également A.-M. Rajon, « L'épreuve corporelle : l'intersexualité à la naissance », dans C. Neirinck (dir.), *L'État civil dans tous ses états*, Paris, L.G.D.J., Droit et société, 2008, p. 71. Pour une présentation synthétique de l'ensemble de ces ambiguïtés sexuelles, voir G. Le Maner-Idrissi, *L'identité sexuée*, Les topos, Paris, Dunod, 1997, p. 42 et s.

### Statistiques de l'état civil pour les années 2002 à 2006

| Décisions de changement de la mention du sexe (femme à homme) | 2002 | 2003 | 2004 | 2005 | 2006 |
|---|---|---|---|---|---|
| Autorisation | 3 | 3 | 4 | 5 | 6 |
| Refus | 0 | 0 | 0 | 0 | 0 |

| Décisions de changement de la mention du sexe (homme à femme) | 2002 | 2003 | 2004 | 2005 | 2006 |
|---|---|---|---|---|---|
| Autorisation | 14 | 6 | 4 | 13 | 9 |
| Refus | 0 | 0 | 0 | 0 | 0 |

# BIBLIOGRAPHIE SÉLECTIVE

BAUDOUIN, J.-L., « La vérité et le droit des personnes : aspects nouveaux », (1987) 18 *R.G.D.* 801.

BENJAMIN, H., *The Transsexual Phenomenon*, New York, The Julian Press Inc., 1966.

BRANLARD, J.-P., *Le sexe et l'état des personnes*, Paris, L.G.D.J., 1993.

CARPENTIER, D., « Homosexualité et transsexualisme : l'évolution dans la reconnaissance du droit à l'égalité », dans Association Henri Capitant (section québécoise), *Droit à l'égalité et discrimination : aspects nouveaux*, Cowansville, Éditions Yvon Blais, 2002, p. 49.

CHAVENT-LECLERC, A.-S., « Des bouleversements du droit européen en matière de transsexualisme », (2003) 30 *Dalloz Sirey* 2032.

CONSEIL DE L'EUROPE, *Transsexualisme, médecine et droit*, Actes du XXIIIᵉ Colloque de droit européen, 14-16 avril 1993, Éditions du Conseil de l'Europe, 1993.

DEBET, A., « Le sexe et la personne », *Les Petites Affiches*, nᵒ 131, 2004, p. 21.

FAUSTO-STERLING, A., *Sexing the Body : Gender Politics and the Construction of Sexuality*, New York, N.Y. Basic Books, 2000.

FRIGNET, H., *Le transsexualisme*, Paris, Desclée de Brouwer, 2000.

GROFFIER, E., « De certains aspects juridiques du transsexualisme dans le droit québécois », (1975) 6 *R.D.U.S.* 114.

GUTMAN, D., *Le sentiment d'identité, étude du droit des personnes et de la famille*, Bibliothèque de droit privé, T-327, Paris, L.G.D.J., 2000.

HAWLEY, D.L., « The Legal Problems of Sex Determination », (1977) 15 *Alta L. Rev.* 122.

JOYAL, R., « Transsexualisme et identité parentale », (1989) 20 *R.D.U.S.* 155.

KOURI, R.-P., « Comments on Transsexualism in the Province of Quebec », (1973) 4 *R.D.U.S.* 167.

MOORE, B., « Le droit de la famille et les minorités », (2003-04) 34 *R.D.U.S.* 229.

PETIT, L.-É., *Les transsexuels*, Paris, P.U.F., 1992.

RASSAT, M.L., « Sexe, médecine et droit », dans *Mélanges offerts à Pierre Raynaud*, Paris, Dalloz-Sirey, 1985, 651, p. 661.

RIVET, M., « La vérité et le statut juridique de la personne en droit québécois », (1987) 18 *R.D.U.S.* 843.

SALAS, D., *Sujet de chair et sujet de droit : la justice face au transsexualisme*, Paris, P.U.F., Collection Les voies du droit, 1994.

# CHAPITRE III

# LE DOMICILE

## Section I
## Définitions et intérêts en présence

### §1 - Définitions

**299.–** *Le domicile et la résidence sont des localisations juridiques de la personne.* Ce sont des lieux auxquels « la loi rattache une personne afin de compléter l'identification de celle-ci et de faciliter également la participation de cette personne à la vie juridique »[1]. Au même titre que le nom, ce sont des éléments de l'état des personnes. Replacée dans un cadre territorial, la personne est déterminée par un lieu, un « point fixe » qui constitue en quelque sorte son « port d'attache »[2].

**300.–** *Des notions distinctes : le domicile est un droit, la résidence est un fait*[3]. Dans le langage courant, le domicile évoque le lieu où habite une personne, sa demeure effective et habituelle. C'est aussi son sens étymologique : le mot « domicile » tire son origine des mots latins *domus* (maison) et *colere* (habiter). Il est alors employé comme synonyme de résidence, telle que la définit l'article 77 C.c.Q. :

> La résidence d'une personne est le lieu où elle demeure de façon habituelle ; en cas de pluralité de résidences, on considère, pour l'établissement du domicile, celle qui a le caractère principal.

La notion de résidence fait appel à un critère factuel. Elle se distingue également de la notion d'habitation, en ce qu'elle implique une certaine stabilité, l'habitation désignant plutôt le lieu d'un séjour

---

1. P. Azard et A.-F. Bisson, *Droit civil québécois*, t. I, *Notions fondamentales, Famille, Incapacités*, Ottawa, Éd. de l'Université d'Ottawa, 1971, n° 53, p. 68.
2. J. Carbonnier, *Droit civil*, t. I, *Les personnes*, 17e éd., Paris, P.U.F., 1990, n° 51, p. 71.
3. P.-B. Mignault, *Le droit civil canadien*, t. I, Montréal, C. Théoret, 1895, p. 229.

bref (par exemple, une chambre d'hôtel)[4] ou occasionnel (location d'un chalet, d'une villa, pour une période temporaire)[5].

Il ressort de l'article 77 C.c.Q. que la résidence, en tant qu'élément matériel, n'est qu'une composante du domicile juridique. Du point de vue du droit civil le domicile est le lieu où la personne est présumée présente de façon permanente, où elle est toujours censée pouvoir être rejointe, indépendamment de sa présence physique[6].

La résidence se présente donc comme un pur fait, alors que le domicile, notion abstraite, est un lien de droit. La jurisprudence rappelle régulièrement que la notion de résidence est essentiellement une question de fait[7].

**301.–** *Définition du domicile.* Le *Code civil du Québec*, pas plus que son prédécesseur le *Code civil du Bas-Canada*, ne définit le domicile. Il se contente de le situer : « Le domicile d'une personne, quant à l'exercice de ses droits civils, est au lieu de son principal établissement »[8]. Partant de là, la plupart des auteurs y ont vu « une relation légale et purement intellectuelle entre une personne et le lieu où elle a son principal établissement », c'est-à-dire celui où elle a fixé le centre de ses intérêts[9]. L'idée matérielle est ici remplacée par une idée juridique[10] qui implique la conjonction d'un élément *matériel* et

---

4.	*Ravi Gill et Cathy Houle* c. *Home Dépôt Canada inc.*, J.E. 2005-789 (C.S.).

5.	*Brizard* c. *Boivin*, J.E 2004-640, EYB 2004-54477 (C.S.) : quelques séjours inopinés dans la demeure d'un membre de la famille sont insuffisants pour conclure que ce lieu est celui de résidence ; voir également *Harvey* c. *Société de l'assurance automobile du Québec,* 2006 QCCS 3310, EYB 2006-106714.

6.	Voir F. Langelier, *Cours de droit civil de la province de Québec*, t. I, Montréal, Wilson & Lafleur, 1905, p. 186 ; P.-B. Mignault, *op. cit.*, note 3, p. 227 ; *Traité de droit civil du Québec*, t. I, par G. Trudel, Montréal, Wilson & Lafleur, 1942, p. 231.

7.	*Droit de la famille – 2617*, [1997] R.J.Q 1011, EYB 1996-87769 (C.S.) ; *G.M.H.E.* c. *A.H.F.M.,* J.E 2006-515, EYB 2006-101600 (C.S.).

8.	Art. 75 C.c.Q., qui reprend l'article 79 C.c.B.-C., lui-même copié sur l'article 102 du *Code Napoléon.*

9.	P.-B. Mignault, *op. cit.*, note 3, p. 227 ; F. Langelier, *op. cit.*, note 6, p. 136 ; G. Trudel, *op. cit.*, note 6, p. 231 (qui reprend ici la définition d'Aubry et Rau, *Cours de droit civil français d'après la méthode de Zachariae*, t. I, 4e éd., Paris, Cosse, Marchal et Cie, 1869, n° 141, p. 576). Voir également W.S. Johnson, *Conflict of laws*, 2e éd., Montréal, Wilson & Lafleur, 1962, p. 93 et s. ; J.-G. Castel, *Droit international privé québécois*, 4e éd., Toronto, Butterworths, 1980, p. 117 et C. Cimon, « Du domicile », (1955) 2 *C. de D.* 20. Une définition à laquelle semble adhérer une certaine jurisprudence : *Laing* c. *Macfie*, J.E. 84-820 (C.S.) et *Ali Khan* c. *Arthington Cutten*, J.E. 85-348 (C.A.).

10.	P.-B. Mignault, *op. cit.*, note 3, p. 226.

d'un élément *intentionnel*, chacun d'eux, pris isolément, étant insuffisant.

**302.**– En pratique, si la résidence coïncide bien souvent avec le domicile (un peu « comme la possession avec la propriété »)[11], il importe de ne pas les confondre. Ces deux notions emportent des conséquences juridiques qui leur sont propres. De plus, la détermination du domicile relève de règles spécifiques.

### §2 - Intérêt pratique et caractères

**303.**– Le domicile, contrairement à la résidence, « a un effet de centralisation juridique »[12]. Sa portée n'est cependant pas absolue puisque le « principal établissement », dont traite l'article 75 C.c.Q., ne vaut que pour le droit civil. Il a ses caractères propres, ce qui oblige à le distinguer des domiciles spéciaux prévus par la loi, notamment par le droit statutaire. En effet, si la notion de domicile n'est pas étrangère aux autres branches du droit, chacune peut avoir sa définition propre[13] : que ce soit en droit électoral, en droit administratif, droit fiscal, droit social ou, encore, en droit pénal[14]. C'est dire que, selon la matière, une même personne peut, au même moment, être domiciliée dans des endroits différents[15].

---

11. J. Carbonnier, *op. cit.*, note 2, n° 55, p. 79 et P.-B. Mignault, *op. cit.*, note 3.
12. G. Cornu, *Droit civil*, t. I, *Introduction, Les personnes, Les biens*, Paris, Montchrestien, 2005, n° 676, p. 321.
13. Laquelle, d'ailleurs, renvoie généralement à la notion de résidence. Voir, à titre d'exemple, la *Loi électorale* du Québec, L.R.Q., c. E-3.3, art. 1 à 3.
14. En droit social, c'est généralement la résidence qui sert à déterminer le droit d'une personne à bénéficier des différents programmes mis en place par les pouvoirs publics. Voir, notamment, la *Loi sur l'assurance-maladie*, L.R.Q., c. A-29, art. 1g), 1g.1), 5 à 9, 69 et le *Règlement sur l'admissibilité et l'inscription auprès de la Régie de l'assurance-maladie*, R.R.Q., 1981, c. A-29, r. 0.01 et la *Loi sur l'assurance automobile*, L.R.Q., c. A-25, art. 1, par. 26, 7, 8, 195 et *Règlement sur la définition de certains mots et expressions aux fins de la Loi sur l'assurance automobile*, R.R.Q., 1981, c. A-25, r. 3, art. 3 à 8. De même, en droit fiscal, c'est la notion de résidence qui est retenue comme critère d'imposition ; voir la *Loi sur les impôts*, L.R.Q., c. I-3, art. 8 à 10. (Pour une étude de la question, voir B.-P. Casey, « Residence of Individuals », (1993) 13 *R.P.F.S.* 627). Quant au *Code criminel*, il utilise la notion d'habitation (art. 2 C.cr.).
15. Bien que ces différents concepts se recouvrent plus ou moins, ils ne coïncident pas nécessairement. Parfois même, la résidence, lorsqu'elle est utilisée de manière autonome, prend la couleur du domicile, au sens que lui reconnaît le droit civil. Ainsi, la notion de résidence habituelle, telle que définie dans la *Loi électorale du Canada*, L.C. 2000, c. 9, art. 8, rappelle étrangement celle du principal établissement de l'article 75 C.c.Q. Dans certains cas même, le législateur renvoie tout simplement aux dispositions du Code civil en la matière : voir la *Loi sur les élections et les référendums dans les municipalités*, L.R.Q., c. E-2.2, art. 50.

### A. *Intérêt de la détermination du domicile en droit civil*

Pour ce qui est de l'exercice des droits civils, l'intérêt pratique de la détermination du domicile s'articule autour de trois fonctions.

**304.–** *Le domicile, critère de rattachement à une compétence territoriale.* L'exercice des droits civils exige parfois l'intervention d'une autorité (le plus souvent, une autorité judiciaire), dont la compétence, pour des raisons d'efficacité et de saine administration, est délimitée au plan territorial (district judiciaire, région administrative). Le recours à la notion de domicile permet alors de déterminer les autorités compétentes auxquelles chaque personne peut avoir affaire, relativement à l'accomplissement d'un certain nombre d'opérations juridiques. En tant que critère d'appartenance à un ressort territorial, le domicile présente, plus particulièrement, les utilités suivantes.

**305.–** En cas de procès et en vertu d'un principe de politique judiciaire, corollaire du principe que la protection est due à la défense, le tribunal normalement compétent est celui du domicile du défendeur (*Actio sequitur forum rei*). Plus spécialement, en matière purement personnelle, le domicile du défendeur constitue le critère de principe[16].

**306.–** Le domicile détermine le lieu où sont centralisées les opérations juridiques qui sont nécessaires pour régler ou liquider les intérêts pécuniaires d'une personne, opérations qui, généralement, impliquent l'intervention des autorités judiciaires dans une fonction de juridiction gracieuse. C'est le cas, notamment, des opérations de tutelle, au domicile du pupille (art. 191 C.c.Q.), et de liquidation d'une succession, au domicile du défunt (art. 613 C.c.Q. et 74 C.p.c.).

**307.–** *Le domicile, en tant que lieu de présence permanente.* S'il est souhaitable, pour la personne, de se voir faciliter sa participation à la vie juridique par la désignation d'un « port d'attache », il convient de souligner que le domicile est une arme à double tranchant qui facilite l'exercice par les tiers de leurs droits contre le titulaire du domicile[17]. On ne peut en effet forcer ces derniers « à le prévenir en personne, à lui parler corporellement, à le guetter ou à le trouver » eux-mêmes[18].

---

16. Art. 78, al. 1 C.p.c. Pour les matières familiales, voir l'article 70 C.p.c. et pour les demandes relatives à l'intégrité et à la protection des personnes, l'article 70.2 C.p.c.
17. P. Azard et A.-F. Bisson, *op. cit.*, note 1, n° 53, p. 69.
18. G. Cornu, *op. cit.*, note 12, n° 684, p. 324.

De là découle la prédominance des intérêts procéduraux. Ainsi, c'est au domicile que seront signifiés (en principe notifiés par huissier de justice) les actes de procédure, à défaut de pouvoir être remis en mains propres (art. 123, al. 2 C.p.c.).

**308.**– Par ailleurs, il est de principe que les dettes sont *quérables* et non portables. Ainsi, en dehors des cas que réserve l'article 1566 C.c.Q., le paiement, c'est-à-dire l'exécution des obligations, doit être fait au domicile du débiteur. La solution, dirigée ici contre le débiteur, a « pour but de lui fermer une échappatoire »[19].

**309.**– *Le domicile comme critère de rattachement à une compétence législative.* Toutes les fois qu'un litige comporte un élément d'extranéité, la question se pose de savoir quel ordre juridique aura la vocation de le trancher. Se soulève donc le problème du critère qui permettra de déterminer, parmi les lois en présence, celle qui s'applique. En droit international privé québécois, c'est le domicile plutôt que la nationalité qui, en matière de statut personnel, constitue le principal critère de compétence législative lorsqu'il s'agit de l'état et de la capacité des personnes. Comme le soulignent Goldstein et Groffier, « il a paru convenable de rattacher une personne au lieu où se trouve son principal établissement, ses affaires, ses intérêts pécuniaires. Dans les actions d'état, la société à laquelle appartiennent les parties est la plus apte à déterminer leur condition juridique et à fixer leurs relations au sein de leur famille »[20].

Ceci explique également que les successions portant sur des biens meubles soient régies par la loi du domicile du défunt (art. 3098, al. 1 C.c.Q.). Toutes ces fonctions ne pourraient cependant pas être remplies si le domicile ne présentait les caractères que la doctrine classique lui a assignés.

---

19. J. Carbonnier, *op. cit.*, note 2, n° 51, p. 74.
20. G. Goldstein et E. Groffier, *Traité de droit civil. Droit international privé*, t. I, *Théorie générale*, Cowansville, Éditions Yvon Blais, 1998, par. 31. Ses auteurs notent, cependant, que la notion de résidence habituelle apparaît comme un facteur de rattachement de plus en plus courant en droit international privé québécois, ce qui a pour avantage de supprimer les difficultés de preuve créées par l'élément d'intention que l'on retrouve dans la notion de domicile. Dans certains cas, les deux notions, domicile et résidence, sont mises sur un pied d'égalité comme facteur de rattachement (voir, par exemple, l'article 3149 C.c.Q. ; pour un cas d'application, voir *Rees* c. *Convergia*, J.E. 2005-738 (C.A.)). On peut d'ailleurs noter que dans tous les domaines du droit, et pas seulement en droit international privé, la notion de résidence a tendance à supplanter de plus en plus celle de domicile (voir H.P. Glenn et D. Desbiens, « L'appartenance au Québec : citoyenneté, domicile et résidence dans la masse législative québécoise », (2003) 48 *Revue de droit de McGill*, 117-153.

## B. Caractères du domicile : nécessité, fixité et unité

**310.– Nécessité du domicile.** Toute personne, quels que soient son mode de vie ou ses déplacements, a nécessairement un domicile[21], ce qui n'entrave nullement la liberté d'établissement ni la liberté d'aller et venir[22]. Chacun est libre de fixer là où il veut son domicile et d'en changer. L'expression « au lieu où elle a son principal établissement » implique en effet la détermination libre et volontaire, principe qui se trouve en outre confirmé par les règles relatives au changement de domicile[23]. La liberté de choisir son lieu de résidence (inhérent à l'établissement du domicile) est d'ailleurs un aspect de la vie privée, protégée par la *Charte des droits et libertés de la personne*[24]. Toute personne ayant un domicile, il est permis d'affirmer qu'il y a là comme un prolongement de la personnalité[25].

**311.–** Chaque personne devant avoir un port d'attache et chaque personne ayant le droit d'aller et venir librement, le législateur a établi une série de présomptions (art. 78 C.c.Q.)[26] qui, en cas d'impossibilité d'établir avec certitude le lieu où une personne a fixé le centre de ses intérêts, permet de la rattacher, de façon plus ou moins artificielle, à un lieu déterminé[27].

---

21.  Ce qui s'induit du libellé de l'article 75 C.c.Q. : *le domicile d'une personne.*
22.  Garanties par la Constitution canadienne (art. 6 et 24(1) de la *Charte canadienne des droits et libertés*, *Loi de 1982 sur le Canada*, Annexe B (1982, R.-U., c. 11)) et par la *Charte des droits et libertés de la personne*, L.R.Q., c. C-12, art. 5.
23.  P. Azard et A.-F. Bisson, *op. cit.*, note 1, n° 54, p. 71.
24.  *Godbout* c. *Ville de Longueuil*, [1997] R.C.S. 844.
25.  G. Trudel, *op. cit.*, note 6, p. 232 ; J. Carbonnier, *op. cit.*, note 2, n° 53, p. 75.
26.  En ce sens, l'affirmation du juge Lamothe dans l'affaire *Irwin* c. *Gagnon*, (1917) 23 R.L. (n.s.) 47, 48 (C.S.), selon laquelle « toute personne a un domicile, même si elle prétend ne pas en avoir », prend une coloration différente. Car si les auteurs admettaient volontiers le caractère supplétif de la résidence (P.-B. Mignault, *op. cit.*, note 3, p. 239 et G. Trudel, *op. cit.*, note 6, p. 232), le *Code civil du Bas-Canada* ne prévoyait pas de solutions subsidiaires. Or, en faisant du domicile un révélateur de la personnalité, il se trouvait à faire du vagabond, une non-personne (J. Carbonnier, *op. cit.*, note 2, n° 57, p. 81). Il est vrai que le Code connaissait aussi la mort civile (*supra*, Titre I, Personnalité juridique et vie humaine) et, à l'époque de la codification, les problèmes soulevés par cette définition incomplète du domicile n'avaient pas la complexité qu'ils revêtent aujourd'hui. Ainsi que le souligne Louis Baudouin, les familles étaient plutôt sédentaires : « La personne humaine au centre du droit québécois », (1966) 26 *R. du B.* 67, 83.
27.  On est donc loin de l'époque où certains voyaient dans le domicile non seulement un droit, mais un devoir et où le fait de ne vouloir se fixer dans aucun lieu était considéré comme contraire à l'ordre public et comme une conduite antisociale. En ce sens, la présomption en faveur du dernier domicile connu apparaissait plus comme une sanction que comme une faveur de la loi : voir P.-B. Mignault, *op. cit.*, note 3, p. 240.

**312.–** *Fixité du domicile.* Le domicile ne pourrait pas remplir toutes ces fonctions s'il ne présentait une certaine stabilité. Il ne s'agit pas, toutefois, d'une fixité absolue, puisque la personne peut changer de domicile. Mais, s'il peut y avoir substitution d'un domicile à un autre, c'est la durabilité de la nouvelle situation qui sera prise en considération. Par contre, les déplacements et les séjours plus ou moins longs qu'une personne peut faire dans un autre lieu n'ont pas d'incidence sur la détermination du domicile. C'est en ce sens que le domicile est indépendant de l'habitation : « On ne l'acquiert point, on ne le perd point nécessairement avec elle »[28].

**313.–** *Unité du domicile.* Une personne ne peut avoir qu'un seul domicile. Ici encore, on serait tenté de voir dans la règle de l'unité du domicile un lien avec la personnalité : « étant unique, la personne ne peut avoir une pluralité d'attributs analogues »[29]. Pour notre part, nous rejoindrions plutôt l'analyse de certains auteurs qui y voient un « impératif légal »[30], le principe de l'unité étant essentiel à la cohérence du système[31]. S'il existe un lien avec la personnalité, c'est plutôt dans le sens d'« une manifestation commune à toute personnalité » que d'« un aspect propre à la personnalité de chacun »[32].

Le principe de l'unité du domicile présente cependant de nombreux inconvénients d'ordre pratique, particulièrement pour les gens d'affaires dont les activités se partagent souvent entre deux ou plusieurs lieux éloignés les uns des autres. Ainsi, un individu pourrait être amené à plaider ou à recevoir des communications concernant ses activités professionnelles ou commerciales loin du lieu où il exerce ces mêmes activités. C'est pourquoi le Code reconnaît aux parties à un acte juridique, la possibilité de déroger, pour les fins de son exécution, à la règle de l'unité du domicile. Ce domicile conventionnel, qu'on appelle *domicile élu*, est aussi dit *spécial*, par opposition au *domicile réel* qui, lui, est *général*.

## C. Intérêt de la résidence

**314.–** Si le législateur est resté fidèle à la théorie classique du domicile, la résidence, notion plus concrète, plus objective, n'est pas

---

28. *Ibid.*, p. 229.
29. C. Atias, *Les personnes, les incapacités*, Paris, P.U.F., 1985 (« Collection de droit fondamental »), n⁰ 62, p. 100.
30. L. Baudouin, *loc. cit.*, note 26, p. 85.
31. G. Goubeaux, *Traité de droit civil*, t. I, *Les personnes*, sous la dir. de J. Ghestin, Paris, L.G.D.J., 1989, n⁰ 180, p. 177.
32. C. Atias, *op. cit.*, note 29, n⁰ 62, p. 102.

ignorée du droit civil. La résidence est, en effet, un élément de détermination du domicile. De plus, dans certains cas, elle aura valeur de domicile et, dans d'autres, elle fera figure de critère juridique autonome avec ses effets propres.

**315.–** La résidence constitue un *élément de détermination du domicile*, le Code retenant pour cette fin celle qui a le caractère principal (art. 77 C.c.Q.). Lorsqu'une personne partage sa vie entre plusieurs lieux, on considérera, pour les fins de l'établissement du domicile, celui qu'elle fréquente ordinairement, c'est-à-dire celui qu'elle occupe généralement lorsqu'elle exerce ses principales activités. Une personne, en effet, peut fréquenter habituellement un autre lieu, mais y demeurer moins longtemps de manière effective ou, encore, le fréquenter sur une base saisonnière (résidence d'été, résidence secondaire). Dans certains cas, c'est la résidence, en tant qu'élément factuel et critère unique, qui permet de déterminer le domicile.

**316.–** La loi reconnaît également à la résidence une valeur de suppléance ; elle produit alors les mêmes effets que le domicile, à titre subsidiaire (art. 78, al. 1 C.c.Q.). Parfois même, la résidence est envisagée comme référence concurrente au domicile. C'est le cas en droit international privé, où la résidence, au même titre que le domicile, fonde la compétence internationale des tribunaux québécois[33]. Il arrive aussi que la loi lui fasse produire des effets propres. Ainsi, en matière de divorce, c'est la résidence qui détermine la compétence des tribunaux[34]. Les systèmes de droit international privé modernes et les conventions internationales utilisent de plus en plus souvent le concept de résidence habituelle[35]. Le Code civil reconnaît également à la notion de résidence un rôle autonome en tant que facteur de rattachement[36]. Enfin, en tant qu'habitat, entendu comme cadre de vie intime ou familiale, elle jouit d'une protection particulière[37].

---

33. Voir plus particulièrement les articles 3143 à 3146 et 3148 à 3150 C.c.Q. Sur la compétence internationale des tribunaux québécois, voir G. Goldstein et E. Groffier, *Traité de droit civil. Droit international privé*, t. I, *Théorie générale*, Cowansville, Éditions Yvon Blais, 1998, par. 122.
34. *Loi sur le divorce*, L.R.C. (1985), c. 3 (2e suppl.), art. 3 à 5.
35. C. Emanuelli, *Droit international privé québécois*, Montréal, Wilson & Lafleur, Coll. bleue, 2006, p. 127 à 129 ; G. Goldstein, « Analyse comparative de la notion de résidence habituelle en droit civil québécois et selon les Conventions de La Haye de 1980 sur l'enlèvement international d'enfants et de 1996 sur la protection des mineurs », (2005) 65 *R. du B.* 223-292.
36. Art. 3089, 3090, 3114 et 3117 C.c.Q.
37. Ainsi, la résidence *familiale* possède-t-elle un statut propre : voir M.D.-Castelli et D. Goubau. *Le droit de la famille au Québec*. 5e éd., Québec, Presses de l'Université Laval, 2005, p. 106 et s. ; de même, la *Loi sur la Régie du logement*, L.R.Q., c. R-8.1, prévoit un certain nombre de mécanismes en vue de protéger les droits des locataires.

## Section II
### Détermination du domicile

**317.–** En principe, une personne a le libre choix de son domicile. C'est là une des manifestations de la liberté individuelle. Le respect de la liberté et de l'autonomie du sujet ont été mis de l'avant pour écarter la proposition de l'Office de révision du Code civil visant à remplacer la notion de « principal établissement » par celle de « résidence habituelle », critère plus objectif et plus facile à manier[38] :

> Il apparaît en effet important de reconnaître et de respecter une intention claire et manifeste exprimée par une personne, qu'elle résulte d'un ensemble déterminant de circonstances ou de déclarations, et de respecter ainsi sa volonté, même à l'encontre de faits matériels [...]. La position contraire risquerait d'opérer une confusion entre les concepts de résidence et de domicile qui pourrait, en certaines circonstances, jouer à l'encontre des intérêts des personnes concernées.[39]

**318.–** *Le domicile légal.* Dans certains cas, le domicile est déterminé par la loi, sans référence à la volonté de l'individu. C'est pourquoi on oppose traditionnellement le domicile volontaire au domicile légal. Mais, dans les deux cas, c'est toujours la loi qui précise comment déterminer le domicile ; seule la méthode diffère[40]. Dans le cas du domicile volontaire, elle se contente d'indiquer quels en sont les éléments constitutifs, mais elle prévoit aussi un régime de présomptions qui permet de suppléer à l'absence d'un de ces éléments. Dans le cas du domicile légal, elle fixe d'autorité le lieu où la personne est toujours censée être présente. Par ailleurs, si le domicile légal constitue une exception à la règle du libre choix, « il représente, en un sens, le principe, puisque chaque être humain commence sa vie dans un domicile légal à sa naissance, celui de ses auteurs (domicile d'origine) ; puis, pendant sa minorité, le domicile de ses père et mère ou de son tuteur (domicile de dépendance) »[41]. Il reste que ce domicile d'origine est lui-même fonction du lieu où ces personnes ont fixé leur principal établissement.

---

38. O.R.C.C., *Rapport sur le Code civil du Québec*, vol. I, *Projet de Code civil*, Québec, Éditeur officiel du Québec, 1978, art. 60, et vol. II, t. I, p. 38.
39. *Comm.*, t. I, p. 60 et 61, sous l'article 76 C.c.Q.
40. *Bonilla* c. *Lefèvre*, [1964] B.R. 102, 104, « le domicile est une question d'ordre public qui ne peut être changé ni établi par le consentement des parties ».
41. J. Carbonnier, *op. cit.*, note 2, n° 53, p. 75.

## §1 - Méthode générale de détermination du domicile

**319.–** *Les critères.* Ils sont énoncés aux articles 75 à 78 C.c.Q. L'article 75 indique le lieu du domicile, définition dont on a dit qu'elle présentait un caractère amphibologique, encore que les mots « principal établissement » semblent impliquer la convergence de centres d'intérêt et une certaine stabilisation[42]. L'établissement s'entend alors comme « cet intérêt primordial qui rattache la personne à un lieu donné, de préférence à tout autre ; cet intérêt peut être la famille, la propriété, une fonction, etc. »[43]. C'est une définition sur laquelle s'appuient souvent les tribunaux pour distinguer le domicile de la résidence[44]. Encore faut-il pouvoir déterminer où se situe ce « centre de gravité ». Une personne peut en effet avoir des champs d'intérêt situés dans des endroits différents. C'est ici qu'interviennent les articles 76 et 77 C.c.Q. qui développent le critère préalablement énoncé en précisant les éléments qui doivent être pris en considération pour les fins de sa détermination.

**320.–** *L'élément matériel et l'élément intentionnel.* L'article 76 C.c.Q. exige deux conditions pour qu'il y ait changement de domicile : l'établissement de sa résidence dans un autre lieu et l'intention d'en faire son principal établissement. Ces deux éléments sont d'égale importance[45]. Le caractère involontaire du changement de résidence n'entraîne donc pas en soi un changement de domicile[46]. L'article 77 C.c.Q. définit ce qu'il faut entendre par résidence et précise qu'en cas de pluralité, c'est la résidence principale qu'on doit prendre en considération. De plus, étant donné que cette disposition prévoit que la personne doit demeurer à un endroit de façon habituelle pour pouvoir conclure au fait qu'elle y réside, la jurisprudence exclut de cette définition le lieu où une personne se trouve physiquement de façon temporaire et précaire, par exemple en cas d'incarcération préliminaire à une éventuelle sentence[47].

---

42. L. Baudouin, *loc. cit.*, note 26, p. 83.
43. G. Trudel, *op. cit.*, note 6, p. 231.
44. *Bonilla* c. *Lefèvre*, précité, note 40 ; *Feltrinelli* c. *Barzini*, J.E. 90-1669, EYB 1990-95815 (C.S.).
45. *J.S.H.* c. *B.B.F.*, [2001] R.J.Q. 1262, REJB 1999-16297 (C.S.) ; *Droit de la famille – 3618*, [2000] R.D.F. 327, REJB 2000-17885 (C.S.).
46. *Droit de la famille – 3510*, [2000] R.J.Q. 559, REJB 1999-16297 (C.Q.) (dans ce cas, il s'agissait de déterminer le domicile d'une mère ayant été déportée aux Philippines, son pays d'origine, alors que son enfant était resté au Québec où il faisait l'objet d'une procédure de déclaration d'admissibilité à l'adoption).
47. *Kolitsidas* c. *Société des loteries du Québec*, EYB 2007-122644 (C.S.) : une personne résidant au Québec mais incarcérée aux États-Unis à la suite d'une demande d'extradition du gouvernement américain et en attente de son procès, n'est pas considérée comme résidant hors Québec au sens de l'article 65 C.p.c. et

La détermination du « principal établissement » implique donc la réunion de deux éléments : un élément matériel, la résidence, soit l'habitation dans un lieu de façon habituelle – situation objective donc – et un élément intentionnel, c'est-à-dire un élément subjectif – la volonté d'établir dans ce lieu son principal établissement[48]. Il ne suffit donc pas d'avoir des attaches objectives dans un lieu (intérêts familiaux, intérêts financiers, intérêts professionnels) pour y avoir son domicile. Inversement, la seule intention de s'établir dans un lieu donné ne permet pas d'inférer qu'une personne en a fait son « principal établissement ». Seule la conjonction de ces deux éléments permet d'établir le domicile. Par contre, le titre juridique en vertu duquel une personne occupe un lieu n'a pas automatiquement une incidence sur sa détermination, peu importe qu'elle soit propriétaire ou locataire de l'immeuble qui en constitue le siège[49]. Le titre peut cependant figurer parmi les éléments pertinents, selon les circonstances, pour déterminer l'élément intentionnel.

**321.–** *La mise en œuvre des critères légaux.* La mise en œuvre des critères légaux oblige tout d'abord à distinguer, au regard des obligations imposées par la loi aux personnes mariées ou unies civilement, la notion de communauté de vie de celle de cohabitation ou d'habitation commune. Dans tous les contextes d'établissement du domicile, la détermination de l'intention apparaît comme le volet délicat de l'opération. Force est également de constater que la méthode laisse une large part à l'incertitude.

**322.–** *Domicile et situation conjugale.* Jusqu'en 1980 la loi édictait que la femme mariée, à moins qu'elle ne fût séparée de corps, était domiciliée de plein droit chez son mari[50]. Il est même permis d'affirmer qu'elle était aussi assignée à résidence, l'article 175 C.c.B.-C. lui faisant obligation d'habiter avec son mari et de le suivre partout où il jugeait à propos de fixer la résidence de la famille[51]. Conséquent avec

---

n'est donc pas tenue de fournir caution pour la sûreté de sa demande (en l'espèce la personne incarcérée poursuivait la Société des loteries du Québec pour une somme de plus de 2 000 000 $).

48. *Bélanger* c. *Carrier*, [1954] B.R. 125, 135 ; *Karim* c. *Ali*, [1971] C.S. 439 ; *Cicchillitti* c. *Hormaza*, [1974] C.S. 525 ; *Droit de la famille – 2617*, [1997] R.J.Q 1011, EYB 1996-87769 (C.S.).

49. *Fournier* c. *Giroux*, [1996] R.J.Q. 326, EYB 1995-84809 (C.S.) ; *P.B.* c. *M.C.E.*, J.E. 2003-2147, REJB 2003-49666 (C.S.).

50. Art. 83, al. 1 C.c.B.-C.

51. Un tempérament fut cependant apporté en 1964, avec l'adoption de la *Loi sur la capacité juridique de la femme mariée*, L.Q. 1964, c. 66, celle-ci ayant désormais la possibilité de s'adresser au juge lorsque la résidence choisie présentait des dangers d'ordre physique ou moral pour la famille. Ce dernier pouvait fixer la résidence : l'assignation prenait ainsi un caractère judiciaire.

les principes d'égalité et d'indépendance qui ont présidé à la réforme du droit de la famille, le législateur a affranchi la femme mariée de son domicile et de sa résidence de dépendance[52]. Aujourd'hui, le domicile de la femme mariée se détermine indépendamment de celui de son mari.

Mais dans la mesure où la loi fait obligation aux époux et aux conjoints unis civilement de faire vie commune (art. 392 C.c.Q.) et où elle précise qu'ils choisissent ensemble la résidence familiale (art. 395 C.c.Q.), doit-on conclure que ces conjoints auront toujours un domicile commun ? Lorsqu'on parle de vie commune, on n'entend pas nécessairement habitat commun. On peut penser, par exemple, à la situation dans laquelle l'un des conjoints dirige une entreprise située dans une autre municipalité que celle où les époux ont établi la résidence de la famille et où il a lui-même une résidence, alors que l'autre exerce sa profession au lieu de l'habitation commune.

Ce sont là des concepts distincts qui recouvrent deux réalités : « La notion de cohabitation exprime un fait matériel alors que celle de vie commune exprime une volonté et un projet de vie »[53]. C'est pourquoi l'article 82 C.c.Q. précise que le fait d'avoir un domicile distinct ne constitue pas en soi une atteinte à l'obligation de faire vie commune[54].

**323.–** *Domicile matrimonial et domicile conjugal.* Le fait que les époux ou les conjoints unis civilement puissent ne pas avoir de domicile commun soulève cependant un problème d'un autre ordre, celui de la détermination de leur régime matrimonial lorsqu'ils n'ont pas fait de contrat de mariage ou d'union civile, ce dernier étant régi, en principe, par la loi de leur domicile commun au moment du mariage ou de l'union. Le législateur a donc édicté des règles de rattachement subsidiaires, consacrant certaines solutions jurisprudentielles. Ainsi, lorsque les conjoints, au moment du mariage ou de l'union civile, étaient domiciliés dans des États différents, le régime matrimonial sera régi par la loi de leur première résidence commune ou, à défaut, par la loi du lieu de célébration[55]. Il convient cependant de ne pas confondre

---

52.  *Loi instituant le Code civil du Québec et portant réforme du droit de la famille*, L.Q. 1980, c. 30, art. 12.
53.  *Comm.*, t. I, sous l'article 82 C.c.Q., p. 64. Voir également, M. Ouellette, « Petite suite pour la loi 89 », (1981) 41 *R. du B.* 483, 484.
54.  Soulignons également que le domicile de dépendance des employés de maison majeurs (réputés domiciliés chez la personne qu'elles servaient ou chez qui elles travaillaient lorsqu'elles demeuraient avec elles dans la même maison), notion qui dérivait d'une conception tout aussi autoritaire et hiérarchique que le domicile de la femme mariée (art. 84 C.c.B.-C.), n'existe pas dans le Code.
55.  Art. 3123 C.c.Q. Voir également l'article 3089 relatif aux effets du mariage.

domicile matrimonial et résidence familiale. Ce sont deux notions distinctes dont les effets sont indépendants l'un de l'autre. Alors que le domicile matrimonial sert à déterminer la loi qui régit le régime matrimonial des parties, le concept de résidence familiale apparaît comme une composante du statut matrimonial des parties et même, dans un sens plus large, de la famille.

**324.– *Les solutions jurisprudentielles*.** La détermination du domicile est, par essence, une question de fait, chaque situation constituant un cas d'espèce. Ceci explique la multiplicité des solutions retenues par les tribunaux lorsqu'ils ont à départager l'importance des différents intérêts en présence pour localiser le lieu du « principal établissement ». Tout au plus peut-on chercher, à travers la jurisprudence, quelques lignes directrices.

**325.–** Pratiquement, la question se pose dans deux séries d'hypothèses : soit la personne a plusieurs résidences et le problème revient à déterminer laquelle est la principale, soit l'intéressé (ou son créancier) prétend qu'il a changé de domicile. Bien souvent, ces questions sont interreliées et tout revient à la question de savoir où la personne a eu l'intention de fixer son principal établissement. Nous ne distinguerons donc pas les deux hypothèses puisqu'au plan de la preuve elles requièrent les mêmes éléments. Le domicile étant unique, une personne est présumée conserver son domicile tant qu'il n'est pas démontré qu'elle en a acquis un autre. Pour démontrer qu'il y a eu changement de domicile, il faut donc faire la preuve *et* de l'établissement de la résidence dans un nouveau lieu *et* de l'intention de faire de cette nouvelle résidence le principal établissement[56].

**326.–** Au plan de la preuve, si la matérialité de la résidence dans un nouveau lieu est relativement facile à constater, l'intention, par contre, est beaucoup plus difficile à cerner. Le Code ne fournit que des indices vagues. Il se contente de préciser que « la preuve de l'intention résulte des déclarations de la personne et des circonstances » (art. 76, al. 2 C.c.Q.). Conformément au droit commun, c'est à la personne qui allègue le changement de domicile qu'il revient d'en rapporter la preuve. La terminologie de l'article 77 C.c.Q., qui détermine que la résidence d'une personne vise un lieu où elle réside de façon *habituelle*, permet de constater qu'en réalité il y aura généralement adé-

---

56.  Art. 76, al. 1 C.c.Q., qui reprend l'article 80 C.c.B.-C. Sur la nécessité d'établir les deux éléments, voir *Trottier* c. *Rajotte*, [1940] R.C.S. 203 ; *Wadsworth* c. *McCord*, (1886) 12 R.C.S. 456 ; *Roussel* c. *Dumais*, [1958] C.S. 448 ; *Wanless* c. *Bain*, [1964] R.P. 312 (C.S.) ; *Fredette* c. *Lalanne*, [1965] B.R. 75 ; *Winnycka* c. *Oryschuck*, [1970] C.A. 1163 ; *Jarucka* c. *Korzeniewski*, [1975] C.S. 73 ; *Attias* c. *Pons et Bond*, [1977] C.A. 326 et *Robinson* c. *Montreal Trust*, [1971] C.A. 876.

quation entre le lieu de résidence et celui du domicile. La jurisprudence a souligné à de nombreuses reprises le rapprochement
sensible de ces deux notions, qui sont pourtant juridiquement distinctes comme nous l'avons vu plus haut[57].

**327.– *Les déclarations*.** Toute déclaration, faite expressément, peut
être prise en considération. Généralement, il s'agira de déclarations
faites dans des actes judiciaires ou extrajudiciaires, des actes de l'état
civil, des actes notariés ou des actes sous seing privé[58]. Ces déclarations ne forment cependant que des indices qui peuvent être renver-
sés par la preuve de faits contraires[59]. Il n'est pas nécessaire
cependant qu'elles soient contemporaines du changement allégué
pour pouvoir être invoquées en preuve. En ce sens, le témoignage des
parties pourra être reçu à titre de déclaration, encore que généralement on lui accorde moins de poids[60]. À défaut de manifestation
expresse quant à la volonté, il faut s'en remettre aux circonstances.
On aura donc recours, ici encore, aux présomptions de fait, pour
chercher à dégager, à partir du comportement de l'intéressé, une
intention tacite.

**328.– *Les indices matériels ou les circonstances*.** Si, parmi les indices
les plus fréquemment relevés par les tribunaux, l'achat ou l'occu-

---

57. Voir, par exemple, *Harvey* c. *Société de l'assurance automobile du Québec*, 2006
QCCS 3310 où le tribunal s'appuie sur une étude de F. Auger (« Étude sur la dissociation de la législation fiscale fédérale par rapport au droit civil du Québec » [En
ligne] [http://www.bijurilex.org/site/att/AUGER-Residence_2002_APFF_F.html])
pour constater que l'adjectif *habituelle* confère à la notion de résidence un contenu
qui se rapproche sensiblement de celle de domicile.

58. À titre d'exemple, voir *Taggart-Watt* c. *Zaremba*, [1980] C.S. 78 (déclarations
faites dans un acte constitutif d'hypothèque et dans un testament notarié) ; *Lillie*
c. *Hendershott*, [1962] B.R. 148 (testament notarié) ; *Ingelsberger* c. *Molho*, [1971]
C.A. 699 (correspondance suivie, corroborée par les déclarations de l'appelante au
procès) et *Fournier* c. *Giroux*, [1996] R.J.Q. 326 (C.S.) (lieu indiqué comme celui du
domicile dans l'en-tête d'une requête en injonction interlocutoire et permanente
dans l'affidavit souscrit à son appui et présenté quelque temps avant son décès par
le défunt).

59. Voir, à propos de la déclaration faite dans un acte de mariage, *Wadsworth* c.
*McCord*, précité, note 56 ; *McMullen* c. *Wadsworth*, (1899) 14 A.C. 631 ; *Vézina* c.
*Trahan*, [1946] B.R. 14 et *Bélanger* c. *Carrier,* [1954] B.R. 125. Pour un exemple
d'actes notariés comportant une déclaration de domicile considérée comme un
indice non pertinent pour les fins de la détermination du domicile, voir *Baird* c.
*Belcourt*, [1975] C.S. 499 ; *Droit de la famille – 1314*, [1991] R.D.F. 145 (C.A.) (contrat de vente) et *Robinson* c. *Montreal Trust* (testament), précité, note 56.

60. Voir *Trottier* c. *Rajotte*, précité, note 56 ; *Fonds d'indemnisation des victimes
d'accidents d'automobile* c. *Rahima*, [1969] B.R. 1090 ; *Trahan* c. *Vézina*, [1947]
B.R. 670 ; *La Pensée* c. *La Pensée*, [1980] C.A. 71 ; *Droit de la famille – 1314*, précité, note 59 et *Taggart-Watt* c. *Zaremba*, précité, note 58.

pation d'une nouvelle résidence[61], la présence d'intérêts pécuniaires (exercice d'un emploi ou d'une profession, présence d'intérêts de nature patrimoniale)[62] et l'existence de relations affectives (familiales ou sentimentales) sont les plus importants[63], il est cependant difficile de les départager, du point de vue quantitatif, lorsque ces intérêts sont hétérogènes. Si, lorsque la personne occupe un emploi ou une profession qui implique une grande mobilité (on peut penser ici aux membres des forces armées canadiennes), les tribunaux ont tendance à privilégier les attaches familiales[64], on ne peut toutefois en inférer une règle générale. Certaines nominations ou l'acceptation de certaines fonctions n'engendrent d'ailleurs pas, par elles-mêmes, une présomption de changement de domicile de la part de la personne qui se déplace vers le lieu de sa charge. Selon l'article 79 C.c.Q., la personne appelée à une fonction publique, temporaire ou révocable, conserve son domicile, à moins qu'elle ne manifeste l'intention contraire. De la même façon, le séjour temporaire (même de longue durée) pour les seules fins d'exécution de son emploi, n'entraîne pas le changement de domicile[65].

Le plus souvent, c'est la réunion d'indices, qui, pris isolément, seraient considérés comme insuffisants[66], qui emportera la conviction du tribunal. Au nombre de ces indices conjugués, on retiendra : la durée de la résidence[67] ; le transport des biens familiaux[68] ; le paiement des taxes et de l'impôt sur le revenu ; l'inscription sur les listes électorales et l'exercice du droit de vote[69] ; la perception des alloca-

---

61. Mais le seul achat d'un immeuble n'est pas nécessairement un élément pertinent : *Feltrinelli* c. *Barzini*, précité, note 44 et *Droit de la famille – 2032*, [1994] R.J.Q. 2218, EYB 1994-84383 (C.S.).

62. *P.G. du Québec* c. *Elien*, J.E. 2001-1734, REJB 2001-25963 (C.Q.) : réception de prestations de la sécurité du revenu ou d'assurance-emploi et d'assurance-maladie dans un lieu donné, comme indice probant.

63. Voir *Droit de la famille – 1314,* précité, note 59. Au plan des indices qui peuvent également faire présumer de l'intention en regard d'activités à caractère professionnel, le fait d'avoir passé son examen d'admission en médecine au lieu où on se prétend domicilié : *Droit de la famille – 2223*, [1995] R.J.Q. 1792, EYB 1995-72416 (C.S.).

64. *Droit de la famille – 07292*, B.E. 2007BE-824 (C.S.) ; *Trahan* c. *Vézina*, précité, note 60 ; *Bonilla* c. *Lefèvre*, précité, note 40 et *Fredette* c. *Lalanne*, précité, note 56.

65. *J.S.H.* c. *B.B.F.*, [2001] R.J.Q. 1262, REJB 2001-24545 (C.S.).

66. Un casier postal, par exemple : *J.P* c. *A.T.*, B.E. 2002BE-390 (C.S.).

67. Voir *Lillie* c. *Hendershott*, précité, note 58 ; *Gauvin* c. *Rancourt*, [1953] R.L. (n.s.) 517 (B.R.) ; *Wheeler* c. *Sheenan*, [1961] C.S. 480 ; *Wanless* c. *Bain*, précité, note 56 ; *Fredette* c. *Lalanne*, précité, note 56 ; *Winnycka* c. *Oryschuck*, précité, note 56 ; *Taggart-Watt* c. *Zaremba*, précité, note 58 et *Fournier* c. *Giroux*, précité, note 58. Par contre, une résidence de courte durée peut être suffisante pour emporter changement de domicile (voir *Droit de la famille – 385,* [1987] R.D.F. 296 (C.S.)).

68. *Cicchillitti* c. *Hormaza*, précité, note 48.

69. *Trahan* c. *Vézina*, précité, note 60.

tions familiales[70] ; la comparution devant le tribunal du lieu de sa nouvelle résidence[71] ; la naturalisation, c'est-à-dire l'acquisition de la citoyenneté canadienne[72].

Tout est une question de circonstances et les juges du fond jouissent d'un pouvoir souverain d'appréciation en la matière. Il arrive que ni l'un ni l'autre des éléments ne puisse être déterminé avec précision par le juge du fond. Dans de telles circonstances, et en vue d'éviter les flottements, la loi privilégiera tel élément plutôt qu'un autre selon qu'il s'agit de l'intention ou de l'habitation, avec les nuances qui s'imposent.

### §2 - Modes exceptionnels de détermination du domicile

**329.**– La marge de liberté laissée à l'individu par le jeu des critères légaux emporte avec elle la possibilité, pour la personne, de ne pas se fixer dans un lieu plutôt qu'un autre ni même dans aucun lieu. S'il arrive que des individus, par choix ou pour des raisons extrinsèques à leur volonté (on peut penser ici aux itinérants, aux nomades, aux éternels voyageurs), n'aient pas de demeure fixe, il se trouve également que des personnes, bien que résidant dans un lieu de manière habituelle, n'aient pas d'intention arrêtée ou que celle-ci soit difficile à cerner pour qu'on puisse établir avec certitude où est leur domicile. C'est le cas aussi des réfugiés politiques et parfois des immigrants. Dans de telles circonstances, la méthode générale énoncée aux articles 75 à 77 C.c.Q. se révèle insuffisante. Pour pallier cette difficulté, le Code énumère une série de critères subsidiaires. La personne sera alors réputée domiciliée dans un lieu déterminé par la loi. La méthode employée par le législateur se rapproche de celle qu'il utilise lorsque, d'office, il fixe le domicile de la personne. La différence tient au fait que, dans le premier cas, les critères retenus ont valeur de suppléance, alors que dans la deuxième hypothèse, dont les cas sont énumérés limitativement par le Code, la loi ne laisse aucune place à la volonté de l'individu.

---

70. *Cicchillitti* c. *Hormaza*, précité, note 48.
71. *Trahan* c. *Vézina*, précité, note 60 et *Ingelsberger* c. *Molho*, précité, note 58.
72. *Taggart-Watt* c. *Zaremba*, précité, note 58. Les tribunaux sont beaucoup plus réservés en ce qui a trait à l'acquisition du statut d'immigrant, distinguant soigneusement statut civil et statut politique (voir *Trahan* c. *Vézina*, précité, note 60 ; *Cicchillitti* c. *Hormaza*, précité, note 48 ; *Feltrinelli* c. *Barzini*, précité, note 61 et *Droit de la famille – 2032*, précité, note 61). Si le fait d'être sous le coup d'une ordonnance de déportation n'emporte pas, pour la personne concernée, la perte de son domicile, le fait d'avoir obtenu le statut d'immigrant n'emporte pas non plus, en soi, l'intention de s'établir au Canada de façon permanente.

## A. Le régime de présomptions de l'article 78

**330.–** L'article 78 C.c.Q. institue une série de présomptions qui font que, à défaut de pouvoir établir avec certitude le domicile de la personne, celle-ci est réputée domiciliée, selon le cas, au lieu de résidence, au lieu où elle se trouve ou, s'il est inconnu, au lieu de son dernier domicile connu. Il s'agit là de présomptions absolues qui ne peuvent donc être repoussées par une preuve contraire[73].

**331.–** Ainsi, faute de pouvoir cerner l'intention, on doit se référer à l'élément factuel : la personne sera réputée domiciliée au lieu de sa résidence habituelle (art. 78, al. 1 C.c.Q.)[74]. Si ces dispositions viennent combler les fissures du système, elles ont également le mérite de nous débarrasser à tout jamais « de règles parasites »[75] importées de la common law. Car dans ce domaine, comme dans bien d'autres, nos tribunaux se sont inspirés du droit anglais. C'est ainsi, que, appuyés en cela par certains auteurs[76], ils appliquaient le *legal rule* voulant que l'établissement dans un domicile nouveau exige, au-delà de la preuve positive du fait de l'habitation réelle dans un autre lieu et de l'intention d'y faire son principal établissement, la preuve de l'abandon de tout esprit de retour au lieu de son précédent domicile (*animus semper manendi sine animus revertendi*)[77]. On ajoutait alors, à la nécessité d'une preuve positive, celle d'une preuve négative. On imagine dès lors les difficultés rencontrées par les émigrants venus s'établir au Québec (pourtant présenté comme une terre d'accueil) qui, en cas de doute sur l'absence d'*animus revertendi*, étaient présumés domiciliés au lieu de leur ancien domicile[78], sans compter le cas des réfugiés politiques. S'il est vrai que, dans ce dernier cas, la présomption de conservation du domicile antérieur est plus difficile à renverser, puisque l'habitation réelle dans un autre lieu trouve son origine dans la contrainte ou l'état de nécessité, le Code civil n'a jamais exigé que la volonté de rattachement à ce nou-

---

73. Voir l'article 2847 C.c.Q. Pour un cas d'application, voir *J.S.H.* c. *B.B.F.*, [2001] R.J.Q. 1262, REJB 2001-24545 (C.S.).
74. À titre d'illustration d'une application de cette présomption, voir *Dionne* c. *Ligue de développement du hockey midget AAA du Québec Inc.*, J.E. 95-1855 (C.S.).
75. A.-F. Bisson, « Remarques sur quelques décisions récentes en matière de domicile », (1979) 39 *R. du B.* 298, 303.
76. W.S. Johnson, *op. cit.*, note 9, p. 75 et s.
77. Voir *Wadsworth* c. *McCord* et *Trottier* c. *Rajotte*, précités, note 56.
78. Voir, entre autres, *Fonds d'indemnisation des victimes d'accidents d'automobile* c. *Rahima*, précité, note 60 ; *Karim* c. *Ali* et *Cicchillitti* c. *Hormaza*, précités, note 48. Pour une critique de l'importation en droit anglo-canadien de cette même règle, voir J.G. Castel, « Domicile », (1958-1959) 5 *McGill L.J.* 179.

veau lieu soit définitive[79]. Il suffit qu'elle soit durable[80] pour qu'il y ait domicile.

**332.–** *Absence de résidence réelle.* Lorsqu'une personne n'a pas de résidence réelle, le lieu où elle se trouve sera réputé être son domicile. À défaut, ce sera son dernier domicile connu (art. 78, al. 2 C.c.Q.)[81]. Encore faut-il s'entendre sur le sens des mots « où elle se trouve ». Dans le cas des sans-abri, on est autorisé à penser que ce sera la municipalité dans laquelle ces derniers circulent habituellement[82]. Dans le cas des personnes qui exercent une activité ambulante, ce sera sans doute la municipalité où elles se trouvent actuellement, c'est-à-dire au moment où on a besoin de les rejoindre pour les fins d'une opération juridique ou lorsqu'elles-mêmes doivent accomplir un acte juridique. Il reste qu'on ne peut pas toujours rejoindre les personnes qui ont un mode de vie itinérant, d'où la solution subsidiaire, c'est-à-dire le recours au dernier domicile connu. On peut, à l'instar de certains auteurs[83], regretter le caractère instable du facteur de résidence ou de présence dans un lieu, ce qui le rend non sécuritaire sur le plan du droit, particulièrement du droit international privé. Dans l'une et l'autre des hypothèses couvertes par l'article 78, le législateur privilégie les circonstances de fait pour fixer le lieu du domicile de la personne. On peut voir aussi, dans les solutions retenues, un certain souci du respect de l'autonomie et de la liberté des personnes, puisque ces solutions restent essentiellement fondées sur une initiative de l'individu (choix d'une résidence habituelle, choix d'un mode de vie).

### B. *Le domicile d'origine et les autres domiciles légaux*

**333.–** La personne n'a pas toujours le libre choix de fixer son domicile là où elle l'entend. Dans certains cas, la loi lui en assigne un d'office.

---

79. À titre d'exemple, voir *Winnycka* c. *Oryschuck* et *Jarucka* c. *Korzeniewski*, précités, note 56, commentés par A.-F. Bisson, *loc. cit.*, note 75, p. 303.

80. En ce sens, voir *Droit de la famille – 1351*, [1990] R.D.F. 565 (E.J.) et *Attias* c. *Pons et Bond*, précité, note 56.

81. C. Emanuelli critique cette règle et est d'opinion qu'il eût été plus sage de ne recourir au lieu où se trouve la personne que dans le cas où il est impossible de déterminer son dernier domicile connu car, selon cette auteure, la règle actuelle pourrait faire échec à l'article 76 C.c.Q. dans un scénario où une personne semble avoir abandonné son domicile alors qu'il est difficile de faire la preuve de son intention de faire de sa nouvelle résidence son principal établissement (C. Emanuelli, *Droit international privé québécois*, Montréal, Wilson & Lafleur, Coll. bleue, 2006, par. 117).

82. On imagine mal, en effet, une personne domiciliée sous tel arbre, dans tel parc, sur tel banc ou encore telle station de métro.

83. G. Goldstein et E. Groffier, *op. cit.*, note 33, par. 36.

Ces domiciles légaux sont aussi des domiciles de dépendance, le domicile de la personne étant ici rattaché au domicile d'une autre personne. Le domicile d'origine est le premier domicile légal. La loi en institue deux autres qui concernent les adultes, l'un étant à proprement parler un domicile de dépendance, l'autre un domicile de fonction.

**334.**– *Le domicile d'origine*. Toute personne, à sa naissance, acquiert un domicile qui lui est assigné par la loi. Le mineur non émancipé a son domicile chez son tuteur, c'est-à-dire, en principe, chez ses parents (art. 80 C.c.Q.). Les père et mère, majeurs ou émancipés, sont de plein droit tuteurs de leur enfant mineur (art. 192 C.c.Q.). En ce sens, on peut affirmer que le domicile d'origine s'acquiert par la filiation. À défaut de filiation connue, l'enfant sera sous la tutelle du directeur de la protection de la jeunesse à qui la situation aura été signalée. Il en sera de même de l'enfant orphelin ou abandonné, à moins qu'il ne soit déjà pourvu d'un tuteur[84].

Si les parents-tuteurs changent de domicile pendant sa minorité, leur nouveau domicile se transmettra à l'enfant[85] et il le conservera après sa majorité, tant et aussi longtemps qu'il n'aura pas fait la preuve qu'il a acquis un domicile indépendant. Cette situation est de nos jours relativement fréquente, compte tenu du décalage entre la majorité légale et l'établissement effectif, généralement lié à l'acquisition d'une certaine indépendance financière. La simple émancipation permet au mineur d'établir son propre domicile. N'étant plus sous l'autorité de ses parents (art. 171 C.c.Q.), il n'a plus besoin de leur autorisation pour quitter leur domicile (art. 602 C.c.Q.). Quant à la pleine émancipation, elle lui confère une majorité anticipée (art. 176 C.c.Q.). L'émancipation ou la majorité n'emportent donc pas en elles-mêmes la perte du domicile d'origine. Dans la chronologie des domiciles, cette prolongation transitoire permet d'éviter un vide entre le dernier domicile de rattachement et le premier domicile volontaire[86].

Dans la mesure où les parents-tuteurs peuvent chacun avoir leur domicile propre et où tutelle et autorité parentale peuvent par-

84. *Loi sur la protection de la jeunesse*, L.R.Q., c. P-34.1, art. 38 ; voir aussi les articles 199 et 207 C.c.Q.
85. Pour des cas d'application de ce principe, voir *Droit de la famille – 3146*, [1998] R.D.F. 734 (C.S.) ; *Droit de la famille – 3201*, [1999] R.D.F. 63 (C.S.).
86. Pour un exemple, voir *Giroux c. Cie d'assurances Missisquoi*, [1987] R.R.A. 146 (C.P.).

fois être exercées concurremment, le législateur se devait de prévoir des solutions qui permettent de situer le domicile de l'enfant mineur.

**335.–** *Les situations particulières.* Lorsque les père et mère tuteurs ont des domiciles distincts, le mineur est réputé domicilié chez celui de ses parents chez qui il réside habituellement, à moins que le tribunal n'ait fixé son domicile autrement (art. 80, al. 2 C.c.Q.)[87]. L'hypothèse envisagée ici recouvre tant les situations où les parents-tuteurs, tout en faisant vie commune, ont chacun leur domicile propre, que celles où les parents sont séparés (séparation de fait ou séparation légale) ou divorcés[88]. En l'absence de décision judiciaire et « à égalité d'attraction, c'est la réalité concrète de la résidence »[89] qui, ici encore, permettra de déterminer le domicile de l'enfant.

Il en va différemment, par contre, dans l'hypothèse où il y a identité de domicile entre les parents-tuteurs, mais où l'enfant ne vit pas habituellement avec ses parents (hypothèse d'une délégation de l'autorité parentale, de l'enfant qui est hébergé pendant un certain temps chez d'autres personnes ou placé, sur une base volontaire, en famille ou en centre d'accueil). Ici, même si le mineur réside ailleurs, c'est en fonction du domicile tutélaire, donc du domicile parental, que s'exerce l'attraction. Le domicile ayant principalement pour fonction de localiser les intérêts de la personne, il apparaît normal que pour le mineur non émancipé cette localisation s'opère au domicile de ceux qui ont la charge de ses intérêts. C'est ce même souci de protection qui a eu pour résultat qu'en droit international privé la notion de résidence habituelle de l'enfant vienne couramment se substituer à celle du domicile[90].

**336.–** Lorsque la tutelle est divisée – il y a coexistence d'une tutelle à la personne et d'une tutelle aux biens – c'est au domicile du tuteur à la personne

87. *J.R.* c. *L.M.*, J.E. 2005-581, EYB 2004-85983 (C.S.).
88. Voir *Droit de la famille – 647,* [1989] R.J.Q. 1161 (C.A.) ; *Droit de la famille – 2094,* [1995] R.J.Q. 107, EYB 1994-28945 (C.S.) ; *Droit de la famille – 2580,* [1997] R.D.F. 189 (C.Q.).
89. G. Cornu, *op. cit.,* note 12, n° 649, p. 316. Une réalité qui est aussi l'apanage du parent gardien, la notion de garde emportant le droit de décider unilatéralement du lieu de résidence de l'enfant : *W.(V.)* c. *S.(D.),* [1996] 2 R.C.S. 108 ; D. Goubau, « Joint Exercise of Parental Authority : The Quebec Civil Law Perspective », (2000) 17 *Canadian Journal of Family Law* 333-369.
90. *Droit de la famille – 3510,* [2000] R.J.Q. 559, REJB 1999-16297 (C.Q.) ; la notion de résidence habituelle de l'enfant est également le critère retenu par les grandes conventions internationales concernant les enfants lorsqu'il s'agit de la détermination de leurs droits (voir, par exemple la *Convention de La Haye de 1980 sur les aspects civils de l'enlèvement international d'enfants* et la *Convention relative aux droits de l'enfant,* résolution n° 44/25, Doc. AGNU, c. 3, 44ᵉ sess. (1989)).

que doit se faire le rattachement. En effet, dans ce contexte, c'est au tuteur à la personne qu'il revient de représenter le mineur en justice, quant à ses biens.

La situation apparaît cependant plus complexe, lorsque la garde de l'enfant a été confiée judiciairement à une tierce personne, sans qu'il y ait pour autant déchéance de l'autorité parentale ou retrait du droit de garde et où les parents se sont vu simplement retirer l'exercice de la garde en vertu de l'article 606, al. 2 C.c.Q. ou de l'article 91 de la *Loi sur la protection de la jeunesse*. La déchéance de l'autorité parentale entraîne pour le ou les parents déchus la perte de la tutelle, alors que le retrait d'un attribut ou de son exercice n'emporte perte de la tutelle que si le tribunal en décide ainsi (art. 197 C.c.Q.). L'enfant, dont l'un des parents a été déchu de l'autorité parentale, sera domicilié chez son autre parent. Dans le cas où la déchéance s'étend aux deux parents, c'est au domicile du tuteur qui lui aura été nommé, que le domicile sera rattaché. À défaut de nomination d'un tuteur par le tribunal, c'est le directeur de la protection de la jeunesse qui, d'office, devient tuteur légal (art.199, al. 1 et 221 C.c.Q.). Le domicile du mineur et le siège de la tutelle seront donc fixés au lieu où le directeur de la protection de la jeunesse exerce ses fonctions (art. 191, al. 2 C.c.Q.).

Le parent non gardien demeure, en principe, sauf à considérer les circonstances, détenteur de la tutelle (art. 195 C.c.Q.). Dans un tel contexte, l'enfant continue à être domicilié chez son tuteur, l'article 80, al. 2 C.c.Q. ne couvrant pas cette hypothèse. Dès lors, comment concilier l'exercice de l'autorité parentale dont est investi le gardien, avec la tutelle légale du ou des parents[91] ? En pratique, on peut penser que, face à une situation potentiellement conflictuelle, les tribunaux confieront la tutelle au tiers gardien, lequel d'ailleurs peut lui-même en faire la demande (art. 195, 197, 205 et 206 C.c.Q.), ce qui permettrait de garder l'homogénéité des deux institutions qui, en définitive, se recouvrent mutuellement, que ce soit au plan de leur finalité ou de leur mise en œuvre ; une solution qui, *a priori*, apparaît aussi respectueuse de l'intérêt de l'enfant.

Mais la lecture conjuguée des articles 186, 195, 197 et 605 C.c.Q. laisse tout de même perplexe. En effet, dans l'hypothèse où la garde d'un enfant a fait l'objet d'un jugement (hypothèse couverte par l'article 195) et où elle aurait été confiée à un tiers, il nous semble qu'en l'absence de preuve d'indignité de la part du ou des parents, les seuls motifs qui puissent être suffisamment graves pour le ou les priver de la tutelle légale sont l'inaptitude et l'éloignement involontaire. On rejoint alors les situations couvertes par les articles 197 et 606 C.c.Q. (tout au moins si l'on s'en réfère aux commentaires). Mais la question demeure : en l'absence de circonstances exceptionnel-

---

91. Voir *C.(G.)* c. *V.-F.(T.)*, [1987] 2 R.C.S. 244.

les qui permettraient de faire reposer, sur une même tête, tutelle et autorité parentale, ne risque-t-on pas, en définitive, de vider de leur substance l'une et l'autre des deux institutions ?

Si l'idée de communauté de vie appelle l'unité du domicile, elle cède facilement aussi le pas aux intérêts procéduraux, à cette « idée utilitaire que le domicile est plus commodément placé où le patrimoine doit être administré »[92], une tendance que reflètent les règles qui président à la détermination des autres domiciles légaux.

### 1) Le domicile légal du majeur inapte

**337.–** Le majeur en *tutelle* ou en *curatelle*, c'est-à-dire la personne majeure qui, en vertu d'un jugement, est privée partiellement ou totalement de l'exercice de ses droits, a son domicile chez son tuteur ou son curateur (art. 81 C.c.Q.). Par contre, le majeur inapte pourvu d'un conseiller conserve ou peut se choisir un domicile propre puisqu'il n'est pas représenté mais simplement assisté. Quant aux personnes placées dans un établissement de soins et qui ne sont pas sous régime de protection, elles gardent, elles aussi, leur domicile, sauf à prouver l'intention contraire. Signe de dépendance, le rattachement s'opère une fois de plus au lieu où est domicilié celui qui a la charge d'autrui mais il n'implique pas pour autant communauté de vie.

### 2) Le domicile de fonction

**338.–** Les citoyens investis de fonctions publiques viagères et irrévocables sont fictivement domiciliés dans le lieu d'exercice de leur fonction, qu'ils aient ou non leur résidence et leur centre d'intérêt personnel ailleurs. C'est le cas notamment des membres de la magistrature à propos desquels « il a pu sembler logique qu'ils fussent rattachés en tant qu'hommes [et femmes] privés, au système de juridictions qu'ils contribuent à constituer »[93] en tant que personnes publiques. La solution s'infère de l'article 79 C.c.Q.[94] selon lequel « la personne appelée à une fonction publique, temporaire ou révocable, conserve son domicile, à moins qu'elle ne manifeste l'intention con-

---

92.   J. Carbonnier, *op. cit.*, note 2, n⁰ 54, p. 79.
93.   J. Carbonnier, *op. cit.*, note 2, n⁰ 54, p. 79. À titre d'exemple, voir la *Loi sur la Cour suprême*, L.R.C. (1985), c. S-26, art. 8. Notons cependant que la *Loi sur les tribunaux judiciaires*, L.R.Q., c. T-16, retient plutôt l'obligation de *résidence* des juges (art. 7 et 32).
94.   Qui reprend l'article 82 C.c.B.-C. Pour un cas d'application, voir *G.G.* c. *C.L.*, 2004, AZ-50222207 (C.S.).

traire». Cette disposition a encore plus d'utilité que dans le passé, en raison de la multiplicité des fonctions publiques temporaires ou révocables[95].

## Section III

## Domicile élu

**339.**– *Définition et intérêt.* Le domicile élu est un mode spécial et fictif de localisation de la personne limité à une opération juridique déterminée.

En passant un contrat, les parties peuvent convenir que pour tout ce qui concerne l'exécution de cet acte, l'une d'elles sera domiciliée dans un autre lieu que son domicile réel. On dit alors de cette personne qu'elle élit domicile dans ce lieu (art. 83 C.c.Q.)[96].

Cette stipulation, qui doit être expresse, permettra ultérieurement à son cocontractant d'assigner cette personne devant le tribunal du lieu indiqué dans le contrat aux fins de son exécution ou de l'exercice des droits qui en découlent. L'intérêt pratique d'une telle clause est d'éviter au cocontractant d'avoir à aller plaider devant une juridiction éloignée et de lui épargner ou de minimiser les déplacements qu'implique un procès.

En ce sens, le domicile élu « est moins un véritable domicile qu'une dérogation conventionnelle aux effets normaux du domicile »[97]. C'est une mesure visant à faciliter les relations contractuelles et particulièrement les relations d'affaires que pourrait compromettre la règle de l'unité du domicile[98].

---

95. *Comm.*, sous l'article 79 C.c.Q., t. I, p. 63.
96. *Montréal (Communauté urbaine de)* c. *Gingras*, [1998] R.J.Q. 2010, REJB 1998-07567 (C.A.) (clause d'élection de domicile dans le cadre d'une entente entre un service de police et un témoin délateur).
97. Planiol et Ripert, *Traité pratique de droit civil français*, t. I, *Les personnes*, 2ᵉ éd., par R. et J. Savatier, Paris, LGDJ, 1952, nᵒ 165. C'est pourquoi certains auteurs utilisent parfois, à propos du domicile élu, l'expression « domicile conventionnel » : voir G. Trudel, *op. cit.*, note 6, p. 255.
98. C'est le même principe qui sous-tend les dispositions de l'article 130 C.p.c. Alors qu'en principe, les personnes morales ont leur domicile au lieu où elles ont leur siège (art. 307 C.c.Q.), la loi permet que les significations d'actes de procédure puissent leur être faites dans d'autres lieux : établissement dans la province, bureau de leur agent dans le district où la cause d'action a pris naissance ou encore signification à l'un de ses dirigeants, dans les conditions prévues au deuxième alinéa.

**340.–** *Caractères et incidence sur le domicile réel.* La personne qui élit domicile dans un autre lieu que son domicile réel ne change pas de domicile. Ce n'est que pour les besoins de l'opération juridique visée par l'élection de domicile (mise en œuvre d'une procédure, exécution d'un jugement) que cette personne sera rattachée, éventuellement, au lieu désigné dans le contrat. Une fois cette opération juridique terminée, l'élection de domicile cesse de produire effet. C'est pourquoi on dit du domicile élu qu'il est à la fois fictif – la personne, par hypothèse, n'a pas d'attache réelle avec le lieu désigné à l'acte – et spécial – puisqu'il est lié à une opération juridique déterminée.

Contrairement au domicile réel, le domicile élu n'est ni nécessaire, ni unique. Bien que dans certains cas elle soit imposée par la loi[99], l'élection de domicile, en principe, est volontaire. L'individu est donc libre d'y recourir ou non. Mais il peut avoir autant de domiciles élus que de conventions traitant d'affaires différentes. Accessoire au contrat principal, le domicile élu participe de la force obligatoire du contrat. Il ne peut donc être changé que du commun accord des parties contractantes, à moins qu'il n'ait été choisi dans l'intérêt exclusif de l'une d'elles. Enfin, contrairement au domicile réel qui participe de l'état des personnes, le domicile élu fait partie des droits patrimoniaux d'une personne. Il est donc transmissible aux héritiers.

**341.–** *Conditions de validité.* L'élection de domicile doit être expresse. Elle doit être précise[100] et ne se présume pas (art. 83, al. 2 C.c.Q.). Le Code n'exige cependant aucune forme particulière. Toutefois, si le contrat dont l'élection de domicile est l'accessoire doit revêtir certaines formes à peine de nullité, c'est le contrat principal qui déterminera les formes requises pour la constituer valablement[101]. Cependant, il n'est pas nécessaire qu'elle soit faite dans le corps même de l'acte, du moment qu'elle en respecte les formalités essentielles.

Il existe toutefois des exceptions. En effet, si la distinction entre l'élection de domicile faite par un commerçant ou un non-commer-

---

99. L'article 64 C.p.c. impose une telle obligation aux avocats.
100. *Preverco Inc* c. *Action Supply Inc.*, J.E. 2005-2128, EYB 2005-96678 (C.S.) : l'élection de domicile au district judiciaire du vendeur, sans autre précision, rend l'autre partie tributaire des aléas d'un éventuel changement de domicile du vendeur, ce qui rend la clause trop floue pour constituer une élection de domicile valide.
101. P.-B. Mignault, *op. cit.*, note 3, p. 246 ; G. Trudel, *op. cit.*, note 6, p. 257.

çant[102] n'a pas été reprise dans le nouveau Code, elle n'a pas disparu pour autant. Mesure de protection « insérée » en 1924 dans un « contexte » agricole et de communications difficiles qui n'est plus celui d'aujourd'hui[103], elle trouvait mieux sa place dans la *Loi sur la protection du consommateur*[104] qui édicte qu'« [U]ne élection de domicile en vue de l'exécution d'un acte juridique ou de l'exercice de droits qui en découlent est inopposable au consommateur, sauf si elle est faite dans un acte notarié »[105].

Le Code n'impose aucune condition quant au lieu : le choix est donc illimité, sous réserve de l'ordre public[106]. Mentionnons toutefois que la *Loi sur la protection du consommateur* interdit l'élection de domicile à l'étranger. Ajoutons que, en vertu de cette même loi, le contrat conclu à distance avec un commerçant ou un vendeur est considéré comme conclu à l'adresse du consommateur. Le tribunal du district judiciaire du domicile du consommateur est donc compétent pour entendre les litiges qui peuvent résulter éventuellement de tels contrats[107].

**342.–** *Les effets de l'élection de domicile.* Pour les apprécier et en déterminer l'étendue, il faut distinguer selon l'objet de la clause d'élection de domicile. Celui-ci peut être simple ou double et les effets de la clause plus ou moins complets.

Si la clause se borne à l'indication d'un lieu sans autre précision (par exemple, une ville ou un district judiciaire), l'élection de domicile est simplement attributive de juridiction. Elle institue (dans les limites déterminées préalablement quant à sa validité) le tribunal de ce lieu compétent à connaître du litige opposant les parties au contrat.

---

102.   Art. 85, al. 3 C.c.B.-C. qui se lisait comme suit : « Excepté dans un acte notarié, l'élection de domicile est sans valeur quant à la juridiction des tribunaux, si elle est signée par un non-commerçant dans les limites du district où il a sa résidence. »

103.   A.-F. Bisson, *loc. cit.*, note 75, p. 301.

104.   M. Ouellette, *La réforme du Code civil*, Livre I, *Des personnes*, Ste-Foy, P.U.L., 1993, 15, p. 67.

105.   *Loi sur la protection du consommateur*, L.R.Q., c. P-40.1, art. 22.1.

106.   On peut même élire domicile au lieu de son domicile réel. On pourrait être tenté, comme certains, de voir dans une telle clause, une clause de style inutile (T.-J.-J. Loranger, *Le droit civil du Bas-Canada suivant l'ordre du Code*, Montréal, M. Mathieu, 1871, t. I, p. 349). Mais, ainsi que le souligne Trudel, « L'effet d'une telle clause permet de conférer une certaine permanence au domicile réel » : « La personne pourra changer de domicile réel, mais, pour les fins de l'acte, le domicile élu demeurera à l'endroit de son ancien domicile réel », *op. cit.*, note 6, p. 261.

107.   *Ibid.*, art. 19 à 21.

Mais la clause peut être plus précise et la partie qui élit domicile peut aussi indiquer le nom d'une personne chargée de la représenter au lieu désigné. La personne chez qui domicile est élu est alors constituée mandataire du signataire de la clause, ce qui lui permet de recevoir valablement tous les actes nécessaires à l'accomplissement de l'exécution forcée[108], particulièrement les significations des actes de procédure.

L'efficacité de telles clauses se trouve aujourd'hui élargie puisque l'élection de domicile peut affecter l'exécution volontaire du contrat. Ainsi, le paiement (entendu ici dans le sens d'exécution volontaire et non dans son sens technique, soit comme l'exécution d'une obligation)[109] peut être fait au lieu désigné expressément ou implicitement par les parties (art. 1566, al. 1 C.c.Q.)[110], contrairement aux solutions qui prévalaient antérieurement[111].

Cette efficacité connaît cependant des degrés, car si l'élection de domicile est attributive de compétence, elle n'a pas pour effet d'obliger l'une des parties au contrat à assigner l'autre devant le tribunal du domicile élu. Elle ne peut jamais être exclusive de compétence et l'une des parties au contrat peut toujours assigner l'autre devant un autre forum, conformément à l'article 68 C.p.c.[112]. Il n'y a donc pas lieu, pour le tribunal saisi du litige, contrairement à une idée répandue[113], de rechercher en faveur de qui l'élection de domicile a été consentie ou s'il y a eu renonciation à cet avantage : celui-ci « doit

---

108.  Voir G. Trudel, *op. cit.*, note 6, p. 263.
109.  La définition est de G. Trudel (*op. cit.*, note 6, p. 263) et elle reflète l'ensemble des opinions doctrinales qui ont pu être exprimées sur la question.
110.  À défaut, le paiement se fait au domicile du débiteur (art. 1566, al. 2 C.c.Q.) qui reprend la règle selon laquelle le paiement est quérable et non portable, sauf si son objet consiste en un corps certain, auquel cas c'est le lieu où le bien se trouvait au moment où l'obligation a pris naissance qui devient déterminant.
111.  Voir G. Trudel, *op. cit.*, note 6, p. 263 ; P.-B. Mignault, *op. cit.*, note 3, p. 248.
112.  *Coopérative des travailleurs Envirotechneau* c. *Ville de Baie-St-Paul*, J.E. 97-549, REJB 1997-02960 (C.S.) (appel rejeté, C.A., n° 500-09-004629-978) ; *Ontario Paper Company Ltd.* c. *Bellavance*, (1928) 44 B.R. 269 ; *Gordon and Gotch* c. *Australasia Ltd.* c. *Montréal Australia New Zealand Line Ltd.*, (1940) 68 B.R. 428 et A.-F. Bisson, *loc. cit.*, note 75, p. 302. Ce qui autorise à interroger l'intérêt que peuvent présenter aujourd'hui, tout au moins en droit interne, les clauses d'élection de domicile, car les règles de compétence territoriale, particulièrement en matière contractuelle, sont plutôt nuancées (art. 68 C.p.c.). Par ailleurs, la *Loi sur la protection du consommateur*, précitée, note 105, d'ordre public, vient restreindre considérablement la part laissée à la volonté. Il reste que la partie la plus forte qui a réussi à se faire consentir une élection de domicile en un lieu qui, par hypothèse, l'accommode, se prévaudra généralement de l'avantage ainsi obtenu, lorsqu'elle sera en demande.
113.  Voir *Assurances du crédit* c. *Dell*, [1959] C.S. 309.

seulement se demander s'il a ou non compétence en vertu de l'un des chefs prévus à l'article 68 C.p.c. Dans l'affirmative, l'exception déclinatoire doit être rejetée »[114].

## Pour aller plus loin

**343.–** *Historique.* On doit aux droits orientaux de l'époque hellénistique et à la Rome archaïque l'esquisse des principales utilisations pratiques du domicile : « En droit public, comme en droit privé, celle-ci est liée à l'organisation familiale » ; mais si, au plan du droit privé, la notion « aide à préciser les rapports dans la communauté familiale », en droit public, après avoir servi « à briser l'importance politique du *genos* ou de la *gens* », c'est le lien établi entre le domicile et le cadastre, c'est-à-dire son rôle fiscal qui, très rapidement devient prédominant. Ce n'est cependant qu'à la fin du Ier siècle avant J.-C. que le terme *domicilium* acquiert un sens technique et que Rome, « rassemblant les fils épars des siècles antérieurs », en donne une définition cohérente et en dégage les caractères.

Le domicile romain apparaît comme le « principal établissement de l'individu, à la fois stable et centre de ses activités » (*ubi quis larem rerumque ac fortunarum suarum summam constituit*, C. just. 10, 40, 7, 1). Le choix du domicile, en principe, est libre. Mais la volonté ne doit pas être arbitraire : « il doit être constitué *re et facto* ». Il existe cependant des exceptions. Rome, en effet, a prévu des domiciles légaux (domicile légal de la femme mariée, domicile de fonctions des sénateurs) : M.-B. Bruguière, « Le domicile dans les droits antiques », dans *Mélanges dédiés à Gabriel Marty*, Toulouse, Université des Sciences sociales de Toulouse, 1978, p. 199 ; W.S. Johnson, « Domicile in its legal aspects », (1929) 7 *R. du B. can.* 356. Voir également C.-C. de Lorimier et C.-A. Vilbon, *La bibliothèque du Droit civil de la province de Québec*, t. I, Montréal, La Minerve, 1885, Titre III, p. 488 ; A. Lafontaine, *Le domicile*, Thèse de doctorat, Université Laval, Québec, 1885 et F. Langelier, *op. cit.*, note 6.

**344.–** Plusieurs siècles plus tard, c'est en s'appuyant sur les textes romains que Pothier présente sa théorie du domicile (*Introduction générale aux Coutumes*, n[os] 5 et 8). En effet, le domicile avait acquis, dans l'ancien droit, une importance considérable, compte tenu de la diversité des coutumes : « il fallait avant tout connaître le domicile des parties, afin de savoir à quelle loi, à quelle coutume elles étaient soumises » (P.-B. Mignault, *op. cit.*, note 3, p. 224). C'est sur ce fond de droit romain et d'ancien droit français que les commissaires chargés de la première codification élaborèrent les règles du domicile (reprenant textuellement, pour sa définition, celle de l'article 102 du

---

114. Voir *Cadieux* c. *Vidéo Jacklan Inc.*, J.E. 87-1060, EYB 1987-62564 (C.A.) et A.-F. Bisson, *loc. cit.*, note 75, p. 302.

Code Napoléon : C.-C. de Lorimier et C.-A. Vilbion, *supra*, p. 488). Voir également G. Trudel, *op. cit.*, note 6, p. 236 ; J.-G. Castel, *op. cit.*, note 9, p. 116-117 et G.-J. Boulanger, « Du domicile », (1959) 4 *C. de D.* 40, 43.

**345.–***Politique législative.* Adoptées « à une époque de moindre mobilité de la population et où, sous l'influence de la jurisprudence anglaise, le domicile impliquait une notion de permanence particulièrement tenace », la notion de domicile, telle qu'elle figurait dans le *Code civil du Bas-Canada*, ne répondait plus, visiblement, aux besoins des justiciables québécois (O.R.C.C., *Rapport sur le domicile de la personne humaine*, Montréal, Éditeur officiel du Québec, 1975, p. 2). Aussi l'Office de révision du Code civil avait-il proposé d'« en rectifier l'allure en le situant, non plus au lieu du principal établissement, mais à celui de la résidence habituelle », A.-F. Bisson, *loc. cit.*, note 75, p. 305.

Réaffirmer les textes entraînait en effet « le risque de perpétuer les règles parasites » importées de la common law par la jurisprudence. D'un autre côté, « adopter la notion de simple résidence permettait de rompre avec cette même jurisprudence, « mais ne conduisait pas à des résultats satisfaisants dans un système où, moitié par tradition, moitié en raison de l'insuffisance du critère de la nationalité dans un État fédéral, le domicile, c'est-à-dire un lien stable entre une personne et un lieu, possède de puissantes fonctions de rattachement, notamment en matière d'état et de capacité des personnes » (A.-F. Bisson, *loc. cit.*, note 75, p. 304-305). N'eût été l'explication donnée par l'Office, soit la nécessité « d'éliminer l'intention comme facteur dominant » dans la détermination du domicile, le compromis proposé aurait pu paraître satisfaisant. Mais les « facteurs objectifs », dont les juges, à l'avenir, auraient eu à tenir compte pour déterminer le caractère habituel de la résidence, c'est-à-dire « la durée et la continuité de la résidence, ainsi que d'autres éléments de nature personnelle qui créent un lien durable entre la personne et cette résidence » (O.R.C.C., *supra*, p. 4 et 14), ne différaient guère de ceux dont les tribunaux tenaient déjà compte dans la recherche de l'intention de faire d'un autre lieu son principal établissement. C'était revenir au point de départ et même si « en refaisant de la détermination du domicile et de la preuve de son changement essentiellement une question de [...] fait, par le biais de la notion de résidence habituelle », on nous proposait, plus simplement, « de revenir au domicile », tel que le Code l'entendait déjà, il n'est pas sûr que la notion eut été débarrassée, une fois pour toutes, des « alluvions jurisprudentielles ou doctrinales » (A.-F. Bisson, *loc. cit.*, note 75, p. 305), dans lesquelles elle s'était enlisée avec le temps. En ce sens, l'ajout de présomptions aux fins de déterminer le domicile, lorsqu'il est impossible d'établir les éléments intentionnels ou factuels, nous paraît une technique plus heureuse pour reprendre contact avec l'esprit et la lettre de la notion de domicile, telle que codifiée en 1866.

**346.–** *Théorie juridique.* Longtemps partagée entre la théorie objective, produit de l'histoire (le « domicile demeure » de Pothier) et la théorie abstraite développée par Aubry et Rau (*op. cit.*, note 9), la doctrine moderne tend à voir dans le domicile un prolongement de la personnalité, un élément de l'état. Pour certains, cependant, le domicile est une « notion bien peu personnelle » ; ils n'y voient que « pure technique juridique » (C. Atias, *op. cit.*, note 29, n⁰ 64, p. 105). Mais s'il est vrai que le domicile est un concept qui apparaît aujourd'hui comme éclaté, puisque au-delà des applications spécialisées propres à chacune des sphères du droit, il a perdu, au sein du droit civil lui-même, une partie de son empire, il faut admettre que la notion est probablement double. Une dualité qui correspond aux intérêts pratiques qui y sont attachés. Le domicile est à la fois « la demeure » et « un rapport », un lien entre la personne et un ressort territorial, « une juridiction », au double sens du terme, qui est pour elle source de droits et d'obligation : J. Carbonnier, *op. cit.*, note 2, n⁰ 59, p. 83 ; P. Azard et A.-F. Bisson, *op. cit.*, note 1, p. 68-69 et *Comm.*, t. I, p. X.

# BIBLIOGRAPHIE SÉLECTIVE

AZARD, P. et A.-F. BISSON, *Droit civil québécois*, t. I, *Notions fondamentales, Famille, Incapacités*, Ottawa, Éd. de l'Université d'Ottawa, 1971.

BAUDOUIN, L., « La personne humaine au centre du droit québécois », (1966) 26 *R. du B.* 67.

BISSON, A.-F., « Remarques sur quelques décisions récentes en matière de domicile », (1979) 39 *R. du B.* 298.

BRIÈRE, G., « La réforme du droit du nom et du domicile », (1975) 6 *R.G.D.* 465.

BRUGUIÈRE, M.-B., « Le domicile dans le droit antique », dans *Mélanges dédiés à Gabriel Marty*, Toulouse, Université des Sciences sociales de Toulouse, 1978.

DE LORIMIER, C.-C. et C.-A. VILBON, *La bibliothèque du droit civil de la province de Québec*, vol. I, Montréal, La Minerve, 1885.

EMANUELLI, C., *Droit international privé québécois*, Montréal, Wilson & Lafleur, 2e éd., 2006, p. 50-65.

GÉRIN-LAJOIE, A., *Du domicile et de la juridiction des tribunaux*, Montréal, Imprimerie Modèle, 1922.

GOLDSTEIN, G., « Analyse comparative de la notion de résidence habituelle en droit civil québécois et selon les Conventions de La Haye de 1980 sur l'enlèvement international d'enfants et de 1996 sur la protection des mineurs », (2005) 65 *R. du B.* 223-292

JOHNSON, W.S., « Du domicile en France et dans la Province de Québec », (1934-1935) 13 *R. du D.* 71.

LAFONTAINE, A., *Le domicile*, Thèse de doctorat, Université Laval, Québec, 1885.

LANGELIER, F., *Cours de droit civil dans la province de Québec*, t. I, Montréal, Wilson & Lafleur, 1905.

LORANGER, T.-J.-J., *Le droit civil du Bas-Canada suivant l'ordre du Code*, Montréal, M. Mathieu, 1871.

MIGNAULT, P.-B., *Le droit civil canadien*, t. I, Montréal, C. Théoret, 1895.

O.R.C.C., *Rapport sur le domicile de la personne humaine*, Montréal, Éditeur officiel du Québec, 1975.

TRUDEL, G., *Traité de droit civil du Québec*, t. I, Montréal, Wilson & Lafleur, 1942.

# CHAPITRE IV

## LA CONSTATATION DE L'ÉTAT DES PERSONNES : L'ÉTAT CIVIL

### Section I
### État des personnes et état civil

#### §1 - L'état des personnes

**347.**– *L'état de la personne ou l'individu tel que défini par le droit.* Si tous les êtres humains ont la personnalité juridique, s'ils sont tous égaux devant la loi, le droit, sous d'autres rapports, ainsi qu'en témoignent les chapitres précédents, les distingue. Mais au-delà des éléments qui permettent de l'identifier, la loi « prend en considération, dans l'individu, toute une série de particularités et de qualités auxquelles elle attache diverses conséquences juridiques »[1]. Ces éléments distincts, qu'on appelle les *éléments de l'état*, permettent de déterminer la situation de la personne en droit[2]. La somme de toutes les conséquences juridiques attachées à ces éléments détermine la situation de la personne vis-à-vis la loi : elle lui confère un certain statut ; elle constitue ce qu'on appelle son *état.* Dans une acception large, l'état de la personne s'entend de l'ensemble des qualités de la personne que la loi prend en considération pour y attacher des effets juridiques. Encore faut-il distinguer les effets attachés à ces qualités dont certains sont étrangers au droit privé.

**348.**– *État civil et état politique.* Parmi les éléments qui participent de l'état de la personne, on oppose généralement ceux qui permettent de la rattacher à la cité, tel que l'entendait le droit romain (*status civita-*

---

1. G. Cornu, *Droit civil, Introduction, Les personnes, Les biens*, Paris, Montchrestien, 2005, n° 532, p. 257.
2. Sur l'indisponibilité et l'immutabilité de l'état civil, voir C. Neirinck, « Les caractères de l'état civil », dans *L'état civil dans tous ses états*, C. Neirinck (dir.), Paris, L.G.D.J., Droit et société, 2008, p. 41-54.

*tis*), c'est-à-dire l'état politique, constitué par la citoyenneté et « par les droits ou l'absence de droits du citoyen »[3], à ceux qui permettent de la situer par rapport au groupement familial (*status familiae*), tel que tissé par les liens matrimoniaux (présents et passés) et les liens parentaux. Les premiers relèvent du droit public et sont en principe étrangers au droit civil, sous réserve de dispositions expresses de la loi, dans les limites que lui assignent les Chartes. Les seconds relèvent du droit privé et trouvent leur source dans des événements d'ordre naturel (ou tout au moins dits tels : naissance, mort, absence, disparition) et dans des rapports institués par le droit entre des personnes (mariage, union civile, filiation). Toutefois, l'état de la personne, tel qu'on l'entend dans nos sociétés modernes, tend à déborder la stricte situation familiale de l'individu pour englober certaines caractéristiques personnelles. Ces qualités peuvent être d'ordre physiologique (âge), physique ou psychique (altération des facultés mentales et corporelles) ou considérées soit comme une émanation soit comme l'expression de sa personnalité (sexe, nom), des conditions qui sont parfois aussi facteurs d'inégalité – on parlera alors d'inégalités rationnelles (statut des mineurs et des majeurs inaptes) – mais qui, indépendamment des mesures de protection destinées à corriger des inégalités naturelles, sont devenues sources de droits et de devoirs distincts.

**349.– *État et capacité*.** Il existe des liens étroits entre l'état et la capacité d'une personne. À la limite, on serait tenté d'affirmer que la capacité n'est qu'un aspect de l'état des personnes[4]. Nous dirons plus simplement que l'état sert à déterminer la capacité de la personne, qu'il s'agisse de sa capacité de jouissance ou de sa capacité d'exercice. Par exemple, c'est en raison de son *status familiae* qu'un conjoint peut venir à la succession de l'autre, qu'un père peut réclamer des aliments à son fils ou une femme au père de ses enfants. Sur un autre plan, c'est la vulnérabilité et la dépendance qui caractérisent la condition d'enfant qui lui permet de bénéficier d'une protection particulière par rapport aux adultes. En matière d'incapacité d'exercice, l'âge constitue un facteur déterminant lorsqu'il s'agit d'en mesurer l'étendue. Ainsi, selon qu'il appartient à telle ou telle classe d'âge, la capacité du mineur sera plus ou moins étendue.

---

3. J. Carbonnier, *Droit civil, Les personnes*, Paris, P.U.F., 2000, n° 61, p. 109.
4. Voir en ce sens les développements consacrés à cette question par P. Azard et A.-F. Bisson, *Droit civil québécois*, t. I, *Notions fondamentales, Famille, Incapacités*, Ottawa, Éditions de l'Université d'Ottawa, 1971, n° 12, p. 9 et la définition proposée par J. Pineau, « De certains éléments relatifs à l'état des personnes, du registre des actes de l'état civil », (1988) 1 *C.P. du N.* 91, 101.

## §2 - L'état civil

**350.**– Le sujet de droit étant défini par rapport à son état, celui-ci doit pouvoir être connu. À l'occasion de l'exercice d'un droit, la personne est fréquemment appelée à faire la preuve des circonstances qui modèlent son état, lequel donne ouverture à ce droit. Ainsi, on ne peut réclamer des aliments de son conjoint sans établir préalablement sa qualité d'époux. Il faut ensuite tenir compte des tiers avec qui la personne peut entrer en relation et qui ont intérêt, eux aussi, à être renseignés sur sa situation. Enfin, les pouvoirs publics, dont l'intérêt se situe sur un plan collectif, doivent pouvoir être informés des événements dont dépend le statut de leurs administrés. C'est pourquoi le législateur a organisé un procédé officiel de constatation de l'état des personnes : les actes de l'état civil.

**351.**– *Les actes de l'état civil*. Ce sont des écrits authentiques, en ce sens que leur contenu fait preuve à l'égard de tous et qu'ils font foi en justice par leur seule production (art. 2813 et 2818 C.c.Q.). Ils permettent d'archiver les principaux événements d'où découle l'état des personnes, c'est-à-dire les naissances, les mariages, les unions civiles et les décès et qui sont consignés dans un registre (le registre de l'état civil), par un officier public (le Directeur de l'état civil), conformément aux dispositions édictées par la loi.

Le système mis en place permet à la fois de garantir la sincérité des actes, d'en assurer la conservation et d'établir des corrélations entre les actes principaux, auxquels viennent se greffer des documents annexes, de manière à faciliter la réunion des éléments relatifs à une même personne. À cet effet, la loi prévoit l'inscription, dans le registre, d'un certain nombre d'événements qui ne donnent pas lieu à l'établissement d'un acte de l'état civil selon sa forme habituelle (jugement déclaratif de décès, jugement d'adoption) ou qui ont été constatés ailleurs (actes dressés à l'étranger). Des mentions en marge, qui participent du même esprit, permettent également de compléter le registre en faisant un renvoi à des actes ou à des jugements qui n'y sont pas intégralement portés (changement de nom, changement de sexe, divorce, annulation du mariage, etc.). Ces mentions assurent la cohérence du registre en établissant des liens entre les actes principaux (insertion de l'acte de décès en marge de l'acte de naissance, mention du jugement de divorce qui a été prononcé entre les époux en marge de l'acte de mariage).

Ceci explique également la confusion qu'on entretient parfois entre l'état civil et l'état des personnes, le premier n'étant en fait que la constatation du second[5].

## Section II
## La réforme de l'état civil

**352.–** *Un service public*. Service public, la direction générale de l'état civil relève du ministre de la Justice. Son organisation a fait l'objet, dans le sillon de la révision du Code civil de 1991, d'une réforme en profondeur. Aussi, avant d'en étudier l'organisation, nous arrête-rons-nous préalablement sur les impératifs qui la sous-tendent pour en dégager ensuite les principales caractéristiques.

### §1. - Le contexte

**353.–** *Un système déficient, à la fois confessionnel et laïque*. Service public, le service de l'état civil, pour des raisons historiques, a long-temps eu un caractère purement confessionnel, pour ensuite reposer sur deux structures parallèles : l'une religieuse, l'autre laïque. Cette dernière « avait été développée pour répondre aux besoins nouveaux de la population, dont les mœurs sociales et religieuses avaient changé, et qui s'était enrichie par l'arrivée d'immigrants de cultures et de mœurs différentes »[6]. La composante religieuse restait toutefois dominante. À l'exception des registres tenus par les protonotaires et leurs adjoints (aujourd'hui les greffiers) pour les mariages qu'ils sont habilités à célébrer[7] et la possibilité, pour les parents qui ne dési-raient pas faire baptiser leur enfant, de faire enregistrer sa naissance auprès du secrétaire-trésorier ou du greffier de leur municipalité[8], le système consistait « à laisser chaque ministre du culte, désigné par les règles intérieures de sa propre religion, à tenir les registres et à y

---

5. J. Carbonnier, *op. cit.*, note 3, n° 74, p. 131.
6. *L'État civil-Express*, vol. 1, n° 1, juin 1993, p. 1.
7. Art. 42 et 129 C.c.B.-C. ; art. 411 C.c.Q. 1980, art. 366 C.c.Q. Exception à laquelle s'ajoutaient encore les situations visées à l'article 53*b*) C.c.B.-C. (art. 419 C.c.Q. 1980).
8. Ou encore auprès du juge de paix le plus proche, art. 53*a*) C.c.B.-C.

inscrire les actes »[9]. Artisans principaux de la gestion des actes de l'état civil, les ministres du culte exerçaient, en fait, un triple rôle : ministre officiant, officier de l'état civil et officier de la statistique démographique[10].

**354.– *La nécessité d'une réforme.*** Ce système ne correspondait plus à la réalité d'une société moderne et pluraliste. Il souffrait également d'incohérence dans l'application des règles et des procédures concernant les actes de l'état civil. On comptait en effet plus de 5 000 fonctionnaires[11] et des milliers de registres[12], d'où l'absence d'uniformité et le nombre impressionnant de requêtes en rectification présentées annuellement. Du fait de sa décentralisation[13], le système ne permettait pas non plus de « savoir directement [...] si au Québec, une personne existait, si elle était mariée, célibataire ou même décédée »[14]. Sa dualité engendrait une certaine confusion. Dans l'esprit d'un grand nombre de gens, la cérémonie religieuse et l'enregistrement d'une démarche légale que constitue l'enregistrement d'un fait civil étaient confondus, avec pour résultat que plusieurs déclaraient un même événement à deux endroits et que d'autres ne le déclaraient pas du tout[15]. Enfin, il semble que les protonotaires ne recevaient pas

---

9. M. Ouellette, *Droit des personnes et de la famille*, Montréal, Éditions Thémis, 1978, p. 106 ; L. Baudouin, *Les aspects généraux du droit privé dans la province de Québec*, Paris, Dalloz, 1967, p. 173.
10. Il existait en effet, depuis 1926, un régime parallèle et autonome de cueillette de données relatives aux naissances, aux mariages et aux décès, le registre de la population, tenu à des fins sociales, médicales et démographiques. Depuis 1972, ce sont les médecins qui sont chargés de remplir les déclarations de naissance et de décès (désignées par l'expression « les bulletins ») pour les fins de ce registre qui relève du ministre de la Santé et des Services sociaux (*Loi sur la santé publique*, L.R.Q., c. S-2.2, art. 45 à 47).
11. Le *Rapport du sous-comité sur les actes de l'état civil*, Ste-Foy, ministère de la Justice, 15 septembre 1981, p. 16, évoque le chiffre de 5 681 personnes autorisées à tenir des registres, dont 4 072 sociétés et corporations religieuses.
12. En janvier 1994, le Directeur de l'état civil héritait d'un mode de gestion datant de 375 ans et de près de 17 millions d'actes, répartis en 425 000 registres (Gouvernement du Québec, Le Directeur de l'état civil, *1994-1999. Au cœur de la vie des citoyens !*, Québec, 1999, 15 p.).
13. On comptait environ 3 600 points d'inscription et de délivrance d'actes, *L'État civil-Express, loc. cit.*, note 6, p. 1.
14. *Comm.*, t. I, p. 79.
15. Selon certaines données comparées de l'état civil et du registre de la population, environ 15 % des naissances n'auraient pas été déclarées à l'état civil (*Comm.*, t. I, p. 79). En ce qui concerne les décès, un certain nombre n'auraient pas été constatés dans un acte de l'état civil, du fait qu'aucune sépulture n'a eu lieu (*Rapport du sous-comité sur les actes de l'état civil, op. cit.*, note 11, p. 47). Sur les inconvénients et les imbroglios générés par ce système, voir *Harvey* c. *Lacroix*, [1985] C.S. 11 et *Droit de la famille – 381*, [1987] R.D.F. 337, EYB 1987-78768 (T.J.).

toujours les registres qui devaient leur être remis à la fin de chaque année[16]. Une réforme, souhaitée depuis longtemps[17], s'imposait.

### §2. - *Les grands axes de la réforme*

**355.**– Laïcisation, centralisation, simplification et un souci plus marqué du respect de la vie privée sont les grands traits qui caractérisent la réforme entrée en vigueur avec le *Code civil du Québec* de 1991.

**356.**– *Un seul officier de l'état civil et un seul registre*. La responsabilité du système est confiée à une autorité unique, le Directeur de l'état civil. Celui-ci « est chargé de dresser les actes de l'état civil et de les modifier, de tenir le registre de l'état civil, de le garder et d'en assurer la publicité » (art. 103 C.c.Q.). Un seul officier donc, mais aussi un seul registre « constitué de l'ensemble des actes de l'état civil et des actes juridiques qui le modifient » (art. 104 C.c.Q.)[18]. Le registre est tenu en double exemplaire dont l'un est constitué de tous les documents écrits, l'autre contenant l'information sur support informatique. En cas de divergence entre les deux exemplaires, l'article 105, al. 2 C.c.Q. donne primauté à l'écrit. Cependant, dans tous les cas, l'un des exemplaires peut servir à reconstituer l'autre. On maintient donc le principe de la tenue en double, afin de mieux assurer la conservation des informations consignées au registre. Le Code prévoit même la conservation d'une version supplémentaire dans un endroit différent (art. 106 C.c.Q.), l'idée étant « d'éviter la destruction simultanée de toute l'information » et « d'assurer éventuellement la reconstitution de l'information détruite »[19].

**357.**– *Le Directeur de l'état civil : un « greffier »*. Techniquement, mis à part son unicité et celle du registre dont il assume la responsabilité, les fonctions du Directeur de l'état civil ne sont pas fondamentalement différentes de celles qui étaient assumées autrefois par les ministres du culte, les protonotaires et les officiers municipaux. Toutefois, la relation de cet officier public avec le citoyen n'a plus le même caractère. Contrairement à la plupart des officiers qui concouraient à

---

16. *Comm.*, t. I, p. 79.
17. Voir, sur ce point, les propositions avancées, en 1973, par l'Office de révision du Code civil, O.R.C.C., *Rapport sur l'état civil*, Montréal, 1973.
18. Pour les communautés cries, inuites ou naskapies, l'article 152 C.c.Q. prévoit que l'agent local d'inscription ou un autre fonctionnaire nommé en vertu des lois relatives à ces communautés peut, dans la mesure prévue au règlement d'application, être autorisé à exercer certaines fonctions du Directeur de l'état civil. Voir également la *Loi sur les autochtones cris, inuit et naskapis*, L.R.Q., c. A-33.1.
19. *Comm.*, t. I, p. 82

la tenue des registres et qui, par leur qualité d'officiants, étaient témoins de l'événement qu'ils consignaient dans les registres[20], le Directeur de l'état civil n'entretient que des contacts d'ordre bureaucratique avec le citoyen.

**358.–** *Des pouvoirs élargis et un contrôle judiciaire.* Si ses fonctions n'ont pas vraiment changé, les pouvoirs du Directeur de l'état civil sont par contre plus larges. Cela s'explique en raison de la centralisation et de la laïcisation opérées par la réforme. Indépendamment du pouvoir de contrôle de la régularité des documents à partir desquels il dresse l'acte[21], le Directeur de l'état civil jouit avant tout d'un pouvoir dissuasif. C'est ainsi qu'il peut inviter les parents à modifier leur choix lorsque le nom attribué à l'enfant prête au ridicule ou est susceptible de le déconsidérer (art. 54, al. 1 C.c.Q.)[22]. Il a même autorité pour trancher les différends, en cas de désaccord entre les parents quant au choix du nom de famille ou du prénom de l'enfant lorsqu'ils déclarent la naissance (art. 52 C.c.Q.). Il peut aussi corriger, dans tous les actes, les erreurs d'écriture (art. 142 C.c.Q.). Enfin, dans certains cas, la loi lui permet de compléter ou même de dresser un acte, sur la foi des renseignements qu'il a lui-même recueillis, comme elle l'autorise également à recevoir et à inscrire une déclaration tardive (art. 130 C.c.Q.). En ce sens, il exerce une forme de magistrature. Il est lui-même soumis au pouvoir judiciaire, ses décisions étant susceptibles de révision par les tribunaux (art. 141, al. 2).

Le Directeur de l'état civil doit également s'en rapporter à une autorité extérieure (tribunal ou Procureur général) dans tous les cas où la loi ne lui permet pas de décider lui-même. Il existe donc un partage de compétence entre cette autorité administrative, le Procureur général et les autorités judiciaires. C'est que les actes de l'état civil ne mettent pas en cause que des intérêts privés. Ils sont aussi d'intérêt

---

20. Jean Pineau, à la veille de la réforme, écrivait : « aujourd'hui, l'officier d'état civil – pour « beaucoup » de Québécois le curé de la paroisse – reçoit lui-même les parents venus déclarer la naissance de leur enfant ; il est lui-même témoin de l'échange du « oui » fatal lors de la célébration du mariage et conduit lui-même son « client » à sa dernière demeure. Il est témoin [...], à l'exception de la naissance. Le nouvel officier de l'état civil, quant à lui, installé dans le bureau central ne sera témoin de rien ». J. Pineau, *loc. cit.*, note 4, p. 104.
21. Par exemple, celui de la conformité entre le constat et la déclaration à partir desquels sont dressés les actes de naissance et de décès (art. 108 et 131 C.c.Q.) ou la validité des actes dressés à l'étranger (art. 138 C.c.Q.). Pouvoir d'appréciation aussi, puisque les actes de l'état civil ne doivent contenir que ce qui est exigé par la loi (art. 107, al. 2 C.c.Q.).
22. *Gagnon* c. *Directeur de l'état civil*, B.E. 98BE-267 (C.S.).

public. Ceci explique pourquoi, en cas de contradiction entre des éléments essentiels à l'établissement de l'état d'une personne ou lorsque, par exemple, il est impossible d'obtenir copie d'un acte dressé à l'étranger, le directeur doit s'en remettre au tribunal[23]. Ce n'est qu'après avoir été autorisé par ce dernier qu'il peut dresser l'acte relatif à l'événement qu'il doit constater. Enfin, on soulignera pour mémoire que le Directeur de l'état civil partage également une autre compétence avec le tribunal, celle d'autoriser un changement de nom. Rappelons, finalement, que c'est lui qui a autorité pour modifier la mention du sexe qui figure sur l'acte de naissance.

## Section III
## L'établissement des actes de l'état civil

### *§1 - Dispositions générales*

**359.**– L'établissement des actes de l'état civil n'est pas le seul fait du Directeur de l'état civil. Celui-ci n'est lui-même qu'un déclarant, puisqu'il dresse l'acte à partir des informations qu'il reçoit, le plus généralement sous forme de déclarations dont la loi, dans certains cas, exige la corroboration au moyen de constats établis par des personnes désignées par le Code. Ces informations peuvent aussi être contenues dans des actes juridiques, plus précisément des jugements qui ont été rendus en matière d'état des personnes et qui emportent modification de cet état. Ces documents peuvent concerner tant des événements qui sont survenus au Québec (naissances, mariages, unions civiles, décès) que des événements concernant une personne qui y est domiciliée (art. 108, al. 1 C.c.Q.).

**360.**– *Les participants et les intervenants.* Les particuliers qui participent à l'établissement des actes de l'état civil sont les parties, les déclarants et les témoins.

– *Les parties.* Ce sont les particuliers directement concernés par l'acte et dont la présence et l'expression de la volonté sont néces-

---

23. Art. 131 C.c.Q. (contradiction entre le constat et la déclaration à partir desquels les actes de l'état sont dressés) ; art. 139 (acte de l'état civil dressé hors du Québec, perdu ou détruit) ; art. 54, al. 2 (avis au Procureur général lorsque les parents persistent à vouloir donner à l'enfant un nom qui prête au ridicule ou qui est susceptible de déconsidérer l'enfant ; il appartient alors au Procureur général de décider de l'opportunité de saisir le tribunal).

saires pour créer l'état que l'acte vient constater. Il n'y a que le mariage et l'union civile qui exigent ces deux conditions. Ceci explique pourquoi la déclaration de mariage ou d'union civile doit être signée par les deux conjoints (art. 121 et 121.3 C.c.Q.).

– *Les déclarants*. Ce sont les personnes sur la foi de la déclaration desquelles le directeur dresse ensuite l'acte d'état civil, soit que les parties intéressées ne puissent le faire elles-mêmes (naissance, décès) – auquel cas, la loi précise qui peut faire la déclaration (art. 114 et 125 C.c.Q.) –, soit qu'elles aient officié à l'événement. C'est le cas de tous ceux qui sont habilités à célébrer le mariage ou l'union civile, événement dont ils sont également les témoins (art. 118, 366 et 521.2 C.c.Q.).

– *Les témoins*. Ce sont ceux qui rédigent les constats en vue d'assurer la véracité des actes de l'état civil. Leur rôle consiste ici à certifier l'exactitude de l'événement et l'identité des parties concernées. Ce sont l'accoucheur dans le cas de l'acte de naissance (art. 111 C.c.Q.), le médecin ou les agents de la paix qui ont constaté la mort, quand ils y sont autorisés (art. 122 et 123 C.c.Q.). Entrent également dans cette catégorie, les personnes qui ont agi comme témoins lors de la célébration du mariage ou de l'union civile et qui, à ce titre, doivent signer la déclaration que doit remplir le célébrant (art. 121 et 121.3 C.c.Q.).

**361.–** *Présentation matérielle ; énonciations communes aux constats et déclarations*. L'article 110 C.c.Q. énumère les énonciations que doivent comporter, indépendamment de la nature de l'acte, les constats et les déclarations. On doit y retrouver, dans chaque cas, « la date où ils sont faits, les nom, qualité et domicile de leur auteur » dont ils doivent également comporter la signature.

Quant à l'aspect matériel de l'acte, il est, à toutes fins utiles, celui de la déclaration, revêtue des formalités exigées par la loi. En effet, après avoir été datée, signée et dotée d'un numéro d'ordre par le directeur, puis insérée dans le registre, conformément aux termes de l'article 109 C.c.Q., la déclaration constitue l'acte de l'état civil. Cependant, si un nom contient des caractères ou des signes diacritiques inconnus de langue française ou anglaise, il doit être transcrit en français ou en anglais dans les actes d'état civil, tout en respectant pour le reste l'orthographe originale (art. 108, al. 2 C.c.Q.).

### §2 - Les règles particulières à chacun des actes

#### A. L'acte de naissance

**362.**– *Les formalités préalables : le constat et la déclaration.* L'acte de naissance est le plus important de tous, puisque c'est le titre qui est délivré à la naissance, celui qui fait preuve de l'existence de la personne, permet d'établir l'âge et constitue hiérarchiquement la preuve première de filiation.

C'est à l'accoucheur, témoin actif et oculaire de l'événement, que la loi confie le soin d'établir le constat de naissance (art. 111, al. 1 C.c.Q.)[24]. Ce document énonce les lieu, date et heure de la naissance, le sexe de l'enfant, de même que les nom, domicile et lieu de naissance de la mère (art. 111 C.c.Q.)[25]. Il ne lui appartient cependant pas d'indiquer la paternité[26]. Dressé en double exemplaire dont l'un est remis, sans délai, au Directeur de l'état civil, l'autre à ceux qui doivent déclarer la naissance[27], le constat ne fait « qu'attester qu'un enfant de tel sexe est né de telle femme, à tel moment, à tel endroit »[28]. Il s'agit donc d'un témoignage partiel qui s'ajoute à la déclaration de naissance que doivent faire les parents.

**363.**– Les père et mère de l'enfant ont 30 jours[29], à compter de la naissance, pour en faire la déclaration auprès du Directeur de l'état civil[30], à défaut de quoi ils s'exposent au paiement de

---

24. Généralement, il s'agira d'un médecin, mais cela peut être aussi une sage-femme ou tout autre « intervenant » : on peut penser ici au chauffeur de taxi, au policier ou au mari lorsque la parturiente n'a pas eu le temps de se rendre à l'hôpital ou lorsque la sage-femme est arrivée trop tard. On soulignera également que la personne qui assiste une femme à l'occasion d'un accouchement continuera à remplir un bulletin de naissance pour les fins du registre de la population, *Loi sur la santé publique*, précitée, note 10, art. 45.
25. Le constat doit également faire état du numéro de code de l'établissement hospitalier où est survenue la naissance ainsi que du numéro du permis d'exercice du médecin qui a procédé à l'accouchement, le cas échéant : art. 3 du *Règlement relatif à la tenue et à la publicité du registre de l'état civil*, Décret 1591-93 du 17 décembre 1993, (1993) 125 *G.O.Q.* II, 8051.
26. *P.R.* c. *S.B. (Succession de)*, [2003] R.D.F. 40, REJB 2002-36397 (C.S.).
27. Art. 112 C.c.Q. et *Règlement relatif à la tenue et à la publicité du registre de l'état civil*, précité, note 25, art. 2.
28. J. Pineau, *loc. cit.*, note 4, n⁰ 21, p. 106.
29. En pratique, tout au moins dans les cas où l'enfant est né dans un établissement hospitalier, la déclaration sera transmise à partir de l'hôpital, en même temps que le constat de naissance, ce à quoi incite d'ailleurs l'article 112 C.c.Q.
30. Art. 113 C.c.Q. L'Office de révision du Code civil prévoyait un délai beaucoup plus court, soit huit jours, O.R.C.C., *Rapport sur le Code civil du Québec*, vol. 1, *Projet de Code civil*, Québec, Éditeur officiel du Québec, 1978, Livre 1, art. 85.

droits[31]. La déclaration doit être faite devant un témoin qui la signe (art. 113 C.c.Q.). Elle indique, selon l'article 115 C.c.Q., le nom attribué à l'enfant, son sexe, les lieu, date et heure de la naissance, le nom et le domicile des père et mère[32] et du témoin, de même que le lien de parenté du déclarant avec l'enfant, la loi n'exigeant pas de déclaration conjointe. En ce qui concerne le nom, l'article 108 C.c.Q. prévoit que si celui-ci comporte des caractères ou des signes diacritiques qui ne sont pas utilisés en français ou en anglais, il doit être transcrit en français ou en anglais et cette transcription doit être portée dans le registre écrit et il doit être substitué à la graphie originale sur l'exemplaire informatique, ce qui constitue donc une source de différenciation des deux versions du registre de l'état civil. De plus, en vertu du *Règlement relatif à la tenue et à la publicité du registre de l'état civil*[33], doivent également y être mentionnées, la date de naissance des père et mère de l'enfant et, le cas échéant, pour les fins de la déclaration de filiation, l'indication que son père et sa mère sont mariés l'un à l'autre ainsi que la date de leur mariage. Cette exigence s'applique également si les parents sont unis civilement[34].

Ces dernières précisions sont extrêmement importantes car, à moins d'autorisation expresse, seul le père peut déclarer la filiation de l'enfant à son endroit et seule la mère peut déclarer la filiation maternelle (art. 114 C.c.Q.)[35]. Toutefois, le Code prévoit une excep-

---

31. En vertu des règlements qui viennent compléter le Code civil, des droits de 100 $ sont exigibles pour la confection d'un acte de naissance à la suite d'une enquête sommaire, lorsque la naissance est déclarée plus d'un an après sa survenance ; les droits exigibles ne sont toutefois que de 50 $ si la déclaration, bien que tardive, est faite au directeur dans l'année de la naissance. Cette amende « déguisée » se veut sans doute un incitatif. C'est aussi un moyen efficace d'assurer la véracité des statistiques : *Tarif des droits relatifs aux actes de l'état civil au changement de nom ou de la mention du sexe*, Décret 1593-93 du 17 novembre 1993, art. 5, (1993) 125 *G.O.Q.* II, 8057.

32. Depuis que la loi reconnaît la réalité de l'homoparentalité, il est prévu que dans les cas où les parents sont de même sexe, l'acte de naissance de l'enfant doit les indiquer comme les mères ou les pères, selon le cas (art. 115 C.c.Q.).

33. *Règlement relatif à la tenue et à la publicité du registre de l'état civil*, note 25, art. 3. Après avoir dressé l'acte de naissance, le Directeur de l'état civil envoie aux déclarants un avis d'inscription au registre. Cet avis est lui-même accompagné d'un formulaire de demande de documents relatifs à l'état civil.

34. *Loi instituant l'union civile et établissant de nouvelles règles de filiation*, L.Q. 2002, c. 6, art. 237. Depuis l'adoption de cette loi, il est possible d'inscrire dans l'acte de naissance la bimaternité (*S.G. (Dans la situation de)*, [2002] R.D.F. 1042, REJB 2002-34714 (C.Q.) ; *Droit de la famille – 07528*, [2006] R.J.Q. 775, EYB 2006-100447 (C.A.)) ou la bipaternité (voir : *O.F. c. J.H.*, [2005] R.D.F. 475 (C.Q.) ; *Dans la situation de S.G.*, [2002] R.D.F. 1042, REJB 2002-34714 (C.Q.)).

35. *L.-J.K. (Dans la situation de)*, [2001] R.D.F. 909, REJB 2001-27243 (C.S.) ; *M.-C.L. c. P.C. (Succession de)*, J.E. 2004-338, REJB 2003-52390 (C.S.) ; *P.R. c. S.B. (Succession de)*, [2003] R.D.F. 40, REJB 2002-36397 (C.S.) ; *J.L. c. M.J.*, B.E. 2003BE-346 (C.S.).

tion en faveur des parents mariés ou unis civilement, l'un des deux parents pouvant alors déclarer la filiation de l'enfant à l'égard de l'autre[36]. Encore faut-il s'assurer que les parents sont bel et bien mariés ou unis civilement l'un à l'autre, d'où la pertinence des mentions additionnelles exigées par le Règlement.

En effet, lorsque l'acte de naissance indique comme père ou mère de l'enfant une personne qui n'était pas présente lors de la déclaration, l'acte de naissance, dressé sur la foi de cette déclaration, fait preuve *prima facie* contre cette personne du lien de filiation qui la relie à l'enfant[37]. Or, à défaut de cette précision, c'est-à-dire de l'état d'époux ou de conjoints unis civilement des père et mère, comment l'officier de l'état civil aurait-il pu savoir si le père ou la mère, qui fait la déclaration, est légalement autorisé à déclarer la filiation de l'enfant à l'endroit de l'autre, et dresser ainsi un acte régulier quant à sa forme ?

**364.–** *Parents inconnus ou empêchés d'agir.* Dans ces circonstances, c'est la personne qui recueille ou qui assume la garde du nouveau-né qui est tenue de faire la déclaration de naissance, à l'intérieur des mêmes délais, au Directeur de l'état civil (art. 116 C.c.Q.). La loi exige alors que soient mentionnés, dans la déclaration, le sexe de l'enfant et, s'ils sont connus, son nom et les lieu, date et heure de la naissance. Une note faisant état des faits et des circonstances qui entourent la naissance et indiquant, s'ils sont connus, les noms des père et mère de l'enfant, accompagne cette déclaration, ce qui, en ce qui concerne le nom des parents, peut paraître étonnant. En effet, sauf autorisation expresse du père et de la mère, la déclaration ne permet pas d'indiquer la filiation de l'enfant. Or, si l'on peut comprendre que le déclarant soit tenu d'indiquer les noms des père et mère lorsque ceux-ci sont empêchés d'agir, « on le comprend peut-être moins bien lorsque, volontairement, l'un et l'autre entendent demeurer « inconnus » et abandonner l'enfant »[38].

À défaut de pouvoir faire état de ces éléments requis aux fins de la déclaration, le Directeur de l'état civil comble les vides en fixant les lieu, date et heure de la naissance sur la foi d'un rapport médical et

---

36. Art. 114, al. 1 C.c.Q. Cette règle, établie au bénéfice de l'enfant, s'explique par l'existence de la présomption légale de paternité de l'article 525 C.c.Q. et de comaternité de 538.3 C.c.Q.
37. *Droit de la famille – 526*, [1988] R.J.Q. 1766, EYB 1988-62865 (C.A.) et *Droit de la famille – 111*, J.E. 84-176 (C.A.).
38. J. Pineau, *loc. cit.*, note 4, n° 23, p. 107.

suivant les présomptions tirées des circonstances (art. 117 C.c.Q.). Il ne peut s'agir ici que du nouveau-né abandonné, venu au monde sans l'aide d'un accoucheur, puisque celui-ci est tenu de dresser un constat de naissance[39] dont copie, en principe, doit être jointe à la déclaration de naissance (art. 115, al. 2 C.c.Q.).

On peut d'ailleurs se demander s'il est possible aujourd'hui qu'un enfant puisse être déclaré de mère inconnue, « dès lors qu'intervient un accoucheur, puisque le constat de naissance indique notamment le nom et le domicile de la mère » ; à supposer même que celui-ci n'intervienne pas et que la déclaration de naissance soit faite par la personne qui recueille ou garde l'enfant, celle-ci doit indiquer, si elle en a connaissance, les noms des père et mère. Il apparaît donc pour le moins difficile « de cacher une maternité ou, du moins, de garder l'incognito »[40].

### B. L'acte de mariage

**365.–** *La déclaration de mariage.* La déclaration de mariage doit être établie sans délai par le célébrant. Cela signifie que la déclaration doit suivre immédiatement la célébration (art. 118 et 375 C.c.Q.). La loi exige qu'y soient apposées les signatures du célébrant, des époux et des témoins (art. 121 C.c.Q.)[41].

La déclaration, et partant, l'acte de mariage, doit énoncer les noms et domicile des époux, le lieu et la date de leur naissance et de leur mariage, ainsi que le nom de leurs père et mère et des témoins. Elle énonce aussi les nom, domicile et qualité du célébrant, et indique, s'il y a lieu, la société religieuse à laquelle il appartient (art. 119 C.c.Q.). On doit y noter également, si tel est le cas, qu'il y a eu dispense de publications ainsi que l'autorise l'article 370 C.c.Q. ou que les autorisations ou les consentements, dans le cas où l'un des

---

39.  J. Pineau, *loc. cit.*, note 4, n° 27, p. 108.

40.  *Ibid.* Il demeure que sans ces mentions on voit difficilement comment l'enfant adopté pourrait exercer son droit aux origines. Il nous semble donc qu'il y a une certaine cohérence entre ces dispositions et l'article 583 C.c.Q.

41.  En vertu de l'article 377 C.c.Q., le ministre responsable de l'état civil et le ministre de la Justice communiquent au Directeur de l'état civil les renseignements sur les autorisations, désignations et révocations concernant les personnes autorisées à célébrer les mariages et les unions civiles. Le Directeur de l'état civil tient un registre à ce sujet. Le secrétaire de l'Ordre des notaires du Québec communique également au Directeur de l'état civil les renseignements concernant les notaires habilités à agir comme célébrants.

époux est mineur, ont été obtenus (art. 120 et 373, 1° C.c.Q.). Enfin, à cette panoplie d'informations viennent s'ajouter les renseignements additionnels exigés par le *Règlement relatif à la tenue et à la publicité des actes de l'état civil*, soit : l'état matrimonial de chacun des futurs époux – s'il est divorcé, la date de son dernier divorce et s'il est veuf, la date du décès de son conjoint ; le lieu d'enregistrement de la naissance de chacun des époux ; le numéro de code attribué au célébrant par le Directeur de l'état civil[42].

### C. L'acte d'union civile

**366.**–La loi qui a créé l'institution de l'union civile a également introduit un nouvel acte d'état civil, l'acte d'union civile (art. 521.12 à 521.19 C.c.Q.). L'union civile, qui est ouverte aussi bien aux conjoints hétérosexuels qu'aux conjoints de même sexe, constitue l'équivalent du mariage à l'exception de quelques différences minimes (notamment en ce qui a trait à l'âge puisque les conjoints unis civilement doivent être majeurs) et d'une différence plus importante, celle de pouvoir dissoudre l'union civile par déclaration commune notariée lorsque les conjoints n'ont pas d'enfants à charge et qu'ils s'entendent sur toutes les conséquences de leur séparation (art. 521.12 à 521.19 C.c.Q.).

Le Code civil consacre une nouvelle série d'articles à l'acte d'union civile (art. 121.1 à 121.3 C.c.Q.). En réalité, ces dispositions sont calquées sur celles qui concernent l'acte de mariage.

### D. L'acte de décès

**367.**– L'acte de sépulture du défunt *Code civil du Bas-Canada*[43] a été remplacé dans le *Code civil du Québec* par l'acte de décès. Il n'y a donc plus de preuve par ricochet de la mort de ceux dont le corps a été inhumé et ceux qui sont morts sans sépulture et qui ont maintenant droit à un acte de l'état civil qui reflète la réalité. Ici encore, deux documents sont exigés pour les fins de son inscription : un constat et une déclaration.

---

42. Art. 4 du Règlement, précité, note 25. Toutes ces dispositions ont pour objet de s'assurer qu'avant de procéder à la cérémonie, le célébrant s'est bien acquitté des obligations que lui impose la loi quant à la vérification de l'état des futurs époux et de l'absence d'éventuels empêchements à leur mariage : art. 373 C.c.Q. et *Comm.*, t. I, p. 249.

43. Art. 67 C.c.B.-C.

**368.–** *Le constat de décès.* En principe, le décès doit être constaté par un médecin (art. 122 C.c.Q.), mais s'il est impossible d'en avoir un dans un délai raisonnable et que la mort est évidente, le constat peut être dressé par deux agents de la paix. Ces derniers sont tenus aux mêmes obligations que le médecin (art. 123 C.c.Q.)[44].

Ce constat énonce, s'ils sont connus, le nom et le sexe du défunt, ainsi que les lieu, date et heure du décès (art. 124 C.c.Q.)[45]. Il doit être remis par le médecin ou par le directeur de funérailles qui prend en charge le corps du défunt, à la personne tenue de déclarer le décès. Afin d'éviter que des décès ne soient pas publiquement connus en cas de défaut de les déclarer, un exemplaire du constat de décès doit également être transmis sans délai au Directeur de l'état civil, avec la déclaration, à moins que celle-ci ne puisse être transmise immédiatement (art. 122, al. 2 C.c.Q.).

**369.–** *La déclaration de décès.* La déclaration doit être faite devant un témoin qui la signe. Elle est ensuite remise, « sans délai », au Directeur de l'état civil, soit par le conjoint, soit par un proche parent ou un allié à qui en incombe la responsabilité ou, à défaut, par toute autre personne capable d'identifier le défunt (art. 125 C.c.Q.). De plus, lorsque le corps est pris en charge par un directeur de funérailles, ce qui est généralement le cas, celui-ci doit obligatoirement déclarer le moment, le lieu et le mode de disposition du corps. La déclaration de décès, qui doit être accompagnée d'un exemplaire du constat[46], contient les informations suivantes : le nom et le sexe du défunt, le lieu et la date de sa naissance et de son mariage ou de son union civile, le lieu de son dernier domicile, les lieu, date et heure du décès, le moment, le lieu et le mode de disposition du corps, ainsi que le nom de

---

44. Voir également l'article 46 de la *Loi sur la santé publique*, précitée, note 10, qui prévoit que dans certaines circonstances particulières le constat peut être fait par d'autres personnes.

45. En vertu de l'article 2 du *Règlement relatif à la tenue et à la publicité du registre de l'état civil*, précité, note 25, le constat doit également mentionner, le cas échéant, le numéro de code de l'établissement où est survenu le décès ainsi que le numéro de permis d'exercice du médecin qui l'a constaté.

46. À moins qu'elle n'ait été transmise en même temps que ce dernier, auquel cas il apparaît inutile qu'un double du constat soit annexé (encore que la loi semble bien l'exiger d'après les termes de l'article 126, al. 2 C.c.Q.). En pratique, la déclaration de décès est faite avec la collaboration du directeur funéraire et c'est lui qui la transmet au Directeur de l'état civil. Voir sur ce point la brochure publiée par la Direction de l'état civil, *L'état civil, La réforme*, Québec, Gouvernement du Québec, ministère de la Justice, 1992, p. 14 ; voir également Directeur de l'état civil, « Le décès : quoi faire lors d'un décès ? », (1999) 5 *L'État civil* (Bulletin du Directeur de l'état civil).

ses père et mère et, le cas échéant, celui de son conjoint (art. 126 C.c.Q.)[47]. Si la date et l'heure du décès sont inconnues, le Directeur de l'état civil les fixe lui-même dans l'acte, « sur la foi du rapport d'un coroner et suivant les présomptions tirées des circonstances »[48]. Lorsque le lieu du décès est inconnu, la loi présume que c'est celui où le corps a été découvert (art. 127 C.c.Q.).

**370.**– *Le défunt inconnu.* Lorsque l'identité du défunt est inconnue, le constat de décès, précise l'article 128 C.c.Q., contient son signalement et décrit les circonstances de la découverte du corps[49]. On peut donc conclure qu'en l'absence de déclaration, le Directeur de l'état civil ne peut dresser un acte de décès, sauf à conclure qu'il fera lui-même la déclaration à la suite de la réception d'un rapport du coroner qui, entre- temps, aura permis d'identifier le défunt[50].

---

47. En vertu de l'article 5 du *Règlement relatif à la tenue et à la publicité du registre de l'état civil*, précité, note 25, la déclaration doit également faire mention du lieu d'enregistrement de la naissance du défunt ainsi que de son état matrimonial.
48. Pour un cas d'application, voir *Booth (Succession de)*, J.E. 98-2105, REJB 1998-09598 (C.S.).
49. Cette disposition, qui s'inspire de la *Loi sur la recherche des causes et des circons- tances des décès*, L.R.Q., c. R-0.2, vise à permettre, éventuellement, de compléter l'acte de décès, à la suite du rapport d'un coroner.
50. On peut faire ici un parallèle avec l'enfant sans filiation (art. 116 et 117 C.c.Q.) avec, cependant, cette différence que l'enfant, lui, sera doté d'une identité puisque le Directeur de l'état civil doit lui donner un nom (art. 50 et 53, al. 3 C.c.Q.). On ajoutera que les informations qui sont mentionnées dans l'acte de naissance de l'enfant trouvé permettront éventuellement, elles aussi, de compléter cet acte, notamment quant à sa filiation, les père et mère pouvant toujours se déclarer ou encore être retrouvés par l'enfant, ultérieurement.

# ACTES D'ÉTAT CIVIL

## MENTIONS SELON L'ACTE

| NAISSANCE | MARIAGE | DÉCÈS |
|---|---|---|
| **Déclaration par les père et mère ou l'un d'eux** | **Identification** | **Identification du défunt** |
| | – *Des époux* : nom, domicile, lieu et date de naissance | – Nom du défunt |
| *Renseignements sur l'enfant :* | – Nom de leurs père et mère ; | – Sexe du défunt |
| – Nom de l'enfant | – Lieu d'enregistrement de la naissance de chacun des époux ; | – Lieu et date |
| – Sexe | – *Des témoins* : nom | • de sa naissance |
| – Lieu, date et heure de naissance | – *Célébrant* : nom, domicile, qualité | • nom de ses père et mère |
| | | – Dernier domicile |
| *Renseignements sur les parents* | **État matrimonial de chacun des futurs époux** | |
| – Nom, domicile et date de naissance des père et mère | – Si divorcé, date de son dernier divorce | **État matrimonial** |
| – Lien de parenté du déclarant avec l'enfant | – Si veuf, date du décès de son conjoint | – Lieu et date de son mariage |
| | | – Nom de son conjoint |
| *Renseignements sur le témoin* | **+ s'il y a lieu** | |
| – Nom et domicile du témoin | – Société religieuse à laquelle appartient le célébrant | **Renseignements sur le décès** |
| | – Numéro de code attribué au célébrant par le directeur de l'état civil | – Lieu, date et heure |
| **+** s'il y a lieu, pour les fins de la déclaration de filiation | – Dispense de publications | – Moment, lieu et mode de disposition du corps |
| – Date de mariage des père et mère | – Autorisation ou consentement si l'un des époux est mineur | |
| | | **Signature du témoin** |
| **Signatures du déclarant et du témoin** | **Signatures** | |
| | – Époux, célébrant, témoins | **Signature du Directeur de l'état civil, date de l'acte et numéro d'inscription** |
| **Signature du directeur, date de l'acte et numéro d'inscription de la déclaration** | **Signature du Directeur de l'état civil, date de l'acte et numéro d'inscription** | |
| **Déclaration par un tiers** | | |
| – Sexe de l'enfant | | |
| S'ils sont connus : | | |
| – Nom, lieu, date et heure de la naissance | | |
| – Note faisant état des circonstances qui entourent la naissance et, s'ils sont connus, les noms des père et mère | | |

## Section IV
## La modification du registre

**371.–** Dans certains cas, avant de pouvoir dresser un acte de l'état civil, le Directeur de l'état civil doit obtenir, préalablement, l'autorisation du tribunal. Il arrive également que celui-ci soit appelé à inscrire un acte, à partir de documents et parfois même d'informations autres que celles contenues dans les constats et les déclarations. De plus, à la suite du prononcé d'un jugement qui modifie l'état d'une personne, la loi exige que le Directeur de l'état civil fasse les inscriptions nécessaires pour assurer la publicité du registre[51], soit que le jugement entraîne la confection d'un nouvel acte, soit qu'il fasse l'objet d'une mention en marge de l'acte qu'il vient modifier. Un tribunal québécois n'a cependant pas le pouvoir d'ordonner une correction au registraire d'une autre province[52]. Toutes ces dispositions que l'on retrouvait autrefois de manière éparse dans le *Code civil du Bas-Canada* et dans le *Code de procédure civile* ont été regroupées dans une même section du *Code civil du Québec* sous le titre « De la modification du registre de l'état civil » (art. 129 à 143 C.c.Q.). S'y retrouvent également des règles particulières aux actes juridiques faits hors Québec et aux jugements étrangers.

### §1 - *Les actes dressés à la suite d'une enquête sommaire, sur autorisation du tribunal ou à la suite d'une notification d'un jugement et mentions en marge*

**372.–** *Absence de document ou caractère incomplet.* Il se peut qu'une naissance, un mariage, une union civile ou un décès survenu au Québec ait été incorrectement ou tardivement déclaré ou n'ait tout simplement pas été constaté ou déclaré. L'article 130 C.c.Q. pourvoit à la situation et confie au Directeur de l'état civil le soin de procéder à une enquête sommaire, de dresser l'acte ou de le compléter, sur la base des informations qu'il aura obtenues[53]. Cette disposition a été

---

51.   Art. 129 C.c.Q., qui fait obligation au greffier du tribunal qui a rendu un tel jugement de le notifier au Directeur de l'état civil, dès qu'il est passé en force de chose jugée. Pour des illustrations, voir *J.M.* c. *Directeur de la protection de la jeunesse de Montréal*, [2006] R.D.F. 213, EYB 2006-103820 (C.Q.) ; *A.C.* c. *L.G.*, B.E. 2005BE-520 (C.Q.). Une telle obligation de notification au Directeur de l'état civil incombe également au notaire qui reçoit une déclaration commune de dissolution d'une union civile.

52.   *G.J.B.P. (Dans l'affaire de)*, [2003] R.L. 470 (C.S.).

53.   Informations qui peuvent elles-mêmes être livrées spontanément dans le cadre d'une déclaration tardive qui, pour le retardataire, entraînera le paiement de droits, mais qui ne nécessite plus de recourir au tribunal pour faire constater l'événement, objet de la déclaration (art. 864 et 865 C.p.c.).

amendée de façon importante en 1999 pour permettre au Directeur de l'état civil, en cas de déclaration tardive s'ajoutant à une autre déclaration sans toutefois la contredire, de modifier l'acte d'état civil en conséquence, à la condition que l'auteur de la déclaration originelle y consente[54]. Cet ajout vise particulièrement la déclaration tardive de filiation. Dans ce cas particulier, l'article 130 C.c.Q. impose des conditions supplémentaires : 1) le consentement de l'enfant de 14 ans et plus ; 2) l'absence de maternité ou de paternité établie en faveur d'une autre personne par un titre, une possession constante d'état ou une présomption légale ; 3) la publication d'un avis[55], et 4) l'absence d'objection d'un tiers dans les 20 jours de cet avis. Ce mécanisme permet à un homme, pour prendre le cas le plus courant, de déclarer sa paternité avec l'accord de la mère de l'enfant lorsque l'acte de naissance de celui-ci ne mentionne pas de filiation paternelle. Le but de cette disposition est de permettre au père qui ne s'est pas déclaré, de le faire et de permettre ainsi à l'enfant d'avoir un lien de filiation légalement reconnu avec son père. Cette disposition peut cependant avoir un autre effet, soit celui d'établir un lien de filiation entre un enfant et une personne qui n'est pas biologiquement le père ou la mère. Il s'agit alors d'une situation de fraude à la loi si le déclarant sait que sa déclaration ne correspond pas à la réalité, ce qui rend l'acte précaire[56]. La publication d'un avis et le droit d'objection d'un

---

54. Cet amendement de l'article 130 C.c.Q., introduit par la *Loi modifiant le Code civil en matière de nom et de registre de l'état civil*, L.Q. 1999, c. 47, art. 8, est entré en vigueur le 1er mai 2002.

55. Cet avis doit être donné une fois par semaine, pendant deux semaines consécutives dans la *Gazette officielle* et dans un journal publié ou circulant dans le district judiciaire du domicile de l'auteur de la déclaration tardive et, le cas échéant, du domicile de l'enfant (*Règlement concernant la publication d'un avis de déclaration tardive de filiation*, D. 489-2002 du 24 avril 2002, (2002) 134 G.O.Q. II, 2922). Des frais de 50 $ ou de 100 $, selon que la déclaration est faite dans l'année ou plus d'un an après la naissance de l'enfant, sont imposés en vertu du *Règlement modifiant le Tarif des droits relatifs aux actes de l'état civil, au changement de nom ou de la mention du sexe*, D. 490-2002 du 24 avril 2002, (2002) 134 G.O.Q. II, 2923. Toutefois, en vertu de l'article 240 de la *Loi instituant l'union civile et établissant de nouvelles règles de filiation*, L.Q. 2002, c. 6, jusqu'au 30 juin 2005, les déclarations tardives concernant un enfant né avant 1er mai 2002 d'un projet parental entre deux conjointes, de même que la demande accessoire d'ajout au nom de famille de l'enfant de tout ou partie du nom de la déclarante, sont exemptées de l'obligation de publication des avis et des frais afférents. Notons que la Cour d'appel s'est penchée sur cette disposition et a décidé que celle-ci ne permet pas de conclure à la rétroactivité de la réforme de 2002 : *Droit de la famille – 07528*, [2006] R.J.Q. 775, EYB 2006-100447 (C.A.).

56. Dans *A. c. X., B. et C.* et *Directeur de l'état civil*, EYB 2007-118250 (C.S.), le tribunal constate qu'une fausse déclaration de paternité a été faite par un tiers et que par conséquent ce titre irrégulier ne peut être pris en considération dans le cadre d'une contestation de paternité en application de l'article 530 C.c.Q. Rappelons que cette disposition établit le principe selon lequel la contestation n'est pas possible dès lors qu'il y a une possession d'état conforme à l'acte de naissance.

tiers interviennent comme de bien faibles remparts face à cette possibilité réelle.

**373.**– *Contradiction entre le constat et la déclaration.* Si la contradiction porte sur des mentions essentielles à l'établissement de l'état de la personne, l'acte de l'état civil ne peut être dressé qu'avec l'autorisation du tribunal, sur demande du Directeur de l'état civil ou d'une personne intéressée[57].

**374.**– *Jugements et décisions emportant la confection d'un acte ou d'un nouvel acte.* En vertu de l'article 132, al. 1 C.c.Q., « un nouvel acte de l'état civil est dressé, à la demande d'une personne intéressée, lorsqu'un jugement qui modifie une mention essentielle d'un acte de l'état civil, tel le nom ou la filiation (par exemple un jugement faisant droit à une action en désaveu de paternité), a été notifié au Directeur de l'état civil ou que la décision d'autoriser un changement de nom ou de la mention de sexe a acquis un caractère définitif »[58].

Afin de compléter l'acte, le Code prévoit que le Directeur de l'état civil peut requérir que la nouvelle déclaration qu'il établit soit signée par ceux qui auraient pu la signer, eût-elle été la déclaration primitive (art. 132, al. 2 C.c.Q.)[59].

**375.**– Le nouvel acte ainsi dressé se substitue à l'acte primitif ; il en reprend toutes les énonciations et les mentions qui n'ont pas fait l'objet de modifications. Une mention de la substitution est également portée à l'acte primitif (art. 132, al. 3 C.c.Q.).

**376.**– En vertu de l'article 92 C.c.Q., l'absent qui n'a pas donné signe de vie pendant sept ans peut être rayé du monde des vivants à la demande de toute personne intéressée et la personne dont la mort peut être tenue pour certaine, mais dont le décès n'a pu être constaté,

---

57. Art. 131 C.c.Q. et art. 864 C.p.c. Le commentaire précise : « L'intervention du tribunal ne sera donc pas requise si la contradiction porte sur des indications qui, bien qu'exigées par le Code, ne sont pas nécessaires pour établir l'identité, la filiation ou l'existence de la personne ». *Comm.*, t. I, p. 96.
58. Voir également l'article 817.2 C.p.c., en vertu duquel le juge qui a rendu un jugement ordonnant la confection ou la rectification d'un acte ou donnant lieu autrement à une modification au registre, ordonne, même d'office, au Directeur de l'état civil, de modifier le registre. Il énonce alors les mentions qui doivent être inscrites au registre.
59. Ainsi que le souligne Jean Pineau, cette possibilité vise probablement les situations au sujet desquelles le Directeur de l'état civil a lui-même rendu une décision (changement de nom par voie administrative ou changement de la mention du sexe), plutôt que les situations qui ont fait l'objet d'un jugement. J. Pineau, *loc. cit.*, note 4, n⁰ 49, p. 115.

peut être déclarée judiciairement décédée. Contrairement aux juge-ments et aux décisions évoqués précédemment, le jugement déclara-tif de décès, une fois passé en force de chose jugée, puis notifié au Directeur de l'état civil, ne fait pas l'objet d'un nouvel acte, mais emporte confection, par le Directeur de l'état civil, de l'acte de décès. Celui-ci, pour dresser l'acte, reprend alors tout simplement ce qui se trouve dans le jugement (art. 133 C.c.Q.).

**377.**– *Mentions en marge.* Ces mentions, qui font office de renvois entre les actes principaux, sont portées sur l'exemplaire informa-tique du registre et assurent « la complémentarité entre les actes d'état civil d'une personne », et en permettent « la publicité par certifi-cat de l'état civil » ; elles évitent « aussi l'utilisation frauduleuse des actes de l'état civil »[60]. Sont ainsi mentionnés en marge de l'acte de naissance, l'acte de mariage ou d'union civile et l'acte de décès ; en marge de l'acte de mariage ou d'union civile, l'acte de décès (art. 134 C.c.Q.). À ces éléments viennent s'ajouter des informations concer-nant les changements de l'état matrimonial ; notamment, en cas de divorce, et sur notification du jugement, mention en est portée en marge de l'acte de naissance et de l'acte de mariage de chacun des époux (art. 135 C.c.Q.)[61]. Une mention doit également être faite par le Directeur de l'état civil lorsqu'il reçoit notification d'une déclaration commune notariée ou d'un jugement de dissolution d'une union civile[62].

**378.**– *Annulation d'un acte.* Lorsqu'un jugement prononçant la nul-lité du mariage ou de l'union civile ou annulant un jugement déclara-tif de décès lui est notifié, le Directeur de l'état civil doit annuler, selon le cas, l'acte de mariage, d'union civile ou de décès et faire les inscriptions nécessaires pour assurer la cohérence du registre. On comprend qu'en regard de telles circonstances, une mention en marge ait apparu insuffisante, de tels jugements ayant pour effet

---

60.  *Comm.*, t. I, p. 98 sous l'article 134. Sur la différence entre les mentions en marge faisant office de renvoi et les mentions en marge qui viennent compléter l'acte, mais qui n'ont pas de caractère officiel, voir *Thibault* c. *St-Hilaire*, [1986] R.J.Q. 189 (C.S.) et *Grégoire* c. *Protonotaire de la Cour supérieure de Joliette*, [1986] R.D.F. 667, EYB 1986-79027 (C.S.).

61.  Le Code ne fait pas mention de la séparation de corps, ce qui se comprend, celle-ci n'affectant pas l'état d'époux ; ces derniers sont simplement dispensés de l'obliga-tion de faire vie commune (art. 509 C.c.Q.).

62.  Ces notifications doivent être faites par le greffier du tribunal, ou par le notaire lorsqu'il s'agit d'une déclaration commune de dissolution d'une union civile, et les inscriptions sont alors faites sur l'exemplaire informatique du registre (art. 129 C.c.Q.).

d'anéantir rétroactivement le mariage, l'union civile ou le jugement déclaratif de décès.

**379.–** *Mentions supplémentaires.* L'article 136 C.c.Q. complète les informations qui doivent être portées au registre afin de faciliter la recherche des actes juridiques qui sont venus modifier l'état d'une personne. Ainsi, lorsque la mention portée à l'acte résulte d'un jugement, le Directeur de l'état civil inscrit sur l'acte l'objet et la date du jugement, le tribunal qui l'a rendu et le numéro du dossier[63]. Dans les autres cas, il porte sur l'acte les mentions qui permettent de retrouver l'acte modificatif.

### §2 - Les actes d'état civil dressés ailleurs au Canada ou à l'étranger et les jugements rendus hors du Québec

**380.–** *Le principe.* Afin de rendre le registre complet et de permettre aux Québécois d'avoir facilement une copie des actes de l'état civil qui les concernent, le *Code civil du Québec* permet l'inscription des actes de l'état civil faits hors du Québec ainsi que des actes juridiques modifiant l'état civil des personnes qui y sont domiciliées. Toutefois, nonobstant leur inscription dans le registre, les actes juridiques, y compris les actes de l'état civil faits hors du Québec, conservent leur caractère d'actes semi-authentiques[64], à moins que leur validité n'ait été reconnue par un tribunal québécois (art. 137, al. 3 C.c.Q.)[65]. Le Code fait d'ailleurs obligation au Directeur de l'état civil de mention-

---

63. On imagine que ces mêmes éléments qui servent à « identifier » le jugement doivent également être mentionnés dans l'acte de décès dressé par le Directeur de l'état civil lorsqu'il reçoit notification d'un jugement déclaratif de décès. Voir J. Pineau, *loc. cit.*, note 4, n⁰ 56, p. 116.

64. Ces documents sont présumés authentiques, c'est-à-dire qu'ils font preuve *prima facie* de leur contenu, sans qu'il soit nécessaire de prouver ni la qualité ni la signature de l'officier public de qui ils émanent (*Droit de la famille – 3677*, [2000] R.D.F. 472 (C.S.)). Toutefois, lorsque leur authenticité est contestée (art. 89 et 90 C.p.c.), c'est à celui qui invoque l'acte de faire la preuve de son authenticité ; pour des cas d'application, voir *Droit de la famille – 2601*, [1997] R.D.F. 196 (C.Q.) ; *Droit de la famille – 2531*, [1996] R.D.F. 923 (C.Q.).

65. C'est le cas, notamment, des jugements de divorce ou des jugements d'adoption prononcés à l'étranger. Sur les règles relatives à la reconnaissance des jugements étrangers en général, voir les articles 3155 et s. C.c.Q. En matière d'adoption, voir l'article 574 C.c.Q. et *Droit de la famille – 1428*, [1991] R.D.F. 445, EYB 1991-76368. À titre d'illustration, voir *Droit de la famille – 2147*, [1995] R.D.F. 213, EYB 1995-78273 (C.S.) (exemplification d'un jugement hawaïen attribuant le nom du nouveau mari de leur mère à deux enfants nées au Québec ; le juge souligne ici l'intérêt que présente la voie judiciaire par rapport à la voie administrative quant à la force probante qui en résultera pour le document). Sur la procédure de reconnaissance de la validité d'un acte de l'état civil fait hors du Québec (C.Q.), voir l'article 864 C.p.c.

ner ce fait, lorsqu'il délivre des copies, certificats ou attestations qui concernent ces actes. Par ailleurs, les modalités concernant leur inscription diffèrent, selon les situations envisagées.

**381.–** *L'acte de l'état civil concerne une personne domiciliée au Québec.* Le Directeur de l'état civil inscrit l'acte dans le registre, comme s'il s'agissait d'un acte dressé au Québec (par exemple, l'acte de naissance d'un enfant né de parents québécois à l'étranger ou encore l'acte de mariage de personnes qui ont émigré au Québec et qui y sont domiciliées)[66].

L'acte juridique modifie ou remplace un acte de l'état civil que le Directeur de l'état civil détient déjà. Le Directeur de l'état civil l'insère et fait les inscriptions nécessaires pour assurer la publicité du registre, soit qu'il dresse un nouvel acte, si la modification porte sur une mention essentielle (par exemple, une modification qui porte sur le lien de filiation, art. 132, al. 1 C.c.Q.), soit que la modification nécessite simplement une mention en marge (jugement de divorce prononcé à l'étranger ou annulant un mariage préalablement constaté ; art. 134 et 135 C.c.Q.).

**382.–** *L'acte juridique fait hors du Québec est rédigé dans une autre langue que le français ou l'anglais.* L'article 140 C.c.Q. exige que pour pouvoir être inséré dans le registre, l'acte soit accompagné d'une traduction vidimée au Québec, soit une traduction certifiée conforme à l'original. Rappelons également que lorsque le nom d'une personne contient des signes diacritiques ou des caractères étrangers à la langue française ou anglaise, le nom doit être transcrit dans une de ces deux langues (art. 108, al. 2 C.c.Q.).

**383.–** *La validité de l'acte est « douteuse ».* Lorsqu'il a un doute sur la validité de l'acte de l'état civil ou de l'acte juridique fait à l'étranger, le Directeur de l'état civil peut refuser d'agir, à moins que la validité du document ne soit reconnue par un tribunal du Québec (art. 138 C.c.Q. et 864 C.p.c.).

---

66. L'article 137, al. 1 C.c.Q. introduit dans le Code de 1991, a mis fin à des situations comme celle qu'on retrouve dans *Lachance* c. *Nadeau*, J.E. 82-875 (C.S.) et *Roberge* et *Bourque*, [1991] R.J.Q. 463, EYB 1990-75817 (C.S.) : « Pour pouvoir changer de nom, il faut que celui-ci ait été attribué dans un acte de naissance inscrit dans les registres de l'état civil tenus au Québec. Les dépositaires des actes de l'état civil n'ont pas la compétence pour insérer dans les registres de la province de Québec des actes faits en dehors de celle-ci. Voir cependant *Re Cheng et Procureur général du Canada*, [1987] R.J.Q. 1117, EYB 1987-78666 (C.S.).

**384.–** *L'acte a été perdu ou détruit ou il est impossible d'en obtenir copie.* Le directeur ne peut dresser l'acte ou inscrire une mention à un acte qu'il détient déjà sans l'autorisation du tribunal (art. 139 C.c.Q.).

## Section V

## La rectification et la reconstitution des actes et du registre

### §1 - La rectification des actes de l'état civil

**385.–** En principe, une irrégularité dans un acte authentique est sanctionnée par la nullité. Il s'agit donc d'une sanction très grave, une personne pouvant se voir privée du moyen de prouver son état, alors même que l'irrégularité ne proviendrait pas de son propre fait. C'est pourquoi seul l'acte qui ne répond pas aux conditions essentielles sera sanctionné par la nullité. Il s'agit en fait de situations extrêmement rares. Il en serait ainsi de l'acte qui constaterait le mariage de telle personne, alors que le mariage n'a jamais été célébré, ou l'acte indiquant qu'un enfant est né de telle femme, alors que cette femme n'a jamais accouché[67]. Dans les autres cas, c'est-à-dire lorsqu'il s'agit d'une simple irrégularité dans la teneur de l'acte, on procédera à sa rectification sans mettre en cause sa validité[68].

**386.–** *Une compétence partagée.* Le Directeur de l'état civil peut corriger les erreurs purement matérielles, c'est-à-dire les erreurs d'écriture, par exemple, un nom mal orthographié (art. 142 C.c.Q.). Cette décision administrative, comme toutes les autres décisions du Directeur de l'état civil, est susceptible de révision conformément à l'article 141, al. 2 C.c.Q. Dans tous les autres cas, la rectification relève de la compétence exclusive du tribunal[69], ce qui oblige aussi à distinguer les actions d'état des simples demandes en modification, la procédure

---

67. Sous réserve, évidemment, des actes de naissance qui ont été dressés à la suite d'un jugement d'adoption. On peut penser aux cas des mères « porteuses », lorsque l'enfant dont elles ont accouché est désigné comme né d'une autre femme ou à celle qui a accouché sous le nom et en présentant la carte d'assurance-maladie d'une autre, situation à laquelle l'apposition d'une photographie sur la carte d'assurance-maladie entend remédier.

68. Le pouvoir de rectification ou de modification ne vise que les actes détenus par le Directeur de l'état civil ; celui-ci n'a aucun pouvoir de rectification d'un acte étranger non préalablement inséré dans le registre québécois d'état civil (*C.P.* et *Greffier de la Cour supérieure du district de Montréal*, [1996] R.L. 51 (C.S.)).

69. Seule la Cour supérieure est compétente en la matière (*Protection de la jeunesse – 06509*, J.E. 2007-383, EYB 2006-112550 (C.Q.)).

étant différente. Ainsi, une modification portant sur l'indication de la filiation d'une personne ne peut pas être ordonnée si elle vise à établir indirectement une filiation qui ne l'était pas ou qui était douteuse[70]. Dans ce cas, il faut procéder par une action d'état. La jurisprudence rendue sous l'ancien Code garde ici toute sa pertinence et constitue une mise en garde contre les tentations de dissimuler, sous les apparences anodines d'une simple procédure de modification de l'acte de naissance, un changement d'état[71]. Une erreur matérielle concernant la filiation (autre qu'une erreur purement matérielle) peut être rectifiée par le tribunal dès lors que cette rectification n'a pas pour objet de modifier ou de créer un lien de filiation, sans quoi c'est une procédure concernant l'état de la personne (dite action d'état) qu'il convient d'instituer[72]. Rappelons que depuis 2002, il est possible de faire une déclaration tardive s'ajoutant à une autre déclaration sans la contredire, notamment pour ajouter le nom d'un parent, dans les conditions strictes de l'article 130 C.c.Q.

70.  Lorsqu'il ne s'agit pas de modifier l'état de la personne, la procédure de simple rectification peut être utilisée, comme ce fut le cas dans *J.-F. Lebœuf* c. *Directeur de l'état civil*, B.E. 2004BE-210 (C.S.) où il s'agissait d'ajouter le nom du père alors que cette indication avait été radiée de l'acte de naissance dans le cadre d'une procédure de déchéance de l'autorité parentale. Le tribunal rappelle, à juste titre, que la déchéance n'entraîne pas la perte de filiation et qu'il est dans l'intérêt d'une personne d'avoir une filiation connue. En l'espèce, il ne s'agissait pas d'établir la paternité mais simplement de rendre l'acte conforme à une réalité juridiquement établie et incontestée.

71.  Voir, entre autres, *Drouin* c. *Landry*, [1976] C.A. 763 ; *Vachon* c. *Martin*, [1968] R.P. 283 (C.S.) ; *Tanguay* c. *Pouliot*, [1958] R.L. 382 (C.S.) et *Grégoire* c. *Protonotaire de la Cour supérieure de Joliette*, précité, note 60. Toutefois les tribunaux semblent partagés sur la procédure à suivre quand il s'agit d'ajouter le nom du père lorsque la preuve de la paternité est établie par un mode subsidiaire à celui de l'acte de naissance, qu'il s'agisse de la présomption de paternité, d'une reconnaissance volontaire ou de la possession d'état. Voir notamment *Droit de la famille – 766*, [1990] R.J.Q. 289, EYB 1989-63352 (C.A.) ; *Droit de la famille – 119*, [1992] R.J.Q. 581, EYB 1992-64023 (C.A.) et *Droit de la famille – 552*, [1988] R.D.F. 452, EYB 1988-77809 (C.S.). Sur cette question, voir M. Pratte, « L'inscription tardive du nom du père présumé à l'acte de naissance : quelques hésitations quant à la voie procédurale à suivre », (1993) 24 *R.G.D.* 397.

72.  En ce sens, *K.B.* c. *S.L.*, J.E. 2001-796, REJB 2001-23759 (C.S.) ; *Droit de la famille – 3122*, [1998] R.J.Q. 2809, REJB 1998-08029 (C.S.) et *Basque* c. *Gedeon*, [2000] R.D.F. 309, REJB 2000-18013 (C.S.). Dans cette dernière affaire, le ministre du culte de la paroisse avait signé deux documents officiels contradictoires, l'un indiquant la maternité et l'autre omettant cette information ; le tribunal conclut que cette erreur matérielle peut être corrigée par voie d'une requête en rectification puisque la personne avait une filiation établie par possession constante d'état. Avec *Chrétien* c. *Chrétien*, [1997] R.J.Q. 1767, REJB 1997-00190 (C.S.), la jurisprudence fait un pas de plus, en acceptant la voie de la rectification pour ajouter la mention du père sur foi d'une déclaration volontaire de paternité de celui-ci. Encore faut-il que l'on soit dans un cas où il y a eu erreur ou omission (omission signifiant qu'une information pourtant disponible à l'époque n'a pas été mentionnée dans l'acte) : *K.B.* c. *S.L.*, J.E. 2001-796, REJB 2001-23759 (C.S.).

**387.–** La rectification, régie par les articles 864 et suivants C.p.c., doit être réservée aux hypothèses où il n'est question que de faire concorder l'acte avec la réalité juridique ; soit que l'on supprime une mention juridique inopérante (par exemple la mention du nom comme père ou mère de l'enfant d'une personne qui n'a pas signé la déclaration de naissance ou dont le nom n'a pas été déclaré par son conjoint)[73] ou surabondante (nom du parrain, de la marraine, ou encore celui du grand-père) ; soit qu'une erreur portant sur une mention essentielle, mais qui n'affecte pas directement la filiation, nécessite une correction ou encore que telle mention ne figure pas à l'acte original. On peut penser ici à l'indication du sexe de l'enfant, à celle de ses prénoms ou encore à la date de naissance, du décès[74] ou du mariage[75].

**388.–** *La procédure.* La demande est introduite par requête présentable dans les dix jours[76]. On notera que dans le *Code de procédure civile*, elle fait corps avec la demande de modification au registre de l'état civil[77]. Il s'agit là d'un terme générique, qui englobe tant les demandes de rectification proprement dites que les demandes visant à l'insertion d'un acte dans le registre, soit qu'il y ait contradiction entre le constat et la déclaration à partir desquels les actes de naissance et les actes de décès sont dressés (art. 131 C.c.Q.), soit qu'un acte dressé hors du Québec ait été détruit, perdu ou encore qu'il soit impossible d'en obtenir copie (art. 139 C.c.Q.).

La demande est portée dans le district de Québec ou devant le tribunal du domicile du requérant. Elle est notifiée aux intéressés et, s'il y a lieu, au Directeur de l'état civil (art. 864 C.p.c.). Elle ne peut, en aucun cas, être entendue par le greffier (art. 865 C.p.c.).

---

73. Prenons, pour exemple, *Droit de la famille – 526*, précité, note 37.
74. *Booth (Succession de)*, J.E. 98-2105, REJB 1998-09598 (C.S.).
75. À titre d'illustration, voir *Paris* c. *Dumas et Provencher*, [1965] R.P. 98 (C.S.) (requête en vue de faire modifier l'indication du sexe et les prénoms de l'enfant qui n'avaient pas été inscrits correctement) ; *In Re La Vega*, (1962) 62 C.S. 584 (requête en vue de compléter les prénoms de l'enfant) ; *X.* c. *Curé de la paroisse de St-Éphrem de Val Paradis*, [1979] R.P. 42 (C.S.) (acte signé en blanc par les comparants et non complété par le prêtre qui avait officié au baptême) ; *X.* c. *Curé de la paroisse de St-Philippe de la Reine*, [1979] R.P. 45 (C.S.) (confusion entre la date de naissance et la date du baptême).
76. Art. 862 et 864 C.p.c. Les demandes relèvent de la compétence de la Cour supérieure.
77. Art. 864 C.p.c. qui régit également les demandes visant à faire reconnaître la validité d'un acte de l'état civil fait hors Québec ou à faire réviser une décision du Directeur de l'état civil.

## §2 - La reconstitution des actes et du registre

**389.– *La reconstitution purement administrative*.** Lorsqu'un acte a été perdu ou détruit, le Directeur de l'état civil procède à sa reconstitution à partir des renseignements qu'il recueille (art. 143 C.c.Q.). La reconstitution se fait à partir des « exemplaires ou copies détenus par l'État ou des tiers ; les « procédés modernes de reproduction » seront utilisés, tels que photocopies ou ordinateur »[78].

**390.– *La reconstitution sous contrôle judiciaire*.** Lorsqu'il n'existe pas de copie de l'acte ou qu'il est impossible de l'obtenir, le Directeur de l'état civil doit établir une procédure de reconstitution et y procéder, de la même manière que lorsqu'il s'agit de la destruction partielle ou totale du registre. Au cas où il tarderait ou négligerait de le faire, l'article 871.1, al. 2 C.p.c. prévoit que tout intéressé peut demander au tribunal de désigner une personne pour y procéder.

La reconstitution ainsi opérée est soumise au contrôle du tribunal : « le tribunal homologue l'écrit reconstitué, dès lors qu'il est assuré que la procédure suivie était adéquate et qu'elle permet une reconstitution valable » (art. 871.2 C.p.c.). L'article 139 C.c.Q., qui prévoit que la reconstitution d'un acte hors Québec doit se faire sous contrôle judiciaire, est cependant muet sur les critères décisionnels que doit suivre le tribunal. Un lien peut être fait avec l'article 143 C.c.Q. qui, en matière d'actes perdus ou détruits, permet la reconstitution sur la foi des renseignements obtenus par le Directeur de l'état civil[79]. À noter également que l'article 139 C.c.Q. ne vise que les cas de destruction, de perte ou d'impossibilité d'obtenir un acte étranger et non pas le scénario de l'absence d'acte, par exemple lorsqu'une naissance à l'extérieur du Québec n'a jamais été déclarée et enregistrée. Dans un tel cas, la Cour supérieure pourrait se fonder sur l'article 453 C.p.c. (permettant la détermination de l'état d'une personne) pour pallier cette lacune de la loi[80].

---

78. *Code civil du Québec, Textes, sources et commentaires*, ministère de la Justice du Québec, mai 1992, p. 7.
79. En ce sens, *Droit de la famille – 06633*, J.E. 2007-698, EYB 2006-115867 (C.S.) ; en l'espèce, le tribunal autorise que soit dressé un acte de naissance d'un enfant né dans un pays dont les coutumes permettent à ce dernier de déterminer lui-même son prénom à partir d'un certain âge, même si ce nom ne correspond pas à celui mentionné dans les documents d'immigration.
80. Ainsi, dans *A. c. Directeur de l'état civil*, J.E. 2007-508, EYB 2007-114173 (C.S.), le tribunal ordonne l'inscription de la naissance d'un enfant de dix ans, né en Alberta mais dont personne n'avait déclaré officiellement la naissance. Voir pourtant *Droit de la famille – 073156*, EYB 2007-127647, 2007 QCCS 5999 où le tribunal,

La demande d'homologation, qui ne peut être entendue par le greffier, doit être accompagnée de l'écrit reconstitué, du plan de reconstitution et d'un affidavit attestant qu'il a été effectivement suivi. En ce qui a trait à sa signification, le Code de procédure dispose que « le juge peut ordonner, même d'office, qu'une signification soit faite, par avis public ou autrement, aux personnes intéressées ; s'il s'agit d'un acte authentique, la demande est signifiée aux parties à l'acte, à moins que le juge n'en décide autrement » (art. 871.2, al. 3 C.p.c.).

**391.–** Une fois la reconstitution homologuée, les actes et registres reconstitués tiennent lieu d'original. Toutefois, aussi adéquate que puisse être la reconstitution, il peut s'y glisser des erreurs. Aussi, la loi permet-elle à tout intéressé d'en contester le contenu ou de demander que des corrections ou ajouts y soient apportés (art. 871.3, al. 2 C.p.c.).

### Section VI

### L'utilisation du registre : publicité et force probante des actes de l'état civil

**392.–** Les actes et le registre de l'état civil concourent à l'identification des personnes. Étant destinés à faire la preuve de l'état qu'ils constatent, ils sont mis à la disposition des intéressés par leur publicité. La délivrance des documents de l'état civil constitue une des activités importantes du Directeur de l'état civil. Il a le monopole de cette fonction[81].

#### §1 - La publicité des actes de l'état civil

**393.–** « L'état civil est le siège d'un conflit constant entre l'efficacité et la discrétion »[82], conflit d'autant plus aigu que sa fonction première est de donner les informations sur l'état des personnes et qu'il concerne la vie privée des gens. Il s'agit de trouver un juste équilibre

---

face à l'inexistence d'un acte de naissance, fixe la date de naissance d'un immigrant en se fondant sur l'article 139 C.c.Q.

81. C'est donc à bon droit qu'un tribunal a refusé de considérer un extrait de naissance certifié conforme aux registres de l'état civil de la ville de Montréal par le greffier de la ville : *T.B.(V.) (Dans la situation de)*, J.E. 2004-869, REJB 2004-61161 (C.Q.).

82. J. Audier, « Vie privée et actes de l'état civil », dans *Mélanges offerts à Pierre Kayser*, Aix-en-Provence, Presses de l'Université d'Aix-Marseille, 1979, t. I, p. 1, n° 7.

entre cette fonction d'information et le droit de chacun au respect de sa vie privée. Le Code prévoit divers modes de publicité selon qu'il s'agit des personnes mentionnées à l'acte ou des tiers, de la nature de l'intérêt dont ces derniers peuvent justifier et de l'utilisation que l'on entend faire des informations contenues à l'acte.

### A. Les divers modes de publicité

**394.– *Copies, certificats et attestations.*** La publicité qui s'opérait autrefois par la délivrance d'extraits des registres de l'état civil, c'est-à-dire des copies littérales et entières des actes qu'ils contenaient, prend aujourd'hui trois formes : le Directeur de l'état civil délivre une copie, un certificat ou une attestation portant son *vidimus*, c'est-à-dire certifiant sa conformité (art. 148 C.c.Q.). Chacun de ces documents possède le caractère d'acte authentique.

**395.– *La copie : une reproduction intégrale.*** La copie d'un acte de l'état civil est un document qui « reproduit intégralement les énonciations de l'acte, y compris les mentions portées à l'acte, telles qu'elles ont pu être modifiées » (art. 145 C.c.Q.). Elle contient toutes les informations qui ont été consignées dans le registre, à l'exception des mentions exigées par règlement qui ne sont pas essentielles pour établir l'état de la personne comme, par exemple, le lieux d'enregistrement de la naissance des époux lorsqu'il s'agit d'un acte de mariage.

**396.– *Le certificat : une reproduction abrégée.*** Le certificat est « un document qui réunit certains éléments de l'état civil, ceux que toute personne est en droit de connaître, sans que pour autant soit violée la vie privée de celui ou celle qu'il concerne »[83]. Ce document énonce le nom de la personne concernée, son sexe, ses lieu et date de naissance et, le cas échéant, le nom de son conjoint et les lieu et date du mariage, d'union civile ou du décès (art. 146, al. 1 C.c.Q.). Il s'agit d'un « abrégé des trois actes de l'état civil »[84], puisqu'il permet d'obtenir une information générale sur les éléments essentiels de l'état d'une personne qui ont un caractère public. Le Directeur de l'état civil peut par ailleurs délivrer des certificats de naissance, de mariage, d'union civile et de décès portant les seules mentions relatives à un fait certifié (art. 146, al. 2 C.c.Q.).

---

83.  J. Pineau, *loc. cit.*, note 4, n⁰ 80, p. 122.
84.  J. Pineau, *loc. cit.*, note 4, n⁰ 81, p. 122.

**397.– *L'attestation : une information partielle*.** L'attestation est un document qui porte sur la présence ou l'absence, dans le registre, d'un acte ou d'une mention dont la loi exige qu'elle soit portée à l'acte (art. 147 C.c.Q.). Il s'agit donc d'un document partiel, permettant de vérifier l'existence ou non d'une information concernant l'état d'une personne, par exemple, si elle est mariée, veuve ou divorcée ou si elle est vivante ou décédée[85].

*B. Les règles relatives à la délivrance des copies,
certificats et attestations*

**398.– *Délivrance de copies*.** Les copies ne sont délivrées qu'aux personnes mentionnées dans l'acte ou à celles qui justifient de leur intérêt (art. 148, al. 1 C.c.Q.)[86]. La notion d'intérêt doit être comprise avec circonspection car la vie privée des personnes est en jeu[87]. Le Directeur de l'état civil et les tribunaux sont les gardiens de ce principe. C'est ainsi que fut refusé à une municipalité le droit de recevoir copie des actes de naissance des nouveau-nés sur son territoire[88]. Dans la foulée des événements tragiques du 11 septembre 2001, le Code civil fut amendé pour permettre au Directeur de l'état civil de mieux vérifier l'identité et l'intérêt de la personne, en lui demandant de fournir les documents et renseignements nécessaires à ce contrôle[89].

**399.– *Délivrance d'un certificat*.** Le certificat d'état civil était traditionnellement délivré à toute personne qui en faisait la demande, mais la règle a été modifiée. Depuis 2001, la délivrance des certificats est soumise aux mêmes restrictions que la délivrance des copies.

---

85. L'attestation pourrait être utile, par exemple, pour vérifier le statut matrimonial d'une personne lors de l'achat d'une résidence à caractère familial, *Comm.*, t. I, p. 106.
86. Depuis le 6 février 2004, le Barreau du Québec et la Chambre des notaires ont convenu d'une entente avec le Directeur de l'état civil visant à simplifier le processus de l'obtention des actes nécessaires à l'accomplissement de leurs mandats. Ainsi, le juriste n'aura pas à produire les pièces d'identité exigées ni à faire preuve de son mandat, il lui suffira de démontrer, lorsque requis, l'intérêt de son client en vertu de l'article 148 C.c.Q.
87. On peut penser, par exemple, à des informations d'ordre généalogique, lesquelles peuvent également présenter un intérêt du point de vue génétique pour un membre de la famille de la personne mentionnée à l'acte.
88. *Blainville (Ville de)* c. *Directeur de l'état civil*, J.E. 97-1977 (C.S.). Le tribunal souligne que le registre de l'état civil et le Directeur de l'état civil ne sont pas des instruments de statistiques comme l'est le Bureau de la statistique.
89. Art. 148 C.c.Q. tel que modifié par la *Loi modifiant le Code civil en matière de demande de documents d'état civil*, L.Q. 2001, c. 70.

Seules les personnes mentionnées dans l'acte ou qui peuvent justifier d'un intérêt peuvent obtenir un certificat et le Directeur de l'état civil dispose également ici du droit de demander les renseignements et documents nécessaires pour établir l'identité et l'intérêt de la personne. En effet, ce document ne contient que des informations à caractère général et, partant, il s'avère non attentatoire à la vie privée.

**400.**– *Délivrance d'une attestation d'état civil.* Le Code opère une distinction selon que la mention ou le fait dont ce document atteste est de la nature de ceux qui apparaissent sur un certificat ou sur une copie d'un acte de l'état civil. Dans le premier cas, toute personne peut en faire la demande ; dans le second cas, l'attestation n'est délivrée qu'aux personnes qui justifient de leur intérêt à se voir délivrer un tel document (art. 148, al. 2 C.c.Q.). On peut penser à la mention, en marge de l'acte de mariage, du divorce qui a été prononcé entre les époux qui, si elle n'intéresse pas le grand public en général, peut présenter un intérêt pour un tiers appelé à contracter avec une personne qui se présente à lui comme divorcée, notamment s'il s'agit d'une transaction immobilière.

### C. Les règles particulières à la publicité des actes remplacés ou annulés

**401.**– *Délivrance de la copie d'un acte primitif.* Lorsqu'un acte de l'état civil a été remplacé par un nouvel acte, seules les personnes mentionnées à l'acte nouveau peuvent obtenir copie de l'acte primitif (art. 149, al. 1 C.c.Q.). L'information n'est donc pas accessible aux tiers qui n'y ont pas intérêt, les mentions portées à l'acte n'ayant plus d'effets civils.

De plus, en ce qui concerne les personnes mentionnées à l'acte, la loi crée une exception, qui doit se lire en concordance avec les règles relatives à la confidentialité qui entoure la procédure d'adoption (art. 582 à 584 C.c.Q.). Le Directeur de l'état civil ne peut alors délivrer copie de l'acte primitif que si les conditions de la loi sont remplies et que le tribunal l'autorise (art. 149, al. 1 C.c.Q.)[90].

**402.**– *Délivrance de la copie d'un acte annulé.* Seules les personnes qui justifient d'un intérêt peuvent obtenir copie d'un acte de l'état

---

90.  Voir *Droit de la famille – 2484*, [1996] R.J.Q. 687 (C.Q.).

civil qui a été annulé. Bien que l'événement constaté initialement soit réputé n'avoir jamais existé (retour du disparu ou de l'absent qui vient annuler le jugement déclaratif de décès) ou qu'il ne produit plus d'effets civils (mariage annulé mais sans effet rétroactif lorsque les époux étaient de bonne foi ; 382 à 390 C.c.Q.), il peut mettre en jeu des intérêts pécuniaires pour des tiers qui ont contracté sur la foi de la constatation de ces événements[91].

### D. La consultation du registre

**403.–** *Un mode exceptionnel.* La réforme en matière de publicité des actes et du registre de l'état civil reposant sur la conciliation d'intérêts divergents, intérêt public d'une part, intérêts privés d'autre part, on comprend que le registre de l'état civil ne puisse être consulté facilement. À ces éléments s'ajoutent encore les risques de dégradation physique du registre, particulièrement celle de la version informatisée. Toutefois, le Code autorise le Directeur de l'état civil à permettre la consultation du registre aux conditions qu'il déterminera relativement à la sauvegarde des informations qu'il contient (art. 150 C.c.Q.). On peut penser ici aux recherches généalogiques dont les Québécois sont friands et qui ont donné lieu à de nombreuses publications[92].

---

91. En vertu du *Tarif des droits relatifs aux actes de l'état civil, au changement de nom ou de la mention du sexe*, Décret 1593-93 du 17 novembre 1993, (1993) 125 *G.O.Q.* II, 8057, les droits exigibles pour la délivrance d'une copie sont de 20 $ ; pour un certificat, s'il s'agit d'un certificat « général », on demande 25 $ ; pour un certificat de naissance, de mariage ou de décès, 15 $. Toutefois, pour toute demande qui nécessite un traitement dans un délai accéléré, les droits sont portés à 35 $ (art. 1).

92. Voir pour exemples le *Dictionnaire généalogique des familles canadiennes* de Cyprien Tremblay, publié en 7 volumes de 1871 à 1890, le *Dictionnaire généalogique des familles du Québec* de René Jetté (refonte de l'ouvrage précédent mais qui s'arrête cependant en 1730), le *Bulletin des recherches historiques*, sans compter les 30 000 volumes, les milliers de microfiches, de microfilms et de disquettes que compte la bibliothèque de la Société généalogique canadienne-française. Sur cette passion, voir le numéro publié par la revue *Cap-aux-Diamants, Sur la trace des ancêtres*, n° 34, été 1993. On peut penser aussi aux fichiers génétiques qui ont été établis à partir des registres de l'état civil dans certaines régions du Québec, notamment la région de Charlevoix et celle du Saguenay-Lac-St-Jean.

## ACTES D'ÉTAT CIVIL

### PUBLICITÉ

| TYPE DE PUBLICITÉ | CONTENU | PERSONNE POUVANT L'OBTENIR |
|---|---|---|
| COPIE | – Reproduit intégralement l'acte tel que modifié (article 145) | Article 148 – personnes mentionnées dans l'acte<br>– personnes justifiant de leur intérêt |
| | – Acte primitif (qui a été remplacé) | Article 149 – seules les personnes mentionnées dans le nouvel acte<br>– en cas d'adoption + autorisation du tribunal |
| | – Acte annulé | Article 149 – personnes démontrant leur intérêt |
| CERTIFICAT | Énonce le nom, le sexe, le lieu et la date de naissance et, le cas échéant, le nom du conjoint, la date et le lieu du mariage, de l'union civile et du décès (article 146) | Article 148 – personnes mentionnées dans l'acte<br>– personnes justifiant de leur intérêt |
| ATTESTATION | de la présence<br>ou<br>de l'absence dans le registre d'un acte ou d'une mention dont la loi exige qu'elle soit portée à l'acte (article 147) | Article 148 – toute personne si renseignement de même nature que ceux dans certificat<br>– personnes justifiant de leur intérêt, pour tout autre renseignement |
| CONSULTATION | Exceptionnelle<br>Le directeur détermine les conditions nécessaires à la sauvegarde des renseignements inscrits | Article 150 – sur autorisation du Directeur de l'état civil |

### §2 - La force probante des actes de l'état civil

**404.–** La force probante d'un acte, « c'est l'autorité qui y est attachée en tant qu'instrument de preuve, c'est son degré de crédibilité »[93]. Pourtant, l'originalité des moyens de preuve que sont les actes de l'état civil ne tient pas tant à leur force probante qu'à l'absence de tout autre moyen de preuve des événements qu'ils constatent.

### A. Des actes authentiques

**405.–** *Le principe de l'authenticité des actes de l'état civil.* Les actes de l'état civil, dressés et conservés, avec les garanties qu'on connaît, par un officier public, au même titre que les copies, certificats et attestations qu'il délivre, ont le caractère d'actes authentiques[94]. Cela signifie qu'ils font preuve, par leur seule production et à l'égard de tous, de leur « valeur externe [...] sans que le plaideur qui désire s'en prévaloir ne soit tenu d'établir la signature des parties, des témoins ou de l'officier public, ou la compétence ou la capacité de ce dernier »[95]. Indépendamment de ce qui a été dit précédemment à propos des actes de l'état civil et des actes juridiques faits hors du Québec, auxquels la loi ne reconnaît que la valeur d'actes semi-authentiques et des règles de fond qui, en matière de filiation, restreignent la portée des énonciations contenues à l'acte de naissance, l'authenticité attachée aux actes de l'état civil commande certaines réserves.

**406.–** *Un principe qui se vide.* Normalement, un acte authentique ne peut être contesté par les voies ordinaires, que ce soit au moyen d'écrits, de témoignages ou d'indices contraires (art. 2811 C.c.Q.). Une procédure particulière, l'inscription de faux, doit être mise en œuvre[96] pour établir la fausseté de l'acte. Or, il faut constater que, en regard des actes de l'état civil, le recours à cette procédure sera extrêmement rare. D'abord, parce que l'acte dont l'apparence matérielle

---

93. A. Weill et F. Terré, *Droit civil : Les personnes, la famille, les incapacités*, 5ᵉ éd., Paris, Dalloz, 1993, nᵒ 129, p. 108.

94. Art. 107, 144, 2815 et 2820 C.c.Q. L'acte authentique, c'est « celui qui a été reçu ou attesté par un officier public compétent selon les lois du Québec ou du Canada, avec les formalités requises par la loi » : art. 2813, al. 1 C.c.Q. Voir également l'article 2814 C.c.Q. qui énonce, de façon non limitative, les documents qui ont un caractère d'authenticité, dont les actes de l'état civil (art. 2814, 5ᵒ C.c.Q.).

95. J.-C. Royer, *La preuve civile*, 3ᵉ éd., Cowansville, Éditions Yvon Blais, 2003, p. 176.

96. Art. 223 et s. C.p.c. Sur la procédure elle-même, voir D. Ferland, B. Émery et J. Tremblay, *Précis de procédure civile (art. 1 à 481 C.p.c.)*, 4ᵉ éd., Cowansville, Éditions Yvon Blais, 2003.

ne respecte pas les exigences de la loi n'a pas le caractère d'acte authentique (par exemple, un acte ne portant pas la signature ou le *vidimus* du Directeur de l'état civil)[97] ; ensuite, parce que le législateur a codifié la distinction qui était opérée par la jurisprudence entre les énonciations que l'officier public a pour mission de constater et celles qu'il a inscrites sur la foi des déclarations qui lui ont été faites, sans que la loi lui impose le devoir de les vérifier[98], seules les premières nécessitant le recours à l'inscription de faux[99]. C'est dire que, pour l'essentiel de leur contenu, les actes de l'état civil, les copies, les certificats et les attestations qui sont délivrés ne font foi que jusqu'à preuve contraire, le Directeur de l'état civil se bornant aujourd'hui à recueillir tels quels les constats et les déclarations[100]. Celui-ci n'assume plus guère aujourd'hui que la responsabilité du cadre de l'acte : à l'exception donc de la date de l'acte lui-même[101] et à moins de mettre en doute la compétence, la diligence ou la sincérité du Directeur de l'état civil[102] ou de ses adjoints[103], la procédure de l'inscription de faux est devenue hypothétique, sauf à imaginer des déclarations fantaisistes ou inventées de toutes pièces par le Directeur de l'état civil, ce qui pose la question de sa responsabilité.

**407.–** *La responsabilité du Directeur de l'état civil.* Même si le *Code civil du Québec* n'a pas reproduit l'article 52 C.c.B.-C. qui prévoyait spécifiquement la responsabilité civile des dépositaires des registres de l'état civil en cas d'altération par ces derniers, les principes généraux de la responsabilité civile continuent aujourd'hui à s'appliquer vis-à-vis le Directeur de l'état civil, comme vis-à-vis tout autre préposé de l'État. Celui-ci est passible, en outre, de sanctions prévues

---

97. Voir art. 2813, al. 2 et 2821, al. 2 C.c.Q. À titre d'illustration, voir *Adoption – 5*, [1980] T.J. 2011 (certificat provenant d'un centre hospitalier).

98. Art. 2821 C.c.Q. : « L'inscription de faux n'est nécessaire que pour contredire les énonciations dans l'acte authentique des faits que l'officier public avait mission de constater ».

99. À titre d'exemple, voir, pour la législation antérieure, *Pagé* c. *Nantel*, [1945] R.L. (n.s.) 202 (C.S.) et *Ploschansky* c. *Deckelbaum*, [1973] C.S. 847, confirmé par C.A. Montréal, n° 500-09-000656-73. Voir également la jurisprudence citée par J.-C. Royer, *op. cit.*, note 95, p. 169 et s. et L. Ducharme, « Le nouveau droit de la preuve en matières civiles selon le *Code civil du Québec* », (1992) 23 *R.G.D.* 5, 23.

100. Réserve faite, cependant, de l'hypothèse où il y aurait contradiction entre les deux documents, auquel cas, il faudra l'intervention du tribunal avant que le directeur puisse dresser l'acte, conformément aux dispositions de l'article 131 C.c.Q.

101. Art. 109, al. 2 C.c.Q.

102. J.-C. Royer, *op. cit.*, note 95, p. 171.

103. L'article 151 C.c.Q. prévoit en effet que le ministre de la Justice peut désigner des personnes pour signer et assurer la publicité du registre de l'état civil sous l'autorité du Directeur de l'état civil.

aux articles 366 et 378 du *Code criminel*, pour les crimes de faux et de délivrance de fausses copies, de faux certificats ou de fausses attestations d'état civil.

### B. L'absence de preuve subsidiaire

**408.–** *Les actes de l'état civil : des moyens de preuve irremplaçables.* Indépendamment des règles relatives à l'impossibilité d'obtenir copie d'un acte et à la possibilité de reconstituer un acte ou le registre qui a été perdu ou détruit, on ne retrouve pas, dans le *Code civil du Québec*, de disposition permettant de recourir à des modes de preuve subsidiaires, lorsqu'il s'agit de faire la preuve de son état civil[104]. Il n'existe donc aucun substitut à l'acte de naissance pour établir l'existence d'une personne[105], le mariage ou l'union civile, comme le décès d'une personne, alors même que la preuve en aurait été établie par jugement, nécessitent la production d'un acte de l'état civil, lorsqu'il s'agit d'en établir la réalité (art. 102 et 378 C.c.Q.). C'est dire l'importance que revêtent les actes de l'état civil, modes de preuve préconstitués. Tout au plus la loi permet-elle de suppléer aux défauts de forme de certains actes par une preuve extrinsèque à ce dernier. C'est le cas de la possession d'état d'époux qui, si elle ne peut jamais suppléer au défaut de présentation de l'acte de mariage, peut couvrir une irrégularité de forme de ce dernier (acte incomplet, par exemple art. 379 C.c.Q.). Enfin, si l'acte de naissance constitue la preuve par excellence de la filiation, la loi énumère toute une série de modes de preuve qui peuvent suppléer à l'acte de naissance pour les fins de son établissement (art. 523 et s. C.c.Q.).

### Pour aller plus loin

**409.–** *Origine et historique de l'état civil.* Au Québec, le système de gestion des actes de l'état civil remonte au début de la colonie française. On en trouve la première trace en 1621, date à laquelle est dressé le premier de tous les actes de l'état civil, celui du baptême d'Eustache Martin, fils d'Abraham Martin et de Marguerite Langlois, celui-là même qui a laissé son nom aux plaines où se déroula la célèbre bataille qui changea le cours de l'histoire du Québec : F. Drouin, « Je te baptise au nom de l'Église et de l'État », *Cap-aux-Diamants*, n⁰ 31, automne 1992, 18, p. 19. De fait, cet acte fut

---

104. L'article 51 C.c.B.-C. autorisait une telle preuve : « Sur preuve qu'il n'a pas existé de registre pour la paroisse ou congrégation religieuse ou qu'ils sont perdus, les naissances, mariages et décès peuvent se prouver par les registres et papiers de famille ou autres écrits, ou par témoins. »
105. Voir *Adoption – 5*, précité, note 97.

reconstitué en 1640, les registres ayant été détruits dans l'incendie de l'église Notre-Dame-de-Recouvrance. Les registres furent reconstitués par les Jésuites qui firent appel à la mémoire des habitants : *Catalogue des baptisés à Québec depuis environ 1621 jusqu'à 1640, dont le livre avoit esté bruslé le 15.juin 1640 en Lincendie de la Chapelle e maison et peu apres on eut recours aux Particuliers pour en renouveler ces Mémoires*.

Cette tradition de tenir des registres de baptêmes, mariages et sépultures s'appuie sur des antécédents juridiques importants, qui témoignent des liens étroits entre le droit canon et le droit civil. En effet, c'est l'Église catholique qui, la première, institua les registres de l'état civil dans le but d'assurer l'application des lois canoniques et, partant, la comptabilité des « dons obligatoires » que le clergé sollicitait de ses fidèles. La pratique, qui remonte au Moyen-Âge, fit l'objet d'une législation abondante de la part de l'Église. Elle fut ensuite récupérée par les pouvoirs civils qui, trouvant le « procédé commode », s'en servirent comme preuve de l'état civil.

C'est François 1er qui, par son ordonnance de Villers-Cotterêts en 1539, réglementa la tenue des registres des baptêmes et des registres de sépulture, mais, dans ce dernier cas, pour les *bénéficiers*, soit les ecclésiastiques seulement : les actes ainsi consignés se virent reconnaître foi en justice, quant à ces deux événements. Puis, sous Henri III, l'Ordonnance de Blois (1579) étendit ces effets aux actes de mariage, que le Concile de Trente, en 1563 avait fait passer dans le domaine du droit écrit de l'Église, ainsi qu'à tous les actes de sépulture. Ces ordonnances furent reprises dans l'article 291 de la *Coutume de Paris* lors de la réforme de 1580, dispositions qui furent elles-mêmes complétées par le Code Louis (1667), dont le Conseil souverain, en 1678, étendit l'application à la Nouvelle-France. Cette ordonnance précisait les renseignements que devait contenir chacun des actes. En 1727, le Conseil supérieur de la Nouvelle-France réforma la formulation des actes de mariage et de sépultures. On exigea alors des célébrants qu'ils inscrivent les actes sur deux registres et qu'ils y fassent apposer les signatures sur l'un et l'autre. Le droit québécois « s'affranchit ainsi légèrement du droit français » puisque le Code Louis ne fut lui-même modifié qu'en 1736 par une ordonnance de Louis XV, qui, toutefois, n'eut pas la même ampleur que celle de 1727.

C'est ce système qui constituait la législation en vigueur lors de la cession de la colonie à l'Angleterre. S'agissant de lois civiles, garanties par le Traité de Paris (1763), ce système survécut sous le nouveau régime. L'arrivée d'un grand nombre d'immigrants appartenant à d'autres cultes religieux, notamment de protestants, obligea à étendre aux autres confessions religieuses la réglementation civile sur les registres. Ce fut l'objet de la première loi du régime anglais, édictée en 1795 (*Acte qui établit la forme des registres des baptêmes, qui confirme et rend valables en loi, les registres de la congrégation protestante de Christ Church à Montréal et autres qui ont été tenus d'une manière informe et qui fournit les moyens de remédier aux omissions dans les anciens registres*, 35 Geo. III, c. 4. Cette loi rétablissait, à quelques détails près, les dispositions des ordonnances de 1667 et 1736 qui avaient cessé d'être suivies après la conquête). Cette législation fut reproduite presque intégralement dans le *Code civil du Bas-Canada*, en 1866, les codificateurs considérant la laïcisation napoléonienne, issue de la Révolution française, comme trop étrangère à la coutume installée au pays depuis ses origines et à ses liens avec les institutions, notamment les institutions religieuses. La codification consolida le rôle du clergé dans ce domaine. Sur les rapports entre l'Église et l'État et sur l'influence du droit canon sur le droit civil, voir L. Baudouin, *Les aspects généraux du droit public dans la province de Québec*, Paris, Dalloz, 1965, particulièrement le chapitre IV (Le pouvoir ecclésiastique ou le problème de l'État dans l'Église ou de l'Église dans l'État), p. 125 et s. ; J.-L. Baudouin, « L'influence religieuse sur le droit civil du Québec », (1984) 15 *R.G.D.* 563 et A.-M. Bilodeau, « Quelques aspects de l'influence religieuse sur le droit de la personne et de la famille au Québec », (1984) *R.G.D.* 573.

Le premier mouvement de sécularisation date de 1888, époque à laquelle le législateur est intervenu pour confier aux greffiers et aux secrétaires-trésoriers des municipalités la fonction de tenir un registre de l'état civil permettant aux parents de toute confession de faire enregistrer la naissance de leur enfant (art. 53a C.c.B.-C.) De fait, cet article est la codification des articles 7 et 8 du statut 39 Vic., c. 20, adopté en 1875, puis modifié en 1887 (50 Vic., c. 8) pour être ensuite abrogé lors de la refonte des statuts de la province en 1888. Voir P.-B. Mignault, *Le droit civil canadien*, t. I, Montréal, C. Théoret, 1895, p. 179, et J.-J. Beauchamp, *Le Code civil de la province de Québec annoté*, vol. 1, Montréal, Théoret, 1904, p. 51-52.

Ce fut ensuite au protonotaire que l'on confia la mission de tenir registre pour les inhumations et les mariages présidés par une personne qui n'était pas elle-même habilitée à tenir registre. Ce dernier devint lui-même, presque un siècle plus tard, le premier officiel laïque à pouvoir célébrer des mariages civils et à tenir des registres propres à cette fin (*Loi sur le mariage civil*, L.Q. 1968, c. 82. Entre-temps, le législateur avait élargi le nombre de personnes autorisées à tenir des registres de l'état civil. Pour un inventaire de ces lois, voir P.-B. Mignault, *Le droit civil canadien*, t. 1, Montréal, C. Théoret, 1895, p. 172 et s. et D. McKenzie Rowat, « Some observations on the registration of births, marriages and deaths in the Province of Québec », (1942) 45 *R. du N.* 176. La dernière remonte à 1971 ; elle confiait au gouvernement le pouvoir d'autoriser des corporations religieuses de confessions diverses à tenir des registres. *Loi sur les corporations religieuses*, L.R.Q., c. C-71). Enfin, en 1978, la *Loi sur les autochtones cris, inuit et naskapis* (*Loi sur les autochtones cris, inuit et naskapis*, L.Q. 1978, c. 97 (L.R.Q., c. A-33.1)), art. 42, al. 2 C.c.B.-C. repris en substance par l'article 152 C.c.Q., permit aux agents locaux d'inscription, nommés en vertu de cette même loi, de tenir des registres pour les fins de ces communautés. Il demeure que, jusqu'à l'entrée en vigueur de la réforme, ce sont les communautés religieuses qui assurèrent essentiellement le fonctionnement du système, une charge qu'elles ont assumée gratuitement et qu'elles ne tenaient d'ailleurs pas à conserver, ainsi qu'en témoignent les représentations qui ont été faites dans le cadre de la révision du Code civil. C'est aussi grâce aux communautés religieuses que le Québec compte un fonds d'archives unique en Amérique du Nord (*Rapport du sous-comité sur les actes de l'état civil*, *op. cit.*, note 11, p. 17. Voir également l'article de C.-C. Turgeon, « Des coffrets et des constitutions, archives des premières communautés religieuses », *Cap-aux-diamants*, n° 31, automne 1992, p. 22).

Indépendamment des auteurs cités plus haut, on pourra consulter, sur les origines, l'évolution et le fonctionnement du système qui, jusqu'à la réforme, a présidé à l'organisation de l'état civil, les auteurs suivants : L. Baudouin, *Le droit civil de la province de Québec, modèle vivant de droit comparé*, Montréal, Wilson & Lafleur, 1953, particulièrement le chap. II, Le droit privé administratif, p. 128 et s. ; L. Baudouin, « La personne humaine au centre du droit québécois », (1966) 26 *R. du B.* 66 ; L. Baudouin, *Les aspects généraux du droit privé dans la province de Québec*, Paris, Dalloz, 1967 ; J.U. Beaudry, *Code des curés, marguilliers et paroissiens accompagné de notes historiques et critiques*, Montréal, 1870 ; J.-G. Castel, *The civil law system of the Province of Québec*, Toronto, Butterworths, 1962 ; E. Lefebvre de Bellefeuille, *Le Code civil annoté étant le Code civil du Bas-Canada*, Montréal, Beauchemin et Valois, 1879 ; C.-C. De Lorimier et C.-A. Vilbon, *La bibliothèque du Code civil de la province de Québec*, vol. I, Montréal, La Minerve, 1885 ; L.-A. Jetté, « De la privation des droits civils », (1923-1924) 2 *R. du D.* 59 ; F. Langelier, *Cours de droit civil dans la province de Québec*, Montréal, Wilson & Lafleur, 1905 ; R. Lemelin, « Les registres paroissiaux dans la province civile de Québec », Thèse de doctorat, Université Laval, Québec, 1944 ; T.-J.-J. Loranger, *Commentaires sur le Code civil du Bas-Canada*, tome 1, Montréal, 1873 ; R.D. McKenzie, « Some observations on the registration of births, marriages and deaths in the province of Québec », (1934-1935) 37 *R. du N.* 49 ; (1942) 45 *R. du N.* 176 ; P.-B. Mignault, *Le droit paroissial*, Montréal, C.-O. Beauchemin & Fils, 1893 ; A. Morel, « La municipalité, la paroisse et le *Code civil du Québec* », (1968) 2 *Rev. jur. et pol. Ind. et Coop.* 661 ; S. Pagnuelo, *Études historiques et légales sur la liberté religieuse au Canada*, Montréal, Beauchemin & Valois, 1872 ; M. Pourcelet, « L'aspect confessionnel des actes de l'état civil – ses inconvénients – à la recherche d'une solution », (1963) 13 *R.J.T.* 124 ; H. Roch, *Actes et registres de l'état civil et rectification*, Montréal, 1949 ; L. Roy, *De la tenue des registres de l'état civil dans la province de Québec*, Québec, 1959 et G. Trudel, *Traité de droit civil du Québec*, t. I, Montréal, Wilson & Lafleur, 1942.

**410.–** *Les travaux préparatoires à la mise en place de la réforme.* Sur les travaux qui ont précédé la réforme, voir : G. Brière, « Le futur système d'état civil », (1986) 17 *R.G.D.* 371 ; O.R.C.C., *Rapport sur l'état civil*, vol. XXIII, Montréal, Éditeur officiel du Québec, 1973 ; *Rapport sur l'enregis-*

*trement*, vol. XXV, Montréal, Éditeur officiel du Québec, 1974 ; *Rapport sur le Code civil du Québec*, vol. 1, *Projet de Code civil* et vol. 2, *Commentaires*, Éditeur officiel du Québec, 1978 ; Jean Pineau, « Les grandes lignes de la réforme du droit des personnes », (1987) 18 *R.D.U.S.* 7 ; M. Rivet, « Le rapport sur l'état civil de l'Office de révision du Code civil », (1974) 15 *C. de D.* 871.

**411.–** *La Direction de l'état civil : concrètement.* Depuis quelques années, la Direction de l'état civil met à la disposition du public de nombreuses informations concrètes concernant son fonctionnement et son rôle. On consultera avec intérêt le site Internet de l'organisme à l'adresse suivante : www.etatcivil.gouv.qc.ca.

**412.–** *Quelques statistiques.* Les chiffres montrent toute l'importance de l'institution de la Direction de l'état civil. Ainsi, depuis la création d'un registre centralisé en 1994, le Directeur de l'état civil s'est attaché à réunir en un seul registre, plus de 17 millions d'actes non répertoriés et non indexés, couvrant une période de 400 ans. Qui plus est, ces actes étaient autrefois détenus par environ 8000 officiers de l'état civil de diverses confessions religieuses. Par ailleurs, des milliers de registres manuscrits sont passés sur support informatique (Commission permanente des institutions, Les travaux parlementaires, *Journal des débats, Étude des crédits du ministère de la Justice*, Québec, Assemblée nationale, 37e législature, 1re session, vol. 38, no 73, 24 mai 2005). Les statistiques qui suivent et qui couvrent la période de 2002 à 2006, illustrent bien l'ampleur des activités de l'état civil au Québec (ces renseignements ont été obtenus auprès de la Direction de l'état civil du ministère de la Justice du Québec, le 29 août 2007).

| Décisions de changement de nom | 2002 | 2003 | 2004 | 2005 | 2006 |
|---|---|---|---|---|---|
| Autorisation | 1150 | 1463 | 1372 | 937 | 1397 |
| Refus | 48 | 32 | 34 | 10 | 19 |

| Décisions de changement de la mention du sexe (femme à homme) | 2002 | 2003 | 2004 | 2005 | 2006 |
|---|---|---|---|---|---|
| Autorisation | 3 | 3 | 4 | 5 | 6 |
| Refus | 0 | 0 | 0 | 0 | 0 |

| Décisions de changement de la mention du sexe (homme à femme) | 2002 | 2003 | 2004 | 2005 | 2006 |
|---|---|---|---|---|---|
| Autorisation | 14 | 6 | 4 | 13 | 9 |
| Refus | 0 | 0 | 0 | 0 | 0 |

| Événements | 2002 | 2003 | 2004 | 2005 | 2006 |
|---|---|---|---|---|---|
| Naissances | 72 558 | 73 659 | 73 618 | 75 742 | 80 939 |
| Mariages | 22 324 | 21 525 | 21 688 | 22 692 | 22 407 |
| Unions civiles | 174 | 357 | 178 | 164 | 206 |
| Décès | 56 220 | 55 500 | 56 148 | 56 413 | 54 771 |

| Documents délivrés | 2002 | 2003 | 2004 | 2005 | 2006 |
|---|---|---|---|---|---|
| | 818 517 | 753 707 | 742 609 | 636 515 | 677 181 |

**413.– *Les compléments au registre de l'état civil.*** Certaines informations, d'intérêt public, ne figurent pas au registre de l'état civil : ce sont celles relatives à l'incapacité des personnes majeures, à leur absence ou à leur situation au regard du droit des régimes matrimoniaux. Ces informations font cependant l'objet d'une publicité particulière qui relève de la *Loi sur le curateur public*, L.R.Q., c. C-81, d'une part, et des règles relatives au Registre des droits personnels et réels mobiliers tel qu'institué par les articles 2934 et s. C.c.Q. Ainsi, en vertu de l'article 54 de la *Loi sur le curateur public*, le curateur doit maintenir un registre des tutelles au mineur, un registre des tutelles et curatelles au majeur, un registre des mandats homologués donnés par une personne en prévision de son inaptitude et un registre des biens sous administration provisoire, exception faite des biens sans maître et de ceux qui deviennent la propriété de l'État. Ces registres ne contiennent que les renseignements prévus par règlement (voir *infra*, Partie II, Les incapacités et la protection des majeurs inaptes). De même, en vertu de l'article 442 C.c.Q., un avis de tout contrat de mariage doit être inscrit au Registre des droits personnels et réels mobiliers sur la réquisition du notaire instrumentant. Cette règle s'applique également aux contrats d'union civile, par l'effet de l'article 521.8 C.c.Q.

Gouvernement du Québec
**Le Directeur de l'état civil**
205, rue Montmagny
Québec (Québec) G1N 4T2

**À ÊTRE REMPLIE PAR LES PARENTS POUR L'INSCRIPTION CIVILE D'UNE NAISSANCE**

DEC-1
*Déclaration de naissance*

Bien vouloir remplir la Déclaration en lettres moulées avec un stylo ou à la machine à écrire. Appuyer fortement.
Consulter attentivement les instructions au verso avant de remplir le document.

**IDENTIFICATION DE L'ENFANT** (Pour le nom de famille et le ou les prénom(s) de l'enfant, consulter les instructions au verso)

| 1. Nom de famille | | 3. Date et heure de naissance | Année | Mois | Jour | Heure(s) | Minute(s) |

| 2. Prénom(s) | | 4. Sexe ☐ Masculin ☐ Féminin |

**IDENTIFICATION DU LIEU DE NAISSANCE**

5. Nom de l'établissement où a eu lieu la naissance (si l'enfant n'est pas né à l'hôpital, préciser l'endroit de la naissance)

6. Code d'établissement

7. Adresse de l'endroit où a eu lieu la naissance (n°, rue, municipalité, province ou pays)

Code postal

**IDENTIFICATION DES DÉCLARANTS** (Inscrire le nom de famille et le prénom usuel selon l'acte de naissance)

**MÈRE**
8. Nom de famille
9. Prénom usuel
11. Date de naissance | Année | Mois | Jour
12. N° de téléphone où la mère peut être rejointe le jour | Indicatif régional | Code postal
13. N° d'assurance sociale
14. N° d'assurance-maladie

10. Adresse du domicile (n°, rue, municipalité, province ou pays)

22. La mère et le père sont-ils mariés l'un à l'autre? ☐ Oui ☐ Non

**PÈRE**
15. Nom de famille
16. Prénom usuel
18. Date de naissance | Année | Mois | Jour
19. N° de téléphone où le père peut être rejoint le jour | Indicatif régional | Code postal
20. N° d'assurance sociale
21. N° d'assurance-maladie

17. Adresse du domicile (si différente de celle de la mère)

Si oui, indiquer la date du mariage | Année | Mois | Jour

**REMPLIR CETTE SECTION UNIQUEMENT SI LE DÉCLARANT EST AUTRE QUE LA MÈRE OU LE PÈRE**
23. Nom de famille
24. Prénom usuel
25. N° de téléphone où le déclarant peut être rejoint | Indicatif régional

26. Adresse du domicile (n°, rue, municipalité, province ou pays)

Code postal

**QUALITÉ ET SIGNATURE DES DÉCLARANTS**

27. Le Directeur de l'état civil communique à la Régie de l'assurance-maladie du Québec les renseignements nécessaires à l'inscription de l'enfant auprès de cet organisme.

28. Signature de la mère

29. Date de la signature | Année | Mois | Jour

30. Signature du père

31. Date de la signature | Année | Mois | Jour

32. Signature du déclarant (si autre que la mère ou le père de l'enfant et spécifier la qualité du déclarant)

33. Date de la signature | Année | Mois | Jour

**IDENTIFICATION ET ATTESTATION DU TÉMOIN** (Inscrire le nom de famille et le prénom usuel selon l'acte de naissance)

J'atteste que la Déclaration a été faite et signée devant moi et, qu'à ma connaissance les renseignements donnés ci-dessus sont exacts.

34. Nom de famille
35. Prénom usuel
36. Adresse du domicile (n°, rue, municipalité, province ou pays)
Code postal
37. Signature du témoin
N° de téléphone | Indicatif régional
38. Date de la signature | Année | Mois | Jour

**SECTION RÉSERVÉE À L'USAGE EXCLUSIF DU BUREAU DU DIRECTEUR DE L'ÉTAT CIVIL** (Ne pas écrire dans cette section)

39. Signature du directeur de l'état civil
40. Date de la signature | Année | Mois | Jour
41. N° d'inscription

42. Mentions

• DEC-1 (97-08)

1- 9023574
1- DIRECTEUR DE L'ÉTAT CIVIL

**Relations avec les citoyens et Immigration**
**Québec** ✚ ✚

Le Directeur de l'état civil | **DEC-50**
**Déclaration de mariage**

Remplir la Déclaration en lettres moulées avec un stylo ou à la machine à écrire.
Ne pas écrire dans les espaces ombrés. Appuyer fortement.
Lire les instructions au verso avant de remplir le document.

**LIEU ET DATE DU MARIAGE**

1. Lieu de célébration du mariage (nom de la paroisse religieuse, de la municipalité et du district judiciaire, dans le cas d'un mariage civil)

2. Adresse du lieu de célébration du mariage (n°, rue, municipalité, province) — Code postal

3. Date du mariage — Année — Mois — Jour
4. Cocher s'il y a eu dispense de publication. ☐
5. Si l'un des époux est mineur, cocher pour indiquer que les autorisations ou consentements ont été obtenus. ☐

**ÉPOUSE** | **ÉPOUX**

6. Nom de famille de l'épouse (selon l'acte de naissance) | 20. Nom de famille de l'époux (selon l'acte de naissance)

7. Prénom usuel et autres prénoms (selon l'acte de naissance) | 21. Prénom usuel et autres prénoms (selon l'acte de naissance)

8. Lieu de naissance (municipalité, province ou pays) | 22. Lieu de naissance (municipalité, province ou pays)

9. Lieu d'enregistrement de la naissance (paroisse, municipalité, province ou pays) | 23. Lieu d'enregistrement de la naissance (paroisse, municipalité, province ou pays)

10. Date de naissance — Année — Mois — Jour | 11. État matrimonial — 1 ☐ Célibataire (jamais mariée) — 3 ☐ Veuve — 4 ☐ Divorcée | 12. Date du décès du conjoint ou date du divorce — Année — Mois — Jour | 24. Date de naissance — Année — Mois — Jour | 25. État matrimonial — 1 ☐ Célibataire (jamais marié) — 3 ☐ Veuf — 4 ☐ Divorcé | 26. Date du décès de la conjoints ou date du divorce — Année — Mois — Jour

N° de jugement de divorce | N° de jugement de divorce

**Cette section doit être remplie directement sur la page suivante du formulaire.**

16. Adresse du domicile des époux (n°, rue, municipalité, province ou pays) — Code postal

17. Nom de famille et prénom usuel de la mère de l'épouse (selon l'acte de naissance) — Nom — Prénom | 30. Nom de famille et prénom usuel de la mère de l'époux (selon l'acte de naissance) — Nom — Prénom

18. Nom de famille et prénom usuel du père de l'épouse (selon l'acte de naissance) — Nom — Prénom | 31. Nom de famille et prénom usuel du père de l'époux (selon l'acte de naissance) — Nom — Prénom

19. Nom de famille et prénom usuel du témoin de l'épouse (selon l'acte de naissance) — Nom — Prénom | 32. Nom de famille et prénom usuel du témoin de l'époux (selon l'acte de naissance) — Nom — Prénom

**IDENTIFICATION ET SIGNATURE DU CÉLÉBRANT**

33. Nom de famille du célébrant | 34. Prénom du célébrant

35. Qualité du célébrant — 5 ☐ Ministre du culte — 6 ☐ Greffier ou greffier-adjoint — 7 ☐ Personne désignée | 36. Société religieuse à laquelle appartient le célébrant (nom selon l'autorisation du Directeur de l'état civil) | 37. Code du célébrant

38. Adresse du domicile du célébrant (n°, rue, municipalité, province ou pays) — Code postal

39. N° de téléphone du célébrant — Indicatif régional | 40. Signature du célébrant — X | 41. Date de la signature — Année — Mois — Jour

**SIGNATURE DES ÉPOUX ET DES TÉMOINS**

42. Signature de l'épouse — X | 44. Signature de l'époux — X

43. Signature du témoin de l'épouse — X | 45. Signature du témoin de l'époux — X

Épouse | 46. N° d'assurance sociale | 47. N° d'assurance maladie | Époux | 48. N° d'assurance sociale | 49. N° d'assurance maladie

N° de téléphone de l'épouse - Domicile — Indicatif régional | Travail — Indicatif régional | N° de téléphone de l'époux - Domicile — Indicatif régional | Travail — Indicatif régional

**LE BULLETIN (PAGE 2) DOIT AUSSI ÊTRE SIGNÉ PAR LES ÉPOUX.**

**SECTION RÉSERVÉE À L'USAGE DU BUREAU DU DIRECTEUR DE L'ÉTAT CIVIL**

50. N° d'inscription de l'acte de naissance de l'épouse | 51. N° d'inscription de l'acte de naissance de l'époux

52. Signature du directeur de l'état civil | 53. Date de la signature — Année — Mois — Jour | 54. N° d'inscription

55. Mentions

Ministère des Relations avec les citoyens et de l'Immigration — FO-14-01 rév.:1 (2002-03-15)

2-5030831 — 1- DIRECTEUR DE L'ÉTAT CIVIL

**Relations avec les citoyens et Immigration**
**Québec** 🔲🔲

**Le Directeur de l'état civil**

DEC-100
**Déclaration de décès**

Remplir la Déclaration en lettres moulées avec un stylo ou à la machine à écrire.
Appuyer fortement.
Lire les instructions au verso avant de remplir le document.

*LIEU, DATE ET HEURE DU DÉCÈS*

1. Établissement où la personne est décédée | 2. Code d'établissement

3. Endroit où la personne est décédée, si hors d'un établissement (n°, rue, municipalité, province ou pays) | 4. Date du décès — Année Mois Jour

Code postal | 5. Heure du décès — Heure(s) Minute(s)

*IDENTIFICATION DE LA PERSONNE DÉCÉDÉE (Inscrire le nom de famille et le ou les prénoms selon l'acte de naissance.)*

6. Nom de famille | 7. Prénom usuel et autres prénoms | 8. Sexe de la personne décédée
☐ 1. Masculin ☐ 2. Féminin

9. Adresse du domicile (n°, rue, municipalité, province ou pays) | Code postal

10. Date de naissance — Année Mois Jour | 11. Lieu de naissance (municipalité, province ou pays)

12. Lieu de l'enregistrement de la naissance (paroisse, municipalité, province ou pays) | 13. État civil
☐ 1. Célibataire ☐ 3. Veuf(ve) ☐ 5. Séparé(e)
☐ 2. Marié(e) ☐ 4. Divorcé(e)

14. Numéro d'assurance sociale | 15. Numéro d'assurance maladie

16. Nom de famille et prénom du père de la personne décédée | 17. Nom de famille et prénom de la mère de la personne décédée

*REMPLIR LA SECTION SUIVANTE SEULEMENT SI LA PERSONNE ÉTAIT MARIÉE AU MOMENT DU DÉCÈS.*

18. Lieu du dernier mariage (nom de la paroisse religieuse, de la municipalité et du district judiciaire, dans le cas d'un mariage civil) | 19. Date du mariage — Année Mois Jour

*Identification du conjoint de la personne décédée (Inscrire le nom de famille et le ou les prénoms selon l'acte de naissance.)*

20. Nom de famille | 21. Prénom usuel et autres prénoms

22. Date de naissance — Année Mois Jour | 23. Lieu de naissance (municipalité, province ou pays)

24. Lieu d'enregistrement de la naissance (paroisse, municipalité, province ou pays)

25. Numéro d'assurance sociale | 26. Numéro d'assurance maladie

27. Nom de famille et prénom du père du conjoint | 28. Nom de famille et prénom de la mère du conjoint

*IDENTIFICATION ET SIGNATURE DU DÉCLARANT (Inscrire le nom de famille et le prénom usuel selon l'acte de naissance.)*

29. Nom de famille | 30. Prénom usuel | 31. Ind. régional N° de téléphone (travail)

32. Adresse du domicile (n°, rue, municipalité, province ou pays) | 33. Ind. régional N° de téléphone (domicile)

Code postal | 34. Qualité du déclarant
☐ 1. Conjoint ☐ 3. Allié
☐ 2. Proche parent ☐ 4. Autre (préciser) | 35. Carte d'assurance maladie remise
☐ Oui ☐ Non

36. Le Directeur de l'état civil communique à la Régie de l'assurance maladie du Québec les renseignements nécessaires à l'inscription du décès des bénéficiaires auprès de cet organisme. | 37. Signature du déclarant
X | 38. Date de la signature — Année Mois Jour

*DISPOSITION DU CORPS*

39. Mode de disposition du corps
☐ 1. Inhumation ☐ 3. Étude anatomique
☐ 2. Crémation ☐ 4. Autre (préciser) | 40. N° de permis du directeur de funérailles | 41. Date de disposition du corps — Année Mois Jour

42. Lieu de disposition du corps (indiquer le nom du cimetière, du crématorium ou autre.) | 43. N° du constat

44. Adresse du cimetière ou du crématorium (n°, rue, municipalité, province ou pays) | 45. N° de téléphone du directeur de funérailles

46. Nom du directeur de funérailles ou de son représentant (en lettres moulées) | 47. Signature du directeur de funérailles ou de son représentant

*IDENTIFICATION ET ATTESTATION DU TÉMOIN (Inscrire le nom de famille et le ou les prénoms selon l'acte de naissance.)*

J'atteste que la déclaration a été faite et signée devant moi et, qu'à ma connaissance, les renseignements donnés ci-dessus sont exacts. | 48. Nom de famille | 49. Prénom usuel

50. Signature du témoin
X | 51. Date de la signature — Année Mois Jour

*SECTION RÉSERVÉE À L'USAGE EXCLUSIF DU DIRECTEUR DE L'ÉTAT CIVIL (Ne pas écrire dans cette section.)*

52. N° d'inscription de l'acte de naissance de la personne décédée | 53. N° d'inscription de l'acte de mariage de la personne décédée

54. Signature du Directeur de l'état civil | 55. Date de la signature — Année Mois Jour | 56. N° d'inscription

57. Mentions

Directeur de l'état civil

Ministère des Relations avec les citoyens et de l'immigration

FO-15-01 rév.: 2 (2002-01)

584231

## BIBLIOGRAPHIE SÉLECTIVE

AUDIER, J., « Vie privée et actes de l'état civil », dans *Mélanges offerts à Pierre Kayser*, Aix-en-Provence, Presses de l'Université d'Aix-Marseille, 1979, t. I, p. 1, n⁰ 7.

LAFLAMME, L., « Le livre des personnes : dix ans après », (2003) 105 *R. du N.* 155-213.

NEIRINCK, C. (dir.), *L'état civil dans tous ses états*, Paris, L.G.D.J., Droit et société, 2008.

QUÉBEC, Gouvernement du Québec, ministère de la Justice, *L'état civil, La réforme*, 1992.

QUÉBEC, Gouvernement du Québec, Le Directeur de l'état civil, *1994-1999. Au cœur de la vie des citoyens !*, Québec, 1999, 15 p.

OUELLETTE, M., « Livre I, Les personnes », dans *La réforme du Code civil*, Ste-Foy, P.U.L., 1993, p. 77 à 89.

PINEAU, J., « De certains éléments relatifs à l'état des personnes, du registre des actes de l'état civil », (1988) 1 *C.P. du N.* 91, 101.

PRATTE, M., « L'inscription tardive du nom du père présumé à l'acte de naissance : quelques hésitations quant à la voie procédurale à suivre », (1993) 24 *R.G.D.* 397.

ROYER, J.-C., *La preuve civile*, 2e éd., Cowansville, Éditions Yvon Blais, 1995.

# PARTIE II

# LES INCAPACITÉS ET LA PROTECTION DES INAPTES

# CHAPITRE PRÉLIMINAIRE
# LES PRINCIPES GÉNÉRAUX

## Section I
## La règle de la capacité juridique

**414.**– La pleine jouissance des droits et l'aptitude à les exercer pleinement constituent une des assises du droit civil. Le législateur a voulu affirmer ce principe de façon solennelle en le posant clairement dès les premiers articles du *Code civil du Québec*[1]. Outre ces dispositions traitant de la jouissance et de l'exercice des droits civils (art. 1-9), le Code civil consacre un titre au complet (Titre quatrième du Livre premier) à la capacité des personnes. Son premier chapitre concerne la minorité et la majorité (art. 153-176) ; le deuxième est consacré à l'étude de la tutelle au mineur (art. 177-255) et le troisième traite des régimes de protection du majeur (art. 256-297).

Les règles en matière de capacité ne se limitent toutefois pas à ce Titre quatrième, car on trouve à travers tout le Code une série de dispositions très importantes qui intéressent directement les personnes à capacité juridique réduite[2]. C'est particulièrement le cas pour les dispositions relatives au mandat donné en prévision de l'inaptitude du mandant (art. 2166 et s.)[3] ainsi que celles qui touchent à l'administration du bien d'autrui (art. 1299 et s.). On voit d'emblée

---

1. Art. 1 C.c.Q. : « Tout être humain possède la personnalité juridique ; il a la pleine jouissance des droits civils. » Art. 2 C.c.Q. : « Toute personne est apte à exercer pleinement ses droits civils. »
2. Que l'on songe par exemple à toutes les dispositions qui traitent de la lésion, de la nullité des actes, de la prescription, de certains actes particuliers comme le testament, la donation ou le mandat.
3. L'insertion des dispositions sur le mandat donné en prévision de l'inaptitude dans le chapitre des contrats plutôt que dans celui du droit des personnes, est généralement vu, par la doctrine, comme une anomalie qui devrait être rectifiée par le législateur. Voir, notamment, C. Fabien, « Le mandat de protection en cas d'inaptitude du mandant : une institution à parfaire. », (2007) 1 *C.P. du N.* 405-438. Pour des développements sur cette question, *cf. infra*, le chapitre « Le mandat donné en prévision de l'inaptitude ou mandat de protection ».

que le problème des incapacités « domine tout le droit »[4]. Mais s'agissant des obligations, comme le prévoit de façon assez didactique l'article 1409, les règles relatives à la capacité de contracter sont principalement établies au livre Des personnes. C'est en effet dans ce Livre premier que le législateur a concentré les dispositions portant sur les principaux mécanismes de protection. Nous verrons plus loin que d'autres lois intéressent également l'étude de la protection des personnes à autonomie juridique réduite, comme par exemple le Code de procédure civile, la Loi sur la protection des personnes dont l'état mental présente un danger pour elles-mêmes ou pour autrui[5] et la Loi sur le curateur public[6].

**415.**– La jouissance des droits civils et l'aptitude à les exercer (que l'on qualifie classiquement de « capacité juridique ») sont intimement liées à la notion même de personne et de personnalité juridique puisqu'elles sont inhérentes à tout être humain. La personne est sujet de droit précisément parce qu'elle a la capacité de jouir des droits[7]. Nier cette capacité à l'individu, c'est lui nier le statut de personne en droit. La capacité juridique est donc conditionnée par « l'état » de la personne. Par exemple, l'état de personne mariée affecte la capacité juridique de cette personne puisqu'elle ne peut contracter un nouveau mariage tant que le premier ne sera pas dissous. L'âge de la personne est également un facteur primordial en matière de capacité juridique puisque la loi rattache à certains seuils d'âge un degré d'autonomie distinct.

Le lien étroit entre, d'une part, la capacité à avoir des droits et à les utiliser et, d'autre part, la notion même de personne a pour conséquence le principe suivant : la capacité juridique est la situation normale, la règle, et l'incapacité demeure l'exception. Cette règle découle clairement des articles 1 et 4 du Code civil et elle est expressément consacrée par l'article 154 C.c.Q.[8]. Conséquemment, il appartient à

---

4. G. Marty et P. Raynaud, *Droit civil*, t. I, vol. 2, *Les personnes*, 2e éd., Paris, Sirey, 1967, p. 496.
5. L.R.Q., c. P-38.001.
6. L.R.Q., c. C-81.
7. Selon l'expression de Mazeaud, « la personnalité juridique est l'aptitude à devenir sujet de droits et d'obligations » (M. Mazeaud, *Leçons de droit civil*, t. I, vol. 2, p. 462), ce qui rejoint la définition stricte de capacité juridique (Aubry et Rau, *Droit civil français*, Paris, Librairies techniques, 1897, t. I, p. 259).
8. L'article 18 du *Code civil du Bas-Canada* édictait que tout être humain « a pleine jouissance des droits civils, sous réserve des dispositions expresses de la loi » et l'article 985 ajoutait que « toute personne est capable de contracter, si elle n'en est pas expressément déclarée incapable par la loi ». En droit français, le Code civil édicte en son article 1123 que « Toute personne peut contracter, si elle n'en est pas déclarée incapable par la loi ».

celui qui entend invoquer l'incapacité, d'en apporter la preuve[9]. Il existe donc une présomption de capacité qui participe du principe d'égalité civile entre les individus[10].

**416.–** Du caractère exceptionnel des incapacités, certains auteurs concluent que les dispositions légales en la matière doivent faire l'objet d'une interprétation restrictive[11], en ce sens qu'elles doivent s'interpréter de façon à restreindre l'incapacité. Ce principe ne fait pas l'unanimité en doctrine et en jurisprudence. Par exemple, en ce qui concerne l'article 320 C.c.B.-C. qui édictait que le mineur émancipé « ne peut intenter une action immobilière ni y défendre, sans l'assistance de son curateur », certains avaient déduit, *a contrario*, que le mineur émancipé pouvait intenter une action mobilière, interprétant ainsi restrictivement le champ d'incapacité. La jurisprudence a rejeté l'argument, au motif que le mineur émancipé, à l'époque, ne pouvait poser que des actes de pure administration et que lorsque les montants en jeu sont importants, l'action mobilière dépasse le cadre de la simple administration[12]. Les tribunaux ont donc interprété la disposition dans le sens d'une plus grande protection de l'incapable.

**417.–** L'incapacité juridique, quelle qu'elle soit et quelle qu'en soit l'ampleur, constitue donc une sorte de diminution, de réduction de la personnalité juridique justifiée par le fait que certaines personnes, dans la réalité, n'ont pas les moyens d'agir efficacement et pleinement. Il convient donc, pour le droit, d'apporter une réponse aux défis que pose la situation de faiblesse dans laquelle se trouvent ces personnes ou ces catégories de personnes. Cette réponse doit venir de la loi. En effet, il n'appartient pas aux individus de s'imposer à eux-mêmes, ou d'imposer à leurs semblables, une réduction de la capacité juridique[13]. La Cour suprême du Canada a appliqué cet important principe en refusant à une épouse de représenter son mari dans le cadre de procédures judiciaires lorsque cette représentation n'est pas

---

9. Il existe une abondante jurisprudence rappelant ce principe ; voir, notamment, *Dupaul* c. *Beaulieu*, [2000] R.J.Q. 1186, REJB 2000-18191 (C.S.) ; *H.S.* c. *Ministre de la Solidarité sociale*, [2002] T.A.Q. 168 ; *Robidoux* c. *Zakrzewski (Succession de)*, [2004] R.J.Q. 1599, REJB 2004-61522 (C.S.).
10. *Leblond* c. *Leblond*, [1978] C.A. 506 ; *Rosconi et Lussier* c. *Dubois et Goulet*, [1951] R.C.S. 554.
11. Voir, en ce sens, J.-G. Cardinal, « L'incapacité », (1957) 59 *R. du N.* 489, 491 et 495.
12. *Crevier* c. *Lavigne*, [1952] B.R. 742.
13. Le mandat donné en prévision de l'inaptitude ne peut être analysé comme une auto-limitation de capacité juridique, car ce n'est pas l'individu qui enclenche le processus de protection mais bien l'homologation par le tribunal ; *cf. infra*, Titre II, chap. III.

expressément autorisée par la loi. La Cour suprême rappelle qu'il n'appartient pas à un individu, aussi généreuses que soient ses motivations, de déjouer les exigences des règles relatives aux régimes de protection qui encadrent les modalités de la représentation des personnes inaptes[14]. Les tribunaux, non plus, ne disposent pas de ce pouvoir même si, depuis 1990, la loi leur permet de circonscrire le champ de capacité de certaines personnes inaptes, comme nous le verrons en détail dans le chapitre sur la protection des majeurs à capacité réduite[15]. Mais là encore, ce pouvoir est prévu par la loi et ne peut être exercé que dans le respect scrupuleux des conditions légales. Par conséquent, c'est bien dans la loi que l'incapacité trouve sa source. C'est également parce que les questions de capacité échappent à l'emprise des personnes que le *Code de procédure civile* prévoit que le pouvoir des tribunaux de tenter de concilier les parties qui y consentent ne s'applique pas en matière de capacité des personnes[16].

## Section II

### Le domaine de l'incapacité

**418.–** *Remarque terminologique.* Le *Code civil du Bas-Canada*, tout comme le Code civil français, traitait de l'incapacité, des incapables et des interdits. Les expressions ont paru sans doute quelque peu péjoratives au législateur qui, en 1989, a introduit les termes « inaptitude » et « inaptes ». La terminologie ancienne n'en est pas pour autant complètement évacuée puisque l'on retrouve çà et là encore l'expression incapacité, comme par exemple à l'article 256, al. 2 C.c.Q. qui édicte que l'incapacité résultant du régime de protection d'un majeur, est établie en faveur de ce dernier seulement. Quant à nous, nous utiliserons indifféremment l'expression incapacité et inaptitude, étant entendu qu'il ne faut y voir aucune distinction de sens.

Il faut souligner que l'incapacité juridique au sens où nous l'envisageons ici, ne touche que le domaine des actes juridiques (par opposition aux faits juridiques[17]), c'est-à-dire les actes volontaires

---

14. *Bibaud* c. *Québec (Régie de l'assurance maladie)*, [2004] 2 R.C.S. 3, 2004 CSC 35, REJB 2004-65745.

15. Depuis l'entrée en vigueur, le 15 avril 1990, de la *Loi sur le curateur public et modifiant le Code civil et d'autres dispositions législatives*, L.Q. 1989, c. 54, art. 334.3 C.c.B-C. et 288 C.c.Q.

16. Art. 4.3 C.p.c. Cette disposition a été introduite dans le Code par la *Loi portant réforme du Code de procédure civile*, L.Q. 2002, c. 7 (entrée en vigueur le 1er janvier 2003).

17. Le fait juridique est « un événement auquel la loi attache d'autorité des effets de droit » (J. Pineau et D. Burman, *Théorie des obligations*, 2e éd., Montréal, Éditions

dont le but est d'enclencher les effets juridiques rattachés à ces actes par la loi (la création, la modification, la transmission, l'extinction d'un droit ou d'une obligation[18]). Lorsque la loi attache des conséquences à un fait, c'est la survenance de ce fait qui déclenche les effets, peu importe la capacité ou l'incapacité juridique de la personne impliquée. C'est ainsi qu'un « incapable » n'est pas, par principe, dans l'impossibilité légale d'engager sa responsabilité civile, ce qui ne signifie pas qu'un régime spécifique de responsabilité ne puisse lui être reconnu afin de tenir compte de son inaptitude et donc de son besoin de protection.

**419.–** Bien entendu, dans la mesure où la personne incapable n'est pas douée de raison au sens de l'article 1457 du Code civil[19], sa responsabilité ne pourra pas être retenue. Ce sera le cas de façon quasi automatique en ce qui concerne les faits et gestes du majeur sous curatelle, c'est-à-dire frappé d'une incapacité à peu près totale. Celui-là est également « incapable de faute »[20].

**420.–** Il faut mettre à part le cas d'école du majeur sous curatelle qui aurait bénéficié d'un « moment de lucidité » pendant lequel il aurait brièvement recouvré la raison. Ce cas est d'autant plus théorique qu'il sera à peu près impossible de faire la preuve de cet instant de grâce. La jurisprudence en matière de responsabilité civile fournit plusieurs exemples de cette quasi-impossibilité[21]. De plus, on peut imaginer que, dans pareille situation, le comportement fautif repro-

---

Thémis, 1988, § 160, p. 227) ; selon l'expression de J.-L. Baudouin, « Le fait juridique est un événement qui entraîne des effets juridiques sans que ces effets aient été recherchés par l'individu qui en est l'auteur. Il est non volontaire dans le sens que, s'il y a volonté de la part de l'individu, cette volonté n'a pas pour but essentiel de créer, de modifier ou d'éteindre une situation juridique » (J.-L. Baudouin et P.-G. Jobin, avec la collaboration de N. Vézina, *Les obligations*, 6e éd., Cowansville, Éditions Yvon Blais, 2005, p. 51).

18.  Voir, pour les effets des contrats, l'article 1433 C.c.Q. : « Le contrat crée des obligations et quelquefois les modifie ou les éteint. En certains cas, il a aussi pour effet de constituer, transférer, modifier ou éteindre des droits réels. »

19.  Art. 1457 C.c.Q. : « Toute personne a le devoir de respecter les règles de conduite qui, suivant les circonstances, les usages et la loi, s'imposent à elle, de manière à ne pas causer de préjudice à autrui. Elle est, lorsqu'elle est douée de raison et qu'elle manque à ce devoir, responsable du préjudice qu'elle cause par cette faute à autrui et tenue de réparer ce préjudice, qu'il soit corporel, moral ou matériel. »

20.  L'expression est du juge Dugas de la Cour supérieure, dans l'affaire *Laverdure-Renaud* c. *Bélanger et al.*, [1975] C.S. 612, 613. Voir également *infra,* « La responsabilité civile des mineurs ».

21.  *Laverdure-Renaud* c. *Bélanger*, [1975] C.S. 612. De la même façon, il est extrêmement difficile de faire la preuve d'un moment précis d'aberration mentale dont serait victime une personne qui, à ce moment aurait été temporairement incapable de distinguer le bien du mal : *Groupe Estrie Richelieu (Le) cie d'assurances* c. *Morneau,* [2004] R.R.A. 84, REJB 2003-50818 (C.S.).

ché sera bien souvent l'illustration même de l'absence de raison et donc de responsabilité.

Il n'y a donc pas d'adéquation juridique entre « avoir la capacité » et « être doué de raison ». Par conséquent, une personne frappée d'une certaine incapacité juridique pourrait néanmoins être considérée comme suffisamment douée de raison et donc tenue civilement responsable du préjudice qu'elle a causé par sa faute. Le meilleur exemple est, bien entendu, celui du mineur. Inversement, une personne juridiquement capable pourrait fort bien être considérée, à un moment précis, comme non douée de raison au sens de l'article 1457, al. 2 C.c.Q. et elle pourrait ainsi échapper à toute responsabilité civile.

**421.–** Puisque l'incapacité ne concerne que les actes juridiques, l'incapable demeure soumis aux obligations imposées par la loi et qui constituent donc des faits juridiques. Ainsi, le parent, qu'il soit majeur ou mineur, est lié par l'obligation alimentaire à l'égard de son enfant. La notion d'incapacité n'a pas sa place en matière d'obligations imposées par la loi[22].

C'est également parce que le domaine des incapacités se limite en principe à celui des actes juridiques que l'incapable peut valablement agir comme gérant d'affaires. En effet, la gestion d'affaires, qui, sous l'ancien droit, était qualifiée de quasi-contrat et que le nouveau Code range sous le chapitre « De certaines autres sources de l'obligation », est « un fait juridique auquel la loi attache des conséquences »[23]. C'est, de la part du gérant, une intervention désintéressée et spontanée dans les affaires d'autrui[24]. Le *Code civil du Bas-Canada* prévoyait expressément que seule la personne capable de contracter pouvait valablement agir comme gérant d'affaires (art. 1041). Cette règle n'a pas été retenue par le *Code civil du Québec* qui ne fait plus de la capacité une exigence en matière de gestion d'affaires (art. 1482). Le droit québécois rejoint ainsi la solution préconisée par la doctrine contemporaine dominante en droit français, selon laquelle la gestion d'affaires est susceptible d'engager pleinement l'incapable[25].

---

22. G. Marty et P. Raynaud, *op. cit.*, note 4, n° 501.
23. M. Tancelin, *Des obligations, contrat et responsabilité*, 4ᵉ éd., Montréal, Wilson & Lafleur, 1988, p. 221.
24. Art. 1482 C.c.Q. : « Il y a gestion d'affaires lorsqu'une personne, le gérant, de façon spontanée et sans y être obligée, entreprend volontairement et opportunément de gérer l'affaire d'une autre personne, le géré, hors la connaissance de celle-ci ou à sa connaissance si elle n'était pas elle-même en mesure de désigner un mandataire ou d'y pourvoir de toute autre manière. »
25. Voir à cet égard G. Goubeaux, *Traité de droit civil, Les personnes*, sous la direction de J. Ghestin, Paris, L.G.D.J., 1989, p. 363.

## Section III
## Les catégories d'incapacités

**422.**– La doctrine classique propose une classification des différentes sortes d'incapacités. Cet exercice, qui pour certains peut paraître un peu théorique, n'est pourtant pas sans intérêt car il aide à cerner les caractéristiques essentielles de l'incapacité et permet donc de mieux comprendre les effets juridiques qu'elle entraîne. La principale distinction, qui retient l'attention de tous les auteurs, est celle qui oppose l'incapacité de jouissance à l'incapacité d'exercice.

### *§1 - Incapacité de jouissance et incapacité d'exercice*

**423.**– La capacité de jouissance est l'aptitude à être titulaire d'un droit, alors que la capacité d'exercice est l'aptitude à utiliser, à mettre en œuvre personnellement ce droit. On peut illustrer cette distinction d'un exemple évident : un enfant qui vient de naître peut être propriétaire d'un immeuble et donc titulaire d'un droit qui lui permet, notamment, de disposer de cet immeuble. Par contre, il ne peut pas vendre lui-même son bien. La vente doit se faire par l'intermédiaire d'un représentant et dans le respect de certaines formalités légales. Jean Carbonnier définit ces concepts de la façon suivante : « l'incapacité de jouissance est l'inaptitude à être sujet de droits et d'obligations, à acquérir des droits et à en jouir, tandis que l'incapacité d'exercice est simplement un droit étant supposé acquis par le sujet, l'inaptitude à le faire valoir par soi-même dans la vie juridique »[26]. L'intérêt premier de cette distinction classique réside dans le régime des sanctions dont nous traiterons plus loin en détail[27].

### *A. L'incapacité de jouissance*

**424.**–*Notion.* L'incapacité de jouissance vise l'absence ou la privation d'un droit. La personne qui en est frappée ne peut exercer ce droit ni par elle-même ni par l'intermédiaire d'une autre personne. C'est le cas de la déchéance de l'autorité parentale : non seulement le parent déchu ne peut plus exercer l'autorité à l'égard de son enfant, mais il est totalement dépouillé de ce droit. Même si les cas d'incapacité de jouissance sont assez rares, on en trouve tout de même des exemples. La notion d'âge apparaît parfois comme un facteur déterminant à cet

---

26. J. Carbonnier, *Droit civil, Les personnes*, 18e éd., Paris, P.U.F., 1992, p. 144.
27. Voir également D. Lluelles et B. Moore, *Le droit des obligations,* Montréal, Éditions Thémis, 2006, p. 459 et s.

égard. Ainsi, en matière d'adoption, l'adoptant qui n'est pas de 18 ans l'aîné de l'enfant n'a pas le droit d'adopter ce dernier (art. 547 C.c.Q.). Par ailleurs, le mineur ne peut faire un testament, si ce n'est pour disposer de biens de peu de valeur[28]. L'incapacité de jouissance apparaît essentiellement comme une interdiction, faite par la loi à des personnes dans une situation définie, de poser certains actes juridiques, de contracter.

**425.–** Il serait d'ailleurs plus exact de parler d'interdiction d'agir plutôt que d'incapacité de jouissance, car cette dernière expression est ambiguë. On peut en effet penser que le mot « jouissance » réfère à « utilisation » et donc à « exercice » d'un droit, ce qui n'est pas le cas. C'est en ce sens que ces termes, selon l'expression de Planiol et Ripert, sont amphibologiques[29]. Plusieurs auteurs ont dénoncé l'écueil de cette terminologie[30].

**426.–** Le *Code civil du Bas-Canada* prévoyait clairement que tout être humain « a pleine jouissance des droits civils, sous réserve des dispositions expresses de la loi »[31]. Le *Code civil du Québec*, qui affirme également la pleine capacité de jouissance des droits, ne mentionne pas, par contre, cette possibilité de réserve par un texte législatif, alors qu'elle existe expressément en ce qui concerne la capacité d'exercice (art. 4, al. 2 C.c.Q.). Est-ce à dire qu'il n'y a plus d'incapacités de jouissance dans le nouveau droit civil ? Certainement pas. Il faut plutôt comprendre cette absence de réserve comme indiquant que toute personne a l'aptitude générale de jouir des droits et que cette aptitude générale ne peut être retirée à une personne. Par contre, le Code civil contient lui-même plusieurs cas d'incapacités de jouissance spécifiques. En voici quelques exemples :

– interdiction pour le mineur de consentir une donation considérable (art. 1813 C.c.Q.) ;

– interdiction pour un patient de consentir une donation ou un legs à un salarié de l'établissement de santé où les soins sont prodigués (art. 1817 C.c.Q.)[32] ;

---

28. Art. 708 C.c.Q.
29. M. Planiol et G. Ripert, *Traité pratique de droit civil français*, t. I, *Les personnes*, 2e éd., R. Savatier, Paris, L.G.D.J., 1952, p. 247.
30. J.É. Billette, « Traité théorique et pratique de droit civil canadien », t. I, *Donations et Testaments*, Montréal, 1933, p. 141 ; J.-L. Baudouin, *Les obligations*, 3e éd., Cowansville, Éditions Yvon Blais, 1989, p. 186 ; en droit français, voir R. Houin, « Les incapacités », (1947) 45 *Rev. trim. dr. civ.* 385.
31. Art. 18 C.c.B.-C.
32. La *Loi sur les services de santé et les services sociaux*, L.R.Q., c. S-4.2 (art. 275 à 277) fait écho à cette interdiction et l'étend aux médecins, dentistes et pharmaciens qui exercent leur profession dans un établissement visé par cette loi.

– impossibilité pour un bénéficiaire de faire un legs en faveur du propriétaire, de l'administrateur ou d'un salarié d'un établissement de santé et de services sociaux ou à un membre de la famille d'accueil (art. 761 C.c.Q.)[33] ;

– interdiction pour le salarié de renoncer à son droit d'obtenir une indemnité pour congédiement abusif (art. 2092 C.c.Q.) ;

– interdiction pour les officiers de justice d'acquérir des droits litigieux (art. 1783 C.c.Q.)[34].

Dans d'autres cas, l'interdiction ne vise pas une catégorie spécifique d'individus, mais elle est générale et elle s'adresse à toutes les personnes. En voici des exemples :

– interdiction de transiger relativement à l'état des personnes (art. 2632 C.c.Q.) ;

– interdiction de soumettre à l'arbitrage un différend en matière familiale (art. 2639 C.c.Q.).

**427.– *Fondement*.** Sous-jacente au principe de l'incapacité de jouissance, se profile la notion de protection. La loi interdit certains actes dans le but de protéger la personne incapable. C'est le cas pour l'interdiction de tester faite au mineur. De toute évidence, le législateur entend par là protéger le mineur contre sa propre inexpérience et contre les influences extérieures indues. L'interdiction d'agir peut aussi viser à protéger la société et l'ordre public, comme c'est le cas

---

L'article 276 vise également les legs. Si ces dispositions sont exceptionnelles et qu'elles ne doivent en principe pas recevoir une interprétation large, il a cependant été décidé qu'il ne faut pas restreindre indûment le mot « époque » parce que cela aurait pour effet de limiter l'interdiction aux seules donations (ou legs) signés à l'hôpital (*Ratté* c. *Lavoie-Savard,* J.E. 97-792, REJB 1997-02961 (C.S.)). Dans *Longtin* c. *Plouffe*, [2001] R.J.Q. 2635, REJB 2001-26927 (C.S.), le tribunal estime que la notion de famille d'accueil au sens du *Code civil du Québec* repose sur « une idée de permanence et de continuité de la situation et de la relation entre la personne hébergée et la personne qui offre l'hébergement ». Pour une interprétation restrictive de la notion de famille d'accueil, voir *Dupaul* c. *Beaulieu*, [2000] R.J.Q. 1186, REJB 2000-18191 (C.S.).

33. Pour une interprétation large de la notion de famille d'accueil dans le cadre de cette disposition, voir *Lafortune* c. *Bourque*, [2000] R.J.Q. 1852, REJB 2000-18711 (C.S.) (comparer avec *Dupaul* c. *Beaulieu*, [2000] R.J.Q. 1186, REJB 2000-18191 (C.S.) et *Blanchette-Miller* c. *Brochu*, J.E. 2000-1791, REJB 2000-20426 (C.S.)).

34. Par « droit litigieux » il faut comprendre un droit qui est incertain, disputé, contesté ou susceptible de donner naissance à une contestation judiciaire (Baudouin, Jobin et Vézina, *op. cit.*, note 17).

pour les interdictions de transiger relativement à l'état ou à la capacité des personnes. C'est également le cas de l'interdiction imposée aux officiers de justice en ce qui a trait à l'acquisition de droits litigieux, l'objectif étant de maintenir la confiance dans les instances judiciaires[35]. Dans d'autres cas, l'interdiction a pour but de protéger une personne contre les agissements d'une autre. Dans ce dernier cas on parlera d'incapacité de défiance ou de suspicion[36]. Ces incapacités frappent les catégories de personnes dont on peut craindre qu'elles nuisent aux intérêts d'autrui ou de la société[37]. Il s'agit, par exemple, de l'interdiction faite au tuteur de se porter acquéreur des biens de son pupille qu'il doit en principe sauvegarder. C'est le cas également de l'interdiction faite aux juges, avocats, notaires et officiers de justice de se porter acquéreurs de droits litigieux (art. 1783 C.c.Q.)[38].

**428.–** Il fut une époque où certaines incapacités constituaient une peine, une sanction pour un comportement répréhensible. C'était le cas pour la mort civile ou la dégradation civique. Celles-ci n'existent plus de nos jours. Pourtant, l'idée d'incapacité-sanction n'est pas totalement absente aujourd'hui puisqu'on la retrouve comme toile de fond dans au moins deux cas. Le premier est celui de la déchéance de l'autorité parentale ou du retrait d'un attribut de l'autorité parentale, qui peut être prononcée « si des motifs graves et l'intérêt de l'enfant justifient une telle mesure » (art. 606 C.c.Q.) et qui emporte aussi, pour l'enfant, dispense de son obligation alimentaire à l'égard du parent déchu. La jurisprudence admet que cette mesure sanctionne le comportement répréhensible, l'indignité du parent[39] et qu'il s'agit donc d'une mesure extrêmement grave[40] et exceptionnelle[41]. L'autre cas sanctionne également un comportement d'indignité : la personne qui est déclarée coupable d'avoir attenté à la vie du défunt est de plein droit indigne de succéder (art. 620 C.c.Q.)[42]. On voit donc, dans un cas comme dans l'autre, que la loi sanctionne un comportement jugé inacceptable, par le retrait d'un droit. Mais dans ces deux cas, l'idée de protection n'est pas totalement absente. En

---

35. Baudouin, Jobin et Vézina, *op. cit., supra*, note 17.
36. J. Carbonnier, *op. cit.*, note 26, p. 145. On peut parler aussi d'incapacité *préventive* : M. Tancelin, *Sources des obligations, L'acte juridique légitime*, Montréal, Wilson & Lafleur, 1993, p. 50.
37. G. Marty et P. Raynaud, *op. cit.*, note 4, n° 497.
38. Sur cette question, voir J. Turgeon, « Interrelations et considérations sur les droits litigieux, les droits successifs et l'officier de justice », (1993) 53 *R. du B.* 81-125.
39. Voir *V.F. c. C.*, [1987] 2 R.C.S. 244, 262 ; M. D.-Castelli et D. Goubau, *Le droit de la famille au Québec*, 5e éd., Québec, Les Presses de l'Université Laval, 2005, p. 358 et s. ; J. Pineau et M. Pratte, *La famille*, Montréal, Éditions Thémis, 2006, p. 866 et s.
40. *Droit de la famille – 1738*, [1995] R.J.Q. 2328 (C.A.).
41. *Droit de la famille – 3726*, [2000] R.D.F. 656, REJB 2000-20984 (C.S.).
42. Cette indignité à succéder vise également le parent qui a été déchu de son autorité parentale.

effet, la déchéance de l'autorité parentale a ultimement pour but de protéger l'enfant et l'indignité à succéder peut être perçue comme une mesure dissuasive et donc de protection à l'égard de la victime éventuelle d'un attentat.

**429.– *Étendue*.** Les exemples d'incapacités de jouissance sont finalement peu nombreux. Et cela est normal car l'incapacité qui frappe ainsi un individu ou une catégorie d'individus, heurte le principe d'égalité civile. De plus, comme cette incapacité équivaut à la privation d'un droit, il en résulte qu'elle est toujours spéciale, c'est-à-dire qu'elle ne vise qu'une activité juridique en particulier. L'incapacité de jouissance générale signifierait l'absence de personnalité juridique et donc la négation du statut de personne. Ce serait la mort civile.

## B. L'incapacité d'exercice

**430.– *Notion*.** L'incapacité d'exercice n'est pas une absence de droit, mais une impossibilité d'utiliser ce droit de façon autonome. Pour reprendre l'expression de Pierre-Basile Mignault :

> L'exercice c'est la faculté de faire les actes, de remplir les formalités et conditions nécessaires pour la mise en œuvre de cette aptitude, pour acquérir les droits civils, les conserver, les faire valoir et en disposer.[43]

**431.–** Tout en étant titulaire d'un droit, réellement ou virtuellement, la personne ne peut en faire usage, ne peut elle-même le mettre en œuvre. La loi met alors en place des mécanismes qui permettent à la personne d'exercer son droit autrement. Ce sont ces incapacités d'exercice et les mécanismes mis en place par la loi pour les pallier qui nous intéressent.

**432.– *Fondement*.** L'incapacité d'exercice n'est jamais une sanction. Au contraire, elle constitue une mesure de protection. Pour reprendre l'expression d'une sociologue du droit, « [l]'incapacité juridique n'est rien d'autre que le droit à une certaine irresponsabilité [...] »[44]. Les incapacités d'exercice sont d'ailleurs instituées dans le but de protéger la personne contre elle-même. Elles viennent pallier une impossibilité ou une difficulté de la personne à exprimer adéquatement sa volonté, soit par le manque d'expérience dû à l'âge (c'est la protection

---

43. P.-B. Mignault, *Le droit civil canadien*, t. I, Montréal, C. Théoret, 1895, p. 132.
44. I. Théry, *Le démariage. Justice et vie privée*, Paris, Les Éditions Odile Jacob, Coll. Opus, 1996, p. 370.

des mineurs) ou par l'altération des facultés mentales ou physiques provoquée, par exemple, par la maladie ou l'affaiblissement dû à l'âge avancé (c'est la protection des majeurs). L'objectif de protection justifie, dès lors, une réduction plus ou moins grande de la liberté d'agir de façon autonome sur le plan du droit.

**433.–** *Étendue.* Comme il s'agit ici de protéger contre elle-même une personne en situation de faiblesse et non pas de priver un individu de ses droits, on comprend que les incapacités d'exercice sont beaucoup plus nombreuses que les incapacités de jouissance. Mais comme pour la capacité de jouissance, la capacité d'exercice constitue la règle et l'incapacité l'exception (art. 4 C.c.Q.). C'est donc par référence à la loi, et seulement à la loi, que l'on peut évaluer l'étendue de cette incapacité. Ainsi, lorsque l'article 8 C.c.Q. édicte qu'une personne ne peut renoncer à l'exercice des droits civils que dans la mesure où le permet l'ordre public, cela signifie que si elle peut renoncer à utiliser effectivement certains droits, il lui est par contre interdit de renoncer à sa capacité d'exercer ses droits. On trouve une application de ce principe dans l'article 2631 C.c.Q., qui interdit de transiger relativement à la capacité des personnes.

**434.–** Comme l'incapacité d'exercice ne prive pas la personne de ses droits, il n'y a pas d'obstacle de principe à ce que cette incapacité soit générale. On peut citer ici l'exemple du majeur placé sous curatelle : il est frappé d'une inaptitude générale à exercer ses droits. Pourtant, il convient d'atténuer quelque peu ce principe, car même dans le cas d'une incapacité générale d'exercice, le législateur laisse une certaine place, aussi minime soit-elle, à l'autonomie de la personne. En matière médicale, par exemple, il est nécessaire d'obtenir le consentement de l'inapte[45] et la loi indique que dans certaines circonstances son refus d'être soigné doit être respecté. Sur le plan des contrats, certains actes faits seul par le majeur sous curatelle demeurent valides tant et aussi longtemps que son représentant n'en aura pas demandé l'annulation. On constate ainsi que la personne frappée d'une incapacité que l'on qualifie de générale, bénéficie malgré tout d'un champ restreint de capacité. En ce sens, on peut dire qu'il n'y a donc pas d'incapacités d'exercice totales.

---

45. Nous avons vu que, dans certaines situations, on peut ultimement se passer de ce consentement. Mais cela n'enlève rien au fait que ce consentement doit, en principe, être obtenu. *Cf. supra*, Les droits de la personnalité, l'intégrité physique.

## §2 - Incapacité naturelle et incapacité juridique

**435.–** L'incapacité juridique vise les cas, prévus par la loi, où la personne fait l'objet d'un régime particulier de protection, que ce soit automatiquement par le fait même de son état (le mineur) ou par décision judiciaire (par exemple, l'ouverture d'une tutelle ou d'une curatelle au majeur). On oppose parfois à cette notion, celle d'incapacité « naturelle » ou « de fait ». Cette distinction relève plus de la confusion terminologique. En effet, l'incapacité naturelle vise les cas d'impossibilité factuelle à donner un consentement, indépendamment de l'ouverture d'un régime de protection[46]. Il s'agit des personnes que l'ancien article 986, al. 4 C.c.B.-C. qualifiait maladroitement d'« aliénées ou souffrant d'une aberration temporaire causée par maladie, accident, ivresse ou autre cause ». Ainsi, une personne sous l'effet momentané de la drogue peut être incapable de donner un consentement valable à un contrat, sans pour autant avoir fait l'objet d'un régime particulier de protection. Cette personne est incapable de fait. Elle ne peut donc pas contracter valablement, ce qui ne veut pas dire qu'elle bénéficie des avantages particuliers rattachés aux régimes de protection des inaptes, en matière d'annulation des actes juridiques par exemple. Les tribunaux ont eu souvent l'occasion de se prononcer sur le degré d'aberration mentale qu'une partie doit atteindre pour qu'un acte soit frappé de nullité[47]. C'est la situation

---

46. « L'expression « incapacité naturelle » nous paraît inappropriée, car il y a absence de consentement et non point « incapacité » au sens juridique du terme » : J. Pineau et D. Burman, *op. cit.*, note 17, p. 129. Dans le même sens, voir Baudouin, Jobin et Vézina, *op. cit.*, note 17, p. 386, qui soulignent qu'il ne faut pas confondre « aptitude à consentir (c'est-à-dire l'habileté de fait à donner un consentement) et aptitude à s'obliger (c'est-à-dire l'habileté conférée par la loi de s'engager volontairement) ».

47. Dans *Thibodeau* c. *Thibodeau*, [1961] R.C.S. 285, 288, le juge Taschereau écrivait à ce sujet : « Si le contractant, ou le testateur, n'a pas la capacité de comprendre la portée de son acte, s'il n'a pas la volonté de l'apprécier, d'y résister ou d'y consentir, si à raison de la faiblesse de son esprit, il ne peut peser la valeur des actes qu'il pose ou les conséquences qu'ils peuvent entraîner, et en un mot il ne possède pas le pouvoir de contrôler son esprit, son acte sera nul faute de consentement valide ». Pour un exemple en matière de donation, la donatrice de 72 ans ayant été dans un état de confusion mentale au moment de la passation de l'acte, voir *Garnett* et *Garnett*, [2004] R.L. 418, EYB 2004-69857 (C.S.). Pour les cas d'application en matière testamentaire (art. 703 et 707 C.c.Q.), voir *Vallée (Succession de)* c. *Vallée-Contant*, J.E. 96-2185, EYB 1996-65563 (C.S.) et *Duhaime* c. *Barrière,* J.E. 96-2186, EYB 1996-65587 (C.A.) ; *Beaulieu (Succession de)*, J.E. 2001-2215, REJB 2001-27363 (C.S.) ; *Bertrand* c. *Opération Enfant soleil inc.*, REJB 2004-55594 (C.A.) ; *Elliott* c. *Elliott*, J.E. 2001-1261, REJB 2001-25030 (C.S.) ; *Lemay* c. *Lemay*, B.E. 2001BE-376 (C.S.) ; *Côté-Lebreux* c. *Coulombe*, J.E. 2000-1883, REJB 2000-20642 (C.S.) ; *Chauvette* c. *Maclure*, B.E. 99BE-1270 (C.S.) ; *Bastings* c. *Bastings-Allard*, J.E. 97-912, REJB 1997-00689 (C.A.) ; *Thibault* c. *Guilbault*, J.E. 99-434, REJB 1999-10511 (C.A.) ; *Tellier (Succession de)*, J.E. 2007-118 (C.S.) ; *Thériault* c. *Dennis et al.*, EYB 2007-120358 (C.S.).

visée par l'article 1398 C.c.Q. qui édicte que « le consentement doit être donné par une personne qui, au temps où elle le manifeste, de façon expresse ou tacite, est apte à s'obliger ». L'aptitude factuelle ou naturelle est présumée et il appartient à celui qui invoque l'inaptitude, d'en faire la preuve[48]. La distinction entre incapacité juridique et incapacité naturelle est particulièrement mise en lumière dans le cas des majeurs sous régime de protection qui sont soumis à des interventions médicales. Nous avons vu, au chapitre du droit à l'intégrité physique, que la mise en place d'un régime de tutelle ou de curatelle ne libère pas le personnel médical de l'obligation de vérifier l'éventuelle inaptitude du patient à consentir. En d'autres mots, l'incapacité juridique qui découle du régime de protection, n'évacue pas la présomption de capacité naturelle lorsqu'il s'agit de soins.

**436.–** La nature de l'incapacité résultant de l'homologation d'un mandat en prévision de l'inaptitude a donné lieu à différents points de vue. La plupart des auteurs s'entendent désormais pour affirmer qu'il s'agit d'une incapacité juridique et que l'homologation du mandat ouvre en quelque sorte un régime qui s'apparente aux régimes de protection classiques sans toutefois en être une simple décalque. Il y a de nombreuses conséquences reliées à ce constat, sur lequel nous nous penchons en détail au chapitre sur le mandat en prévision de l'inaptitude de la personne[49].

**437.–** L'inaptitude de fait vise donc les cas où il n'y a pas de régime de protection mis en place par la loi ou par un tribunal. Pourtant, il faut bien constater que le législateur entretient la confusion en utilisant indifféremment le terme « inaptitude », visant parfois les seuls cas où un régime de protection a été mis en place, et parfois les cas de simple inaptitude factuelle. Ainsi, il est clair que l'article 394.2 du *Code de procédure civile*, qui prévoit la possibilité de désigner un tuteur *ad hoc* au majeur inapte, ne vise que la personne sous régime de protection. Par contre, en matière de consentement aux soins médicaux, lorsque la loi mentionne la constatation de l'inaptitude du majeur (art. 15 C.c.Q.), elle vise les cas d'impossibilité de fait à consentir. Cette impossibilité, nous l'avons vu, doit être constatée par les personnes qui prodiguent les soins. Cet exemple illustre la confusion terminologique et donc la nécessité d'être prudent à la lecture des textes en la matière : le terme inaptitude peut viser un cas de régime de protection, une simple impossibilité d'agir ou encore une interdiction d'agir.

---

48. *Tellier (Succession de)*, J.E. 2007-118, EYB 2006-111053 (C.S.).
49. Voir en particulier *infra*, par. 753 et 754.

## Section IV

### Capacité et pouvoir

**438.–** Il ne faut pas confondre les notions de capacité et de pouvoir[50]. La capacité concerne la jouissance et l'exercice des droits par son titulaire. Elle est liée à la personne elle-même. Par contre, le pouvoir vise la possibilité d'exercer les droits qui appartiennent à une autre personne, de gérer l'intérêt d'autrui[51]. C'est le cas du tuteur qui exerce les droits au nom de son pupille. On dit de lui qu'il exerce un pouvoir. Celui-ci est délimité par la loi. En d'autres mots, le pouvoir est une prérogative juridique conférée à une personne qui, dans l'intérêt d'une autre personne, peut accomplir des actes juridiques dont les effets se produisent dans le patrimoine de cette dernière[52]. On trouve une application fort courante de la notion de pouvoir, dans le cas des dirigeants d'une personne morale. Ceux-ci représentent la personne morale et « l'obligent dans la mesure des pouvoirs que la loi, l'acte constitutif ou les règlements leur confèrent » (art. 312 C.c.Q.). Dans d'autres cas, les pouvoirs sont balisés par un jugement (dans le cas du majeur sous tutelle) ou par un mandat (dans le cas d'un mandat en prévision de l'inaptitude)[53]. Contrairement à la capacité qui est la règle, les pouvoirs sont toujours l'exception et « résultent toujours d'une habilitation quelconque »[54]. Les pouvoirs portent généralement sur les biens[55], mais ils peuvent aussi porter sur la personne d'autrui. L'absence ou la restriction de pouvoirs n'affecte en rien la capacité juridique de la personne. À l'opposé, ce n'est pas parce qu'une personne est elle-même en situation d'incapacité juridique, qu'elle ne peut exercer de pouvoirs à l'égard des biens d'autrui. Ainsi, le mineur pourrait, à titre d'administrateur, avoir des pouvoirs sur les biens du bénéficiaire. La loi prévoit toutefois dans tel cas une possibilité d'atténuation de la responsabilité en tant qu'administrateur[56].

---

50. Pour une étude approfondie du concept de pouvoir juridique, voir M. Cantin Cumyn, « L'administration du bien d'autrui », dans *Traité de droit civil*, Montréal, C.R.D.P.C.Q., Éditions Yvon Blais, 2000, par. 80 et s.

51. G. Marty et P. Raynaud, *op. cit.*, note 4, n° 497.

52. M. Cantin Cumyn, *op. cit.*, note 50, par. 91.

53. Sur la distinction entre la notion de capacité et celle de pouvoir, voir F. Héleine, « La vérification par le professionnel des pouvoirs de passer un acte », (1994) 54 *R. du B.* 95, 115-117.

54. M. Tancelin, *op. cit.*, note 23, p. 52

55. Baudouin, Jobin et Vézina, *op. cit.*, note 17.

56. Art. 1318 C.c.Q. Voir également l'importante restriction de l'article 327 C.c.Q. M. Cantin Cumyn souligne que l'article 1355 C.c.Q. semble exiger la pleine capacité juridique de l'administrateur étant donné que l'ouverture d'un régime de protection met fin à ses fonctions. Cette auteure en conclut logiquement que l'article 1318 C.c.Q. ne peut donc viser que les cas où un mineur (ou un majeur inapte) est administrateur de fait (*op. cit.*, note 50, par. 175).

## Section V
## Les catégories de personnes inaptes

**439.–** La liste des personnes frappées d'une certaine incapacité d'exercice fluctue avec les époques, selon que le législateur estime une catégorie de personnes en situation de faiblesse ou non. Les règles en matière d'incapacité et la liste des personnes visées témoignent d'ailleurs avec éloquence, pour chaque époque, du degré de sollicitude (et parfois de respect) de la société envers certains de ses membres[57]. Elles témoignent aussi du caractère fluctuant de la notion d'égalité des personnes devant le droit. Ainsi, ce n'est qu'en 1964 que la femme mariée acquiert la pleine capacité juridique de principe[58]. Avant cette date, du seul fait de son mariage, la femme passait sous la puissance maritale et devenait une « incapable » au même titre que les aliénés et les personnes souffrant d'une aberration mentale temporaire[59]. On disait de la femme mariée qu'elle était « l'éternelle mineure »[60].

**440.–** L'incapacité de la femme mariée trouvait son fondement principal dans l'obligation d'obéissance à laquelle la femme était tenue envers son mari[61]. Il s'agissait donc surtout de sauvegarder de cette façon l'autorité maritale[62]. Elle trouvait accessoirement son fondement dans la « faiblesse et l'inexpérience naturelles de la femme ». Pierre-Basile Mignault écrivait à ce propos que la femme qui se marie « cherche une protection dans le mariage, un guide dans l'époux qu'elle se donne » et qu'elle « marque par là même qu'elle ne se sent ni assez forte ni assez expérimentée pour se charger seule du maniement de ses affaires. De là l'incapacité qui la protège contre elle-même »[63]...

---

57. L'extension des catégories de personnes incapables peut aussi être considérée comme l'expression de nouveaux rapports entre *pouvoir* et *savoir*. Voir à ce sujet M. Foucauld, *Histoire de la folie à l'âge classique*, Paris, Gallimard, 1972 ; A. Cellard, *Histoire de la folie au Québec de 1600 à 1850*, Montréal, Boréal, 1991.
58. *Loi sur la capacité de la femme mariée*, S.Q. 1964-1965, c. 66. Cette loi abolit l'article 183 du *Code civil du Bas-Canada*, qui déclarait nuls les actes que la femme faisait sans l'autorisation de son mari.
59. Ancien article 177 C.c.B.-C.
60. L. Baudouin, *Le droit civil de la Province de Québec, modèle vivant de droit comparé*, Montréal, Wilson & Lafleur, 1953, p. 266.
61. P.-B. Mignault, *op. cit.*, note 43, p. 503.
62. J.-G. Cardinal, *loc. cit.*, note 11, p. 492.
63. P.-B. Mignault, *op. cit.*, note 43, p. 506.

**441.**– Jusqu'en 1989, le Code civil prévoyait deux grandes catégories de personnes incapables : les mineurs et les interdits[64]. Ces derniers étaient les personnes « dans un état habituel d'imbécillité, démence ou fureur »[65] ainsi que les prodigues[66], les « ivrognes d'habitude »[67] et les narcomanes[68]. S'ajoutait à cela une catégorie de personnes un peu plus autonomes, mais nécessitant tout de même un certain encadrement, que l'on qualifiait de « faibles d'esprit » ou d'individus qui, sans être complètement prodigues, sont néanmoins enclins à la prodigalité[69]. L'âge et la maladie mentale étaient donc les deux raisons principales qui justifiaient la mise en place d'un régime de protection. Depuis la réforme de 1989, les catégories de personnes inaptes, auxquelles nous consacrons les prochains chapitres, sont les suivantes[70] :

– le mineur (émancipé ou non) ;

– le majeur inapte à prendre soin de lui-même ou à administrer ses biens, dont les facultés à exprimer sa volonté sont altérées, que ce soit pour cause physique ou mentale ;

– le prodigue qui met en danger le bien-être de son conjoint ou de ses enfants.

On constate que, sous-jacents à ces catégories, on retrouve les facteurs de l'âge et de l'altération des facultés mentales, étant entendu que cette altération ne doit pas nécessairement être causée par une maladie mentale[71].

## Section VI

### Les mécanismes de protection

**442.**– Pour répondre aux difficultés que pose l'autonomie juridique réduite des catégories de personnes décrites ci-dessus, la loi a mis en place des mécanismes de protection. Il s'agit de la représentation, de

---

64. Mis à part, bien entendu, la catégorie des femmes mariées.
65. Art. 325 C.c.B.-C.
66. Art. 326 C.c.B.-C.
67. Art. 336a C.c.B.-C.
68. Art. 336r C.c.B.-C.
69. Art. 349 C.c.B.-C.
70. C'est-à-dire depuis l'entrée en vigueur, le 15 avril 1990, de la *Loi sur le curateur public, op. cit.*, note 4. Les principes de cette réforme ont été repris dans le *Code civil du Québec*.
71. Voir *infra*, le chapitre sur la protection des majeurs inaptes.

l'assistance, de l'autorisation, de l'avis obligatoire et de l'interdiction pure et simple de certains actes et finalement d'un régime particulier de prescription. Certains de ces procédés sont autonomes, alors que d'autres se combinent avec un mécanisme déjà en place. Ces mesures, qui sont autant d'atteintes au principe de l'autonomie juridique de la personne, ne sont pas toutes aussi radicales. Dans chaque situation, le choix du mécanisme de protection dépend de deux facteurs : la gravité de l'acte (il paraît en effet logique de surveiller de façon plus sévère la vente d'un immeuble, par exemple, que l'achat d'un bien à usage courant et d'une valeur minime) et le degré d'inaptitude (ainsi, la personne atteinte d'un lourd handicap mental nécessite un encadrement plus serré que l'adolescent au seuil de la majorité). Plus l'acte est lourd de conséquences pour la personne, plus les mécanismes de protection seront contraignants. Plus élevé est le degré d'inaptitude, plus complètes seront les mesures de protection.

### §1 - La représentation

**443.–** Il s'agit du mécanisme le plus radical, qui consiste à dessaisir la personne de l'exercice d'un ou de plusieurs droits, selon qu'il s'agit d'une incapacité spéciale ou générale, pour en charger un tiers qui agit alors pour le compte et au nom de la personne protégée. Ce procédé est réservé aux cas les plus « graves », c'est-à-dire lorsque la personne ne peut administrer elle-même ses propres intérêts. Le représentant est, selon le cas, le tuteur (au mineur ou au majeur), le curateur (au majeur) ou le mandataire (en cas de mandat en prévision de l'inaptitude).

### §2 - L'assistance

**444.–** Ce procédé n'enlève pas à la personne le droit d'agir elle-même. Toutefois, elle doit être assistée d'un tiers dont la tâche est de veiller à ses intérêts. L'assistant apparaît donc essentiellement comme un guide ou un conseiller pour les personnes frappées d'une faible incapacité juridique. Sa tâche dépasse toutefois le simple avis, puisqu'il doit participer à l'acte pour le valider. C'est le cas du tuteur au mineur émancipé (art. 173 C.c.Q.) et du conseiller au majeur (art. 291 C.c.Q.). On peut mentionner également le cas de la tutelle au majeur qui juxtapose les deux mécanismes de protection puisque pour certains actes le majeur doit être représenté alors que pour d'autres la simple assistance suffit (art. 288, al. 2 C.c.Q.).

### §3 - L'autorisation

**445.–** Il s'agit d'un moyen de protection préventif, qui en soi n'enlève rien à la capacité de passer un acte, mais qui permet de s'assurer que l'acte projeté n'est pas nuisible à la personne. C'est le cas, par exemple, du mineur qui, pour consentir valablement des conventions matrimoniales dans un contrat de mariage, doit y être expressément autorisé par le tribunal (art. 434 C.c.Q.). L'autorisation n'est pas toujours judiciaire. Elle est parfois requise d'une personne, comme du tuteur ou du titulaire de l'autorité parentale en matière de mariage (art. 373, 1 C.c.Q.)[72], ou du bénéficiaire en matière d'administration du bien d'autrui (art. 1312, al. 2 C.c.Q.). Dans d'autres cas, c'est le conseil de tutelle qui doit autoriser un acte précis[73].

Dans la plupart des cas, l'exigence d'une autorisation se combine avec la mise en place d'un autre mécanisme de protection, la représentation ou l'assistance. Pour les actes considérés comme les plus lourds de conséquences, la loi ne se satisfait pas du bon jugement du tuteur ou du curateur. Elle exige une intervention extérieure préalable, que ce soit du tribunal[74] ou du conseil de tutelle[75]. Quitte à alourdir (à l'excès, diront certains) le processus, le législateur fait donc le choix de multiplier les mécanismes de protection lorsqu'il s'agit d'actes graves.

### §4 - L'avis

**446.–** C'est le mécanisme le moins attentatoire à l'autonomie de la personne protégée. La loi prévoit que, pour certains actes, l'avis du représentant, ou plus souvent du conseil de tutelle, est nécessaire. Ce mécanisme est presque toujours joint à celui de l'autorisation. Ainsi, par exemple, lorsqu'un tribunal est amené à autoriser un mineur à passer un contrat de mariage, le juge doit préalablement prendre l'avis du tuteur (art. 434, al. 2 C.c.Q.). De la même façon, le tribunal prend l'avis du conseil de tutelle avant d'autoriser la vente d'un immeuble d'une valeur excédant 25 000 $ appartenant à un mineur. Cet avis n'a pas de caractère contraignant. Finalement, il n'a pour but que de permettre une décision éclairée dans les cas où une autorisation est nécessaire. C'est en même temps l'expression de la volonté

---

72. *Cf. infra*, la section sur la notion de tutelle *versus* celle de l'autorité parentale.
73. Par exemple pour l'acceptation d'une donation avec charge : art. 211 C.c.Q.
74. Par exemple, dans le cas du mineur, l'aliénation d'un immeuble dont la valeur excède 25 000 $ : art. 213 C.c.Q.
75. *Ibid.*, mais dans le cas où la valeur de l'immeuble n'excède pas 25 000 $.

du législateur d'associer le plus possible les proches de la personne protégée au processus décisionnel, ceux-ci étant généralement une source importante d'information sur la situation particulière de la personne protégée.

### §5 - L'interdiction d'agir

**447.–** À véritablement parler, il ne s'agit pas d'un mécanisme d'encadrement de l'exercice des droits, mais plutôt d'une protection extrême qui consiste, au contraire, à limiter les droits. Dans quelques rares cas, en effet, la loi interdit un acte. Il s'agit, ni plus ni moins, d'une incapacité de jouissance qui vient accompagner une incapacité d'exercice. Parfois c'est la personne protégée qui se voit imposer cette restriction. On pense par exemple à l'interdiction faite au mineur de tester (art. 708 C.c.Q.). Dans d'autres cas, c'est le représentant qui se voit interdire un acte précis, en raison de la situation éventuelle de conflit d'intérêts et donc de la méfiance qu'entretient le législateur à son égard. Ainsi, par exemple, le tuteur ne peut disposer à titre gratuit des biens de son pupille qu'il administre (art. 1315 C.c.Q.). L'interdiction peut parfois être imposée à un tiers dont la mission est également de participer à la protection et au bien-être de la personne. L'article 275 C.c.Q. en fournit un exemple lorsqu'il édicte que les établissements de santé ou de services sociaux doivent, dans la mesure du possible, garder à la disposition du majeur placé au sein de l'établissement, ses souvenirs et autres objets à caractère personnel. À moins d'un motif impérieux, l'établissement ne peut donc priver la personne protégée de tels biens, en raison de leur importance sur le plan émotif. La notion de respect de la vie privée de la personne inapte fonde une telle interdiction d'agir.

### §6 - Un régime de prescription adapté

**448.–** Les personnes inaptes, mineures et majeures, bénéficient d'une protection particulière en matière de prescription puisque celle-ci ne court pas contre eux lorsqu'il s'agit de leurs éventuels recours contre leur représentant (art. 2905 C.c.Q.). On comprend qu'il s'agit d'une mesure élémentaire de sécurité contre les malversations des représentants et que cette mesure est importante puisque, par définition, l'inapte est soumis au pouvoir de son représentant. Cependant, la prescription court contre les inaptes pour ce qui est de leurs recours contre les autres tiers, même en matière de responsabilité civile. Ce principe s'appuie sur le fait que l'inapte est représenté et que, par conséquent, il appartient au représentant d'agir, au nom de son protégé, dans les délais requis. La protection des inaptes se voit donc mitigée par l'impératif de protéger les tiers contre des recours tardifs. Dans les faits, cette règle peut cependant être tempérée par l'application de l'article 2904 C.c.Q. qui édicte que « La prescription ne court pas contre les personnes qui sont dans l'impossibilité en fait d'agir soit par elles-mêmes, soit en se faisant représenter par d'autres ». Il ne suffit pas de démontrer que l'inapte est dans l'impossibilité d'agir, encore faut-il que son représentant, s'il en est pourvu, le soit[76]. Cette disposition joue, dès lors que le représentant est dans l'impossibilité d'agir pour une personne inapte[77]. Cette impossibilité d'agir peut, dans certains cas, résulter du comportement de l'inapte. Ainsi, c'est à bon droit qu'un juge a décidé que le refus d'une jeune fille de 14 ans de poursuivre l'auteur de l'agression sexuelle dont elle a été victime, constitue une impossibilité factuelle de se faire représenter au sens de l'article 2409 C.c.Q.[78]. Cette disposition jouera également lorsque l'inapte n'est pas représenté. On peut penser au mineur dont les parents sont décédés et qu'aucun tuteur ne lui a encore été nommé ou au majeur inapte soumis au régime de la tutelle ou de la curatelle mais qui ne serait plus pourvu de tuteur ou de curateur. Mentionnons, en terminant, que l'article 2905 C.c.Q. ne traite pas des majeurs dont le mandat d'inaptitude a été homologué. Pourtant, pour les raisons exposées dans le chapitre sur le mandat, on peut affirmer que la personne, dès l'homologation, est soumise à une sorte de régime de protection et que, par conséquent, la règle de l'article 2905 C.c.Q. devrait pouvoir lui être appliquée. Il n'y a, en effet, aucune raison pour refuser au mandant inapte cette protection essentielle lorsqu'il s'agit des recours éventuels contre son mandataire.

## Section VII

### La sanction des incapacités

**449.–** Dans cette section, nous abordons succinctement les règles générales relatives au sort réservé aux actes faits par des personnes inaptes. Cette matière relève traditionnellement de la théorie générale des obligations et vise en grande partie la sanction des contrats passés par des inaptes. Quant aux applications particulières à

---

76. *Contra : É.S. c. C.D.*, [2004] R.R.A. 175, REJB 2003-52115 (C.S.) où le tribunal estime que les conditions de l'article 2904 C.c.Q. sont « disjonctives » et qu'il suffit de faire la démonstration de l'impossibilité d'agir de l'inapte (une mineure de 14 ans) pour accepter l'idée que la prescription ne court pas. À notre avis, une telle interprétation neutraliserait l'article 2905 C.c.Q. et signifierait que dans la plupart des cas, la prescription ne court pas contre les personnes inaptes.
77. Voir, par exemple, *C.K. c. D.K.*, J.E. 2003-1388, REJB 2003-43821 (C.S.).
78. *É.S. c. C.D.*, [2004] R.R.A. 175, REJB 2003-52115 (C.S.).

chaque catégorie de personnes inaptes, nous les étudierons plus en détail dans les chapitres consacrés à chacune de ces catégories.

Le but des incapacités étant d'interdire certains actes ou d'en assortir l'exercice de conditions et de formalités, la sanction la plus efficace, en cas de non-respect de ces interdictions ou conditions, est d'annuler purement et simplement les actes contrevenants, de faire comme s'ils n'avaient jamais été passés. Parfois, cette mesure peut être excessive et même contraire aux intérêts de la personne protégée. Dans ces cas, la loi permet de simplement réduire les obligations qui découlent de cet acte, tout en sauvegardant l'acte lui-même. Les sanctions qui frappent les actes des inaptes sont donc la nullité et la réduction des obligations, mesures auxquelles s'ajoute, bien entendu, la possibilité de dommages et intérêts en application du droit commun de la responsabilité civile.

### §1 - La nullité

**450.**– *Les deux sortes de nullité : relative et absolue.* Généralement fidèle à la théorie classique des nullités[79], le Code distingue la nullité absolue et la nullité relative. Lorsque l'incapacité a pour but de protéger l'intérêt général, la sanction est la nullité absolue (art. 1417 C.c.Q.). Si l'incapacité est destinée à protéger des intérêts particuliers, la nullité est, en principe, relative (art. 1419 C.c.Q.). Étant donné que la très grande majorité des incapacités visent à protéger les inaptes contre eux-mêmes et que les mécanismes de protection sont établis avant tout dans l'intérêt des inaptes mineurs (art. 177 C.c.Q.) et majeurs (art. 256 C.c.Q.), on peut dire qu'en règle générale la nullité est relative. On en trouve des exemples clairs aux articles 162 et 163 C.c.Q., qui indiquent sans ambiguïté que l'acte peut être annulé « à la demande du mineur ». Par contre, lorsqu'il s'agit des incapacités de jouissance, on comprend qu'en règle générale la sanction s'avère la nullité absolue puisque le fondement de ces incapacités est bien souvent la protection de l'intérêt général, voire de l'ordre public. Dans certains cas, le législateur mentionne expressément que la sanction est la nullité absolue, comme dans le cas de l'acquisition de droits litigieux par des juges, des avocats, des notaires et des officiers de justice (art. 1783 C.c.Q.). Dans ces cas, à travers une vente en particulier, c'est bien l'intérêt général qui est visé car la société entière a un intérêt dans la préservation de l'intégrité de la justice.

---

79. Nous disons « généralement », car il faut bien constater que le *Code civil du Québec* s'écarte sensiblement de la théorie classique au chapitre des *effets* de la nullité.

Lorsque l'incapacité de jouissance ne vise que la protection d'intérêts particuliers et non de l'intérêt général, la sanction ne peut être la nullité absolue que si la loi le mentionne expressément. On en trouve un exemple à l'article 161 C.c.Q. Cette disposition concerne les actes que le mineur ne peut faire seul, ni même représenté, par exemple, léguer ses biens par testament (art. 708 C.c.Q.). Il s'agit donc des actes qui lui sont interdits, pour sa propre protection. Pourtant la loi prévoit que la nullité est néanmoins absolue. Pour ce scénario, la loi consacre ici la solution de l'ancien système qui prévoyait que les incapacités de jouissance étaient sanctionnées de nullité absolue.

Aujourd'hui, toutes les incapacités de jouissance ne sont pas pour autant nécessairement sanctionnées de nullité absolue. Ainsi, l'incapacité pour le tuteur d'acquérir les biens du mineur ne peut être invoquée par ce tuteur qui voudrait voir annuler la vente (art. 1709 C.c.Q.). Il s'agit donc d'une nullité relative.

Donc, dans certains cas, le législateur indique clairement que la nullité est absolue. Dans d'autres cas, la solution n'est pas évidente à première vue car le texte n'indique pas toujours le type de nullité dont est sanctionné un acte. Il faut alors se demander si l'incapacité a pour but de protéger l'intérêt général ou des intérêts particuliers. En matière d'incapacité cependant, il n'est pas toujours aisé de distinguer entre ces deux finalités. À la limite, on pourrait dire qu'il y va toujours de l'intérêt général à ce que les personnes « fragiles » soient bien protégées...

Il faut donc conclure que les tribunaux ont à se prononcer sur le caractère absolu ou relatif des nullités lorsque la loi est muette sur la question. En matière contractuelle, une présomption vient toutefois à la rescousse des tribunaux dans cette tâche délicate puisque, chaque fois que la loi n'indique pas clairement le caractère de la nullité, le contrat est présumé frappé de nullité relative (art. 1421 C.c.Q.). Dans ce cas, il appartient à celui qui veut invoquer le caractère absolu de la nullité de démontrer qu'en dépit du silence de la loi c'est bien l'intérêt général que l'on entend protéger.

**451.–** *L'utilité de la distinction.* La qualification de la nullité a des conséquences sur la détermination des personnes qui peuvent l'invoquer ou s'en prévaloir, ainsi que sur la possibilité de confirmer l'acte et donc de le rendre définitivement valide. Finalement, la distinction a une incidence sur les délais de prescription de l'action en annulation. Voyons succinctement chacun de ces trois éléments.

**452.–** *Qui peut invoquer la nullité ?* Un acte n'est pas nul de plein droit, que ce soit de nullité relative comme de nullité absolue, mais il est éventuellement annulable, ce qui signifie qu'il faut en faire constater la nullité par un tribunal[80]. Encore faut-il savoir qui peut demander l'annulation. La nullité relative ne peut être invoquée que par la personne que la loi entend protéger ou par son représentant. Elle ne peut jamais jouer contre les intérêts de l'incapable, car elle sanctionne une nullité de protection[81].

**453.–** L'article 1420 C.c.Q. introduit cependant une règle de droit nouveau en permettant au cocontractant d'invoquer la nullité relative d'un contrat « s'il est de bonne foi et en subit un préjudice sérieux ». L'exigence de bonne foi porte sur la cause de l'annulation possible et signifie donc que le cocontractant devait ignorer le statut juridique de l'autre. Il est surprenant que le législateur ait prévu une telle entorse à la règle générale, tellement l'application pratique de ce tempérament paraît devoir rester exceptionnelle. En effet, la rédaction de cette disposition semble bien impliquer que le préjudice subi par le cocontractant doit résulter de l'état d'incapacité de l'autre. On pourrait à la limite imaginer un cas où l'incapacité d'une des parties rend le contrat à ce point fragile en raison des possibilités d'annulation, que l'autre partie en subisse un préjudice[82]. C'est donc bien le risque de voir un jour l'inapte demander l'annulation de l'acte, qui constitue le préjudice que pourrait invoquer éventuellement le cocontractant[83]. Cette exception constitue une entorse de taille à la théorie classique des nullités.

**454.–** De plus, la personne protégée garde l'initiative en la matière. Elle peut choisir de ne pas invoquer la nullité et, dans ce cas, le tribunal ne peut pas l'invoquer d'office (art. 1420 C.c.Q.). La nullité absolue, par contre, peut être invoquée par « toute personne qui y a un intérêt né et actuel », cette expression signifie que l'intérêt doit être pécuniaire. Si les parties ne s'en prévalent pas, le tribunal doit la soulever d'office (art. 1418 C.c.Q.).

**455.–** *La confirmation de l'acte.* Une autre distinction importante réside dans le fait que l'acte frappé de nullité absolue ne peut pas être confirmé (art. 1418, al. 2 C.c.Q.)[84] alors qu'il peut l'être dans le cas de

---

80. S. Gaudet, « Inexistence, nullité et annulabilité du contrat : essai de synthèse », (1995) 40 *R.D. McGill* 291-363.
81. M. Planiol et G. Ripert, *op. cit.*, note 29, n⁰ 248. Sur cette question, voir l'arrêt *Rosconi et Lussier* c. *Dubois et Goulet*, [1951] R.C.S. 554 ; voir aussi les articles 177 et 256 C.c.Q.
82. À ce sujet voir *Aubé* c. *Forget et Lupien*, [1967] C.S. 412.
83. Pour une analyse détaillée de l'article 1420, al. 2 C.c.Q., voir D. Lluelles et B. Moore, *Le droit des obligations,* Montréal, Éditions Thémis, 2006, p. 594 et s.
84. Dans l'ancien droit on parlait aussi de « ratification » : art. 1214 C.c.B.-C.

nullité relative, donc dans la très grande majorité des cas (art. 1420, al. 2 C.c.Q.). Cela signifie qu'une fois disparu le motif de l'incapacité, la personne peut volontairement renoncer à invoquer la nullité[85] et ainsi rendre l'acte inattaquable pour cause d'incapacité. Au moment de la confirmation, il faut que la cause de l'inaptitude ait disparu. On ne peut, en effet, validement confirmer un acte frappé par un empêchement qui dure toujours au moment de la confirmation[86]. Ainsi, un mineur ne peut confirmer un acte annulable que s'il est devenu majeur[87]. Il peut aussi confirmer un acte fait par son tuteur qui n'aurait pas respecté toutes les formalités requises[88]. Dans ce dernier cas, la confirmation ne peut avoir lieu qu'après la reddition de compte de tutelle, afin de permettre au pupille de mieux évaluer l'opportunité de demander éventuellement l'annulation de l'acte irrégulier (art. 166 C.c.Q.).

**456.–** La thèse selon laquelle l'acte du mineur ne peut être confirmé par lui que lorsqu'il est devenu majeur, trouvait assise sur l'article 1008 C.c.B.-C., qui édictait que « nul n'est restituable contre le contrat qu'il a fait durant sa minorité, lorsqu'il l'a ratifié en majorité ». L'article 1235, 2° C.c.B.-C. mentionnait également la ratification par un majeur d'un acte fait sous minorité. Le principe de l'impossibilité pour un incapable de ratifier un acte tant que dure son incapacité a été confirmé par la Cour suprême dans l'affaire *Cossette et al.* c. *Germain et al.*[89]. Aujourd'hui, ces dispositions ne figurent plus dans le Code, mais l'article 166 C.c.Q. prévoit que « le mineur devenu majeur peut confirmer l'acte fait seul en minorité, alors qu'il devait être représenté ». On peut toutefois penser que rien n'empêcherait un mineur de renoncer à invoquer la lésion à l'égard d'un acte qu'il pouvait faire seul. Cette renonciation constituerait alors la confirmation d'un acte qui, autrement, pourrait être attaqué pour cause de lésion.

**457.–** *La prescription.* Dans l'ancien droit, l'action en nullité relative se prescrivait par dix ans, alors que l'action en nullité absolue était

---

85. Cette volonté peut être expresse ou tacite, mais elle doit toujours être certaine et évidente : art. 1423 C.c.Q.
86. Par conséquent, le jugement qui autorise pendant la minorité la confirmation d'actes annulables est vicié. En ce sens, *Cossette et al.* c. *Germain et al.*, [1982] 1 R.C.S. 751 et les commentaires de cette affaire par J.-L. Baudouin, « Chronique de droit civil québécois : session 1981-82 », (1983) 5 *S.C.L.R.* 209-214.
87. J. Pineau, D. Burman et S. Gaudet, *Théorie des obligations*, 4e éd., Montréal, Éditions Thémis, 2001, p. 356.
88. Par exemple, le fait de ne pas avoir demandé l'autorisation du conseil de tutelle lorsque requis.
89. *Cossette et al.* c. *Germain et al.*, précité, note 86, p. 751. Voir les commentaires de J.-L. Baudouin, *loc. cit.*, note 86, p. 213-214 et de Y. Desjardins, « L'affaire Germain et ses conséquences pour l'examinateur de titre », (1982-1983) 85 *R. du N.* 67.

soumise à une prescription de 30 ans[90]. Le législateur voyait dans ces délais très longs un mécanisme supplémentaire de protection, au risque toutefois de porter atteinte aux principes de la stabilité de l'ordre contractuel et celui de la sécurité juridique. Le nouveau droit innove sensiblement en la matière en mettant en œuvre deux principes importants : l'uniformisation et la réduction spectaculaire des délais[91]. Désormais, lorsque la loi ne fixe pas de délai précis, la prescription est de dix ans, indépendamment du caractère absolu ou relatif de la nullité que l'on entend invoquer. Si le délai « résiduaire » est de dix ans, en pratique le délai est encore plus court dans la très grande majorité des cas puisque, de façon générale, l'action qui tend à faire valoir un droit personnel se prescrit par trois ans (art. 2925 C.c.Q.). Le délai de trois ans, qui peut sembler bien court, apparaît donc *de facto* comme le délai de prescription le plus courant. La règle est d'autant plus sévère que, contrairement à ce qui existait dans l'ancien droit[92], les délais courent également, dans tous les cas, contre les inaptes. La sécurité juridique est sans doute à ce prix. Il faut cependant remarquer que le représentant de l'inapte peut être poursuivi pour ne pas avoir agi et que vis-à-vis de ce dernier la prescription est suspendue tant que dure l'incapacité (art. 2905 C.c.Q.).

La sévérité d'un délai aussi bref, même pour invoquer la nullité absolue, est toutefois tempérée de deux façons. Premièrement, le délai de prescription ne court qu'à partir du moment où la personne qui l'invoque a connaissance de la cause de nullité (art. 2927 C.c.Q.)[93]. Deuxièmement, l'exception est imprescriptible, ce qui signifie qu'une partie peut toujours invoquer la nullité de l'acte comme moyen de défense pour repousser une action (art. 2882 C.c.Q.). Ainsi, par exemple, si un mineur passe un contrat dont la sanction est la nullité, alors que dans les faits ce contrat n'est jamais exécuté, le cocontractant ne peut pas en forcer l'exécution, même après trois ans, car le mineur peut toujours, en défense, invoquer efficacement la nullité de ce contrat.

**458.**–*La restitution.* L'effet principal de l'annulation d'un acte est que celui-ci est réputé n'avoir jamais existé. Par conséquent, les presta-

---

90.  Art. 2242 et 2258 C.c.B.-C.
91.  M. Cantin Cumyn, « Les principaux éléments de la révision des règles de la prescription », (1989) 30 *C. de D.* 611-625.
92.  Art. 2232, 2258 et 2269 C.c.B.-C.
93.  Ainsi, par exemple, celui qui peut justifier d'un intérêt pour faire annuler une vente portant sur des droits litigieux dispose d'un délai de trois ans à partir du moment où il apprend que l'acquéreur est un juge, un avocat, un notaire ou un officier de justice (art. 1783 C.c.Q.).

tions reçues doivent en principe être restituées (art. 1422 C.c.Q.). Cette restitution doit se faire dans les circonstances et selon les modalités prévues aux articles 1699-1707 C.c.Q. Une règle dérogatoire concerne ici les personnes inaptes : elles ne doivent restituer les prestations « que jusqu'à concurrence de l'enrichissement qu'elles en conservent » (art. 1706 C.c.Q.). Pour rendre cette protection encore plus efficace, la loi met le fardeau de la preuve de l'enrichissement sur les épaules de celui qui exige la restitution. Si par contre la restitution est devenue impossible par leur faute intentionnelle, les personnes protégées peuvent être tenues à la restitution intégrale des prestations. Il faut noter également que les règles particulières en matière de restitution ne s'appliquent qu'aux actes des personnes protégées. Selon une jurisprudence déjà ancienne de la Cour suprême, cela exclut donc les actes antérieurs au régime de protection et dont on aurait obtenu l'annulation[94]. L'actuelle rédaction des dispositions 284 et 290 C.c.Q. devrait cependant permettre de soutenir que les majeurs sous curatelle ou sous tutelle peuvent être considérés comme des personnes protégées rétroactivement et que l'article 1706 C.c.Q. devrait donc pouvoir leur être applicable. Une interprétation différente priverait ces dispositions de leur plein effet protecteur.

### §2 - La réduction des obligations

**459.–** L'annulation implique en principe la restitution des obligations. Par conséquent, elle n'est pas toujours avantageuse pour la personne protégée qui peut avoir intérêt à garder le bénéfice d'une transaction. Aussi, la loi lui permet, dans certains cas, de demander plutôt une simple réduction de ses obligations tout en maintenant l'acte lui-même. Ce serait le cas du mineur qui, tout en voulant garder l'automobile qu'il a achetée, demande une diminution du prix d'achat. La personne protégée a donc, dans les cas prévus par la loi, le choix entre l'action en annulation et celle en réduction des obligations[95]. En cas de lésion, le tribunal pourrait, sur proposition du défendeur, refuser une demande d'annulation et lui préférer une réduction des obligations (art. 1408 C.c.Q.). Il convient donc maintenant de s'arrêter sur la notion de lésion.

---

94. *Rosconi et Lussier* c. *Dubois et Goulet*, [1951] R.C.S. 554.
95. C'est le cas des articles 163, 173 et 174 et 1407 C.c.Q. La réduction des obligations apparaît donc comme un substitut des dommages-intérêts qui peuvent accompagner la demande d'annulation (en ce sens, M. Tancelin, *op. cit.*, note 36, p. 138).

## §3 - La lésion

**460.** – *La preuve d'un préjudice*. Parfois il est insuffisant de démontrer que la personne était inapte, pour obtenir l'annulation de l'acte ou la réduction des obligations qui en découlent. La loi exige, dans certaines situations, que l'inapte fasse également la démonstration que l'acte attaqué lui a causé un préjudice. Ainsi, l'acte fait seul par un mineur ne peut être annulé que si le mineur a subi un préjudice (art. 163 C.c.Q.)[96]. En posant cette exigence supplémentaire, le législateur établit un équilibre entre l'objectif de protection de l'inapte et l'objectif de stabilité des contrats. Il semble en effet normal de ne pas permettre la remise en cause de contrats qui, même s'ils ne sont pas réellement profitables, n'ont au moins pas fait subir de préjudice réel à la personne protégée.

**461.** – *Définition*. Lorsque la loi édicte qu'il est nécessaire ou qu'il n'est pas nécessaire de démontrer que l'inapte a subi un préjudice[97], elle vise en fait la notion de lésion dont la définition est donnée dans le Livre cinquième sur les obligations. L'article 1406, al. 1 C.c.Q. édicte qu'il y a lésion lorsqu'une des parties exploite l'autre et qu'il en résulte une disproportion importante entre les prestations réciproques. En d'autres mots, c'est la constatation que le contrat est injuste pour une des parties[98]. Ce pourrait être le cas d'une personne qui se départit d'un tableau de grand maître pour un montant dérisoire. La loi ajoute que la constatation de pareille disproportion fait présumer l'exploitation. Il s'agit ici d'une conception objective de la lésion qui consiste à comparer les prestations des parties. On peut donc affirmer, dans un premier temps, que la notion de préjudice englobe notamment celle de lésion objective[99].

**462.** – En ce qui concerne les mineurs et les majeurs protégés, le législateur apporte une protection supplémentaire en édictant que, dans leur cas, il peut y avoir lésion si l'acte entraîne une « obligation estimée excessive eu égard à la situation patrimoniale de la personne, aux avantages qu'elle retire du contrat et à l'ensemble des circonstances »[100]. Il s'agit ici d'une conception subjective de la notion de

---

96. On trouve d'autres exemples d'exigence de préjudice notamment en ce qui concerne les mineurs émancipés (art. 173 C.c.Q.) et les majeurs pourvus d'un conseiller (art. 294 C.c.Q.).
97. Par exemple à l'article 283 C.c.Q. en ce qui concerne le majeur sous curatelle.
98. J. Pineau et D. Burman, *op. cit.*, note 17, p. 119.
99. En ce sens, D. Lluelles et B. Moore, *Le droit des obligations*, Montréal, Éditions Thémis, 2006, p. 462.
100. Art. 1406, al. 2 C.c.Q. Pour une étude approfondie de la notion de lésion dans le *Code civil du Québec*, voir en particulier M. Tancelin, *op. cit.*, note 23, p. 87 à 94.

lésion. Cela signifie que, même en présence d'un contrat dont les prestations sont objectivement équilibrées, la nullité ou la réduction des obligations reste possible. Ce serait le cas d'un contrat de prêt assorti d'un taux d'intérêt raisonnable, mais portant sur un montant dont la personne protégée n'a pas besoin en réalité[101]. Cette disposition ne fait que consacrer, en l'étendant aux majeurs inaptes, la jurisprudence ancienne concernant la lésion dont sont victimes des mineurs[102].

La personne protégée a donc le choix de démontrer soit la disproportion objective des prestations[103], soit le caractère excessif de son obligation eu égard à sa situation particulière. La jurisprudence en fournit plusieurs exemples dans des affaires d'achat d'automobile par des mineurs. La lésion subjective dépend donc de la situation de fait et cela peut aller très loin. Ainsi, il a déjà été jugé que la lésion peut notamment résulter du fait que le mineur dispose de revenus insuffisants pour se permettre un tel achat[104], qu'il n'a pas vraiment besoin de l'objet acheté[105] ou qu'il occupe un emploi instable et que le contrat est pour lui source d'ennuis, d'embarras et de soucis[106]. La prise en considération de la lésion apparaît donc comme une mesure d'équité à l'égard de la partie la plus faible[107].

**463.–** On peut regretter l'utilisation par le législateur d'une double terminologie (préjudice et lésion) car elle porte à confusion[108]. En effet, la notion de lésion étant définie clairement à l'article 1406 C.c.Q., certains seront peut-être tentés de donner au terme « préjudice » un contenu plus large encore pour y inclure le moindre petit inconvénient découlant du contrat, indépendamment de toute idée d'exploitation et sans tenir compte de la situation particulière dans laquelle se trouve la personne protégée. S'il est vrai qu'au Livre des personnes le législateur utilise le mot préjudice alors qu'au Livre des obligations il ne retient que celui de lésion, cette distinction formelle nous paraît sans conséquences réelles et semble plutôt une simple maladresse. Il y a pour cela deux raisons. D'abord, il faut remarquer que l'article 1406, al. 2 C.c.Q.

---

101. C. Roch, « La tutelle », dans *Répertoire de droit, procédures non contentieuses*, novembre 1982, p. 28.
102. Pour l'état du droit avant le *Code civil du Québec*, voir en particulier Baudouin, Jobin et Vézina, *op. cit.*, note 17, p. 316 et s.
103. Voir, par exemple, *Aubin c. Marceau*, [1932] C.S. 408 ; *Drouin c. Lepage*, [1980] C.P. 146.
104. *Lepage Automobile Limitée c. Couturier*, [1956] C.S. 80.
105. *Ibid.* ; *Laflamme c. St-Pierre*, [1981] C.P. 340.
106. *Marcel Grenier Automobile Ltée c. Thauvette*, [1969] C.S. 159.
107. Baudouin, Jobin et Vézina, *op. cit.*, note 17, p. 320.
108. En ce sens D. Lluelles et B. Moore, *Le droit des obligations*, Montréal, Éditions Thémis, 2006, p. 460-462.

définit de façon très large la notion de lésion en visant précisément les personnes incapables. On voit mal l'utilité de pareille définition si, de toute façon, on peut se contenter du terme « préjudice » qui serait encore plus large. La différence entre lésion subjective et préjudice apparaît impossible à établir. Les auteurs Pineau, Burman et Gaudet sont également d'avis que ces termes visent la même chose[109]. On peut ajouter que la jurisprudence sous l'ancien code utilisait indifféremment les termes préjudice et lésion lorsqu'il s'agissait d'annuler des actes faits par des mineurs[110].

## Section VIII
## La vérification de la capacité

**464.–** Si un mineur déclare être majeur, cette simple déclaration ne le prive pas de son droit d'obtenir éventuellement l'annulation de l'acte ou du moins la réduction de ses obligations[111]. Cette règle est exorbitante du droit commun puisqu'elle revient à exonérer le mineur des conséquences de sa propre malveillance et à nier à son cocontractant la possibilité d'invoquer le dol du mineur comme vice de consentement[112]. Si, par contre, il ne s'agit plus seulement d'une simple déclaration, mais également d'autres manœuvres comme la falsification d'un acte de naissance, le mineur pourrait perdre son droit d'action[113]. De la même façon, le majeur protégé ne perd évidemment pas sa protection du seul fait qu'il aurait lui-même déclaré être apte. Ce serait enlever toute signification et toute utilité aux mécanismes de protection mis en place par la loi. Il appartient donc au cocontractant d'être vigilant et de vérifier l'âge ou l'aptitude de la personne avec qui il veut traiter[114].

**465.–** Certaines catégories de personnes se voient dans l'obligation de vérifier la capacité des parties contractantes. Ainsi, l'obligation générale de diligence du notaire lui impose de contrôler le statut juridique

---

109. J. Pineau, D. Burman et S. Gaudet, *op. cit.*, note 87, p. 221.

110. On peut citer par exemple l'affaire *Marcel Grenier Automobile Ltée* c. *Thauvette*, où le juge Chevalier écrit que « certaines clauses qui, de leur nature et compte tenu de la valeur intrinsèque de la chose qui fait l'objet de l'entente, constituent en elles-mêmes un fardeau additionnel pour le mineur qui équivaut *per se* à un préjudice, donc à une lésion contre lui », précité, note 106.

111. Art. 165 C.c.Q. Selon les Commentaires officiels (ci-après *Comm.*), cette règle viserait toutes les formes de déclarations, écrites ou verbales (*Comm.*, t. I, p. 99).

112. Baudouin, Jobin et Vézina, *op. cit.*, note 17, par. 348.

113. En ce sens *Charbonneau Auto Ltée* c. *Therrien*, [1967] R.L. 251.

114. Comme le souligne M. Tancelin, « Les commerçants auront à se soucier du statut juridique du cocontractant », *op. cit.*, note 23, p. 39, n° 60.

des parties à un acte authentique[115], au risque d'engager sa responsabilité professionnelle[116].

Le *Code civil du Québec* impose dans certains cas la vérification de la capacité des parties. Avant le nouveau Code, cette exigence était jurisprudentielle. Ainsi, le notaire qui reçoit un acte visant l'inscription ou la suppression d'un droit sur le registre foncier doit attester qu'il a vérifié, notamment, la capacité des parties[117]. Cette attestation ne constitue cependant qu'une simple énonciation factuelle à l'acte authentique et peut donc être contredite sans devoir recourir à l'inscription de faux[118]. En somme, le notaire n'atteste pas de la capacité mais atteste plutôt des vérifications qu'il en a faites. La capacité des parties n'est donc pas en soi un fait que le notaire a pour mission de vérifier (à moins, bien entendu, que le notaire agisse dans le cadre de ses fonctions en matière d'homologation d'un mandat en prévision de l'inaptitude ou de l'ouverture d'un régime de protection[119]). Il en irait autrement si le notaire atteste qu'il a vérifié la capacité de la personne alors que les faits démontrent que cette vérification n'a pas été

---

115. J.S. Mackay, « La garantie apportée par l'intervention du notaire dans les phases préliminaires à la conclusion de la vente » dans *Rapports canadiens, Québec*, Actes du XIXe Congrès de l'Union internationale du notariat latin, Chambre des notaires du Québec, 1989, p. 53 ; M. Légaré, « L'obligation de vérifier la capacité des parties », (1977-1978) 80 *R. du N.* 161. Cet auteur va même jusqu'à suggérer que le notaire qui entretiendrait des doutes sur la capacité intellectuelle d'une partie, devrait obtenir une attestation médicale d'où ressort l'aptitude de la personne à comprendre et vouloir ce qu'elle a signé (p. 163).

116. Voir par exemple l'affaire *Lamoureux* c. *Gagnon*, (1924-25) *R. du N.* 187, dans laquelle on reprochait à un notaire de ne pas avoir vérifié le statut de femme mariée d'une des parties au contrat.

117. Art. 2988 C.c.Q. Quant à la *Loi sur le notariat*, L.R.Q., c. N-3, elle édicte expressément que « le notaire doit, par tout moyen raisonnable, vérifier l'identité, la qualité et la capacité des parties à un acte notarié dont il reçoit la signature » (art. 43). Une obligation similaire de vérification de la capacité est désormais imposée à l'arpenteur-géomètre en ce qui concerne les parties à un procès-verbal de bornage (art. 2989 C.c.Q.) et aux officiers de justice, syndics de faillite, secrétaires ou greffiers municipaux et officiers ministériels en ce qui concerne les personnes visées par les actes dressés par eux et soumis à la publicité foncière (art. 2990 et 2994 C.c.Q.). Il en va de même de l'avocat ou du notaire qui atteste une réquisition d'inscription sur le registre foncier (art. 3009 C.c.Q.) ; voir F. Héleine, « La vérification par le professionnel des pouvoirs de passer un acte », (1994) 54 *R. du B.* 95.

118. *Municipalité de Ste-Ursule* c. *Ville de Louiseville*, [1995] R.J.Q. 762, EYB 1995-28989 (C.A.) ; *Entreprises Elio Di Giovanni* c. *Peluso*, B.E. 2000BE-821 (C.S.). Cette jurisprudence va dans le sens de la jurisprudence sous le *Code civil du Bas-Canada : Périard* c. *Paiement*, [1979] C.A. 213.

119. *J.M.* c. *C.M.*, B.E. 2001BE-54 (C.S.). *Cf. infra*, le chapitre sur la protection des majeurs inaptes.

faite. Dans un tel cas, l'inscription de faux est la procédure adéquate[120].

**466.–** Quelle est l'étendue de cette obligation de vérifier la capacité des parties ? Faut-il conclure que l'obligation implique aussi bien la vérification de la capacité ou de l'incapacité juridique que l'éventuelle incapacité de fait ? Toutes les dispositions qui prévoient cette obligation utilisent le terme « capacité ». On peut donc penser que le législateur ne vise pas ici l'aptitude à consentir, au sens de l'article 1398 C.c.Q. mais bien la capacité au sens de l'article 1409 C.c.Q. Cela n'enlève rien au fait que la personne à qui incombe l'obligation de vérifier la capacité des parties doit également tenir compte de l'aptitude factuelle à consentir (par exemple en refusant de traiter avec une partie qui est sous l'effet de l'alcool) et ce, en vertu de son obligation générale de diligence professionnelle. Par conséquent, l'obligation prévue désormais par le Code impliquerait la vérification de l'âge des parties ainsi que la vérification que les parties ne font pas l'objet d'un régime de protection. L'obligation implique-t-elle de vérifier l'éventuelle homologation d'un mandat en cas d'inaptitude ? Nous estimons qu'il faut répondre par l'affirmative car, comme nous l'avons vu plus haut, on peut soutenir qu'avec l'homologation du mandat un véritable régime de protection est mis en place. L'homologation affecte la capacité de la personne et permet même l'annulation éventuelle d'actes antérieurs (art. 2170 C.c.Q.). D'où l'importance de vérifier s'il y a un mandat en cas d'inaptitude. On voit mal, dès lors, pourquoi l'obligation de vérifier la capacité des parties n'inclurait pas celle de vérifier l'existence éventuelle d'un mandat homologué par le tribunal. Dans le cas contraire, cette obligation légale de vérification de la capacité des parties manquerait en bonne partie ses objectifs, plus encore dans un contexte de popularité croissante des mandats en cas d'inaptitude. On peut noter, à cet égard, que ces opérations de vérifications sont désormais facilitées par la création du registre des mandats en prévision de l'inaptitude, qui est un des registres des actes notariés tenus par l'ordre des notaires et dont un des objectifs est précisément de faciliter la recherche et la consultation de renseignements relatifs à des mandats en prévision de l'inaptitude[121].

### Pour aller plus loin

**467.–** Sur la question de l'incapacité de la femme mariée, voir J.-L. Baudouin, « Examen critique de la réforme sur la capacité de la femme mariée québécoise », (1965) 43 *R. du B. can.* 393 ; G. Brière, « La réforme de la capacité de la femme mariée dans la Province de Québec », (1966) 18 *R.I.D.C.* 83 ; J.-M. Brisson et N. Kasirer, « La femme mariée et le *Code civil du Bas-Canada* : une commune émancipation ? », dans *Droit québécois et droit fran-*

---

120.   *Martin* c. *Denis*, [2001] R.J.Q. 2263, REJB 2001-25765 (C.S.).
121.   *Loi sur le notariat*, L.R.Q., c. N-3, art. 93.

*çais : communauté, autonomie, concordance*, sous la direction de H.P. Glenn, Cowansville, Éditions Yvon Blais, 1993, p. 221 ; M. Ouellette, « Condition juridique de la femme mariée en droit québécois », (1970) 5 *R.J.T.* 105 ; G. Trudel, « Capacité de la femme mariée : 1923-1947 », (1948) 26 *R. du B. can.* 147.

**468.**– Pour une approche féministe de la question de l'incapacité de la femme mariée, on consultera M. Lavigne, « Lobby des femmes et promotion des droits », dans H. Dumont, dir., *Femmes et droit, 50 ans de vie commune... et tout un avenir, Les journées Maximilien-Caron 1991*, Montréal, Éditions Thémis, 1993, p. 15 ; Le collectif Clio, *L'histoire des femmes au Québec depuis quatre siècles*, 2ᵉ éd., Montréal, Le Jour, 1992, p. 527 et s. ; F.S. Freedman, « The Judicial Capacity of the Married Woman in Québec : In Relation to Partnership of Acquests and Recent Amendments to the Civil Code », (1975) 21 *McGill L.J.* 518-555.

## BIBLIOGRAPHIE SÉLECTIVE

BAUDOUIN, J.-L., « Chronique de droit civil québécois : session 1981-82 », (1983) 5 *S.C.L.R.* 209.

BAUDOUIN, L., *Le droit civil de la Province de Québec, modèle vivant de droit comparé*, Montréal, Wilson & Lafleur, 1953.

CANTIN CUMYN, M., « Les principaux éléments de la révision des règles de la prescription », (1989) 30 *C. de D.* 611.

CANTIN CUMYN, M., *L'administration du bien d'autrui*, dans *Traité de droit civil*, Montréal, C.R.D.P.C.Q., Éditions Yvon Blais, 2000.

CARDINAL, J.-G., « L'incapacité », (1957) 59 *R. du N.* 489.

CELLARD, A., *Histoire de la folie au Québec de 1600 à 1850*, Montréal, Boréal, 1991.

DESJARDINS, Y., « L'affaire Germain et ses conséquences pour l'examinateur de titre », (1982-1983) 85 *R. du N.* 67.

FOUCAULD, M., *Histoire de la folie à l'âge classique*, Paris, Gallimard, 1972.

GAUDET, S., « Inexistence, nullité et annulabilité du contrat : essai de synthèse », (1995) 40 *R.D. McGill* 291-363.

HÉLEINE, F., « La vérification par le professionnel des pouvoirs de passer un acte », (1994) 54 *R. du B.* 95.

HOUIN, R., « Les incapacités », (1947) 45 *Rev. trim. dr. civ.* 385.

LÉGARÉ, M., « L'obligation de vérifier la capacité des parties », (1977-1978) 80 *R. du N.* 161.

MACKAY, J.S., « La garantie apportée par l'intervention du notaire dans les phases préliminaires à la conclusion de la vente », dans *Rapports canadiens, Québec*, Actes du XIXe Congrès de l'Union internationale du notariat latin, Chambre des notaires du Québec, 1989, p. 53.

PINEAU, J., D. BURMAN et S. GAUDET, *Théorie des obligations*, 4e éd., Montréal, Éditions Thémis, 2001.

ROCH, C., « La tutelle », dans *Répertoire de droit, procédures non contentieuses*, novembre 1982, p. 28.

# TITRE I
# LES MINEURS

**469.–** Les mineurs bénéficient d'un statut juridique particulier comportant des règles complexes et nombreuses. Depuis quelques années se développe un droit des jeunes ou droit de l'enfance, qui fait désormais partie du programme d'enseignement dans plusieurs facultés de droit et qui constitue un champ de pratique spécialisé[1]. Ce droit touche à des secteurs aussi variés que le droit civil, le droit social, le droit criminel, le droit administratif, le droit de l'éducation, le droit constitutionnel et international. Il couvre notamment la protection de la jeunesse et la délinquance juvénile. Autant de domaines qui n'entrent pas dans notre présent champ d'étude. Nous ne nous intéressons ici qu'au statut civil du mineur et plus particulièrement aux questions de capacité et de tutelle.

---

1. Ainsi par exemple, dans les plus importants centres urbains, l'Aide juridique du Québec dispose de sections jeunesse qui regroupent les avocats spécialisés en droit de la jeunesse (Commission des services juridiques, 34 Rapport annuel, 31 mars 2006, Montréal, 2001, disponible sur le site de la Commission (http://www.csj.qc.ca/francais/commission/Rapports_Annuels/Rapport_annuel_2006.PDF)).

# CHAPITRE I

# LA PROTECTION CIVILE DES MINEURS

## Section I
## L'âge de la majorité

**470.**– Les personnes deviennent pleinement capables d'exercer tous leurs droits civils lorsqu'elles deviennent majeures. La loi fixe l'âge de la majorité à 18 ans (art. 153 C.c.Q.)[2]. Cette ligne de démarcation entre minorité et majorité implique que, du jour au lendemain, le mineur perd le bénéfice des mécanismes de protection de la loi[3]. Comme toute limite d'âge, celle-ci est arbitraire. Le législateur estime que l'on devient adulte à 18 ans. C'est aussi l'âge auquel l'enfant « échappe » à l'autorité de ses parents (art. 598 C.c.Q.)[4]. Il y a donc une présomption absolue de maturité dès cet instant... Pourtant, comme le soulignait Louis-Philippe Pigeon, « personne ne peut mesurer avec précision la différence de maturité intellectuelle qui se produit au jour le jour chez le citoyen qui approche l'âge de la majorité »[5]. La sécurité juridique et le principe de non-discrimination exigent évidemment que cette limite d'âge soit la même pour tout le

---

2. *Droit de la famille – 3370*, [1999] R.D.F. 551, REJB 1999-13531 (C.S.).
3. L'âge de la minorité constitue juridiquement un « avantage » puisqu'il implique normalement une protection accrue. Mais l'âge peut aussi devenir source de discrimination au sens de l'article 15 de la *Charte canadienne des droits et libertés*, L.R.C. (1985), App. II, n° 44 et de l'article 10 de la *Charte des droits et libertés de la personne*, L.R.Q., c. C-12 ; *Commission des droits de la personne c. Bizouarn*, J.E. 96-144 (T.D.P.Q.) (accès à un restaurant interdit aux enfants de moins de quatre ans jugé discriminatoire) ; *Commission des droits de la personne et des droits de la jeunesse c. Charos*, J.E. 97-786 (T.D.P.Q.) (âge d'accès à un bar fixé à 21 ans jugé discriminatoire).
4. M. D.-Castelli et D. Goubau, *Le droit de la famille au Québec*, 5e éd.,Québec, Les Presses de l'Université Laval, 2005, p. 301 et s.
5. L.P. Pigeon, *Rédaction et interprétation des lois*, 3e éd., Québec, Les Publications du Québec, 1986, p. 15.

monde. L'âge de la majorité civile correspond également à la limite d'âge fixée pour l'application des législations en matière de protection de la jeunesse[6] et de délinquance juvénile[7].

**471.**– *L'âge de la majorité varie avec les époques et d'un pays à l'autre.* Au Québec, cette limite a déjà été fixée à 25 ans, puis à 21 ans en 1782[8]. Ce n'est qu'en 1971 que la majorité civile fut abaissée à 18 ans[9]. Le Québec participait ainsi à un mouvement observé dans plusieurs provinces canadiennes et dans de nombreux pays européens au début des années 1970 où un consensus se généralisa pour fixer l'âge de la majorité à 18 ans[10]. À l'heure actuelle, on peut dire qu'il y a un consensus international pour considérer comme enfant toute personne de moins de 18 ans. C'est d'ailleurs le principe retenu par la *Convention relative aux droits de l'enfant*, adoptée par l'Assemblée générale des Nations Unies le 20 novembre 1989 et ratifiée par le Canada le 13 décembre 1991[11]. La législation canadienne sur le divorce reconnaît égale-

---

6.    La *Loi sur la protection de la jeunesse*, L.R.Q., c. P-34.1, définit un enfant comme « une personne âgée de moins de dix-huit ans » (art. 1c)).

7.    *Loi sur le système de justice pénale pour les adolescents*, L.C. 2002, c. 1, art. 2(1) : « *adolescent* : Toute personne qui, étant âgée d'au moins douze ans, n'a pas atteint l'âge de dix-huit ans ou qui, en l'absence de preuve contraire, paraît avoir un âge compris entre ces limites. Y est assimilée, pour les besoins du contexte, toute personne qui, sous le régime de la présente loi, est soit accusée d'avoir commis une infraction durant son adolescence, soit déclarée coupable d'une infraction. » Il faut souligner que dans certains cas, un adolescent de moins de 18 ans peut perdre le bénéfice de cette loi puisque la Chambre de la jeunesse de la Cour du Québec pourra, dans certaines circonstances, exercer la compétence d'un tribunal pour adultes dans les cas d'infractions désignées commis par des adolescents de 14 ans ou plus). B. Gingras et A. Fournier, « Loi sur le système de justice pénale pour les adolescents », dans *Droit de la famille québécois*, Farnham, CCH/FM Ltée, 2007, ¶57-000 et s. À noter que le *Code criminel* prévoit que la « majorité criminelle » est fixée à 12 ans (*Code criminel*, L.R.C. (1985), c. C-46, art. 13).

8.    *An Ordonnance for Altering, Fixing and Establishing the Age of Majority*, (1782) 22 Geo. III, c. 1.

9.    L.Q. 1971, c. 85. Lors de la présentation du projet de loi, il fut souligné que si les jeunes de 18 ans, en 1971, avaient le droit de vote, le droit de participer au paiement des impôts et s'ils étaient appelés sur les champs de bataille, en temps de guerre, ils pouvaient être reconnus comme des personnes adultes (*Journal des débats*, (1971) 3863, 3995-4002, 4994-4997, 5767). C'est donc par souci d'uniformité que la majorité civile fut adaptée à ces autres « majorités ».

10.   En 1972, le Conseil de l'Europe invita les États membres à abaisser l'âge de la majorité qui est maintenant de 18 ans dans de nombreux pays : Grande-Bretagne (1969), France et Suède (1974), Allemagne, Italie et Luxembourg (1975), Espagne (1978), Norvège (1979), Pays-Bas (1987), Belgique (1990) : H. De Page, *Traité élémentaire de droit civil belge*, t. II, vol. II, *Les personnes*, 4e éd. par J.-P. Masson, édit., Bruxelles, Bruylant, 1990, n° 1207. Pour la question en droit français, voir G. Couchez, « La fixation à dix-huit ans de l'âge de la majorité », *Comm.* de la loi n° 74-631 du 5 juillet 1974, J.C.P., 1975, I, 2684 ; E. Poisson, « L'abaissement de l'âge de la majorité », *D.* 1976, *Chr.*, 21.

11.   *Convention internationale sur les droits de l'enfant*, art. 1 (« un enfant s'entend de tout être humain âgé de moins de dix-huit ans, sauf si la majorité est atteinte plus

ment ce consensus international en édictant qu'un enfant qui réside habituellement à l'étranger est réputé majeur à l'âge de 18 ans[12].

**472.– À quel moment précis la personne devient-elle majeure ?** La doctrine ancienne s'est beaucoup intéressée à la question du moment où la personne devient majeure. Plusieurs méthodes de calcul ont été soutenues. La première consiste à computer les délais d'heure en heure et implique donc que l'heure de la naissance soit indiquée à l'acte de naissance. Dans cette hypothèse, la personne devient majeure le jour de son dix-huitième anniversaire, à l'heure précise de sa naissance. C'est la solution du droit français[13]. La deuxième méthode applique le principe en matière de computation des délais de prescription qui exclut le jour de départ et inclut le jour d'arrivée[14]. Dans ce cas, la personne devient majeure à la fin de la journée anniversaire. C'est l'interprétation soutenue par les auteurs L.-P. Sirois[15], F. Langelier[16], P.-B. Mignault[17], G. Trudel[18], L. St-Laurent[19]. Enfin, la troisième méthode retient le principe selon lequel, pour les termes fixés dans l'intérêt des personnes, on devrait supposer qu'un jour commencé est censé accompli. La majorité serait alors acquise dès le premier instant de la date anniversaire. C'est l'interprétation de J.-G. Cardinal[20], W.S. Johnson[21], C. De Lorimier[22], Jetté[23] et c'est sans doute la méthode qui rejoint l'usage populaire en la matière[24]. La suppression du mot « accomplis » que l'on trouvait dans l'article

---

tôt en vertu de la législation qui lui est applicable »). Voir *infra*, le chapitre sur le respect des droits de l'enfant.

12. *Loi concernant le divorce et les mesures accessoires*, L.R.C. (1985), c. 3 (2e suppl.), art. 2 : « Est majeur l'enfant qui a atteint l'âge de la majorité selon le droit de la province où il réside habituellement ou, s'il réside habituellement à l'étranger, dix-huit ans ».
13. Art. 57 C.c. fr. Voir G. Goubeaux, *Traité de droit civil*, t. I, *Les personnes*, sous la dir. de J. Ghestin, Paris, L.G.D.J., 1989, p. 323.
14. *Cf.* les articles 1509 et 2879, al. 2 C.c.Q., ce dernier stipulant que la prescription n'est acquise que lorsque le dernier jour du délai est révolu.
15. L.P. Sirois, *Tutelles et curatelles*, Québec, Imprimerie de l'Action sociale, 1911, p. 4.
16. F. Langelier, *Cours de droit civil de la Province de Québec*, t. I, Montréal, Wilson & Lafleur, 1906, p. 407.
17. P.-B. Mignault, *Droit civil canadien*, vol. 2, Montréal, C. Théoret, 1896, p. 269.
18. G. Trudel, *Traité de droit civil du Québec*, t. 2, Montréal, Wilson & Lafleur, 1942.
19. L. St-Laurent, « Majeurs et mineurs – Quelques particularités du droit de Québec à cet égard », dans *Le droit civil français*, Livre-Souvenir des journées du droit civil français, Montréal, Barreau de Montréal, Sirey, 1936, p. 155.
20. J.-G. Cardinal, « L'incapacité. Durée de la minorité », (1958) 61 *R. du N.* 128.
21. W.S. Johnson, « The Age of Majority », (1942) 2 *R. du B.* 204.
22. C. De Lorimier, *La bibliothèque du Code civil de la province de Québec*, vol. 2, Montréal, Minerve, 1873.
23. L.A. Jetté, « De la majorité et de l'interdiction », (1929-1930) 8 *R. du D.* 540, 541.
24. C'est également la méthode préconisée en droit ontarien qui prévoit cette règle de façon expresse à l'article 5(1) de la *Loi sur la majorité et la capacité civile*, L.R.O., 1990 : « Le moment où la personne atteint un âge déterminé exprimé en années se situe au début de l'anniversaire pertinent de la date de naissance ». Certaines

324 C.c.B.-C. supporte cette interprétation[25]. Cette discussion qui, à première vue, est plutôt théorique, pourrait néanmoins se poser de façon concrète puisque le *Code civil du Québec* prévoit désormais que l'acte de naissance doit mentionner non seulement la date mais également l'heure de la naissance (art. 115 C.c.Q.), ce que l'article 54 C.c.B.-C. n'exigeait pas. Il devient donc tout à fait possible de déterminer l'âge d'une personne, à l'heure près. Cela est même possible si cette heure est inconnue dans les faits, puisque dans ce cas il appartient au Directeur de l'état civil de fixer l'heure de la naissance « suivant les présomptions tirées des circonstances » (art. 117 C.c.Q.)[26]. Il n'y a donc plus d'obstacle à la preuve du moment précis de la naissance.

## Section II

## La minorité : période d'acquisition progressive de la capacité juridique

**473.–** Si c'est en devenant majeur que l'individu devient capable d'exercer pleinement tous ses droits civils (art. 153, al. 2 C.c.Q.), cela ne signifie pas pour autant que le mineur soit totalement incapable juridiquement. Au contraire, le législateur affirme que « le mineur exerce ses droits civils dans la seule mesure prévue par la loi » (art. 155 C.c.Q.). Il y a donc des limites. Mais il y a aussi l'affirmation claire que le mineur peut exercer des droits. Dans le *Code civil du Québec*, la minorité apparaît comme cette période de la vie pendant laquelle l'individu acquiert graduellement une autonomie de plus en plus grande pour aboutir, à 18 ans, à la capacité entière. La minorité n'est donc plus (l'a-t-elle d'ailleurs jamais été[27] ?) cet état d'incapacité totale dans lequel sont tenus les enfants jusqu'à la « délivrance » au moment du dix-huitième anniversaire.

Le droit entend ainsi refléter la réalité des jeunes de la société contemporaine comme l'illustre très bien le passage suivant des commentaires officiels du projet de Code civil :

---

législations poussent le souci du détail jusqu'à prévoir des dispositions particulières en ce qui concerne les personnes nées un 29 février (voir par exemple le cas de Terre-Neuve : *Age of Majority Act*, S.N.L. 1995, c. A-4.2, art. 3(2)).

25. D. Lluelles et B. Moore, *Le droit des obligations,* Montréal, Éditions Thémis, 2006, p. 463, note 78 *in fine.*

26. À ce sujet, on peut s'interroger sur les critères que devrait retenir le Directeur de l'état civil pour déterminer l'heure de la naissance dans un cas où même la date est incertaine.

27. Ainsi, au Moyen-Âge on semblait considérer que dès sept ans l'enfant était en âge de s'exprimer. C'était d'ailleurs l'âge normal de la promesse de mariage. L'enfance finissait pour les filles à 12 ans et pour les garçons à 14 ans : S. Shulamith, *Childhood in the Middle Ages*, London, Routeledge, 1990.

La minorité est donc la période où la personne acquiert graduellement une pleine capacité. Ce passage est marqué arbitrairement de certains seuils. Suivant qu'il a six, sept, dix, douze, quatorze ou seize ans, la loi lui reconnaîtra des droits scolaires, une faculté de discernement du bien et du mal, une capacité de donner son avis, d'être pénalement responsable, de donner son consentement à certains actes qui le concernent ou de travailler. Il a semblé difficile d'attribuer aux mineurs la pleine capacité. Une telle proposition n'a pas semblé réaliste, d'autant plus qu'elle ne répond pas aux lois de la nature. En effet, l'être humain est ainsi fait qu'il acquiert graduellement science, jugement, maturité et sagesse.[28]

**474.**– La période de la minorité est donc ponctuée d'une série d'étapes auxquelles correspond chaque fois un degré plus large d'autonomie. Certaines de ces étapes sont fixées arbitrairement et dépendent soit de l'âge (le mineur de 14 ans peut, par exemple, faire une demande de changement de nom judiciaire : art. 66 C.c.Q.), soit d'un événement précis (ex. : le fait pour un mineur de se lancer en affaires (art. 156 C.c.Q.), de se marier (art. 175 C.c.Q.) ou d'être simplement émancipé (art. 170 C.c.Q.). Dans certains cas, le législateur n'hésite pas à décréter que le mineur est réputé majeur pour une fin particulière. D'autres étapes dépendent du degré de discernement de l'enfant et peuvent donc varier d'un individu à l'autre. Il y a donc des seuils objectifs et des seuils subjectifs.

### §1 - Les seuils objectifs

**475.**– Les seuils objectifs dépendent donc d'un événement précis ou d'un âge déterminé. Ainsi, l'émancipation simple confère une plus grande capacité au mineur (art. 170 C.c.Q.). La pleine émancipation, quant à elle, assimile le mineur au majeur (art. 176 C.c.Q.). On trouve par ailleurs également dans des lois particulières des exemples d'« événements » précis qui ont une incidence directe sur la capacité des mineurs. Dans le domaine de l'éducation, on peut relever que le simple fait de devenir élève ou étudiant confère automatiquement le droit de participer à la formation et à l'administration d'une association d'élèves ou d'étudiants[29], voire de participer au pouvoir décision-

---

28. Ministère de la Justice du Québec, *Code civil du Québec, Textes, sources et commentaires,* Livre I, Québec, 1992, p. 93 (ci-après *Comm.*).

29. *Loi sur l'accréditation et le financement des associations d'élèves ou d'étudiants,* L.R.Q., c. A-3.01, art. 4.

nel de l'école[30], et le fait d'obtenir un prêt étudiant implique que l'étudiant mineur est « réputé majeur pour les fins de ce prêt » (art. 549, al. 1 C.c.Q.)[31]. Quant aux étapes à un âge déterminé, on en trouve plusieurs, par exemple à dix ans (le droit de consentir ou de s'opposer à sa propre adoption[32]), à 12 ans (la responsabilité criminelle)[33]. En matière de capacité civile toutefois, 14 ans et 16 ans apparaissent comme des moments importants.

**476.– *Le mineur de 14 ans.*** En considérant les différentes limites d'âge prévues par le Code et par les lois particulières, on constate que l'âge de 14 ans apparaît désormais comme l'étape la plus significative dans le parcours vers la majorité. On peut dire qu'à 14 ans le mineur est à bien des égards « un petit adulte » dont l'autonomie est respectée à bien des égards. Cette autonomie porte non seulement sur ses biens mais également sur sa personne. Nous avons déjà vu dans la première partie que la personne de 14 ans a le droit de consentir et de refuser des soins médicaux, d'avoir accès à son dossier médical[34], et que, dans ce domaine, elle échappe en grande partie à l'autorité de ses parents. Le respect de l'autonomie du mineur de 14 ans trouve également une illustration éloquente en matière de changement de nom et d'adoption puisque son refus fait irrémédiablement obstacle au projet d'adoption (art. 550 C.c.Q.)[35] ou de changement de nom (art. 66 C.c.Q.) qui le concerne. En matière d'éducation, c'est à partir de la troisième année du secondaire, donc normalement vers 14 ans, que l'élève choisit seul entre l'enseignement moral et l'enseignement religieux[36]. Même la législation sur la protection de la jeunesse qui vise les enfants et les jeunes jusqu'à l'âge de 18 ans[37], fait à l'adolescent de 14 ans une place particulière en lui reconnaissant le droit à l'information, le droit de participer activement aux ententes sur mesures volontaires, le droit de refuser de se soumettre à une expertise médicale ou psychologique, etc.).

---

30. *Loi sur l'instruction publique*, L.R.Q., c. I-13.3, art. 42, telle que modifiée par la *Loi modifiant la Loi sur l'instruction publique*, L.Q. 2001, c. 46, entrée en vigueur le 18 décembre 2001.
31. *Loi sur l'aide financière aux études*, L.R.Q., c. A-13.3, art. 17.
32. *Droit de la famille – 2803*, [1997] R.D.F. 892 (C.Q.) ; M. Tétrault, *Droit de la famille*, 3e éd., Cowansville, Éditions Yvon Blais, 2005, p. 1187-1189.
33. *Code criminel*, art. 13. Un enfant de moins de 12 ans n'encourt aucune responsabilité criminelle, quelle que soit la gravité de ses actes. Sur l'âge de la responsabilité criminelle, voir, entre autres, A.W. Mewett et M. Manning, *Criminal Law*, 3e éd., Toronto, Butterworths, 1994, p. 251-252.
34. *Loi sur les services de santé et les services sociaux*, L.R.Q., c. S-4.2, art. 17.
35. M.-D. Castelli et D. Goubau, *op. cit.*, note 4, p. 261.
36. *Loi sur l'instruction publique*, L.R.Q., c. I-13.3, art. 5, al. 1 et 3.
37. *Loi sur la protection de la jeunesse*, L.R.Q., c. P-34.1.

**477.–** La loi reconnaît au mineur de 14 ans un pouvoir de contrôle sur celui qui le représente dans l'administration de ses biens, c'est-à-dire son tuteur, puisque ce dernier doit lui rendre compte annuellement de sa gestion (art. 246 C.c.Q.) et doit lui transmettre également le compte définitif de tutelle lorsque celle-ci prend fin (art. 247 C.c.Q.). Ce pouvoir de contrôle illustre, sans doute plus que tout autre, l'ampleur de la reconnaissance des droits d'autonomie des adolescents. D'aucuns estimeront que le législateur est allé trop loin lorsqu'il donne ainsi à l'adolescent la possibilité de « contrôler » lui-même la gestion de ses représentants qui, la plupart du temps, sont sa mère et son père, c'est-à-dire les personnes qui exercent l'autorité parentale et qui ont pour mission de l'éduquer. On peut se demander si les parents, qui sont les tuteurs légaux, ne devraient pas disposer de la possibilité de demander, avec l'autorisation du conseil de tutelle, une dispense de l'obligation de rendre compte, lorsqu'il est démontré que la reddition de compte serait contraire à l'intérêt de l'adolescent. On peut songer au cas du jeune qui, en pleine crise d'adolescence, pourrait bien décider de décrocher de l'école s'il devait apprendre qu'un capital important l'attend dès son 18e anniversaire...

**478.–** C'est également à partir de 14 ans que le mineur est réputé majeur pour tous les actes relatifs à son travail, que ce soit dans le cadre d'un commerce, d'un travail salarié, de l'exercice d'une profession, de la fondation d'une coopérative[38], etc. (art. 156 C.c.Q.)[39]. Le législateur a été inspiré par le souci d'efficacité et de sécurité dans les affaires et le commerce. Mais il reconnaît du même coup que dans notre société actuelle l'adolescent de 14 ans qui a une activité rémunératrice, doit, dans le cadre de cette activité, être traité comme une personne autonome et responsable. Cette fiction de la loi lui enlève en effet le bénéfice d'une certaine protection propre aux mineurs. Par contre, cela n'empêche pas que cet enfant soit, dans le cadre de son travail, protégé par les normes particulières de la *Loi sur les normes du travail* qui visent à éviter qu'un jeune soit soumis à des conditions de travail incompatibles avec sa relative vulnérabilité et qui ont également pour objectif de concilier les exigences d'éducation (l'horaire

---

38. *Loi sur les coopératives*, L.R.Q., c. C-67.2, art. 8 et 51.1.
39. *Quessy* c. *Plante*, J.E. 98-2008, REJB 1998-08942 (C.S.). Sous l'ancien Code, seul le mineur *commerçant* était réputé majeur, et seulement pour les fins de son commerce (art. 323 C.c.B.-C. ; *Livernoche* c. *Québec (Sous-ministre du Revenu)*, [1996] R.D.F. 296, EYB 1996-87978 (C.Q.)). On peut noter que, dans le contexte de cet élargissement à tous les types d'emploi, le législateur n'a pas adapté le Code de la sécurité routière (L.R.Q., c. C-24.2), qui, en son article 68, dispense seulement le mineur *commerçant* d'accompagner sa demande de permis de conduire d'une autorisation formelle du titulaire de l'autorité parentale.

scolaire, notamment) avec le principe du droit au travail[40]. Par ailleurs, si un mineur peut être membre et même fondateur d'une coopérative dont l'objet le concerne, la loi prévoit cependant que s'il est âgé d'au moins 14 ans, il est à cet égard réputé majeur[41]. Par ailleurs, en matière d'aide financière aux études, il existe également une situation où le mineur sera réputé majeur[42].

**479.–** *Le mineur de 16 ans.* L'âge de 16 ans est également une étape importante dans le cheminement de la personne vers la capacité entière. En plus d'être le moment où se termine l'obligation de fréquentation scolaire[43] et où commence le droit de conduire une automobile[44], c'est l'âge auquel le mineur peut être émancipé, simplement (art. 167 C.c.Q.) ou pleinement (art. 175, al. 2 C.c.Q.). C'est également la limite d'âge pour pouvoir se marier[45], et, comme corollaire à ce droit au mariage, le mineur de 16 ans peut demander seul l'autorisation judiciaire pour consentir toutes les conventions matrimoniales permises dans un contrat de mariage (art. 434 C.c.Q.).

Finalement, pour donner un exemple dans un tout autre domaine, c'est également à partir de 16 ans que le mineur peut devenir membre d'un syndicat professionnel, en vertu de la *Loi sur les syndicats professionnels*[46]. Aujourd'hui, toutefois, on peut se demander

---

40. *Loi sur les normes du travail*, L.R.Q., c. N-1.1, art. 84.2 à 84.7 et le *Règlement sur les normes du travail*, art. 35.1 et 35.2 (D. 815-2000).

41. *Loi sur les coopératives*, L.R.Q., c. C-67.2, art. 8 et 51.1.

42. La *Loi sur l'aide financière aux études*, L.R.Q., c. A-13.3, édicte que l'étudiant mineur qui se voit émettre par le ministre un certificat de garantie à l'égard de l'emprunt qu'il contracte avec un établissement financier reconnu par le ministre, est réputé majeur pour les fins du prêt garanti (art. 15 et 17).

43. *Loi sur l'instruction publique*, L.R.Q., c. I-13.3, art. 14. À noter qu'avant l'âge de 16 ans, l'absentéisme scolaire peut dans certains cas permettre de conclure que la santé et la sécurité de cet enfant sont compromises au sens où l'entend la *Loi sur la protection de la jeunesse*, L.R.Q., c. P-34.1.

44. Le Code de la sécurité routière prévoit qu'une demande de permis de conduire pour un cyclomoteur peut se faire à partir de 14 ans et que les autres permis ne peuvent être obtenus qu'à l'âge de 16 ans (L.R.Q., c. C-24.2, art. 67, al. 2).

45. Art. 373, 1º C.c.Q. et *Loi nº 1 visant à harmoniser le droit fédéral avec le droit civil de la province de Québec et modifiant certaines lois pour que chaque version linguistique tienne compte du droit civil et de la common law*, L.C. 2001, c. 4 ; cette loi fédérale vient confirmer que l'âge de 16 ans est une condition de fond du mariage au Québec.

46. Les tribunaux se sont penchés sur cette question de l'âge requis pour pouvoir être membre d'un syndicat professionnel, dans l'affaire *Société Radio-Canada* c. *Union des artistes* (C.A.M., nº 500-09-001357-805, 12 décembre 1983, juges Nolan, Beauregard, Vallerand). Dans cette affaire, le problème était de savoir si les mineurs que Radio-Canada engage occasionnellement comme artistes (comédiens, chanteurs, danseurs, etc.), pouvaient bénéficier de la convention collective. La Société Radio-Canada leur refusait ce droit, au motif que l'article 7 de la *Loi sur*

si cette limite de 16 ans prévue par la *Loi sur les syndicats profession-nels* ne doit pas céder le pas au principe général de l'article 156 C.c.Q., qui prévoit que, pour tous les actes relatifs à son emploi, l'exercice de son art ou de sa profession, le mineur de 14 ans et plus est réputé majeur. Si tel est le cas, ce serait plutôt à partir de 14 ans que le mineur pourrait, seul, devenir membre d'un syndicat professionnel.

### §2 - Les seuils subjectifs

**480.**– La loi prévoit également des étapes qui ne dépendent pas d'un terme ou d'un événement précis, mais plutôt de l'acquisition d'un certain degré de conscience et de maturité. En matière de responsabilité civile on dit que le mineur doit être doué de raison, alors que dans d'autres domaines, et plus particulièrement en ce qui concerne les actes juridiques, on retient la notion de discernement. C'est ainsi que l'article 157 C.c.Q. permet au mineur, compte tenu de son âge et de son discernement, d'agir seul lorsque l'objet du contrat vise à satisfaire ses besoins ordinaires et usuels[47]. Le législateur tient ainsi compte de la particularité de chaque individu qui évolue et se développe à son rythme personnel.

Le terme discernement apparaît d'emblée comme une notion à contenu variable. Ainsi, il se peut fort bien qu'un mineur de sept ans, non doué du discernement nécessaire pour accomplir un acte juridique particulier, par exemple acheter un cinéma-maison, soit par contre considéré comme suffisamment doué de raison, et donc de discernement, pour engager sa responsabilité civile. De la même façon, il se pourrait fort bien qu'un enfant de six ans, qui n'est pas suffisamment doué de raison pour engager sa responsabilité personnelle[48] et encore moins pour conclure des contrats, puisse néanmoins être considéré d'un âge et d'un discernement suffisants, au sens de l'article 34 C.c.Q., pour pouvoir être entendu par un tribunal saisi d'une demande mettant en jeu son intérêt. Ou il peut être considéré d'un

---

*les syndicats professionnels* (L.R.Q., c. S-40) édicte que « un mineur âgé de seize ans peut faire partie d'un syndicat professionnel », ce qui exclurait totalement les mineurs de moins de 16 ans. En première instance, le tribunal déclare qu'un mineur de moins de 16 ans peut faire partie d'un syndicat, mais qu'il doit alors être représenté par son tuteur (*Union des artistes* c. *Société Radio-Canada*, [1980] C.S. 1009 à 1013). La Cour d'appel a maintenu le jugement de première instance, tout en soulignant que la représentation par tuteur n'impliquait pas la présence physique de celui-ci aux activités syndicales, mais plutôt la simple autorisation à son pupille de devenir membre du syndicat.

47.  Voir *infra* « Le domaine de la capacité des mineurs ».
48.  *Godon* c. *École Mgr. Comtois, Commission scolaire Samuel de Champlain et La Compagnie d'assurances Lombard*, REJB 2000-20425 (C.Q.).

âge de « maturité » qui permette de « tenir compte de son opinion », pour reprendre la terminologie utilisée en matière d'enlèvement international d'enfants[49]. On le constate, la notion de discernement est élastique ; elle dépend non seulement de la maturité de chaque enfant concerné, mais également du contexte (contractuel, procédural, délictuel, etc.) dans lequel il faut l'appliquer. La notion de discernement est floue et par conséquent les tribunaux jouissent d'un large pouvoir pour apprécier dans chaque cas si un enfant est ou non doué de discernement[50].

## Section III

## Les mineurs et la responsabilité civile[51]

**481.–** *La responsabilité personnelle des enfants.* Nous avons déjà vu que la responsabilité civile est étrangère à la notion de capacité juridique et que le mineur doit, en principe, réparer le préjudice causé par sa faute (art. 164, al. 2 C.c.Q.). Encore faut-il qu'il puisse commettre une faute. Or, une des conditions fondamentales de la responsabilité civile est que l'auteur de l'inconduite soit « doué de raison » (art. 1457, al. 2 C.c.Q.), sans quoi le comportement reproché ne peut constituer une faute entraînant la responsabilité personnelle.

La question se pose donc de savoir à partir de quand un enfant est suffisamment raisonnable, c'est-à-dire mentalement apte à se rendre compte des actes qu'il pose[52] pour pouvoir être tenu responsable. Ici encore, c'est une question qui relève de l'appréciation du tribunal et qui dépend des particularités physiques, morales et intellectuelles de chaque enfant. Sous l'ancien Code, il s'agissait d'évaluer si l'enfant était capable de « discerner le bien du mal »[53]. Le nouveau texte retient plutôt la terminologie « doué de raison », ce qui n'est

---

49. *Loi sur les aspects civils de l'enlèvement international et interprovincial d'enfants*, L.R.Q., c. A-23.01, art. 22, §1.
50. L'affaire *Cl. Cayouette et P. Mathieu*, [1987] R.J.Q. 2230-2233 (C.S.), illustre de façon remarquable l'extension que peut prendre cette discrétion judiciaire.
51. La présente section n'entend pas décrire dans tous les détails une matière qui relève de l'étude des obligations légales, mais seulement rappeler les principes de base qui régissent le régime de responsabilité des mineurs. Pour des développements plus détaillés, voir en particulier J.-L. Baudouin et P. Deslauriers, *La responsabilité civile*, 7e éd., Cowansville, Éditions Yvon Blais, 2007 ; M. Tancelin, *Des obligations : actes et responsabilités*, 6e éd., Montréal, Wilson & Lafleur, 1997 ; J. Pineau, D. Burman et S. Gaudet, *Théorie des obligations,* 4e éd., Montréal, Éditions Thémis, 2001.
52. J.-L. Baudouin et P. Deslauriers, *op. cit.*, note 51, p. 87.
53. Art. 1053 C.c.B.-C.

qu'une façon moins moraliste de dire finalement la même chose. Aussi souple que soit la notion, on constate tout de même que la très grande majorité des décisions judiciaires fixent ce seuil de la raison vers l'âge de sept ans[54]. Ce seuil subjectif est donc semi-objectif dans la mesure où la jurisprudence s'accorde généralement pour retenir cette limite[55]. Cela n'empêche pas que l'on puisse valablement faire la preuve qu'un enfant soit plus précoce ou au contraire plus retardé que la moyenne des enfants du même âge[56].

**482.–** *La responsabilité des parents, gardiens et éducateurs.* Dans la plupart des cas, l'enfant qui cause un préjudice est lui-même insolvable et ne peut donc réparer adéquatement. Dans le souci d'aider les victimes, le législateur a mis en place un système de responsabilité du fait ou de la faute de l'enfant. Ce régime de responsabilité vise les titulaires de l'autorité parentale (art. 1459 C.c.Q.)[57] (les parents ne sont donc plus responsables de leurs enfants majeurs ou émancipés (art. 598 C.c.Q.) : le tuteur à la personne (art. 186 C.c.Q.) ainsi que les personnes qui se voient confier la garde, la surveillance ou l'éducation d'un mineur (art. 1460 C.c.Q.)[58], comme un centre de réadaptation qui accueille un enfant en application de la *Loi sur la protection de la jeunesse*, de la *Loi sur les services de santé et les services sociaux* ou de la *Loi sur le système de justice pénale pour les adolescents*. Cette description est suffisamment large pour inclure non seulement les

---

54. *Jean c. Ranch de l'Arabe*, [1998] R.J.Q. 568, REJB 1998-04266 (C.S.) ; *Maltais c. Pelletier*, [1990] R.R.A. 97 (C.Q.) ; *Morissette c. Allard*, [2001] R.R.A. 217, REJB 2001-23618 (C.S.).

55. Il y a cependant des exceptions : *Blanchard c. Commission scolaire Morilac*, [1997] R.R.A. 120, EYB 1996-85374 (C.S.), où la Cour estime qu'à l'âge de neuf ans, l'enfant est trop jeune pour se voir imputer la moindre responsabilité.

56. Comme le soulignait le juge Mayrand dans une affaire où il s'agissait de déterminer si un enfant de six ans et neuf mois savait ce qu'il faisait en lançant une pierre en direction d'un groupe d'enfants, « la précocité de l'intelligence et du discernement comporte comme rançon une responsabilité plus hâtive » : *Ginn c. Sisson*, [1969] C.S. 585, 587. Au sujet de cette décision, voir les « observations » de Tancelin et Gardner dans *Jurisprudence commentée sur les obligations*, 9e éd., Montréal, Wilson & Lafleur, 2006, p. 452-453.

57. *Bouchard c. Bédard*, B.E. 99BE-1201 (C.Q.). Sur cette question, voir A. Mayrand, « La présomption de faute du titulaire de l'autorité parentale et les diverses ordonnances de garde d'enfant », (1988) 38 *McGill L.J.* 257. S'appuyant sur le principe de l'exercice conjoint de l'autorité parentale, les auteurs Tancelin et Gardner concluent de façon convaincante à la responsabilité *in solidum* des parents (M. Tancelin et D. Gardner, *Jurisprudence commentée sur les obligations, op. cit., supra*, p. 461 et 964 et s.).

58. Pour des cas d'application, voir *Salova c. Commission scolaire du Sault-St-Louis*, J.E. 95-912, EYB 1995-28813 (C.S.) ; *Bouchard c. Bergeron*, [1998] R.R.A. 927, REJB 1998-07877 (rés.) (C.Q.) ; *Bertrand c. Commission scolaire des Navigateurs*, B.E. 2001BE-551 (C.Q.) ; *Gingras c. Commission scolaire des Chutes de la Chaudière*, J.E. 98-544, REJB 1998-04321 (C.Q.).

enseignants et les surveillants d'école, mais aussi les moniteurs et les éducateurs dans les garderies, les camps de vacances ou les centres sportifs[59].

Dans tous ces cas, le gardien, au sens large, est présumé fautif parce que la loi considère que le préjudice est ultimement causé soit par la mauvaise éducation, soit par une surveillance inadéquate[60]. Cette présomption peut être renversée par la démonstration qu'il n'y a eu aucune faute dans la garde, la surveillance[61] ou l'éducation[62]. On n'impose donc pas le fardeau de démontrer l'impossibilité absolue d'empêcher le fait qui a causé le dommage, mais seulement celle d'une conduite contraire à la norme d'une personne prudente et diligente[63]. Cette possibilité de renversement de la présomption, consacrée par le code, était déjà solidement établie par la jurisprudence[64].

**483.–** La loi apporte un tempérament en écartant la présomption dans deux cas. Le premier concerne le parent déchu de l'autorité parentale, dont la responsabilité n'est engagée que s'il a commis une

---

59. C. Masse, « La responsabilité civile », dans *La réforme du Code civil, un nouveau départ*, Montréal, Service de la formation permanente, Barreau du Québec, 1993, p. 276. Il faut se rappeler que l'ancien Code ne visait que les parents et les instituteurs et que la jurisprudence interprétait strictement le terme instituteur en excluant, par exemple, les directeurs de colonies de vacances (*Externat classique de Ste-Croix* c. *Grieco*, [1962] R.C.S. 519). Les tribunaux avaient cependant déjà accepté que la responsabilité d'un centre d'accueil pouvait être assimilée à celle de l'instituteur (*Jerabek* c. *Accueil Vert-Pré d'Huberdeau*, [1995] R.R.A. 172, EYB 1995-84533 (C.S.)). Pour un cas d'application sous le *Code civil du Québec* : *Fortier* c. *Rapid Reaction Hockey Inc.*, B.E. 99BE-980 (C.Q.).

60. J.-L. Baudouin et P. Deslauriers, *op. cit.*, note 51, p. 666. Voir en particulier l'arrêt *Alain* c. *Hardy*, [1951] R.C.S. 540, dans lequel la Cour suprême a clairement établi que la responsabilité pour la faute d'autrui repose sur une présomption de faute de surveillance ou d'éducation et non pas sur une quelconque théorie du risque qui aurait pour conséquence que les parents ne pourraient pratiquement pas échapper à cette responsabilité.

61. La jurisprudence a établi que plus l'enfant avance en âge, moins les parents sont supposés le « surveiller » : *Gaudet* c. *Lagacé*, [1998] R.J.Q. 1035, REJB 1998-05050 (C.A.) ; en l'espèce, il s'agissait de jeunes adolescents. Ce principe s'applique également aux enseignants : *Turmel* c. *Commission scolaire Rouyn-Noranda*, [1996] R.R.A. 227 (C.Q.).

62. Art. 1459 C.c.Q. Voir *Dumont* c. *Desjardins*, J.E. 94-1042, EYB 1994-73379 (C.S.). Il ne suffit cependant pas pour un parent de dire qu'il a bien éduqué son enfant ; encore faut-il qu'il en fasse la démonstration : *Laplante* c. *Major*, [1997] R.L. 352 (C.Q.).

63. *Institut St-Georges* c. *Laurentienne générale (La), Cie d'assurances Inc.*, [1993] R.J.Q. 1676 à 1679, REJB 1993-57988 (C.A.).

64. Voir *Alain* c. *Hardy*, [1951] R.C.S. 540, 551, cité et commenté par M. Tancelin et D. Gardner, *Jurisprudence commentée sur les obligations,* 9e éd., Montréal, Wilson & Lafleur, 2006, p. 459.

faute dans l'éducation de son enfant[65]. Cette solution est logique puisque, même si l'enfant échappe à l'autorité du parent déchu, les effets d'une mauvaise éducation peuvent perdurer après la déchéance. Le deuxième cas vise le gardien, le surveillant ou l'éducateur qui agit gratuitement ou moyennant une récompense et qui ne sera responsable que s'il a commis une faute[66]. On peut penser ici au *baby-sitter* occasionnel[67] ou à l'entraîneur sportif bénévole.

**484.**– Le *Code civil du Québec* règle la question, qui était discutée sous l'ancien, en ce qui concerne le comportement fautif d'un enfant non doué de raison et donc non responsable civilement. L'ancien article 1054, al. 1 C.c.B.-C. édictait que les parents et les instituteurs n'étaient responsables que de la faute des enfants sous leur contrôle. Par conséquent, cette responsabilité ne pouvait s'appliquer dans le cas d'un mineur non doué de raison puisque celui-ci ne pouvait commettre de faute. Des discussions existaient cependant en ce qui concerne l'interprétation des autres alinéas de l'article 1054 C.c.B.-C.[68]. Codifiant la règle de l'affaire *Laverdure* c. *Bélanger*[69], le législateur retient désormais non seulement la faute du mineur, mais également son fait fautif, c'est-à-dire un comportement qui, n'eût été l'absence de discernement, aurait été considéré comme fautif (art. 1462 C.c.Q.).

**485.**– *L'enfant victime d'un préjudice corporel.* Pour terminer ce bref survol des règles de responsabilité relatives aux mineurs, mentionnons un dernier mécanisme qui illustre le statut particulier des mineurs. Il concerne cette fois, non pas le mineur auteur d'une faute, mais le mineur victime d'un préjudice corporel causé par la faute d'autrui. On sait que les dommages-intérêts, à moins d'une entente contraire, sont exigibles sous forme de capital payable au comptant.

---

65. Art. 1459, al. 2 C.c.Q.
66. Art. 1460, al. 2 C.c.Q ; *Leblond* c. *Charron*, [2000] R.R.A. 816, REJB 2000-19384 (C.S.).
67. Voir N. Des Rosiers, « La responsabilité de la mère pour le préjudice causé par son enfant », (1995) 36 *C. de D.* 61, 67-68.
68. Une discussion pourrait toutefois surgir dans le cas, par exemple, de l'étudiant ou l'étudiante qui garde des enfants le soir à un tarif horaire prédéterminé, comme c'est souvent le cas. Même si ce tarif horaire est inférieur au salaire minimum, on peut douter qu'il s'agisse encore d'une « récompense ».
69. *Laverdure-Renaud* c. *Bélanger*, [1975] C.S. 612. Il s'agissait en l'espèce d'un mineur atteint de schizophrénie paranoïaque qui avait assassiné une compagne de classe. Le tribunal, dans un jugement très étoffé, constate dans un premier temps que ce mineur est « incapable de faute », mais il retient, dans un deuxième temps, *le fait illicite dommageable* dans le cadre de l'article 1054 C.c.B.-C. Voir, à ce sujet, J.-L. Baudouin, « La réforme du droit des obligations : la responsabilité civile délictuelle », (1989) 30 *C. de D.* 599, 602.

Cette règle souffre une exception lorsqu'il s'agit du préjudice corporel d'un mineur. Dans ce cas, le tribunal pourrait accorder les dommages-intérêts sous forme d'une rente ou de versements périodiques, avec ou sans indexation (art. 1616 C.c.Q.). Derrière cette règle, se profile la méfiance du législateur à l'égard du mineur qui pourrait dilapider un capital important. Ce mécanisme représente en même temps pour le tuteur une simplification de la gestion et constitue donc, en principe, une protection supplémentaire du mineur. Daniel Gardner apporte cependant une critique convaincante de cette solution en soulignant, d'une part, que le risque de dilapidation est minime dans la mesure où le tuteur est tenu par les règles strictes de l'administration des biens d'autrui et, d'autre part, que l'article 1616 C.c.Q. fait abstraction des règles fiscales qui exemptent d'imposition les revenus générés par le capital d'une victime de 21 ans ou moins[70].

En cas de paiement d'une rente, une fois devenu majeur, le bénéficiaire dispose de trois mois pour faire un choix entre le paiement actualisé de ce qui lui reste à recevoir ou la continuation de la rente et des versements périodiques.

## Section IV

### Le domaine de la capacité des mineurs

**486.–** Le mineur doué de discernement peut poser seul un nombre important de gestes. Le *Code civil du Québec* consacre en effet des tempéraments coutumiers au principe de l'incapacité du mineur[71]. Ces exceptions sont même tellement nombreuses qu'on peut en conclure que le mineur doué de discernement est dans un état de semi-capacité et que, finalement, le principe de l'incapacité générale des mineurs n'est vrai que pour les enfants qui, en raison de leur âge physique ou mental, ne sont pas encore doués de discernement[72]. Ces actes sont essentiellement ceux qui touchent aux besoins courants, les actes à caractère éminemment personnel, les actes relatifs à la gestion du produit du travail du mineur et certains actes judiciaires. En dehors de ces cas, le mineur doit être représenté par son tuteur dans l'exercice de ses droits civils (art. 158 C.c.Q.), à moins

---

70.	D. Gardner, *L'évaluation du préjudice corporel*, 2ᵉ éd., Cowansville, Éditions Yvon Blais, 2002, p. 108-109.
71.	É. Deleury, « La protection des incapables et la réforme du Code civil », (1987) 18 *R.D.U.S.* 57.
72.	En ce sens, M. Mazeaud, *Leçons de droit civil*, t. I, vol. 3, 6ᵉ éd., M. de Juglart, éd., Paris, Éditions Montchrestien, 1976, nᵒ 1254.

évidemment qu'il s'agisse d'une incapacité de jouissance, auquel cas l'acte est purement et simplement interdit.

**487.**– *Les besoins de la vie courante.* La loi prévoit que le mineur peut, compte tenu de son âge et de son discernement, contracter seul pour satisfaire ses besoins ordinaires et usuels (art. 157 C.c.Q.). Cela ne signifie pas pour autant que le mineur est considéré ici comme majeur puisqu'il demeure protégé et qu'il peut éventuellement demander l'annulation d'un acte qu'il pouvait faire seul. Certaines lois particulières consacraient déjà cette capacité économique des mineurs en leur permettant par exemple d'avoir un compte de banque ou de caisse d'épargne[73]. La détermination de l'âge adéquat et du degré nécessaire, nous l'avons vu, relève de l'appréciation du tribunal. Une autre difficulté peut surgir quant à la signification des besoins ordinaires et usuels[74]. Ces termes réfèrent aux actes de la vie courante et de la survie[75]. Il est des besoins qui entrent incontestablement dans cette catégorie : nourriture, vêtements, loisirs ordinaires[76], etc. Les tribunaux en donnent d'ailleurs une définition extensive en y incluant, par exemple, la capacité de faire une demande d'aide juridique, de signer un bail de logement d'une durée d'un an[77] et de mandater un avocat[78]. Cette interprétation généreuse du domaine des actes relevant des besoins ordinaires et usuels, trouve une illustration éloquente dans une décision judiciaire qui conclut que le perçage de nombril constitue un tel besoin pour une adoles-

---

73. Voir, par exemple, la *Loi des caisses d'épargne et de crédit*, L.R.Q., c. C-4.1, art. 94. Il faut souligner que cette capacité de déposer et de retirer de l'argent de son compte ne touche pas à la capacité du mineur quant au contrat lui-même pour lequel ce dépôt ou ce retrait sont faits. Par exemple, le mineur peut valablement retirer de son compte de la caisse populaire le montant nécessaire à l'achat d'une voiture d'occasion, ce qui ne signifie pas qu'il a la capacité d'acheter l'automobile en question. La *Loi sur les Banques*, L.C. 1991, c. 46, prévoit, en son article 437 que « [L]a banque peut, sans aucune intervention extérieure, accepter un dépôt d'une personne ayant ou non la capacité juridique de contracter de même que payer, en tout ou en partie, le principal et les intérêts correspondants à cette personne ou à son ordre ». La *Loi sur les coopératives de services financiers*, L.R.Q., c. C-67.3, est au même effet. À propos de la préséance de ces dispositions sur les règles de droit civil, voir N. L'Heureux et É. Fortin, *Droit bancaire*, 3e éd., Cowansville, Éditions Yvon Blais, 1999, p. 68-69 et 457.
74. Voir Montanier, « Les actes de la vie courante en matière d'incapacité », (1982) I *J.C.P.* 3076.
75. M. Ouellette, « De la capacité des personnes », (1988) 1 *C.P. du N.* 133, 154.
76. Par exemple, *Di Ruocco* c. *Association de hockey mineur Les Étoiles de l'Est inc.*, J.E. 2007-1223, EYB 2007-120548 (C.Q.) : contracter avec une équipe de hockey, afin de pratiquer son sport favori.
77. *Olah* c. *Bryan et Bernier*, REJB 2003-45363 (C.Q.).
78. *Barreau du Québec* c. *Commission des services juridiques du Québec*, J.E. 94-526, EYB 1994-75743 (C.Q.).

cente de 13 ans. Le tribunal concluait que « [C]ompte tenu du coût de l'opération, de l'engouement des jeunes pour cette mode et de l'absence de conséquence négative sur la santé des jeunes, il y a lieu de conclure que le perçage du nombril constitue un besoin ordinaire et usuel qu'une jeune fille de treize ans et sept mois peut légalement satisfaire sans l'autorisation de ses parents »[79]. Au sujet de cette décision, soulignons tout de même qu'ayant conclu que le perçage de nombril constitue un besoin ordinaire et usuel pour une enfant de 13 ans (ce qui demeure, à notre avis, sujet à discussion), il était logique pour le tribunal d'ajouter que la commerçante n'avait dès lors pas à se soucier de savoir si l'adolescente avait ou non l'autorisation du titulaire de l'autorité parentale[80]. D'autres dépenses sont plus problématiques. Ainsi, il est sans doute usuel aujourd'hui pour de nombreux adolescents d'acheter un système de son ; autre chose est de savoir si cet achat, qui peut être onéreux, concerne un besoin ordinaire. Sans doute faut-il, dans cette évaluation, tenir compte de la situation particulière de chaque mineur. Ce qui est ordinaire ou usuel pour l'un ne l'est pas nécessairement pour l'autre. Ces notions ont donc également un aspect subjectif. Ce débat reste toutefois assez théorique car nous verrons plus loin que la sanction des actes faits seul par le mineur, qu'ils visent un besoin courant ou non, est exactement la même. La distinction entre d'un côté les besoins usuels et ordinaires et de l'autre les besoins extraordinaires ou non usuels n'enlève donc rien à la protection des mineurs. Elle n'y ajoute cependant rien non plus, si ce n'est que, s'agissant de besoins courants, le cocontractant majeur ne pourrait refuser de contracter en raison de l'incapacité du mineur sans risque de se voir reprocher un comportement de discrimination fondé sur l'âge (art. 10 de la Charte québécoise).

**488.–** *Certains actes à caractère personnel.* Certains actes sont à ce point personnels qu'il a paru normal que le mineur puisse les accomplir seul, sans être représenté par un tuteur[81]. Sans dresser la liste exhaustive des actes personnels que le mineur peut faire seul,

---

79. *Bédard* c. *Roussin Parfumerie inc.*, [2006] R.L. 56, EYB 2006-112442 (C.Q.).
80. Par contre, lorsqu'on se situe dans la relation parent-enfant, affirmer qu'une jeune fille de 13 ans peut légalement décider de se faire percer le nombril malgré l'opposition de ses parents, constituerait une erreur de droit puisque aucune disposition légale ne fonde une telle atteinte à l'autorité parentale. Rappelons que l'article 157 C.c.Q. ne concerne que les relations entre le mineur et son cocontractant mais qu'il ne constitue en rien une diminution de l'autorité parentale contrairement, par exemple, aux dispositions en matière de consentement aux soins qui consacrent expressément une véritable autonomie du mineur dans ses relations avec les titulaires de l'autorité parentale (art. 14 et s. C.c.Q.).
81. Voir *Société Radio-Canada* c. *Union des artistes,* C.A.M., n° 500-09-001357-805, 12 décembre 1983, juges Nolan, Beauregard, Vallerand.

mentionnons qu'il peut reconnaître son propre enfant[82], refuser d'être adopté (art. 549 et 550 C.c.Q.), s'engager dans un contrat de mariage (art. 434 C.c.Q.)[83], demander la destitution de son tuteur (art. 251, al. 2 C.c.Q.)[84], faire opposition à un mariage (art. 372, al. 2 C.c.Q.).

**489.– *La gestion du produit du travail.*** L'autonomie du mineur qui travaille est reconnue à un double point de vue. Ce mineur est réputé majeur dans le cadre de son emploi et il peut gérer seul le produit de son travail (art. 220 C.c.Q.). Toutefois, si ses revenus sont considérables, le tribunal peut fixer les sommes dont le mineur garde la gestion, le surplus étant alors géré par le tuteur. Ici encore, le facteur déterminant est le discernement du mineur. Le tribunal doit également tenir compte de la situation sociale, économique et familiale particulière.

**490.– *Les actions en justice.*** En principe, le mineur doit être représenté par son tuteur dans les actions en justice (art. 159 C.c.Q.)[85]. La loi apporte des exceptions importantes à ce principe. Ainsi, le mineur ne doit pas être représenté par un tuteur dans les actions relatives à son *état*[86], à sa protection[87], à l'exercice de l'autorité parentale[88], et aux actes à l'égard desquels il peut agir seul (art. 159, al. 2 C.c.Q.). Cette dernière hypothèse vise tous les cas mentionnés plus haut, par exemple l'opposition au mariage (art. 372, al. 2 C.c.Q.) ou la demande

---

82. P. Azard et A.-F. Bisson, *Droit civil québécois*, t. I, Ottawa, Éd. de l'Université d'Ottawa, 1971, p. 277.
83. L'autorisation judiciaire sera toutefois nécessaire.
84. P. Azard et A.-F. Bisson, *op. cit.*, note 82, p. 278.
85. *Boissonneault* et *Boissonneault*, B.E. 98BE-702 (C.S.) ; *Leblanc* c. *Poirier*, B.E. 97BE-992 (C.Q.).
86. Par exemple en matière de filiation.
87. Le mineur non représenté peut, par exemple, contester les décisions du Directeur de la protection de la jeunesse en vertu de l'article 74.2 de la *Loi sur la protection de la jeunesse*, L.R.Q., c. P-34.1 (*Protection de la jeunesse – 644*, [1993] R.J.Q. 2511, EYB 1993-64075 (C.A.).
88. Selon les *Comm.*, il s'agirait ici non seulement des questions d'autorité parentale du mineur à l'égard de son propre enfant, mais également de l'autorité de ses parents à son égard, p. 97. Il faut souligner que la jurisprudence a déjà établi que le recours en *habeas corpus* est ouvert à l'enfant mineur sans nécessité et sans obligation de l'assistance d'un tuteur lorsqu'il s'agit de contester un placement illégal en centre d'accueil (*Droit de la famille – 744*, [1990] R.D.F. 114, EYB 1989-76759 (C.S.) ; désistement en appel, 25.01.1990, C.A.M., n° 500-09-000351-890). D'autre part, c'est à juste titre qu'un tribunal a décidé que ce droit d'action autonome en matière d'autorité parentale ne pouvait trouver à s'appliquer en matière de tutelle (en l'espèce un enfant voulait enlever à ses parents, tuteurs légaux, le droit d'administrer ses biens ; or l'administration des biens ne relève pas de l'autorité parentale) : *Droit de la famille – 2118*, [1995] R.D.F. 39, EYB 1995-72300 (C.S.).

d'autorisation de signer un contrat de mariage (art. 434, al. 3 C.c.Q.).
On peut donc penser que, s'il y a un conflit judiciaire à propos d'un
acte visant des besoins courants, le mineur peut agir seul en justice.
En ce qui concerne l'exercice de l'autorité parentale, l'article 159
trouve particulièrement application dans les cas où le mineur entend
obtenir la garde de son enfant[89]. Les tribunaux sont d'ailleurs de plus
en plus généreux dans l'acceptation des demandes d'intervention de
la part de mineurs dans les causes familiales en raison du fait que
leurs intérêts peuvent y être particulièrement affectés[90]. À noter que
le terme « action » ne doit pas être interprété restrictivement et qu'il
peut inclure les procédures introduites par voie de requête[91].

Dans tous les cas où le mineur est en demande et qu'il peut agir
seul, il doit obtenir l'autorisation du tribunal. Le droit d'agir n'est
donc pas automatique et le tribunal pourra contrôler tant le sérieux
de la demande que les motifs qui sous-tendent celle-ci[92]. Il ne faudrait
cependant pas interpréter, comme certains[93], l'article 159, al. 2 C.c.Q.
comme étant limité aux situations exceptionnelles sous prétexte que
cette disposition exige une autorisation judiciaire. Il existe de nombreuses dispositions concernant les mineurs qui prévoient le mécanisme de l'autorisation judiciaire, sans que pour autant le caractère
d'exception puisse être accolé à ces situations ; on peut songer, par
exemple, aux dispositions en matière de consentement aux soins de
santé. Le droit d'action du mineur, dans le cadre de l'article 159
C.c.Q., est un droit dont la seule limite est qu'il est soumis à un test
d'opportunité et que ce test est appliqué par le tribunal[94]. On peut
penser qu'en matière d'intervention par un mineur, la constatation
par le tribunal de l'intérêt à intervenir dans une instance équivaut à
cette autorisation, la discrétion judiciaire en moins[95]. Lorsqu'il est
en défense, cette autorisation n'est pas nécessaire (art. 159, al. 2
C.c.Q.)[96]. Dans les cas où il devrait être représenté, il peut invoquer

---

89. *M.M.* c. *T.D.*, [1994] R.D.F. 478 (C.S.) ; sur ce sujet, voir M. Tétrault, « L'enfant
    mineur. L'autonomie du recours en matière familiale », (1995) 55 *R. du B.* 667.
90. À titre d'exemple, voir *Droit de la famille – 2224*, J.E. 95-1362, EYB 1995-59109
    (C.A.) et *Droit de la famille – 1549*, [1992] R.J.Q. 855, EYB 1992-63869 (C.A.).
91. *M.M.* c. *T.D.*, [1994] R.D.F. 478, EYB 1994-28651 (C.S.).
92. *D. (K.)* c. *B.(M.)*, J.E. 2003-548, REJB 2003-38425 (C.S.).
93. *Ibid.*
94. Nous partageons à cet égard l'avis de Michel Tétrault qui estime que le test de l'ar-
    ticle 159, al. 2 C.c.Q. ne peut être que celui du meilleur intérêt de l'enfant
    (M. Tétrault, *Droit de la famille*, 3e éd., Cowansville, Éditions Yvon Blais, 2005,
    p. 1397-1398).
95. *Droit de la famille – 2224*, J.E. 95-1362, EYB 1995-59109 (C.A.).
96. *S.-P.L.* c. *L.La.*, [2006] R.J.Q. 2015, EYB 2006-108989 (C.A.).

seul, en défense, le fait qu'il est incapable et le fait qu'il n'est pas représenté (art. 160 C.c.Q.).

Lorsqu'il s'agit d'une action en justice relative à un acte pour lequel le mineur est réputé majeur, il peut agir seul en justice. Par exemple, le mineur peut agir seul en recouvrement de salaire puisqu'il s'agit bien d'un acte relatif à son emploi (art. 156 C.c.Q.).

Dans tous les cas où le mineur peut agir en justice, ce droit a pour corollaire le droit à un avocat pour les fins de représentation en justice. L'enfant peut alors donner personnellement un mandat à son avocat lorsqu'il en a la capacité[97].

**491.–** *Le principe de la représentation par tuteur.* Pour le reste, la règle veut que le mineur soit représenté par son tuteur. Nous verrons au chapitre de la tutelle que les pouvoirs du tuteur sont très étendus puisqu'il peut même aliéner, dans certaines circonstances, les biens de son pupille. De plus, le tuteur peut faire les actes que le mineur peut faire seul, à moins que la nature de l'acte ne le permette pas (comme le mariage, par exemple). L'article 158 C.c.Q. prévoit, en effet, que « l'acte que le mineur peut faire seul peut aussi être fait valablement par son représentant ». Cette disposition ne permet cependant pas au tuteur de faire d'autorité des actes à l'égard desquels le mineur est réputé majeur. Ainsi, lorsque le mineur de 14 ans et plus agit dans le cadre d'une activité économique, il est réputé majeur (art. 156 C.c.Q.) et le tuteur ne pourrait alors agir sans l'autorisation du mineur. Il faudrait pour cela que le mineur donne un mandat au tuteur. Cette solution s'impose, dans la mesure où l'article 158 C.c.Q. vise à permettre au tuteur d'agir lorsqu'il est question d'actes que le mineur peut faire seul. Par contre, lorsque le mineur est réputé majeur, son assimilation avec le majeur est totale dans le cadre de l'activité mentionnée ; à ce titre, un tiers ne pourrait intervenir dans ses affaires ; il appartient donc au mineur de choisir d'autoriser ou non le tuteur[98]. L'étendue de ces pouvoirs justifie la mise en place d'une série de mécanismes de surveillance de la tutelle.

---

97. En ce sens, *Droit de la famille – 1549,* [1992] R.J.Q. 855, 865, EYB 1992-63869 (C.A.) ; en matière de protection de la jeunesse, voir *Protection de la jeunesse – 1013,* [1999] R.J.Q. 1999, REJB 1999-12325 (C.S.). En ce qui concerne la représentation de l'enfant en justice par un tuteur *ad hoc,* voir *infra,* par. 644 et s.

98. *Contra :* D. Lluelles et B. Moore, *Droit des obligations,* Éditions Thémis, 2006, p. 472.

## Section V

## La sanction des actes posés par ou pour le mineur[99]

**492.–** *Les actes du mineur non doué de discernement.* Les actes du mineur non doué de discernement sont annulables sans qu'il soit nécessaire de démontrer qu'il y a eu préjudice. En effet, dans ce cas il y a défaut de consentement[100].

**493.–** *Les actes interdits.* Dans quelques rares cas, le mineur est frappé d'une incapacité de jouissance. Les exemples les plus souvent cités sont l'interdiction de tester, si ce n'est de biens de peu de valeur (art. 708 C.c.Q.)[101], et l'interdiction de faire des donations importantes (art. 1813 C.c.Q.)[102]. Ces actes sont frappés de nullité absolue (art. 161 C.c.Q.)[103]. À cet égard, la formulation de l'article 161 C.c.Q. peut sembler maladroite, car le législateur y mentionne les cas où le mineur ne peut agir « seul ou représenté ». Une lecture rapide de cette disposition pourrait laisser croire que deux situations différentes sont ici visées : celle où le mineur agit seul alors qu'il ne peut agir seul et celle où il ne peut agir représenté. Or, le cas où le mineur agit seul est prévu expressément à l'article 163 C.c.Q. Il faut donc comprendre que l'article 161 C.c.Q. vise les cas où le mineur ne peut agir seul ni même représenté[104], sans quoi les actes faits seul par le mineur ne pourraient jamais faire l'objet d'une confirmation puisqu'ils seraient frappés de nullité absolue. En d'autres mots, l'article 161 C.c.Q. ne peut viser que les cas d'incapacité de jouissance.

**494.–** *Les actes non autorisés du tuteur.* En ce qui concerne les actes les plus lourds de conséquences, la loi prévoit que le tuteur doit obtenir l'autorisation du tribunal. C'est le cas de l'aliénation d'un immeuble ou de l'emprunt d'un montant de plus de 25 000 $ (art. 213,

---

99. Dans la présente section, nous indiquerons le sort spécifique réservé aux actes posés par le mineur. Quant aux principes généraux concernant la sanction des incapacités, voir le chapitre I.
100. C. Roch, « La tutelle », dans *Répertoire de droit*, Chambre des notaires du Québec, 1981, p. 20.
101. Sur l'origine de l'incapacité du mineur de tester, voir L.P. Sirois, « Les mineurs devraient-ils pouvoir tester ? », (1909-1910) 12 *R. du N.* 185-187.
102. Il a été jugé que les biens ou les sommes donnés doivent être « intrinsèquement » de peu de valeur et que l'évaluation de ce qui est et de ce qui n'est plus de « peu de valeur » ne change pas selon la fortune du donateur : *M...L... et al. et I...K... et le Curateur public du Québec*, [1997] R.D.F. 75-76, EYB 1996-85458 (C.S.).
103. Pour un exemple de confirmation d'un acte par un mineur devenu majeur, voir *Bergeron c. Lalonde*, B.E. 2000BE-892 (C.Q.).
104. Par exemple, l'impossibilité pour le mineur d'aliéner une partie de son corps non susceptible de régénération (art. 19, al. 2 C.c.Q.).

al. 1 C.c.Q.). Le mineur devenu majeur pourrait confirmer cet acte après la reddition du compte de tutelle (art. 166 C.c.Q.). Il peut aussi en demander l'annulation en invoquant l'absence d'autorisation et sans qu'il soit nécessaire de démontrer qu'il a subi un préjudice (art. 162 C.c.Q.)[105]. En l'absence d'autorisation judiciaire, il y a donc une présomption absolue de préjudice.

**495.– *L'acte lésionnaire.*** Lorsque le mineur agit seul et lorsque le tuteur agit sans l'autorisation du conseil de famille alors qu'elle est requise[106], l'acte ne peut être annulé ou les obligations qui en découlent réduites qu'à la condition que le mineur en souffre lésion (art. 163 C.c.Q.)[107]. Les termes « sans l'autorisation du conseil de tutelle » de l'article 163 C.c.q. ne visent que les actes du tuteur, puisqu'il n'existe aucun exemple d'acte que le mineur pourrait faire seul avec l'autorisation du conseil de tutelle, alors que cette exigence est souvent imposée au tuteur[108].

Par conséquent, à chaque fois que le mineur doué de discernement fait un acte juridique seul, cet acte peut faire l'objet d'une éventuelle annulation ou réduction des obligations, à la condition qu'il y ait préjudice et donc à la condition que l'acte soit lésionnaire[109]. Il ne pourrait pas non plus invoquer lésion lorsque celle-ci résulte d'un événement casuel ou imprévu, de son dol (art. 164 C.c.Q.) ou de son obligation extracontractuelle de réparer le préjudice causé par sa faute[110]. Il est important de souligner que la loi ne fait pas de distinction entre l'acte de la vie courante que le mineur peut faire seul et

---

105.  Cette disposition codifie l'interprétation doctrinale et jurisprudentielle dominante de l'article 1009 C.c.B.-C. en permettant l'annulation, sans preuve de lésion, à chaque fois que la formalité de l'autorisation judiciaire n'est pas respectée, plutôt que de limiter cette possibilité au seul cas de l'aliénation immobilière. *Morin* c. *Dion*, [1957] C.S. 53 ; P.-B. Mignault, *op. cit.*, note 17, p. 245 ; G. Trudel, *op. cit.*, note 18, p. 251.

106.  Exemple : contracter un emprunt inférieur à 25 000 $ mais tout de même important en regard de la fortune du mineur (art. 213 C.c.Q.) ; nue déclaration de règlement amiable faite par le tuteur sans l'autorisation du conseil de tutelle : *Breault* c. *Billot-Select Mégantic inc. et al.*, 29 septembre 2005, AZ-50337871, EYB 2005-96609 (C.S.).

107.  À propos de la notion de lésion, voir *supra*, les paragraphes 460 et s.

108.  Voir par exemple les articles 211, 212, 213, 215, al. 2 C.c.Q. Cette solution est logique car le conseil de tutelle, nous le verrons plus loin, n'est qu'une institution de contrôle de la tutelle.

109.  *Drouin* c. *Lepage*, [1980] C.P. 146 ; *Lepage Automobile Ltée* c. *Couturier*, [1956] C.S. 80 ; *Laflamme* c. *St-Pierre*, [1981] C.P. 340 ; *Marcel Grenier Automobile Ltée* c. *Thauvette*, [1969] C.S. 159 ; *Provost* c. *Place Alexandre Gestion Gaston Lavoie Enr.*, R.L. 26-950117-006, (1995) 14 *Aide juridique Express*, RL-950005 ; *Lapierre* c. *Forand*, J.E. 95-823, EYB 1995-72718 (C.Q.).

110.  J. Pineau, D. Burman et S. Gaudet, *op. cit.*, note 51, p. 247.

l'acte pour lequel il doit être représenté par son tuteur. C'est la raison pour laquelle l'affirmation, à l'article 157 C.c.Q., de la capacité du mineur de contracter seul pour ses besoins ordinaires et usuels n'a pas de réelles conséquences au point de vue de la sanction des actes. Prenons l'exemple du mineur de 17 ans qui s'achète une auto. Il peut y avoir une discussion fort intéressante sur le fait de savoir si cette auto représente un besoin usuel et ordinaire de ce mineur. Mais, dans la négative comme dans l'affirmative, le mineur peut demander l'annulation de la vente ou la réduction de ses obligations qui en découlent, s'il peut démontrer le caractère lésionnaire du contrat[111]. Le législateur ne dit d'ailleurs pas que, en ce qui concerne les actes de la vie courante, le mineur est réputé majeur, comme c'est le cas pour les actes relatifs à l'emploi. On peut sans doute se demander s'il n'y a pas là excès de protection puisque de toute façon les actes ordinaires et usuels ne portent pas sur des valeurs considérables. La reconnaissance d'une certaine autonomie (et donc d'un droit) des adolescents sur le plan de l'aptitude à contracter devrait peut-être s'accompagner de son corollaire, soit l'obligation d'assumer toutes les conséquences de tels actes. La question mérite en tout cas d'être posée.

Enfin, rappelons qu'à ce recours peuvent s'ajouter ceux prévus par des lois particulières, notamment par la *Loi sur la protection du consommateur*, dont l'article 8 traite de la lésion comme source de nullité du contrat ou de réduction des obligations du consommateur. Cette règle s'applique également au consommateur mineur[112].

Le mineur apparaît donc encore et toujours comme une personne incapable de se léser[113], selon la maxime *minor restituitur non tanquam minor sed tanquam laesus*[114]. Par contre, le mineur ne peut se léser par tuteur interposé. En effet, l'acte fait dûment par le tuteur est inattaquable pour cause de lésion[115]. Comme le souligne un auteur, « l'intérêt même du mineur exige que les actes accomplis par son représentant soient à l'abri de toute critique lorsqu'ils sont entourés de toutes les précautions requises par la loi ; car personne ne

---

111.	En droit français, il existe une controverse doctrinale et jurisprudentielle sur la question de savoir si le mineur peut se prévaloir de la lésion dans le cadre d'un acte de la vie courante. Voir G. Goubeaux, *op. cit.*, note 13, p. 358-359.

112.	La *Loi sur la protection du consommateur*, L.R.Q., c. P-40.1.

113.	P.-B. Mignault, *op. cit.*, note 17, p. 192 et 247 ; M. Guy, « La capacité d'aliéner les biens et d'en disposer en droit comparé et en droit international privé », 72 *R. du N.* 257, 263.

114.	A. Mayrand, mise à jour par Mairtin Mac Aodha, *Dictionnaire des maximes et locutions latines utilisées en droit québécois*, 4e éd., Cowansville, Éditions Yvon Blais, 2007, p. 353.

115.	En ce sens, voir L.P. Sirois, *op. cit.*, note 15, p. 284 ; P.-B. Mignault, *op. cit.*, note 17, p. 242.

voudrait contracter avec le tuteur, si le mineur pouvait ensuite invoquer lésion »[116]. Dans ce cas, l'acte est valide, mais le mineur peut éventuellement se retourner contre son tuteur pour obtenir réparation, à la condition, bien entendu, qu'il puisse démontrer que la responsabilité du tuteur est engagée. Accepter que le mineur puisse demander contre le cocontractant l'annulation d'un acte valablement fait par son tuteur, au motif que cet acte serait lésionnaire, reviendrait non seulement à ignorer que la tutelle est précisément mise en place pour permettre à un mineur d'agir utilement par l'intermédiaire de son tuteur, mais cela jouerait immanquablement contre les intérêts du mineur puisque les tiers ne voudraient plus faire affaire avec un mineur, même représenté par son tuteur, dès lors que l'acte pourrait ensuite être annulé ou que les obligations du mineur pourraient être réduites. S'il suffisait de constater que l'acte est lésionnaire pour en obtenir l'annulation, cela constituerait la négation même du droit des tiers de se fier sur la personne qui représente le mineur. Nous verrons au chapitre de la tutelle que le tuteur fait l'objet d'une série de mesures de contrôle dont le but est précisément de s'assurer que son administration soit la meilleure et la plus loyale à l'égard du protégé. Là résident, avec le droit de recours du mineur contre son tuteur, les mesures permettant de protéger le mineur. Les tiers n'ont cependant pas à faire les frais d'une mauvaise administration tutélaire[117].

## Pour aller plus loin

**496.–** *L'âge de la majorité.* Sur l'historique de l'âge de la majorité au Québec, voir J.-G. Cardinal, « L'incapacité. Durée de la minorité », (1958) 61 *R. du N.* 128-145 ; W.S. Johnson, « The Age of Majority », (1942) 2 *R. du B.* 204-212. On notera que le principe de la fixation de la majorité à 21 ans, adoptée en 1782 (*An Ordonnance for Altering, Fixing and Establishing the Age of Majority*, (1782) 22 Geo. III, c. 1) fut repris dans le *Code civil du Bas-Canada* en 1866, à l'instar de la règle retenue par le Code Napoléon de 1804. En France, où l'âge de la majorité variait d'une région à l'autre, la législation révolutionnaire unifia ces régimes et fixa la majorité à 21 ans par la loi du 20 septembre 1792 : voir P. Ourliac et J. de Malafosse, *Histoire du droit privé*, Paris, P.U.F., 1957, p. 113 et s.

État de la question dans les autres provinces canadiennes : les provinces où la majorité est fixée à 18 ans sont, outre le Québec, l'Ontario (*Loi sur la*

---

116. G. Brière, « L'abus de pouvoir des représentants légaux dans le droit familial du Québec », (1978) 19 *C. de D.* 117, 127.

117. *Contra :* D. Lluelles et B. Moore, *Droit des obligations*, Montréal, Éditions Thémis, 2006, p. 470-472.

*majorité et la capacité civile*, L.R.O. 1990, c. A-7, adoptée en 1971, S.O. 1971, c. 98), l'Alberta (*Age of Majority Act*, R.S.A. 2000, c. A-6 , art. 1), le Manitoba (*Loi sur l'âge de la majorité*, C.P.L.M., c. A-7, art. 1), la Saskatchewan (*Age of Majority Act*, R.S.S. 1978, c. A-6, art. 2(1)) et l'Île-du-Prince-Édouard (*Age of Majority Act*, R.S.P.E.I. 1988, c. A-8, art. 1). Dans les autres provinces et dans les Territoires, l'âge de la majorité est fixé à 19 ans (*Age of Majority Act*, R.S.B.C. 1996, c. 7, art. 1 ; *Loi sur l'âge de la majorité*, L.R.N.B. 1973, c. A-4, art. 1 ; *Age of Majority Act*, R.S.N.S. 1989, c. 4, art. 2 ; *An Act Respecting the Attainment of the Age of Majority*, S.N.L. 1995, c. A-4.2, art. 2 ; *Loi sur l'âge de la majorité*, L.R.Y. 2002, c. 2, art. 1 ; *Loi sur l'âge de la majorité*, L.R.T.N.-O. 1988, c. A-2, art. 2). La Loi fédérale sur le divorce (*Loi concernant le divorce et les mesures accessoires*, L.R.C. (1985), c. 3 (2e suppl.)) reconnaît ces différences en retenant la définition suivante (art. 2(1)) : « Est majeur l'enfant qui a atteint l'âge de la majorité selon le droit de la province où il réside habituellement ou, s'il réside habituellement à l'étranger, dix-huit ans ».

La fixation d'une limite d'âge comme facteur d'attribution de droits et d'imposition d'obligations, comporte toujours une part d'arbitraire. Comment justifier, en effet, que d'une journée à l'autre, une personne passe du statut d'inapte à celui de personne entièrement apte sur le plan juridique ? Pourquoi choisir 18 ans comme âge de la majorité civile plutôt que 19 ans, comme c'est encore le cas dans certaines provinces canadiennes ? Pourquoi refuser d'abaisser le droit de vote à seize ans comme cela est régulièrement réclamé par certains groupes dans la société québécoise ? Quel est le lien rationnel entre une limite d'âge et l'attribution d'un droit ? Le raisonnement qui préside à la fixation d'une limite d'âge dans l'attribution d'un droit, pourrait-il s'appliquer lorsqu'il s'agit de retirer un droit à une personne ayant atteint une limite d'âge prédéterminée ? Pour une approche philosophique de ces questions, on lira avec profit l'excellent chapitre « Arbitrariness ans Incompetence » dans D. Archard, *Children, Rights & Childhood*, London and New York, Routledge, 1993, p. 58-69.

**497.– *L'âge de la responsabilité*.** Certains pourraient s'étonner que l'on puisse retenir la responsabilité d'un enfant âgé seulement de sept ans. Cette précocité peut s'expliquer en partie par le fait que les tribunaux ne veulent pas laisser les victimes sans dédommagement. C'est d'ailleurs ce souci d'indemnisation des victimes qui avait amené l'Office de révision du Code civil à proposer que, dans certains cas, une personne, même non douée de raison, puisse être tenue à réparation (O.R.C.C., *Rapport sur le Code civil du Québec*, vol. 1, *Projet de Code civil*, Québec, Éditeur officiel du Québec, 1977, p. 348). Le principe de la responsabilité de l'enfant non doué de discernement a également été retenu par la Cour de cassation française en 1984, modifiant ainsi le droit antérieur qui excluait la responsabilité du jeune enfant : J. Carbonnier, *Droit civil, Les personnes*, 18e éd., Paris, P.U.F., 1992, p. 246. (Voir *Cass. 9 mai 1984*, D. 1984, 525). Cette proposition n'a pas été retenue par le législateur. Claude Masse soulignait que l'abondante jurisprudence qui situe à l'âge de sept ans la transition entre l'irresponsabilité et la responsabilité ne tient pas compte des connaissances de la psychologie moderne qui permettraient de situer cette limite plus tard (C. Masse, « La responsabilité civile », dans Service de la formation permanente, Barreau du Québec, *La réforme du Code civil, un nouveau départ*, Montréal, 1993, p. 227-349, p. 326, note 59). Cet auteur écrit que « cet âge semble avoir été déterminé davantage au Québec en fonction de certaines traditions religieuses (l'âge de la première communion qui suit la première confession dans la religion catholique, l'âge aussi de la confirmation) qu'en fonction de critères mieux établis au plan scientifique ». Quelles que soient les raisons pour fixer la limite à sept ans, comme le font expressément certaines législations comme le Code civil allemand (art. 104 B.G.B), il faut souligner que cette coutume est fort ancienne et qu'en droit romain, qui prévoyait que le jeune enfant (*infans*) était frappé d'une incapacité totale, la période de l'enfance (*infantia*) allait de la naissance jusqu'à l'âge de sept ans. Au Moyen-Âge, on semblait également considérer l'âge de sept ans comme une période charnière dans la vie de l'individu (S. Shulamith, *Childhood in the Middle Ages*, London, Routeledge, 1990).

## BIBLIOGRAPHIE SÉLECTIVE

ARCHARD, D., *Children, Rights & Childhood*, London and New York, Routledge, 1993.

BAUDOUIN, J.-L. et P. DESLAURIERS, *La responsabilité civile*, 7e éd., Cowansville, Éditions Yvon Blais, 2007.

BRIÈRE, G., « L'abus de pouvoir des représentants légaux dans le droit familial du Québec », (1978) 19 *C. de D.* 117.

CARDINAL, J.-G., « L'incapacité. Durée de la minorité », (1958) 61 *R. du N.* 128.

COUCHEZ, G., « La fixation à dix-huit ans de l'âge de la majorité », Comm. de la loi n° 74-631 du 5 juillet 1974, *J.C.P.*, 1975, I, 2684.

D.-CASTELLI M. et D. GOUBAU, *Le droit de la famille au Québec*, 5e éd.,Québec, Les Presses de l'Université Laval, 2005.

DELEURY, É., « La protection des incapables et la réforme du Code civil », (1987) 18 *R.D.U.S.* 57.

DES ROSIERS, N., « La responsabilité de la mère pour le préjudice causé par son enfant », (1995) 36 *C. de D.* 61.

GUY, M., « La capacité d'aliéner les biens et d'en disposer en droit comparé et en droit international privé », (1969) 72 *R. du N.* 257.

JETTÉ, L.A., « De la majorité et de l'interdiction », (1929-1930) 8 *R. du D.* 540.

JOHNSON, W.S., « The Age of Majority », (1942) 2 *R. du B.* 204.

LLUELLES D. et B. MOORE, *Droit des obligations*, Montréal, Éditions Thémis, 2006.

MAYRAND, A., « La présomption de faute du titulaire de l'autorité parentale et les diverses ordonnances de garde d'enfant », (1988) 38 *McGill L.J.* 257.

MEWETT, A.W. et M. MANNING, *Criminal Law*, 3e éd., Toronto, Butterworths, 1994.

MONTANIER, « Les actes de la vie courante en matière d'incapacité », (1982) I *J.C.P.* 3076.

OUELLETTE, M., « De la capacité des personnes », (1988) 1 *C.P. du N.* 133.

PINEAU, J., D. BURMAN et S. GAUDET, *Théorie des obligations*, 4e éd., Montréal, Éditions Thémis, 2001.

POISSON, E., « L'abaissement de l'âge de la majorité », *D.* 1976, *Chr.* 21.

ROCH, C., « La tutelle », dans *Répertoire de droit*, Chambre des notaires du Québec, 1981.

SIROIS, L.P., « Les mineurs devraient-ils pouvoir tester ? », (1909-1910) 12 *R. du N.* 185.

SIROIS, L.P., *Tutelles et curatelles*, Québec, Imprimerie de l'Action sociale, 1911.

TANCELIN, M. et D. GARDNER, *Jurisprudence commentée sur les obligations*, 9e éd., Montréal, Wilson & Lafleur, 2006.

TÉTRAULT, M., « L'enfant mineur. L'autonomie du recours en matière familiale », (1995) 55 *R. du B.* 667.

TÉTRAULT, M., *Droit de la famille*, 3e éd., Cowansville, Éditions Yvon Blais, 2005.

# CHAPITRE II
# L'ÉMANCIPATION

## Section I
## Définition et fondement

**498.–** *Le principe.* L'émancipation peut être définie comme une « modification de l'état du mineur qui consiste dans la suppression ou la réduction de l'incapacité d'exercer ses droits civils »[1]. Dans le *Code civil du Bas-Canada*, l'émancipation était soit un des effets civils du mariage[2], soit le résultat d'une décision judiciaire[3]. Dans un cas comme dans l'autre, les effets étaient cependant identiques : le mineur émancipé acquérait une capacité partielle qui l'affranchissait de la puissance paternelle et lui permettait d'exercer certains actes d'ordre patrimonial. Les auteurs considéraient l'émancipation comme « une espèce d'éducation civile »[4], un « stage administratif »[5], un « noviciat [permettant] de s'initier graduellement à la pratique de la vie juridique et des affaires »[6].

**499.–** *Deux sortes d'émancipation.* Depuis la codification de 1866 jusqu'en 1980, l'institution est restée inchangée. Cette année-là, dans le cadre de la réforme du droit de la famille, on accorda au mineur émancipé par mariage une capacité égale à celle du majeur[7], alors que le mineur émancipé par décision judiciaire demeurait en état de demi-incapacité. Le *Code civil du Québec*, quant à lui, recon-

---

1. Centre de recherche en droit privé et comparé du Québec, *Dictionnaire de droit privé*, 2e éd., Cowansville, Éditions Yvon Blais, 1991, p. 221.
2. Art. 314 C.c.B.-C. Voir L.-P. Sirois, *Tutelles et curatelles*, Québec, Imprimerie de l'Action sociale, 1911, p. 341 ; G. Trudel, *Traité de droit civil*, t. 2, Montréal, Wilson & Lafleur, 1942, p. 359.
3. Art. 315 et s. C.c.B.-C.
4. P.-B. Mignault, *Droit civil canadien*, t. 2, Montréal, C. Théoret, 1896, p. 257.
5. *Ibid.*
6. L. Baudouin, *Le droit civil de la Province de Québec, modèle vivant de droit comparé*, Montréal, Wilson & Lafleur, 1953, p. 322.
7. *Loi instituant un nouveau Code civil et portant réforme du droit de la famille*, L.Q. 1980, c. 39, art. 18, modifiant l'article 314 C.c.B.-C.

naît également deux sortes d'émancipation, la simple émancipation et la pleine émancipation, en apportant toutefois quelques modifications importantes à l'institution.

**500.**– La simple émancipation, qui recouvre *mutatis mutandis* le concept d'émancipation tel qu'il existait avant la réforme de 1980, constitue toujours une espèce de demi-capacité. La pleine émancipation, de son côté, assimile le mineur au majeur et lui accorde donc l'entière capacité juridique.

Notons que, dans un cas comme dans l'autre, l'émancipation n'a d'effets que sur la capacité civile et qu'elle n'affecte pas les mécanismes de protection dans les autres domaines. Ainsi, un mineur émancipé est toujours un adolescent au sens de la *Loi sur le système de justice pénale pour les adolescents*[8] et il peut également faire l'objet d'une intervention dans le cadre de la *Loi sur la protection de la jeunesse*[9]. De façon générale, les limitations ou l'aménagement des droits jusqu'à l'âge de 18 ans que l'on peut retrouver dans différentes lois, continuent à s'appliquer au mineur pleinement émancipé, sauf indication contraire dans la loi.

## Section II
### La simple émancipation

#### §1 - Les modalités et les conditions

**501.**– *Il y a deux façons d'obtenir la simple émancipation : la déclaration au curateur public et la décision judiciaire*. Dans le premier cas, le tuteur peut émanciper son pupille de 16 ans et plus par le dépôt d'une déclaration au curateur public (art. 167 C.c.Q.). Cependant, le tuteur ne peut agir qu'à la demande du mineur et avec l'accord du conseil de tutelle. Le conseil peut ainsi vérifier si la demande d'émancipation n'est pas pour le tuteur une façon de se décharger de la tutelle de manière inopportune ou pour le parent de se décharger de sa responsabilité parentale puisque l'émancipation affranchit l'enfant de cette autorité. L'émancipation prend effet dès le moment de ce dépôt (art. 167, al. 2 C.c.Q.).

---

8. *Loi sur le système de justice pénale pour les adolescents*, L.C. 2002, ch. 1, art. 2(1).
9. *Loi sur la protection de la jeunesse*, L.R.Q., c. P-34.1. Pour un cas d'application, voir *Protection de la jeunesse – 305*, [1988] R.J.Q. 1131 (T.J.), où le tribunal conclut qu'il n'y a pas d'obstacle légal pour le Tribunal de la jeunesse d'intervenir dans le cas d'une enfant de 13 ans et demi, mariée à un adolescent de 17 ans.

Le dépôt auprès du curateur public a pour but de « permettre aux tiers qui y auraient intérêt, de prendre connaissance de ce changement d'état, puisque le curateur public tient un registre accessible à tous »[10]. Il s'agit donc d'une simple mesure de publicité qui ne confère au curateur public aucun pouvoir décisionnel en la matière. Cependant, assez curieusement, la *Loi sur le curateur public* ne prévoit pas d'obligation pour le curateur public de tenir un registre particulier pour les déclarations d'émancipation alors qu'il doit maintenir un registre des tutelles au mineur, un registre des tutelles et curatelles au majeur, un registre des mandats homologués donnés par une personne en prévision de son inaptitude et un registre des biens sous administration provisoire[11]. Dans la pratique, le caractère public de la déclaration et, par voie de conséquence, la protection des tiers, ne sont donc pas vraiment assurés. Il ne s'agit cependant pas d'un problème très épineux, dans la mesure où le mécanisme d'émancipation par déclaration au curateur public est fort peu utilisé[12].

La deuxième façon d'obtenir la simple émancipation est la voie judiciaire[13]. Même si l'article 168 C.c.Q. ne le précise pas, il semble clair que le mineur doit ici aussi être âgé de 16 ans pour pouvoir être émancipé[14]. Un argument de texte peut à cet égard être soulevé. En effet, l'article 168 C.c.Q. indique que le tribunal peut aussi émanciper le mineur, renvoyant donc à l'article 167 C.c.Q. qui permet la déclaration d'émancipation du mineur de 16 ans auprès du curateur public. La version anglaise utilise le mot *likewise* (plutôt que le mot *also* que le législateur utilise pourtant à l'article 175, al. 2 C.c.Q pour la pleine émancipation) indiquant par là que les conditions d'âge sont les mêmes.

---

10. *Comm.*, p. 119.
11. *Loi sur le curateur public*, L.R.Q., c. C-81, art. 54. De plus, le *Règlement d'application de la Loi sur le curateur public*, R.R.Q., c. C-81, r. 1, art. 7, ne prévoit pas que la déclaration d'émancipation doit figurer parmi les mentions obligatoires du registre des tutelles.
12. Pour l'année 1999, le curateur public a reçu six déclarations. Pour les années 2000 et 2001 cumulées, quatre déclarations seulement ont été reçues. De janvier 2002 à juillet 2007, seulement six déclarations ont été reçues par le curateur public (chiffres obtenus auprès des services du curateur public le 24 juillet 2007).
13. Art. 168 C.c.Q.
14. En ce sens, M. Ouellette, « De la capacité des personnes », (1988) 1 *C.P. du N.* 133, 157-158. *Contra*, *P.-L.B.* c. *Curateur public*, J.E. 2005-751, EYB 2005-87442 (C.S.).

La Cour supérieure a compétence exclusive en la matière[15]. La demande doit être portée devant le tribunal du domicile ou de la résidence du mineur (art. 70.2 C.p.c.). Le mineur peut s'adresser seul au tribunal. Le cas pourrait se produire, par exemple, advenant un refus du tuteur ou du conseil de tutelle de procéder par déclaration au curateur public[16] ou s'il n'y a pas de conseil de tutelle[17]. Le tribunal rend alors sa décision après avoir considéré l'avis du tuteur et celui du conseil de tutelle, si ce dernier est déjà constitué[18].

### §2 - Les effets

#### A. Effets sur la tutelle

**502.–** *Le tuteur devient un assistant.* Le mécanisme de la représentation cède le pas à celui de l'assistance. À compter de l'émancipation, le tuteur ne représente plus le mineur émancipé, mais il continue de l'assister gratuitement (art. 169 C.c.Q.) pour les actes excédant la simple administrastion (art. 173 C.c.Q.). Le tuteur doit donc, dès l'émancipation, rendre compte de son administration au mineur (art. 169 C.c.Q.). On constate ici une amélioration par rapport à l'ancien régime qui prévoyait, en cas d'émancipation, la nomination d'un curateur[19]. Le nouvel article « évite la nomination d'une autre personne ; le tuteur connaît déjà le mineur et est bien placé pour déterminer la nature ou le degré d'assistance dont [il] peut avoir besoin »[20]. La continuité dans l'assistance est un gage d'une meilleure protection du mineur émancipé.

---

15. *Protection de la jeunesse – 677*, [1994] R.J.Q. 1166, EYB 1994-79416 (C.Q.) ; *Protection de la jeunesse – 969*, J.E. 98-2185, REJB 1998-09487 (C.Q.) ; *Protection de la jeunesse – 1011*, J.E. 99-1475, REJB 1999-10634 (C.Q.) ; *Protection de la jeunesse – 1055*, J.E. 99-1624, REJB 1999-13607 (C.Q) ; voir aussi *C.N.-Q. (Dans la situation de)*, J.E. 2001-1562, REJB 2001-24814 (C.Q.) où le tribunal rappelle le principe de la compétence exclusive de la Cour supérieure en la matière mais accepte tout de même, en vertu de l'article 91 de la *Loi sur la protection de la jeunesse*, de recommander aux parents d'un adolescent de faire une déclaration d'émancipation.
16. Ce recours devrait être exceptionnel, puisque le mineur devrait généralement réussir à convaincre le conseil de tutelle de sa capacité d'exercer seul les actes de simple administration. En ce sens, *Comm.*, p. 119.
17. Comme dans *P.-L.B. c. Québec (curateur public)*, J.E. 2005-751, EYB 2005-87442 (C.S.).
18. Ce qui se produira notamment si la tutelle est exercée par une autre personne que les père et mère ou lorsque la valeur des biens excède 25 000 $ : *Comm.*, p. 120. Voir art. 223 C.c.Q.
19. Art. 317, 338 et 340 C.c.B.-C.
20. *Comm.*, p. 120.

**503.–** *Le tuteur n'est plus responsable de l'administration des biens.* Étant donné que le tuteur devient un simple assistant, il ne peut plus être tenu responsable de l'administration des biens du mineur. Par contre, il demeure tenu de veiller aux intérêts du mineur et de l'assister. Il peut, à ce titre, engager sa responsabilité, par exemple en assistant mal ou en refusant d'assister son protégé lorsque la loi l'y oblige[21], et ce indépendamment de la possibilité pour le mineur de demander la destitution du tuteur[22]. Les obligations du tuteur sont donc moins lourdes mais toujours réelles.

### B. Effets sur le mineur

**504.–** *Le mineur acquiert une plus grande capacité.* Le mineur ne devient pas titulaire de l'ensemble des droits qui caractérisent la majorité. Il est toutefois libéré de la limitation la plus invasive, c'est-à-dire « de l'obligation d'être représenté pour l'exercice de ses droits civils ». Cette partie de l'article 170 C.c.Q. ne doit cependant pas prêter à confusion. Il ne faudrait pas l'interpréter comme accordant au mineur simplement émancipé le pouvoir d'agir seul en toutes matières. Ce serait en effet un non-sens qui nierait toute distinction entre la pleine et la simple émancipation[23]. Pour saisir la portée réelle de l'article 170 C.c.Q., il faut le lire à la lumière des dispositions qui posent des conditions et des restrictions à l'exercice des droits civils par le mineur simplement émancipé. La simple émancipation constitue donc un stade intermédiaire de capacité[24].

Quant à sa personne, l'effet principal de la simple émancipation est de soustraire le mineur à l'autorité parentale. Par conséquent, les parents sont déchargés de la responsabilité du fait de leur enfant émancipé. Il en va de même du tuteur, car ce dernier n'est pas chargé de la garde, de la surveillance ou de l'éducation du mineur émancipé (art. 1460 C.c.Q.). En conséquence, il peut établir lui-même son propre domicile (art. 171 C.c.Q.)[25]. De plus, le mineur émancipé

---

21. J. Pineau, *Traité élémentaire de droit civil, la famille*, Montréal, P.U.M., 1972, p. 229 ; L.-P. Sirois, *op. cit.*, note 2, p. 368.
22. L.-P. Sirois, *op. cit.*, note 2, p. 369 ; G. Trudel, *op. cit.*, note 2, p. 370.
23. Voir M. Ouellette, *loc. cit.*, note 13, p. 158.
24. R. Joyal, *Précis de droit des jeunes*, t. 1 : *Droit civil de l'enfance et de l'adolescence*, 3e éd., Cowansville, Éditions Yvon Blais, 1999, p. 148.
25. Voir les articles 80 et 598 C.c.Q ; la volonté d'établir son propre domicile et de ne plus être soumis à l'autorité parentale est d'ailleurs le principal motif des demandes d'émancipation : *Protection de la jeunesse – 969*, J.E. 98-2185, REJB 1998-09487 (C.Q.) ; *Protection de la jeunesse – 1011*, J.E. 99-1475, REJB 1999-10634 (C.Q.) ; *Protection de la jeunesse – 1055*, J.E. 99-1624, REJB 1999-13607 (C.Q) ; *C.N.-Q. (Dans la situation de)*, J.E. 2001-1562, REJB 2001-24814 (C.Q.).

devient, de plein droit, tuteur de ses propres enfants (art. 192
C.c.Q.)[26]. Ces effets illustrent « l'autonomie et la capacité accrues du
mineur »[27]. Quant aux biens, la loi prévoit que le mineur peut désormais accomplir seul la plupart des actes, même si certains actes plus
importants nécessitent encore un encadrement.

**505.–** *Actes que le mineur peut faire seul.* Pour certains actes, le
mineur simplement émancipé peut agir seul. En premier lieu, il est
évident que l'émancipation ne lui fait pas perdre les droits qu'il pouvait exercer seul antérieurement : il peut donc contracter pour satisfaire ses besoins ordinaires et usuels (art. 157 C.c.Q.), intenter une
action relative à son état (art. 159 C.c.Q.), poser tous les actes relatifs
à son emploi, à l'exercice de son art ou de sa profession (art. 156
C.c.Q.)[28] etc.

De plus, l'émancipation permet au mineur de faire seul tous les
actes de simple administration[29]. La loi en donne deux exemples : il
est possible au mineur de passer, à titre de locataire, des baux d'une
durée maximale de trois ans (art. 172 C.c.Q.)[30] ; le mineur simplement émancipé peut aussi faire des donations raisonnables, en ce
sens qu'elles ne doivent pas entamer notablement son capital. Cette
notion a un caractère relatif et doit être jugée au cas par cas, puisqu'il
« aurait été imprudent, et peut-être inutile ou trop contraignant, de
fixer des proportions ou d'être autrement plus précis »[31].

Le mineur simplement émancipé a donc, pour tous ces actes
qu'il peut faire sans assistance ni autorisation, le même degré de
capacité qu'un majeur. Par conséquent, il lui est impossible d'invoquer la lésion pour obtenir leur annulation, autrement que dans
les conditions auxquelles les majeurs sont soumis. L'émancipation

---

26. *Protection de la jeunesse – 1013*, [1999] R.J.Q. 1999, REJB 1999-12325 (C.S.).
27. *Comm.*, p. 121.
28. Constitue un « acte relatif à son emploi » le fait de souscrire une assurance-vie
    dans le cadre de celui-ci : *S.S.Q., société d'assurance-vie inc.* c. *Rouillard*, J.E.
    2006-195, EYB 2005-98967 (C.S.).
29. Art. 172 C.c.Q., renvoyant aux articles 1301 à 1305 C.c.Q. Pour un cas d'applica-
    tion, voir *Banque de Montréal* c. *Jaipuria*, [1981] C.S. 321 à 323.
30. Le *Code civil du Bas-Canada* prévoyait une durée beaucoup plus longue, soit
    neuf ans (art. 319 C.c.B.-C.). Le législateur a apporté cette modification « afin de
    réduire le risque économique qui peut résulter d'un bail à long terme » : *Comm.*,
    p. 121. Pour une critique de la formulation de l'article 172 C.c.Q., voir M. Cantin
    Cumyn, « L'administration du bien d'autrui », dans *Traité de droit civil*, Montréal,
    C.R.D.P.C.Q., Éditions Yvon Blais, 2000, par. 206.
31. M. Ouellette, « Des personnes », dans *La réforme du Code civil*, t. 1, Québec,
    P.U.L., 1993, p. 97.

représente donc un élargissement du champ de capacité et, parallèlement, un rétrécissement du régime de protection du mineur[32].

**506.**– *Actes nécessitant l'assistance du tuteur.* Pour les actes qui excèdent la simple administration, le mineur doit obligatoirement être assisté de son tuteur (art. 173 C.c.Q.)[33]. Le Code apporte des précisions : l'acceptation d'une donation avec charge[34] et la renonciation à une succession[35] sont des actes qui dépassent les limites de la simple administration. La possibilité d'une perte patrimoniale pour le mineur a incité le législateur à exiger l'assistance du tuteur pour ces actes[36].

Toutefois, le défaut d'assistance par le tuteur n'entraîne pas forcément la nullité de l'acte : pour cela le mineur doit faire la preuve qu'il a subi un préjudice en raison de l'acte. Le cas échéant, il peut demander une simple réduction de ses obligations en lieu et place de l'annulation de l'acte (art. 173 C.c.Q.).

**507.**– *Actes nécessitant l'autorisation du tribunal.* Certains actes peuvent avoir des incidences financières plus graves et nécessiter une prudence accrue. Le Code prévoit qu'ils doivent être autorisés par le tribunal, sur avis du tuteur (art. 174 C.c.Q.). C'est le cas pour les prêts et les emprunts considérables (ce dernier terme s'interprétant en relation avec l'ampleur du patrimoine du mineur) et pour les actes d'aliénation d'un immeuble ou d'une entreprise. Si ces conditions ne sont pas respectées, le mineur pourra demander la nullité de l'acte ou la réduction de ses obligations si l'acte lui a causé un préjudice. On notera qu'il s'agit d'un resserrement notoire des conditions d'annulation ou de réduction des obligations, par rapport à celles imposées au mineur non émancipé pour lequel l'absence d'autori-

---

32. En ce sens, J. Pineau, D. Burman et S. Gaudet, *Théorie des obligations,* 4e éd., Montréal, Éditions Thémis, 2001, p. 257.
33. En ce qui concerne la possibilité qu'aurait le mineur simplement émancipé d'effectuer un emprunt qui n'est pas « considérable », nous partageons l'opinion de Pineau, Burman et Gaudet qui sont d'avis que ce mineur a ce droit à la condition que cet emprunt puisse entrer dans les conditions strictes de la simple administration, c'est-à-dire que cet emprunt est nécessaire à la conservation d'un bien ou qu'il est utile au maintien de l'usage auquel un bien du mineur est normalement destiné (art. 1305 C.c.Q.) : J. Pineau, D. Burman et S. Gaudet, *op. cit.*, note 32, p. 258.
34. Art. 1831-1835 C.c.Q. *A contrario*, le mineur simplement émancipé peut accepter une donation sans charge.
35. Art. 638, par. 2 et art. 646-652 C.c.Q.
36. *Comm.*, p. 122.

sation judiciaire, lorsqu'elle est requise, constitue une source de nullité sans qu'il soit nécessaire de faire état d'un préjudice[37].

D'autre part, le mineur qui désire se marier devra obtenir l'autorisation du tribunal pour passer, avant la célébration du mariage, une convention matrimoniale. Le titulaire de l'autorité parentale, ou le cas échéant le tuteur, doit alors être appelé à donner son avis. Il est à noter que le mineur peut demander seul cette autorisation (art. 434 C.c.Q.)[38].

**508.–** *Acte interdit.* Le mineur simplement émancipé est soumis, en matière de successions, à la même règle que le mineur non émancipé : il lui est interdit de tester, si ce n'est de biens de peu de valeur (art. 708 C.c.Q.)[39]. Par contre, il peut souscrire une assurance-vie et en désigner le bénéficiaire, dès lors que cette souscription fait partie de ses conditions de travail[40].

## Section III

## La pleine émancipation

### §1 - Les modalités et les conditions

**509.–** La pleine émancipation s'acquiert de deux façons : soit par mariage (art. 175, al. 1 C.c.Q.)[41], ce qui est une reconduction du système en vigueur depuis 1980[42], soit par jugement (art. 175, al. 2 C.c.Q.).

**510.–** *L'émancipation judiciaire.* Cette pleine émancipation est prononcée par le tribunal à la suite d'une demande en ce sens de la part

---

37. Art. 162 et 174 C.c.Q.
38. Cette autorisation n'est plus nécessaire pour les modifications ultérieures au contrat de mariage puisque le mineur est alors réputé majeur, étant pleinement émancipé par le mariage.
39. Voir *supra*, chap. I, section 5 : La sanction des actes du mineur. Sur ce sujet, voir J. Beaulne, « Les successions », dans *La réforme du Code civil*, t. 1, Québec, P.U.L., 1993, p. 295. À cet égard, l'Office de révision du Code civil proposait une solution différente en permettant au mineur de 16 ans de tester, sous réserve que le testament soit fait sous forme notariée (O.R.C.C., *Rapport sur le Code civil du Québec*, t. I, Québec, Éditeur officiel du Québec, 1977, art. III-248, p. 174).
40. *S.S.Q., société d'assurance-vie inc.* c. *Rouillard*, J.E. 2006-195, EYB 2005-98967 (C.S.).
41. Mignault parlait à cet égard d'émancipation *tacite* : P.-B. Mignault, *op. cit.*, note 4, p. 256.
42. Art. 314 C.c.B.-C.

du mineur. Ce dernier est d'ailleurs le seul qui puisse faire la demande. Cela permet d'éviter les situations où un tuteur ou un parent voudrait donner la pleine capacité à un mineur dans le seul but de se dégager de la lourde charge que peut représenter la tutelle[43].

Certaines conditions et formalités doivent être respectées. La demande ne peut en effet être faite que dans l'intérêt du mineur (art. 33 C.c.Q.) pour un motif sérieux, dont l'appréciation relève du tribunal. Mais fondamentalement, ces motifs doivent toucher à l'importance et l'intérêt réel pour le mineur d'accéder à la pleine capacité. Ainsi, ont été jugés insuffisants le fait pour le mineur de vouloir toucher des prestations d'aide sociale ou de pouvoir réclamer une pension alimentaire[44], de vouloir obtenir son permis de conduire[45], le fait pour un parent de ne pas être capable d'exercer toute l'autorité souhaitée sur son enfant[46] ou, encore, l'abdication des parents dans leur tâche d'éducation[47]. Avant de rendre sa décision, ce dernier devra également considérer l'avis du titulaire de l'autorité parentale, du tuteur, ainsi que de toute personne ayant la garde du mineur. L'avis du conseil de tutelle, si celui-ci est déjà constitué, est également requis (art. 175, al. 2 C.c.Q.). Le tribunal pourrait refuser la pleine émancipation mais accorder cependant une simple émancipation s'il estime qu'une certaine autonomie peut être utile au mineur tout en le laissant bénéficier de la protection de la loi[48]. Dans tous les cas, le manque de maturité et l'impossibilité pour le mineur de reconnaître lui-même son propre intérêt, constituent des obstacles à toute forme d'émancipation[49]. La question se pose de savoir s'il y a une condition d'âge pour la pleine émancipation judiciaire malgré que l'article 175, al. 2 C.c.Q. soit muet sur la question. Nous sommes d'avis que la limite de 16 ans s'impose car cette exigence transparait

---

43. M. Ouellette, *loc. cit.*, note 13, p. 159.
44. *Droit de la famille – 2039*, [1994] R.D.F. 660 (C.S.) ; *Droit de la famille – 2197*, [1995] R.D.F. 420 (C.S.) ; *contra : J.D.Du. c. M.O.*, B.E. 2003BE-662 (C.S.) où le tribunal prononce la pleine émancipation d'une mineure de 15 ans orpheline à la suite du décès de ses deux parents, à la seule fin qu'elle puisse être admissible à la *Loi sur le soutien du revenu favorisant l'emploi et la solidarité sociale* (note : cette loi a été remplacée le 1er janvier 2007 par la *Loi sur l'aide aux personnes et aux familles*, L.R.Q., c. A-13.1.1).
45. *J.D.-B. c. S.B.*, *B.E.*, 2003BE-904 (C.S.) *(obiter)*.
46. *Droit de la famille – 2399*, [1996] R.D.F. 268, REJB 1996-29213 (C.S.). Voir aussi la jurisprudence citée dans D. Goubau, « Développements récents en matière d'émancipation des mineurs », (1994) 1 *Impact* 4.
47. *M.(S.) (Re)*, [1995] R.D.F. 675, EYB 1995-72490 (C.S.).
48. *Ibid.*
49. *P.(V.) c. Curateur public du Québec*, J.E. 94-905, EYB 1994-73362 (C.S.).

dans l'ensemble des dispositions sur l'émancipation[50]. Rappelons qu'elle s'applique en matière de simple émancipation dont les effets sont pourtant moins drastiques que ceux de la pleine émancipation. On voit mal, dès lors, pourquoi l'exigence serait moins stricte pour cette dernière. De plus, un tribunal saisi d'une demande de pleine émancipation pourrait préférer la solution de la simple émancipation, dans un souci de protection du mineur. Or la simple émancipation, nous l'avons vu, ne peut être prononcée qu'à l'égard d'un mineur d'au moins 16 ans. La philosophie de l'émancipation semble bien indiquer que le législateur a voulu réserver cette institution aux mineurs entre 16 et 18 ans dont la situation particulière dicte un élargissement du champ de capacité. Cette intention ressort d'ailleurs clairement des *Commentaires* du ministre de la Justice lorsqu'il écrit que « [L]'abaissement de l'âge de la majorité à dix-huit ans ne remplace pas l'utilité de l'émancipation, puisque bien des mineurs de seize à dix-huit ans ont suffisamment de maturité pour, en maintes circonstances, agir sans la représentation d'un tuteur »[51].

**511.–** *L'émancipation par mariage.* Cette émancipation automatique est soumise à la condition que le mariage soit valide et donc, notamment, que le mineur soit âgé de 16 ans[52].

Si le mariage est frappé de nullité, l'émancipation n'en est pas pour autant révoquée quant aux époux qui étaient de bonne foi, le mariage continuant à produire ses effets à leur égard (art. 382 C.c.Q.)[53]. La dissolution du mariage, à la suite de la mort d'un des conjoints, par exemple, n'enlève pas à l'autre le bénéfice de l'émancipation.

### §2 - Les effets

**512.–** Les effets de la pleine émancipation sont indépendants de la façon dont celle-ci est obtenue : le mineur devient juridiquement capable, comme s'il était devenu majeur (art. 176 C.c.Q.). Il perd du même coup tous les « avantages » de la protection civile des mineurs.

---

50. *Contra : J.D.Du.* c. *M.O.*, B.E. 2003BE-662 (C.S.) où le tribunal prononce la pleine émancipation d'une mineure de 15 ans.
51. *Comm.*, p. 119.
52. *Loi d'harmonisation n⁰ 1 du droit fédéral avec le droit civil*, L.C. 2001, c. 4, art. 6. Cette disposition de la loi fédérale pose la limite de 16 ans comme condition de fond du mariage au Québec.
53. Voir L.-P. Sirois, *op. cit.*, note 2, p. 342 ; G. Trudel, *op. cit.*, note 2, p. 359.

Cette fiction de majorité civile ne signifie cependant pas que le mineur émancipé acquiert les droits que les autres législations (droit de vote, droit d'accès à certains lieux publics, droit à certaines prestations, etc.) réservent aux personnes âgées de 18 ans et plus[54]. Il faut tout de même noter que certaines législations assimilent le mineur pleinement émancipé au majeur. C'est le cas, par exemple, en matière d'aide sociale[55].

On peut se demander dans quels cas la pleine émancipation, autrement que par mariage, pourrait être souhaitable ou nécessaire[56]. Quoi qu'il en soit, la pleine émancipation demeure exceptionnelle.

## Section IV
### La fin de l'émancipation

**513.–** La pleine émancipation prend fin soit par le décès du mineur, soit par l'obtention de la majorité, soit par l'ouverture d'un régime de protection à son égard[57]. Dans les cas où la pleine émancipation est l'effet du mariage du mineur, ni le décès de son conjoint, ni son divorce ou même l'annulation de son mariage, ne mettent fin à l'émancipation[58]. La simple émancipation prend également fin au décès ou à la majorité. De plus, elle se termine, bien entendu, si le mineur obtient sa pleine émancipation. Rappelons que, lorsque la simple émancipation prend fin, le tuteur n'est plus tenu de rendre compte puisqu'il n'est plus administrateur des biens et qu'il a déjà rendu son compte définitif au moment de l'ouverture de l'émancipation.

**514.–** *L'émancipation peut-elle être révoquée ?* Sous le *Code civil du Bas-Canada* la réponse à cette question était clairement négative. L'émancipation était irrévocable. La raison de cette règle se trouvait dans le fait que le mineur émancipé pouvait, au même titre que le majeur, faire l'objet d'une

---

54. M. Provost, « La minorité, la tutelle et l'émancipation », dans J.-P. Senécal et al., *Droit de la famille québécois*, Farnham, CCH Ltée, 2001, p. 4154.
55. *Loi sur l'aide aux personnes et aux familles*, L.R.Q., c. A-13.1.1, art. 23(1).
56. Une auteure donne l'exemple du « mineur totalement autonome dans les faits et dont la vie juridique quotidienne serait considérablement simplifiée par l'émancipation. » M. Ouellette, *op. cit.*, note 31, p. 98.
57. Le mineur pleinement émancipé est considéré comme majeur et peut donc faire l'objet d'un régime de protection au sens des articles 256 et s.
58. En cas d'annulation, l'émancipation demeure, en raison de l'application des principes du mariage putatif. Si ceux-ci ne peuvent s'appliquer, l'annulation du mariage entraînera également celle de l'émancipation (art. 382 et s. C.c.Q.).

interdiction ou d'une dation d'un conseil judiciaire. L'émancipé était donc protégé s'il venait à souffrir, par exemple, d'une maladie mentale[59]. Le *Code civil du Québec*, par contre, réserve l'application des articles 256 et suivants (curatelle, tutelle et dation d'un conseiller) aux seuls majeurs. On peut cependant soutenir que ces dispositions s'appliquent en cas de pleine émancipation puisque l'émancipé est alors assimilé au majeur (art. 176 C.c.Q.).

Par contre, ces dispositions ne peuvent certainement pas protéger le mineur simplement émancipé puisque, dans ce cas, l'émancipation ne met pas fin à la minorité (art. 170 C.c.Q.). Par conséquent, l'argument qui historiquement justifiait l'irrévocabilité de l'émancipation, ne peut plus jouer aujourd'hui pour la simple émancipation. Le mineur simplement émancipé risque de se retrouver sans protection adéquate s'il devenait inapte, à moins d'avoir fait un mandat en prévision de son inaptitude : d'une part, les régimes de protection du majeur ne peuvent s'appliquer à lui, et, d'autre part, il ne jouit plus de la protection destinée aux mineurs. Cette situation de vide juridique s'explique certainement par le fait que l'article 256 C.c.Q., tel que libellé, a été proposé par l'Office de révision du Code civil[60] alors que l'Office avait également proposé l'abolition pure et simple de l'institution de l'émancipation[61]. Le législateur a préféré la maintenir, mais il a adopté les dispositions sur les régimes de protection du majeur, en « oubliant » le mineur simplement émancipé.

Par conséquent, à moins d'une modification législative pour étendre la protection des majeurs aux mineurs simplement émancipés, il faut conclure que la simple émancipation est désormais révocable. Une solution contraire aboutirait à laisser sans protection le mineur simplement émancipé qui est devenu inapte sans avoir fait au préalable un mandat en prévision de son inaptitude. On peut donc conclure que le jugement d'émancipation simple devrait pouvoir faire l'objet d'une demande de révision. À l'appui de cette affirmation, on peut invoquer l'article 612 C.c.Q. qui édicte que les décisions, touchant à l'autorité parentale et qui concernent les enfants, peuvent être révisées. Or, le jugement d'émancipation répond à ces critères puisqu'il a pour effet de soustraire l'enfant à l'autorité parentale.

Quant à l'émancipation par simple déclaration au curateur public (art. 167 C.c.Q.), elle ne devrait pouvoir être révoquée que sur décision judiciaire afin d'en permettre le contrôle, la Cour supérieure étant l'instance compétente pour toute question relative à l'état des personnes lorsque la loi ne prévoit pas un autre forum.

---

59. Art. 325 C.c.B.-C. : « Le majeur ou le mineur émancipé qui est dans un état habituel d'imbécillité, démence ou fureur, doit être interdit, même lorsque cet état présente des intervalles lucides ».
60. O.R.C.C., *op. cit.*, note 39, art. 125 et 180.
61. O.R.C.C., *Rapport sur la famille – 2e partie*, Montréal, 1975, p. 10-11.

## Pour aller plus loin

**515.**– *La politique législative en matière d'émancipation.* On peut s'interroger sérieusement sur l'utilité de conserver dans le *Code civil du Québec* l'institution de l'émancipation. À l'époque où l'âge de la majorité était fixé à 21 ans, l'émancipation pouvait, à la rigueur, se justifier car, comme le rappelait le Barreau du Québec, « la société québécoise de la première moitié du siècle était une société traditionnellement agricole et [...] il arrivait souvent que l'aîné des garçons, dans une famille, prenne jeune la succession du père dans l'exploitation de la terre »[62]. Même à cette époque, l'utilité de l'émancipation était remise en question. Ainsi, en 1967, un auteur écrivait : « Si l'on ne perd pas de vue que même en droit le *Code civil de Québec* prévoit expressément que tout mineur (même non émancipé), pourvu qu'il soit âgé de 14 ans, peut intenter seul les actes en recouvrement de gages, opération qui rentre dans la notion d'acte d'administration, on se demande à quoi sert la limitation de la capacité du mineur émancipé. »[63] Dans l'ancien Code, l'incapacité quasi totale des mineurs permettait d'affirmer que l'état transitoire que constituait l'émancipation, répondait à des nécessités sociales[64]. Cependant, l'abaissement, en 1971, du seuil de la majorité à 18 ans[65], jumelé aujourd'hui à la reconnaissance pour le mineur d'une acquisition progressive de la capacité dans de nombreux domaines, permet de mettre en doute l'utilité actuelle du concept[66]. Il existe très peu d'exemples d'émancipation dans les annales judiciaires. Un des motifs soulevés pour expliquer cette rareté est que la plupart des mineurs ayant été émancipés depuis 1866 l'ont été par mariage[67], donc en l'absence de jugement. Le raisonnement est sans doute valable, mais il n'explique pas pourquoi on a cru bon de conserver le régime de la simple émancipation.

Le législateur estime que le fait de rendre plus facile l'accès à l'émancipation va sans doute inciter plus de gens à y avoir recours[68]. Quant à l'argument de l'abaissement de l'âge de la majorité, cet extrait des *Commentaires* exprime bien la valeur que lui accorde le législateur : « L'abaissement de l'âge de la majorité à dix-huit ans ne remplace pas l'utilité de l'émancipation, puisque bien des mineurs de seize à dix-huit ans ont suffisamment de

---

62. Sous-commission du Barreau du Québec sur le droit des personnes, *Mémoire présenté à la Commission parlementaire le 28 mai 1985 sur le projet de loi 20*, 1985, p. 11.
63. L. Baudouin, *Les aspects généraux du droit privé dans la province de Québec*, Paris, Dalloz, 1967, p. 513-514.
64. L. Baudouin, *op. cit.*, note 6, p. 322.
65. L.Q. 1971, c. 85.
66. Concept que l'Office de révision du Code civil n'avait d'ailleurs pas hésité à faire disparaître. *Cf.* O.R.C.C., *op. cit.*, note 61.
67. Voir *Journal des débats*, Commission permanente de la justice, 12 avril 1983, n° 7, p. B-426.
68. *Comm.*, p. 119.

maturité pour, en maintes circonstances, agir sans la représentation d'un tuteur »[69]. Sans remettre en doute cette affirmation, il y a lieu, malgré tout, de se demander si le législateur ne complique pas inutilement les choses et s'il n'aurait pas été plus simple de ne conserver que le régime de la pleine émancipation.

---

69. *Ibid.*

## BIBLIOGRAPHIE SÉLECTIVE

ALLARD, F., « La capacité juridique », dans Barreau du Québec, Collection de droit 2000-2001, vol. 3, *Personnes, famille et successions*, Cowansville, Éditions Yvon Blais, 2000, p. 41 et s.

CANTIN CUMYN, M., *L'administration du bien d'autrui*, dans *Traité de droit civil*, Montréal, C.R.D.P.C.Q., Éditions Yvon Blais, 2000.

GOUBAU, D., « Développements récents en matière d'émancipation des mineurs », (1994) 1 *Impact* 4.

JOYAL, R., *Précis de droit des jeunes*, t. 1 : *Droit civil de l'enfance et de l'adolescence*, 3e éd., Cowansville, Éditions Yvon Blais, 1999.

OUELLETTE, M., « De la capacité des personnes », (1988) 1 *C.P. du N.* 133.

OUELLETTE, M., « Des personnes », dans *La réforme du Code civil*, t. 1, Québec, P.U.L., 1993, p. 97.

OUELLETTE, M., « Les personnes et la famille », dans *Le nouveau Code civil du Québec : un bilan*, Montréal, Wilson & Lafleur, 1995, p. 5 à 26.

PINEAU, J., D. BURMAN et S. GAUDET, *Théorie des obligations*, 4e éd., Montréal, Éditions Thémis, 2001.

PROVOST, M., « La minorité, la tutelle et l'émancipation », dans J.-P. SENÉCAL et al., *Droit de la famille québécois*, Farnham, CCH Ltée, 2001, p. 4111-4160.

SIROIS, L.-P., *Tutelles et curatelles*, Québec, Imprimerie de l'Action sociale, 1911.

# CHAPITRE III

# LA TUTELLE

**516.–** *Définition et fondement.* La tutelle au mineur peut être définie comme une charge, assumée par une personne apte, en fait et en droit, et dont l'objet est d'assurer la protection personnelle d'un mineur, l'administration de son patrimoine et l'exercice de ses droits civils[1]. Le tuteur représente le mineur, ce qui signifie qu'il agit en son nom et à sa place. La tutelle implique donc des pouvoirs. Ceux-ci s'exercent soit sur la personne du mineur, soit sur ses biens, parfois sur les deux à la fois (art. 185 C.c.Q.). Mais la tutelle demeure une mesure de protection, ce qui suppose qu'elle est toujours établie dans le seul intérêt du mineur[2], jamais dans celui du tuteur[3]. De cette affirmation découle le fait que les dispositions concernant la tutelle doivent recevoir une interprétation respectueuse de l'intérêt du mineur protégé[4]. Elles sont considérées comme d'ordre public[5].

Dans certains cas, la tutelle est automatique. Ces cas de tutelle d'office sont prévus par la loi (la tutelle légale) (art. 178 et 192 et s. C.c.Q.). Dans d'autres cas, la tutelle est déférée à une personne désignée par les père et mère ou nommée par un tribunal (la tutelle dative) (art. 178 et 200 et s. C.c.Q.).

Si le tuteur est le personnage central de la tutelle, d'autres mécanismes interviennent au cours de la tutelle pour en contrôler le fonctionnement : l'assemblée des parents, le conseil de tutelle, le

---

1. Art. 177 et 179 C.c.Q. L'article 192 C.c.Q. apporte cependant une exception à l'exigence d'aptitude pleine et entière, en édictant que les parents mineurs, lorsqu'ils sont émancipés, sont de plein droit tuteurs de leur enfant mineur.
2. Le mot *tutelle* tire son origine du verbe latin *tueri* qui signifie aussi bien *surveiller* que *protéger*.
3. Voir *infra*, les sections sur la charge tutélaire et l'administration tutélaire.
4. *L.(S.)* c. *A.(M.)*, REJB 1999-11168 (C.S.) ; *A.V. (Dans la situation de)*, [2001] R.J.Q. 809, REJB 2001-23639 (C.Q.) ; *Protection de la jeunesse – 1013*, [1999] R.J.Q. 1999, REJB 1999-12325 (C.S.).
5. *Droit de la famille – 3444*, [2000] R.J.Q. 2533, REJB 2000-20474 (C.A.).

tribunal, le curateur public[6] et le directeur de la protection de la jeunesse.

## Section I
### Les différentes sortes de tutelle

#### §1 - La tutelle légale

**517.–** *Une nouveauté.* La tutelle légale constitue une des grandes nouveautés introduites par le *Code civil du Québec* puisque dans le *Code civil du Bas-Canada*, toutes les tutelles étaient datives[7], et plus précisément judiciaires. Ce système obligeait les parents à s'adresser aux tribunaux pour faire désigner un tuteur à leur enfant chaque fois que celui-ci devait être représenté dans la gestion de ses biens ou dans les actions en justice. Le *Code civil du Bas-Canada* montrait ainsi une certaine méfiance à l'égard de la famille du mineur[8]. Dans les faits, toutefois, les tribunaux désignaient presque systématiquement les père et mère comme tuteur, à moins de raisons sérieuses pour leur refuser la charge[9]. Les mécanismes de mise en place de la tutelle manquaient de souplesse et d'efficacité. Leur caractère désuet faisait l'objet de critiques depuis fort longtemps déjà[10]. La scission entre l'autorité des parents sur la personne de leur enfant et leurs

---

6. Au 30 septembre 2004, le curateur public dénombrait 2 945 tutelles aux mineurs avec surveillance, 690 tutelles datives et 6 555 tutelles aux mineurs sans surveillance alors que le curateur public était chargé de 165 tutelles datives aux mineurs. Source : P. Desrochers, « Papa, maman, où est mon argent ? La protection des intérêts patrimoniaux du mineur », dans Service de la formation permanente, Barreau du Québec, *Famille et protection,* Cowansville, Éditions Yvon Blais, 2005, p. 71, 88.

7. Art. 249 C.c.B.-C. Voir L. Saint-Laurent, « Majeurs et mineurs, quelques particularités du droit de Québec à cet égard », dans *Le droit civil français, Livre-souvenir des Journées du droit civil français,* Montréal, Barreau du Québec, 1935, p. 155-162. Notons toutefois qu'il existait déjà des exemples de tutelle légale dans la *Loi sur l'assurance automobile,* L.R.Q., c. A-25, art. 3 (cette disposition est abrogée par la *Loi sur l'application de la réforme du Code civil,* L.Q. 1992, c. 57, art. 433) et dans la *Loi sur la protection de la jeunesse,* L.R.Q., c. P-34.1, art. 72 (disposition également abrogée en 1992 par la *Loi d'application de la réforme du Code civil,* L.Q. 1992, c. 57, art. 657 et 658).

8. J. Pineau et M. Ouellette, « La protection de l'enfant dans le droit de la famille », (1978) 9 *R.D.U.S.* 76, 99.

9. M. Guy, « La capacité d'aliéner les biens et d'en disposer en droit comparé et en droit international privé », (1970) 72 *R. du N.* 257, 264-265.

10. Voir en particulier les propos de M. Légaré dans « Quelques considérations sur la « nouvelle tutelle » », (1976) 78 *R. du N.* 475, qui qualifie l'ancienne tutelle de « poussiéreuse » (p. 482).

pouvoirs sur les biens de celui-ci, avait aussi été dénoncée à juste titre[11]. Ces critiques ont amené l'Office de révision du Code civil à proposer une réorganisation complète de la tutelle en introduisant l'institution de la tutelle légale des père et mère[12]. Ce n'est cependant qu'avec le nouveau Code civil que le législateur québécois a finalement décidé d'adopter le système de tutelle légale[13], répondant ainsi « à l'objectif de laisser à la famille le soin d'assumer les responsabilités essentiellement personnelles et privées »[14].

Les dispositions transitoires prévoient que les tutelles datives qui étaient exercées par un tiers lors de l'entrée en vigueur du *Code civil du Québec* peuvent être converties en tutelles légales par une demande adressée au tribunal[15]. Le tribunal exerce à cet égard sa discrétion[16]. Lorsqu'un seul des parents exerçait la tutelle, celle-ci peut être convertie de commun accord en tutelle légale attribuée aux deux parents[17].

## A. La tutelle légale des parents

**518.**– *La règle : automaticité et collégialité.* Par le simple fait qu'ils sont père et mère, les parents sont automatiquement tuteurs de leur enfant mineur. Les parents doivent toutefois eux-mêmes être majeurs ou émancipés (art. 192 C.c.Q.)[18]. Cette tutelle légale vise la représentation de l'enfant dans l'exercice de ses droits civils et l'administration de son patrimoine[19]. Il s'agit donc essentiellement d'une tutelle aux biens[20] qui s'ajoute aux droits et devoirs que les

---

11. Voir en ce sens la critique de L. Baudouin, *Le droit civil de la Province de Québec*, Montréal, Wilson & Lafleur, 1953, p. 292.
12. O.R.C.C., *Rapport sur le Code civil du Québec*, vol. I, Projet de Code civil, Québec, Éditeur officiel, 1978, p. XXXII et vol. II, *Comm.*, t. I, 1978, p. 54.
13. Des mécanismes équivalents à la tutelle légale existent dans de nombreux pays, notamment en France, en Belgique, en Allemagne, en Espagne.
14. *Comm.*, p. 124-125.
15. *Loi sur l'application de la réforme du Code civil*, L.Q. 1992, c. 57, art. 24, al. 2.
16. *L.(S.) c. A.(M.)*, REJB 1999-11168 (C.S.).
17. *Loi sur l'application de la réforme du Code civil*, L.Q. 1992, c. 57, art. 24, al. 1.
18. L'inaptitude d'un parent ne le prive pas automatiquement de la tutelle puisque seul un jugement de déchéance de l'autorité parentale ou une destitution judiciaire peut avoir cet effet (en ce sens *Protection de la jeunesse – 908*, J.E. 97-1433, REJB 1997-08461 (C.Q.)).
19. Notons, en passant, qu'en ce qui concerne les enfants mineurs d'Indiens, la *Loi sur les Indiens* (L.R.C. (1985), c. I-5, art. 52) prévoit que le ministre responsable de l'application de la loi « peut administrer tous biens auxquels les enfants mineurs d'Indiens ont droit, ou en assurer l'administration, et il peut nommer des tuteurs à cette fin ». Il s'agit donc d'un cas de tutelle légale et de tutelle dative aux biens, dérogatoire à la tutelle du *Code civil du Québec*.
20. En ce sens, la tutelle légale des parents s'apparente bien plus à l'idée d'*administration légale* du droit français qu'à celle de tutelle proprement dite.

parents détiennent déjà, par l'autorité parentale, sur la personne de leur enfant.

**519.**– *Tutelle et autorité parentale.* À la lecture des textes en matière de tutelle, on constate un certain rapprochement entre les institutions de la tutelle et de l'autorité parentale[21]. Lorsque la tutelle s'étend à la personne du mineur et qu'elle est exercée par une personne autre que les parents, la loi prévoit que le tuteur agit alors comme titulaire de l'autorité parentale, sauf décision contraire du tribunal (art. 186 C.c.Q.). On constate que, dans ce cas, la tutelle est bien plus qu'un simple élément se rapprochant de l'autorité parentale. Elle tend à se confondre avec l'autorité elle-même. La situation est plus floue en ce qui a trait à la tutelle légale des père et mère. Celle-ci, nous l'avons vu, ne s'étend qu'à l'administration du patrimoine et à la représentation du mineur dans l'exercice de ses droits civils. Il ne s'agit donc pas d'une tutelle à la personne qui, en l'occurrence, aurait été superflue, puisque les parents ont déjà les pouvoirs sur la personne de leur enfant par le biais de l'autorité parentale[22]. Quels sont alors les liens entre la tutelle légale des parents et l'autorité parentale[23] ? Les dispositions du Code concernant l'autorité parentale (art. 597 et s. C.c.Q.) ne mentionnent pas, comme attribut de l'autorité, le droit des parents de représenter leur enfant et d'administrer leur patrimoine. Pourtant, la tutelle légale apparaît bel et bien comme un véritable complément de l'autorité parentale[24]. Certaines caractéristiques de la tutelle légale, nous l'avons vu, sont calquées sur celles de l'autorité parentale. Pensons, par exemple, à la collégialité et à la possibilité pour un parent de donner mandat à l'autre d'exercer la tutelle. La tutelle légale est d'ailleurs à ce point liée à l'autorité parentale que la déchéance de celle-ci entraîne la perte de celle-là (art. 197 C.c.Q.)[25].

La tutelle n'est cependant pas totalement dépendante de l'autorité parentale, puisqu'en cas de rétablissement de l'autorité du parent déchu, la tutelle n'est pas nécessairement rétablie (art. 198 C.c.Q.)[26]. Dans ses com-

---

21. Sur la notion d'autorité parentale, voir M. D.-Castelli et D. Goubau, *Le droit de la famille au Québec*, 5e éd., Les Presses de l'Université Laval, 2005, p. 301 et s. ; M. Tétrault, *Droit de la famille*, 3e éd., Cowansville, Éditions Yvon Blais, 2005, p. 1338 et s. ; J. Pineau et M. Pratte, *La famille*, Montréal, Éditions Thémis, 2006, p. 823 et s.

22. *Adoption – 0738*, J.E. 2007-1076, EYB 2007-120639 (C.Q.).

23. À ce sujet voir M. Provost, « La minorité, la tutelle et l'émancipation », dans *Droit de la famille québécois*, Les Publications CCH/FM Ltée, p. 4,119 à 4,122, no 51-165.

24. Voir la discussion à ce sujet dans P. Desrochers, *loc. cit.*, note 6, p. 82.

25. Dans ce cas, le tribunal peut ordonner d'office la constitution d'un conseil de tutelle, en vertu de l'article 826.3 C.p.c.

26. On trouve un autre exemple de cette possible dissociation, en matière d'adoption : on sait que le consentement à l'adoption entraîne de plein droit la délégation de l'autorité parentale à la personne à qui l'enfant est remis (art. 556 C.c.Q.). Par contre, dans ce cas, il n'y aura pas délégation de plein droit de la tutelle. Celle-ci

mentaires sur la question, le ministre de la Justice explique qu'il faut tenir « compte à la fois du lien étroit qui existe entre la tutelle et l'autorité parentale eu égard aux droits et intérêts de l'enfant mineur et de leur différence fondamentale, l'une étant une institution plus juridique, l'autre, plus sociale »[27]. Selon les commentaires officiels, « les responsabilités qui découlent de la charge de la tutelle s'ajoutent, pour les père et mère, aux droits et devoirs liés à cette autre institution qu'est l'autorité parentale [... qui] fait naître des responsabilités moins formelles et plus personnelles de soins, d'entretien, de garde, de surveillance et d'éducation »[28].

En réalité, même si la tutelle légale des père et mère est une institution juridique autonome, elle ressemble, à s'y méprendre, à un nouvel attribut de l'autorité parentale, donnant à celle-ci une dimension patrimoniale qui lui manquait jusqu'à ce jour[29].

### 1) Les principes en contexte « pacifique »

**520.–** À l'instar de l'autorité parentale, la tutelle des parents est exercée ensemble par les père et mère, sauf lorsque cette collégialité n'est pas possible, c'est-à-dire en cas de décès, d'empêchement ou d'urgence. Dans ces cas, un seul parent peut exercer la tutelle (art. 193 C.c.Q.). En pratique, la collégialité pourrait se révéler peu efficace si elle signifie que le mineur doit nécessairement et toujours être représenté par ses deux parents en même temps. Le législateur a donc prévu que, d'une part, un parent peut donner mandat à l'autre de le représenter dans l'exercice de la tutelle[30] et que, d'autre part, le mandat est présumé à l'égard des tiers de bonne foi (art. 194 C.c.Q.). Ainsi, le mineur peut valablement être représenté par un seul de ses parents et le cocontractant se trouve protégé par cette représentation unique. Cette règle est essentielle pour ne pas alourdir un mécanisme dont le but est précisément de simplifier la représentation des mineurs. Il faut souligner que le droit d'un parent de donner mandat à l'autre n'implique pas le droit de se décharger de la tutelle au profit

doit être conférée par le tribunal, à défaut de quoi le directeur de la protection de la jeunesse devient automatiquement tuteur légal (dans le cas où il s'agit d'un consentement général à l'adoption ; art. 199, al. 2 C.c.Q.).

27. *Comm.*, p. 138.
28. *Comm.*, p. 135.
29. Le choix du législateur de traiter de cette question au chapitre de la tutelle plutôt qu'à celui de l'autorité parentale semble bien fondé car la tutelle légale des parents répond à des règles de fonctionnement qui sont, en grande partie, semblables à celles de la tutelle dative.
30. *Droit de la famille – 2884*, [1998] R.D.F. 70, REJB 1997-08076 (C.S.).

de l'autre parent[31]. La raison en est que la tutelle légale n'est pas seulement un droit des parents. Elle est avant tout une obligation que la loi leur impose.

### 2) Les principes en situations conflictuelles

**521.–** *En cas de différend entre les parents.* Le principe de la collégialité, et donc de l'égalité entre parents, suppose un mécanisme d'arbitrage en cas de conflit dans l'exercice de la tutelle. Le législateur a opté, encore une fois, pour l'intervention du tribunal[32]. Saisi du litige, celui-ci doit favoriser la conciliation des parties et peut consulter le conseil de tutelle, pour statuer ultimement dans le seul intérêt de l'enfant (art. 196 C.c.Q.)[33].

**522.–** *En cas de jugement sur la garde.* Un jugement portant sur la garde d'un enfant n'affecte pas, en principe, l'exercice de la tutelle par les deux parents (art. 195 C.c.Q.). Ce n'est qu'en présence de motifs graves que le tribunal peut en décider autrement. Constituent des motifs graves, notamment, le fait qu'une mère souffre de graves problèmes d'alcoolisme la rendant totalement incapable de gérer les biens du mineur, et qu'elle ait été pratiquement absente de la vie du mineur pendant sept ans[34]. La jurisprudence aura néanmoins à donner à l'expression motifs graves un contenu plus précis. Chose certaine, les tribunaux ne peuvent se contenter de décréter que le retrait de la tutelle est automatiquement dans le meilleur intérêt de l'enfant puisque les motifs graves, comme c'est le cas en matière de déchéance de l'autorité parentale, apparaissent comme une exigence supplémentaire visant à respecter l'intégrité du rôle des père et mère[35]. La loi vise deux situations : celle où la garde est disputée entre les deux

---

31. En ce sens, voir les *Comm.*, p. 136.

32. Le législateur adopte donc une solution calquée sur celle qui prévaut en matière d'autorité parentale où le tribunal apparaît l'ultime décideur en cas de désaccord parental : art. 604 C.c.Q.

33. Cet article est une simple application du principe général prévu à l'article 33 C.c.Q. Voir *infra,* Le respect des droits de l'enfant.

34. *M.C.* c. *M.-J.F.,* J.E. 2005-52, EYB 2004-81132 (C.S.).

35. Comme en matière de déchéance de l'autorité parentale, la Cour d'appel a donc une discrétion indépendante de celle de la Cour supérieure pour déterminer la gravité des motifs invoqués en vue du retrait de l'exercice de la tutelle parentale. Dans *Droit de la famille – 2884,* [1998] R.D.F. 70 (C.S.), la Cour conclut que le fait, pour le père non gardien, de faire faillite, ne constitue pas un motif grave permettant d'entraîner automatiquement la perte de la tutelle. Ce jugement semble cependant considérer que la tutelle est un élément de l'autorité parentale et l'évaluation du motif grave est faite dans le cadre de l'appréciation d'une demande de déchéance de l'autorité parentale devant entraîner également la perte de la tutelle.

parents et celle où la garde est confiée à une tierce personne. En cas de conflit entre les parents, il est normal de maintenir le principe de la collégialité, même si la garde de l'enfant est confiée à un seul d'entre eux. En effet, ce n'est pas parce qu'un des parents obtient la garde de l'enfant qu'il est plus que l'autre en mesure d'assumer la tutelle[36]. Lorsque la garde est confiée à un tiers, les parents continuent également à agir comme tuteurs. Un tribunal ne pourrait les dépouiller de ce rôle pour la simple raison qu'il est plus pratique de faire assumer la tutelle par la personne qui a la garde de l'enfant. Il faudrait que des motifs graves justifient cette décision. En principe, en cas de divorce ou de séparation, le parent non gardien demeure investi du rôle de représentant de son enfant dans l'exercice des droits civils de celui-ci[37].

**523.**– *En cas de déchéance de l'autorité parentale.* Le parent déchu de l'autorité parentale perd la tutelle sur son enfant (art. 606 C.c.Q.). Le tribunal ne dispose d'aucune discrétion à ce sujet et la perte de la tutelle, dans ce cas, est donc automatique. La solution est logique puisque la déchéance ne peut être prononcée que pour des motifs graves et que l'on peut alors présumer que le parent indigne d'être titulaire de l'autorité parentale, n'est pas plus digne d'être tuteur. Par contre, en présence d'un jugement de retrait de l'exercice de certains attributs de l'autorité parentale[38], le tribunal a le choix de maintenir ou non la tutelle dans le chef du parent visé par le jugement[39]. Il se peut, en effet, que ce parent soit « jugé digne ou apte à remplir partiellement un rôle auprès de son enfant »[40]. Dans les deux cas, que la déchéance soit totale ou partielle[41], il devra être prouvé que le parent déchu a commis un manquement grave, puisque la déchéance représente une déclaration judiciaire d'inaptitude du titulaire à détenir une partie ou la totalité de l'autorité parentale[42].

---

36. Voir en ce sens les *Comm.*, p. 137.
37. D. Goubau, « Joint Exercise of Parental Authority : The Quebec Civil Law Perspective », (2000) 17 *Canadian Journal of Family Law* 333, 343. Le principe de l'exercice conjoint de la tutelle en cas de séparation ou de divorce des parents, est d'ailleurs conforme avec celui de l'exercice conjoint de l'autorité parentale dans ces mêmes situations, ce que confirme la jurisprudence de la Cour d'appel (*D.W.* c. *A.G.*, [2003] R.J.Q. 1411, REJB 2003-42518 (C.A.)).
38. Que l'on qualifiait antérieurement de déchéance partielle.
39. *Matte, ès qualités « Délégué du Directeur de la protection de la jeunesse »* c. *P.(N.)*, REJB 2000-18077 (C.Q.) ; *Dans la situation de l'enfant : M.(R.)*, REJB 1999-14049 (C.Q.).
40. *Comm.*, p. 138.
41. *J.C.* c. *V.C.*, [2004] R.D.F. 957, REJB 2004-80272 (C.S.).
42. *C.(G.)* c. *V.- F.(T.)*, [1987] 2 R.C.S. 244.

La perte de la tutelle n'est pas une décision irréversible. Ainsi, le parent qui se voit restituer les droits reliés à l'autorité parentale (art. 610 C.c.Q.) peut être rétabli dans sa charge de tuteur. Il faut noter cependant que ce rétablissement n'est pas automatique et qu'il doit être accordé par le tribunal (art. 198 C.c.Q.). Celui-ci pourrait le refuser s'il estime que le tuteur qui fut désigné dans le cadre de la déchéance de l'autorité parentale, est plus apte à exercer la charge que les parents rétablis dans leur autorité parentale. L'intérêt de l'enfant est ici le facteur déterminant.

**524.– *Les dispositions transitoires.*** La *Loi sur l'application de la réforme du Code civil* règle le sort des tutelles datives exercées par un seul parent au 1er janvier 1994, date d'entrée en vigueur du nouveau Code. Ces tutelles peuvent être converties en tutelles légales des deux parents, soit sur simple accord écrit, soit sur décision du tribunal[43]. Les parents doivent aviser le curateur public de cette conversion. Dans les cas où la tutelle dative a été confiée, sous l'ancien code, à une personne autre que les parents, la conversion ne peut se faire sur simple accord. Seul le tribunal peut l'ordonner[44] et la décision relève de sa discrétion. Si le principe est que la tutelle dative devient une tutelle légale des parents et qu'il convient dès lors de démontrer par une preuve convaincante que cette conversion ne devrait pas avoir lieu[45], elle devra cependant être rejetée, au nom de l'intérêt du mineur, si les faits démontrent que le parent n'est pas apte à agir efficacement comme tuteur[46].

## B. La tutelle légale des futurs parents

**525.– *La protection patrimoniale de l'enfant conçu.*** L'enfant conçu qui n'est pas encore né peut avoir un intérêt patrimonial à protéger. L'ancien droit prévoyait la possibilité de lui désigner un curateur à cette fin[47]. La représentation de l'enfant à naître est d'ailleurs une institution très ancienne, héritée du droit romain. On parlait du « curateur au ventre » pour désigner celui qui représentait l'enfant conçu, mais pas encore né[48]. Le *Code civil du Québec* accorde ce rôle aux futurs parents qui sont de plein droit tuteur légal « de leur enfant conçu qui n'est pas encore né » (art. 192, al. 2 C.c.Q.). Le législateur a

---

43. *Loi sur l'application de la réforme du Code civil,* précitée, note 7, art. 24, al. 1.
44. *Ibid.,* art. 24, al. 2.
45. *Droit de la famille – 2035,* [1994] R.D.F. 567 (C.S.).
46. *L.(S.)* c. *A.(M.),* REJB 1999-11168 (C.S.).
47. Art. 345 C.c.B.-C.
48. À propos de l'historique de la curatelle au ventre, voir, A. Mayrand, *L'inviolabilité de la personne humaine,* Montréal, Wilson & Lafleur, 1975, p. 34 et s. ; P.A. Crépeau, « L'affaire *Daigle* et la Cour suprême du Canada ou la méconnaissance de la tradition civiliste », dans *Mélanges Germain Brière,* Montréal, Wilson & Lafleur, 1993, p. 218, 274-275. Voir *supra,* Partie I.

pris soin d'indiquer noir sur blanc qu'ils sont alors chargés d'agir pour leur futur enfant dans tous les cas où son intérêt patrimonial l'exige. Telle que libellée, cette disposition est sans ambiguïté et ne devrait donc pas servir de terreau à un nouveau débat sur la question de la personnalité juridique du fœtus.

**526.– *Les titulaires de la charge.*** En étendant la tutelle légale des père et mère aux enfants conçus qui ne sont pas encore nés, le législateur a sans doute voulu simplifier et uniformiser les mécanismes en la matière. Mais à vouloir éviter certains problèmes, il arrive qu'on en crée d'autres. En l'occurrence, une question semble avoir échappé aux rédacteurs de l'article 192, al. 2 C.c.Q. : comment peut-on être « les père et mère » d'un enfant qui n'est pas né ? Sous l'ancien Code, la question ne se posait pas, puisque le curateur à l'enfant conçu était désigné par le tribunal. Aujourd'hui, cette charge est assumée par les futurs parents. Tant qu'il n'y a pas de conflit entre eux, cette tutelle légale offre des avantages certains puisqu'elle dispense les futurs parents de s'adresser aux tribunaux pour faire nommer un tuteur. En cas de conflit, par contre, la situation pourrait bien être différente. Les règles concernant l'établissement et la preuve de la filiation, à commencer par celles qui sont relatives à l'acte de naissance, ne s'appliquent évidemment qu'à l'enfant déjà né (art. 523 et s. C.c.Q.). On peut penser que le législateur, en parlant de la mère de l'enfant conçu qui n'est pas né, visait de toute évidence la femme qui porte l'enfant. Cette dernière est donc en principe chargée de la tutelle légale[49]. La question est plus problématique en ce qui concerne le futur père. En cas de différends entre les futurs parents sur la façon d'administrer le patrimoine de leur futur enfant, la question inextricable de la paternité (future), aussi curieux que cela puisse paraître, pourrait bien être soulevée devant le tribunal. Sans doute eût-il été plus judicieux de maintenir, en ce qui concerne l'enfant conçu qui n'est pas encore né, un système de tutelle dative.

### C. La tutelle légale du directeur de la protection de la jeunesse

**527.– *En matière de déchéance de l'autorité parentale.*** Lorsque les parents sont déchus de l'autorité parentale, ils perdent automatiquement la tutelle sur leur enfant. Afin de ne pas laisser celui-ci sans protection, la loi prévoit que, si le jugement de déchéance ne désigne pas de tuteur[50], le directeur de la protection de la jeunesse du lieu de rési-

---

49. Cela n'écarte cependant pas l'obligation de faire une preuve de filiation si l'on entend se prévaloir de l'article 617 C.c.Q. qui permet à l'enfant conçu de succéder à la condition d'une naissance vivante et viable. Or la preuve de filiation ne pourra être faite qu'après la naissance : *Picard* c. *Leroux*, EYB 2002-34205 (C.S.).
50. En vertu de l'article 607 C.c.Q.

dence de l'enfant devient d'office tuteur légal (art. 199, al. 1 C.c.Q.)[51]. Toutefois, cette règle ne s'applique pas si l'enfant est déjà pourvu d'un tuteur. Cela pourrait être le cas d'un enfant qui, avant le jugement de déchéance, a déjà été confié à la garde d'un tiers qui a également été désigné tuteur en vertu de l'article 195 C.c.Q.

**528.–** *En matière d'adoption.* En cas de déclaration d'admissibilité à l'adoption (art. 562 C.c.Q.) ou de consentement général à l'adoption (art. 556 C.c.Q.)[52], il est mis fin à l'exercice de l'autorité parentale par les parents. Il a donc paru normal au législateur de mettre également fin à la tutelle. Si, dans ces situations, le tribunal n'a pas désigné de tuteur, c'est encore le directeur de la protection de la jeunesse qui assumera d'office la tutelle légale[53] et ce, dès l'ordonnance de placement dans le cadre des procédures d'adoption (art. 199, al. 2 et 569 C.c.Q.). En cas de rétractation de l'ordonnance de placement ou dans l'hypothèse où le tribunal refuserait de prononcer l'adoption, le directeur de la protection de la jeunesse qui assumait la tutelle légale de cet enfant exercerait à nouveau cette tutelle (art. 570 à 572 C.c.Q.)[54].

Dans le cas de la déchéance comme dans celui de l'adoption, la tutelle légale du directeur de la protection de la jeunesse a une vocation temporaire. Il ne l'assume que le temps nécessaire pour confier l'enfant aux futurs adoptants ou à un autre tiers[55]. La finalité de la tutelle du directeur de la protection de la jeunesse est d'attribuer à l'État les moyens nécessaires pour assumer temporairement, mais pleinement, la protection d'un enfant en attendant de trouver des parents adéquats pour celui-ci[56].

### D. La tutelle légale du curateur public

**529.–** *Une soupape de sécurité.* La *Loi sur le curateur public* prévoit que le curateur public[57] est notamment chargé de la tutelle aux biens

---

51.  La tutelle légale du directeur de la protection de la jeunesse ne s'applique pas en cas de décès de la mère alors que le père a été déchu de son autorité parentale (*Droit de la famille – 1076,* [1987] R.D.F. 75 (T.J.)).
52.  *Protection de la jeunesse – 710,* J.E. 94-1368, EYB 1994-73817 (C.Q.).
53.  *Dans la situation de : I. (C.),* REJB 2000-20013 (C.Q.).
54.  *A.V. (Dans la situation de),* [2001] R.J.Q. 809, REJB 2001-23639 (C.Q.).
55.  Voir *Comm.,* p. 139.
56.  *A.V. (Dans la situation de),* [2001] R.J.Q. 809, REJB 2001-23639 (C.Q.).
57.  Sur les différentes fonctions du curateur public, voir F. Dupin, « Le curateur public : mode d'emploi et interface avec les autres organismes. », dans Service de la formation permanente, Barreau du Québec, *Pouvoirs publics et protection (2003),* vol. 182, Cowansville, Éditions Yvon Blais, 2003, p. 127-145.

des mineurs qui ne sont pas pourvus d'un tuteur[58]. Cette disposition, qui existait avant l'entrée en vigueur du *Code civil du Québec*, pouvait être utile sous l'ancien Code, qui ne connaissait que les tutelles datives. Il se pouvait, en effet, qu'un mineur soit temporairement dépourvu de toute représentation par un tuteur. La *Loi sur l'application de la réforme du Code civil*[59] n'a pas abrogé cette disposition. Le législateur a donc préféré maintenir une soupape de sécurité « au cas où ». Dans le nouveau contexte législatif, qui connaît désormais la tutelle légale, cette tutelle subsidiaire du curateur public ne devrait pas s'appliquer souvent. Le système de tutelle légale mis en place par le Code, des parents d'abord, du directeur de la protection de la jeunesse ensuite, paraît en effet assez hermétique. L'intervention temporaire du curateur public pourrait par contre jouer dans le cas où un tuteur désigné refuse d'assumer la tâche, créant ainsi une situation de vacance de la tutelle. L'intervention du curateur public pourrait également s'avérer nécessaire dans les situations où un enfant se voit subitement dépourvu de tuteur alors que les démarches pour lui en faire désigner un nouveau n'ont pas encore été entamées[60].

### §2 - La tutelle dative

**530.–** Si la tutelle légale des parents constitue désormais le principe, le législateur a tout de même maintenu un système de tutelles datives qui s'avèrent, dès lors, l'exception[61]. Le *Code civil du Québec* introduit à ce chapitre une importante innovation en permettant aux parents de désigner eux-mêmes le futur tuteur de leur enfant. Le législateur affirme ainsi, une fois de plus, le principe de la responsabilité première de la famille à l'égard du mineur.

### A. La tutelle déférée par les parents

**531.–** *La tutelle en cas de décès et la tutelle en cas d'inaptitude.* Sous le *Code civil du Bas-Canada*, les parents n'avaient aucune possibilité

---

58. *Loi sur le curateur public,* L.R.Q., c. C-81, art. 12, 3º.
59. *Loi sur l'application de la réforme du Code civil,* précitée, note 7.
60. L'intervention automatique du curateur public dans les cas où un enfant n'a pas de tuteur permet de conclure que les dispositions légales permettant à la Société d'assurance automobile du Québec et à la Commission de la santé et de la sécurité du travail de verser une indemnité, à défaut de tuteur ou de curateur, à une personne que cet organisme désigne *ès qualités* de tuteur, ne peuvent trouver application à l'égard des mineurs. Ces dispositions ne viseraient donc que les personnes majeures (*Loi sur les accidents du travail et les maladies professionnelles,* L.R.Q., c. A-3.001, art. 141 ; *Loi sur l'assurance automobile,* L.R.Q., c. A-25, art. 83.27).
61. *Comm.,* p. 124.

de désigner eux-mêmes un tuteur à leur enfant, contrairement à la solution du droit français et malgré les critiques de la pratique à cet égard[62]. Désormais, le père ou la mère peuvent désigner eux-mêmes la personne qui, soit à leur décès, soit au moment où ils deviennent inaptes[63], assumera la tutelle de leurs enfants mineurs. Cette possibilité répond au souhait des parents désireux d'assurer la sécurité de leur enfant[64]. Ils peuvent également désigner un tuteur remplaçant (art. 204 C.c.Q.). Cette nomination peut se faire soit par un mandat donné en prévision de l'inaptitude (art. 200 C.c.Q.)[65], soit (pour les cas où la nomination est faite en prévision du décès) par une clause testamentaire ou par une simple déclaration au curateur public[66].

L'ancien Code interdisait expressément la nomination d'un tuteur par testament[67]. Désormais cette possibilité est offerte aux parents et la loi n'impose aucune forme spécifique de testament. La désignation d'un tuteur pourrait donc se faire dans un testament notarié, olographe ou devant témoins[68]. La déclaration auprès du curateur public n'est cependant pas un mécanisme utilisé très souvent, peut-être parce que cette possibilité est méconnue du public[69].

Cette possibilité qu'ont les parents de désigner un tuteur s'applique donc en prévision de leur décès ou de leur inaptitude (art. 200 C.c.Q.). L'introduction de la tutelle par déclaration au cura-

---

62.  Déjà au début du XXe siècle, plusieurs auteurs suggéraient que l'on introduise la tutelle légale en droit québécois. Voir notamment E. Lemire, « Notes sur la tutelle », (1901) 11 *R. du N.* 338.
63.  Voir *infra*, Titre II, chap. III, Le mandat donné en prévision de l'inaptitude.
64.  M. Ouellette, « De la capacité des personnes », (1988) 1 *C.P. du N.* 162.
65.  Cette possibilité existe depuis 1999 (*Loi modifiant le Code de procédure civile en matière notariale et d'autres dispositions législatives*, L.Q. 1998, c. 51).
66.  Cette dernière possibilité, introduite dans le *Code civil du Québec* de 1991, représentait une innovation importante qu'avait déjà proposée l'Office de révision du Code civil dans les années 1970 : O.R.C.C., *Rapport sur la famille*, 2e partie, Montréal, 1975, commentaires de l'article 81.
67.  Art. 922 C.c.B.-C.
68.  Art. 712, 716, 725, 727 C.c.Q. Voir par exemple *N.P.* c. *J.L.*, [2003] R.L. 461 (C.S.), appel rejeté (C.A., 2003-07-08), n° 200-09-004520-034, AZ-03019670.
69.  Pour les récentes années, les nombres de déclarations parentales en vertu de l'article 200 C.c.Q. sont les suivants : 33 en 2002, 40 en 2003, 40 en 2004, 45 en 2005 et 43 (concernant 52 enfants) en 2006 (renseignements obtenus auprès des services du curateur public, le 29 août 2007). Certains suggèrent qu'une telle déclaration au curateur public devrait engendrer l'obligation de surveillance du curateur public ; en ce sens : C. Dallaire, « Le curateur public et le conseil de tutelle : une responsabilité partagée ? », dans Service de la formation permanente, Barreau du Québec, *Famille et protection,* Cowansville, Éditions Yvon Blais, 2005, p. 217, 224.

teur public a été motivée par le souci de ne pas obliger les parents à faire un testament dont le seul objet serait la désignation d'un tuteur[70]. Quant à la désignation d'un tuteur dans un mandat en prévision de l'inaptitude, elle permet aux parents de faire face à toutes les situations ouvrant la porte à l'homologation d'un tel mandat[71]. En dehors de ces cas, un parent ne peut valablement désigner un tuteur à son enfant[72].

**532.–** *Les règles de conflit en cas de double désignation.* Il se peut que chacun des parents désigne, par testament, déclaration ou mandat, un tuteur différent. Le législateur a donc prévu des mécanismes pour éviter tout conflit. En premier lieu, seule la désignation par le dernier mourant ou par le dernier des deux apte à assumer l'exercice de la tutelle, est valable (art. 201, al. 1. C.c.Q.)[73]. Cette solution est conforme au principe selon lequel le parent survivant devient l'unique titulaire de l'autorité parentale et de la tutelle légale et selon lequel un parent exerce seul ces fonctions lorsque l'autre est dans l'impossibilité de le faire, ce qui couvre le cas d'homologation du mandat en

---

70. *Comm.,* p. 140.
71. Voir *infra*, Titre II, chap. III, Le mandat donné en prévision de l'inaptitude. En étendant la possibilité de désigner un tuteur au mandat en prévision de l'inaptitude, le législateur fait écho à une partie des propositions de l'Office de révision du Code civil. On peut néanmoins regretter que la loi n'ait pas adopté toutes les propositions de l'Office qui suggérait que la désignation d'un tuteur soit possible dans toutes les situations où les parents sont dans l'impossibilité d'exercer l'autorité parentale, que ce soit pour cause d'absence, d'éloignement prolongé ou de maladie, ce qui est beaucoup plus large que les seuls cas de décès ou d'« inaptitude » au sens que l'on donne à cette expression pour les fins de l'homologation d'un mandat en prévision de l'inaptitude.
72. *Droit de la famille – 3444*, [2000] R.J.Q. 2533, REJB 2000-20474 (C.A.) ; la Cour d'appel confirme qu'il est impossible pour une mère lesbienne de désigner sa conjointe comme tutrice à son enfant qui est issu d'une insémination artificielle. Les problèmes pratiques qui découlent de cette impossibilité juridique peuvent cependant être évités, maintenant que l'adoption homosexuelle est possible et que le Code reconnaît également la possibilité pour deux femmes d'établir leur double maternité dès lors que la situation répond aux critères légaux de la procréation assistée (art. 538 et s. C.c.Q., introduits par la *Loi instituant l'union civile et établissant de nouvelles règles de filiation*, L.Q. 2002, c. 6). Dans *Olah* c. *Bryan et Bernier*, REJB 2003-45363 (C.Q.), la Cour du Québec, en appel d'une décision de la Régie du logement, accepte implicitement la possibilité d'une désignation de tuteur dans un document sous seing privé destiné à permettre à un tiers d'agir comme tuteur alors que les parents résident à l'extérieur du Canada ; or, rappelons-le, une telle façon de procéder est impossible en droit québécois.
73. On peut noter que la modification apportée à l'article 201 C.c.Q. par la *Loi modifiant le Code de procédure civile en matière notariale et d'autres dispositions législatives*, L.Q. 1998, c. 51, est imparfaite car l'alinéa 1 de cette disposition énonce « s'il a conservé au jour de son décès la tutelle légale » ; l'article omet donc le cas d'inaptitude. Par conséquent, il aurait fallu ajouter, après le mot « décès », les termes « ou de la prise d'effet du mandat en prévision de son inaptitude ».

prévision de l'inaptitude (art. 600 et 193 C.c.Q.). En second lieu, si les parents meurent ensemble ou perdent l'aptitude à assumer la tutelle au cours du même événement (le cas d'un accident de voiture, par exemple) et qu'ils ont chacun désigné un tuteur différent, seul celui qui accepte la charge devient tuteur. Si les deux l'acceptent, le tribunal doit intervenir pour faire le choix. Dans ce dernier cas, le choix du tribunal est limité aux seuls tuteurs désignés par les parents. Il ne pourrait pas désigner une personne non visée par le testament, la déclaration au curateur public ou le mandat en prévision de l'inaptitude.

**533.–** *Nature de la tutelle déférée par les parents.* Le droit de nommer un tuteur est conditionné par l'exigence que le parent ait conservé la tutelle légale au moment de son décès ou de son inaptitude (art. 201 C.c.Q.). Cependant, lorsque le parent nomme un tuteur, il lui transfère bien plus que le contenu de la seule tutelle légale, c'est-à-dire la représentation du mineur et l'administration de son patrimoine. En effet, la tutelle dative porte sur les biens comme sur la personne de l'enfant[74]. À toutes fins utiles, on peut dire que le parent transfère également son autorité parentale au tuteur désigné[75].

**534.–** *Qu'advient-il si le dernier mourant des parents a effectivement la tutelle légale mais que la garde de l'enfant a été confiée à un tiers ?* Cette situation ne devrait se rencontrer que très rarement mais elle est possible par le jeu de l'article 195 C.c.Q., comme nous l'avons vu plus haut. Dans ce cas, rien n'empêche le parent de déférer la tutelle à une personne autre que le gardien de l'enfant. Le tuteur devient alors celui qui agit comme titulaire de l'autorité parentale (art. 186 C.c.Q.). Toutefois, cela ne change rien au fait qu'un des attributs de cette autorité, la garde, demeure entre les mains du gardien. De plus, pour éviter tout conflit quant à l'autorité sur l'enfant, le tribunal pourrait décider, en vertu de l'article 186 C.c.Q. *in fine*, que le tuteur désigné ne peut pas agir comme titulaire de l'autorité parentale.

**535.–** *L'entrée en fonction du tuteur.* Illustration supplémentaire du respect de l'autonomie des parents, la loi n'exige aucune homologation pour rendre la tutelle effective. Dès son acceptation, le tuteur désigné entre en fonction, sauf si sa désignation est contestée devant les tribunaux (art. 202, al. 1 C.c.Q.). La partie qui conteste la désignation n'a pas pour autant le droit de retenir auprès d'elle les enfants

---

74. En vertu du mécanisme de l'article 185 C.c.Q.
75. En ce sens, M. Légaré, *loc. cit.*, note 10, p. 477. On peut ajouter que cette interprétation trouve aujourd'hui appui dans l'article 186 C.c.Q. qui indique que, lorsque la tutelle s'étend à la personne du mineur et qu'elle est exercée par un tiers, le tuteur agit comme titulaire de l'autorité parentale.

concernés[76]. De plus, afin d'éviter une trop longue période d'absence de protection du mineur, la loi introduit une présomption d'acceptation si la personne désignée n'exprime aucun refus dans les 30 jours de la connaissance de sa nomination (art. 202, al. 2 C.c.Q.). Toutefois, pour pallier la brièveté de ce délai, qui ne laisse pas beaucoup de temps à la personne désignée pour réfléchir à sa décision d'accepter ou de refuser la charge, la loi prévoit qu'elle peut revenir sur son refus initial, tant et aussi longtemps que son remplaçant n'a pas accepté la charge ou qu'un tribunal n'a pas désigné un autre tuteur (art. 204, al. 2 C.c.Q.).

La loi ne prévoit aucune formalité pour exprimer un refus, mais il faut comprendre que ce refus s'exprime dans l'avis que la personne désignée a l'obligation d'adresser au liquidateur de la succession du parent, au curateur public (art. 203 C.c.Q.)[77], ainsi qu'au remplaçant désigné par le parent, le cas échéant (art. 204 C.c.Q.). Il ne semble donc pas que l'inaction de la personne désignée puisse être interprétée comme un refus de sa part d'assumer la charge tutélaire.

**536.– *Les mesures transitoires.*** Il se peut qu'un testament rédigé avant l'entrée en vigueur du *Code civil du Québec* contienne une clause de nomination de tuteur. Déjà en 1976, à la suite des propositions de l'Office de révision du Code civil, certains notaires en recommandaient l'inclusion dans les testaments, en prévision de l'entrée en vigueur des nouvelles dispositions[78]. La Loi d'application prévoit que ces clauses ont plein effet si le décès survient postérieurement à l'entrée en vigueur du *Code civil du Québec*, soit le 1er janvier 1994[79].

### B. La tutelle déférée par le tribunal

**537.– *La tutelle judiciaire.*** La tutelle déférée par le tribunal, c'est-à-dire la Cour supérieure, apparaît tout à fait subsidiaire, puisqu'elle n'intervient qu'à défaut des autres tutelles. La tutelle judiciaire vise les situations de vacance de tutelle, soit qu'il n'y a jamais eu de tuteur et qu'il faut en nommer un (dans le cas d'un enfant abandonné par

---

76. *N.P.* c. *J.L.*, [2003] R.L. 461 (C.S.), appel rejeté (C.A., 2003-07-08), n° 200-09-004520-034, AZ-03019670, où le tribunal accueille une requête en *habeas corpus* pour que les enfants ainsi privés de leur liberté soient retournés au domicile de la tutrice dative.

77. Ces avis, que le tuteur doit également donner en cas d'acceptation de la charge, sont importants pour permettre au liquidateur de la succession d'agir en conséquence et au curateur public d'exercer son contrôle sur le tuteur (*Comm.*, p. 141-142).

78. Voir M. Légaré, *loc. cit.*, note 10, p. 479-480.

79. *Loi sur l'application de la réforme du Code civil*, précitée, note 7, art. 25.

exemple (art. 207 C.c.Q.)[80], soit que le tuteur ne peut plus assumer sa charge et qu'il faut le remplacer (art. 205 C.c.Q.). Il s'agit des cas de contestation de tutelle, de décès, d'incapacité et de démission du tuteur. Le tribunal intervient également lorsqu'il s'agit de nommer un tuteur *ad hoc*[81] ou un tuteur aux biens[82].

**538.–** *La procédure.* Le but unique de la tutelle est la protection du mineur (art. 177 C.c.Q.). Il est donc logique d'éviter le plus possible les situations de vacance et lorsque celle-ci est inévitable, de réduire cette période d'incertitude qui est néfaste aux intérêts du mineur. Le législateur a donc choisi de faciliter la nomination d'un tuteur, en permettant à toute personne intéressée d'entamer les démarches utiles. À cet égard, la loi énumère la liste des personnes et elle vise nommément les père et mère, les proches parents et les alliés du mineur, le curateur public, mais également le mineur lui-même (art. 206 C.c.Q.). De plus, le directeur de la protection de la jeunesse peut aussi demander la nomination d'un tuteur à l'enfant qui est en situation d'abandon ou de danger (art. 207 C.c.Q.)[83]. Cette liste n'est pas limitative puisque « toute personne intéressée » peut faire une demande, à commencer par le tuteur lui-même. Celui-ci n'est pas mentionné dans la liste, mais il peut de toute évidence avoir un intérêt à demander son propre remplacement[84].

Dans tous les cas, la personne qui demande l'ouverture d'une tutelle judiciaire peut proposer elle-même un candidat au poste de tuteur (art. 206 C.c.Q.). Toutefois, le tribunal n'est pas lié par cette proposition et il fait son choix en fonction de l'intérêt de l'enfant, conformément à l'article 33 C.c.Q.

La demande de nomination ou de remplacement du tuteur peut être faite soit directement au tribunal, soit à un notaire. Dans les deux cas, la décision ultime est rendue par le tribunal.

---

80. *S.C.* c. *C.F.*, [2000] R.D.F. 507, REJB 2000-19712 (C.S.) ; *Directeur de la protection de la jeunesse pour F.(G.)*, REJB 1998-09487 (C.Q.).
81. Art. 190 C.c.Q. et art. 394.2 C.p.c. Voir *infra*, par. 545, La tutelle *ad hoc*.
82. Ce pourrait être le cas si le tuteur aux biens et à la personne se révèle peu à la hauteur de sa tâche, compte tenu de la complexité de l'administration du patrimoine du mineur. Voir *infra*, le chapitre sur la charge tutélaire.
83. Cette disposition constitue la codification d'un mécanisme qui existait déjà dans la *Loi sur la protection de la jeunesse*, précitée, note 7 (art. 71, abrogé par la *Loi d'application du Code civil du Québec*, L.Q. 1992, c. 57). Voir *infra*, par. 541 *La tutelle comme mesure de protection dans le cadre de la Loi sur la protection de la jeunesse.*
84. Sur cette question, le *Code civil du Québec* ne diffère pas du *Code civil du Bas-Canada*. Voir à ce sujet L.-P. Sirois, « Quelle personne a le droit de faire nommer un tuteur aux mineurs ? », (1904) 10 *R. du N.* 290 et s.

**539.–** *La demande judiciaire.* Lorsque la demande est faite directement au tribunal, elle est soumise aux dispositions concernant les matières non contentieuses (art. 862 à 863.3 C.p.c.). Elle se fait par requête présentable dix jours après signification[85], accompagnée, le cas échéant, de l'avis du conseil de tutelle (art. 886, al. 2 C.p.c.) et elle doit être présentée au tribunal du domicile ou de la résidence du mineur (art. 872 C.p.c.). La requête, dans tous les cas, doit être notifiée au curateur public. Si le mineur a 14 ans ou plus, la requête doit lui être notifiée également (art. 886, al. 1 C.p.c.). Dans ce dernier cas, la demande initiale doit lui être signifiée à personne[86]. Le tribunal, le juge ou le greffier peut autoriser ou même ordonner la signification ou la notification de la demande à toute personne qu'il détermine (art. 863.1 C.p.c.).

Sauf dans les cas où la demande est introduite par le directeur de la protection de la jeunesse ou une personne qu'il recommande comme tuteur, la requête doit être accompagnée de l'avis du conseil de tutelle[87], puisque le tribunal doit considérer cet avis lorsqu'il nomme ou remplace un tuteur (art. 205, al. 2 C.c.Q.)[88]. Le tribunal n'est toutefois pas lié par cet avis et il peut, pour des motifs sérieux ou dans l'intérêt du mineur, nommer une personne autre que celle proposée par le conseil de tutelle[89], même si en pratique les juges suivent habituellement les recommandations qui leur sont faites à ce sujet. La demande peut être présentée à un juge ou un greffier, mais en cas de contestation, seul le tribunal est compétent (art. 863 C.p.c.). Encore faut-il savoir ce que signifie le terme « contestation » de l'article 863, al. 3 C.p.c. À cet égard, on peut s'inspirer de la terminologie de l'article 863.2, al. 2 C.p.c. qui utilise l'expression « contestation réelle du bien-fondé de la demande ». Il semblerait donc que la contestation doive porter sur l'objet même de la demande et non pas simplement sur un accessoire[90]. Leur pouvoir d'enquête est très

---

85. Art. 110, 862 et 885b) C.p.c.
86. Dans la mesure où la demande initiale a été signifiée à personne, un juge pourrait autoriser que les procédures subséquentes soient signifiées sous pli cacheté en parlant à une personne raisonnable qui a la garde du mineur, lorsque la signification à personne « risque d'aggraver l'état physique ou psychique du mineur » (art. 135.1 C.p.c.) ; cette mesure de protection vise surtout les majeurs inaptes, mais pourrait éventuellement s'appliquer au mineur de 14 ans et plus s'il est démontré que la signification des procédures peut avoir sur lui les effets mentionnés.
87. Art. 886, al. 2 C.p.c. et art. 223, al. 2 C.c.Q.
88. À propos du conseil de tutelle, voir *infra*, par. 603 et s.
89. *Isabelle* c. *Fauteux*, [1985] C.S. 31.
90. En ce sens, *A.* c. *B.*, J.E. 2007-421, EYB 2006-113153 (C.S.) où le juge estime que dans un dossier où le principe même de l'inaptitude et de la nécessité de nommer un curateur n'était pas contestée (il s'agissait en l'espèce d'un cas de majeur

étendu puisqu'ils peuvent, d'une part, ordonner la présentation de toute preuve additionnelle, notamment la production d'expertises (art. 863.1 C.p.c.) et, d'autre part, autoriser les personnes qui sont présentes à faire des observations concernant la demande. La défense est orale (art. 175.2 C.p.c.) sauf entente des parties sur le principe d'une défense écrite ou sauf autorisation spéciale du tribunal (art. 175.3 C.p.c.). La décision est transmise au curateur public (art. 863.2 et 863.3 C.p.c.).

**540.–** *La demande notariale.* La demande qui est introduite devant un notaire[91] est notifiée par ce dernier aux intéressés et signifiée « à personne » en ce qui concerne le mineur de 14 ans et plus[92]. Les personnes « intéressées » comprennent, dans le cas de la nomination ou du remplacement d'un tuteur, les personnes qui doivent obligatoirement être convoquées à l'assemblée de parents, d'alliés ou d'amis appelée à constituer le conseil de tutelle conformément au premier alinéa de l'article 226 C.c.Q. De plus, le notaire doit en même temps convoquer ces personnes à l'assemblée en question. Il doit aussi notifier la demande au curateur public dans les cas de remplacement de tuteur (art. 876.2, 863.5 et 135.1 C.p.c.)[93]. Dans tous les cas, le notaire doit donner avis indiquant la date et le lieu où il commencera ses opérations et donnant l'information utile en rapport avec la demande et avec les droits des personnes intéressées (dont le droit d'être entendu). Cet avis doit être déposé au greffe du tribunal compétent,

---

inapte), la contestation qui ne porte que sur l'identité de la personne à nommer, ne constitue pas une contestation réelle au sens des articles 863 et 863.2 C.p.c. On comprend qu'une telle décision est motivée par le souci louable de ne pas alourdir le processus judiciaire de nomination d'un représentant ; cependant, on ne peut non plus oublier que dans certains dossiers où la demande mentionne l'identité de la personne que les demandeurs veulent voir nommer tuteur, ces débats peuvent opposer différentes factions d'une même famille ; l'identité de la personne à nommer est alors au cœur de la demande et peut donner lieu à des contestations très musclées dans lesquelles il semble difficile de ne pas voir une contestation réelle du bien-fondé de la demande.

91. Pour une analyse détaillée du rôle notarial en la matière, voir M. Beauchamp et B. Roy, « Les nouvelles procédures judiciaires non contentieuses devant notaire », (1999) 2 *C.P. du N.* 130 ; A. Roy, « Les régimes de protection du majeur inapte », dans Chambre des notaires du Québec, *Répertoire de droit / Nouvelle série, Procédures non contentieuses. Doctrine – Document 5*, septembre 2000, p. 1-59 ; M. Beauchamp, « Les nouvelles compétences attribuées au notaire : commentaires et critique », dans Service de la formation permanente, Barreau du Québec, *Les mandats en cas d'inaptitude : une panacée ?*, Cowansville, Éditions Yvon Blais, 2001, p. 53-69.

92. Le lieu de l'étude notariale n'a pas d'importance et la demande adressée au notaire n'est soumise à aucun formalisme particulier (A. Roy, « Les régimes de protection du majeur inapte », *loc. cit.*, note 91, p. 123).

93. Les « notifications » effectuées par le notaire se font selon les formalités prescrites par les articles 146.1 et 146.2 C.p.c. (art. 863.12 C.p.c.).

c'est-à-dire celui du domicile ou de la résidence du mineur (art. 863.9 et 872 C.p.c.).

Le notaire joue un rôle préparatoire très important, puisqu'il doit entendre les témoignages et les observations, recueillir la preuve au soutien de la demande et en dresser procès-verbal en minute (art. 863.7 C.p.c.). Une copie authentique de ce procès-verbal, accompagnée de toutes les pièces justificatives, doit être déposée par le notaire sans délai au greffe du tribunal et une copie du procès-verbal doit être notifiée à toutes les personnes intéressées, incluant le mineur de 14 ans et plus, avec avis que sans opposition dans les dix jours, le juge ou le greffier peut accueillir les conclusions du notaire (art. 863.9 C.p.c.). Si les pouvoirs du notaire sont importants, il ne s'agit pas pour autant d'un pouvoir décisionnel. Le pouvoir décisionnel en la matière n'est exercé en exclusivité que par le pouvoir judiciaire. En réalité, le tribunal n'est pas formellement tenu par les conclusions du notaire puisqu'il peut aussi bien les rejeter ou rendre toutes les ordonnances nécessaires à la sauvegarde des droits des parties (art. 863.10 C.p.c.).

Si la loi accorde au notaire un pouvoir étendu, celui-ci est cependant tenu d'agir constamment dans l'intérêt de la personne concernée, en l'espèce le mineur (art. 863.6 C.p.c.).

Lorsque, dans l'exécution de ses fonctions, le notaire constate que certaines observations ou représentations qu'il a recueillies équivalent à une contestation du bien-fondé de la demande, il doit se dessaisir immédiatement au profit du tribunal qu'il doit saisir par le dépôt de son procès-verbal. Dans un tel cas, sa mission n'est pas pour autant terminée puisque le tribunal peut confier au notaire la mission de recueillir la preuve nécessaire à la poursuite du dossier (art. 863.8 C.p.c.).

### C. La tutelle comme mesure de protection dans le cadre de la Loi sur la protection de la jeunesse

**541.–** *La tutelle de protection de la jeunesse.* C'est à la suite des recommandations du Comité d'experts sur la révision de la *Loi sur la protection de la jeunesse*[94] que le législateur a mis en place une mesure de tutelle pouvant être ordonnée par la Chambre de la jeunesse de la

---

94. Ministère de la Santé et des Services sociaux, *Rapport du Comité d'experts sur la révision de la Loi sur la protection de la jeunesse*, Québec, novembre 2003 (rapport Dumais, du nom du président du Comité d'experts), p. 99-100.

Cour du Québec[95] mais à laquelle s'appliquent les règles du Code civil en matière de tutelle[96]. Il faisait écho à l'article 207 C.c.Q. qui autorise le directeur de la protection de la jeunesse ou la personne qu'il recommande (cela peut être, par exemple, une famille d'accueil ou une famille dont le projet est éventuellement d'adopter l'enfant un jour) à demander l'ouverture d'une tutelle pour un enfant délaissé ou autrement en danger[97]. L'idée qui sous-tend ce volet de la réforme de 2006 de la *Loi sur la protection de la jeunesse*, est de permettre à des enfants abandonnés ou en situation de danger les empêchant de continuer à vivre avec leurs parents, de s'inscrire néanmoins dans un projet de vie stable et à long terme, alors que ces enfants ne répondent pas pour autant aux différentes conditions de l'adoption. On peut penser au cas d'un enfant pour qui, même si ses parents ne s'en occupent plus adéquatement, l'adoption ne serait pas une bonne solution parce qu'il est dans son intérêt de maintenir soit le lien symbolique d'appartenance avec sa famille biologique, soit même des contacts réels avec l'un ou l'autre parent d'origine. L'adoption plénière qui rompt définitivement les liens de filiation et qui est la seule qui existe en droit québécois, ne permet pas de répondre adéquatement à de telles situations. La tutelle apparaît dès lors comme une solution mitoyenne offrant plus de souplesse à cet égard. Le nouvel article 70.6 de la *Loi sur la protection de la jeunesse* prévoit d'ailleurs, parmi les mesures dont le tribunal peut accompagner la désignation d'un tuteur, la possibilité de rendre une ordonnance de maintien de relations personnelles avec ses parents d'origine, ses grands-parents d'origine ou tout autre tiers lorsque cela est dans l'intérêt de l'enfant.

**542.–** Il y a eu cependant certains problèmes d'arrimage des nouvelles dispositions de la *Loi sur la protection de la jeunesse* avec les dispositions du Code civil et du *Code de procédure civile*, dans la mesure où les dispositions de ces deux codes, lorsqu'elles traitent de la tutelle demandée et exercée par le directeur de la protection de la jeunesse ou par la personne qu'il recommande, partent du principe que ce type

---

95. *Loi modifiant la Loi sur la protection de la jeunesse et d'autres dispositions législatives*, L.Q. 2006, c. 34. Les dispositions concernant la tutelle n'étaient cependant pas en vigueur au moment de la rédaction de ce texte (le Décret d'entrée en vigueur exclut en effet cette partie de la loi portant sur la tutelle : Décret 401-2007, (2007) 139 II 2247 (n° 25, 20/06/07)).

96. Art. 70.1 de la *Loi sur la protection de la jeunesse*, précitée.

97. L'article 207 C.c.Q. prévoit trois situations particulières : l'orphelin non pourvu d'un tuteur, l'enfant dont les parents n'assument pas, de fait, le soin, l'entretien ou l'éducation et, finalement, l'enfant qui serait en danger s'il était confié à ses parents.

de tutelle n'a pas besoin d'être surveillé par un conseil de tutelle[98] puisque la personne recommandée, peut-on supposer, est déjà « surveillée » par le directeur de la protection de la jeunesse. Pourtant, le nouvel article 70.2 de la *Loi sur la protection de la jeunesse* édicte que « le directeur met fin à son intervention auprès d'un enfant dont il a pris la situation en charge lorsque l'enfant a été confié à une personne ou à une famille d'accueil et que cette personne ou une personne de la famille d'accueil a été nommée tuteur de cet enfant conformément au deuxième alinéa de l'article 70.1 ». C'est donc dire que l'on se trouve en présence d'une tutelle, incluant la tutelle aux biens, qui est dégagée du contrôle par un conseil de tutelle. Il est vrai que cela ne signifie pas une absence totale de contrôle puisque la loi prévoit que lorsque pour un acte donné, un avis ou une autorisation du conseil de tutelle est requis, c'est le tribunal qui doit autoriser l'acte du tuteur. Il y a donc ici alourdissement considérable du fonctionnement de la tutelle. Par ailleurs, lorsque la valeur des biens du mineur est supérieure à 25 000 $ (et dans les autres cas lorsque le tribunal l'ordonne), la personne recommandée ne peut agir qu'à titre de tuteur à la personne, alors que la tutelle aux biens se voit déférée au curateur public qui détient ainsi les droits et les obligations d'un tuteur datif (art. 221 C.c.Q.)[99].

**543.–** Le tuteur désigné par la Cour du Québec exerce également l'autorité parentale, comme dans tous les cas où la tutelle à la personne du mineur est exercée par une autre personne que les père et mère (art. 186 C.c.Q.). Un autre problème d'arrimage se pose ici. En effet, il est clair que la tutelle de protection a pour but d'écarter les parents dans leur rôle de tuteurs et dans l'exercice de leur autorité parentale. On vise, par cette mesure, à substituer aux parents des personnes dont on espère qu'elles exerceront le rôle parental dans le meilleur intérêt de l'enfant ainsi protégé. C'est d'ailleurs la raison

---

98. Là encore, il existe un certain flou dans les dispositions légales. L'article 205 C.c.Q. indique que la tutelle dative est déférée par le tribunal qui doit prendre l'avis du conseil de tutelle à moins que la tutelle ne soit demandée par le directeur de la protection de la jeunesse. On remarque donc que ce texte ne parle pas des demandes présentées par une personne recommandée par le directeur de la protection de la jeunesse. Pourtant, l'article 223, al. 2 C.c.Q. est, quant à lui, très clair puisqu'il édicte que le conseil de tutelle n'est pas constitué lorsqu'il s'agit d'une tutelle exercée par la personne recommandée par le directeur de la protection de la jeunesse. Pour un cas d'application où le tribunal nomme comme tutrice la personne recommandée, sans prendre l'avis d'un conseil de tutelle : *S.C. c. C.F.*, [2000] R.D.F. 507, REJB 2000-19712 (C.S.).

99. Un problème se pose ici puisque la tutelle de la personne recommandée par le directeur de la protection de la jeunesse est gratuite, alors que la tutelle aux biens exercée par le curateur public est soumise aux règles de rémunération de cet organisme ; le patrimoine du mineur protégé se voit ainsi sujet à des ponctions financières auxquelles, en d'autres circonstances, il échapperait.

pour laquelle cette charge tutélaire demeure gratuite[100], en dépit du principe selon lequel les tutelles datives peuvent être rémunérées (art. 183 C.c.Q.). Or s'il n'y a pas de problème dans cet exercice de substitution lorsqu'il s'agit de l'autorité parentale (celle-ci pouvant être attribuée à deux tiers, en l'occurrence les parents d'accueil), il en va autrement en matière de tutelle. Cette tutelle, rappelons-le, est dative et dans un tel cas on ne peut nommer qu'un seul tuteur à la personne (art. 187 C.c.Q.). Cet aspect du rôle parental ne pourra, dès lors, être assumé que par une seule personne au sein d'une éventuelle famille d'accueil[101]. Par contre, le tuteur désigné « agit comme titulaire de l'autorité parentale », sauf décision contraire du tribunal (art. 186 C.c.Q.) ; on peut donc penser qu'il pourra, à ce titre, déléguer à l'autre parent d'accueil l'exercice de certains aspects de l'autorité parentale (art. 601 C.c.Q.). Mais une telle mesure demeure strictement tributaire du bon vouloir de chacune des personnes. Cette tutelle, que l'on pourrait qualifier de « tutelle de protection », puisqu'elle se limite aux enfants pris en charge par le directeur de la protection de la jeunesse dans le cadre précis de la *Loi sur la protection de la jeunesse*, introduit implicitement une sorte de déchéance de la tutelle de même nature que celle découlant automatiquement de la déchéance de l'autorité parentale. La loi prévoit, dans cette logique, une possibilité pour les parents qui ont ainsi perdu leur fonction de tuteurs, de demander au tribunal d'être rétablis dans leur tutelle (art. 70.5 de la *Loi sur la protection de la jeunesse*). Dans un tel cas, le tribunal doit demander au directeur de la protection de la jeunesse de produire un rapport sur la situation sociale de l'enfant visé.

**544.–** *La compétence judiciaire en matière de tutelle.* Une des particularités remarquables de cette innovation du droit des tutelles, est évidemment le transfert de compétence de la Cour supérieure vers la Cour du Québec pour ce qui est des tutelles visant des enfants qui font l'objet d'une prise en charge

---

100. Elle est gratuite, en ce sens que le tuteur ne peut toucher une rémunération à même les avoirs du mineur ; mais cette tutelle peut cependant être appelée à être subventionnée (art. 70.3 de la *Loi sur la protection de la jeunesse*), l'idée étant de subvenir aux besoins financiers des personnes qui acceptent d'accueillir des enfants en danger dans le cadre d'un mécanisme légal mettant sur leurs épaules une responsabilité à long terme qui dépasse largement celle incombant à une famille d'accueil ordinaire.

101. La question de l'obligation alimentaire pourrait se poser de façon épineuse en cas de séparation du couple qui accueille un enfant protégé et dont un seul membre agit comme tuteur. Nous avons déjà souligné que seul ce dernier agit alors comme titulaire de l'autorité parentale ; à ce titre, il est tenu par une obligation d'entretien. Le conjoint qui n'est pas désigné tuteur n'a pas une telle obligation. Or si la garde de l'enfant, en cas de séparation, est confiée au tuteur, l'autre parent de substitution n'est légalement tenu à aucune obligation alimentaire pour le bénéfice de l'enfant.

par le directeur de la protection de la jeunesse en application de sa loi constitutive. Se pose dès lors la question de la constitutionnalité d'un tel transfert de compétence qui met en jeu l'article 96 de la *Loi constitutionnelle de 1867*[102]. Sans entrer dans une analyse de cette disposition et des interprétations jurisprudentielles complexes qu'elle a générées[103], soulignons tout de même qu'au moment de la Confédération, la compétence en matière de tutelle, au Québec, relevait exclusivement de la Cour supérieure et de la Cour de circuit[104], deux tribunaux visés par l'article 96. Il est vrai que dans plusieurs provinces canadiennes, l'histoire juridique montre qu'il y a eu une pratique importante qui consiste à donner à des tribunaux inférieurs des compétences connexes en matière de protection et d'adoption. C'est ainsi que des lois de protection de la jeunesse au Canada prévoient aujourd'hui le mécanisme de la tutelle parmi les différentes mesures de protection[105]. Mais il convient de souligner que ces législations font appel à la notion de *wardship* et, surtout, de *guardianship* et que même si la version française de ces législations utilise le mot tutelle pour désigner de telles institutions, force est de constater que celles-ci ne correspondent par pour autant exactement à la notion civiliste de tutelle et qu'elles se rapprochent même plutôt de la notion civiliste d'autorité parentale. Il est vrai aussi qu'en 1982 la Cour suprême du Canada, dans un arrêt partagé, reconnaissait le pouvoir de la province de la Colombie-Britannique d'accorder la compétence en matière de tutelle, dans le cadre de la protection de la jeunesse, à une cour provinciale[106]. Cependant, dans ce cas précis, l'article 6(1)(a) de la *Family Relations Act* (qui était la disposition contestée) prévoyait expressément que la cour provinciale n'avait compétence que sur la tutelle à la personne de l'enfant et non pas sur ses biens, alors que l'article 5(1) de cette même loi confirmait que les questions relatives à la tutelle aux biens ne relevaient que de la Cour suprême de la Colombie-Britannique (soit l'équivalent de la Cour supérieure au Québec). À la lumière de ces éléments, on peut à tout le moins se poser la question de la validité d'un tel transfert de compétence vers la Cour du Québec, d'autant plus que la tutelle que vise la nouvelle législation de protection de la jeunesse, couvre tant la tutelle à la personne que la tutelle aux biens. Le lien rationnel entre, d'une part, la représentation de l'enfant en justice (dans quelque cause que ce soit, même sans rapport avec le dossier de protection) de même que la

---

102. *Loi constitutionnelle de 1867*, 30 & 31 Victoria, ch. 3 (R.-U.).
103. Pour une description détaillée de la question de la validité d'un transfert de compétence de la Cour supérieure vers une cour provinciale, voir G.-A. Beaudoin, *La Constitution du Canada*, 3ᵉ éd., Montréal, Wilson & Lafleur, 2004, p. 189-205 ; H. Brun et G. Tremblay, *Droit constitutionnel*, 4ᵉ éd., Cowansville, Éditions Yvon Blais, 2002, p. 776-796.
104. L.-P. Sirois, *Tutelles et curatelles*, Québec, Imprimerie de l'Action sociale, 1911, p. 8-12. Cet auteur souligne qu'en matière de tutelle, à l'époque, « il est évident que cette juridiction n'était donnée qu'aux juge de la Cour supérieure, présidant la Cour supérieure ou la Cour de circuit dans le district » (p. 10).
105. Voir, par exemple, *Loi sur les Services à l'enfance et à la famille*, L.R.O. 1990, c. C.11 ; *Services à la famille*, L.N.-B. 1980, c. F-2.2 ; *Child, Family and Community Service Act*, R.S.B.C. 1996, c. 46.
106. *Renvoi : Family Relations Act (Colombie-Britannique)*, [1982] 1 R.C.S. 62.

gestion de son patrimoine et, d'autre part, les objectifs de la législation de protection de la jeunesse (qui, rappelons-le, est essentiellement de permettre à l'État d'intervenir dans les familles lorsque l'exercice de l'autorité parentale est déficient au point de mettre l'enfant en danger) est loin d'être évident, rendant ainsi problématique cet aspect de la réforme de la protection de la jeunesse au Québec de 2006.

### §3 - La tutelle ad hoc

**545.–** *Le mineur est représenté en justice par son tuteur (art. 159 C.c.Q.).* Il se peut, toutefois, qu'il ait des intérêts à discuter en justice avec son tuteur. Il s'agit donc de cas où le mineur et le tuteur se retrouvent comme parties adverses en justice[107]. Dans ce cas, on nomme un tuteur *ad hoc* au mineur (art. 190 C.c.Q.)[108]. Les fonctions du tuteur *ad hoc* se bornent à la seule affaire pour laquelle il a été désigné[109]. Il n'est donc pas un administrateur des biens du mineur. Il ne fait que le représenter pour une affaire particulière et son rôle est donc temporaire.

La tutelle *ad hoc* est une tutelle dative déférée par le tribunal sur avis du conseil de tutelle (art. 205 C.c.Q.). Il entre d'ailleurs dans les fonctions du conseil de tutelle de veiller à ce qu'un tuteur *ad hoc* soit nommé chaque fois que cela est nécessaire (art. 235 C.c.Q.)[110].

D'autre part, le *Code de procédure civile* prévoit que, si à l'occasion d'une affaire judiciaire le tribunal constate que l'intérêt d'un mineur est opposé à celui de son représentant légal, il doit lui désigner un tuteur *ad hoc* (art. 394.2 C.p.c.)[111]. Il va de soi que le tuteur *ad hoc* est soumis aux mêmes normes de probité et de désintéressement que le tuteur ordinaire[112].

---

107. Par exemple, dans une action portant sur la filiation, *Droit de la famille – 2000*, [1994] R.J.Q. 1598, EYB 1994-73377 (C.S.) ; *P.(V.) c. B.(P.)*, REJB 1997-00112 (C.S.) ; *B.(S.) c. G.(C.)*, REJB 1998-10380 (C.S.).
108. Voir M. Beauchamp, « Chronique – Le tuteur *ad hoc* : quoi, quand, comment ? », *Repères*, décembre 2004, EYB 2004REP292.
109. « Ad hoc » signifie « pour cela » en latin (A. Mayrand, *Dictionnaire de maximes et locutions latines utilisées en droit*, 4ᵉ éd., Cowansville, Éditions Yvon Blais, 2007, p. 20).
110. Voir *infra*, la section sur le conseil de tutelle.
111. Voir *infra*, chap. IV, Le respect des droits de l'enfant. Le pouvoir de désigner un tuteur *ad hoc* entre également dans le champ de compétence de la Cour du Québec lorsqu'en matière d'adoption une opposition d'intérêts apparaît entre l'enfant et son tuteur (*Droit de la famille – 2291*, [1995] R.J.Q. 3029, EYB 1995-75648 (C.Q.)).
112. L'importance du désintéressement (dans le sens d'« absence de conflit d'intérêts ») du tuteur à l'instance a été confirmée par la Cour suprême dans une

**546.–** *La procédure de nomination du tuteur ad hoc.* Deux questions se posent quant à la procédure de nomination du tuteur *ad hoc*. La première est de savoir s'il est nécessaire de passer par le processus assez contraignant qui prévaut pour le tuteur « ordinaire » et qui implique la convocation d'une assemblée de parents et la constitution d'un conseil de tutelle. La deuxième question consiste à se demander s'il faut faire une distinction entre le tuteur *ad hoc* de l'article 190 C.c.Q. et celui de l'article 394.2 C.p.c.[113].

**547.–** *Doit-il y avoir, dans tous les cas, constitution d'un conseil de tutelle ?* Le *Code civil du Bas-Canada* prévoyait que toutes les tutelles étaient déférées judiciairement sur avis du conseil de famille[114]. La nomination du tuteur *ad hoc* suivait donc la procédure de nomination d'un tuteur ordinaire[115]. Le *Code civil du Québec* est encore plus explicite sur le sujet puisqu'il prévoit expressément que la tutelle *ad hoc* est déférée par le tribunal[116] sur avis du conseil de tutelle, à moins qu'elle ne soit demandée par le directeur de la protection de la jeunesse (art. 205, al. 2 C.c.Q.). Le texte est très clair, même si certains regretteront que le législateur ait imposé tant de formalités pour la désignation du tuteur *ad hoc*. Peut-être seront-ils tentés d'interpréter l'exigence de l'article 205, al. 2 C.c.Q. comme n'imposant de prendre l'avis du conseil de tutelle que dans les cas où celui-ci est déjà constitué. Il ne serait alors pas nécessaire de constituer « un conseil de tutelle *ad hoc* » dans les cas où il n'y a pas de « conseil de tutelle ordinaire » (par exemple dans le cas de la tutelle légale des parents lorsque les biens à administrer ont une valeur qui n'excède pas 25 000 $). Il faut bien dire que, malgré l'apparente clarté du texte, cette interprétation n'est pas dénuée de tout fondement. On peut faire ici un parallèle avec l'ancien Code, qui prévoyait, dans un texte très clair, que dans toute tutelle il devait y avoir un subrogé-tuteur[117]. Son rôle consistait essentiellement à surveiller le tuteur. Ce texte, apparemment sans ambiguïté, a pourtant été interprété unanimement de façon à ne

---

affaire de la Saskatchewan concernant la nomination d'un tuteur *ad hoc* pour un majeur dans le cadre d'un règlement successoral. La Cour estime que s'il est généralement souhaitable que le tuteur à l'instance soit un membre de la famille de la personne représentée, il y a cependant des exceptions, notamment lorsque le litige oppose précisément des membres d'une famille à l'occasion d'un règlement successoral. En l'espèce, les tribunaux avaient nommé le curateur public pour jouer ce rôle (*Gronnerud (Tuteurs à l'instance de)* c. *Succession Gronnerud*, [2002] 2 R.C.S. 417, REJB 2002-30872).

113. Voir également M. Provost, « La minorité, la tutelle et l'émancipation », dans *Droit de la famille québécois*, Les Publications CCH/FM Ltée, p. 4,119 à 4,122, no 51-145.

114. Art. 249 C.c.B.-C.

115. L.-P. Sirois, *Tutelles et curatelles*, Québec, Imprimerie de l'Action sociale, 1911, p. 73.

116. Art. 205 C.c.Q. Mentionnons que si la tutelle *ad hoc* est toujours déférée par le tribunal, il est possible, depuis 1998, d'introduire la demande par la voie notariale (art. 876.2 C.p.c.).

117. Art. 267 C.c.B.-C.

pas y inclure la tutelle *ad hoc*[118]. Or aujourd'hui, le rôle de chien de garde que jouait le subrogé-tuteur appartient désormais au conseil de tutelle. Le tuteur *ad hoc* n'administre donc ni les biens ni la personne du mineur et, par conséquent, il peut paraître superflu de le soumettre au contrôle d'un conseil de tutelle. On notera d'ailleurs avec intérêt que si l'article 205, al. 2 C.c.Q. dispense le tribunal de prendre l'avis du conseil de tutelle lorsque la tutelle est demandée par le directeur de la protection de la jeunesse ou une personne qu'il recommande, c'est précisément parce que le directeur de la protection de la jeunesse ne fait pas l'objet d'un contrôle par un conseil de tutelle lorsqu'il assume une charge de tuteur (art. 223, al. 2 C.c.Q.)[119]. On pourrait donc soutenir que, ce contrôle n'étant pas plus nécessaire en ce qui concerne le tuteur *ad hoc*, on devrait également pouvoir se passer du conseil dans le processus de nomination. Il convient cependant d'ajouter que la réforme du *Code de procédure civile* de 1998, introduisant la voie notariale en matière de tutelles, semble imposer la constitution d'un conseil de tutelle lorsque la demande de désignation d'un tuteur *ad hoc* se fait devant notaire (art. 876.2 C.p.c.).

**548.**– *Faut-il faire une distinction entre le tuteur ad hoc du C.c.Q. et celui du C.p.c. ?* Avant la réforme du *Code de procédure civile* de 1992, on pouvait assez facilement accepter l'idée d'une pareille distinction. En effet, l'ancien article 816.1 C.p.c., qui traitait de l'obligation pour le tribunal de désigner un tuteur *ad hoc*, ne s'appliquait qu'en matières familiales[120], alors qu'on pouvait soutenir que la tutelle *ad hoc* de l'article 269 C.c.B.-C. ne concernait que les cas d'opposition d'intérêts matériels entre le tuteur et le mineur. Dans ce contexte, on comprend que la différence de terminologie utilisée dans chacun de ces articles (l'article 816.1 C.p.c. édicte que le «juge doit désigner», alors que l'article 269 C.c.B.-C. se lisait «on lui donne un tuteur») ait amené les tribunaux, en matières familiales, à désigner directement le tuteur *ad hoc*, sans passer par la procédure habituelle du conseil de famille[121]. Le nouvel article 394.2 C.p.c. (qui remplace l'article 816.1 C.p.c.) s'applique toutefois à toutes les matières et non plus seulement aux matières familiales. Il devient donc plus difficile de le distinguer de l'article 190 C.c.Q.,

---

118. L.-P. Sirois, *op. cit.*, note 115, p. 61 ; F. Langelier, *Cours de droit civil de la Province de Québec*, t. I, Montréal, Wilson & Lafleur, 1905, p. 433. Voir également dans le même sens, J. Pineau, *Traité élémentaire de droit civil, la famille*, Montréal, P.U.M., 1972, p. 214 : « il n'y aura pas lieu de nommer un subrogé-tuteur au cas de désignation d'un tuteur *ad hoc* puisque celui-ci n'est choisi que pour accomplir un acte particulier ».

119. La question est plus delicate lorsqu'il s'agit d'une tutelle exercée par une personne recommandée par le directeur de la protection de la jeunesse (voir *supra*, le par. 542).

120. Sur cette question, voir *infra*, chapitre IV, Le respect des droits de l'enfant.

121. En ce sens, voir L. Legault, M. Roberge et L. Trudel, « L'enfant et le système judiciaire », dans *L'enfant et le système judiciaire*, Cowansville, Éditions Yvon Blais, 1991, 63, p. 84-85. Pour un cas d'application, voir *Droit de la famille – 1549*, [1992] R.J.Q. 855-874, EYB 1992-63869 (C.A.).

qui prévoit la nécessité de la nomination d'un tuteur *ad hoc* chaque fois que le mineur a des intérêts à discuter en justice avec son tuteur. Deux interprétations sont pourtant possibles. Première interprétation : l'article 394.2 C.p.c. constitue un simple cas d'application de nomination d'un tuteur, auquel cas il faut appliquer le droit commun qui est contenu dans le Code civil et procéder à la constitution d'un conseil de tutelle avant de désigner le tuteur *ad hoc*. Deuxième interprétation : les mots « le tribunal doit lui désigner », que l'on retrouve à l'article 394.2 C.p.c., indiquent que le *Code de procédure civile* déroge au droit commun qui utilise le terme « déférer » (art. 205, al. 2 C.c.Q.). Il y aurait donc une distinction entre la « nomination » d'un tuteur *ad hoc* au sens du Code civil et la « désignation » d'un tel tuteur dans le cadre du *Code de procédure civile*. Dans ce dernier cas, le tribunal pourrait, comme avant la réforme, désigner directement le tuteur *ad hoc* lorsque, dans le cadre d'une affaire dont il est saisi, il constate que l'intérêt d'un mineur est opposé à celui de son représentant légal[122]. Il n'est pas surprenant que cette dernière interprétation soit celle privilégiée par la pratique notamment en matière de filiation[123]. Cette jurisprudence démontre que les tribunaux ont opté pour la rapidité plutôt que pour la lourdeur qu'implique la convocation du conseil de tutelle[124]. Cette approche est essentiellement adoptée dans des dossiers de droit familial[125]. Mais la jurisprudence n'est pas unanime sur la question, même en matière de filiation, certains tribunaux estimant que la désignation d'un tuteur *ad hoc* dans le cadre de l'article 294.2. C.p.c. doit répondre aux exigences de l'article 205 C.c.Q. et donc donner lieu à la constitution préalable d'un conseil de tutelle[126].

---

122. En ce sens, M. Tétrault, *Droit de la famille*, 3e éd., Cowansville, Éditions Yvon Blais, 2005, p. 1334.

123. *Droit de la famille – 2000*, [1994] R.J.Q. 1598, EYB 1994-73377 (C.S.). En l'espèce, le tribunal voit dans la tutelle *ad hoc* du *Code de procédure civile* essentiellement une mesure de protection (le mineur a un intérêt opposé à celui de son représentant) alors que la tutelle *ad hoc* du Code civil est beaucoup plus large : elle vise tous les cas où il y a « discussion », ce qui n'implique pas nécessairement « opposition » ; cette tutelle est alors essentiellement d'assistance. L'inconvénient d'une telle interprétation, par ailleurs irréprochable, est qu'elle oblige le tribunal à faire des distinctions qui seront en pratique souvent impossibles à faire. Voir également *Vincent* c. *Roberge et al.*, EYB 1995-72522, C.S. (St-François), n° 450-04-000625-946, 22 décembre 1994, j. Fréchette ; *Droit de la famille – 2374*, [1996] R.D.F. 242, EYB 1996-87905 (C.S.) ; *Droit de la famille – 2591*, [1997] 142 (C.S.) sur la question de la nomination d'un tuteur *ad hoc* en matière de contestation d'état ; *L.* c. *L.*, [1998] R.L. 1 (C.S.) : nomination d'un tuteur *ad hoc* dans le cadre d'une demande d'ordonnance de prélèvement d'échantillons nécessaires à un test d'ADN auquel la mère s'oppose.

124. M. Tétrault, « L'enfant mineur. L'autonomie du recours en matière familiale », (1995) 55 *R. du B.* 667.

125. Voir les exemples donnés dans M. Tétrault, *La garde partagée*, Scarborough, Carswell, 2000, p. 244-245.

126. *Droit de la famille – 2374*, [1996] R.D.F. 242, EYB 1996-87905 (C.S.).

## Section II
## La charge tutélaire

### §1 - Les caractères de la tutelle

Établie dans le seul intérêt du mineur (art. 177 C.c.Q.), la tutelle répond à un certain nombre de caractéristiques dont le but ultime est de mieux servir cet intérêt. À ce chapitre encore, le *Code civil du Québec* de 1991 a introduit des innovations considérables, qui étaient attendues depuis longtemps.

#### A. *Les caractères relatifs au titulaire de la charge*

**549.–** *Le tuteur doit être une personne physique apte.* En règle générale, le tuteur doit être une personne physique. Il doit être capable du plein exercice de ses droits civils (art. 179 C.c.Q.). Il s'agit là d'une mesure de protection qui va de soi. Seuls les majeurs et les mineurs pleinement émancipés peuvent donc assumer cette charge. De plus, le tuteur doit être apte, dans les faits, à exercer la charge. La loi entend par là qu'indépendamment de la capacité juridique, le tuteur doit pouvoir effectivement assumer la charge. Ainsi, par exemple, une personne atteinte d'une maladie physique pourrait ne pas être apte à devenir tuteur, sans pour autant que sa capacité juridique en soit autrement affectée. On peut se demander si cette exigence de capacité s'applique également à la tutelle légale des parents. À première vue, la solution semble s'imposer tant il paraît inconcevable qu'un parent sous régime de protection puisse exercer la tutelle légale sur son enfant, donc administrer les biens de ce dernier ou le représenter[127]. Cependant, il convient de remarquer que techniquement, l'inaptitude n'est pas en soi un obstacle à la tutelle légale qui est un effet automatique du lien de filiation. Il est par contre évident que l'ouverture d'un régime de protection du parent s'accompagnera d'une procédure relative à la garde de l'enfant mineur. Ce sont par conséquent les dispositions 195 et s. C.c.Q. qui régleront cette situation. À cet égard, nul doute que le régime de protection du parent peut constituer un « motif grave » au sens de l'article 195 C.c.Q. Par ailleurs, si un parent fait l'objet d'un régime de protection mais qu'aucune procédure de garde ou de déchéance n'a été intentée, l'article 193 C.c.Q. permet à l'autre parent d'exercer la tutelle sans le concours du parent devenu inapte, donc « empêché de manifester sa

---

127. En ce sens, M. Cantin Cumyn, *L'administration du bien d'autrui*, dans *Traité de droit civil*, Montréal, C.R.D.P.C.Q., Éditions Yvon Blais, 2000, par. 174.

volonté ». Cette disposition démontre bien la volonté du législateur d'écarter de la tutelle légale le parent qui se trouve en état d'inaptitude légale ou factuelle.

**550.**– *Le tuteur aux biens peut être une personne morale.* Si le tuteur à la personne doit nécessairement être une personne physique, il est possible qu'une personne morale agisse comme tuteur aux biens si elle y est autorisée par la loi (art. 189 et 304 C.c.Q.)[128], comme c'est le cas du curateur public ou du directeur de la protection de la jeunesse qui sont des personnes morales de droit public et dont la loi constitutive le prévoit expressément. Il a paru utile au législateur de faire « bénéficier les mineurs de la compétence des organismes spécialisés dans l'administration du bien d'autrui »[129]. Par contre, rappelons-le, les personnes morales ne peuvent exercer la tutelle à la personne (art. 304 C.c.Q.).

Dans les faits, cette disposition ne devrait pas apporter de grandes nouveautés, puisque de toute façon le tuteur avait déjà le droit de s'adresser à un organisme spécialisé dans l'administration des biens d'autrui, afin de l'aider dans sa gestion tutélaire. Cet organisme agit alors comme mandataire et il est sous le contrôle du tuteur. Avec la disposition actuelle, la personne morale désignée tuteur aux biens agit également sous le contrôle du tuteur à la personne (art. 246, al. 2 C.c.Q.)[130].

### B. Le caractère personnel

**551.**– *La tutelle est une charge personnelle.* En ce qui concerne la tutelle légale, la loi la fonde sur le lien très personnel qui existe entre les parents et leur enfant. De même, pour la tutelle dative, le tuteur a été choisi et désigné en raison de sa personnalité propre. Elle est donc basée en grande partie sur la confiance personnelle à l'égard du tuteur. Cette relation de confiance explique que la loi affirme le carac-

---

128. Comme le souligne M. Cantin Cumyn, seules les sociétés de fiducie bénéficient d'une autorisation légale d'exercer une tutelle (*Loi sur les sociétés de fiducie et les sociétés d'épargne*, L.R.Q., c. S-29.01, art. 170), *op. cit.*, note 127, par. 169.

129. *Comm.*, p. 133.

130. Ajoutons que, sous l'ancien Code, il y a eu des précédents où le tribunal a désigné une compagnie de fiducie tuteur aux biens du mineur, lorsque la personne proposée comme tuteur par le conseil de famille n'avait pas les qualifications nécessaires pour gérer la fortune du mineur (voir, par exemple, *Re Hector Proulx*, [1953] C.S. 224. Cette possibilité était d'ailleurs prévue par la *Loi des compagnies de fidéicommis*, S.R.Q. 1964, c. 287, art. 267).

tère personnel de la charge tutélaire. Il en résulte que le tuteur ne peut pas céder sa charge à une autre personne[131].

En conséquence, la charge tutélaire ne passe pas aux héritiers en cas de décès du tuteur, même si les héritiers sont responsables de la gestion de leur auteur, ce qui est une application du principe général en matière successorale (art. 181 C.c.Q.). Une atténuation doit néanmoins être apportée à ce principe : tant que le nouveau tuteur n'est pas entré en fonction, les héritiers sont tenus de continuer l'administration du tuteur décédé, ce qui constitue une sorte d'exception au principe de l'intransmissibilité des pouvoirs du tuteur découlant de la nature personnelle de la charge[132]. Cette obligation des héritiers du tuteur intègre légalement le devoir de rendre compte[133]. Il ne s'agit donc pas à proprement parler d'une exception au principe, mais plutôt d'une mesure temporaire de protection du mineur.

**552.**– – *Quant à la tutelle exercée par le curateur public ou par le directeur de la protection de la jeunesse, elle n'a évidemment pas ce caractère intuitu personæ*[134]. Elle n'est pas liée à la personne qui occupe cette fonction, mais plutôt à la fonction elle-même (art. 182 C.c.Q.). En cas de changement de titulaire de la fonction, le nouveau curateur public ou le nouveau directeur de la protection de la jeunesse continue donc d'assumer les charges tutélaires de son prédécesseur.

### C. Le caractère facultatif ou obligatoire

**553.**– *La tutelle dative est facultative, sauf exception.* Alors que la tutelle légale s'impose de par la loi[135], la situation est différente en matière de tutelle dative : « Nul ne peut être contraint d'accepter une tutelle dative » (art. 180 C.c.Q.). C'est une des raisons pour lesquelles il est prudent de prévoir la nomination d'un remplaçant dans le cadre de la tutelle testamentaire ou de la tutelle par déclaration au curateur public. La personne désignée pourrait, en effet, refuser d'assumer la charge. La raison du caractère facultatif de la tutelle dative est fort simple : la personne à qui l'on imposerait pareille charge contre

---

131.    Cela ne signifie pas pour autant que le tuteur ne puisse pas démissionner de ses fonctions, comme nous le verrons plus loin.

132.    Sur le principe de l'intransmissibilité des pouvoirs de l'administrateur des biens d'autrui, voir M. Cantin Cumyn, *op. cit.*, note 127, par. 96.

133.    *Lincourt* c. *Blanchette-Hébert*, [1982] C.S. 63.

134.    *Intuitu personæ* : « en considération de la *personne* » (*Dictionnaire de droit privé et lexiques bilingues*, 2e éd., Cowansville, Éditions Yvon Blais, 1991, p. 319).

135.    Pour un cas d'application de ce principe, voir *Bondu* c. *Morin*, J.E. 95-934, EYB 1995-72755 (C.S.).

son gré risque de ne pas être très zélée dans sa gestion et donc de nuire aux intérêts du mineur.

**554.**– Le législateur a abandonné l'ancien système qui rendait la charge tutélaire obligatoire. Le *Code civil du Bas-Canada* ne permettait pas au tuteur désigné de refuser la charge. On justifiait traditionnellement la règle du caractère obligatoire par le fait que l'intérêt social et l'ordre public exigeaient que celui qui a été désigné comme tuteur, exerce effectivement ses fonctions[136]. Cependant, l'ancien système prévoyait tout de même une longue liste de motifs de dispense que la personne pouvait faire valoir, dans un délai très court, à défaut de quoi elle devait assumer la charge. Il s'agissait notamment de motifs reliés à l'âge, à l'état de santé ou au fait que la personne choisie assumait déjà d'autres tutelles[137]. En pratique, ces dispositions ne trouvaient jamais application car les tribunaux, heureusement guidés par le souci de sauvegarder l'intérêt des mineurs, renonçaient à désigner comme tuteur une personne qui, à cause de son refus, devenait *a priori* un candidat suspect. La pratique judiciaire avait donc indirectement anticipé, sur cette question, la réforme législative.

## D. Une charge gratuite ou rémunérée

**555.**– *La tutelle légale des parents est, en principe, gratuite.* La tutelle légale des parents fait partie des obligations générales de ceux-ci à l'égard de leur enfant. Elle est donc gratuite (art. 183 C.c.Q.). Toutefois, dans le cas exceptionnel où l'administration des biens du mineur devient l'occupation principale des parents, ceux-ci pourraient obtenir une rémunération pour cette charge. Une telle situation pourrait se présenter à l'égard de certains mineurs qui détiennent un patrimoine considérable, « soit par l'exercice d'une profession en bas âge[138], soit par succession ou par l'attribution d'une indemnité pour préjudice subi »[139]. Afin d'éviter qu'un mineur fortuné soit victime de la voracité éventuelle de ses parents, la loi prévoit que la rémunération doit être fixée par le tribunal. La jurisprudence est cependant réticente à mettre de côté le principe de gratuité de la charge tutélaire légale, refusant, par exemple, de voir une « activité principale » dans l'administration tutélaire qui exige une vingtaine d'heures de travail par mois[140]. Par contre, certains cas exceptionnels pourront

---

136. L. Baudouin, *op. cit.*, note 11, p. 298.
137. Art. 272 à 278 C.c.B.-C.
138. Pensons aux cas de ces jeunes enfants, étoiles du cinéma ou vedettes de la chanson.
139. *Comm.*, p. 130-131.
140. *G.(C.)* et *Québec (Curateur public)*, [1999] R.D.F. 504, REJB 1999-13611 (greffier C.S.), confirmé en appel, B.E. 2000BE-241 (C.S.).

justifier une rémunération, notamment lorsque l'implication des parents auprès de leur enfant dépasse largement les charges découlant de l'autorité parentale[141]. Le tribunal pourra même allouer une rémunération pour l'avenir, sur approbation du conseil de tutelle[142].

Le caractère gratuit de la tutelle ne signifie pas que le tuteur doive assumer pour autant les charges inhérentes à la fonction. La représentation du mineur en justice ou certains actes d'administration, entraînent inévitablement des dépenses (honoraires d'avocat, frais bancaires, etc.). Le paiement de ces frais est prélevé sur le patrimoine du mineur, que la tutelle soit gratuite ou rémunérée (art. 218 C.c.Q.)[143]. Encore faut-il que ces frais soient justifiés[144].

**556.–** Dans le cas où les deux parents assument la charge tutélaire et où l'administration des biens du mineur constitue l'occupation principale d'un seul d'entre eux, l'autre ayant une occupation professionnelle par ailleurs, la question du droit à une rémunération peut se poser. Tout dépend de l'interprétation du terme « eux » de l'article 183, al. 2 C.c.Q. Certains pourraient soutenir que la terminologie de cette disposition vise uniquement les cas où les deux parents s'occupent principalement de l'administration tutélaire. L'esprit de la loi semble pourtant indiquer que l'on veut éviter l'injustice que créerait la gratuité d'une charge tutélaire très accaparante. En ce sens, la rémunération d'un seul parent devrait être possible, tout en restant exceptionnelle.

**557.–** *La tutelle du directeur de la protection de la jeunesse.* Quant à la tutelle du directeur de la protection de la jeunesse et celle de la personne qu'il recommande comme tuteur, elle est toujours gratuite

---

141. *R.P.* et *D.P.*, J.E. 2006-1709, EYB 2006-108350 (C.S.) et *R.P* c. *D.P.*, J.E. 2003-2061, EYB 2006-108350 (C.S.). Notons que dans cette affaire, le tribunal applique simultanément les articles 183 et 184 C.c.Q. Or il s'agissait en l'espèce d'un enfant majeur pour lequel le parent agissait comme curateur. Par conséquent, l'article 183 C.c.Q. et le principe de la gratuité ne jouent pas dans ce contexte puisque les parents, par le biais de l'article 266 C.c.Q., peuvent s'appuyer sur l'article 184 C.c.Q. qui édicte le principe de la rémunération en tenant compte de la situation. C'est donc à juste titre que le tribunal tient compte du patrimoine du majeur dans la décision d'accorder une rémunération au curateur. On voit mal, cependant, sur quelle base légale une rémunération de la conjointe du curateur, mère de l'inapte majeur, pourrait se justifier puisque l'article 183 C.c.Q. ne vise que la tutelle légale sur les enfants mineurs.

142. *R.P.* et *D.P.*, J.E. 2006-1709, EYB 2006-108350 (C.S.). Cette décision fut basée sur des considérations pratiques, soit pour éviter d'avoir à revenir devant le tribunal et subir des frais additionnels.

143. *Québec (Curateur public)* c. *J.M.*, [2001] R.D.F. 629 (C.S.). Voir *infra*, section 3, L'administration tutélaire.

144. *Dans l'affaire de T.(P.)*, REJB 1999-13611 (C.S.).

(art. 183 C.c.Q.). Cette mesure s'explique par le fait que le directeur de la protection de la jeunesse reçoit déjà la rémunération rattachée à sa fonction[145]. Quant à la gratuité de la tutelle de la personne recommandée par le directeur de la protection de la jeunesse, elle s'explique par le fait que ce tuteur assume en réalité le rôle de parent de substitution dans le cadre d'une mesure de protection. De plus, cette absence de rémunération est atténuée par le fait qu'une telle tutelle peut être subventionnée[146].

**558.– *La tutelle légale du curateur public.*** La tutelle du curateur public, qui se limite aux biens du mineur, n'est pas gratuite. En vertu de sa loi constitutive, le curateur peut toucher des honoraires lorsqu'il assume une tutelle. Ses honoraires sont fixés par règlement[147].

**559.– *La tutelle dative est gratuite ou rémunérée.*** Le Code civil modifie le droit antérieur qui imposait la gratuité des tutelles. Mignault justifiait ce principe en estimant que « la récompense du tuteur consiste dans le souvenir des soins que peut-être il a reçus lui-même dans sa jeunesse ou tout au moins dans la pensée que ses propres enfants ne resteront point sans défense s'ils ont un jour besoin d'être protégés »[148]. Cette façon un peu romantique de considérer les choses n'était pas partagée par tout le monde et le principe de la gratuité fut maintes fois critiqué, car il ne tenait pas compte du fait que la tutelle peut constituer une occupation importante et onéreuse. Certains tribunaux n'hésitaient d'ailleurs pas, en dépit du caractère gratuit de la charge tutélaire, à accorder une certaine rémunération au tuteur lorsque la charge était particulièrement lourde ou lorsque le tuteur était un administrateur professionnel[149].

---

145. *Comm.*, p. 131.
146. *Loi sur la protection de la jeunesse,* précitée, art. 70.3.
147. *Loi sur le curateur public,* précitée, note 58, art. 55 ; *Règlement d'application de la Loi sur le curateur public,* D. 361-90, *G.O.Q.* II, 941, 90-03-22, dont l'Annexe II prévoit le tarif des honoraires que peut réclamer le curateur public pour les tutelles aux biens des mineurs. Voir *Sasseville* et *J.-M. G.,* [2005] R.D.F. 882 (C.S.) pour une critique du calcul des honoraires basés sur le rendement des placements gérés par le curateur public.
148. P.-B. Mignault, *Droit civil canadien,* t. 2, Montréal, C. Théoret, 1896, p. 154.
149. Voir *Charron* c. *Brosseau,* [1953] B.R. 762 et les commentaires de C. Roch, « La tutelle », dans *Répertoire de droit – Procédures non contentieuses,* Montréal, Chambre des notaires, 1981, p. 41. En l'espèce, la Cour d'appel avait estimé que puisque le tuteur est en droit de confier la gestion des biens du pupille à un tiers rémunéré, il serait illogique de lui refuser une certaine rémunération dans les cas où ce tuteur assume lui-même la gestion ; *contra* : *Béland* c. *Lacasse,* [1924] C.S. 264.

Désormais la loi est claire : le tuteur datif peut recevoir une rémunération (art. 184 C.c.Q.), à l'exception du tuteur recommandé par le directeur de la protection de la jeunesse dans le cadre de l'application de la *Loi sur la protection de la jeunesse*. Le père ou la mère, en nommant un tuteur, peuvent d'ailleurs fixer cette rémunération ou autoriser le liquidateur de leur succession à la déterminer. Le tribunal peut également décider d'une rémunération et il doit, pour ce faire, prendre l'avis du conseil de tutelle.

**560.**– *Les critères d'établissement de la rémunération du tuteur datif.* Pour fixer la rémunération du tuteur, il est tenu compte de deux facteurs : les charges de la tutelle et les revenus des biens à gérer[150]. Notons d'emblée que la valeur des biens n'est pas en soi un critère dont on tient compte, mais bien l'ampleur des revenus qu'ils génèrent, à moins, bien entendu, que la valeur considérable des biens ait pour conséquence d'alourdir les charges de la tutelle[151]. Soulignons également que la fortune personnelle du tuteur datif n'entre pas en considération dans le calcul de la rémunération et que, par conséquent, même un tuteur financièrement à l'aise pourrait bénéficier, le cas échéant, d'une rémunération[152]. Les termes « charges de la tutelle » impliquent que l'on puisse prendre en considération des éléments comme l'étendue et la complexité du travail à accomplir[153].

---

150. Art. 184 C.c.Q. *in fine*. Voir également R. Bourgault, « Chronique – Les paramètres de l'administration relative aux régimes de protection des majeurs : quand la sollicitude épouse la transparence », (2003) 11 *Repères* 2-10, janvier 2003 EYB2003REP72, qui suggère que l'article 1300 C.c.Q. pourrait être plaidé pour une rémunération du tuteur basée sur la valeur des services. Cet auteur s'appuie également sur les articles 1346, 1367 et 1369 C.c.Q. pour invoquer la possibilité d'une rémunération à l'administrateur sous forme de dépenses relatives à l'administration.

151. Voir, par exemple, *A.Z.* c. *F.G.*, 2007 QCCS 4696 (C.S.) où le tribunal reconnaît qu'un tarif horaire de 60 $ n'est pas exagéré compte tenu notamment du fait que les actifs à administrer représentent plusieurs millions.

152. À cet égard, le législateur n'a pas donné suite aux propositions de l'Office de révision du Code civil qui prévoyaient que le juge devrait tenir compte de l'état de fortune du tuteur dans l'établissement d'une éventuelle rémunération : O.R.C.C., *op. cit.*, note 66, art. 45, al. 2.

153. En ce sens, voir *D.(M.)* et *I.(G.B.)*, [1995] R.D.F. 230, EYB 1995-72351 (C.S.). Dans *Curateur public du Québec* c. *A. et al.*, EYB 2006-113155 (C.S.), le tribunal opte pour une rémunération mensuelle, « compte tenu de la vaste gamme de services que monsieur C dispense, de sa grande disponibilité, de la qualité de son réconfort moral » (par. 78 du jugement). Dans d'autres cas, la rémunération a été établie selon un pourcentage des revenus bruts de la personne représentée : *S...B...* et *G...O... et al.*, [1997] R.D.F. 161 (C.S.) ; en l'espèce, le tribunal fixe la rémunération d'un curateur à 10 % des revenus de la curatelle en s'appuyant sur le fait que c'était la formule retenue dans cette affaire depuis 20 ans (p. 166). Une telle solution ne devrait, à notre avis, être envisagée qu'avec circonspection en présence de revenus importants de la personne protégée, car il convient de

Une rémunération basée sur un taux horaire pourrait être accordée dans les cas où il est plus approprié de tenir compte du temps réel consacré à l'exercice de la charge, par exemple lorsqu'une rémunération à pourcentage est excessive compte tenu de l'importance du patrimoine à gérer[154]. Cette solution a l'avantage de la souplesse. Mais elle comporte l'inconvénient d'obliger le tuteur à faire approuver régulièrement sa rémunération que seul le tribunal peut fixer[155]. Par ailleurs, l'article 184 C.c.Q. ne distingue pas entre les services rendus à la personne et ceux rendus à l'égard des biens de la personne. La jurisprudence a donc établi qu'un tuteur pourrait être rémunéré pour chacun de ces deux aspects de la fonction[156].

**561.–** *La révision de la rémunération du tuteur.* La loi ne prévoit pas expressément la possibilité de réviser les montants alloués au tuteur à titre de rémunération. Pourtant, la logique devrait amener à conclure qu'une telle révision est possible. En effet, l'article 184 C.c.Q. prévoit qu'il est tenu compte des charges de la tutelle et des revenus à administrer. Or les uns comme les autres peuvent fluctuer de façon importante au cours des années. La rémunération pourrait donc devenir injustifiée ou, au contraire, dérisoire par rapport à l'ampleur de la tâche. Par conséquent, il serait juste qu'un tribunal puisse ajuster les montants en conséquence.

### E. Unicité et pluralité des tutelles

**562.–** *La tutelle à la personne est unique.* La tutelle dative est unique[157]. À moins d'une indication contraire, le tuteur assume aussi

---

maintenir un juste équilibre entre le niveau de rémunération du tuteur et le travail accompli par lui. Dans *A.S. (In re)*, [2000] R.D.F. 485 (C.S.), le tribunal fixe un taux horaire dont il établit le caractère raisonnable en le comparant aux montants tarifés pour semblables services par le curateur public.

154.  *Sasseville* et *J.-M. G.*, [2005] R.D.F. 882 (C.S.) le tribunal fixe plutôt un tarif horaire, soit « celui qu'il charge normalement à ses clients financièrement à l'aise » (par. 135). Cette décision est intéressante car elle fait une analyse détaillée de la jurisprudence en matière de rémunération des tuteurs. Le juge y note, en passant, que le système de rémunération du curateur public agissant comme tuteur, est excessivement onéreux pour la personne protégée lorsqu'on est en présence d'un patrimoine important (en l'espèce il s'agissait d'un capital de plus de sept millions de dollars, fruit d'un gain à la loterie nationale).

155.  *Ibid.* En l'espèce, le tribunal ordonne au tuteur aux biens de faire annuellement son compte d'honoraires, de le faire parvenir aux membres du conseil de tutelle ainsi qu'au curateur public pour ensuite le faire approuver par la Cour.

156.  *A.S. (In re)*, [2000] R.D.F. 485, REJB 2000-19493 (C.S.) ; *R.P.* et *D.P.*, J.E. 2006-1709, EYB 2006-108350 (C.S.). Dans ces deux cas, il s'agissait d'une curatelle au bénéfice d'un majeur, les principes étant identiques à ceux de la tutelle aux mineurs (art. 266 C.c.Q.).

157.  Nous avons vu que la tutelle légale est exercée par chacun des parents ; voir *supra*, La tutelle légale.

bien la tutelle à la personne que la tutelle aux biens du mineur (art. 185 C.c.Q.). La tutelle à la personne est toujours unique afin de préserver la cohérence dans la direction de l'éducation du mineur. Ce principe a également pour but de contrôler la tutelle.

**563.–** *La tutelle aux biens est divisible.* En ce qui concerne la gestion matérielle, il peut être intéressant de confier à un tiers l'administration de certains biens particuliers (par exemple, un immeuble situé loin du domicile du tuteur) ou même de tout le patrimoine du mineur. En effet, le tuteur à la personne n'a pas toujours les qualifications requises pour administrer lui-même la fortune de son pupille. C'est la raison pour laquelle la loi permet la nomination de plusieurs tuteurs aux biens (art. 187 C.c.Q.).

La tutelle aux biens peut donc être détachée de la tutelle à la personne et la charge peut être divisée entre plusieurs tuteurs. La loi prévoit un cas de scission automatique entre les tutelles aux biens et à la personne. Ainsi, lorsque le directeur de la protection de la jeunesse (ou la personne qu'il recommande) exerce la tutelle et que la valeur des biens à administrer excède 25 000 $, la tutelle aux biens est automatiquement déférée au curateur public. Si la valeur est inférieure à 25 000 $, le tribunal peut, à sa discrétion, déférer la tutelle aux biens au curateur public (art. 221 C.c.Q.).

**564.–** *Les relations entre les différents tuteurs.* La multiplicité des tuteurs comporte un risque de disparités et de conflits dans la gestion des biens du mineur. Chacun des tuteurs aux biens est évidemment personnellement responsable de la gestion des biens qui lui ont été confiés (art. 188, al. 2 C.c.Q.). Cependant, afin de conserver une certaine cohérence, leur gestion se fait sous le contrôle du tuteur à la personne, à qui les tuteurs aux biens doivent annuellement rendre compte (art. 246, al. 2 C.c.Q.). C'est ce même souci « de préserver une certaine unité de la tutelle et d'éviter la confusion pour les tiers et des coûts inutiles »[158], qui a amené le législateur à confier au tuteur à la personne la tâche de représenter le mineur en justice, même pour les actions qui concernent ses biens. Le tuteur aux biens ne s'occupe donc que de la stricte administration du patrimoine (art. 188 C.c.Q.).

### F. Le siège de la tutelle

**565.–** *Le siège de la tutelle est au domicile du mineur* (art. 191, al. 1 C.c.Q.). Cette règle, comme l'expliquent les commentaires du ministre

---

158. *Comm.*, p. 133.

de la Justice, a pour but de faire échec au principe de l'immutabilité du domicile de la tutelle. Il faut bien comprendre aussi que le siège de la tutelle est unique et que, même s'il y a pluralité de tuteurs aux biens, cela ne change rien au principe du domicile unique[159]. En d'autres mots, le siège de la tutelle se trouve au domicile des parents ou, le cas échéant, à celui du tuteur à la personne (art. 80 C.c.Q.)[160]. Cette solution est logique car ce sont eux qui assurent la représentation du mineur (art. 188 et 192 C.c.Q.). La règle assure du même coup l'unité et la cohérence dans l'administration de la tutelle[161].

## §2 - Les formalités tutélaires

**566.–** *Des mesures visant le bon fonctionnement et le contrôle de la tutelle.* Lors de son entrée en fonction, tout au long de l'exercice de sa charge, et à la fin de celle-ci, le tuteur doit obligatoirement accomplir un certain nombre de formalités. Ainsi, il doit donner avis de son acceptation ou de son refus de la charge (A). S'il accepte, il doit dresser un inventaire (B), fournir une sûreté (C), faire des comptes et des rapports annuels (D) et, en fin de fonction, établir le compte définitif de la tutelle (E). Ces formalités, qui sont en fait des exigences assez lourdes imposées au tuteur, apparaissent comme des conditions essentielles au bon fonctionnement de la tutelle et comme des outils qui permettent de contrôler le tuteur.

**567.–** *La tutelle légale des parents : dispense de certaines formalités.* Dans le cas de la tutelle légale des père et mère, le législateur, dans un souci d'efficacité, a allégé les formalités tutélaires. En effet, les père et mère sont dispensés de faire l'inventaire des biens, de fournir une sûreté et de rendre compte annuellement de leur administration (art. 209 C.c.Q.). Par contre, toutes ces formalités deviennent obligatoires si la valeur des biens du mineur est supérieure à 25 000 $. Il n'y a aucun doute sur le fait que le montant dont il s'agit ici est celui de la valeur des biens du mineur et non pas la valeur des biens administrés

---

159. Comme le souligne, M. D.-Castelli, « Le nouveau droit tranche donc la discussion relative à la détermination du domicile et à son rattachement à la garde du mineur ou à l'exercice de ses droits civils » (M. D.-Castelli, « Commentaires sur le rapport de l'O.R.C.C.Q. sur la famille 2e partie », (1976) 17 *C. de D.* 576, 583).

160. *Directeur de la protection de la jeunesse pour F.(G.)*, REJB 1998-09487 (C.Q.) ; *Dans l'affaire de : C.C. et V.Q.* et *Commission des droits de la personne et des droits de la jeunesse*, REJB 1998-14053 (C.Q.). Voir Partie I, Titre III, Le domicile.

161. La règle du siège de la tutelle au domicile du mineur n'écarte évidemment pas la possibilité, dans un souci d'efficacité, de recourir à l'élection de domicile.

par les parents dans l'hypothèse où plusieurs enfants possèdent des biens[162]. La loi est en effet claire sur cette question puisque la tutelle est un mécanisme de protection individuelle du mineur. En ce sens, on peut dire que la tutelle légale des parents est un droit du mineur. Cette solution est logique et permet de conclure que si les enfants ne possèdent pas individuellement des biens d'une valeur supérieure à 25 000 $, les parents sont dispensés des formalités, même si la valeur totale des biens de tous les enfants dépasse ce montant. Par ailleurs, comme le montant dont il s'agit est celui des biens du mineur, il faut conclure que lorsque le mineur est propriétaire d'une part indivise d'un bien, seule la valeur de cette part doit être prise en considération, non pas la valeur totale du bien puisque les autres parts indivises ne sont pas dans le patrimoine du mineur[163]. Dans les cas où cette valeur est inférieure à 25 000 $, le tribunal peut, à la demande de tout intéressé, dont le mineur lui-même, imposer au tuteur l'accomplissement des formalités (ou de certaines d'entre elles). On peut s'interroger sur la sagesse d'un mécanisme qui ne prévoit pas la possibilité pour les parents d'obtenir une dispense de faire inventaire et de rendre compte à leur enfant même s'il peut être démontré que de telles informations pourraient nuire à l'intérêt de l'enfant lui-même.

Le régime particulier de la dispense en matière de tutelle légale s'explique et se justifie « d'abord par le lien particulier d'affection qui unit les parents à leurs enfants, mais aussi par le fait que bon nombre de mineurs n'ont que peu ou pas de biens »[164]. Il eût, en effet, été absurde d'imposer de telles formalités aux parents dans tous les cas où l'enfant possède le moindre bien à administrer. Cette dispense légale ne libère évidemment pas les parents de rendre compte et de remettre le reliquat à l'enfant lorsque celui-ci devient majeur et que la tutelle prend ainsi fin[165].

**568.**– *Le standard de 25 000 $.* La limite de 25 000 $ apparaît donc comme un important facteur dans l'organisation tutélaire. Elle l'est également, nous le verrons plus loin, dans l'administration tutélaire elle-même. Le législateur considère, en effet, qu'en dessous de 25 000 $ on est en présence d'un patrimoine modeste alors qu'à partir de 25 000 $ il s'agit d'un patrimoine dont l'importance justifie la mise en place de mécanismes de contrôles et d'autori-

---

162. En ce sens, M. Beauchamp, « L'administration tutélaire des parents », (2001) 9 *Repères* 146.
163. Nous partageons à cet égard l'opinion exprimée par A. Roy, *loc. cit.*, note 91, p. 42-43.
164. *Comm.*, p. 145.
165. M. Cantin Cumyn, *op. cit.*, note 127, par. 262.

sations. Une première mouture du projet de Code civil proposait de fixer la limite à 7 000 $. Le législateur de 1991 considéra que cette somme était trop modique et qu'une limite aussi basse aurait obligé trop de parents à se soumettre aux lourdes formalités qui s'y rattachent. C'est donc la somme de 25 000 $ qui fut retenue. On peut cependant s'étonner de voir apparaître dans le Code civil la mention d'un montant précis (c'est le seul exemple dans tout le *Code civil du Québec*), alors qu'il eût été plus efficace de fixer la limite par voie réglementaire afin de pouvoir plus facilement actualiser le montant. Le montant de 25 000 $ n'a d'ailleurs jamais été revu depuis l'entrée en vigueur du Code. Pourtant, un rapide calcul permet de constater qu'en appliquant l'indice annuel d'indexation des rentes du Régime de rentes du Québec, le montant de 25 000 $ de 1991 (année d'adoption du Code civil), représente, en 2007, une valeur de 34 995 $. Cela signifie qu'un patrimoine de moins de 34 995 $ devrait logiquement être considéré en 2007 comme un patrimoine modeste si l'on applique le raisonnement du législateur de 1991. Or il n'en est rien puisque la limite actuelle non indexée de 25 000 $ constitue une norme impérative.

### A. L'avis d'acceptation ou de refus

**569.**– Le tuteur datif nommé par les parents doit procéder à des avis d'acceptation ou de refus de la charge au curateur public, au liquidateur de la succession et, le cas échéant, au tuteur remplaçant[166]. Dans le cadre des tutelles judiciaires, ces avis ne sont pas exigés. La question ne se pose pas en ce qui concerne la tutelle légale, puisqu'il s'agit, nous l'avons vu, d'une charge automatique et obligatoire[167].

### B. L'inventaire

**570.**– *Le principe.* Dès l'ouverture de la tutelle, le tuteur dispose d'une période de 60 jours pour dresser l'inventaire des biens du mineur. Il doit en transmettre une copie au curateur public et au conseil de tutelle (art. 240 C.c.Q.)[168]. Étant donné que le patrimoine du mineur peut s'enrichir en cours de tutelle, le tuteur doit désormais faire un inventaire *ad hoc* chaque fois que des biens sont échus au mineur[169]. Au cours de la tutelle, le tuteur peut donc être amené à

---

166. Voir *supra*, La tutelle déférée par les parents.
167. L'entrée en fonction du tuteur n'est plus soumise à l'exigence de la prestation de serment comme c'était le cas sous l'ancien Code.
168. Pour une analyse de cette disposition, voir C. Dallaire, *loc. cit.*, note 69, p. 226.
169. *Ibid.*

dresser, en plus de l'inventaire initial, plusieurs autres inventaires, notamment dans les cas où le mineur est appelé à une succession.

L'inventaire peut faire l'objet d'une contestation, en tout ou en partie, par toute personne intéressée qui peut également demander la confection d'un nouvel inventaire (art. 1330, al. 2 C.c.Q.).

L'inventaire constitue une mesure de protection aussi bien pour le mineur que pour le tuteur. En effet, au bout du compte, l'inventaire permet à l'un de contrôler la bonne administration tutélaire (vérifier l'absence de détournements, par exemple) et à l'autre de justifier sa gestion. Ce principe de double protection se retrouve également dans la règle qui veut que les biens décrits dans l'inventaire sont présumés en bon état à la date de sa confection, à moins que le tuteur n'ait joint un document attestant le contraire (art. 1329 C.c.Q.).

Afin de ne pas multiplier les formalités inutiles, le nouveau tuteur, qui remplace l'ancien, est dispensé de faire l'inventaire des biens (art. 241 C.c.Q.).

**571.**– *Faut-il transmettre une copie de l'inventaire au mineur ?* L'article 240 C.c.Q. prévoit que le tuteur doit transmettre une copie de son inventaire au curateur public et au conseil de tutelle, mais il ne mentionne pas le mineur. Par contre, l'article 1330 C.c.Q., qui s'applique de façon générale à l'inventaire de l'administrateur des biens d'autrui, donc, en l'absence d'indication contraire, également au tuteur, impose l'obligation de fournir une copie au « bénéficiaire » ainsi qu'à toute personne dont l'intérêt est connu de l'administrateur. On peut donc penser que le tuteur doit transmettre une copie de son inventaire au mineur ou, à tout le moins, au mineur de 14 ans et plus. En effet, à partir de cet âge, le mineur fait partie de ceux à qui le tuteur doit rendre annuellement compte de sa gestion (art. 246 C.c.Q.). Or, le contrôle par le mineur de 14 ans risque de devenir illusoire s'il ne dispose pas d'une copie de l'inventaire. Le mineur de 14 ans a donc certainement un intérêt à recevoir une copie de l'inventaire de ses propres biens. Ajoutons à cela que le mineur, comme toute personne intéressée, peut contester la façon dont l'inventaire a été dressé. Il s'agit là d'une raison supplémentaire pour justifier qu'une copie lui soit transmise.

**572.**– *Dans quel délai les copies de l'inventaire doivent-elles être transmises ?* Nous avons vu que le tuteur doit établir son inventaire dans les 60 jours de sa nomination. La *Loi sur le curateur public* prévoit également que le tuteur dispose, en vertu de l'article 20, d'une période de deux mois à partir de l'ouverture de la tutelle, pour transmettre une copie au curateur public. Quant à la transmission de l'inventaire au secrétaire du conseil de tutelle, on peut penser qu'elle doit se faire immédiatement après sa confection puisque, d'une part, la loi ne mentionne aucun délai et que, d'autre part, il entre dans la mission du conseil de tutelle de s'assurer que le tuteur dresse un inventaire (art. 236 C.c.Q.).

**573.**– *Forme et contenu de l'inventaire.* Les règles concernant la forme et le contenu obligatoire de l'inventaire sont prévues au Titre septième du Livre IV du Code civil concernant l'administration des biens d'autrui. L'inventaire peut se faire dans un acte notarié, mais, afin de ne pas imposer des frais trop lourds au patrimoine du mineur, il est désormais possible de le faire plutôt sous seing privé, devant deux témoins (art. 1327 C.c.Q.)[170].

Quant au contenu obligatoire de l'inventaire, il est prévu qu'il doit énumérer et décrire tous les avoirs, de quelque nature que ce soit, en indiquer la valeur, faire état de toutes les dettes et donner un récapitulatif de l'actif et du passif du patrimoine à administrer (art. 1326 C.c.Q.). Afin de ne pas alourdir inutilement la confection d'un inventaire, la loi a heureusement prévu que les effets personnels (vêtements, papiers personnels, bijoux ou objets d'usage courant) peuvent faire l'objet d'une mention générale et que seuls les effets dont la valeur excède 100 $ doivent être détaillés spécifiquement (art. 1328 C.c.Q.).

### C. La sûreté

**574.**– Lorsque la valeur des biens à administrer excède la somme de 25 000 $, le tuteur doit fournir, aux frais du patrimoine du mineur[171], une sûreté pour garantir l'exécution de ses obligations[172]. Cette mesure est également imposée aux parents qui exercent la tutelle légale sur leur enfant. Les modalités de cette sûreté sont établies par le conseil de tutelle[173]. L'éventail des garanties possibles permet une

---

170. Le site Internet du Bureau d'assurances du Canada fournit des formulaires d'inventaires de biens meubles : http://www.infoassurance.ca/fr/assurances/inventaire.aspx. Lorsque la tutelle est exercée par le curateur public, l'inventaire est fait sous seing privé (*Loi sur le curateur public*, L.R.Q., c. C-81, art. 29, al. 2).

171. Dans ses commentaires, le ministre de la Justice explique qu'il paraît logique que les frais de sûreté soient à la charge de la tutelle, donc du mineur, puisqu'il en est le bénéficiaire et que, si ces frais étaient à la charge du tuteur, ils pourraient inciter certains à refuser la tutelle ; *Comm.*, p. 164.

172. En vertu de l'article 244 C.c.Q., les personnes morales qui assument une charge tutélaire sont dispensées de fournir une sûreté car elles ont déjà l'obligation générale de garantir leur administration (*Comm.*, p. 165).

173. L'ancienne institution de l'hypothèque légale sur les immeubles du tuteur a donc totalement disparu. Sur cette question, voir J. Beaulne, « La garantie de

protection adéquate du mineur, tout en ne gênant pas inutilement le patrimoine du tuteur comme c'était le cas dans l'ancien système[174]. Elle peut, par exemple, prendre la forme d'une assurance responsabilité, un contrat de cautionnement, une garantie hypothécaire sur un immeuble, etc. (art. 242 C.c.Q.).

La nature et le montant de la sûreté ne sont pas immuables. Ils peuvent évoluer pour mieux répondre à la réalité fluctuante du patrimoine du mineur. En cours de tutelle, le tuteur peut offrir une autre valeur jugée suffisante (art. 243 C.c.Q.)[175]. De plus, un contrôle constant est exercé sur le maintien d'une sûreté suffisante puisque le tuteur doit la justifier annuellement au conseil de tutelle et au curateur public (art. 236 C.c.Q.). La sûreté doit être maintenue tant que dure la tutelle et jusqu'à la mainlevée donnée par le conseil de tutelle ou par le mineur devenu majeur (art. 245 C.c.Q.). On constate que la sûreté constitue une mesure flexible et efficace de protection du patrimoine des mineurs.

On peut penser aussi que le conseil de tutelle pourrait donner mainlevée de la sûreté en vertu de l'article 245 C.c.Q., lorsqu'en cours de tutelle la valeur du patrimoine du mineur tombe à moins de 25 000 $ puisque, aux termes de l'article 242 C.c.Q., la sûreté n'est due que dans les cas où la valeur des biens à administrer excède 25 000 $. Si le conseil de tutelle constate que le patrimoine du mineur a perdu de sa valeur à cause de la mauvaise gestion du tuteur, la mainlevée pourrait être refusée puisque l'article 245 C.c.Q. dit bien que le conseil « peut » donner mainlevée. Cet article laisse donc intacte la discrétion du conseil, qui doit agir dans l'intérêt du mineur[176]. Sur réception de

---

l'administration des biens du mineur : de l'hypothèque légale du *Code civil du Bas-Canada* à la sûreté du *Code civil du Québec* », (1984-1985) 87 *R. du N.* 531-559. Il faut noter que le système, qui imposait au tuteur une hypothèque légale sur ses immeubles, faisait depuis fort longtemps l'objet de critiques. En 1946, la Chambre des notaires avait déjà proposé de le remplacer par un cautionnement (« Mémoire aux commissaires nommés pour la refonte du *Code de procédure civile* », (1946-1947) 49 *R. du N.* 70, cité par B. Gagnon, « La tutelle et la curatelle assurent-elles une protection efficace pour le patrimoine d'un incapable ? », (1969) 29 *R. du B.* 601, 605). Pour une critique de l'ancien système, voir également Y. Beaudoin, « Étude critique sur la *Loi de la curatelle publique* », (1947-1948) 50 *R. du N.* 325, 334. Pour les questions relatives à l'inscription et à la radiation des sûretés, voir D.-C. Lamontagne et P. Duchaine, *La publicité des droits*, 4e éd., Éditions Yvon Blais, 2004.

174.   *Ibid.*, p. 551.

175.   Le nouveau droit confirme donc un certain courant jurisprudentiel qui, malgré la rigidité des dispositions du *Code civil du Bas-Canada*, semblait admettre de plus en plus l'idée de remplacer l'hypothèque légale par une autre garantie. Voir, à ce sujet, D.-C. Lamontagne, « Jurisprudence. L'hypothèque légale en faveur du mineur ou de l'interdit. Commutation de garantie », (1985-86) 88 *R. du N.* 82-88.

176.   Voir cependant l'opinion contraire de J. Beaulne, *loc. cit.*, note 173, p. 555.

l'avis de radiation prévu à 245 C.c.Q., le curateur public pourrait, selon le cas, enquêter sur les circonstances ayant mené à cette radiation[177].

## D. Les rapports et comptes de tutelle

**575.**– *Les rapports et comptes périodiques.* Chaque année, le tuteur a l'obligation de rendre compte de son administration. Le nouveau droit, en exigeant un compte annuel, lève ainsi l'ambiguïté qui existait sous l'ancien Code qui exigeait la reddition d'un compte sommaire « de temps à autre »[178]. Le compte consiste dans l'exposé de sa gestion et est basé sur l'inventaire. Le tuteur doit transmettre son rapport au mineur de 14 ans et plus car on estime que ce dernier « a suffisamment de maturité pour commencer à s'intéresser à l'administration de ses biens »[179]. Le tuteur doit transmettre le compte annuel au conseil de tutelle mais également au curateur public (art. 246 C.c.Q.)[180]. Ce dernier apparaît donc encore comme l'ultime contrôleur des tutelles et, à ce titre, sa responsabilité pourrait être engagée[181].

Afin d'assurer une certaine unité et la cohérence dans l'administration de la tutelle et d'en faciliter le contrôle, la loi prévoit qu'en cas de pluralité de tuteurs, les tuteurs aux biens doivent rendre compte au tuteur à la personne (art. 246, al. 2 C.c.Q.).

Le compte annuel doit respecter les règles générales prévues au chapitre sur l'administration du bien d'autrui[182]. Ainsi, ce compte, que l'on qualifie parfois de « sommaire », doit tout de même être suffisamment détaillé pour en permettre le contrôle efficace (art. 1351

---

177. Certains estiment qu'il s'agit même d'une obligation pour le curateur public : C. Dallaire, *loc. cit.*, note 69, p. 228.
178. Art. 309 C.c.B.-C.
179. *Comm.*, p. 166. Si cette assertion est conforme à l'idée de reconnaître désormais au mineur de 14 ans et plus un statut de personne semi-capable dans plusieurs domaines, elle n'est pas sans poser problème dans le cas d'un adolescent immature : voir notre critique *supra*, par. 477.
180. *Shaw, ès qualités « Tutrice »* c. *Sénéchal*, REJB 1998-06410 (C.S.).
181. Voir *E.R.* c. *Curateur public du Québec*, [1994] R.L. 27 (C.S.). D'autres suggèrent que la responsabilité du curateur public et du conseil de tutelle en cette matière serait solidaire : C. Dallaire, « Le curateur public et le conseil de tutelle : une responsabilité partagée ? », dans Service de la formation permanente, Barreau du Québec, *Famille et protection*, Cowansville, Éditions Yvon Blais, 2005, p. 217, 229.
182. Art. 1351 à 1354 C.c.Q.

C.c.Q.)[183]. De plus, toute personne intéressée peut demander au tribunal d'en ordonner la vérification par un expert (art. 1352, al. 2 C.c.Q.). Quant au curateur public, il peut exiger que les livres et les comptes relatifs aux biens administrés par le tuteur soient vérifiés par un comptable, si la valeur des biens administrés excède 100 000 $ ou s'il a un motif sérieux de craindre que le mineur ne subisse un préjudice en raison de la gestion du tuteur[184].

Sur demande, le tuteur doit permettre l'accès aux livres et aux pièces justificatives aussi bien au mineur (art. 1351 C.c.Q.) qu'au conseil de tutelle (art. 236 C.c.Q.) et au curateur public[185]. L'autorisation judiciaire n'est pas nécessaire.

### E. Le compte définitif de tutelle

**576.–** À la fin de son administration, le tuteur doit délivrer son compte définitif (art. 247 C.c.Q.)[186]. Si le pupille est devenu majeur, le compte doit lui être transmis. Dans les autres cas, le compte doit être rendu au nouveau tuteur et au mineur lui-même s'il est âgé de 14 ans. Lorsque la tutelle se termine par le décès du mineur, le compte est alors transmis au liquidateur de sa succession. Dans tous les cas, une copie doit être envoyée au curateur public[187].

Comme pour le compte annuel, le Code prévoit, pour le compte définitif, des règles générales que l'on retrouve au chapitre de l'admi-

---

183.  Sur le contenu détaillé du compte de tutelle, voir L.-A. Jetté, « Du compte de la tutelle », (1929-30) 8 *R. du D.* 422-442 et C. Roch, *loc. cit.*, note 149, p. 78 et s. Le site Internet du curateur public donne accès aux formulaires de rapports annuels d'administration détaillés ou simplifiés. Le rapport simplifié peut être produit si le patrimoine géré ne comprend ni immeuble, ni terrain, ni action ou obligation, ni prêt d'argent ou hypothèque sur un bien, ni intérêts sur une somme prêtée : http://www.curateur.gouv.qc.ca

184.  *Loi sur le curateur public*, précitée, note 58, art. 21.

185.  *Ibid.*, art. 20-21.

186.  Cette obligation s'applique même lorsque la valeur des biens à administrer est inférieure à 25 000 $ : P. Desrochers, *loc. cit.*, note 6, p. 89 et M. Beauchamp, « Commentaire sur la décision *Kyprianou* c. *Kyprianou* – La responsabilité des tuteurs dans la gestion des biens d'un mineur », *Repères*, avril 2004, EYB2004REP221.

187.  Nonobstant le silence de la loi, on pourrait soutenir que le conseil de tutelle devrait également recevoir copie du compte définitif, comme le suggère C. Dallaire, *loc. cit.*, note 69, p. 230.

nistration des biens d'autrui[188]. Notons, à ce stade-ci, que s'il y a pluralité de tuteurs, chacun doit faire un compte définitif de sa gestion
(art. 1363 C.c.Q.). Les frais de la reddition de compte sont à la charge
du patrimoine du mineur (art. 1367 C.c.Q.).

Le moment de la clôture du compte définitif est important, car
c'est à partir de cet instant que se calculent les intérêts sur les sommes que le tuteur, le cas échéant, doit transmettre à son ex-pupille,
c'est-à-dire sur le « reliquat ». Si le tuteur tarde à rendre son compte
définitif, les intérêts pourront courir à partir de la mise en demeure
(art. 1368 C.c.Q.).

**577.–** *La reddition de compte en justice.* En principe la reddition de
compte se fait à l'amiable. Il se peut toutefois que l'entente ne soit pas
possible. Dans ce cas, le tribunal peut ordonner la reddition de
compte (art. 1364 C.c.Q.) qui se fait alors dans le respect des conditions prévues au *Code de procédure civile*[189].

### §3 - La fin de la tutelle et le remplacement du tuteur

**578.–** *Des motifs reliés à la situation du mineur ou à celle du tuteur.* La
tutelle, quelle qu'elle soit, ne se termine que pour des motifs reliés au
mineur : l'atteinte de la majorité, la pleine émancipation (qui rend le
mineur pleinement capable en droit)[190] et le décès[191]. Dans ces cas,
bien entendu, la charge du tuteur prend fin puisqu'elle n'a plus
d'objet (art. 255 C.c.Q.).

Il est d'autres cas où la charge du tuteur prend fin : d'une part
lors du décès du tuteur et, d'autre part, dans tous les cas où il est remplacé. On peut ajouter à cela, en ce qui concerne la tutelle légale des
parents, que la charge tutélaire prend fin en cas de changement de
filiation (que ce soit à la suite d'une action d'état ou d'une adoption[192]), en cas de déchéance de l'autorité parentale[193] et en cas de

---

188. Art. 1363 à 1370 C.c.Q.
189. Art. 532 à 539 C.p.c.
190. Voir *supra*, chap. II, L'émancipation.
191. *Québec (Curateur public)* c. *M.T.*, J.E. 2001-1492, REJB 2001-25465 (C.S.).
192. Dans *Kyprianou* c. *Kyprianou*, [2004] R.J.Q. 293, REJB 2003-51675 (C.S.), la
     Cour examine le lien de droit entre un père adoptif et son fils mineur avant
     l'entrée en vigueur des nouvelles dispositions relatives à la tutelle de 1994. En
     l'absence de tutelle dative, les parents adoptifs qui intervenaient dans la gestion
     des biens de leur enfant le faisaient à titre de gestionnaires ou d'administra-
     teurs du bien d'autrui.
193. Voir *supra*, La tutelle légale des père et mère.

nomination d'un tuteur dans le cadre d'une intervention de protection de la jeunesse[194]. Il ne s'agit pas alors, à proprement parler, de la
fin de la tutelle, puisque celle-ci continue tant et aussi longtemps que
le pupille n'est pas dans une des situations décrites plus haut. Il s'agit
seulement d'un changement de titulaire de la charge.

Deux questions méritent ici une attention particulière : A) Le
tuteur peut-il démissionner de ses fonctions ? B) Peut-on destituer le
tuteur de sa charge ?

### A. La démission du tuteur

**579.– *Le principe.*** Il faut faire ici la distinction entre la tutelle légale
et la tutelle dative. La première est obligatoire. Il ne peut donc être
question de démission volontaire du tuteur légal, puisque la tutelle
apparaît dans ce cas comme une charge qui s'impose à son titulaire.
Les parents, pas plus que le directeur de la protection de la jeunesse,
ne peuvent se soustraire *proprio motu* à leurs obligations.

Par contre, la tutelle dative est facultative. Le législateur a donc
logiquement prévu que celui qui a accepté la charge puisse, à un
moment donné, changer d'avis et renoncer à celle-ci[195]. Mais comme
la tutelle est une institution basée sur la protection des intérêts de
l'enfant, le tuteur ne peut démissionner qu'à des conditions bien
précises.

**580.– *Conditions de la démission.*** Comme il s'agit d'un acte qui peut
être lourd de conséquences pour le mineur, la démission ne peut se
faire que sous contrôle judiciaire ; seul le tribunal peut autoriser le
tuteur à cesser ses fonctions[196]. La demande du tuteur n'est recevable
qu'à trois conditions : le tuteur doit en avoir donné avis au conseil de
tutelle ; il doit invoquer un motif sérieux, et la demande ne peut être
faite à contretemps (art. 250 C.c.Q.).

---

194. Art. 207 C.c.Q. et la *Loi sur la protection de la jeunesse*, précitée, art. 70.1 et s.
195. La question de la démission du tuteur était fort controversée dans le passé. La
     jurisprudence moderne avait toutefois tendance à l'accepter lorsqu'elle répon-
     dait au meilleur intérêt du pupille, spécialement dans les cas où il s'agissait d'un
     tuteur qui voulait ainsi laisser la charge à un des parents de l'enfant (*Scott* c.
     *Deschamps*, [1959] B.R. 618 ; *Ozenc.* c. *MacLeod*, [1973] C.S. 701). Pour un
     aperçu de ces discussions, voir en particulier L.-P. Sirois, *op. cit.*, note 115,
     p. 114-115 et P. Ciotola, « Démission volontaire du tuteur – validité », (1974) 76
     *R. du N.* 301-304.
196. Art. 885 C.p.c.

La loi ne définit pas ce qui constitue un motif sérieux. Le tribunal doit donc trancher au cas par cas. On peut toutefois penser que ce terme recouvre, outre les anciennes causes de dispense de tutelles (l'âge avancé, la maladie, les charges familiales, etc.), tous les motifs qui ont pour conséquence de mettre en péril le bon fonctionnement de la tutelle. On peut penser par exemple au tuteur qui, pour des raisons professionnelles, doit quitter le pays alors qu'il est dans l'intérêt du mineur de ne pas déménager. Un changement de tuteur pourrait, dès lors, s'imposer.

Le législateur ne définit pas plus l'expression « à contretemps », mais il faut comprendre par là que la démission ne peut être présentée à un moment préjudiciable au mineur ou à son patrimoine[197]. Cette condition s'ajoute aux autres. Il est donc théoriquement possible que, malgré la présence d'un motif sérieux, le tribunal refuse la demande de démission parce qu'elle est présentée à un moment inopportun.

Pendant l'instance, le tuteur démissionnaire doit continuer à exercer sa charge à moins que le tribunal n'en décide autrement et ne désigne un administrateur provisoire chargé de la simple administration (art. 253 C.c.Q.).

Le jugement qui accepte la démission du tuteur ne met pas pour autant celui-ci à l'abri de toute responsabilité pour le préjudice que pourrait causer le simple fait de sa démission. En effet, même s'il y a un motif sérieux et que la demande n'est pas faite à contretemps, la démission peut éventuellement constituer un manquement aux devoirs du tuteur et donc l'obliger à réparer le préjudice (art. 1359 C.c.Q.). On peut penser à l'exemple d'un tuteur qui, au moment de l'acceptation de sa charge, est resté silencieux alors qu'il savait déjà qu'il aurait à faire valoir un motif sérieux de démission dans un proche avenir.

### B. La destitution du tuteur

**581.–** *Le principe.* Comme la tutelle constitue une obligation pour le tuteur, la constatation que les fonctions tutélaires ne sont pas exer-

---

197. En ce sens, voir les *Comm.*, p. 168 : l'article 250 C.c.Q. « vise à assurer la continuité de l'administration tutélaire, tout en protégeant le mineur contre les risques d'une administration imposée au tuteur ou contre une démission intempestive ».

cées, ou sont mal exercées, permet au tribunal de mettre fin à la charge (art. 251 C.c.Q.)[198]. La loi vise plusieurs situations : celle où le tuteur ne peut exercer la charge et celle où il ne respecte pas ses obligations. La destitution peut aussi être demandée en cas d'irrégularités graves dans le processus de nomination du tuteur. L'impossibilité d'agir peut couvrir des cas aussi divers que celui du tuteur devenu trop âgé, inapte (en fait ou en droit), absent, ou simplement éloigné pour une période tellement longue qu'il lui devient très difficile d'assumer réellement sa charge. Il ne s'agit donc pas ici de faire des reproches au tuteur, mais simplement de constater l'impossibilité d'agir dans laquelle il se trouve.

Par contre, en cas de non-respect des obligations tutélaires, il s'agit du procès du tuteur et de son administration. La loi laisse au tribunal une très grande marge d'appréciation quant à l'opportunité de démettre de ses fonctions le tuteur qui ne respecte pas ses obligations[199]. On peut penser que l'importance de l'obligation non respectée sera prise en considération par le tribunal, de même que le fait pour le tuteur en défaut d'avoir ensuite pris les mesures nécessaires pour rectifier la situation et démontrer ainsi sa bonne foi et sa compétence[200]. Ainsi, les manquements à l'administration qui ne sont pas de nature considérable, dès lors que le tuteur fait preuve de bonne foi, ne justifieront pas une destitution[201], la jurisprudence ayant maintes fois dénoncé le peu de formation en gestion que reçoivent les tuteurs aux biens[202]. Ainsi, par exemple, le fait de ne pas avoir fait l'inventaire dans les 60 jours n'est pas, de toute évidence, un motif suffisant de destitution, alors que le refus caractérisé de procéder à l'inventaire peut certainement amener le tribunal à la conclusion qu'il est dans l'intérêt du mineur d'être représenté par une autre personne.

**582.**– Les termes très généraux de la loi indiquent que l'on ne vise pas seulement les obligations ponctuelles du tuteur comme l'inventaire ou la reddition de compte annuelle, mais, de façon générale, tout comportement du tuteur qui dénote une insouciance de sa part à l'égard de l'intérêt du mineur[203]. Cela peut aller du cas flagrant d'infidélité

---

198. Un membre du conseil ne pourrait pas agir seul en destitution du tuteur, sauf situation d'urgence (*L.S.* c. *La.L.*, [2002] R.D.F. 174 (C.S.)).

199. Les motifs invoqués devront cependant être graves : *C.(J.)* c. *C.(V.)*, REJB 2004-80272 (C.S.).

200. *Québec (Curateur public)* c. *M.(J.)*, REJB 2001-25136 (C.S.).

201. *C.L.* c. *J.L.*, J.E. 2006-1064, EYB 2006-104342 (C.S.).

202. *P. (C.)* c. *G. (M.)*, REJB 2000-21348 (C.S.) ; *Québec (Curateur public)* c. *M.(J.)*, REJB 2001-25136 (C.S.) ; *C.L.* c. *J.L.*, J.E. 2006-1064, EYB 2006-104342 (C.S.).

203. *N.M.* c. *G.Gh. M.*, J.E. 2004-1334, EYB 2004-66822 (C.S.).

(détournements de fonds, par exemple) aux cas plus subtils de mauvaise gestion. La question s'est posée de savoir si la faillite du tuteur devait entraîner sa destitution. En théorie, la faillite de l'administrateur du bien d'autrui met fin à cette charge (art. 1355 C.c.Q.). Certains soutiennent, toutefois, qu'étant donné « le caractère particulier de la tutelle légale, [...] le tribunal ne devrait remplacer le parent failli que si celui-ci risque de causer un préjudice au mineur et s'il en est de son intérêt »[204], ce qui est conforme au principe général selon lequel toutes les décisions concernant le mineur doivent être prises dans son intérêt (art. 33 C.c.Q.) ; or la faillite, qui peut être causée par toutes sortes d'événements, n'implique pas automatiquement que le failli soit mauvais gestionnaire du patrimoine de son enfant.

Rappelons qu'en ce qui concerne la destitution des parents, la loi est plus restrictive. Dans ce cas, il faut démontrer en outre qu'il y a un motif grave justifiant que la charge leur soit retirée (art. 195 et s. C.c.Q.). Le non-respect caractérisé et répété de toutes les formalités rattachées à la tutelle constitue un tel motif grave[205].

**583.–** *Qui peut demander la destitution ?* Toute personne intéressée, y compris le curateur public, peut demander la destitution du tuteur[206]. Cette solution s'impose puisqu'il s'agit de faciliter le contrôle de la protection des mineurs. La loi ajoute que, pour certains, il existe un devoir de demander le remplacement du tuteur. Il s'agit du conseil de tutelle et, en cas d'urgence, d'un de ses membres, ainsi que du tuteur à la personne en ce qui concerne le remplacement d'un tuteur aux biens (art. 251 C.c.Q.). Cette obligation s'impose à eux en raison du fait qu'ils sont les plus proches superviseurs de la tutelle. Un membre du conseil de tutelle ne peut agir seul que s'il y a urgence ; il ne se qualifie donc pas comme « personne intéressée » et ne peut donc agir que *ès qualité* de membre du conseil de tutelle[207].

---

204. P. Desrochers, *loc. cit.*, note 6, p. 144-146.

205. *Québec (Curateur public)* c. *K.M.*, B.E. 2000BE-580 (C.S.) ; *Kyprianou* c. *Kyprianou*, [2004] R.J.Q. 293, REJB 2003-51675 (C.S.) ; *T.J.Te.K.A.* c. *Québec (Curateur public) et al.*, [2005] R.J.Q. 1108, EYB 2005-88783 (C.S.).

206. Art. 251, al. 2 C.c.Q. et *Loi sur le curateur public*, précitée, note 58, art. 22 ; *Curateur public* c. *Gérald Robert*, [1991] R.D.F. 476 (C.S.) ; *Québec (Curateur public)* c. *K.M.*, B.E. 2000BE-580 (C.S.).

207. En ce sens, *L.S.* c. *La.L.*, [2002] R.D.F. 174 (C.S.) ; il s'agissait en l'espèce d'une tutelle au majeur mais le principe est identique en ce qui concerne la tutelle au mineur puisque l'article 251 C.c.Q. s'applique dans les deux cas.

La demande de destitution est introduite par requête[208]. Une fois le jugement rendu, son exécution provisoire peut être ordonnée nonobstant l'appel[209]. Le jugement peut faire l'objet d'un appel de plein droit[210]. Comme dans le cas de démission, la destitution est normalement suivie de la nomination judiciaire d'un nouveau tuteur. Une telle nouvelle nomination se fait sur avis du conseil de tutelle sans qu'il soit nécessaire de requérir l'avis de l'assemblée des parents, alliés et amis[211].

### C. La conversion d'une tutelle publique en tutelle privée

**584.–** Le législateur vise à accroître la responsabilité de la famille à l'égard des mineurs et « tend donc, d'une façon générale, à considérer la famille comme responsable au premier chef de la protection de l'enfant et à limiter les interventions de l'État [...] »[212]. L'intervention du curateur public, du directeur de la protection de la jeunesse ou de la personne qu'il recommande, doit être vue comme une mesure subsidiaire, réservée aux cas de mineurs en situation critique. Elle est donc une mesure destinée à n'être que temporaire (à l'exception, sans doute, de la tutelle de la personne recommandée par le directeur de la protection de la jeunesse, qui est une mesure qui s'inscrit dans l'idée de projet de vie pour l'enfant en situation de protection[213]). C'est la raison pour laquelle la loi favorise un « retour à la normale » en édictant que toute personne intéressée peut demander le remplacement du curateur public, du directeur de la protection de la jeunesse ou de la personne qu'il recommande, « sans avoir à justifier d'un autre motif que l'intérêt du mineur » (art. 252 C.c.Q.). Il n'est donc pas nécessaire d'invoquer des motifs d'incapacité ou de négligence à leur égard[214].

### D. Les obligations du tuteur à la fin de sa charge

**585.–** Dans les cas de remplacement de tuteur, le jugement qui fait droit à la demande doit en même temps désigner le nouveau tuteur,

---

208. Art. 885c) C.p.c. Cette disposition a été créée par la *Loi sur l'application de la réforme du Code civil*. Il faut noter qu'auparavant, la destitution devait être demandée par voie d'action : *Dumont* c. *Lafortune*, [1980] C.A. 360.
209. Art. 547e) C.p.c.
210. Art. 26, 6b) et c) C.p.c.
211. En ce sens, *S.N.* c. *R.P.*, 2007 QCCS 4026 (AZ-50447599) (C.S.).
212. *Comm.*, p. 124.
213. Voir, *supra*, les par. 541 et s.
214. *Comm.*, p. 169.

afin d'éviter qu'il y ait une période pendant laquelle le mineur ne serait pas représenté (art. 254 C.c.Q.). Tant et aussi longtemps que le tuteur n'a pas été déchargé de ses fonctions, il doit continuer à les assumer, ce qui signifie qu'il doit également continuer à exercer sa charge pendant l'instance. Dans ce cas, le tribunal peut toutefois en décider autrement et désigner plutôt un administrateur provisoire pour le temps de l'instance et jusqu'à la désignation du nouveau tuteur.

**586.–** Dans tous les cas où la charge tutélaire prend fin, soit parce que la tutelle se termine, soit parce qu'il y a remplacement, le tuteur doit procéder à la reddition du compte définitif de tutelle[215]. Le compte définitif sert alors de base aux autres obligations du tuteur, dans les cas où il y a un reliquat au profit du mineur. Ainsi, le tuteur doit remettre tous les biens administrés au mineur devenu majeur ou au remplaçant (art. 1365 C.c.Q.). Il doit également transmettre tout ce qu'il a reçu dans l'exécution de ses fonctions, ce qui inclut les profits de toutes sortes. Si le tuteur a utilisé sans autorisation un bien du mineur, il est tenu de payer une indemnité pour cet usage (art. 1366 C.c.Q.). Sur toutes ces sommes dues, le tuteur doit des intérêts à compter de la clôture du compte ou de la mise en demeure de le produire (art. 1368 C.c.Q.).

Avant de payer le reliquat, le tuteur peut toutefois en déduire toutes les sommes qui lui seraient dues en raison de son administration et il peut retenir les biens du mineur jusqu'au paiement de ce qui lui est dû (art. 1369 C.c.Q.).

**587.–** Le compte peut se faire à l'amiable, mais, afin de protéger le pupille contre son tuteur, la loi prévoit que tout accord entre eux concernant l'administration ou le compte est nul s'il se fait avant la reddition de compte et la remise des pièces justificatives (art. 248 C.c.Q.)[216]. Le but de cette règle est de protéger le pupille, devenu majeur, et qui n'a pas encore pris connaissance de ses affaires, contre le tuteur qui pourrait vouloir profiter de la situation[217].

---

215. Voir *supra*, Les comptes de tutelle.
216. Cette disposition reprend en substance l'ancien article 311 C.c.B.-C. *Courtemanche* c. *Casaubon*, J.E. 96-398, EYB 1996-85093 (C.S.).
217. M. Taschereau, « Tutelle et curatelle », (1960) 4 *C. de D.* 34, 48-50.

## Section III
## L'administration tutélaire

### §1 - Introduction

**588.–** Les règles de l'administration tutélaire sont prévues à la section particulière de l'*administration tutélaire*[218] ainsi qu'au titre général de l'*administration du bien d'autrui*[219]. Le *Code civil du Québec* regroupe sous un même titre les règles générales qui s'appliquent à toute espèce d'administrateur du bien d'autrui, alors que, dans le *Code civil du Bas-Canada*, ces règles étaient dispersées à travers les chapitres concernant notamment la capacité des personnes, l'exécution testamentaire, la fiducie, le mandat, le dépôt ou le prêt. Ce regroupement constitue d'ailleurs une des innovations majeures de la réforme du Code civil et il représente une particularité du droit québécois[220]. Le Code fait donc, en matière de tutelle, un renvoi général à l'administration du bien d'autrui en édictant que « le tuteur agit à l'égard des biens du mineur à titre d'administrateur chargé de la simple administration »[221].

Par conséquent, les règles de l'administration du bien d'autrui constituent le droit commun de l'administration tutélaire, sous réserve des règles particulières prévues aux articles 209 C.c.Q. et suivants qui viennent déroger aux règles générales (art. 1299 C.c.Q.)[222]. Toutes les règles de l'administration du bien d'autrui ne s'appliquent donc pas nécessairement au tuteur. Ainsi, par exemple, la règle selon laquelle l'administrateur peut renoncer à ses fonctions en avisant simplement le bénéficiaire (c'est-à-dire celui dont il administre les

---

218. Livre premier, Des personnes, Titre quatrième, De la capacité des personnes, Chapitre deuxième, De la tutelle au mineur, Section IV, art. 208 à 221 C.c.Q.
219. Livre quatrième, Des biens, Titre septième, De l'administration des biens d'autrui, art. 1299 à 1370 C.c.Q.
220. En effet, on ne retrouve pas l'équivalent dans les codes civils des autres pays, mis à part en droit néerlandais. (Voir P.P.C. Haanappel et E. Mackaay, *Nieuw Nederlands Burgerlijk Wetboek, Het Vermogensrecht (Nouveau Code civil néerlandais, le droit patrimonial)*, Deventer, Kluwer, 1990, Livre 3, Titre sixième, art. 126-165).
221. Art. 208 et art. 1301 et s. C.c.Q.
222. Comme l'indique M. Cantin Cumyn, les règles de l'administration des biens d'autrui ne s'appliquent pas aux pouvoirs exercés à l'égard de la personne représentée mais dans la mesure où le titre 7e sur l'administration du bien d'autrui incorpore en réalité « les normes fondamentales gouvernant tout pouvoir privé, le titre 7e peut servir de cadre de référence en l'absence de règles spécifiques ». (M. Cantin Cumyn, *op. cit.*, note 127, par. 102).

biens) par écrit, ne s'applique pas au tuteur puisque celui-ci ne peut démissionner de sa charge qu'avec l'autorisation du tribunal (art. 250 C.c.Q.).

L'administration tutélaire vise les pouvoirs du tuteur sur les biens du mineur dont il a la charge[223]. Nous verrons donc sommairement quels sont ces pouvoirs[224] mais, préalablement, il convient d'énoncer les devoirs généraux qu'ils impliquent.

### §2 - Devoirs fondamentaux du tuteur

**589.–** *Prudence et diligence.* Dans son administration, le tuteur, en plus de respecter la loi (art. 1308 C.c.Q.) (c'est la moindre des choses), doit agir avec prudence et diligence (art. 1309 C.c.Q.)[225]. Cela constitue, ni plus ni moins, la nouvelle formulation de ce que la loi qualifiait, sous l'ancien Code, d'obligation d'agir en bon père de famille[226]. Le terme prudence signifie que le tuteur ne doit pas faire d'actes hasardeux. La tutelle est, rappelons-le, un mécanisme de protection. Il est donc normal que le tuteur ne fasse pas courir de risques au patrimoine qui lui est confié. On trouve une expression de ce devoir de prudence dans l'obligation qui est faite au tuteur de n'effectuer, avec les deniers du mineur, que des placements présumés sûrs (art. 1304 C.c.Q.). Quant au devoir de diligence, il vise le fait d'agir assez rapidement pour obtenir un bénéfice ou pour éviter une perte[227].

**590.–** *Honnêteté et loyauté.* Le tuteur doit également agir, dans le meilleur intérêt du mineur, avec honnêteté et loyauté (art. 1309, al. 2 C.c.Q.)[228]. Ce devoir découle directement du fait que la tutelle est ins-

---

223. C'est précisément parce que l'administration des biens d'autrui vise l'exercice de pouvoirs, que certains se sont demandé s'il n'eût pas mieux valu l'intégrer au Livre sur les personnes avec lequel il semble avoir plus d'affinités, « compte tenu de ce que ce livre traite déjà de la minorité, de l'incapacité et des personnes morales, toutes situations qui exigent la présence d'un administrateur » (M. Cantin Cumyn, « De l'administration du bien d'autrui », (1988) 3 *C.P. du N.* 283, 313).

224. Pour une étude détaillée de ces questions, voir M. Cantin Cumyn, *op. cit.*, note 127.

225. R. Bourgault, « Chronique – Les paramètres de l'administration relative aux régimes de protection des majeurs : quand la sollicitude épouse la transparence », (2003) 11 *Repères* 2-10, janvier 2003, EYB2003REP72.

226. Art. 290 C.c.B.-C.

227. A. Frenette, « La gestion des biens des incapables », (1987) 18 *R.D.U.S.* 81, 90.

228. Voir *Pierre Cormier, ès qualités de tuteur à l'enfant mineur Bernard Tessier Cormier* c. *Claude Tessier,* [1989] R.J.Q. 1457, EYB 1988-63027 (C.A.) et *Curateur public* c. *Tessier,* J.E. 87-1111, EYB 1987-78835 (C.S.). Voir également *N.M.* c. *G.Gh. M.,* J.E. 2004-1334, REJB 2004-66822 (C.S.), pour un exemple où le tuteur au majeur enfreint cette obligation.

taurée dans le seul intérêt du mineur et que le tuteur doit servir cet intérêt. Le devoir de loyauté, qui comprend celui d'honnêteté[229], implique que le tuteur ne peut exercer ses pouvoirs dans son propre intérêt et il s'exprime de façon concrète dans l'interdiction qui est faite au tuteur de se placer en situation de conflit entre son intérêt et ses obligations d'administrateur (art. 1310 C.c.Q.)[230]. C'est la raison pour laquelle il doit aviser le conseil de tutelle, d'une part, de toutes possibilités de conflits d'intérêts et, d'autre part, de tous droits qu'il pourrait faire valoir contre son pupille. Nous avons vu plus haut que, si cette opposition engendre un débat judiciaire, il faut procéder à la nomination d'un tuteur *ad hoc* (art. 190 C.c.Q.). Il découle également du devoir de loyauté, que le tuteur ne peut, en principe, acquérir les biens de son pupille ou se porter partie à un contrat qui touche les biens administrés (art. 1312 C.c.Q.). De même, il ne doit pas confondre les biens du mineur avec ses propres biens et il doit les administrer séparément[231]. Ainsi, les créanciers de l'un ne pourraient pas saisir les biens de l'autre[232]. Le devoir de loyauté interdit au tuteur d'utiliser les biens administrés à son profit, sauf avec une autorisation expresse du conseil de tutelle (art. 1314 C.c.Q.).

### §3 - Les biens administrés

**591.**– *La plupart des biens sont soumis à l'administration du tuteur.* Les pouvoirs du tuteur s'étendent sur à peu près tous les biens du mineur, puisque, en règle générale, le tuteur représente le mineur dans l'exercice de ses droits civils. De plus, le tuteur peut également accomplir valablement les actes que le mineur peut faire seul, à moins que la loi ou la nature de l'acte ne le permette pas (art. 158 C.c.Q.). C'est dire que l'administration du tuteur peut également porter sur les biens à l'égard desquels le mineur peut seul accomplir certains actes[233].

---

229. En ce sens M. Cantin Cumyn, *op. cit.*, note 127, par. 287.
230. Sur la question de l'administration et les conflits d'intérêts : R. Bourgault, « Chronique – Les paramètres de l'administration relative aux régimes de protection des majeurs : quand la sollicitude épouse la transparence », (2003) 11 *Repères* 2-10, janvier 2003, EYB2003REP72.
231. Art. 1313 C.c.Q. Cette règle est logique puisque le patrimoine du mineur est distinct de celui du tuteur.
232. G. Lauzon, « L'administration du bien d'autrui dans le contexte du nouveau *Code civil du Québec* (L.Q. 1991, c. 64) », (1993) 24 *R.G.D.* 107, 118.
233. Pour une analyse de l'administration tutélaire, voir J. Pineau, D. Burman et S. Gaudet, *Théorie des obligations*, 4e éd., Montréal, Éditions Thémis, 2001, par. 119 et s.

**592.–** *Exceptions.* Une partie du patrimoine du mineur échappe néanmoins à l'administration du tuteur. Il en est ainsi des biens donnés ou légués au mineur sous condition qu'ils échappent à l'administration tutélaire (art. 210 C.c.Q.). Ces biens sont administrés par un tiers qui, à ce titre, sera soumis aux dispositions sur l'administration du bien d'autrui et non pas à celles concernant la tutelle. Dans les cas où une libéralité est constitutive d'une fiducie dont le mineur est le bénéficiaire, ce sont les règles en matière de fiducie et d'administration du bien d'autrui qui s'appliqueront (art. 1287 et s. C.c.Q.)[234]. Il existe une autre exception, plus importante. En effet, le mineur peut gérer lui-même « le produit de son travail et les allocations qui lui sont versées pour combler ses besoins ordinaires et usuels » (art. 220, al. 1 C.c.Q.). Cette règle est conforme au principe de la capacité qu'a le mineur, compte tenu de son discernement, de contracter seul pour satisfaire ses besoins ordinaires et usuels (art. 157 C.c.Q.). Tout en donnant le plus d'autonomie possible au mineur doué de discernement[235], le législateur entend toutefois protéger celui qui risque de dilapider ses revenus. Ainsi, lorsque ceux-ci sont considérables ou lorsque les circonstances le justifient, le tribunal peut limiter les montants dont le mineur a la gestion exclusive (art. 220, al. 2 C.c.Q.). Cette règle s'applique donc même si les revenus sont modestes. Ainsi, par exemple, si le mineur démontre une tendance à la prodigalité, on pourrait réduire les montants laissés à sa gestion. Dans ce cas, le tribunal doit tenir compte de la situation particulière de chaque mineur, dont notamment l'âge, le discernement, les conditions de son entretien et de son éducation, ses obligations alimentaires et celles de ses parents[236]. Le tuteur ne perd pas tout droit de regard sur cette question, puisqu'il doit donner son avis au tribunal et qu'il peut toujours saisir le tribunal, lorsque les circonstances le justifient, pour faire réviser la décision et modifier ou supprimer la quote-part de revenus dont le mineur garde la gestion.

---

234. *Québec (Curateur public)* c. *G.(G.)*, J.E. 98-9, REJB 1997-03545 (C.S.) ; *Shaw, ès qualités « Tutrice »* c. *Sénéchal*, REJB 1998-06410 (C.S.) ; M. Cantin Cumyn, *op. cit.*, note 127, par. 119.
235. *Comm.*, p. 152.
236. *Ibid.* Depuis l'abolition de l'obligation alimentaire entre grands-parents et petits-enfants en 1996 et la restriction de l'obligation alimentaire aux parents en ligne directe au premier degré (art. 585 C.c.Q.), le terme « parents » de l'article 220 C.c.Q. doit s'entendre au sens restreint, c'est-à-dire ne visant que les père et mère.

## §4 - Les pouvoirs d'administration du tuteur

**593.–** *Le tuteur est chargé de la simple administration.* La loi prévoit deux régimes d'administration des biens d'autrui : la simple et la pleine administration, la distinction se justifiant au regard de l'objectif différent poursuivi par chacune[237], la première visant essentiellement la préservation de la valeur du patrimoine alors que la seconde doit tendre à augmenter cette valeur[238]. Le tuteur n'a que les pouvoirs de simple administration. Il s'agit d'un régime qui, dans un souci de protection du bénéficiaire, limite considérablement les pouvoirs de l'administrateur, en l'occurrence le tuteur. Sans entrer dans l'étude détaillée des règles de l'administration du bien d'autrui, puisqu'elles relèvent du droit des biens, il convient d'en évoquer ici les principes généraux.

**594.–** *Une administration conservatrice.* La simple administration est essentiellement caractérisée par le fait qu'elle est conservatrice[239]. L'administrateur doit faire les actes nécessaires à la conservation du bien (par exemple, les réparations à un immeuble) et au maintien de son usage normal (art. 1301 C.c.Q.). De la première obligation résulte le fait que, sauf exception[240], l'administrateur ne peut aliéner les biens du mineur. De l'avis de certains, l'obligation de conservation implique celle d'assurer le bien contre les risques de perte, à moins que la valeur du bien ne justifie pas le coût de l'assurance[241]. De l'obligation de maintenir l'usage normal découle le devoir de continuer l'utilisation ou l'exploitation du bien qui produit des fruits et des revenus, sans en changer la destination (art. 1303 C.c.Q.). Le tuteur doit également percevoir les fruits, les revenus et les créances (par exemple, toucher les loyers d'un immeuble à revenus) et exercer les droits attachés au bien (par exemple, exercer le droit de vote en tant qu'actionnaire) (art. 1302 C.c.Q.).

---

237. M. Cantin Cumyn, *op. cit.*, note 127, par. 191.
238. *Ibid.*, par. 194. Toutefois, comme l'indiquent Pineau, Burman et Gaudet, la qualification de certains actes n'est pas toujours limpide et la frontière entre simple et pleine administration peut, à l'occasion, être floue ; ces auteurs donnent l'exemple du bail d'habitation de l'immeuble du mineur (J. Pineau, D. Burman et S. Gaudet, *op. cit.*, note 233, p. 251) ; voir cependant *Olah* c. *Bryan et Bernier*, REJB 2003-45363 (C.Q.) où le tribunal qualifie le bail d'un an de « besoin courant », permettant ainsi au mineur de le signer sans l'intervention de son tuteur, ce qui porterait à voir dans un tel contrat, signé par le tuteur, un acte de simple administration.
239. *Dans l'affaire de A., majeur en curatelle, Le curateur public du Québec et B.*, EYB 2007-114633 (C.S.).
240. Ainsi, le tuteur peut aliéner seul un bien susceptible de se déprécier rapidement ou de dépérir, art. 1305, al. 2 C.c.Q.
241. M. Cantin Cumyn, *op. cit.*, note 127, par. 198.

**595.–** Le tuteur doit placer les sommes d'argent qu'il administre[242], mais il ne peut pas faire n'importe quel placement. Il doit respecter les règles relatives aux placements présumés sûrs[243]. Il n'entre pas dans notre propos d'énumérer la liste exhaustive des placements autorisés[244]. De façon générale, celle-ci reflète le souci du législateur de privilégier la protection du mineur plutôt qu'une grande rentabilité éventuelle[245]. Notons toutefois que si le mineur détient déjà des placements au moment de l'entrée en fonction du tuteur, celui-ci peut les maintenir même s'ils ne sont pas présumés sûrs (art. 1342 C.c.Q.). D'autre part, le tuteur doit tenir compte du rendement et de la plus-value espérée, tout en diversifiant, dans la mesure du possible, les placements qu'il fait au nom de son pupille (art. 1340 C.c.Q.)[246]. Tant qu'il respecte les dispositions sur les placements présumés sûrs, le tuteur est présumé agir prudemment (art. 1343 C.c.Q.). Il s'agit d'une présomption simple (art. 2847, al. 2 C.c.Q.)[247]. Des circonstances particulières et prouvées pourraient donc amener à conclure qu'un placement pourtant présumé sûr, fut néanmoins imprudent.

On constate que le régime de la simple administration est marqué par les principes de continuité et de sécurité[248].

---

242. À défaut de faire fructifier le capital au bénéfice du mineur, les tuteurs sont tenus responsables des intérêts qu'ils auraient dû lui procurer, à un taux que le tribunal fixe à 4 % composé annuellement pour chaque année de gestion : *Kyprianou c. Kyprianou*, [2004] R.J.Q. 293, REJB 2003-51675 (C.S.).

243. Art. 1304 C.c.Q. qui renvoie aux articles 1339 à 1344 C.c.Q. Pour une critique de la liste des placements présumés sûrs, voir M. Cantin Cumyn, *op. cit.*, note 127, par. 276.Voir également R. Bourgault, « Chronique – Les paramètres de l'administration relative aux régimes de protection des majeurs : quand la sollicitude épouse la transparence », (2003) 11 *Repères* 2-10, janvier 2003, EYB2003REP72, qui soutient que la distinction entre l'administration des placements par le tuteur et celle du curateur est plutôt théorique puisque les deux sont tenus de respecter l'article 1304 C.c.Q.

244. Pour une analyse des dispositions en la matière, voir L. Beaudoin, « La gestion de portefeuille pour autrui et les dispositions nouvelles du *Code civil du Québec* », (1989) 68 *R. du B. can.* 504 et G. Lauzon, *loc. cit.*, note 232, p. 121-123.

245. A. Frenette, *loc. cit.*, note 227, p. 86.

246. En ce qui concerne les placements dans un *Régime enregistré d'épargne-études*, ces derniers ne peuvent être considérés comme des placements présumés sûrs puisque le souscripteur conserve les sommes lorsque l'enfant ne poursuit pas ses études : P. Desrochers, *loc. cit.*, note 6, p. 113.

247. En ce sens, voir M. Cantin Cumyn, *loc. cit.*, note 127, par. 277.

248. Pour une énumération des actes que peut accomplir le tuteur, voir M. Provost, « La minorité, la tutelle et l'émancipation », dans *Droit de la famille québécois* , Les Publications CCH/FM Ltée, p. 4,119 à 4,122, n° 51-190 et P. Desrochers, *loc. cit.*, note 6, p. 71 et pour un excellent tableau détaillé des « actes posés par le tuteur seul, avec autorisation, ou interdits », p. 158.

À ce devoir général d'administration s'ajoute le devoir spécifique du tuteur de prélever sur les biens du mineur les deniers nécessaires pour assurer son entretien et son éducation lorsqu'il y a lieu de suppléer l'obligation alimentaire des père et mère (art. 218 C.c.Q.)[249]. Les tribunaux font preuve d'une certaine souplesse dans l'octroi de telles sommes, surtout lorsqu'on est en présence d'un parent démontrant l'insuffisance de ses revenus pour subvenir aux besoins de l'enfant[250].

**596.**– En tant qu'administrateur des biens du mineur, le tuteur peut ester en justice pour tout ce qui touche à son administration et il peut intervenir dans les actions qui concernent les biens qu'il administre (art. 1316 C.c.Q.). Il plaide alors en son propre nom et en sa qualité de tuteur (art. 59 C.p.c.)[251]. Rappelons que si le mineur a un tuteur aux biens et un tuteur à la personne, c'est ce dernier qui le représente en justice, même si les actions en justice concernent les biens (art. 188, al. 1 C.c.Q.). La règle générale est que le tuteur n'a pas besoin d'une autorisation pour agir en justice lorsqu'il s'agit de questions relatives à son administration[252] ; la loi prévoit cependant des exceptions pour lesquelles une autorisation spécifique est nécessaire.

---

249. *N...L...*c. *Société d'assurance automobile du Québec et curateur public*, [1995] R.D.F. 687 (C.S.).
250. *Droit de la famille–502*, [1988] R.D.F. 233 (C.S.) ; *L.P.* c. *N.P.*, [2004] R.D.F. 665, REJB 2004-69270 (C.S.) ; *Québec (Curateur public)* c. *G.B.*, [2006] R.D.F. 198, EYB 2006-100309 (C.Q.). Dans cette dernière affaire, le tribunal permet que soient prélevées des sommes pour assumer les frais de garderie à même le patrimoine du mineur mais exige de la tutrice le remboursement des sommes qui ne s'appuient pas sur des pièces justificatives. Pour un commentaire de cette décision, voir A.-M. Lachapelle, « Commentaire sur la décision *Québec (Curateur public)* c. *G.B.* – application de l'article 218 C.c.Q. », EYB2007REP576, mars 2007. Cependant, dans *K.L.* c. *D.J.*, B.E. 2003BE-517 (C.S.) le tribunal rappelle tout de même qu'une dépense du tuteur au bénéfice du mineur n'est pas automatiquement inadmissible dans son compte pour la seule raison qu'elle n'est pas appuyée par une pièce justificative distincte et visant exclusivement cette dépense puisque de nombreuses dépenses courantes sont noyées dans le flot des dépenses communes de la famille. Voir également la jurisprudence citée et la discussion à ce sujet dans P. Desrochers, *loc. cit.*, note 6, p. 98 et s.
251. Il est cependant tenu de se faire représenter par procureur en vertu de l'article 61 C.p.c. *Gesualdi* c. *Curateur public du Québec*, J.E. 97-584, REJB 1997-00001 (T.D.P.Q.).
252. *K.L.* c. *D.J.*, AZ-50157621 (C.S.).

**597.–** *Les actes qui nécessitent une autorisation.* Pour les actes les plus importants, le tuteur doit obtenir une autorisation[253]. Ainsi, les règles générales de l'administration du bien d'autrui prévoient qu'une autorisation est nécessaire pour aliéner un bien à titre onéreux et pour le grever d'une hypothèque. Cette autorisation ne sera donnée qu'à la condition que l'acte soit nécessaire pour payer les dettes, maintenir l'usage du bien ou en conserver la valeur (art. 1305 C.c.Q.). Les règles particulières de la tutelle étendent ces possibilités en ajoutant que l'aliénation ou la sûreté peut également être autorisée si elle est nécessaire pour l'« éducation et l'entretien du mineur » (art. 213, al. 2 C.c.Q.)[254]. Le tribunal ne dispose que d'une faible discrétion en cette matière, étant donné le caractère limitatif de l'alinéa 213(2) C.c.Q.[255]. La notion de nécessité apparaît clairement comme le facteur central de cet exercice, en plus de celui de l'intérêt de la personne protégée[256].

Si la valeur du bien ou de la sûreté n'excède pas 25 000 $, l'autorisation doit être donnée par le conseil de tutelle. Dans les autres cas, le tribunal, sur avis du conseil de tutelle, autorise ces actes. Lorsque le tribunal doit autoriser la vente d'un bien du mineur, la demande doit respecter les règles de procédure spécifiques prévues par le *Code de procédure civile*[257]. Elle doit être accompagnée d'une évaluation du bien (art. 898 C.p.c.), à moins que le juge ou le greffier n'ait accordé une dispense de fournir cette évaluation (art. 904 C.p.c.)[258].

---

253. Voir l'énumération de ces actes dans M. Provost, « La minorité, la tutelle et l'émancipation », dans *Droit de la famille québécois*, Les Publications CCH/FM Ltée, p. 4,119 à 4,122, n° 51-195 et P. Desrochers, « Papa, maman, où est mon argent ? La protection des intérêts patrimoniaux du mineur », dans Service de la formation permanente, Barreau du Québec, *Famille et protection,* Cowansville, Éditions Yvon Blais, 2005, p. 71, 158.

254. À noter, toutefois, que l'article 218 C.c.Q. oblige le tuteur à prélever sur les biens qu'il administre les sommes nécessaires pour assurer l'entretien ou l'éducation du mineur (lorsqu'il y a lieu de suppléer à l'obligation alimentaire des père et mère) et que cela implique le droit d'entamer le capital de son pupille, sans autorisation, lorsque les revenus sont insuffisants).

255. *R.R. et B.B.-R* et *Curateur public du Québec,* [2005] R.D.F. 315, EYB 2005-87247 (C.S.) ; *M.B.* c. *Québec (Curateur public),* [2005] R.D.F. 441, EYB 2005-90467 (C.S.).

256. *Dans l'affaire de A., majeur en curatelle, Le curateur public du Québec* et *B.,* EYB 2007-114633 (C.S.).

257. De la procédure de vente du bien d'autrui, art. 897 à 910 C.p.c.

258. L'article 214 C.c.Q. prévoit également que le tuteur ne peut aliéner un bien d'une valeur supérieure à 25 000 $, sans l'avoir d'abord fait évaluer par un expert, sauf s'il s'agit de la vente de valeurs boursières dans le respect des dispositions relatives aux placements présumés sûrs : *Lussier* c. *Latulippe (Succession de),* J.E. 95-698, EYB 1995-72680 (C.S.).

**598.–** Dans le cadre de la tutelle légale, les parents sont dispensés de requérir les autorisations normalement exigées, lorsque la valeur des biens n'est pas supérieure à 25 000 $ (art. 209 C.c.Q.). Certains auteurs soutiennent cependant que l'autorisation du conseil de tutelle est nécessaire lorsqu'il s'agit d'aliéner l'immeuble du mineur de 25 000 $ ou moins[259]. Dans ces cas les parents seraient donc obligés de provoquer la constitution du conseil de tutelle. Au soutien de cette interprétation, on invoque le fait que l'article 209 C.c.Q. ne dispense les parents d'obtenir des autorisations que dans l'administration des biens. Or les parents n'ayant que la simple administration, en vertu de l'article 208 C.c.Q., cette dispense ne pourrait viser la vente de l'immeuble du mineur. Cette interprétation nous semble réductrice de la notion d'administration tutélaire. S'il est vrai que les parents ont la simple administration des biens de leurs enfants mineurs, cette administration ne se limite cependant pas aux articles 1301 et s. C.c.Q. En effet, elle englobe également toutes les dispositions des articles 208 à 221 C.c.Q. qui sont précisément rassemblées dans une section intitulée « De l'administration tutélaire ». Par conséquent, il faut voir dans la dispense accordée aux parents, une règle générale qui touche à tous les cas où normalement une autorisation est requise, notamment en matière de vente prévue par l'article 213 C.c.Q. Plusieurs décisions judiciaires vont en ce sens[260]. Non seulement cette interprétation nous paraît-elle plus conforme à l'esprit de la loi qui entend simplifier la charge tutélaire des parents dans les cas où les valeurs impliquées sont de peu d'importance, mais elle semble également conforme au texte lui-même, sans mettre pour autant en danger la protection des intérêts du mineur[261]. Le Code a, en effet, expressément prévu la possibilité pour tout intéressé (notamment l'acheteur potentiel de l'immeuble) de saisir le tribunal afin que soit ordonnée, malgré tout, la constitution d'un conseil de tutelle pour les fins d'une autorisation *ad hoc* lorsque cela est nécessaire. La protection du mineur est donc possible. En ce qui concerne la tutelle légale, le législateur a cependant voulu que la constitution d'un conseil de tutelle ainsi que l'exigence d'une autorisation doivent demeurer des mécanismes d'exception lorsque la valeur des biens n'atteint pas les 25 000 $.

L'autorisation du conseil de tutelle est également requise pour d'autres actes qui peuvent avoir un impact considérable sur le patrimoine du mineur :

– accepter une donation avec charge (art. 211 C.c.Q.) ;

– transiger et poursuivre un appel (art. 212 C.c.Q.) ;

---

259. En ce sens, A. Roy, « La vente d'un immeuble du mineur de 25 000 $ ou moins », (1994) 6 *Impact* 2.
260. *O...B...* et *Curateur public*, [1995] R.D.F. 235 (C.S.) ; *P.P. (Succession de),* J.E. 2007-2308, EYB 2007-125512 (C.S.) ; *contra : Tremblay c. Fisch,* 2007 QCCS 6546 (C.S.).
261. Dans le même sens, M. Cantin Cumyn, *op. cit.*, note 127, par. 208.

- renoncer à une succession (art. 638 C.c.Q.)[262] ;

- contracter un emprunt important (art. 213 C.c.Q.) ;

- aliéner un bien important à caractère familial (art. 213 C.c.Q.) ;

- provoquer le partage définitif des immeubles d'un mineur indivisaire (art. 213 C.c.Q.) ;

- changer la destination d'un bien qui produit des fruits et revenus (art. 1303 C.c.Q.).

**599.– *Les actes interdits au tuteur*.** Le devoir de loyauté impose au tuteur un certain nombre de prohibitions. Ainsi, il ne peut renoncer à un droit qui appartient au mineur[263] ou disposer des biens de celui-ci à titre gratuit, sauf s'il s'agit de biens de peu de valeur et que la disposition est faite dans l'intérêt du mineur (art. 1315 et 1813 C.c.Q.). La jurisprudence est divisée sur la nature du test à appliquer pour déterminer la valeur des donations qui peuvent être autorisées. Certains soutiennent que le test pour déterminer le caractère modeste de la donation est objectif et ne peut dépendre du niveau de fortune du mineur[264], alors que d'autres affirment que la modicité est un concept relatif qui s'établit en fonction de l'ensemble du patrimoine[265]. Il est également interdit au tuteur de se porter partie à un contrat qui

---

262. Nous partageons l'opinion de M. Cantin Cumyn (*op. cit.*, note 127, par. 223) qui est d'avis que puisque l'administrateur du bien d'autrui ne peut renoncer à un droit sans contrepartie (art. 1315 C.c.Q.), la renonciation à une succession ne devrait être autorisée que dans les cas où la succession ne représente aucun avantage pour le mineur (dans le cas d'un passif excédentaire, par exemple). L'intervention du conseil de tutelle devrait avoir pour objet de vérifier si la renonciation est financièrement justifiée ; *Demers (Succession de)*, J.E. 98-2003, REJB 1998-07987 (C.S.). M. Beauchamp se fonde sur l'article 209 C.c.Q. pour soutenir que le conseil de tutelle n'a pas à être consulté si les père et/ou mère sont tuteurs à leur enfant et que la valeur de la succession est inférieure à 25 000 $ : M. Beauchamp, « Procédures devant notaire : c'est le début d'un temps nouveau... », (2002) 2 *C.P. du N.* 65, 84.

263. Le tuteur, par exemple, ne pourrait renoncer à la distribution de dividendes ou renoncer à invoquer la prescription extinctive d'une créance contre le patrimoine du mineur, *Comm.*, p. 789.

264. *R.M.J.* c. *O.C.*, [1997] R.D.F. 75, EYB 1996-85458 (C.S.) ; voir aussi la jurisprudence citée dans P. Desrochers, « Recours contre les acteurs d'un régime de protection », dans Service de la formation continue, Barreau du Québec, *Obligations et recours contre un curateur, tuteur ou mandataire défaillant*, Cowansville, Éditions Yvon Blais, 2008, p. 107, 110-111.

265. *(Re) Curatelle de Robillard Charette* [1983] C.A. 4 ; *Sasseville* et *J.-M. G.*, [2005] R.D.F. 882 (C.S.). Dans cette dernière affaire, la Cour suggère quelques règles de base, notamment que les donations ne devraient pas entamer le capital, et que le total annuel de toutes les donations ne devrait en aucun cas excéder le tiers des revenus nets annuels (après dépenses de la tutelle et rémunération du tuteur).

touche les biens qu'il administre ou d'acquérir des biens de son pupille autrement que par succession[266]. Cette interdiction n'est pas absolue, puisque le conseil de tutelle pourrait l'y autoriser. Le conseil doit alors évaluer si cette acquisition par le tuteur va également dans le sens de l'intérêt du mineur. Ce pourrait être le cas, par exemple, si le prix que propose le tuteur est supérieur à la valeur marchande et au prix offert par les tiers acquéreurs potentiels.

### §5 - La sanction des abus de pouvoir du tuteur

**600.–** Le tuteur est responsable de sa gestion et il doit en rendre compte[267]. Tout manquement à ses obligations peut être qualifié d'abus de pouvoir[268]. Ces abus peuvent être sanctionnés soit par la destitution, dans les cas les plus graves, soit par l'annulation ou la réduction des obligations qui découlent d'un acte irrégulier[269], soit encore par la condamnation à des dommages et intérêts[270]. L'administration du tuteur échappe donc au contrôle par les tiers de l'opportunité des décisions prises. En d'autres mots, si un tuteur exerce mal ses fonctions, la sanction réside dans la destitution et non pas dans la remise en question des actes d'administration. C'est une condition de la bonne marche de la tutelle. Certains avancent qu'il conviendrait de faire une distinction, lorsqu'il s'agit d'une tutelle dative, entre d'une part le représentant nommé à la suite d'un « consensus familial » sur la personne à nommer et, d'autre part, le représentant imposé par le tribunal[271] . Une telle solution ne nous paraît pas respecter l'économie générale de l'administration pour autrui et elle obligerait, au sur-

---

266. *Québec (Curateur public)* c. *R.H.*, J.E. 2003-368 (C.S.) ; *Dubé* c. *Dubé et Noël*, REJB 2003-40874 (C.S.).
267. Rappelons qu'en cas de pluralité de tuteurs aux biens, chacun est responsable de la gestion des biens qui lui sont confiés, art. 188, al. 2 C.c.Q.
268. G. Brière, « L'abus de pouvoir des représentants légaux dans le droit familial du Québec », (1978) 19 *C. de D.* 117.
269. Voir *supra*, La sanctions des actes posés par ou pour le mineur ; voir aussi M. Cantin Cumyn, *op. cit.*, note 127, par. 327 et s.
270. *Quebec (Public Curator)* c. *S.A.S.*, J.E. 2006-1838, EYB 2006-109278 (C.S.). Pour un exemple éloquent de non-respect des devoirs du tuteur, voir *T.J.Te.K.A.* c. *Québec (Curateur public) et al.*, [2005] R.J.Q. 1108 (C.S.). En l'espèce, il s'agissait davantage de mauvaise foi et d'abus de droit que de négligence et d'imprudence. Voir l'abondante jurisprudence en matière de récupérations de sommes dues par des représentant, dans P. Desrochers, « Recours contre les acteurs d'un régime de protection », dans Service de la formation continue, Barreau du Québec, *Obligations et recours contre un curateur, tuteur ou mandataire défaillant*, Cowansville, Éditions Yvon Blais, 2008, p. 107, 142.
271. F. Dupin, « Contester une décision d'un tuteur, curateur ou mandataire dans l'exercice de sa charge », dans Service de la formation continue, Barreau du Québec, *Obligations et recours contre un curateur, tuteur ou mandataire défaillant*, Cowansville, Éditions Yvon Blais, 2008, p. 85, 90.

plus, à aménager deux régimes de sanction, selon le processus de nomination, au détriment de la protection des tiers. Une fois le représentant nommé, les règles de l'administration se doivent d'être uniformes, au nom de la sécurité juridique.

Le curateur public peut également être tenu responsable civilement en cas de manquement à son devoir de surveillance. Ainsi, son défaut d'agir contre un tuteur alors qu'il aurait dû le faire à maintes reprises le rend passible de dommages et intérêts[272]. En cas de faute commune des tuteurs, vérificateurs et curateur public dans l'administration du patrimoine, ces derniers peuvent être condamnés solidairement aux dommages[273]. À cet égard, il faut noter que le tuteur peut souscrire une assurance garantissant l'exécution de ses obligations. S'il assume sa charge gratuitement, les frais de l'assurance sont assumés par le patrimoine du mineur. Dans le cas contraire, le tuteur doit lui-même assumer le coût de son assurance responsabilité (art. 1331 C.c.Q.).

En ce qui concerne les recours à l'égard du tuteur, la prescription ne court pas contre le mineur. Le délai ne commence à courir qu'à la majorité du pupille (art. 2905 C.c.Q.)[274]. La majorité est fixée selon les lois du pays où réside le pupille au moment de l'institution de l'action[275].

**601.–** *Les limites de la responsabilité du tuteur à l'égard du mineur.* Le tuteur est passible de dommages et intérêts à l'égard du mineur en cas de non-respect des devoirs qu'implique sa charge. Le tuteur doit répondre de ses fautes caractérisées, comme de sa négligence et de son imprudence[276]. Ainsi, pour prendre un exemple parmi bien d'autres, il sera responsable de ne pas avoir envoyé l'avis d'augmentation de loyer aux locataires d'un immeuble appartenant au mineur. De plus, la loi prévoit des cas spécifiques de responsabilité, notamment lorsque le tuteur ne respecte pas les règles concernant les place-

---

272. *T.J.Te.K.A.* c. *Québec (Curateur public) et al.*, [2005] R.J.Q. 1108, EYB 2005-88783 (C.S.).
273. *Ibid.* Sur la responsabilité solidaire du curateur public et du conseil de tutelle, voir C. Dallaire, *loc. cit.*, note 69, p. 217.
274. Pour un cas d'application, voir *Larouche* c. *Larouche et al.*, REJB 2000-16317 (C.S.).
275. *J.G.* c. *Québec (Curateur public)*, [2004] R.R.A. 242, REJB 2004-53204 (C.S.), décision infirmée sur un autre point de droit à B.E. 2004BE-459 (C.A.).
276. G. Brière, *loc. cit.*, note 268, p. 125.

ments présumés sûrs. Dans un tel cas, il sera responsable des pertes qui en résultent, sans autre preuve de faute (art. 1343, al. 2 C.c.Q.).

La loi édicte toutefois certaines limites à la responsabilité du tuteur. En premier lieu, le tuteur « ne répond pas de la perte du bien qui résulte d'une force majeure, de la vétusté du bien, de son dépérissement ou de l'usage normal et autorisé du bien » (art. 1308, al. 2 C.c.Q.). Il s'agit là d'un cas d'application du droit commun[277]. De plus, le tribunal pourrait décider de restreindre l'étendue de la responsabilité du tuteur, en tenant compte des circonstances particulières dans lesquelles la charge tutélaire est assumée, notamment la gratuité de la charge[278]. On constate que, tout comme en matière de responsabilité du tuteur du fait du mineur (art. 1460, al. 2), les abus de pouvoir du tuteur peuvent être sanctionnés différemment selon que la charge est gratuite ou rémunérée.

**602.–** *La responsabilité du tuteur à l'égard des tiers.* Tant qu'il agit dans les limites de ses pouvoirs, le tuteur n'encourt aucune responsabilité envers les tiers. Par contre, il est responsable s'il agit en son propre nom plutôt qu'en sa qualité de tuteur (art. 1319 C.c.Q.). De même, s'il agit en dehors des limites de ses pouvoirs, il est tenu personnellement à l'égard des tiers (art. 1320 C.c.Q.), alors que le mineur n'est, dans ce cas, tenu qu'à concurrence des avantages qu'il a retirés de l'acte (art. 1322 C.c.Q.) et sans préjudice de son droit de réclamer éventuellement réparation à son tuteur.

## Section IV

## Le conseil de tutelle

**603.–** *Le principe.* En plus des formalités qui s'imposent au tuteur et que la loi qualifie de « mesures de surveillance de la tutelle » (l'inventaire, les comptes, la sûreté), il existe un autre mécanisme de contrôle : le conseil de tutelle. Il s'agit d'une institution créée par le *Code civil du Québec* de 1991. Ce conseil remplace les mécanismes anciens du subrogé-tuteur[279] et du conseil de famille qui fai-

---

277. Voir les articles 1470, 2289 et 2322 C.c.Q.
278. Art. 1318 C.c.Q. Voir également *Quebec (Public Curator)* c. *S.A.S.*, J.E. 2006-1838, EYB 2006-109278 (C.S.), où la culture et le mode de vie de la défenderesse autochtone sont pris en considération pour établir le caractère raisonnable de certaines dépenses.
279. Le droit transitoire prévoit que les subrogés-tuteurs deviennent des conseils de tutelle formés d'une seule personne (la *Loi sur l'application de la réforme du Code civil*, L.Q. 1992, c. 57, art. 27). Pour une comparaison entre les subrogés-tuteurs et le conseil de tutelle, voir P. Desrochers, *loc. cit.*, note 6, p. 114-121.

saient l'objet de critiques en raison de leur lourdeur et de leur inefficacité[280].

## §1 - Le rôle du conseil de tutelle

**604.**– Le conseil de tutelle assume une triple mission dont le principal volet est de surveiller le tuteur (A). Il doit aussi rendre des avis et donner des autorisations (B). Dans certains cas, le conseil de tutelle joue un rôle très actif puisqu'il agit à la place et au nom du mineur bénéficiaire (C)[281].

### A. La surveillance du tuteur

**605.**– *Le conseil de tutelle surveille le tuteur.* La mission essentielle du conseil de tutelle est de surveiller le tuteur (art. 222 C.c.Q.)[282]. Ce rôle de chien de garde s'exerce tant et aussi longtemps que dure la tutelle. Par conséquent, le conseil de tutelle est une institution *permanente*[283]. Ce contrôle ne s'effectue pas en cachette ou à l'insu du tuteur. Au contraire, il s'exerce en collaboration avec le tuteur qui doit être invité aux séances du conseil pour y donner son avis. Le conseil peut également, mais ce n'est pas une obligation, inviter le mineur à ses réunions (art. 230 C.c.Q.).

La mission de contrôle du conseil de tutelle s'exprime à travers une série d'obligations prévues par la loi. Ainsi, le conseil doit :

– faire nommer un tuteur *ad hoc* lorsque le mineur a des intérêts à discuter en justice avec son tuteur (art. 235 C.c.Q.) ;

---

280. Voir, entre autres, B. Gagnon, « La tutelle et la curatelle assurent-elles une protection efficace pour le patrimoine d'un incapable ? », (1969) 29 *R. du B.* 601, 603. Cet auteur constate qu'en pratique, la nomination du subrogé-tuteur est devenue une simple formalité plutôt qu'un mécanisme de contrôle réel.

281. R. Bourgault, « Chronique – Les paramètres de l'administration relative aux régimes de protection des majeurs : quand la sollicitude épouse la transparence », (2003) 11 *Repères* 2-10, janvier 2003 et P. Desrochers, *loc. cit.*, note 6, p. 125-129.

282. Le devoir de surveillance devrait être mis en œuvre dès la réception, par le conseil, de l'avis envoyé par le greffier sous 216 C.c.Q. : C. Dallaire, *loc. cit.*, note 69, p. 225.

283. Contrairement à l'ancien conseil de famille qui était une institution à vocation temporaire puisqu'il n'était constitué qu'en vue de la nomination du tuteur et pour certaines missions ponctuelles.

- s'assurer que le tuteur procède à l'inventaire des biens du mineur (art. 236 C.c.Q.) ;

- s'assurer que le tuteur fournit et maintient la sûreté imposée par la loi (art. 236 C.c.Q.) ;

- recevoir et examiner les comptes annuels (art. 236 C.c.Q.) ;

- recevoir et examiner le compte définitif de tutelle (art. 247 C.c.Q.) ;

- conserver les archives de la tutelle (art. 239 C.c.Q.) ;

- demander le remplacement du tuteur qui ne peut exercer sa charge ou qui ne respecte pas ses obligations (art. 251 C.c.Q.). En dehors des cas d'urgence, un membre du conseil ne peut demander seul la destitution du tuteur ; cette prérogative appartient au conseil lui-même[284] ;

- aviser sans délai le tuteur et le mineur de 14 ans et plus, du nom et de l'adresse de ses membres et du secrétaire du conseil ; aviser ces mêmes personnes de tout changement à cet égard (art. 875 C.p.c.).

De plus, en cas de jugement relatif aux intérêts patrimoniaux du mineur ou en cas de transaction qui implique le tuteur en cette qualité, le greffier du tribunal doit en donner avis au conseil de tutelle (art. 216 C.c.Q.). Le greffier doit envoyer un avis au curateur public dont la mission est également de contrôler les tutelles.

### B. Les avis et les autorisations

**606.–** *Le conseil participe à l'administration tutélaire par ses avis et ses autorisations.* Le conseil de tutelle est plus qu'un simple organe de contrôle de la tutelle. Dans certains cas, la loi lui reconnaît un véritable pouvoir d'intervention dans l'administration même de la charge tutélaire[285]. La plupart du temps, cette participation prend la forme

---

284.  *L. c. La. L.*, [2002] R.D.F. 174 (C.S.).
285.  Sur le conseil de tutelle, voir M. Beauchamp, « Chronique. Du conseil de famille à l'assemblée de parents, d'alliés ou d'amis et du conseil de tutelle », (2002) *Repères*, novembre 2002, EYB2002REP70 et « Chronique. Du conseil de famille à l'assemblée de parents, d'alliés ou d'amis et du conseil de tutelle (deuxième partie) », (2003) *Repères*, mai 2003, EYB2003REP.

d'un simple avis, facultatif ou obligatoire. Ainsi, le tribunal « peut » prendre l'avis du conseil lorsqu'il s'agit de trancher un différend entre les parents concernant l'exercice de la tutelle légale (art. 196, al. 2 C.c.Q.). Par contre, il « doit » prendre l'avis du conseil avant de nommer un tuteur, incluant le tuteur *ad hoc* (art. 205, al. 2 C.c.Q.)[286], ou de fixer les sommes d'argent dont le mineur peut conserver lui-même la gestion (art. 220, al. 2 C.c.Q.). Nous avons vu plus haut que le tribunal est également tenu de prendre l'avis du conseil de tutelle chaque fois qu'il est appelé à statuer sur une demande d'autorisation relative à des soins, à l'aliénation d'une partie du corps ou à une expérimentation (art. 23 C.c.Q.).

Dans d'autres cas, le conseil de tutelle doit donner son autorisation pour l'accomplissement de certains actes : transiger, poursuivre un appel (art. 212 C.c.Q.)[287], contracter un emprunt important, grever un bien d'une sûreté, aliéner un bien important à caractère familial, aliéner un immeuble ou une entreprise, provoquer le partage définitif des immeubles d'un mineur indivisaire (art. 213 C.c.Q.). Dans tous les cas prévus par cette disposition, l'autorisation du conseil de tutelle est requise. Mais si la valeur du bien concerné est supérieure à 25 000 $, c'est le tribunal qui doit donner l'autorisation, après avoir pris l'avis du conseil de tutelle[288].

### C. L'intervention directe du conseil de tutelle

**607.**– *Dans certains cas, le conseil agit lui-même, au nom du mineur.* Les règles de l'administration du bien d'autrui prévoient que le bénéficiaire de cette administration doit ou peut, dans certains cas, don-

---

286. Dans *Brault* c. *Billots Sélect Mégantic inc.*, REJB 1997-02767 (C.S.), le tribunal estime que les défendeurs dans une action en responsabilité intentée par des parents ne peuvent exiger que l'enfant poursuive personnellement ses parents qu'après avoir obtenu un avis favorable du conseil de tutelle. Le jugement est flou sur cette question, mais on peut penser qu'il se fonde sur l'article 205 C.c.Q. puisqu'une telle poursuite ne serait possible que si l'enfant est représenté par un tuteur *ad hoc*, ce qui implique effectivement l'avis du conseil de tutelle.

287. Cette autorisation n'est cependant pas nécessaire pour le tuteur légal qui désire transiger lorsque le montant de la transaction n'est pas supérieur à 25 000 $ (art. 209 C.c.Q.) : *O...B...* et *Curateur public*, [1995] R.D.F. 235 (C.S.). Dans le même sens, voir *P.P. (Succession de)*, J.E. 2007-2308, EYB 2007-125512 (C.S.) où le tribunal estime que l'article 209 C.c.Q. vise tous les cas où une autorisation est requise. *Contra : Tremblay* c. *Fisch*, 2007 QCCS 6546 (C.S.) où le tribunal se dit d'avis que l'article 212 C.c.Q. impose de prendre l'avis du conseil de tutelle dans tous les cas et où le juge estime que l'article 209 C.c.Q. n'introduit pas un régime d'exception en matière de transaction.

288. La valeur de 25 000 $ réfère à la part du mineur dans le bien (en ce sens A. Roy, *loc. cit.*, note 91, p. 42-43) ; voir à ce sujet, nos commentaires *supra*, par. 567.

ner un consentement, recevoir des avis ou être consulté. Ainsi, par exemple, l'administrateur doit rendre compte annuellement au bénéficiaire (art. 1351 C.c.Q.) et dénoncer à ce dernier tout intérêt qu'il a dans une entreprise et qui est susceptible de le placer en situation de conflit d'intérêts (art. 1311 C.c.Q.). Lorsque le bénéficiaire est un mineur, le conseil de tutelle agit dans tous ces cas au nom de celui-ci (art. 233, al. 2 C.c.Q.). En d'autres mots, au chapitre de l'administration des biens d'autrui[289], lorsqu'il s'agit de l'administration des biens d'un mineur par le tuteur, les droits et les pouvoirs accordés au mineur sont exercés par le conseil de tutelle.

### §2 - La constitution du conseil de tutelle

### A. Principes généraux

**608.**– *Dans quels cas doit-il y avoir constitution d'un conseil de tutelle ?* La constitution d'un conseil de tutelle est la règle, que la tutelle soit dative ou légale[290]. Deux exceptions sont prévues à ce principe. La première concerne la tutelle légale des père et mère. Dans ce cas, la constitution d'un conseil de tutelle n'est requise que si les père et mère sont tenus de faire un inventaire, de fournir une sûreté et de rendre un compte annuel de gestion (art. 223 C.c.Q.), c'est-à-dire dans les cas où le patrimoine du mineur est supérieur à 25 000 $ (art. 209 C.c.Q.)[291].

La deuxième exception concerne la tutelle exercée par le curateur public, le directeur de la protection de la jeunesse ou la personne qu'il recommande (art. 223, al. 2 C.c.Q.). Dans ce cas, le législateur a estimé que la surveillance du conseil de tutelle est inutile et que cette absence de contrôle ne diminue pas notablement la protection du mineur[292]. Ces organismes publics sont, de toute façon, soumis à d'autres mécanismes de contrôle[293]. Il en va autrement, cependant,

---

289. Art. 1299-1370 C.c.Q.
290. Sur la constitution du conseil de tutelle, voir P. Desrochers, *loc. cit.*, note 6, p. 121-125.
291. On peut ajouter que, dans de rares cas de patrimoine inférieur à 25 000 $, les parents seront néanmoins tenus de se soumettre à ces formalités de contrôle, si le tribunal l'ordonne. Il faudra alors procéder à la constitution d'un conseil de tutelle en vertu de l'article 223 C.c.Q.
292. *Comm.*, p. 154.
293. En ce sens, M. Ouellette, *loc. cit.*, note 64, p. 114. Le curateur public est soumis au contrôle du comité de vérification mis en place par la *Loi modifiant la Loi sur le curateur public et d'autres dispositions législatives relativement aux biens*

de la personne recommandée par le directeur de la protection de la jeunesse, puisque sa nomination comme tuteur met fin à l'implication du directeur et que le tuteur se retrouve donc sans mécanisme de surveillance.

**609.**– *Composition du conseil de tutelle.* En règle générale, le conseil de tutelle est formé de trois personnes (art. 222 C.c.Q.). Ce nombre permet, d'une part, la concertation et, d'autre part, la prise de décision selon la règle de la majorité (art. 234 C.c.Q.). On évite ainsi de devoir faire appel au tribunal pour agir comme arbitre en cas de mésentente.

Dans la mesure du possible, le conseil doit respecter la représentation des lignes paternelle et maternelle (art. 228 C.c.Q.). Le tuteur ne peut évidemment pas faire partie du conseil de tutelle, dont le rôle est précisément de le contrôler. Afin de préserver la continuité du conseil, deux membres suppléants sont également désignés, parmi lesquels le conseil désigne le remplaçant en cas de vacance. À défaut de suppléants, le conseil doit choisir un parent ou un allié de la même ligne que le membre à remplacer. Ce n'est qu'en l'absence d'une telle personne que le conseil peut choisir une personne de l'autre ligne ou, en dernier ressort, un ami (art. 229 C.c.Q.). Cette règle est une autre illustration de l'importance qu'attache le législateur à l'engagement de la famille immédiate ainsi qu'au maintien d'un équilibre constant entre les deux lignes parentales. L'assemblée procède également à la nomination d'un secrétaire du conseil, dont le rôle est la rédaction et la conservation des procès-verbaux des délibérations du conseil de tutelle. Le secrétaire peut être un membre ou non du conseil. L'assemblée peut prévoir une rémunération pour le secrétaire et en fixe alors le montant (art. 228, al. 2 C.c.Q.).

**610.**– *Le conseil de tutelle à membre unique.* La règle normale est que le conseil de tutelle est formé de trois membres. Exceptionnellement toutefois, le tribunal peut, sur demande ou d'office (art. 231 C.c.Q.), décider que le conseil ne sera formé que d'une seule personne. Le tribunal dispose ici d'une large discrétion. Il peut réduire le nombre de membres du futur conseil dans tous les cas où il estime que la constitution d'un conseil à trois membres est inopportune, en raison du fait que les membres de la famille sont trop éloignés ou indifférents ou

---

soumis à *l'administration provisoire du curateur public*, L.Q. 1997, c. 80. Le directeur de la protection de la jeunesse, quant à lui, est soumis notamment au contrôle de la Commission des droits de la personne et des droits de la jeunesse, en vertu de la *Loi sur la protection de la jeunesse*, L.R.Q., c. P-34.1, art. 23 et s.

empêchés. Le tribunal peut également prendre cette décision « en raison de la situation personnelle ou familiale du mineur »[294]. Le tribunal peut donc exceptionnellement permettre la constitution d'un conseil à membre unique[295]. La loi ne permet cependant pas la constitution d'un conseil à deux membres car cela bloquerait le fonctionnement du conseil chaque fois que ses membres n'arrivent pas à un consensus[296].

**611.–** La loi ne définit pas les critères qui permettent de conclure que la situation personnelle ou familiale du mineur milite en faveur de la composition d'un conseil de tutelle à membre unique. Il faut sans doute voir dans ce texte le souci du législateur d'éviter de mettre le mineur au centre d'une situation familiale conflictuelle. Il faut toutefois espérer que les tribunaux ne recourront pas à cette solution chaque fois que la situation du mineur représente la moindre difficulté ou chaque fois qu'il semble compliqué de réunir trois membres de la famille. Ce serait là nier le principe fondamental en matière de constitution des conseils de tutelle, soit la concertation familiale dans le contrôle de la tutelle.

**612.–** La personne désignée comme membre unique du conseil de tutelle ne doit pas nécessairement être membre de la famille du mineur. Il suffit qu'elle « démontre un intérêt particulier » à son égard. À défaut d'une telle personne et donc, en tout dernier ressort[297], le tribunal peut désigner le directeur de la protection de la jeunesse ou le curateur public[298].

**613.–** Lorsque les parents, tuteurs légaux de leur enfant, sont tenus de faire procéder à la constitution d'un conseil de tutelle, la loi leur donne le choix quant à la composition de ce conseil : soit ils procèdent par la voie normale afin de faire constituer un conseil de trois membres, soit ils demandent au tribunal de constituer un conseil d'une seule personne désignée par le tribunal

---

294. Voir *N.M.* c. *G.Gh. M.*, J.E. 2004-1334, REJB 2004-66822 (C.S.), où la Cour nomme le curateur public comme membre unique du conseil de tutelle, étant donné le risque important que le tuteur se place en situation de conflit d'intérêts avec la majeure protégée.

295. Le caractère exceptionnel du conseil à membre unique est régulièrement rappelé par la jurisprudence : *Curateur public* c. *A. et B.*, EYB 2007-119747 (C.S.).

296. *Contra* : *Drainville* c. *Lamothe*, C.S. (Joliette), n° 705-14-000430-939, 19 janvier 1994, cité dans A. Roy, « Des principaux changements apportés à la tutelle au mineur par le nouveau *Code civil du Québec* », (1994) *Repères* 262, 267.

297. Les commentaires indiquent que cette règle respecte l'objectif de limiter les interventions de l'État dans les affaires de famille (*Comm.*, p. 159).

298. Voir par exemple *N.M.* c. *G.Gh. M.*, J.E. 2004-1334, REJB 2004-66822 (C.S.), où la Cour nomme le curateur public comme membre unique du conseil de tutelle ; au même effet, dans un cas de tutelle au majeur : *Curateur public du Québec* c. *A. et al.*, EYB 2006-113155 (C.S.) où le tribunal constate que les proches de la personne protégée ne semblent pas démontrer d'intérêt particulier à son égard.

(art. 225 C.c.Q.)[299]. Dans ce dernier cas, l'article 231 C.c.Q. ne trouve donc pas application et, par conséquent, le tribunal ne doit pas vérifier les motifs particuliers qui y sont énumérés. Cette interprétation, confirmée par la jurisprudence[300], semble s'imposer, sans quoi il faudrait conclure que l'article 225, al. 2 C.c.Q. est inutile. En effet, si les parents ne peuvent proposer la constitution d'un conseil unique qu'à la condition qu'ils puissent faire état d'une des situations prévues par l'article 231 C.c.Q., il s'agit alors tout simplement du principe général selon lequel toute personne intéressée peut provoquer la constitution du conseil de tutelle et demander au tribunal d'en réduire la composition à un membre unique dans le respect de l'article 231 C.c.Q. L'article 225 C.c.Q., quant à lui, semble donc donner aux parents un pouvoir particulier en leur laissant le choix du mode de composition du conseil de tutelle. L'expression « les père et mère » de cette disposition ne devrait pas faire obstacle au droit de désigner un conseil à membre unique lorsqu'il n'y a qu'un seul parent tuteur, en cas de décès de l'autre par exemple. Cette disposition est, en effet, justifiée par le lien tout à fait particulier qui unit enfant et parent. La jurisprudence de la Cour supérieure est cependant contradictoire sur cette question du droit d'un parent seul de demander la constitution d'un conseil de tutelle à membre unique[301]. Pourtant, « le décès, l'inaptitude ou l'absence d'un parent ne saurait légitimement faire naître un sentiment de suspicion à l'égard du parent restant et, incidemment, altérer la retenue ou la déférence législative à l'égard de l'unité familiale »[302].

## B. Caractères de la charge au conseil de tutelle

**614.–** *Une charge personnelle.* Tout comme pour la tutelle, la charge de membre du conseil de tutelle est *personnelle* (art. 232 C.c.Q.). On

---

299. *Dans l'affaire de T. (P.)*, REJB 1999-13611 (C.S.).

300. *C.C.* c. *Québec (Curateur public)*, [2002] R.J.Q. 129, REJB 2001-26916 (C.S.).

301. *Dans l'affaire de T. (P.)*, REJB 1999-13611 (C.S.) ; *L.(S.)* c. *Québec (Curateur public)*, REJB 2004-65839 (C.S.) ; *X et Y (Re)*, J.E. 2007-2001, EYB 2007-125575 (C.S.). Par contre, dans *C.C.* c. *Québec (Curateur public)*, [2002] R.J.Q. 129, REJB 2001-26916 (C.S.), le juge refuse cette possibilité, faisant de l'article 225, al. 2 C.c.Q. une lecture limitant ce droit aux deux parents collégialement (voir aussi *X. (Re)*, J.E. 2007-2048, EYB 2007-125086 (C.S.). Nous ne partageons pas cette interprétation qui semble faire fi de l'objectif de cette disposition et qui oublie que dans bien d'autres articles concernant la tutelle, le Code utilise l'expression « père et mère » alors qu'il est clair que le parent seul est également visé (c'est notamment le cas de l'article 209 C.c.Q. qui prévoit que les père et mère sont dispensés de se soumettre aux formalités de contrôle dès lors que le patrimoine du mineur n'est pas supérieur à 25 000 $ ; cette disposition s'applique évidemment aussi dans les cas de monoparentalité).

302. A. Roy, « Chronique de jurisprudence : tutelle au mineur ; quand les mots sont sources de maux », (2002) *R. du N.* 104. À ce sujet, voir également les propos de M. Beauchamp dans « Procédures devant notaire : c'est le début d'un temps nouveau... », (2002) 2 *C.P. du N.* 65, 83-84.

peut donc faire ici les mêmes remarques qu'en matière de tutelle, en ce sens que cette charge *intuitu personæ* ne passe pas, en cas de décès, aux héritiers. Par contre, contrairement aux héritiers du tuteur, les héritiers du membre du conseil de tutelle ne sont pas tenus de continuer les fonctions jusqu'à la nomination du remplaçant. La procédure de remplacement est d'ailleurs informelle et très rapide, puisque ce sont les membres du conseil qui désignent eux-mêmes le remplaçant. Il ne devrait donc pas y avoir de période de vacance et donc d'incertitude.

**615.–** *Une charge gratuite.* Contrairement à la charge tutélaire, la charge au conseil de tutelle est toujours gratuite. Ce principe ne souffre aucune exception, sauf celle où un membre du conseil agirait également comme secrétaire, auquel cas l'assemblée peut avoir accordé et fixé une rémunération (art. 228, al. 2 C.c.Q.). Et en réalité il ne s'agit pas d'une exception puisque c'est alors à titre de secrétaire et non de membre du conseil, que cette personne recevrait sa rémunération. Le tribunal ne pourrait donc pas autoriser une forme de rémunération. La loi considère que la mission de simple contrôle de la tutelle n'est jamais suffisamment importante pour justifier un salaire. En effet, cette charge consiste, contrairement à la tutelle, en une série d'interventions ponctuelles dans la surveillance de la tutelle et non en une tâche de tous les instants[303].

**616.–** *Une charge facultative.* Pour des raisons identiques à celles qui prévalent en matière de tutelle, la charge au conseil est facultative (art. 232 C.c.Q.). Le tribunal peut également accepter la démission d'un membre à condition qu'elle ne soit pas faite à contretemps. Seuls le directeur de la protection de la jeunesse et le curateur public peuvent être obligés d'accepter la charge et ils n'ont aucune possibilité de démission.

### C. Procédure

**617.–** Les questions de procédure relatives au conseil de tutelle se retrouvent dans le Code civil et au chapitre VI du Livre VI du *Code de procédure civile.*

---

303. Les commentaires officiels soulignent à cet égard que « cette charge n'exige pas une disponibilité continue, comme celle de tuteur » (*Comm.*, p. 160).

## 1) L'initiative des procédures

**618.–** *Provoquer la constitution du conseil de tutelle est un droit et, pour certains, une obligation.* Toute personne intéressée peut provoquer la constitution du conseil de tutelle. Il ne s'agit pas d'une obligation mais d'un droit qui appartient à toute personne intéressée, que ce soit une personne engagée auprès du mineur ou, par exemple, un éventuel créancier de ce dernier. Le tribunal peut également provoquer d'office la constitution du conseil (art. 224 C.c.Q.).

Par contre, certaines personnes ont l'obligation de provoquer la constitution du conseil de tutelle. Il s'agit, d'une part, des père et mère lorsqu'ils sont dans la situation décrite par l'article 223 C.c.Q. et, d'autre part, du tuteur désigné par les parents dans un testament, une déclaration au curateur public ou un mandat en prévision de l'inaptitude (art. 225 C.c.Q.).

La demande relative à la constitution ou à la composition du conseil de tutelle peut, au choix du demandeur, être présentée au juge, au greffier ou à un notaire. Le traitement de la demande est soumis aux mêmes règles de procédure que celles qui prévalent en matière de tutelle, en faisant les adaptations terminologiques nécessaires (art. 863.4 C.p.c. et s.).

Par contre, les demandes qui visent à faire réviser une décision du conseil de tutelle doivent nécessairement être adressées au tribunal. Cette règle est conforme au principe selon lequel, en matières non contentieuses, les questions controversées échappent à la compétence du greffier ou du notaire. Dans ces cas, il s'agit du tribunal du domicile ou de la résidence du mineur (art. 872 C.p.c.).

## 2) L'assemblée des parents, d'alliés ou d'amis

**619.–** *La convocation de l'assemblée des parents, d'alliés ou d'amis.* La personne qui veut provoquer la constitution du conseil de tutelle doit demander, soit à un notaire, soit au greffier du tribunal, de convoquer l'assemblée des parents, d'alliés ou d'amis (art. 224 C.c.Q.). Cette assemblée désignera par la suite les trois membres du conseil, les deux suppléants et le secrétaire[304]. L'assemblée a la pré-

---

304. Le secrétaire peut être un des membres du conseil ou une personne extérieure au conseil, même étrangère à la famille (art. 228, al. 2 et 222 C.c.Q.).

rogative de décider si le secrétaire recevra une rémunération et de fixer celle-ci[305].

La convocation de l'assemblée est faite par le notaire ou par le greffier du tribunal (art. 873 C.p.c.)[306], qui ont également pour mission de présider par la suite la séance (art. 874 C.p.c.)[307].

Cette convocation est un préalable obligatoire à la constitution du conseil de tutelle. Une seule exception, toutefois, permet d'être dispensé de passer par le mécanisme de l'assemblée des parents. Il s'agit du cas où il est démontré au tribunal, dans le cadre d'une demande de constitution d'un conseil d'une seule personne, que des efforts suffisants ont été déployés pour arriver à réunir l'assemblée et que ces efforts ont été vains (art. 231, al. 3 C.c.Q.). Il faut souligner que cette dispense, qui n'est pas automatique, ne peut être donnée que dans les cas d'un conseil formé d'une seule personne et jamais dans les cas « normaux », c'est-à-dire d'un conseil composé de trois personnes[308].

**620.–** La formulation de l'article 225, al. 2 C.c.Q. semble indiquer que, lorsqu'il s'agit de la constitution d'un conseil de tutelle à la demande des parents, il y a soit convocation de l'assemblée des parents, d'alliés et d'amis, soit demande de désignation d'une personne unique. Dans ce dernier cas, la convocation de l'assemblée des parents n'est pas nécessaire. Mais cette exception s'applique uniquement dans le cadre de la tutelle légale des parents puisque, dans les autres cas de demande de constitution d'un conseil formé d'une seule personne, il doit y avoir convocation de l'assemblée des parents. À moins, bien entendu, que l'on puisse démontrer au tribunal que des efforts suffisants ont été faits et qu'ils sont restés vains, selon l'article 231, al. 3 C.c.Q.

D'autre part, il faut noter que l'article 225, al. 2 C.c.Q. indique que les père et mère peuvent convoquer une assemblée de parents, d'alliés ou d'amis.

---

305. *D...B...* c. *M...B...* et al., [1995] R.J.Q. 166, EYB 1994-28936 (C.S.).
306. Selon l'alinéa 2 de cette disposition, les personnes qui doivent être appelées doivent recevoir notification de l'avis.
307. Depuis la réforme de 1999 concernant la procédure en matière notariale lorsque l'assemblée est présidée par un notaire, il n'est plus nécessaire que celui-ci fasse homologuer le procès-verbal de l'assemblée par le greffier.
308. Cette possibilité de dispense ne renvoie en effet qu'aux demandes prévues par l'article 231 C.c.Q., c'est-à-dire lorsqu'il s'agit d'une demande de constitution d'un conseil de tutelle à membre unique. Les commentaires indiquent d'ailleurs que le troisième alinéa de l'article 231 C.c.Q. a été édicté parce que « comme le problème qui rend la constitution du conseil de trois personnes inopportune existe souvent aussi au point de départ, cela peut rendre la tenue de l'assemblée de parents impossible » (*Comm.*, p. 159).

Cette disposition ne signifie pas qu'ils peuvent procéder eux-mêmes à la convocation. Celle-ci doit toujours être faite par le greffier ou par un notaire (art. 873 C.p.c.).

**621.–** *Les personnes convoquées.* Certaines personnes doivent nécessairement être convoquées à cette assemblée, mais elles n'ont pas l'obligation de s'y présenter. D'autres personnes peuvent être convoquées, au choix de la personne qui prend l'initiative de cette convocation. Les personnes qui doivent être convoquées sont, dans tous les cas, les père et mère du mineur et, dans les cas où ils ont une résidence connue au Québec, ses autres ascendants (autrement dit, les grands-parents et, le cas échéant, les arrière-grands-parents) ainsi que ses frères et ses sœurs majeurs (art. 226 C.c.Q.)[309].

**622.–** L'assemblée doit être constituée d'au moins cinq personnes pour pouvoir siéger validement, ce qui signifie qu'il peut y avoir plus de cinq personnes présentes, mais jamais moins. Les personnes qui doivent être convoquées mais qui, dans les faits, ne l'ont pas été, ont le droit de se présenter et de participer à l'assemblée (art. 227 C.c.Q.). A *contrario*, les personnes qui ne doivent pas légalement être convoquées et qui , dans les faits, ne l'ont pas été, ne pourraient prétendre assister à l'assemblée. L'avis de convocation doit indiquer l'objet, le lieu, le jour et l'heure de l'assemblée (art. 873, al. 2 C.p.c.). La présence physique des membres de l'assemblée est requise et l'on ne pourrait donc se contenter de prendre l'avis de ces personnes au moyen d'affidavits circonstanciés[310].

**623.–** Les commentaires officiels de l'article 227 C.c.Q. indiquent que cette disposition « reprend, en substance, l'article 254 C.c.B.-C. » et qu'il « permet à une personne qu'on devait convoquer à l'assemblée de constitution de se présenter et donner son avis, même si on a omis de la convoquer »[311]. Pourtant, le nouveau droit semble à cet égard beaucoup plus restrictif que l'ancien, puisque cette possibilité de se présenter sans convocation à l'assemblée n'existe plus désormais que pour les personnes qui devaient nécessairement être convoquées. Or l'article 254 C.c.B.-C. étendait ce droit à tous les parents

309. En ce qui concerne les ascendants et les frères et sœurs de domicile inconnu ou résidant à l'extérieur de la province, le *Code civil du Québec* emboîte le pas à une certaine jurisprudence qui, déjà sous le *Code civil du Bas-Canada*, n'hésitait pas à interpréter les dispositions de manière à éviter des démarches fastidieuses et coûteuses à ceux qui voulaient faire nommer un tuteur. Voir en particulier *Guay c. Curateur public du Québec*, [1990] R.J.Q. 1937, EYB 1990-76672 (C.S.).

310. *F.G.L.* c. *Y.G.*, B.E. 2002BE-406 (C.S.). En l'espèce, le tribunal souligne à juste titre que pour pallier l'impossibilité de se présenter, le moyen prévu par la loi est la présentation d'une requête en vue de la constitution d'un conseil de tutelle à membre unique en vertu de l'article 231 C.c.Q.

311. *Comm.*, p. 156.

et alliés qualifiés à faire partie du conseil de famille. L'article 227 C.c.Q. vise bien ceux qui doivent être convoqués, par opposition à ceux qui peuvent l'être. Dorénavant, un oncle ou une tante, par exemple, ne pourraient pas exiger, selon l'article 227 C.c.Q., de participer à l'assemblée s'ils n'ont pas été convoqués. Cela ne leur enlève toutefois pas le droit de contester les procédures de désignation du tuteur en cas d'irrégularité grave.

**624.**– À l'occasion de la tenue de l'assemblée, les deux lignes, paternelle et maternelle, doivent être représentées autant que possible (art. 226, al. 3 C.c.Q.). Cette règle, qui existait déjà sous l'ancien Code, a pour but de mieux « considérer et cerner le véritable intérêt du mineur »[312] et d'éviter que celui-ci ne se retrouve au centre d'une querelle entre familles. Cette obligation (« doivent être représentées ») ne s'impose, bien entendu, que dans la mesure du possible. Si les parents d'une ligne, dûment convoqués, refusent ou négligent de se présenter, l'assemblée peut tout de même tenir valablement sa séance en vue de désigner les membres du conseil de tutelle. Par contre, la situation est différente si certains parents, ou tous les membres d'une famille, ont sciemment été tenus dans l'ignorance des procédures afin de les écarter de la tutelle. Dans ce cas, les procédures de convocation de l'assemblée et de constitution du conseil de tutelle pourront être attaquées.

## D. La sanction des irrégularités

**625.**– Sous le *Code civil du Bas-Canada*, on estimait généralement que les décisions, prises à la suite d'une constitution irrégulière du conseil de famille (que ce soit les nominations de tuteur ou les autorisations pour les actes les plus graves), étaient sanctionnées de nullité relative, à la condition, toutefois, que cette irrégularité soit le résultat d'une véritable fraude portant préjudice aux droits du mineur[313]. On soulignait déjà, à l'époque, que « l'idée générale à retenir est qu'il faut, alors, considérer l'intérêt du mineur avant de se prononcer sur la nullité et qu'une tutelle devrait être maintenue dans la mesure où les droits du mineur sont sauvegardés »[314].

---

312.   *Laplante* c. *Lapalme*, [1991] R.J.Q. 1011, 1013, EYB 1991-75854 (C.S.).
313.   *Caron* c. *Dupont*, [1958] R.P. 151 (C.S.) ; *Prégent* c. *Donegan*, [1954] C.S. 190 ; *Bolduc* c. *Racine*, [1955] B.R. 594 ; *Nadon* c. *X.*, [1964] R.P. 28 (C.S.) ; P.-B. Mignault, *op. cit.*, note 148, p. 165 ; P. Azard et A.-F. Bisson, *Droit civil québécois*, t. I, *Notions fondamentales. Famille. Incapacités*, Ottawa, Éditions de l'Université d'Ottawa, 1971, p. 291-292.
314.   J. Pineau, *op. cit.*, note 118, p. 210-211. Voir aussi P. Ciotola, *loc. cit.*, note 195, p. 304.

Un cas courant d'irrégularité ouvrant la porte à l'annulation des procédures ainsi que des décisions prises par la suite, est celui où une des branches familiales a été sciemment exclue des procédures. On en trouve un exemple dans une affaire où le tribunal annule les procédures, les nominations et les décisions d'un conseil de famille (sous l'ancien Code), après avoir constaté « le manquement prémédité de convoquer quelque représentant que ce soit de la ligne paternelle »[315]. On ne saurait justifier l'absence de convocation de certains membres de la famille, voire de tous les membres d'une ligne, au motif que l'un d'entre eux se désintéresse de l'enfant ou n'entretient aucune relation avec lui[316].

Ces principes, concernant le conseil de famille du *Code civil du Bas-Canada*, demeurent pertinents pour l'assemblée des parents, d'alliés et d'amis sous le *Code civil du Québec*. Ils pourraient donc certainement trouver application en ce qui concerne la nomination irrégulière du tuteur ou des membres du conseil de tutelle, ainsi qu'en ce qui concerne les décisions de ceux-ci. La doctrine classique enseigne que la sanction est la nullité relative, l'idée étant qu'il faut considérer l'intérêt de l'enfant[317]. Un tribunal a pourtant déjà décidé que « la transgression intentionnelle de convocation et de tenue d'un conseil de famille en escamotant volontairement quelque représentant que ce soit de la ligne [paternelle] et en négligeant de façon aussi désinvolte le véritable intérêt de l'enfant mineure convertissent la nullité relative de tel conseil de famille en nullité absolue »[318].

Ces demandes, à l'instar de toutes les demandes relatives au conseil de tutelle, sont portées devant le tribunal du domicile ou de la résidence du mineur (art. 872 C.p.c.).

---

315. *Laplante* c. *Lapalme*, précité, note 312, p. 1014. En l'espèce, la branche paternelle avait été tenue délibérément dans l'ignorance des procédures pour le motif que le père de l'enfant avait été déchu de l'autorité parentale. Le tribunal souligne, à juste titre, que la déchéance n'affecte en rien le droit des autres membres de la famille de participer à l'assemblée des parents. Voir également *L.G.* c. *C.B. (Succession de)*, J.E. 2005-585, EYB 2005-86318 (C.S.) où le tribunal annule la décision d'un greffier constituant un conseil de tutelle ; le tribunal ordonne la convocation d'une nouvelle assemblée, comportant cette fois des représentants des deux lignées parentales.
316. En ce sens, voir *Moreau* c. *Mathieu*, [1991] R.D.F. 103, EYB 1990-75808 (C.S.).
317. L. Ph. Sirois, *op. cit.*, note 115, p. 35 ; J. Pineau, *op. cit.*, note 118, p. 210.
318. *Laplante* c. *Lapalme*, [1991] R.J.Q. 1011, 1013, EYB 1991-75854 (C.S.). Selon cette jurisprudence, toute personne intéressée pourrait donc invoquer la nullité du processus.

### §3 - Le fonctionnement du conseil de tutelle

**626.–** Nous avons vu que le conseil de tutelle donne des avis, prend certaines décisions relatives au mineur et, de façon générale, qu'il contrôle le tuteur. Pour ce faire, le conseil doit se réunir au moins une fois par année puisqu'il doit procéder à la vérification du compte annuel du tuteur[319]. Lorsque cela est nécessaire, le tuteur peut provoquer la convocation du conseil (art. 238 C.c.Q.). Ce pourrait être le cas chaque fois que le tuteur doit accomplir un acte qui nécessite l'autorisation du conseil. Si le tuteur, pour une raison valable, ne peut provoquer la réunion du conseil, il peut demander au tribunal d'en être dispensé et, le cas échéant, d'agir seul, c'est-à-dire sans l'autorisation du conseil de tutelle (art. 234 C.c.Q.).

**627.–** Les délibérations du conseil ne sont valables que si la majorité des membres – deux personnes – est réunie. Le conseil peut aussi valablement délibérer si tous les membres peuvent s'exprimer par un moyen de communication (art. 234 C.c.Q.), par exemple une conférence téléphonique. Le but de cette disposition est de rendre plus efficace le fonctionnement du conseil[320]. La loi exige toutefois que cette communication collective soit immédiate, ce qui exclut, par exemple, la communication par courrier. On pourrait éventuellement soutenir qu'une telle réunion peut se tenir validement au moyen du clavardage, mais à la condition que l'on accepte que cette technique de communication répond effectivement à l'exigence d'immédiateté.

**628.–** Les décisions du conseil doivent être prises et les avis donnés à la majorité. De plus, chaque membre doit exprimer ses motifs (art. 234, al. 2 C.c.Q.). Les avis et les décisions du conseil doivent être donnés par écrit et le secrétaire doit faire un procès-verbal des réunions (art. 876.1 C.p.c.). Le but des avis étant d'éclairer le tribunal, il est en effet important de faire état des éventuelles divergences d'opinions entre les membres du conseil[321].

**629.–** *Le contrôleur contrôlé.* Le conseil de tutelle prend des décisions. Dès lors, il a paru important au législateur d'instaurer un certain contrôle de cette activité. Ainsi, les décisions du conseil de tutelle, c'est-à-dire les autorisations qu'il donne, peuvent faire l'objet d'une

---

319. Cette règle d'un minimum d'une réunion annuelle ne s'applique évidemment qu'au conseil constitué de trois personnes.
320. *Comm.*, p. 161.
321. *Ibid.*

contestation, dans un délai de dix jours, par toute personne intéressée (art. 237 C.c.Q.) dont, bien entendu, le tuteur lui-même[322]. Dans les cas particulièrement graves, on peut aller jusqu'à demander la constitution d'un nouveau conseil[323]. La loi mentionne que la révision ou la constitution d'un nouveau conseil ne peuvent se faire que s'il y a des motifs graves. On peut toutefois penser que le fait que le conseil agit au détriment du mineur constitue en soi un motif grave ouvrant la porte à la révision[324]. À noter que le tribunal ne peut être saisi sans que le conseil ait préalablement pris une décision puisqu'il s'agit bien d'un processus de révision des décisions du conseil[325].

La demande de révision est notifiée au secrétaire du conseil (art. 876 C.p.c.) qui doit alors transmettre au greffier le procès-verbal et le dossier relatif à la décision contestée (art. 876.1 C.p.c.).

322. *B.(A.)* c. *D.(D.)*, [1996] R.J.Q. 753, EYB 1996-88069 (C.S.).
323. *Ibid.*
324. En ce sens, *Comm.*, p. 162. Dans l'affaire *B.(A.)* c. *D.(D.)*, précitée, note 322, le tribunal estime que ne constitue pas un motif grave le fait que le conseil de tutelle ait décidé d'un gel des fonds provenant d'une succession pour le bénéfice d'un mineur alors que ce dernier et sa mère, tutrice légale, sont bénéficiaires de l'aide sociale.
325. *K.L.* c. *D.J.*, B.E. 2003BE-517 (C.S.).

## BIBLIOGRAPHIE SÉLECTIVE

BEAUCHAMP, M., « Les nouvelles compétences attribuées au notaire : commentaires et critique », dans Service de la formation permanente, Barreau du Québec, *Les mandats en cas d'inaptitude : une panacée ?*, Cowansville, Éditions Yvon Blais, 2001, p. 53.

BEAULNE, J., « La garantie de l'administration des biens du mineur : de l'hypothèque légale du *Code civil du Bas-Canada* à la sûreté du *Code civil du Québec* », (1984-85) 87 *R. du N.* 531.

BRIÈRE, G., « L'abus de pouvoir des représentants légaux dans le droit familial du Québec », (1978) 19 *C. de D.* 117.

CANTIN CUMYN, M., *L'administration du bien d'autrui, Traité de droit civil*, Montréal, C.R.D.P.C.Q., Éditions Yvon Blais, 2000.

DALLAIRE, C., « Le curateur public et le conseil de tutelle : une responsabilité partagée ? », dans Service de la formation permanente, Barreau du Québec, *Famille et protection,* Cowansville, Éditions Yvon Blais, 2005, p. 217.

DESROCHERS, P., « Papa, maman, où est mon argent ? La protection des intérêts patrimoniaux du mineur », dans Service de la formation permanente, Barreau du Québec, *Famille et protection,* Cowansville, Éditions Yvon Blais, 2005, p. 71.

DUPIN, F., « Les procédures non contentieuses », dans Service de la formation permanente, Barreau du Québec, *Développements récents en droit civil*, Cowansville, Éditions Yvon Blais, 2000, p. 68.

LAUZON, G., « L'administration du bien d'autrui dans le contexte du nouveau *Code civil du Québec* (L.Q. 1991, c. 64) », (1993) 24 *R.G.D.* 107.

LEMAY, S., *Commentaires sur le Code civil du Québec (DCQ). La minorité et la tutelle* (extraits du Droit civil en ligne), Cowansville, Éditions Yvon Blais, 2007.

OUELLETTE, M., « Livre premier : Des personnes », dans *La réforme du Code civil, Personnes, successions, biens,* Québec, P.U.L., 1993.

ROY, A., « Des principaux changements apportés à la tutelle au mineur par le nouveau *Code civil du Québec* », (1994) *Repères* 262.

ROY, A., « Les régimes de protection du majeur inapte », dans Chambre des notaires du Québec, *Répertoire de droit / Nouvelle série, Procédures non contentieuses. Doctrine – Document 5*, septembre 2000, p. 1-59.

SIROIS, L.-P., *Tutelles et curatelles*, Québec, Imprimerie de l'Action sociale, 1911.

# CHAPITRE IV

# LE RESPECT DES DROITS DE L'ENFANT

## Section I
## L'enfant, sujet de droits comme l'adulte

**630.**– *De l'enfant objet de droits à l'enfant sujet de droits.* C'est sous le titre des droits de la personnalité[1] que le législateur range le principe fondamental du respect des droits de l'enfant. Les décisions concernant l'enfant, dit l'article 33 C.c.Q., doivent être prises dans son intérêt et dans le respect de ses droits. L'énonciation de la nécessité de respecter les droits de l'enfant peut surprendre, tant il est vrai que les droits, quels qu'en soient les titulaires, sont toujours là pour être respectés. Cette affirmation solennelle revêt pourtant toute son importance lorsqu'on la situe dans son contexte historique. En effet, à force de considérer l'enfant comme un être faible qui doit être protégé, on l'a trop longtemps tenu en état d'infériorité, en négation de ses droits. Affirmer, au contraire, que les droits de l'enfant doivent être respectés, c'est du même coup souligner que l'enfant est sujet de droits. Or cette idée est assez récente. Le temps n'est pas loin où l'enfant était considéré plutôt comme objet de droits, soumis d'une part à l'autorité, voire à la puissance, de l'adulte et dépourvu, d'autre part, des droits dont dispose l'adulte.

L'évolution vers la reconnaissance formelle de l'enfant comme sujet de droits s'est d'abord faite dans le cadre des règles régissant les relations familiales et, plus précisément, de l'évolution de la puissance paternelle vers l'autorité parentale telle qu'on la connaît aujourd'hui. En affirmant que cette autorité est un ensemble fonctionnel de droits, mais surtout de responsabilités, pour les parents[2],

---

1. Livre premier, titre deuxième, chapitre deuxième du *Code civil du Québec* (art. 32 à 34). Voir *supra*, Partie I.
2. Gouvernement du Québec, *La protection de la jeunesse, plus qu'une loi*, Rapport du groupe de travail sur l'évaluation de la *Loi sur la protection de la jeunesse*, Québec, 1992, p. 16 (Rapport Jasmin) ; D. Goubau, « Joint Exercise of Parental Authority : The Quebec Civil Law Perspective », (2000) 17 *Canadian Journal of Family Law* 333-369.

on reconnaît que l'enfant n'est pas simplement l'objet de cette autorité[3].

C'est vers la fin des années 1960 que l'on assiste à la reconnaissance graduelle de l'enfant comme entité juridique autonome, titulaire des droits et des libertés fondamentaux, au même titre que les autres individus. Deux arrêts importants de la Cour suprême des États-Unis ont, à cette époque, radicalement changé la conception du droit applicable aux enfants, en reconnaissant au jeune contrevenant, sur le plan procédural, les mêmes droits et garanties qu'aux adultes[4]. Notre droit a été influencé par ce mouvement[5] et, aujourd'hui, il ne fait aucun doute que l'enfant jouit, en principe, des mêmes garanties que toute autre personne.

**631.–** *Les droits fondamentaux.* Affirmer que l'enfant est sujet de droits et que ses droits doivent être respectés, c'est évidemment rappeler que l'enfant doit bénéficier de toutes les lois qui le concernent, mais c'est surtout reconnaître qu'il doit bénéficier, au même titre que l'adulte, des libertés et des droits fondamentaux. Il n'entre pas dans notre propos de faire le tour de chacun de ces droits. Mentionnons seulement ceux qui apparaissent les plus importants et que l'on retrouve dans la *Charte canadienne des droits et libertés*[6], dans la *Charte des droits et libertés de la personne*[7] et dans le *Code civil du Québec.*

---

3. Sur l'évolution du statut de l'enfant objet de droit vers celui de sujet de droit, voir en particulier, É. Deleury, J. Lindsay et M. Rivet, « La protection de l'enfant en droit comparé », (1980) 21 *C. de D.* 87 ; É. Deleury, M. Rivet et J.-M. Neault, « De la puissance paternelle à l'autorité parentale : une institution en voie de trouver sa vraie finalité », (1974) 15 *C. de D.* 779 ; C. Boisclair, *Les droits et les besoins de l'enfant en matière de garde : réalité ou apparence ?*, Sherbrooke, Éditions R.D.U.S., 1978 ; J. Pineau et M. Pratte, *La famille*, Montréal, Éditions Thémis, 2006, p. 823 et s.

4. L'arrêt *Kent* c. *United States*, 383 U.S. 541 (1966), accorde aux enfants le bénéfice du *due process of law* et l'arrêt *In Re Gault*, 387 U.S. 1 (1967), leur reconnaît le droit à l'avocat, le privilège contre l'auto-incrimination, le droit d'être informés des charges qui pèsent contre eux, le droit au contre-interrogatoire. Cette jurisprudence reconnaît du même coup à l'enfant le statut de « personne » au sens de la constitution américaine (R.L. Geiser, « The Rights of Children », (1977) 28 *Hastings L.J.* 1027, 1034-1035, cité par É. Deleury, J. Lindsay et M. Rivet, *loc. cit.*, note 3, p. 102).

5. H. Létourneau, « L'avocat pour l'enfant : l'expérience québécoise », (1987) *R.D.F.* 135 ; *M.F.* c. *J.L.*, [2002] R.J.Q. 676, REJB 2002-29840 (C.A.).

6. *Charte canadienne des droits et libertés*, Partie I de la *Loi constitutionnelle de 1982*, annexe B de la *Loi de 1982 sur le Canada* (1982), R.-U., c. 11.

7. *Charte des droits et libertés de la personne*, L.R.Q., c. C-12.

La *Charte canadienne* énonce notamment le droit à la vie, à la liberté et à la sécurité (art. 7) ; le droit de ne pas être détenu de façon arbitraire (art. 9) ; le droit à l'égalité face à la loi, indépendamment de toute discrimination fondée, notamment, sur l'âge (art. 15). La Charte québécoise, de son côté, garantit le droit à la vie, ainsi qu'à la sûreté, à l'intégrité physique et à la liberté de la personne (art. 1). Elle prohibe aussi la discrimination, notamment celle fondée sur l'âge « sauf dans la mesure prévue par la loi »[8]. Elle reconnaît également le droit pour toute personne de se faire représenter par un avocat ou d'en être assistée devant tout tribunal (art. 34). La Charte québécoise reconnaît également la situation de vulnérabilité des enfants, en insistant sur la responsabilité des adultes à leur endroit. L'article 39 de la Charte édicte ainsi que l'enfant a droit à la protection, à la sécurité et à l'attention que ses parents ou les personnes qui en tiennent lieu peuvent lui donner. Les tribunaux n'hésitent pas à faire bénéficier les enfants et les adolescents des dispositions prévues dans les chartes[9].

Quant au *Code civil du Québec*, nous avons déjà vu qu'il énumère un certain nombre de droits de la personnalité, tel le droit à l'intégrité physique ou le respect de la vie privée. En tant que sujet de droits, l'enfant est donc également titulaire de ces droits, même si certains de ceux-ci sont aménagés spécialement en vue de tenir compte de la situation particulière de l'enfant ou de l'adolescent, comme par exemple les dispositions concernant le régime de consentements aux différents actes médicaux.

---

8. *Ibid.*, art. 10. Exemples d'application de ce principe : *Commission des droits de la personne du Québec* c. *Bizouarn*, J.E. 96-144, EYB 1995-105369 (T.D.P.Q.) (une mère se voit refuser l'accès à un restaurant en raison de l'âge de son enfant qui l'accompagne ; l'enfant avait quatre ans) : *Commission des droits de la personne et des droits de la jeunesse* c. *Jacques*, J.E. 2004-1520, REJB 2004-66664 (T.D.P.Q.) (refuser de louer un logement en raison du fait qu'un couple a des enfants, constitue une discrimination fondée notamment sur l'âge des enfants). Voir également l'abondante jurisprudence en la matière citée par H. Brun, *Alter Ego, Chartes des droits de la personne*, 19e éd., Montréal, Wilson & Lafleur, 2006, p. 877 et s.

9. À titre d'illustration, voir *Goyette (In Re)* : *C.S.S. Montréal Métropolitain*, [1983] C.S. 429 ; *Droit de la famille – 1549*, [1992] R.J.Q. 855, EYB 1992-63869 (C.A.) ; *B.(R.)* c. *Children's Aid Society of Metropolitan Toronto*, [1995] 1 R.C.S. 315, EYB 1995-67419 ; *New Brunswick (Minister of Health & Community Services)* c. *G.(J.)*, [1999] 3 R.C.S. 46, REJB 1999-14250 ; *R.* c. *M.(M.R.)*, [1998] 3 R.C.S. 393, REJB 1998-09406. Sur la question des droits fondamentaux des enfants, voir M. Robert, « Le droit des enfants et le contexte constitutionnel », dans A. Ruffo (dir.), *Les enfants devant la justice*, Cowansville, Éditions Yvon Blais, 1990, p. 5-19 ; N. Bala et D. Cruickshank, « Children and the Charter of Rights », dans B. Landau (dir.), *Children's Rights in the Practice of Family Law*, Toronto, Carswell, 1986, p. 28-92 ; N. Bala, « The Charter of Rights & Family Law », (2001) 18 *Canadian Family Law Quarterly* 373 ; S.B. Boyd, « The Impact of the Charter of Rights and Freedoms on Canadian Family Law », (2000) 17 *Canadian Journal of Family Law* 293.

## Section II
## L'enfant, sujet de droits spécifiques

### §1 - Les législations spécifiques aux jeunes

**632.– La législation de protection.** La reconnaissance de l'enfant comme sujet de droits au même titre que l'adulte est essentielle, mais elle ne suffit pas pour le protéger adéquatement. Le législateur reconnaît également que l'enfant est un être particulier qui a besoin de protection. Le statut juridique complexe du mineur est d'ailleurs, dans notre droit, le résultat de cet équilibre délicat entre d'une part le principe de l'autonomie (donc de l'autodétermination) et d'autre part, celui de la protection (qui représente nécessairement une certaine perte d'autonomie)[10].

La loi met donc en place une série de mécanismes destinés à assurer efficacement cette protection. Les dispositions concernant la capacité civile et la tutelle en sont une illustration évidente. On retrouve également dans la législation sociale des dispositions spécifiques destinées à protéger les enfants[11].

Deux lois concernent plus spécialement la protection des enfants : la loi fédérale concernant la justice pénale pour les adolescents[12] et la loi québécoise sur la protection de la jeunesse[13].

Le souci de protéger législativement les enfants et les adolescents a vu le jour, timidement, au siècle passé. La législation en matière de délinquance juvénile, qui a connu des changements en profondeur en 1984[14], puis en 2002[15], est basée sur l'idée que, d'une part, la société a le droit de se protéger contre les jeunes contreve-

---

10. Sur ce thème, voir C. Bernard, « Les droits de l'enfant, entre la protection et l'autonomie », dans L. Lamarche et P. Bosset (dir.), *Des enfants et des droits*, Québec, P.U.L., 1997, p. 25-40.
11. Sans donner une liste exhaustive des législations qui contiennent des dispositions protectrices des enfants, on peut mentionner quelques lois dans le domaine du travail et de l'instruction : *Loi sur les normes du travail*, L.R.Q., c. N-1.1 ; *Loi sur la santé et la sécurité du travail*, L.R.Q., c. S-2.1 ; *Code canadien du travail*, L.R.C. (1985), c. L-2 ; *Loi sur l'instruction publique*, L.R.Q., c. I-13.3.
12. *Loi sur le système de justice pénale pour les adolescents*, L.C. 2002, c. 1.
13. *Loi sur la protection de la jeunesse*, L.R.Q., c. P-34.1.
14. La *Loi sur les jeunes contrevenants* mettait fin à la *Loi concernant les jeunes délinquants* qui n'avait pas été modifiée de façon significative depuis son adoption au début du siècle (S.C. 1908, 7-8 Edw. VII, c. 40). V.B. Pinero, « The Semantics of Repression : Linking, Opposing, and Linking against Rehabilitation and Protection of Society », (2006) 36 *R.G.D.* 189-263.
15. *Loi sur le système de justice pénale pour les adolescents*, L.C. 2002, c. 1.

nants, et que, d'autre part, ces derniers, responsables de leurs actes, doivent bénéficier d'un traitement particulier[16]. La loi leur accorde à ce titre un certain nombre de droits spécifiques, notamment celui d'être entendu[17], de faire appel aux services d'un avocat[18] et de ne pas voir son nom divulgué sauf exception[19]. Il faut noter que la *Loi sur le système de justice pénale pour les adolescents* indique spécifiquement que les adolescents qui y sont soumis jouissent, à titre propre, des droits et libertés, notamment ceux qui sont énoncés dans la *Charte canadienne des droits* et dans la *Déclaration canadienne des droits*[20].

Quant à la loi provinciale sur la protection de la jeunesse, son objet est de protéger les enfants « dont la sécurité ou le développement est ou peut être considéré comme compromis »[21]. Elle leur

---

16. Sur les principes qui sous-tendent la *Loi sur le système de justice pénale pour les adolescents*, voir en particulier N. Bala, *Youth Criminal Justice Law*. Toronto : Irwin Law, 2003, 613 p. Pour une critique de la réforme de 2002 (*Loi sur le système de justice pénale pour les adolescents*, L.C. 2002, c. 1), voir C. Boies, « Le désengagement de l'État et les droits des enfants », dans L. Lamarche et P. Bosset (dir.), *Des enfants et des droits*, Québec, P.U.L., 1997, p. 85 et s. ; T. Fleming, P. O'Reilly, B. Clark (ed.), *Youth Injustice*, 2nd ed., Toronto, Canadian Scholars' Press Inc., 2001 ; J. Turmel et S. Delisle, « La Loi sur le système de justice pénale pour les adolescents », dans Collection de droit 2006-2007, vol. 11, *Droit pénal : procédure et preuve*, Cowansville, Éditions Yvon Blais, 2006, p. 259-342 ; L. Gagnon et P. Marcoux, « La justice participative et la *Loi sur le système de justice pénale pour les adolescents* », dans Service de la formation continue, Barreau du Québec, *Développements récents en justice participative : la diversification de la pratique de l'avocat (2006)*, vol. 259, Cowansville, Éditions Yvon Blais, 2006, p. 45-79 ; J. Turmel, « Les adolescents et la confidentialité de leurs démêlés avec la justice », dans Service de la formation permanente, Barreau du Québec, *Développements récents en droit de la jeunesse (2004)*, vol. 216, Cowansville, Éditions Yvon Blais, 2004, p. 155-212 ; L. Legault et R. DeRepentigny, « Le régime de la détermination de la peine », dans Service de la formation permanente, Barreau du Québec, *Développements récents en droit de la jeunesse (2004)*, vol. 216, Cowansville, Éditions Yvon Blais, 2004, p. 45-153 ; S. Delisle, « La *Loi sur le système de justice pénale pour les adolescents* – L'application des mesures extrajudiciaires », dans Service de la formation permanente, Barreau du Québec, vol. 216, *Développements récents en droit de la jeunesse (2004)*, Cowansville, Éditions Yvon Blais, 2004, p. 1-43 ; A. Fournier, « Qu'est-ce qu'une « infraction avec ou sans violence » aux termes de la *Loi sur le système de justice pénale pour les adolescents ?* », (2004) 45 *C. de D.* 157-183 ; J. Trépanier, « L'avenir des pratiques dans un nouveau cadre légal visant les jeunes contrevenants », (2003-2004) 34 *R.D.U.S.* 47-89.

17. *Loi sur le système de justice pénale pour les adolescents*, L.C. 2002, c. 1.

18. *Ibid.*, art. 25.

19. *Ibid.*, art. 110 et s.

20. *Ibid.*, Préambule.

21. *Loi sur la protection de la jeunesse*, précitée, note 13, art. 2, 38. Cette loi consacre le caractère primordial de l'idée de protection des enfants et des jeunes dans notre société. Par exemple, il a été établi que la règle de confidentialité qui protège l'anonymat des enfants faisant l'objet d'un dossier de protection, a préséance sur le droit fondamental à la liberté d'expression et à la liberté de presse des médias (*Québec (Procureur général) c. Mongrain*, J.E. 97-846, REJB 1997-00396 (C.S.)).

accorde également un certain nombre de droits spécifiques comme celui de consulter un avocat[22], d'être entendus devant un tribunal ou une personne appelé à prendre une décision les concernant[23], de recevoir des services de santé[24], d'être informés avant d'être transférés en famille d'accueil ou en centre de réadaptation[25], de communiquer en toute confidentialité avec certaines personnes[26], bref de participer activement au processus[27].

**633.–** *Le Code civil.* Le *Code civil du Québec*, quant à lui, énonce deux principes généraux en matière de protection des enfants :

– Les enfants ont droit à la protection, à la sécurité et à l'attention de leurs parents ou des personnes qui en tiennent lieu (art. 30 C.c.Q.) ;

– Les décisions qui concernent les enfants doivent être prises dans leur intérêt et dans le respect de leurs droits (art. 33 C.c.Q.), ce qui implique le droit d'être entendus par le tribunal (art. 34 C.c.Q.).

**634.–** *Le droit à la protection des parents et des personnes qui en tiennent lieu.* Ce droit, qui fait son entrée pour la première fois dans le Code civil, n'est pas nouveau. Il était déjà prévu dans la *Charte des droits et libertés de la personne*[28] et il rejoint les principes énoncés en matière de protection de la jeunesse[29]. Le législateur a estimé utile de répéter ce principe fondamental dans le Code, compte tenu de ses incidences civiles[30].

### §2 - La prise en considération de l'intérêt de l'enfant

**635.–** *Le principe.* La notion d'intérêt de l'enfant s'applique dans d'innombrables situations, que ce soit, par exemple, en matière de

---

22. *Ibid.*, art. 5 et 78.
23. *Ibid.*, art. 6.
24. *Ibid.*, art. 8.
25. *Ibid.*, art. 7.
26. *Ibid.*, art. 9.
27. *Protection de la jeunesse – 644*, [1994] R.J.Q. 2520, EYB 1993-64075 (C.A.).
28. *Charte des droits et libertés de la personne*, précitée, note 7, art. 39.
29. *Loi sur la protection de la jeunesse*, précitée, note 13, art. 2.2 : « La responsabilité d'assumer le soin, l'entretien et l'éducation d'un enfant et d'en assurer la surveillance incombe en premier lieu à ses parents ». À propos de l'intérêt de l'enfant comme limite au « pouvoir » parental et comme fondement du contrôle étatique sur l'exercice de l'autorité parentale, voir en particulier deux arrêts de la Cour suprême du Canada : *Catholic Children's Aid Society of Toronto* c. *M.*, [1994] 2 R.C.S. 165, EYB 1994-67657 et *B.(R.)* c. *Children's Aid Society of Metropolitan Toronto*, [1995] 1 R.C.S. 315, EYB 1995-67419.
30. *Comm.*, p. 31.

garde, de droit d'accès, d'adoption ou de protection de la jeunesse. Indépendamment de ces cas spécifiques, qui relèvent en grande partie du droit de la famille, il convient de s'arrêter aux principes généraux rattachés à cette notion.

Nous avons déjà souligné l'importance d'énoncer clairement le respect des droits de l'enfant, que ce soient les droits dont dispose tout individu ou ceux qui sont spécifiques à l'enfant. Le législateur ajoute à cela que les décisions prises à l'égard de l'enfant doivent l'être dans son intérêt. Toutes les décisions judiciaires et administratives à l'égard des enfants sont évidemment visées. Ainsi, par exemple, lorsque le directeur de l'état civil est amené à prendre une décision relative au nom d'un enfant, il est lié par l'article 33 C.c.Q.[31]. Mais on peut soutenir que cet article est plus général et qu'il vise également les décisions « privées », par exemple celles des parents, des tuteurs et des éducateurs[32].

**636.–** *Origines du principe.* La notion de l'intérêt de l'enfant, que l'on retrouve également dans la *Loi sur la protection de la jeunesse*[33] et qui est répétée à plusieurs reprises dans le Code[34], a été édictée pour la première fois par le législateur, comme règle générale de protection des enfants, en 1980[35]. Ce faisant, la loi ne faisait qu'énoncer un principe déjà bien ancré dans la jurisprudence. Au siècle passé, essentiellement dans le cadre de procédures en *habeas corpus*, les tribunaux avaient dégagé le critère de l'intérêt de l'enfant comme rempart contre les excès de la puissance paternelle[36]. La jurisprudence de la première moitié du XXᵉ siècle, notamment celle de la Cour suprême,

---

31. En ce sens, *Comm.*, p. 46.
32. Voir, par exemple, *Droit de la famille – 2041*, [1994] R.D.F. 797, EYB 1994-73449 (C.Q.) et *Droit de la famille – 2104*, [1995] R.J.Q. 1132, EYB 1995-72342 (C.Q.). En 1980, lors des débats sur l'introduction de cette disposition dans le *Code civil du Bas-Canada*, le ministre de la Justice rappelait que le critère de l'intérêt de l'enfant ne vise pas seulement les décisions des tribunaux, mais que « c'est également un guide pour toute personne qui va prendre des décisions à son sujet, qu'il s'agisse du tuteur, des administrateurs, ou de personnes qui ont à décider à son sujet, que ce soit le directeur de la protection de la jeunesse, bref, toute personne qui a des décisions à prendre à son sujet et qui doit tenir compte de son intérêt » (Débats de l'Assemblée nationale, 6ᵉ sess., 31ᵉ législ., B-793 et B-798).
33. *Loi sur la protection de la jeunesse*, précité, note 13, art. 3.
34. Par exemple en matière de séparation de corps (art. 496 et 513), d'adoption (art. 543, 545, 547, 568, 573 et 574), d'exercice et de déchéance de l'autorité parentale (art. 604, 606 et 607).
35. La *Loi instituant un nouveau Code civil et portant réforme du droit de la famille*, L.Q. 1980, c. 39, introduit l'article 30 C.c.B.-C. que reprend, avec quelques modifications, l'actuel article 33 C.c.Q.
36. Voir l'abondante jurisprudence citée dans É. Deleury, M. Rivet et J.-M. Neault, *loc. cit.*, note 3, p. 843-844, note 207 et notamment *Bleau* c. *Petit*, (1902) 6 R.P. 353.

apporta des précisions sur la notion d'intérêt[37]. Cependant, comme le souligne un auteur, les tribunaux étaient partagés entre deux interprétations de ce principe : certains le faisaient nettement coïncider avec les prérogatives de la puissance paternelle ; d'autres mettaient l'accent sur les besoins de l'enfant lui-même[38].

Depuis les années 1980, la Cour suprême, par une série d'arrêts importants, a confirmé sans ambiguïté la primauté de la considération de l'intérêt ou du bien-être de l'enfant, à laquelle doivent rester subordonnées toutes les autres considérations[39]. C'est ainsi qu'en 1987, le juge Beetz de la Cour suprême écrivait sans ambages que « l'intérêt de l'enfant est devenu en droit civil québécois la pierre angulaire des décisions prises à son endroit »[40]. En 1993, la Cour suprême établissait la conformité du concept de l'intérêt de l'enfant avec les principes de la *Charte canadienne*[41].

Encore faut-il savoir ce que recouvre précisément la notion d'intérêt.

**637.–** *La signification de l'intérêt de l'enfant.* La loi ne définit pas la notion d'intérêt de l'enfant. Tout au plus donne-t-elle quelques indications sur son contenu. S'inspirant de la jurisprudence en la matière[42], la loi énonce que la recherche de l'intérêt de l'enfant implique la prise en considération de ses besoins moraux, intellectuels, affectifs et physiques, de son âge, de sa santé, de son caractère et de son milieu familial (art. 33, al. 2 C.c.Q.). Cette liste n'est pas exhaustive puisque la loi invite à tenir compte également des autres aspects de la situation de l'enfant, sans toutefois préciser davantage. L'ensemble de ces aspects doit être pris en considération. On ne peut en retenir un seul au détriment des autres. Retenons que l'intérêt de

---

37. *Stevenson* c. *Florant*, [1925] R.C.S. 532 ; *Dugal* c. *Lefebvre*, [1934] R.C.S. 501 ; *Taillon* c. *Donaldson*, [1953] 2 R.C.S. 257.
38. C. Boisclair, *op. cit.*, note 3, p. 18.
39. *Beson* c. *Director of Child Welfare (Nfld.)*, [1982] 2 R.C.S. 716 ; *Racine* c. *Woods*, [1983] 2 R.C.S. 173 ; *King* c. *Low*, [1985] 1 R.C.S. 87 ; *C.(G.)* c. *V.-F.(T.)*, [1987] 2 R.C.S. 244 ; *N.-B. (Ministre de la Santé)* c. *C.(G.C.)*, [1988] 1 R.C.S. 1073 ; *Gordon* c. *Goertz*, [1996] R.D.F. 209, EYB 1996-30431 (C.S.C.) ; *W.(V.)* c. *S.(D.)*, [1996] 2 R.C.S. 108, EYB 1996-67897 ; *Baker* c. *Canada (Ministère de la Citoyenneté et de l'Immigration)*, [1999] 2 R.C.S. 817, REJB 1999-13279 ; *Office des services à l'enfant et à la famille de Winnipeg* c. *K.L.W.*, [2000] 2 R.C.S. 519, REJB 2000-20378.
40. *C.(G.)* c. *V.-F.(T.)*, précité, note 39, p. 269-270.
41. *Young* c. *Young*, [1993] 4 R.C.S. 3, EYB 1993-67111 ; *P.(D.)* c. *S.(C.)*, [1993] 4 R.C.S. 141, EYB 1993-67881.
42. Particulièrement de l'affaire *Goyette (In Re)* : *C.S.S. Montréal Métropolitain*, [1983] C.S. 429.

l'enfant est une notion centrée essentiellement sur l'ensemble des besoins spécifiques de celui-ci et qu'elle doit donc s'apprécier *in concreto*[43].

Toutes les tentatives de définition n'enlèveront toutefois pas à cette notion son caractère subjectif et même flou[44]. D'ailleurs, c'est sciemment que le législateur a utilisé une notion à contenu variable, afin de la faire évoluer avec les situations particulières et avec les époques. Le projet de réforme de la *Loi sur le divorce* de 2003 prévoyait une liste détaillée de facteurs descriptifs de la notion d'intérêt de l'enfant mais ce projet n'a jamais été adopté[45]. Nous n'avons pas, aujourd'hui, la même conception de l'intérêt de l'enfant qu'en avaient nos grands-parents et il serait présomptueux de penser que la conception contemporaine des besoins de l'enfant ne subira pas, un jour, des modifications tout aussi fondamentales... Qu'il suffise de penser à l'évolution des mentalités et des approches judiciaires en matière d'attribution du droit de garde ; il y a loin entre la théorie de l'âge tendre qui voulait que tout enfant en bas âge soit confié à sa mère et la solution plus récente de la garde partagée. Ces deux avenues, pourtant, ont pour assise l'intérêt de l'enfant bien compris. Il serait donc vain de vouloir enfermer cette notion dans le carcan d'un texte législatif trop détaillé, puisque sa raison d'être est précisément de demeurer flexible. Ceci ne devrait pas pour autant signifier que la notion ne peut s'objectiver dans certains cas par des balises légales qui en atténuent quelque peu le caractère par trop discrétionnaire[46].

---

43. Sur les multiples applications du critère de l'intérêt de l'enfant et les « tendances » de la jurisprudence en la matière, voir M. Tétrault, *Droit de la famille*, 3e éd., Cowansville, Éditions Yvon Blais, 2005, p. 1233 et s. ; J. Pineau et M. Pratte, *La famille*, Montréal, Éditions Thémis, 2007, p. 843 et s.

44. La Cour suprême retient d'ailleurs son contenu essentiellement variable pour nier au principe de l'intérêt de l'enfant le statut de principe de justice fondamentale au sens de l'article 7 de la *Charte canadienne* : *Canadian Foundation for Children, Youth and the Law c. Canada (Procureur general)*, [2004] 1 R.C.S. 76, par. 10 à 12.

45. Pour une analyse de ce projet fédéral (projet de loi C-22), voir D. Goubau, « La réforme de la *Loi sur le divorce* », dans Service de la formation permanente, Barreau du Québec, *Développements récents en droit familial 2003*, Cowansville, Éditions Yvon Blais, 2003, p. 109 et s.

46. Les exemples de telles balises légales sont innombrables. Que l'on songe, par exemple, à la *Loi sur la protection de la jeunesse* qui prévoit que la notion de l'intérêt de l'enfant, dans le cadre spécifique de la protection, comprend la prise en considération de la notion du temps chez l'enfant. De même, on peut citer le cas de la *Loi sur le divorce* qui prévoit que l'intérêt de l'enfant, en matière de garde implique le maintien, dans la mesure du possible, du maximum de contacts avec le parent non gardien. Il s'agit de deux illustrations qui démontrent que la notion d'intérêt peut, selon les domaines, varier et voir ses contours précisés ; D. Goubau, « L'objectivation des normes en droit de la famille : une mission possible », (1998)1 *Revue trimestrielle de droit familial* 7-31 ; K. Kurki-Suonio, « Joint

Comme le soulignait le juge Mayrand, « l'intérêt d'un enfant est tributaire d'un très grand nombre de facteurs difficiles à évaluer »[47]. Ici, le droit ne suffit plus. En effet, il faut faire appel à des critères non juridiques, relevant essentiellement des sciences humaines[48]. C'est pourquoi les tribunaux recourent aux spécialistes de l'enfance : médecins, éducateurs, travailleurs sociaux, psychologues, psychiatres, etc. Ceux-ci devraient permettre de mieux cerner les besoins de l'enfant, donc de réduire, dans la mesure du possible, la part d'arbitraire inhérente à la notion d'intérêt[49]. Aussi importantes que soient les expertises psychosociales, il faut toutefois se garder d'y voir la panacée car, dans ce domaine aussi, il existe des écoles de pensée divergentes. Tous les psychologues ou tous les éducateurs n'ont pas, pour ne citer que cet exemple, la même opinion sur l'importance de la parenté biologique par rapport à la parenté psychologique. Ici comme ailleurs, on assiste à des querelles de clocher. Comme le soulignent des auteurs :

Even with what appear to be relatively simple facts, different schools of thought in the behavioural professions can lead to different conclusions. Like many concepts in the sciences, and particularly the behavioural sciences, "best interests" is subject to fads and fashions.[50]

Un récent exemple, en droit familial, de la difficulté pour le droit de se « nourrir » à l'aune des sciences du comportement, se trouve dans l'utilisation de la notion de syndrome d'aliénation parentale qui a donné lieu à toutes sortes d'interprétations qui ne sont pas toujours exemptes d'un biais idéologique[51].

---

Custody as an Interpretation of the Best Interests of the Child in Critical and Comparative Perspective », (2000)14 International Journal of Law, Policy and the Family 183.

47.  Legault c. Figueroa, [1978] C.A. 82, 85.
48.  É. Deleury, A. Cloutier et al., Maman ou papa ? L'attribution de la garde des enfants dans les situations de divorce, Québec, Université Laval, 1987 (Coll. « Droits et libertés du Centre de recherche sur les droits et libertés »), p. 37 : « L'absence de définition de la notion attire (les juges) inévitablement au-delà de leur propre champ de compétence. »
49.  R. M. Galatzer-Levy et L. Kraus (éd.), The Scientific Basis of Child Custody Decisions, New York, J. Wiley & Sons Inc., 1999.
50.  H.T.G. Andrews et P. Gelsomino, « The Legal Representation of Children in Custody and Protection Proceedings : A Comparative View », dans R.S. Abella et C. L'Heureux-Dubé (dir.), Family Law Dimensions of Justice, Toronto, Butterworths, 1983, p. 241, 245 ; voir également J.-P. Villaggi, L'évaluation psychologique dans le contexte légal : sources et commentaires, Cowansville, Éditions Yvon Blais, 2001.
51.  A.-F. Goldwater, « Le syndrome d'aliénation parentale », dans Service de la formation, Barreau du Québec, Développements récents en droit familial (1991),

## Section III
## La mise en œuvre du respect des droits

**638.–** La prise en considération effective de l'intérêt et des droits de l'enfant dans les débats judiciaires passe par la mise en œuvre de mécanismes concrets. Elle implique que l'enfant puisse s'exprimer et donner son opinion (1) et que, dans certaines circonstances, il soit représenté par un avocat ou par un tuteur *ad hoc* (2).

### §1 - Le droit à la parole devant les tribunaux

**639.–** *Le droit de l'enfant de témoigner : le principe.* Lorsque l'enfant est une partie au procès et qu'il est présent après avoir été dûment appelé, il doit être entendu par le juge (art. 5 C.p.c.). C'est la règle générale qui s'applique à tous les justiciables[52]. La jurisprudence est d'ailleurs de plus en plus généreuse en ce qui concerne le droit d'intervention des enfants dans les procédures où leurs intérêts les plus fondamentaux sont en jeu, comme en matière de garde. Dans une affaire portant sur la garde de deux enfants de 11 et 13 ans, le juge Nichols écrit que, après l'avènement de la *Charte des droits et libertés de la personne* et l'adoption de nouvelles dispositions dans les différents codes et dans la *Loi sur la protection de la jeunesse*, le temps est venu « de dire clairement que « le respect des droits de l'enfant » ne saurait avoir une signification véritable si on ne lui reconnaît un droit d'intervention et de représentation en matière de garde [...] »[53].

---

Cowansville, Éditions Yvon Blais, 1991, p. 121-145 ; N. Bala, « A Report from Canada's Gender War Zone : Reforming the Child Related Provisions of the *Divorce Act* », (1999) 16 *Canadian Journal of Family Law* 163-228 ; C.S. Bruch, « Parental Alienation Syndrome and Alienated Children – getting it wrong in child custody cases », (2002) 14 *Child and Family Law Quarterly* 381-400 ; D. Goubau, « La garde partagée : tendance lourde ou mode passagère ? », dans *Mélanges Jean Pineau*, B. Moore (dir.), Montréal, Éditions Thémis, 2003, 109-130 ; Centre jeunesse de l'Outaouais, *L'aliénation parentale : lorsque l'on utilise la loi pour soutenir l'insoutenable*, octobre 2003, 62 p.

52. Voir R. Lesage, « L'enfant dans les instances mues en Cour supérieure », dans A. Ruffo (dir.), *Les enfants devant la justice*, Cowansville, Éditions Yvon Blais, 1990, p. 215, 222.

53. *Droit de la famille – 1549*, précité, note 9, p. 863 (C.A.) ; également *Droit de la famille – 1833*, [1994] R.D.F. 9, EYB 1994-55715 (C.A.) ; *Droit de la famille – 2224*, [1995] R.D.F. 396, EYB 1995-59109 (C.A.) et *M.F. c. J.L.*, [2002] R.J.Q. 676, REJB 2002-29840 (C.A.). Voir M. Tétrault, « L'enfant mineur. L'autonomie du recours en matière familiale », (1995) 55 *R. du B.* 667-679 ; M. Tétrault, *La garde partagée*, Scarborough, Carswell, 2000 (particulièrement le chapitre sur les recours autonomes de l'enfant, p. 225 et s.).

Dans les autres cas, c'est-à-dire dans les cas où l'enfant n'est pas directement partie au procès, le Code prévoit néanmoins qu'il peut faire entendre sa voix lorsque son intérêt est en jeu (art. 34 C.c.Q.). La règle est générale et elle s'applique dans toutes les matières, familiales et autres. Contrairement à ce qui était prévu dans le *Code civil du Bas-Canada*, qui laissait au juge le soin de décider d'entendre ou non l'enfant[54], le *Code civil du Québec* fait désormais obligation au tribunal de donner à l'enfant la possibilité d'être entendu[55], à condition que son âge et son discernement le permettent[56]. On constate que, dans le Code civil, la discrétion judiciaire est considérablement réduite en la matière puisqu'elle ne porte plus que sur la question de l'aptitude à témoigner et non sur l'opportunité du témoignage. Il s'agit d'une claire manifestation du désir du législateur de ne pas laisser l'enfant pour compte dans un débat où il est le principal intéressé[57].

**640.**–*Le droit de parole et l'intérêt de l'enfant.* L'article 34 C.c.Q. pourrait bien accorder à l'enfant un droit qui ne servira pas nécessairement toujours son intérêt. En effet, personne ne contestera que, dans certains cas, il peut être nuisible pour un enfant de participer aux débats concernant, par exemple, le droit de garde que se disputent ses parents. L'article 34 C.c.Q. oblige pourtant le tribunal à entendre l'enfant si son âge et son discernement le permettent[58]. Il s'agit bien entendu de l'âge et du discernement requis pour pouvoir s'exprimer et comprendre l'enjeu du débat. Un tribunal ne pourrait donc pas, d'une part, conclure que l'enfant a le discernement nécessaire pour s'exprimer dans le cadre d'une instance judiciaire et, d'autre part, lui refuser ce droit en raison du fait que cela serait contraire à son propre

---

54. Art. 31 C.c.B.-C.
55. Le Code civil intègre ainsi une règle qui existait déjà en matière de protection de la jeunesse. La *Loi sur la protection de la jeunesse* va toutefois plus loin puisqu'elle étend cette obligation d'entendre l'enfant, non seulement au tribunal, mais également aux instances administratives (art. 6).
56. Art. 34 C.c.Q. Sur la question de l'aptitude psychologique des enfants à témoigner, voir H. Lilles, « Children as Witnesses : Some Legal and Psychological Viewpoints », (1986) 5 *Can. J. Fam. L.* 237-251. L'auteur y aborde les théories sur l'évolution cognitive de l'enfant et sur le développement du sens moral et de l'aptitude des enfants à témoigner en justice.
57. *Droit de la famille – 1549*, précité, note 9, p. 864 (C.A.).
58. R. Joyal et A. Quiénart, « La parole de l'enfant et les litiges de garde : points de vue de juges sur divers aspects de la question », (2001) 61 *R. du B.* 281-297 ; R. Bessner, *Le point de vue des enfants dans les procédures en matière de divorce, de garde, de droit de visite*, Justice Canada, Section de la famille, des enfants et des adolescents, Ottawa, 2002 ; C.D. Davies, « Access to Justice for Children : the Voice of the Child in Custody and Access Dispute », (2003) 22 *Canadian Family Law Quarterly* 153 ; S. Guillet, « Les droits de l'enfant à l'occasion d'un litige familial », dans Collection de droit 2007-2008, vol. 3, *Personnes, famille et successions*, Cowansville, Éditions Yvon Blais, 2007, p. 101 et s.

intérêt. À moins d'interpréter le terme « discernement » comme visant également la capacité de l'enfant à mesurer l'effet néfaste que peut avoir sur lui le fait de participer aux débats. Ce serait là une interprétation qui viderait la disposition d'une partie de son contenu, car elle nierait que ce qui n'était que facultatif sous l'ancien Code, est désormais obligatoire sous le nouveau.

On peut se demander si cette innovation ne risque pas, dans certains cas, d'anticiper sur le développement psycho-affectif de l'enfant, l'obligeant, comme le souligne un auteur, à « une adolescence prématurée »[59]. C'est peut-être oublier aussi que lorsqu'on parle de la parole de l'enfant, celle-ci comporte une certaine part de silence[60] qui mérite le respect.

Soulignons que, lorsqu'il s'agit d'enfants, les questions relatives à l'assermentation[61], à l'exigence de la corroboration et au principe de la prohibition du ouï-dire sont parfois soumises à des règles particulières, exorbitantes du droit commun.

### §2 - La protection de l'enfant témoin

**641.** – *L'environnement du témoignage.* Le législateur entend minimiser autant que possible le traumatisme que peut représenter pour un enfant le fait de témoigner en justice. Normalement, le témoignage doit avoir lieu devant le tribunal. Toutefois, lorsque l'intérêt de l'enfant l'exige, le tribunal peut, après en avoir avisé toutes les parties, décider de le rencontrer en dehors du décorum parfois trop impressionnant du palais de justice. Il peut alors l'entendre au lieu où il réside ou à celui où il est gardé ou en tout autre lieu approprié (art. 394.5 C.p.c.).

Le tribunal peut également, toujours lorsque l'intérêt de l'enfant l'exige, décider d'entendre celui-ci en dehors de la présence des parties (art. 394.4 C.p.c.). Cette règle s'applique à toutes les causes qui touchent aux intérêts de l'enfant, de quelque nature qu'elles soient, mais elle est particulièrement pertinente en matière fami-

---

59. M.-N. Mathis, « De quelques ambiguïtés », (1992) 115 *Dialogue* (numéro thématique sur la *Convention internationale des droits de l'enfant*) 3, 5.
60. É. Deleury, « Le droit de l'enfant à la représentation et à la parole devant les instances judiciaires et les organismes chargés de la protection de l'enfance », dans *Enfance et violences*, sous la direction de J. Rubellin-Devichi et M. Andrieux, Lyon, Presses universitaires de Lyon, 1992, p. 301, 309.
61. Art. 301 C.p.c. et 2844 C.c.Q. Pour un cas d'application, voir *King-Ruel* c. *Centre de ski Le Relais (1988) inc.*, J.E. 94-1892, EYB 1994-64505 (C.A.).

liale, où la présence des parties peut avoir un effet inhibant sur le témoignage de l'enfant. Le face-à-face privé entre le juge et l'enfant est parfois la condition essentielle pour permettre à ce dernier de s'exprimer librement. Cette règle n'affecte que partiellement le droit des parties d'assister à tous les témoignages, car lorsque l'enfant est amené à témoigner hors de la présence des parties, son témoignage est alors sténographié ou enregistré, donc accessible *a posteriori*. Les parties peuvent toutefois renoncer à ce que le témoignage de l'enfant soit sténographié ou enregistré (art. 394.4, al. 2 C.p.c.). Finalement, le témoignage de l'enfant pourrait également se faire par une déclaration écrite, aux conditions spécifiques de l'article 294.1 C.p.c.[62].

**642.–** À ces mesures spécifiques de protection s'ajoutent la règle générale du huis clos en matières familiales et de protection de la jeunesse et la règle de la confidentialité de l'identité des parties et de l'enfant[63].

**643.–** *L'enfant peut être accompagné.* Lorsque le tribunal entend un enfant, quel qu'en soit le lieu, l'enfant peut être accompagné d'une personne « apte à l'assister ou à le rassurer » (art. 394.3 C.p.c.). Il peut s'agir d'un ami, d'un parent ou de toute autre personne[64]. La personne qui accompagne ainsi l'enfant n'est pas une partie au procès. Par conséquent, lorsque le tribunal décide d'entendre l'enfant hors de la présence des parties (art. 394.4 C.p.c.), l'enfant ne perd pas le droit d'être accompagné d'une personne apte à le rassurer ou à l'assister.

### §3 - La représentation de l'enfant

**644.–** *La représentation par avocat.* Le respect véritable de l'intérêt et des droits de l'enfant resterait lettre morte s'il n'était assorti du droit à l'avocat. Ce droit est consacré par les chartes[65], la *Loi sur le système de justice pénale pour les adolescents*[66] et la *Loi sur la protection de la*

---

62. Cette disposition édicte que la déclaration doit avoir été communiquée et produite au dossier selon les règles usuelles en la matière et qu'une partie peut assigner le déclarant à l'audience, sous réserve d'une condamnation possible à des dépens si le tribunal estime que la production du témoignage écrit eût été suffisante.
63. Art. 23, al. 3 de la *Charte des droits et libertés de la personne*, précitée, note 7, art. 13 et 815.4 C.p.c. ; art. 82 et 83 de la *Loi sur la protection de la jeunesse*, précitée, note 13.
64. J. Doucet, « La représentation des enfants en matière familiale », dans Service de la formation permanente, Barreau du Québec, *Droit et enfant*, Cowansville, Éditions Yvon Blais, 1990, p. 104, 109.
65. *Charte canadienne des droits et libertés*, précitée, note 6, art. 10b) ; *Charte des droits et libertés de la personne*, précitée, note 7, art. 29 et 34.
66. *Loi sur le système de justice pénale pour les adolescents*, L.C. 2002, c. 1.

*jeunesse*[67]. Le *Code de procédure civile* prévoit également des mécanismes visant spécifiquement la représentation des mineurs devant les tribunaux (art. 394.1 et 394.2 C.p.c.).

Ainsi, le tribunal peut, sur demande ou d'office, ajourner l'instruction afin que l'enfant soit représenté par un procureur. Cette décision relève de la discrétion judiciaire puisqu'il appartient au tribunal de déterminer, dans chaque cas, si la représentation de l'enfant est nécessaire pour assurer la sauvegarde de son intérêt (art. 394.1, al. 1 C.p.c.). Le tribunal peut également statuer sur la fixation des honoraires de l'avocat et décider qui en assumera la charge. Il peut d'ailleurs rendre toute ordonnance utile pour assurer la représentation adéquate de l'enfant (art. 394.1, al. 2 C.p.c.)[68].

**645.–** *La représentation par un tuteur ad hoc.* En plus de la possibilité de représentation par avocat, le législateur indique que le tribunal doit, sur demande ou même d'office, désigner un tuteur *ad hoc* à l'enfant dans tous les cas où l'intérêt du mineur est opposé à celui de son représentant légal (art. 394.2 C.p.c.)[69], c'est-à-dire de ses parents ou de son tuteur[70]. C'est dire que la nomination d'un tuteur *ad hoc* n'est pas automatique. Par contre, si le tribunal constate l'opposition des intérêts du mineur et de son représentant légal, l'article 394.2 C.p.c. ne laisse aucune place à la discrétion : le tribunal doit procéder à la désignation d'un tuteur *ad hoc*.

**646.–** *Étendue de l'obligation du tribunal de désigner un tuteur ad hoc.* Dans une affaire souvent citée, le juge Benoît de la Cour supérieure avait sensiblement réduit l'obligation pour le tribunal de désigner un tuteur *ad hoc*, en concluant qu'elle ne s'imposait que dans les cas où l'enfant recherche, comme partie à une instance, des conclusions propres en sa faveur et non dans les cas où l'enfant ne cherche qu'à faire connaître son point de vue par l'inter-

---

67. *Loi sur la protection de la jeunesse*, précitée, note 13, art. 5 et 80. *Protection de la jeunesse – 640*, J.E. 93-1572, EYB 1993-74231 (C.S.). A. Fournier, « Le droit de l'enfant à la représentation par un avocat en matière de protection de la jeunesse », (1996) 37 *C. de D.* 971.

68. Cette disposition laisse supposer que le tribunal pourrait, le cas échéant, désigner lui-même le procureur de l'enfant si c'est la seule façon d'en assurer la représentation. À propos de la délicate question du rôle de l'avocat d'enfant, voir *infra*, la section « Pour aller plus loin ».

69. Il faut noter que cette obligation est moins étendue que sous l'ancien article 816.1 C.p.c. qui prévoyait la nomination d'un tuteur *ad hoc* également dans tous les cas où l'enfant ne peut déterminer son propre intérêt.

70. Exemple : dans *Droit de la famille – 2291*, [1995] R.J.Q. 3029, EYB 1995-75648 (C.Q.), le tribunal estime nécessaire la désignation d'un tuteur *ad hoc* pour décider de l'opportunité de consentir à l'adoption de l'enfant lorsque c'est le tuteur qui désire adopter ; voir M. Tétrault, *La garde partagée*, Scarborough, Carswell, 2000.

médiaire d'un avocat[71]. Cependant, dans un arrêt plus récent, la Cour d'appel estime que l'enfant, qui se trouve au centre d'une longue guérilla judiciaire menée par ses parents qui se disputent le droit de garde, est dans un cas où le tribunal aurait dû lui désigner un tuteur *ad hoc*[72]. La Cour d'appel élargit donc considérablement la portée de l'obligation des tribunaux de désigner un tuteur *ad hoc*. La formulation du nouvel article 394.2 C.p.c. semble toutefois apporter un tempérament à cette obligation. En effet, contrairement à l'ancien article 816.1 C.p.c. (qui, rappelons-le, se trouvait sous le titre du Code de procédure concernant les procédures en matière familiale), la nouvelle disposition (qui se retrouve désormais sous le titre qui touche aux règles générales en matière de preuve et d'audition) ne parle plus d'intérêt opposé à celui du titulaire de l'autorité parentale, mais du représentant légal. L'ancienne formulation visait sans aucun doute les cas, parmi d'autres, où l'enfant se trouve au centre d'un conflit portant sur le droit de garde et opposant les parents qui ont un intérêt propre en tant que titulaires de l'autorité parentale. La nouvelle formulation, par contre, ne semble viser que les oppositions d'intérêt entre l'enfant et son tuteur ou ses parents dans leur rôle de représentant légal (voir *Ruehmling* c. *Ruehmling-Schleichkorn*, J.E. 94-1075 (C.A.)). Or lorsque les parents se disputent la garde de leur enfant, ils n'agissent pas en tant que représentants légaux de celui-ci, mais en tant que titulaires de l'autorité parentale. On peut donc penser que, dans le cadre de conflits impliquant les parents en leur qualité de titulaires de l'autorité parentale, le législateur a estimé que la représentation par avocat offre une protection suffisante à l'enfant et que la désignation d'un tuteur *ad hoc* ne s'impose pas.

## Section IV

## La protection internationale de l'enfant

**647.–** À ce bref aperçu des règles en matière de respect des droits de l'enfant, il faut ajouter que celles-ci font l'objet d'une reconnaissance internationale formelle. La communauté internationale a consacré ces principes dans la *Convention relative aux droits de l'enfant*[73],

---

71. *V.* c. *M.*, [1983] C.S. 87.
72. *Droit de la famille – 1549*, précité, note 9.
73. *Convention relative aux droits de l'enfant*, résolution n° 44/25, Doc. AGNU, c. 3, 44e sess. (1989). Les travaux, qui ont finalement abouti au texte de la convention, ont été très longs puisque c'est 20 ans plus tôt, en 1969, que l'ONU avait adopté une résolution visant l'élaboration d'une convention internationale sur les droits de l'enfant. Des protocoles additionnels ont été adoptés sur la question des enfants-soldats et des enfants victimes de vente, de prostitution et de pornographie : *Le Protocole facultatif à la Convention relative aux droits de l'enfant concernant la participation des enfants aux conflits armés*, adopté par l'Assemblée générale dans sa résolution A/RES/54/263 du 25 mai 2000 (entré en vigueur le 12 février 2002) et le *Le Protocole facultatif à la Convention relative aux droits de l'énfants concernant la vente des enfants, la prostitution des enfants et la porno-*

adoptée par l'Assemblée générale des Nations Unies le 20 novembre 1989. Le Canada a signé la Convention le 28 mai 1990 et l'a ratifiée le 11 décembre 1991[74]. Le gouvernement du Québec s'est déclaré lié par la Convention le 9 décembre 1991[75]. La Convention consacre des droits de nature civile, politique, économique, sociale et culturelle et elle est basée sur l'idée fondamentale, déjà acceptée en droit québécois, que l'enfant, en tant qu'être humain, a les mêmes droits et jouit des mêmes libertés que l'adulte et qu'en tant que personne vulnérable, il mérite une protection et une attention particulières. C'est ainsi que le préambule de la Convention reprend les termes de la *Déclaration des droits de l'enfant de 1959*[76], qui indique que l'enfant, en raison de son manque de maturité physique et intellectuelle, a besoin d'une protection juridique appropriée. La Convention reflète donc de façon éloquente la dichotomie qui sous-tend le statut juridique complexe de l'enfant : son autonomie, d'une part, et sa protection, d'autre part.

**648.**– L'intérêt supérieur de l'enfant se trouve confirmé, dans la Convention, comme une considération primordiale dans toutes les décisions qui le concernent[77]. Une série de droits spécifiques lui sont reconnus dont, notamment, le droit à l'égalité (art. 2), le droit à la vie (art. 6), le droit à son identité (art. 8), le droit d'exprimer son opinion et d'être entendu dans les procédures judiciaires et administratives

---

*graphie mettant en scène des enfants*, adopté par l'Assemblée générale dans sa résolution A/RES/54/263 du 25 mai 2000 (entré en vigueur le 18 janvier 2002).

74. L'instrument de ratification du gouvernement canadien a été déposé auprès du Secrétaire général de l'ONU le 13 décembre 1991 et la Convention est entrée en vigueur au Canada 30 jours plus tard, soit le 12 janvier 1992, en vertu de l'article 49(2) de la Convention. L'instrument de ratification canadien comporte des réserves à l'article 21 qui touche à l'adoption nationale et internationale (afin de tenir compte des formes de garde coutumière au sein des peuples autochtones) et à l'article 37c) qui concerne le droit de l'enfant, privé de sa liberté, d'être séparé des adultes. Le gouvernement canadien a également exprimé une déclaration d'interprétation concernant l'article 30 (droit d'avoir sa propre vie culturelle, de professer et de pratiquer sa propre religion et d'employer sa propre langue en commun avec les membres de la minorité dont l'enfant fait partie), en la mettant dans la perspective de l'article 4 (Ministère des Approvisionnements et Services Canada, (1992) 3 *Recueil des traités*, Ottawa, Édition Groupe Communication Canada, 1992, p. 50-51).

75. *Décret concernant la Convention relative aux droits de l'enfant*, D. 1676-91, (1992) 32 *G.O.Q.* II, 51 (09-12-91). Le gouvernement y appuie la réserve fédérale à l'article 21 ainsi que la déclaration d'interprétation concernant l'article 30 et déclare ne pas s'opposer à la réserve à l'article 37c), tout en soulignant que la législation québécoise respecte les obligations contenues à cet article.

76. La *Déclaration des droits de l'enfant*, adoptée par l'Assemblée générale des Nations Unies le 20 novembre 1959 (Résolution 1386 (XIV)) qui faisait suite à la *Déclaration de Genève relative aux droits de l'enfant*, adoptée par la Société des Nations en 1924.

77. *Convention relative aux droits de l'enfant*, précitée, note 73, art. 3.

(art. 12), le droit à la liberté d'expression (art. 13), le droit à la liberté de pensée, de conscience et de religion (art. 14), le droit à la liberté d'association (art. 15), le droit au respect de la vie privée et familiale (art. 16), le droit à l'information (art. 17), le droit à l'intégrité physique et morale (art. 19), le droit de jouir du meilleur état de santé possible et de bénéficier de services médicaux (art. 24), le droit à un niveau de vie suffisant pour permettre son bon développement (art. 27), le droit de se reposer et de jouer (art. 31), le droit d'être protégé contre l'exploitation économique (art. 32) et contre l'usage de la drogue (art. 33), etc.

**649.–** La Convention institue un Comité de l'ONU des droits de l'enfant, qui a pour mission d'examiner (sur la base de rapports que les États doivent lui transmettre tous les cinq ans) les progrès accomplis par les États dans l'exécution de leurs obligations, contractées en vertu de la Convention. Le Comité peut faire les recommandations nécessaires à l'Assemblée générale des Nations Unies[78].

En terminant, notons que si les droits fondamentaux, comme le droit à la vie ou à l'intégrité physique, sont formellement reconnus par la Convention, en revanche les droits économiques, sociaux et culturels dépendent des « limites des ressources dont [les États] disposent »[79]. La Convention apparaît dès lors, à bien des égards, comme une simple déclaration de principe et d'intention de la part des États plutôt que comme une véritable charte des droits[80].

### Pour aller plus loin

**650.–** *Historique de la législation en matière de protection de la jeunesse.* Le Québec a légiféré pour la première fois en matière de protection par l'*Acte concernant les écoles d'industrie* (S.Q. 1869, 32 Vict., c. 17). Le Parlement fédéral, quant à lui, a concrétisé, à peu près à la même époque, le principe d'une procédure pénale spécifique aux jeunes : *Acte concernant les jeunes délinquants*, S.R.C. 1886, 49 Vict., c. 177. Sur l'évolution historique de ces lois, voir en particulier : O. D'Amours, « Survol historique de la protection de l'enfance au Québec de 1608 à 1977 », dans le *Rapport de la commission parlementaire spéciale sur la protection de la jeunesse*, Québec, Éditeur officiel du

---

78. *Ibid.*, art. 43. Les rapports canadiens, de même que les réactions du Comité sont disponibles sur le site Internet de Patrimoine Canada à l'adresse suivante : http://www.pch.gc.ca.
79. *Ibid.*, art. 4.
80. J.-L. Renchon (dir.), *L'enfant et les relations familiales internationales*, Bruxelles, Bruylant, 2003.

Québec, 1982 ; M. Provost, « Les mauvais traitements de l'enfant : perspectives historiques et comparatives de la législation sur la protection de la jeunesse », (1991) 22 *R.D.U.S.* 21 ; R. Joyal, *Droit des jeunes*, t. II, Cowansville, Éditions Yvon Blais, 1988 ; R. Joyal-Poupart, « Délinquance juvénile d'hier à demain », (1982-1983) 13 *R.D.U.S.* 353 ; (1983-84) 14 *R.D.U.S.* 541 ; J. Trépanier et F. Tulkens, *Délinquance et protection de la jeunesse : aux sources des lois belge et canadienne sur l'enfance*, Bruxelles, De Boeck Université, 1995 ; J.-F. Boulais, *Loi sur la protection de la jeunesse, texte annoté*, 4e éd., Montréal, Soquij, 1999 ; *La protection de l'enfant : évolution*, Prix Charles-Coderre 1998, Sherbrooke, Éditions R.D.U.S., 1999 ; R. Joyal (dir.), *Entre surveillance et compassion. L'évolution de la protection de l'enfance au Québec*, Montréal, Presses de l'Université du Québec, 2000 ; A. Morin, *Principes de responsabilité en matière de délinquance juvénile au Canada*, Montréal, Wilson & Lafleur, 1992 ; R. Joyal et M. Provost, « La *Loi sur la protection de la jeunesse* de 1977. Une maturation laborieuse, un texte porteur », (1993) 34 *C. de D.* 635 ; R. Joyal et C. Chatillon, « La *Loi québécoise de la protection de l'enfance* de 1944 : genèse et avortement d'une réforme », (1994) 53 *Histoire sociale* 33.

**651.–** *L'intérêt de l'enfant : notion.* Il est intéressant de noter que, dans plusieurs autres provinces canadiennes, certaines lois donnent des définitions beaucoup plus détaillées de la notion d'intérêt de l'enfant en mentionnant, notamment, la prise en considération de l'avis personnel de l'enfant ainsi que son besoin de stabilité. Voir par exemple, pour le Nouveau-Brunswick, *Loi sur les services à la famille*, L.N.-B. 1980, c. F-2.2, art. 1 ; pour l'Ontario, *Loi sur les services à l'enfant et à la famille*, L.R.O. 1990, c. C.11, art. 37(3) ; pour le Yukon, le *Children's Act*, R.S.Y. 2002, c. 31, art. 30. Pour une analyse de la notion d'intérêt de l'enfant dans le cadre du droit de garde et de la protection de la jeunesse, voir M. Tétrault, *Droit de la famille*, 3e éd., Cowansville, Éditions Yvon Blais, 2005, p. 1233 et s. ; J. Pineau et M. Pratte, *La famille*, Montréal, Éditions Thémis, 2007, p. 843 et s. ; C. Boisclair, *Les droits et les besoins de l'enfant en matière de garde : réalité ou apparence ?*, Sherbrooke, Éditions R.D.U.S., 1978 ; C. Bernard, R. Ward et B.M. Knoppers, « "Best Interests of the Child" Exposed : A Portrait of Quebec Custody and Protection Law », (1992) 11 *Can. J. Fam. L.* 57-149 ; B. Walter, J.A. Isenegger, D. Goubau, « Joint Exercise of Parental Authority : The Quebec Civil Law Perspective », (2000) 17 *Canadian Journal of Family Law* 333-369 et « L'intérêt de l'enfant et les pouvoirs résiduels du parent non gardien », (1996) 13 *Can. J. Fam. L.* 11-48 ; Gouvernement du Canada, *Réponse du gouvernement du Canada au Rapport du Comité mixte spécial sur la garde et le droit de visite des enfants*, Ottawa, mai 1999 (document disponible sur le site Internet du ministère de la Justice [http://canada.justice.gc.ca] ; N. Bala, « "Best Interests" in Child Protection Proceedings : Implications and Alternatives », (1995) 12 *Can. J. Fam. L.* 367 ; L. Morin, « Pour une définition de l'intérêt de l'enfant basée sur son besoin d'appartenir », (1977) 7 *R.D.U.S.* 452 ; M. Ouellette-Lauzon, « Notion de l'intérêt de l'enfant », (1974) 9 *R.J.T.*

367 ; sur cette notion en matière d'adoption, voir *Droit de la famille – 595*, [1989] R.D.F. 94 (C.Q.) ; *Droit de la famille – 1544*, [1992] R.J.Q. 617 (C.A.) ; *Droit de la famille – 1914*, [1996] R.J.Q. 219 (C.A.).

Le doyen Carbonnier écrit ceci à propos de la notion d'intérêt de l'enfant : « La subtilité congénitale de la notion d'intérêt est accentuée, en ces applications légales, par la supériorité que nous nous sentons tenus d'attribuer, idéalistes que nous sommes tous, aux intérêts les plus fuyants, psychiques, éthiques. Davantage encore elle est accrue par la fluidité d'une situation qui évolue sans cesse avec l'âge des enfants et à laquelle il faut même intégrer la perspective de leur avenir adulte. On récapitule parfois le tout dans un concept d'intérêt éducatif. C'est un intérêt, remarque-t-on, dont l'appréciation ne peut jamais être cristallisée par l'autorité de la chose jugée. À plus forte raison, comment pourrait-elle l'être par l'autorité d'un texte de loi ? » : J. Carbonnier, « Les notions à contenu variable dans le droit français de la famille », dans C. Perelman et R. Vander Elst, *Les notions à contenu variable en droit*, Bruxelles, E. Bruylant, 1984, p. 104-105. À propos de l'utilisation de notions flexibles en droit familial, N. Bala écrit : « We thus moved from very rigid rules for making decisions about custody and other matters relating to children to highly flexible standards which gave judges such enormous discretion and are so vague and unpredictable as to raise jurisprudential issues as to whether they are "laws" at all » : N. Bala, « Judicial Discretion and Family Law Reform in Canada », (1986) 5 *Can. J. Fam. L.* 15, 23. Pour une excellente analyse des avantages et inconvénients de l'intérêt de l'enfant comme critère décisionnel, voir J.L. Dolgin, « Why has the Best-Interest Standard Survived ? : The Historic and Social Context », (1996) 16 *Children's Legal Rights Journal* 2.

**652.**– *Intérêt de l'enfant versus droits de l'enfant ?* Le critère de l'intérêt de l'enfant fait régulièrement l'objet de critiques, car, comme nous l'avons souligné plus haut, il laisse une marge d'appréciation telle aux juges, qu'il peut en devenir arbitraire. Il est vrai que, dans les conflits qui concernent l'enfant, chaque partie invoque avec conviction l'intérêt de ce dernier pour justifier sa propre position[81]. Or, la détermination de l'intérêt de l'enfant n'est pas une question qui relève de la simple conscience ou des propres convictions des parties ou du juge[82]. C'est en matière de protection de la jeunesse que les critiques les plus vives ont été formulées à l'égard de ce cri-

---

81.  J. Gauthier, « L'enfant, nouvelle source de droit », dans A. Ruffo (dir.), *Les enfants devant la justice*, Cowansville, Éditions Yvon Blais, 1990, p. 88.

82.  On peut citer à cet égard la remarque de J.-L. Bergel qui, dans un autre contexte il est vrai, écrit : « On ne peut en effet livrer les rapports ou les conflits sociaux à une sorte d'existentialisme juridique, procédant du seul bon sens, du sentiment d'équité et de la conscience des juges. Cela conduirait à des jugements contradictoires dans des situations identiques, à l'arbitraire et à l'insécurité » : « Ébauche d'une définition de la méthodologie juridique », (1990) 4 *R.R.J. Droit prospectif* 709.

tère. Dans les années 1970 un courant idéologique a remis en question la notion d'intérêt comme critère décisionnel, au point d'en proposer l'abolition. C'était une des propositions du Rapport Batshaw concernant les enfants en institution[83] :

> En effet, au nom du « bien de l'enfant », on a justifié les pires traitements, allant du châtiment corporel jusqu'à la détention dans des conditions inhumaines et inacceptables.
>
> [...]
>
> Nous proposons, au contraire, d'abolir complètement toute notion d'intérêt ou de dommage dont l'évaluation restera toujours subjective. Après tout, on ne prétend pas agir « dans l'intérêt des adultes » ou de prendre à leur égard les mesures « les moins dommageables » : on décide à la lumière de leurs droits tel que la loi les définit.
>
> [...]
>
> Nous croyons qu'en définissant clairement et rigoureusement des droits aux enfants et en leur donnant les moyens ou les mécanismes pour les faire respecter, les décisions prises seront les seules possibles dans les circonstances.

Dès le début des années 1980, l'affirmation de la prise en considération de l'intérêt de l'enfant est apparue comme essentielle, car elle permet de répondre aux situations où les seuls droits de l'enfant ne permettent pas de répondre à ses besoins spécifiques et de trancher les débats au bénéfice de l'enfant lorsque plusieurs de ses droits s'opposent entre eux ou à ceux d'un tiers[84]. Comme le souligne le Rapport Jasmin, le droit d'un enfant à être protégé peut, dans certaines situations, avoir préséance sur un autre de ses droits, soit celui d'être maintenu dans son milieu parental. « C'est alors la recherche de l'intérêt de l'enfant qui intervient pour établir la préséance d'un droit sur l'autre »[85]. La notion d'intérêt devient donc indissociable des droits

---

83. *Rapport du Comité d'étude sur la réadaptation des enfants et adolescents placés en centre d'accueil*, Comité Batshaw, ministère des Affaires sociales, janvier 1976, p. 53, cité dans J.-F. Boulais, *Loi sur la protection de la jeunesse, texte annoté*, 2ᵉ éd., Montréal, Soquij, 1990, p. 324-330.

84. On peut noter qu'en 1984 le législateur réintroduisait, à l'article 3 de la *Loi sur la protection de la jeunesse*, la notion de l'intérêt de l'enfant aux côtés de celle du respect de ses droits, comme motif déterminant dans les décisions qui le concernent, donnant suite aux recommandations du *Rapport de la Commission parlementaire spéciale sur la protection de la jeunesse*, ministère des Communications, Québec, 1982, p. 222.

85. Gouvernement du Québec, *La protection de la jeunesse, plus qu'une loi*, Rapport du groupe de travail sur l'évaluation de la *Loi sur la protection de la jeunesse*, Québec, 1992, p. 38.

de l'enfant, en ce sens que les décisions qui le concernent doivent viser à combler ses besoins, dans le respect de ses droits[86]. La nécessaire flexibilité de la notion d'intérêt se trouve donc balisée par le caractère objectif des droits[87].

Affirmer le principe de la primauté de l'intérêt de l'enfant ne signifie donc pas que cette notion permet de faire n'importe quoi, n'importe comment, chaque fois qu'il s'agit d'un enfant. Encore faut-il que les décisions respectent les autres règles de droit[88]. En effet, comme le souligne un auteur, « l'intérêt de l'enfant, tout important qu'il soit, n'est pas dictatorial »[89]. La Cour suprême, tout en soulignant l'intérêt de l'enfant est un « principe très puissant »[90] lorsqu'il s'agit de prendre une décision concernant un enfant, a cependant souligné que ce principe juridique ne peut pour autant être qualifié de principe de justice fondamentale. La Cour suprême estime, en effet, que la notion d'intérêt de l'enfant peut être subordonnée à d'autres intérêts dans des contextes appropriés et que son application ne peut que dépendre fortement du contexte et susciter la controverse[91].

**653.– *La protection de l'enfant-témoin.*** De nouveaux moyens techniques visent à faciliter les témoignages des enfants en matière criminelle et dans les dossiers de protection (exemple : déposition sur bande vidéo, témoignage derrière un écran et sur circuit fermé de télévision). On consultera à cet égard les auteurs suivants : C. Dubreuil, *Le témoignage des enfants en droit pénal et en droit civil*, Montréal, Éditions Thémis, 1991 ; G. Williams, « Videotaping Children's Evidence », (1987) 137 *New. L.J.* 108 ; D. Nadeau et L. Mignault, « L'entrevue avec l'enfant et son témoignage à la Cour : aspects psychologiques » dans Service de la formation permanente, Barreau du Québec, *Con-*

---

86.  Sur la prise en considération simultanée de l'intérêt, des droits et des besoins de l'enfant, voir S. Bernigaud, « La protection administrative et judiciaire de l'enfant : étude comparative des systèmes français et québécois », Lyon, thèse de doctorat en droit privé de l'Université Jean Moulin – Lyon III, 1992.
87.  Voir à ce propos le jugement *Droit de la famille – 595*, [1989] R.D.F. 94, 103, EYB 1988-77303 (C.Q.) dans lequel le juge N. Bernier écrit : « La notion de droits définis par la loi, par essence plus statique, offre l'avantage des balises claires et définies. La notion d'intérêt de l'enfant peut d'autre part s'adapter à l'évolution de la société et de la famille et permettre d'individualiser la situation de chaque enfant » (p. 103).
88.  On cite souvent à cet égard l'exemple de l'adoption : le tribunal ne peut tirer argument de l'intérêt de l'enfant pour prononcer un jugement d'adoption si toutes les conditions légales de l'adoption ne sont pas réunies (voir *Ste-Marie* c. *Cour du Bien-être social*, [1974] C.A. 372 ; *Adoption – 17*, [1982] C.A. 58 ; *Droit de la famille – 1558*, [1992] R.D.F. 191, EYB 1992-74903 (C.Q.)).
89.  A. Mayrand, « Égalité en droit familial québécois », (1985) 19 *R.J.T.* 275, 277.
90.  *Canadian Foundation for Children, Youth and the Law* c. *Canada (Procureur general)*, [2004] 1 R.C.S. 76, REJB 2004-53164., par. 12.
91.  *Ibid.*, par. 10 et 11. Les juges majoritaires soulignent qu'« il se peut que des gens raisonnables ne s'accordent pas sur le résultat que produira son application », faisant de la notion d'intérêt de l'enfant un principe à contenu trop variable pour pouvoir se qualifier au rang de principe de justice fondamentale (par. 11).

grès annuel du Barreau du Québec 2002, Montréal, 2002, p. 369 à 403 ;
A. Wolfish, « Interviewing Children in Protection Proceedings », (1987) 7
*Health Law in Canada* 95 ; D.A. Rollie Thompson, « Children Should Be
Heard, but Not Seen : Children's Evidence in Protection Proceedings », (1991)
8 *C.F.L.Q.* 1-42. À propos des difficultés particulières en matière de témoi-
gnage des enfants, voir J.P. Schuman, N. Bala et K. Lee, « Developmentally
Appropriate Questions for Child Witnesses », (1999) 25 *Queen's L.J.* 251-304 ;
N. Bala, « A Legal & Psychological Critique of the Present Approach to the
Assessment of the Competence of Child Witnesses », (2000) 38 *Osgoode Hall
L.J.* 409-451.

C. Dubreuil, « De nouveaux droits pour les enfants qui font face au processus judiciaire », dans *Droits de la personne : l'émergence de droits nouveaux – Aspects canadiens et européens,* Cowansville, Éditions Yvon Blais,
1993, p. 643 ; É. Deleury, *loc. cit.*, note 48, p. 301 ; C. Boies, « Réflexions sur les
nouvelles dispositions de la *Loi sur la protection de la jeunesse* touchant le
témoignage des enfants et la recevabilité des déclarations extrajudiciaires
d'enfants », dans Service de la formation permanente, Barreau du Québec,
*Droit et enfant*, Cowansville, Éditions Yvon Blais, 1990, p. 61 ; J.-F. Boulais,
*Loi sur la protection de la jeunesse, texte annoté*, 4ᵉ éd., Montréal, Soquij,
1999, p. 362-368 ; L. Ducharme, « La prohibition du ouï-dire et les déclarations des enfants en bas âge, au sujet des abus sexuels dont ils sont victimes »,
(1987) *R.G.D.* 563 ; M.T. MacCrimmon, « Developments in the Law of Evidence : the 1990-91 Term, Social Science, Law Reform and Equality », (1992)
3 *S.C.L.R.* (2d) 269, 322-337 ; D.M. Paciocco, « The Evidence of Children :
Testing the Rules Against What We Know », (1995) 21 *Queen's Law J.* 345 (il
s'agit d'un texte concernant le témoignage des enfants en matière criminelle,
mais il contient d'intéressantes considérations qui valent aussi en matière
civile) ; voir également le chapitre 11 « Rules of Evidence and Preparing for
Court » dans N. Bala, M.K. Zapf, R.J. Williams, R. Vogel & J.P. Hornick,
*Canadian Child Welfare Law*, 2nd ed., Toronto, Thomson Educational
Publishing, 2004, p. 333 à 408.

**654.–** *Le rôle de l'avocat de l'enfant.* Une fois affirmé le droit de l'enfant
d'être représenté par avocat (*Droit de la famille – 1549*, [1992] R.J.Q. 855
(C.A.)) et la possibilité pour le tribunal de prendre les mesures nécessaires à
la représentation de l'enfant, la question du rôle et de la nature du mandat de
l'avocat se pose. Doit-il veiller au seul respect des droits de son jeune client ou
doit-il participer activement à la recherche de l'intérêt de celui-ci ? Dans
l'exécution de son mandat, l'avocat est-il strictement le porte-parole de
l'enfant ou peut-il, au contraire, agir selon sa propre conception de l'intérêt de
l'enfant, quitte à adopter une position contraire à celle exprimée par son
client ? Le rôle de l'avocat est-il différent lorsqu'il s'agit d'un enfant doué de
discernement ou d'un enfant en bas âge ? Y a-t-il une différence de nature
entre le mandat de l'avocat désigné dans le cadre de l'article 394.1 C.p.c. et
celui de l'avocat engagé à l'initiative de l'enfant lui-même ? Dans l'affaire

*M.F.* c. *J.L.*, [2002] R.J.Q. 676 (C.A.), la Cour d'appel a décidé que lorsque l'enfant est doué de discernement et qu'il est capable d'exprimer ses désirs, quelle que soit l'origine du mandat de l'avocat, ce dernier a l'obligation de faire valoir les attentes de son jeune client, même s'il ne les partage pas.

On constate que la représentation des enfants devant les tribunaux pose une foule d'interrogations importantes. Nous ne faisons ici que les évoquer et nous renvoyons le lecteur à l'abondante littérature sur ces questions. Voir notamment Barreau du Québec, *Mémoire sur la représentation des enfants par avocat*, Montréal, février 1995 ; Barreau du Québec, *La représentation des enfants par avocat dix ans plus tard*, Montréal, mai 2006 ; S. Bourassa, « La représentation des enfants : commentaires, perceptions et réactions des enfants », dans *Congrès annuel du Barreau du Québec (2006)*, Montréal, 2006, p. 837-856 ; S. Schirm et P. Vallant, *La représentation des enfants en matière familiale*, Cowansville, Éditions Yvon Blais, 2004 ; Y. Carrière, « Le mode de représentation des enfants par avocat : le modèle québécois se précise », dans Service de la formation permanente, Barreau du Québec, *Développements récents en droit familial (2003)*, Cowansville, Éditions Yvon Blais, 2003, p. 1 ; M. Tétrault, *Droit de la famille*, 3e éd., Cowansville, Éditions Yvon Blais, 2005, p. 1261 et s. ; H. Létourneau, « L'avocat pour l'enfant : l'expérience québécoise », (1987) *R.D.F.* 135 ; É. Deleury, « Le droit de l'enfant à la représentation et à la parole devant les instances judiciaires et les organismes chargés de la protection de l'enfance », dans *Enfance et violences*, sous la direction de J. Rubellin-Devichi et M. Andrieux, Lyon, Presses universitaires de Lyon, 1992, p. 301 ; J. Doucet, « La représentation des enfants en matière familiale », dans Service de la formation permanente, Barreau du Québec, *Droit et enfant*, Cowansville, Éditions Yvon Blais, 1990, p. 104 ; Collectif, *L'enfant et le système judiciaire*, Prix Charles-Coderre 1990, Cowansville, Éditions Yvon Blais, 1991 ; N. Bastien, « La représentation de l'enfant par avocat », dans *Droits de la personne : l'émergence de droits nouveaux – Aspects canadiens et européens*, Cowansville, Éditions Yvon Blais, 1993 ; S. Martin, « Le droit à la protection dans la plus stricte légalité », dans A. Ruffo (dir.), *Les enfants devant la justice*, Cowansville, Éditions Yvon Blais, 1990, p. 45 ; J.-F. Boulais, *Loi sur la protection de la jeunesse, texte annoté*, 4e éd., Montréal, Soquij, 1999, p. 322-328 ; P.A. Champagne, « La représentation de l'enfant vs les tribunaux de la jeunesse, de droit commun et d'appel », (1978) 38 *R. du B.* 515 ; L. Long, « When the Client is a Child : Dilemmas in the Lawyer's Role », (1982-1983) 21 *J. Fam. L.* 607 ; J.C. Robb et L.J. Kordyban, « The Child Witness : Reconciling the Irreconcilable », (1989) 27 *Alta. L. Rev.* 327 ; M. Quintal et M. Plante, « Les avocats maudits ou les maudits avocats de la défense », (1987) 8 *Revue québécoise de psychologie* 163 ; Ngaire Naffine, « Children in the Children's Court : Can there be Rights Without a Remedy », (1992) 6 *Int. J.L. Fam.* 76.

**655.**– *À propos de la Convention internationale des droits de l'enfant.* Pour une analyse plus approfondie et une approche critique de la Convention, nous renvoyons le lecteur aux études suivantes : I. Théry, « Nouveaux droits de l'enfant, la potion magique ? », (1992) 180 *Esprit* 9 ; M. Santos Pais, « La Convention sur les droits de l'enfant », dans *Droits de la personne : l'émergence de droits nouveaux – Aspects canadiens et européens,* Cowansville, Éditions Yvon Blais, 1993, p. 665 ; M. Bennouna, « La Convention des Nations Unies relative aux droits de l'enfant », (1989) 35 *Ann. fr. dr. int.* 433 ; F. Dekeuwer-Défossez, *Les droits de l'enfant,* Paris, P.U.F., 1991 (Coll. « Que sais-je ? ») ; M. Miaille, « Les droits de l'enfant : plus de droits ou d'autres droits ? », dans *Enfance et violences,* sous la direction de J. Rubellin-Devichi et M. Andrieux, Lyon, Presses universitaires de Lyon, 1992, p. 127 ; D. McGoldrick, « The United Nations Convention on the Rights of the Child », (1991) 5 *Intern. J.L. Fam.* 132 ; « La Convention internationale des droits de l'enfant », (1991) *Rev. intern. dr. pén.* (numéro spécial) ; J. Rubellin-Devichi et R. Frank (dir.), *L'enfant et les conventions internationales,* Lyon, Presses universitaires de Lyon, 1996.

Pour un regard canadien sur la Convention : Bureau international des droits des enfants, *Rapport final de la Conférence tenue à Montréal du 18 au 20 novembre 2004, Mise en œuvre des droits de l'enfant. Perspectives nationales et internationales,* textes préparés par R. Joyal, J.-F. Noël et C.C. Feliciati, Cowansville, Éditions Yvon Blais, 2005 ; C. Lavallée, « La Convention internationale relative aux droits de l'enfant et son application au Canada », (1996) 3 *Rev. int. dr. comp.* 605 ; Coalition canadienne pour le droit des enfants, *La convention de l'ONU relative aux droits de l'enfant : le Canada respecte-t-il ses engagements ?,* Ottawa, ministère de la Justice, 1999, 136 p. ; J. Holmes, « The Convention on the Rights of the Child : a Canadian Perspective », (1989) *Conf. Council Internat. L.* 21 ; S.J. Toope, « The Convention on the Rights of the Child : Implications for Canada », dans M. Freeman (éd.), *Children's Rights : A Comparative Perspective,* Brookfield U.S.A., Aldershot, 1996 ; *Baker c. Canada (Ministère de la Citoyenneté et de l'Immigration),* [1999] 2 R.C.S. 817 ; voir aussi une série de documents disponibles sur le site Internet de la Commission des droits de la personne et des droits de la jeunesse [http://www.cdpdj.qc.ca].

Sur les difficultés de la communauté internationale à mettre en œuvre les droits et l'intérêt de l'enfant, voir P. David, *Enfants sans enfance,* Paris, Hachette, Coll. *Pluriel,* 1995. En matière de santé, voir en particulier M.-J. Bernardi, *Le droit à la santé du fœtus au Canada,* Montréal, Éditions Thémis, 1995 ; J.-L. Baudouin et S. Le Bris (dir.), *Droits de la personne : les « bio-droits ». Aspects nord-américains et européens,* Cowansville, Éditions Yvon Blais, 1997.

# BIBLIOGRAPHIE SÉLECTIVE

ANDREWS, H.T.G. et P. GELSOMINO, « The Legal Representation of Children in Custody and Protection Proceedings : A Comparative View », dans *Family Law Dimensions of Justice*, sous la direction de R.S. Abella et C. L'Heureux-Dubé, Toronto, Butterworths, 1983.

BALA, N. (ed.), *Canadian Child Welfare Law*, 2nd ed., Toronto, Thomson Educational Publishing, 2004, p. 333 à 408.

BALA, N., « A Legal & Psychological Critique of the Present Approach to the Assessment of the Competence of Child Witnesses », (2000) 38 *Osgoode Hall L.J.* 409-451.

BALA, N., « The Charter of Rights & Family Law », (2001) 18 *Canadian Family Law Quarterly* 373.

BARREAU DU QUÉBEC, *La représentation des enfants par avocat dix ans plus tard*, Montréal, mai 2006.

BASTIEN, N., « La représentation de l'enfant par avocat », dans *Droits de la personne : l'émergence de droits nouveaux – Aspects canadiens et européens*, Cowansville, Éditions Yvon Blais, 1993.

BERNARD, C., « Les droits de l'enfant, entre la protection et l'autonomie », dans L. LAMARCHE et P. BOSSET (dir.), *Des enfants et des droits*, Québec, P.U.L., 1997, p. 25-40.

BESSNER, R., *Le point de vue des enfants dans les procédures en matière de divorce, de garde, de droit de visite*, Justice Canada, Section de la famille, des enfants et des adolescents, Ottawa, 2002-FCY-1F, www.canada.justice.gc.ca

BOIES, C., « Le désengagement de l'État et les droits des enfants », dans L. LAMARCHE et P. BOSSET (dir.), *Des enfants et des droits*, Québec, P.U.L., 1997, p. 85 et s.

BOISCLAIR, C., *Les droits et les besoins de l'enfant en matière de garde : réalité ou apparence ?*, Sherbrooke, Éditions R.D.U.S., 1978.

BOYD, S.B., « The Impact of the Charter of Rights and Freedoms on Canadian Family Law », (2000) 17 *Canadian Journal of Family Law* 293.

BUREAU INTERNATIONAL DES DROITS DES ENFANTS, *Rapport final de la Conférence tenue à Montréal du 18 au 20 novembre 2004, Mise en œuvre des droits de l'enfant. Perspectives nationales et internationales*, textes préparés par R. Joyal, J.-F. Noël et C.C. Feliciati, Cowansville, Éditions Yvon Blais, 2005.

CARRIÈRE, Y., « Le mode de représentation des enfants par avocat : le modèle québécois se précise », Service de la formation permanente, Barreau du Québec, *Développements récents en droit familial (2003)*, Cowansville, Éditions Yvon Blais, 2003, p. 1.

COALITION CANADIENNE POUR LE DROIT DES ENFANTS, *La convention de l'ONU relative aux droits de l'enfant : le Canada respecte-t-il ses engagements ?*, Ottawa, ministère de la Justice, 1999, 136 p.

COLLECTIF, *La protection de l'enfant : évolution*, Prix Charles-Coderre 1998, Sherbrooke, Éditions R.D.U.S., 1999.

D'AMOURS, O., « Survol historique de la protection de l'enfance au Québec de 1608 à 1977 », dans *Rapport de la commission parlementaire spéciale sur la protection de la jeunesse*, Québec, Éditeur officiel du Québec, 1982.

DAVIES, C.D., « Access to Justice for Children : the Voice of the Child in Custody and Access Dispute », (2003) 22 *Canadian Family Law Quarterly* 153.

DELEURY, É., « Le droit de l'enfant à la représentation et à la parole devant les instances judiciaires et les organismes chargés de la protection de l'enfance », dans *Enfance et violences*, sous la direction de J. Rubellin-Devichi et M. Andrieux, Lyon, Presses universitaires de Lyon, 1992.

DOLGIN, J.L., « Why has the Best-Interest Standard Survived ? : The Historic and Social Context », (1996) 16 *Children's Legal Rights Journal* 2.

DUBREUIL, C., *Le témoignage des enfants en droit pénal et en droit civil*, Montréal, Éditions Thémis, 1991.

FOURNIER, A., « Le droit de l'enfant à la représentation par un avocat en matière de protection de la jeunesse », (1996) 37 *C. de D.* 971.

GOUBAU, D., « L'intérêt de l'enfant et les pouvoirs résiduels du parent non gardien », (1996) 13 *Can. J. Fam. L.* 11-48.

GOUBAU, D., « L'objectivation des normes en droit de la famille : une mission possible », (1998) 1 *Revue trimestrielle de droit familial* 7-31.

HOLMES, J., « The Convention on the Rights of the Child : a Canadian Perspective », (1989) *Conf. Council Internat. L.* 21.

JOYAL, R. (dir.), *Entre surveillance et compassion. L'évolution de la protection de l'enfance au Québec*, Montréal, Presses de l'Université du Québec, 2000.

JOYAL, R. et A. QUIÉNART, « La parole de l'enfant et les litiges de garde : points de vue de juges sur divers aspects de la question », (2001) 61 *R. du B.* 281-297.

JOYAL, R., *Droit des jeunes*, t. I, 3ᵉ éd., Cowansville, Éditions Yvon Blais, 1999.

JOYAL, R., *Droit des jeunes*, t. II, Cowansville, Éditions Yvon Blais, 1988.

LAVALLÉE, C., « La Convention internationale relative aux droits de l'enfant et son application au Canada », (1996) 3 *Rev. int. dr. comp.* 605.

McGOLDRICK, D., « The United Nations Convention on the Rights of the Child », (1991) 5 *Intern. J.L. Fam.* 132.

PACIOCCO, D.M., « The Evidence of Children : Testing the Rules Against What We Know », (1995) 21 *Queen's Law J.* 345.

QUINTAL, M. et M. PLANTE, « Les avocats maudits ou les maudits avocats de la Défense », (1987) 8 *Revue québécoise de psychologie* 163.

RENCHON, J.-L. (dir.), *L'enfant et les relations familiales internationales*, Bruxelles, Bruylant, 2003.

ROBERT, M., « Le droit des enfants et le contexte constitutionnel », dans A. RUFFO (dir.), *Les enfants devant la justice*, Cowansville, Éditions Yvon Blais, 1990, p. 5.

ROLLIE THOMPSON, D.A., « Children Should Be Heard, but Not Seen : Children's Evidence in Protection Proceedings », (1991) 8 *C.F.L.Q.* 1.

RUBELLIN-DEVICHI, J. et R. FRANK (dir.), *L'enfant et les conventions internationales*, Lyon, Presses universitaires de Lyon, 1996.

SANTOS PAIS, M., « La Convention sur les droits de l'enfant », dans *Droits de la personne : l'émergence de droits nouveaux – Aspects canadiens et européens,* Cowansville, Éditions Yvon Blais, 1993, p. 665.

SCHIRM, S. et P. VALLANT, *La représentation des enfants en matière familiale,* Cowansville, Éditions Yvon Blais, 2004.

SCHUMAN, J.P., N. BALA et K. LEE, « Developmentaly Appropriate Questions for Child Witnesses », (1999) 25 *Queen's L.J.* 251-304.

THÉRY, I., « Nouveaux droits de l'enfant, la potion magique ? », (1992) 180 *Esprit* 9.

TOOPE, S.J., « The Convention on the Rights of the Child : Implications for Canada », dans M. FREEMAN (éd.), *Children's Rights : A Comparative Perspective,* Brookfield U.S.A., Aldershot, 1996.

TRÉPANIER, J. et F. TULKENS, *Délinquance et protection de la jeunesse : aux sources des lois belge et canadienne sur l'enfance,* Bruxelles, De Boeck Université, 1995.

WALTER B., J.A. ISENEGGER et N. BALA, « "Best Interests" in Child Protection Proceedings : Implications and Alternatives », (1995) 12 *Can. J. Fam. L.* 367.

WILLIAMS, G., « Videotaping Children's Evidence », (1987) 137 *New. L.J.* 108.

WOLFISH, A., « Interviewing Children in Protection Proceedings », (1987) 7 *Health Law in Canada* 95.

# TITRE II
# LES MAJEURS

**656.**– La deuxième grande catégorie de personnes pour lesquelles le législateur a mis en place des mécanismes de protection est celle des majeurs qui sont plus ou moins inaptes à prendre soin d'eux-mêmes ou à administrer leurs biens. Comme pour les mineurs, la loi prévoit pour les majeurs un système de représentation ou d'assistance. Le but ultime est, d'une part, de permettre à ces personnes d'agir sur le plan juridique et, d'autre part, de les protéger, en raison de leur faiblesse permanente ou temporaire, contre elles-mêmes et contre les tiers. Contrairement au régime de protection des mineurs qui, par définition, s'adresse à tous les mineurs, la protection des majeurs demeure un régime d'exception, la règle étant celle de la capacité générale et totale des majeurs.

**657.**– Après plus d'un siècle de quasi-immobilisme, le droit concernant les majeurs inaptes a connu en 1989 un bouleversement impliquant des changements non seulement dans les règles et les mécanismes de protection, mais également dans les principes fondamentaux qui les sous-tendent. Les dispositions du *Code civil du Bas-Canada* concernant les majeurs incapables, héritées en grande partie du Code Napoléon et du droit coutumier français[1], n'ont en effet pratiquement pas bougé depuis 1866, abstraction faite de quelques modifications mineures ou d'ordre procédural. Au début des années 1970, l'Office de révision du Code civil proposa pour la première fois des changements importants aux régimes qui avaient été mis en place il y a plus d'un siècle[2] et qui n'étaient pas exempts de préjugés à l'égard de la maladie mentale. La nécessité de revoir en profondeur le traitement juridique réservé au handicapé intellectuel et à l'inapte

---

1. À propos de l'interdiction et de la curatelle aux « fous » avant le *Code civil du Bas-Canada* et en remontant jusqu'au XVIIe siècle, voir A. Cellard, « La curatelle et l'histoire de la maladie mentale au Québec », *Histoire sociale* (1986) vol. XIX, n⁰ 38, p. 443-450.
2. O.R.C.C., *Rapport sur la famille*, 2e partie, Montréal, Éditeur officiel, 1975, p. 174-204. Voir, au sujet de ces propositions, M.D. Castelli, « Commentaires sur le rapport de l'O.R.C.C. sur la famille – 2e partie », (1976) *C. de D.* 586-590.

s'inscrivait dans le contexte de l'« émergence du droit de la personne, de la protection de son autonomie, du respect même de son existence »[3]. Plusieurs projets de loi, dans les années 1980, ont eu pour objet de concrétiser la réforme, mais ils ne sont jamais entrés en vigueur[4]. Ce n'est qu'en 1990 que le gouvernement s'est finalement décidé à mettre en œuvre la réforme, telle que reformulée dans le projet de loi 145[5]. Le Québec participait ainsi au mouvement de réforme du droit des inaptes recentré sur la personne humaine, observé dans de nombreux pays occidentaux à la fin des années 1980 et le début des années 1990 et issu de l'inévitable dialogue entre la psychiatrie et le droit[6]. Le droit québécois s'inscrivait également ainsi dans la logique des développements du droit international au chapitre de la protection des personnes atteintes de déficience mentale ou physique et de l'affirmation du principe du respect de l'autonomie résiduelle des personnes inaptes[7].

Le *Code civil du Québec* de 1991 (entré en vigueur le 1er janvier 1994) ne fit que reprendre les textes, en vigueur depuis le 15 avril 1990, en y apportant quelques légères modifications, dictées notamment par la réforme du droit de la tutelle des mineurs[8]. La véritable réforme du droit relatif aux majeurs inaptes a donc été mise en œuvre

---

3. M. Ouellette, « La *Loi sur le curateur public* et la protection des incapables », (1989) 3 *C.P. du N.* 1, 10.

4. *Loi portant réforme du Code civil du Québec du droit des personnes*, Québec, décembre 1982, mort au feuilleton (projet de loi 106) ; *Loi portant réforme au Code civil du Québec, du droit des personnes, des successions et des biens*, L.Q. 1987, c. 18 (projet de loi 20, adopté et sanctionné le 15 avril 1987, mais jamais entré en vigueur). Pour un historique détaillé de ces deux projets de loi, voir en particulier É. Deleury, « La protection des incapables et la réforme du Code civil », (1987) 18 *R.D.U.S.* 57.

5. *Loi sur le curateur public et modifiant le Code civil et d'autres dispositions législatives*, L.Q. 1989, c. 54, entrée en vigueur le 15 avril 1990. Cette loi reprend *mutatis mutandis* les propositions du projet de loi 20 en matière de protection des majeurs inaptes et les intègre au *Code civil du Bas-Canada*. Ce projet introduit également, mais dans le *Code civil du Québec*, cette fois, les dispositions de l'administration des biens d'autrui, réputées en vigueur pour les seules fins des tutelles et curatelles. À propos de ce processus législatif surprenant et complexe ayant finalement abouti à l'adoption de la réforme, voir les critiques de M. Ouellette, *loc. cit.*, note 3.

6. G. Benoit, I. Brandon et J. Gillardin (dir.), *Malades mentaux et incapables majeurs. Émergence d'un nouveau statut civil*, Bruxelles, Publications des Facultés universitaires Saint-Louis, 1994.

7. I. Duplessis, « La pertinence des instruments internationaux en matière de protection des majeurs », dans Service de la formation continue, Barreau du Québec, *Autonomie et protection*, Cowansville, Éditions Yvon Blais, 2007.

8. Voir *supra*, Partie II, Titre I ; *J...M...W... c. S...C...W... et Curateur public du Québec*, [1996] R.J.Q. 229, EYB 1996-71138 (C.A.).

dès 1990. En 1999, la procédure est à nouveau remodelée pour permettre, cette fois, de passer en partie par la voie notariale lorsqu'il s'agit de l'ouverture d'un régime de protection ou de l'homologation d'un mandat en prévision de l'inaptitude[9].

Parallèlement aux dispositions du Code civil, d'autres lois s'intéressent également à la protection de la personne ou du patrimoine des majeurs inaptes. Il s'agit essentiellement de la *Loi sur le curateur public*[10] et de la *Loi sur la protection des personnes dont l'état mental présente un danger pour elles-mêmes ou pour autrui*[11]. Et puisque de nombreuses personnes inaptes résident dans des institutions qui relèvent des services de santé et des services sociaux, il est également utile de se référer à la *Loi sur les services de santé et les services sociaux*[12]. L'organisation des régimes de protection des majeurs se trouve toutefois dans le Code civil ainsi que dans le *Code de procédure civile*.

---

9. *Loi modifiant le Code de procédure civile en matière notariale et d'autres dispositions législatives*, L.Q. 1998, c. 51. Sur ces questions, voir les analyses détaillées *infra*, le paragraphe 687 pour l'ouverture d'un régime de protection et le paragraphe 750 pour l'homologation d'un mandat d'inaptitude.

10. *Loi sur le curateur public*, L.R.Q., c. C-81. Pour l'historique de cette loi, voir *infra*, par. 731.

11. *Loi sur la protection des personnes dont l'état mental présente un danger pour elles-mêmes ou pour autrui*, L.R.Q., c. P-38.001. Voir *supra*, Partie I.

12. *Loi sur les services de santé et les services sociaux*, L.R.Q., c. S-4.2.

# CHAPITRE I

## LA PROTECTION DES MAJEURS : PRINCIPES GÉNÉRAUX

### Section I
### La situation avant 1989

**658.–** Depuis fort longtemps, l'ancien système de protection des majeurs incapables faisait l'objet de critiques sévères en raison de son caractère désuet, inefficace[1] et non respectueux des droits de la personne[2]. Ces critiques, qu'il convient d'étudier pour bien comprendre le système actuel, peuvent se classer en trois catégories selon qu'elles visaient 1) les situations donnant ouverture à un régime de protection, 2) l'organisation du régime de protection ou 3) la finalité de l'intervention à l'égard des majeurs. À ces critiques, on peut ajouter celles qui s'adressaient au rôle joué à cette époque par le curateur public.

**659.–** *Les critiques concernant les situations donnant ouverture à un régime de protection.* L'interdiction et la dation d'un conseil judiciaire n'étaient possibles, abstraction faite du prodigue et du narcomane, que dans les cas de faiblesse d'esprit ou de maladie mentale. Par conséquent, le législateur n'entendait intervenir qu'à l'égard des personnes souffrant de troubles mentaux, c'est-à-dire atteintes d'un certain degré d'aliénation mentale. Or la terminologie légale a été critiquée aussi bien par les psychiatres[3] que par les

---

1. É. Deleury, « La protection des incapables et la réforme du Code civil », (1987) 18 *R.D.U.S.* 57.
2. *Débats de l'Assemblée nationale*, 33e session, 1988-1989, 31 mai 1989, p. 6131 et s. Voir aussi J. Pineau, D. Burman et S. Gaudet, *Théorie des obligations*, 4e éd., Montréal, Éditions Thémis, 2001, p. 262 et s.
3. À propos des critiques formulées par les premiers psychiatres, dès le début du XIXe siècle, voir en particulier P. Keating, *La science du mal*, Montréal, Boréal, 1993, p. 58-60. Pour un survol des classifications modernes des troubles mentaux, voir J. Voyer, « Retard mental et maladies mentales : considérations cliniques et récentes controverses relativement aux personnes inaptes », dans Service de la

juristes[4] en raison, notamment, des préjugés profonds qu'elle recelait[5].

Outre l'aspect stigmatisant, pour ne pas dire déshonorant, de la terminologie utilisée (« imbécile », « furieux », « dément », « faible d'esprit »), son imprécision ne pouvait entraîner que l'insécurité juridique. En effet, cette imprécision pouvait, par exemple, amener des réponses dangereuses à des questions comme celle de savoir où se situe la frontière entre le comportement « asocial » et le comportement « anormal », qui reflète un trouble d'ordre mental. De plus, le caractère limitatif des causes d'interdiction[6] comportait le danger de faire interdire des personnes qui, tout en méritant peut-être une certaine protection, n'étaient tout de même pas « aliénées » au sens de la loi d'alors. À l'opposé, d'autres personnes couraient le risque de rester sans protection, comme celles atteintes d'une maladie physique les empêchant d'exprimer leur volonté[7] ou celles qui, tout en souffrant de certains troubles d'ordre psychiatrique, étaient néanmoins considérées, d'un point de vue médical, comme aptes à vivre en société. Ce dernier cas se pose de façon particulièrement aiguë dans le contexte de la désinstitutionnalisation des personnes atteintes de maladies mentales[8].

---

formation permanente, Barreau du Québec, *Le droit des personnes inaptes (1992)*, Cowansville, Éditions Yvon Blais, 1992, p. 49 et s.

4. Voir notamment L. Baudouin, *Le droit civil de la Province de Québec, modèle vivant de droit comparé*, Montréal, Wilson & Lafleur, 1953, p. 328. Pour se convaincre de l'ambiguïté terminologique, il suffit de lire les différentes tentatives de définition de l'aliénation mentale que l'on retrouve chez les auteurs « classiques » et qui recèlent d'importantes contradictions : voir notamment P.-B. Mignault, *Droit civil canadien*, t. 2, Montréal, C. Théoret, 1896, p. 271 ; L.-P. Sirois, *Tutelles et curatelles*, Québec, Imprimerie de l'Action sociale, 1911, p. 392 ; F. Langelier, *Cours de droit civil de la Province de Québec*, t. I, Montréal, Wilson & Lafleur, 1906, p. 13 ; G. Trudel, *Traité de droit civil du Québec*, t. 2, Montréal, Wilson & Lafleur, 1942, p. 382 ; voir également M. Caron, « Le Code civil québécois, instrument de protection des droits et libertés de la personne ? », (1978) 56 *R. du B. can.* 197, 229.

5. D. Lizotte et P. Fougeyrollas, « Du droit comme facteur déterminant de la participation sociale des personnes ayant des incapacités », (1997) 38 *Cahiers de droit* 371, 386.

6. J. Pineau, *Traité élémentaire de droit civil, la famille*, Montréal, P.U.M., 1972, p. 236.

7. O.R.C.C., *Rapport sur la famille*, 2e partie, Montréal, Éditeur officiel, 1975, p. 186. Voir également M.D.-Castelli, « Commentaires sur le rapport de l'O.R.C.C. sur la famille – 2e partie », (1976) *C. de D.* 586, 587.

8. Pour un aperçu du phénomène de la désinstitutionnalisation, voir N. Guberman, H. Dorvil et P. Maheu, *Amour, bain, comprimé ou l'ABC de la désinstitutionnalisation*, Rapport de recherche soumis à la Commission d'enquête sur les services de santé et les services sociaux, Québec, Les Publications du Québec, 1987 ; C. Mercier, *La désinstitutionnalisation : orientation des politiques et distribution*

**660.–** *Les critiques concernant l'organisation des régimes de protection.* Le *Code civil du Bas-Canada* limitait les possibilités d'intervention à « l'interdiction » et la « dation d'un conseil judiciaire ». Le mécanisme de l'interdiction n'offrait aucune souplesse : la personne y était entièrement soumise. C'était tout ou rien. Par conséquent, il était impossible d'obliger une personne à être représentée pour certains actes tout en lui permettant d'être juridiquement autonome pour d'autres actes. Cette rigidité, comme on l'a fait remarquer à juste titre[9], ne tenait compte ni du phénomène de vieillissement de la population[10], ni du fait que, en matière de maladies dégénératives, les diagnostics sont aujourd'hui beaucoup plus rapides[11]. En d'autres mots, le régime de l'interdiction, excessif et sans nuance, ne tenait pas compte de l'infinie variété des troubles mentaux. Seule la dation d'un conseil judiciaire permettait d'introduire une certaine souplesse afin de tenir compte du degré réel d'inaptitude de la personne qui nécessitait de l'assistance, puisque le tribunal pouvait déterminer les pouvoirs du conseil judiciaire au cas par cas[12]. Dans les faits, cependant, les tribunaux n'utilisaient pas cette possibilité et ils se contentaient généralement de mentionner dans leurs jugements les pouvoirs déjà prévus par le Code[13].

Une autre critique venait du fait que les familles pouvaient hésiter à enclencher la procédure d'interdiction, en raison des obligations très contraignantes que la loi mettait sur les épaules du cura-

---

*des services,* Rapport de recherche soumis à la Commission d'enquête sur les services de santé et les services sociaux, Québec, Les Publications du Québec, 1987 ; L. Garant, *La désinstitutionnalisation en santé mentale – Un tour d'horizon de la littérature,* Québec, ministère des Affaires sociales, Secrétariat à la coordination de la recherche, 1985.

9.   M. Ouellette, « La *Loi sur le curateur public* et la protection des incapables », (1989) 3 *C.P. du N.* 1, 10.

10.  Sur cette question, voir H. Brassard, « Réflexions sur le sort des aînés inaptes depuis l'avènement de la *Loi sur le curateur public* », dans Service de la formation permanente, Barreau du Québec, *Droit des aînés,* Cowansville, Éditions Yvon Blais, 1992, p. 176-178.

11.  À propos de la dimension sociale et juridique de la maladie d'Alzheimer, voir P.J. Durand, « La démence et la maladie d'Alzheimer : le malade, sa famille et la société », dans Service de la formation permanente, Barreau du Québec, *Le droit des personnes inaptes (1992), op. cit.,* note 3, p. 19 et s. ; T. Stanhope, « Savoir à tout prix ou comprendre au-delà des clichés », dans Service de la formation permanente, Barreau du Québec, *Le droit des personnes inaptes (1992), op. cit.,* note 3, p. 35 et s.

12.  Art. 351 C.c.B.-C.

13.  La loi prévoyait ainsi le mécanisme de l'assistance pour plaider, transiger, emprunter, recevoir un capital mobilier et en donner décharge, aliéner, grever les biens du majeur protégé d'hypothèques (art. 351 C.c.B.-C.).

teur[14], avec pour conséquence que certaines personnes, qui en avaient pourtant besoin, restaient sans protection juridique.

**661.**– *Les critiques concernant la finalité des régimes de protection.* L'ancien système de protection des majeurs inaptes reflétait essentiellement les préoccupations patrimoniales du législateur[15]. Même si, comme le soulignent les *Commentaires du ministre de la Justice*, dans le droit antérieur à 1989, le curateur à l'interdit avait généralement la responsabilité à la fois de la personne et des biens du majeur, « il n'en demeurait pas moins que les règles codifiées, en majeure partie, s'attachaient surtout à l'administration des biens »[16]. En effet, le législateur cherchait avant tout à empêcher la dilapidation des biens[17]. Quant à la protection de la personne elle-même, sans être totalement absente des textes concernant l'interdiction, elle apparaissait néanmoins comme un souci secondaire. Qu'il suffise, pour s'en convaincre, de comparer le peu d'articles du *Code civil du Bas-Canada* concernant les pouvoirs sur la personne de l'interdit avec l'abondance de dispositions qui concernent l'administration de ses biens[18]. De toute évidence cette approche classique ne répondait plus aux exigences de la société, « dans un contexte où les droits et libertés de la personne sont reconnus comme des valeurs fondamentales »[19].

**662.**– *Critiques quant au rôle du curateur public.* La curatelle légale du curateur public faisait certainement l'objet des critiques les plus

---

14. On peut mentionner, par exemple, que le *Code civil du Bas-Canada* créait une hypothèque légale en faveur de l'interdit sur les immeubles du curateur, en garantie de sa bonne administration : art. 2030 C.c.B.-C.
15. L. Baudouin, *Les aspects généraux du droit privé de la Province de Québec (Droit civil, droit commercial, procédure civile)*, Paris, Dalloz, 1967, p. 516.
16. *Comm.*, p. 176.
17. M. Ouellette, « De la capacité des personnes », (1988) 1 *C.P. du N.* 133, 188 ; dans *J...M...W...* c. *S...C...W...* et *Curateur public du Québec*, [1996] R.J.Q. 229, 233, EYB 1996-71138 (C.A.), la Cour d'appel souligne que « l'une des principales préoccupations du législateur de l'époque était d'empêcher la dilapidation des fortunes et donc de préserver pour les proches et les héritiers l'intégrité du patrimoine de l'incapable ».
18. En ce sens, voir B. Gamache et S. Milette, « La personne âgée et l'exercice des droits reliés à sa personne », dans *Les personnes âgées et le droit*, Prix Charles-Coderre 1986, Cowansville, Éditions Yvon Blais, 1987, p. 71, 118 (projet de loi 20).
19. P. Deschamps, « La réforme des régimes de protection (de représentation et d'assistance) des majeurs : perspectives », dans *Consentement éclairé et capacité en psychiatrie – Aspects cliniques et juridiques*, Verdun, Éditions Douglas, 1988, p. 181. Dans le même sens, voir É. Deleury, *loc. cit.*, note 1 ; M. Ouellette, *loc. cit.*, note 17, p. 188 ; R. Lamarche, « La nouvelle *Loi sur le curateur public* », (1989) 3 *C.P. du N.* 45, 54. On retrouve également l'écho de ces critiques dans les travaux parlementaires de l'époque : *Journal des débats, Débats de l'Assemblée nationale*, 5e session, 32e législature, vol. 28, no 41, 26 mars 1985, p. 2691.

acerbes. On reprochait essentiellement au mécanisme d'interdiction automatique (la délivrance d'un certificat médical d'incapacité rendait la personne juridiquement inapte) de rendre la personne incapable quant à ses biens mais également à sa personne, alors que le certificat pouvait être accordé sur la simple constatation qu'une personne était incapable d'administrer ses biens. Ce n'est pourtant pas parce qu'une personne ne peut pas administrer ses biens, qu'elle n'a plus la capacité, par exemple, de consentir à des soins ou de les refuser. De plus, la tutelle automatique était mise en place en l'absence totale de garanties procédurales, le simple constat médical étant suffisant à entraîner pour la personne concernée l'impossibilité d'exercer elle-même ses droits, au mépris du plus élémentaire respect de la dignité humaine[20].

Une autre critique dénonçait le fait que, dans la pratique, les médecins pouvaient être tentés d'enclencher le mécanisme de la curatelle publique dans le seul but d'obtenir, par ce biais, l'autorisation d'administrer des soins à une personne qui n'était plus en mesure de décider par elle-même. On en arrivait donc à une solution d'interdiction juridique totale pour répondre à une question ponctuelle de refus de soins. De plus, comme il a été souligné, « dans les faits, il appert que l'on ait souvent procédé en catimini et que la conduite généralement adoptée était d'enclencher le processus de mise sous curatelle publique d'une personne sans nécessairement en informer la personne visée ou sans en discuter avec les proches de la personne »[21].

Finalement, les détracteurs du système ont mis en lumière le fait que le curateur public ne pouvait assumer adéquatement son rôle de représentant légal face à des questions aussi délicates que celle des soins de santé, car cela implique des contacts réguliers et personnels avec la personne. Or, l'absence de contact entre le cura-

---

20. B.P. Hill, « Civil Rights of the Psychiatric Patient in Quebec », (1977) 12 *R.J.T.* 503. Cet auteur mentionne à ce propos : « It is difficult to conceive how the opinion of one psychiatrist, in the absence of established criteria, is sufficient to justify the removal of such a basic right. It is true that provisions of law are followed to achieve this result but can one say that these reflect the true notion of due process of law ? », p. 514. Voir également D. Morrison, « The Right to Refuse Treatment in Quebec », (1985) 5 *Health L. Can.*, cité dans L. Romero, « Report on Mental Disability in Canadian Law », (1991) 22 *R.G.D.* 795, 821 ; M. Caron, *loc. cit.*, note 4, p. 229 ; Commission des droits de la personne du Québec, *Commentaires sur le Projet de loi n⁰ 79, Loi modifiant la Loi sur la curatelle publique*, cat. 412-44, 8 novembre 1982, p. 2, cité dans H. Brassard, « La *Loi sur le curateur public*, une loi centrée sur la personne », dans *Congrès du Barreau 1991*, Montréal, Service de la formation permanente, Barreau du Québec, 1991, p. 632.

21. P. Deschamps, *loc. cit.*, note 19, p. 194.

teur public et les personnes qu'il représentait « rendait notamment suspecte l'aptitude du curateur public à pouvoir consentir valablement aux soins de santé requis par une personne qu'il représentait, de même qu'à prendre quelque décision intelligente à l'égard de celles-ci »[22].

## Section II

### Les principes fondamentaux de la réforme de 1989

**663.–** La réforme de 1989 a complètement modifié le système de protection des majeurs, à commencer par la terminologie elle-même puisqu'il n'est désormais plus question que de personnes « inaptes »[23]. Cette réforme s'articule autour de deux idées maîtresses : (1) la protection dans le respect de la personne et (2) le respect de la volonté et de l'autonomie[24] des individus. On retrouve donc ici, comme au chapitre des droits de l'enfant, la dichotomie autonomie/protection autour de laquelle s'articule toute l'intervention législative à l'égard des majeurs inaptes[25]. Toutes les règles en la matière peuvent être rattachées à l'un ou à l'autre de ces principes fondamentaux[26]. La personne est donc au centre de la réforme pour en constituer, en quelque sorte, la « pierre d'angle »[27]. Cela ne signifie pas, évidemment, que la loi ne s'intéresse pas à la protection des biens de la

---

22. *Ibid.*, p. 196. Il faut noter à cet égard qu'à l'époque de la réforme de la *Loi sur la curatelle publique*, le curateur public représentait au-delà de 16 000 personnes majeures à titre de curateur (pour être plus précis : 16 329 personnes en 1988 et 16 283 personnes en 1989, selon les chiffres publiés dans le *Rapport annuel du curateur public,* Québec, 1988 et 1989).

23. *Loi sur le curateur public et modifiant le Code civil et d'autres dispositions législatives,* L.Q. 1989, c. 54. Les principes de cette réforme ont par la suite été intégrés dans le *Code civil du Québec* de 1991, avec quelques modifications mineures.

24. Pour une réflexion sur le concept de l'autonomie dans le cadre des régimes de protection, voir B. Frank, « Réflexions éthiques sur la sauvegarde de l'autonomie », dans Service de la formation permanente, Barreau du Québec, *Pouvoirs publics et protection,* Cowansville, Éditions Yvon Blais, 2003, p. 181.

25. Voir *supra,* chap. IV, Le respect des droits de l'enfant. Les différentes législations en matière de protection des inaptes peuvent être classifiées selon qu'elles mettent l'accent sur l'une ou l'autre branche de cette alternative. Pour un survol des lois canadiennes en ce sens, voir D. Poirier, « La protection juridique des personnes âgées ou handicapées et la *Charte des droits et libertés* », (1991) 23 *Ottawa L. Rev.* 553.

26. Sur la notion d'autonomie et sur l'équilibre entre autonomie et protection lorsqu'il s'agit des personnes âgées, voir G. Voyer, « Ce que la fréquentation des personnes âgées m'a appris au sujet de l'autonomie ou Pour une conception éthique de l'autonomie », dans Service de la formation continue, Barreau du Québec, *Autonomie et protection,* Cowansville, Éditions Yvon Blais, 2007.

27. É. Deleury, *loc. cit.*, note 1, p. 63.

personne inapte, comme le rappelle d'ailleurs l'article 256 C.c.Q. qui traite tant de la protection de la personne que de l'administration de son patrimoine et de l'exercice de ses droits. Les questions relatives à l'administration des biens, tout importantes qu'elles soient, ne constituent plus, toutefois, la préoccupation prédominante du nouveau droit[28].

### §1 - La protection dans le respect de la personne

**664.–** *Le principe.* D'entrée de jeu, le législateur affirme que la personne est au centre de ses préoccupations[29]. Il édicte, en partant, que « les régimes de protection du majeur sont établis dans son intérêt »[30] et que « l'incapacité qui en résulte est établie en sa faveur seulement » (art. 256 C.c.Q.)[31]. L'article 257 C.c.Q. édicte que toutes les décisions concernant le majeur doivent être prises dans son intérêt et dans le respect de ses droits. À cet égard, on peut affirmer que cette disposition joue, à l'égard des majeurs protégés, le même rôle que celui de l'article 33 C.c.Q. à l'égard des enfants. Ce droit à la protection trouve un écho particulier dans la *Charte des droits et libertés de la personne* en ce qui concerne l'exploitation des personnes âgées ou handicapées[32]. La Charte leur garantit le droit à la protection que doivent leur apporter leur famille ou les personnes qui en tiennent lieu, ce qui peut inclure le curateur public[33]. Le but de l'ouverture d'un régime de

---

28. Sur les principes de la réforme, voir également N. Forget, *De la curatelle au curateur public : 50 ans de protection*, Montréal, Presses de l'Université du Québec, 1995.

29. À propos du principe de la primauté de la personne qui sous-tend tout le *Code civil du Québec* et pas seulement le Livre des personnes, voir J. Pineau, « La philosophie générale du Code civil », dans *Le nouveau Code civil : interprétation et application*, Les Journées Maximilien-Caron 1992, Montréal, Éditions Thémis, 1993, p. 270 et s. ; *C.D.* c. *Québec (Curateur public)*, [2001] R.J.Q. 1708, REJB 2001-25356 (C.A.).

30. On remarque que cette disposition est calquée sur l'article 177 C.c.Q. qui traite de la tutelle aux mineurs.

31. *Curateur public du Québec* c. *A. et al.*, EYB 2006-113155 (C.S.).

32. *Charte des droits et libertés de la personne*, L.R.Q., c. C-12, art. 48. Voir M.-A. Dowd, « L'exploitation des personnes âgées ou handicapées – Où tracer les limites de l'intervention de l'État ? » dans Service de la formation permanente, Barreau du Québec, *Pouvoirs publics et protection*, Cowansville, Éditions Yvon Blais, 2003, p. 72.

33. *Commission des droits de la personne du Québec* c. *Brzozowski*, [1994] R.J.Q. 1447, EYB 1994-105333 (T.D.P.Q.). C'est également en s'appuyant sur l'article 4 de la *Charte québécoise* (droit au respect de la dignité humaine) qu'un tribunal conclut que le montant nécessaire pour les arrangements funéraires doit être retranché d'une saisie (*Nahal* c. *G.K.*, J.E. 2000-1431, REJB 2000-19114 (C.S.)) ; en l'espèce le tribunal avait aussi retranché un montant pour des besoins découlant de l'état de santé du majeur, estimant que la maladie d'Alzheimer peut

protection étant la protection de la personne, on peut conclure qu'il s'agit d'une question purement personnelle au majeur à protéger. Par conséquent, l'intervention d'un tiers dans les procédures ne devrait être possible que si l'objet de cette intervention est la protection réelle du majeur[34]. L'affirmation de la protection dans le respect de la personne s'exprime dans un certain nombre de mécanismes concrets, dont l'extension des cas d'ouverture d'un régime de protection, l'établissement d'un processus uniforme accompagné de garanties procédurales, l'imposition au curateur et au tuteur de l'obligation d'assurer le bien-être moral et matériel du majeur, et, finalement, l'engagement plus grand de la famille de la personne protégée. Elle implique également la consécration de certains droits importants pour le majeur, dont le droit d'être informé et le droit à la protection des biens à caractère essentiellement personnel.

**665.**– *Élargissement du champ des personnes pouvant bénéficier d'un régime de protection.* Ce souci de protection a amené le législateur à multiplier les possibilités d'intervention en édictant que l'on peut maintenant envisager l'ouverture d'un régime de protection chaque fois qu'un majeur :

> [...] est inapte à prendre soin de lui-même ou à administrer ses biens, par suite, notamment, d'une maladie, d'une déficience ou d'un affaiblissement dû à l'âge qui altère ses facultés mentales ou son aptitude physique à exprimer sa volonté (art. 258 C.c.Q.).[35]

À la lecture de cette disposition, on peut donc affirmer que le fondement des régimes de protection est l'inaptitude à exprimer sa volonté dont le résultat est l'inaptitude à prendre soin de soi-même ou à administrer ses biens, peu importent les causes de cette inaptitude à exprimer sa volonté, qu'elles soient d'ordre physique ou mental. La seule démonstration qu'une personne peut faire des erreurs dans la gestion de ses affaires, est donc insuffisante pour justifier l'ouverture d'un régime de protection[36]. Le législateur énumère quelques exemples de causes possibles d'inaptitude (la maladie, l'affaiblissement dû

---

raisonnablement être assimilée à un handicap au sens de l'article 553(9.1.) C.p.c. (insaisissabilité des sommes nécessaires pour pallier un handicap).

34.  Dans *D.B.* c. *F.Be.*, [2000] R.D.F. 770, REJB 2000-20372 (C.S.), le tribunal estime que le fait pour un tiers d'être en procès avec un majeur ne donne pas à ce tiers le droit d'intervenir dans le cadre des procédures d'ouverture d'un régime de protection.

35.  *C.D.* c. *Québec (Curateur public)*, [2001] R.J.Q. 1708, REJB 2001-25356 (C.A.).

36.  *Québec (Curateur public)* c. *A.*, B.E. 2007BE-283 (C.S.).

à l'âge), mais la liste n'est pas exhaustive (« notamment ») et on peut songer également au scénario d'un accident laissant le majeur dans un état d'inaptitude nécessitant protection. Et, quoi qu'il en soit, la cause elle-même de l'inaptitude apparaît désormais comme accessoire. Par conséquent, même si certains motifs retenus dans l'ancienne législation ne sont plus en soi motif d'ouverture d'un régime de protection (exemple : l'alcoolisme ou la toxicomanie), ces facteurs pourraient néanmoins être retenus s'il est démontré qu'ils contribuent à affecter la capacité de la personne de façon significative[37]. Par contre, la présence d'une maladie grave, notamment une dépression sévère, n'est pas synonyme d'incapacité à prendre des décisions ; cette incapacité doit être prouvée[38].

**666.–** *Une procédure unique accompagnée de garanties.* Le souci de protection dans le respect de la personne s'exprime de façon éloquente par l'abolition de la curatelle automatique du curateur public, qui pouvait être déclenchée par la simple délivrance d'un certificat médical d'inaptitude. Il n'y a désormais qu'une seule façon d'obtenir l'ouverture d'un régime de protection : la voie judiciaire (art. 268 C.c.Q.). La réforme de 1999, qui permet d'introduire les demandes d'ouverture des régimes de protection également auprès d'un notaire (art. 863.4 C.p.c. et s.), ne modifie pas ce principe fondamental puisque la décision finale appartient toujours au tribunal qui peut entériner les conclusions du notaire ou, au contraire, les rejeter et rendre des ordonnances nécessaires à la sauvegarde des personnes concernées (art. 863.10 C.p.c.). Cette judiciarisation (partiellement atténuée en 1999 par la possibilité de choisir la voie « notariale ») s'avère une des caractéristiques importantes de la réforme de 1989. Le Code vise à « assurer le maximum de garanties procédurales à la personne, afin qu'elle ne soit pas déclarée incapable sans avoir pu bénéficier d'une audition devant le tribunal »[39]. Ainsi, aux garanties « normales », inhérentes à la judiciarisation du processus (comme le droit d'être entendu, autant sur le bien-fondé de la demande que sur la nature du régime demandé et sur le choix de la personne qui sera chargée de représenter ou d'assister le majeur) (art. 276 C.c.Q.), s'ajoutent des garanties spécifiques en matière d'audition et de repré-

---

37. *Droit de la famille – 1805*, [1993] R.D.F. 262, REJB 2000-17676 (C.S.) ; *Québec (Curateur public)* c. *C.B.*, J.E. 2000-877, REJB 2000-17676 (C.S.).

38. Plusieurs auteurs soulignent l'importance de ne pas faire l'amalgame entre capacité d'une personne de raisonner et capacité de prendre des décisions. En ce sens, B. Frank, « Réflexions éthiques sur la sauvegarde de l'autonomie », dans Service de la formation permanente, Barreau du Québec, *Pouvoirs publics et protection*, Cowansville, Éditions Yvon Blais, 2003, 183, 188 et 193 et s.

39. *Comm.*, p. 182.

sentation du majeur (art. 394.1 et s. C.p.c.). Cependant, dans les cas où la demande est présentée à un notaire, ces garanties spécifiques ne jouent pas car elles relèvent, par leur nature, de la compétence du tribunal. Par exemple, le notaire ne pourrait rendre des ordonnances en vue d'assurer la représentation du majeur ou nommer un tuteur *ad hoc*. Dans le cas où de telles mesures s'avèrent nécessaires, le dossier n'est plus « non contentieux » et le notaire a dès lors l'obligation de dresser un procès-verbal de dessaisissement et de le déposer au greffe du tribunal, ce qui équivaut à la saisine du tribunal, donc à la possibilité pour ce dernier de rendre les ordonnances qui s'imposent (art. 878.1 C.p.c.)[40]. Rappelons que le notaire a, en effet, l'obligation d'agir « dans le respect des droits et la sauvegarde de l'autonomie » de la personne (art. 863.6 C.p.c.), ce qui implique l'obligation de vérifier si l'intérêt du majeur dicte qu'il soit représenté.

**667.–** *Le droit du majeur d'être informé.* Le respect de la personne passe par le droit fondamental d'être informé. La loi consacre ce droit à toutes les étapes de la protection. Ainsi, le majeur doit, dans la mesure du possible[41] et sans délai, être informé de toute décision relative à l'ouverture d'un régime de protection à son égard (art. 257 C.c.Q.). Par exemple, ce devoir d'information implique que, lorsque le directeur d'un établissement de santé fait un rapport au curateur public sur l'inaptitude d'un patient, ce dernier doit en recevoir une copie (art. 270 C.c.Q.)[42].

Le droit d'être informé ne se limite pas aux questions relatives à l'ouverture éventuelle d'un régime de protection. Une fois le régime en place, le majeur protégé continue de bénéficier du droit d'être informé, lorsque cela est possible, de toute décision qui le concerne, sans exception (art. 257 C.c.Q.)[43]. Ce devoir s'impose à toutes les personnes qui sont amenées à prendre des décisions à l'égard du majeur protégé, et particulièrement à son représentant (curateur ou tuteur) (art. 260 C.c.Q.).

---

40. M. Beauchamp et B. Roy, « Les nouvelles procédures judiciaires non contentieuses devant notaire », (1999) 2 *C.P. du N.* 130 ; A. Roy, « Les régimes de protection du majeur inapte », dans Chambre des notaires du Québec, *Répertoire de droit/ Nouvelle série, Procédures non contentieuses. Doctrine – Document 5*, septembre 2000, p. 1-59 ; M. Beauchamp, « Les nouvelles compétences attribuées au notaire : commentaires et critique », dans Barreau du Québec, *Les mandats en cas d'inaptitude : une panacée ?*, Cowansville, Éditions Yvon Blais, 2001, p. 53-69.
41. Il se peut, en effet que le degré d'inaptitude soit tel, que tout effort d'informer le majeur devienne impossible ou inutile.
42. *C.D.* c. *Québec (Curateur public)*, [2001] R.J.Q. 1708, REJB 2001-25356 (C.A.).
43. Pour un cas d'application, voir les articles 279 et 280 C.c.Q.

Ce droit d'être informé trouve également des applications dans la procédure civile. C'est ainsi que les demandes judiciaires relatives à la capacité doivent être signifiées « à personne ». Cependant, le fondement de cette règle étant la véritable protection de la personne, il ne faudrait pas qu'elle puisse lui nuire. C'est la raison pour laquelle le juge peut autoriser qu'une demande soit plutôt signifiée sous pli cacheté en parlant à une personne raisonnable qui a la garde de la personne concernée, dans les cas où la signification à personne risque d'aggraver l'état psychique ou physique de celle-ci (art. 135.1, al. 2 C.p.c.)[44].

**668.–** *Le bien-être moral et matériel du majeur.* Le curateur et le tuteur, qui ont la responsabilité de la garde et de l'entretien du majeur protégé, doivent s'assurer de son bien-être non seulement matériel, mais moral (art. 260, al. 1 C.c.Q.). Ce devoir de veiller au bien-être matériel du majeur répond « aux objections voulant que l'inaptitude entraîne une baisse, parfois scandaleuse, du niveau de vie en dépit des ressources personnelles de l'inapte »[45]. Quant au devoir moral, il implique pour le représentant, même s'il a délégué la garde et l'entretien à une tierce personne comme la loi le lui permet (art. 260, al. 2 C.c.Q.), d'entretenir avec le majeur protégé une relation personnelle[46]. Cela suppose, par exemple, que, dans les très nombreux cas où le majeur, en raison de son inaptitude, séjourne dans un établissement de santé ou de services sociaux (hôpital, centre d'accueil, etc.), le curateur ou le tuteur doit maintenir un contact avec lui. C'est d'ailleurs lors de tels placements « que le besoin de relations humaines personnelles se fait le plus cruellement sentir »[47].

Tout comme pour le bien-être matériel, l'exécution du devoir d'assurer le bien-être moral dépend de la condition du majeur, de ses besoins, de ses facultés et des autres circonstances dans lesquelles il se trouve (art. 260 C.c.Q.)[48]. Le législateur ne définit donc pas ce qui constitue une relation personnelle suffisante. Tout dépend des cir-

---

44. Ce mode de signification n'est cependant possible que si la demande initiale a été signifiée à personne.
45. M. Ouellette, « Livre premier : Des personnes », dans *La réforme du Code civil : Personnes, successions, biens*, Québec, P.U.L., 1993, p. 126.
46. Dans *M.N.* c. *G.N.*, B.E. 2002BE-386 (C.S.), il fut décidé que cette obligation de veiller au bien-être moral et de maintenir des relations personnelles s'impose également au tuteur aux biens. Rappelons cependant que l'étendue d'une telle obligation dépend des circonstances particulières.
47. M. Ouellette, *loc. cit.*, note 17, p. 190. Pour un cas d'application, voir *R.P.* et *D.P.*, J.E. 2006-1709, EYB 2006-108350 (C.S.).
48. Notons que ces critères sont directement inspirés de ceux qui prévalent en matière d'obligation alimentaire, art. 587 C.c.Q.

constances dans chaque cas. Nul doute, toutefois, qu'au moment de la désignation ou du remplacement du curateur ou du tuteur, le tribunal puisse tenir compte de la disponibilité de celui-ci ainsi que de sa volonté réelle à maintenir avec le majeur protégé une relation personnelle de qualité.

**669.**– *La protection de certains biens à caractère personnel.* La loi protège l'environnement du majeur, dans le souci de respecter son histoire et son identité. Cette protection vise particulièrement le majeur qui doit séjourner pour une période plus ou moins longue dans un établissement de santé ou de services sociaux. Dans la mesure du possible, son milieu habituel doit être préservé[49]. De façon générale, tout comme ce qui prévaut pour le mineur, la maison et les biens importants à caractère familial du majeur ne peuvent être aliénés que sur autorisation du tribunal ou du conseil de tutelle selon la valeur du bien, supérieure ou inférieure à 25 000 $[50]. À cela s'ajoute une protection spécifique du logement et des meubles qui le garnissent. En effet, ceux-ci, que le majeur soit propriétaire ou locataire, doivent être conservés à sa disposition pendant l'instance dans tous les cas, et par la suite également, si le régime applicable est celui de la tutelle. De plus, l'administrateur de ces biens ne peut consentir sur ceux-ci que des droits de jouissance précaire qui cessent de plein droit dès le retour du majeur protégé (art. 275, al. 1 C.c.Q.). Ainsi, par exemple, le locataire précaire ne pourrait opposer au majeur protégé qui revient d'un séjour d'hôpital, les dispositions relatives au droit au maintien dans les lieux (art. 1936 et s. C.c.Q.).

Ce n'est qu'en cas de nécessité ou dans l'intérêt du majeur (par exemple, si la personne hospitalisée ne peut plus assumer la charge financière que représente le coût de son loyer) que le représentant, dûment autorisé par le conseil de tutelle, peut disposer de ces biens (art. 275, al. 2 C.c.Q.). Mais même dans ce cas, ajoute l'article 275 C.c.Q., « il ne peut être disposé des souvenirs et autres objets à caractère personnel, à moins d'un motif impérieux ». On peut penser aux albums de photos et autres objets à valeur sentimentale. Il faut souligner que cette règle, qui illustre bien la dimension humaine du cadre juridique de protection, s'applique, que la personne soit en établissement ou non. Le cas échéant, l'hôpital ou le centre d'accueil doit, dans la mesure du possible, garder ces biens, qui sont éminemment personnels, à la disposition de la personne.

---

49. *Comm.*, p. 187.
50. Art. 266, al. 1 et 213 C.c.Q.

**670.**– *La protection des souvenirs et autres biens à caractère personnel s'applique-t-elle au majeur sous curatelle ?* Il est indiscutable que, pendant la procédure d'ouverture d'un régime, le logement et les biens qui le garnissent sont protégés, quelle que soit la nature du régime demandé, curatelle, tutelle ou conseil judiciaire. Par contre, une fois le régime ouvert, la protection ne s'applique plus qu'au majeur sous tutelle[51]. Une interprétation stricte de l'article 275 C.c.Q. permet également de conclure que, une fois le régime de protection ouvert, seule la tutelle interdit de disposer des souvenirs et autres biens à caractère personnel. Toutefois, une interprétation plus généreuse demeure possible ; elle se base sur la règle selon laquelle les régimes de protection sont établis dans l'intérêt du majeur et qu'ils sont destinés à assurer la protection, notamment, de sa personne. En effet, l'article 257 C.c.Q. qui prévoit cette règle, ne limite pas ce principe aux décisions judiciaires[52]. À l'instar de l'article 33 C.c.Q. qui traite de l'intérêt de l'enfant comme pierre angulaire des décisions qui le concernent, l'article 257 C.c.Q. vise toutes les décisions concernant le majeur protégé, quel que soit le décideur. Cette interprétation, plus respectueuse de l'identité de la personne, ne devrait pas représenter un fardeau trop lourd pour le curateur qui peut tout de même disposer de ces biens s'il y a un motif impérieux, ni pour les établissements de santé ou de services sociaux qui ne sont tenus de garder ces biens à la disposition de leur client que « dans la mesure du possible »[53]. On peut songer ici à un cas de placement définitif dans des lieux qui ne permettent pas la conservation de certains biens trop encombrants.

**671.**– *Un certain effacement du rôle du curateur public au profit d'un plus grand engagement de la famille.* La réforme rompt avec la tendance qui consistait à développer le rôle du curateur public. Elle met en place « un système qui se veut à caractère nettement familial »[54]. Le caractère désormais supplétif du rôle du curateur public est particulièrement affirmé dans la *Loi sur le curateur public* qui l'oblige à chercher un curateur ou un tuteur privé, si possible dans la famille, chaque fois qu'il assume une curatelle ou une tutelle[55]. De toute évidence, le législateur part du principe qu'il est dans l'intérêt du majeur d'être sous la responsabilité directe de ses proches plutôt

---

51. L'article 275 C.c.Q. diffère sur ce point de l'article 490-2 du Code civil français (dont il est directement inspiré) qui prévoit expressément que cette protection doit jouer « quel que soit le régime de protection applicable ».
52. En ce sens également : F. Dupin, « Réflexions sur l'acceptation de l'autonomie », dans Service de la formation continue, Barreau du Québec, *Autonomie et protection*, Cowansville, Éditions Yvon Blais, 2007.
53. L'article 275 C.c.Q. est à cet égard moins rigide que l'article 490-2 du Code civil français qui prévoit que « les souvenirs et autres objets de caractère personnel seront toujours exceptés de l'aliénation et devront être gardés à la disposition de la personne protégée, le cas échéant, par les soins de l'établissement de traitement ».
54. J. Pineau, *loc. cit.*, note 29, p. 282.
55. *Loi sur le curateur public*, L.R.Q., c. C-81, art. 15.

que de celle de l'État[56], même si le curateur public agit comme « chien de garde » dans tous les cas de régime privé de protection[57].

Ce souci s'exprime dans une série de mesures qui visent à favoriser l'engagement de la famille auprès de la personne inapte, comme l'obligation de signifier les procédures à une personne raisonnable de la famille (art. 877 C.p.c.)[58], l'abolition de la sûreté imposée au curateur ou au tuteur lorsque la valeur des biens à administrer est inférieure à 25 000 $ (art. 242 C.c.Q.), la possibilité pour le représentant de recevoir une certaine rémunération (art. 184 C.c.Q.)[59], ou encore l'assouplissement du régime de responsabilité des curateurs et des tuteurs du fait du majeur protégé (art. 1461 C.c.Q.). Ces exemples illustrent la volonté du législateur d'encourager les familles à prendre en charge leurs membres qui ont besoin de protection. Le curateur public, quant à lui, apparaît plutôt comme le contrôleur (distant mais présent) des régimes de protection. L'intervention active du curateur public à titre de représentant de l'inapte pourrait cependant s'avérer la meilleure solution dans des cas où le curateur public apparaît comme le meilleur rempart contre des disputes familiales incessantes et des débats judiciaires sans fin[60], lorsque la personne protégée a des intérêts divergents avec les membres de sa famille[61] ou lorsqu'il n'y a tout simplement pas de membres de la famille disponibles pour cause d'éloignement[62].

### §2 - Le respect de la volonté et de l'autonomie de la personne

**672.–** *Le droit à l'autodétermination.* La réforme accorde à la volonté de la personne un rôle primordial dans la mise en place des mécanismes de protection, en consacrant un véritable droit à l'autodétermination. Ce droit s'exprime principalement par la reconnaissance du mandat donné en prévision de l'inaptitude[63], institution réclamée

---

56. Voir J. Pineau, « Les grandes lignes de la réforme du droit des personnes », (1987) 18 *R.D.U.S.* 7 qui parle de « recul de l'immixtion de l'État » (p. 18-19) ; voir également É. Deleury, *loc. cit.*, note 1, p. 75.

57. Sur les différentes fonctions du curateur public, voir F. Dupin, « Le curateur public : mode d'emploi et interface avec les autres organismes. », dans Service de la formation permanente, Barreau du Québec, *Pouvoirs publics et protection (2003)*, vol. 182, Cowansville, Éditions Yvon Blais, 2003, p. 127-145.

58. *C.D.* c. *Québec (Curateur public)*, [2001] R.J.Q. 1708, REJB 2001-25356 (C.A.).

59. *D.(M.)* et *I.(G.B.)*, [1995] R.D.F. 230, EYB 1995-72351 (C.S.) ; *S...B...* et *L...V...* et *al.*, [1997] R.D.F. 161 (C.S.).

60. *G.(U.)* c. *G.-E.(H.)*, J.E. 96-719, EYB 1996-29077 (C.A.). Voir aussi *Gesualdi* c. *Curateur public du Québec*, J.E. 97-584, REJB 1997-00001 (T.D.P.Q.) ; *T.M.* c. *T.(L.-G.)*, J.E. 97-1187, REJB 1997-00766 (C.S.) ; *Québec (Curateur public)* c. *D.(L.)*, REJB 1999-15983 (C.S.).

61. *Gronnerud (Tuteurs à l'instance de)* c. *Succession Gronnerud*, 2002 CSC 38, REJB 2002-30872 (n° du greffe : 27993).

62. *Québec (Curateur public)* c. *C.B.*, [2000] R.D.F. 289, REJB 2000-17676 (C.S.).

63. Art. 2166 et s. C.c.Q.

depuis longtemps par les groupes de personnes âgées ou handicapées ainsi que par les corporations professionnelles et les intervenants des milieux de la santé et des services sociaux[64]. Plutôt que de contraindre la personne à subir un régime de protection qui lui est imposé et sur lequel elle n'a aucune emprise, la loi permet à toute personne apte de désigner la personne qui la représentera le jour où elle deviendra inapte. Par ce mandat, la personne peut également donner des instructions à son futur représentant et s'organiser ainsi un régime de protection adapté et respectueux de ses volontés. Tant qu'un tel mandat, homologué par le tribunal, répond efficacement aux besoins de la personne devenue inapte, on ne pourra lui imposer une curatelle, une tutelle ou la nomination d'un conseiller[65]. L'ouverture d'un régime de protection au sens strict[66] apparaît par conséquent comme un mécanisme subsidiaire, soumis au droit de la personne à l'autodétermination[67].

Le droit à l'autodétermination s'exprime également dans la possibilité nouvelle pour le majeur de demander lui-même l'ouverture d'un régime de protection (art. 269 C.c.Q.). Sous l'ancien système, le majeur devenu inapte ne pouvait lui-même provoquer son interdiction[68].

**673.– *Le respect de l'autonomie résiduelle.*** La réforme part du principe que, dans bien des cas, la personne protégée peut, à des degrés divers et malgré son inaptitude, jouir d'une certaine autonomie et que celle-ci doit être préservée. Toute relative que puisse être cette autonomie résiduelle, le législateur veut, malgré tout, permettre à l'inapte de participer, dans la mesure de ses possibilités, à la vie juridique[69]. La réforme tend donc à « créer un équilibre entre le besoin de représentation de la personne et le respect maximal de son autonomie et de ses volontés »[70].

---

64. *Débats de l'Assemblée nationale*, précité, note 2, p. 6132.
65. Art. 281, 285 et 291 C.c.Q. En ce qui concerne le majeur qui pourrait avoir besoin d'un conseiller et qui serait déjà sous l'empire d'un mandat d'inaptitude homologué, ce scénario n'est envisageable que dans le cas (hautement improbable) d'un mandat qui aurait limité l'intervention du mandataire au rôle équivalent à celui d'un conseiller (voir *infra,* le chapitre sur le mandat en prévision de l'inaptitude). Ce scénario est théoriquement possible puisque le régime du conseiller au majeur est un régime de protection du majeur inapte (le degré d'inaptitude étant ici très léger).
66. C'est-à-dire la curatelle, la tutelle et la nomination d'un conseiller.
67. *Nault* c. *N.(M.H.)*, J.E. 99-1446, REJB 1999-13054 (C.S.) ; *T.(M.)* c. *T.(L.-G.)*, J.E. 97-1187, REJB 1997-00766 (C.S.).
68. Art. 327 C.c.B.-C.
69. É. Deleury, *loc. cit.*, note 1, p. 65.
70. H. Brassard, *loc. cit.*, note 10, p. 639 ; voir également R. Lamarche, *loc. cit.*, note 19, p. 55.

Le respect de l'autonomie résiduelle s'exprime, bien entendu, dans la distinction que fait la loi entre l'inaptitude à prendre soin de soi-même et à administrer ses biens (art. 258 C.c.Q.)[71], mais surtout dans la gradation et la flexibilité des régimes mis en place. Le degré d'autonomie devient le critère principal au moment du choix du régime (art. 276 C.c.Q.). La grande nouveauté, à ce chapitre, réside dans la mise en place d'une tutelle « sur mesure »[72], qui permet au tribunal d'établir le degré de capacité du majeur et de circonscrire, au cas par cas, les pouvoirs du tuteur (art. 288 C.c.Q.). La protection mise en place est donc proportionnée à l'incapacité dont souffre le majeur[73].

Étant donné que l'état d'une personne peut évoluer, dans le sens d'une dégradation comme dans celui d'une amélioration, et que, par conséquent, le degré d'inaptitude peut diminuer ou augmenter, le principe du respect de l'autonomie résiduelle exige la mise en place de mécanismes de révision du régime de protection. La loi instaure donc plusieurs procédures de révision, sur demande ou par suite de la réévaluation automatique et périodique de la situation du majeur[74].

## Section III
### La protection en dehors des régimes de protection

**674.**– *Protection des personnes âgées ou handicapées contre l'exploitation* – La Charte québécoise protège les personnes âgées et les personnes handicapées contre l'exploitation. Cette protection est générale et elle dépasse donc largement le cas des personnes sous régime de protection. L'article 48 de la Charte se lit ainsi :

> Toute personne âgée ou toute personne handicapée a droit d'être protégée contre toute forme d'exploitation.

---

71. Les Commentaires du ministre énoncent à ce sujet que cette distinction « permettra d'établir un régime en fonction des besoins réels de la personne et de ne pas limiter inutilement son autonomie ; une personne peut, par exemple, être inapte à administrer ses biens mais avoir l'aptitude mentale suffisante pour consentir aux soins nécessités par son état » (*Comm.*, p. 175). Voir, dans le même sens, P. Deschamps, *loc. cit.*, note 19, p. 193 et Commission des droits de la personne du Québec, *op. cit.*, note 20 ; *C.D. c. Québec (Curateur public)*, [2001] R.J.Q. 1708, REJB 2001-25356 (C.A.) ; *Québec (Curateur public) c. D.P.*, [2001] R.J.Q. 45, REJB 2000-22326 (C.A.).
72. G. Guay, « Questions pratiques concernant le mandat donné dans l'éventualité de l'inaptitude et les régimes de protection aux majeurs inaptes », (1990) 2 *C.P. du N.* 133, 172.
73. M. Ouellette, *loc. cit.*, note 17, p. 188.
74. Art. 277 à 280 C.c.Q.

Toute personne a aussi droit à la protection et à la sécurité que doivent lui apporter sa famille ou les personnes qui en tiennent lieu.

Le deuxième alinéa est plus englobant que le premier puisqu'il vise toute personne, indépendamment de l'âge ou de la présence d'un handicap[75].

La notion d'exploitation a été interprétée par la jurisprudence de façon très libérale. Voici la définition proposée par le Tribunal des droits de la personne, définition qui fut ensuite reprise dans de nombreuses décisions :

> Par ailleurs, que signifie l'expression « exploitation » ? Il nous faut à cette fin nous référer à un dictionnaire vernaculaire puisque ni le dictionnaire de droit privé ni le Vocabulaire juridique n'en traitent explicitement. Ce dernier dictionnaire, cependant, pour une définition de l'expression « exploitation abusive », renvoie à l'expression « abus de position dominante ». L'expression « abus » y est définie comme étant : « Une exploitation outrancière d'une situation de faits ; mise à profit d'une position de force souvent au détriment d'intérêts plus vulnérables. »

> Cette définition nous indique donc que le terme « exploitation » doit comprendre trois éléments, soit : 1) une mise à profit 2) d'une position de force 3) au détriment d'intérêts plus vulnérables.

> Dans la langue populaire, l'exploitation s'entend de l'action de tirer un profit abusif de quelqu'un ou de quelque chose. En anglais, le terme « exploitation » est défini comme étant « taking unjust advantage of another for one's own advantage or benefit ».[76]

---

75. Sur la notion d'exploitation au sens de l'article 48 de la Charte, voir Commission des droits de la personne et des droits de la jeunesse, *L'exploitation des personnes âgées : vers un filet de protection resserré*, Rapport de consultation et recommandations, Montréal, 2001, 194 p. ; M.-A. Dowd, « L'exploitation des personnes âgées ou handicapées – Où tracer les limites de l'intervention de l'État ? », dans Service de la formation permanente, Barreau du Québec, *Pouvoirs publics et protection (2003)*, Cowansville, Éditions Yvon Blais, 2003.

76. *Commission des droits de la personne* c. *Brzozowski*, [1994] R.J.Q. 1947 (T.D.P.Q.). Cette définition est reprise régulièrement par la jurisprudence ; voir notamment *Commission des droits de la personne et des droits de la jeunesse* c. *Payette*, J.E. 2006-1583, EYB 2006-108064 (T.D.P.Q.).

**675.–** Quant à la notion de personne âgée, elle est pour le moins floue. Le Tribunal des droits de la personne du Québec a déjà décidé que l'expression doit s'entendre des personnes « que l'âge a rendues vulnérables et qui peuvent s'inscrire dans un rapport de dépendance, qu'elle soit physique, économique, affective ou psychologique, au même titre que toutes les exploitations interdites par la Charte »[77].

Longuement méconnue, au point de n'être à peu près jamais appliquée dans les vingt premières années de l'entrée en vigueur de la Charte, cette disposition connaît depuis 1994 une application de plus en plus régulière dans toutes sortes de domaines, notamment dans des situations de personnes âgées soumises à des traitements dégradants au sein de leur milieu de vie[78]. Cette disposition de la Charte, qui rejoint l'esprit des instruments internationaux en matière de protection des personnes âgées et des personnes handicapées, vise les cas d'exploitation tant financière, physique, psychologique, que sociale ou morale[79]. Elle peut fonder des recours en dommages-intérêts dans des cas, par exemple, de mauvais traitements, ou des recours en injonction mandatoire pour faire cesser des gestes d'exploitation des personnes. La présence de cette disposition ouvre également la porte à la possibilité d'octroyer des dommages punitifs lorsque les conditions de l'article 49 de la Charte sont réunies[80].

Cependant, depuis le début des années 2000, la jurisprudence, tant du Tribunal des droits de la personne que de la Cour du Québec, la Cour supérieure et la Cour d'appel, a étendu la portée de l'article 48 de la Charte pour lui faire jouer un rôle important en matière d'annulation de contrats pour cause de lésion. Un arrêt clé en la matière a été rendu par la Cour d'appel dans l'affaire *Vallée*[81]. Dans cette affaire, un homme de 81 ans avait en peu de temps dilapidé sa fortune au profit de sa nouvelle amie de cœur, âgée dans la quarantaine ; la preuve avait mis en lumière un scénario dans lequel la bénéficiaire de ces largesses avait réussi à soutirer de nombreux cadeaux

---

77. *Commission des droits de la personne et des droits de la jeunesse* c. *Gagné*, [2003] R.J.Q. 647, EYB 2006-108064 (T.D.P.Q.).
78. C'était d'ailleurs la situation dans l'affaire *Brzozowski*, citée *supra*.
79. *Christiaenssens* c. *Rigault*, J.E. 2006-1351, EYB 2006-106819 (C.A.), par. 51.
80. *Commission des droits de la personne et des droits de la jeunesse* c. *Hamel*, J.E. 2003-1562, REJB 2003-45484 (T.D.P.Q.) ; *Commission des droits de la personne et des droits de la jeunesse* c. *Bilodeau*, J.E. 2006-420, EYB 2005-99774 (T.D.P.Q.).
81. *Vallée* c. *Commission des droits de la personne et des droits de la jeunesse*, [2005] R.J.Q. 961 (C.A.).

et donations, profitant de la situation de faiblesse de la personne âgée. Au lieu de recourir aux mécanismes de droit commun qui auraient permis de protéger adéquatement la victime (vices de consentement, absence de capacité factuelle) les juges majoritaires de la Cour d'appel n'hésitent pas à s'appuyer sur l'article 48 de la Charte pour lui faire jouer un rôle autonome autorisant les tribunaux à voir dans cette disposition le fondement d'une nouvelle sorte de lésion au profit des personnes âgées. Quelques brefs extraits de l'arrêt méritent d'être cités afin de bien comprendre la portée très vaste qu'entend faire jouer la Cour d'appel à cette disposition :

> [...] l'article 48 de la Charte constitue une disposition de droit substantiel [...] [I]l englobe donc tant les droits énoncés au Code civil que ceux qui n'y sont pas prévus [...] (par. 23) ;

> [...] l'article 48 de la Charte [...] étend la protection aux personnes âgées victimes d'exploitation sans égard à la validité de leur consentement ou à l'existence d'un régime de protection [...] (par. 24) ;

> Le caractère quasi constitutionnel conféré à la Charte justifie une interprétation large et libérale de ses dispositions pour favoriser le plein accomplissement des droits qui y sont prévus. Ce principe emporte la conséquence que la personne âgée a droit d'être protégée contre toute forme d'exploitation même si, du strict point de vue des règles de droit civil, son consentement est valide ou encore lorsqu'elle ne satisfait pas les conditions pour être déclarée inapte (par. 26).

Cette interprétation a ensuite été reprise avec approbation dans de nombreuses décisions[82]. Plusieurs observateurs ont néanmoins critiqué l'approche de la Cour qui consiste à faire appel à la Charte comme fondement d'un recours en annulation pour lésion alors que le Code civil, qui ne reconnaît la lésion que dans de très rares cas bien spécifiés[83], offre, tant en droit des personnes qu'en

---

82. *Commission des droits de la personne et des droits de la jeunesse c. Payette*, J.E. 2006-1583, EYB 2006-108064 (T.D.P.Q.) ; *Gubner c. Dahan*, [2006] R.J.Q. 903, EYB 2005-99774 (C.Q.) ; *Gagné c. Tremblay*, B.E. 2007BE-567, EYB 2007-119354 (C.A.).

83. On peut douter sérieusement que l'article 48 de la Charte puisse être interprété comme prévoyant un « cas [de lésion] expressément prévu par la loi » au sens de l'article 1405 C.c.Q.

droit des obligations, un cadre protectionnel exprès et détaillé pour les personnes qui entendent faire annuler un contrat en raison de leur situation d'incapacité de fait ou de droit[84]. Il est d'ailleurs assez remarquable de constater que dans les causes où les tribunaux ont accepté d'annuler des contrats en se basant sur l'article 48 de la Charte, les situations factuelles permettaient d'arriver au même résultat en appliquant les règles de droit commun. Cela n'enlève rien à la pertinence et à l'importance de l'article 48 de la Charte qui peut « agir comme révélateur sur des droits qui existaient en germe, mais auxquels les tribunaux n'accordaient pas assez d'importance »[85] ; ainsi, cette disposition peut servir d'outil efficace en matière de responsabilité civile et d'octroi de dommages-intérêts. Peu de temps après l'arrêt *Vallée*, la Cour d'appel semble d'ailleurs avoir voulu rectifier le tir, en s'éloignant cette fois de la notion de lésion dans l'application de l'article 48 de la Charte, pour insister plutôt sur le fait que cette disposition dicte une règle générale de conduite à l'égard des personnes âgées et que ce standard est pertinent dans l'évaluation de la responsabilité civile d'une personne dont le comportement ne respecte pas ce souci collectif à l'égard des personnes âgées[86]. L'âge et la vulnérabilité d'une personne deviennent ainsi des circonstances de fait qui doivent être particulièrement considérées lorsqu'il s'agit d'évaluer le caractère fautif d'un comportement. C'est en ce sens que l'article 48 de la Charte peut servir utilement comme révélateur des droits. Un autre exemple de cette approche dans l'application de l'article 48, qui nous paraît la meilleure, peut être trouvée dans une cause mettant en jeu l'alinéa 2 de la disposition de la Charte (« Toute personne a aussi droit à la protection et à la sécurité que doivent lui apporter sa famille ou les personnes qui en tiennent lieu »). La Cour du Québec s'autorise de ce texte pour interpréter l'article 1957 C.c.Q. (qui édicte les conditions de la reprise de possession d'un logement par le locateur) et pour accepter l'idée que les aides qu'une personne âgée entend engager soient qualifiés de « personnes qui en tiennent lieu »[87], permettant ainsi la reprise de possession du logement par la personne âgée qui désire y loger les personnes qui lui apportent l'aide quotidienne que dicte sa condition.

---

84. D. Gardner et D. Goubau, « L'affaire *Vallée* et l'exploitation des personnes âgées selon la Charte québécoise : quand l'harmonie fait défaut », (2005) 46 *C. de D.* 961. Voir également l'analyse de F. Sabourin, « Commentaire. L'arrêt *Vallée* de la Cour d'appel : la Charte québécoise à la rescousse du Code civil en matière d'exploitation des personnes âgées », (2005-2006) 36 *R.D.U.S.* 309-326.

85. D. Gardner et D. Goubau, *loc. cit.*, note 84, p. 29-30.

86. *Christiaenssens* c. *Rigault*, J.E. 2006-1351, EYB 2006-106819 (C.A.).

87. *Gubner* c. *Dahan*, [2006] R.J.Q. 903, EYB 2005-99774 (C.Q.).

## Pour aller plus loin

**676.–** *Sociologie.* L'affirmation du caractère exceptionnel des régimes de protection juridique des majeurs ne doit toutefois pas faire perdre de vue que, dans les faits, la déficience intellectuelle et les maladies mentales concernent un nombre non négligeable de personnes. Selon les chiffres du ministère de la Santé et des Services sociaux, environ 3 % de la population du Québec, soit près de 200 000 personnes, présenteraient, à des degrés divers, une déficience intellectuelle (Ministère de la Santé et des Services sociaux, *L'intégration des personnes présentant une déficience intellectuelle : un impératif humain et social,* Québec, 1988, p. 9)[88]. Les troubles mentaux viennent au deuxième rang des causes d'hospitalisation au Québec (Ministère de la Santé et des Services sociaux, *Politique en santé mentale*, Québec, 1989, p. 11-12)[89]. À elle seule, la schizophrénie toucherait près de 60 000 personnes au Québec (American Psychiatric Association, *Manuel diagnostique et statistique des troubles mentaux*, D.S.M.-111-R, Paris, Masson, 1989, p. 254). En réalité, il est assez difficile de se faire une idée précise sur l'état de santé mentale de la population québécoise car les données restent fragmentaires. Les études estiment cependant qu'une personne sur cinq connaîtra un problème de santé mentale au cours de sa vie et que des troubles mentaux graves touchent entre 2 % et 3 % de la population (Gouvernement du Québec, ministère de la Santé et des Services sociaux, *Défis de la reconfiguration des services de santé mentale,* Québec, 1997, p. 6-7 ; Gouvernement du Québec, *Orientations pour la transformation des services de santé mentale,* Québec, avril 1997, p. 10). D'autre part, on peut souligner également qu'au Canada, en 1991, près de 190 000 personnes de plus de 65 ans souffrent de démence et qu'à partir de prévisions démographiques, qui tiennent compte du vieillissement de la population, ces chiffres devraient augmenter de façon considérable dans les années à venir (K.L. McEwan, M. Donnely, D. Robertson et C. Hertzman, *Troubles mentaux chez les personnes âgées au Canada : considérations d'ordre démographique et épidémiologique,* ministère de la Santé nationale et du Bien-être social Canada, Ottawa, 1991)[90]. Une enquête du Canadian Study of Health and Aging Working Group estime à environ 252 600 les Canadiens âgés de 65 ans ou plus atteints de démence. Les personnes présentement atteintes de démence se retrouvent en nombre égal en milieu institutionnel et dans la communauté. La même étude estime que si la tendance se maintient, ce nombre sera de 592 000 en 2021 et de 778 000 en 2031 (source : J. Hamann, « La démence progresse au Canada », *Au fil des événements,* 29 septembre 1994, p. 6). Pour un grand nombre de personnes atteintes d'un trouble mental, la famille constitue la principale source de soutien et le

---

88. Cité par F. Bernier, « Les aspects psychosociaux de la déficience intellectuelle et de la maladie mentale sévère », dans Service de la formation permanente, Barreau du Québec, *Le droit des personnes inaptes (1992),* 1992, p. 3.
89. Cité par F. Bernier, *ibid.*
90. Cité par P.J. Durand, *op. cit.,* note 11.

milieu d'accueil (Gouvernement du Québec, *Orientations pour la transformation des services de santé mentale*, Québec, avril 1997, 52 p.).

Sur l'importance de la terminologie, lorsqu'il s'agit des personnes ayant des incapacités, voir D. Lizotte et P. Fougeyrollas, « Du droit comme facteur déterminant de la participation sociale des personnes ayant des incapacités », (1997) 38 *Cahiers de droit* 371.

À propos de l'histoire de l'intervention en santé mentale, du mouvement de désinstitutionnalisation et du récent « virage ambulatoire » en santé mentale, on peut consulter les documents suivants : Gouvernement du Québec, ministère de la Santé et des Services sociaux, *Défis de la reconfiguration des services de santé mentale*, Québec, 1997, 264 p. ; M. Doré, « La désinstitutionnalisation au Québec », (1987) 12 *Santé mentale au Québec* 144 ; Y. Lavallée, « Le virage ambulatoire en psychiatrie : une perspective globale », (1996) 21 *Santé mentale au Québec* 111 ; F. Boudreau, *De l'asile à la santé mentale*, Montréal, Éditions St-Martin, 1984 ; N. Guberman, H. Dorvil et P. Maheu, *Amour, bain, comprimé ou l'ABC de la désinstitutionnalisation*, Rapport de recherche soumis à la Commission d'enquête sur les services de santé et les services sociaux, Québec, Les Publications du Québec, 1987 ; C. Mercier, *La désinstitutionnalisation : orientation des politiques et distribution des services*, Rapport de recherche soumis à la Commission d'enquête sur les services de santé et les services sociaux, Québec, Les Publications du Québec, 1987 ; L. Garant, *La désinstitutionnalisation en santé mentale – Un tour d'horizon de la littérature*, Québec, ministère des Affaires sociales, Secrétariat à la coordination de la recherche, 1985 ; Gouvernement du Québec, *Plan d'action pour la transformation des services de santé mentale*, Québec, 1998, 46 p.

**677.–** *Le système de protection des majeurs inaptes sous le Code civil du Bas-Canada.* Le *Code civil du Bas-Canada* prévoyait deux régimes de protection, dont l'un, l'interdiction, rendait le majeur totalement incapable juridiquement, alors que l'autre, la dation d'un conseil judiciaire, frappait la personne d'une demi-incapacité seulement. Le régime de l'*interdiction* visait deux catégories de personnes : d'une part, celles qui étaient dans « un état habituel d'imbécillité, démence ou fureur » alors même que cet état d'aliénation mentale pouvait présenter des intervalles de lucidité (art. 325 C.c.B.-C.) et, d'autre part, les prodigues (art. 326 C.c.B.-C.), les « ivrognes d'habitude » (art. 336a) C.c.B.-C.)[91] et les narcomanes (art. 336r) C.c.B.-C.)[92]. Au cas de la curatelle judiciaire, il fallait ajouter le cas particulier de la curatelle d'office du curateur public à l'égard du malade mental dont l'incapacité à administrer ses biens était attestée par un certificat médical[93]. Pour les cas moins

91. Adopté en 1870, 33 Vict., c. 26.
92. Adopté en 1895, Vict., c. 40.
93. *Loi sur la curatelle publique*, L.R.Q., c. C-80, art. 6. Ce mécanisme existait *mutatis mutandis* depuis 1963 (*Loi modifiant la Loi de la curatelle publique*, S.Q. 1963,

graves, le *Code civil du Bas-Canada* mettait en place un régime de protection moins sévère, que certains auteurs qualifiaient d'interdiction partielle[94] ou de semi-interdiction[95]. Ce système permettait de tenir compte, au moins de façon très élémentaire, du fait qu'il existe des degrés différents dans l'aliénation des facultés mentales[96].

**678.–** *Interdiction et internement.* Le fait que la maladie mentale était, jusqu'en 1990, le seul fondement de l'interdiction (donc de la mise en place d'un régime de représentation) et qu'on assiste au début du XXe siècle à l'institutionnalisation accrue des malades mentaux[97], explique pourquoi la question de l'interdiction, depuis cette époque, a été intimement liée à celle de l'internement en institution psychiatrique. Les lois qui, en dehors du *Code civil du Bas-Canada*, concernaient les malades mentaux visaient les questions de l'internement et de la gestion des biens des personnes internées non interdites ainsi que des personnes interdites mais dépourvues d'un curateur (démission, décès, etc.). Aujourd'hui, aussi bien le *Code civil du Québec* que la *Loi sur la protection des personnes dont l'état mental présente un danger pour elles-mêmes ou pour autrui* (L.R.Q., c. P-38.001) prévoient des règles de protection contre l'internement psychiatrique arbitraire. En ce qui concerne l'inaptitude et la représentation des majeurs, on ne fait plus de distinction entre le majeur interné et celui qui ne l'est pas. Dans un cas comme dans l'autre, les questions relatives à la représentation des personnes et à l'administration de leurs biens sont désormais réglées de façon uniforme, avec les mêmes garanties pour tous, dans le *Code civil du Québec*. Il est donc important de souligner que les questions d'internement sont indépendantes de celles relatives à la capacité juridique de majeurs. Dans les faits, par contre, il peut y avoir un lien étroit puisque dans bien des cas d'internement psychiatrique, la personne internée fait également l'objet de l'ouverture d'un régime de représentation ou d'assistance.

---

c. 59, art. 2), alors que depuis 1945, c'est-à-dire depuis la création de la curatelle publique, le curateur public agissait d'office comme curateur des aliénés non interdits placés dans les asiles d'aliénés (*Loi instituant une curatelle publique*, S.Q. 1945, c. 62, art. 6). Avant 1945, la curatelle d'office des personnes aliénées non pourvues d'un curateur ou d'un tuteur était assumée par les surintendants médicaux des asiles d'aliénés (voir la *Loi des asiles d'aliénés*, S.R.Q. 1941, c. 188). Au sujet de l'historique de la législation sur le curateur public, voir en particulier V. Bergeron, *L'attribution d'une protection légale aux malades mentaux*, Cowansville, Éditions Yvon Blais, 1981, p. 231-233 ; Prix Charles-Coderre 1986, *op. cit.*, note 18, p. 197-200.

94. Voir notamment F. Langelier, *op. cit.*, note 4, p. 52.
95. G. Trudel, *op. cit.*, note 4, p. 444.
96. J. Pineau, *op. cit.*, note 6, p. 244.
97. A. Cellard souligne à cet égard qu'avant le XXe siècle, la grande majorité des malades mentaux étaient gardés à la maison plutôt qu'en milieu institutionnel (A. Cellard, « La curatelle et l'histoire de la maladie mentale au Québec », *Histoire sociale* (1986), vol. XIX, n° 38, p. 443-450, 444) ; pour un exposé sur le traitement réservé aux malades mentaux avant l'avènement de la curatelle publique, voir N. Forget, *op. cit.*, note 28, 115 p.

## BIBLIOGRAPHIE SÉLECTIVE

BEAUCHAMP, M., « Les nouvelles compétences attribuées au notaire : commentaires et critique », dans Service de la formation permanente, Barreau du Québec, *Les mandats en cas d'inaptitude : une panacée ?*, Cowansville, Éditions Yvon Blais, 2001, p. 53-69.

BENOIT, G., I. BRANDON et J. GILLARDIN (dir.), *Malades mentaux et incapables majeurs. Émergence d'un nouveau statut civil*, Bruxelles, Publications des Facultés universitaires Saint-Louis, 1994.

BRASSARD, H., « Réflexions sur le sort des aînés inaptes depuis l'avènement de la *Loi sur le curateur public* », dans Service de la formation permanente, Barreau du Québec, *Droit des aînés,* Cowansville, Éditions Yvon Blais, 1992, p. 176.

CELLARD, A., « La curatelle et l'histoire de la maladie mentale au Québec », *Histoire sociale* (1986) vol. XIX, n⁰ 38, p. 443.

DELEURY, É., « La protection des incapables et la réforme du Code civil », (1987) 18 *R.D.U.S.* 57.

DESCHAMPS, P., « La réforme des régimes de protection (de représentation et d'assistance) des majeurs : perspectives », dans *Consentement éclairé et capacité en psychiatrie – Aspects cliniques et juridiques*, Verdun, Éditions Douglas, 1988, p. 181.

DURAND, P.J., « La démence et la maladie d'Alzheimer : le malade, sa famille et la société », dans Service de la formation permanente, Barreau du Québec, *Le droit des personnes inaptes (1992)*, Cowansville, Éditions Yvon Blais, 1992, p. 19.

FORGET, N., *De la curatelle au curateur public : 50 ans de protection*, Montréal, Presses de l'Université du Québec, 1995.

GUBERMAN, N., H. DORVIL et P. MAHEU, *Amour, bain, comprimé ou l'ABC de la désinstitutionnalisation*, Rapport de recherche soumis à la Commission d'enquête sur les services de santé et les services sociaux, Québec, Les Publications du Québec, 1987.

HILL, B.P., « Civil Rights of the Psychiatric Patient in Quebec », (1977) 12 *R.J.T.* 503.

KEATING, P., *La science du mal*, Montréal, Boréal, 1993.

LAMARCHE, R., « La nouvelle *Loi sur le curateur public* », (1989) 3 *C.P. du N.* 45.

LIZOTTE, L. et P. FOUGEYROLLAS, « Du droit comme facteur déterminant de la participation sociale des personnes ayant des incapacités », (1997) 38 *Cahiers de droit* 371.

MERCIER, C., *La désinstitutionnalisation : orientation des politiques et distribution des services*, Rapport de recherche soumis à la Commission d'enquête sur les services de santé et les services sociaux, Québec, Les Publications du Québec, 1987.

OUELLETTE, M., « De la capacité des personnes », (1988) 1 *C.P. du N.* 133.

OUELLETTE, M., « La *Loi sur le curateur public* et la protection des incapables », (1989) 3 *C.P. du N.* 1.

OUELLETTE, M., « Livre premier : Des personnes », dans *La réforme du Code civil : Personnes, successions, biens*, Québec, P.U.L., 1993.

PINEAU, J., « La philosophie générale du Code civil », dans *Le nouveau Code civil : interprétation et application,* Les Journées Maximilien-Caron 1992, Montréal, Éditions Thémis, 1993, p. 270.

POIRIER, D., « La protection juridique des personnes âgées ou handicapées et la *Charte des droits et libertés* », (1991) 23 *Ottawa L. Rev.* 553.

ROY, A., « Les régimes de protection du majeur inapte », dans Chambre des notaires du Québec, *Répertoire de droit / Nouvelle série, Procédures non contentieuses. Doctrine – Document 5*, septembre 2000, p. 1-59.

SIROIS, L.P., *Tutelles et curatelles*, Québec, Imprimerie de l'Action sociale, 1911.

STANHOPE, T., « Savoir à tout prix ou comprendre au-delà des clichés », dans Service de la formation permanente, Barreau du Québec, *Le droit des personnes inaptes (1992)*, Cowansville, Éditions Yvon Blais, 1992.

VOYER, J., « Retard mental et maladies mentales : considérations cliniques et récentes controverses relativement aux personnes inaptes », dans Service de la formation permanente, Barreau du Québec, *Le droit des personnes inaptes (1992)*, Cowansville, Éditions Yvon Blais, 1992, p. 49.

# CHAPITRE II

# LA TUTELLE, LA CURATELLE
# ET LE CONSEILLER AU MAJEUR

**679.**– Pour répondre adéquatement aux problèmes causés par l'altération des facultés mentales ou par l'inaptitude physique à exprimer une volonté, trois régimes différents sont mis en place : la curatelle, la tutelle et la dation d'un conseiller (art. 258 C.c.Q.). Le choix de l'un ou de l'autre dépend du degré d'inaptitude de la personne (art. 259 C.c.Q.). Le Code énonce un certain nombre de règles spécifiques à ces régimes, mais il procède également par renvoi vers le chapitre sur la tutelle au mineur. Ainsi, l'article 266 C.c.Q. énonce que les règles relatives à celle-ci (c'est-à-dire les règles touchant à la charge tutélaire – notamment la question de la rémunération[1] –, à l'administration tutélaire, au conseil de tutelle, aux mesures de surveillance, au remplacement du tuteur et à la fin de la tutelle) s'appliquent à la tutelle et à la curatelle au majeur, « compte tenu des adaptations nécessaires »[2]. Une des tâches délicates de l'interprète de la loi consiste par conséquent à « importer » les règles générales de la tutelle, dans le chapitre sur la protection des majeurs et d'y apporter les nuances et les modifications, à la lumière des dispositions qui sont particulières à la curatelle et à la tutelle au majeur.

## Section I

## L'ouverture d'un régime de protection

**680.**– Tous les régimes de protection des majeurs sont judiciaires, même lorsque la voie notariale est choisie pour formuler la demande (art. 268, al. 1 C.c.Q.). Il n'existe pas de tutelle ou de curatelle légale et la curatelle sur simple décision administrative a été abolie. Il

---

1. Sur toutes ces questions, nous renvoyons par conséquent le lecteur au chapitre sur la tutelle aux mineurs, et plus particulièrement à la section 2 sur la charge tutélaire.
2. Exemples d'adaptations nécessaires : l'élimination des règles relatives à la tutelle légale ou le remplacement des termes « le mineur devenu majeur » de l'article 245 C.c.Q. par les mots « le majeur redevenu apte ».

convient donc d'analyser les règles relatives à l'ouverture d'un régime, ainsi que celles qui permettent une protection provisoire du majeur pour la période précédant le jugement ou précédant même la demande d'ouverture d'un régime de protection, qui est souvent une période critique dans l'intervention auprès des personnes en perte d'autonomie.

### §1 - Qui peut demander l'ouverture d'un régime de protection ?

#### A. La règle générale

**681.–** *Toute personne intéressée peut demander l'ouverture d'un régime de protection*. Comme il est question de protéger le majeur, la loi favorise les demandes d'ouverture, en permettant d'agir à quiconque justifie d'un intérêt suffisant à cet égard[3]. Afin d'éviter toute ambiguïté sur la question, le législateur énonce une liste de personnes habilitées à s'adresser au tribunal pour demander l'ouverture d'un régime (art. 269 C.c.Q.)[4]. Il s'agit, cas plutôt théorique, du majeur lui-même, et, situation courante, du conjoint, des proches parents et alliés[5]. À cette liste, la loi ajoute « toute personne qui démontre pour le majeur un intérêt particulier ». Aux liens de droit s'ajoutent ainsi les liens de fait : l'ami de longue date, le bénévole qui apporte aide et réconfort, un voisin qui manifeste pour le majeur un intérêt particulier d'ordre affectif[6], ou un associé[7]. Cette énumération aurait sans doute suffi, mais le législateur ouvre également la porte à « tout autre intéressé ». Malgré la généralité de cette énumé-

---

3. Sous l'ancien système, seuls les époux, les parents et les alliés étaient autorisés à faire une demande d'interdiction (art. 327 C.c.B.-C.). On considérait généralement que le majeur lui-même ne pouvait faire pareille demande (en ce sens : L.-P. Sirois, *Tutelles et curatelles*, Québec, L'Action sociale, 1911, p. 397 ; *contra* : L.-A. Jetté, « De l'interdiction », (1929-1930) 8 *R. du D.* 589, 590).

4. Il faut noter que contrairement à ce qui prévaut en matière de consentement substitué aux interventions médicales (art. 15 C.c.Q.), la liste des personnes énoncée à l'article 269 C.c.Q. ne contient aucune hiérarchie.

5. On présume donc que ces proches ont un intérêt à demander la protection du majeur. Encore faut-il s'entendre sur la signification de la « proximité ». Quant à la notion d'alliance, mentionnons qu'un tribunal a établi qu'elle survit au décès du conjoint qui l'a créée (*Audet c. Busque-Audet et curateur public*, [1983] C.S. 85).

6. É. Deleury, « La protection des incapables et la réforme du Code civil », (1988) 18 *R.D.U.S.* 57, 66. Pour un cas d'application, voir *M.F. c. G.S.K.*, J.E. 2001-1231, REJB 2001-25024 (C.S.).

7. M. Ouellette, « La *Loi sur le curateur public* et la protection des incapables », (1989) 3 *C.P. du N.* 22.

ration[8], il faut en exclure les établissements de santé et de services sociaux, car ceux-ci ont l'obligation de signaler au curateur public tous les cas de personnes qui nécessitent l'ouverture d'un régime de protection, plutôt que de s'adresser eux-mêmes aux tribunaux. Il est de jurisprudence constante qu'un établissement de santé ou de services sociaux n'est pas « une personne intéressée » au sens de l'article 269 C.c.Q.[9]. Soulignons que l'intérêt dont il s'agit dans cette disposition est l'intérêt porté au majeur, et non pas l'intérêt personnel du requérant, raison pour laquelle une demande d'ouverture d'un régime de protection pourrait être déclarée irrecevable lorsque de toute évidence le requérant est en situation de conflit d'intérêts avec le majeur visé par la procédure[10].

### B. Le cas du bénéficiaire de soins et de services sociaux

**682.–** *Les établissements de santé et de services sociaux ont une mission de « repérage » des personnes en état d'inaptitude.* Dans la très grande majorité des cas, la personne majeure inapte est bénéficiaire de soins ou de services d'un établissement de santé ou de services sociaux[11]. Les hôpitaux, les CLSC, les centres d'hébergement et de soins de longue durée, les centres de réadaptation, etc. sont les témoins privilégiés de situations où un majeur peut avoir besoin de protection. Dès lors, la loi a mis en place un mécanisme de signalement, qui permet d'intervenir lorsque aucune personne dans l'entou-

---

8. Il a été jugé, par exemple, que le fait, pour une requérante, d'avoir obtenu un jugement lui accordant une pension alimentaire pour sa fille, en fait une personne intéressée au sens de l'article 332.1 C.c.B.-C. (l'équivalent de l'article 269 C.c.Q.), même si elle n'est pas la conjointe de l'intimé (*Huamani* c. *Moncion et curateur public*, [1992] R.D.F. 276, 277 (C.S.)).

9. *Curateur public du Québec* et *R...P...L... et al.*, [1993] R.J.Q. 1455, EYB 1993-74125 (C.S.) ; *Maison R. et al.* c. *Curateur public*, [1996] R.D.F. 26, EYB 1995-84772 (C.S.) ; *F. (M.), (Re), REJB* 2001-25024 (C.S.) ; *C.D.* c. *Québec (Curateur public)*, [2001] R.J.Q. 1708, REJB 2001-25356 (C.A.) ; *Centre de santé et de services sociaux de Memphrémagog et P.B.*, B.E. 2008BE-512, EYB 2008-131919 (C.S.).Voir également H. Guay, « Quelles sont les limites à l'intervention d'un établissement de santé pour fins de protection des personnes majeures inaptes ? » dans Service de la formation permanente, Barreau du Québec, *Responsabilités et mécanisme de protection*, Cowansville, Éditions Yvon Blais, 2004, p. 1, 33-36.

10. En ce sens, *G.M.* c. *M.M.*, [2000] R.D.F. 639, REJB 2000-20131 (C.S.) ; *L.G.* et *G.G.*, J.E. 2004-830, REJB 2004-55432 (C.S.).

11. Il s'agit des établissements visés par la *Loi sur les services de santé et les services sociaux et modifiant diverses dispositions législatives* (L.R.Q., c. S-4.2 ; entrée en vigueur le 1er octobre 1992 : D. 1468-92, 30 septembre 1992, (1992) G.O.Q. II, 6149) ou par la *Loi sur les services de santé et les services sociaux pour les autochtones cris et inuit* (L.R.Q., c. S-5).

rage du majeur n'en prend l'initiative. Malheureusement, le législateur n'a pas péché par excès de simplicité dans la mise en place de ce mécanisme. Certains rouages se retrouvent dans le *Code civil du Québec*, d'autres dans le *Code de procédure civile* et d'autres encore dans la *Loi sur le curateur public*.

**683.– *L'obligation de faire rapport au curateur public*.** L'article 270 C.c.Q. invite le directeur général des établissements de santé et de services sociaux à faire rapport au curateur public lorsqu'un patient ou un client majeur est inapte et qu'il a besoin d'être assisté ou représenté dans l'exercice de ses droits civils[12]. Cette disposition vise les cas où la personne inapte « reçoit des soins ou des services » et elle ne semble donc pas limitée aux seuls cas où le majeur est hébergé en établissement[13]. La constatation de l'inaptitude n'entraîne pas automatiquement l'obligation pour l'établissement de signaler le cas. Encore faut-il qu'il y ait un besoin. Ainsi, n'est pas visé, le cas du majeur qui est déjà représenté par un mandataire, sauf si ce dernier n'assume pas son rôle de façon adéquate[14]. De plus, l'état de besoin s'évalue non seulement en fonction de l'isolement du majeur, mais également en fonction de la durée prévisible de son inaptitude et de la nature ou de l'état de ses affaires. L'obligation des établissements dépend donc de deux conditions : la situation d'inaptitude et l'état de besoin de l'inapte. Lorsque ces conditions sont remplies et que le cas du majeur est signalé au curateur public, ce dernier ne peut en principe intervenir en l'absence d'une évaluation médicale et psychosociale. La question de la sanction d'une violation de cette obligation se pose néanmoins. La Cour d'appel a décidé qu'une telle violation n'était frappée que d'une nullité relative[15] qui ne sera prononcée qu'à défaut pour le curateur public de démontrer soit l'impossibilité de produire l'évaluation (urgence, absence de collaboration volontaire ou involon-

---

12. Sur la responsabilité et les obligations des directeurs généraux de centres hospitaliers, voir : C. Dubé, « Les personnes vulnérables et le réseau de la santé et des services sociaux : aux frontières des responsabilités des directeurs généraux des centres hospitaliers », dans Service de la formation permanente, Barreau du Québec, *Responsabilités et mécanisme de protection*, Cowansville, Éditions Yvon Blais, 2004, p. 75, 82-83.

13. *Contra : Comm.*, p. 183 et M. Ouellette, « Livre premier : Des personnes », dans *La réforme du Code civil*, t. I, Québec, P.U.L., 1993, p. 130.

14. Il s'agit ici, bien entendu, d'un mandat en prévision de l'inaptitude dûment homologué (C. Fabien, « Passage du mandat ordinaire au mandat de protection », (2001) *R. du B. can.* 951, 974).

15. *C.D.* c. *Québec (Curateur public)*, [2001] R.J.Q. 1708, REJB 2001-25356 (C.A.) ; pour un commentaire de cet arrêt, voir F. Dupin, « État de la jurisprudence en matière de protection légale et conventionnelle », dans Service de la formation permanente, Barreau du Québec, *Être protégé malgré soi*, Cowansville, Éditions Yvon Blais, 2002, p. 59, 67-68.

taire de la part du patient), soit la renonciation expresse ou tacite par la personne visée. En d'autres mots, la production de l'évaluation est considérée par la Cour d'appel comme une formalité obligatoire, certes, mais d'une nature différente des garanties procédurales fondamentales comme c'est le cas du droit d'être entendu, d'être avisé des procédures, d'être représenté par avocat ou de contre-interroger les témoins.

**684.**– *Le contenu du rapport d'inaptitude.* Le rapport du directeur de l'établissement, qui est constitué notamment d'une évaluation médicale et psychosociale, doit porter sur l'ensemble de la situation du majeur et pas seulement sur son état de santé, car il se peut fort bien que des difficultés d'ordre médical soient compensées, au moins en partie, par les relations de la personne avec son entourage et par le support social[16]. Le rapport doit donc aborder au moins les questions suivantes :

– la nature et le degré d'inaptitude du majeur ;

– l'étendue de ses besoins (physiques, psychologiques, matériels) ;

– les autres circonstances de sa condition[17] ;

– l'opportunité d'ouvrir un régime de protection[18].

Le rapport doit également mentionner, s'ils sont connus, les noms des personnes qui ont qualité pour demander l'ouverture d'un régime de protection, ce qui permettra par la suite au curateur public de vérifier les ressources familiales et sociales du majeur, donc la capacité de l'entourage à prendre celui-ci en charge.

---

16. C. Nélisse et I. Uribé, « Analyse des évaluations médicales et psychosociales requises par la nouvelle *Loi sur le curateur public* », (1992) 17 *Santé mentale au Québec* 265, 274.

17. On peut penser aux questions relatives à sa situation familiale, aux motifs de son isolement, etc.

18. Art. 270, al. 2 C.c.Q. Le contenu de ce rapport est précisé dans le *Règlement d'application de la Loi sur le curateur public*, D. 361-90, 21 mars 1990, (1990) *G.O.Q.* II, 941, art. 1, modifié par D. 594-99, 26 mai 1999, (1999) *G.O.Q.* II, 2339 ; *C.D.* c. *Québec (Curateur public)*, [2001] R.J.Q. 1708 (C.A.). Voir à ce sujet C.Dubé, « Les personnes vulnérables et le réseau de la santé et des services sociaux : aux fontières des responsabilités des directeurs généraux des centres hospitaliers », dans Service de la formation permanente, Barreau du Québec, *Responsabilités et mécanisme de protection*, Cowansville, Éditions Yvon Blais, 2004, p. 75, 117 et s.

**685.**– *Les évaluations médicales et psychosociales en établissement de santé.* En dehors de l'alinéa 270(2) C.c.Q., le législateur ne précise ni le contenu, ni la méthode et ne désigne pas quel intervenant serait le mieux placé pour procéder aux évaluations médicales et psychosociales en milieu d'hébergement et hospitalier. Pourtant, les résultats de ces évaluations auront souvent un impact crucial sur la vie de la personne évaluée. Le ministère de la Santé et des Services sociaux et le curateur public, en vue de soutenir davantage les intervenants du réseau, notamment dans la description des résultats de leurs évaluations, ont mis sur pied un groupe de travail pour pallier ces lacunes. Le curateur public met un guide à la disposition des intervenants en milieu de santé[19], afin de faciliter les procédures d'évaluation médicale et psychosociale. Néanmoins, plusieurs questions ont été soulevées à ce sujet[20]. En ce qui a trait aux évaluations médicales, la Cour d'appel a souligné, dans l'affaire *C.D. c. Québec (Curateur public)*[21], l'obligation du médecin de constater lui-même l'étendue de l'inaptitude de son patient. Le rapport préparé par un résident et simplement signé par le psychiatre, a été jugé non recevable[22]. La loi n'exige pas que l'évaluateur de l'inaptitude psychosociale doit être membre d'un ordre professionnel ou qu'il doit avoir réussi des examens pour se qualifier comme évaluateur. De façon pratique, on constate que les auteurs de ces évaluations souvent des psychologues, neuropsychologues, travailleurs sociaux, intervenants sociaux, ergothérapeutes ou infirmières[23]. Une auteure soutient que « la tâche des évaluateurs de l'inaptitude se complique par le fait qu'ils seront souvent responsables des soins et des services qui seront prodigués à la personne . Ils se trouvent obligés de répondre de leurs actes à titre de soignants et d'évaluateurs. Leur responsabilité en est accrue. À ceci s'ajoute enfin le fait que le contexte de l'évaluation s'inscrive dans un contexte légal, contentieux à l'occasion »[24]. Sur le plan éthique, on a également

---

19. On peut consulter ce document sur le site Internet du curateur public : http://www.curateur.gouv.qc.ca/cura/fr/index.html.
20. Pour un compte rendu sur cette question voir H. Guay, « Quelles sont les responsabilités des intervenants qui réalisent les diverses évaluations en milieu de santé ? », dans Service de la formation permanente, Barreau du Québec, *Responsabilités et mécanisme de protection,* Cowansville, Éditions Yvon Blais, 2004, p. 181.
21. [2001] R.J.Q. 1708, REJB 2001-25356 (C.A.).
22. *Ibid.*
23. H. Guay, *loc. cit.,* note 20, p. 181, 195-196. Pour pallier de potentiels conflits d'intérêts, l'auteure suggère de recourir, au besoin, à un tiers évaluateur.
24. *Ibid.*

souligné la difficulté et la relativité des notions d'autonomie et de capacité de la personne[25].

**686.– *Effets du rapport d'inaptitude*.** Le rapport d'inaptitude est transmis au curateur public. Le majeur doit également en recevoir une copie et le directeur de l'établissement doit en informer un de ses proches (art. 270 C.c.Q.). Ce rapport ne rend pas le majeur automatiquement inapte. Une personne intéressée, au sens de l'article 269 C.c.Q., notamment le proche parent avisé par le directeur, pourrait prendre l'initiative de demander l'ouverture d'un régime de protection. De son côté, dès réception du rapport, le curateur public peut, dans un délai raisonnable[26], prendre toutes les mesures appropriées en vue d'évaluer la situation et de protéger éventuellement le majeur. Il peut, entre autres, convoquer une assemblée des parents, alliés ou amis[27]. Si le curateur public arrive à la conclusion que le majeur devrait bénéficier d'un régime de protection, il peut en faire rapport au greffier du tribunal et il doit en aviser les personnes habilitées à demander l'ouverture d'un régime[28].

La recommandation du curateur public expose les démarches qu'il a entreprises et elle contient, outre le rapport initial du directeur d'établissement, ses propres recommandations et ses éventuelles propositions quant à la personne à désigner pour assister ou représenter le majeur[29]. Le curateur public exerce donc un pouvoir décisionnel de premier niveau quant à l'opportunité d'amorcer le processus d'ouverture d'un régime de protection du majeur[30].

---

25. Un relevé de la littérature sur les recherches effectuées au cours des deux derniè-res décennies dans divers pays occidentaux portant sur l'évaluation de l'aptitude des personnes souligne le fait qu'il n'existe à ce jour aucun critère clair et générale-ment reconnu pour la détermination de l'aptitude à prendre une décision. De plus, les instruments d'évaluation généralement employés ne seraient pas suffisam-ment précis pour offrir un meilleur reflet de l'aptitude fonctionnelle de la per-sonne : B. Frank, « Réflexions éthiques sur la sauvegarde de l'autonomie » dans Service de la formation permanente, Barreau du Québec, *Pouvoirs publics et pro-tection*, Cowansville, Éditions Yvon Blais, 2003, p. 181, 193, 197.

26. La mention du « délai raisonnable » dans l'article 14 de la *Loi sur le curateur public* (L.R.Q., c. C-81) indique que le curateur public a un véritable devoir d'agir à l'égard d'une personne qui fait l'objet d'un rapport d'inaptitude au sens de l'article 270 C.c.Q. ; *C.D.* c. *Québec (Curateur public)*, [2001] R.J.Q. 1708, REJB 2001-25356 (C.A.).

27. *Loi sur le curateur public*, précitée, note 26, art. 14.

28. La liste de l'article 269 C.c.Q. étant tellement générale, on peut se demander com-ment le curateur public pourrait satisfaire à cette obligation.

29. *Loi sur le curateur public*, précitée, note 26, art. 14.

30. *C.D.* c. *Québec (Curateur public)*, [2001] R.J.Q. 1708, REJB 2001-25356 (C.A.). Le curateur public exerce cette discrétion en vertu de l'article 14 de sa loi constitutive (*Loi sur le curateur public*, précitée, note 26). Sur le rôle et les compétences du

Si, dans les 30 jours du dépôt de la recommandation du curateur public, personne ne demande l'ouverture d'un régime de protection, le greffier doit en aviser le curateur public qui doit alors lui-même entamer les procédures en ce sens (art. 877.1 C.p.c.).

## §2 - La procédure

### A. La demande

**687.–** La demande d'ouverture d'un régime de protection se fait soit devant un juge ou un greffier, soit, depuis le 13 mai 1999, devant notaire (art. 863.4 C.p.c.)[31]. Dans le premier cas, la demande (qui se fait par voie de requête[32]) relève des matières urgentes[33]. La requête est portée devant le juge ou le greffier[34] du district où le majeur a son domicile ou sa résidence[35]. La requête doit articuler, dans tous les cas, les faits sur lesquels elle est fondée et elle doit être signifiée au majeur[36], à une personne raisonnable de sa famille[37] et au curateur

curateur public, voir F. Dupin, « Le curateur public : mode d'emploi et interface avec les autres organismes », dans Service de la formation permanente, Barreau du Québec, *Pouvoirs publics et protection*, Cowansville, Éditions Yvon Blais, 2003, p. 127, 130-135.

31. Aucun formalisme particulier n'est attaché à cette demande qui peut donc revêtir la forme notariée ou sous seing privé (M. Beauchamp, « Les nouvelles compétences attribuées au notaire : commentaire et critique », dans Service de la formation permanente, Barreau du Québec, *Les mandats en cas d'inaptitude : une panacée ?*, Cowansville, Éditions Yvon Blais, 2001, p. 53, 58). Mentionnons que la réforme du *Code de procédure civile* de 2002 a étendu la compétence notariale en ajoutant les demandes relatives à la nomination ou au remplacement d'un conseiller, d'un tuteur ou d'un curateur à un majeur (art. 863.4 *in fine* C.p.c.).
32. Art. 110, 862 et 885c) C.p.c.
33. *Castonguay* c. *Martin*, [1990] R.J.Q. 843, EYB 1990-76570 (C.S.).
34. Lorsque la demande est contestée, elle échappe à la compétence du greffier et elle doit être présentée au tribunal (art. 863.2 C.p.c.). La loi ne fait pas de distinction selon que la contestation émane du majeur ou d'un tiers, ni selon l'objet de la contestation. La jurisprudence dominante semble cependant limiter l'obligation de se référer aux seuls cas où la contestation porte sur l'inaptitude ou sur l'opportunité d'un régime de protection. Selon cette pratique, le greffier garderait juridiction lorsque la contestation ne vise qu'une question relative à la nomination ou à la tenue de l'assemblée de parents, d'alliés ou d'amis (voir la jurisprudence non publiée, citée par F. Dupin, « Le praticien et la protection des inaptes », dans Service de la formation permanente, Barreau du Québec, *Développements récents en droit familial (1995)*, Cowansville, Éditions Yvon Blais, 1995, p. 61-63.
35. Art. 70.2 et 877 C.p.c. Rappelons que le majeur en tutelle a son domicile chez son tuteur et le majeur en curatelle chez son curateur (art. 81 C.c.Q.). Voir *supra*, Partie I, Titre III, chap. III, Le domicile.
36. La signification doit être faite « à personne » : art. 877 al. 2 C.p.c. ; *U...G... c. A...G... et al.*, [1994] R.D.F. 634 (C.A.) ; voir cependant l'exception de l'article 135.1, al. 2 C.p.c.
37. En l'absence de famille, certains auteurs estiment qu'il serait conforme à l'esprit de la loi de signifier la requête à un autre proche, un ami de longue date par

public. Dans les faits, la signification à une personne raisonnable apparaît comme une importante mesure de protection car dans la majorité des cas, lorsqu'il y a désaccord avec la demande de protection, la contestation émane non pas du majeur mais plutôt de la personne raisonnable[38]. En cas de contestation de la demande, la procédure doit alors également être signifiée aux personnes qui doivent être convoquées à l'assemblée des parents, d'alliés ou d'amis (art. 877, al. 2 C.p.c.)[39]. Les expertises au soutien de la demande doivent également être signifiées ou notifiées[40].

L'obligation de signifier au curateur public s'explique par le fait qu'en sa qualité de « surveillant » des régimes de protection, il a un droit d'intervention dans toutes les demandes d'ouverture d'un tel régime[41]. Le curateur public peut en effet, d'office et sans avis, participer au débat. Une particularité doit être soulignée dans les cas où la demande est présentée par le curateur public lui-même. En effet, ce dernier peut démontrer que les efforts ont été vains pour réunir l'assemblée des parents et amis et le tribunal peut alors procéder sans que l'assemblée soit tenue (art. 267 C.c.Q.). Rappelons que lorsque la demande est présentée par une personne autre que le curateur public, une telle dispense n'est possible que dans le cadre d'une

exemple. En ce sens, voir F. Dupin, « Le praticien et la protection des inaptes », *supra*, note 34.

38. En ce sens, F. Dupin, « Être protégé malgré soi », dans Service de la formation permanente, Barreau du Québec, *Pouvoirs publics et protection*, Cowansville, Éditions Yvon Blais, 2003, p. 119. Cet auteur évalue le taux de contestation entre 3 et 5 % des requêtes en ouverture de régime de protection.

39. Voir *M.-A. R.* et *D.T.*, B.E. 2005BE-164 (C.S.) sur l'obligation de signifier également le procès-verbal de l'assemblée de parents aux personnes visées par l'article 877(2) C.p.c.

40. R. Doray souligne que, selon les circonstances, l'évaluation médicale et psychosociale pourrait ainsi se voir transmise au majeur, à la personne raisonnable, au notaire instrumentant, aux personnes qui doivent être convoquées à l'assemblée de parents, d'alliés et d'amis, au greffier de la Cour supérieure. Cet auteur attire l'attention sur le fait qu'un très grand nombre de personnes pourraient ainsi détenir des renseignements extrêmement sensibles sur une personne, ce qui représente une menace potentielle au respect de la vie privée : R. Doray, « La divulgation des évaluations médicales et psychosociales requises pour l'ouverture d'un régime de protection du majeur et le respect de la vie privée », dans Service de la formation permanente, Barreau du Québec, *Famille et protection*, Cowansville, Éditions Yvon Blais, 2005, p. 187, 200-201.

41. Art. 877.0.2 C.p.c., qui prévoit que les expertises doivent également être signifiées ou notifiées au curateur public, et la *Loi sur le curateur public*, précitée, note 26, art. 13. Sur le rôle de surveillance du curateur public : F. Dupin, *loc. cit.*, note 30, p. 139-142.

demande de constitution d'un conseil de tutelle à membre unique
(art. 231 C.c.Q.)[42].

Lorsque la demande est présentée à un notaire, elle est soumise
aux formalités prévues par les articles 863.4 et s. C.p.c.[43] et le notaire
doit être accrédité par le bureau de la Chambre des notaires du
Québec[44]. Le curateur public doit également recevoir signification
de la demande (art. 877.0.2 C.p.c.). Le rôle important des notaires
dans ce domaine fut consacré par la réforme de 1999[45]. Celle-ci avait
pour objet principal d'accorder aux notaires certains pouvoirs dans
les domaines de la tutelle aux mineurs, des régimes de protection des
majeurs, du mandat en prévision de l'inaptitude et de la vérification
des testaments. Une première version de ce texte législatif
(P.L. n° 443) donnait aux notaires un véritable pouvoir décisionnel en
la matière, mais à la suite des travaux parlementaires et des multiples critiques adressées au projet, celui-ci fut sensiblement modifié,
tout en ouvrant un nouveau champ de compétence à la pratique notariale. Essentiellement, cette réforme permet désormais aux justiciables d'introduire une série de demandes auprès d'un notaire plutôt

---

42. C'est donc à tort, selon nous, que la Cour d'appel permet une dispense de la tenue
de l'assemblée dans un dossier où la demande n'était pas présentée par le curateur
public et où aucune demande de constitution d'un conseil de tutelle à membre
unique ne semble avoir été présentée (*L.H.* c. *Québec (Curateur public)*, [2001]
R.D.F. 4, REJB 2001-22099 (C.A.)) ; dans cette cause, les juges majoritaires fondent la dispense sur le fait que les membres proposés pour l'assemblée des parents
et amis avaient déjà été entendus individuellement comme témoins. Outre le fait
que ce dossier ne répondait pas aux exigences légales de la dispense, il convient de
rappeler que le but de l'assemblée est non seulement de prendre l'avis de chaque
personne, mais également de réunir les membres de la famille et les amis afin que
du dialogue et de l'échange émanent les meilleures suggestions et les avis les plus
éclairés. Une façon d'élargir les possibilités de dispense lorsque la demande d'ouverture d'un régime émane d'un particulier, serait d'amender les procédures en
convainquant le curateur public d'agir comme corequérant (en ce sens, F. Dupin,
« État de la jurisprudence en matière de protection légale et conventionnelle »,
dans Service de la formation permanente, Barreau du Québec, *Être protégé malgré soi*, Cowansville, Éditions Yvon Blais, 2002, p. 59, 71).
43. Pour une description détaillée de la procédure avec intervention d'un notaire, voir
A. Roy, « Les régimes de protection du majeur inapte », dans Chambre des notaires
du Québec, *Procédures non contentieuses – Doctrine – Document 5*, Montréal, septembre 2000 et M. Beauchamp, « Procédures devant notaire : c'est le début d'un
temps nouveau... », (2002) 2 *C.P. du N.* 65.
44. Les conditions de l'accréditation sont prévues par le *Règlement sur les conditions
de l'accréditation des notaires en matière d'ouverture ou de révision d'un régime de
protection et de mandat donné par une personne en prévision de son inaptitude*,
(1999) 131 *G.O.Q.* II, 143. Au début de l'année 2002, environ 1300 notaires étaient
accrédités (source : Chambre des notaires du Québec).
45. *Loi modifiant le Code de procédure civile en matière notariale et d'autres dispositions législatives*, L.Q. 1998, c. 51.

qu'à un juge ou un greffier (par exemple, les demandes d'ouverture d'un régime de protection ou celles visant à constater la prise d'effet d'un mandat donné par une personne en prévision de son inaptitude). Les justiciables ont donc le choix d'adresser ce type de demande soit à un notaire, soit au tribunal. Le notaire dispose dès lors de certains pouvoirs qui lui permettent de monter le dossier (ce qui implique notamment de recueillir des témoignages) et de constituer un rapport. Toutefois, l'intervention du notaire, lorsqu'elle est choisie par le demandeur, se situe en amont de l'étape ultime et nécessaire : la décision judiciaire. De plus, dès lors que la demande soumise au notaire fait l'objet d'observations ou de représentations équivalant à une contestation[46], le notaire doit se dessaisir au profit du tribunal qui, lui, pourrait cependant confier au notaire la mission de recueillir la preuve nécessaire pour la poursuite du dossier (art. 863.8 C.p.c.).

Le notaire doit établir une déclaration relatant tous les faits qui fondent la demande. Cette déclaration, accompagnée d'une convocation pour la tenue de l'assemblée de parents, d'alliés et d'amis, doit être signifiée au majeur et notifiée à une personne raisonnable de sa famille, au curateur public et à une personne prévue dans la liste de l'article 15 C.c.Q., c'est-à-dire les personnes appelées à donner un consentement substitué en matière de soins médicaux (art. 877.0.1 C.p.c.). La signification au majeur et la notification aux personnes intéressées doivent se faire avant le début des opérations du notaire[47] et être accompagnées des avis détaillés (art. 863.5, al. 2 C.p.c.). Lorsque le notaire constate la nécessité pour le majeur d'être représenté, il doit se dessaisir du dossier au profit du tribunal (art. 878.1, al. 2 C.p.c.). Si le notaire traite la demande, il doit interroger personnellement le majeur (art. 878 C.p.c.)[48]. Il doit lui-même obtenir et faire état à l'assemblée des parents, d'alliés et d'amis de tous les éléments de la preuve : l'évaluation médicale et psychosociale, l'interrogatoire du majeur concerné par la demande ainsi que toutes les pièces pertinentes du dossier (art. 878.0.1. C.p.c.).

---

46. Ne constitue pas nécessairement une contestation le fait pour le majeur de refuser d'être interrogé par le notaire. Le notaire devra alors s'enquérir des motifs justifiant ce refus et saisir le tribunal s'il en vient à la conclusion que le refus d'être interrogé découle d'une contestation du bien-fondé de la demande : M. Beauchamp, « Procédures devant notaire : c'est le début d'un temps nouveau... », (2002) 2 *C.P. du N.* 65, 80.

47. A. Roy, *loc. cit.*, note 43, par. 42 ; M. Beauchamp et B. Roy, « Les nouvelles procédures judiciaires non contentieuses devant notaire », (1999) 2 *C.P. du N.* 123, 136.

48. Il ne peut déléguer ce devoir d'interroger le majeur que dans le cadre précis de cet article (résidence éloignée du majeur). Si le majeur ne parle ni l'anglais ni le français, le notaire peut se faire assister d'un interprète et l'article 878, al. 3 C.p.c. prévoit les formalités à respecter dans ce cas.

La demande d'ouverture d'un régime de protection peut être présentée dans l'année précédant la majorité ; dans ce cas, le jugement ne prendra effet qu'à la majorité (art. 271 C.c.Q.).

**688.– *Le caractère d'ordre public des procédures*.** On enseigne que les procédures, en matière de protection des inaptes, sont généralement d'ordre public, en raison précisément du fait qu'elles visent à empêcher les procédures abusives contre des personnes incapables de se défendre[49], et qu'elles ont pour effet de restreindre les libertés fondamentales d'un individu telles que consacrées par les articles 6, 9.1 et 24 de la *Charte des droits*[50]. Cependant, seules les formalités essentielles sont jugées d'ordre public, comme la signification des procédures, l'interrogatoire du majeur[51] ou la représentation par avocat[52], bref les garanties procédurales fondamentales. Les simples irrégularités qui n'empêchent pas le tribunal (ou le greffier) de se prononcer adéquatement sur l'inaptitude et sur l'opportunité de la mise en place d'un régime de protection, ne seront pas réputées d'ordre public[53] et ne seront dès lors sanctionnées que de nullité relative[54].

**689.–** La requête doit être accompagnée d'une évaluation médicale et psychosociale afin de permettre au tribunal de constater l'inaptitude et de tenir compte de la situation complète du majeur dans le choix et l'élaboration du régime de protection. La production de ces pièces doit être faite en principe au moins dix jours avant la date fixée pour l'audition (art. 878.2 C.p.c.). En vue de faciliter les démarches, la loi autorise le requérant à avoir accès et à obtenir copie des rapports d'évaluation médicale et psychosociale[55].

**690.–** *L'accès au dossier médical.* L'article 22 de la *Loi sur les services de santé et les services sociaux* se lit ainsi :

Le tuteur, le curateur, le mandataire ou la personne qui peut consentir aux soins d'un usager a droit d'accès aux renseignements contenus au

---

49. C. Boisclair, « Les incapacités », (1988-1989) 2 *C.F.P.B.Q.* 145, 153.
50. *Québec (Curateur public)* et *M.B.*, B.E. 2003BE-501, REJB 2003-43236 (C.A.).
51. *U...G...* c. *A...G...* et al., [1994] R.D.F. 634, EYB 1994-58700 (C.A.).
52. *C.D.* c. *Québec (Curateur public)*, [2001] R.J.Q. 1708, REJB 2001-25356 (C.A.).
53. *U...G...* c. *A...G...* et al., précité, note 51.
54. Précité, note 52.
55. *Loi sur les services de santé et les services sociaux*, précitée, note 11, art. 22. Cette disposition implique que sur une demande d'accès au dossier, pour les fins de l'ouverture d'un régime de protection, une évaluation médicale et psychosociale soit faite ; si le rapport conclut à l'inaptitude, l'accès doit être autorisé. En pratique, les évaluations sont alors communiquées sous pli confidentiel au requérant (Association des hôpitaux du Québec, *La protection de la personne dans un établissement de santé*, Collection « Code civil du Québec », Montréal, 1994, p. 53).

dossier de l'usager dans la mesure où cette communication est nécessaire pour l'exercice de ce pouvoir.

La personne qui atteste sous serment qu'elle entend demander pour un usager l'ouverture ou la révision d'un régime de protection ou l'homologation d'un mandat donné en prévision de son inaptitude, a droit d'accès aux renseignements contenus dans l'évaluation médicale et psychosociale de cet usager, lorsque l'évaluation conclut à l'inaptitude de la personne à prendre soin d'elle-même et à administrer ses biens. Un seul requérant a droit d'accès à ces renseignements.

Certains observateurs suggèrent que l'obtention de ces rapports par le requérant en vertu de cet article heurterait potentiellement le droit à la vie privée du majeur pour lequel l'ouverture d'un régime de protection est demandé. Les arguments principaux à l'appui de cette prétention sont que la loi ne requiert pas de celui qui désire obtenir copie de ces rapports qu'il en démontre la nécessité, contrairement à la tendance jurisprudentielle en matière de vie privée. Ces auteurs déplorent également que le majeur déclaré inapte ne soit pas informé de cette démarche d'obtention des rapports, que l'établissement de santé visé par la demande n'ait pas le pouvoir de s'assurer des bonnes intentions du requérant, et enfin, que le degré d'inaptitude du majeur ne soit pas un facteur à considérer lorsqu'il s'agit de transmettre ces renseignements ou non[56]. Par aileurs, cette disposition est également surprenante, dans la mesure où le deuxième alinéa prévoit qu'un tiers dispose, avant l'ouverture éventuelle d'un régime de protection, d'un accès à des renseignements personnels très sensibles, alors que le premier alinéa édicte que le tuteur et le curateur, pourtant désignés par la Cour supérieure comme représentants et protecteurs de la personne inapte, n'y ont qu'un accès restreint. De plus, certains observateurs font remarquer que l'article 22 de la loi fait l'objet d'applications passablement variables selon les établissements[57].

**691.–** L'exigence du dépôt des rapports n'est pas expressément prévue par la loi, mais on peut soutenir qu'elle découle implicitement de l'article 276 C.c.Q. qui oblige le tribunal à prendre ces évaluations en considération[58]. Un courant en jurisprudence fait d'ailleurs de

---

56. R. Doray, *loc. cit.*, note 40, p. 187, 209-215 et plus particulièrement les pages 210-212 pour une critique très convaincante de l'article 22 de la *Loi sur les services de santé et les services sociaux.*

57. H. Guay, « Quelles sont les limites à l'intervention d'un établissement de santé pour fins de protection des personnes majeures inaptes ? », dans Service de la formation permanente, Barreau du Québec, *Responsabilités et mécanisme de protection*, Cowansville. Éditions Yvon Blais, 2004, p. 1, 13.

58. On peut ajouter à cela qu'il paraît logique que l'intention du législateur était d'imposer la production des évaluations médicales et psychosociales dans le cas d'ouverture d'un régime de protection, puisqu'il l'exige expressément pour l'homo-

l'absence de l'évaluation médicale et psychosociale un motif d'irrecevabilité de la requête en ouverture d'un régime de protection[59]. D'autres décisions vont par contre dans le sens contraire et font une lecture littérale de cette disposition en estimant que l'évaluation médicale et psychosociale n'est pas une condition formelle, contrairement à ce qui prévaut en matière d'homologation des mandats en cas d'inaptitude[60]. Il convient sans doute d'analyser cette question à la lumière de la jurisprudence relative à l'exigence de la production d'une évaluation médicale et psychosociale dans le cadre de l'article 270 C.c.Q., la Cour d'appel ayant décidé, comme nous l'avons vu plus haut, que le défaut de production d'une telle évaluation n'était sanctionné que de nullité relative[61].

### B. L'interrogatoire et la représentation du majeur

**692.**– *Le majeur doit être entendu lorsque son état de santé le permet.* Principe fondamental du débat judiciaire, la règle *audi alteram partem* est expressément consacrée par l'article 276, al. 2 C.c.Q. qui donne le droit au majeur d'être entendu, personnellement ou par un représentant, si son état de santé le requiert, sur toutes les facettes de la demande. La règle *audi alteram partem* implique également le droit pour le majeur de produire des témoins afin de contredire la preuve apportée par le requérant (art. 879 C.p.c.). Il peut également donner son propre avis sur le bien-fondé de la demande, notamment l'opportunité d'ouvrir un régime de protection à son égard, sur la

---

logation d'un mandat donné en prévision de l'inaptitude alors que cette procédure est supposément moins contraignante (*contra* : M. Jarry, « Quelques problèmes de preuve et de procédure en matière de régime de protection », dans *Congrès annuel du Barreau du Québec 1991*, Montréal, Service de la formation permanente, Barreau du Québec, 1991, p. 612).

59.  *U.G.* c. *A.G. et curateur public*, C.S. Montréal, n° 003-912, 15 décembre 1992, juge F. Bélanger ; *C.T. (in re)*, C.S. Trois-Rivières, n° 410-14-000065-948, 9 février 1995, juge L. Rochette ; *M.R. (in re)*, C.S. Montréal, n° 500-14- 000376-939, 2 mai 1995, juge S. Borenstein : décisions citées par F. Dupin, « Les rapports médical et psychosocial : peut-on s'en passer ? », (1996) 56 *R. du B.* 119. Dans *M.G.* c. *L.B. et curateur public*, [1995] R.D.F. 714, EYB 1995-29037 (C.S.). Le tribunal estime pourtant pouvoir se passer des évaluations dans un dossier où la personne ne constituait pas un danger pour elle-même ou pour les tiers et où se posait un sérieux problème d'aptitude à administrer les biens. Le tribunal écrit qu'il serait contraire au but du Code civil que d'empêcher le tribunal d'ouvrir un régime de protection en l'absence des évaluations.

60.  En ce sens, *D.(J.)* c. *D.(L.)*, REJB 1999-10585 (C.S.).

61.  À ce sujet voir : H. Guay, « Quelles sont les responsabilités des intervenants qui réalisent les diverses évaluations en milieu de santé ? », dans Service de la formation permanente, Barreau du Québec, *Responsabilités et mécanisme de protection*, Cowansville, Éditions Yvon Blais, 2004, p. 181, 188-191.

nature du régime et sur le choix de la personne qui devrait être nommée comme tuteur, curateur ou conseiller.

**693.**– De plus, comme nous l'avons mentionné plus haut, avant même la tenue de l'assemblée des parents, d'alliés et d'amis, le juge, le greffier ou, le cas échéant, le notaire, a l'obligation d'interroger le majeur, à moins que cela soit impossible en raison de son état de santé (art. 878 C.p.c.). Le but de cet interrogatoire est de permettre à celui qui est saisi de la demande de s'assurer *de visu* de l'inaptitude de l'intimé[62]. Si, à l'issue de cet interrogatoire, un doute subsiste, la requête doit être rejetée par le tribunal[63] et, dans le cas où il s'agit d'une demande devant notaire, celui-ci doit en faire état dans ses conclusions consignées dans son procès-verbal. Cet interrogatoire doit être pris par écrit et transmis à l'assemblée des parents (art. 878 et 878.0.1 C.p.c.).

**694.**– *Les règles de la représentation et de l'audition des majeurs inaptes.* Dans le cadre de la demande d'ouverture d'un régime de protection, les règles générales relatives à la représentation et à l'audition des majeurs inaptes s'appliquent lorsque le juge ou le greffier constate que cela est nécessaire pour assurer la sauvegarde des droits du majeur (art. 878.1 C.p.c.).

Ces règles sont identiques à celles qui concernent la représentation et l'audition des mineurs[64] : possibilité de rendre des ordonnances pour assurer la représentation par avocat (art. 394.1 C.p.c.)[65], désignation d'un tuteur ou d'un curateur *ad hoc* (art. 394.2 C.p.c.), interrogatoire en dehors de la présence des parties et hors du prétoire (art. 394.4 et 394.5 C.p.c.). Ces mécanismes ne jouent pas dans le cadre des demandes adressées à un notaire. Le notaire doit, en effet,

---

62. F. Dupin, *loc. cit.*, note 34, p. 39-40.
63. *Re Savage*, C.S. Montréal, n° 500-14-002336-907, 30 janvier 1991, juge Warren ; *Re Blanchet*, C.S. St-François, n° 450-14-000241-917, 3 septembre 1991, protonotaire Tremblay, cité par F. Dupin, *loc. cit.*, note 34, p. 47. Il faut noter que le juge et le greffier détiennent à cet égard de vastes pouvoirs puisqu'ils peuvent, à tout moment avant le jugement, ordonner, même d'office, la production de toute preuve additionnelle et l'assignation de nouveaux témoins, art. 878.3, 863.1 et 863.2 C.p.c. (pour un cas d'application, voir *Lévesque* c. *Ouellet et curateur public*, [1990] R.J.Q. 2607 (C.S.)). Quant à la possibilité pour une partie de demander que le majeur se soumette à un examen médical en vertu de l'article 399 C.p.c., voir l'arrêt *Kasovicz* c. *Barzik*, [1990] R.J.Q. 2800, EYB 1990-57090 (C.A.).
64. Art. 394.1 à 394.5 C.p.c. Pour l'étude détaillée de ces dispositions, voir *supra*, Titre I, chap. IV, Le respect des droits de l'enfant.
65. Le rôle de l'avocat, dans ce cas, est *ad hoc*, en ce sens que sa mission est limitée à veiller à ce que la décision soit prise dans le meilleur intérêt du majeur. En ce sens, *E.(G.)* c. *E.(B.)*, [1994] R.J.Q. 1563, EYB 1994-28723 (C.S.).

se dessaisir dès qu'il apparaît que le majeur devrait être représenté (art. 878.1 C.p.c.).

**695.**– Il faut toutefois souligner que le législateur semble faire une distinction entre le majeur que le tribunal « estime inapte » et celui qui est effectivement inapte et pour lequel un régime de protection a déjà été mis en place. Ainsi, par exemple, le tribunal peut permettre au « majeur qu'il estime inapte » d'être accompagné d'une personne pour le rassurer (art. 394.3 C.p.c.). Par contre, la désignation d'un tuteur ou d'un curateur *ad hoc* ne vise évidemment que les cas des majeurs inaptes, qui sont déjà sous tutelle ou curatelle. Plus étonnant est le fait que, en ce qui concerne les règles d'audition, le législateur a utilisé parfois les termes « qu'il estime inapte » et d'autres fois « majeur inapte ». À titre d'exemple, le texte laisse entendre que seul le « majeur inapte », donc déjà protégé, peut être interrogé en dehors de la présence des parties. Cette restriction semble pourtant aller à l'encontre de l'économie générale de la loi dont l'objectif est la protection efficace de la personne à autonomie restreinte. Nous suggérons qu'il conviendrait donc d'interpréter cette expression comme référant à l'inaptitude factuelle, comme c'est le cas en matière de consentement aux soins[66].

## C. Le conseil de tutelle et l'assemblée des parents et amis

**696.**– *Renvoi aux règles relatives à la tutelle au mineur.* L'article 266 C.c.Q. édicte que les règles de la tutelle au mineur s'appliquent *mutatis mutandis* à la curatelle et à la tutelle au majeur. Il y a donc convocation de l'assemblée des parents, alliés et amis et constitution d'un conseil de tutelle[67]. Avant de prendre une décision sur l'ouverture d'un régime, le tribunal doit prendre l'avis des personnes susceptibles de former le conseil de tutelle dont, notamment, celles qui sont convoquées à l'assemblée des parents (art. 276 C.c.Q.). À noter que l'obligation du tribunal (ou du greffier) n'en est qu'une de consultation et que, dès lors, l'avis de l'assemblée ne lie pas le décideur. Quant aux « adaptations nécessaires » prévues par l'article 266 C.c.Q., elles invitent à faire une lecture des dispositions au chapitre des mineurs en tenant compte des principes qui président à la protection des majeurs. Ainsi, l'assemblée des parents, alliés et amis a certainement à se pencher sur la question de l'opportunité d'un régime de protec-

---

66. Art. 11 et s. C.c.Q.
67. Le législateur utilise les termes « conseil de tutelle », même dans le cadre de la curatelle. Voir, par exemple, l'article 297, al. 2 C.c.Q. et l'article 27 des dispositions transitoires (*Loi sur l'application de la réforme du Code civil*, L.Q. 1992, c. 57). Certaines décisions judiciaires utilisent l'expression « conseil de tutelle » (*R.G.* c. *A.G.*, J.E. 2000-1215, REJB 2000-19101 (C.S.)) ; d'autres préfèrent les termes « conseil de curatelle » (*Québec (Curateur public)* c. *P.S.*, [2000] R.J.Q. 476, REJB 1999-16623 (C.S.)), ce qui permet d'éviter toute confusion quant à la nature du régime de protection.

tion, alors qu'en ce qui concerne les mineurs, le rôle de l'assemblée est plus restreint à cet égard et elle n'aura à se pencher que sur la constitution du conseil de tutelle.

**697.–** Le législateur édicte toutefois certaines règles qui sont différentes de celles qui s'appliquent au mineur. Ainsi, lorsque la demande émane du curateur public, le tribunal peut procéder sans convocation de l'assemblée des parents, s'il est démontré que des efforts suffisants ont été faits pour réunir cette assemblée et qu'ils sont restés vains (art. 267 C.c.Q.)[68]. Autre différence, parmi les personnes qui, le cas échéant, doivent obligatoirement être convoquées à l'assemblée des parents, s'ajoutent le conjoint et les descendants au premier degré (art. 266, al. 2 C.c.Q.). Une fois de plus, le but de la loi est de favoriser l'engagement des proches. Toutefois, malgré le caractère mandatoire des articles 226 et 266 C.c.Q., la jurisprudence applique ces dispositions avec souplesse[69].

### §3 - Les mesures de protection provisoire

#### A. La garde provisoire

**698.–** *La protection du majeur avant l'instance et la garde pendant l'instance.* Le tribunal peut, même d'office, statuer sur la garde du majeur visé par une demande d'ouverture d'un régime de protection. Les conditions suivantes doivent toutefois être remplies (art. 272 C.c.Q.)[70] :

– l'instance doit être commencée[71] ;

---

68. Soulignons que cette exception ne s'applique que lorsque la requête est présentée par le curateur public. Pour les autres, cette dispense n'est possible que dans les cas visés par l'article 231 C.c.Q., c'est-à-dire lorsqu'il y a constitution d'un conseil de tutelle à membre unique. Sur cette question, voir *supra*, Titre I, chap. III, La tutelle.
69. Voir, notamment, *Moreau* c. *Mathieu*, J.E. 91-274, EYB 1990-75808 (C.S.) et *Guay* c. *Curateur public*, [1990] R.J.Q. 1937, EYB 1990-76672 ; M. Jarry, *loc. cit.*, note 58, p. 613. Voir cependant *Re M.N.*, EYB 2004-79925 (C.S.) où l'omission d'avoir convoqué la fille et la sœur de la personne inapte, n'est excusée qu'en raison du fait que ces deux parentes sont atteintes de graves maladies et que leur absence ne cause aucun préjudice à l'inapte.
70. Cette disposition, qui s'impose pour protéger efficacement la personne avant le jugement (*Comm.*, p. 184), ne doit toutefois pas servir à contourner les dispositions qui sont spécifiques à la garde en établissement psychiatrique (art. 26 à 31 C.c.Q.), même si la frontière entre les deux situations peut se révéler floue et imprécise dans la pratique (M. Ouellette, précité, note 7, p. 131).
71. *Curateur public du Québec* c. *Boulianne*, [1992] R.D.F. 486, EYB 1992-74985 (C.S.).

– le majeur ne peut manifestement prendre soin de lui-même ;

– la garde est nécessaire pour éviter au majeur un préjudice sérieux.

De plus, le tribunal peut ordonner des mesures visant la protection de la personne avant les procédures, à la condition que celles-ci soient imminentes et qu'il y ait lieu d'agir pour éviter au majeur un préjudice sérieux. Le législateur comblait ainsi en 1999 une lacune dans le texte de l'article 272 C.c.Q. qui rendait problématique la protection de la personne pendant la période qui précède la présentation formelle de la demande. Cet ajout permet de répondre plus efficacement aux agissements d'abuseurs[72].

Mentionnons que la protection de la personne avant le début des procédures peut également être assurée, mais de façon partielle par d'autres dispositions légales, notamment au chapitre du consentement aux soins[73].

### B. Les actes d'administration urgents

**699.**– *La conservation du patrimoine est assurée, même avant le jugement.* Avant que ne soit rendu le jugement qui ouvre un régime de protection, il peut être important de faire certains actes afin de protéger les biens du majeur qui peuvent être en péril parce que personne ne s'en occupe ou parce que le majeur risque de prendre des décisions inconsidérées. La loi y pourvoit de plusieurs façons. Elle prévoit en premier lieu que le mandat par lequel le majeur a déjà chargé une autre personne de l'administration de ses biens, peut s'exécuter malgré la demande d'ouverture d'un régime (art. 273, al. 1 C.c.Q.)[74]. Cette règle s'applique également pour le mandat entre époux[75]. En

---

72. En ce sens, F. Dupin, « Les matières non contentieuses », dans Service de la formation permanente, Barreau du Québec, *Développements récents en droit civil (2000)*, Cowansville, Éditions Yvon Blais, 2000, p. 59, 67 ; l'auteur signale que ce mécanisme aura pour effet de faciliter l'intervention du curateur public auprès des personnes victimes d'abus de la part de leur entourage.
73. Voir les dispositions du Code civil en matière de consentement aux soins.
74. Alors que normalement le mandat ordinaire prend fin lorsque survient l'inaptitude, la loi prévoit donc qu'il continue de produire ses effets dans le cadre limité d'une demande d'ouverture d'un régime de protection. Sur cette question, voir *infra*, chap. III, Le mandat donné en prévision de l'inaptitude.
75. Art. 444 C.c.Q. : « Le tribunal peut confier à l'un des époux le mandat d'administrer les biens de son conjoint ou les biens dont celui-ci a l'administration en vertu du régime matrimonial, lorsque le conjoint ne peut manifester sa volonté ou ne peut le faire en temps utile. Il fixe les modalités et les conditions d'exercice des pouvoirs conférés. »

l'absence de mandat, le curateur public et toute personne qui a qualité pour demander l'ouverture d'un régime peuvent, dans le respect des règles de la gestion d'affaires (art. 1482 et s. C.c.Q.)[76], faire les actes urgents nécessaires à la conservation du patrimoine (art. 273, al. 2 C.c.Q.). Cette possibilité existe pendant l'instance, mais également avant l'instance si une demande d'ouverture est imminente. Le législateur permet ainsi d'assurer la protection patrimoniale du majeur dès que son inaptitude est constatée par ses proches[77].

En dehors de ces cas de mandat ou de gestion d'affaires, le tribunal peut désigner le curateur public ou une autre personne pour accomplir un acte déterminé ou exercer la simple administration provisoire des biens du majeur (art. 274 C.c.Q.)[78]. L'objectif de cette disposition est d'éviter que la vacance de représentation porte atteinte aux intérêts patrimoniaux du majeur en attendant la nomination d'un représentant définitif. Il ne s'agit donc pas d'utiliser ce mécanisme pour procéder à des actes dont l'impact financier serait considérable, comme la vente d'un immeuble important[79]. Cette mesure préventive peut également trouver son utilité lorsque l'administrateur des biens se trouve en situation de conflit potentiel avec les membres de la famille[80]. Le tribunal peut donc procéder à la désignation aussi bien pendant qu'avant l'instance, à la condition toutefois que la demande d'ouverture d'un régime soit « imminente ». La preuve des démarches entreprises doit alors être faite. On ne pourrait se contenter d'une simple mention dans la requête que la demande est imminente. L'imminence s'apprécie concrètement en fonction des circonstances particulières mises en preuve[81].

---

76. Sur la gestion d'affaires par le curateur public pendant l'instance, voir F. Dupin, « Le curateur public : mode d'emploi et interface avec les autres organismes », dans Service de la formation permanente, Barreau du Québec, *Pouvoirs publics et protection*, Cowansville, Éditions Yvon Blais, 2003, p. 127, 132-135.
77. *Comm.*, p. 185.
78. Cette disposition devrait également pouvoir s'appliquer s'il y a un motif sérieux permettant la révocation du mandat ou si le gérant d'affaires agit contre les intérêts du majeur au point qu'un préjudice sérieux soit à craindre (*contra* : *Curateur public du Québec* c. *R...P...L... et al.*, précité, note 9, p. 1464).
79. *Québec (Curateur public)* c. *B.(D.)*, [1998] R.D.F. 331 (C.S.) ; en l'espèce, le curateur public est cependant autorisé à effectuer les démarches préparatoires à la vente d'un immeuble (publier des annonces, retenir les services d'un courtier en immeubles, etc.) ; pour un commentaire de cette décision, voir F. Dupin, *loc. cit.*, note 72, p. 66.
80. *Québec (Curateur public)* c. *N.-F.(M.)*, [1998] R.D.F. 522, REJB 1998-07078 (C.S.).
81. *Curateur public du Québec* c. *R...P...L... et al.*, précité, note 9.

Cette procédure demeure exceptionnelle et elle n'a pour but que d'éviter un préjudice sérieux lorsque aucun autre mécanisme ne permet de répondre adéquatement à cette situation d'urgence[82].

### C. La conservation des biens à caractère personnel

**700.–** *La protection provisoire du logement, des meubles et des souvenirs.* Pendant l'instance, le logement du majeur et les meubles qu'il contient doivent être gardés à sa disposition[83]. Cependant, l'aliénation de certains de ces biens devient possible dans la stricte observance des conditions de l'article 275, al. 2 C.c.Q., c'est-à-dire si cela est nécessaire ou si l'intérêt du majeur le dicte. Cette disposition devrait faire l'objet d'une interprétation restrictive, car elle constitue une atteinte à l'intégrité du patrimoine de la personne alors qu'aucun régime de protection n'est en place[84].

Dans tous les cas, les souvenirs et les objets à caractère personnel sont protégés de façon quasi absolue puisque seul un motif impérieux permet d'en disposer (art. 275, al. 2 C.c.Q.)[85].

### §4 - La décision

**701.–** *La règle* ultra petita *ne s'applique pas à la demande d'ouverture d'un régime de protection.* La décision doit être prise dans le seul intérêt du majeur, le respect de ses droits et la sauvegarde de son autonomie (art. 257 C.c.Q.)[86]. Il ne peut être procédé à l'ouverture d'un régime de protection que si le majeur a réellement besoin d'être

---

82. *Moreau* c. *Lavoie et al.*, C.S. (Kamouraska), n° 250-14-000009-920, 20 mars 1992, protonotaire G. Corbeil ; *Curateur public du Québec* c. *R...P...L... et al.*, précité, note 9 et *Curateur public du Québec* c. *Boulianne*, précité, note 71. En ce sens, voir également, voir F. Dupin, « Le curateur public : mode d'emploi et interface avec les autres organismes », dans Service de la formation permanente, Barreau du Québec, *Pouvoirs publics et protection*, Cowansville, Éditions Yvon Blais, 2003, p. 127.
83. Sur cette question, voir *supra*, chap. I, La protection des majeurs : principes généraux.
84. Il faut lire cette disposition avec le principe de l'article 274 C.c.Q. qui prévoit la possibilité d'aliéner un bien, avec l'autorisation du tribunal, en cas d'urgence et dans le but de conserver le patrimoine (exemple : un bien qui nécessite des réparations urgentes et essentielles mettant en péril le patrimoine de la personne).
85. Il est difficile d'imaginer quel motif serait suffisamment « impérieux » pour justifier que l'on interdise à un majeur inapte de garder ses albums de famille et autres souvenirs du genre.
86. Voir *supra*, chap. I, La protection des majeurs : principes généraux ; *B.(M.-P.)* c. *F.(R.)*, REJB 1999-14637 (C.S.), confirmé par la Cour d'appel le 8 mars 2001, REJB 2001-23874 (C.A.).

représenté ou assisté[87]. Le constat d'un tel besoin oblige par contre le tribunal à mettre en place un régime de protection lorsque les autres conditions légales sont réunies. Ainsi, le jugement ne pourrait faire dépendre l'ouverture du régime de la réalisation d'une condition, pas plus qu'il ne pourrait prévoir un terme qui équivaudrait à une main-levée automatique[88]. Le tribunal doit prendre en considération l'avis des personnes susceptibles d'être appelées à former le conseil de tutelle, les évaluations médicales et psychosociales, ainsi que, le cas échéant, les volontés que le majeur a exprimées dans un mandat en prévision de son inaptitude qui n'a pas été homologué (art. 276 C.c.Q.)[89]. Le tribunal n'est pas lié par la demande et il peut fixer un régime différent de celui réclamé, si cela s'avère dans l'intérêt du majeur[90].

Lorsque la procédure s'est déroulée devant notaire et que, par conséquent, le tribunal est ensuite saisi par le dépôt du rapport du notaire, le juge ou le greffier peut accueillir les conclusions de ce procès-verbal en l'absence de contestation dans les dix jours (art. 863.9 C.p.c.)[91].

**702.–** *Signification, révision et appel.* Le jugement doit être signifié au majeur et une copie doit en être transmise sans délai et sans frais au curateur public (art. 883 et 863.3 C.p.c.) afin de permettre à ce dernier d'exercer son rôle de surveillance des régimes de protection[92]. La décision de procéder à l'ouverture d'un régime est toujours suscep-tible de révision (art. 277 C.c.Q.)[93] et elle peut faire l'objet d'un appel

---

87. Art. 281, 285 et 291 C.c.Q. Ainsi, la demande sera rejetée si le majeur est déjà adé-quatement représenté dans le cadre d'un mandat donné en prévision de son inap-titude et dûment homologué. Voir *infra*, chap. III, Le mandat donné en prévision de l'inaptitude.
88. *Québec (Curateur public)* c. *D.P.*, [2001] R.J.Q. 45, REJB 2000-22326 (C.A.) ; en l'espèce la Cour d'appel reproche au premier juge d'avoir fait dépendre l'ouverture de la tutelle de l'absence de nomination d'un fiduciaire et d'avoir fixé un terme à la tutelle.
89. *D.(J.)* c. *D.(L.).,* REJB 1999-10585 (C.S.) ; *G.(G.)* c. *B.(J.)*, J.E. 98-215, REJB 1997-07022 (C.S.).
90. Art. 268, al. 2 C.c.Q. et art. 881 C.p.c. *Trottier* c. *Deslauriers-Trottier et curateur public*, [1992] R.D.F. 692 (C.S.).
91. Pour une critique de ce délai, voir M. Beauchamp, « Les nouvelles compétences attribuées au notaire : commentaire et critique », dans Service de la formation permanente, Barreau du Québec, *Les mandats en cas d'inaptitude : une panacée ?*, Cowansville, Éditions Yvon Blais, 2001, p. 53, 66.
92. *Loi sur le curateur public*, précitée, note 26, art. 12.
93. Sur la question de la révision, voir *infra*, la surveillance et la révision des régimes de protection. Rappelons que lorsque la décision est rendue par le greffier, elle peut être révisée par le juge sur demande signifiée dans les dix jours (art. 863, al. 2 C.p.c.).

de plein droit à la Cour d'appel (art. 26, par. 3 C.p.c.). La décision d'ouverture d'un régime prise par le greffier n'est cependant pas soumise au pouvoir de révision du tribunal au sens de l'article 42 C.p.c.[94]. La révision de la décision est donc soumise aux formalités prescrites pour l'ouverture du régime lui-même.

## Section II
## Description des régimes de protection

### §1 - Les régimes de représentation

#### A. La curatelle

**703.– *Étendue de l'inaptitude*.** La curatelle n'est établie que dans les cas d'inaptitude totale et permanente du majeur à prendre soin de lui-même et de ses biens (art. 281 C.c.Q.). Il s'agit du régime de représentation le plus sévère. En pratique, comme le souligne le ministre de la Justice dans les commentaires officiels, la curatelle ne s'applique qu'aux personnes atteintes d'une déficience mentale profonde ou dont les facultés sont profondément et irrémédiablement altérées par une maladie ou par un accident[95].

L'effet de la curatelle est de soumettre le majeur, désormais représenté par un curateur[96], à un régime d'incapacité d'exercice générale, sous réserve de la capacité résiduelle éventuelle en matière de consentement aux soins. De plus, le majeur est frappé d'un certain nombre d'incapacités de jouissance en matière de testament (art. 710 et 711 C.c.Q.), de donations (art. 1813 C.c.Q.), de conventions matrimoniales (art. 436 C.c.Q. *a contrario*)[97], d'administration des personnes morales[98] et d'administration du bien d'autrui (art. 1355 C.c.Q.). Ces incapacités spécifiques (particulièrement l'interdiction de tester)

---

94. *D.(C.)* c. *D.(A.)*, J.E. 95-1063, EYB 1995-78244 (C.S.).
95. *Comm.*, p. 191.
96. Pour un cas d'application : *Protection de la jeunesse – 759*, J.E. 95-1101, EYB 1995-94351 (C.Q.).
97. Quant aux discussions concernant la capacité du majeur sous curatelle de se marier, voir M.D.-Castelli et D. Goubau, *Le droit de la famille au Québec*, 5ᵉ éd., Québec, Presses de l'Université Laval, 2005, p. 35-36. et M. Ouellette, *Droit de la famille*, 2ᵉ éd., Montréal, Éditions Thémis, 1991, p. 16. Voir *C.(R.)* c. *CL. (D.)*, EYB 2007-123619 (C.S.) où le tribunal se base sur une preuve factuelle d'inaptitude (au sens de l'article 1398 C.c.Q.) plutôt que sur le fait que la personne était sous curatelle au moment de la célébration, pour faire droit à une demande d'annulation de mariage
98. Art. 327 C.c.Q. et art. 123.73 de la *Loi sur les compagnies*, L.R.Q., c. C-38.

illustrent la gravité d'une décision d'ouverture de curatelle et, par conséquent, justifient l'importance accordée aux règles procédurales que certains pourraient juger contraignantes à l'excès.

**704.–** *Les pouvoirs d'administration du curateur.* Le curateur a la pleine administration des biens du majeur[99] et seules les règles de l'administration du bien d'autrui s'appliquent (art. 282 C.c.Q.)[100]. À la différence de l'administrateur chargé de la simple administration, le curateur ne doit pas seulement conserver le patrimoine du majeur, mais il doit le faire fructifier, l'accroître et, le cas échéant, réaliser l'affectation de certains biens (art. 1306 C.c.Q.). Ces obligations très lourdes s'accompagnent des pleins pouvoirs : celui d'aliéner à titre onéreux[101], de grever un bien d'un droit réel, d'en changer la destination et, de façon générale, de faire tout acte utile et respectueux de l'intérêt du majeur (art. 1307 C.c.Q.). L'octroi de pouvoirs aussi étendus s'explique et se justifie par le fait que vraisemblablement le majeur ne pourra jamais reprendre le contrôle de son patrimoine, compte tenu du caractère permanent de son inaptitude à exprimer sa volonté[102]. La volonté de protéger la personne a néanmoins amené le législateur à imposer une limite aux pouvoirs du curateur, car il ne peut faire que des « placements présumés sûrs »[103].

**705.–** *La sanction des actes faits seul par le majeur sous curatelle.* L'acte fait postérieurement au jugement de protection, par le majeur qui n'est pas représenté par son curateur, peut être annulé ou les obligations qui en découlent réduites, sur la seule preuve qu'il s'agit d'un majeur sous curatelle et sans qu'il soit nécessaire de faire la preuve

---

99.   Cette règle ne s'applique pas au curateur public qui n'a que les pouvoirs de simple administration, même lorsqu'il agit comme curateur (art. 262 C.c.Q.). Voir *infra*, les règles relatives à l'intervention du curateur public.

100.  Le jugement qui ouvre la curatelle ne pourrait pas augmenter ou diminuer les pouvoirs du curateur (en ce sens, voir M. Ouellette, « De la capacité des personnes », (1988) 1 *C.P. du N.* 198). Sur les règles générales de l'administration du bien d'autrui, voir *supra*, Titre I, chap. III, L'administration tutélaire.

101.  À noter que la prohibition des libéralités faite au tuteur s'applique également au curateur.

102.  *Comm.*, p. 192. Dans le même sens, F. Rainville, « De l'administration du bien d'autrui », dans *La réforme du Code civil*, Québec, P.U.L., 1993, p. 800. *Contra :* M. Cantin Cumyn, *L'administration du bien d'autrui*, dans *Traité de droit civil*, Montréal, C.R.D.P.C.Q., Éditions Yvon Blais, 2000, par. 195 ; cette auteure remet en question le bien-fondé de l'extension des pouvoirs du curateur, en raison du fait que dans bien des cas, cette administration est plutôt aléatoire. Sans doute peut-on répondre à cela que l'objectif d'efficacité et de rentabilité de la pleine administration implique certains risques et que ceux-là sont donc inévitables, mais tout de même calculés puisque le curateur est soumis à d'importantes mesures de contrôle.

103.  Art. 282, 1339 et s. C.c.Q.

d'un préjudice (art. 283 C.c.Q.)[104]. On peut donc dire qu'il y a là une présomption irréfragable d'absence de volonté claire et consciente[105]. L'acte antérieur à l'ouverture de la curatelle est frappé de la même sanction (nullité relative ou réduction des obligations)[106], à la condition que l'inaptitude[107] de la personne ait été notoire à l'époque où l'acte a été passé ou, du moins, qu'elle était connue du cocontractant[108]. La preuve d'un préjudice n'est pas requise[109]. Cependant, lorsque toutes les conditions d'annulation ou de réduction des obligations sont réunies, le tribunal doit accéder à la demande. Le terme « peuvent » de l'article 284 C.c.Q. exprime, en effet, un devoir pour le tribunal d'exercer ce pouvoir puisqu'il y va de l'intérêt du majeur[110]. Soulignons également que le curateur aux biens du majeur peut réclamer les biens au nom du majeur nonobstant le fait qu'ils soient sortis du patrimoine de ce dernier, puisque le curateur administre

---

104. Il s'agit d'une nullité de protection, donc relative.
105. J. Pineau, D. Burman et S. Gaudet, *Théorie des obligations*, 4e éd., Montréal, Éditions Thémis, 2001, p. 266 ; D. Lluelles et B. Moore, *Droit des obligations*, Montréal, Éditions Thémis, 2006, p. 484.
106. Il existe pourtant une différence notoire : en cas d'annulation d'un acte antérieur, le majeur ne peut bénéficier de la règle de la restitution partielle prévue par l'article 1706 C.c.Q. ; *Rosconi* c. *Dubois*, [1951] R.C.S. 554 ; voir en ce sens J. Pineau, « Théorie des obligations », dans *La réforme du Code civil*, Québec, P.U.L., 1993, p. 90-91.
107. La preuve de l'inaptitude devra forcément différer de celle ayant servi à la nomination du curateur ; c'est pourquoi le législateur permet la preuve indirecte passant par la connaissance de l'inaptitude par l'autre partie : D. Lluelles et B. Moore, *Droit des obligations*, Montréal, Éditions Thémis, 2006, p. 486.
108. *R.G.* c. *A.G.*, J.E. 2000-1215, REJB 2000-19101 (C.S.) (annulation d'un mariage antérieur à l'ouverture du régime de protection). La révocation d'un testament antérieur serait cependant impossible puisque l'acte ne produit aucun effet du vivant de la personne protégée (*L.S.* c. *L.L.*, [1994] R.D.F. 235, EYB 1994-84339 (C.S.) et M. Cantin Cumyn, *op. cit.*, note 12, par. 214), à moins que l'incapacité au moment de la confection du testament ne soit démontrée par la preuve (en ce sens, *St-Martin* c. *St-Martin*, J.E. 2001-1663, REJB 2001-25861 (C.S.)). Voir *Legault* c. *Kulas*, B.E. 2006BE-1062, EYB 2006-101686 (C.S.), pour un cas d'application de l'article 284 C.c.Q. où l'inaptitude n'est pas prouvée.
109. Cela résulte des termes de l'article 284 C.c.Q. « sur la seule preuve » : J.-L. Baudouin et P.-G. Jobin, avec la collaboration de Nathalie Vézina, *Les obligations*, 6e éd., Cowansville, Éditions Yvon Blais, 2005, p. 383. *Contra* D. Lluelles et B. Moore, *Droit des obligations*, Montréal, Éditions Thémis, 2006, p. 487, qui soutiennent que l'expression « sur la seule preuve » pourrait viser la seule inaptitude « et se comprendre comme voulant dire qu'à propos des actes antérieurs à la curatelle, il n'est pas nécessaire d'administrer une preuve directe, par témoignage d'experts, de l'inaptitude du majeur lors de la conclusion de l'acte ». Ces auteurs admettent cependant que concrètement, compte tenu de l'extrême sévérité de l'inaptitude de la personne visée, les juges pourraient bien ne pas se préoccuper de savoir si l'acte attaqué est lésionnaire ou non.
110. En ce sens, *Drouin* c. *Larivière*, [1995] R.D.F. 106 (C.S.).

autant les biens corporels qu'incorporels du majeur[111]. En dehors de ces deux scénarios (inaptitude notoirement ou spécifiquement connue), il est évidemment possible, en application du droit commun, d'attaquer l'acte controversé en apportant la preuve (généralement par expertise) de l'incapacité factuelle de la personne à la date du consentement[112].

**706.–** *Les actes du curateur.* Pour les mêmes raisons que celles exposées *supra* au paragraphe 495 en ce qui concerne les actes réguliers du tuteur au mineur, les actes faits régulièrement par le curateur sont inattaquables pour cause d'incapacité ou pour cause de lésion. En ce sens, le majeur sous curatelle ne peut pas se léser par curateur interposé. La sécurité juridique et l'économie générale des régimes de protection dictent cette solution. L'acte régulier fait par le curateur qui porterait préjudice au majeur protégé peut cependant ouvrir un droit de recours de ce dernier contre son représentant[113].

**707.–** *La divisibilité de la curatelle.* L'article 281, al. 2 C.c.Q. prévoit que le tribunal nomme « un curateur ». La question se pose donc de savoir si la curatelle peut se diviser en curatelle à la personne et curatelle aux biens. Elle se pose d'autant plus que l'article 285 C.c.Q. qui traite de la tutelle au majeur prévoit expressément que le tribunal nomme un curateur à la personne et aux biens ou un tuteur soit à la personne, soit aux biens. Le silence de l'article 281, al. 2 C.c.Q. et l'expression très claire de l'article 285 C.c.Q. peuvent légitimement faire penser que le législateur a exclu le principe de la divisibilité de la curatelle. Cette interprétation semble d'ailleurs appuyée par l'article 201 de la *Loi sur le curateur public* qui édicte, au chapitre des mesures transitoires, la mesure suivante : « Les personnes majeures interdites le 15 avril 1990 sont, à compter de cette date, sous le régime de protection applicable au majeur en tutelle. Cette tutelle s'exerce sur la personne et les biens si elles ont été interdites pour imbécillité, démence ou fureur ; elle ne s'exerce que sur les biens dans les autres cas ». En effet, ce texte indique que les cas les plus graves d'interdiction (qui donneraient aujourd'hui généralement ouverture à

111.  *Québec (Curateur public)* c. *J.L.*, [2003] R.D.F. 536, REJB 2003-39323 (C.Q.), théorie à laquelle souscrivent également les auteurs M. Provost, « La minorité, la tutelle et l'émancipation », dans *Droit de la famille québécois* , Les Publications CCH/FM Ltée, p. 4,119 à 4,122, n° 51-140, p. 4,130 et P. Desrochers, « Papa, maman, où est mon argent ? La protection des intérêts patrimoniaux du mineur », dans Service de la formation permanente, Barreau du Québec, *Famille et protection,* Cowansville, Éditions Yvon Blais, 2005, p. 71, 94.

112.  *S.-T.* c. *C.*, [1997] R.L. 61 (C.S.).

113.  *Contra* : D. Lluelles et B. Moore, *Droit des obligations*, Montréal, Éditions Thémis, 2006, p. 484-485. Les auteurs sont d'avis que le silence de la loi sur cette question peut être comblé en recourant aux articles 1406, 1407 et 1408 C.c.Q. et à la notion de lésion du droit commun des contrats.

une curatelle) sont désormais transformés en régime de protection tant à la personne qu'aux biens, alors que les cas d'interdiction moins graves ne sont mutés qu'en régime de représentation aux biens. Ces arguments de texte ne nous paraissent cependant pas fort convaincants au regard de l'économie générale des régimes de protection. Nous partageons l'opinion de l'auteur Alain Roy qui est d'avis que l'article de renvoi (art. 266 C.c.Q.) et le principe général du meilleur intérêt de la personne protégée, devraient permettre au tribunal, lorsque tel est l'intérêt du majeur, de diviser la curatelle afin de permettre la meilleure représentation de la personne dans toutes les facettes de sa vie[114]. Une interprétation trop littérale des textes aboutirait à priver les majeurs sous curatelle de l'avantage de voir leurs biens administrés par la personne la plus compétente, tout en étant représentés par la personne la plus adéquate lorsqu'il s'agit de décisions portant sur la personne. La jurisprudence semble d'ailleurs tenir pour acquis que la curatelle peut se diviser entre curatelle à la personne et curatelle aux biens[115].

## B. La tutelle

**708.–** *Étendue de l'inaptitude.* La tutelle vise les cas d'inaptitude partielle, c'est-à-dire les cas des personnes atteintes d'une déficience mentale ou physique affectant leur aptitude à exprimer leur volonté, mais qui conservent une certaine autonomie[116], ainsi que les cas d'inaptitude temporaire (partielle ou totale), c'est-à-dire où le rétablissement est prévisible[117]. Il s'agit de l'inaptitude du majeur à prendre soin de lui-même ou à administrer ses biens[118]. La tutelle peut donc être à la personne, aux biens ou aux deux simultanément. La tutelle peut également s'avérer le régime approprié pour les cas de prodigalité, mais seulement si cette prodigalité a pour effet de mettre en danger le bien-être de son conjoint ou de ses enfants mineurs

---

114. A. Roy, « Les régimes de protection du majeur inapte », dans Chambre des notaires du Québec, *Procédures non contentieuses – Doctrine – Document 5*, Montréal, septembre 2000, par. 107 à 109.

115. Voir, par exemple, *A. c. X*, J.E. 2007-319, EYB 2006-112679 (C.S.) [appel rejeté. C.A.., n° 500-09-017192-063, 25 avril 2007] où le juge doit décider qui du père ou de la mère assumera le rôle de curateur à l'égard d'un enfant devenu majeur. Le tribunal prend la peine de souligner que le père est désigné curateur à la personne et aux biens, précision inutile si l'on opte pour la thèse de l'indivisibilité. Dans *Curateur public du Québec c. A. et al.*, EYB 2006-113155 (C.S.), le curateur public demandait lui-même l'ouverture d'une curatelle en spécifiant qu'elle soit à la personne et aux biens.

116. *Comm.*, p. 194.

117. Dans l'affaire *Trottier c. Deslauriers-Trottier*, précitée, note 90, le tribunal opte pour la tutelle car la preuve laissait espérer un rétablissement dans les 36 mois.

118. Dans *Quévec (Curateur public) et A.*, B.E. 2007BE-303 (C.S.) le tribunal refuse d'étendre la tutelle à la personne, après avoir constaté que la personne, qui est affectée d'une maladie évolutive, ne présente pas pour autant un danger pour elle-même et qu'elle respecte généralement ses rendez-vous médicaux.

(art. 285, al. 2 C.c.Q.). À noter cependant, que la Cour d'appel a déjà accepté que la prodigalité soit retenue comme élément de fait important, parmi d'autres éléments, dans l'évaluation de la capacité du majeur à administrer ses biens, donc à déterminer le degré de protection nécessaire[119].

**709.**– *Un régime adapté à chaque cas particulier.* La grande originalité de la tutelle réside dans le fait qu'elle est adaptée à la situation particulière de chaque majeur. Le tribunal détermine le degré de capacité de celui-ci. Pour connaître son champ de capacité, il convient donc de consulter le jugement car le tribunal peut y indiquer les actes que la personne peut faire seule et ceux qui nécessitent l'intervention du tuteur (art. 288 C.c.Q.)[120]. Pour le reste, le législateur renvoie aux règles relatives à l'exercice des droits civils du mineur (art. 287 C.c.Q.). De plus, il convient de se référer aux dispositions spécifiques en matière de gestion du produit du travail (art. 289 C.c.Q.), de testament (art. 709 C.c.Q.)[121], de donations (art. 1813 et 1814 C.c.Q.), de conventions matrimoniales (art. 436 C.c.Q.)[122], d'administration de personnes morales (art. 327 C.c.Q.)[123] et d'administration du bien d'autrui (art. 1355 C.c.Q.).

---

119.  *J...M...W...* c. *S...C...W...* et *curateur public du Québec*, [1996] R.J.Q. 229, EYB 1996-71138 (C.A.).
120.  Pour des cas d'application, voir *Carrière* c. *Carrière*, J.E. 90-1435, EYB 1990-102442 (C.S.) et *Lévesque* c. *Ouellet et curateur public*, précité, note 63 ; *Québec (Curateur public)* c. *D.(P.)*, [2000] R.D.F. 561, REJB 2000-20014 (C.S.) ; *D.(J.)* c. *D.(L.).*, REJB 1999-10585 (C.S.) ; *Québec (Curateur public)* c. *D.P.*, [2001] R.J.Q. 45, REJB 2000-22326 (C.A.).
121.  En principe, le majeur sous tutelle ne peut tester, mais un tribunal pourrait néanmoins confirmer le testament si la nature de ses dispositions et les circonstances qui entourent sa confection le permettent, autrement dit si, à l'époque du testament, le majeur était apte à comprendre la portée de l'acte (*Comm.*, p. 423) ; *G.(D.)* c. *G.(S.)*, J.E. 98-2054, REJB 1998-08009 (C.S.) ; *Tremblay et al.*, B.E. 2001BE-175 (C.S.) ; *G.(H.)* c. *G.(G.)*, REJB 1999-16689 (C.S.). La confirmation pourrait avoir lieu même après le décès du testateur (*Riportella* c. *Goudreault-Houle*, REJB 1999-13470 (C.S.)). Le tuteur ne peut tester au nom du majeur (art. 711 C.c.Q.).
122.  Le tuteur, dûment autorisé par le tribunal sur l'avis du conseil de tutelle, doit assister le majeur. Quant à la capacité du majeur sous tutelle, de se marier, avec ou sans autorisation du tuteur, la doctrine est partagée (voir M. Ouellette, *op. cit.*, note 97, p. 16 et M.D. Castelli et D. Goubau, *op. cit.*, note 97).
123.  Le majeur sous tutelle ne peut être administrateur d'une personne morale, sauf s'il s'agit d'une association à but non lucratif et dont le but le concerne. « Cette exception vise à prendre en compte l'existence de bon nombre d'associations [...] de protection de personnes incapables qui, d'une part, comptent sur leurs membres pour assurer des fonctions d'administrateur et qui, d'autre part, s'inscrivent dans un processus éducatif ou de prise en charge personnelle » (*Comm.*, p. 220).

**710.–** *Les pouvoirs d'administration du tuteur.* Pour connaître l'étendue des pouvoirs du tuteur, il faut consulter le jugement d'ouverture de la tutelle, ce qui n'est pas sans créer quelques difficultés pour les cocontractants, d'autant plus que le jugement initial peut avoir fait l'objet de plusieurs révisions[124]. Cette complexité s'accentue du fait que le tuteur, parfois, peut avoir un rôle de représentation et d'autres fois de simple assistance[125]. Le jugement de tutelle peut en effet indiquer les actes que le majeur peut faire lui-même avec l'assistance de son tuteur et ceux pour lesquels il doit nécessairement être représenté par ce dernier (art. 288, al. 2 C.c.Q.)[126].

Sauf décision contraire du tribunal, le tuteur n'a que les pouvoirs de simple administration et il doit les exercer de la même manière que le tuteur au mineur[127]. C'est donc par renvoi aux règles générales de la tutelle que le législateur organise la tutelle au majeur (art. 286 et 287 C.c.Q.). Ces règles doivent cependant s'appliquer en faisant les adaptations nécessaires afin de tenir compte de la situation particulière du majeur inapte, qui est différente à bien des égards de celle d'un mineur. C'est ainsi, par exemple, que lorsqu'il s'agit d'autoriser la vente d'un immeuble d'un majeur sous tutelle en vertu de l'article 213 C.c.Q., il convient, bien entendu, d'appliquer le critère de nécessité que prévoit cette disposition, mais il faut également tenir compte de l'intérêt du majeur ; or cet intérêt implique, en

---

124. Comme le souligne Monique Ouellette, « le régime modulé a, en théorie, un très grand mérite ; l'application concrète laisse perplexe » (M. Ouellette, *loc. cit.*, note 13, p. 136).

125. L'article 52 *in fine* de la *Loi sur le curateur public*, précitée, note 26, prévoit que le curateur public peut attester qu'une personne est mineure ou sous un régime de protection et indiquer le nom du tuteur ou du curateur à la demande de toute personne intéressée. Mais le curateur ne pourrait pas donner d'autres informations, par exemple sur l'étendue des pouvoirs du tuteur, car ses dossiers sont confidentiels. Notons également que la Chambre des notaires doit tenir un registre des actes notariés et que cela inclut les actes relatifs aux régimes de protection et les mandats en prévision de l'inaptitude des personnes (Le *Règlement sur les registres de la Chambre des notaires du Québec*, (2001) 133 *G.O.Q.* II, 8020, art. 1, entré en vigueur le 1er janvier 2002 par l'effet du décret D. 1493-01, (2001) 133 *G.O.Q.* II, 8757, tel que modifié par le *Règlement modifiant le Règlement sur les registres des dispositions testamentaires et des mandats donnés en prévision de l'inaptitude*, (2006) 138 *G.O.Q.* II, 1950, art. 1 et 2, entré en vigueur le 1er juin 2006).

126. *Québec (Curateur public)* c. *D.(P.)*, [2000] R.D.F. 561, REJB 2000-20014 (C.S.) ; pour un exemple où le tribunal crée un véritable régime à la carte dans lequel les scénarios de représentation et d'assistance sont très détaillés : *Curateur public du Québec* c. *A. et al.*, EYB 2006-113155 (C.S.) ; dans *Curateur public* c. *A. et B.*, EYB 2007-119747 (C.S.), le tribunal ouvre une tutelle mais spécifie que la personne pourra, avec l'assistance du tuteur, choisir elle-même son lieu de résidence et signer le bail, de même que conserver la gestion de ses revenus.

127. *M.D.* c. *M.-A.L.*, [2002] R.D.F. 89 (C.S.).

vertu de l'article 257 C.c.Q., que l'on tienne notamment compte du degré d'autonomie de la personne. Dans un cas où la preuve démontrait que la personne protégée ne voulait pas se départir de son immeuble, le tribunal en arrive à la conclusion que cette expression de la volonté doit être respectée et que la vente apparaît, en l'espèce, contraire à l'intérêt de la personne protégée[128].

**711.–** *La sanction des actes faits seul par le majeur sous tutelle.* Les actes antérieurs à l'ouverture de la tutelle sont soumis au même régime qu'en matière de curatelle : ils peuvent être annulés ou les obligations qui en découlent peuvent être réduites, sur la seule preuve de la notoriété ou de la connaissance de l'inaptitude (art. 290 C.c.Q.)[129]. Quant aux actes postérieurs, la loi renvoie aux règles relatives à l'exercice des droits civils du mineur[130]. Par conséquent, l'acte fait seul par le majeur, alors qu'en vertu de la loi ou du jugement il devait être représenté par son tuteur, peut être annulé ou faire l'objet d'une réduction des obligations, à la condition qu'il y ait lésion. C'est la solution qui résulte du renvoi au chapitre de la minorité[131]. Elle peut paraître surprenante, car elle oblige à conclure que la protection du majeur est moins grande pour les actes postérieurs à l'ouverture du régime que pour les actes antérieurs à celle-ci. Toutefois, on peut se demander si l'invitation du législateur à se référer aux règles de la minorité « compte tenu des adaptations nécessaires » ne permettrait pas de raisonner *a fortiori* et de soutenir que si l'acte antérieur peut être attaqué sans preuve de lésion, il devrait à plus forte raison en être ainsi pour l'acte qui est postérieur à l'ouverture du régime de protection[132].

---

128. *Dans l'affaire de A., majeur en curatelle, Le curateur public du Québec et B.*, EYB 2007-114633 (C.S.). Pour un exemple d'autorisation de vente accordée en raison du fait que le majeur avait besoin de liquidités pour payer ses frais de subsistance en foyer, voir *A.D.* c. *Curateur public*, 4 novembre 2004, AZ-50280812 (C.S.).

129. J. Pineau, D. Burman et S. Gaudet, *op. cit.*, note 105, p. 268 ; *contra*, D. Lluelles et B. Moore, *Droit des obligations*, Montréal, Éditions Thémis, 2006, p. 491 et s., qui se fondent notamment sur les articles 287 et 288 C.c.Q pour suggérer que soit requise la preuve d'un préjudice subi par le majeur protégé du fait de l'acte antérieur, ce qui amènerait une plus grande sécurité contractuelle.

130. Art. 287 C.c.Q. qui renvoie aux articles 155 et s. C.c.Q.

131. En ce sens, Baudouin, Jobin et Vézina, *op. cit.*, note 109, p. 383-384.

132. *Contra*, D. Lluelles et B. Moore, *Droit des obligations*, Montréal, Éditions Thémis, 2006, p. 491, selon qui l'expression « compte tenu des adaptations nécessaires » de l'article 287 C.c.Q. ne saurait justifier une identité de traitement entre le cas de l'acte antérieur et l'acte postérieur puisque le législateur a voulu, par cette précision, tenir compte des divers scénarios que connaît le régime composite de la capacité des mineurs.

**712.–** *Les actes du tuteur.* Pour les mêmes raisons que celles exposées *supra* au paragraphe 495 en ce qui concerne les actes réguliers du tuteur au mineur, les actes faits régulièrement par le tuteur au majeur sont inattaquables pour cause d'incapacité ou pour cause de lésion. En ce sens, le majeur sous tutelle ne peut pas se léser par tuteur interposé. La sécurité juridique et l'économie générale des régimes de protection dictent cette solution. L'acte fait par le tuteur dans le respect des conditions légales mais qui porterait néanmoins préjudice au majeur protégé peut cependant ouvrir un droit de recours de ce dernier contre son représentant.

### C. La garde du majeur représenté

**713.–** *Le curateur et le tuteur assument la responsabilité de la garde du majeur.* En plus de voir à l'entretien et au bien-être moral du majeur, le curateur et le tuteur assument la garde de celui-ci. Cependant, étant donné que, dans bien des cas, notamment les cas de curatelle, la personne vit en institution, le représentant doit pouvoir déléguer l'exercice de la garde à un tiers (art. 260 C.c.Q.), l'hôpital par exemple. En cas de délégation, la loi lui impose, ainsi qu'au délégué, de maintenir malgré tout, et dans la mesure du possible, une relation personnelle avec le majeur.

**714.–** Le corollaire du devoir de garde est le principe de la responsabilité du fait de la personne protégée non douée de raison (art. 1457, al. 3 C.c.Q.)[133]. Cependant, le législateur apporte à ce chapitre des exceptions tellement importantes qu'elles constituent pratiquement une exonération de responsabilité des curateurs et des tuteurs. En effet, la responsabilité de ceux-ci ne peut être engagée que s'ils ont commis eux-mêmes une faute intentionnelle ou lourde dans l'exercice de la garde (art. 1461 C.c.Q.)[134]. Par « faute lourde » il faut entendre celle qui dénote une insouciance, une imprudence ou une négligence grossière (art. 1474, al. 1 C.c.Q.). Cette exonération dont bénéficient

---

133.  À noter que ce régime de responsabilité du gardien n'empêche pas théoriquement la responsabilité personnelle du majeur protégé, dans l'hypothèse où, malgré la mise en place du régime de protection, il peut être démontré que le majeur jouissait d'un degré suffisant de discernement pour commettre une faute civile. Voir *supra*, chapitre préliminaire, Les principes généraux. Voir également J.-L. Baudouin et P. Deslauriers, *La responsabilité civile*, 7e éd., Cowansville, Éditions Yvon Blais, 2007, p. 698.
134.  La responsabilité couvre le préjudice causé par le fait du majeur non doué de raison, dans la mesure où le comportement reproché aurait été autrement considéré comme fautif (art. 1462 C.c.Q.).

les curateurs et les tuteurs, mais également les gardiens de fait[135], est fondée sur le souci du législateur « d'assurer une certaine protection aux personnes que l'État veut encourager à prendre charge d'autrui et qui le font, dans la plupart des cas, bénévolement »[136]. Aussi louable que soit cette intention, on ne peut manquer de souligner qu'elle met totalement de côté la question du droit des victimes à la réparation du préjudice subi[137].

### D. Les règles particulières relatives à la représentation par le curateur public

**715.**– *Les cas où le curateur public peut exercer la curatelle et la tutelle.* Même si le législateur favorise la représentation des majeurs inaptes par une personne de son entourage[138], il est des cas où cela se révèle impossible ou clairement désavantageux pour le majeur[139]. Le curateur public apparaît alors comme la personne toute désignée pour assumer la charge. La loi prévoit deux possibilités d'intervention du curateur public : il peut être nommé curateur ou tuteur par le tribunal (art. 261 C.c.Q.)[140] et il est chargé automatiquement de la tutelle ou de la curatelle aux majeurs sous un régime de protection qui ne sont pas pourvus d'un tuteur ou d'un curateur, par exemple en cas de décès de ce représentant[141].

Généralement, la charge du curateur public est précaire. En effet, lorsqu'il exerce une tutelle ou une curatelle, il doit effectuer toutes les démarches nécessaires pour se faire remplacer par un tuteur ou un curateur « privé »[142]. Il entre d'ailleurs dans la mission du conseil de tutelle de provoquer la nomination d'un nouveau cura-

---

135. Par exemple, le personnel d'un institut psychiatrique (C. Masse, « La responsabilité civile », dans *La réforme du Code civil, un nouveau départ*, Montréal, Service de la formation permanente, Barreau du Québec, 1993, p. 277).
136. *Comm.*, p. 891 ; J.-L. Baudouin et P. Deslauriers, *op. cit.*, note 133, p. 697-698.
137. Pour une critique en ce sens, voir M. Ouellette, *loc. cit.*, note 13.
138. *Québec (Curateur public)* c. *C.G.*, J.E. 2007-2107, EYB 2007-124934 (C.S.).
139. *S.D.* c. *R.D.*, 2008 QCCS 553, EYB 2008-129794 (C.S.) ; *Québec (Curateur public)* et *D.F.*, J.E. 2008-470, EYB 2007-128731 (C.S.) ; *Québec (Curateur public)* et *N.L.*, J.E. 2005-254, EYB 2004-82116 (C.S.).
140. Dans l'affaire *Curateur public* c. *L.(P.)*, [1996] R.D.F. 490, EYB 1996-30606 (C.S.), le curateur public, à sa demande, est nommé tuteur aux biens pour une période de deux ans, le tribunal ayant constaté que « le majeur protégé a besoin qu'on le laisse évoluer hors du contrôle familial » ; voir aussi *Québec (Curateur public)* c. *B.(C.)*, J.E. 2000-877, REJB 2000-17676 (C.S.).
141. *Loi sur le curateur public*, précitée, note 26, art. 12, par. 3.
142. *Ibid.*, art. 15 ; *Québec (Curateur public)* c. *D.(L.)*, REJB 1999-15983 (C.S.).

teur ou tuteur (art. 297, al. 2 C.c.Q.). De plus, tout intéressé peut demander le remplacement du curateur public, sans avoir à justifier d'un autre motif que l'intérêt du majeur (art. 266 et 252 C.c.Q.)[143].

Lorsque la curatelle ou la tutelle est exercée par le curateur public, elle est soumise à des règles particulières tant en ce qui concerne la garde du majeur que l'administration de ses biens.

**716.– *L'administration des biens.*** Qu'il soit curateur ou tuteur, le curateur public n'a jamais que les pouvoirs de simple administration sur les biens du majeur protégé[144]. Cette règle générale doit cependant être tempérée par l'application des règles particulières d'administration prévues dans la *Loi sur le curateur public*[145], et qui ont pour effet d'alléger les formalités d'administration et d'étendre les pouvoirs. Ainsi, dans plusieurs cas, le curateur public n'est pas obligé de requérir des autorisations judiciaires qui sont pourtant exigées dans le cadre de la simple administration. Par exemple, le curateur public peut, sans autorisation du tribunal, emprunter sur la garantie des biens compris dans le patrimoine du majeur, les sommes nécessaires à la conservation d'un immeuble appartenant à ce dernier[146]. De plus, depuis 1999, le curateur public est soustrait aux règles concernant les placements présumés sûrs à l'égard des portefeuilles collectifs gérés par la Caisse de dépôt et placement du Québec[147]. Un comité consultatif chargé de conseiller le curateur public en matière de protection et de représentation des personnes inaptes et protégées a été mis en place. Cette mesure est une réponse aux multiples critiques dont l'administration de la curatelle publique a fait l'objet au cours des dernières années[148].

S'il n'est pas tenu de fournir une sûreté pour garantir son administration, il doit par contre, une fois l'an, à la demande du majeur,

---

143. Voir *N.M.* c. *G.Gh. M.*, J.E. 2004-1334, REJB 2004-66822 (C.S.).
144. Art. 262 C.c.Q. et *Loi sur le curateur public*, précitée, note 26, art. 30 ; *Québec (Curateur public)* c. *D.(P.)*, [2000] R.D.F. 561, REJB 2000-20014 (C.S.).
145. *Loi sur le curateur public*, précitée, note 26, art. 29 à 44.1.
146. *Ibid.*, art. 35. *Stojak* c. *Proulx et curateur public*, [1992] R.J.Q. 1729, EYB 1992-55770 (C.A.).
147. *Loi sur le curateur public*, précitée, note 26, art. 44 et 44.1.
148. Pour une analyse complète de cette problématique conjoncturelle, voir J.C. Deschênes et S. Gagnon, *La mission du curateur public du Québec. Ses fondements, sa portée, ses conditions de réussite*, rapport présenté au curateur public, Québec, décembre 1998 et Curateur public du Québec, *Le virage en faveur de la protection de la personne inapte, Rapport d'étape sur la réforme au curateur public du Québec*, décembre 2000 (ces documents sont disponibles sur le site Internet du curateur public du Québec : <http://www.curateur.gouv.qc.ca>).

d'un proche parent ou d'une personne qui démontre un intérêt particulier pour le majeur, rendre un compte sommaire de sa gestion[149].

**717.–** *La garde du majeur.* En principe, le curateur public n'a pas la garde du majeur s'il est nommé tuteur ou curateur. Ce n'est qu'en l'absence d'une personne prête à l'assumer que le tribunal peut lui confier la garde du majeur protégé (art. 263, al. 2 C.c.Q.). En l'absence de cette désignation expresse, la garde est assumée par un tiers, désigné par le tribunal[150]. Dans ce cas, le curateur public continue à jouer son rôle de protection du majeur, mais les questions relatives au consentement aux soins relèvent de la compétence du gardien[151], à l'exception des soins que le curateur choisit de se réserver (art. 263, al. 3 C.c.Q.).

**718.–** *La délégation de pouvoirs.* Le curateur public assume de nombreuses curatelles et tutelles[152] et il ne peut évidemment pas maintenir un contact soutenu et personnel avec toutes les personnes ainsi représentées. C'est la raison pour laquelle la loi lui permet de déléguer certaines fonctions à une personne qu'il désigne (art. 264 C.c.Q.). Toutefois, afin d'éviter les conflits d'intérêts[153], cette personne ne peut être salariée ou occuper une fonction dans l'établissement de santé ou de services sociaux où le majeur est soigné, à moins qu'il s'agisse du conjoint ou d'un proche parent de celui-ci. Cependant, la délégation à une personne qui occupe une fonction dans l'établissement où est soigné le majeur, demeure possible pour ce qui est de gérer l'allocation mensuelle destinée aux dépenses personnelles de ce dernier[154].

Le délégué a l'obligation, « dans la mesure du possible », de maintenir une relation personnelle avec le majeur, d'obtenir son avis et de le tenir informé des décisions prises à son sujet[155].

---

149. *Loi sur le curateur public*, précitée, note 26, art. 39.
150. *D.(J.) c. D.(L.).*, REJB 1999-10585 (C.S.) ; *Québec (Curateur public) c. S.(R.)*, J.E. 97-221, EYB 1996-85362 (C.S.).
151. « [...] l'article 15 accorde, en principe, cette responsabilité au tuteur ou au curateur, mais le majeur étant plus lié à son entourage immédiat, il paraît opportun que la responsabilité relève du gardien » (*Comm.*, p. 178).
152. Voir *infra*, la section « Pour aller plus loin ».
153. Les commentaires officiels soulignent à juste titre que le salarié ainsi désigné pourrait éventuellement acquiescer à une demande de son employeur, au détriment du majeur (*Comm.*, p. 179).
154. Art. 264, al. 1 *in fine*, tel que modifié par la *Loi modifiant certaines dispositions législatives concernant le curateur public*, L.Q. 1999, c. 30.
155. *Loi sur le curateur public*, précitée, note 26, art. 17.

Lorsque le curateur public s'est vu lui-même confier la garde du majeur en vertu de l'article 263 C.c.Q., il peut également déléguer ses pouvoirs en matière de consentement aux soins (art. 264, al. 2 C.c.Q.). Le délégué doit faire un rapport annuel au curateur public qui peut retirer la délégation pour tout motif sérieux, notamment en cas de conflits d'intérêts entre le délégué et le majeur (art. 265 C.c.Q.).

### §2 - *Les régimes d'assistance*

### A. *La dation d'un conseiller au majeur*

**719.– *Étendue de l'inaptitude*.** La dation d'un conseiller concerne le majeur qui, tout en étant généralement ou habituellement apte, a besoin d'être assisté ou conseillé dans l'administration de ses biens. Il peut s'agir de personnes atteintes d'une légère débilité, d'un léger affaiblissement de leurs aptitudes ou de maladies temporaires[156] ou de personnes âgées en légère perte d'autonomie[157]. Il peut également être nommé un conseiller au prodigue, lorsque cette prodigalité met en danger le bien-être du conjoint ou des enfants mineurs de la personne (art. 258 C.c.Q.). La protection mise en place est ponctuelle, car le majeur n'en a besoin que pour certains actes ou de façon temporaire seulement (art. 291 C.c.Q.)[158]. Il s'agit donc du régime le moins envahissant pour la personne protégée.

**720.– *Les pouvoirs du conseiller*.** Le majeur conserve l'entière administration de ses biens. Le conseiller n'a qu'une mission d'assistance et non de représentation[159] ou d'administration (art. 292 C.c.Q.). Cette assistance est nécessaire pour les actes spécifiquement indiqués par le tribunal à l'ouverture du régime ou postérieurement (art. 293 C.c.Q.)[160]. Si le jugement est muet sur cette question, l'intervention est requise pour tous les actes qui excèdent la capacité

---

156. *Comm.*, p. 197.
157. Pour un cas d'application, voir *G.D.* c. *R.D.*, [2006] R.J.Q. 1442, EYB 2006-103624 (C.S.).Voir également P. Bohémier et G. Guay, « L'exploitation des personnes âgées : prévenir pour ne pas être complice – Guide du notaire en matière de protection des personnes âgées », (2005) *C.P. du N.* 3, sur l'utilisation du conseiller au majeur comme mécanisme préventif à l'abus des personnes âgées vulnérables.
158. *D.B.* c. *F.Be.*, [2000] R.D.F. 770, REJB 2000-20372 (C.S.).
159. Le majeur doté d'un conseiller peut donc posséder la qualité pour ester en justice : *A.R.* c. *G.R.*, J.E. 2006-1786, EYB 2006-108881 (C.S.).
160. Le tribunal, par exemple, pourrait exiger l'intervention du conseiller pour tout achat à crédit que voudrait faire un prodigue (voir sur cette question spécifique de la protection du prodigue, M. Tancelin, *Sources des obligations, l'acte juridique légitime*, Montréal, Wilson & Lafleur, 1993, p. 49).

du mineur simplement émancipé[161]. D'autre part, le Code prévoit de façon spécifique la nécessité ou la contingence de l'intervention du conseiller, dans les cas particuliers du testament[162], des donations (art. 1815 C.c.Q.) et des conventions matrimoniales (art. 436 C.c.Q.). Le Code civil ne prévoit pas les modalités de la destitution du conseiller au majeur, et les règles relatives à la tutelle ne sont pas applicables au conseiller. Toutefois, l'article 297, al. 2 C.c.Q. précise que tout intéressé peut provoquer la nomination d'un nouveau conseiller[163].

**721.**– *La sanction des actes faits sans assistance.* Les actes antérieurs à l'ouverture du régime de protection ne bénéficient d'aucune protection particulière. Ils ne peuvent donc être attaqués que selon les règles du droit commun, notamment en matière de validité du consentement[164]. Quant aux actes postérieurs, faits sans l'assistance du conseiller alors qu'elle était requise, ils ne peuvent être annulés ou les obligations qui en découlent réduites, que si le majeur en subit un préjudice (art. 294 C.c.Q.)[165].

## B. La tutelle

**722.**– *L'assistance comme modalité de la tutelle.* Si le régime de la tutelle est avant tout un régime de représentation, il a cependant pour vocation d'être flexible et de s'adapter au degré d'inaptitude du majeur. C'est la raison pour laquelle le tribunal pourrait, au moment de l'ouverture du régime ou de sa révision, désigner certains actes que le majeur peut faire lui-même, tout en exigeant l'assistance du tuteur (art. 288, al. 2 C.c.Q.). Pour de tels actes, le tuteur troque son rôle de représentant pour celui de simple conseiller ou assistant.

**723.**– *La sanction des actes faits sans assistance.* Le Code civil règle la question de la sanction des actes faits par le majeur seul qui nécessitaient la représentation, mais il est muet sur le sort à réserver aux actes faits par le majeur sous tutelle sans l'assistance de son tuteur alors que celle-ci est exigée par le jugement de tutelle. Il paraît diffi-

---

161.    Art. 167 et s. et 293, al. 2 C.c.Q.

162.    Art. 710 *in fine* (« Le majeur pourvu d'un conseiller peut tester sans être assisté ») et 711 C.c.Q.

163.    Pour un cas d'application voir *D.B.* c. *M.B.*, J.E. 2004-1833, REJB 2004-70123 (C.S.).

164.    Art. 1398 et 1399 C.c.Q. Voir également D. Lluelles et B. Moore, *Droit des obligations*, Montréal, Éditions Thémis, 2006, p. 493.

165.    Pour un cas d'application, voir *Allard* c. *Messier*, J.E. 91-1477, EYB 1991-76418 (C.Q.).

cile d'appliquer dans ce cas les règles ordinaires de la tutelle (art. 287 et 290 C.c.Q.) car celles-ci ont pour fondement l'incapacité d'exercice du majeur donc sa nécessaire représentation. Or en l'occurrence, le majeur sous tutelle, en vertu du jugement, a la capacité de faire un acte sous la seule réserve qu'il soit assisté de son tuteur. Il semblerait donc plus juste d'appliquer par analogie la règle relative au conseiller au majeur (art. 294 C.c.Q.).

## Section III

## La surveillance et la révision des régimes de protection

### §1 - La surveillance

**724.**– *Renvoi aux règles relatives à la tutelle au mineur.* Le tuteur et le curateur sont soumis aux règles de surveillance du tuteur au mineur auxquelles l'article 266 C.c.Q. renvoie[166]. Ils sont donc surveillés par un conseil de tutelle[167], ils doivent faire un inventaire[168], fournir une sûreté[169], établir des rapports et des comptes[170] et ils sont soumis aux mêmes règles en matière de destitution et de remplacement[171], avec cette précision, toutefois, qu'en cas de vacance de la tutelle ou de la curatelle, le curateur public assume d'office et temporairement la charge[172]. Soulignons que le régime de protection n'est pas « contrôlé » par les membres de la famille, autrement que par le biais du conseil de tutelle ou, bien entendu, par le droit de toute personne intéressée à demander le remplacement du représentant. Autrement dit, la famille n'a pas de droit de regard sur le régime de protection en dehors de ces mécanismes précis[173]. La destitution peut n'être pro-

---

166. Voir *supra*, Titre I, chap. III, La tutelle.
167. Art. 222 à 239 C.c.Q.
168. Art. 240 et 241 C.c.Q. ; *Québec (Curateur public)* c. *P.S.*, [2000] R.J.Q. 476, REJB 1999-16623 (C.S.) ; *C.P.* c. *M.G.*, [2000] R.D.F. 717, REJB 2000-21348 (C.S.) ; sur le contenu précis de l'inventaire et les autres formalités, voir A. Roy, « Les régimes de protection du majeur inapte », dans Chambre des notaires du Québec, *Procédures non contentieuses – Doctrine – Document 5*, Montréal, septembre 2000, par. 209 et s.
169. Art. 242 à 245 C.c.Q. ; *C.P.* c. *M.G.*, [2000] R.D.F. 717, REJB 2000-21348 (C.S.) ; *P.(C.)* c. *G.(M.)*, REJB 2000-21348 (C.S.).
170. Art. 246 à 249 C.c.Q.
171. Art. 250 à 255 C.c.Q. ; *P.A.* c. *Hôpital-Rivière-des-Prairies*, [2000] R.J.Q. 2070, REJB 2000-19710 (C.S.) ; *C.P.* c. *M.G.*, [2000] R.D.F. 717, REJB 2000-21348 (C.S.).
172. *Loi sur le curateur public*, précitée, note 26, art. 12, par. 3.
173. *P.A.* c. *Hôpital Rivière-des-Prairies*, [2000] R.J.Q. 2070, REJB 2000-19710 (C.S.).

noncée qu'à l'égard de la tutelle ou curatelle aux biens, alors que la tutelle ou la curatelle à la personne serait maintenue, l'objet des deux (et donc les qualités personnelles requises) étant fondamentalement différent[174].

Pour toutes ces questions, nous renvoyons donc au titre sur la minorité et la tutelle.

**725.**– *La mission de surveillance du curateur public.* Il entre dans les attributions générales du curateur public de surveiller l'administration des tutelles et des curatelles[175]. Ce rôle de surveillance s'exprime par la possibilité qu'il a de demander la destitution du représentant[176], d'intervenir dans toutes les instances concernant l'ouverture d'un régime de protection ou le remplacement d'un curateur ou d'un tuteur[177] et d'examiner les inventaires[178], les rapports et les comptes (art. 247 et 249 C.c.Q.). Afin de rendre ce rôle de surveillance effectif, il est prévu que toute demande d'ouverture de régime de protection doit être signifiée au curateur public (art. 877.0.2 C.p.c.). De plus, le greffier a l'obligation d'aviser celui-ci de tout jugement relatif à l'ouverture, à la révision ou à la mainlevée d'un régime, de même qu'à la nomination ou au remplacement d'un curateur ou d'un tuteur (art. 863.3 C.p.c.)[179].

Plutôt que de demander la destitution d'un tuteur ou d'un curateur qui est en défaut, le curateur public peut accepter de celui-ci un engagement volontaire de remédier à la situation[180]. Pour rendre efficace sa mission de contrôle, le curateur public détient de vastes pouvoirs d'enquête[181]. Il est investi à cet égard des pouvoirs et de l'immunité des commissaires nommés en vertu de la *Loi sur les commissions d'enquête*[182], sauf du pouvoir d'ordonner l'emprisonnement. Ainsi, le curateur public ne pourrait être poursuivi en dommages-

---

174. *Québec (Curateur public)* c. *P.S.*, [2000] R.J.Q. 476, REJB 1999-16623 (C.S.).
175. *Loi sur le curateur public*, précité, note 26, art. 12, par. 1.
176. Art. 251 C.c.Q. et *Loi sur le curateur public*, précitée, note 26, art. 22 et 23.
177. *Loi sur le curateur public*, précitée, note 26, art. 13.
178. *Loi sur le curateur public*, précitée, note 26, art. 20.
179. C'est à partir de la réception de cet avis que le curateur public devrait mettre en œuvre les démarches de surveillance de la tutelle : C. Dallaire, « Le curateur public et le conseil de tutelle : une responsabilité partagée ? », dans Service de la formation permanente, Barreau du Québec, *Famille et protection,* Cowansville, Éditions Yvon Blais, 2005, p. 217, 224.
180. *Loi sur le curateur public*, précitée, note 26, art. 23.
181. *Ibid.*, art. 27 et 28.
182. *Loi sur les commissions d'enquête*, L.R.Q., c. C-37.

intérêts, à moins d'avoir agi de mauvaise foi dans l'exercice de ses fonctions[183].

### §2 - La révision

**726.**– Le souci de protéger adéquatement le majeur et le respect de son autonomie résiduelle impliquent la possibilité de réviser le régime, que ce soit pour le renforcer ou pour l'assouplir, voire pour y mettre fin. Le degré d'inaptitude peut en effet varier avec le temps. On peut citer, à titre d'exemple, le cas de la schizophrénie[184]. La révision peut impliquer un changement de régime, un changement dans les modalités du régime ou un changement dans le degré d'incapacité à l'intérieur du régime, s'il s'agit de la tutelle ou du conseiller[185]. Il y a trois sortes de révision : la révision sur demande (art. 277 C.c.Q.)[186], la révision périodique automatique (art. 278 C.c.Q.) et la révision sur dépôt d'un rapport de révision par le directeur général d'un établissement de santé ou de services sociaux (art. 279 et 280 C.c.Q.). Le jugement d'ouverture d'un régime de protection ne peut être assorti d'un terme, de sorte que le régime ne peut être révisé ou annulé par la simple survenance d'un tel terme[187]. La flexibilité des régimes de protection est assurée dans le cadre strict de mécanismes de révision limitativement prévus par la loi.

**727.**– *La demande de révision par voie de requête.* L'article 277 C.c.Q. édicte que « le jugement qui concerne un régime de protection est toujours susceptible de révision ». La demande de révision doit être fondée sur l'intérêt du majeur et non d'un tiers (art. 257 C.c.Q.)[188]. Par conséquent, on peut penser que seules les personnes habilitées à

---

183. *Loi sur le curateur public*, précitée, note 26, art. 27 et 28.1. Voir également R. Bourgault, « Chronique – Les paramètres de l'administration relative aux régimes de protection des majeurs : quand la sollicitude épouse la transparence », (2003) 11 *Repères* 2-10, janvier 2003, EYB2003REP72.

184. Parmi les personnes atteintes de cette maladie, une sur trois connaît un accès psychotique dans sa vie avec une rémission durable, une sur trois évolue entre les rechutes et les rémissions, alors qu'une sur trois vit une détérioration toujours progressive (source : F. Bernier, « Les aspects psychosociaux de la déficience intellectuelle et de la maladie mentale sévère », dans Service de la formation permanente, Barreau du Québec, *Le droit des personnes inaptes (1992)*, Cowansville, Éditions Yvon Blais, 1992, p. 11).

185. Pour un cas d'application, voir *Curateur public* c. *L.(P.)*, J.E. 96-1170, EYB 1996-30606 (C.S.). Voir également la jurisprudence non publiée, citée par F. Dupin, « Le praticien et la protection des inaptes », *supra*, note 34.

186. *S...B...* et *G...O... et al.*, [1997] R.D.F. 161 (C.S.).

187. *Québec (Curateur public)* c. *D.P.*, [2001] R.J.Q. 45, REJB 2000-22326 (C.A.).

188. Voir *Burns* c. *Holms et al.*, [1980] C.S. 305.

demander l'ouverture d'un régime (art. 269 C.c.Q.) peuvent en demander la révision[189].

La demande de révision doit respecter les mêmes formalités que celles prescrites pour l'ouverture du régime, telles que décrites plus haut (art. 884 C.p.c.)[190]. Elle a pour objet le régime lui-même ou les modalités du régime mais ne constitue pas une procédure de révision des décisions du tuteur, du curateur ou du conseiller au majeur.

**728.– *La réévaluation périodique.*** Le mécanisme de réévaluation périodique a pour but d'éviter qu'un majeur soit soumis à un régime de protection qui ne répond plus à ses besoins. Certaines personnes peuvent en effet hésiter, et même craindre, à entamer des procédures de modification ou de mainlevée du régime auquel elles sont soumises[191]. Dans son jugement, le tribunal peut fixer la date de la réévaluation, ce qui ne veut pas dire qu'il puisse assortir son jugement d'un terme à l'arrivée duquel le régime prendrait fin[192]. À défaut, les régimes de la tutelle et de l'assistance par un conseiller doivent être réévalués tous les trois ans, alors que la curatelle l'est aux cinq ans, compte tenu du caractère plus stable de l'inaptitude dans ce dernier cas.

Le curateur, le tuteur et le conseiller ont la responsabilité de veiller à ce que la réévaluation médicale et psychosociale ait lieu dans les délais prescrits par le jugement ou par la loi (art. 278 C.c.Q.). Pour ce qui est des personnes hébergées en établissement de santé, la responsabilité de la réévaluation périodique reviendrait plutôt au directeur général, qui doit transmettre le rapport de réévaluation au curateur public. C'est ce qui ressort du guide du curateur public sur le rapport de réévaluation[193], et qui a fait l'objet d'une lettre d'entente entre le ministère de la Santé et des Services sociaux et le curateur

---

189. En ce sens, *Burns* c. *Holms et al.*, précité, note 188. Ainsi, une personne n'ayant pas l'intérêt requis pour demander l'ouverture du régime de protection parce qu'en conflit d'intérêts ne peut se porter requérante d'une demande de révision : *L.G.* et *G.G.*, J.E. 2004-830, REJB 2004-55432 (C.S.).

190. Pour un cas d'application : *Curateur public* c. *L.(P.)*, J.E. 96-1170, EYB 1996-30606 (C.S.) ; voir *supra*, section 1, L'ouverture d'un régime de protection. Le tribunal doit donc tenir compte de la preuve médicale et psychosociale et prendre sa décision dans l'intérêt du majeur, dans le respect de ses droits et la sauvegarde de son autonomie : *S...B...* et *G...O... et al.*, précité, note 187.

191. En ce sens, *Comm.*, p. 189.

192. *Québec (Curateur public)* c. *D.P.*, [2001] R.J.Q. 45, REJB 2000-22326 (C.A.).

193. Disponible sur le site Internet du curateur public au : http://www.curateur. gouv.qc.ca/cura/pdf/rapp_reev_med_guide.pdf.

public du Québec en décembre 2003[194]. Pourtant, comme l'ont souligné certains auteurs, le directeur général n'est pas une des personnes mentionnées à l'article 278 C.c.Q.[195]. Ainsi, selon ces derniers, le directeur général ne devrait pas avoir à remplir un rapport lorsque la situation du majeur n'a pas changé puisqu'il n'y aurait pas lieu d'appliquer les articles 884 C.p.c. et 270 C.c.Q.[196].

Lorsque la nouvelle évaluation conclut à la nécessité d'une modification ou d'une mainlevée, l'évaluateur doit en faire rapport au majeur et à celui qui a demandé la réévaluation. Une copie du rapport est déposée au greffe du tribunal. Le greffier avise de ce dépôt toutes les personnes habilitées à intervenir dans la demande d'ouverture du régime, ce qui inclut le curateur public. En l'absence d'opposition dans les 30 jours, la modification ou la mainlevée du régime a lieu de plein droit (art. 280 C.c.Q.).

**729.–** *La révision par le dépôt du rapport du directeur général d'un établissement de santé ou de services sociaux.* Suivant un mécanisme identique à l'ouverture d'un régime de protection pour les personnes en institution, le directeur général d'un établissement de santé ou de services sociaux qui constate qu'un patient est redevenu apte, doit en faire un rapport qu'il dépose au greffe du tribunal. Ce dépôt a le même effet que celui du rapport d'évaluation périodique : en l'absence d'opposition dans les 30 jours, la mainlevée a lieu de plein droit (art. 280 C.c.Q.). Ce mécanisme simple est destiné à redonner au majeur sa pleine capacité juridique, dans les cas où les proches, ou le majeur lui-même, négligent d'entamer les démarches nécessaires en ce sens[197].

### Pour aller plus loin

**730.–** *Quelques chiffres.* La répartition des personnes majeures sous régime de protection[198].

---

194. Disponible sur le site Internet du curateur public au http://www.curateur. gouv.qc.ca/cura/pdf/LePointOrient-vol4-no1.pdf.
195. C. Dubé, « Les personnes vulnérables et le réseau de la santé et des services sociaux : aux frontières des responsabilités des directeurs généraux des centres hospitaliers », dans Service de la formation permanente, Barreau du Québec, *Responsabilités et mécanisme de protection*, Cowansville, Éditions Yvon Blais, 2004, p. 75, 122-123.
196. *Ibid.*
197. *Comm.*, p. 190.
198. Source : Curateur public, *Rapport annuel 2005-2006*, Québec, décembre 2006 ; disponible à l'URL suivant : <http://www.curateur.gouv.qc.ca>.

## Tableau 1 – Personnes inscrites aux services de protection et de représentation

|  | Au 31 mars 2006 | Au 31 mars 2005 | Variation |
|---|---|---|---|
| **Personnes inscrites** (incluant les régimes en instance d'ouverture ou de fermeture) | 42 061 | 40 380 | 4,2 % |
| **Personnes représentées** (à l'exclusion des régimes en instance d'ouverture ou de fermeture) | 37 461 | 36 042 | 3,9 % |
| **Régimes de protection publics**[1] | 11 335 | 11 159 | 1,6 % |
| Curatelle | 6 185 | 5 838 | |
| Tutelle au majeur | 4 956 | 5 138 | |
| Tutelle dative (mineur) | 155 | 154 | |
| Administration provisoire | 34 | 21 | |
| Tutelle à l'absent | 2 | 2 | |
| Autres | 3 | 6 | |
| **Mesures de protection privées** | 26 518 | 25 239 | 5,1 % |
| *Régimes privés sous la surveillance du Curateur public*[1] | *11 000* | *10 750* | *2,3 %* |
| Curatelle | 4 741 | 4 561 | |
| Tutelle au majeur | 2 240 | 2 252 | |
| Tutelle au mineur avec surveillance | 3 167 | 3 060 | |
| Tutelle dative (mineur) | 682 | 728 | |
| Administrateur | 80 | 68 | |
| Tutelle à l'absent | 25 | 21 | |
| Administration provisoire | 30 | 25 | |
| Autres | 35 | 35 | |
| *Régimes privés sans surveillance* | *7 283* | *7 186* | *1,3 %* |
| Tutelle au mineur sans surveillance | 6 994 | 6 900 | 0 |
| Conseiller au majeur | 289 | 286 | |
| *Mandat homologué*[2] | *8 235* | *7 303* | *12,8 %* |

1.  Un certain nombre de personnes représentées disposent simultanément d'un régime public et d'un régime privé : elles étaient 392 au 31 mars 2006 et 356 au 31 mars 2005. Elles sont donc comptées deux fois : dans le total des régimes publics et dans le total des régimes privés avec surveillance.
2.  Les mandataires n'ont pas l'obligation d'informer le Curateur public du décès du mandant. En conséquence, le Curateur public met à jour le registre des mandats homologués avec l'information dont il dispose.

**Valeur des patrimoines des personnes protégées**

Au 31 mars 2006, la valeur moyenne des patrimoines que le curateur public administre était de 19 409 $. Cependant, 81 % de ces patrimoines étaient inférieurs à 10 000 $, les autres (19 %) atteignant une valeur moyenne de 82 185 $. Les chiffres démontrent également que la valeur moyenne nette du patrimoine des personnes sous régime privé est très supérieure à celle des personnes sous régime public. Ainsi, pour l'année 1995, la valeur moyenne nette était de 79 803 $ pour les personnes sous régime privé alors qu'il n'était que de 16 182 $ pour les personnes sous régime public (source : les différents rapports annuels du curateur public pour les années 1990 et 2000).

**731.**– *Historique de la curatelle publique au Québec.* Sur les origines et l'évolution de l'institution de la curatelle publique, voir les textes suivants : Comité directeur sur la révision de la *Loi sur la curatelle publique, La protection des personnes majeures au Québec*, Québec, 1988, p. 9-12 ; Bureau de la curatrice publique du Québec, *La Loi de la curatelle publique : son évolution et son application au Québec*, Québec, 1987, p. 3-25 ; V. Bergeron, *L'attribution d'une protection légale aux malades mentaux,* Montréal, Éditions Yvon Blais, 1981, p. 229-241 ; Y. Beaudoin, « Étude critique sur la loi de la curatelle publique », (1948) 50 *R. du N.* 325 ; J. Pineau, « Chronique méchante de méchante législation », (1971) 6 *R.J.T.* 355 ; R. Lamarche, « La nouvelle *Loi sur le curateur public* », (1989) 3 *C.P. du N.* 45 ; H. Brassard, « La *Loi sur le curateur public* : une loi centrée sur la personne », *Actes du Congrès du Barreau du Québec 1991*, Montréal, Service de la formation permanente, Barreau du Québec, 1991, p. 617 ; N. Forget, *De la curatelle au curateur public : 50 ans de protection*, Montréal, Presses de l'Université du Québec, 1995, 115 p.

En 1997 et 1998, le Protecteur du citoyen et le Vérificateur général ont formulé des critiques acerbes à l'égard de la gestion et de l'organisation du curateur public, mettant en lumière l'extrême vulnérabilité des personnes inaptes. Ces critiques donnèrent le coup d'envoi d'une vaste réflexion sur la mission du curateur public, puis d'une réorganisation importante de ce service public. On lira à ce propos les documents suivants : J.C. Deschênes et S. Gagnon, *La mission du curateur public du Québec. Ses fondements, sa portée, ses conditions de réussite*, rapport présenté au curateur public, Québec, décembre 1998, 126 p. ; Curateur public du Québec, *Le virage en faveur de la protection de la personne inapte, Rapport d'étape sur la réforme au curateur public du Québec*, décembre 2000 (ces documents sont disponibles sur le site Internet du curateur public du Québec : http://www.curateur. gouv.qc.ca).

En 2005, la *Loi sur l'abolition de certains organismes publics et le transfert de responsabilités administratives*, L.Q. 2005, c. 44 transfère *au ministre du Revenu l'administration provisoire de biens qui était confiée au curateur public en vertu de la Loi sur le curateur public.*

# BIBLIOGRAPHIE SÉLECTIVE

ASSOCIATION DES HÔPITAUX DU QUÉBEC, *La protection de la personne dans un établissememt de santé*, Collection « *Code civil du Québec* », Montréal, 1994.

BARREAU DU QUÉBEC, *Obligations et recours contre un curateur, tuteur ou mandataire défaillant*, Cowansville, Éditions Yvon Blais, 2008.

BEAUCHAMP, M., « Les nouvelles compétences attribuées au notaire : commentaires et critique », dans Service de la formation permanente, Barreau du Québec, *Les mandats en cas d'inaptitude : une panacée ?*, Cowansville, Éditions Yvon Blais, 2001, p. 53.

BEAUCHAMP, M., « Procédures devant notaire : c'est le début d'un temps nouveau... », (2002) 2 *C.P. du N.* 65.

BERNIER, F., « Les aspects psychosociaux de la déficience intellectuelle et de la maladie mentale sévère », dans Service de la formation permanente, Barreau du Québec, *Le droit des personnes inaptes (1992)*, Cowansville, Éditions Yvon Blais, 1992, p. 11.

BOHÉMIER, P. et G. GUAY, « L'exploitation des personnes âgées : prévenir pour ne pas être complice – Guide du notaire en matière de protection des personnes âgées », (2005) *C.P. du N.* 3.

DALLAIRE, C., « Le curateur public et le conseil de tutelle : une responsabilité partagée ? », dans Service de la formation permanente, Barreau du Québec, *Famille et protection*, Cowansville, Éditions Yvon Blais, 2005, p. 217.

DELEURY, É., « La protection des incapables et la réforme du Code civil », (1988) 18 *R.D.U.S.* 57.

DESROCHERS, P., « Papa, maman, où est mon argent ? La protection des intérêts patrimoniaux du mineur », dans Service de la formation permanente, Barreau du Québec, *Famille et protection*, Cowansville, Éditions Yvon Blais, 2005, p. 71.

DORAY, R., « La divulgation des évaluations médicales et psychosociales requises pour l'ouverture d'un régime de protection du majeur et le respect de la vie privée », dans Service de la formation permanente, Barreau du Québec, *Famille et protection*, Cowansville, Éditions Yvon Blais, 2005, p. 187.

DUBÉ, C., « Les personnes vulnérables et le réseau de la santé et des services sociaux : aux frontières des responsabilités des directeurs généraux des centres hospitaliers », dans Service de la formation permanente, Barreau du Québec, *Responsabilités et mécanisme de protection*, Cowansville, Éditions Yvon Blais, 2004, p. 75.

DUPIN, F., « Le curateur public : mode d'emploi et interface avec les autres organismes » dans Service de la formation permanente, Barreau du Québec, *Pouvoirs publics et protection*, Cowansville, Éditions Yvon Blais, 2003, p. 127.

DUPIN, F., « État de la jurisprudence en matière de protection légale et conventionnelle », dans Service de la formation permanente, Barreau du Québec, *Être protégé malgré soi*, Cowansville, Éditions Yvon Blais, 2002, p. 59.

DUPIN, F., « Être protégé malgré soi », dans Service de la formation permanente, Barreau du Québec, *Pouvoirs publics et protection*, Cowansville, Éditions Yvon Blais, 2003, p. 119.

FORGET, N., *De la curatelle au Curateur public : 50 ans de protection*, Ste-Foy, Presses de l'Université du Québec, 1995.

FRANK, B., « Réflexions éthiques sur la sauvegarde de l'autonomie », dans Service de la formation permanente, Barreau du Québec, *Pouvoirs publics et protection,* Cowansville, Éitions Yvon Blais, 2003, p. 181.

GUAY, H., « Quelles sont les limites à l'intervention d'un établissement de santé pour fins de protection des personnes majeures inaptes ? », dans Service de la formation permanente, Barreau du Québec, *Responsabilités et mécanisme de protection,* Cowansville, Éditions Yvon Blais, 2004, p. 1.

GUAY, H., « Quelles sont les responsabilités des intervenants qui réalisent les diverses évaluations en milieu de santé ? », dans Service de la formation permanente, Barreau du Québec, *Responsabilités et mécanisme de protection,* Cowansville, Éditions Yvon Blais, 2004, p. 181.

JETTÉ, L.-A., « De l'interdiction », (1929-1930) 8 *R. du D.* 589.

NÉLISSE, C. et I. URIBÉ, « Analyse des évaluations médicales et psychosociales requises par la nouvelle *Loi sur le curateur public* », (1992) 17 *Santé mentale au Québec* 265.

OUELLETTE, M., « La *Loi sur le curateur public* et la protection des incapables », (1989) 3 *C.P. du N.* 1.

OUELLETTE, M., « Livre premier : Des personnes », dans *La réforme du Code civil*, t. I, Québec, P.U.L., 1993.

RAINVILLE, F., « De l'administration du bien d'autrui », dans *La réforme du Code civil*, Québec, P.U.L., 1993, p. 800.

ROY, A., « Les régimes de protection du majeur inapte », dans Chambre des notaires du Québec, *Procédures non contentieuses – Doctrine – Document 5*, Montréal, septembre 2000.

SIROIS, L.-P., *Tutelles et curatelles*, Québec, L'Action sociale, 1911.

# CHAPITRE III

## LE MANDAT DONNÉ EN PRÉVISION DE L'INAPTITUDE OU MANDAT DE PROTECTION

**732.–** Innovation majeure de la réforme de 1989[1], le mandat donné en prévision de l'inaptitude répond à une double préoccupation : d'abord, permettre à toute personne majeure de décider elle-même qui s'occupera de sa personne et de ses biens en cas d'inaptitude, puis simplifier les formalités au moment où survient cette inaptitude. Ce mécanisme, qui a connu rapidement une grande popularité[2], s'inscrit dans l'esprit général de la réforme des régimes de protection des incapables majeurs, basée sur le respect de la personne et le droit à l'autodétermination.

Le Code prévoit des dispositions spécifiques au mandat donné en prévision de l'inaptitude. Il s'agit des articles 2166 à 2174 C.c.Q. Quant aux règles générales, qui s'appliquent à tous les mandats, on peut dire qu'elles s'appliquent *mutatis mutandis* au mandat donné en prévision de l'inaptitude. Le caractère très particulier de ce mandat oblige cependant à adapter les règles générales[3], voire parfois à les écarter[4].

---

1. *Loi sur le curateur public et modifiant le Code civil et d'autres dispositions législatives*, L.Q. 1989, c. 54. Les principes concernant le mandat, établis par cette loi, sont repris dans le *Code civil du Québec* avec des modifications mineures.
2. Le nombre de mandats inscrits auprès de la Chambre des notaires du Québec est passé de 39 643 au 30 juin 1996 à 1,2 million au 31 mars 2005. Par ailleurs, le nombre de mandats homologués chaque année connaît une croissance stable ; pour les exercices 2000-2001 à 2004-2005, ce nombre était respectivement de 1793, 1961, 1853, 2031 et 2133. Toutes les statistiques sont disponibles dans les rapports annuels du curateur public déposés au www.curateur.gouv.qc.ca, sous la rubrique « Publications ».
3. Par exemple, l'article 2171 C.c.Q. permet au mandataire de se rembourser des dépenses ou de payer sa propre rémunération, lorsqu'elle est autorisée, à même la fortune du mandant, alors que dans un mandat « normal », le mandataire ne peut pas se servir lui-même. Il est plutôt payé par le mandant.
4. C'est le cas, parmi d'autres, de l'article 2132 C.c.Q. qui ne peut s'appliquer au mandat donné en prévision de l'inaptitude puisque seule l'homologation peut donner effet à ce dernier (voir *infra*). Il en va de même de l'article 2149 C.c.Q., qui impose au mandant de coopérer avec le mandataire, puisque dans l'hypothèse du

## Section I
### Principes généraux

*§1 - Définition*

**733.–** Le mandat donné en prévision de l'inaptitude, comme son nom l'indique, est un mandat[5]. Soulignons que la terminologie utilisée dans la littérature est assez variée : la *Loi sur le curateur public et modifiant le Code civil et d'autres dispositions législatives* (précitée, note 1) parlait du « mandat donné dans l'éventualité de l'inaptitude du mandant », alors que le *Code civil du Québec*, tout comme l'actuelle *Loi sur le curateur public*[6], préfère les termes « mandat donné en prévision de l'inaptitude » et que les auteurs parlent de « mandat en cas d'inaptitude », de « mandat de protection » ou de « mandat d'inaptitude ». L'expression « mandat de protection » semble la plus adéquate car elle met bien en lumière la dualité de ce mécanisme, mandat, d'une part, mais également régime de protection[7].

Le mandat est, selon l'article 2130 C.c.Q. :

> [...] le contrat par lequel une personne, le mandant, donne le pouvoir de la représenter dans l'accomplissement d'un acte juridique avec un tiers, à une autre personne, le mandataire qui, par le fait de son acceptation, s'oblige à l'exercer.

Mais son objet plus spécifique, est d'assurer, dans l'éventualité de l'inaptitude du mandant à prendre soin de lui-même ou à administrer ses biens, la protection de sa personne, l'administration de ses

---

mandat donné en prévision de l'inaptitude, le mandant est en principe inapte à fournir cette coopération.

5.  M. Cantin Cumyn, pour sa part, voit plutôt dans ce « mandat » un acte unilatéral semblable au testament (*L'administration du bien d'autrui*, Traité de droit civil, Montréal, C.R.D.P.C.Q., Éditions Yvon Blais, 2000, p. 95) puisque les formalités prescrites aux articles 2166 et 2167 C.c.Q. n'exigent pas la participation du cocontractant. Il est vrai que la participation du mandataire n'est pas requise *ab initio*. Remarquons, cependant, qu'elle est une condition *sine qua non* de l'effectivité du mandat. Par ailleurs, on pourrait soutenir que la qualification de contrat permet de souligner l'importance réelle qu'il y a, pour le mandant, d'obtenir du mandataire un accord de principe sur son futur rôle, sans quoi la protection risque d'être bien aléatoire. Il y a donc ici, à notre avis, une dimension d'entente qui fait défaut au testament.
6.  L.R.Q., c. C-81, art. 13.
7.  Voir le « plaidoyer » de C. Fabien en ce sens, dans « Passage du mandat ordinaire au mandat de protection », (2001) *R. du B. can.* 951.

biens et, en général, son bien-être moral et matériel (art. 2131 C.c.Q.)[8]. Il s'agit donc de « la création, par la personne elle-même, d'un régime de protection privé sous la surveillance du Curateur public »[9].

**734.**– Les pouvoirs du mandataire peuvent donc porter sur la personne comme sur les biens. Lorsque les pouvoirs portent sur la personne, le mandataire est appelé à exercer certains droits extrapatrimoniaux de la personne protégée. C'est ainsi que le mandat donné en prévision de l'inaptitude trouve une application considérable en matière de consentement aux soins puisque le mandataire peut être chargé de consentir ou de refuser des traitements[10]. Il est d'ailleurs le premier dans la hiérarchie des personnes appelées à donner un consentement substitué aux soins (art. 15 C.c.Q.)[11]. Le but du mandat donné en prévision de l'inaptitude est donc double : permettre la prise en charge de l'inapte, notamment en matière de soins médicaux, et assurer la gestion de son patrimoine. Le premier volet ayant été abordé dans le titre consacré aux droits de la personnalité[12], nous nous limiterons, dans ce chapitre, à présenter les règles générales du mandat donné en prévision de l'inaptitude ainsi que les règles particulières à l'administration du mandataire.

---

8.   *G.(G.)* c. *B.(J.)*, J.E. 98-215, REJB 1997-07022 (C.S.).
9.   M. Ouellette, « La *Loi sur le curateur public* et la protection des incapables », (1989) 3 *C.P. du N.* 1, 38. Cette constatation amène certains auteurs à se demander s'il n'eût pas mieux valu d'insérer les dispositions sur le mandat donné en prévision de l'inaptitude, dans le livre des personnes, en compagnie des régimes de protection, plutôt que dans le livre des obligations (en ce sens, voir C. Fabien, « Le nouveau droit du mandat », dans *La réforme du Code civil*, t. I, Québec, P.U.L., 1993, p. 935 ; C. Fabien, « Passage du mandat ordinaire au mandat de protection », (2001) *R. du B. can.* 951, 958 ; J. Lambert, « La genèse du mandat de protection et quelques autres considérations », dans Service de la formation permanente, Barreau du Québec, *Les mandats en cas d'inaptitude : une panacée ?*, Cowansville, Éditions Yvon Blais, 2001, p. 83, 92) ; *contra* : J. Pineau, D. Burman et S. Gaudet, *Théorie des obligations*, 4e éd., Montréal, Éditions Thémis, 2001, p. 234 et s.
10.  Certains observateurs estiment que le mandataire ne devrait pas jouir d'une aussi grande latitude lorsqu'il s'agit de soins de santé, particulièrement de directives de fin de vie, et que le mandat devrait avoir un caractère plus contraignant. En ce sens, voir D. Chalifoux, « Les directives préalables de fin de vie et les pouvoirs publics », dans Service de la formation permanente, Barreau du Québec, *Pouvoirs publics et protection*, Cowansville, Éditions Yvon Blais, 2003, 1-27.
11.  On retrouve régulièrement, dans les mandats, des clauses de refus de l'acharnement thérapeutique, communément désignées comme « testament de vie » ou « testament biologique » ; voir G. Durand, « Ambiguïté et dérives de l'éthique – Le cas de la bioéthique », (1995) 29 *R.J.T.* 529.
12.  Voir *supra*, Partie I, Titre I, Les droits de la personnalité.

## §2 - Les caractères du mandat donné en prévision de l'inaptitude

**735.–** *Le mandat donné en prévision de l'inaptitude peut être à titre gratuit ou rémunéré.* Comme pour tout autre mandat, le mandataire peut agir à titre gratuit ou, au contraire, recevoir une rémunération pour la charge (art. 2133 C.c.Q.)[13]. Le législateur suit ici la même logique qu'en matière de tutelle en considérant que la mission de protection du mandataire peut constituer une charge importante, qui mérite une rémunération, le cas échéant. Le mandat peut prévoir expressément la forme et l'étendue de la rémunération. En cas de silence sur cette question, la loi prévoit une double présomption qui s'applique à toutes les sortes de mandat : si les parties sont des personnes physiques, le mandat est présumé à titre gratuit, alors que le mandat professionnel[14] est présumé à titre onéreux. Cette règle s'applique aussi au mandat donné en prévision de l'inaptitude (art. 2150 et 2171 C.c.Q.)[15].

Lorsque le tribunal est amené à fixer la rémunération, il doit tenir compte des usages et de la valeur des services rendus (art. 2134 C.c.Q.)[16] et non des moyens de payer du mandant ni, encore moins, des besoins personnels du mandataire. Le tribunal ne peut établir la rémunération du mandataire que dans deux situations : lorsque le mandat prévoit le principe de la rémunération mais n'en précise pas le montant et lorsque, face au silence du mandat, la loi présume qu'il est à titre onéreux. On vise ici le cas du mandat confié à une personne pour qui l'exécution de mandats constitue une activité économique[17]. Dans les cas où le mandat prévoit une rémunération avec précision et dans ceux où le mandat est présumé à titre gratuit, aucune disposition légale n'autorise le tribunal à modifier ou à établir la rémunération du mandataire.

---

13. *Contra* : M. Cantin Cumyn, *op. cit.*, note 5, p. 151, qui suggère qu'au lieu de l'article 2133 C.c.Q., ce serait plutôt l'article 184 C.c.Q. relatif au tuteur datif qui devrait jouer à titre supplétif.
14. L'expression « mandat professionnel » n'est pas définie par la loi, mais on peut retenir la définition qu'en donne C. Fabien qui y voit un mandat « que l'on donne à une personne qui se livre de façon habituelle à des activités de mandataire en vue d'en tirer un revenu », par opposition au mandat occasionnel (C. Fabien, *loc. cit.*, note 9, p. 905).
15. *M.D.* c. *Ma.V.*, J.E. 2005-1330, EYB 2005-90609 (C.S.).
16. Cette disposition reprend les mêmes principes qu'en matière d'administration des biens d'autrui (art. 1300 C.c.Q.).
17. Sur la possibilité de désigner une personne morale comme mandataire dans le cadre d'un mandat donné en prévision de l'inaptitude, voir *infra*, par. 740.

Le caractère gratuit ou onéreux n'affecte toutefois en rien le droit du mandataire de se faire rembourser les frais nécessaires occasionnés par l'exécution du mandat (art. 2171 et 2150 C.c.Q.). Par contre, la gratuité peut avoir une incidence sur l'étendue de la responsabilité du mandataire puisque la loi prévoit que si le mandat est gratuit, le tribunal peut réduire le montant des dommages-intérêts dont le mandataire serait tenu (art. 2148 C.c.Q.). Ce tempérament important au régime ordinaire de la responsabilité vise à ne pas pénaliser indûment une personne qui, par ailleurs, s'est consacrée bénévolement à l'assistance d'un proche devenu inapte.

**736.–** *Le mandat donné en prévision de l'inaptitude peut être général ou spécial.* Le mandat est général s'il porte sur toutes les affaires du mandant (art. 2135, al. 1 C.c.Q.). Dans les autres cas, il s'agit d'un mandat spécial. Par exemple, le mandat donné en prévision de l'inaptitude est spécial s'il ne concerne que les droits patrimoniaux[18], si la mission du mandataire se limite à administrer un bien en particulier ou, encore, s'il ne vise que la question des soins médicaux de façon générale ou s'il se limite à protéger le mandant contre l'acharnement thérapeutique[19].

Le caractère spécial ou général du mandat dépend donc de son objet et ne doit pas être confondu avec le caractère général de la terminologie utilisée dans le mandat. En effet, le mandat, qu'il soit spécial ou général, peut être conçu en termes généraux ou, au contraire, en termes spécifiques. Ainsi, le mandat qui stipulerait « mon mandataire devra administrer l'immeuble situé à... » est un mandat spécial conçu en termes généraux. Dans ce cas, le mandataire n'a que le pouvoir de passer des actes de simple administration à l'égard de cet immeuble (art. 2135, al. 2 et 1301 C.c.Q.). Si le mandant entend accorder d'autres pouvoirs, il doit alors les formuler spécifiquement ou accorder la pleine administration au mandataire (art. 1306 C.c.Q.). Dans un autre domaine, le mandat peut spécifier de façon vague et générale que le mandataire pourra prendre toute décision d'ordre

---

18. Par exemple *S.B.* c. *Kemp*, J.E. 2005-147, EYB 2004-81535 (C.S.).
19. Sur l'utilité du mandat dans le cadre des soins médicaux, voir J.-P. Ménard, « Mandat en prévision d'inaptitude et consentement aux soins », dans Service de la formation permanente, Barreau du Québec, *Être protégé malgré soi*, Cowansville, Éditions Yvon Blais, 2002, p. 129 et J.-P. Ménard, « Les requêtes en autorisation de traitements : enjeux et difficultés importantes à l'égard des droits des personnes », dans Service de la formation continue, Barreau du Québec, *Autonomie et protection*, Cowansville, Éditions Yvon Blais, 2007.

médical dans le meilleur intérêt du mandant ou il peut plutôt prévoir une série d'instructions précises en la matière[20].

**737.–** Accorder la pleine administration des biens, sans autres précisions, n'est cependant pas sans danger. Il peut être prudent de limiter les pouvoirs du mandataire en les calquant sur ceux du curateur au majeur[21]. Tout en ayant la pleine administration des biens du majeur, le mandataire ne peut alors faire que des placements « présumés sûrs » (art. 1306 et 1307 C.c.Q.)[22], ce qui limite les risques de dilapidation du patrimoine. Une telle précaution paraît d'autant plus utile que les mesures de contrôle de l'administration du mandataire sont moins nombreuses qu'en matière de curatelle. Ainsi, contrairement au curateur ou au tuteur, le mandataire n'est pas tenu de dresser un inventaire, de faire des rapports annuels ou, encore, de fournir une sûreté pour garantir sa gestion et il n'est pas supervisé par un conseil de tutelle[23]. Certains auteurs dénoncent cette absence de formalités[24] et suggèrent qu'il est possible de parer à cette problématique en prévoyant, par exemple, un devoir de reddition de compte

---

20. Pour un plaidoyer en faveur de la rédaction de mandats qui fait référence aux valeurs de la personne, voir L. Fréchette, « Le mandat humain, une approche novatrice en droit de la famille », dans Chambre des notaires du Québec, *Cours de perfectionnement du notariat*, (2004) 1, 135-161.

21. C. Fabien, *loc. cit.*, note 9, p. 942.

22. Voir par exemple *E.C.* c. *I.C.*, [2003] R.J.Q. 2187, REJB 2003-45440 (C.S.), désistement d'appel (C.A., 2003-07-23, n° 500-09-013585-039) pour une application de ces articles.

23. En ce sens, J. Lambert, *loc. cit.*, note 9, p. 92. Pour sa part, M. Cantin Cumyn, *op. cit.*, note 5, p. 96, est d'avis que le mandataire est soumis à de telles mesures de contrôle. Cette conclusion s'appuie sur l'opinion que le mandat homologué ouvre un véritable régime de protection et que, dès lors, le régime supplétif devrait être celui de la tutelle plutôt que celui du mandat (p. 210). Nous souscrivons à la thèse selon laquelle le mandat ouvre une sorte de régime de protection. Par contre, nous sommes d'avis que l'absence de tels contrôles et formalités est précisément un des éléments qui distinguent le mandat dont l'objectif est l'ouverture d'un régime de protection plus léger, moins contraignant. Rien n'empêche le mandant de prévoir une clause de désignation d'un tiers qui pourrait exiger un compte annuel du mandataire (en ce sens, Cantin Cumyn, *op. cit.*, note 5, p. 262). Par conséquent, nous ne pouvons souscrire à l'idée de modifier la loi pour imposer de telles formalités, comme le suggère un auteur (C. Fabien, « Le mandat de protection en cas d'inaptitude du mandant : une institution à parfaire », (2007) 1 *C.P. du N.* 405-438). Il nous semble que cela serait précisément enlever au mandat ce qui en fait aujourd'hui un instrument souple et respectueux de la volonté des personnes.

24. D. Chalifoux, , « Les directives préalables de fin de vie et les pouvoirs publics », dans Service de la formation permanente, Barreau du Québec, *Pouvoirs publics et protection,* Cowansville, Éditions Yvon Blais, 2003, p. 1, 34 et F. Dupin, « État de la jurisprudence en matière de mandats en prévision de l'inaptitude », Service de la formation permanente, Barreau du Québec, *Le mandat en cas d'inaptitude : une panacée ?* Cowansville, Éditions Yvon Blais, 2001, p. 8.

assorti d'une clause pénale, ce qui assurerait un certain contrôle sur le mandataire[25].

### §3 - Les conditions spécifiques du mandat donné en prévision de l'inaptitude

#### A. Conditions relatives aux parties

**738.**– *La capacité du mandant.* Seul un majeur peut faire un mandat donné en prévision de l'inaptitude (art. 2166 C.c.Q.). Étant réputé majeur, le mineur pleinement émancipé le peut également (art. 176 C.c.Q.). De plus, au moment de la rédaction de l'acte, le mandant doit avoir l'aptitude factuelle à agir (art. 1398 et 1399 C.c.Q.)[26]. Cette aptitude doit être constatée formellement par le notaire instrumentant ou par les témoins à l'acte (art. 2167 C.c.Q.). Un simple doute ne suffit pas à repousser la présomption générale de capacité. Cette règle est de jurisprudence constante[27]. Cependant, comme en matière de testament, si la capacité d'une personne est sérieusement mise en doute, celui qui entend faire homologuer le mandat devra prouver la capacité du mandant à l'époque de sa rédaction[28] ; à cet égard, le simple fait que le mandant avait une certaine lucidité pourrait bien être insuffisant en regard de l'importance de l'acte que constitue un mandat en prévision de l'inaptitude[29]. Par contre, le constat d'une évolution irrégulière de l'état mental d'une personne ne suffit pas à renverser le fardeau de la preuve [30]. La vérification de l'aptitude

---

25. L. Laflamme, « Variations sur des thèmes connus : le mandat en prévision de l'inaptitude et la procuration générale », (2002) 2 *C.P. du N.* 103 (117). Voir également P. Bohémier et G. Guay, « L'exploitation des personnes âgées : prévenir pour ne pas être complice – Guide du notaire en matière de protection des personnes âgées », (2005) *C.P. du N. 3.*

26. *R.(G.)* c. *H.-R.(A.),* J.E. 95-701, EYB 1995-94348 (C.S.) ; *R.P.* et *L.P.,* J.E. 2000-1381, REJB 2000-19127 (C.S.) ; *A.L.* c. *R.L.,* J.E. 2005-1453, EYB 2005-92639 (C.S.) ; *C.* c. *L. et le curateur public,* EYB 2006-111881 (C.S.).

27. *Gariépy* c. *Pitre,* J.E. 96-340, EYB 1995-83215 (C.S.) ; *F.K.* c. *P.H.,* J.E. 2002-1215, REJB 2002-32500 (C.S.) ; *M.B.* et *D.B.,* J.E. 2005-1024, EYB 2005-89997 (C.S.) ; *C.L.* c. *M.L.,* J.E. 2006-1335, EYB 1006-105552 (C.S.).

28. *Gariépy* c. *Pitre,* précité, note 27 ; *Droit de la famille – 957,* [1991] R.D.F. 149, EYB 1991-55607 (C.A.) ; *T.(M.)* c. *T.(L.-G.),* J.E. 97-1187, REJB 1997-00766 (C.S.) ; *J.P.* c. *L.B.,* [2001] R.J.Q. 393, REJB 2000-21988 (C.S.), désistement d'appel (C.A., 2002-07-04, n° 200-09-003420-012) ; *J.M.* c. *M.M.,* 2007 QCCS 3348, par. 16.

29. *L.C.* c. *M.P.,* J.E. 2000-1679, REJB 2000-19802 (C.S.).

30. *C.L.* c. *M.L.,* J.E. 2006-1335, EYB 2006-105552 (C.S.). Ainsi, une personne souffrant d'alcoolisme dont la condition se détériore graduellement ne réussit pas à soulever un doute sérieux quant à sa capacité à consentir à l'acte juridique puisque, selon la Cour, il n'est pas impossible qu'au jour de la signature du mandat, la personne vivait une période de lucidité.

d'une personne à donner un mandat en prévision de son inaptitude future est une opération fort complexe sur le plan médical et il convient d'y attacher toute l'attention qu'elle nécessite car l'existence du mandat en dépend[31].

**739.– *La capacité du mandataire*.** En ce qui concerne la capacité du mandataire, elle doit être évaluée non pas au moment de la rédaction mais au moment de l'homologation du mandat[32]. Si, en cours de mandat, ses facultés mentales le rendent inapte à agir pour lui-même, il ne peut plus agir valablement comme mandataire de quelqu'un d'autre[33]. Qui plus est, si le mandataire se voit lui-même soumis à un régime de protection, le mandat prend fin (art. 2175 C.c.Q.), car il ne protège plus efficacement le mandant. On voit donc que le mandataire doit, tout au long de sa mission, avoir l'aptitude factuelle et la capacité légale pour représenter le mandant inapte.

**740.– *Le mandataire doit en principe être une personne physique*.** Normalement, le mandataire est unique et il s'agit d'une personne physique. Toutefois, aucune disposition ne fait obstacle à ce que plusieurs mandataires soient désignés. Il pourrait donc y avoir simultanément un mandataire à la personne et un mandataire aux biens. Dans ce cas, même si la loi ne le dit pas expressément, le mandataire à la personne doit nécessairement être une personne physique. En effet, il ressort clairement des travaux parlementaires qu'en ce qui concerne le mandat donné en prévision de l'inaptitude, l'intention du législateur est d'associer les proches dans la prise en charge des majeurs inaptes, comme c'est le cas pour les régimes de protection. À

---

31.  S. Gauthier, « Comment déterminer l'aptitude du mandant ? », dans Service de la formation permanente, Barreau du Québec, *Les mandats en cas d'inaptitude : une panacée ?*, Cowansville, Éditions Yvon Blais, 2001, p. 71. Afin d'éviter les contestations lors de l'homologation, ce neurologue conseille d'enregistrer sur bande audio ou vidéo l'entrevue qui détermine l'aptitude des patients qui désirent signer un mandat. Voir également B. Frank, « Réflexions éthiques sur la sauvegarde de l'autonomie », dans Service de la formation permanente, Barreau du Québec, *Pouvoirs publics et protection*, Cowansville, Éditions Yvon Blais, 2003, p. 181 ; G. Voyer, « Ce que la fréquentation des personnes âgées m'a appris au sujet de l'autonomie ou Pour une conception éthique de l'autonomie », dans Service de la formation continue, Barreau du Québec, *Autonomie et protection 2007*, Cowansville, Éditions Yvon Blais, 2007 ; F. Dupin, « Réflexions sur l'acceptation juridique de l'autonomie », dans Service de la formation continue, Barreau du Québec, *Autonomie et protection 2007*, Cowansville, Éditions Yvon Blais, 2007.

32.  Sur les risques de nommer son enfant mineur mandataire, avec l'idée qu'il sera devenu majeur au moment où survient l'inaptitude, voir G. Guay, « Questions pratiques concernant le mandat donné dans l'éventualité de l'inaptitude et les régimes de protection aux majeurs inaptes », (1990) *C.P. du N.* 155.

33.  En ce sens, voir C. Fabien, *loc. cit.*, note 9, p. 931. Il s'agit d'un effet des règles générales en matière d'obligations (art. 1398 C.c.Q.).

cet égard, on peut citer le ministre de la Justice qui, au moment de l'adoption de principe de la loi, s'exprimait ainsi : « Les dispositions proposées par ce projet de loi, tant en matière de régime de protection que de mandat, tiennent compte d'un objectif social qui est fondamental, à savoir de veiller à impliquer les proches dans la prise en charge des majeurs inaptes. C'est là un objectif majeur de ce présent projet de loi [...] »[34]. De toute évidence, la prise en charge du majeur par une personne morale ne permettrait pas la création de ce lien *intuitu personæ* entre l'inapte et son représentant[35].

Le parallélisme entre le mandat donné en prévision de l'inaptitude et les autres régimes de protection autorise à interpréter les dispositions légales en s'inspirant des règles en matière de tutelle[36]. Il ne pourrait donc y avoir qu'un seul mandataire à la personne, alors que rien ne s'oppose à une pluralité de mandataires aux biens[37], ceux-ci pouvant être des personnes morales[38].

La désignation de plusieurs mandataires risque toutefois d'engendrer des difficultés dans la représentation efficace et uniforme du majeur inapte. Par conséquent, plutôt que de désigner plusieurs mandataires, le mandant pourrait n'en désigner qu'un seul, tout en l'autorisant à se substituer une autre personne (physique ou morale) pour exécuter une partie du mandat (par exemple, la gestion

---

34. *Débats de l'Assemblée nationale, Journal des débats*, 33e sess., (1988-1989) 6132.

35. Ainsi, paraît non fondé un jugement qui accepte d'homologuer un mandat qui désigne une personne morale comme mandataire à la personne et à l'administration des biens, comme ce fut le cas dans *Trust général du Canada* c. *Amyot et al.*, C.S. (Québec), no 200-14-000684-958 du 22 novembre 1995, j. J. Blanchard. Rappelons qu'une des critiques formulées à l'égard de l'ancien système de protection des incapables portait sur le fait que le curateur public ne pouvait assumer adéquatement son rôle de représentant légal face à des questions aussi délicates que celle des soins médicaux qui impliquent des contacts personnels réguliers. Cette préoccupation devrait animer l'interprétation des dispositions en matière de mandat puisque l'objectif, à ce chapitre, est le même.

36. Art. 179, 187 et 189 C.c.Q.

37. En cas de pluralité de mandataires, chacun exerce les pouvoirs qui lui sont attribués. Toutefois, il est théoriquement possible que deux mandataires soient désignés conjointement pour la même affaire, art. 2144 C.c.Q.

38. En ce sens, voir G. Guay, *loc. cit.*, note 32, p. 153-155 et C. Fabien, *loc. cit.*, note 9, p. 936. Voir cependant Cantin Cumyn (*op. cit.*, note 5, p. 144) qui estime que seule une société de fiducie pourrait assumer une telle fonction du fait qu'il s'agit de la seule personne morale qui pourrait agir en qualité de tuteur et qu'il convient, en cette matière, de se reporter au régime de la tutelle plutôt qu'aux règles générales du mandat. On pourrait cependant soutenir que le mandat a précisément pour but de permettre à la personne de modeler le système de représentation comme elle l'entend ; on ne voit pas, dès lors, pourquoi la personne ne pourrait pas décider de désigner une personne morale qui, dans son esprit, est la plus compétente pour assumer tel ou tel volet de l'administration de ses biens.

d'un portefeuille d'actions ou l'exploitation d'un immeuble), comme le lui permet l'article 2140 C.c.Q.

**741.–** Le mandat donné en prévision de l'inaptitude peut prévoir la désignation d'un remplaçant en cas de décès, d'inaptitude et de démission du mandataire (art. 2174 C.c.Q.)[39]. Subsidiairement, une clause du mandat permettant au mandataire de choisir lui-même son remplaçant offre une alternative intéressante qui a déjà été jugée conforme à l'article 2174 C.c.Q.[40].

### B. Conditions de forme

**742.–** *Un contrat formaliste.* Le mandat donné en prévision de l'inaptitude est un contrat formaliste, en ce sens qu'il doit respecter un certain nombre de formalités, à défaut de quoi il ne peut être homologué[41]. Ces formalités sont d'ordre public et elles ont pour but « d'établir qu'au moment où le mandat a été donné, le mandant était apte, alors qu'il ne le sera plus au moment où le mandat produira ses effets et ne pourra donc confirmer ses volontés ni actuelles ni antérieures »[42].

Ainsi, le mandat doit respecter une des deux formes prévues par la loi : l'acte notarié ou l'acte sous seing privé devant deux témoins (art. 2166 C.c.Q.). Le législateur reprend ici la règle qui existe en matière testamentaire, en excluant toutefois la forme olographe (art. 712 C.c.Q.).

**743.–** *L'acte notarié.* Cette forme de mandat ne pose aucun problème particulier. Comme tout acte notarié, il s'agit d'un acte authentique (art. 2814, 6º C.c.Q.). Seule particularité, le notaire instrumentant doit inscrire le mandat dans un registre spécial tenu par la Chambre des notaires du Québec afin d'en assurer la publicité[43]. Dans les trois jours suivant la réception du mandat, le notaire doit faire parvenir au registraire un avis comprenant les noms, prénoms, occupation,

---

39. Voir par exemple *J.T.* c. *G.T.*, [2003] R.J.Q. 482, REJB 2002-36029 (C.S.) et *P.S.* c. *A.S.*, B.E. 2005BE-758 (C.S.).

40. *R.T. (Dans l'affaire de)*, J.E. 2005-145, EYB 2004-81452 (C.S.) ; *L.P. (Dans l'affaire de)*, J.E. 2005-146, EYB 2004-81257 (C.S.). À ce sujet voir G. Guay, « Le mandat donné en prévision de l'inaptitude », *Répertoire de droit / Nouvelle Série*, Montréal, Chambre des notaires, 1996, nos 54-55, p. 24.

41. *Fiducie Desjardins inc.* et *A.P.*, [2004] R.J.Q. 461, REJB 2003-52099 (C.S.), par. 28.

42. *Comm.*, p. 1361.

43. *Loi sur le notariat*, L.R.Q., c. N-3, art. 93 (tel que modifié par 2000, c. 44, art. 93 ; 2005, c. 32, art. 247).

adresse, date de naissance et numéro d'assurance sociale du mandant, la date du mandat et celle de la fin du mandat, si elle est indiquée[44]. Les renseignements contenus dans le mandat sont protégés, en ce sens que le registraire de la Chambre des notaires ne peut les divulguer qu'au mandant, à son mandataire, à un notaire en exercice ou au curateur public. Cependant, en cas de changement dans la situation du mandant constaté par une évaluation médicale récente ou par un récent rapport d'inaptitude émanant du directeur d'un établissement de santé ou de services sociaux, les renseignements peuvent être divulgués « à toute personne qui accompagne sa demande d'une déclaration assermentée établissant son intérêt pour le mandant »[45].

**744.–** *Acte devant témoins.* Les formalités du mandat devant témoins sont calquées sur celles du testament devant témoins. Comme l'indiquent les *Commentaires du ministre* à ce sujet, « il y a en effet une similitude certaine entre le testament et ce nouveau type de mandat, puisque le mandant, s'il est vivant, n'est toutefois plus apte à consentir au moment où le mandat devient exécutoire »[46]. Dans ce cas, le mandat peut être rédigé par le mandant lui-même ou par un tiers. Le mandant doit, devant deux témoins, déclarer la nature de l'acte. Il n'est toutefois pas tenu d'en divulguer le contenu. En effet, le rôle des témoins se limite à constater et à attester l'aptitude du mandant au moment de la signature. Le mandant aura par contre avantage à dévoiler la teneur du mandat à celui qu'il désigne comme mandataire, afin de savoir si ce dernier accepte d'assumer la charge telle que prévue.

Le mandat doit être signé par le mandant lui-même ou par un tiers en présence du mandant (art. 2167 C.c.Q.). L'intervention du tiers permet donc à une personne de faire un mandat, même si elle est physiquement incapable de le signer elle-même. Il doit également être signé par les deux témoins. Ceux-ci ne peuvent avoir un intérêt à l'acte, sous peine de nullité, afin de ne pas diminuer ou compromettre leur faculté d'apprécier objectivement l'aptitude du mandant à agir.

---

44. *Règlement sur les registres de la Chambre des notaires du Québec*, (2001) 133 *G.O.Q.* II, 8020, art. 1, entré en vigueur le 1er janvier 2002 par l'effet du décret D. 1493-01, (2001) 133 *G.O.Q.* II, 8757, tel que modifié par le *Règlement modifiant le Règlement sur les registres des dispositions testamentaires et des mandats donnés en prévision de l'inaptitude*, (2006) 138 *G.O.Q.* II, 1950, art. 1 et 2, entré en vigueur le 1er juin 2006. Sur la confidentialité des renseignements contenus au registre, voir R. Doray, « Le notaire et la protection des renseignements personnels », (2006) *C.P. du N.* 23.

45. *Ibid.*, art. 5, al. 2 et 3.

46. *Comm.*, p. 1362.

Cette exigence fait l'objet d'une interprétation très stricte par les tribunaux. Ainsi, l'homologation du mandat sera refusée si un des témoins est en même temps désigné comme mandataire remplaçant à qui le mandataire principal doit rendre compte annuellement de son administration[47] ou si un des témoins, sans être désigné mandataire, est tout de même la personne à qui le rapport annuel d'administration doit être communiqué[48].

Si le mandat est déposé chez un notaire, il doit être inscrit au registre des mandats suivant les mêmes formalités imposées en cas d'acte notarié, alors que le mandat confié à un avocat doit faire l'objet d'une inscription dans un registre spécial tenu par le Barreau du Québec[49].

## Section II

### La mise en œuvre et les effets du mandat donné en prévision de l'inaptitude

#### §1 - Les conditions d'exécution

Deux éléments conditionnent l'exécution du mandat : la survenance de l'inaptitude du mandant et l'homologation judiciaire, le premier étant une condition *sine qua non* du second (art. 2166 C.c.Q.).

**745.– *La survenance de l'inaptitude*.** Le mandat donné en prévision de l'inaptitude se distingue fondamentalement du mandat ordinaire par le fait qu'il prend effet au moment où ce dernier, s'il existe, prend

---

47. *Nadeau* et *Bérubé*, J.E. 92-1799, EYB 1992-79377 (C.S.). Voir également *In re Falardeau*, C.S. (Québec), nº 200-14-001215-919, 20 décembre 1991, protonotaire Bélanger, cité par F. Dupin, « Le praticien et la protection de l'inapte », dans Service de la formation permanente, Barreau du Québec, *Développements récents en droit familial (1995)*, Cowansville, Éditions Yvon Blais, 1995, p. 61.
48. *B.(N.)* c. *B.-B.(Y.)*, J.E. 99-221, REJB 1998-09744 (C.S.).
49. *Règlement sur les registres des dispositions testamentaires et des mandats donnés en prévision de l'inaptitude*, R.Q., c. B-1, r. 11.01. L'article 8 du Règlement prévoit que le registraire ne peut divulguer aucun renseignement contenu au registre des mandats si ce n'est au mandant, à son mandataire, à un avocat en exercice ou au curateur public. Cependant, lorsqu'on est en présence d'une évaluation médicale et psychosociale récente constatant l'inaptitude du mandant ou d'un rapport récent du directeur général d'un établissement de santé ou de services sociaux constatant l'inaptitude du mandant à prendre soin de lui-même ou à administrer ses biens, le registraire peut transmettre les renseignements contenus à ce registre à toute personne qui accompagne sa demande d'une déclaration assermentée établissant son intérêt pour le mandant. L'exigence est donc la même que celle imposée à la Chambre des notaires.

fin, c'est-à-dire lorsque la personne devient inapte[50]. La notion d'inaptitude n'est pas définie par la loi. Il convient, dès lors, de s'en remettre à la signification usuelle du mot[51]. L'inaptitude est ici une question de fait. Elle peut être prouvée par témoins, mais elle doit être démontrée par une évaluation médicale et psychosociale accompagnant la requête en homologation[52]. En vue de faciliter les démarches, la loi autorise le requérant à avoir accès et à obtenir copie des rapports d'évaluation médicale et psychosociale lorsqu'il atteste sous serment qu'il entend demander l'homologation du mandat donné en prévision de l'inaptitude et que ces évaluations concluent à l'inaptitude effective du mandant, comme le prévoit l'article 22 de la *Loi sur les services de santé et les services sociaux*[53]. Cette disposition implique que sur une demande d'accès au dossier, pour les fins de l'ouverture d'un régime de protection, une évaluation médicale et psychosociale soit faite ; si le rapport conclut à l'inaptitude, l'accès doit être autorisé. En pratique, les évaluations sont alors communiquées sous pli confidentiel au requérant[54]. La vérification judiciaire de l'inaptitude se fait à l'occasion de l'instruction de la requête en homologation. En cas de doute sur l'inaptitude, le tribunal doit rejeter la demande[55].

**746.**– *L'inaptitude partielle.* La jurisprudence démontre que les tribunaux sont désormais plus enclins à homologuer le mandat même s'ils constatent que l'inaptitude n'est que partielle, à la condition,

---

50. *Comm.*, p. 1340-1341. Voir *D.S.* c. *A.D.*, J.E. 2006-2152, EYB 2004-53869 (C.S.). Une procuration de simple administration devient également caduque dès le moment où le mandant devient inapte : *A.L. (Succession d')*, J.E. 2006-958, EYB 2006-102113 (C.S.).
51. *L.R.* c. *É.L.*, J.E. 2001-342, REJB 2000-22379 (C.S.).
52. Les caractéristiques de cette évaluation sont décrites dans le chapitre II, L'ouverture judiciaire d'un régime de protection. Il faut toutefois souligner que l'article 884.2 C.p.c. est une disposition impérative qui fait de l'évaluation médicale et psychosociale une condition essentielle de la demande d'homologation : *D.(J.)* c. *D.(L.)*, REJB 1999-10585 (C.S.). Sur cette question, voir M. Jarry, « Quelques problèmes de preuve et de procédure en matière d'ouverture du régime de protection », dans *Actes du Congrès du Barreau du Québec 1991*, Montréal, Service de la formation permanente, Barreau du Québec, 1991, p. 611. Au sujet des aspects pratiques et cliniques de l'évaluation, voir J. Girard, « L'évaluation psychosociale : un processus incontournable pour la sauvegarde de l'autonomie du majeur et complémentaire aux univers légal et médical », dans Service de la formation permanente, Barreau du Québec, *Les mandats en cas d'inaptitude : une panacée ?*, Cowansville, Éditions Yvon Blais, 2001, p. 45.
53. *Loi sur les services de santé et les services sociaux*, L.R.Q., c. S-4.2, art. 22, al. 2.
54. Association des hôpitaux du Québec, *La protection de la personne dans un établissement de santé*, Collection « Code civil du Québec », Montréal, 1994, p. 53.
55. *Re Savage*, C.S. Montréal, n° 500-14-992336-907, 30 janvier 1991, juge Warren ; *Re Blanchet*, C.S. Saint-François, n° 450-14-000241-917, 3 septembre 1991, protonotaire Tremblay.

toutefois, que le mandat réponde aux besoins du mandant, c'est-à-dire que les pouvoirs du mandataire soient proportionnels au degré d'inaptitude de la personne[56]. Cette pratique découle du souci de respecter les volontés du mandant[57].

Toutefois, lorsque le degré d'inaptitude ne concorde pas avec les pouvoirs accordés au mandataire, celui-ci ne devrait pas être homologué. La question se pose généralement dans des cas où le mandat accorde les pleins pouvoirs alors que la personne n'est pas totalement inapte. Dans de tels cas, le tribunal devrait refuser l'homologation et opter pour un régime de tutelle[58].

**747.–** *L'homologation du mandat.* L'initiative de l'homologation appartient au mandataire désigné. Lui seul peut présenter la requête (art. 2166, al. 2 C.c.Q.). Son consentement est donc essentiel, sans quoi le mandat est inopérant. La demande est portée devant un juge ou devant le greffier. En cas de contestation de l'homologation (cette contestation pouvant prendre la forme d'une demande d'ouverture d'un régime de protection), le greffier doit transmettre le dossier au tribunal (art. 863 C.p.c.). Il s'agit du tribunal du district où le mandant a son domicile ou sa résidence (art. 884.1 C.p.c.). La requête doit être signifiée à personne[59]. Elle doit également être signifiée à une personne raisonnable de sa famille ainsi qu'au curateur public (art. 884.1, al. 2 C.p.c.)[60]. De plus, dans le souci avoué d'associer davantage l'entourage du majeur dans tout le processus de protection, la loi donne expressément au juge ou au greffier le pouvoir de faire signifier la demande d'homologation aux proches du majeur[61].

---

56. *L.P. (Dans l'affaire de)*, J.E. 2005-146, EYB 2004-81257 (C.S.) ; *Y.L. et Lé.L.*, B.E. 2005BE-954 (C.S.). Voir à ce sujet L. Laflamme, « Variations sur des thèmes connus : le mandat en prévision de l'inaptitude et la procuration générale », (2002) 2 *C.P. du N.* 103, 128 ; M. Beauchamp, « Le mandat en cas d'inaptitude : crise d'identité ? », (2005) 1 *C.P.du N.* 335, 350.

57. M. Beauchamp, « Commentaire sur la décision *P. (L.) Re* – L'homologation d'un mandat donné en prévision de l'inaptitude du mandant lorsque ce dernier n'est pas inapte de façon totale et permanente », 2005, *Repères* 339, EYB2005REP339.

58. Pour un cas d'application, voir *A. et C.*, B.E. 2007BE-272 (C.S.).

59. Cette exigence est impérative et d'ordre public : *Prince (Re)*, B.E. 2000BE-824 (C.S.).

60. Il n'est pas nécessaire, dans la désignation de la personne « raisonnable », d'indiquer expressément ce qualificatif : *M.F. c. MA.-A.M.-F.*, J.E. 2000-2223, REJB 2000-21787 (C.S.), appel rejeté sur requête (C.A., 2000-12-13, n° 200-09-003350-003, REJB 2000-22740).

61. Art. 884.1, al. 3 C.p.c. et art. 269 C.c.Q. : le conjoint, les proches parents et alliés, les personnes démontrant un intérêt particulier pour le mandant ou tout autre intéressé. Pour un cas d'application, voir *L.T. c. Boileau*, [2001] R.J.Q. 1009, REJB 2001-23310 (C.S.).

La demande d'homologation peut également être présentée à un notaire[62]. Pour les règles de procédure s'appliquant aux demandes présentées à un notaire, nous renvoyons le lecteur au chapitre sur la tutelle puisque l'intervention du notaire dans le cadre de l'homologation des mandats est la même qu'en matière de tutelle et de curatelle. Cependant, il convient de souligner quelques règles qui sont spécifiques à l'homologation. Ainsi, le Code de procédure prévoit que la demande d'homologation présentée au notaire doit être signifiée par ce dernier au mandant. Le notaire doit également notifier la demande au mandataire, au mandataire substitut, lorsque le mandant en a désigné un, au curateur public, de même qu'à l'une des personnes visées par l'article 15 C.c.Q., c'est-à-dire une personne dont la loi prévoit qu'elle peut consentir aux soins de la personne inapte (art. 884.7, al. 2 C.p.c.). Si le mandataire ou le mandataire substitut est lui-même une personne visée par l'article 15 C.c.Q., ce qui est souvent le cas, la demande doit alors être notifiée à une autre personne prévue dans l'énumération de cette disposition[63]. Enfin, lorsque le notaire confie le dossier au tribunal en raison d'une contestation d'un tiers, et que ce dernier se désiste de l'affaire, les autres parties intéressées ne peuvent réactiver la demande faite devant le notaire[64].

**748.–** Le but de l'homologation est triple : vérifier 1) la validité du mandat ; 2) l'inaptitude du mandant et 3) la capacité[65] du mandataire, incluant l'absence de conflits d'intérêts[66]. La requête doit être accompagnée d'une copie du mandat (art. 884.2 C.p.c.)[67]. L'article

---

62. Art. 863.4 et 884.7 C.c.Q. Cette possibilité existe depuis que les notaires se sont vu attribuer un rôle actif dans les procédures non contentieuses avec la *Loi modifiant le Code de procédure civile en matière notariale et d'autres dispositions législatives*, L.Q. 1998, c. 51. Sur cette question, voir *supra*, le chapitre sur la tutelle.
63. *L.T.* c. *Boileau*, [2001] R.J.Q. 1009, REJB 2001-23310 (C.S.).
64. *J.P.* et *L.P.*, B.E. 2005BE-1071 (C.S.).
65. Le terme « capacité » utilisé ici peut être compris au sens large et le tribunal peut vérifier les compétences générales du mandataire potentiel : *M.B.* c. *D.B.*, J.E. 2005-1766, EYB 2005-95063 (C.A.), où le constat d'incompétence du mandataire constituait un motif sérieux permettant de refuser l'homologation. Voir aussi *P.S.* c. *A.S.*, B.E. 2005BE-758 où les qualifications professionnelles de la mandataire sont examinées par le tribunal.
66. *R.S.* c. *J.B.*, J.E. 2000-674, REJB 2000-17186 (C.S.), appel rejeté (C.A., 2000-09-21, no 500-09-009326-000, REJB 2000-21683). Dans *P.-J.T.* c. *Y.D.*, J.E. 2002-1300, REJB 2002-32803 (C.S.), le tribunal refuse l'homologation d'un second mandat, lui préférant un premier mandat, en raison du fait que le mandataire désigné dans le second mandat avait fait la démonstration claire de sa mauvaise gestion et administration des biens du mandant. Voir également *M.B.* et *D.B.*, J.E. 2005-1024, REJB 2005-89997 (C.S.), appel rejeté sur requête : J.E. 2005-1766, EYB 2005-95063 (C.A.) ; *J.G.-B.* c. *P.D.*, B.E. 2004BE-339 (C.S.) ; *L.A.* et *B.S.*, J.E. 2006-1104, EYB 2006-103182 (C.S.) ; *J.M.* c. *M.M.*, 2007 QCCS 3348, EYB 2007-122080, par. 20.
67. La copie du mandat et l'évaluation médicale et psychosociale doivent être déposées au greffe au moins dix jours avant la date de l'audition, art. 878.2 C.p.c. L'ab-

884.3 C.p.c. prévoit que la validité du mandat doit être vérifiée s'il est fait devant témoins. Le tribunal doit en effet veiller au respect de toutes les formalités et, notamment, voir à ce que les témoins soient des personnes désintéressées, au sens de l'article 2167, al. 2 C.c.Q. Cela ne signifie évidemment pas que le mandat notarié ne pourrait pas être déclaré invalide. Au contraire, le tribunal peut en refuser l'homologation, par exemple, s'il est affecté d'un vice de consentement[68], si le tribunal constate que le mandant n'avait pas l'aptitude requise au moment de l'acte, même s'il s'agit d'un acte notarié[69] ou s'il conclut que le degré d'inaptitude est trop faible par rapport aux pouvoirs accordés dans le mandat. Ce dernier scénario se présente à l'occasion, et la jurisprudence majoritaire conclut, à raison, que lorsque le degré d'inaptitude ne correspond pas aux pouvoirs prévus dans le mandat, cela devrait amener le tribunal à refuser l'homologation[70]. Certains juges ont cependant accepté d'homologuer des mandats prévoyant des pouvoirs identiques à ceux d'un curateur alors que la personne n'était pas totalement inapte au moment de la demande d'homologation[71]. Admettre que le mandat avec pleins pouvoirs puisse être homologué alors que la personne jouit encore d'un certain degré d'autonomie, revient à accepter l'idée qu'une personne peut valablement renoncer à son inaptitude résiduelle alors que, comme nous l'avons vu plus haut, seul un texte de loi clair peut introduire une diminution de la capacité des personnes.

---

sence de l'évaluation psychosociale fait obstacle à la demande d'homologation : *D.(J.)* c. *D.(L.)*, REJB 1999-10585 (C.S.).

68. En ce sens, voir *Re Bédard*, C.S. Montréal, n° 500-14-001920-909, 19 novembre 1990, juge Nolin. Dans cette cause, le tribunal estime que dès que la validité du mandat est mise en doute par une preuve *prima facie*, le fardeau de la preuve incombe à la partie qui soutient que l'acte est valide (p. 9 du jugement). Voir également *Re Quintal*, C.S. (Bedford), n° 460-14-000062-942, 22 mars 1993, juge Savoie, cité par F. Dupin, *loc. cit.*, note 47, p. 44.

69. *J.M.* c. *C.M.*, B.E. 2001BE-54 (C.S.). Le fait d'avoir incité le mandant à faire un mandat en prévision de son inaptitude, ne met pas automatiquement le mandataire en situation de conflit d'intérêts : *Nault* c. *N.(M.H.)*, J.E. 99-1446, REJB 1999-13054 (C.S.). Par contre, constitue un vice de consentement le fait que le mandant ait été victime de captation au moment de la signature : *L.S.* c. *M.P.*, J.E. 2005-1168, EYB 2005-89786 (C.S.).

70. *G.(J.)* c. *G.(G.)*, J.E. 99-279, REJB 1998-10744 (C.S.) ; *A.D.* et *C.C.*, B.E. 2004BE-498 (C.S.) ; *S.* c. *T.*, [1997] R.L. 254 (C.S.) ; *P.B.(S.)* c. *B.F.*, EYB 2006-105828 (C.S.) : dans ces deux derniers cas, le tribunal refuse l'homologation du mandat pour faire plutôt droit à une demande d'ouverture d'un régime de protection qui soit mieux adapté au degré d'inaptitude de la personne inapte ; F. Dupin, « Chronique. Protection des personnes inaptes : l'intérêt et l'autonomie du majeur protégé », (1997) 57 *R. du B.* 159. *Contra* : *P. (L.) Re*, EYB 2005REP339 (C.S.) et M. Beauchamp, « Le mandat en cas d'inaptitude : crise d'identité ? », (2005) 1 *C.P. du N.* 335, 349-350.

71. *C.L.* c. *M.L.*, 2008 QCCS 591, EYB 2008-129874 (C.S.).

Mentionnons que le tribunal dispose des pouvoirs nécessaires en matière d'administration de la preuve dans le cadre des demandes d'homologation[72]. En réalité, les « motifs sérieux » pouvant entraîner la révocation du mandat (art. 2177 C.c.Q.) permettent au tribunal d'en refuser l'homologation[73] puisque le mandat de protection est une institution au seul service du majeur inapte ayant besoin de protection. L'intérêt du majeur est donc au centre de cet exercice[74]. Le tribunal n'a cependant aucun pouvoir pour modifier le contenu du mandat[75]. Finalement, il est logique, en cas de pluralité de mandats, que le tribunal donne la préférence au mandat le plus récent[76] puisque l'objectif de ce mécanisme est de donner suite à la volonté de la personne et que l'on peut présumer que le mandat qui est le dernier en date, reflète plus justement cette volonté[77]. Il peut donc être important pour le mandant de revoir périodiquement les modalités de son mandat afin que ce dernier soit adapté à la réalité changeante du majeur[78].

**749.** – La question s'est posée de savoir si les mandats rédigés avant le 15 avril 1990, date d'entrée en vigueur de la nouvelle *Loi sur le curateur public*, étaient valides en l'absence de dispositions législatives transitoires à cet égard. La jurisprudence a répondu par l'affirmative en acceptant l'homologation de ces mandats précoces[79]. Cette solu-

---

72. Voir les articles 863.1, 878.3 et 884.4 C.p.c.
73. *Dans l'affaire de A.* et *Curateur public*, EYB 2007-117959 (C.S.), par. 28 ; *T.(M.)* c. *T.(L.-G.)*, J.E. 97-1187, REJB 1997-00766 (C.S.) ; *D.R.* c. *A.H.*, J.E. 2002-1942, REJB 2002-34876 (C.S.) ; ce n'est que pour motifs sérieux que le tribunal peut refuser l'homologation du mandat au nom de l'intérêt du mandant : *A.* c. *B. et C.*, EYB 2006-113767 (C.S.).
74. *L.M.* c. *T.M.*, J.E. 2001-2006, REJB 2001-27516 (C.S.) ; *D.R.* c. *A.H.*, AZ50147321, nº 550-14-001755-011, REJB 2002-34876 (C.S.).
75. *B.(N.)* c. *B.-B.(Y.)*, J.E. 99-221, REJB 1998-09744 (C.S.) ; *G.(G.)* c. *B.(J.)*, J.E. 98-215, REJB 1997-07022 (C.S.) ; *L.S.* c. *F.R.*, B.E. 2006BE-747 (C.S.) ; F. Dupin, « État de la jurisprudence en matière de mandats en prévision de l'inaptitude », dans Service de la formation permanente, Barreau du Québec, *Les mandats en cas d'inaptitude : une panacée ?*, Cowansville, Éditions Yvon Blais, 2001, p. 1, 8.
76. À condition, bien sûr, que le mandant ait été apte au moment de sa signature : *H.B.* c. *M.-J.S.*, EYB 2006-108094 (C.S.).
77. *Clément* c. *Cartier*, REJB 1999-14546 (C.S.) ; *G.D.* c. *R.D.*, [2006] R.J.Q. 1442, EYB 2006-103624 (C.S.).
78. L. Laflamme, « Variations sur des thèmes connus : le mandat en prévision de l'inaptitude et la procuration générale », (2002) 2 *C.P. du N.* 103, 114. Pour ce, l'auteure évoque la possibilité d'assortir le mandat d'une clause de péremption, ou encore d'une clause de révision périodique.
79. *Brière* c. *Bruchési*, C.S. Longueuil, nº 505-14-000137-900, 18 juillet 1990, juge Gratton ; *Tremblay* c. *Claveau*, C.S. Chicoutimi, nº 150-14-000095, 9 août 1990, juge Simard ; *Potvin* c. *Potvin*, C.S. Québec, nº 200-14-000546-900, 27 août 1990, juge R.W. Dionne, jugements cités dans G. Guay, *loc. cit.*, note 32, p. 165.

tion est logique puisque le mandat de protection ne devient effectif que par l'homologation.

**750.–** *L'instruction de la demande d'homologation.* Les règles de procédure relatives à l'ouverture des régimes de protection prévues par les articles 878 à 878.3 C.p.c., à l'exception de la communication de l'interrogatoire, s'appliquent à l'homologation du mandat (art. 884.4 C.p.c.). Le juge, le greffier ou le notaire[80] doit interroger le majeur, sauf si son état de santé rend l'interrogatoire manifestement déraisonnable[81]. La règle est donc que le majeur a le droit de se faire entendre. Ce n'est que dans des cas exceptionnels, sur la foi d'évaluations médicales et psychosociales très probantes, que l'on pourra passer outre à cette règle de justice fondamentale. L'objectif de l'interrogatoire, que ce soit par le juge, le greffier ou le notaire, est la vérification de la réalité et du degré de l'inaptitude de la personne à prendre soin d'elle-même ou à administrer ses biens. En ce qui concerne le rôle du notaire, ce sont les règles relatives aux procédures non contentieuses, de même que celles relatives à la tutelle qui trouvent à s'appliquer. Il faut ajouter à cela que le notaire doit obtenir les évaluations médicale et psychosociale, de même que l'original ou une copie authentique du mandat dont il doit vérifier l'existence. S'il s'agit d'un mandat devant témoins, le notaire doit également en vérifier la validité (art. 884.8 C.p.c.).

Les pouvoirs d'instruction du juge et du greffier sont très étendus. L'article 878.1 C.p.c. leur permet d'appliquer les règles relatives à la représentation et à l'audition des mineurs et des majeurs qui font l'objet d'une demande d'ouverture d'un régime de protection : nomination d'un tuteur *ad hoc*, ordonnance afin d'assurer la représentation par procureur[82], interrogatoire hors de la présence des autres parties, possibilité d'accompagnement par une personne de confiance et interrogatoire hors prétoire (art. 394.1 à 394.5 C.p.c.). De plus, celui qui préside l'instruction de la demande peut ordonner la production de toute preuve additionnelle ainsi que l'assignation de témoins supplémentaires (art. 878.3 C.p.c.). Le juge, par exemple, pourrait ordonner une nouvelle évaluation psychologique s'il s'estime insuffisamment éclairé par les expertises au dossier[83]. En effet, ce dernier

---

80.  Dans ce cas, le notaire doit dresser un procès-verbal en minute relatant l'interrogatoire du mandant : art. 884.8 C.p.c.

81.  Art. 878 et 884.8 C.p.c.

82.  Pour une application des articles 394.1 et 878 C.p.c., voir *B.V.* c. *O.C.*, J.E. 2005-1595, EYB 2005-92960 (C.S.).

83.  *Lévesque* c. *Ouellet*, [1990] R.J.Q. 2607, EYB 1990-76705 (C.S.). En l'espèce, il s'agissait d'une demande de tutelle, mais il est possible de transposer la règle aux

n'est pas lié par les évaluations médicales et psychosociales déposées et peut, pour en déterminer la valeur probante, tenir compte notamment du contexte dans lequel elles ont été faites[84] ou de leur contemporanéité avec l'instruction[85]. Ce rôle inquisitoire du juge est justifié par l'impératif de protection des personnes en situation de précarité, un peu comme dans le contentieux familial où c'est bien le souci de protection des personnes (en premier lieu, des enfants) qui a amené le législateur à remodeler le rôle du juge. Par contre, le notaire saisi d'une demande d'homologation ne dispose pas de ces pouvoirs étendus. Dans tous ces scénarios, il est obligé de se dessaisir et de transférer le dossier au tribunal compétent (art. 878.1 et 863.8 C.p.c.). C'est également au stade de l'homologation que le tribunal peut être amené à analyser des allégations de conflits d'intérêts entre la personne à protéger et le futur mandataire[86]. En cas de refus d'homologation, par exemple en raison du constat d'un conflit d'intérêts, le tribunal pourrait désigner le curateur public comme représentant provisoire de la personne en attendant l'ouverture d'un régime de protection[87].

**751.–** *Qui s'occupe de l'inapte et de ses biens avant l'homologation ?*
Entre le moment où survient l'inaptitude et celui où le mandat est homologué, le mandant peut avoir besoin de protection, tant pour sa personne que pour son patrimoine. S'il s'agit de soins de santé, l'article 15 C.c.Q. y pourvoit. Quant aux questions patrimoniales, le mandataire pourrait se prévaloir des dispositions en matière de gestion d'affaires (art. 1482 et s. C.c.Q.), donc représenter valablement le mandant pendant cette période transitoire. Le professeur C. Fabien soutient qu'une interprétation généreuse de l'article 2168 C.c.Q. devrait permettre d'appliquer l'article 272 C.c.Q. au mandat de protection[88]. La question est réglée depuis l'ajout, en 2002, de l'article 2167.1

demandes d'homologation d'un mandat donné en prévision de l'inaptitude car l'article 878.3 C.p.c. s'applique aux deux.

84.   *J.F.* c. *J.-M.F.*, J.E. 2006-1504, EYB 2006-107597 (C.S.), où le tribunal considère comme pertinent le fait que le mandant était aux prises avec certaines difficultés familiales temporaires expliquant les conclusions du rapport médical qui concluait à l'inaptitude.

85.   Des rapports remontant à plus d'un an sont écartés par le tribunal dans *L.S.* c. *F.R.*, B.E. 2006BE-747 (C.S.).

86.   *M.(M.-C.)* c. *G.(M.)*, J.E. 97-350, EYB 1996-85427 (C.S.) ; *A.B.* c. *Y.L.*, J.E. 2004-532, EYB 1996-85427 (C.S.) ; *J.G.-B.* c. *P.D.*, B.E. 2004BE-339 (C.S.) et *L.A.* et *B.S.*, J.E. 2006-1104, EYB 2006-103182 (C.S.). Dans *R.L.* c. *T.B. (G.L.* c. *T.B.)*, B.E. 2005BE-782 (C.S.), la Cour souligne qu'un manque de transparence de la part du mandataire ne suffit pas en soi à refuser l'homologation.

87.   *G.S.* c. *S.C.*, B.E. 2000BE-1069 (C.S.).

88.   C. Fabien, *loc. cit.*, note 9, p. 965. L'auteur élabore sur les questions pratiques relatives à la période critique de transition entre la survenance de l'inaptitude et l'homologation du mandat. Voir également F. Dupin, *loc. cit.*, note 75, p. 7 ; L. Laflamme, « Variations sur des thèmes connus : le mandat en prévision de

C.c.Q. qui permet au tribunal, en cours d'instance ou même avant si une demande d'homologation est imminente, de rendre toute ordonnance nécessaire à la protection et la représentation de la personne, de même qu'à l'administration de ses biens. Il s'agit donc d'un mécanisme calqué sur celui qui existe en matière de tutelle et de curatelle. Mais qu'en est-il du mandat « ordinaire » qui est en cours d'exécution au moment où survient l'inaptitude ? Certains soutiennent que ce mandat continue de produire ses effets pendant l'instance[89]. Cette solution n'est pas satisfaisante, car le mandant n'a plus aucune possibilité de contrôler le mandataire, que ce soit en lui demandant des comptes ou tout simplement des informations. Il est préférable de baser le droit et l'obligation d'agir du mandataire sur l'article 2182 C.c.Q. : le mandat ayant pris fin par l'inaptitude du mandant, le mandataire est néanmoins tenu de continuer sa mission, qui sera toutefois réduite aux actes urgents[90]. Le seul mandat compatible avec l'inaptitude du mandant est celui qui a été fait en prévision de cette inaptitude, tel qu'institué par le Code[91]. La réforme du Code civil en 2002[92] apporte une réponse partielle à cette incertitude en introduisant un mécanisme inspiré de celui prévu par l'article 273 C.c.Q. et en prévoyant donc que l'acte par lequel le mandant avait chargé une personne de l'administration de ses biens, continue de produire ses effets pendant l'instance à moins que le tribunal ne le révoque pour motif sérieux (art. 2167.1 C.c.Q.)[93]. Le mandant pourra notamment avoir prévu une « procuration générale avec clause d'inaptitude », document qui combine la procuration générale et le mandat de protection. Un tel document permet au mandataire d'assumer l'administration des biens du mandant jusqu'à l'homologation du mandat, date à laquelle il commencera à se charger également de la personne du mandant[94]. Cette possibilité n'existe toutefois que dans les scénarios où une demande d'homologation est devant les tribunaux. L'article 2167.1 C.c.Q. ne constitue pas un blanc-seing pour le détenteur d'une procuration qui, le mandant devenu inapte, s'estime dûment mandaté pour continuer son rôle de représentant. Dans un tel cas, cette personne agit sans droit puisque la procuration, même si elle inclut une « clause d'inaptitude » devient inopérante par la survenue de l'inaptitude factuelle du mandant[95]. Dans un tel scénario, seules deux solutions sont possibles : soit le mandataire demande l'homologation du mandat de protection s'il y en a un,

---

l'inaptitude et la procuration générale », (2002) 2 *C.P. du N.* 103, 110 et *A.L. (Succession d')*, J.E. 2006-958, EYB 2006-102113 (C.S.).

89. G. Guay, *loc. cit.*, note 32, p. 164.
90. En ce sens, voir C. Fabien, *loc. cit.*, note 9, p. 932-933.
91. *Ibid.*, p. 931.
92. *Loi modifiant le Code civil et d'autres dispositions législatives*, L.Q. 2002, c. 19 (entrée en vigueur le 13 juin 2002, en vertu de l'article 21 de cette loi).
93. *C.B.* c. *F.D.*, J.E. 2005-2174, EYB 2005-96618 (C.S.).
94. C'est ce que suggère Me Laflamme dans son article : L. Laflamme, « Variations sur des thèmes connus : le mandat en prévision de l'inaptitude et la procuration générale », (2002) 2 *C.P. du N.* 103, 109.
95. La jurisprudence abonde en ce sens. Voir, par exemple, *S.(D.)* c. *D.(A.) et al.*, EYB 2004-53869 (C.S.), par. 43 et 46.

soit il demande l'ouverture d'un régime de protection. Accepter que la procuration générale « survit » à la survenance de l'inaptitude du mandant, reviendrait tout simplement à nier l'existence des règles en matière de protection
des majeurs inaptes et à esquiver le rôle essentiel des tribunaux en la
matière. Rappelons, en effet, que l'enjeu est celui de la protection des personnes et que le contrôle judiciaire s'impose lorsqu'il s'agit de nier à une
personne le droit d'exercer elle-même ses droits civils. La vérification par le
tribunal de la réalité de l'inaptitude est donc un impératif social. Quant à la
situation où un tiers administrait les biens de la personne avant l'ouverture
d'un régime ou avant l'homologation d'un mandat en cas d'inaptitude, sans
avoir été formellement chargé de le faire dans un acte juridique, il doit être
considéré, s'il continue cette administration pendant l'instance, comme un
administrateur de fait qui, à ce titre, est tenu des obligations prévues par les
dispositions du Code civil en matière d'administration des biens d'autrui[96].

**752.**– Le jugement d'homologation doit être signifié au mandant et au
curateur public (art. 863.3 C.p.c.). Ce dernier tient un registre des
mandats homologués[97]. Cela participe de sa mission générale de contrôle et de protection des inaptes et des régimes de représentation.

Tel que mentionné plus haut, le jugement concernant un régime
de protection est toujours susceptible de révision par le majeur en
vertu de l'article 277 C.c.Q. Une décision récente indique qu'une
interprétation téléologique des articles 492 et 493 C.p.c. permet de
conclure que le jugement sur l'homologation est également appelable
de plein droit par le majeur inapte en vertu des articles 26(6)d) et 492
C.p.c., lorsque les mandataires refusent d'exercer ce droit au nom du
mandant[98].

---

96. En ce sens, M. Cantin Cumyn, *op. cit.*, note 5, par. 135.
97. *Loi sur le curateur public*, L.R.Q., c. C-81, art. 54. Le contenu du registre est déterminé par le *Règlement d'application de la Loi sur le curateur public*, D. 361-90,
(1990) *G.O.* II, 941, art. 7 et 7.1 (D. 787-2004). Les principaux renseignements qui
apparaissent au registre sont les nom et prénoms du mandant et du mandataire,
la date du mandat et sa nature, ainsi que la date et le numéro du jugement d'homologation. S'y ajoutent, le cas échéant, la date de la fin du mandat ainsi que la date
et le numéro du jugement de révocation du mandat.
98. *Heenan, Blaikie, s.r.l.* c. *Robert*, J.E. 2003-1491, REJB 2003-46335 (C.S.). Voir
toutefois *Bernatchez* c. *Auger*, EYB 2003-45470 (C.Q.) où le tribunal juge qu'une
personne déclarée inapte ne peut légalement confier un mandat professionnel.

## §2 - Les effets du mandat homologué

### A. La protection du mandant

**753.– La nature juridique du régime résultant de l'homologation du mandat.** Dès l'homologation, le mandataire acquiert sur la personne et/ou sur les biens du mandant les pouvoirs expressément prévus à l'acte. Dans la même mesure, le mandant devient juridiquement incapable[99]. Le degré d'incapacité du mandant dépend donc de l'ampleur des pouvoirs accordés dans le mandat. Ce dernier constitue « une certaine forme de régime de protection des personnes inaptes »[100]. Tout comme les régimes de protection, le mandat donné en prévision de l'inaptitude n'a d'effet que par l'intervention du tribunal. Cette garantie est essentielle car « l'exécution d'un tel mandat équivaut à une déclaration d'inaptitude du mandant »[101]. Nous sommes d'avis que l'homologation du mandat ouvre un véritable régime de protection, même si ce régime marque, à certains égards, des différences notoires d'avec les régimes de tutelle et de curatelle. Ce principe est désormais accepté par les courants doctrinal et jurisprudentiel dominants[102]. La plupart des auteurs s'accordent pour affirmer que le majeur dont le mandat en prévision de l'inaptitude a été homologué (art. 2131 et 2166 C.c.Q.) est frappé d'incapacité juridique et que le mandat homologué donne naissance à un régime de protection[103]. Certains auteurs estiment, au contraire, que le cas du majeur

---

99.  Dans l'affaire *Re Bédard* (précitée, note 68), le tribunal qualifie le mandat homologué de véritable régime de protection à l'endroit du majeur (p. 1, 2 et 8).

100. *Comm.*, p. 1339.

101. *Comm.*, p. 1361.

102. Voir notamment D. Lluelles et B. Moore, *Droit des obligations*, Éditions Thémis, Montréal, 2006, par. 1022-1047 ; C. Fabien, « Le mandat de protection en cas d'inaptitude du mandant : une institution à parfaire », (2007) 1 *C.P. du N.* 405-438 ; C. Fabien suggère que cette question pourrait être clarifiée par trois modifications au Code : adopter officiellement l'appellation « mandat de protection », placer le mandat de protection dans le chapitre du Code portant sur les autres régimes de protection et, finalement, utiliser les règles de la tutelle au majeur et de l'administration du bien d'autrui comme droit supplétif au mandat de protection, en faisant quelques adaptations.

103. Voir notamment F. Dupin, « La protection des personnes inaptes : l'intérêt et l'autonomie du majeur protégé », (1997) 57 *R. du B.* 159 ; ; D. Lluelles et B. Moore, *Droit des obligations*, Éditions Thémis, 2006, p. 500 ; M. Cantin Cumyn, *L'administration du bien d'autrui*, dans *Traité de droit civil*, Montréal, C.R.D.P.C.Q., Éditions Yvon Blais, 2000, p. 96 ; J. Lambert, « La genèse du mandat de protection et quelques autres considérations », dans Service de la formation permanente, Barreau du Québec, *Les mandats en cas d'inaptitude : une panacée ?*, Cowansville, Éditions Yvon Blais, 2001, p. 83 ; C. Fabien, « Le mandat de protection en cas d'inaptitude du mandant : une institution à parfaire », (2007) 1 *C.P. du N.* 405-438.

qui, en application des articles 2131 et 2166, a donné un mandat en prévision de son inaptitude à prendre soin de lui-même ou à administrer ses biens, semble devoir être assimilé à une « incapacité naturelle »[104]. Cette interprétation se comprend dans la mesure où le cas du mandat en prévision de l'inaptitude ne fait pas partie des situations décrites au chapitre des régimes de protection des majeurs inaptes. Pourtant, nous croyons que le majeur, dont le mandat a été homologué est frappé d'une incapacité juridique d'exercice et qu'à ce titre il bénéficie d'un régime de protection particulier. En effet, dès l'instant de l'homologation judiciaire (qui ne peut être prononcée qu'après vérification de l'état d'inaptitude), s'ouvre un véritable régime de protection. La grande différence avec les autres régimes réside dans le fait que le majeur a pu lui-même, à l'époque de son aptitude, décider des modalités du régime de protection[105]. Il s'agit d'un régime de représentation privé dont l'ouverture demeure subordonnée à la survenance d'une incapacité de fait, après constat par l'autorité judiciaire.

**754.–** Ceux qui soutiennent que le mandat en prévision de l'inaptitude n'ouvre pas un régime de protection, tirent argument du fait que le Code permet la coexistence du mandat homologué et d'un régime de protection et qu'il distingue expressément les deux mécanismes (notamment en faisant figurer le mandataire désigné par le majeur dans la liste des personnes autorisées à demander l'ouverture d'un régime de protection : art. 269 C.c.Q.). On peut répondre à cela qu'il est évident que le mandat homologué n'ouvre pas un régime de protection au sens des articles 256 et suivants C.c.Q. puisque ces dispositions ne visent que la curatelle, la tutelle et l'assistance d'un conseiller. Cela n'empêche pas, pour autant, de conclure que le mandat homologué ouvre un régime de protection de même nature que ceux expressément prévus par les articles 256 et suivants C.c.Q. Nous persistons à croire que la nature contractuelle du mandat ne constitue pas un obstacle à cette conclusion puisqu'en réalité ce « régime de protection » n'entre en œuvre que par le constat judiciaire

---

104.   J. Pineau, D. Burman et S. Gaudet, *Théorie des obligations*, 4e éd., Montréal, Éditions Thémis, 2001, p. 234 et s.

105.   L'étude des travaux parlementaires à l'occasion de l'adoption de la *Loi sur le curateur public* en 1989 démontre d'ailleurs clairement que loin de vouloir diminuer la protection des personnes qui auraient fait un mandat en cas d'inaptitude, le législateur entendait au contraire augmenter leur protection en leur permettant de choisir elles-mêmes leur futur représentant (*Débats de l'Assemblée nationale*, 33e session, 1988-1989, 31 mai 1989, p. 6130-6140).

de l'inaptitude et l'homologation du mandat. Le fait que le tribunal ne peut pas s'immiscer dans la conduite normale des affaires du mandataire (comme en a justement décidé la Cour d'appel[106]) ne devrait pas signifier que le mandant ne bénéficie pas d'un régime équivalent à un régime de protection. Le tribunal ne pourrait d'ailleurs pas plus reconsidérer les décisions d'un curateur ou d'un tuteur pour leur substituer sa propre décision qu'il jugerait plus opportune. Il ne faut pas oublier que l'objectif du législateur, en introduisant le mécanisme du mandat en prévision de l'inaptitude, n'était pas de réduire la protection des personnes inaptes mais, au contraire, de faciliter la mise en place de régimes de protection efficaces et, surtout, d'alléger les formalités et de réduire les aléas des procédures de nomination des curateurs et des tuteurs. La jurisprudence n'hésite d'ailleurs pas à faire le lien entre le mandat en prévision de l'inaptitude et les régimes de protection[107]. Dans le cas de l'incapacité naturelle ou de fait, il appartient à celui qui entend l'invoquer, de démon- trer son existence au moment précis où le consentement contesté a été donné. Il en va autrement en présence d'un mandat en cas d'inaptitude. Ainsi, la personne représentée peut même obtenir éventuellement l'annulation d'un acte fait avant l'homologation du mandat, sur la seule preuve que l'inaptitude était notoire ou connue du contractant, non pas au moment de l'acte, mais à l'époque où les actes ont été passés, ce qui illustre bien la mise en place d'un régime de protection exorbitant du droit commun (art. 2170 C.c.Q.). Cette constatation a des incidences pratiques importantes. Ainsi, le majeur représenté est une personne « protégée » au sens de la loi et doit donc pouvoir bénéficier des règles particulières en matière de restitution (art. 1706 C.c.Q.). De plus, lorsque la loi impose à une personne de vérifier la capacité d'une partie à un acte, comme c'est le cas pour les notaires ou les arpenteurs-géomètres[108], cette obligation implique également la vérification de l'éventuelle homologation d'un mandat en cas d'inaptitude[109]. Il nous paraît donc non souhaitable de réduire le statut de la personne protégée par un mandat homologué, à une sorte de régime de protection de seconde zone (en lui faisant perdre le bénéfice, notam-

---

106. *Alloi-Lussier* c. *Centre d'hébergement Champlain*, [1997] R.J.Q. 807, REJB 1997-00104 (C.A.) ; également *A.* c. *B. et al.*, EYB 2006-112860 (C.S.).

107. Voir, par exemple, *L.R.* c. *É.L.*, J.E. 2001-342, REJB 2000-22379 (C.S.), où le tribunal, dans le cadre d'une requête d'homologation d'un mandat, rappelle que sa décision doit être prise à la lumière des articles 256 et 2166 C.c.Q., en soulignant que « il va de soi que *mutatis mutandis*, il doit être tenu compte des dispositions des articles 256 et suivants du *Code civil du Québec* » ; voir également *B.(M.P.)* c. *F.(R.)*, REJB 1999-14637 (C.S.), où le tribunal conclut que le mandat homologué ouvre ni plus ni moins un régime de protection privé.

108. Art. 2988, 2989, 3009 C.c.Q.

109. Sur cette question, voir *supra*, « La vérification de la capacité ».

ment, de l'article 1706 C.c.Q. en cas d'annulation d'un acte). La finalité du mandat donné en prévision de l'inaptitude, selon nous, en fait un régime de protection une fois qu'il a été homologué par le tribunal[110].

## B. Obligations des parties[111]

### 1) Obligations du mandataire

**755.– *Envers le mandant.*** Les obligations spécifiques du mandataire découlent avant tout de l'objet du mandat et elles sont donc prévues à l'acte. Pour le reste, le mandataire est tenu aux mêmes obligations qu'un mandataire ordinaire[112] et qu'un administrateur des biens d'autrui. À ce titre, tout comme le tuteur ou le curateur, il est tenu d'accomplir sa tâche « avec prudence et diligence », « honnêteté et loyauté » (art. 2138 C.c.Q.)[113], ce qui implique qu'il ne peut se mettre en situation de conflit d'intérêts[114]. S'agissant d'un mandat de protection, le mandataire se voit également imposer d'agir dans le respect du bien-être moral et matériel du mandant (art. 2131 C.c.Q.), ainsi que des volontés exprimées par le mandant[115]. Dans tous les cas, sauf

---

110. En ce sens, C. Fabien souligne que l'intention du législateur est claire et que « lorsqu'il précise à l'article 2131 C.c.Q., la finalité du mandat, il reprend les mêmes termes que ceux qui décrivent la finalité des autres régimes de protection du majeur, à l'article 256 C.c.Q. : ils visent à assurer la protection de la personne du majeur inapte, l'administration de ses biens et « en général son bien-être moral ou matériel » renchérit l'article 2131 C.c.Q. » : « Le mandat de protection en cas d'inaptitude du mandant : une institution à parfaire », (2007) 1 *C.P. du N.* 405-438.
111. Dans cette partie qui relève essentiellement du droit des contrats, nous nous limitons à énoncer les quelques règles principales et nous renvoyons le lecteur aux multiples écrits doctrinaux sur le mandat en général.
112. Art. 2138 à 2148 C.c.Q.
113. Contrairement au tuteur, le mandataire n'est pas tenu de dresser un inventaire ou de faire des rapports annuels. Il sera toutefois bien avisé d'en dresser un au début de son mandat, car il est responsable de son administration et il doit rendre compte lorsqu'elle prend fin (art. 2184 C.c.Q.). Voir M. Ouellette, *loc. cit.*, note 9, p. 40 et G. Guay, *loc. cit.*, note 32, p. 165.
114. Pour un cas d'application, voir l'article 2147 C.c.Q. Voir aussi *J.T.* c. *G.T.*, [2003] R.J.Q. 482, REJB 2002-36029 (C.S.) pour une discussion sur le rôle du mandataire en général et du devoir du tribunal en cas de conflit d'intérêts. D. Chalifoux met en garde contre les conflits potentiels lorsque le mandataire est héritier du mandant et mandataire aux biens : « Les directives préalables de fin de vie et les pouvoirs publics » dans Service de la formation permanente, Barreau du Québec, *Pouvoirs publics et protection*, Cowansville, Éditions Yvon Blais, 2003, p. 1-54.
115. *Alloi-Lussier* c. *Centre d'hébergement Champlain*, [1996] R.J.Q. 311, EYB 1995-29188 (C.S.) ; en l'espèce, il s'agit d'un cas où le mandant était hébergé contre son gré ; le tribunal rappelle que le critère de l'intérêt de l'inapte doit être

exception dictée par l'intérêt du mandant ou autorisation de ce dernier, il doit agir lui-même. Il s'agit d'une charge personnelle à caractère *intuitu personæ* (art. 2140 C.c.Q.)[116].

Il convient cependant de noter qu'en contrepartie, le mandataire jouit d'une certaine liberté d'action dans le cadre de son mandat et que le Code civil ne permet pas au tribunal, lorsque le mandat est homologué et non contesté, de contrôler l'opportunité des décisions du mandataire pour y substituer ses propres décisions, fût-ce même au nom du respect de l'autonomie du mandant[117]. En matière de mandat en cas d'inaptitude, le tribunal n'a donc pas plus la compétence de s'immiscer dans la conduite des affaires du mandataire qu'il ne pourrait le faire dans le cadre d'un mandat ordinaire[118]. Par ailleurs, le mandataire n'est pas soumis, comme le sont les tuteurs et curateurs, aux mêmes formalités que celles prévues dans le cadre des régimes de protection ordinaires. La Cour d'appel du Québec a confirmé ce principe, en jugeant qu'un tribunal ne pouvait imposer au mandataire un devoir de rendre compte annuellement de sa gestion au curateur public et ce, malgré les carences antérieures du conjoint mandataire[119]. Cette décision est appuyée, en premier lieu, sur le fait que la *Loi sur le curateur public* établit une différence très nette entre la tutelle, la curatelle et le mandat de protection, lequel ne peut être assujetti par analogie aux articles 12 et 20 de la loi. En effet, lorsque le législateur veut qu'une disposition de cette loi s'applique au mandat de protection, il l'énonce en termes exprès. Deuxièmement, l'on ne peut prendre appui sur l'article 2167.1 C.c.Q. pour rendre une telle ordonnance puisque son texte indique plutôt que le pouvoir s'exerce

---

analysé à la lumière de sa volonté exprimée ; jugement cassé en appel sur d'autres points ([1997] R.J.Q. 807, REJB 1997-00104 (C.A.)). Pour sa part, M. Cantin Cumyn, *op. cit.*, note 5, p. 251 et 276-277, émet le souhait que les tribunaux aillent au-delà de la lettre de la loi et qu'ils exercent un contrôle effectif de l'exercice des pouvoirs du mandataire.

116. Les conditions de la responsabilité du mandataire pour les actes de son substitut sont prévues à l'article 2141 C.c.Q. Le caractère *intuitu personæ* n'empêche pas le mandataire de se faire assister, art. 2142 C.c.Q.

117. En ce sens, *Alloi-Lussier* c. *Centre d'hébergement Champlain*, [1997] R.J.Q. 807, REJB 1997-00104 (C.A.).

118. Les seules façons de « contrôler » l'agir du mandataire sont l'ouverture d'un régime de protection et/ou la révocation du mandat ; voir *infra*, par. 776.

119. *Québec (Curateur public)* c. *D.S.*, [2006] R.J.Q. 466, EYB 2006-100415 (C.A.). Pour une opinion contraire, voir M. Cantin Cumyn, « De l'administration des biens à la protection de la personne d'autrui », dans Barreau du Québec, *Obligations et recours contre un curateur, tuteur ou mandataire défaillant*, Cowansville, Éditions Yvon Blais, 2008, p. 203, 211, qui voit dans l'article 1351 C.c.Q. (du chapitre sur l'administration des biens d'autrui) un fondement pertinent pour imposer au mandataire une obligation de reddition de compte annuel.

sur une base temporaire et dans le cas d'ordonnances à caractère intérimaire. De plus, l'article 2169 C.c.Q. ne peut pas être invoqué pour imposer une obligation de rendre compte lorsque le mandat est complet. Enfin, l'article 2177 C.c.Q., qui permet la révocation du mandat de protection lorsque le mandataire ne l'exécute pas fidèlement, ne peut justifier l'imposition d'une telle obligation[120]. La Cour d'appel souligne toutefois que les « actes du mandataire peuvent tout de même être contrôlés, le curateur public pouvant, de sa propre initiative ou sur demande, faire enquête « relativement à toute personne inapte dont un mandataire prend soin ou administre les biens » (art. 27 L.c.p.) et pouvant également, « si le mandat n'est pas fidèlement exécuté ou pour un autre motif sérieux », en demander la révocation (art. 22 L.c.p.). L'article 2177 C.c.Q. confirme d'ailleurs ces pouvoirs »[121]. Par ailleurs, le mandant peut également prévoir une clause de reddition de compte à un tiers[122].

**756.–** Enfin, en ce qui a trait aux décisions relatives à la personne du mandant, soulignons que la Commission des droits de la personne et des droits de la jeunesse a compétence pour faire enquête sur la conduite du mandataire si une dénonciation d'exploitation a été déposée par un tiers[123].

S'il est vrai que le mandataire échappe, au début et pendant sa mission, à certaines obligations que la loi impose aux tuteurs et aux curateurs, il est tout de même soumis à d'importantes obligations lorsque cesse le mandat. En effet, à la fin du mandat, le mandataire doit :

– rendre compte de son administration ;

– remettre au mandant ce qu'il a reçu dans l'exécution de ses fonctions, même si ce qu'il a reçu n'était pas dû au mandant ;

---

120. Paraît donc non fondée, la décision rendue dans le cadre d'une demande de révocation (art. 2177 C.c.Q.), obligeant la mandataire à rendre compte mensuellement aux autres membres de la famille (*H.P.* c. *J.P.*, 2007 QCCS 2958, EYB 2007-121064, par. 45).
121. *Québec (Curateur public)* c. *D.S.*, [2006] R.J.Q. 466, EYB 2006-100415 (C.A.) (par. 36).
122. L. Laflamme, « Variations sur des thèmes connus : le mandat en prévision de l'inaptitude et la procuration générale », (2002) 2 *C.P. du N.* 103, 117.
123. M.-A. Dowd, « L'exploitation des personnes âgées ou handicapées – Où tracer les limites de l'intervention de l'État ? », dans Service de la formation permanente, Barreau du Québec, *Pouvoirs publics et protection*, Cowansville, Éditions Yvon Blais, 2003, p. 72, qui traite également des vices du consentement chez les majeurs inaptes.

– payer l'intérêt sur le reliquat du compte, calculé à partir de la mise en demeure (art. 2184 C.c.Q.).

Le caractère gratuit du mandat n'affecte en rien les obligations du mandataire. Par contre, le tribunal peut en tenir compte pour réduire le montant des dommages-intérêts lorsqu'il apprécie l'étendue de sa responsabilité (art. 2148 C.c.Q.). Cette règle est la même que celle qui a cours en matière de tutelle et elle est fondée sur les mêmes raisons, soit favoriser la représentation de la personne inapte par un proche désintéressé et dévoué.

**757.**– *Envers les tiers.* On applique à cet égard les règles générales en matière de mandat. Par conséquent, le mandataire n'est pas tenu personnellement envers les tiers lorsqu'il agit dans les limites de son mandat en s'obligeant au nom et pour le compte du mandant (art. 2157 C.c.Q.). Dans le cas contraire, il est en principe tenu personnellement (art. 2158 C.c.Q.).

Si le mandataire assume la garde du majeur non doué de raison, il est soumis, comme le tuteur ou le curateur, au régime de responsabilité du fait d'autrui. En sa qualité de gardien, il n'est donc responsable de la faute du majeur que s'il a lui-même commis une faute intentionnelle ou une faute lourde dans l'exercice de la garde (art. 1461 et 1474 C.c.Q.).

### 2) Obligations du mandant

**758.**– *Envers le mandataire.* Le mandant inapte a les mêmes obligations que le mandant « ordinaire », à la différence, toutefois, qu'il ne peut généralement pas exécuter lui-même ses obligations. Par conséquent, la loi prévoit une règle dérogatoire qui permet au mandataire d'exécuter ces obligations à son profit (art. 2171 C.c.Q.). Il s'agit essentiellement du remboursement des frais nécessaires à l'exécution du mandat, du paiement de la rémunération (art. 2150 C.c.Q.), du paiement des intérêts sur les frais engagés (art. 2151 C.c.Q.) et de l'indemnisation du préjudice subi en raison de l'exécution du mandat (art. 2154 C.c.Q.).

**759.**– *Envers les tiers.* Dans le cadre du mandat donné en prévision de l'inaptitude, les obligations du mandant envers les tiers ne sont pas différentes de celles qu'il a dans le cadre d'un mandat ordinaire[124]. Il

---

124. Sur les questions relatives au mandat apparent et à la responsabilité pour la faute du mandataire, voir C. Fabien, *loc. cit.*, note 9, p. 945-946.

est donc tenu pour les actes accomplis par le mandataire dans l'exécution et les limites du mandat ainsi que pour ceux qui excèdent ces limites mais qu'il a ratifiés (art. 2160 C.c.Q.). Cette ratification ne peut se faire que lorsque l'inaptitude a pris fin. Le mandant est également tenu des actes accomplis par le mandataire après la fin du mandat, par exemple lorsqu'un régime de protection a été ouvert, si ces actes étaient la suite nécessaire des actes déjà accomplis ou s'il s'agit d'actes qui ne pouvaient être différés sans risque de perte ou, encore, lorsque la fin du mandat est restée inconnue du tiers (art. 2162 C.c.Q.)[125].

### C. Les effets du mandat insuffisant

**760.–** Le mandat, nous l'avons souligné, peut être spécial ou général. Il peut confier au mandataire une mission spéciale avec des instructions très précises, comme il peut être vague sur les conditions et général sur son étendue. Entre ces deux extrêmes, une infinie variété de clauses est possible, à la condition, bien entendu, que leur objet soit licite[126]. Le contenu du mandat n'est pas toujours clair et lorsqu'il l'est, il ne répond pas nécessairement à tous les besoins du majeur inapte. La loi vient donc combler ces deux éventuelles lacunes.

### 1) Le mandat obscur

**761.–** Les instructions données au mandataire doivent être claires et compréhensibles. Il existe pourtant un danger à vouloir être trop précis dans la rédaction du mandat. À vouloir être trop complet, le mandant risque en effet d'oublier certains aspects et de mettre son futur mandataire dans l'obligation d'interpréter les termes de l'acte. Or la loi ne donne pas ce pouvoir au mandataire. Lorsqu'il y a un doute sur la portée de ses droits ou de ses obligations, le mandataire doit appli-

---

125. Ceci est la conséquence logique de l'obligation du mandataire décrite à l'article 2182 C.c.Q.
126. Art. 1413 C.c.Q. : « Est nul le contrat dont l'objet est prohibé par la loi ou contraire à l'ordre public. » Voir *L.L.* c. *È.J.*, [2004] R.J.Q. 3062, EYB 2004-71716 (C.S.), où une clause d'aide alimentaire sous forme de donation hebdomadaire à un tiers contenue au mandat est jugée valide. Pour un commentaire de cette décision, voir L. Fréchette, « Commentaire sur la décision *L. (L.)* c. *J. (È.)* – Le respect, par le mandataire du majeur protégé, des obligations alimentaires naturelles auxquelles le mandant s'était moralement engagé », dans *Repères,* janvier 2005, EYB2005REP309.

quer les règles relatives à la tutelle au majeur (art. 2168 C.c.Q.)[127]. Les autorisations et les avis doivent alors être obtenus du curateur public ou du tribunal puisqu'il n'y a pas de conseil de tutelle dans le cadre du mandat donné en prévision de l'inaptitude. De plus, en cas de doute, les pouvoirs du mandataire doivent être interprétés comme étant de simple administration (art. 286 C.c.Q.).

### 2) Le mandat partiel

**762.–** Il se peut que le mandat ne porte que sur l'administration des biens ou uniquement sur la personne. Il se peut aussi qu'un mandat soit silencieux sur une question particulière. C'est le cas, par exemple, du mandat qui règle la question de la gestion de deux immeubles du mandant, mais qui exclut expressément la gestion d'un troisième immeuble. Il ne s'agit pas d'un mandat obscur, mais d'un mandat incomplet. Dans pareille situation, la loi prévoit qu'un régime de protection peut compléter le mandat[128]. Dans ce cas, l'ouverture du régime de protection ne met pas fin au mandat. Au contraire, le mandataire est tenu de continuer sa mission, dans les limites de ses pouvoirs.

**763.–** Si un tuteur ou un curateur est désigné à la personne de l'inapte, le mandataire doit faire rapport de sa gestion, sur demande et au moins une fois l'an à ce nouveau représentant. Il doit aussi rendre compte à la fin du mandat. Si, par contre, le mandataire a lui-même soin de l'inapte et que le curateur ou le tuteur n'est désigné qu'à l'administration des biens, c'est ce dernier qui doit assumer des obligations similaires à l'égard du mandataire (art. 2169 C.c.Q.). Les pouvoirs de contrôle et de décision suivent donc la personne du majeur protégé[129].

**764.–** *La divisibilité du mandat* – Le mandat pourrait-il être homologué en partie seulement, afin de tenir compte de la situation particulière du mandant ? La Cour d'appel s'est penchée sur cette problématique, que l'on pourrait qualifier de divisibilité du mandat. La Cour devait se prononcer sur la question de savoir s'il est possible de considérer qu'un mandat qui porte à la fois sur la personne et sur les

---

127. Cette disposition renvoie donc aux articles 285 et s. C.c.Q. Notons que, si cette règle ne permet pas de dissiper adéquatement le doute, le mandataire pourrait également s'adresser au tribunal afin d'obtenir un jugement déclaratoire en application de l'article 453 C.p.c.
128. *M.(L.)* c. *M.(J.)*, J.E. 96-971, EYB 1996-30557 (C.S.).
129. M. Ouellette, *loc. cit.*, note 9, p. 42.

biens du mandant, contienne en réalité deux mandats distincts, permettant ainsi à un tribunal d'homologuer une partie du mandat et d'en annuler l'autre[130] ? Doit-il, au contraire, être considéré comme un tout qui ne peut être homologué ou rejeté qu'en entier ? La Cour d'appel est d'avis que le régime du mandat doit bénéficier d'une souplesse suffisante pour que l'objectif général du respect des volontés du mandant soit atteint, lorsque cela est possible. Dans cet esprit, la Cour s'autorise de l'article 2166 C.c.Q. pour permettre l'homologation de la portion du mandat qui portait seulement sur l'administration des biens. À notre avis, cela ne signifie pas que la Cour d'appel accepte l'idée de la divisibilité du mandat si cette idée signifie qu'un tribunal pourrait ne retenir que certains aspects du mandat lors de l'homologation. Cela reviendrait à accepter que le tribunal puisse modifier le contenu des mandats dont l'homologation est demandée, ce qui est impossible. En l'espèce, toutefois, il s'agissait d'un mandat qui désignait des personnes différentes comme mandataire au biens et mandataire à la personne. De plus, le mandataire à la personne avait renoncé à demander l'homologation du mandat. C'est dans ce contexte particulier que le juge de première instance avait conclu que la question de la divisibilité ne se posait donc pas puisque le mandant avait lui-même clairement distingué les deux volets du mandat. La Cour d'appel abonde dans le même sens. Par conséquent, il est possible de conclure, d'une part, que le mandat peut être homologué en partie lorsque le mandant a clairement exprimé que cette partie constituait un volet autonome du mandat et, d'autre part, que l'homologation partielle n'est pas possible lorsque cela a pour résultat de ne pas suivre la volonté exprimée par le mandant[131].

**765.–** *Le mandat peut-il prévoir une « clause de pondération » ?* Si les régimes de protection, tels qu'ils existent depuis la réforme de 1989, se caractérisent par une très grande souplesse, certains auteurs ont par contre souli-

---

130. *Fiducie Desjardins inc.* et *A.P.*, [2004] R.J.Q. 461, REJB 2003-52099 (C.S.), conf. sur ce point de droit à *Québec (Curateur public)* c. *Fiducie Desjardins inc.*, B.E. 2004BE-642 (C.A.). Pour une analyse détaillée de cette affaire, voir F. Dupin, « État de la jurisprudence en matière de régime de protection conventionnel », dans Service de la formation permanente, Barreau du Québec, *Famille et protection*, Cowansville, Éditions Yvon Blais, 2005, p. 167. Voir également *M. (A.)* et *M. (M.-C.)*, EYB 2003-37435 (C.S.) où la Cour rejette implicitement l'idée de la divisibilité du mandat.

131. Nous ne souscrivons donc pas aux conclusions d'un juge qui refuse d'homologuer la partie du mandat qui désigne un mandataire et accepte d'homologuer la désignation du mandataire substitut (*A.* c. *B. et C.*, EYB 2006-113774 (C.S.)) ; un résultat identique aurait d'ailleurs pu être obtenu en refusant la désignation du mandataire principal en raison de son incompétence.

gné la relative rigidité du mandat donné en prévision de l'inaptitude[132]. Les pouvoirs accordés au mandataire sont en effet les mêmes, quel que soit le degré d'inaptitude du mandant, ce qui signifie que le mandataire pourrait, dans certains cas, se retrouver avec des pouvoirs démesurés si le mandat est homologué tel quel. Pour pallier cette situation, d'aucuns suggèrent qu'il serait possible d'inclure dans le mandat une sorte de clause de « pondération » qui devrait permettre au tribunal, au moment de l'homologation, de moduler les droits et les pouvoirs du mandant et du mandataire en fonction du degré d'inaptitude, de façon à atteindre la flexibilité des régimes de protection[133]. Aussi séduisante que paraisse cette proposition, force est de constater que rien dans la loi ne permet cette pondération par le tribunal, dont le champ de compétence est dicté par la loi et ne peut dépendre de la volonté d'une personne. La question de la compétence *ratione materiæ* est d'ordre public[134] et le tribunal peut la soulever d'office (art. 164 C.p.c.). Il n'appartient pas aux parties de modifier cette compétence, même par convention[135].

La loi prévoit d'ailleurs expressément des mécanismes permettant la protection du majeur lorsque le mandat ne répond pas adéquatement à ses besoins. Si les pouvoirs du mandataire sont insuffisants compte tenu du degré d'inaptitude, la loi prévoit la possibilité d'ouvrir un régime de protection pour compléter le mandat (art. 2169 C.c.Q.). Si par contre les pouvoirs sont excessifs par rapport au degré d'inaptitude, le tribunal ne devrait pas homologuer le mandat. En effet, l'inaptitude qui ouvre la porte à l'homologation devrait être proportionnelle aux pouvoirs accordés dans le mandat[136]. Il ne suffit pas d'affirmer que le mandat en cas d'inaptitude, une fois homologué, ouvre un régime de même nature qu'un régime de protection (ce qui, par ailleurs, est exact) pour conclure que les règles relatives à la tutelle, la curatelle et l'assistance par un conseiller, doivent s'appliquer telles quelles au mandat. C'est pourtant ce que suggèrent certains auteurs[137] en affirmant que puisque le mandat de protection est un authentique régime de protection, il faut lui appliquer le principe de la relativité de l'inaptitude et de la gradation de la protection, qui sont des éléments fondamentaux des régimes

132.    Voir par exemple H. Brassard, « La *Loi sur le curateur public* ; une loi centrée sur la personne », dans *Actes du Congrès du Barreau du Québec 1991*, Montréal, Service de la formation permanente, Barreau du Québec, 1991, p. 637.

133.    *Mandat – formulaire* – document 1, formule 3, commentaire 4, dans *Répertoire du droit* (décembre 1990), p. 26.

134.    *Corporation de Ste-Angèle de Monnoir* c. *Bérubé*, [1986] R.D.J. 590 (C.A.).

135.    Sur cette question, voir en particulier D. Ferland, B. Emery et J. Tremblay, *Précis de procédure civile du Québec*, Cowansville, Éditions Yvon Blais, 1992, p. 136 ; L. Ducharme, *Précis de la preuve*, 4ᵉ éd., Montréal, Wilson & Lafleur, 1993, p. 210 ; *W.(V.)* c. *S.(D.)*, [1996] 2 R.C.S. 108, EYB 1996-67897.

136.    *Y.L.* et *Lé.L.*, B.E. 2005BE-954 (C.S.).

137.    J. Lambert, *loc. cit.*, note 9, p. 100 et s. Voir *contra*, L. Laflamme, « Variations sur des thèmes connus : le mandat en prévision de l'inaptitude et la procuration générale », (2002) 2 *C.P. du N.* 103, 128, qui pose l'hypothèse d'un mandat rédigé de façon à permettre de moduler les pouvoirs du mandataire selon le degré d'inaptitude.

de protection. Nous ne pouvons souscrire à cette argumentation qui, à notre avis, fait abstraction des distinctions légales fondamentales entre, d'une part, les régimes de protection au sens strict et, d'autre part, le mandat en cas d'inaptitude. Une des caractéristiques du mandat est précisément qu'il n'appartient pas à un tiers, dont le tribunal, d'en modifier le contenu[138]. Comme nous l'avons souligné plus haut, la loi prévoit que l'insuffisance du mandat doit être compensée par l'ouverture d'un régime de protection pour le compléter. Si l'on acceptait le raisonnement selon lequel le tribunal peut moduler les pouvoirs du mandataire en les diminuant pour les faire correspondre au degré d'inaptitude du mandant, pourquoi le législateur aurait-il prévu que cette « modulation » n'est pas possible à la hausse et que dans ce cas c'est plutôt vers un régime de protection complémentaire qu'il convient de se tourner ? La raison, nous semble-t-il, est à trouver dans le principe fondamental du mandat de protection : le respect de la volonté exprimée par le mandant à l'époque où il était apte[139]. Par conséquent, lorsque le degré d'inaptitude est sans commune mesure avec les pouvoirs accordés dans le mandat, celui-ci ne devrait pas être homologué[140]. Nous ne pouvons souscrire à l'affirmation selon laquelle le tribunal, saisi d'une demande d'homologation, pourrait « déterminer les paramètres de la mise à exécution d'un mandat de protection »[141]. Seul le régime souple de la tutelle devrait alors être envisagé, avec toutes les mesures de contrôle et de protection qui l'accompagnent[142]. Toutes les garanties mises en place par le *Code de procédure civile* ont pour objectif la protection du majeur ainsi que la détermination la plus précise et la plus nuancée du degré d'inaptitude. L'esprit de la loi en matière de protection des majeurs est basée sur l'idée du respect de l'autonomie résiduelle mais aussi du respect de la volonté exprimée par le majeur lorsqu'il était en état de le faire.

---

138. *B.(N.)* c. *B.-B.(Y.)*, J.E. 99-221, REJB 1998-09744 (C.S.).
139. Ce principe, consacré aux articles 12 et 276 C.c.Q., est reconnu et réitéré par les tribunaux : *D.G.* et *T.B.*, 2005 BE-735 (C.S.) ; *M.D.* c. *Ma. V.*, J.E. 2005-1330, EYB 2005-90609 (C.S.).
140. C'est en ce sens que se dirige la jurisprudence dominante : *B. (M.P.)* c. *F.(R.)*, REJB 1999-14637 (C.S.), conf. par la Cour d'appel à REJB 2001-23874 (C.A.) ; *G.(J.)* c. *G.(G.)*, J.E. 99-279, REJB 1998-10744 (C.S.) ; *R.G.* c. *L.Ga.*, J.E. 2003-2256, REJB 2006-49914 (C.S.) ; *A.D.* et *C.C.*, B.E. 2004BE-498 (C.S.) ; *P.B.(S.)* c. *B.F.*, EYB 2006-105828 (C.S.).
141. J. Lambert, *loc. cit.*, note 137.
142. En ce sens, *B.(M.-P.)* c. *F.(R.)*, REJB 1999-14637 (C.S.), confirmé par la Cour d'appel le 8 mars 2001 (REJB 2001-23874 (C.A.)) ; pour un commentaire de cette décision, voir F. Dupin, « État de la jurisprudence en matière de régime de protection légale ou conventionnelle », dans Service de la formation permanente, Barreau du Québec, *Être protégé malgré soi*, Cowansville, Éditions Yvon Blais, 2002, p. 62 et M. Beauchamp, « Le mandat en cas d'inaptitude : crise d'identité ? », (2005) 1 *C.P.du N.* 335, 348.

### D. La sanction des actes irréguliers

**766.–** *Les actes antérieurs à l'homologation.* La loi accorde au mandant une protection pour la période précédant l'homologation, faisant du mandat donné en prévision de l'inaptitude un véritable régime de protection au même titre que les autres. Ainsi, l'acte antérieur peut être annulé ou les obligations qui en découlent réduites, si l'inaptitude existait au moment où cet acte a été passé et qu'elle était notoire ou connue du cocontractant[143]. Il n'est pas nécessaire de faire la preuve d'un préjudice[144]. La loi conditionne donc la protection du mandant par l'homologation, mais elle fait en réalité coïncider les effets de cette protection avec la situation réelle de l'inapte, comme c'est le cas pour le majeur sous curatelle ou sous tutelle.

**767.–** *Les actes postérieurs à l'homologation.* Quelle est la sanction de l'acte fait postérieurement à l'homologation, par le mandant, alors qu'il aurait dû être fait par le mandataire ? Assez curieusement, la loi ne répond pas expressément à cette question, alors qu'elle le fait pour les actes antérieurs. L'article 2168 C.c.Q., qui réfère aux règles relatives à la tutelle au majeur, est de peu de secours car il ne s'applique qu'au mandat dont la portée est douteuse. Or, ici, c'est plutôt la portée de la loi qui est douteuse. Face au silence de la loi, ne peut-on penser que si l'acte antérieur peut être annulé sans qu'il soit nécessaire de prouver la lésion, à plus forte raison l'acte postérieur devrait être soumis au même régime[145] ?

**768.–** *Les actes irréguliers du mandataire.* L'irrégularité de l'acte du mandataire peut résulter du fait que l'acte ne respecte pas les condi-

---

143. Art. 2170 C.c.Q. ; pour des cas d'application, voir *Gariépy* c. *Pitre*, J.E. 96-340, EYB 1995-83215 (C.S.) ; *A.L. (Succession d')*, J.E. 2006-958, EYB 2006-102113 (C.S.). Voir aussi *Québec (Curateur public)* c. *N.W.*, J.E. 2001-291, REJB 2000-22183 (C.S.), désistement d'appel (C.A., 2001-02-22, n° 500-09-010498-012).

144. *Contra* : D. Lluelles et B. Moore, *Droit des obligations*, Éditions Thémis, Montréal, 2006, par. 1029 ; ces auteurs sont d'avis que, tout comme dans le cadre des régimes de protection classiques, l'expression « la seule preuve » ne permettrait pas de conclure au fait que le préjudice ne doit pas être démontré lorsqu'il s'agit de scénarios d'incapacité atténuée.

145. Lluelles et Moore sont plutôt d'avis qu'il convient d'arrimer le régime de sanction des actes au degré d'incapacité du mandant (D. Lluelles et B. Moore, *Droit des obligations*, Éditions Thémis, Montréal, 2006, par. 1026). Cette approche nous paraît difficile d'application concrète ; de plus, se baser sur l'article 2168 C.c.Q. et se référer aux règles de la tutelle lorsqu'il existe une incertitude quant au degré d'inaptitude de la personne, nous semble faire abstraction du fait que cette disposition ne peut s'appliquer qu'en cas de doute sur le contenu du mandat lui-même et non pas en cas de difficulté d'interprétation de la loi.

tions générales de validité des contrats. Dans ce cas, la sanction relève des règles du droit commun des obligations. L'irrégularité peut également découler du fait que le mandataire a outrepassé ou a détourné ses pouvoirs. La sanction d'un tel acte est la nullité[146] qui apparaît donc comme un complément possible de l'action en responsabilité civile à l'encontre du mandataire. Il s'agit ici de la nullité relative (art. 1419 et 1421 C.c.Q.)[147].

## Section III
## La fin du mandat donné en prévision de l'inaptitude

**769.–** Le mandat donné en prévision de l'inaptitude, en tant que contrat, est soumis aux causes d'extinction communes aux obligations et au mandat ordinaire (art. 2175 C.c.Q.). Il est également régi par des règles spécifiques. Seules celles-ci font l'objet de la présente section.

### *§1 - La fin de l'inaptitude*

**770.–** Lorsque le majeur redevient apte et que le tribunal constate cette aptitude, le mandat cesse d'avoir effet (art. 2172 C.c.Q.). Le tribunal est saisi soit par requête, soit par simple dépôt d'un rapport d'aptitude.

**771.–** *La constatation de l'aptitude par voie de requête.* On peut penser que, normalement, une telle demande devrait se faire par le mandant. Rien n'empêche toutefois qu'une autre personne intéressée, par exemple le mandataire, en prenne l'initiative[148]. La demande doit respecter les mêmes formalités que la demande d'homologation (art. 885a) C.p.c.). Elle doit, par conséquent, être accompagnée d'une expertise médicale et psychosociale (art. 884.2 C.p.c.).

**772.–** *La présomption d'aptitude en cas de dépôt d'un rapport par le directeur général d'un établissement de santé ou de services sociaux.* Cette deuxième procédure concerne les majeurs qui reçoivent des services dans des établissements de santé ou de services sociaux. Le

---

146.  M. Cantin Cumyn, *op. cit.*, note 5, par. 329, expose une argumentation convaincante pour rejeter la solution de l'inopposabilité comme sanction du défaut de pouvoir du mandataire.
147.  *Ibid.*
148.  En ce sens, C. Fabien, *loc. cit.*, note 9, p. 947. Il faut noter que dans le *Code civil du Bas-Canada*, seul le mandant, redevenu apte, pouvait demander la révocation judiciaire du mandat (art. 1731.8 C.c.B.-C.).

législateur met en place un système de constatation d'aptitude du mandant, calqué sur celui des autres régimes de protection (art. 279 et 280 C.c.Q.). En effet, lorsque le directeur général de l'établissement constate que le majeur est redevenu apte, il doit l'attester dans un rapport qu'il dépose au greffe du tribunal, accompagné des expertises médicales et psychosociales (art. 2173 C.c.Q.). Le greffier doit alors en aviser le mandataire, le mandant et toutes les personnes habilitées à intervenir à une demande d'ouverture de régime de protection, ce qui inclut le curateur public[149].

Ces personnes ont un droit d'opposition. À défaut d'opposition dans les 30 jours, le mandat cesse automatiquement ses effets. La loi présume dans ce cas la constatation d'aptitude par le tribunal et le greffier doit transmettre l'avis de cessation des effets du mandat aux parties et au curateur public (art. 2173, al. 2 C.c.Q.).

**773.–** *Effet du jugement qui constate l'aptitude du mandant.* Le jugement qui met fin aux effets du mandat doit être signifié au mandataire et, le cas échéant, au mandant. Comme c'était le cas pour l'homologation, une copie du jugement doit être envoyée au curateur public[150]. Lorsque le tribunal a constaté que le mandant est redevenu apte, les effets du mandat cessent, mais le mandat lui-même subsiste tant qu'il n'a pas été révoqué par le mandant[151], comme il pouvait le faire en tout temps avant l'homologation (art. 2175 C.c.Q.)[152]. La révocation n'est pas automatique et « le mandant peut souhaiter maintenir ce mandat, au cas où il redeviendrait inapte »[153]. Le jugement n'a donc pas pour effet de révoquer le mandat. Il ne fait qu'en suspendre l'exécution.

### §2 - L'ouverture d'un régime de protection

**774.–** S'il ne fait aucun doute que l'ouverture d'un régime de protection à l'égard du mandataire met fin à ses pouvoirs (art. 2175 C.c.Q.)[154], cela ne signifie pas automatiquement la fin du mandat, qui peut contenir une clause de remplacement en cas d'inaptitude (ou de

---

149. *Loi sur le curateur public*, précitée, note 97, art. 13.
150. Art. 863.3 C.p.c. et *Loi sur le curateur public*, précitée, note 97, art. 13.
151. *Ibid.*
152. La révocation du mandat par le mandant apte peut se faire selon les formalités de l'article 2176 C.c.Q. ou par la notification de la constitution d'un nouveau mandataire (art. 2180 C.c.Q.).
153. *Comm.*, p. 1365.
154. Il eût été logique d'ajouter à cette liste le constat de l'inaptitude du mandataire par l'homologation de son propre mandat de protection.

décès) du mandataire (art. 2174 C.c.Q.). L'ouverture d'un régime de protection à l'égard du mandant mérite toutefois quelques précisions. En principe, cet événement met fin au mandat, si ce n'est qu'en cours d'instance le mandataire doit continuer à assumer sa charge, sauf décision contraire du tribunal (art. 273 C.c.Q.). Par contre, lorsque la demande d'ouverture d'un régime de protection n'a pour but que de compléter un mandat, qui ne permet pas d'assurer pleinement la protection du majeur, l'ouverture du régime ne met évidemment pas fin au mandat. Les deux vont coexister (art. 2169 C.c.Q.). C'est l'exception qu'avait à l'esprit le législateur en édictant, à l'article 2175 C.c.Q., que l'ouverture d'un régime de protection ne met fin au mandat qu'« en certains cas » seulement. On peut cependant imaginer des situations où le mandant recouvre une certaine autonomie rendant les pouvoirs, prévus au mandat, excessifs en les circonstances, alors qu'une certaine protection demeure nécessaire. Dans de tels cas, l'ouverture d'un régime plus « léger » (une tutelle « sur mesure », par exemple) pourrait entraîner la révocation du mandat[155].

### §3 - La révocation du mandat non homologué

**775.–** Nous avons vu plus haut que le mandant apte peut révoquer l'acte en tout temps (art. 2172 et 2175 C.c.Q.). La jurisprudence a déjà accepté l'idée que dans certaines circonstances, un mandat qui n'a pas été homologué pourrait être révoqué par le tribunal au moment de la requête en homologation. Il y aurait donc lieu de distinguer entre un mandat révoqué avant homologation et un refus du tribunal d'homologuer le mandat[156]; alors que ce dernier demeure valide pour l'avenir, le premier devient nul *ab initio*. Les motifs ayant justifié une telle révocation sont l'existence d'un mandat ultérieur valide[157], ainsi qu'une mauvaise administration par le mandataire[158].

---

155. *G.(J.)* c. *G.(G.)*, J.E. 99-279, REJB 1998-10744 (C.S.).
156. En ce sens, F. Dupin, « État de la jurisprudence en matière de mandats en prévision de l'inaptitude », dans Service de la formation permanente, Barreau du Québec, *Les mandats en cas d'inaptitude : une panacée ?*, Cowansville, Éditions Yvon Blais, 2001, p. 1, 13.
157. Voir *G.D.* c. *R.D.*, [2006] R.J.Q. 1442, EYB 2006-103624 (C.S.), où le demandeur, mandataire en vertu du premier mandat, invoquait l'incapacité du mandant lors de la signature du mandat ultérieur pour faire homologuer le premier mandat et révoquer le second par le tribunal.
158. Voir *R.S.* c. *J.B.*, J.E. 2000-674, REJB 2000-17186 (C.S.), appel rejeté (C.A., 2000-09-21, n° 500-09-009326-000), où le tribunal est d'avis que la révocation peut également s'appliquer à l'égard d'un mandat non homologué. Rappelons que le constat de la mauvaise administration par la personne désignée comme mandataire, est en soi un motif de refus d'homologation du mandat de protection.

## §4 - La révocation du mandat homologué

**776.**– La révocation du mandat homologué est prononcée par le tribunal et elle vise la protection du majeur inapte (qui ne peut donc plus *proprio motu* révoquer le mandat) en cas de mauvaise exécution du mandat ou pour tout autre « motif sérieux » (art. 2177 C.c.Q.)[159]. Le mandataire est le seul à déterminer l'opportunité des décisions à prendre au nom de la personne représentée ; par conséquent, un simple désaccord sur les orientations du mandataire ne permet pas à un tiers d'obtenir la révocation du mandat[160]. La loi vise essentiellement le cas du mandataire négligent, incompétent ou malhonnête, celui qui se serait placé en conflit d'intérêts[161], et peut s'appliquer même si la révocation est basée sur des faits antérieurs au jugement d'homologation[162]. Cependant, elle recouvre également d'autres situations, comme celle où les pouvoirs accordés dans le mandat se révèlent totalement inadéquats par rapport à la situation réelle du mandant[163].

La demande de révocation, qui est soumise aux mêmes formalités que la demande d'homologation (art. 884.5 C.p.c.), peut être faite par toute personne intéressée[164] et particulièrement par les personnes qui exercent un rôle de surveillance à l'égard du majeur, qu'il s'agisse du curateur public[165], des proches ou du personnel de l'hôpital ou du centre d'accueil qui l'héberge[166]. Si le tribunal estime que la

---

159. *R.S.* c. *J.B.*, J.E. 2000-674, REJB 2000-17186 (C.S.), appel rejeté (C.A., 2000-09-21, n° 500-09-009326-000) ; *B.(N.)* c. *B.-B.(Y.)*, J.E. 99-221, REJB 1998-09744 (C.S.) ; *G.(G.)* c. *B.(J.)*, J.E. 98-215, RJEB 2003-47244 (C.S.) ; *Québec (Curateur public)* c. *H.L.*, J.E. 2003-1769, REJB 2003-106478 (C.S.) ; *M.B.* c. *F.G.*, J.E. 2006-1372, EYB 2006-106478 (C.S.).
160. *A.* c. *B.*, EYB 2006-115782 (C.S.).
161. *Québec (Curateur public)* c. *H.L.*, J.E. 2003-1769, REJB 2003-47244 (C.S.).
162. *M.B.* c. *F.G.*, J.E. 2006-1372, EYB 2006-106478 (C.S.). Dans cette affaire, la Cour constate que la mandataire était en conflit d'intérêts bien avant l'homologation du mandat.
163. *G.(J.)* c. *G.(G.)*, J.E. 99-279, REJB 1998-10744 (C.S.).
164. À noter que la demande de révocation doit être faite dans l'intérêt de la personne protégée, à défaut de quoi le tribunal peut condamner les demandeurs aux honoraires extrajudiciaires, pour éviter que le mandat soit pénalisée par les demandes abusives : *L.R.* et *M.R.*, J.E. 2005-1814, EYB 2005-93539 (C.S.).
165. *Québec (Curateur public)* c. *F.B.*, J.E. 2002-1216, REJB 2002-32515 (C.S.). En ce qui concerne le curateur public dont la mission consiste notamment à surveiller la façon dont les mandataires s'acquittent de leurs obligations (*Loi sur le curateur public*, précitée, note 97, art. 22 et 27), il faut souligner qu'il a également la possibilité « d'accepter du [...] mandataire un engagement volontaire à l'effet de remédier à son défaut s'il y a lieu et de respecter dorénavant les obligations de sa charge qu'il a fait défaut d'exécuter ou qu'il a mal exécutées » (art. 23).
166. *Comm.*, p. 1369.

révocation n'est pas requise, mais que le mandataire de bonne foi a besoin d'assistance, il peut rendre des ordonnances visant à clarifier son administration[167]. À titre provisoire, le tribunal pourrait rendre une ordonnance dans le but de sauvegarder les intérêts de la personne protégée[168], à condition qu'il ait des motifs de croire que des circonstances exceptionnelles risquent de mettre en péril le patrimoine du majeur inapte et de lui causer préjudice pendant l'instance[169].

La révocation doit être suivie de la reddition de compte par le mandataire et de l'ouverture d'un régime de protection à l'égard du majeur (art. 2177 et 2184 C.c.Q.)[170].

La révocation prévue à l'article 2177 C.c.Q. peut également se faire par le biais d'une requête en rétractation de jugement[171]. Dans ce cas, le tribunal peut rendre toute ordonnance de sauvegarde nécessaire à la protection des intérêts du majeur jusqu'à ce que le jugement sur le fond soit rendu[172].

### §5 - La démission du mandataire

**777.–** Le mandat donné en prévision de l'inaptitude est fondé sur la volonté des parties : volonté du mandant, à l'époque où il était apte, de confier la gestion de ses biens et la protection de sa personne à un tiers choisi par lui ; volonté du mandataire qui prend l'initiative de faire homologuer le mandat. La mission de protection ne peut être assumée efficacement que si le mandataire a la volonté continue de l'assumer. Par conséquent, le législateur lui donne le droit d'y renon-

---

167. *Québec (Curateur public)* c. *S.F.*, B.E. 2006BE-299 (C.S.).
168. *J.D.* c. *D.D.*, B.E. 2000BE-1358 (C.S.).
169. Voir *Québec (Curateur public) et S.F.*, [2006] R.J.Q. 1662 (C.S.), où le défaut par le mandataire de respecter certaines obligations imposées par le tribunal relatives à la comptabilité de son administration, n'a pas été jugé suffisamment inquiétant pour justifier une telle ordonnance.
170. Le tribunal peut ordonner l'exécution provisoire du jugement de révocation, nonobstant l'appel (art. 547e) C.p.c.). M. Cantin Cumyn, *op. cit.*, note 5, par. 252, partant du constat que le curateur public et toute personne intéressée peuvent saisir le tribunal d'une demande de révocation, et que, qui peut le plus peut le moins, est d'avis que ces personnes pourraient se contenter d'exiger du mandataire qu'il fournisse une garantie.
171. *Haas* c. *Haas*, B.E. 2004BE-87, EYB 2003-52687 (C.S.).
172. *L.G.* c. *S.G.*, B.E. 2005BE-1072 (C.S.). Toutefois, dans *S.P.* et *R.R.*, B.E. 2004BE-529 (C.S.), la Cour considère que le mandat tient lieu d'ordonnance de sauvegarde pendant les procédures relatives à l'ouverture d'un régime de protection.

cer, de démissionner. Dans un souci de protection du mandant, cette renonciation doit toutefois respecter une condition essentielle : le mandataire doit au préalable avoir pourvu à son remplacement si le mandat prévoit cette possibilité[173] et, dans le cas contraire, il doit avoir demandé l'ouverture d'un régime de protection (art. 2174 C.c.Q.)[174]. Tant et aussi longtemps que le tribunal ne s'est pas prononcé sur cette demande, le mandataire doit, en principe, continuer à assumer sa charge (art. 273 C.c.Q.).

De plus, le mandataire est responsable du préjudice que subirait le majeur s'il renonce à sa tâche sans motif sérieux et à contretemps (art. 2178 C.c.Q.). Le législateur utilise ici la même terminologie qu'en matière de démission du tuteur. La conjonction « et » pourrait laisser croire que la renonciation ne peut entraîner la responsabilité que si elle est faite sans motif sérieux en plus d'être à contretemps. Cette interprétation littérale semble aller à l'encontre de l'esprit du Code qui vise avant tout la protection de la personne inapte. Il semble donc que la renonciation sans motif sérieux, peu importe le moment, peut entraîner la responsabilité du mandataire, et vice versa[175]. Le concept « à contretemps » est une notion à contenu variable : on peut accomplir un geste à un moment plutôt mal choisi comme on peut le faire à un moment clairement inapproprié. Le tribunal pourrait donc, dans pareil cas, tenir compte de l'intensité ou de la gravité du contretemps[176].

### §6 - La faillite

**778.–** Alors que la faillite du mandant ou du mandataire met fin au mandat ordinaire, il en va autrement en ce qui concerne le mandat donné en prévision de l'inaptitude lorsqu'il est à titre gratuit. Dans ce cas, le mandat subsiste (art. 2175, al. 2 C.c.Q.). En ce qui concerne le mandataire, le législateur a instauré cette exception car « ce mandat est souvent donné à un proche, sans égard à sa situation financière, puisqu'il a notamment pour objet de prendre soin de la personne »[177]. En réalité, la faillite antérieure d'un mandataire est tout de même

---

173. La loi ne prescrit aucune formalité pour l'entrée en fonction du remplaçant.
174. *L.Q.* c. *N.Q.*, J.E. 2001-1179, REJB 2001-24312 (C.S.).
175. En ce sens, voir *Comm.*, p. 1370.
176. Pour plus de détails sur la signification des termes « motif sérieux » et « à contretemps », voir *supra*, chap. III, La tutelle.
177. *Comm.*, p. 1368. L'argument vaut pour le mandat qui vise les questions relatives à la personne.

prise en considération dans la décision du tribunal sur l'homologation, *a fortiori* lorsque le mandat prévoit l'administration de biens[178]. Quant au mandant, sa situation de faillite ne fait que souligner son besoin de protection et n'affecte donc pas le mandat.

### §7 - *Le décès*

**779.–** *Le décès du mandataire.* Tout comme en cas d'ouverture d'un régime de protection à son égard, le décès du mandataire met fin au mandat si ce dernier ne contient pas de clause de remplacement. Le liquidateur de la succession doit aviser le mandant et le curateur public de ce décès. Il a également l'obligation de faire, au nom du mandant, tout ce qui ne peut être différé sans risque de perte (art. 2183 C.c.Q.) et ce, jusqu'à l'ouverture d'un régime de protection.

**780.–** *Le décès du mandant.* Le but du mandat donné en prévision de l'inaptitude étant la représentation et la protection du mandant, il va de soi que son décès rend ce mandat sans objet et qu'il y met fin (art. 2175, al. 1 C.c.Q.).

---

178. Il peut, en effet, paraître étonnant de permettre au failli de s'occuper de l'administration des biens d'autrui (en ce sens, C. Fabien, *loc. cit.*, note 9, p. 948). Voir *G.R.* et *F.F.*, J.E. 2006-957, EYB 2006-102849 (C.S.), où la faillite et les antécédents judiciaires ont été soulignés parmi les facteurs justifiant le refus d'homologation du mandat.

**781.–** *Exemples de mandats donnés en prévision de l'inaptitude*[179] :

**Exemple 1**[180]

# Mandat en cas d'inaptitude

Fait à ................................................................
(endroit)

Le ................................................................
(date)

Je, soussigné, .................................................................... advenant mon inaptitude,
(nom du mandant)

confie à ........................................................................................ le mandat de:
(nom du mandataire)

1. Administrer tous mes biens meubles et immeubles en tant qu'administrateur chargé de la pleine administration conformément aux articles 1345 et 1346 du Code civil du Québec;

2. Assurer mon bien-être moral et matériel et, notamment, accomplir tout acte visant à pourvoir à mes besoins en tenant compte de mon niveau de vie et de la valeur de mon patrimoine;

3. Prendre toutes les décisions quant aux soins exigés par mon état de santé dans la mesure où ils sont opportuns dans les circonstances en tenant compte de mon opposition à l'acharnement thérapeutique et à l'administration de soins disproportionnés ainsi que de ma volonté de mourir dignement. Pour ce faire, j'autorise mon mandataire à refuser que je sois maintenu en vie par des moyens artificiels;
Mon mandataire devra exiger que me soit administré tout médicament susceptible de diminuer mes souffrances même s'il devait hâter le moment de ma mort;
Mon mandataire pourra consulter mon dossier médical;
Mon mandataire devra autoriser le prélèvement sur mon corps de tout organe pour transplantation ou autres fins médicales;

4. Au cas de démission, refus, décès, révocation de mon mandataire principal, je nomme et constitue

pour le remplacer dans l'exécution du présent mandat .....................................................
(nom du mandataire remplaçant)

.................................................... avec les mêmes pouvoirs et devoirs prévus ci-dessus;

5. Le mandataire principal devra faire un rapport annuel de son administration financière à ................

....................................................
(nom du mandataire remplaçant)

6. Le présent mandat révoque tout mandat en cas d'inaptitude fait antérieurement.

....................................................
Signature du mandant

## Déclaration des témoins

Nous, soussignés, ........................................ et ........................................
(nom du témoin)      (nom du témoin)

tous deux témoins à la signature de ........................................
(nom du mandant)
déclarons n'avoir aucun intérêt dans le présent acte et avoir constaté l'aptitude du mandant à agir.

En foi de quoi nous avons signé à ........................................
(endroit)

Ce ........................................
(date)

en présence de ........................................
(nom du mandant)

....................................................   ....................................................
Signature du témoin      Signature du témoin

---

179. Il existe différents formulaires de mandat, destinés à en faciliter la diffusion et l'utilisation. Nous en donnons ici deux exemples. On pourra également consulter M.-A. Miquelon, *Pourquoi préparer un mandat ?*, Montréal, Wilson & Lafleur, 1995.

180. Il s'agit du mandat tel que proposé par la Commission des services juridiques (l'Aide juridique).

## Exemple 2[181]

## Formulaire
### *Mon mandat en cas d'inaptitude*

REMPLIR EN CARACTÈRES D'IMPRIMERIE
Tout mot écrit au singulier comprend aussi le pluriel, et tout mot écrit au genre masculin comprend aussi le genre féminin.

**IMPORTANT**

**Lisez attentivement les notes explicatives intégrées à la brochure aux pages 14 à 19 inclusivement. Chaque section du formulaire renvoie à la note explicative correspondante.**

Si vous optez pour un **MANDATAIRE UNIQUE** pour prendre soin de votre personne et administrer vos biens, **remplissez la section 1**, puis passez directement à la section 3.

Si vous optez pour des **MANDATAIRES MULTIPLES** afin qu'ensemble ils prennent soin de votre personne et administrent vos biens ou pour qu'un seul prenne soin de votre personne et l'autre administre vos biens, **remplissez la section 2**, puis passez à la section 3.

À noter que l'administrateur de vos biens peut être une personne de votre famille, un proche ou toute autre personne de confiance ou bien une personne morale, par exemple une société de fiducie ou une autre institution habilitée par la loi à agir à ce titre.

Pour chacune des sections du formulaire, si vous manquez d'espace, vous pouvez ajouter des pages supplémentaires en les numérotant de façon qu'elles renvoient à la section adéquate.

**Veuillez apposer vos initiales en marge de tout texte que vous modifiez.**

**1**    **MANDATAIRE UNIQUE** (Voir la note explicative 1.)

Le présent mandat annule tout mandat en cas d'inaptitude fait antérieurement et, une fois homologué, il mettra fin à toute procuration consentie pour l'administration de mes biens.

Par ce mandat, je soussigné, _____ , né le _____ _____ _____
                                            NOM DU MANDANT                    JOUR   MOIS   ANNÉE

désigne _____
              NOM DU MANDATAIRE

_____
                 ADRESSE

**pour agir à titre de mandataire chargé de la protection de ma personne et de l'administration de mes biens.**

Indiquez votre lien avec cette personne : _____

**1.1**    **Mandataire remplaçant**

Si mon mandataire se trouve dans l'impossibilité d'agir pour quelque motif,

je désigne _____
               NOM DU MANDATAIRE

_____
                 ADRESSE

**pour agir à titre de mandataire remplaçant.**

Indiquez votre lien avec cette personne : _____

Initiales du mandant et des témoins _____ _____ _____

(Continuer au verso.)

---

181.   Il s'agit du mandat tel que proposé par le curateur public du Québec dans la brochure, *Mon mandat en cas d'inaptitude*, Québec, Les publications du curateur public du Québec, 2006. Ce document est disponible sur le site Internet du curateur public (http://www.curateur.gouv.qc.ca).

**2   MANDATAIRES MULTIPLES** (Voir la note explicative 2.)

Le présent mandat annule tout mandat en cas d'inaptitude fait antérieurement et, une fois homologué, il mettra fin à toute procuration consentie pour l'administration de mes biens.

Par ce mandat, je soussigné, _____ , né le ____ ____ ____
<br>NOM DU MANDANT          JOUR   MOIS   ANNÉE

désigne _____
<br>NOM DU MANDATAIRE

_____
<br>ADRESSE

**pour agir à titre de mandataire chargé de la protection de ma personne.**

Indiquez votre lien avec cette personne : _____

Je désigne également _____
<br>NOM DU MANDATAIRE

_____
<br>ADRESSE

Et, s'il y a lieu, _____
<br>NOM DU MANDATAIRE

_____
<br>ADRESSE

**pour agir à titre de mandataire chargé de l'administration de mes biens.**

Indiquez votre lien avec cette personne : _____

Lorsque plusieurs mandataires agissent conjointement, les décisions doivent être :

❑ Unanimes   **OU**   ❑ Prises à la majorité

**2.1   Mandataires remplaçants**

Si mon mandataire se trouve dans l'impossibilité d'agir pour quelque motif,

je désigne _____
<br>NOM DU MANDATAIRE

_____
<br>ADRESSE

**pour agir à titre de mandataire remplaçant.**

Indiquez votre lien avec cette personne : _____

*Cochez si désiré*

❑ Je désire, en cas de démission, de décès ou d'incapacité légale d'agir de l'un ou l'autre de mes mandataires désignés ci-dessus, que le mandataire restant agisse comme s'il avait été désigné seul.

Initiales du mandant et des témoins _____ _____ _____

(Continuer au verso.)

**3** **INVENTAIRE ET RAPPORT** (Voir la note explicative 3.)

**3.1 Inventaire**

Au moment de son entrée en fonction, mon mandataire chargé de l'administration de mes biens devra procéder à un inventaire sommaire de tous mes biens meubles et immeubles. Cette démarche doit être accomplie en présence de deux témoins, dont idéalement la personne à qui sera fait le rapport de gestion le cas échéant.

**3.2 Rapport**

❏ Mon mandataire  **OU**  ❏ Uniquement son remplaçant  **OU**  ❏ Mon mandataire et son remplaçant

devra faire rapport une fois l'an des faits et gestes accomplis à l'égard de ma personne et de l'administration

de mes biens à _____
NOM

_____
ADRESSE

ou, à défaut, à _____
NOM

_____
ADRESSE

**4** **RESPONSABILITÉS DU MANDATAIRE CONCERNANT LA PROTECTION DE MA PERSONNE**
(Voir la note explicative 4.)

**4.1 Généralités**

Mon mandataire a la responsabilité d'assurer mon bien-être moral et matériel ; en ce sens, il est autorisé à prendre les décisions et à accomplir toutes les actions qui répondront à mes besoins quotidiens, tout en respectant mes volontés, mes valeurs personnelles et religieuses, mes habitudes, mon niveau de vie et mon degré d'autonomie.

Quel que soit mon milieu de vie, mon mandataire doit voir à ce que je reçoive les soins et les services requis par mon état de santé.

De manière générale, je souhaite que mon mandataire m'assure, dans la mesure du possible, une présence « active » (visites régulières, écoute, soutien, etc.).

**4.2 Hébergement**

Je souhaite, si possible, demeurer à domicile. Cependant, si mon état exigeait que je sois hébergé dans un milieu de vie plus sécuritaire et mieux adapté à mes besoins, mon mandataire en déciderait selon les circonstances, tout en tenant compte des souhaits que j'énonce ci-dessous :

_____

_____

_____

_____

_____

Initiales du mandant et des témoins  _____  _____  _____

(Continuer au verso.)

**4.3    Consentement aux soins**

Si je ne suis pas en mesure de consentir aux soins requis par mon état de santé ou de les refuser, mon mandataire doit le faire à ma place. À cet égard, il doit agir dans mon seul intérêt et tenir compte, dans la mesure du possible et comme le prévoit la loi, des volontés que j'ai exprimées. S'il est appelé à consentir à des soins, il doit prendre tous les moyens pour en décider de manière éclairée, tel qu'il a été discuté avec le médecin traitant et l'équipe soignante. S'il consent aux soins proposés, c'est avec la conviction qu'ils sont bénéfiques malgré leurs effets, opportuns dans le contexte et que les risques qu'ils présentent n'apparaissent pas disproportionnés compte tenu du bienfait espéré.

❑ Oui   **OU**   ❑ Non

**4.4    Projets d'expérimentation**

J'autorise mon mandataire, s'il le juge approprié et conformément aux dispositions applicables du Code civil du Québec, à permettre une participation à un projet de recherche ou d'expérimentation.

❑ Oui   **OU**   ❑ Non

**4.5    Volontés de fin de vie**

Dans toute décision relative aux soins requis en fin de vie, mon mandataire doit tenir compte de :
*(Cochez les options désirées.)*

❑ mon opposition à tout moyen diagnostique et thérapeutique disproportionné et ne faisant que multiplier ou prolonger inutilement mes souffrances et mon agonie ;

❑ ma volonté de mourir dignement, avec les soins de soutien et de confort requis et une médication propre à soulager mes souffrances, même si celle-ci a pour effet indirect de hâter le moment de ma mort ;

❑ autres précisions ou volontés :

_____

_____

_____

_____

_____

_____

_____

_____

_____

_____

_____

_____

Initiales du mandant et des témoins _____ _____ _____

(Continuer au verso.)

**5**  **RESPONSABILITÉS DU MANDATAIRE CONCERNANT L'ADMINISTRATION DE MES BIENS**
(Voir la note explicative 5.)

Je confie à mon mandataire le pouvoir d'administrer mes biens meubles et immeubles selon les règles de la

❏ **simple administration**, conformément au Code civil du Québec

**OU**

❏ **pleine administration**, conformément au Code civil du Québec

*Cochez les options désirées :*

❏ Je souhaite que les biens mobiliers et immobiliers suivants ne soient pas vendus, sauf en cas de nécessité :

_____

_____

❏ J'autorise spécifiquement mon mandataire aux biens _____
NOM DU MANDATAIRE

à agir à ma place à titre de liquidateur d'une succession si cette charge devait m'être attribuée.

**6**  **ACCÈS AUX DOSSIERS** (Voir la note explicative 6.)

Dans l'exercice de ses fonctions, il est entendu, comme la loi le prévoit, que mon mandataire est autorisé à consulter mon dossier médical et social ainsi que tout autre dossier pouvant lui être utile concernant ma personne et mes biens.

**7**  **RÉMUNÉRATION** (Voir la note explicative 7.)

Mon mandataire pourra se rembourser à même mon patrimoine de toutes dépenses utiles ou nécessaires à l'accomplissement de sa charge, y compris les frais relatifs à l'homologation du mandat.

❏ Mon mandataire ou son remplaçant agira gratuitement.

**OU**

❏ Je tiens à ce que _____
NOM DU MANDATAIRE À LA PERSONNE

**OU**

❏ Je tiens à ce que _____
NOM DU MANDATAIRE AUX BIENS

**OU**

❏ Je tiens à ce que _____
NOM DU MANDATAIRE À LA PERSONNE

**ET**  _____
NOM DU MANDATAIRE AUX BIENS

soit rémunéré à même mon patrimoine selon les modalités suivantes : _____

_____

_____

Initiales du mandant et des témoins _____  _____  _____

(Continuer au verso.)

**8**    **SITUATION D'INAPTITUDE PARTIELLE** (Voir la note explicative 8.)

Si mon inaptitude n'est que partielle :

❏ J'exige que le présent mandat soit homologué avec tous les pouvoirs qui y sont mentionnés.

Je suis pleinement conscient que si je suis partiellement inapte, certains des pouvoirs prévus aux présentes pourraient restreindre mes droits et mon autonomie. Malgré ce fait, je veux que ce mandat soit quand même homologué.

Je considère être la personne la mieux placée pour connaître mon intérêt. Je suis d'avis que mon mandataire agira pleinement dans le respect de mes droits et de la sauvegarde de mon autonomie, même s'il possède les pouvoirs de pleine administration.

**OU**

❏ Je préfère que mon mandat tienne compte de mes capacités résiduelles.

Si je ne suis inapte que pour la gestion de mes biens, le mandat qui concerne l'administration de mes biens devra être homologué.

Mon mandataire agira alors avec les pouvoirs de la ❏ simple administration  **OU**  ❏ pleine administration et je conserverai toute latitude dans les décisions concernant ma personne.

**OU**

❏ Je préfère en appeler au tribunal.

Dans l'éventualité où le tribunal, saisi d'une demande d'homologation relativement au présent mandat, en viendrait à la conclusion que mon inaptitude n'est que partielle ou temporaire et qu'elle me permet d'exercer certains de mes droits, tout comme le peut un majeur sous le régime de protection pourvu d'un tuteur ou d'un conseiller, j'exprime ma volonté que le tribunal reconnaisse les dispositions du présent mandat selon le degré d'aptitude constaté par le tribunal, sans pour autant relever le mandataire de sa charge, ce dernier pouvant continuer à me représenter ou à me conseiller dans l'exercice de mes droits tout en respectant mon degré d'aptitude reconnu par le tribunal.

Initiales du mandant et des témoins  ——————  ——————  ——————

(Continuer au verso.)

**9** **CLAUSES DIVERSES** (Voir la note explicative 9.)

*Cochez les clauses qui s'appliquent :*

❑ Je souhaite que mon mandataire utilise une partie des revenus de mon patrimoine, et même du capital si nécessaire, afin d'assumer mes obligations financières envers ma famille de la même manière que je les ai assumées jusqu'à l'homologation du présent mandat. Cependant, si mes revenus étaient considérablement diminués en raison de mon inaptitude, il assumerait ces obligations dans la mesure de mes moyens.

❑ Pour toute décision concernant ma personne ou relative à l'administration de mes biens, je veux si possible être consulté pour donner mon avis. Si mon mandataire le juge à propos, il consultera les personnes les plus significatives de mon entourage, soit :

| | |
|---|---|
| NOM | NOM |

| | |
|---|---|
| NOM | NOM |

Il est cependant entendu que le pouvoir de décision appartient à mon mandataire.

❑ Si, lors de l'homologation de ce mandat, un ou plusieurs de mes enfants sont mineurs et doivent être représentés, je nomme :

| | |
|---|---|
| NOM | NOM (S'IL Y A LIEU) |

pour agir à titre de tuteur.

❑ Mon mandataire à la personne devra, à chaque cinquième (5e) anniversaire de l'homologation du présent mandat, faire procéder à une nouvelle évaluation médicale et psychosociale afin de réévaluer ma condition. À la réception des résultats de cette évaluation, il devra prendre toutes les décisions et effectuer toutes les démarches nécessaires afin de protéger mes droits et que la sauvegarde de mon autonomie soit respectée.

❑ Si je redeviens apte, mon mandataire devra cesser de me représenter et entreprendre la procédure pour que le présent mandat soit révoqué, à moins d'indication contraire de ma part.

**10** **SIGNATURE DU MANDANT ET DÉCLARATION DES TÉMOINS** (Voir la note explicative 10.)

| |
|---|
| SIGNATURE DU MANDANT |

**10.1** **Déclaration des témoins**

Nous soussignés, _____ et _____
              NOM                    NOM

avons été témoins de la signature de _____ .
                                          NOM DU MANDANT

Nous déclarons également avoir constaté son aptitude pour rédiger le présent contrat et n'avoir personnellement aucun intérêt dans ce mandat.

En foi de quoi nous avons signé à _____ le ____ ____ ____
                                        LIEU           JOUR MOIS ANNÉE

| | |
|---|---|
| SIGNATURE DU TÉMOIN | SIGNATURE DU TÉMOIN |

| | |
|---|---|
| NOM DU TÉMOIN | NOM DU TÉMOIN |

| | |
|---|---|
| ADRESSE COMPLÈTE | ADRESSE COMPLÈTE |

| | |
|---|---|
| N° DE TÉLÉPHONE | N° DE TÉLÉPHONE |

Initiales du mandant et des témoins _____ _____ _____

(Continuer au verso.)

**11** **ACCEPTATION DU MANDATAIRE** (Voir la note explicative 11.)

❑ La demande de mise en exécution du présent mandat en cas d'inaptitude par mon mandataire sera réputée constituer son acceptation d'exercer cette fonction.

**OU**

❑ Aux présentes intervient le mandataire désigné

_____           _____
NOM DU MANDATAIRE                                    OCCUPATION

_____
ADRESSE COMPLÈTE

qui déclare ce qui suit :

1. Je _____ reconnais avoir pris connaissance du présent mandat

en cas d'inaptitude et accepte d'être nommé à titre de mandataire aux biens ou à la personne ;

2. Je m'engage, advenant l'inaptitude de _____ , à prendre les
                                                          NOM DU MANDANT

mesures requises par la loi pour rendre exécutoire le présent mandat en cas d'inaptitude et pour

assumer par la suite les pouvoirs et obligations découlant de ma charge de mandataire et je m'engage

à remplir ma charge dans l'intérêt de _____ , dans le respect
                                                       NOM DU MANDANT

de ses droits et de la sauvegarde de son autonomie.

_____
SIGNATURE DU MANDATAIRE ACCEPTANT

**Veuillez apposer vos initiales en marge de tout texte que vous modifiez.**

Initiales du mandant et des témoins _____   _____   _____

## BIBLIOGRAPHIE SÉLECTIVE

BARREAU DU QUÉBEC, *Les mandats en cas d'inaptitude : une panacée ?*, Cowansville, Éditions Yvon Blais, 2001.

BEAUCHAMP, M., « Le mandat en cas d'inaptitude : crise d'identité ? », (2005) 1 *C.P.du N.* 335.

BOHÉMIER, P. et G. GUAY, « L'exploitation des personnes âgées : prévenir pour ne pas être complice – Guide du notaire en matière de protection des personnes âgées », (2005) 3 *C.P. du N.* 121.

CANTIN CUMYN, M., *L'administration du bien d'autrui*, dans *Traité de droit civil*, Montréal, C.R.D.P.C.Q., Éditions Yvon Blais, 2000.

CHALIFOUX, D., « Les directives préalables de fin de vie et les pouvoirs publics », dans Service de la formation permanente, Barreau du Québec, *Pouvoirs publics et protection,* Cowansville, Éditions Yvon Blais, 2003, p. 1.

DUPIN, F., « État de la jurisprudence en matière de régime de protection conventionnel », dans Service de la formation permanente, Barreau du Québec, *Famille et protection*, Cowansville, Éditions Yvon Blais, 2005, p. 167.

FABIEN, C., « Passage du mandat ordinaire au mandat de protection », (2001) *R. du B. can.* 951.

FRÉCHETTE, L., « Le mandat humain, une approche novatrice en droit de la famille », (2004) 1 *C.P. du N.* 133.

LAFLAMME, L., « Variations sur des thèmes connus : le mandat en prévision de l'inaptitude et la procuration générale », (2002) 2 *C.P. du N.* 103.

OUELLETTE, M., « La *Loi sur le curateur public* et la protection des incapables », (1989) 3 *C.P. du N.* 1.

# TABLE DE LA LÉGISLATION

*Les chiffres renvoient aux numéros de paragraphes.*

## CANADA

### Codes

## Rapports sur le Code civil

## Règlements

**Codes de déontologie**

# TABLE DE LA JURISPRUDENCE

*Les chiffres renvoient aux numéros de paragraphes.*

## - A -

**- B -**

## - C -

## - E -

## - F -

- G -

**- J -**

**- R -**

- S -

- U -

### - Y -

## DROIT ÉTRANGER

### États-Unis

# INDEX ANALYTIQUE

*Les chiffres renvoient aux numéros de paragraphes.*